FA-467/14

Sicherheit. Polizeiwissenschaft und
Sicherheitsforschung im Kontext

Herausgegeben von

Prof. Dr. Andrea Fischbach
Prof. Dr. Thomas Görgen
Prof. Dr. Joachim Kersten
Prof. Dr. Ralf Kölbel
Prof. Dr. Dieter Kugelmann
Prof. Dr. Rolf Ritsert
Prof. Dr. Antonio Vera

Band 5

Ulrike Zaremba

Die Entwicklung polizeirelevanter datenschutzrechtlicher Bestimmungen

Polizeiliche Befugnisnormen zur zweckändernden
Verwendung von personenbezogenen Daten

© Titelbild: istockphoto.com

Die Deutsche Nationalbibliothek verzeichnet diese Publikation in der Deutschen Nationalbibliografie; detaillierte bibliografische Daten sind im Internet über http://dnb.d-nb.de abrufbar.

Zugl.: Münster, Deutsche Hochschule der Polizei, Diss., 2013

ISBN 978-3-8487-1244-1 (Print)
ISBN 978-3-8452-5357-2 (ePDF)

1. Auflage 2014
© Nomos Verlagsgesellschaft, Baden-Baden 2014. Printed in Germany. Alle Rechte, auch die des Nachdrucks von Auszügen, der fotomechanischen Wiedergabe und der Übersetzung, vorbehalten. Gedruckt auf alterungsbeständigem Papier.

Für Mario

Vorwort

»Oh wie war doch der Lehrsatz mühsam erkämpft!
Was hat er an Opfern gekostet!
Dass dies so war und nicht etwa so
Wie schwer war's, zu sehen doch!
Aufatmend schrieb ihn ein Mensch eines Tages
In das Merkbuch des Wissens ein.
Lange steht er vielleicht nun da drin und viele Geschlechter
Leben mit ihm und sehen ihn als ewige Wahrheit
Und es verachten die Kundigen alle, die ihn nicht wissen.
Und dann mag es sein, dass ein Argwohn entsteht, denn neue Erfahrung
Bringt den Satz in Verdacht, der Zweifel erhebt sich.
Und eines Tages streicht ein Mensch im Merkbuch des Wissens
Bedächtig den Satz durch.«
(aus Lob des Zweifels; Bertolt Brecht)

Das Recht des polizeilichen Umgangs mit personenbezogenen Daten, also die polizeilichen Datenerhebungs-, Datenverarbeitungs- und Datennutzungsbefugnisse, sind ein noch verhältnismäßig junges, erst infolge des Volkszählungsurteils systematisch normiertes Rechtsgebiet, das in den Polizeigesetzen von Bund und Ländern, der *Strafprozessordnung (StPO)* und dem *Gesetz über Ordnungswidrigkeiten (OWiG)* immer größeren Raum einnimmt. Es hat das Polizei- wie das Strafprozessrecht tiefgreifend verändert[1]. Zentrale Aussage des Volkszählungsurteils war, dass nicht nur das Erheben von personenbezogenen Daten sondern auch deren zweckänderndes Speichern, Übermitteln und Nutzen bereichsspezifisch auf die gesetzlichen Aufgaben der die Daten erhebenden öffentlichen Stellen bezogener, dem Vorbehalt des Gesetzes aus Art. 20 Abs. 3 GG genügender, dem Grundsatz der Normenbestimmtheit und -klarheit entsprechender, präzise durch formelles Gesetz geregelter Befugnisse bedarf. Ziel dieser Arbeit ist es daher, die geltenden Befugnisse zur Zweckänderung in den Polizeigesetzen, der *StPO* und dem *OWiG* mehr als 30 Jahre nach dem Volkszählungsurteil aus der Perspektive des Datenschutzes und der Zweckbindung auf deren Verfassungs- und Rechtmäßigkeit zu analysieren. Die ersten 3 der insgesamt 5 Kapitel bilden den historischen Verlauf der Gesetzgebung zum Datenschutz in den allgemeinen Datenschutzgesetzen, den Polizeigesetzen und der Strafprozessordnung ab.

Das 1. Kapitel betrifft die Entwicklung der allgemeinen Datenschutzgesetze in Bund und Ländern. Hier zeichnet sich ab, warum in den Polizeige-

---

1 Möstl in DVBl. 2010, 808 (808.).

Vorwort

setzen heute zum Teil noch Vorstellungen über den Datenschutz vorherrschen, die nichts mit dem Verständnis des Datenschutzes aus der Zeit nach dem Volkszählungsurteil zu tun haben. Datenschutzgesetze gab es zu Beginn der 1970er Jahre mit dem *Hessische Datenschutzgesetz (HDSG)* und dem *Datenschutzgesetz von Rheinland-Pfalz (LDatG)* schon vor dem Volkszählungsurteil. Der Bund zog mit dem am 1.1.1979 vollständig in Kraft getretenen *Bundesdatenschutzgesetz* aus dem Jahre *(BDSG 1977)* nach. An einigen der vor dem Volkszählungsurteil bestehenden, aber mit den Erkenntnissen aus dem Volkszählungsurteil nicht im Einklang stehenden Vorstellungen über den Datenschutz aus Zeiten des *BDSG 1977* halten die meisten Polizeigesetze bis heute fest. Mit dem *Gesetz zur Fortentwicklung der Datenverarbeitung und des Datenschutzes* vom 20.12.1990 *(BDSG 1990)* hatte der Bund demgegenüber – ebenso wie die Länder mit entsprechenden Datenschutzgesetzen – versucht, die Erkenntnisse aus dem Volkszählungsurteil zumindest allgemeinverbindlich umzusetzen, um anschließend nach und nach in die zur Erhebung, Verarbeitung und Nutzung von Daten ermächtigenden Gesetzen zu übernehmen. Das 1. Kapitel endet mit einem Überblick über einige Bundesgesetze, die sich in erster Linie auf Aufgaben nicht-polizeilicher Behörden beziehen, aber in besonderem Maße Befugnisse zur Übermittlung von Daten an die Polizei enthalten und in weiten Teilen den durch das *BDSG 1990* sowie die Rechtsprechung des BVerfG vorgegebenen datenschutzrechtlichen Standards genügen

Das 2. und 3. Kapitel bilden dann den Einzug des Datenschutzrechts in die Polizeigesetze von Bund und Ländern sowie in die *StPO* und das *OWiG* ab. Die Länder erließen orientiert am *Vorentwurfs zur Änderung des Musterentwurfs eines einheitlichen Polizeigesetzes des Bundes und der Länder (VE ME PolG)* Ende der 1980er Jahre, spätestens aber zu Beginn der 1990er Jahre in Anlehnung an das Volkszählungsurteil Polizeigesetze, die neben datenschutzrechtlichen Bestimmungen neue Befugnisse zur verdeckten Datenerhebung mit besonderen Mitteln und Methoden, teilweise auch unter Eingriff in das Grundrecht auf Unverletzlichkeit der Wohnung aus Art. 13 Abs. 1 GG, enthielten. Außerdem enthielten die am *VE ME PolG* orientierten Polizeigesetze der Länder grundsätzlich mit deren datenschutzgesetzlichen Bestimmungen über das Verarbeiten, Nutzen und Übermitteln von Daten übereinstimmende polizeigesetzliche Regelungen. Die polizeigestezliche Befugnis zur Zweckänderung von auf repressiver oder präventiv-polizeilicher Grundlage erhobenen Daten sollte demgegenüber in der Regel über die hypothetische Ersatzvornahme liegen. Diese trug dem Gedanken aus dem Volkszählungsurteil insoweit Rechnung, als dass ursprünglicher Erhebungs- und geänderter Speicherungs-, Übermittlungs- und Nutzungszweck miteinander vereinbar sein sollten. § 9 VZG 1983 war im Volkszählungsurteil für nichtig befunden worden, weil zu statistischen Zwecken erhobene Daten nicht unter denselben Bedingungen für nicht- statistische Zwecke hätten erhoben werden dürfen. Mit Blick auf diese Begründung wurde bezogen auf die polizeilichen Aufgaben der Gefahrenabwehr und der Strafverfolgung im Umkehrschluss gefolgert, dass Daten, die durch eine bestimmte Erhebungsmethode sowohl zur Gefahrenabwehr als auch zur Strafverfolgung erhoben werden dürfen, auch zur Erfüllung des jeweils anderen polizeilichen Aufgabengebiets gespeichert, übermittelt und genutzt werden können. Auf diese Weise sollte vor allem das seit jeher praktizierte Führen von Kriminalakten wie auch der Betrieb des seit 1972 eingerichteten polizeilichen Informationssystems INPOL beim BKA sowie entsprechender polizeilicher Informationssysteme der Länder zumindest für eine Übergangszeit gesetzlich legitimiert werden.

Die Regel über die hypothetische Ersatzvornahme wurde zudem durch die Rechtsprechung des BGH zu § 108 StPO über Zufallsfunde bei Wohnungsdurchsuchungen untermauert. Mit den §§ 100a, 100b, 101 StPO verfügt die *StPO* seit 1968 über eine repressive Befugnis zur Überwachung des Fernmeldeverkehrs. Nachdem der BGH zunächst festgestellt hatte, dass durch Überwachung des Fernmeldeverkehrs gewonnene Daten auch zum Nachweis einer anderen prozessualen Tat genutzt werden dürfen, übertrug er diese Erkenntnis im Jahr 1995 auf die repressive Verwertbarkeit von Erkenntnissen aus präventiv- polizeilichem Lauschangriff in einer Blockhütte. In der sog. Blockhüttenentscheidung entschied der BGH, dass Erkenntnisse aus präventiv- polizeilichem Großen Lauschangriff im Strafverfahren verwertet werden dürften, wenn der Polizeigesetzgeber, auf Grundlage dessen Polizeigesetzes die Daten erhoben worden, dies per Gesetz zuließe. Das Besondere an dieser Entscheidung war, dass es weder zum Zeitpunkt des präventiv- polizeilichen Großen Lauschangriffs noch zum Zeitpunkt der Entscheidung eine repressive Befugnis zur Wohnraumüberwachung gab. Dies veranlasste einige Polizeigesetzgeber, die Regel über die hypothetische Ersatzvornahme auch auf verdeckte präventiv- polizeiliche Datenerhebungsbefugnisse auszudehnen. Dass diese Herangehensweise auf lange Sicht nicht tragbar sein konnte, folgt daraus, dass bei der zur Verhältnismäßigkeitsprüfung anzustellenden Güterabwägung bei der Gefahrenabwehr zwischen dem durch präventiv- polizeiliche Maßnahme betroffenen Rechtsgut des Adressaten und dem zu schützenden Rechtsgut abzuwägen ist, während bei der Strafverfolgung zwischen dem durch die repressive Maßnahme beeinträch-

Vorwort

tigten Rechtsgut und dem vom Rechtsstaatsprinzip getragenen Strafverfolgungsinteresse des Staates abzuwägen ist. – Während der Bund noch an der Einführung des Datenschutzrechts in das Strafverfahrensrechts arbeitete, erließen die Landesgesetzgeber zwischen 1995 und Beginn des 21sten Jahrhunderts weitere präventiv- polizeiliche Befugnisse zu verdeckten Eingriffen in das Grundrecht aus Art. 10 Abs. 1 GG sowie das Grundrecht auf Vertraulichkeit und Integrität informationstechnischer Systeme.

Anders als im Polizeirecht gab es im Strafprozessrecht noch bis zu Beginn des 21sten Jahrhunderts keine dem *BDSG 1990* entsprechenden Regelungen. Ein diese Gesetzgebung vorbereitender Referentenentwurf war zwar schon 1988 in Form des *Referentenentwurfs für ein Gesetz zur Änderung des Strafverfahrensrechts – Strafverfahrensänderungsgesetz 1988 (StVÄG 1988)* erarbeitet. Dessen Umsetzung erfolgte aber nur etappenweise, insbesondere durch das *Gesetz zur Bekämpfung des illegalen Rauschgifthandels und anderer Erscheinungsformen der organisierten Kriminalität (OrgKG 1992)*, das *Strafverfahrensänderungsgesetz – DNA- Analyse (»genetischer Fingerabdruck«) – (StVÄG 1997)* und das *Gesetzes zur Änderung und Ergänzung des Strafverfahrensrechts – Strafverfahrensänderungsgesetz 1999 (StVÄG 1999)*, und war erst mit dem *Gesetz zur Neuregelung der Telekommunikationsüberwachung und anderer verdeckter Ermittlungsmaßnahmen sowie zur Umsetzung der Richtlinie 2006/24/EG vom 21.12.2007 (TKÜG 2007)* abgeschlossen. Während der Referentenentwurf des *StVÄG 1988* auch in Gestalt des *Entwurfs eines Strafverfahrensänderungsgesetzes 1996 (StVÄG 1996)* nicht umgesetzt werden konnte, erließ der Bund mit dem *Gesetz zur Neuregelung der Vorschriften über den Bundesgrenzschutz (BGSNeuRegG)* vom 19.10.1994 und dem *Gesetz über das Bundeskriminalamt und die Zusammenarbeit des Bundes und der Länder in kriminalpolizeiliche Angelegenheiten (BKAG)* vom 7.7.1997 eigene, sowohl an den Vorgaben des Volkszählungsurteils als auch an den seit 1988 geplanten Änderungen der *StPO* orientierte Polizeigesetze für den Bundesgrenzschutz, also dem Vorläufer der heutigen Bundespolizei, und für das Bundeskriminalamt. Im Anschluss an die sog. Blockhüttenentscheidung gab es nach Änderung des Art. 13 GG durch das *Gesetz zur Änderung des GG (Art. 13)* vom 26.3.1998 erstmals auch eine Befugnis zum repressiven Großen Lauschangriff. Die diesen betreffenden Entscheidungen des BVerfG sowie dessen hieran zeitlich und inhaltlich anschließenden Entscheidungen zur präventiv- polizeilichen Überwachung von Telekommunikationsinhalten, zur präventiv- polizeilichen Rasterfahndung, zur nachrichtendienstlichen Online- Durchsuchung sowie zur repressiven Vorratsdatenspeicherung setzten neue datenschutzrechtliche Maßstäbe, die zumindest in einigen neu geregelten Polizeigesetzen übernommen wurden. Das BVerfG betonte dabei wiederholt, dass schon in dem zur Erhebung ermächtigenden (Bundes-) Gesetz Art und Umfang der späteren Verwendung von personenbezogenen Daten geregelt werden müssen. Durch das *Gesetz zur Umsetzung des Urteils* vom 3.3.2004 wurde der Grundstein gelegt, um die letzten, bisher umstrittenen Regelungen des *StVÄG 1988* durch das *TKÜG 2007* zu erlassen. Heute enthält die *StPO* mit §§ 81g Abs. 5; 100d Abs. 5 Nr. 2; 481; 484 Abs. 4; 485 Satz 4; 477 Abs. 2 Satz 3 StPO Öffnungsklauseln für die präventiv- polizeiliche Verwendung personenbezogener Daten und umgekehrt mit §§ 100d Abs. 5 Nr. 3; 161 Abs. 2 und 3 StPO Aufnahmeklauseln für auf polizeigesetzlicher Grundlage erhobene Daten.

Auf die Konsequenzen, die sich aus dem zeitlichen Ineinandergreifen der Gesetzgebungsaktivitäten einerseits vom Bund auf den Gebieten des Strafverfolgungsrechts und andererseits den Polizeigesetzen des Bundes und der Länder ergaben, wird im 4. und 5. Kapitel dieser Arbeit eingegangen. Spätestens nach Inkrafttreten des *StVÄG 1999* sowie des *TKÜG 2007* haben viele der für eine Übergangszeit entwickelten polizeigesetzlichen Befugnisse zur zweckändernden repressiven Verwendung personenbezogener Daten ihre Berechtigung verloren. Zu einem Großteil sind sie aufgrund entgegenstehenden Bundesrechts unwirksam geworden, teilweise fehlen wichtige Befugnisse. Aber auch seit dem *StVÄG 1999* erlassene Befugnisse zur zweckändernden repressiven oder präventiv- polizeilichen Verwendung von zu repressiven Zwecken erhobenen personenbezogenen Daten sind nicht frei von Fehlern. Unbeachtet geblieben ist bisher zum Beispiel auch, dass zumindest die jüngere Rechtsprechung des BVerfG die Forderung nach bereichsspezifisch und präzise geregelten Befugnissen zur zweckändernden Verwendung personenbezogener Daten mittlerweile insoweit präzisiert hat, als dass schon *in dem zur Erhebung personenbezogener Daten ermächtigenden Gesetz bereichsspezifisch und präzise bestimmt werden muss, welche außer der zur Erhebung der Daten ermächtigten Behörde die erhobenen Daten zu welchen Zwecken übermittelt bekommen darf und zu welchen Zwecke sie diese speichern oder sonst nutzen darf*. Dies führt im Ergebnis zur Klärung einiger schon lange zur Diskussion stehender gesetzlicher Regelungen, sei es die Bedeutung der in §§ 7 Abs. 6[2]; 11 Abs. 4 Satz 3 BKAG vorgesehenen Rechtsverordnungen oder die Frage nach dem Fortbestehen

---

2 = § 7 Abs. 11 BKAG i.d.F. vom 1.7.2013.

Vorwort

der Existenzberechtigung der der Polizei durch die Polizeigesetze zugewiesenen Aufgabe der Vorsorge für die Verfolgung von Straftaten.

Um den scheinbar nicht enden wollenden Prozess der Entwicklung datenschutzrechtlicher Bestimmungen in den Polizeigesetzen und dem Strafverfahrensrecht zu beschleunigen, wird dem in dieser Arbeit herausgearbeiteten *Änderungsbedarf* in der *StPO,* dem *BKAG* sowie den übrigen Polizeigesetzen am Ende der Arbeit durch entsprechende Gesetzesentwürfe abgeholfen. Bislang genügt keines der genannten Gesetze hinsichtlich der Zweckänderung personenbezogener Daten den geforderten Standards an Normenbestimmtheit und Normenklarheit vollständig.

Zur Veröffentlichung der im 1. Quartal 2013 zur Einleitung des Prüfungsverfahrens eingereichten Dissertation wurden nachträgliche Änderungen des § 113 TKG, der §§ 7; 20b und 22 BKAG und des §§ 22a BPolG durch das *Gesetz zur Änderung des Telekommunikationsgesetzes und zur Neuregelung der Bestandsdatenauskunft* vom 20.6.2013 sowie der hierdurch neu erlassene § 100j StPO ebenso eingearbeitet wie bis zum 31.12.2013 erfolgte Änderungen in den Polizeigesetzen der Länder. Gleiches gilt für die Entscheidung des BVerfG zur Antiterrordatei vom 24.4.2013 (1 BvR 1215/07).

Diese Arbeit wäre nicht zustande gekommen, wenn mir die Deutsche Hochschule der Polizei (DHPol) und Herr Prof. Dr. Kugelmann nicht die Möglichkeit geboten hätten, am Fachgebiet 07 der DHPol zu arbeiten, im Zuge dessen zu promovieren und so einen Beitrag zur Etablierung der Polizeiwissenschaft zu leisten. Besonderer Dank gilt Herrn Robert Dübbers für die unzähligen weiterführenden Gespräche und aufmunternden Worte. Herzlicher Dank gilt hierfür ebenso Frau Bärbel Everwin und Frau Renate Böhme. Unverzichtbar für den Abschluss des Prüfungsverfahrens war die Zweitkorrektur der Dissertation durch Herrn Prof. Dr. Mark Alexander Zöller sowie dessen Teilnahme und der Teilnahme von Herrn Prof. Dr. Antonio Vera am mündlichen Prüfungsverfahren. Für das umfangreiche Korrekturlesen danke ich Dietrich und Christiana Zaremba sowie Mechthild und Volkert Toben. Letzlich gilt meinem ehemaligen AlPol, Herrn Manfred Dinter, besonderer Dank, da ich die Dissertation ohne dessen Unterstützung nicht so schnell und erfolgreich hätte abschließen können.

Soest, im März 2014 *Dr. (jur.) Ulrike Zaremba*

Inhaltsübersicht

Kapitel 1: Die Entwicklung der allgemeinen Datenschutzgesetze sowie der polizeirelevanten spezialgesetzlichen Datenschutzbestimmungen außerhalb der Polizeigesetze und der StPO ... 37

A. Die Entscheidungen des Bundesverfassungsgerichts zum Allgemeinen Persönlichkeitsrecht bis zu Beginn der 1980'er Jahre ... 38
B. Die ersten Datenschutzgesetze der Bundesrepublik Deutschland ... 41
C. Die Weiterentwicklung des Datenschutzrechts infolge des Volkszählungsurteils ... 48
D. Bereichsspezifisch und präzise bundesgesetzliche Befugnisse zur Übermittlung personenbezogener Daten an die Polizei ... 117
E. Ergebnis ... 154

Kapitel 2: Die Entwicklung des polizeigesetzlichen Datenschutzrechts in Bund und Ländern ... 156

A. Die grundsätzlich den Ländern zustehenden Gesetzgebungs- und Verwaltungskompetenzen für das Polizeirecht ... 160
B. Die ausnahmsweise bestehenden Gesetzgebungskompetenzen des Bundes für das Polizeirecht ... 347
C. Zusammenfassung ... 363

Kapitel 3: Die Entwicklung des Datenschutzrechts in der StPO und dem OWiG sowie die Folgen für die Gesetzgebungskompetenz der Polizeigesetzgeber ... 366

A. Die Entwicklung spezialgesetzlicher Datenschutzbestimmungen in der StPO und im OWiG ... 367
B. Die Bedeutung des StVÄG 1999 für die Gesetzgebungskompetenz der Polizeigesetzgeber für die Vorsorge für die Verfolgung von Straftaten ... 409
C. Die Folgen des StVÄG 1999 für das BKA als Zentralstelle für das polizeiliche Auskunfts- und Nachrichtenwesen und für die Kriminalpolizei ... 436
D. Ergebnis ... 460

Inhaltsübersicht

Kapitel 4:	Die repressiven und präventiv- polizeilichen Befugnisse zur zweckändernden Nutzung von zu repressiven oder präventiv- polizeilichen Zwecken erhobenen Daten	462

A. Befugnisse zur zweckändernden repressiven Nutzung von zu repressiven Zwecken erhobenen Daten   465
B. Befugnisse zur repressiven zweckändernden Nutzung von zu präventiv- polizeilichen Zwecken erhobenen Daten   524
C. Befugnisse zur präventiv- polizeilichen zweckändernden Nutzung von zu repressiven oder präventiv- polizeilichen Zwecken erhobenen Daten   572

Kapitel 5:	Die zweckändernde Verarbeitung von Daten in kriminalpolizeilichen personenbezogenen Sammlungen	635

A. Die Kriminalpolizeilichen personenbezogenen Sammlungen (KpS)   640
B. Die polizeilichen Informationssysteme der Länder   763

Fazit   786

A. Änderungsbedarf in der StPO   788
B. Änderungsbedarf im BKAG   792
C. Änderungsbedarf im neuen MEPolG (MEPolG – neu)   794

Literaturverzeichnis   801

Rechtsprechungsübersicht   811

Anhang   821

Inhaltsverzeichnis

Kapitel 1: Die Entwicklung der allgemeinen Datenschutzgesetze sowie der polizeirelevanten spezialgesetzlichen Datenschutzbestimmungen außerhalb der Polizeigesetze und der StPO ... 37

A. Die Entscheidungen des Bundesverfassungsgerichts zum Allgemeinen Persönlichkeitsrecht bis zu Beginn der 1980'er Jahre ... 38
B. Die ersten Datenschutzgesetze der Bundesrepublik Deutschland ... 41
    I. Die Entwicklung der ersten Datenschutzgesetze Anfang der 1970er Jahre ... 41
    II. Die Verteilung der Gesetzgebungskompetenz für die Datenschutzgesetze der 1970er Jahre ... 47
C. Die Weiterentwicklung des Datenschutzrechts infolge des Volkszählungsurteils ... 48
    I. Die Auswirkung des Volkszählungsurteils auf das zweite BDSG ... 49
        1. Das Volkszählungsurteil des BVerfG vom 15.12.1983 ... 50
            a. § 9 Abs. 1 bis 3 VZG 1983 als Ausgangspunkt für das Volkszählungsurteil ... 51
                aa. § 9 Abs. 1 VZG 1983 ... 56
                bb. § 9 Abs. 2 VZG 1983 ... 57
                cc. § 9 Abs. 3 VZG 1983 ... 58
            b. Die Konsequenzen des Volkszählungsurteils für die Verteilung der Gesetzgebungskompetenzen für den Datenschutz ... 58
            c. Zwischenergebnis ... 60
        2. Das BDSG vom 20.12.1990 ... 62
            a. Die Anwendbarkeit des BDSG 1990 auf öffentliche Stellen der Länder ... 65
            b. Die Subsidaritätsklausel des § 1 Abs. 4 Satz 1 BDSG 1990 und die Geheimhaltungspflichten aus § 1 Abs. 4 Satz 2 BDSG 1990 ... 69

Inhaltsverzeichnis

    c. Das datenschutzrechtliche Verständnis des BDSG 1990   71
        aa. Die Begriffe des Erhebens, Verarbeitens, Nutzens und Verwendens von Daten   71
        bb. Die Begriffe der automatisierten, der nicht – automatisierten Datei und der Akte in § 3 BDSG 1990   74
        cc. Automatisierte Abrufverfahren als eine Übermittlungsform von Daten   76
            (1) Verfahrensverzeichnisse i.S.d. § 10 Abs. 2 Satz 2 BDSG 1990   77
            (2) Rechtsverordnungen als Voraussetzung für automatisierte Abrufverfahren   78
            (3) Die Notwendigkeit von Rechtsverordnungen im Zusammenhang mit der Verarbeitung von Daten   79
    d. Die Zweckänderung von Daten durch deren Verarbeitung   80
        aa. Formen der Datenverarbeitung ohne Eingriffscharakter   80
        bb. Formen der Datenverarbeitung mit Eingriffscharakter   85
        cc. Die Nebenzwecke der Datenerhebung   87
        dd. Die zweckändernde Verarbeitung und Nutzung von Daten i.S.d. §§ 14 Abs. 2 Nr. 2 bis 9, 15 Abs. 1 und Abs. 3 Satz 2 BDSG   91
        ee. Die zweckändernde Verarbeitung und Nutzung von Daten i.S.d. § 14 Abs. 2 Nr. 1, § 15 Abs. 3 Satz 2 BDSG   96
    e. Der Auskunftsanspruch des Betroffenen aus § 19 BDSG 1990   98
    f. Zusammenfassung   100
II. Die Richtlinie 95/46/EG und das BDSG 2001   101
    1. Die Befugnis zur Datenerhebung aus §§ 4, 13 BDSG 2001 sowie der Begriff der erheblichen Gefahr in § 13 Abs. 2 Nr. 5 BDSG 2001   103
    2. Die Begriffe der automatisierten Verarbeitung und der nicht automatisierten Datei in §§ 1 Abs. 2 Nr. 3; 3 Abs. 2; 27 ff BDSG 2001   104

	3. Die Befugnis öffentlicher und nicht- öffentlicher Stellen zur Videoüberwachung in § 6b BDSG 2001	106
	4. Der um den Empfänger i.S.d. § 3 Abs. 8 Satz 1 BDSG 2001 erweiterte Auskunftsanspruch des Betroffenen aus § 19 BDSG 2001	111
	5. Die Benachrichtigungspflicht aus § 19a BDSG 2001	112
	6. Zusammenfassung	114
	III. Die weitere Entwicklung des allgemeinen Datenschutzrechts bis zum heutigen BDSG 2009	115
D.	Bereichsspezifisch und präzise bundesgesetzliche Befugnisse zur Übermittlung personenbezogener Daten an die Polizei	117
	I. Das Straßenverkehrsrecht und das Zentrale Verkehrsinformationssystem (ZEVIS)	119
	1. Das Verkehrszentralregister (VZR), §§ 28 ff StVG	120
	2. Das Zentrale Fahrzeugregister (ZFZR), §§ 31 ff StVG	121
	3. Das zentrale Fahrerlaubnisregister, §§ 48 ff StVG	124
	III. Das Einwanderungs- und Asylrecht	126
	IV. Das Sozialwesen	127
	V. Die Telekommunikation	129
	II. Das Einwohnermeldewesen	131
	1. Die Infrastrukturpflichten der Telekommunikationsbetreiber	134
	a. Die Verpflichtungen zur Ermöglichung von unentgeltlichen Notrufen sowie Standortfeststellungen bei Notrufen	135
	b. Die Verpflichtung zur Ermöglichung der staatlichen Überwachung der Telekommunikation	136
	c. Die Verpflichtungen zur Schaffung von Telekommunikationsnummernregistern	136
	d. Die Verpflichtung zur Speicherung von Verkehrsdaten	139

Inhaltsverzeichnis

2. Die Zugriffsnormen	144
a. Übermittlungspflichten und -befugnisse der Bundesnetzagentur und der Telekommunikationsanbieter	145
aa. § 113 Abs. 1 TKG als Öffnungsklausel für die repressive und präventiv- polizeiliche Verwendung der nach § 111 TKG zu speichernden Daten	147
bb. § 113 Abs. 1 TKG als Ermächtigung zur Zuweisung von dynamischen IP- Adressen	148
cc. Der Zugriff auf Zugangssicherungscodes	150
b. Übermittlungspflichten und -befugnisse der Telekommunikationsanbieter bezüglich der nach § 113a TKG zu speichernden Daten	151
3. Befugnisnormen, die mit Eingriffen der Sicherheitsbehörden in den Schutzbereich des Art. 10 Abs. 1 GG verbunden sind	152
VI. Zusammenfassung	153
E. Ergebnis	154
Kapitel 2: Die Entwicklung des polizeigesetzlichen Datenschutzrechts in Bund und Ländern	**156**
A. Die grundsätzlich den Ländern zustehenden Gesetzgebungs- und Verwaltungskompetenzen für das Polizeirecht	160
I. Der Musterentwurf eines einheitlichen Polizeigesetzes des Bundes und der Länder (MEPolG)	161
II. Der Alternativentwurf einheitlicher Polizeigesetze des Bundes und der Länder (AEPolG)	167
III. Der Musterentwurf eines einheitlichen Polizeigesetzes in der Fassung des Vorentwurfs zur Änderung des MEPolG (VE ME PolG)	172
1. Die Kompetenzgrundlage für die neue polizeiliche Aufgabe der vorbeugenden Bekämpfung von Straftaten durch Verhütung von Straftaten aus § 1 Abs. 1 Satz 2 VE ME PolG	176
2. Dem § 8a Abs. 1, 4 und 5 VE ME PolG entsprechende Befugnisse zur Befragung in den Polizeigesetzen der Länder	183

3. Dem § 8a Abs. 2 VE ME PolG entsprechende Befugnisse zur offenen Datenerhebung zur vorbeugenden Bekämpfung von Straftaten 188
4. Dem § 8a Abs. 3 VE ME PolG entsprechende Befugnisse zur Datenerhebung zur Gefahrenvorsorge 191
4a. Dem § 8b Abs. 1 VE ME PolG entsprechende Befugnisse zur Bild- und Tonaufzeichnung 193
5. Die Befugnisse zur verdeckten Datenerhebung aus § 8c VE ME PolG i.V.m. § 8a Abs. 4 VE ME PolG 195
   a. Ausnahmen vom Grundsatz der offenen Datenerhebung 196
   b. Die Bestimmtheit des Tatbestandes 203
      aa. Die Abwehr einer gegenwärtigen erheblichen Gefahr 205
      bb. Die vorbeugende Bekämpfung von Straftaten von erheblicher Bedeutung 205
      cc. Die Adressaten des präventiv- polizeilichen Einsatzes besonderer Mittel und Methoden der Datenerhebung 211
   c. Organisations- und Verfahrensregeln 213
      aa. Der Behördenleiter- oder Richtervorbehalt 215
      bb. Benachrichtigungspflichten 217
      cc. Kennzeichnungspflichten 218
      dd. Besondere Sperrungs- und Löschungspflichten . . . 219
6. Dem § 8d VE ME PolG entsprechende Befugnisse zur Ausschreibung zur polizeilichen Beobachtung 219
7. Den §§ 10a ff VE ME PolG entsprechende polizeigesetzliche Bestimmungen über die Verarbeitung und Nutzung von personenbezogenen Daten 221
   a. Der Grundsatz der Zweckbindung 222
   b. Die Nebenzwecke der Datenerhebung in den Polizeigesetzen 223
   c. Die Befugnis zur zweckändernden statistischen Verarbeitung und Nutzung von präventiv- polizeilich erhobenen Daten 225

d. Die Regel über die hypothetische Ersatzvornahme aus § 10a Abs. 2 Satz 2; § 10c Abs. 1 VE ME PolG ... 227
   aa. Die Fiktion doppelfunktionale Maßnahmen als Übergangslösung für die zweckändernde Nutzung von offen erhobenen Daten ... 229
      (1) Doppelfunktionale Maßnahmen ... 230
      (2) Die zweckändernde Nutzung bzw. Übermittlung von auf präventiv- polizeilicher Grundlage offen erhobenen Daten ... 234
      (3) Die zweckändernde Nutzung verdeckt bzw. heimlich erhobener Daten auf Grundlage der Regel über die hypothetische Ersatzvornahme ... 235
   bb. Die Notwendigkeit doppelfunktionaler Maßnahmen zur Legitimation der Kriminalaktenhaltung vor dem StVÄG 1999 ... 240
   cc. Dem § 10a Abs. 3 und 4 VE ME PolG entsprechende Befugnisse zur Speicherung von Daten zur vorbeugenden Bekämpfung von Straftaten ... 246
   dd. Zusammenfassung ... 247
e. Dem § 10c VE ME PolG entsprechende Befugnisse zur Datenübermittlung ... 248
   aa. Die Übermittlung von präventiv- polizeilich erhobenen Daten zwischen unterschiedlichen Polizeien, § 10c Abs. 1 VE ME PolG ... 250
   bb. Die Übermittlung von präventiv- polizeilich erhobenen Daten an sonstige Behörden, § 10c Abs. 2 bis 4 VE ME PolG ... 251
   cc. Die Übermittlung von Daten durch andere Behörden an die Polizei, § 10c Abs. 7 VE ME PolG ... 253
f. Dem § 10e VE ME PolG entsprechende Befugnisse zum Datenabgleich ... 255
g. Dem § 10f VE ME PolG entsprechende Befugnisse zur Rasterfahndung ... 257
h. Die Bestimmungen über den Datenschutz i.w.S. aus den §§ 10d, 10g und 10h VE ME PolG ... 259

	8. Zusammenfassung	261
IV.	Die Entwicklung weiterer informationeller präventiv-polizeilicher Eingriffsbefugnisse	262
	1. Präventiv- polizeiliche Befugnisse zur Datenerhebung an der Nahtstelle zur Strafverfolgung	266
	a. Dem § 6b BDSG 2001 entsprechende präventiv-polizeiliche Befugnisse zur Verhütung von Straftaten durch Videoüberwachung	267
	b. Sonstige präventiv- polizeiliche Befugnisse zur offenen Bild- bzw. Tonaufzeichnungen an der Nahtstelle zur Strafverfolgung	269
	aa. Das Aufzeichnen von Notrufen	269
	bb. Offene Bild- und Tonaufzeichnungen zum Schutz von Polizeibeamten und von in Gewahrsam genommenen Personen	272
	c. Exkurs: Die Gesetzgebungskompetenz der Polizeigesetzgeber für die präventiv- polizeilichen Befugnisse zur offenen Datenerhebung an der Nahtstelle zur Strafverfolgung	273
	2. Präventiv- polizeiliche Befugnisse zum Großen Lausch- und Spähangriff	284
	a. Der Eingriff in den Schutzbereich des Grundrechts auf Unverletzlichkeit der Wohnung aus Art. 13 Abs. 1 GG	285
	b. Die dringende Gefahr aus Art. 13 Abs. 4 Satz 1 GG	286
	c. Die Adressaten des Großen Lausch- und Spähangriffs	299
	d. Weitere Tatbestandsvoraussetzungen des Großen Lausch- und Spähangriffs	302
	aa. Der Kernbereich privater Lebensgestaltung	302
	bb. Der Schutz von Vertrauensverhältnissen	307
	e. Organisations- und Verfahrensregeln	313
	3. Präventiv- polizeiliche Befugnisse zum Kleinen Lauschangriff	314
	4. Präventiv- polizeiliche Befugnisse zur Überwachung und Aufzeichnung von TK- Inhalten durch Eingriff in Art. 10 Abs. 1 GG	315
	a. Der Eingriff in den Schutzbereich des Art. 10 Abs. 1 GG	317

b. Die Tatbestandsvoraussetzungen der präventiv-
polizeilichen TKÜ 318
c. Die Adressaten der TKÜ 323
d. Organisations- und Verfahrensregeln 326
5. Präventiv- polizeiliche Befugnisse zum Abruf von
Vorrats- bzw. Verkehrsdaten, zur Standortfeststellung
sowie zum Einsatz von IMSI- Catchern 328
a. Die Befugnis zum Abruf von Vorrats- bzw.
Verkehrsdaten 328
b. Die Befugnisse zur Standortfeststellung sowie zum
Einsatz von IMSI- Catchern 330
6. Präventiv- polizeiliche Befugnisse zur Online-
Durchsuchung 335
7. Präventiv- polizeiliche Befugnisse zur Analyse DNA-
fähigen Materials von Vermissten, unbekannten Toten
und hilflosen Personen 338
8. Präventiv- polizeiliche Befugnisse zur zweckändernden
Verwendung präventiv- polizeilich erhobener Daten 341
V. Zwischenergebnis 344
B. Die ausnahmsweise bestehenden Gesetzgebungskompetenzen des
Bundes für das Polizeirecht 347
I. Die Gesetzgebungs- und Verwaltungskompetenz des
Bundes für die Bundespolizei (BPol) 347
1. Der Grenzschutz; § 2 BPolG 348
2. Der Schutz von Bundesorganen; § 5 BPolG 348
3. Die Bahnpolizei und die Luftsicherheit; §§ 3, 4, 4a
BPolG 349
4. Die sonstigen Aufgaben der BPol aus den §§ 6 bis 11
BPolG 351
5. Die auf die Aufgaben aus §§ 2 bis 6 BPolG bezogenen
Befugnisse 352
II. Die Gesetzgebungs- und Verwaltungskompetenz des
Bundes für das Bundeskriminalamt (BKA) 354
1. Der Personen- und Objektschutz, § 5 BKAG 355
2. Der Zeugenschutz, § 6 BKAG 356
3. Die Abwehr von Gefahren des internationalen
Terrorismus, § 4a BKAG 357
4. Die Eigensicherung von repressiv tätigen BKA-Beamten 360

	5. Das BKA als Zentralstelle für die internationale polizeiliche Zusammenarbeit	361
	6. Die Befugnisse des BKA zur Erfüllung der Aufgaben aus §§ 2 bis 6 BKAG	361

C. Zusammenfassung ... 363

Kapitel 3: Die Entwicklung des Datenschutzrechts in der StPO und dem OWiG sowie die Folgen für die Gesetzgebungskompetenz der Polizeigesetzgeber ... 366

A. Die Entwicklung spezialgesetzlicher Datenschutzbestimmungen in der StPO und im OWiG ... 367
   I. Die konkurrierende Gesetzgebungskompetenz des Bundes für die Strafverfolgung ... 368
   II. Die Verteilung der Verwaltungskompetenzen für die Strafverfolgung zwischen Bund und Ländern ... 370
      1. Die Bundespolizei als Strafverfolgungsbehörde ... 371
      2. Das BKA als Strafverfolgungsbehörde i.S.d. § 4 BKAG ... 371
   III. Die Entwicklung repressiver Befugnisse zur zweckändernden Datennutzung, -speicherung und -übermittlung in der StPO ... 374
      1. Die repressiven Befugnisse zum Erheben von Daten von Beschuldigten und Zeugen ... 376
         a. Die Befugnis zur Sicherstellung nach den §§ 94 ff StPO als offene repressive Datenerhebung ... 376
         b. Die Befugnisse zur Vernehmung von Beschuldigten und Zeugen und weitere Befugnisse zur offenen repressiven Datenerhebung ... 378
      2. Die repressive Befugnis der Überwachung des Fernmeldeverkehrs bzw. der Telekommunikation aus §§ 100a, 100b StPO ... 381
         a. Tatbestand und Adressaten ... 383
         b. Verfahrens- und Organisationsvorschriften ... 385
         c. Befugnisse zur zweckändernden Verwendung ... 386
      3. Die repressiven Befugnisse zu heimlichen Eingriffen in das Grundrecht auf informationelle Selbstbestimmung und zum Datenabgleich ... 388
      4. Die repressive Befugnis zum Großen Lauschangriff ... 392

Inhaltsverzeichnis

   5. Die repressiven Befugnisse zur erkennungsdienstlichen Behandlung und zur Entnahme und Analyse DNA-fähigen Materials   397
   6. Weitere repressive Befugnisse zur Datenerhebung nach den Anschlägen vom 11.9.2001   400
   7. Befugnisse zur Datenverarbeitung und -nutzung in der StPO   403
   8. Zusammenfassung   406
  IV. Die Entwicklung des Rechts über die Ordnungswidrigkeiten   407
B. Die Bedeutung des StVÄG 1999 für die Gesetzgebungskompetenz der Polizeigesetzgeber für die Vorsorge für die Verfolgung von Straftaten   409
  I. Die abschließend in der StPO geregelte Erhebung und Nutzung von personenbezogenen Daten zur Vorsorge für die Verfolgung von Straftaten   411
  II. Die grundsätzliche Ungeeignetheit der zweckändernden Speicherung repressiv erhobener Daten zur Verhütung von Straftaten   414
  III. Die nicht abschließend in der StPO geregelte Verarbeitung von personenbezogenen Daten zur Vorsorge für die Verfolgung von Straftaten   422
   1. § 483 Abs. 3 StPO und § 485 Satz 3 StPO als Öffnungsklauseln für die Vorsorge für die Verfolgung von Straftaten?   423
   2. Die Öffnungsklauseln aus § 484 Abs. 4 StPO und § 81g Abs. 5 StPO   425
   3. Die Öffnungsklausel des § 481 Abs. 1 Satz 1 StPO   431
   4. Ergebnis   433
  IV. Zusammenfassung   435
C. Die Folgen des StVÄG 1999 für das BKA als Zentralstelle für das polizeiliche Auskunfts- und Nachrichtenwesen und für die Kriminalpolizei   436
  I. Die Aufgabe die BKA als Zentralstelle für das Auskunfts- und Nachrichtenwesen und für die Kriminalpolizei vor dem Volkszählungsurteil   437
   1. Amtsdateien   442
   2. Verbunddateien   443
   3. Zentraldateien   444

II. Die Aufgabe des BKA als Zentralstelle für das Auskunfts- und Nachrichtenwesen und die Kriminalpolizei nach dem Volkszählungsurteil ... 446
    1. Die Gesetzgebungskompetenz des Bundes für die Aufgabe des BKA als Zentralstelle für das polizeiliche Auskunfts- und Nachrichtenwesen ... 448
    2. Die Notwendigkeit von Rechtsverordnungen i.S.d. § 7 Abs. 6 BKAG a.F. und § 11 Abs. 4 Satz 3 und Abs. 5 BKAG ... 453
D. Ergebnis ... 460

Kapitel 4: Die repressiven und präventiv- polizeilichen Befugnisse zur zweckändernden Nutzung von zu repressiven oder präventiv- polizeilichen Zwecken erhobenen Daten ... 462

A. Befugnisse zur zweckändernden repressiven Nutzung von zu repressiven Zwecken erhobenen Daten ... 465
    I. Die repressive Zweckänderung von zu repressiven Zwecken offen erhobenen Daten ... 468
    II. Die repressive Zweckänderung von durch heimlichen repressiven Eingriff in Art. 13 Abs. 1 GG erhobenen Daten ... 471
        1. Die zweckändernde Verwendung als Beweismittel ... 473
            a. Beweiserhebungsverbote ... 475
            b. Beweisverwertungsverbote ... 476
                aa. Der beweisrechtliche Begriff des Verwertens und der datenschutzrechtlichen Begriff des Verwendens ... 478
                bb. Absolute Beweisverwertungsverbote ... 479
                cc. Relative Beweisverwertungsverbote ... 482
            c. Zwischenergebnis ... 486
        2. Die zweckändernde Verwendung als Spurenansatz ... 487
        3. Die zweckändernde Verwendung zur Aufenthaltsermittlung ... 490
        4. Schlussfolgerungen ... 490

III. Die repressive Zweckänderung von durch heimlichen repressiven Eingriff in Art. 10 Abs. 1 GG oder in das Grundrecht auf informationelle Selbstbestimmung erhobenen Daten ... 492
   1. Die Verwendung zu Beweiszwecken in anderen Strafverfahren ... 494
      a. Absolute Beweisverwertungsverbote bei heimlichen Ermittlungsmaßnahmen i.S.d. § 477 Abs. 2 Satz 2 StPO ... 494
      b. Relative Beweisverwertungsverbote bei heimlichen Ermittlungsmaßnahmen i.S.d. § 477 Abs. 2 Satz 2 StPO ... 497
      c. Zusammenfassung ... 498
   2. Die Verwendung als Spurenansatz oder zur Aufenthaltsermittlung im Zusammenhang mit anderen Strafverfahren ... 498
      a. Die zweckändernde Verwendung als Spurenansatz für Katalogtaten ... 500
      b. Die zweckändernde Verwendung als Spurenansatz für Nicht- Katalogtaten ... 502
      c. Stellungnahme ... 504
         aa. Die Eingriffsintensität der Beweisverwertung ... 505
         bb. Die Eingriffsintensität der Verwendung als Spurenansatz ... 508
           (1) Das Legalitätsprinzip aus §§ 160 Abs. 1; 163 Abs. 1 Satz 1 StPO ... 509
           (2) Die Ermittlungsgeneralklauseln der § 161 Abs. 1 Satz 1, § 163 Abs. 1 Satz 2 (i.V.m. 161 Abs. 1 Satz 2) StPO und andere Ermittlungsbefugnisse ... 511
           (3) Zusammenfassung ... 515
         cc. Der zweckändernden Verwendung als Spurenansatz entgegenstehende Verfahrensvorschriften ... 516
           (1) Die Kennzeichnungspflichten aus § 101 Abs. 3 StPO ... 516
           (2) Das Zitiergebot aus Art. 19 Abs. 1 Satz 2 GG ... 519
      d. Zwischenergebnis ... 519

	e. Die zweckändernde Verwendung als Spurenansatz oder zur Ermittlung des Aufenthaltsorts eines Beschuldigten	522
	VI. Ergebnis	523
B.	Befugnisse zur repressiven zweckändernden Nutzung von zu präventiv- polizeilichen Zwecken erhobenen Daten	524
	I. § 160 Abs. 4 StPO als Einschränkung des Legalitätsprinzips?	526
	1. Polizeigesetzliche Öffnungsklauseln für die repressive Verwendung von zu präventiv- polizeilichen Zwecken erhobenen Daten	527
	a. Öffnungsklauseln für die repressive Verwendung von unter Eingriff in Art. 13 Abs. 1 GG erhobenen Daten	527
	aa. Öffnungsklauseln beim Großen Lausch- und Spähangriff	528
	bb. Öffnungsklauseln beim Kleinen Lauschangriff	529
	b. Öffnungsklauseln für die repressive Verwendung von unter Eingriff in Art. 10 Abs. 1 GG erhobenen Daten	530
	c. Öffnungsklauseln für unter Eingriff in das Grundrecht auf informationelle Selbstbestimmung erhobenen Daten	531
	aa. Öffnungsklauseln für verdeckt erhobene Daten	531
	bb. Öffnungsklauseln für offen erhobene Daten	532
	d. Öffnungsklauseln für unter Eingriff in das Grundrecht auf Vertraulichkeit und Integrität informationstechnischer Systeme erhobene Daten	533
	e. Zusammenfassung	533
	2. Stellungnahme zu den 3 Typen von Öffnungsklauseln	534
	3. Zusammenfassung	546
	II. Die repressive Zweckänderung von auf präventiv- polizeilicher Grundlage durch offenen Eingriff in das RiS erhobenen Daten	548

III. Die repressive Zweckänderung von durch Großen Lausch- und Spähangriff oder Kleinen Lauschangriff erhobenen Daten ... 549
  1. Die repressive Zweckänderung von durch Großen Lausch- und Spähangriff erhobenen Daten ... 550
    a. Die Verwendung zu Beweiszwecken in einem Strafverfahren ... 551
    b. Die Verwendung als Spurenansatz oder zur Aufenthaltsermittlung ... 554
    c. Zusammenfassung ... 555
  2. Die repressive Zweckänderung von durch den Kleinen Lauschangriff erhobenen Daten ... 555
    a. Die amtsrichterliche Bestätigung aus § 161 Abs. 3 StPO ... 556
      aa. Der Prüfungsumfang der richterlichen Bestätigung vor einer Verwendung zu Beweiszwecken ... 557
      bb. Die sich einander ausschließenden Formulierungen „zu Beweiszwecken" und „Gefahr im Verzug" aus § 161 Abs. 3 StPO ... 558
    b. Die Straftaten, zu deren Beweis mittels Kleinen Lauschangriffs erhobene Daten verwertet werden dürfen ... 561
    c. Zusammenfassung ... 564
IV. Die repressive Zweckänderung von durch verdeckten Eingriff in Art. 10 Abs. 1 GG sowie in das Grundrecht auf informationelle Selbstbestimmung erhobenen Daten ... 564
V. Die repressive Zweckänderung von durch Eingriff in das Grundrecht auf Vertraulichkeit und Integrität informationstechnischer Systeme erhobenen Daten ... 568
VI. Besonderheiten bei der Übermittlung von auf präventiv-polizeilicher Grundlage erhobenen Daten zur repressiven Nutzung ... 570
VII. Ergebnis ... 570

C. Befugnisse zur präventiv- polizeilichen zweckändernden Nutzung von zu repressiven oder präventiv- polizeilichen Zwecken erhobenen Daten 572
   I. Strafprozessrechtliche Öffnungsklauseln für die zweckändernde präventiv- polizeiliche Datennutzung 573
      11 Die Öffnungsklausel des § 481 StPO
      574
      2. Die Öffnungsklauseln des § 100d Abs. 5 Nr. 2 StPO 577
         a. Die Öffnungsklausel des § 100d Abs. 5 Nr. 2 Satz 1 StPO 578
            aa. Kein Kernbereich privater Lebensgestaltung bei einer Gefahr für Leib, Leben oder Freiheit einer Person 578
            bb. Der Schutzanspruch besonderer Vertrauensverhältnisse bei einer Gefahr für Leib, Leben und Freiheit 581
            cc. Zusammenfassung 589
         b. Die Öffnungsklausel des § 100d Abs. 5 Nr. 2 Satz 2 StPO 590
         c. Der Datenschutz i.w.S. aus § 100d Abs. 5 Nr. 2 Satz 3 bis 5 StPO 591
      3. Die Öffnungsklausel des § 477 Abs. 2 Satz 3 Nr. 1 StPO 592
      4. Zusammenfassung 597
   II. Polizeigesetzliche Aufnahmeklauseln für die zweckändernde präventiv- polizeiliche Datennutzung und -verarbeitung 598
      1. Ausdrücklich geregelte polizeigesetzliche Aufnahmeklauseln 598
      2. Rechtliche Bewertung der unterschiedlichen Aufnahmeklauseln 600
         a. Die Regel über die hypothetische Ersatzvornahme als Aufnahmeklausel bei korrespondierender Erhebungsbefugnis 601

b. Aufnahmeklauseln für die präventiv- polizeiliche
Nutzung von auf strafprozessualer Grundlage
erhobenen Daten ... 603
   aa. Polizeigesetze, bei denen die Regel über die
hypothetische Ersatzvornahme mangels
korrespondierender Erhebungsbefugnis nicht als
Aufnahmeklausel herangezogen werden kann ... 604
   bb. Polizeigesetze, bei denen die Regel über die
hypothetische Ersatzvornahme aufgrund
korrespondierender Erhebungsbefugnis als
Aufnahmeklausel herangezogen werden kann ... 606
   cc. Detaillierte Aufnahmeklauseln für die
zweckändernde präventiv- polizeiliche Nutzung
von auf repressiv erhobenen Daten ... 607
3. Zusammenfassung ... 611
III. Polizeigesetzliche Befugnisse zur zweckändernden
präventiv- polizeilichen Nutzung und Übermittlung von zu
präventiv- polizeilichen Zwecken erhobenen Daten ... 613
1. Polizeigesetzliche Befugnisse zur zweckändernden
präventiv- polizeiliche Datennutzung ... 613
  a. Befugnisnormen für die zweckändernde präventiv-
polizeiliche Datennutzung ... 614
   aa. Die zweckändernde präventiv- polizeiliche
Nutzung von durch verdeckten präventiv-
polizeilichen Eingriff in Art. 13 Abs. 1 GG
erhobenen Daten ... 614
    (1) Mittels Großen Lausch- und Spähangriffs
erhobene Daten ... 614
    (2) Mittels Kleinen Lauschangriffs erhobene
Daten ... 615
   bb. Die zweckändernde präventiv- polizeiliche
Nutzung von durch präventiv- polizeiliche TKÜ
erhobenen Daten ... 616
   cc. Die zweckändernde präventiv- polizeiliche
Nutzung von durch sonstige besondere Mittel
und Methoden erhobenen Daten ... 617
   dd. Die zweckändernde präventiv- polizeiliche
Nutzung von Daten aus Online- Durchsuchungen ... 618

b. Befugnisse zur zweckändernden präventivpolizeilichen Nutzung in Form der Regel über die hypothetische Ersatzvornahme	618
c. Stellungnahme	619
2. Polizeigesetzliche Übermittlungsbefugnisse zur Abwehr länderübergreifender Gefahren	621
a. Die Übermittlung von Daten unter Einhaltung des Zweckbindungsgebots	621
b. Die Übermittlung von Daten unter Durchbrechung des Zweckbindungsgebots	623
aa. Präzise polizeigesetzliche Befugnisnormen zur Übermittlung von Daten an Polizeibehörden anderer Hoheitsträger	623
bb. Die Regel der hypothetischen Ersatzvornahme als Befugnis zur Übermittlung von Daten zu einem anderen Nutzungszweck	624
c. Stellungnahme	625
3. Polizeigesetzliche Aufnahmeklauseln für die präventivpolizeiliche Nutzung von durch die Polizei eines anderen Hoheitsträgers zweckändernd übermittelten, zu präventiv- polizeilichen Zwecken erhobenen Daten	630
a. Präzise Aufnahmeklauseln für die präventivpolizeiliche Nutzung von übermittelten Daten	631
b. Die Generalklausel zur Datennutzung und -verarbeitung als Aufnahmeklauseln für die präventiv- polizeiliche Nutzung von übermittelten Daten	632
c. Stellungnahme	633
4. Ergebnis	633
IV. Zusammenfassung	634

Inhaltsverzeichnis

Kapitel 5: Die zweckändernde Verarbeitung von Daten in
kriminalpolizeilichen personenbezogenen Sammlungen 635
A. Die Kriminalpolizeilichen personenbezogenen Sammlungen
(KpS) 640
  I. Kriminalakten als Bestandteil von KpS 642
    1. Die Befugnisse zum Verarbeiten und Nutzen von in
Kriminalakten enthaltenen Daten aus Strafverfahren 645
      a. § 481 StPO als strafprozessuale Öffnungsklausel für
das Führen von Kriminalakten 645
      b. Polizeigesetzliche Aufnahmeklauseln, die das Führen
von Kriminalakten ermöglichen 649
      c. Zusammenfassung 660
    2. Polizeigesetzliche Befugnisnormen zum Archivieren
von zu präventiv- polizeilichen Zwecken erhobenen
Daten in Kriminalakten 661
    3. Befugnisse zur Nutzung der in Kriminalakten
archivierten personenbezogenen Daten 663
  II. Die polizeilichen Informationssysteme von Bund und
Ländern als Bestandteil der KpS 664
    1. Das polizeiliche Informationssystem des Bundes
(INPOL-Bund) 664
      a. Strafverfolgungsdateien i.S.d. § 483 Abs. 1 und 3
StPO 672
        aa. Strafverfolgungsdateien i.S.d. § 483 Abs. 1 StPO 672
        bb. Mischdateien i.S.d. § 483 Abs. 3 StPO 673
          (1) Die Fahndungsdateien i.S.d. § 9 Abs. 1
Satz 1 und 2 BKAG 674
            (a) Die Ausschreibung zur Fest- oder
Ingewahrsamnahme 676
            (b) Die Ausschreibung zur
Aufenthaltsermittlung 677
            (c) Die Ausschreibung zur Fahndung aus
sonstigen Gründen 678
            (d) Die Ausschreibung zur polizeilichen
Beobachtung 680
            (e) Die Datei SACHFAHNDUNG 680

	(2) Die Datei über Vermisste, unbekannte hilflose Personen, unbekannte Tote i.S.d. § 9 Abs. 3 BKAG	681
	cc. Zwischenergebnis	684
b.	Die Dateien des Erkennungsdienstes i.S.d. § 8 Abs. 6 Satz 1 BKAG	684
	aa. Die DNA- Analyse- Datei	686
	(1) Die Prognose der zukünftigen Begehung von Straftaten	687
	(2) Die Speicherung in der DNA- Analyse- Datei mit oder ohne Zweckänderung	690
	(3) Die DNA- Analyse- Datei als reine Vorsorgedatei	691
	bb. Weitere Dateien des Erkennungsdienstes	692
	(1) Die Datei ERKENNUNGSDIENST	694
	(2) Die Datei AFIS-P und die Datenbanken für digitalisierte Fingerabdrücke	695
	cc. Erkennungsdienstliche Dateien zur Abwehr erheblicher Gefahren; § 8 Abs. 6 Satz 1 2. Halbsatz Nr. 2 BKAG	696
	dd. Zwischenergebnis	697
c.	Der Kriminalaktennachweis als Vorsorgedatei i.S.d. § 484 StPO	699
	aa. Die Befugnisse der Strafverfolgungsbehörden aus § 484 Abs. 1 bis 3 StPO zur Führung eines Aktenhinweissystems	701
	(1) Das staatsanwaltliche Aktennachweissystem	701
	(2) Weitere personenbezogene Daten i.S.d. § 484 Abs. 2 und 3 StPO	702
	(3) Zwischenergebnis	704
	bb. Der Kriminalaktennachweis, § 8 Abs. 1 BKAG	704
	(1) Die INPOL- Relevanzschwelle des § 2 Abs. 1 BKAG	705
	(2) Die Grunddaten des Beschuldigten i.S.d. § 8 Abs. 1 BKAG	706
	(3) Weitere Daten über den Beschuldigten oder Tatverdächtigen i.S.d. § 8 Abs. 2 BKAG	709
	(a) Personen, über die gem. § 8 Abs. 2 BKAG Daten gespeichert werden dürfen	711

		(b) Gem. § 8 Abs. 2 BKAG speicherbare Daten	713
		(4) Personengebundene Hinweise i.S.d. § 7 Abs. 3 BKAG a.F. i.V.m. § 2 Abs. 1 Nr. 15 BKADV	716
	cc.	Zwischenergebnis	718
d.	Die Haftdatei i.S.d. § 9 Abs. 2 BKAG		719
e.	Verfahrensübergreifende Strafverfolgungsdateien i.S.d. § 483 Abs. 2 StPO		720
	aa.	§ 8 BKAG als Befugnis zur Bekämpfung der Organisierten Kriminalität und anderer Straftaten von länderübergreifender oder erheblicher Bedeutung	721
	bb.	§ 483 Abs. 2 StPO als Befugnis des BKA für Maßnahmen zur Bekämpfung der Organisierten Kriminalität und anderen Straftaten von länderübergreifender oder erheblicher Bedeutung	726
	cc.	Stellungnahme	728
		(1) Das BKAG 1997 als auf Art. 73 Abs. 1 Nr. 10 1. Alt. a) und 2. GG i.V.m. Art. 87 Abs. 1 Satz 2 GG gestütztes Einspruchsgesetz	728
		(2) Der Vorrang der Speicherung in reinen Strafverfolgungsdateien gem. § 483 StPO gegenüber der Speicherung für Zwecke künftiger Strafverfahren gem. § 484 StPO	730
		(3) Der Ausschluss von Daten von Nichtbeschuldigten i.S.d. § 8 Abs. 4 Satz 1 BKAG von Vorsorgedateien i.S.d. § 484 StPO	735
		(a) Die Speicherung von Daten von Zeugen, Opfern künftiger Straftaten, Hinweisgebern und sonstigen Auskunftspersonen nach § 8 Abs. 4 Satz 1 bis 4 BKAG	736
		(b) Die Speicherung von Daten von Kontakt- und Begleitpersonen nach § 8 Abs. 4 Satz 1 und 2 BKAG	738

(4) Zwischenergebnis	739
f. Die Gewalttäterdateien	740
aa. Die Befugnis aus § 8 Abs. 1 und 2 BKAG	746
bb. Die Befugnis aus § 8 Abs. 5 BKAG	750
cc. Zwischenergebnis	758
g. Ergebnis	759
B. Die polizeilichen Informationssysteme der Länder	763
I. Die landesinternen polizeilichen Informationssysteme	764
1. Polizeigesetzliche Befugnisse zum Betrieb von landesinternen polizeilichen Informationssystemen	765
a. Haft- und Mischdateien i.S.d. § 2 Abs. 4 Nr. 1 und 2 BKAG i.V.m. §§ 8 Abs. 6 Satz 1 2. Alt. Nr. 1 und 2; 9 Abs. 1 bis 3 BKAG	766
b. Kriminalaktennachweise, Vorsorge- und Gewalttäterdateien i.S.d. § 8 Abs. 1 bis 3, 5 BKAG	768
c. Die polizeilichen Befugnisse zur Übermittlung von Daten an das BKA	770
2. Die Nutzung der in den polizeilichen Informationssystemen des Bundes und der Länder gespeicherten Daten durch automatisierten Kennzeichenabgleich	771
II. Die polizeilichen Vorgangsbearbeitungssysteme	778
1. Die zweckändernde Speicherung von repressiv erhobenen, zum Zwecke der polizeilichen Vorgangsbearbeitung gespeicherten Daten und deren repressive oder präventiv- polizeiliche Nutzung	781
2. .Die zweckändernde Speicherung von präventiv- polizeilich erhobenen, zum Zwecke der polizeilichen Vorgangsbearbeitung gespeicherten Daten und deren präventiv- polizeiliche Nutzung	784
Fazit	786
A. Änderungsbedarf in der StPO	788
B. Änderungsbedarf im BKAG	792
C. Änderungsbedarf im neuen MEPolG (MEPolG – neu)	794

Inhaltsverzeichnis

Literaturverzeichnis 801

Rechtsprechungsübersicht 811

Anhang 821

Kapitel 1: Die Entwicklung der allgemeinen Datenschutzgesetze sowie der polizeirelevanten spezialgesetzlichen Datenschutzbestimmungen außerhalb der Polizeigesetze und der StPO

Rechtsnormen, die den Umgang mit personenbezogenen Informationen regeln, gab es schon im 17. Jahrhundert[3]. Schon vor Erlass der ersten spezifischen Datenschutzgesetze waren Amtsträger und bestimmte Berufstätige besonderen Geheimhaltungspflichten unterworfen[4]. Auch waren rechtsthemenbezogene Geheimhaltungspflichten wie die Unverletzlichkeit der Wohnung oder das Brief-, Post- und Fernmeldegeheimnis bereits in Art. 115, 117 WRV sowie in dem insoweit nachrangigen Recht geregelt[5]. Seit Ende der 1960er Jahre stieg dann der Einsatz elektronischer Datenverarbeitungsanlagen in der öffentlichen wie in der nicht- öffentlichen Verwaltung rapide an und veränderte die Verwaltungstätigkeit nachhaltig: Neue informationelle Verwaltungstätigkeiten boten Mengenvorteile und Zeitvorteile, neue Möglichkeiten des Auswertens, Abgleichens und Verknüpfens komplexer Datenbestände und damit zum Beispiel auch Möglichkeiten der Unterstützung bei kriminaltechnischen Aufgaben[6]. Angefangen mit der seit Beginn der 1980er Jahre einsetzenden Rechtsprechung des BVerfG zum Datenschutz, die bis heute andauert, sind Befugnisse zu Eingriffen in das Grundrecht auf informationelle Selbstbestimmung, das Brief-, Post und Fernmeldegeheimnis, das Grundrecht auf Unverletzlichkeit der Wohnung sowie des Grundrechts auf Vertraulichkeit und Integrität informationstechnischer Systeme einer stetigen Entwicklung ausgesetzt. Ausgehend von den Anfängen der Datenschutzgesetze werden nachfolgend einerseits die Entwicklung des allgemeinen Datenschutzrechts und andererseits die bestehenden Rahmen-

---

3 Kai von Lewinski, Geschichte des Datenschutzrechts von 1600 bis 1977 in 48. Assistententagung Öffentliches Recht: Freiheit – Sicherheit – Öffentlichkeit, Baden-Baden und Basel 2009, S. 196 bis 220.
4 Ahlf/Störzer/Vordermaier, Kriminalistik, Bd. 2, Ziff. 46 Rn. 10.
5 BVerfGE 32, 54 (69ff); Ahlf/Störzer/Vordermaier, Kriminalistik, Bd. 2, Ziff. 46 Rn. 10.
6 Ahlf/Störzer/Vordermaier, Kriminalistik, Bd. 2, Ziff. 46 Rn. 2/3; Simitis in Simitis, BDSG, Einleitung Rn. 6.

bedingungen für die repressive und präventiv- polizeiliche Nutzung von Daten, die durch nicht- polizeiliche Stellen erhoben wurden, betrachtet.

A. Die Entscheidungen des Bundesverfassungsgerichts zum Allgemeinen Persönlichkeitsrecht bis zu Beginn der 1980'er Jahre

Das Datenschutzrecht hat seine Grundlage in der Verfassung[7]. Ausgangspunkt des heutigen Datenschutzrechts ist das Allgemeine Persönlichkeitsrecht (APR), das sich seit dem Inkrafttreten des Grundgesetzes am 24.5.1949 zu einem eigenständigen Grundrecht verselbstständigt hat. Aus dem APR leitete das BVerfG nach und nach Beschränkungen für das Sammeln von Informationen und deren Nutzung ab[8]. Als spezielle Ausprägung der allgemeinen Handlungsfreiheit aus Art. 2 Abs. 1 GG in Verbindung mit der Menschenwürdegarantie des Art. 1 Abs. 1 Satz 1 GG umfasst das APR vor allem den sozialen Wert- und Achtungsanspruch des Menschen in der Gemeinschaft, der es verbietet, ihn zum bloßen Objekt staatlichen Handelns zu machen[9]. Jedem Bürger verbleibt im Geltungsbereich des Grundgesetzes ein unantastbarer Bereich privater Lebensgestaltung, der der Einwirkung öffentlicher Gewalt entzogen ist[10]. Die wesentliche Elemente des unantastbaren Kernbereichs privater Lebensgestaltung sind der autonome Bereich privater Lebensgestaltung, der es dem Einzelnen ermöglicht, seine Individualität zu entwickeln und zu wahren, sowie seine personale und soziale Identität[11]. Letzte gewährleistet dem Einzelnen das Recht, ohne Beeinträchtigung durch den Staat in Beziehung zu anderen Personen zu treten[12]. Dem Einzelnen steht daher grundsätzlich die Entscheidung darüber zu, wann und innerhalb welcher Grenzen seine persönlichen Lebenssachverhalte offenbart werden sollen[13]. Bis zum Volkszählungsurteil und darüber hinaus beschrieben die Konkretisierungen des APR durch das BVerfG dieses nicht abschließend[14]. Bisher sind fünf Teilbereiche des APR in Gestalt des Rechts

---

7 Ahlf/Störzer/Vordermaier, Kriminalistik, Bd. 2, Ziff. 46 Rn. 17.
8 Bull, Informationelle Selbstbestimmung- Version oder Illusion?, S. 22, 23, 40 ff.
9 BVerfGE 27, 1 (6); 7, 198 (295); 5, 85 (204).
10 BVerfGE 27, 1 (6); 6, 389 (433/434); 6, 32 (41).
11 BVerfGE 120, 274 (315, 323/324).
12 BVerfGE 27, 1 (6).
13 BVerfGE 65, 1 (42); 63, 131 (142); 56, 37 (42/43).
14 BVerfGE 65, 1 (41).

auf Schutz vor ungewollter Darstellung in der Öffentlichkeit[15], des Rechts auf Schutz von Sexualität, Ehe und Familie[16], des Rechts auf Privatautonomie, des Rechts auf informationelle Selbstbestimmung sowie seit der Entscheidung des BVerfG vom 27.2.2008 des Rechts auf Schutz und Integrität informationstechnischer Systeme anerkannt[17]. Zu Beginn der 1980'er Jahre war neben den Grundrechten auf Schutz von Sexualität, Ehe und Familie sowie auf Privatautonomie das allgemeine Persönlichkeitsrecht in Form des Rechts auf Schutz vor ungewollter Darstellung in der Öffentlichkeit aus Art. 2 Abs. 1 GG i.V.m. Art. 1 Abs. 1 GG bekannt. Hierbei handelte es sich um die Rechte am eigenen Bild[18], am eigenen Wort[19] und auf Schutz der Ehre[20].

Entscheidenden Anstoß zur Entwicklung erster datenschutzrechtlicher Bestimmungen gab die Mikrozensus- Entscheidung des BVerfG vom 16.7.1969 (Az.: 1 BvL 19 /63), das die Verfassungsmäßigkeit des § 2 Nr. 3 des Gesetzes über die Durchführung einer Repräsentativstatistik der Bevölkerung und des Erwerbslebens (MikrozensusG) bestätigte. Ausgangspunkt waren Zweifel des für das Ordnungswidrigkeitsverfahren nach § 14 StatG zuständigen AG Fürstenfeldbruck an der Verfassungsmäßigkeit des § 2 Nr. 3 MikrozensusG. Das AG Fürstenfeldbruck setzte das Verfahren gem. Art. 100 Abs. 1 Abs. 1 GG i.V.m. § 13 Nr. 11 BVerfGG aus, um die Entscheidung des BVerfG einzuholen. Der Betroffene im Ordnungswidrigkeitsverfahren hatte sich entgegen seiner Verpflichtung aus § 10 StatG u.a. geweigert, Fragen über

– vorgenommene Urlaubsreisen von 5 oder mehr Tagen in einem bestimmten Zeitraum,
– die Zahl der hieran beteiligten Haushaltsmitglieder,
– die Art der Reise, den Beginn und das Ende der Reise,
– den überwiegenden Aufenthaltsort während der Reise,
– die für die An- und Abreise verwendeten Verkehrsmittel und
– die Art der Unterkunft zu beantworten[21].

---

15 BVerfGE 54, 208 (217); 35, 202 (224) – Lebach; 34, 238 (246) – Recht am eigen Wort.
16 BVerfGE 96, 56 (91); 49, 286 (298); 47, 46 (73).
17 BVerfGE 120, 274 (313).
18 BVerfGE 35, 202 (224).
19 BVerfGE 34, 238 (246).
20 BVerfGE 54, 208 (217).
21 BVerfGE 27, 1 (2 bis 4).

Zwar sah das BVerfG hierin keinen unzulässigen Eingriff in das APR[22], gleichwohl führte es neben den bis dahin entwickelten Grundsätzen zum APR aus:

> „Mit der Menschenwürde wäre es nicht zu vereinbaren, wenn der Staat das Recht für sich in Anspruch nehmen könnte, den Menschen zwangsweise in seiner ganzen Persönlichkeit zu registrieren und zu katalogisieren, sei es auch in der Anonymität einer statistischen Erhebung, und ihn damit wie eine Sache zu behandeln, die einer Bestandsaufnahme in jeder Beziehung zugänglich ist.
> Ein solches Eindringen in die Persönlichkeit durch eine umfassende Einsichtnahme in die persönlichen Verhältnisse seiner Bürger ist dem Staat auch deshalb versagt, weil dem Einzelnen um der freien und selbstverantwortlichen Entfaltung seiner Persönlichkeit willen ein „Innenraum" verbleiben muss, in dem er „sich selbst besitzt" und in den er sich zurückziehen kann, zu dem die Umwelt keinen Zutritt hat, in dem man in Ruhe gelassen wird und ein Recht auf Einsamkeit genießt.
> In diesen Bereich kann der Staat unter Umständen bereits durch eine – wenn auch bewertungsneutrale – Einsichtnahme eingreifen, die den psychischen Druck öffentlicher Anteilnahme zu hemmen vermag[23]."

Das BVerfG verneinte die Verfassungswidrigkeit des § 2 Nr. 3 MikrozensusG, weil dieser an das Verhalten des Befragten in der Außenwelt anknüpfte, so dass die menschliche Persönlichkeit in aller Regel noch nicht in ihrem unantastbaren Kernbereich privater Lebensgestaltung verletzt wird. Insoweit sei die hinreichende Sicherung der Anonymität des von der statistischen Umfrage Betroffenen maßgebend[24]. Obwohl gem. § 2 Nr. 1 MikrozensusG sämtliche Personalien Gegenstand der Umfrage sein sollten, sah das BVerfG dessen Anonymität durch das Verbot der Veröffentlichung von Einzelangaben aus § 12 Abs. 4 StatG sowie dadurch gewährleistet, dass

– der Auskunftsverpflichte unter Strafandrohung zur Geheimhaltung der Angaben verpflichtet ist (§§ 12 Abs. 1 Satz 1, 13 StatG),
– für ihn die gesetzlichen Beistands- und Anzeigepflichten gegenüber den Finanzämtern nicht gelten (§ 12 Abs. 1 Satz 2 StatG) und
– die zuständigen Behörden und Stellen auch ihrer vorgesetzten Dienststelle keine Einzelangaben auf dem Dienstweg weiterleiten dürfen, wenn sie hierzu nicht ausdrücklich gesetzlich ermächtigt sind (§ 12 Abs. 2 StatG)[25].

---

22 BVerfGE 27, 1 (5).
23 BVerfGE 27, 1 (6/ 7).
24 BVerfG 27, 1 (7).
25 BVerfGE 27, 1 (7/8).

In dieser Argumentation lag der Ausgangspunkt für die Entwicklung des Datenschutzrechts der folgen Jahrzehnte.

B. Die ersten Datenschutzgesetze der Bundesrepublik Deutschland

Die ersten (west-) deutschen Datenschutzgesetze entsprachen noch nicht dem heutigen Datenschutz als dem *Datenschutz im engeren Sinne*. Dessen Regelungen beziehen sich nicht nur auf die Verarbeitung personenbezogener Daten sondern auch auf die Befugnisse zur Erhebung, Speicherung und Nutzung von personenbezogenen Daten[26]. Die ersten an die Mikrozensusentscheidung angelehnten Datenschutzgesetze enthielten demgegenüber ausschließlich Schutzvorkehrungen gegen den unberechtigten Umgang mit personenbezogenen Daten, indem sie die Veröffentlichung bzw. die unberechtigte Weitergabe von Einzelangaben unter Androhung von Sanktionen verboten.

I. Die Entwicklung der ersten Datenschutzgesetze Anfang der 1970er Jahre

Während für behördliche Entscheidungsprozesse wichtige Informationen früher in Form von Karteien und Akten manuell zusammengetragen wurden, werden diese seit Beginn der automatisierten behördlichen Datenverarbeitung ab Mitte der 1970er Jahre durch Datenverarbeitungsanlagen gespeichert und können jederzeit auch über weite Entfernungen in Sekundenschnelle abgerufen werden[27]. In dem Maße, in dem die Automatisierung der Datenerfassung fortschritt, verselbstständigten sich die Daten, lösten sich von ihrem ursprünglichen Verwendungszusammenhang und konnten sich in ein beliebig nutzbares Informationsmaterial verwandeln[28]. Durch hohe Speicherkapazitäten und Verarbeitungsgeschwindigkeit ermöglichen automatisierte Informationssysteme nicht nur den sofortigen Abruf von Daten[29] sondern bahnen auch den Weg zu deren multifunktionaler Verwendung[30]. Den

---

26 Ahlf/Störzer/Vordermaier, Kriminalistik, Bd. 2, Ziff. 46 Rn. 15, Arndt in JuS 1988, 681 (682).
27 BVerfGE 65, 1 (42).
28 Simitis in Simitis, BDSG, § 1 Rn. 59.
29 BT-Drucksache 14/1484 S. 16.
30 Simitis in Simitis, BDSG, § 1 Rn. 59.

Kapitel 1: Die Entwicklung der allgemeinen Datenschutzgesetze

Strafverfolgungs- und Sicherbehörden ermöglichen sie einen effizienten schnellen, sicheren und gezielten Zugriff auf die erforderlichen Dateien[31]. Vor dem Hintergrund der Mikrozensusentscheidung wurde die damit verbundene Gefahr des Missbrauchs Ende der 60er Jahre des 20. Jahrhunderts von zwei Landesregierungen der Rückschluss gezogen, dass dem fortschreitenden Einsatz von Informationstechnologien im Zusammenhang mit dem Umgang mit den Daten Grenzen zu setzen sind[32]. Als erstes allgemeines Datenschutzgesetz der Welt[33] trat daher das *Hessische Datenschutzgesetz (HDSG)* am 13.10.1970 in Kraft[34]. Ihm folgten das *Datenschutzgesetz von Rheinland- Pfalz (LDatG),* das am 5.2.1974 in Kraft trat[35], sowie das erste *Bundesdatenschutzgesetz (BDSG),* das nach mehrjährigen Beratungen und Neufassungen zum 1.1.1979 in vollem Umfang in Kraft trat[36]. Die Datenschutzgesetze der Länder Hessen und Rheinland- Pfalz verpflichteten gem. §§ 7 ff HDSG; §§ 6 ff, 14 LDatG allein der Hoheitsgewalt des jeweiligen Landes unterstehende Einrichtungen zum Datenschutz[37]. Dabei vertrauten sie die Kontrolle der Einhaltung der datenschutzrechtlichen Bestimmungen dem Inhaber des neuen Amts des Datenschutzbeauftragten bzw. dem einzurichtenden Ausschuss für Datenschutz an. Geregelt wurde insbesondere

– der Umgang mit personenbezogenen Daten in dem Sinne, dass Unberechtigte keine Kenntnis von den Daten erlangen durften (§§ 2, 3 HDSG; §§ 2, 3 LDatG),

– der gegenüber anderen gesetzlichen Bestimmungen subsidiäre Anspruch des von der Datenerfassung Betroffenen auf Auskunft und Berichtigung unrichtiger Daten bzw. ein Folgenbeseitigungs- und Unterlassungsanspruch bzgl. der Verwendung unrichtiger Daten (§ 4 HDSG; §§ 11 ff LDatG),

– die Ordnungswidrigkeits- bzw. Strafvorschriften zur Sanktionierung von Verstößen gegen die jeweiligen Datenschutzbestimmung (gem. § 16 HDSG; § 15 LDatG).

Die Nutzung der bei einen öffentlichen Einrichtungen vorhandenen Daten durch eine andere öffentliche Einrichtungen war gem. § 5 Abs. 2 HDSG und

---

31 BT-Drucksache 14/1484 S. 16.
32 Gola/Jaspers, Das novellierte BDSG im Überblick, 5. Auflage 2010, S. 7.
33 Simitis in Simitis, BDSG, Einleitung Rn. 1.
34 Hess. GVBl. 1970 I. S. 625 (627).
35 GVBl. RP 1974 S. 31 (33).
36 BGBl. 1977 I. S. 201 bis 213 (213).
37 § 1 HDSG; § 1 Abs. 1 LDatG.

§ 4 Abs. 1 LDatG unter der Voraussetzung rechtmäßig, dass für die andere öffentliche Einrichtung *eine Zuständigkeit zur Nutzung der in einer Datenbank oder in einem Informationssystem vorhandenen Daten bestand,* bzw. *die Datennutzung für die Erfüllung gesetzlicher Aufgaben erforderlich war.* Nach heutigem Rechtsverständnis wurde damit die Befugnis zum Eingriff in das Grundrecht auf informationelle Selbstbestimmung aus der Aufgabenzuweisungsnorm abgeleitet. Dieses Grundrecht war damals noch nicht ins Rechtsbewusstsein getreten, so dass für öffentliche Einrichtungen noch keine eigenständige Befugnisnorm für die Nutzung von personenbezogenen Daten gefordert. Vielmehr verlangte § 3 HDSG bzw. § 3 Abs. 1 LDatG eine Befugnis aufgrund einer Rechtsvorschrift zur Daten*erhebung* oder die Zustimmung desjenigen, der über die Unterlagen, Daten und Ergebnisse verfügungsberechtigt war, ausschließlich bezogen auf den Datengeheimnisträger als einer natürlichen Person.

Dem Grunde nach ähnlich aufgebaut wie das *HDSG* und das *LDatG* war das *BDSG 1977.* Dieses unterschied im zweiten Abschnitt mit den §§ 7 ff BDSG 1977 zwischen der Datenverarbeitung der Behörden und sonstigen öffentlichen Stellen, stellte im dritten Abschnitt mit den §§ 22 ff BDSG 1977 auf die Datenverarbeitung nicht- öffentlicher Stellen für eigene Zwecke ab und nahm im vierten Abschnitt mit den §§ 31 ff BDSG 1977 auf die geschäftsmäßige Datenverarbeitung nicht- öffentlicher Stellen für fremde Zwecke Bezug. In § 2 BDSG 1977 fanden sich Legaldefinitionen verschiedener Begriffe, die in den nachfolgenden Überarbeitungen des *BDSG* in den Jahren 1990 und 2001 übernommen und so einer einheitlichen Auslegung zugeführt wurden. Hierzu zählten u.a. *personenbezogene Daten* gem. § 2 Abs. 1 BDSG 1977[38] als *Einzelangaben über persönliche oder sachliche Verhältnisse einer bestimmten oder bestimmbaren natürlichen Person (Betroffener),* also sämtliche Informationen über Zustände, Äußerungen, Handlungen oder Verhältnisse eines Bürgers[39]. Ist im Rest der Arbeit von „Daten" die Rede, sind grundsätzlich personenbezogene Daten gemeint. *Betroffener* war im Umkehrschluss aus § 2 Abs. 1 BDSG 1977 diejenige bestimmte oder bestimmbare natürliche Person, auf die sich Einzelangaben über persönliche und sachliche Verhältnisse beziehen. Jede Datenerhebung, -verarbeitung oder -nutzung bezieht sich auf einen Betroffenen im datenschutzrechtlichen Sinn. Dabei ist für die datenschutzrechtliche Betroffeneneigen-

---

38 Heute: § 3 Abs. 1 BDSG.
39 BbgVerfG in LKV 1999, 450 (452/453); Auernhammer, BDSG 1990, § 3 Rn. 2.

schaft unerheblich, ob die betroffene Person Handlungs-, Verhaltens- oder Nichtverantwortlicher i.S.d. Polizeirechts oder in sonstiger Weise von dieser Maßnahme betroffen ist[40]. Keine natürlichen Personen und damit keine Betroffenen sind Verstorbene[41]. Bestimmt ist eine Person, wenn sie sich in einer Personengruppe von allen anderen Mitgliedern dieser Gruppe unterscheiden lässt, was regelmäßig anhand der Personalien möglich ist[42]. Aber auch im organisatorischen Kontext ist die Identifizierung einer Person durch eine Kennziffer oder ein Kennzeichen wie eine Personalnummer, eine Sozialversicherungsnummer, eine Ausweisnummer oder ein Aktenzeichen möglich[43]. *Bestimmbarkeit* des Betroffenen setzt voraus, dass grundsätzlich die Möglichkeit besteht, die Identität einer Person festzustellen, wobei stets auf die konkreten Umstände des Einzelfalls abzustellen ist[44]. Sie entfällt, wenn Daten anonymisiert werden[45]. An der Bestimmbarkeit und damit an einem Personenbezug fehlt es hingegen, wenn das Risiko der Identifizierung so gering ist, dass es praktisch irrelevant erscheint[46]. Weiterhin definierte § 2 Abs. 2 BDSG 1977 die Begriffe *Speichern* (Nr. 1), *Übermitteln* (Nr. 2), *Verändern* (Nr. 3), *Löschen* (Nr. 4) und in § 2 Abs. 3 BDSG 1977 neben den Begriffen der speichernden *Stelle* (Nr. 1) und des *Dritten* (Nr. 2) den Begriff der Datei (Nr. 3) als

> „eine gleichartig aufgebaute Sammlung von Daten, die nach bestimmten Merkmalen erfasst und geordnet, nach anderen bestimmten Merkmalen umgeordnet und ausgewertet werden kann ungeachtet der dabei angewendeten Verfahren; nicht hierzu gehören Akten und Aktensammlungen, es sei denn, dass sie durch automatisierte Verfahren umgeordnet und ausgewertet werden können."

Wann Daten *berichtigt, gesperrt* oder *gelöscht* werden mussten, wurde in § 14 BDSG 1977 geregelt. Für die Löschung der in Dateien gespeicherten Daten wurde der speichernden Stelle in § 14 Abs. 3 Satz 1 BDSG 1977 grundsätzlich ein Beurteilungsspielraum eingeräumt. Orientiert an den be-

---

40 Ebert/Seel, ThürPAG, § 31 Rn. 6.
41 Weichert in Däubler/Klebe/Wedde/Weichert, BDSG, § 3 Rn. 4; Gola/Schomerus, BDSG, § 3 Rn. 12; Dammann in Simits, BDSG, § 3 Rn. 17; a.A. Bergmann/Möhrle/Herb, BDSG, Teil III: Kommentar, § 3 Rn. 4 bis 9.
42 Gola/Schomerus, BDSG, § 3 Rn. 10; Dammmann in Simitis, BDSG. § 3 Rn. 22; Buchner in Taeger/Gabel, Teil 1: BDSG, § 3 Rn. 11.
43 Dammmann in Simitis, BDSG. § 3 Rn. 22.
44 Buchner in Taeger/Gabel, Teil 1: BDSG, § 3 Rn. 11.
45 Weichert in Däubler/Klebe/Wedde/Weichert, BDSG, § 3 Rn. 13.
46 Dammann in Simitis, BDSG. § 3 Rn. 23.

reits erlassenen Datenschutzgesetzen erließen auch die übrigen 9 westdeutschen Bundesländer
- *Baden- Württemberg* durch *Gesetz zum Schutz vor Missbrauch personenbezogener Daten bei der Datenverarbeitung (LDSG)* vom 4.12.1979[47],
- *Bayern* durch *Gesetz zum Schutz vor Missbrauch personenbezogener Daten bei der Datenverarbeitung (BayDSG)* vom 28.4.1978[48],
- *Berlin* durch *Gesetz über den Datenschutz in der Berliner Verwaltung (DSG Berlin)* vom 21.7.1978[49],
- *Bremen* durch *Gesetz zum Schutz vor Missbrauch personenbezogener Daten bei der Datenverarbeitung (DSG Bremen)* vom 19.12.1977[50],
- *Hamburg* durch das *Hamburgische Datenschutzgesetz (HmbDSG)* vom 31.3.1981[51],
- *Niedersachen* durch das *Niedersächsische Datenschutzgesetz (NDSG)* vom 26.5.1978[52],
- *Nordrhein- Westfalen* durch *Gesetz zum Schutz vor Missbrauch personenbezogener Daten bei der Datenverarbeitung (DSG NRW)* vom 19.12.1978[53],
- das *Saarland* durch *das Saarländische Gesetz zum Schutz vor Missbrauch personenbezogener Daten bei der Datenverarbeitung (SDSG)* vom 17.5.1978[54] und
- *Schleswig- Holstein* durch *Gesetz zum Schutz personenbezogener Daten bei der Datenverarbeitung (LDSG SH)* vom 1.6.1978[55]

erstmals eigene Datenschutzgesetze. Wie sich aus den Titeln einiger dieser Gesetzes sowie aus § 1 Abs. 1 BDSG 1977 ergibt, beschränkten sie sich wie auch das *HDSG* und das *LDatG* auf die Verhinderung des Missbrauchs von Daten im Zusammenhang mit der Daten*verarbeitung* als dem Oberbegriff für die Speicherung, Übermittlung, Veränderung und Löschung von Daten[56]. Sie regeln nach heutigem Datenschutzverständnis nicht den ein-

---

47 GBl. BW 1979 S. 534 bis 543.
48 Bay. GVBl. 1978 S. 165 bis 175.
49 GVBl. Berlin 1978 S. 1317 bis 1323.
50 Brem. GBl. 1977 S. 393 bis 400.
51 Hamb. GVBl. 1981 I. S. 71 bis 78.
52 Nds. GVBl. 1978 S. 421 bis 430.
53 GVBl. NRW 1978 S. 640 bis 648.
54 ABl. d. Saarlandes 1978 S. 581 bis 588.
55 GVBl. SH 1978 S. 156 bis 163.
56 Simitis in Simitis, BDSG, Einleitung Rn. 2.

gangs erwähnten Datenschutz im engeren Sinne, sondern ausschließlich die Datensicherung als einen Teilbereich des heute verstandenen Datenschutzes im weiteren Sinne[57]. Unter Datensicherung waren damals Maßnahmen zu verstehen, die zum Schutz von Daten, Datenträgern, Datenverarbeitungsanlagen und Datenverarbeitungsprogrammen getroffen werden[58]. Bei diesen Maßnahmen handelt es sich um technische und organisatorische Vorkehrungen gegen den Verlust der Vertraulichkeit, den Verlust der Integrität und den Verlust der Verfügbarkeit der Daten[59]. Nach heutigem Sprachgebrauch fallen die insoweit notwendigen technischen Vorkehrungen unter dem Begriff der *Informationssicherheit*, die sogenannte *IT – Sicherheit*[60]. Infolge des in den 1970er Jahren vorherrschenden Verständnisses vom Datenschutz als *Datenschutz im weiteren Sinn* beinhalteten die Datenschutzgesetze der 1970er Jahre nur einen kleinen Ausschnitt der heute geltenden datenschutzrechtlichen Bestimmungen.

Neben den in § 6 BDSG 1977 geregelten technischen und organisatorischen Maßnahmen[61] entsprachen diese Bestimmungen über die Datensicherheit vor allem der in § 5 BDSG 1977 geregelten Pflicht zur Wahrung des Berufs- und Amtsgeheimnisses aus § 203 StGB[62]. Den im ersten *HDSG* bzw. *LDatG* verwendeten datenschutzrechtlichen Bestimmungen entsprechende Regelungen fanden sich in den §§ 5 und 6 BDSG 1977[63] und seit dem *BDSG 1990* im Allgemeinen Teil der heutigen Datenschutzgesetze. Die Bestellung eines Datenschutzbeauftragten sowie dessen Funktionen betreffende Bestimmungen wurden in den §§ 17 bis 21, 28, 29 BDSG 1977 geregelt. Primäre Aufgabe dieser datenschutzrechtlichen Verarbeitungsregelungen war es, verarbeitungsbedingte Persönlichkeitsgefährdungen mit Hilfe zwingend vorgeschriebener Verhaltensmaßstäbe auszuschließen[64].

---

57 Tinnefeld/Ehrmann/Gerling, BDSG, S. 177.
58 Bergmann/Möhrle/Herb, Teil I: Systematik, Ziff. 2.6.2.
59 Tinnefeld/Ehrmann/Gerling, BDSG, S. 383/384, 645-647.
60 Simitis in Simitis, BDSG, Einleitung Rn. 3; Ahlf/Störzer/Vordermaier, Kriminalistik, Bd. 2, Ziff. 46 Rn. 16.
61 Simitis in Simitis, BDSG, Einleitung Rn. 2.
62 Tinnefeld/Ehrmann/Gerling, BDSG, S. 182/183; Rieß in Wahrheitsfindung und ihre Schranken, Strafverteidiger-Frühjahrssymposium 1988 des DAV, 141 (141).
63 Heute: §§ 5, 9 BDSG.
64 Simitis in Simitis/Dammann, BDSG, Einleitung Rn. 16.

II. Die Verteilung der Gesetzgebungskompetenz für die Datenschutzgesetze der 1970er Jahre

Da im Verarbeiten von Daten nach dem Rechtsverständnis der 1970er Jahre kein Grundrechtseingriff lag und die Datenverarbeitung als Arbeits- und Organisationsmittel angesehen wurde, wurde die Gesetzgebungskompetenz für den für öffentliche Stellen in den §§ 1 bis 21 BDSG 1977 geregelten Datenschutzes i.w.S. aus der Gesetzgebungskompetenz für das Verwaltungsverfahren abgeleitet[65]. Das Grundgesetz sieht keine Gesetzgebungskompetenz des Bundes für die Verarbeitung von Daten vor[66]. Da dem Bund für die Gesetzgebung und Verwaltung gem. Art. 30, Art. 70 Abs. 1 und Art. 83 GG nur diejenigen Kompetenzen zustehen, die ihm ausdrücklich zugewiesen sind, stehen ihm auch bezogen auf den Datenschutz nur eingeschränkte Kompetenzen zu[67]. Die Gesetzgebungskompetenz für den Datenschutz ergab sich nach damaligem Rechtsverständnis aus der Gesetzgebungskompetenz für das Verwaltungsverfahren. Hätte der Bund im *BDSG 1977* jedoch abschließend von dessen Gesetzgebungskompetenz für das Verwaltungsverfahren aus Art. 84 Abs. 1, Art. 85 Abs. 1 oder Art. 86 GG Gebrauch gemacht, hätten Landesbehörden wie bei der Anwendung des *VwVfG* bei Bundesgesetzen das *BDSG* und bei Landesgesetzen das *DSG* des jeweiligen Landes anwenden müssen. Folge hiervon wäre gewesen, dass Landesbehörden unter Umständen zweierlei Datenschutzrecht hätten anwenden müssen[68]. Um dies zu verhindern, hatte der Bund in § 7 Abs. 2 BDSG 1977, der dem den heutigen § 12 Abs. 2 BDSG entsprach, in Bezug auf die Reichweite des *BDSG* dadurch zurückgesteckt[69], dass das *BDSG* für Landesbehörden nur anwendbar sein sollte, sofern kein *LDSG* existierte[70]. Eine Abgrenzung des Anwendungsbereichs des *BDSG* von dem der Datenschutzgesetze der Länder war bei bestehender Gesetzgebungskompetenz des Bundes danach vorzunehmen, ob eine bundeseigene Verwaltungsbehörde i.S.d. Art. 83, 86 ff GG oder in Fällen der Art. 84 und 85 GG eine Behörde

---

65 Auernhammer, BDSG 1990, Einführung Rn. 31; Simitis in Simitis, BDSG, § 1 Rn. 8, 9; Arndt in JuS 1988, 681 (682); Wochner in DVBl. 1982, 233 (234/235).
66 Simitis in Simitis, BDSG, § 1 Rn. 1; Auernhammer, BDSG 1990, Einführung Rn. 30.
67 Kühling/Seidel/Sivridis, Datenschutzrecht, S. 74; Pieroth/Schlink/Kniesel, POR, § 2 Rn. 35.
68 Auernhammer, BDSG 1990, § 12 Rn. 12.
69 Wochner in DVBl. 1982, 233 (235).
70 Dammann in Simitis, BDSG, § 1 Rn. 120; Wochner in DVBl. 1982, 233 (235).

Kapitel 1: Die Entwicklung der allgemeinen Datenschutzgesetze

der Landesverwaltung handelte. Unerheblich war dabei, in welcher Form die Verwaltungsbehörde des Landes tätig wird. Das jeweilige *LDSG* fand vor dem Volkszählungsurteil immer dann Anwendung, wenn Bundesgesetze i.S.d. Art. 84 und 85 GG durch Landesbehörden ausgeführt wurden.

Somit fällt das Datenschutzrecht für öffentliche Stellen in die Zuständigkeit der Länder[71]. Da Landesrecht immer durch Landesbehörden ausgeführt wird, waren insoweit unproblematisch die Landesdatenschutzgesetze anwendbar. Die Gesetzgebungskompetenz des Bundes für den in den §§ 1 bis 6, 22 ff BDSG 1977 geregelten, für nicht- öffentliche Stellen relevanten Datenschutz ergab sich hingegen aus der jeweiligen Sachkompetenz, also insbesondere der Gesetzgebungskompetenz für das Zivil-, Straf-, Wirtschafts- und Arbeitsrecht aus Art. 74 Abs. 1 Nr. 1, 11, 12 und 14 GG[72]. Dies ist notwendig um einen bundeseinheitlichen Datenschutzes zur Wahrung der Rechts- und Wirtschaftseinheit i.S.d. Art. 72 Abs. 2 Nr. 3 GG zu gewährleisten[73].

C. Die Weiterentwicklung des Datenschutzrechts infolge des Volkszählungsurteils

Im Gegensatz zu den Datenschutzgesetzen der 1970er Jahre steht heute in datenschutzrechtlichen Bestimmungen nicht mehr das Verhindern des unbefugten Verwendens von Daten außerhalb der Aufgabenstellung, zu der die Daten durch die diese nunmehr in Dateien vorhaltende Behörde erhoben wurden, im Vordergrund[74]. Vielmehr betrifft der Datenschutz seit Mitte der 1980er Jahre den Schutz des Menschen, auf den sich die Daten beziehen[75]. Die Erhebung, Verarbeitung und Nutzung von Daten werden als Folge des Vorbehalts des Gesetzes einheitlich unter ein Verbot mit Erlaubnisvorbehalt gestellt. Mittlerweile erkannte das BVerfG im Volkszählungsurteil an, dass jeder Mensch im Geltungsbereich des Grundgesetzes den Schutz des Grundrechts auf informationelle Selbstbestimmung genießt. Deshalb bedarf jeder

---

71 BVerfGE 125, 260 (314).
72 Auernhammer, BDSG 1990, Einführung Rn. 32; Simitis in Simitis, BDSG, § 1 Rn. 6; Arndt in JuS 1988, 681 (682); Wochner in DVBl. 1982, 233 (236 ff).
73 Däubler/Klebe/Wedde/Weichert, BDSG, Einleitung Rn. 61; Taeger/Schmidt in Taeger/Gabel, Teil 1: BDSG, Einführung Rn. 5.
74 Bergmann/Möhrle/Herb, BDSG, Teil III: Kommentar, § 1 Rn. 2.
75 Arndt in JuS 1988, 681 (681).

C. Die Weiterentwicklung des Datenschutzrechts infolge des Volkszählungsurteils

staatliche Umgang mit personenbezogenen Daten unter Eingriff in dieses Grundrecht einer den Anforderungen des Vorbehalts des Gesetzen aus Art. 20 Abs. 3 GG entsprechenden gesetzlichen Ermächtigungsgrundlage.

I. Die Auswirkung des Volkszählungsurteils auf das zweite BDSG

Das Volkszählungsurteil des BVerfG vom 15.12.1983 (Az.: 1 BvR 209 / 83, 1 BvR 269 / 83, 1 BvR 362 / 83, 1 BvR 420 / 83, 1 BvR 440 / 83 und 1 BvR 484 / 83) brachte den entscheidenden Einschnitt für die Entwicklung des Datenschutzrechts in der Bundesrepublik Deutschland. Das BVerfG stellte fest, dass das APR aus Art. 2 Abs. 1 GG i.V.m. Art. 1 Abs. 1 GG unter den Bedingungen der modernen Datenverarbeitung auch den Schutz des Einzelnen gegen unbegrenzte Erhebung, Speicherung, Verwendung und Weitergabe seiner Daten umfasst[76]. Als eigenständiger Teil des APR wurde das Grundrecht auf informationelle Selbstbestimmung als das Recht des Einzelnen, grundsätzlich selbst über die Preisgabe und Verwendung seiner persönlichen Daten zu bestimmen, betont[77]. Hierin darf infolge des Gesetzesvorbehalts des Art. 2 Abs. 1 GG nur eingegriffen werden, wenn das Allgemeininteresse es erfordert, und wenn die den Grundrechtseingriff bewirkende Maßnahme den Anforderungen einer verfassungsgemäßen Grundlage genügt, die dem rechtsstaatlichen Gebot der Normenklarheit und dem Grundsatz der Verhältnismäßigkeit gerecht wird[78]. Inwieweit der Gesetzgeber durch die Verfassung zur Wahrung dieser Maßstäbe bei der Schaffung von gesetzlichen Eingriffsnormen verpflichtet ist, den Grundrechtsschutz durch Verfahrensvorschriften abzusichern, hängt unter Berücksichtigung der Verhältnismäßigkeitsgesichtspunkte von der Art, dem Umfang und der denkbaren Verwendung der erhobenen Daten sowie dem Grad der Gefahr ihres Missbrauchs ab[79]. Angesichts neuer Gefährdungen durch die Nutzung automatisierter Dateien hat der Gesetzgeber mehr als früher auch organisatorische und verfahrensrechtliche Vorkehrungen zu treffen, die der Gefahr der unverhältnismäßigen Verletzung des Grundrechts auf informationelle Selbstbestimmung entgegenwirken[80].

---

76 BVerfGE 65, 1 (43).
77 BVerfGE 65, 1 (43).
78 BVerfGE 65, 1 (44).
79 BVerfGE 65, 1 (44); 53, 30 (65); 49, 89 (142); 19, 342 (348/349).
80 BVerfGE 65, 1t (44); 63, 131 (143); 53, 30 (65).

Kapitel 1: Die Entwicklung der allgemeinen Datenschutzgesetze

1. Das Volkszählungsurteil des BVerfG vom 15.12.1983

Anlass der dem Volkszählungsurteil zugrunde liegenden Verfassungsbeschwerden gab das *Gesetz über eine Volkszählung, Berufszählung, Wohnungszählung und Arbeitsstättenzählung* vom 25.3.1982 *(VZG 1983)*[81]. Dieses sah das BVerfG grundsätzlich als verfassungskonform an, verneinte dessen Verfassungsmäßigkeit aber insoweit, als es die Übermittlungsregelungen des § 9 Abs. 1 bis 3 VZG 1983 nicht als grundrechtskonform ansah und gem. § 95 Abs. 3 Satz 1 BVerfGG für nichtig erklärte[82]. Für die Tragweite von Eingriffen in das durch das Volkszählungsurteil anerkannten Grundrechts auf informationelle Selbstbestimmung seien die Nutzbarkeit und die Verwendungsmöglichkeit der erlangten Daten entscheidend[83]. Diese hingen von dem *Zweck*, dem die Erhebung der Daten dient, sowie von den der verwendeten Informationstechnologie eigenen Verarbeitungs- und Verknüpfungsmöglichkeiten ab, durch die ein für sich gesehen unbedeutendes Datum einen anderen Stellenwert bekommen kann[84]. Zur Feststellung Bedeutung eines Datums in Bezug auf das APR bedarf es demnach der Kenntnis über dessen Verwendungszusammenhang, d.h. über den Zweck, zu dem Angaben erlangt werden sowie über die Möglichkeiten der späteren Verknüpfung und Verwendung dieser Angaben; sprich deren Weiterverwendung[85]. Erst wenn der Zweck, zu dem Daten erhoben werden, sowie die bestehenden Verknüpfungs- und Verwendungsmöglichkeiten bekannt sind, lässt sich bewerten, inwieweit Beschränkungen des Grundrechts auf informationelle Selbstbestimmung noch verfassungskonform sind[86]. Insbesondere unter den Bedingungen moderner Datenverarbeitung setzt informationelle Selbstbestimmung voraus, dass für den Einzelnen die Möglichkeit besteht, durch eigene Handlungen oder Unterlassungen auf die Preisgabe von ihn betreffenden Informationen Einfluss zu nehmen[87]. Der Bürger muss wissen können, wer was wann bei welcher Gelegenheit über ihn weiß[88].

---

81 Richtlinie des Rates der Europäischen Gemeinschaften vom 22.11.1973 zur Synchronisierung der allgemeinen Volkszählungen 73/403/EWG; ABl. EG Nr. L 347 vom 17.12.1973 S. 50.
82 BVerfGE 65, 1 (71).
83 BVerfGE 65, 1 (45).
84 BVerfGE 65, 1 (45).
85 BVerfGE 65, 1 (45).
86 BVerfGE 65, 1 (45).
87 BVerfGE 65, 1 (42/43).
88 BVerfGE 65, 1 (43).

C. Die Weiterentwicklung des Datenschutzrechts infolge des Volkszählungsurteils

a. § 9 Abs. 1 bis 3 VZG 1983 als Ausgangspunkt für das Volkszählungsurteil

Um die wesentlichen Aussagen des Volkszählungsurteils besser nachzuvollziehen, sollte man sich diejenigen Regelungen des *VZG 1983* verdeutlichen, die Angriffspunkt des Volkszählungsurteils waren. Für die unterschiedliche Intensität der Eingriffe in das Grundrecht informationelle Selbstbestimmung, die § 9 Abs. 1 bis 3 VZG 1983 ermöglichte, war entscheidend, ob sich die jeweilige Eingriffsbefugnis auf individualisierte, nicht anonymisierte Daten[89] oder auf für statistische Zwecke bestimmte anonymisierte Daten bezog[90].

§ 9 VZG 1983
(1) Angaben der Volkszählung nach § 2 Nr. 1 und 2 können mit den Melderegistern verglichen und zu deren Berichtigung verwendet werden. Aus diesen Angaben gewonnene Erkenntnisse dürfen nicht zu Maßnahmen gegen den einzelnen Auskunftspflichtigen verwendet werden.
(2) Einzelangaben ohne Namen über die nach den §§ 2 bis 4 erfassten Tatbestände dürfen nach § 11 Abs. 3 des Bundesstatistikgesetzes vom 14.3.1980 (BGBl. I S. 289) von den Statistischen Ämtern des Bundes und der Länder an die fachlich zuständigen obersten Bundesbehörden und Landesbehörden übermittelt werden, soweit sie zur rechtmäßigen Erfüllung der in ihrer Zuständigkeit liegenden Aufgaben erforderlich sind. Mit Ausnahme des § 2 Nr. 1 sowie der nach § 4 Nr. 1 Buchstabe c und § 4 Nr. 3 Buchstabe c erfassten Tatbestände gilt Satz 1 auch für die Übermittlung an die von den fachlich zuständigen obersten Bundesbehörden oder Landesbehörden bestimmten Behörden, sonstigen öffentlichen oder nicht – öffentlichen Stellen, soweit die Übermittlung zur Durchführung der von den fachlich zuständigen obersten Bundesbehörden oder Landesbehörden übertragenen Aufgaben erforderlich ist. Absatz 1 Satz 2 gilt entsprechend.
(3) Für Zwecke der Regionalplanung, des Vermessungswesens, der gemeindlichen Planung und des Umweltschutzes dürfen Gemeinden und Gemeindeverbände die erforderlichen Einzelangaben ohne Namen über die nach §§ 2 bis 4 mit Ausnahme des Merkmals rechtliche Zugehörigkeit oder Nichtzugehörigkeit zu einer Religionsgesellschaft in § 2 Nr. 1 sowie der nach § 4 Nr. 1 Buchstabe c und § 4 Nr. 3 Buchstabe c erfassten Tatbestände der Auskunftspflichtigen ihres Zuständigkeitsbereiches von den Statistischen Ämtern der Länder übermittelt werden. Für eigene statistische Aufbereitungen können den Gemeinden oder Gemeindeverbänden Einzelangaben über die nach den §§ 2 bis 4 erfassten Tatbestände von den Statistischen Landesämtern zur Verfügung gestellt werden. Absatz 1 Satz 2 gilt entsprechend.

---

89 BVerfGE 65, 1 (45/46).
90 BVerfGE 65, 1 (45; 47 bis 52).

Kapitel 1: Die Entwicklung der allgemeinen Datenschutzgesetze

In § 2 Nr. 1 bis 7 VZG 1983 wurden die Inhalte der Volks- und Berufszählung dahingehend konkretisiert, dass neben den Namensangaben auch Angaben über Geburtsdatum, Anschrift, Religions- und Staatsangehörigkeit, Einkommensquelle, Erwerbstätigkeit, Bildungsstand, Name des Arbeitgebers etc. angegeben werden mussten. §§ 3 und 4 VZG 1983 konkretisieren die gebäudestatischen Fragestellungen bzw. die Arbeitsstättenzählung. In § 5 Abs. 1 VZG 1983 wurde jedem Adressaten des VZG 1983 unter Androhung einer Geldbuße die Pflicht auferlegt, die von ihm unter §§ 2 bis 4 VZG 1983 geforderten Angaben zu machen. Demnach sollten angeblich zu statistischen Zwecken erhobene, zur Begrenzung des mit deren Erhebung verbundenen Eingriffs in das Grundrecht auf informationelle Selbstbestimmung zu anonymisierende Daten unter Ausweitung dieses Eingriffs in nicht-anonymisierter Form grundsätzlich auch zur Erfüllung der Aufgaben von Meldebehörden (Abs. 1 Satz 1), von obersten Bundes- oder Landesbehörden sowie gegebenenfalls deren nachgeordneten Behörden (Abs. 2 Satz 1 und 2) oder aber der Gemeinden und Gemeindeverbände genutzt werden dürfen. In Ansehung der Furcht der Bevölkerung vor unkontrollierter Persönlichkeitserfassung steckte das BVerfG zunächst allgemeinverbindlich den Rahmen für alle zukünftigen Vorhaben der Verarbeitung von Daten zu Zwecken des Verwaltungsvollzuges ab und wandte sich anschließend der besonderen Problematik der Zweckänderung von zu statistischen Zwecken erhobenen Daten zu[91]:

– Eingriffe in das Grundrecht auf informationelle Selbstbestimmung sind aufgrund der Schrankentrias des Art. 2 Abs. 1 GG nur dann zulässig, wenn sie in einem überwiegenden Allgemeininteresse stehen. Ein überwiegendes Allgemeininteresse kann nur an Daten mit Sozialbezug und unter Ausschluss unzumutbarer intimer Angaben oder Selbstbezichtigungen bestehen[92].

– Eine gesetzliche Ermächtigung, die zu einer zwangsweise durchsetzbaren Abgabe personenbezogener Daten verpflichtet, muss den Verwendungszweck bereichsspezifisch und präzise bestimmen und zu diesem Zweck erforderlich und geeignet sein (bereichsspezifische Regelung)[93].

– Eine gesetzliche Legitimation einer Sammlung von nicht anonymisierten personenbezogenen Daten auf Vorrat zu unbestimmten oder noch nicht

---

91 BVerfGE 65, 1 (45/46); Simitis in Simitis, BDSG, Einleitung Rn. 29.
92 BVerfGE 65, 1 (46).
93 BVerfGE 65, 1 (46).

C. Die Weiterentwicklung des Datenschutzrechts infolge des Volkszählungsurteils

bestimmbaren Zwecken ist unzulässig (Verbot der Speicherung von Daten auf Vorrat)[94].
- Die Erhebung und Verarbeitung personenbezogener Daten ist nur erforderlich i.S.d. Verhältnismäßigkeitsgrundsatzes, wenn sich jede Stelle, die zur Erfüllung ihrer Aufgaben personenbezogene Daten erhebt oder sammelt, auf das zum Erreichen des angegebenen Ziels erforderliche Minimum beschränkt (Gebot der Datensparsamkeit)[95].
- Eine gänzliche oder teilweise Totalabbildung durch umfassende Registrierung und Katalogisierung der menschlichen Persönlichkeit durch Zusammenführung einzelner Lebens- und Persönlichkeitsdaten mittels unbeschränkter Verknüpfung der bei verschiedenen Verwaltungsbehörden vorhandener Daten, oder gar die Erschließung eines derartigen Datenverbundes, verstößt gegen die Menschenwürdegarantie aus Art. 1 Abs. 1 Satz 1 GG und ist daher untersagt (Verbot der Totalabbildung der menschlichen Persönlichkeit)[96].
- Personenbezogene Daten dürfen nur zu dem Zweck verwendet, d.h. verarbeitet und genutzt, werden, zu dem sie erhoben worden sind (Grundsatz der Zweckbindung)[97].
- Nur bei umfassenden Weitergabe- und Verwertungsverboten ist ein Schutz gegen die Zweckentfremdung von Daten – auch im Wege der Amtshilfe – möglich[98].
- Es sind verfahrensrechtliche Schutzvorkehrungen wie Aufklärungs-, Auskunfts- und Löschungspflichten gegen die Zweckentfremdung von Daten – auch im Wege der Amtshilfe – zu treffen[99].
- Ein effektiver Schutz des Rechts auf informationelle Selbstbestimmung setzt die Schaffung gesetzlicher Grundlagen zu einer möglichst frühzeitigen Beteiligung unabhängiger Datenschutzbeauftragter insbesondere dort voraus, wo die zu eingreifenden Maßnahmen ohne Kenntnis der betroffenen Person erfolgen[100].

Anschließend wandte sich das BVerfG den Besonderheiten bei der Erhebung und Verarbeitung von Daten für statistische Zwecke zu stellen zu. Wesen

---

94 BVerfGE 65, 1 (46).
95 BVerfGE 65, 1 (46).
96 BVerfGE 65, 1 (52/53); 27, 1 (6).
97 BVerfGE 65, 1 (46).
98 BVerfGE 65, 1 (46).
99 BVerfGE 65, 1 (46).
100 BVerfGE 65, 1 (46).

Kapitel 1: Die Entwicklung der allgemeinen Datenschutzgesetze

der Statistik ist, dass zu statistischen Zwecken erhobene Daten nach ihrer statistischen Aufbereitung für verschiedene, nicht vorhersehbare *statistische* Aufgaben genutzt werden, so dass sich die Nutzungszwecke erst als Ergebnis der statistischen Aufbereitung der Daten ergeben[101]. Daher kann eine konkrete Zweckbindung für zu statistische Zwecken zu erheben Daten verlangt werden[102]. An gesetzliche Regelungen im Zusammenhang mit der Erhebung von Daten zu statistischen Zwecken seinen daher im Vergleich zu solchen, die sich auf die Datenerhebung zu Zwecken des Verwaltungsvollzuges beziehen, unterschiedliche Anforderungen zu stellen[103]:

– Das Verbot der Vorratsdatenspeicherung gilt anders als das Verbot der gänzlichen oder teilweisen Totalerhebung der menschlichen Persönlichkeit[104] bei zu statistischen Zwecken gespeicherten Daten nicht, da diese eine gesicherte Datenbasis für weitere statistische Untersuchungen sowie für den politischen Planungsprozess, z.B. durch eine verlässliche Feststellung der Zahl und Sozialstruktur der Bevölkerung, vermitteln soll[105].

– Der großen Verwendungsbreite von zu statistischen Zwecken erhobenen Daten müssen Schranken gesetzt werden, die an die Erhebung der Daten oder an die Verarbeitung der Daten innerhalb des Informationssystems anknüpfen; hierzu zählen *Verarbeitungsvoraussetzungen*, die sicherstellen, dass der Einzelne unter den Bedingungen einer automatischen Erhebung und Verarbeitung seiner Daten nicht zum bloßen Informationsobjekt wird und in die Gefahr einer persönlichkeitsfeindlichen Registrierung und Katalogisierung läuft[106]:

– Datenerhebungen zu statistischen Zwecken sind ohne die Einwilligung des Betroffenen nur zur Erfüllung öffentlicher Aufgaben zulässig[107].

– Der Gefahr der Stigmatisierung und sozialen Etikettierung ist entgegenzuwirken[108].

---

101 BVerfGE 65, 1 (47).
102 BVerfGE 65, 1 (47).
103 BVerfGE 65, 1 (47 ff).
104 BVerfGE 65, 1 (53).
105 BVerfGE 65, 1 (48).
106 BVerfGE 65, 1 (48 f).
107 BVerfGE 65, 1 (48).
108 BVerfGE 65, 1 (48).

C. Die Weiterentwicklung des Datenschutzrechts infolge des Volkszählungsurteils

- Die Anonymisierung der zu statistischen Zwecken erhobenen Daten ist milderes Mittel i.S.d. Gebotenheit des Verarbeitungsprozesses im Hinblick auf den Verhältnismäßigkeitsgrundsatz[109].
- Zur Sicherung des Rechts auf informationelle Selbstbestimmung sind folgende Durchführungs- und Organisationsregelungen erforderlich[110]: Das Statistikgeheimnis gewährleistet die strikte Geheimhaltung der zu statistischen Zwecken erhobenen Daten, solange im Rahmen des Verarbeitungsprozesses der Gefahr der Deanonymisierung der zu statistischen Zwecken erhobenen Daten noch nicht durch Löschen der Identifikationsmerkmale nachgekommen wurde. Verfahrensrechtliche Vorkehrungen wie Anonymisierungs- und Löschungspflichten in Bezug auf noch vorhandene Identifikationsmerkmale sind daher zwingend vorzusehen[111].

Danach war zwar die Weitergabe der zu statistischen Zwecken erhoben, noch nicht anonymisierten Daten kraft ausdrücklicher gesetzlicher Ermächtigung zur statistischen Aufbereitung durch andere Behörden zulässig, falls die zum Schutz der Persönlichkeit getroffenen Vorkehrungen – insbesondere das Statistikgeheimnis und das Gebot der Anonymisierung – in gleicher Weise sichergestellt werden wie bei den Statistischen Ämtern des Bundes und der Länder[112]. Als unzulässig und *verfassungswidrig* erklärte das BVerfG aber die in § 9 Abs. 1 bis 3 VZG 1983 enthaltene Befugnis zur *Weitergabe nicht anonymisierter Daten*, die zuvor zu statistischen Zwecken erhoben worden waren, und die dazu dienen sollten, *unter Zweckentfremdung für Zwecke des Verwaltungsvollzuges verwendet zu werden*[113]. § 9 Abs. 1 bis 3 VZG 1983 war zu unbestimmt, weil dieser die Verwendung der auf Grundlage des *VZG 1983* erhobenen Daten nicht auf statistische Zwecke beschränkte. Im Einzelnen befand das BVerfG die Übermittlungsbefugnisse aus § 9 Abs. 1 bis 3 VZG 1983 wie folgt für verfassungswidrig:

---

109 BVerfGE 65, 1 (48/49).
110 BVerfGE 65, 1 (49 f).
111 BVcrfGE 65, 1 (49/50).
112 BVerfGE 65, 1 (51; 61).
113 BVerfGE 65, 1 (51/52; 61).

aa. § 9 Abs. 1 VZG 1983

Aufgaben der Meldebehörden aus § 1 Abs. 3 des *Melderechtsrahmengesetzes* vom 16.8.1980 *(MRRG)* ist es, vorhandene personenbezogene Daten an andere Behörden weiterzugeben. Dies schließt die in § 9 Abs. 1 VZG 1983 vorgesehene Weitergabe von noch nicht anonymisierten und daher personenbezogenen Daten aus verfassungsrechtlicher Sicht aus. Zum Zeitpunkt der Datenerhebung war nicht erkennbar, zu welchen konkreten Zwecken welche Behörden die an die Meldebehörden weitergeleiteten, ursprünglich zu Zwecken der Volkszählung erhobenen Daten verwenden durften[114]. Der auskunftspflichtige Bürger vermochte die Auswirkungen des § 9 Abs. 1 VZG 1983 nicht mehr zu übersehen[115]. Hier wäre eine Regelung mit enger und konkreter Zweckbindung erforderlich gewesen, deren mangelnde Existenz zu einem Verstoß gegen das Gebot der Normenklarheit führte.

> „Der Bürger muss aus der gesetzlichen Regelung klar erkennen können, dass seine Daten nicht allein zu statistischen Zwecken verwendet werden, für welche konkreten Zwecke des Verwaltungsvollzuges seine personenbezogenen Daten bestimmt und erforderlich sind und dass ihre Verwendung unter Schutz gegen Selbstbezichtigung auf diesen Zweck begrenzt bleibt[116]."

Die originär mit dem *VZG 1983* verfolgten statistischen Zwecke und die mit dem Melderegisterabgleich verfolgten Zwecke schlossen sich zudem gegenseitig aus[117]. Die Funktionsfähigkeit der amtlichen Statistik war auf wahrheitsgemäße Angaben der befragten Personen angewiesen[118] und wurde durch das Statistikgeheimnis des § 11 BStatG und die Anonymisierungspflicht des § 11 Absatz 7 Satz 2 BStatG gewährleistet[119]. Ziel des *VZG 1983* war es, eine Volkszählung zu ermöglichen, die ein vielseitiges koordiniertes statistisches Bild von Gesellschaft und Wirtschaft liefert[120]. Allerdings stehen das Statistikgeheimnis und die Anonymisierungspflicht einer Nutzung der erhobenen Daten zum Melderegisterabgleich entgegen. Dem konnte auch durch das Nachteilsverbot des § 9 Abs. 1 Satz 2 VZG 1983 nicht

---

114 BVerfGE 65, 1 (64).
115 BVerfGE 65, 1 (65).
116 BVerfGE 65, 1 (63).
117 BVerfGE 65, 1 (64).
118 BVerfGE 65, 1 (64).
119 BVerfGE 65, 1 (50/51, 58).
120 BT-Drucksache 9/451 S. 1, 7, 8.

C. Die Weiterentwicklung des Datenschutzrechts infolge des Volkszählungsurteils

abgeholfen werden[121]. An die Erhebung von Daten zu statistische Zwecken sind andere Voraussetzungen zu knüpfen als an die Erhebung von Daten zur Verwaltungsvollstreckung[122]. Für statistische Erhebungen sind Identifikationsmerkmale wie Name und Anschrift nur Hilfsmittel, während Identifikationsmerkmale für die Verwaltungsvollstreckung ein wesentlicher Bestandteil sind[123]. Mit anderen Worten: Daten, die zu statistischen Zwecken erhoben worden und deshalb zu anonymisieren sind, können nicht geeignet i.S.d. Verhältnismäßigkeitsprüfung sein, um Behörden zur Aufgabenerfüllung zu dienen, falls die Behörden dabei auf Personaldaten der betroffenen Personen angewiesen sind. Die streitbefangene Regelung, die dennoch beiden Zwecke dienen sollte, wurde infolge der zwangsläufigen Ungeeignetheit entweder zu dem einen oder dem anderen Zweck als verfassungswidrig erachtet, weil sie tendenziell Unvereinbares miteinander verbindet[124].

bb. § 9 Abs. 2 VZG 1983

Das BVerfG sprach der Befugnis aus § 9 Abs. 2 VZG 1983, zu statistischen Zwecken erhobene Daten an zuständige obersten Bundes- oder Landesbehörden zur Erfüllung von deren Ausgaben zu übermitteln, jegliche Normenklarheit ab, da sich aus der Befugnisnorm nicht entnehmen lasse, ob die zu statistischen Zwecken erhobenen Daten nur zu statistischen Zwecken oder auch zu Zwecken des Verwaltungsvollzuges verwendet werden dürften[125]. Insbesondere die Weitergabe nicht anonymisierter Daten erfordert konkrete, klar definierte Zwecke[126]. Fehlt es schon an einer klaren Zweckbestimmung, ist auch nicht mehr abzusehen, ob sich eine spätere Weitergabe in den Grenzen des zur Zweckerfüllung erforderlichen hält[127].

---

121 BVerfGE 65, 1 (65).
122 BVerfGE 65, 1 (45 / 61 / 64).
123 BVerfGE 65, 1 (62).
124 BVerfGE 65, 1 (62 / 64).
125 BVerfGE 65, 1 (66).
126 BVerfGE 65, 1 (66).
127 BVerfGE 65, 1 (66).

Kapitel 1: Die Entwicklung der allgemeinen Datenschutzgesetze

cc. § 9 Abs. 3 VZG 1983

Ähnlich wie bei § 9 Abs. 1 und 2 VZG 1983 sprach das BVerfG auch § 9 Abs. 3 Satz 1 VZG 1983 die notwendige Normbestimmtheit ab. Auch hier sei nicht hinreichend erkennbar, zu welchem konkreten klar definierten Zweck die Daten weitergegeben werden[128]. § 9 Abs. 3 Satz 2 VZG 1983 sei deshalb mit dem Grundrecht auf informationelle Selbstbestimmung unvereinbar, weil es eine Übermittlung von Einzelangaben für statistische Aufbereitungen der Gemeinden und ihrer Verbände gestattet, ohne die Zweckbindung zu statistischen Zwecken zu sichern[129]. Den Gemeinden und Gemeindeverbänden könnten zu statistischen Zwecken erfasste personenbezogene Daten nach § 9 Abs. 3 VZG 1983 sogar einschließlich der Namen zur Verfügung gestellt werden[130]. Problematisch an der Nutzung von zu statistischen Zwecken erhobenen Daten im kommunalen Bereich sei, dass die Grenzen zwischen statistischer Nutzung und Verwaltungsvollzug infolge der zum Teil sehr kleinen Personengruppen fließend seien[131]. Gerade hier sind organisatorische Vorkehrungen erforderlich, die die vorgesehene Zweckbindung garantieren[132].

b. Die Konsequenzen des Volkszählungsurteils für die Verteilung der Gesetzgebungskompetenzen für den Datenschutz

Infolge des Volkszählungsurteils war das Datenschutzrecht nach h.M. nicht mehr Teil des Verwaltungsverfahrens i.S.d. Art. 84 GG, für das Art. 84 Abs. 1 Satz 2, Satz 4 und 5 GG dem Bund den Zugriff durch Gesetz auf das Wie des Verwaltungshandelns der Bundesbehörden eröffnet[133]. Vielmehr trifft die Gesetzgeber auf Bundes- oder Länderebene nunmehr von Verfassungs wegen die Pflicht, sowohl die Erhebung als auch die Art, den Umfang und die denkbare Verwendung erhobener Daten durch Erhebungs-, Verarbeitungs- und Nutzungsbefugnisse zu reglementieren, sofern in das Grund-

---

128 BVerfGE 65, 1 (66/67).
129 BVerfGE 65, 1 (69).
130 BVerfGE 65, 1 (68).
131 BVerfGE 65, 1 (69).
132 BVerfGE 65, 1 (69).
133 Dittmann in Sachs, GG, Art. 84 Rn. 9/ 19; Simitis in Simitis, BDSG, § 1 Rn. 8, 9, 11; Taeger/Schmidt in Taeger/Gabel, Teil 1: BDSG, Einführung Rn. 6; a.A. Däubler/Klebe/Wedde/Weichert, BDSG, Einleitung Rn. 60.

recht des Betroffenen auf informationelle Selbstbestimmung eingegriffen wird[134]. Ziel ist es dem Missbrauch der zu erhebenden Daten von Anfang an entgegen zu treten[135]. Das Volkszählungsurteil forderte ausdrücklich *bereichsspezifische* Regelungen, nach denen *eine Rechtsvorschrift für ein bestimmtes Rechtsgebiet präzise festlegen soll, welche personenbezogenen Daten für welchen Zweck für eine Verarbeitung geeignet und erforderlich sind.* Präzise auf bestimmte Rechtsgebiete bezogene Befugnisse zu Eingriffen in das Grundrecht auf informationelle Selbstbestimmung sind nur außerhalb des allgemeinen Verwaltungsverfahrensrechts und damit außerhalb des *BDSG* und der verschiedenen *LDSG* in den Spezialgesetzen möglich[136]. Daher ergibt sich die Gesetzgebungskompetenz des Bundes für bereichsspezifische und präzise Eingriffsbefugnisse in das Grundrecht auf informationelle Selbstbestimmung aus den geschriebenen Kompetenztiteln des Bundes aus Art. 70 ff GG[137]. Sofern öffentliche Stellen personenbezogene Daten im Zusammenhang mit einer durch Art. 73 oder Art. 74 GG von der Gesetzgebungskompetenz des Bundes abgedeckten Materie verarbeiten, besteht auch die Pflicht des Bundesgesetzgebers durch bereichsspezifische gesetzliche Bestimmung dafür zu sorgen, inwiefern die zweckändernd Verarbeitung personenbezogener Daten zu welchem Zweck geeignet, erforderlich und angemessen sind[138]. Das daher zu schaffende materielle Datenschutzrecht diente fortan nicht mehr der organisatorischen Anleitung der Verwaltung sondern dem Schutz der Betroffenen vor Gefahren der Datenverarbeitung[139]. Die Gesetzgebungskompetenz des Bundes für den Datenschutz i.w.S. besteht daher als Annex[140] oder kraft Sachzusammenhangs[141] zu den in Art. 73 und 74 GG ausdrücklich benannten Gesetzge-

---

134 Bull in AK, Bd. 2, Art. 84 Rn. 17; Tinnefeld/Ehmann/Gerling, BDSG, S, 158 bis 170; Pieroth in Jarass/Pieroth, GG, Art. 84 Rn. 5; Simitis in Simitis, BDSG, § 1 Rn. 13.
135 BVerfGE 65, 1 (46); 53, 30 (65); 49, 89 (142).
136 Kühling/Seidel/Sivridis, Datenschutzrecht, S. 74.
137 Simitis in Simitis, BDSG, § 1 Rn. 1, 11; Taeger/Schmidt in Taeger/Gabel, Teil 1: BDSG, Einführung Rn. 5; Tinnefeld/Ehmann/Gerling, BDSG, S. 158; a.A. Däubler/Klebe/Wedde/Weichert, BDSG, Einleitung Rn. 59.
138 Simitis in Simitis, BDSG, § 1 Rn. 13.
139 Taeger/Schmidt in Taeger/Gabel, Teil 1: BDSG, Einführung Rn. 6.
140 Kühling/Seidel/Sivridis, Datenschutzrecht, S. 74; Dittmann in Sachs, GG, Art. 84 Rn. 5; Simitis in Simitis, BDSG, § 1 Rn. 13; Tacger/Schmidt in Tacgcr/Gabcl, Teil 1: BDSG, Einführung Rn. 6.
141 BVerfGE 125, 260 (314); 110, 33 (48); 106, 62 (115); 98, 265 (299); 3, 407 (421).

Kapitel 1: Die Entwicklung der allgemeinen Datenschutzgesetze

bungskompetenzen des Bundes oder ergibt sich nach anderer Auffassung unmittelbar aus dem jeweiligen, die Gesetzgebungskompetenz des Bundes begründenden Kompetenztitel[142]. Bereichsspezifische datenschutzrechtliche Bestimmungen in den der Gesetzgebungskompetenz der Länder unterliegenden Landesgesetzen müssen demzufolge grundsätzlich durch das jeweilige Land erlassen werden[143]. Somit folgt die Kompetenz zur Gesetzgebung für Befugnisse zu Eingriffen in das Grundrecht auf informationelle Selbstbestimmung seit dem Volkszählungsurteil aus den verschiedenen Gesetzgebungskompetenzen, die das Verhältnis von Staat und Bürger zueinander[144] oder von Privatrechtssubjekten untereinander betreffen[145]. Nur nicht- eingriffsrelevantes Verwaltungshandeln öffentlicher Stellen kann sich in Ermangelung einer eindeutigen Regelung auf Bundesebene aus den auf Grundlage der jeweiligen Verwaltungskompetenz erlassenen Datenschutzgesetzen des Bundes oder der Länder ergeben[146].

c. Zwischenergebnis

Infolge der Anerkennung des Grundrechts auf informationelle Selbstbestimmung stellte sich für die Gesetzgeber von Bund und Ländern die Herausforderung die im Volkszählungsurteil auf Anforderungen für Eingriffsbefugnisse in dieses Grundrecht sowohl in Bezug auf bestehende als auch in Bezug auf neu zu schaffende Ermächtigungen zur Erhebung, Verarbeitung, Nutzung und Übermittlung von Daten umzusetzen. Neben bestehende Einschränkungen bei der zwangsweisen Erhebung von personenbezogenen Daten zur Erfüllung von Aufgaben des Verwaltungsvollzuges in den Datenschutzgesetzen des Bundes und der Länder trat die Notwendigkeit von der Wesentlichkeitstheorie[147], den Geboten der Normenklarheit und -bestimmtheit entsprechenden und dem Grundsatz der Verhältnismäßigkeit

---

142 Kapitel 1 C. (S. 41); Däubler/Klebe/Wedde/Weichert, BDSG, Einleitung Rn. 60; Simitis in Simitis, BDSG, § 1 Rn. 13.
143 Kühling/Seidel/Sivridis, Datenschutzrecht, S. 74.
144 Rengeling in Isensee/Kirchhof, HbStR, Bd. VI, § 135 Rn. 196; Wochner in DVBl. 1982, 233 (236).
145 Broß/Meyer in v. Münch/Kunig, GG, Bd. 2 Rn. 14 –Fn. 61).
146 Simitis in Simitis, BDSG, § 1 Rn. 14, 15; Broß/Meyer in v. Münch/Kunig, GG, Bd. 2 Rn. 14 –Fn. 61).
147 BVerfGE 98, 218 (251); 88, 103 (116); 61, 260 (275); 40, 237 (249/250).

C. Die Weiterentwicklung des Datenschutzrechts infolge des Volkszählungsurteils

Rechnung tragenden Befugnisnormen[148]. Die Änderung des Zwecks erhobener Daten bei deren späterer Nutzung und / oder Verarbeitung ist seither eigenständiger Eingriff in das Grundrecht auf informationelle Selbstbestimmung und setzt voraus, dass eine den genannten Anforderungen Rechnung tragende Befugnisnorm besteht. Eine Besonderheit des Volkszählungsurteils ist in datenschutzrechtlicher Hinsicht, dass dieses Befugnisse zur Zweckänderung von ursprünglich zu statistischen Zwecken erhobenen Daten betraf, wobei anonymisierte Daten aufgrund des nach der Anonymisierung entfallenden Personenbezuges einer weniger strengen Zweckbindung unterliegen als zu Zwecken des Verwaltungsvollzuges erhobene Daten. Die Benennung der statistischen Nutzungsabsicht in der Befugnisnorm ist daher ausreichend. Zu Zwecken des Verwaltungsvollzuges erhobene Daten sind hingegen grundsätzlich auf den ihrer Erhebung im konkreten Einzelfall zu Grunde liegenden Zweck beschränkt, da sie sich auf eine bestimmte oder bestimmbare Person beziehen.

Auch konnte die Gesetzgebungskompetenz von Bund und Ländern für den Datenschutz nach der Anerkennung des Grundrechts auf informationelle Selbstbestimmung nicht mehr wie zuvor ausschließlich aus der je nach anzuwendendem Gesetz bestehenden Verwaltungskompetenz abgeleitet werden[149]. Mit Eingriffen in Grundrechtspositionen verbundenes Verwaltungshandeln bedarf einer gesetzlichen Grundlage, für die sich die Gesetzgebungskompetenz grundsätzlich nicht aus der Verwaltungskompetenz sondern aus der Systematik der Art. 70 ff GG ergibt. Praktisch war es hingegen unmöglich, jeden infolge des Volkszählungsurteils grundrechtsrelevanten Umgang mit personenbezogenen Daten schlagartig bereichsspezifisch und präzise in dem Gesetz zu regeln, im Zuge dessen Ausführung in das Grundrecht auf informationelle Selbstbestimmung eingegriffen wird. Im Volkszählungsurteil wurde die zeitnah nicht umsetzbare Forderung nach bereichsspezifischen und präzisen Eingriffsbefugnissen aufgestellt. Gleichwohl bestand die Notwendigkeit deren Erlasses. Als Kompromiss wurden daher zunächst in den auf das Volkszählungsurteil folgenden Novellierungen der bestehenden Datenschutzgesetze nicht mehr nur der administrative Umgang mit erhobenen personenbezogenen Daten, also der Datenschutz i.w.S., sondern vielmehr für alle Bereiche der öffentlichen wie der privatwirtschaftlichen Verwaltung gleichermaßen die Voraussetzungen geregelt, unter denen

---

148 BVerfGE 65, 1 (45/46).
149 Vgl. heute BVerfG in NJW 2013, 1499 (1502 = Rn. 104).

Kapitel 1: Die Entwicklung der allgemeinen Datenschutzgesetze

Daten erhoben, verändern oder genutzten durften. Im Zusammenhang mit der Verarbeitung und Nutzung von Daten ist es grundsätzlich verboten, die Daten zu einem anderen als ihrem ursprünglichen Erhebungszweck zu verarbeiten oder zu nutzen. Auch die Zweckänderung personenbezogener Daten stand fortan unter einem, sich aus dem Vorbehalt des Gesetzes ableitenden Verbot mit Erlaubnisvorbehalt.

2. Das BDSG vom 20.12.1990

Beeinflusst durch europarechtliche Vorgaben und durch das Volkszählungsurteil änderte sich mit dem *BDSG 1990* die Bedeutung des Datenschutzes grundlegend. Bevor die Erkenntnisse aus dem Volkszählungsurteil im *BDSG* Berücksichtigung fanden, verabschiedete der Europarat das *Übereinkommen zum Schutz des Menschen bei der automatischen Verarbeitung personenbezogener Daten (Datenschutz- Konvention)* vom 28.1.1981[150]. Dieses wurde durch das *Gesetz zum Übereinkommen vom 28.1.1981 zum Schutz des Menschen bei der automatischen Verarbeitung personenbezogener Daten* vom 13.2.1985[151] zum 1.10.1985 durch die Bundesrepublik Deutschland umgesetzt. Die *Datenschutz- Konvention* trug der Erkenntnis Rechnung, dass Datenschutz nicht an den zwischenstaatlichen Grenzen halt machen darf, sondern durch wirtschaftliche Verflechtungen und die Erfordernisse des *trans-border-data-flows* internationaler und insbesondere europaeinheitlicher Regelungen bedarf[152]. Das in der *Europäischen Menschenrechtskonvention (EMRK)* vom 4.11.1950 durch Art. 8 Abs. 1 und 2 EMRK garantierte Recht auf Achtung des Privatlebens und der Korrespondenz hatte bereits in den Jahren 1973 bzw. 1974 in zwei Entschließungen des Ministerkomitees zur Verarbeitung personenbezogener Daten im nichtöffentlichen bzw. öffentlichen Bereich seinen Niederschlag gefunden und war zur Grundlage des europäischen Datenschutzes geworden[153]. Bis zum *Gesetz zur Fortentwicklung der Datenverarbeitung und des Datenschutzes* vom 20.12.1990 als der zweiten Fassung des *BDSG*[154], vergingen dann nach

---

150 SEV-Nr. 108 (unter: http://conventions.coe.int/treaty/ger/treaties/html/108.htm; Stand 12.9.2011).
151 BGBl. 1985 II S. 538 bis 550.
152 Gola/Schomerus, BDSG, Einleitung, Rn. 4.
153 Kühling/Seidel/Sivridis, Datenschutzrecht, S. 37 bis 39.
154 BGBl. 1990 I S. 2954 bis 2981.

C. Die Weiterentwicklung des Datenschutzrechts infolge des Volkszählungsurteils

dem Volkszählungsurteil mehr als 7 Jahre[155]. Einige Landesgesetzgeber waren aber schon früher bemüht, die Erkenntnisse aus dem Volkszählungsurteil umzusetzen[156]. Entsprechende Datenschutzgesetze erließen in chronologischer Reihenfolge:

- *Hessen* durch das *Hessische Datenschutzgesetz (HDSG)* vom 11.11.1986[157],
- *Bremen* durch das *Gesetz zum Schutz vor Missbrauch personenbezogener Daten bei der Datenverarbeitung (DSG Bremen)* vom 14.10.1987[158],
- *Nordrhein-Westfalen* durch das *Gesetz zum Schutz personenbezogener Daten (DSG NRW)* vom 15.3.1988[159],
- *Hamburg* durch das *Hamburgische Datenschutzgesetz (HmbDSG)* vom 5.7.1990[160],
- *Berlin* durch das *Gesetz zum Schutz personenbezogener Daten in der Berliner Verwaltung (DSG Berlin)* vom 17.12.1990[161],
- *Baden-Württemberg* durch das *Gesetz zum Schutz personenbezogener Daten (LDSG BW)* vom 27.5.1991[162],
- *Schleswig-Holstein* durch das *Schleswig-Holsteinische Gesetz zum Schutz personenbezogener Informationen (LDSG SH)* vom 30.10.1992[163]
- *Bayern* durch das *Bayerische Datenschutzgesetz (BayDSG)* vom 23.7.1993[164],
- das *Saarland* durch das *Saarländische Gesetz zum Schutz personenbezogener Daten (SDSG)* vom 24.3.1993[165]
- *Rheinland-Pfalz* durch das *Landesdatenschutzgesetz (LDSG)* vom 5.7.1994[166]

---

155 Simitis in Simitis, BDSG, Einleitung Rn. 42.
156 Simitis in Simitis, BDSG, Einleitung Rn. 41, 50, 51.
157 Hess. GVBl. 1986 I. S. 309 bis 320.
158 Brem. GVBl. 1987 S. 263 bis 274.
159 GVBl. NRW 1988 S. 160 bis 167.
160 Hamb. GVBl. 1990 I S. 133 bis 143.
161 GVBl. Berlin 1991 S. 16 bis 23.
162 GBl. BW 1991 S. 277 bis 296.
163 GVBl. SH 1991 S. 555 bis 566.
164 Bay. GVBl. 1993 S. 498 bis 510.
165 ABl. des Saarlandes 1993 S. 286 bis 296.
166 GVBl. RP 1994 S. 293 bis 306.

- *Niedersachsen* durch das *Niedersächsische Landesdatenschutzgesetz (NDSG)* vom 17.6.1993[167]

Diese passten sich wie auch die nach der Wiedervereinigung in Kraft getretenen Datenschutzgesetze der neuen Bundesländer

- *Thüringen* durch das *Thüringer Datenschutzgesetz (ThürDSG)* vom 29.10.1991[168],
- *Sachsen* durch das *Gesetz zum Schutz der informationellen Anfang der 1990er Jahre Selbstbestimmung im Freistaat Sachsen (SächsDSG)* vom 11.12.1991[169],
- *Brandenburg* durch das *Gesetz zum Schutz personenbezogener Daten im Land Brandenburg (BbgDSG)* vom 20.1.1992[170],
- *Sachsen-Anhalt* durch das *Gesetz zum Schutz personenbezogener Daten der Bürger (DSG-LSA)* vom 12.3.1992[171] und
- *Mecklenburg-Vorpommern* durch das *Gesetz zum Schutz des Bürgers beim Umgang mit seinen Daten (DSG MV)* vom 24.7.1992[172]

im Wesentlichen der Rechtsfortbildung auf dem Gebiet des Datenschutzes an. Da Anfang der 1990er Jahre mit dem *DSG MV* vom 24.7.1992 sämtliche Bundesländer eigene Landesdatenschutzgesetze erlassen hatten, wurde § 1 Abs. 2 Nr. 2 BDSG gegenstandslos, da für ihn kein Anwendungsbereich mehr bestand[173]. Gem. § 1 Abs. 2 Nr. 2 BDSG ist das *BDSG* auch für Landesbehörden anwendbar falls ein Land über kein eigenes Landesdatenschutzgesetz verfügt. Die aufkommende Frage, ob für den Bund im Hinblick auf § 1 Abs. 2 Nr. 2 BDSG die notwendige Gesetzgebungskompetenz bestand, kann dahingestellt bleiben. Weil die Landesdatenschutzgesetze und das *BDSG* denselben Ausgangspunkt haben, und die datenschutzrechtlichen Regelungen der einzelnen Bundesländer nicht Gegenstand dieser Arbeit sind, wird nachfolgend grundsätzlich nicht mehr auf Bestimmungen einzelner Datenschutzgesetze der Länder eingegangen werden.

Das *BDSG 1990* brachte zwar auch Änderungen für den privaten Bereich mit sich[174]. Der Schwerpunkt der Änderungen lag jedoch im Bereich der

---

167 Nds. GVBl. 1993 S. 141 bis 150.
168 Thür. GVBl. 1990 / 91 S. 516 bis 527.
169 Sächs. GVBl. 1991 S. 401 bis 408.
170 Bbg. GVBl. 1992 I S. 2 bis 10.
171 GVBl. LSA 1992 S. 152 bis 162.
172 GVBl. MV 1992 S. 487 bis 497.
173 Gola/Schomerus, BDSG, § 1 Rn. 19a.
174 BGBl. 1990 I S. 2954 bis 2981 (2956).

C. Die Weiterentwicklung des Datenschutzrechts infolge des Volkszählungsurteils

öffentlichen Verwaltung. Ziel war es, dem Bürger durch das BVerfG gegenüber staatlichen Informationsansprüchen zuerkannten Recht auf informationelle Selbstbestimmung möglichst schnell – wenn auch zunächst provisorisch – Geltung zu verschaffen[175]. Die bis dahin in § 1 Abs. 1 BDSG 1977 enthaltene Definition des Datenschutzes als dem Schutz personenbezogener Daten vor Missbrauch im Zusammenhang mit deren Verarbeitung, musste nunmehr dem in § 1 Abs. 1 BDSG 1990 definierten Ziel weichen, *den einzelnen davor zu schützen, dass er durch den Umgang mit personenbezogenen Daten zu Unrecht in seinem Persönlichkeitsrecht beeinträchtigt wird.* Als Folge des gewandelten Verständnisses vom Datenschutz hat die in § 3 Satz 1 und 2 BDSG 1977 enthaltene Regelung über die Zulässigkeit der Datenverarbeitung, die auch in § 4 Abs. 1 und Abs. 2 Satz 2 und 3 BDSG 1990 noch ihren Niederschlag fand, an Bedeutung verloren. Hierfür sowie für die Erhebung und Nutzung von Daten stehen mit den §§ 12 ff BDSG 1990 und den §§ 27 ff BDSG 1990 präzise gesetzliche Regelungen zur Verfügung.

a. Die Anwendbarkeit des BDSG 1990 auf öffentliche Stellen der Länder

Gem. § 1 Abs. 2 Nr. 1; § 12 ff BDSG 1990 findet das *BDSG* auf öffentliche Stellen des Bundes Anwendung. Öffentliche Stellen des Bundes sind die gem. Art. 86 ff GG den Verwaltungskompetenzen des Bundes unterliegenden Stellen[176]. Werden Bundesgesetze in bundeseigener Verwaltung ausgeführt, ist das *BDSG* seit § 1 Abs. 2 Nr. 1, Abs. 4 BDSG 1990 subsidiär anwendbar, während die *DSG* der Länder gem. § 1 Abs. 2 Nr. 2 BDSG 1990 bei der Anwendung von Landesgesetzen durch öffentliche Stellen der Länder subsidiär anwendbar sein sollen[177]. Landesbehörden sind jedoch nicht nach den anzuwendenden Gesetzen, sondern nach Sachgebieten geordnet. Probleme ergeben sich seit dem Volkszählungsurteil dort, wo öffentliche Stellen der Länder Bundesrecht anwendeten, das – wie die *StPO* und das *OWiG* für lange Zeit – keine abschließenden datenschutzrechtlichen Rege-

---

175 Gola/Jaspers, Das novellierte BDSG im Überblick, S. 7.
176 § 2 Abs. 1, Abs. 3 Satz 1 BDSG.
177 § 1 Abs. 3 Satz 1 BDSG; § 1 Abs. 5 Satz 1 LDSG BW; Art. 2 Abs. 7 BayDSG; § 2 Abs. 3 Satz 2 BbgDSG; § 2 Abs. 7 HmbDSG; § 3 Abs. 3 HDSG; § 2 Abs. 4 Satz 1 DSG MV; § 2 Abs. 6 NDSG; § 2 Abs. 3 DSG NRW; § 2 Abs. 7 LDSG RP; § 2 Abs. 3 Satz 2 SDSG; § 3 Abs. 3 DSG LSA; § 3 Abs. 2 Satz 1 ThürDSG.

Kapitel 1: Die Entwicklung der allgemeinen Datenschutzgesetze

lungen enthielt. Auch wenn das durch öffentliche Stellen der Länder umgesetzte Bundesrecht betreffend die Befugnisse zu Eingriffen in das Grundrecht auf informationelle Selbstbestimmung durch Erheben, Verarbeiten und Nutzen von Daten zunächst noch unvollständig war, sollte nach dem Wortlaut des § 1 Abs. 2 BDSG 1990 auch in Bezug auf Eingriffsbefugnisse das *DSG* des jeweiligen Landes gelten[178]. Neben dem sachlichen Zuständigkeitsbereichs des Datenschutzes bestimmte § 1 Abs. 2 BDSG 1990 ebenso wie vorher § 7 Abs. 1 und 2 BDSG 1977 den Anwendungsbereich des *BDSG 1990* für

1. öffentliche Stellen des Bundes,
2. öffentliche Stellen der Länder, soweit der Datenschutz nicht durch Landesgesetz geregelt ist, und soweit sie Bundesrecht ausführen oder als Organe der Rechtspflege tätig werden, und es sich nicht um Verwaltungsangelegenheiten handelt[179].

Dabei ist § 1 Abs. 2 Nr. 2 BDSG 1990 dahingehend zu verstehen, dass den *LDSG* gegenüber dem *BDSG* auch dann der Vorrang einzuräumen ist, wenn diese in einem bestimmten Punkt keine Befugnisse oder sonstige Regelungen enthalten[180]. Umstritten ist seit § 1 Abs. 2 Nr. 2 BDSG 1990, wie der Anwendungsbereich des *BDSG* für öffentliche Stellen der Länder im Übrigen zu bestimmen ist. Einerseits könnte § 1 Abs. 2 BDSG 1990 so zu verstehen sein, dass das *BDSG* nur dann für öffentliche Stellen der Länder gilt, wenn es in dem betreffenden Land gar kein Datenschutzgesetz gibt. Wurden hingegen ein Landesdatenschutzgesetz oder eine diesem gegenüber speziellere Regelung in einem Landesgesetz erlassen, würde sich die Anwendung des *BDSG 1990* verbieten[181]. Hierfür spricht, dass der Wortlaut der § 1 Abs. 2 Nr. 2 1. Halbsatz BDSG 1990 mit der Formulierung „*soweit ... und*" eine vor die Klammer gezogene Voraussetzung für die unter § 1 Abs. 2 Nr. 2 a) und b) BDSG 1990 alternativ aufgeführten Alternativen des Anwendungsbereichs des *BDSG* ist. Das *BDSG* wäre also für öffentliche Stellen der Länder nicht anwendbar, wenn ein Landesdatenschutzgesetz erlassen wurde, selbst wenn eine der Alternativen des § 1 Abs. 2 Nr. 2 a) oder

---

178 Däubler/Klebe/Wedde/Weichert, BDSG, Einleitung Rn. 60.
179 Schaffland/Wiltfang, BDSG, § 12 Rn. 1.
180 Auernhammer, BDSG 1990, § 12 Rn. 14; Schaffland/Wiltfang, BDSG, § 12 Rn. 12; a.A. Dammann in Simitis, BDSG, § 1 Rn. 125, 126.
181 Bergmann/Möhrle/Herb, BDSG, Teil III: Kommentar, § 12 Rn. 13; Schaffland/Wiltfang, BDSG, § 12 Rn. 12.

C. Die Weiterentwicklung des Datenschutzrechts infolge des Volkszählungsurteils

b) BDSG 1990 vorläge[182]. Öffentliche Stellen der Länder sollen auch dann auf das Landesdatenschutzrecht zurückgreifen können, wenn die Länder Bundesrecht ausführen, das noch keine bereichsspezifischen und präzisen Befugnisse zu Eingriffen in das Grundrecht auf informationelle Selbstbestimmung enthält[183]. Daher sind die Datenschutzgesetze der Länder gem. §§ 1 Abs. 2 Nr. 2; 12 Abs. 2 BDSG 1990[184] für öffentliche Stellen des Landes ausnahmslos anwendbar[185]. Richtiger wäre daher in § 1 Abs. 2 Nr. 2 BDSG 1990 die Formulierung gewesen: (...)

> 2. öffentliche Stellen der Länder,
> soweit sie Bundesrecht ausführen, oder
> soweit die als Organe der Rechtspflege tätig werden und es sich nicht um Verwaltungsangelegenheiten handelt, oder
> soweit der Datenschutz nicht durch Landesgesetz geregelt ist[186].

Dies widerspricht zwar dem Wortlaut des § 1 Abs. 2 Nr. 2 BDSG 19900. Jedoch entspricht diese Auslegung der Systematik der Verteilung der Gesetzgebungskompetenzen zwischen Bund und Ländern, wonach der Anwendungsvorrang von Landesdatenschutzgesetzen nur so weit gehen kann, soweit eine anwendbare landesrechtliche Regelung existiert[187]. Fehlt es an einer landesrechtlichen Regelung oder ist diese nicht anwendbar, bleibt es bei der Anwendbarkeit des *BDSG* für die Stelle des Landes[188]. Bei § 1 Abs. 2 BDSG 1990 wurde übersehen, dass die diesem weitestgehend ent-

---

182 Auernhammer, BDSG 1990, § 12 Rn. 7, 12, 13; Bergmann/Möhrle/Herb, BDSG, Teil I: Systematik, Ziff. 4.3; Bergmann/Möhrle/Herb, BDSG, Teil III: Kommentar: § 1 Rn. 11; Schaffland/Wiltfang, BDSG, § 12 Rn. 12, 13; Heckmann in Taeger/Gabel, BDSG, § 12 Rn. 16.
183 Gola/Schomerus, BDSG, § 1 Rn. 19a, § 2 Rn. 18a; § 12 Rn. 5; Dammann in Simits, BDSG, § 1 Rn. 127.
184 Bergmann/Möhrle/Herb, BDSG, Teil I: Systematik, Ziffer 4.3.3.
185 § 2 Abs. 1 und 2 LDSG BW; Art. 2 Abs. 1 und 2 BayDSG; § 1 Abs. 1 BbgDSG, § 1 Abs. 2 BremDSG; § 2 Abs. 1 HbgDSG; § 3 Abs. 1 HDSG; § 2 Abs. 1 und 2 DSG MV; § 2 Abs. 1 NDSG; § 2 Abs. 1 DSG NRW; § 2 Abs. 1 DSG RP; § 2 Abs. 1 SDSG; § 2 Abs. 1 und 2 SächsDSG; § 3 Abs. 1 DSG LSA; § 3 Abs. 1 LDSG SH; § 2 Abs. 1 und 2 ThürDSG; a.A. § 1 Abs. 1, Abs. 5 Satz 2 BlnDSG i.V.m. § 6 Abs. 2 BlnDSG.
186 Dammann in Simitis, BDSG, § 1 Rn. 130, 131; Tinnefeld/Ehmann/Gerling, BDSG, S. 160, 161.
187 Schmidt in Taeger/Gabel, BDSG, § 1 Rn. 23; Tinnefeld/Ehmann/Gerling, BDSG, S. 160, 161.
188 Dammann in Simits, BDSG, § 1 Rn. 125, 126; Schmidt in Taeger/Gabel, BDSG, § 1 Rn. 23; a.A. Heckmann in Taeger/Gabel, BDSG, § 12 Rn. 16.

Kapitel 1: Die Entwicklung der allgemeinen Datenschutzgesetze

sprechenden Anwendbarkeitsregeln der §§ 7 Abs. 1 und 2; 22 BDSG 1977 mit Blick auf die Verteilung der Gesetzgebungskompetenzen zwischen Bund und Ländern nur solange vertretbar waren, solange das Datenschutzrecht – wie im *HDSG 1970*, dem *LDatG 1974* und dem *BDSG 1977* – ausschließlich den Schutz erhobener Daten bei deren Verarbeitung zum Gegenstand hatte, und die Verarbeitung personenbezogener Daten nicht als Grundrechtseingriff galt[189]. Nach dem Volkszählungsurteil hätten diese Bestimmungen jedoch nicht ins *BDSG 1990* übernommen werden dürfen. Sofern das *BDSG 1990* nach dem Rechtskenntnisstand des Volkszählungsurteils zu Eingriffen in das Grundrecht auf informationelle Selbstbestimmung ermächtigte, ergibt sich die Gesetzgebungskompetenz des Bundes für entsprechende Eingriffsbefugnisse aus den Kompetenztiteln der Art. 73 ff GG[190]. Zwar konnte dem *BDSG 1990* die Funktion eines Übergangsgesetzes zukommen[191], solange die mit Eingriffen in das Grundrecht auf informationelle Selbstbestimmung verbundene Erhebung, Verarbeitung und Nutzung von Daten noch nicht spezialgesetzlich geregelt war, ohne dass dies den Geboten der Normenbestimmtheit und -klarheit i.S.d. Volkszählungsurteils entsprach[192]. Auch kann der Bundesgesetzgeber seine Gesetzgebungsbefugnis nach Art. 72 Abs. 1 GG zwar grundsätzlich auf die Länder übertragen[193]. Allerdings wird dadurch das Bundesrecht gegenüber dem Landesrecht aber nicht unter Umgehung des Art. 31 GG subsidiär[194]. Vor allem aber können Eingriffsbefugnisse nicht durch den Geboten der Normenbestimmtheit und -klarheit nicht entsprechende Auffanggesetze an die Länder übertragen werden. In Ansehung der Verteilung der Gesetzgebungskompetenzen zwischen Bund und Ländern hätte die dem §§ 1 Abs. 2 Nr. 2; 12 BDSG 1990 entsprechende und aus §§ 7 Abs. 1 und 2; 22 BDSG 1977 übernommene heutige Regelung[195] dahingehend geändert werden müssen, dass das *BDSG* für öffentliche Stellen der Länder anwendbar ist, soweit diese Bundesrecht ausführen und dabei in das Grundrecht auf informationelle Selbst-

---

189 Schmidt in Taeger/Gabel, BDSG, § 1 Rn. 24; a.A. Auernhammer, BDSG 1990, § 12 Rn. 10.
190 Däubler/Klebe/Wedde/Wiechert, BDSG, Einleitung Rn. 59.
191 Gola/Schomerus, BDSG, § 1 Rn. 23.
192 Gola/Schomerus, BDSG, § 1 Rn. 16.
193 Bergmann/Möhrle/Herb, BDSG, Teil I: Systematik, Ziff. 4.3.3.
194 A.A. Auernhammer, BDSG 1990, § 12 Rn. 10; Bergmann/Möhrle/Herb, BDSG, Teil I: Systematik, Ziff. 4.3.3.
195 Auernhammer, BDSG 1990, § 12 Rn. 5.

C. Die Weiterentwicklung des Datenschutzrechts infolge des Volkszählungsurteils

bestimmung eingreifen, *selbst wenn die Länder mittlerweile eigene LDSG erlassen haben.*

Zur Überbrückung dieser mangels Gesetzgebungskompetenz der Länder bestehenden Regelungslücken grenzt § 6 Abs. 2 BlnDSG als einzige landesgesetzliche Regelung die Anwendungsbereiche des *BDSG* und der LDSG dahingehend ab, dass bei einer auf bundesgesetzliche Regelung gestützten Verarbeitung von Daten durch Behörden des Landes die §§ 13 bis 15 BDSG Anwendung finden. Zwar steht dem Land Berlin für diese Regelung keine Gesetzgebungskompetenz zu. Der mit der nötigen Gesetzgebungskompetenz ausgestattete Bund hätte allerdings zur Überbrückung des nach dem Volkszählungsurteil bestehenden Vakuums an bereichsspezifisch und präzise geregelten Befugnissen für Eingriffe in das Grundrecht auf informationelle Selbstbestimmung eine dem § 6 Abs. 2 BlnDSG entsprechenden Regelung im *BDSG* treffen müssen. Auch in den Datenschutzgesetzen der übrigen Länder fehlt es an einer dem § 6 Abs. 2 BlnDSG entsprechenden Klarstellung, so dass die Datenschutzgesetze der Länder uneingeschränkt anwendbar sind, sofern öffentliche Stellen der Länder Bundesrecht ausführen, das kein bereichsspezifisches und präzises Datenschutzrecht enthält. Beinahe 30 Jahre nach dem Volkszählungsurteil sollte allerdings sowohl in den Bundes- als auch den Landesgesetzen bereichsspezifisch und präzises Datenschutzrecht i.e.S. geregelt sein[196]. Ob dies tatsächlich zutrifft, bleibt zu prüfen.

b. Die Subsidiaritätsklausel des § 1 Abs. 4 Satz 1 BDSG 1990 und die Geheimhaltungspflichten aus § 1 Abs. 4 Satz 2 BDSG 1990

Infolge des Volkszählungsurteils war es Ziel der Datenschutzgesetze der 1990er Jahre, die materiellen Voraussetzungen für Eingriffe in das Recht auf informationelle Selbstbestimmung durch Erheben, Verarbeiten und Nutzen personenbezogener Daten durch öffentliche Stellen übergangsweise zu regeln sowie formelle Schutzbestimmungen zu treffen[197]. Die dem *BDSG 1990* entsprechenden Datenschutzgesetze reglementierten nicht mehr nur den unberechtigten Umgang mit Daten sondern beschränkten auch die im *VZG 1983* erkennbaren Tendenzen einer mangelnden Anbindung erhobener

---

196 A.A. Däubler/Klebe/Wedde/Weichert, BDSG, Einleitung Rn. 60.
197 BVerfGE 65, 1 (48).

Daten an den Erhebungszweck, die es aufgrund der durch den technischen Fortschritt bedingten multifunktionalen Verwendung erhobener Daten bis zum Erlass von spezialgesetzlichen Regelungen aufzufangen und zu beschränken galt[198]. Sofern bereits den Anforderungen des Volkszählungsurteils entsprechend bereichsspezifische gesetzliche Regelungen existierten, gebührte diesen gem. der Subsidaritätsklausel des § 1 Abs. 4 Satz 1 BDSG 1990[199] der Vorrang, da das *BDSG* bezogen auf öffentliche Stellen nur als Auffanggesetz fungiert[200].

Weiterhin kommt gem. § 1 Abs. 4 Satz 2 BDSG 1990[201] gesetzlichen Geheimhaltungspflichten oder ungeschriebenen Berufs- oder Amtsgeheimnissen gegenüber dem *BDSG* der Vorrang zu. Hierzu zählen

- das Amtsgeheimnis aus § 37 BeamtenStG oder § 67 BBG,
- das Meldegeheimnis aus § 7 BMG (zuvor: § 5 MRRG),
- der Telekommunikationsgeheimnis aus § 88 TKG,
- das Sozialgeheimnis aus § 35 SGB I,
- das Steuergeheimnis aus § 30 AO,
- das Statistikgeheimnis aus § 16 BStAtG,
- das Adoptionsgeheimnis aus § 1758 BGB,
- die Betriebs- und Geschäftsgeheimnisse aus § 17 UWG[202].

Als nicht gesetzliche Verschwiegenheitspflichten kommen insbesondere standesrechtliche Vorschriften wie die Verschwiegenheitspflicht für Ärzte nach § 9 der Berufsordnung für Ärzte in Betracht[203]. Diese gelten zwar nicht absolut, jedoch kann es bei besonders eingriffsintensiven Maßnahmen in hochrangige informationelle Grundrechtspositionen geboten sein, von vornherein bestimmte Kreise von zur Verschwiegenheit verpflichteten von bestimmten Maßnahmen auszunehmen[204]. Zu den Berufspflichten begründenden Geheimhaltungspflichten zählen hingegen

---

198 BVerfGE 65, 1 (48).
199 Heute: § 1 Abs. 3 Satz 1 BDSG.
200 Auernhammer, BDSG 1990, § 1 Rn. 26; Gola/Schomerus, BDSG, § 1 Rn. 25.
201 Heute: § 1 Abs. 3 Satz 2 BDSG.
202 Auernhammer, BDSG 1990, § 1 Rn. 28; Bergmann/Möhrle/Herb, BDSG, Teil III; Kommentar, § 1 Rn. 25d, 25f.
203 Auernhammer, BDSG 1990, § 1 Rn. 29; Bergmann/Möhrle/Herb, BDSG, Teil III; Kommentar, § 1 Rn. 25e.
204 BVerfGE 125, 260 (334).

- die Verschwiegenheitspflicht für Rechtsanwälte aus § 43a Abs. 2 Satz 1 BRAO,
- die Verschwiegenheitspflichten der Notare aus § 43a Abs. 2 Satz 1 BRAO,
- die Verschwiegenheitspflicht der Steuerberater aus § 62 StBerG oder der Wirtschaftsprüfer aus § 50 WPO sowie
- das Bankgeheimnis aus § 32 BBankG[205].

c. Das datenschutzrechtliche Verständnis des BDSG 1990

Da das BVerfG im Volkszählungsurteil das Grundrecht auf informationelle Selbstbestimmung anerkannte und gleichzeitig den nicht nur bei der Erhebung sondern auch bei der anschließenden Speicherung, Veränderung und Nutzung der erhobenen Daten erfolgenden Eingriff in dieses Grundrecht hervorgehoben hatte, bedurfte es gesetzlicher Regelungen, die regelten, unter welchen Voraussetzungen Daten unter Eingriff in das Grundrecht auf informationelle Selbstbestimmung erhoben, gespeichert, verändert oder genutzt werden dürfen. Anders als im *BDSG 1977* erfuhr die Erhebung, Speicherung, Änderung und Nutzung von Daten erstmals eine das Gebot der Normenbestimmtheit und –klarheit entsprechende Regelung.

aa. Die Begriffe des Erhebens, Verarbeitens, Nutzens und Verwendens von Daten

Während das *BDSG 1977* vor den durch die modernden Formen der Datenverarbeitung drohende Gefahr des Datenmissbrauchs schützen sollte, erweiterte das *BDSG 1990* den Schutzanspruch auf den Gesamtvorgang des Umgangs mit personenbezogenen Daten durch deren Erheben, Verarbeiten und Nutzen[206].

Neu definiert wurde in § 3 Abs. 4 BDSG 1990[207] zunächst das *Erheben* von Daten als *das Beschaffen von Daten über den Betroffenen*. Hierdurch erlangt die Daten erhebende Stelle Kenntnis von den Daten und begründet

---

205 Bergmann/Möhrle/Herb, BDSG, Teil III; Kommentar, § 1 Rn. 25d; Gola/Schomerus, BDSG, § 1 Rn. 25.
206 Bergmann/Möhrle/Herb, BDSG, Teil III: Kommentar, § 1 Rn. 2.
207 Heute: § 3 Abs. 3 BDSG.

Kapitel 1: Die Entwicklung der allgemeinen Datenschutzgesetze

eine Verfügungsmacht über die Daten[208]. Voraussetzung für die Datenerhebung ist, dass die empfangende Stelle die Daten gezielt entgegen nimmt[209]. Gem. § 13 Abs. 1 BDSG 1990 sollte das Erheben personenbezogener Daten zulässig sein, *wenn die Kenntnis der erhobenen Daten für die Aufgabenerfüllung der erhebenden Stelle erforderlich ist*. Auch wenn § 4 Abs. 1 BDSG 1990 lediglich die Verarbeitung der Daten und deren Nutzung unter ein präventives Verbot mit Erlaubnisvorbehalt stellte, gilt der Vorbehalt des Gesetzes aus Art. 20 Abs. 3 GG auch für Eingriffe, die durch die Erhebung von Daten in das Grundrecht auf informationelle Selbstbestimmung erfolgen. Sie sollte nur unter der Voraussetzung der Erforderlichkeit oder einer bereichsspezifischen Regelung i.S.d. § 1 Abs. 4 BDSG 1990[210] möglich sein[211].

Als Ausprägung des Grundsatzes der Verhältnismäßigkeit enthielt § 13 Abs. 2 und 3 BDSG 1990 erstmals den Grundsatz der Unmittelbarkeit der Datenerhebung als eine die Datenerhebung betreffende Verfahrensvorschrift. Bei Durchbrechung dieses Grundsatzes bestanden gem. § 13 Abs. 4 BDSG 1990 Hinweispflichten auf bestehende Auskunftspflichten bzw. auf die Freiwilligkeit einer Auskunft gegenüber nicht- öffentlichen Stellen. Der Rechtschutzgarantie wurde bezogen auf die Datenerhebung dadurch Rechnung getragen, dass im Volkszählungsurteil geforderte Aufklärungs-[212] bzw. Belehrungspflichten übernommen wurden[213]. Diese sollen die Erkennbarkeit für denjenigen, der Daten über sich oder über einen anderen preisgibt, insofern gewährleisten, als dass die Datenerhebung durch staatliche Gewalt erfolgt und grundsätzlich keine Auskunftspflicht besteht. Bestehenden Hinweis- und Belehrungspflichten kann nur bei Beachtung des Grundsatzes der offenen Datenerhebung nachgekommen werden. Sie sind für die mittelbare Datenerhebung bei Dritten von besonderer Bedeutung, weil dem über eine andere Person befragten Dritten bei Verletzung von Geheimhaltungspflichten unter Umständen strafrechtliche Sanktionen drohen könnten.

---

208 Buchner in Taeger/Gabel, Teil 1: BDSG, § 3 Rn. 25; Dammann in Simitis, BDSG, § 3 Rn. 102.
209 Buchner in Taeger/Gabel, Teil 1: BDSG, § 3 Rn. 26.
210 Heute: § 1 Abs. 3 BDSG.
211 Auernhammer, BDSG 1990, § 13 Rn. 3.
212 BVerfGE 65, 1 (46).
213 BVerfGE 65, 1 (59).

C. Die Weiterentwicklung des Datenschutzrechts infolge des Volkszählungsurteils

Weiterhin definierte § 3 Abs. 5 Satz 1 BDSG 1990[214] das *Verarbeiten* von Daten als deren *speichern, verändern, übermitteln, sperren und löschen* und konkretisierte in § 3 Abs. 5 Satz 2 BDSG 1990[215] die verschiedenen Formen des Verarbeitens. Abweichend von § 2 BDSG 1977 fielen unter den Oberbegriff des Verarbeitens i.e.S. nunmehr auch die Unterbegriffe *Übermitteln* und *Sperren*[216]. Das Verarbeiten von Daten i.S.d. § 3 Abs. 5 Satz 2 BDSG 1990 wird seither in Abgrenzung zu der EU-rechtlichen Definition des Begriffs der Datenverarbeitung i.S.d. § 3 Abs. 2 BDSG 2001 als *Verarbeiten i.e.S.* bezeichnet. Sofern kein gesonderter Hinweis erfolgt, ist nachfolgend stets der durch § 3 Abs. 5 Satz 2 BDSG 1990 definierte Begriff des Verarbeitens i.e.S. gemeint.

Desweiteren definierte § 3 Abs. 6 BDSG 1990[217] das *Nutzen* von Daten als *jede Verwendung personenbezogener Daten, soweit es sich nicht um Verarbeitung handelt*. Zusammen mit dem durch § 3 Abs. 5 BDSG 1990 erweiterten Begriff des Verarbeitens von Daten werden das *Erheben, Verarbeiten* und *Nutzen* der Daten seither als *Umgang* mit personenbezogenen Daten verstanden[218]. Im Umkehrschluss aus der Definition der Datennutzung aus § 3 Abs. 6 BDSG 1990 ist seither unter *Verwenden* von Daten *jedes Speichern, Verarbeiten, Verändern, Übermitteln, Sperren, Löschen oder Nutzen von Daten* zu verstehen[219]. Hiervon abweichend wird in den Datenschutzgesetzen der Länder mit Ausnahme *Bayerns* und *Sachsen-Anhalts* das Erheben und Nutzen von Daten als Unterfall des Verarbeitens von Daten angesehen[220]. Nachfolgend ist das Erheben, Verarbeiten und Nutzen von Daten aber als *Umgang* mit Daten sowie deren Verarbeiten i.S.d. § 3

---

214 Heute: § 3 Abs. 4 Satz 1 BDSG.
215 Heute: § 3 Abs. 4 Satz 2 BDSG.
216 Tinnefeld/Ehmann/Gerling, BDSG, S. 295.
217 Heute: § 3 Abs. 5 BDSG.
218 Kühling/Seidel/Sivridis, Datenschutzrecht, S. 109; Tinnefeld/Ehmann/Gerling, BDSG, S. 296.
219 § 2 Abs. 2 Satz 1 und 2 LDSG SH; SächsVerfGH in NVwZ 2005, 1310 (1315).
220 § 3 Abs. 2 Satz 1 LDSG BW; § 4 Abs. 2 Satz 1 DSG Berlin; § 3 Abs. 2 Satz 1 BbgDSG; § 3 Abs. 2 Satz 1 HbgDSG; § 2 Abs. 2 Satz 1 HDSG; § 3 Abs. 4 Satz 1 DSG MV; § 3 Abs. 2 Satz 1 NDSG; § 2 Abs. 2 Satz 1 DSG NRW; § 3 Abs. 2 Satz 1 LDSG RP; § 3 Abs. 2 Satz 1 SDSG; § 3 Abs. 2 Satz 1 SächsDSG; OVG Hamburg in NJW 2008, 96 (99); Weichert in Däubler/Klebe/Wedde/ Weichert, BDSG, § 3 Rn. 45; Tinnefeld/Ehmann/Gerling, BDSG, S. 295.

Kapitel 1: Die Entwicklung der allgemeinen Datenschutzgesetze

Abs. 5 Satz 1 BDSG 1990[221] und Nutzen als deren *Verwendung* zu verstehen.

bb. Die Begriffe der automatisierten, der nicht – automatisierten Datei und der Akte in § 3 BDSG 1990

Während das *BDSG 1977* den Schutz der Daten noch auf Dateien beschränkte, erstreckte sich der Schutz des *BDSG 1990* zumindest im öffentlichen Bereich auch auf Akten und verstärkte gleichzeitig den Schutz interner Daten in manuellen Dateien[222]. In § 3 BDSG 1990 wurden die bestehenden Legaldefinitionen des § 2 BDSG 1977 für personenbezogene Daten als Einzelangaben über persönliche oder sachliche Verhältnisse einer bestimmten oder bestimmbaren Person[223] sowie für die Begriffe der speichernden Stelle[224], des Dritten[225], des Speicherns, des Übermittelns und des Löschens[226] von Daten im Wesentlichen übernommen. Demgegenüber erfolgten Änderungen zum einen hinsichtlich der Definition der *Datei* in § 3 Abs. 2 BDSG 1990 und die *Akte* in § 3 Abs. 3 BDSG 1990. Datei i.S.d. § 3 Abs. 2 BDSG war

> „eine Sammlung personenbezogener Daten, die durch automatisierte Verfahren nach bestimmten Merkmalen ausgewertet werden kann (automatisierte Datei), oder jede sonstige Sammlung personenbezogener Daten die gleichartig aufgebaut ist und nach bestimmten Merkmalen geordnet, umgeordnet und ausgewertet werden kann (nicht-automatisierte Datei)".

Nicht unter den Dateibegriff fielen gem. § 3 Abs. 2 Satz 1 und 2 BDSG 1990 wie auch schon gem. § 2 Abs. 3 Nr. 3 BDSG 1977 *Akten* und *Aktensammlungen*, es sei denn, dass sie durch automatisierte Verfahren umgeordnet und ausgewertet werden konnten. Hieran anknüpfend wurde die *Akte* in § 3 Abs. 3 Satz 1 BDSG 1990 definiert als *„jede sonstige Sammlung amtlichen oder dienstlichen Zwecken dienender Unterlagen, dazu zählen auch Bild- und Tonträger"*. Keine Akten waren gem. § 3 Abs. 3 Satz 2 BDSG 1990

---

221 Heute: § 3 Abs. 4 Satz 1 BDSG.
222 Bergmann/Möhrle/Herb, BDSG, Teil III: Kommentar, § 1 Rn. 2.
223 § 2 Abs. 1 BDSG 1977; § 3 Abs. 1 BDSG 1990.
224 § 2 Abs. 3 Nr. 1 BDSG 1977; § 3 Abs. 8 BDSG 1990.
225 § 2 Abs. 3 Nr. 2 BDSG 1977; § 3 Abs. 9 BDSG 1990.
226 § 2 Abs. 2 Nr. 1, 2, 4 BDSG 1977; § 3 Abs. 5 Nr. 1, 2, 5 BDSG 1990.

C. Die Weiterentwicklung des Datenschutzrechts infolge des Volkszählungsurteils

Vorentwürfe und Notizen, die nicht Bestandteil eines Vorgangs wurden[227]. Klassisches Beispiel für eine nicht-automatisierte Datei in diesem Sinne waren Karteikartensammlungen[228].

Für nicht- automatisierte Dateien öffentlicher Stellen sollten gem. § 1 Abs. 3 Nr. 2 Satz 2 BDSG 1990 über die §§ 5 und 9 BDSG 1990 die Regelungen über die Verarbeitung und Nutzung von Daten in Akten gelten[229]. Infolge des Volkszählungsurteils war der Dateibezug im *BDSG 1990* für den öffentlichen Bereich weggefallen, so dass der Anwendungsbereich des *Zweiten Abschnitts des BDSG* auf die Datenverarbeitung in Akten ausgedehnt wurde[230]. Daher wurde der Begriff der Akte in

- § 15 Abs. 5 und 6 BDSG 1990 hinsichtlich der untrennbaren Verbundenheit zwischen Daten in Akten, die an andere Stellen oder innerhalb derselben Stelle übermittelt werden sollen,
- § 19 Abs. 1 Satz 3 BDSG 1990 in Bezug auf die Pflicht zur Auskunftserteilung über personenbezogene Daten, die in Akten gespeichert wurden,
- § 20 Abs. 1 Satz 2 BDSG 1990 hinsichtlich des Berichtigens unrichtiger personenbezogener Daten in Akten durch Vermerk oder durch Festhalten in sonstiger Weise,
- § 20 Abs. 5 BDSG 1990 in Bezug auf das Sperren von Daten in Akten bei Gefährdung schutzwürdiger Interessen des Betroffenen, sofern die Daten für die Aufgabenerfüllung der Behörde nicht mehr erforderlich waren,
- § 24 Abs. 1 Satz 2 BDSG 1990 über die Kontrolle von personenbezogenen Daten in Akten durch den Bundesbeauftragten für Datenschutz auf Hinweis des Betroffenen und
- § 24 Abs. 2 Satz 4 Nr. 2c BDSG 1990 als dem Verbot der Kontrolle von personenbezogenen Daten in Personalakten oder in Akten über die Sicherheitsüberprüfung, wenn der Betroffene der Kontrolle im Einzelfall widerspricht,

hervorgehoben. Für Akten nicht- öffentlicher Stellen, also auch für Bild- und Tonaufzeichnungen, galt das *BDSG 1990* gem. § 27 Abs. 2 BDSG 1990, *soweit es sich um personenbezogene Daten handelte, die offensichtlich einer Datei entnommen wurden.* Insgesamt bleibt festzuhalten, dass nach dem

---

227 Schaffland/Wiltfang, BDSG, § 3 Rn. 24, 28.
228 Auernhammer, BDSG 1990, § 3 Rn. 12.
229 Dörr/Schmidt, Neues Bundesdatenschutzgesetz, 1. Auflage, S. 15.
230 Auernhammer, BDSG 1990, § 3 Rn. 18.

Kapitel 1: Die Entwicklung der allgemeinen Datenschutzgesetze

Rechtsverständnis des *BDSG 1990* grundsätzlich auch durch öffentliche Stellen in Akten gespeicherte Daten vom Schutz des Grundrechts auf informationelle Selbstbestimmung und damit vom Anwendungsbereich der Datenschutzgesetze des Bundes und der Länder erfasst wurden.

cc. Automatisierte Abrufverfahren als eine Übermittlungsform von Daten

Mit § 10 BDSG 1990 wurde im Verhältnis zum *BDSG 1977* eine neue Verfahrensregel über die Einrichtung *automatisierter Abrufverfahren* eingeführt und damit der Grundstein für die Einführung von sogenannten Online-Verfahren gelegt[231]. Automatisierte Abrufverfahren ermöglichen die Übermittlung von Daten auf elektronischem Wege[232]. Automatisiert ist der Abruf von Daten, wenn die Daten elektronisch zur Verfügung gestellt werden[233]. Während sich § 2 Abs. 2 Nr. 2 BDSG 1977 darauf beschränkte, *das Bereithalten der Daten zum Abruf* als *Übermittlung* anzusehen, was gem. § 3 Satz 1 BDSG 1977 nur zulässig war, wenn das *BDSG* oder eine andere Rechtsvorschrift dies vorsah oder der Betroffene eingewilligt hatte, werden Daten erst i.S.d. § 3 Abs. 5 Nr. 3b BDSG 1990 erst übermittelt, wenn die zur Einsicht oder zum Abruf bereitgehaltenen Daten vom Empfänger der Daten tatsächlich *abgerufen* werden[234]. Das Bereithalten von Daten zum Abruf fällt damit seit dem *BDSG 1990* nicht mehr unter das an die Stelle des § 3 Satz 1 BDSG 1977 getretene Unzulässigkeitsverdikt des § 4 Abs. 1 BDSG 1990, so dass durch § 10 BDSG 1990 dem Entstehen einer Regelungslücke vorgebeugt wurde[235]. Infolge der Einengung des Übermittlungsbegriffs durch § 3 Abs. 5 Nr. 3 BDSG 1990 sowie aufgrund der besonderen Gefahren automatisierter Abrufverfahren enthält § 10 BDSG 1990 besondere Voraussetzungen für die Einrichtung automatisierter Abrufverfahren[236]. Die Datenschutzgesetze der Länder sehen teilweise über die Voraussetzungen hinausgehende Schutzvorkehrungen vor, insbesondere indem diese im Zu-

---

231 Schultze-Melling in Taeger/Gabel, Teil 1: BDSG, § 10 Rn. 1.
232 Bergmann/Möhrle/Herb, BDSG, Teil III: Kommentar, § 10 Rn. 3.
233 Schaffland/Wiltfang, BDSG, § 10 Rn. 1; Schultze-Melling in Taeger/Gabel, Teil 1: BDSG, § 10 Rn. 6.
234 Auernhammer, BDSG 1990, § 10 Rn. 1; Ehmann in Simits, BDSG, § 10 Rn. 2; Schultze-Melling in Taeger/Gabel, Teil 1: BDSG, § 10 Rn. 2.
235 Auernhammer, BDSG 1990, § 10 Rn. 1.
236 Weichert in Däubler/Klebe/Wedde/Weichert, BDSG, § 3 Rn. 36; Schultze-Melling in Taeger/Gabel, BDSG, § 10 Rn. 1.

C. Die Weiterentwicklung des Datenschutzrechts infolge des Volkszählungsurteils

sammenhang mit der Einrichtung automatisierter Abrufverfahren entsprechend der Vorgängervorschrift des § 6 Abs. 2 BDSG 1977 den Erlass von Rechtsverordnungen fordern.

(1) Verfahrensverzeichnisse i.S.d. § 10 Abs. 2 Satz 2 BDSG 1990

Neben dem umstrittenen Erfordernis des Erlasses von Rechtsverordnungen fordern sowohl § 10 Abs. 2 Satz 2 BDSG 1990 als auch die Datenschutzgesetze der Länder die schriftliche Festlegung über
– Anlass und Zweck des Abrufverfahrens,
– Dritte, an die übermittelt werden soll,
– Art der zu übermittelnden Daten und
– nach § 9 erforderliche technische und organisatorische Maßnahmen.
Dieses sog. Verfahrensverzeichnis wird gem. § 10 Abs. 2 Satz 1 BDSG durch die beteiligten Stellen vor Inbetriebnahme des Abrufverfahrens erlassen[237], im öffentlichen Bereich kann es gem. § 10 Abs. 2 Satz 3 BDSG auch durch die Fachaufsichtsbehörden getroffen werden. Bei mehreren speicherungsberechtigten Stellen, der Beteiligung von Nachrichtendiensten oder anderen, dem Bundesministerium für Verteidigung unterstehenden Stellen, von Behörden der Staatsanwaltschaft, der Polizei oder öffentlichen Stellen der Finanzverwaltung ist die Einrichtung von Abrufverfahren gem. § 10 Abs. 3 Satz 2 BDSG nur zulässig, wenn das für die speichernde Stelle zuständige Bundes- oder Landesministerium zugestimmt hat. Durch das Verfahrensverzeichnis soll gem. § 10 Abs. 2 Satz 1 BDSG die Kontrollierbarkeit des Abrufverfahrens wie auch des einzelnen Abrufes selbst gewährleistet werden[238]. Zur notwendigen Dokumentation gehören die grundlegenden Aspekte des zu der Einrichtung des automatisierten Abrufverfahrens führenden Entscheidungsprozesses, insbesondere die im Rahmen der Angemessenheitsprüfung durchgeführte Interessenabwägung – auch mit Blick auf jede einzelne Übertragungsmöglichkeit[239]. Dies geschieht gem. § 10 Abs. 3 Satz 1 BDSG durch Unterrichtung des Bundesbeauftragten für Datenschutz. § 10 Abs. 4 Satz 1 BDSG weist dem Dritten, von dem die auto-

---

237 Bergmann/Möhrle/Herb, BDSG, Teil III: Kommentar, § 10 Rn. 20; Schultze-Melling in Taeger/Gabel, Teil 1: BDSG, § 10 Rn. 13.
238 Schultze-Melling in Taeger/Gabel, Teil 1: BDSG, § 10 Rn. 13.
239 Gola/Schomerus, BDSG, § 10 Rn. 9 14; Ehmann in Simitis, BDSG, § 10 Rn. 49 bis 81; Schultze-Melling in Taeger/Gabel, Teil 1: BDSG, § 10 Rn. 14.

Kapitel 1: Die Entwicklung der allgemeinen Datenschutzgesetze

matisiert abzurufenden Daten übermittelt werden sollen, die Verantwortung für die Zulässigkeit des einzelnen Abrufs zu. § 10 Abs. 4 Satz 2 BDSG regelt, inwiefern die speichernde Stelle eine Prüfungspflicht für die Zulässigkeit des Abrufs trifft. § 10 Abs. 4 Satz 3 BDSG betrifft den als Stapelverarbeitung bezeichneten Abruf eines Gesamtbestandes an Daten. Für die Bundesverwaltung besteht mit § 18 BDSG eine gegenüber §§ 9, 10 BDSG speziellere Regelung.

(2) Rechtsverordnungen als Voraussetzung für automatisierte Abrufverfahren

Einige der vor Verabschiedung des *BDGS 1990* in Ansehung des Volkszählungsurteils erlassenen Datenschutzgesetze, nämlich diejenigen der Länder *Berlin, Bremen, Hamburg* und *Nordrhein- Westfalen*, enthielten schon Bestimmungen über die Einrichtung automatisierter Abrufverfahren, die dem *BDSG 1990* und den Datenschutzgesetzen der übrigen Länder als Vorlage dienten[240]. Während die Datenschutzgesetze der Länder *Baden- Württemberg, Berlin, Bremen, Hamburg, Niedersachsen, Nordrhein- Westfalen, Rheinland- Pfalz, dem Saarland, Sachsen* und *Schleswig- Holstein*[241] die Einrichtung eines automatisierten Abrufverfahrens vom Vorliegen einer gesetzlichen Ermächtigung durch Rechtsverordnung abhängig machen, enthalten § 10 BDSG sowie die DSG der Länder *Bayern, Brandenburg, Hessen* und *Sachsen- Anhalt* diese Bedingung nicht. *Mecklenburg- Vorpommern* fordert in § 17 Abs. 5 DSG MV den Erlass einer Rechtsverordnung beschränkt auf die automatisierte Übermittlung von Daten an nicht- öffentliche Stellen. *Thüringen* fordert dies in § 7 Abs. 1 Satz 2 ThürDSG für automatisierte Abrufverfahren, die Daten enthalten, die einem besonderen Berufs- oder Amtsgeheimnis unterliegen. Aber auch zwischen den Ländern, deren DSG den Erlass von Rechtsverordnungen voraussetzen, ist zu differenzieren. Während die DSG von *Berlin, Bremen, Hamburg, Niedersachsen, Nordrhein- Westfalen* und dem *Saarland* die Landesregierungen zum Erlass von Rechtsverordnungen über die Festsetzung von Datenart und Datenemp-

---

240 Auernhammer, BDSG 1990, § 10 Rn. 1.
241 § 9 Abs. 4 LDSG BW; § 15 Abs. 2 BlnDSG; § 9 Abs. 2 BbgDSG; § 14 Abs. 2 BremDSG, § 11 Abs. 1 und 2, 11a HmgDSG; §§ 11 Abs. 1 und 2, 11a HDSG; § 12 Abs. 2 NDSG, § 9 Abs. 2 DSG NRW; § 9 Abs. 3 LDSG; § 10 Abs. 2 SDSG; § 8 Abs. 2 Satz 3 LDSG SH.

C. Die Weiterentwicklung des Datenschutzrechts infolge des Volkszählungsurteils

fänger als Voraussetzung für die Einrichtung automatisierter Abrufverfahren verpflichten, ermächtigen die DSG von *Baden- Württemberg, Rheinland- Pfalz, Sachsen und Schleswig- Holstein* die jeweiligen Landesregierungen zum Erlass von Rechtsverordnungen, die technisch- organisatorische Maßnahmen beim Einsatz automatisierter Abrufverfahren betreffen.

Die schon damals bestehende Uneinigkeit in den DSG der Länder über die Notwendigkeit von Rechtsverordnungen für automatisierte Abrufverfahren wirkt sich auch heute noch in Rechtsprechung und Literatur aus. Nach wie vor besteht Uneinigkeit darüber, ob der Erlass von Rechtsverordnungen u.a. notwendige Voraussetzung für die Verarbeitung von Daten in polizeilichen Dateien ist oder nicht. Während das niedersächsische OVG an den Gedanken des § 12 Abs. 2 NDSG anknüpfend auf das Erfordernis einer Rechtsverordnung für die Einrichtung automatisierter polizeilicher Abrufverfahren pochte, sah der hessische VGH entsprechend der im *HDSG* fehlenden Verpflichtung zu Erlass von Rechtsverordnungen für die Errichtung automatischer Abrufverfahren naturgemäß kein Bedürfnis. Als Folge der unterschiedlichen Regelungspraxis, die auf das datenschutzrechtliche Verständnis aus Zeiten des *BDSG 1977* zurückzuführen ist, wurde von bestehenden spezialgesetzlichen bundesrechtlichen Ermächtigungen zum Erlass von Rechtsverordnungen wie denjenigen aus § 484 Abs. 2 Satz 3 StPO oder § 7 Abs. 6 BKAG a.F.[242] nicht oder zumindest bis zur *Verordnung über die Art der Daten, die nach den §§ 8 und 9 BKAG gespeichert werden dürfen (BKA- Daten- Verordnung – BKADV)* vom 10.6.2010[243] kein Gebrauch gemacht. Deren Notwendigkeit wird vor dem Hintergrund der Erkenntnisse aus dem Volkszählungsurteil zu Recht angezweifelt[244].

(3) Die Notwendigkeit von Rechtsverordnungen im Zusammenhang mit der Verarbeitung von Daten

Während die DSG von *Berlin, Bremen, Hamburg, Niedersachsen, Nordrhein- Westfalen* und dem *Saarland* die Landesregierungen zum Erlass von Rechtsverordnungen zur Festsetzung von Datenart und Datenempfänger als Voraussetzung für die Einrichtung automatisierter Abrufverfahren verpflichten, erachten der Bund mit dem *BDSG 1990* sowie die Mehrzahl der

---

242 = § 7 Abs. 11 BKAG i.d.F. vom 1.7.2013.
243 BGBl. 2010 I S. 716 bis 721.
244 Kapitel 5 A. II. 1. a. bb. (S. 741) / b. (S. 684) / c. (S. 699) / f. (S. 740).

Kapitel 1: Die Entwicklung der allgemeinen Datenschutzgesetze

Länder den Erlass von Verfahrensverzeichnissen zumindest grundsätzlich als ausreichend. Daher stellt sich die Frage, welcher Auffassung zu folgen ist. Fest steht, dass die Datenschutzgesetze von *Berlin, Bremen, Hamburg, Nordrhein- Westfalen* und dem *Saarland* gegenüber den übrigen Datenschutzgesetzen zeitnäher zum Volkszählungsurteil und auch vor dem *BDSG 1990* erlassen wurden. Insoweit könnten Datenschutzgesetze umso eher noch keine bereichsspezifischen und präzisen Befugnisse zur zweckändernden Datennutzung enthalten, je zeitnäher sie nach dem Volkszählungsurteil erlassen wurden. Die Fragen, ob der Erlass von Rechtsverordnungen zur Legitimation der polizeilichen automatisierten Datenverarbeitung auch heute noch zielführend ist, und ab wann sich deren Notwendigkeit möglicherweise erübrigt haben könnte, werden in Kapitel 2[245] und 3[246] beantwortet.

d. Die Zweckänderung von Daten durch deren Verarbeitung

Der Grundsatz der Zweckbindung wurde erstmals in § 14 Abs. 1 Satz 1 BDSG 1990 festgehalten. Aufgrund der Zweckbindung von Daten ist jede Änderung des Verarbeitung- oder Nutzungszwecks gegenüber dem ursprünglich mit der Erhebung von Daten verfolgen Zweck als Eingriff in das Grundrecht auf informationelle Selbstbestimmung zu klassifizieren und bedarf daher einer gesetzlichen Ermächtigung[247]. Vom Grundsatz der Zweckänderung kann grundsätzlich nur unter den Voraussetzungen des § 14 Abs. 2 BDSG abgewichen werden. Nicht jede Form der Datervarbeitung i.S.d. § 3 Abs. 4 BDSG ist jedoch grundrechtsrelevant[248].

aa. Formen der Datenverarbeitung ohne Eingriffscharakter

Das Löschen, Sperren und das Verändern i.S.d. Berichtigens von Daten i.S.d. § 20 BDSG 1990 sind Formen der Datenverarbeitung, die nicht mit einem Grundrechtseingriff und daher auch mit keiner Zweckänderung verbunden sind. Sie dienen dem Schutz des Grundrechts auf informationelle Selbstbe-

---

245 Kapitel 2 A. III. 7. h. (S. 259).
246 Kapitel 3 C. II. 2. (S. 453).
247 BVerfGE 65, 1 (45); Hefendehl in StV 2001, 700 (705); Anm. Welp zu BGH in NStZ 1996, 601 (603).
248 Gusy in ZJS 2012, 195 (196).

C. Die Weiterentwicklung des Datenschutzrechts infolge des Volkszählungsurteils

stimmung[249]. Hierdurch wird verhindert, dass der mit jeder Datenerhebung oder -speicherung verbundene Eingriff in das Grundrecht auf informationelle Selbstbestimmung uneingeschränkt lange, weiter als unbedingt erforderlich, stärker als zulässig oder weiterhin in der bisherigen oder fehlerhaften Weise andauert. Regelungen wie die des § 20 BDSG 1990 sind in allen Datenschutz- sowie Spezialgesetzen enthalten. Der Betroffene einer Datenerhebung oder -verarbeitung muss die Leistungs- und Schutzfunktion des Grundrechts auf informationelle Selbstbestimmung gegenüber dem Staat auf Beseitigung der Folgen eines Eingriffs in sein Grundrecht auf informationelle Selbstbestimmung durchsetzen können[250]. Daher sind Unterrichtungspflichten zumindest bei mittelbarer oder verdeckter Datenerhebung erforderlich[251].

Das *Löschen* von Daten ist das Gegenstück zu deren Speicherung[252]. Löschen i.S.d. § 3 Abs. 4 Satz 2 Nr. 5 BDSG ist jede Handlung, die dazu führt, dass Daten nicht mehr zur Kenntnis genommen und aus den gespeicherten Daten nicht länger Informationen gewonnen werden können[253]. Löschen von Daten kann unabhängig davon, ob es sich um eine Datei oder eine Akte handelt, erfolgen[254]. Die den Daten müssen aber auf allen vorhandenen Datenträgern gelöscht werden[255]. „Löschen ohne Spuren" ist Datenvernichtung[256]. Grundsätzlich liegt dann keine Veränderung gespeicherter Daten vor[257]. Gelöscht werden können nur suchfähig gespeicherte Daten[258]. Im *BDSG* sind wie auch in den übrigen Datenschutzgesetzen allgemeine Löschfristen vorgesehen. Entsprechend § 20 Abs. 2 BDSG bestehen Löschungspflichten für personenbezogene Daten, sofern deren Verarbeitung unzulässig war oder nicht mehr erforderlich ist[259]. Ferner gibt es spezialgesetzliche

---

249 BVerfGE 113, 29 (59); 65, 1 (46); BbgVerfG in LKV 1999, 450 (456).
250 VGH BW in DVBl. 1992, 1309 (1311); Pieroth/Schlink/Kniesel, POR, § 15 Rn. 83.
251 Kapitel 2 A. III. 2. (S. 183); III. 5. (S. 195); c. bb. (S. 217).
252 Gusy in ZJS 2012, 155 (165).
253 Weichert in Däubler/Klebe/Wedde/Weichert, BDSG, § 3 Rn. 44; Kühling/Seidel/Sivridis, Datenschutzrecht, S. 116; Gusy in ZJS 2012, 155 (165).
254 Pieroth/Schlink/Kniesel, POR, § 15 Rn. 86.
255 Buchner in Taeger/Gabel, Teil 1: BDSG, § 3 Rn. 40; Kühling/Seidel/Sivridis, Datenschutzrecht, S. 116.
256 Gusy in ZJS 2012, 155 (165).
257 Gola/Schomerus, BDSG, § 3 Rn. 31; Weichert in Däubler/Klebe/Wedde/Weichert, BDSG, § 3 Rn. 35.
258 Gusy in ZJS 2012, 155 (165).
259 Gusy in ZJS 2012, 155 (165).

Kapitel 1: Die Entwicklung der allgemeinen Datenschutzgesetze

Löschungspflichten, sei es in § 6b Abs. 5 BDSG 2001 oder aufgrund von Löschungsverpflichtungen außerhalb der Datenschutzgesetze des Bundes und der Länder. Aus dem Löschungsvorgang dürfen keine negativen Rückschlüsse gezogen werden können[260].

Das *Sperren* von Daten wurde in § 3 Abs. 5 Nr. 4 BDSG 1990[261] als *Kennzeichnen gespeicherter personenbezogener Daten, um ihre weitere Verarbeitung oder Nutzung einzuschränken,* definiert[262]. Das Sperren ist ein Minus gegenüber dem Löschen von Daten[263]. Gesperrte Daten bleiben gespeicherte Daten[264]. Der Begriff des Kennzeichnens beschreibt eine formale Anforderung an das Gewährleistungsverfahren zum Sperren von Daten[265]. Formen des Sperrens sind das Ausblenden der Daten bei rechtlich nicht erlaubten Formen der Verarbeitung oder durch einen Sperrvermerk bei dem Datum, dem Datensatz oder dem Datenträger sowie die gesonderte Aufbewahrung[266]. Dem Sperren von Daten steht nicht entgegen, dass die Daten zur behördeninternen oder gerichtlichen Kontrolle, zu Aus- und Fortbildungszwecken oder (anonymisiert) zu statistischen Zwecken verwendet werden[267]. Ziel der genannten Formen der Datenverarbeitung ist die Beschränkung der Verarbeitungs- und Nutzungsmöglichkeiten durch ein weitgehendes Verarbeitungs- und Verwertungsverbot[268]. Wann Daten zu sperren sind, wird in § 20 Abs. 3 und 4 BDSG geregelt. Es kommt gem. §§ 20 Abs. 3 Nr. 3 BDSG vor allem in Betracht, wenn die Datenlöschung wegen der besonderen Art der Speicherung nur mit unverhältnismäßig hohem Aufwand möglich ist[269]. Gem. § 20 Abs. 3 Nr. 1 und 2 BDSG 1990 sind Daten zu sperren, wenn die Daten grundsätzlich zu löschen wären, aber bestimmte Aufbewahrungsfristen oder schutzwürdige Interessen des Betroffenen einer Löschung entgegenstehen[270]. Indem die Einsehbarkeit oder Abrufbarkeit

---

260 Kühling/Seidel/Sivridis, Datenschutzrecht, S. 117.
261 Heute: § 3 Abs. 4 Satz 2 Nr. 4 BDSG.
262 Schaffland/Wiltfang, BDSG, § 3 Rn. 21.
263 Gusy in ZJS 2012, 155 (165).
264 Gola/Schomerus, BDSG, § 3 Rn. 29.
265 Kühling/Seidel/Sivridis, Datenschutzrecht, S. 115; Dammann in Simitis, BDSG, § 3 Rn. 165.
266 Weichert in Däubler/Klebe/Wedde/Weichert, BDSG, § 3 Rn. 42.
267 BVerfGE 100, 313 (364/365).
268 Gola/Schomerus, BDSG, § 3 Rn. 38; Kühling/Seidel/Sivridis, Datenschutzrecht, S. 115.
269 Schmidt, PolG Bremen, § 36k Rn. 4.
270 Kühling/Seidel/Sivridis, Datenschutzrecht, S. 115.

C. Die Weiterentwicklung des Datenschutzrechts infolge des Volkszählungsurteils

gesperrter Daten grundsätzlich ausgeschlossen ist, soll verhindert werden, dass vorhandene Daten unter weiterem Eingriff in das Grundrecht des Betroffenen auf informationelle Selbstbestimmung gespeichert oder genutzt werden,[271]. Dabei bezieht sich diese für die Sperrung charakteristische Einschränkung auf bestimmte Zwecke oder bestimmte Nutzer[272]. Ausnahmen vom Verwendungsverbot gesperrter Daten sind nach den meisten Datenschutz-[273] und einigen Polizeigesetzen[274] bei einer gegenwärtigen Gefahr für Leben und Gesundheit oder auch für die Freiheit einer Person vorgesehen, weil der Schutzanspruch dieser Rechtsgüter gegenüber dem Schutzanspruch des Grundrechts auf informationelle Selbstbestimmung überwiegt.

Das *Anonymisieren* von Daten wurde erstmals in § 3 Abs. 7 BDSG 1990[275] legaldefiniert. Obwohl das Anonymisieren streng genommen kein Verändern personenbezogener Daten i.S.d. § 3 Abs. 2 Nr. 2 BDSG ist, weil vorhandene Informationen entweder vernichtet oder gekürzt werden[276], ist es hier als Unterbegriff des Verarbeitens von Daten zu verstehen[277]. Anonymisierte Daten sind Voraussetzung für deren Nutzung zur wissenschaftlichen Forschung[278], für Statistiken[279] und bei der Planung[280]. Ziel des Anonymisierens von Daten ist es, Beziehungen zu dem Betroffenen zu löschen, so dass anonymisierte Daten grundsätzlich keine personenbezogenen Daten mehr sind[281]. Mit Fortfall des Personenbezugs endet der Grundrechtseingriff[282]. Etwas anderes gilt nur, sofern durch Rückrechnung oder durch die Verwendung von Zusatzwissen die Möglichkeit besteht, die Anonymisierung aufzuheben und das betreffende Datum einer bestimmten Person zu-

---

271 Gusy in ZJS 2012, 155 (165).
272 Weichert in Däubler/Klebe/Wedde/Weichert, BDSG, § 3 Rn. 43.
273 § 24 Abs. 4 Satz 1 LDSG BW, § 19 Abs. 3 Satz 3 BbgDSG, § 19 Abs. 2 Satz 3 DSG HH, § 19 Abs. 2 Satz 3 HDSG, § 13 LDSG MV, § 17 Abs. 3 Satz 3 NDSG, § 19 Abs. 2 Satz 4 DSG NRW, § 19 Abs. 5 LDSG RP, § 19 Abs. 2 Satz 4 SDSG, § 20 Abs. 4 SächsDSG, § 16 DSG LSA, § 28 Abs. 4 LDSG SH, § 15 ThürDSG.
274 § 31b Abs. 4 PolG Bremen, § 14 Abs. 2 Satz 3 DVG HH, § 20 Abs. 2 HSOG, § 39 Abs. 2 Satz 1 NdsSOG, § 43 Abs. 1a Satz 2/3 SächsPolG, § 22 Abs. 3 SOG LSA.
275 Heute: § 3 Abs. 6 BDSG.
276 Gola/Schomerus, BDSG, § 3 Rn. 31.
277 BVerfGE 65, 1 (49, 53); Gola/Schomerus, BDSG, § 3 Rn. 43; Wolf/Stefan/Deger, PolG BW, § 37 Rn. 30.
278 Heute: § 14 Abs. 5 Nr. 2 BDSG.
279 § 16 Abs. 5 BStatG.
280 Weichert in Däubler/Klebe/Wedde/Weichert, BDSG, § 3 Rn. 46.
281 Schaffland/Wiltfang, BDSG, § 3 Rn. 15.
282 Gusy in ZJS 2012, 155 (158).

zuordnen[283]. So wird die Verarbeitung und Nutzung von ehemals mit Personenbezug erhobenen Daten für statistische Zwecke, interne Dokumentationspflichten oder die Aus- und Fortbildung möglich[284].

Unter *Verändern* von Daten ist gem. § 3 Abs. 4 Nr. 2 BDSG das inhaltliche Umgestalten bereits gespeicherter Daten zu verstehen, wobei der Informationsgehalt der Daten entweder durch das Ersetzen alter Daten durch andere neu bekannt gewordene Daten oder durch das Ergänzen von alten Daten durch nachträglich hinzukommende Teildaten geändert wird[285]. Verändern von personenbezogenen Daten umfasst neben deren Aktualisieren durch Ersetzen und Ergänzen von Informationsinhalten gem. § 20 Abs. 1 BDSG 1990 auch das *Berichtigen* der Daten. Im Gegensatz zu deren Aktualisierung zielt deren Berichtigung nicht auf die Begründung eines anderen als dem ursprünglichen Informations- und Aussagegehalts und greift nicht in das Grundrecht auf informationelle Selbstbestimmung ein. Vielmehr soll dem Interesse des Betroffenen an einer wahrheitsgemäßen Darstellung seiner Person gegenüber anderen Personen oder Institutionen unter Beibehaltung des ursprünglichen Informations- und Aussagegehalts der Daten nachgekommen werden. Die berichtigten Daten sagen nichts anderes aus, als das, was deren Erhebung bzw. Verarbeitung zu Grunde gelegt wurde. Ein erneuter Grundrechtseingriff ist daher ausgeschlossen. Nach anderer Auffassung soll einer Berichtigung von Daten, ohne dass dieser ein eigener Informations- und Aussagegehalt zukommt, keine Veränderung i.S.d. § 3 Abs. 5 Satz 2 Nr. 2 BDSG 1990 sein[286].

Zusammenfassend bleibt festzustellen, dass es sich – abgesehen von der in § 14 Abs. 1 und 2 BDSG geregelten Speicherung, Veränderung und Nutzung von personenbezogenen Daten durch öffentliche Stellen – bei den übrigen Formen der in § 3 Abs. 5 Satz 2 Nr. 1 bis 5 und Abs. 7 BDSG 1990 definierten Formen der Verarbeitung von Daten um keine das Grundrecht auf informationelle Selbstbestimmung beschränkenden sondern dieses schützende, da Eingriffe einschränkende Maßnahmen handelt. Das Löschen, das Sperren, das Anonymisieren sowie das Verändern von Daten durch Berichtigen eines von Anfang an falschen Informations- und Aussagegehalts werden daher mit Formen des Umgangs mit Daten, die mit einer Zweckän-

---

283 Schaffland/Wiltfang, BDSG, § 2 Rn. 15; Gusy in ZJS 2012, 155 (156).
284 Gusy in ZJS 2012, 155 (158).
285 Gola/Schomerus, BDSG, § 3 Rn. 30; Kniesel/Vahle, Kommentierung VE ME PolG, Rn. 101.
286 Kühling/Seidel/Sividris, Datenschutzrecht, S. 112/113.

C. Die Weiterentwicklung des Datenschutzrechts infolge des Volkszählungsurteils

derung einhergehen können, verbunden, um zulässige Eingriffe in das Grundrecht auf informationelle Selbstbestimmung in deren Intensität zu beschränken[287].

bb. Formen der Datenverarbeitung mit Eingriffscharakter

Formen der Datenverarbeitung, die mit einem Eingriff in das Grundrecht auf informationelle Selbstbestimmung verbunden sind und im Verhältnis zum ursprünglichen Erhebungs- oder vorausgehenden Verarbeitungszweck auch mit einer Zweckänderung einhergehen können, bedürfen aufgrund des Vorbehalts des Gesetzes aus Art. 20 Abs. 3 GG einer Ermächtigungsgrundlage[288]. Hier zählen das Speichern von Daten, das Verändern von Daten durch Erweitern oder Ergänzen ihres bisherigen Informations- und Aussagegehalts und das Übermitteln von Daten.

Das *Speichern* von Daten wird in § 3 Abs. 4 Satz 2 Nr. 1 BDSG als das Erfassen, Aufnehmen oder Aufbewahren von Daten auf einem Datenträger zum Zwecke der weiteren Verarbeitung oder Nutzung legaldefiniert. Objekt des Speicherns sind die Daten, Medium der Speicherung sind die Datenträger[289]. Eine Stelle speichert Daten nicht nur, wenn sie diese erstmalig fixiert, sondern auch, wenn sie fixierte Daten auf einem Datenträger entgegen nimmt und diese zur weiteren Verarbeitung oder Nutzung auf demselben oder einem anderen Datenträger bereithält[290]. Um eine Speicherung i.S.d. § 3 Abs. 4 Satz 2 Nr. 1 BDSG zu bejahen, ist bedingte Verwendungsabsicht erforderlich[291]. Eine besondere, jedoch bei Erlass des *BDSG 1990* noch nicht berücksichtigte Form der Speicherung von Daten ist deren Aufzeichnung[292]. Ebenso können personenbezogene Daten durch öffentliche Stellen durch Aufschreiben oder deren Aufnahme in Akten, Sammlungen oder Kar-

---

287 Kapitel 2 A. III. 5. c. (S. 213) / 7. h. (S. 259)ne.
288 Vgl. jetzt auch BVerfG in NJW 2013, 1499 (1501 = Rn. 94).
289 Kniesel/Vahle, Kommentierung VE ME PolG, Rn. 100.
290 Kühling/Seidel/Sivridis, Datenschutzrecht, S. 112; vgl. jetzt auch BVerfG in NJW 2013, 1499 (1501 = Rn. 95).
291 Dammann in Simitis, BDSG, § 3 Rn. 115; Kühling/Seidel/Sivridis, Datenschutzrecht, S. 112; Weichert in Däubler/Klebe/Wedde/Weichert, BDSG, § 3 Rn. 34.
292 Petri in Lisken/Denninger, HbdPolR, 5. Auflage, G Rn. 194, 370; Gusy in ZJS 2012, 155 (157).

teien gespeichert werden[293]. Hierzu zählt auch die Aufbewahrung von Gewebeproben, Körperzellen oder einer extrahierten DNA[294]. Keine Speicherung liegt vor, wenn Daten technikbedingt für kürzeste Momente zwischengespeichert werden[295]. Speichert eine Stelle Daten zu dem Zweck, zu dem die Daten erhoben worden sind, liegt keine Zweckänderung vor.

Das Verändern von Daten durch Erweitern oder Ergänzen ihres bisherigen Informations- und Aussagegehalts kann mit Hilfe automatisierter Datenverarbeitung auch durch Verknüpfung von Daten geschehen, die durch die Zusammenfassung ihren bisherigen Kontext verlieren und ist daher grundrechtsrelevant[296]. Es greift dann in das Grundrecht auf informationelle Selbstbestimmung ein, wenn vorhandene Informationen über eine Person nicht nur zur Herbeiführung des bisherigen Aussagegehalts korrigiert werden sondern vorhandene Informationen durch neue, den bisherigen Aussagegehalt erweiternde oder abändernde Informationen angereichert werden. Eine Zweckänderung liegt vor, wenn das geänderte Datum einen anderen als den ursprünglich beabsichtigten Informations- und Aussagegehalt erhält[297] und sich durch die Fixierung des neuen Informations- und Aussagegehalts die beabsichtigte Nutzung der veränderten Daten ändert[298].

Das *Übermitteln* von Daten ist nach datenschutzrechtlichem Verständnis eine Form deren Verarbeitens[299], das in § 3 Abs. 5 Nr. 3 BDSG 1990[300] legaldefiniert wurde. Der Begriff des *Empfängers* in § 3 Abs. 5 Satz 2 Nr. 3 BDSG 1990 betrifft ausschließlich den in § 3 Abs. 8 Satz 2 BDSG 2001 definierten *Dritten*[301]. Daten werden demnach übermittelt, indem sie weitergegeben, eingesehen oder abgerufen werden[302]. Unerheblich ist es, ob die Übermittlung konventionell – also per Brief oder mündlich – oder unter

---

293 Weichert in Däubler/Klebe/Wedde/Weichert, BDSG, § 3 Rn. 33; Gusy in ZJS 2012, 155 (157).
294 Weichert in Däubler/Klebe/Wedde/Weichert, BDSG, § 3 Rn. 33.
295 Dammann in Simitis, BDSG, § 3 Rn. 117; Gola/Schomerus, BDSG, § 3 Rn. 28; Kühling/Seidel/Sivridis, Datenschutzrecht, S. 112.
296 Bergmann/Möhrle/Herb, BDSG, Teil III: Kommentar, § 3 Rn. 86; Gola/Schomerus, BDSG, § 3 Rn. 30; Weichert in Däubler/Klebe/Wedde/Weichert, BDSG, § 3 Rn. 35.
297 Kühling/Seidel/Sivridis, Datenschutzrecht, S. 113.
298 Kühling/Seidel/Sivridis, Datenschutzrecht, S. 112.
299 A.A. Schoch in Schmidt-Aßmann/Schoch, 2. Kap. Rn. 253.
300 Heute: § 3 Abs. 4 Satz 2 Nr. 3 BDSG.
301 Buchner in Taeger/Gabel, Teil 1: BDSG, § 3 Rn. 34.
302 Buchner in Taeger/Gabel, Teil 1: BDSG, § 3 Rn. 35; Schaffland/Wiltfang, BDSG, § 3 Rn. 40.

Einsatz technischer Mittel – also mittels Fax oder Email, durch auf Datenträger kopierte Daten oder sonst Online – erfolgt[303]. Keine Übermittlung ist die Datenweitergabe an den Betroffenen selbst[304]. Da die Übermittlung von Daten ebenso wie deren Erhebung, Speicherung, Veränderung und Nutzung in das Grundrecht des Betroffenen auf informationelle Selbstbestimmung eingreift, steht sie gem. § 4 Abs. 1 BDSG 1990 unter einem präventiven Verbot mit Erlaubnisvorbehalt. Auf die Übermittlung personenbezogener Daten durch öffentliche Stellen bezogene Erlaubnistatbestände finden sich seither hinsichtlich der Übermittlung an öffentliche Stellen, an nicht- öffentliche Stellen oder an Stellen außerhalb des Geltungsbereichs des Grundgesetzes in den §§ 15 bis 17 BDSG.

Im Ergebnis ist festzuhalten, dass sich die Frage nach der Rechtmäßigkeit der Zweckänderung durch deren Verarbeitung entweder bei der Verarbeitung der Daten durch Speicherung oder aber im Zusammenhang mit deren Verarbeitung durch Übermittlung mit dem Ziel ihrer Nutzung zu einem anderen als dem ursprünglichen Erhebungszweck stellt.

cc. Die Nebenzwecke der Datenerhebung

Die §§ 14 Abs. 3 und 3 BDSG betreffen die *Nebenzwecke der Datenverarbeitung* als besondere Formen der Datenverarbeitung und -nutzung[305]. Gem. § 14 Abs. 3 BDSG soll in der Verarbeitung oder Nutzung von Daten zur Wahrung von Aufsichts- und Kontrollbefugnissen, zur Rechnungsprüfung, zur Durchführung von Organisationsuntersuchungen oder zu Aus- und Fortbildungszwecken keine Zweckänderung sein. § 14 Abs. 4 BDSG enthält ein striktes Zweckbindungsgebot für Daten, die ausschließlich zu Zwecken der Datenschutzkontrolle, der Datensicherung oder zur Sicherstellung des ordnungsgemäßen Betriebs einer Datenverarbeitungsanlage gespeichert werden dürfen. In der Literatur ist umstritten, ob es sich bei § 14 Abs. 3 BDSG um eine Fiktion handelt, bei der an sich eine Zweckänderung vorläge[306],

---

[303] Schaffland/Wiltfang, BDSG, § 3 Rn. 39; Weichert in Däubler/Klebe/Wedde/Weichert, BDSG, § 3 Rn. 37.
[304] Weichert in Däubler/Klebe/Wedde/Weichert, BDSG, § 3 Rn. 37.
[305] Dammann in Simitis, BDSG, § 14 Rn. 93.
[306] Auernhammer, BDSG 1990, § 14 Rn. 21; Bergmann/Möhrle/Herb, BDSG, Teil III: Kommentar, § 14 Rn. 33; Wedde in Däubler/Klebe/Wedde/Weichert, BDSG, § 14 Rn. 23; Tinnefeld/Ehmann/Gerling, BDSG, S. 513/514.

Kapitel 1: Die Entwicklung der allgemeinen Datenschutzgesetze

oder ob es sich um eine Klarstellung handelt[307]. Bei der Beantwortung der Frage ist zu differenzieren.

Die in § 14 Abs. 3 Satz 1 BDSG genannte Verarbeitung oder Nutzung zur Wahrnehmung von Aufsichts- und Kontrollbefugnissen, der Rechnungsprüfung oder der Durchführung von Organisationsuntersuchungen für die verantwortliche Stelle enthält eine Definition der Zweckänderung, wonach diese Teil des Primärzwecks der Datenerhebung i.S.d. § 14 Abs. 1 BDSG sind[308]. Diese Maßnahmen sind dergestalt mit dem Hauptzweck der Datenverarbeitung verbunden[309], dass sie der vom öffentlichen Interesse gedeckte[310] notwendige Schritt einer vorgesetzten Stelle und damit zwangläufig Nebenfolge der Erfüllung der Dienst- und Fachaufsichtspflicht sind[311]. Es sind Vorkehrungen zur Beschränkung von unberechtigten oder unverhältnismäßigen Eingriffen in das Grundrecht auf informationelle Selbstbestimmung, denen kein Eingriffscharakter zukommt. Im Verhältnis zur ursprünglichen Erhebung der Daten wird nicht erneut in die Rechtspositionen des Betroffenen eingegriffen. Eines gesetzlich besonders festzuschreibenden Ausnahmetatbestandes vom Grundsatz der Zweckbindung bedarf es insoweit nicht. Da auch ohne § 14 Abs. 3 Satz 1 BDSG keine Zweckänderung vorläge[312], bedarf es keiner Fiktion der Einhaltung des Zweckbindungsgebots sondern nur einer Klarstellung[313].

Entsprechendes gilt für Organisationsuntersuchungen, soweit sich die Daten auf die zu optimierende Aufgabe der verantwortlichen Stelle beziehen[314]. Bei der Rechnungsprüfung, die vom Bundesrechnungshof oder einem Landesrechnungshof vorgenommen wird[315], hat § 14 Abs. 3 Satz 1 BDSG hingegen insofern eine fiktive Wirkung, als dass die dem Grunde

---

307 Dörr/Schmidt, Neues Bundesdatenschutzgesetz, 1. Auflage, S. 38/39; Heckmann in Taeger/Gabel, Teil 1: BDSG, § 14 Rn. 95, 96.
308 Gola/Schomerus, BDSG, § 14 Rn. 24; Dammann in Simits, BDSG, § 14 Rn. 94.
309 Drewes/Malmberg/Walter, BPolG, § 29 Rn. 24.
310 Gola/Schomerus, BDSG, § 14 Rn. 24.
311 Dammann in Simits, BDSG, § 14 Rn. 94, 97; Wedde in Däubler/Klebe/Wedde/Weichert, BDSG, § 14 Rn. 23; Gola/Schomerus, BDSG, § 14 Rn. 25; Söllner in Pewestorf/Söllner/Tölle, ASOG Berlin, Teil 1, § 42 Rn. 25.
312 A.A. Tinnefeld/Ehmann/Gerling, BDSG, S. 51.
313 Dammann in Simits, BDSG, § 14 Rn. 94, 101.
314 Dammann in Simits, BDSG, § 14 Rn. 99; Heckmann in Taeger/Gabel, Teil 1: BDSG, § 14 Rn. 102; Wedde in Däubler/Klebe/Wedde/Weichert, BDSG, § 14 Rn. 23.
315 Gola/Schomerus, BDSG, § 14 Rn. 24; Tinnefeld/Ehmann/Gerling, BDSG, S. 514.

C. Die Weiterentwicklung des Datenschutzrechts infolge des Volkszählungsurteils

nach vorliegende zweckändernde Verwendung der Daten nicht als Verarbeitung oder Nutzung für andere Zwecke anzusehen ist[316].

Im Gegensatz zur Verarbeitung und Nutzung von erhobenen Daten zu Aufsichts-, Kontroll- und sonstigen Prüfungszwecken kommt der Regelung des § 14 Abs. 3 Satz 2 BDSG über die Verarbeitung und Nutzung von erhobenen Daten zu Ausbildungs- und Prüfungszwecken eine konstitutive Wirkung zu[317]. Gem. § 14 Abs. 3 Satz 2 BDSG oder § 15 Abs. 3 Satz 1 LDSG BW soll in der Nutzung personenbezogene Daten zu Aus- und Fortbildungszwecken oder zur wissenschaftlichen Forschung[318] keine Zweckänderung liegen[319]. Anders als die Verwendungsformen aus § 14 Abs. 3 Satz 1 BDSG dient diese Form des Verarbeitens und Nutzens von Daten nicht der Erfüllung des mit der Erhebung der Daten ursprünglich verfolgten Primärzwecks[320]. Allerdings besteht an einer realitätsbezogenen Ausbildung des Nachwuchses für öffentliche Stellen ein öffentliches Interesse[321] soweit schutzwürdige Belange des Betroffenen nicht entgegenstehen, § 14 Abs. 3 Satz 2 2. Halbsatz BDSG. Stehen schutzwürdige Interessen des Betroffenen entgegenstehen, muss entweder von der Freigabe zu Ausbildungszwecken abgesehen werden, oder aber die Unterlagen müssen entsprechend § 3 Abs. 7 BDSG anonymisiert werden[322]. Da mit der Verwendung von Daten zu Ausbildungs- und Prüfungszwecken eine Zweckänderung verbunden ist, die unabhängig vom Aufgabenbereich der verantwortlichen Stelle regelmäßig im öffentlichen Interesse liegt, kommt § 14 Abs. 3 Satz 2 BDSG die Funktion der Fiktion zu, dass dann keine Verarbeitung und Nutzung für andere Zwecke vorliegt[323]. Da es sich um eine Ausbildung durch die speichernde Stelle handelt, müssen die Übungen der Auszubildenden durch einen Ausbilder angeleitet und überwacht werden[324], so dass die Daten innerhalb der verantwortlichen Stelle verbleiben.

---

316 Dammann in Simits, BDSG, § 14 Rn. 94; Tinnefeld/Ehmann/Gerling, BDSG, S. 513/514.
317 Dammann in Simits, BDSG, § 14 Rn. 94.
318 Wolf/Stephan/Deger, PolG BW, § 37 Rn. 24.
319 BayOLG in NJW 1999, 2829 (2830); Roos/Lenz, POG RP, § 33 Rn. 16; a.A. Drewes/Malmberg/Walter, BPolG, § 29 Rn. 48.
320 Dammann in Simits, BDSG, § 14 Rn. 94.
321 Dammann in Simits, BDSG, § 14 Rn. 102; Gola/Schomerus, BDSG, § 14 Rn. 26.
322 Gola/Schomerus, BDSG, § 14 Rn. 26; Heckmann in Taeger/Gabel, Teil 1: BDSG, § 14 Rn. 103.
323 Tinnefeld/Ehmann/Gerling, BDSG, S. 513/514.
324 BayOLG in NJW 1999, 2829 (2830).

Weiterhin verbietet § 14 Abs. 4 BDSG die zweckändernde Verwendung von Daten, die ausschließlich zu Zwecken der Datenschutzkontrolle, der Datensicherung oder zur Sicherung des ordnungsgemäßen Betriebs einer Datenverarbeitungsanlage gespeichert werden. Damit ist vor allem die Verwendung von Daten zur Mitarbeiterüberwachung ausgeschlossen[325], so dass gem. § 19 Abs. 2 BDSG nur eine eingeschränkte Auskunftspflicht gegenüber dem Betroffenen besteht[326]. Unter Daten, die ausschließlich *zu Zwecken der Datenschutzkontrolle* gespeichert werden, fallen regelmäßig *Protokolldaten*, die durch technisch- organisatorische Maßnahmen i.S.d. § 9 BDSG erhobene Daten über Bedienstete enthalten[327]. Die Protokolldaten dienen dazu, Aufschluss darüber zu erlangen, welcher Bedienstete in der Vergangenheit wann und aus welchem Grund auf einen bestimmten Datenträger zugegriffen hat[328]. Aufsichts-, Kontroll- und Prüfungsfunktionen i.S.d. § 14 Abs. 3 Satz 1 BDSG werden durch Aufsichtsbehörden, d.h. durch übergeordnete Behörden oder eigens eingerichtete Kontrollbehörden und -instanzen wie dem Datenschutzbeauftragten wahrgenommen[329]. Die zuständigen Kontrollbehörden und -instanzen nutzen die Protokolldaten dann gerade zu dem Zweck, zu dem die Protokolldaten von Bediensteten zu Kontrollzwecken erhoben wurden. Eine Zweckänderung liegt dann nicht vor. *Zu Zwecken der Datensicherung* werden Daten gespeichert, über die Sicherungskopien erstellt werden, sowie andere personenbezogene Daten, die im Zuge der Datensicherung nach § 9 BDSG gespeichert werden[330]. Dem ordnungsgemäßen Betrieb einer Datenverarbeitungsanlage dient sowohl der Schutz von Daten vor Verlust durch Sicherungskopien, die Organisation des Rechenzentrums oder die Aufrechterhaltung der Kommunikations- und Netzwerkssoftware[331]. Die Übergänge der in § 14 Abs. 4 BDSG bezeichneten Verwendungsformen sind fließend.

---

[325] Wedde in Däubler/Klebe/Wedde/Weichert, BDSG, § 14 Rn. 28.
[326] Heckmann in Taeger/Gabel, Teil 1: BDSG, § 14 Rn. 106; Bergmann/Möhrle/Herb, BDSG, Teil III: Kommentar, § 19 Rn. 27.
[327] Gola/Schomerus, BDSG, § 14 Rn. 27, 29.
[328] Meixner/Fredrich, HSOG, § 20 Rn. 11.
[329] Dammann in Simitis, BDSG, § 14 Rn. 108; Gola/Schomerus, BDSG, § 14 Rn. 27; Heckmann in Taeger/Gabel, Teil 1: BDSG, § 14 Rn. 112.
[330] Dammann in Simitis, BDSG, § 14 Rn. 109; Gola/Schomerus, BDSG, § 14 Rn. 28; Heckmann in Taeger/Gabel, Teil 1: BDSG, § 14 Rn. 113.
[331] Heckmann in Taeger/Gabel, Teil 1: BDSG, § 14 Rn. 114.

C. Die Weiterentwicklung des Datenschutzrechts infolge des Volkszählungsurteils

dd. Die zweckändernde Verarbeitung und Nutzung von Daten i.S.d. §§ 14 Abs. 2 Nr. 2 bis 9, 15 Abs. 1 und Abs. 3 Satz 2 BDSG

§ 14 Abs. 2 BDSG 1990 enthält 9 Ausnahmetatbestände vom Grundsatz der Zweckbindung[332]. Hierin liegen gesetzliche Ermächtigungen zur Einschränkung des Grundrechts auf informationelle Selbstbestimmung[333], die bis heute weitestgehend unverändert geblieben sind. Neben einer Ergänzung des § 14 Abs. 2 Nr. 5 BDSG 1990 durch in Kraft treten des *BDSG 2001* wurde in § 14 Abs. 2 Nr. 6 BDSG im Zusammenhang mit der Einfügung des neuen § 13 Abs. 2 BDSG 2001 der Tatbestand der *Wahrung erheblicher Belange des Gemeinwohls* übernommen[334]. Gem. § 15 Abs. 1 und 3 BDSG i.V.m. § 14 BDSG dürfen personenbezogene Daten unter Einhaltung oder unter Durchbrechung des Zweckbindungsgebots an andere öffentliche Stellen übermittelt und von diesen unter Einhaltung oder unter Durchbrechung des Zweckbindungsgebots genutzt werden.

Soweit einer der in § 14 Abs. 2 Nr. 2 bis 9 BDSG 1990 genannten Ausnahmetatbestände greift, kann von einem das Grundrecht des Betroffenen auf informationelle Selbstbestimmung überwiegenden Allgemeininteresse des Staates am zweckändernden Speichern, Verarbeiten und Nutzen der erhobenen Daten und damit von einer Rechtfertigung der Durchbrechung des Zweckbindungsgebots ausgegangen werden[335]. § 14 Abs. 2 Nr. 2 bzw. 3 BDSG setzt das Eigeninteresse des Betroffenen an der Speicherung, Veränderung und Nutzung seiner Daten voraus oder geht zumindest von dessen Bestehen aus, so dass dann nicht in das Grundrecht auf informationelle Selbstbestimmung eingegriffen wird oder der Eingriff im Interesse des Betroffenen als gerechtfertigt gilt[336]. Wenn der Betroffene seine Daten öffentlich zugänglich macht, legitimiert § 14 Abs. 2 Nr. 5 BDSG die mit der behördlichen Verarbeitung dieser Daten verbundene marginale zusätzliche Belastung des Betroffenen[337]. Ferner können personenbezogene Daten gem. § 14 Abs. 2 Nr. 9 BDSG zu wissenschaftlichen Zwecken zweckändernd gespeichert, verändert oder genutzt werden. Der Zweck der wissenschaftlichen

---

[332] Auernhammer, BDSG 1990, § 14 Rn. 12; Dammann in Simitis, BDSG, § 14 Rn. 53.
[333] Dammann in Simitis, BDSG, § 14 Rn. 54.
[334] Dammann in Simitis, BDSG, § 14 Rn. 73.
[335] Auernhammer, BDSG 1990, § 14 Rn. 10.
[336] Dammann in Simitis, BDSG, § 14 Rn. 55.
[337] Dammann in Simitis, BDSG, § 14 Rn. 55.

Forschung kann allerdings häufig schon durch Verwendung anonymisierter Daten erreicht werden[338].

Für die polizeiliche Tätigkeit von größerem Interesse ist § 14 Abs. 2 Nr. 4, 6 bis 8 BDSG[339]. Diese Ausnahmetatbestände vom Zweckbindungsgebot gehen wie § 14 Abs. 2 Nr. 9 BDSG von einem vom Gesetzgeber gegenüber dem Grundrecht des Betroffenen auf informationelle Selbstbestimmung als überwiegend angesehenen öffentlichen Interesse der Allgemeinheit an der zweckändernden Speicherung, Veränderung oder Nutzung der Daten aus[340]. Danach können öffentliche Stellen Daten, die diese für in deren Aufgabenbereiche fallende Zwecke erhoben haben, zu Zwecken der Gefahrenabwehr (§ 14 Abs. 2 Nr. 6 BDSG), zu Zwecke der Strafverfolgung (§ 14 Abs. 2 Nr. 7 BDSG), zum Schutz privater Rechte (§ 14 Abs. 2 Nr. 8 BDSG), zur Überprüfung von Angaben (§ 14 Abs. 2 Nr. 4 BDSG) an die Polizei übermitteln[341].

Die Zwecke der Gefahrenabwehr aus § 14 Abs. 2 Nr. 6 BDSG umfassen die Abwehr erheblicher Nachteile für das Gemeinwohl, der Wahrung erheblicher Belange des Allgemeinwohls sowie die Abwehr einer Gefahr für die öffentliche Sicherheit. Da § 14 Abs. 6 BDSG für die zweckändernde Verarbeitung oder Nutzung das Kriterium der Erforderlichkeit voraussetzt, scheidet eine Zweckänderung aus, wenn die Beeinträchtigung auf andere Weise ebenso effektiv abgewehrt werden kann[342]. Ersucht eine Polizeibehörde eine öffentliche Stelle des Bundes um zweckändernde Übermittlung dort vorhandener Daten, haben beide Stellen unter dem Gesichtspunkt der Erforderlichkeit zu beachten, dass auf nicht- polizeipflichtige Personen nur unter den Voraussetzungen des polizeilichen Notstands zurückgegriffen werden darf[343]. Hauptanwendungsfall dürften akute Notfälle unter Gefährdung der öffentlichen Sicherheit sein, da hier das Recht des Einzelnen auf informationelle Selbstbestimmung in besonders dringlichen Eilfällen ge-

---

338 Schaffland/Wiltfang, BDSG, § 14 Rn. 32.
339 Dörr/Schmidt, Neues Bundesdatenschutzgesetz, 1. Auflage, S. 38.
340 Wedde in Däubler/Klebe/Wedde/Weichert, BDSG, § 14 Rn. 18; Dörr/Schmidt, Neues Bundesdatenschutzgesetz, 1. Auflage, S. 37; Gola/Schomerus, BDSG, § 14 Rn. 20, 23; Dammann in Simitis, BDSG, § 14 Rn. 55.
341 Gola/Schomerus, BDSG, § 14 Rn. 21.
342 Bergmann/Möhrle/Herb, BDSG, Teil III: Kommentar, § 14 Rn. 29; Wedde in Däubler/Klebe/Wedde/Weichert, BDSG, § 14 Rn. 18; Schaffland/Wiltfang, BDSG, § 14 Rn. 29; Dammann in Simits, BDSG, § 14 Rn. 74.
343 Dammann in Simitis, BDSG, § 14 Rn. 75; Heckmann in Taeger/Gabel, Teil 1: BDSG, § 14 Rn. 73.

C. Die Weiterentwicklung des Datenschutzrechts infolge des Volkszählungsurteils

genüber dem Schutz von Rechtsgütern der Allgemeinheit zurücktreten muss[344]. – Die Abwehr erheblicher Nachteile für das Allgemeinwohl sowie die Wahrung erheblicher Belange des Gemeinwohls sind seit § 13 Abs. 2 Nr. 6 BDSG 2001 zulässige Erhebungszwecke[345]. Gemeinwohl ist das Wohlergehen einer Gemeinschaft als einer Gruppe von Menschen mit gemeinsamen Lebensumständen und Interessen, bei der es sich sowohl um einen Staat als auch um eine Region, eine Kommune oder einen Teil einer Gemeinde handeln kann[346]. Die Erheblichkeit des abzuwehrenden Nachteils für das Allgemeinwohl oder der zu wahrende Belang des Gemeinwohls ist im Einzelfall unter Berücksichtigung der konkreten Umstände und der schutzwürdigen Interessen des Betroffenen zu bestimmen[347]. Auf den Vorrang des abstrakten Rechtsguts kommt es nicht an[348]. Die Gefahr des Eintritts des durch den abzuwehrenden Nachteil drohenden Schadens muss zumindest abstrakt bestehen[349]. Sollen erhebliche Belange des Gemeinwohls gewahrt werden, müssten diese geschädigt werden, falls die Daten nicht zweckändernd verarbeitet oder genutzt werden würden[350]. – Die Abwehr einer Gefahr für die öffentliche Sicherheit aus § 14 Abs. 2 Nr. 6 BDSG umfasst den Schutz der verfassungsmäßigen Ordnung, wesentlicher Schutzgüter der Bürger und die Rechtsordnung, wie sie im Polizei- und Ordnungsrecht definiert wird und bei der die auf den Bürger als Individuum bezogene Gefahrenabwehr im Vordergrund steht[351]. Die Abwehr einer unmittelbar bevorstehenden und daher konkreten Gefahr i.S.d. Polizeirechts ist auch für die zweckändernde Verarbeitung und Nutzung von Daten nicht erforderlich[352]. Die Abwehr einer Gefahr für die öffentliche Ordnung ist hingegen

---

344 Wedde in Däubler/Klebe/Wedde/Weichert, BDSG, § 14 Rn. 18; Heckmann in Taeger/Gabel, Teil 1: BDSG, § 14 Rn. 66.
345 Gola/Schomerus, BDSG, § 14 Rn. 20.
346 Gola/Schomerus, BDSG, § 13 Rn. 20; Heckmann in Taeger/Gabel, Teil 1: BDSG, § 14 Rn. 69.
347 Gola/Schomerus, BDSG, § 13 Rn. 20, 21, § 14 Rn. 20; Dammann in Simits, BDSG, § 14 Rn. 73; Heckmann in Taeger/Gabel, Teil 1: BDSG, § 14 Rn. 70, 74.
348 Gola/Schomerus, BDSG, § 14 Rn. 20; Dammann in Simits, BDSG, § 14 Rn. 73.
349 Gola/Schomerus, BDSG, § 13 Rn. 20.
350 Gola/Schomerus, BDSG, § 13 Rn. 21.
351 Gola/Schomerus, BDSG, § 14 Rn. 20; Dammann in Simitis, BDSG, § 14 Rn. 73; Heckmann in Taeger/Gabel, Teil 1: BDSG, § 14 Rn. 72.
352 A.A. Gola/Schomerus, BDSG, § 14 Rn. 20.

Kapitel 1: Die Entwicklung der allgemeinen Datenschutzgesetze

nicht in § 14 Abs. 2 Nr. 6 BDSG aufgeführt und rechtfertigt keine zweckändernde Verwendung von Daten[353].

Gem. § 14 Abs. 2 Nr. 7 BDSG wird den Daten erhebenden öffentlichen Stellen des Bundes zur Gewährleistung des staatlichen Strafverfolgungs- und Vollstreckungsmonopols die Befugnis eingeräumt, Strafverfolgungs- und Ordnungsbehörden personenbezogenen Daten zur Verfügung zu stellen, soweit dies zur Verfolgung einer Straftat oder Ordnungswidrigkeit erforderlich ist[354]. Die Voraussetzung der Erforderlichkeit der zweckändernden Verwendung gilt also auch hier[355]. Eine solche zweckändernde Verwendung von Daten kommt bei Zufallsfunden oder beim Rückgriff auf zu anderen Zwecken erstellte Unterlagen für Zwecke des Strafverfahrens in Betracht[356]. Bei der Prüfung der Verhältnismäßigkeit der Maßnahme ist zu berücksichtigen, dass bei einer Disproportionalität von verfolgtem öffentlichen Interesse und der Schwere des Eingriffs in das Grundrecht des Betroffenen auf informationelle Selbstbestimmung von einer Nutzung oder Übermittlung abzusehen ist[357]. Eine solche Disproportionalität besteht nicht nur, wenn ein nur geringer Tatverdacht besteht, sondern auch, wenn das öffentliche Interesse an der Strafverfolgung wegen Vorliegen eines Antrags- oder Privatklagedelikts i.S.d. §§ 77 ff StGB bzw. § 374 Abs. 1 Nr. 1 bis 8 StPO zu verneinen ist. Unklarheiten über das Bestehen des öffentlichen Interesses an der Strafverfolgung sind durch Anfrage bei der Strafverfolgungsbehörde auszuräumen[358]. Im Gegensatz zu bestehenden Parallelregelungen in den Datenschutzgesetzen der Länder[359] umfasst der Tatbestand des § 14 Abs. 2 Nr. 7 BDSG nicht nur die Verdacht begründenden Tatsachen sondern auch

---

353 Bergmann/Möhrle/Herb, BDSG, Teil III: Kommentar, § 14 Rn. 29; Gola/Schomerus, BDSG, § 14 Rn. 20; Heckmann in Taeger/Gabel, Teil 1: BDSG, § 14 Rn. 72.
354 Gola/Schomerus, BDSG, § 14 Rn. 22; Dammann in Simits, BDSG, § 14 Rn. 78; Heckmann in Taeger/Gabel, Teil 1: BDSG, § 14 Rn. 75.
355 Wedde in Däubler/Klebe/Wedde/Weichert, BDSG, § 14 Rn. 18; Schaffland/Wiltfang, BDSG, § 14 Rn. 30.
356 Tinnefeld/Ehmann/Gerling, BDSG, S. 518/519.
357 Dammann in Simitis, BDSG, § 14 Rn. 80; Heckmann in Taeger/Gabel, Teil 1: BDSG, § 14 Rn. 70, 78.
358 Dammann in Simitis, BDSG, § 14 Rn. 80; Heckmann in Taeger/Gabel, Teil 1: BDSG, § 14 Rn. 78.
359 § 13 Abs. 2 Satz 1 lit. g BbgDSG; § 13 Abs. 2 i.V.m. § 12 Abs. 2 Nr. 4 HDSG, § 10 Abs, 2 Nr. NDSG, § 13 Abs. 2 Satz 1 lit. h DSG NRW, § 13 Abs. 2 Satz 1 lit. h SDSG.

C. Die Weiterentwicklung des Datenschutzrechts infolge des Volkszählungsurteils

Hinweise auf Beweismittel oder Ermittlungsansätze[360]. Da sich § 14 Abs. 2 Nr. 7 BDSG vorrangig an nicht mit der Strafverfolgung betraute Behörden richtet, reicht für die Einleitung eines Strafverfahrens die Unterrichtung der Strafverfolgungsbehörden von den einen Verdacht einer Straftat begründenden Umständen aus[361]. Für die zweckändernde Verwendung von personenbezogenen Daten zur Vollstreckung von Straf- oder Ordnungswidrigkeiten, insbesondere der Feststellung des aktuellen Aufenthalts zu Zustellungs- und Festnahmezwecken bestehen mittlerweile bereichsspezifische und präzise Regelungen in der StPO und dem OWiG[362].

Durch § 14 Abs. 2 Nr. 8 BDSG wird dem Interesse am Schutz privater Rechte der Vorrang eingeräumt, falls deren Beeinträchtigung schwerwiegend ist[363]. Das private Recht muss so gewichtig sein, dass das Grundrecht des Betroffenen auf informationelle Selbstbestimmung zurücktreten muss[364]. In Betracht kommt neben dem Schutz von Grundrechten der Schutz vor Denunziation, während bloße Vermögensinteressen nicht genügen[365]. Es müssen konkrete Anhaltspunkte dafür vorliegen, dass die schwerwiegende Gefahr tatsächlich droht[366].

Die Befugnis aus § 14 Abs. 2 Nr. 4 BDSG zur zweckändernden Verwendung von personenbezogenen Daten zur Überprüfung von Angaben des Betroffenen dient der Wahrung des Grundsatzes der Gesetzmäßigkeit der Verwaltung und damit dem Interesse des Bürgers[367]. Es müssen im Einzelfall konkrete Tatsachen bekannt sein, aus denen der Schluss auf die Unrichtigkeit der Angaben des Betroffenen gezogen werden kann, z.B. einem Anschriftenabgleich oder aus einem Vergleich mit Daten, die von einer anderen öffentlichen Stelle übermittelt wurden[368]. Tatsächliche Angaben können auch Mitteilungen von Dritten sein, die der verantwortlichen Stelle übermittelt werden[369]. Werden eventuell unrichtige Angaben eines Betroffenen über-

---

360 Dammann in Simitis, BDSG, § 14 Rn. 79; Heckmann in Taeger/Gabel, Teil 1: BDSG, § 14 Rn. 77.
361 Bergmann/Möhrle/Herb, BDSG, Teil III: Kommentar, § 14 Rn. 29.
362 Kapitel 3 A. III. 7. (S. 403) / IV. (S. 407).
363 Schaffland/Wiltfang, BDSG, § 14 Rn. 31.
364 Bergmann/Möhrle/Herb, BDSG, Teil III: Kommentar, § 14 Rn. 31.
365 Bergmann/Möhrle/Herb, BDSG, Teil III: Kommentar, § 14 Rn. 31.
366 Bergmann/Möhrle/Herb, BDSG, Teil III: Kommentar, § 14 Rn. 31; Gola/Schomerus, BDSG, § 14 Rn. 22.
367 Auernhammer, BDSG 1990, § 14 Rn. 15.
368 Schaffland/Wiltfang, BDSG, § 14 Rn. 27.
369 Bergmann/Möhrle/Herb, BDSG, Teil III: Kommentar, § 14 Rn. 27.

Kapitel 1: Die Entwicklung der allgemeinen Datenschutzgesetze

prüft, weil tatsächliche Anhaltspunkte für eine Unrichtigkeit bestehen, ist deren Übermittlung und Nutzung von der primären Zwecksetzung gedeckt, zweckändernd verwendet werden nur die Vergleichsdaten desselben oder eines anderen Betroffenen[370].

ee. Die zweckändernde Verarbeitung und Nutzung von Daten i.S.d. § 14 Abs. 2 Nr. 1, § 15 Abs. 3 Satz 2 BDSG

Aufgrund der Forderung des Volkszählungsurteils nach bereichsspezifischen präzisen Befugnissen zur zweckändernden Verwendung personenbezogener Daten kommt der § 4 Abs. 1 BDSG 1990 entsprechenden Regelung des § 14 Abs. 2 Nr. 1 BDSG im Verhältnis zu denen des § 14 Abs. 2 Nr. 2 bis 9 BDSG herausragende Bedeutung zu. Dabei sind die Varianten zu unterscheiden, dass eine andere Rechtsvorschrift die zweckändernde Verwendung erhobener oder gespeicherter Daten *zwingend voraussetzten* (§ 14 Abs. 2 Nr. 1 2. Alt. BDSG) oder *vorsehen* (§ 14 Abs. 2 Nr. 1 1. Alt. BDSG) kann.

Bereichsspezifische Rechtsvorschriften, die eine Zweckänderung ausdrücklich anordneten oder zuließen, waren im Zeitpunkt des Inkrafttretens des *BDSG 1990* noch selten[371]. Da nach Anerkennung des Grundrechts auf informationelle Selbstbestimmung nicht schlagartig sämtliche Gesetze den sich neuen Anforderungen entsprechend überarbeitet werden konnten, kam der zweiten Alternative des § 14 Abs. 2 Nr. 1 BDSG über lange Zeit erhebliche praktische Bedeutung zu[372]. Sofern eine andere Rechtsvorschrift das zweckändernde Speichern, Verändern oder Nutzen vorhandener Daten ausdrücklich *zwingend voraussetzte*, sollte davon ausgegangen werden, dass die Daten zu diesem Verwendungszweck i.V.m. § 15 Abs. 1 und Abs. 3 Satz 2 BDSG auch an eine andere öffentliche Stelle übermittelt werden durften, für die bislang keine bereichsspezifische präzise Nutzungsbefugnis erlassen wurde. Ergab sich kraft Sachzusammenhangs, dass für eine bestimmte Aufgabe erhobene Daten auch für eine andere Aufgabe verwendet werden konnten, war dies zulässig, wenn sich der Wille des Gesetzgebers erkennbar auch

---

370 Dammann in Simitis, BDSG, § 14 Rn. 62.
371 Bergmann/Möhrle/Herb, BDSG, Teil III: Kommentar, § 14 Rn. 24.
372 Bergmann/Möhrle/Herb, BDSG, Teil III: Kommentar, § 14 Rn. 24; Wedde in Däubler/Klebe/Wedde/Weichert, BDSG, § 14 Rn. 13; Gola/Schomerus, BDSG, § 14 Rn. 15; Heckmann in Taeger/Gabel, Teil 1: BDSG, § 14 Rn. 37.

C. Die Weiterentwicklung des Datenschutzrechts infolge des Volkszählungsurteils

auf den anderen Verwendungszweck bezog[373]. Die Formulierung „*zwingend voraussetzt*" war so zu verstehen, dass die Zweckentfremdung letztes Mittel war, falls sämtliche Alternativen einschließlich einer erneuten Datenerhebung ausschieden[374]. Diese Herangehensweise führte zu zweierlei Problemen:

Einerseits ist nicht auszuschließen, dass sich die Länder gezwungen sahen, auf Rechtsgebieten mit dem Bund zugewiesener Gesetzgebungskompetenz bereichsspezifische und präzise Befugnisse zur zweckändernden Verwendung von Daten in den der Gesetzgebungskompetenz der Länder unterliegenden Rechtsmaterien zu regeln. Dies könnte etwa die zweckändernde Nutzung von zu präventiv- polizeilichen Zwecken erhobenen Daten in Strafverfahren vor Inkrafttreten des *Gesetzes zur Änderung und Ergänzung des Strafverfahrensrechts – Strafverfahrensänderungsgesetz 1999 (StVÄG 1999)* vom 2.8.2000 betreffen[375]. – Andererseits waren Probleme dort vorprogrammiert, wo eine die zweckändernde Verwendung zwingend voraussetzende bundesgesetzliche Rechtsvorschrift i.S.d. § 14 Abs. 2 Nr. 1 2. Alt. BDSG erlassen worden war, die Ausführung des Gesetzes aber unter die Verwaltungskompetenz der Länder fiel. Wäre die Verwendung der zweckändernd übermittelten Daten vollständig unter die Gesetzgebungskompetenz des Bundes gefallen, ohne dass der Bund bereichsspezifische Regelungen über die zweckändernde Verwendung von Daten getroffen hätte, hätten die Landesbehörden unter Missachtung der Gesetzgebungskompetenz des Bundes und dessen spezialgesetzlicher Nicht- Regelung zur Nutzung der übermittelten Daten nur noch auf den §§ 14 Abs. 2 Nr. 1 2. Alt.; 15 BDSG entsprechende Regelungen der Datenschutzgesetze der Länder zurückgreifen können. Mit Inkrafttreten des *DSG MV* vom 24.7.1992 als letztem Datenschutzgesetz auf Länderebene bestand gem. § 1 Abs. 2 BDSG für keine öffentliche Stelle eines Landes mehr ein Anwendungsbereich für das *BDSG 1990*. Die Datenschutzgesetze der Länder wurden allerdings bei abschließend geregelten Spezialgesetzen, die unter die Gesetzgebungskompetenz des Bundes fielen, unanwendbar. Vor Inkrafttreten des *StVÄG 1999* wurde allerdings aufgrund der nur teilweisen Umsetzung des Entwurfs des *StVÄG 1988* durch das *OrgKG 1992* sowie durch das *Verbrechensbekämp-*

---

373 Bergmann/Möhrle/Herb, BDSG, Teil III: Kommentar, § 14 Rn. 24.
374 Bergmann/Möhrle/Herb, BDSG, Teil III: Kommentar, § 14 Rn. 24; Wedde in Däubler/Klebe/Wedde/Weichert, BDSG, § 14 Rn. 9; Dammann in Simitis, BDSG, § 14 Rn. 56; Heckmann in Taeger/Gabel, Teil 1: BDSG, § 14 Rn. 39.
375 BGBl. 2000 I S. 1253 bis 1262.

fungsgesetz 1994 angenommen, der Bund hätte durch Nichtregelung der §§ 161 Abs. 2; 478 Abs. 2; 482 Abs. 1 und 2 StVÄG- Entwurf 1988 nicht abschließend von dessen konkurrierender Gesetzgebungskompetenz aus Art. 74 Abs. 1 Nr. 1 GG Gebrauch gemacht[376].

e. Der Auskunftsanspruch des Betroffenen aus § 19 BDSG 1990

Der zuvor in §§ 12, 13 BDSG 1977 vorgesehene Auskunftsanspruch des Betroffenen findet sich seit dem *BDSG 1990* in überarbeiteter Form in § 19 BDSG wieder[377]. § 12 BDSG 1977 sah als Vorstufe für das Auskunftsrecht des Bürgers die Verpflichtung der Behörden und sonstiger öffentlicher Stellen vor, die Art gespeicherter Daten sowie weitere Angaben im Bundesanzeiger zu veröffentlichen, um so die Verarbeitung von Daten im öffentlichen Bereich transparent zu machen[378]. Die Art und der Inhalt der Veröffentlichung waren gem. § 12 Abs. 3 BDSG 1977 durch Rechtsverordnung festzulegen. § 12 BDSG 1977 wurde im *BDSG 1990* bezogen auf öffentliche Stellen ebenso ersatzlos gestrichen wie die in § 13 Abs. 2 BDSG 1977 enthalte Einschränkung der Auskunftspflicht von Nachrichtendiensten, Staatsanwaltschaft, Polizei, gewissen Teilen der Landesverteidigung und der Finanzverwaltung[379]. Während die Auskunftserteilung durch die Nachrichtendienste nunmehr in § 15 BVerfSchG, § 7 BNDG und § 9 MADG geregelt ist, sind die Freistellung von der Auskunftsverpflichtung der Staatsanwaltschaften, der Polizeien des Bundes und der Länder sowie der Bundes- und Landesfinanzbehörden entfallen[380].

Der Anspruch eines im datenschutzrechtlichen Sinn Betroffenen aus § 19 BDSG 1990 auf Auskunft ergibt sich unmittelbar aus dem Grundrecht auf informationelle Selbstbestimmung und dem Anspruch auf effektiven Rechtsschutz[381], ist Datenschutzrecht i.e.S., kann gegenüber jeder Daten verarbeitenden Stelle geltend gemacht werden[382], besteht unabhängig von

---

376 Kapitel 2. A. III. 7. d. (S. 227); Kapitel 3 A. III. (S. 374); Kapitel 4 C. II. 3. b. (S. 603).
377 Gola/Schomerus, BDSG, § 19 Rn. 3.
378 Auernhammer, BDSG 1990, § 19 Rn. 3.
379 Auernhammer, BDSG 1990, § 19 Rn. 3, 4.
380 Dörr/Schmidt, Neues Bundesdatenschutzgesetz, 1. Auflage, S. 47.
381 Wedde in Däubler/Klebe/Wedde/Weichert, BDSG, § 19 Rn. 1; Gola/Schomerus, BDSG, § 19 Rn. 2; Mallmann in Simits, BDSG, § 19 Rn. 1.
382 BVerfGE 100, 313 (361).

C. Die Weiterentwicklung des Datenschutzrechts infolge des Volkszählungsurteils

etwaigen Benachrichtigungspflichten und umschreibt den Kern datenschutzrechtlicher Sicherungen zur Verwirklichung einer Gesellschaftsordnung, in der der Bürger ansonsten nicht mehr erfahren könnte, wer was wann bei welcher Gelegenheit über ihn weiß[383]. Damit der Bürger wissen kann, *wer, was wann und bei welcher Gelegenheit über ihn weiß*[384], muss ihm ein Recht auf Auskunft eingeräumt werden[385]. Nur durch seinen Auskunftsanspruch kann der Betroffene von seinen sonstigen Mitwirkungs- und Kontrollrechten Gebrauch machen, Rechtsschutz erwirken[386] und seine ebenfalls unabdingbaren Rechte auf Berichtigung, Sperrung und Löschung seiner Daten aus § 20 BDSG sowie auf Schadensersatz i.S.d. § 7 BDSG durchsetzen[387]. Daher ist der Auskunftsanspruch gem. § 6 Abs. 1 BDSG 1990 unabdingbar[388], sofern nicht die Einschränkungen des § 19 Abs. 2 bis 4 BDSG 1990 greifen[389]. Auch besteht ein Auskunftsanspruch bezüglich in Akten gespeicherter Daten nur in den Grenzen des § 19 Abs. 1 Satz 3 BDSG 1990[390]. Dieser tritt neben das Recht auf Akteneinsicht gem. § 29 VwVfG, hängt aber nicht vom Vorliegen eines Verwaltungsverfahrens ab[391].

Die Auskunft ist dem Betroffenen gem. § 19 Abs. 1 und 2 BDSG auf dessen Antrag hin zu erteilen. Von einer Auskunftserteilung von Amts wegen hat der Gesetzgeber abgesehen, um zu vermeiden, dass der Bürger von einer Flut von Auskunftsschreiben oder Computerausdrucken überschwemmt wird und um die Belastung der speichernden Stelle im Rahmen des Möglichen und Erträglichen zu erhalten[392]. Von der Auskunft kann nur abgesehen werden, wenn die Auskunft gerade durch die Auskunftserteilung gefährdet werden würde[393]. Ein Ermessensspielraum über das „Ob" der Auskunftserteilung besteht nicht[394], wohl aber gem. § 19 Abs. 1 Satz 4 BDSG 1990 hinsichtlich des Wie der Auskunftserteilung. Der Auskunfts-

---

383 BVerfGE 65, 1 (46); SächsVerfGH in DVBl. 1996, 1423 (1434).
384 BVerfGE 65, 1 (43).
385 SächsVerfGH in DVBl. 1996, 1423 (1434); Auernhammer, BDSG 1990, § 19 Rn. 2; Wedde in Däubler/Klebe/Wedde/Weichert, BDSG, § 19 Rn. 1.
386 Gola/Schomerus, BDSG, § 19 Rn. 2.
387 Auernhammer, BDSG 1990, § 19 Rn. 1.
388 Gola/Schomerus, BDSG, § 19 Rn. 2.
389 Schaffland/Wiltfang, BDSG, § 19 Rn. 2.
390 Schaffland/Wiltfang, BDSG, § 19 Rn. 2.
391 Dörr/Schmidt, BDSG, Neues Bundesdatenschutzgesetz, 1. Auflage, S. 47.
392 Auernhammer, BDSG 1990, § 19 Rn. 13.
393 BVerfGE 113, 29 (60).
394 Schaffland/Wiltfang, BDSG, § 19 Rn. 2.

anspruch umfasst auch das Recht, zu erfahren, dass bei der verantwortlichen Stelle keine Daten zur eigenen Person gespeichert sind[395].

f. Zusammenfassung

Die zweckändernde Speicherung, Nutzung und Übermittlung von personenbezogenen Daten stehen gem. § 4 Abs. 1 BDSG 1990 unter einem präventiven Verbot mit Erlaubnisvorbehalt. Solange noch keine bereichsspezifischen präzisen Befugnisse zur Erhebung oder Speicherung, Veränderung, Übermittlung oder Nutzung von Daten unter Einhaltung oder Durchbrechung des Zweckbindungsgebots i.S.d. § 1 Abs. 3 BDSG 1990 erlassen worden waren, dienten

- § 4 BDSG   Zulässigkeit der Datenerhebung, -verarbeitung und -nutzung
- § 13 BDSG   Datenerhebung
- § 14 BDSG   Datenspeicherung, -veränderung und –nutzung
- § 15 BDSG   Datenübermittlung an öffentliche Stellen
- § 16 BDSG   Datenübermittlung an nicht- öffentliche Stellen

den öffentlichen Stellen des Bundes als Ermächtigungsgrundlage. Hierzu definierte das *BDSG 1990* unter Berücksichtigung der Vorgaben aus der *Datenschutz- Konvention* vom 28.1.1981 und des Volkszählungsurteils grundlegende datenschutzrechtliche Begriffe, die noch heute aktuell sind. Öffentliche Stellen der Länder mussten auf entsprechende Regelungen in dem jeweiligen Landesdatenschutzgesetz zurückgreifen. Seit dem Volkszählungsurteil ließen sich die Gesetzgebungskompetenz für die mit der Erhebung, Speicherung, Veränderung, Übermittlung und Nutzung von Daten verbundenen Eingriffe in das Grundrecht auf informationelle Selbstbestimmung nicht mehr aus der Gesetzgebungskompetenz für das Verwaltungsverfahren ableiten sondern ergaben sich aus den Art. 70 ff GG. Demgegenüber können sich die Gesetzgebungskompetenzen des Bundes und der Länder für datenschutzrechtliche Regelungen, die keine Eingriffsbefugnisse enthalten wie zu Zeiten des *BDSG 1977* aus den bestehenden Verwaltungskompetenzen ergeben. Derartiges Verwaltungshandeln ist Teil des Verwal-

---

395 Wedde in Däubler/Klebe/Wedde/Weichert, BDSG, § 19 Rn. 5; Gola/Schomerus, BDSG, § 19 Rn. 4; Mallmann in Simtis, BDSG, § 19 Rn. 23.

tungsverfahrens. Hierzu zählten neben den Bestimmungen über die Bestellung und die Aufgaben und Rechte des Datenschutzbeauftragten und Schadensersatzansprüche insbesondere

- § 10 BDSG   Einrichtung automatisierter Abrufverfahren
- § 19 BDSG   Auskunft an den Betroffenen
- § 20 BDSG   Berichtigung, Löschung und Sperrung von Daten.

II. Die Richtlinie 95/46/EG und das BDSG 2001

Weitere Neuerungen erfuhr das *BDSG 1990* als Folge der Bestrebungen der EU- Mitgliedsstaaten, das bestehende unterschiedliche Niveau des Schutzes personenbezogener Daten in den Mitgliedstaaten der EU[396] durch die am 23.11.1995 verkündete[397] *Richtlinie 95/46/EG des Europäischen Parlaments und des Rates vom 24.10.1995 zum Schutz natürlicher Personen bei der Verarbeitung personenbezogener Daten und zum freien Datenverkehr (EG- Datenschutzrichtlinie – EG-DSRL)* in Ansehung der Zunahme grenzüberschreitender Ströme von Daten zwischen allen am wirtschaftlichen und sozialen Leben der Mitgliedstaaten Beteiligten anzugleichen[398]. So sollten Hemmnisse für die Ausübung von Wirtschaftstätigkeiten auf Gemeinschaftsebene beseitigt werden[399]. Unter Berücksichtigung des in Art. 8 EMRK anerkannten Rechts auf Privatleben und Korrespondenz sollte nicht der kleinste gemeinsamen Nenner aus den in den EU-Mitgliedstaaten schon bestehenden Datenschutzbestimmungen gebildet sondern ein hohes Schutzniveau erreicht werden[400]. Gleichwohl wurde es den Mitgliedstaaten freigestellt, weitergehende Regelungen zu treffen[401]. Der Bund erließ nach mehr als 5 Jahren das *Gesetz zur Änderung des Bundesdatenschutzgesetzes und anderer Gesetze* vom 18.5.2001[402]. Die lange Umsetzungsdauer war deshalb unerheblich, weil die *EU-DSRL* bezogen auf Deutschland keine neuen Ansätze für das Datenschutzrecht enthielt sondern an bestehende, bereits in der

---

396 ABl. L281 vom 23.11.1995 S. 31 bis 50, Ziff. 7.
397 ABl. L281 vom 23.11.1995 S. 31 bis 50.
398 ABl. L281 vom 23.11.1995 S. 31 bis 50, Ziff. 5.
399 ABl. L281 vom 23.11.1995 S. 31 bis 50, Ziff. 8.
400 ABl. L 281 vom 23.11.1995 S. 31 bis 50, Ziff. 10.
401 ABl. L 281 vom 23.11.1995 S. 31 bis 50, Ziff. 9.
402 BGBl. 2001 I S. 904 bis 928.

Datenschutz-Konvention vom 28.1.1981 enthaltene Prinzipien anknüpfte[403].

Ausdrücklich nicht von der Richtlinie erfasst waren die in Titel V und VI des EU-Vertrages genannten Bereiche der öffentlichen Sicherheit, der Landesverteidigung, der Sicherheit des Staates und das Staatsrecht, da diese nicht dem Gemeinschaftsrecht unterfielen[404]. Gleichwohl stand es dem Bund frei, auch insoweit der *EG- DSRL* entsprechende Regelungen zu treffen. Daher enthielt das *BDSG 2001* neben diversen Änderungen in den für nicht- öffentliche Stellen geltenden §§ 27 ff BDSG des Dritten Abschnitts des *BDSG* auch für diese Arbeit relevante, für öffentliche Stellen geltende Neuregelungen. So wurden in dem Ersten Abschnitt des *BDSG 2001* sowohl für öffentliche als auch für nicht- öffentliche Stellen geltende Neuregelungen getroffen. Diese betrafen nicht nur detaillierte allgemeine Bestimmungen über die Datenerhebung, -verarbeitung und -nutzung in den §§ 4 bis 4f BDSG 2001, die Rechte des Betroffenen in §§ 6 bis 6b BDSG 2001, eine Überarbeitung der §§ 7 bis 11 BDSG 1990 sowie im Zweiten Abschnitt des BDSG der §§ 12 bis 26 BDSG 1990. Gem. §§ 4f, 18, 22 ff BDSG 2001 wurde nunmehr auch bezogen auf den öffentlichen Bereich die Bestellung eines Datenschutzbeauftragten gefordert.

Vor allem aber wurden hauptsächlich für die Privatwirtschaft konzipierte Begriffe in die Begriffsbestimmungen des § 3 BDSG übernommen. Allerdings wurde noch in der *Neufassung des Bundesdatenschutzgesetzes* vom 14.1.2003[405] versäumt, den noch in § 3 Abs. 7 BDSG 1990 legal definierten Begriff der *speichernden Stelle* in § 10 Abs. 3 Satz 2; Abs. 4 Satz 2; Abs. 3 Satz 2 BDSG 1990 durch den entsprechend Art. 2 lit. d DSRL in § 3 Abs. 7 BDSG 2001 neu definierten Begriff der *verantwortlichen Stelle* zu ersetzen. Dies bedeutet bezogen auf die Anwendbarkeit des *BDSG* aber keinen Unterschied, da *speichernde Stelle* i.S.d. § 3 Abs. 7 BDSG 1990 in der Regel auch verantwortliche Stelle i.S.d. § 3 Abs. 7 BDSG 2001 ist[406]. Mit § 19a BDSG 2001 wurde neben dem Auskunftsanspruch des Betroffenen aus § 19 BDSG auch eine Benachrichtigungspflicht für Daten festgelegt, die ohne Kenntnis des Betroffenen erhoben wurden.

---

403 Gola/Schomerus, BDSG, Einleitung Rn. 10.
404 ABl. L 281 vom 23.11.1995 S. 31 bis 50, Ziff. 13, 21; Art. 3 Abs. 2 EU-DSRL; vgl. jetzt auch BVerfG in NJW 2013, 1499 (1500/1501 = Rn. 89/90).
405 BGBl. 2003 I S. 66 bis 88.
406 Bergmann/Möhrle/Herb, BDSG, Teil III: Kommentar, § 3 Rn. 146; a.A. Kapitel 3 B. III. (S. 422).

1. Die Befugnis zur Datenerhebung aus §§ 4, 13 BDSG 2001 sowie der Begriff der erheblichen Gefahr in § 13 Abs. 2 Nr. 5 BDSG 2001

Mit dem Inkrafttreten des *BDSG 2001* wurde das in § 4 Abs. 1 BDSG 1990 noch auf die Datenverarbeitung -nutzung beschränkte Verbot mit Erlaubnisvorbehalt in § 4 Abs. 1 BDSG 2001 – wie durch Art. 2 lit. b DSRL vorgegeben – einfachgesetzlich auf die Phase der Datenerhebung erweitert[407]. Der frühere § 13 Abs. 2 und 3 BDSG 1990, der die Direkterhebung, Zulässigkeitsvoraussetzungen, Unterrichtungs-, Hinweis- und Aufklärungspflichten betraf, wurde zu § 4 Abs. 2 und 3 BDSG 2001[408]. Im neuen § 13 Abs. 2 BDSG 2001 wurden mögliche Ausnahmen vom grundsätzlichen Erhebungsverbot aus § 4 BDSG eingeschränkt, sofern es sich bei den erhobenen Daten um besonders sensible Daten handelt[409]. An den nunmehr entsprechend Art. 8 Abs. 1 DSRL in § 3 Abs. 9 BDSG 2001 legal definierten Begriff der *besonderen Arten personenbezogener Daten* anknüpfend zählte § 13 Abs. 2 BDSG 2001 Sachverhalte auf, die die Erhebung besonderer Arten personenbezogener Daten ausnahmsweise rechtfertigen können[410]. Dieser Katalog entspricht weitestgehend dem des § 14 Abs. 2 BDSG 1990, so dass auf die hierzu getroffenen Ausführungen verwiesen wird. Hervorgehoben sei hier, dass § 13 Abs. 2 Nr. 5 BDSG 2001 in Bezug auf die Datenerhebung zur Gefahrenabwehr auf das Vorliegen einer *erheblichen Gefahr* abstellte. Dies ist eine Gefahr für qualifizierte Rechtsgüter wie den Bestand des Staates, das Leben, die Gesundheit oder die Freiheit[411]. In zeitlicher Hinsicht wird aber keine Aussage zum Grad der Gefahr getroffen[412].

---

[407] Weichert in Däubler/Klebe/Wedde/Weichert, BDSG, § 4 Rn. 1; Taeger in Taeger/Gabel, Teil 1: BDSG, § 4 Rn. 2.
[408] Heckmann in Taeger/Gabel, Teil 1: BDSG, § 13 Rn. 3.
[409] Heckmann in Taeger/Gabel, Teil 1: BDSG, § 13 Rn. 37.
[410] Wedde in Däubler/Klebe/Wedde/Weichert, BDSG, § 19 Rn. 24.
[411] Wedde in Däubler/Klebe/Wedde/Weichert, BDSG, § 13 Rn. 33; Sokol in Simitis, BDSG, § 13 Rn. 39; Heckmann in Taeger/Gabel, Teil 1: BDSG, § 13 Rn. 63.
[412] A.A. Bergmann/Möhrle/Herb, BDSG, Teil III: Kommentar, § 13 Rn. 34; Heckmann in Taeger/Gabel, Teil 1: BDSG, § 13 Rn. 63.

2. Die Begriffe der automatisierten Verarbeitung und der nicht automatisierten Datei in §§ 1 Abs. 2 Nr. 3; 3 Abs. 2; 27 ff BDSG 2001

In Anbetracht der Streichung der Begriffe „*Akte*" und „*Datei*" aus § 3 Abs. 2 Satz 1 und 2, Abs. 3 Satz 1 und 2 BDSG 1990 unter Ersetzen dieser Begriffe durch die Formulierung des § 3 Abs. 4 BDSG 2001 stellt sich die Frage, ob es der Bundesgesetzgeber versäumt haben könnte, die Erhebung von Daten in dessen Verarbeitungsbegriff einzubeziehen, und daher der Anwendungsbereich des *BDSG 2001* in Bezug auf öffentliche Stellen gegenüber dem des *BDSG 1990* eingeschränkt wurde.

Gem. Art. 3 Abs. 1 EU-DSRL sollte die *EG- DSRL* für privatwirtschaftliche Unternehmen als nicht- öffentliche Stellen insofern gelten, als sie *die ganz oder teilweise automatisierte Verarbeitung personenbezogener Daten sowie die nicht- automatisierte Verarbeitung personenbezogener Daten, die in einer Datei gespeichert sind oder gespeichert werden sollen* betraf. Daher wurde der Begriff der Akte aus § 3 Abs. 3 Satz 1 und 2 BDSG 1990 ebenso wie der Begriff der Datei aus § 3 Abs. 2 Satz 1 und 2 BDSG 1990 und damit die Differenzierung zwischen automatisierter und nicht- automatisierter Datei gestrichen[413]. Dementsprechend knüpft § 1 Abs. 2 Nr. 3 BDSG 2001 anders als § 1 Abs. 2 Nr. 3 BDSG 1990 hinsichtlich des Anwendungsbereichs des *BDSG* nicht mehr an die Unterschiede zwischen den Begriffen „*Datei*" und „*Akte*" an, sondern setzte insoweit fortan voraus, dass nicht- öffentliche Stellen *Daten unter Einsatz von Datenverarbeitungsanlagen verarbeiten, nutzen oder dafür erheben oder die Daten in oder aus nicht automatisierten Dateien verarbeiten, nutzen oder dafür erheben (...)*. Entscheidend für die Anwendbarkeit des *BDSG* auf den Umgang nicht- öffentlicher Stellen mit personenbezogenen Daten ist danach nicht mehr die Verarbeitung von Daten in einer automatisierten Datei, sondern die Datenverarbeitung unter Einsatz von Datenverarbeitungsanlagen[414]. „*Automatisierte Verarbeitung*" bedeutet, dass neben der Erhebung und Speicherung von Daten durch technische Anlagen auch die automatisierte Auswertung von Daten durch Einsatz technischer Mittel in Betracht kommt[415]. Die eingeschränkte Anwendbarkeit des *BDSG* aus § 1 Abs. 3 BDSG 1990 auf bestimmte automatisierte und bestimmte nicht- automatisierte Dateien i.S.d. § 3 Abs. 2

---

413 Bergmann/Möhrle/Herb, BDSG, Teil III: Kommentar, § 3 Rn. 38.
414 Bergmann/Möhrle/Herb, BDSG, Teil III: Kommentar, § 3 Rn. 2; Buchner in Taeger/Gabel, Teil 1: BDSG, § 3 Rn. 21, 23.
415 Gola/Schomerus, BDSG, § 3 Rn. 15a.

C. Die Weiterentwicklung des Datenschutzrechts infolge des Volkszählungsurteils

Satz 1 Nr. 1 und 2 BDSG 1990 ist damit insgesamt entfallen[416]. Werden Daten in oder aus einer nicht automatisierten Datei i.S.d. § 3 Abs. 2 Satz 2 BDSG 2001 verarbeitet, genutzt oder erhoben, ist gem. §§ 1 Abs. 2 Nr. 3 BDSG, 27 Abs. 1 BDSG der Anwendungsbereich des *BDSG* auch für nicht-öffentliche Stellen eröffnet. Die sich aus diesen Änderungen ergebende Frage, ob das *BDSG 2001* noch für durch nicht-öffentliche Stellen geführte Akten gilt, ist zu verneinen, sofern Akten und Aktensammlungen nach einer vorgegebenen Ordnungsstruktur erstellt werden: insofern liegt keine Datei vor[417].

Ziel der EG-DSRL war es, den Datenschutz für nicht-öffentliche Stellen zu vereinheitlichen. Nur hierauf bezog sich der nunmehr in § 3 Abs. 4 BDSG 2001 definierte Verarbeitungsbegriff. Dieser hat mit dem für öffentliche Stellen geltenden Datenschutz nichts gemeinsam. Für diese gilt das *BDSG* gem. § 1 Abs. 2 Nr. 1 und 2 BDSG 2001 nach wie vor auch dann, wenn personenbezogene Daten in Akten verarbeitet werden. Die Speicherung von Daten in Akten ist im *BDSG 2001* mit der Formulierung „*sind personenbezogene Daten weder automatisiert noch in nicht automatisierten Dateien gespeichert*" gleichzusetzen. Gleichwohl wurde der Begriff „*Akte*" nicht nur in den §§ 19 Abs. 1 Satz 3; 20 Abs. 1 Satz 2 BDSG 2001 sondern auch in § 24 Abs. 2 Satz 4 BDSG 2001 beibehalten und wird in dem neuen § 12 Abs. 4 BDSG 2001 vorausgesetzt. § 24 Abs. 2 Satz 4 BDSG 2001 bezieht sich im Gegensatz zu § 24 Abs. 2 Satz 4 Nr. 2c BDSG 1990 nicht mehr auf Personalakten sondern nur noch auf Akten über Sicherheitsüberprüfungen. Demgegenüber wurde der Begriff der Akte in § 15 Abs. 5 und 6 BDSG 2001 gestrichen. Da sich der Bundesgesetzgeber aus zeitlichen Gründen nicht in der Lage sah, das gesamte Datenschutzrecht an die neue Terminologie der *EG-DSRL* bzw. des *BDSG 2001* anzupassen, sollen über § 46 BDSG 2001 frühere Definitionen aus dem *BDSG 1990* für die Begriffe Datei, Akte und Empfänger dort, wo die entsprechenden Begriffe noch zu finden sind, weiterhin gelten[418]. Der Bundesgesetzgeber hat es daher nicht versäumt, die Erhebung von Daten in den umfassenden Verarbeitungsbegriff des § 3 Abs. 4 BDSG 2001 einzubeziehen, sondern hat sich bezogen auf den öf-

---

416 Schmidt in Taeger/Gabel, Teil 1: BDSG, § 1 Rn. 26.
417 Bergmann/Möhrle/Herb, BDSG, Teil III: Kommentar, § 3 Rn. 38/39.
418 Gola/Schomerus, BDSG, § 46 Rn. 1; Bergmann/Möhrle/Herb, BDSG, Teil III: Kommentar, § 3 Rn. 40.

Kapitel 1: Die Entwicklung der allgemeinen Datenschutzgesetze

fentlichen Bereich zu engstirnig an die europarechtlichen Vorgaben gehalten[419]. Nach Auffassung der Autorin, war die Streichung des Begriffs „Akte" aus § 3 Abs. 3 Satz 1 und 2 BDSG 1990 allerdings überflüssig. Auch die Datenschutzgesetze der Länder – mit Ausnahme von *Hamburg* und *Schleswig-Holstein* – behalten den Begriff der „*Akte*" trotz teilweiser Übernahme der Legaldefinitionen des § 3 Abs. 2 BDSG 2001 bei[420].

3. Die Befugnis öffentlicher und nicht- öffentlicher Stellen zur Videoüberwachung in § 6b BDSG 2001

Die nicht- polizeiliche Videoüberwachung seit § 6b BDSG 2001 für öffentliche Stellen des Bundes ebenso wie für nicht- öffentliche Stellen in geregelt, obwohl die Videoüberwachung in der *EG-DSRL* nicht vorgesehen war[421]. Bis zum Inkrafttreten des *BDSG 2001* enthielten allerdings schon einige Landesdatenschutzgesetze Bestimmungen zur Videoüberwachung durch öffentliche Stellen der Länder. Heute finden sich Befugnisse zur Videoüberwachung durch deren öffentliche Stellen neben § 6b BDSG in § 13 Abs. 2 Satz 3 LDSG BW, § 31b BlnDSG, § 20b BrDSG, § 33c BbgDSG, § 37 DSG MV, § 29b DSG NRW, § 34 LDSG RP und in § 20 LDSG SH. Keine Befugnis zur Videoüberwachung enthalten die Datenschutzgesetze von *Bayern, Hessen, Niedersachsen,* dem *Saarland, Sachsen- Anhalt, Sachsen* und *Thüringen*. Sofern dort keine spezialgesetzlichen Befugnisse existieren, dürfen deren öffentliche Stellen keine Videoüberwachung – auch nicht unter Berufung auf das Hausrecht – durchführen[422]. Unter spezialgesetzlich geregelten Befugnissen zur Videoüberwachung fallen vor allem die Befugnisse zur Videoüberwachung in den Polizeigesetzen des Bundes und der Länder[423] sowie verschiedene polizeiliche und nachrichtendienstliche Befug-

---

419 Dammann in Simitis, BDSG, § 3 Rn. 78; a.A. Wedde in Däubler/Klebe/ Wedde/ Weichert, BDSG, § 13 Rn. 2.
420 § 3 Abs. 10 LDSG BW; Art. 4 Abs. 4 BayDSG; § 4 Abs. 3 Nr. 6 BlnDSG; § 3 Abs. 7 BbgDSG; § 2 Abs. 7 HDSG; § 3 Abs. 3 DSG MV; § 3 Abs. 6 NDSG; § 3 Abs. 6 DSG NRW; § 3 Abs. 6 LDSG RP; § 3 Abs. 7 SDSG; § 3 Abs. 6 SächsDSG; § 2 Abs. 3 DSG LSA; § 3 Abs. 8 ThürDSG.
421 Bergmann/Möhrle/Herb, BDSG, Teil III: Kommentar, § 6b Rn. 1.
422 BVerfG in DVBl. 2007, 497 (501/502); Bergmann/Möhrle/Herb, BDSG, Teil III: Kommentar, § 6b Rn. 12; Koreng in LKV 2009, 198 (200); Ziegler in DuD 2003, 337 (340).
423 Kapitel 2 A. IV. 1. a. (S. 267).

C. Die Weiterentwicklung des Datenschutzrechts infolge des Volkszählungsurteils

nisse zur verdeckten bzw. heimlichen Datenerhebung[424]. Öffentliche Straßen und Plätze dürfen nicht von Privaten sondern nur unter besonderen gesetzlichen Voraussetzungen von Sicherheitsbehörden wie der Polizei oder den Ordnungsämtern videoüberwacht werden[425]. Durch den Überwachungsvorgang wird die Privatsphäre verletzt und so zumindest in den Schutzbereich des APR[426], bei technischer Aufzeichnung von Bildmaterial in Gestalt des Rechts am eigenen Bild[427] sowie in das Grundrecht auf informationelle Selbstbestimmung eingegriffen[428]. Der Begriff des Überwachens setzt nicht zwangsläufig das Aufzeichnen der Daten i.S. eines Erhebens und Speicherns voraus. Vielmehr reicht das bloße Beobachten von Personen, also eine Beschaffung von Daten von zunächst unbestimmten Personen, aus[429]. Werden keine funktionsfähigen Videoeinrichtungen eingesetzt, findet zwar kein Eingriff in das Grundrecht auf informationelle Selbstbestimmung statt, da es nicht zu einer Erhebung, Übermittlung, Speicherung oder Nutzung von Daten kommt[430]. Gleichwohl wird in das APR eingriffen[431], weil es infolge des Gefühls der Beobachtung und aufgrund des entstehenden Überwachungsdrucks zu Änderungen des Verhaltens kommt[432]. Auch die als *Kamera- Monitor- Prinzip* bezeichnete bloße Bild-

---

424 Kapitel 2 A. III. 5. (S. 195); Kapitel 3 A. III. 3. (S. 188).
425 Sommer in DuD 2011, 446 (446).
426 Hasse in ThürVBl. 2000, 169 (171).
427 BVerfGE 34, 238 (246); Fischer in VBl. BW 2002, 89 (91); Röger/Stephan in NWVBl. 2001, 201 (206).
428 BVerfG in DVBl. 2007, 497 (501); BVerwGE 141, 329 (332- Rn. 23, 333- Rn. 24); VGH BW in NVwZ 2004, 498 (500, 502); Sommer in DuD 2011, 446 (446); Abate in DuD 2011, 451 (451); Zöller in NVwZ 2005, 1235 (1238); Fischer in VBl. BW 2002, 89 (92); Röger/Stephan NWVBl. 2001, 201 (206/207); Hasse in ThürVBl. 2000, 169 (169); a.A. Henrichs in BayVBl. 2005, 289 (292, 295).
429 Bergmann/Möhrle/Herb, BDSG, Teil III: Kommentar, § 6b Rn. 17 bis 19; Hilpert in RDV 2009, 160 (161); Henrichs in BayVBl. 2005, 289 (295); a.A. Zöller in NVwZ 2005, 1235 (1238).
430 VGH BW in NVwZ 2004, 498 (500); Wolf /Brink in DuD 2011, 447 (449); Hasse in ThürVBl. 2000, 169 (171); Henrichs in BayVBl. 2005, 289 (296/297).
431 Wolf /Brink in DuD 2011, 447 (449); Koreng in LKV 2009, 198 (199).
432 BVerfGE 65, 1 (34); BVerwGE 141, 329 (333/334- Rn. 25); Wolf /Brink in DuD 2011, 447 (448); Abate in DuD 2011, 451 (452); Hilpert in RDV 2009, 160 (162); Fischer in VBl. BW 2002, 89 (92); a.A. Henrichs in BayVBl. 2005, 289 (2996/293); Zöller in NVwZ 2005, 1235 (1238).

Kapitel 1: Die Entwicklung der allgemeinen Datenschutzgesetze

übertragung ist daher als Eingriff in das APR zu qualifizieren[433]. Ferner greift die bloße Bildübertragung, die sich nicht auf die Übermittlung von Übersichtsaufnahmen beschränkt, sondern mit vom Videobeobachter bedienbarer Zoom-, Stand- und Einzelbildschaltungsfunktion, Dreh- und Schwenktechnik sowie Nachtsichtfunktionen ausgestattet werden kann und daher weit großflächigere und intensivere Beobachtungsmöglichkeiten bietet als das menschliche Auge zulässt, in das Grundrecht auf informationelle Selbstbestimmung ein, während das kurzfristige Beobachten öffentlicher Plätze durch Polizeibeamte keine Grundrechtsrelevanz hat[434].

Hinsichtlich desjenigen, der sich in die Öffentlichkeit begibt, entfällt der Eingriff in den Schutzbereich des Grundrechts auf informationelle Selbstbestimmung auch nicht dadurch, dass Daten über Verhaltensweisen im öffentlichen Raum erhoben werden[435]. Weder ist das Betreten des videoüberwachten Bereichs eine Einwilligung in die Informationserhebung noch kann das Unterlassen eines ausdrücklichen Protests mit einer Einverständniserklärung gleichgesetzt werden[436]. Eine Einwilligung scheidet regelmäßig mangels Freiwilligkeit aus, da die Betroffenen insbesondere bei der Überwachung öffentlicher Plätze trotz Kenntnis von dem Überwachungsvorgang häufig keine Wahl haben bei der Entscheidung, ob sie den überwachten Bereich betreten oder nicht[437]. Da die von der Videoüberwachung zahlreichen Betroffenen regelmäßig keinen Anlass für die Maßnahme gegeben haben werden und in keiner Beziehung zu einem bestimmten Fehlverhalten gesetzt werden können, handelt es sich um verdachtslose Eingriffe mit großer Streubreite und daher hoher Eingriffsintensität[438].

Sofern personenbezogene Daten auf Bild- und Tonträgern entweder i.S.d. § 3 Abs. 2 Satz 1 BDSG 2001 automatisiert verarbeitet werden oder i.S.d.

---

[433] BVerfGE 113, 33 (46); 65, 1 (43); VGH BW in NVwZ 2004, 498 (500); Abate in DuD 2011, 451 (451/452); Koreng in LKV 2009, 198 (199); a.A. Henrichs in BayVBl. 2005, 289 (296/297); Zöller in NVwZ 2005, 1235 (1238).
[434] VGH BW in NVwZ 2004, 498 (500); Koreng in LKV 2009, 198 (199); Zöller in NVwZ 2005, 1235 (1235); Fischer in VBl. BW 2002, 89 (92); Röger/Stephan in NWVBl. 2001, 201 (207); Hasse in ThürVBl. 2000, 169 (170).
[435] BVerwGE 141, 329 (333/334- Rn. 25).
[436] BVerwGE 141, 329 (333/334- Rn. 25).
[437] VGH BW in NVwZ 2004, 498 (500); Abate in DuD 2011, 451 (451); Zöller in NVwZ 2005, 1235 (1238); Röger/Stephan in NWVBl. 2001, 201 (207); Hasse in ThürVBl. 2000, 169 (171).
[438] BVerfGE 109, 279 (353); 107, 299 (320/321); 100, 313 (376); BVerfG in DVBl. 2007, 497 (501).

C. Die Weiterentwicklung des Datenschutzrechts infolge des Volkszählungsurteils

§ 3 Abs. 2 Satz 2 BDSG 2001 in nicht automatisierten Dateien gespeichert sind, findet das *BDSG 2001* sowohl für öffentliche Stellen des Bundes als auch für nicht- öffentliche Stellen, die über das Hausrecht öffentlich zugänglicher Räume verfügen[439], Anwendung[440]. Dabei betrifft § 6b BDSG nicht nur die Videoüberwachung mit Digitaltechnik als eine automatisierte Verarbeitung i.S.d. § 3 Abs. 2 Satz 1 BDSG 2001, die gem. § 4d BDSG 2001 eine Meldepflicht auslösen würde[441]. Vielmehr zielt § 6b BDSG vor allem auf die Schaffung einer gesetzlichen Regelung für die Video*überwachung* im nicht- öffentlichen Bereich, um die Unbefangenheit von Personen und Bewegungsabläufen zu schützen[442]. Aus diesem Grund legt § 6b Abs. 1 Nr. 1 bis 3 BDSG die zulässigen Zwecke der Beobachtung öffentlich zugänglicher Räume mittels Videotechnik in dem vom Hausrecht der verantwortlichen Stelle erfassten Bereich fest[443], die gem. § 6b Abs. 2 BDSG nur offen durchgeführt werden darf[444]. Öffentlich zugänglich sind Räume, die grundsätzlich von jedermann betreten werden dürfen[445]. An Orten, die nicht von einer unbestimmten Personenzahl betreten werden dürfen, ist eine Videoüberwachung generell unzulässig[446].

Die Speicherung, Übermittlung und Nutzung der von der Videotechnik erfassten Beobachtungen stehen gem. § 6b Abs. 3 Satz 1 BDSG ebenfalls unter einem Verbot mit Erlaubnisvorbehalt und dürfen nur zu dem Erhebungszweck aus § 6b Abs. 1 Nr. 1 bis 3 BDSG erfolgen. Dies wären die Abwehr von Gefahren oder die Strafverfolgung[447]. Ziel der Überwachung mittels Videotechnik ist in der Regel die Verhinderung von Einbrüchen oder Diebstahlsdelikten in Kaufhäusern, Betrugs- oder Diebstahlsdelikten im Vorraum von Geldautomaten oder an Zapfsäulen von Tankstellen oder Vandalismus durch Besprühen von Hausfassaden oder öffentlichen Verkehrs-

---

439 OVG Hamburg in NJW 2008, 96 (98); Sommer in DuD 2011, 446 (446).
440 Bergmann/Möhrle/Herb, BDSG, Teil III: Kommentar, § 3 Rn. 42; Gola/Schomerus, BDSG, § 3 Rn. 21.
441 Bergmann/Möhrle/Herb, BDSG, Teil III: Kommentar, § 6b Rn. 5.
442 Bergmann/Möhrle/Herb, BDSG, Teil III: Kommentar, § 6b Rn. 2.
443 Hilpert in RDV 2009, 160 (162/163); Ziegler in DuD 2003, 337 (337/338).
444 OVG Hamburg in NJW 2008, 96 (98); Hilpert in RDV 2009, 160 (164).
445 Sommer in DuD 2011, 446 (446); Hilpert in RDV 2009, 160 (161).
446 Koreng in LKV 2009, 198 (202); Hilpert in RDV 2009, 160 (161).
447 Hilpert in RDV 2009, 160 (165).

mitteln[448]. Im öffentlichen Bereich kommt es häufig nicht nur zum Einsatz von echten Aufzeichnungsgeräten sondern auch von Attrappen[449]. Hier wie dort soll der Betroffene im Vorfeld einer konkreten Gefahr[450] zu regelkonformem Verhalten veranlasst werden[451]. Die bloße Möglichkeit des Vorhandenseins personenbezogener Daten sowie die hieraus resultierende höhere Entdeckungswahrscheinlichkeit fördert das Risikobewusstsein potentieller Straftäter und erhöht die einer Begehung von Straftaten entgegenstehende Hemmschwelle[452] durch die Angst des Entdecktwerdens[453]. Deshalb steht auch bei offenen präventiv- polizeilichen Maßnahmen der Datenerhebung an der Nahtstelle zur Strafverfolgung die Verhütung von Straftaten durch Abschreckung potentieller Straftäter im Vordergrund[454]. Vor der Begehung von Straftaten kann nur abgeschreckt werden, wenn eine Kameraüberwachung offen gelegt wird[455].

§ 6b Abs. 3 BDSG setzt für die Verarbeitung und Nutzung der nach § 6b Abs. 1 BDSG erhobenen Daten ferner voraus, dass der Grundsatz der Verhältnismäßigkeit beachtet wird. Während § 6b Abs. 4 und 5 BDSG dies berücksichtigende, gegenüber § 20 Abs. 2 BDSG spezielle Benachrichtigungs- und Löschungspflichten, enthält[456], die stattfindenden Eingriff in informationelle Rechtspositionen minimieren[457], entsprechen andere datenschutzrechtliche Bestimmungen nicht dem Grundsatz der Verhältnismäßigkeit. Zur Abwehr konkreter Gefahren i.S.d. Polizeirechts ist die in § 34 Abs. 1 Satz 2 LDSG RP vorgesehene Videoüberwachung öffentlich zugänglicher Räume ebenso ungeeignet wie die Abwehr irgendwelcher Gefahren durch Attrappen, auf deren Eigenschaft als Attrappe gem. § 34 Abs. 2 i.V.m. Abs. 6 LDSG RP hinzuweisen ist. Bei der Einrichtung einer Videoüberwa-

---

448 Sommer in DuD 2011, 446 (446); Wolff/Brink in DuD 2011, 447 (447); Koreng in LKV 2009, 198 (201/202); Ziegler in DuD 2003, 337 (337); Fischer in VBl. BW 2002, 89 (89).
449 Wolff/Brink in DuD 2011, 447 (447).
450 A.A. § 34 Abs. 1 LDSG RP; Wolff/Brink in DuD 2011, 447 (448).
451 Wolff/Brink in DuD 2011, 447 (448); Abate in DuD 2011, 451 (452).
452 Ehrenberg/Frohne in Kriminalistik 2003, 737 (747); a.A. Möstl in DVBl. 2007, 581 (585).
453 Abate in DuD 2011, 451 (453); Ziegler in DuD 2003, 337 (338/339).
454 Kapitel 2 C. I. 1. a. (S. 51); BVerfG in DVBl. 2007, 497 (500); VGH BW in NVwZ 2004, 498 (499); Frenz in DVBl. 2009, 333 (334); Hasse in ThürVBl. 2000, 197 (200).
455 Abate in DuD 2011, 451 (451, 452).
456 Hilpert in RDV 2009, 160 (166); Fischer in VBl. BW 2002, 89 (94).
457 Starck in NdsVBl. 2008, 145 (151).

C. Die Weiterentwicklung des Datenschutzrechts infolge des Volkszählungsurteils

chungsanlage ist noch nicht bekannt, wann tatsächlich eine Straftat bevorsteht, so dass dann keine *konkrete Gefahr i.S.d. Polizeirechts* gegeben ist[458]. Die Beobachtung vermag darüber hinaus per se nichts an der akuten Rechtsverletzung zu ändern, da erst das Hinzutreten menschlichen Handelns die Abwendung der Gefahr für ein Rechtsgut ermöglicht[459]. Darüber hinaus verlieren Attrappen den Abschreckungseffekt als deren Hauptzweck[460], wenn auf die Eigenschaft als Attrappe hingewiesen wird. Dann weiß der potentielle Straftäter, dass bei dessen strafbarem Verhalten im Überwachungsbereich durch das Überwachungsgerät kein Beweismittel aufgezeichnet wird, und das Anbringen einer Attrappe läuft leer. Die offene Videoüberwachung entfaltet ihren Abschreckungseffekt unmittelbar durch die Offenheit[461]. Das Zustandekommen des Abschreckungseffekts setzt allerdings voraus, dass der von der Videoüberwachung betroffene Personenkreis annimmt, dass infolge der Speicherung des Videomaterials bei dennoch stattfindender Straftatenbegehung Beweismaterial vorhanden sein wird. Daher wäre die Verhütung von Straftaten ohne die die Abschreckungswirkung ermöglichende spätere repressive Nutzbarkeit der aufgezeichneten Daten als Beweismittel in dem bei Kenntnis einer Strafverfolgungsbehörde vom Verdacht einer Straftat zwingend einzuleitenden Strafverfahren beschränkt. Aus diesem Grund legitimiert § 6b Abs. 3 Satz 2 BDSG die zweckändernde Verarbeitung und Nutzung der aufgezeichneten Daten *zur Abwehr von Gefahren für die staatliche oder öffentliche Sicherheit* sowie *für die Verfolgung von Straftaten*. Da hinsichtlich der Rechtmäßigkeitsvoraussetzungen solch einer zweckändernden Nutzung dasselbe gilt wie bei der zweckändernden Nutzung von auf präventiv- polizeilicher Grundlage erhobenen Daten, wird hierauf an dieser Stelle nicht weiter eingegangen[462].

4. Der um den Empfänger i.S.d. § 3 Abs. 8 Satz 1 BDSG 2001 erweiterte Auskunftsanspruch des Betroffenen aus § 19 BDSG 2001

Durch Art. 10 lit. c EU-DSRL 2001 sollten die Betroffenenrechte fortentwickelt werden, so dass sich der Auskunftsanspruch jetzt auch auf die An-

---

[458] Kapitel 2 A. IV. 2. b. (S. 286).
[459] Ziegler in DuD 2003, 337 (339).
[460] Wolff/Brink in DuD 2011, 447 (448).
[461] A.A. Abate in DuD 2011, 451 (451/452); Zöller in NVwZ 2005, 1235 (1238).
[462] Kapitel 4 B. II. (S. 354).

gabe der Empfänger oder Kategorien von Empfängern, an die personenbezogene Daten weitergegeben werden, erstreckt[463]. Entsprechend Art. 2 lit. g EU-DSRL 2001 wurde der Begriff des *Empfängers* in § 3 Abs. 8 Satz 1 BDSG 2001 erweitert. Dieser wird seither als „*jede Person oder Stelle, die Daten erhält*", *definiert* und geht damit über die seit dem *BDSG 1977* ansonsten unverändert gebliebene Definition des *Dritten* hinaus. Relevant ist der Begriff des Empfängers in erster Linie in Bezug auf Informations- und Meldeverpflichtungen der verantwortlichen Stelle und Auskunftsersuchen des Betroffenen, da sich die Pflichten und Rechte aus den §§ 4 Abs. 3 Satz 1; 4e Satz 1 Nr. 6; 19 Abs. 1 Satz 1 Nr. 2; 19a Abs. 1 Satz 2 BDSG 2001 und den für nicht- öffentliche Stellen entsprechend geltenden Bestimmungen auch auf Empfänger oder Kategorien von Empfängern personenbezogener Daten erstrecken[464]. Hierzu zählen auch bestimmte Organisationseinheiten innerhalb der verantwortlichen Stelle wie etwa der Betriebs- oder der Personalrat[465]. Eigene Pflichten des Empfängers werden nur durch den für nicht- öffentliche Stellen geltenden § 29 Abs. 3 Satz 2 BDSG begründet.

5. Die Benachrichtigungspflicht aus § 19a BDSG 2001

§ 19a BDSG 2001 setzt ebenso wie § 4 Abs. 3 BDSG 2001 die Regelung des Art. 11 EU-DSRL um[466]. Die darin enthaltene Informations- und Benachrichtigungspflicht ergänzt den Auskunftsanspruch des Betroffenen aus § 19 BDSG[467]. Dieser wurde im Kontext der offenen staatlichen Datenerhebung zu statistischen Zwecken und zu Zwecken des Verwaltungsvollzuges entwickelt[468] und ist ohne eine korrespondierende Pflicht der Daten verdeckt bzw. heimlich erhebenden Behörde zu einer nachträglichen Benachrichtigung entscheidend begrenzt[469].

---

463 Gola/Schomerus, BDSG, § 19 Rn. 3.
464 Gola/Schomerus, BDSG, § 19 Rn. 3; Buchner in Taeger/Gabel, Teil 1: BDSG, § 3 Rn. 55.
465 Gola/Schomerus, BDSG, § 3 Rn. 51; § 19 Rn. 3; Schaffland/Wiltfang, BDSG, § 3 Rn. 86a; Buchner in Taeger/Gabel, Teil 1: BDSG, § 3 Rn. 55.
466 Gola/Schomerus, BDSG, § 19a Rn. 1.
467 Gola/Schomerus, BDSG, § 19a Rn. 1.
468 BVerfGE 65, 1 (70).
469 SächsVerfGH in DVBl. 1996, 1423 (1434); Arzt in DVBl. 2010, 816 (823).

C. Die Weiterentwicklung des Datenschutzrechts infolge des Volkszählungsurteils

Die Benachrichtigungspflicht entsteht gem. § 19a Abs. 1 Satz 1 bis 3 BDSG grundsätzlich, wenn Daten *ohne Kenntnis des Betroffenen*, also verdeckt bzw. heimlich, oder unter Durchbrechung des Grundsatzes der Unmittelbarkeit der Datenerhebung aus §§ 4 Abs. 2 Satz 1; 13 Abs. 1a BDSG 2001 *ohne Kenntnis des Betroffenen* bei einem Dritten[470] erhoben *und* anschließend gespeichert und / oder übermittelt werden. Auslöser der Benachrichtigungspflicht ist also die Speicherung oder Übermittlung von Daten, *die ohne Wissen des Betroffen erhoben wurden*[471]. Benachrichtigungspflichten haben zum einen die Aufgabe, eine sich aus dem Nichtwissen um die tatsächliche Relevanz der Daten ergebende Bedrohlichkeit zu vermindern, verunsichernden Spekulationen entgegenzuwirken und den Betroffenen die Möglichkeit zu verschaffen, solche Maßnahmen in die öffentliche Diskussion zu stellen[472]. Aufgrund des Anspruches auf gerichtlichen Rechtsschutz aus Art. 19 Abs. 4 GG ist es von Verfassungs wegen geboten, den Betroffenen nachträglich über eine abgeschlossene Datenerhebung zu unterrichten, wenn Auskunftsansprüche nicht eingeräumt worden sind oder den Rechten des Betroffenen nicht in sonstiger Wiese angemessen Rechnung getragen worden ist[473]. Gerade bei einem mittelbaren oder verdeckten Grundrechtseingriff besteht ein besonders Interesse des Betroffenen, die etwaige Rechtswidrigkeit der Maßnahme zumindest im Nachhinein gerichtlich feststellen zu lassen[474]. Der Pflicht zur nachträglichen Benachrichtigung kommt insoweit eine erheblich grundrechtssichernde Bedeutung zu[475]. Nur die nachträgliche Unterrichtung über eine verdeckte bzw. heimliche Datenerhebung kann den hiervon Betroffenen in die Lage versetzen, sein Auskunfts- und Akteneinsichtsrecht auszuüben und zumindest nachträglich von seinem Grundrecht auf Rechtsschutz aus Art. 19 Abs. 4 GG Gebrauch zu machen[476]. Darüber hinaus erhält der Betroffene nur auf diese Weise die Mög-

---

470 Wedde in Däubler/Klebe/Wedde/Weichert, BDSG, § 19a Rn. 7; Gola/Schomerus, BDSG, § 19a Rn. 2.
471 Gola/Schomerus, BDSG, § 19a Rn. 3, 4.
472 BVerfGE 125, 260 (335).
473 BVerfGE 129, 208 (238); 125, 260 (335, 338/339); 120, 351 (361); 118, 168 (207/208); 109, 279 (363/364, 367/368); 100, 313 (361); 30, 1 (21, 27/28).
474 BVerfGE 113 348 (384).
475 BVerfGE 129, 208 (239); 125, 260 (335); 120, 351 (361); 118, 168 (207/208); 109, 279 (363/364, 367/368); 100, 313 (361).
476 BVerfGE 129, 208 (251); 113, 348 (389/390); 109, 279 (363/364, 367/368, 380/381); BbgVerfG in LKV 1999, 450 (456).

lichkeit, etwaige Rechte auf Löschung, Berichtigung oder auch Genugtuung geltend zu machen[477].

Der Inhalt der Informations- und Benachrichtigungspflicht nach § 19a Abs. 1 Satz 1 bis 3 BDSG entspricht weitestgehend dem des § 19 Abs. 1 Satz 1 BDSG. Neben den Ausnahmetatbeständen des § 19a Abs. 2 Satz 1 Nr. 1 bis 3, Satz 2 BDSG 2001 gelten gem. § 19a Abs. 3 BDSG 2001 die Ausnahmetatbestände des § 19 Abs. 2 bis 4 BDSG entsprechend[478]. Insbesondere ist es verfassungsrechtlich nicht geboten, gegenüber nur zufällig von einer Datenerhebung betroffenen Personen Benachrichtigungspflichten in gleicher Weise wie gegenüber dem eigentlichen Adressaten der Maßnahme zu begründen, da die Benachrichtigung ihnen gegenüber den Eingriff vielfach sogar verstärken würde[479].

6. Zusammenfassung

Durch das *BDSG 2001* kam es bezogen auf den Umgang mit personenbezogenen Daten durch öffentliche Stellen zu keinen nennenswerten Änderungen. Bezogen auf den Datenschutz bei der Verarbeitung der Daten durch öffentliche Stellen hatten Bund und Länder bis zum Beginn des 21. Jahrhunderts in erheblichem Umfang bereichsspezifisch und präzise geregelte datenschutzrechtliche Bestimmungen in den jeweiligen Spezialgesetzen erlassen. So lag der Schwerpunkt der mit dem *BDSG 2001* verbundenen Änderungen in den für nicht- öffentliche Stellen geltenden §§ 28 ff BDSG.

Bezogen auf die Datenverarbeitung durch öffentliche Stellen kam den Datenschutzgesetzen aufgrund der weitestgehend abgeschlossenen Umsetzung der Forderungen des BVerfG aus dem Volkszählungsurteil nach bereichsspezifischen und präzisen Eingriffsbefugnissen nach und nach allenfalls noch Bedeutung für nicht- eingriffsrelevantes Verwaltungshandeln zu. Zum nicht- eingriffsrelevanten Verwaltungshandeln zählen der mit dem *BDSG 2001* erstmals erlassene § 19a BDSG und die in diesem Zusammenhang geänderte Definition des Begriffs des Empfängers und des Dritten in § 3 Abs. 8 BDSG.

---

477 BVerfGE 129, 208 (251); 125, 260 (335); 120, 351 (361); 118, 168 (207/208); 109, 279 (363/364, 367/368, 380/381); 100, 313 (361).
478 Wedde in Däubler/Klebe/Wedde/Weichert, BDSG, § 19a Rn. 4.
479 BVerfGE 129, 208 (251); 125, 260 (337); 109, 279 (365).

C. Die Weiterentwicklung des Datenschutzrechts infolge des Volkszählungsurteils

Änderungen mit Bezug zu Eingriffen in das Grundrecht auf informationelle Selbstbestimmung erfolgten vor allem hinsichtlich § 4 Abs. 1 bis 3 BDSG. Hierin wurde nunmehr auch die Erhebung personenbezogener Daten unter Gesetzvorbehalt gestellt und die Regelung über den Grundsatz der Unmittelbarkeit der Datenerhebung nebst Ausnahmen aus § 13 Abs. 2 bis 4 BDSG 1990 übernommen. Weiterhin regelt § 13 Abs. 1a und 2 BDSG seither die mittelbare Datenerhebung bei nicht- öffentlichen Stellen sowie das Erheben besonderer Arten personenbezogener Daten i.S.d. § 3 Abs. 9 BDSG 2001.

Negativ zu verzeichnen ist im Zusammenhang mit den Änderungen durch das *BDSG 2001* die Ersetzung des Begriffs der Akte durch Definition der Begriffe der automatisierten Verarbeitung und der nicht automatisierten Datei in § 3 Abs. 2 BDSG. Da die gem. §§ 1 Abs. 2 Nr. 1; 12 Abs. 1 BDSG für öffentliche Stellen des Bunde geltenden §§ 13 ff BDSG auch für die Verarbeitung von personenbezogenen Daten in Akten gelten, hätte es – wie in den meisten Landesdatenschutzgesetzen geschehen – nicht geschadet, es zumindest neben der Definition des Begriffs der automatisierten Verarbeitung und der nicht automatisierten Datei beim Begriff der Akte zu belassen. Nunmehr wird anstelle des Begriffs der Akte in verschiedenen für öffentliche Stellen geltenden Regelungen die umständliche und wenig klare Formulierung „*sind personenbezogene Daten weder automatisiert noch in nicht automatisierten Dateien gespeichert*" herangezogen. Dies könnte zu der irrtümlichen Schlussfolgerung führen, der Datenschutz gelte nicht nur im Bereich der Privatwirtschaft sondern nunmehr auch im Bereich der öffentlichen Verwaltung nur noch im Zusammenhang mit der Verarbeitung von personenbezogenen Daten in Dateien.

III. Die weitere Entwicklung des allgemeinen Datenschutzrechts bis zum heutigen BDSG 2009

Die nach dem *BDSG 2001* und weiteren partiellen Änderungen des *BDSG* – zuletzt durch das *Gesetz zur Änderung verwaltungsverfahrensrechtlicher Vorschriften* vom 21.8.2002[480] – notwendig gewordene *Neufassung des Bundesdatenschutzgesetzes* vom 14.1.2003 wurde anschließend durch

---

480 BGBl. 2002 I S. 3322 bis 3343.

Kapitel 1: Die Entwicklung der allgemeinen Datenschutzgesetze

- das *Gesetz zur Änderung des Datenschutzgesetzes* vom 29.7.2009[481] *(Novelle I)*,
- das *Gesetz zur Änderung datenschutzrechtlicher Vorschriften* vom 14.8.2009[482] *(Novelle II)* und
- das *Gesetz zur Umsetzung des Verbraucherkreditrichtlinie, des zivilrechtlichen Teils der Zahlungsdiensterichtlinie sowie zur Neuordnung der Vorschriften über das Widerrufs- und Rückgaberecht* vom 29.7.2009[483] *(Novelle III)*

geändert. Der Schwerpunkt dieser Änderungen lag jedoch in den datenschutzrechtlichen Bestimmungen für nicht- öffentliche Stellen. Die *Novelle II* führte insoweit zu einer Erweiterung des § 3 BDSG, als dass seither § 3 Abs. 11 BDSG 2009 den Begriff des „*Beschäftigten*" legal definiert. Darüber hinaus wurde der auf die Gestaltung und Auswahl von Datenverarbeitungssystemen bezogene *Grundsatz der Datenvermeidung und Datensparsamkeit* aus § 3a BDSG 2001 auf die Erhebung, Verarbeitung und Nutzung von personenbezogenen Daten erweitert. Weitere Änderungen der *Novelle II* betrafen die in § 4d BDSG geregelte Meldepflicht automatisierter Verarbeitungsverfahren, die in § 4f BDSG geregelte Bestellung eines Datenschutzbeauftragten, die in § 11 BDSG geregelte Erhebung, Verarbeitung und Nutzung von Daten im Auftrag sowie die in § 12 Abs. 4 BDSG anstelle der §§ 13 bis 16 und 19 bis 20 BDSG geregelte Anwendbarkeit der §§ 28 Abs. 2 Nr. 2 und 32 bis 35 BDSG für Erhebung, Verarbeitung und Nutzung personenbezogener Daten für frühere, bestehende oder künftige Beschäftigungsverhältnisse.

Da das *BDSG* einfaches Recht ist und gem. § 1 Abs. 1 BDSG nur auf den Persönlichkeitsschutz abstellt[484], musste das Datenschutzrecht im Zuständigkeitsbereich öffentlicher Stellen entsprechend den Erkenntnissen des Volkszählungsurteils bereichsspezifisch in den für diese geltenden Fachgesetzen fortentwickelt werden. Daher sind die in den Datenschutzgesetzen des Bundes und der Länder geregelten allgemeinen Datenschutzbestimmungen gegenüber den seit dem Volkszählungsurteil nach und nach entwickelten spezialgesetzlichen Datenschutzbestimmungen gem. § 1 Abs. 4 BDSG ent-

---

481 BGBl. 2009 I S. 2254 bis 2257.
482 BGBl. 2009 I S. 2814 bis 2820.
483 BGBl. 2009 I S. 2355 bis 2408 (2384).
484 Hilger in NStZ 2000, 561 (561-Fußnote 6).

D. Befugnisse zur Übermittlung personenbezogener Daten an die Polizei

sprechend der allgemein gültigen Auslegungsregel, dass die speziellere Norm der allgemeinen Norm vorgeht[485], subsidiär.

D. Bereichsspezifisch und präzise bundesgesetzliche Befugnisse zur Übermittlung personenbezogener Daten an die Polizei

Bereichsspezifisches Datenschutzrecht ergibt sich für die Polizei heute vor allem aus der *StPO,* dem *OWiG* sowie aus den Polizeigesetzen. Anders als die aufgabenunabhängige Befugnis öffentlicher Stellen zur Videoüberwachung finden sich Befugnisse zur zweckändernden Verwendung von durch andere Behörden in Erfüllung der diesen obliegenden Aufgaben erhobenen personenbezogenen Daten entsprechend § 14 Abs. 2 Nr. 1 1. Alt. BDSG in den auf die Aufgabengebiete dieser Behörden bezogenen Spezialgesetzen. Soweit dem Bund für ein Aufgabengebiet einer anderen Behörde die Gesetzgebungskompetenz zusteht, können hierunter kraft Sachzusammenhangs auch die mit dem Regelungsinhalt in Zusammenhang stehenden datenschutzrechtlichen Bestimmungen fallen, um ein Inkongruenzen verursachendes Auseinanderfallen der technischen und datenschutzrechtlichen Bestimmungen über die Datenverarbeitung zu vermeiden[486]. Unter die Gesetzgebungskompetenzen kraft Sachzusammenhangs fallen auch Bestimmungen darüber, welche Daten zur Wahrnehmung öffentlicher Aufgaben zur Verfügung gestellt werden dürfen oder müssen[487]. Für diese Arbeit von besonderem Interesse sind bereichsspezifische gesetzliche Regelungen über polizeirelevante Abrufverfahren aus Datenbeständen anderer Behörden[488] oder nicht- öffentlicher Stellen. Der Gesetzgebungskompetenz des Bundes zuzuordnende Befugnisse zur zweckändernden Speicherung oder Übermittlung von personenbezogenen Daten an die Strafverfolgungsbehörden oder die Polizei zu repressiven oder präventiv- polizeilichen Zwecken finden sich im *Straßenverkehrsgesetz (StVG),* im *Bundesmeldegesetz (BMG),* im *Ausländerzentralregistergesetz (AZRG),* in den *Sozialgesetzbüchern (SGB)* sowie dem *Telekommunikationsgesetz (TKG).* In diesen wird mehr oder weniger den Gedanken aus § 14 Abs. 2 Nr. 6 und Nr. 7 BDSG entsprechend

---

[485] Ahlf/Störzer/Vordermaier, Kriminalistik, Bd. 2, Ziff. 46 Rn. 23.
[486] BVerfG in NJW 2012, 1419 (1423, 1425, 1427); BVerfGE 125, 260 (314, 345); 110, 33 (48); 106, 62 (115); 98, 265 (299); 3, 407 (421).
[487] BVerfG in NJW 2012, 1419 (1423, 1425, 1427).
[488] Ehmann in Simitis, BDSG, § 10 Rn. 126.

bereichsspezifisch geregelt, inwieweit auf Grundlage dieser Gesetze erhobene Daten im überwiegenden Allgemeininteresse an die Staatsanwaltschaften oder an die Polizei übermittelt werden dürfen[489]. Die Einrichtung derartiger Datenvorräte verstößt nicht gegen das vom BVerfG seit dem Volkszählungsurteil wiederholt betonte Verbot der Vorratsdatenspeicherung, weil die zukünftige Gefahrenabwehr sowie die zukünftige Strafverfolgung trotz des hieran bestehenden öffentlichen Interesses durchaus geeignet ist, die Speicherung von Daten mit jeweils nur geringer Persönlichkeitsrelevanz bei unterschiedlichen öffentlichen sowie nicht- öffentlichen Stellen zu rechtfertigen[490].

Da viele der von diesen Spezialgesetzen betroffenen nicht- polizeilichen Behörden oder privatwirtschaftliche Einrichtungen aufgrund deren Aufgabenstellung oder Wirkungsschwerpunkten von einer kaum zu bewältigenden Zahl polizeilicher Auskunftsersuchen betroffen wären, wurden bei einigen dieser Stellen automatisierte *Abrufverfahren* eingerichtet[491]. Aus den dafür eingerichteten Dateien dürfen Polizeibehörden personenbezogene Daten automatisiert übermittelt werden. Zu den automatisierten Abrufverfahren, aus denen die Polizei die Daten unmittelbar automatisiert abrufen kann, zählen unter anderem das *Zentrale Verkehrsinformationssystem (ZEVIS)*, das *Ausländerzentralregister (AZR)* sowie automatisierte Abrufverfahren aus Dateien der Einwohnermeldeämter *(EMÄ)*. Die Datensammlungen aus dem ZEVIS, dem AZR, den EMA oder dem Telekommunikationsnummernregister werden anlassunabhängig auf Vorrat angelegt, ohne schon deshalb ohne weiteres als besonders schwerer Eingriff zu gelten[492]. Zwar muss die vorsorgliche Datenspeicherung die Ausnahme bleiben und ist begründungsbedürftig[493]. Es ist aber nicht von vornherein ausgeschlossen, dass auch vorsorgliche Datensammlungen als Grundlage vielfältiger staatlicher Aufgabenwahrnehmungen ihre Berechtigung haben können, wenn die abfragbaren Daten eng begrenzt sind, aus sich heraus noch keinen Aufschluss über konkrete Aktivitäten Einzelner geben und deren Verwendung gesetzlich näher konkretisiert ist[494].

---

489 Ahlf/Störzer/Vordermaier, Kriminalistik, Bd. 2, Ziff. 46 Rn. 31.
490 Böse in ZStW 119 (2007), 848 (879).
491 Böse in ZStW 119 (2007), 848 (881).
492 BVerfG in NJW 2012, 1419 (1424).
493 BVerfG in NJW 2012, 1419 (1424); BVerfGE 125, 260 (317).
494 BVerfG in NJW 2012, 1419 (1424).

D. Befugnisse zur Übermittlung personenbezogener Daten an die Polizei

Hinzu kommen automatisierte *Auskunftsverfahren* wie die durch die §§ 31 Abs. 1; 48 Abs. 1 StVG; § 38 BMG, § 113 TKG ermöglichten, bei denen die örtlichen Zulassungs- oder Fahrerlaubnisbehörden, die örtlichen Einwohnermeldebehörden sowie die Bundesnetzagentur die in den örtlichen Fahrzeug-, Fahrerlaubnis-, Melde- oder Telekommunikationsnummernregistern Daten aufgrund eines Ersuchens selbst abrufen und anschließend auf nicht- automatisiertem Wege an die abfragende Behörde übermitteln. Ähnliches gilt für sonstige Auskunftsverfahren, wie etwa von Sozialbehörden nach § 68 SGB X oder auf Grundlage eines behördlichen Verlangens bei den durch die §§ 113; 111 Abs. 1 Satz 5 TKG ermöglichten manuellen Auskunftsverfahrens der Telekommunikationsanbieter. Ähnliche Regelungen finden sich weiterhin in dem durch das *Gesetz über Personalausweise und den elektronischen Identitätsnachweis sowie zur Änderung weiterer Vorschriften* vom 18.7.2009[495] erlassenen §§ 23 ff PAuswG sowie in den durch das *Gesetz zur Änderung des Passgesetzes und weiterer Vorschriften* vom 20.7.2007[496] erweiterten §§ 17 ff PaßG, von denen dem zur elektronischen Übertragung von Daten und Lichtbildern ermächtigenden § 25 PAuswG sowie dem diesen entsprechenden § 22a PaßG besondere Bedeutung zukommt. Diese lassen den automatisierten Abruf von Lichtbildern u.a. durch Polizeibehörden bei Nichterreichbarkeit der zuständigen Personalausweis- oder Passbehörde zu.

I. Das Straßenverkehrsrecht und das Zentrale Verkehrsinformationssystem (ZEVIS)

Unter der Kompetenznorm des Art. 74 Abs. 1 Nr. 22 GG wurden insbesondere das *Straßenverkehrsgesetz (StVG)* und das *Gesetz über die Errichtung des Kraftfahrtbundesamtes* erlassen[497]. Befugnisse, die zur Erhebung und Speicherung von Daten über Kraftfahrzeughalter berechtigen, waren erstmals im *Gesetz zur Änderung des Straßenverkehrsgesetzes* vom 28.1.1987[498] enthalten. Das Kraftfahrtbundesamt in Flensburg (KBA) stellt den Polizeien des Bundes und der Länder ebenso wie einigen anderen Be-

---

495 BGBl. 2009 I S. 1346 bis 1359.
496 BGBl. 2007 I S. 1566 bis 1573.
497 Tinnefeld/Ehmann/Gerling, BDSG, S. 162; Guckelberger in NVwZ 2009, 352 (355/356).
498 BGBl. 1987 I S. 486 bis 493.

hörden durch *ZEVIS* ein automatisiertes Abrufverfahren zur Verfügung[499]. Der dem Grundgedanken des § 14 Abs. 2 Nr. 6 und 7 BDSG folgenden Systematik der Übermittlungsbefugnisse und -pflichten anderer Behörden gegenüber der Polizei entsprechend sind die Polizeibehörden des Bundes und der Länder unter bestimmten Voraussetzungen befugt, die bei Erfüllung ihrer Aufgaben anfallende personenbezogene Daten mit den im *ZEVIS* enthaltenen Daten abzugleichen[500]. Das öffentliche Interesse an der Abwehr von Gefahren, die durch den Straßenverkehr drohen, sowie an der Verfolgung von Straftaten die im Zusammenhang mit Straßenverkehr und insbesondere mit dem Betrieb von Kraftfahrzeugen begangen werden können, ist geeignet, die in *ZEVIS* enthaltenen Vorräte an Daten mit eher geringer Persönlichkeitsrelevanz zu rechtfertigen[501]. *ZEVIS* selbst besteht aus verschiedenen Registern, von denen insbesondere das *Verkehrszentralregister (VZR)*, das *Zentrale Fahrzeugregister (ZFZR)*, das *Zentrale Fahrerlaubnisregister (ZFER)* sowie das *Zentrale Kontrollkartenregister (ZKR)* für die polizeiliche Aufgabenerfüllung relevant sind[502].

1. Das Verkehrszentralregister (VZR), §§ 28 ff StVG

Das Verkehrszentralregister (VZR) wird gem. § 28 Abs. 1 StVG durch das KBA geführt. Zweck des VZR ist es gem. § 28 Abs. 2 Nr. 1 bis 4 StVG, personenbezogene Informationen zu speichern, die zur Beurteilung der Befähigung zum Führen von Kfz, zur Prüfung der Berechtigung zum Führen von Fahrzeugen, zur Ahndung von wiederholten Verkehrsverstößen oder für die Beurteilung der Zuverlässigkeit von mit Verkehrssicherheitsaufgaben betrauten Personen erforderlich sind. Art und Umfang der im VZR speicherbaren Daten richten sich vor allem nach § 28 Abs. 3 StVG. Gem. § 30 Abs. 1 Nr. 1 bis 3 StVG dürfen Eintragungen im VZR durch die zuständigen Stellen unter anderem an die Polizei als einer Stelle, die für die Verfolgung von Straftaten sowie für die Verfolgung von Ordnungswidrigkeiten und die Vollstreckung von Bußgeldbescheiden und ihren Nebenfolgen nach dem StVG sowie dem PersBefG oder für Verwaltungsmaßnahmen auf Grund der

---

499 Simitis in Simitis, BDSG, Einleitung Rn. 42; Teubert, Datenschutz und Polizei in Bayern, S. 146.
500 BVerfGE 120, 378 (400).
501 Böse in ZStW 119 (2007), 848 (879).
502 Teubert, Datenschutz und Polizei in Bayern, S. 146/147.

D. Befugnisse zur Übermittlung personenbezogener Daten an die Polizei

StVO oder der hierauf beruhenden Rechtsvorschriften zuständig ist, übermittelt werden, soweit dies für die Erfüllung von der Polizei obliegenden Aufgaben zu den in § 28 Abs. 2 StVG genannten Zwecken erforderlich ist. Dieser nicht automatisierte Abruf von Daten aus dem VZR verliert gegenüber dem nunmehr in §§ 30a ff StVG geregelten automatisierten Abrufverfahren aus dem VZR mehr und mehr an Bedeutung.

Die Ermächtigung des KBA zur Übermittlung von Daten aus dem VZR ergibt sich aus §§ 30a Abs. 1; 30b Abs. 1 Satz 1; Abs. 2 und 3 StVG i.V.m. § 30 Abs. 1 StVG. Gem. § 30b Abs. 1 Satz 1 StVG sind Polizeibehörden zum automatisierten Abruf aus dem VZR zur Erfüllung ihrer in § 30 Abs. 1 VZR genannten Aufgaben berechtigt. Der Zweck des Abrufs ist durch die Polizei bei der Abfrage gem. § 30b Abs. 1 Satz 2 StVG anzugeben. Die Errichtung eines automatisierten Abrufverfahrens aus dem VZG bedarf nach § 30a Abs. 2 StVG i.V.m. § 30c Abs. 1 Nr. 5 StVG einer durch das Bundesministerium für Verkehr, Bau und Stadtentwicklung erlassenen Rechtsverordnung, um die Art und den Umfang der zu übermittelnden Daten zu beschränken und notwendige technische Sicherungsmaßnahmen und die Kontrolle der Zulässigkeit von Abrufen mittels nach § 30a Abs. 3 und 4 StVG anzufertigenden Protokolldaten transparent zu machen und zu gewährleisten. Eine solche i.S.d. § 30c Abs. 1 Nr. 1 bis 6 StVG auf das VZG bezogene Rechtsverordnung liegt mit den §§ 59 ff der *Verordnung über die Zulassung von Personen zum Straßenverkehr (Fahrerlaubnisverordnung – FeV)* vom 13.12.2010[503] i.d.F. vom 7.1.2011[504] vor. Gem. § 59 Abs. 1 FeV werden zum einen die nach § 28 Abs. 3 StVG im VZG zu speichernden Daten konkretisiert. Zum anderen begrenzt § 60 Abs. 1 und 2 FeV die nach § 30 StVG an Polizeidienststellen übermittelbaren Daten auf den bereits durch § 28 Abs. 3 Nr. 1 bis 3 StVG i.V.m. § 59 Abs. 1 FeV vorgegebenen Umfang. Zusätzlich wird der Abruf im automatisierten Verfahren nach § 30a Abs. 1 und 3 StVG durch § 61 Abs. 1 bis 7 FeV präzisiert.

2. Das Zentrale Fahrzeugregister (ZFZR), §§ 31 ff StVG

Neben den gem. § 31 Abs. 1 StVG bei den örtlichen Zulassungsbehörden geführten örtlichen Fahrzeugregistern wird gem. § 31 Abs. 2 StVG das Zen-

---

503 BGBl. 2010 I S. 1980 bis 2106.
504 BGBl. 2011 I S. 3 bis 25.

Kapitel 1: Die Entwicklung der allgemeinen Datenschutzgesetze

trale Fahrzeugregister des KBA (ZFZR) geführt[505]. Nicht im ZFZR enthalten sind gem. § 31 Abs. 3 StVG Fahrzeuge der Bundeswehr, der Polizeien des Bundes und der Länder, der Wasser- und Schifffahrtsverwaltung des Bundes oder Fahrzeuge, die auf Nachfolgeunternehmen der Deutschen Bundespost zugelassen sind, soweit deren Dienststellen jeweils eigene Register führen.

Neben den im Katalog des § 32 Abs. 1 StVG enthaltenen Zweckbestimmungen der Fahrzeugregister ist für die polizeiliche Aufgabenstellungen insbesondere dessen Zweckbestimmung aus §§ 32 Abs. 2 StVG entscheidend. Danach handelt es sich auch bei Kraftfahrzeugkennzeichen um personenbezogene Daten i.S.d. § 3 Abs. 1 BDSG[506]. Danach ist es Zweck des ZFZR, „(...)

- Personen in ihrer Eigenschaft als Halter von Fahrzeugen,
- Fahrzeuge eines Halters oder
- Fahrzeugdaten
- festzustellen und zu bestimmen".

Art und Umfang der im ZFZR speicherbaren Daten, d.h. insbesondere Fahrzeug- und Halterdaten und eventuelle Fahrtenbuchauflagen, werden in § 33 StVG definiert. Die im ZFZR enthaltenen Daten dürfen gem. § 35 Abs. 1 Nr. 1 StVG neben den in § 32 Abs. 1 StVG enthaltenen Speicherungszwecken, zu denen nach § 32 Abs. 1 Nr. 2 und 3 StVG auch die Entstempelung eines Kfz- Kennzeichens gem. § 25 Abs. 3, 14 Abs. 1 FZV bei Verstoß gegen die Strafvorschrift des § 6 Pflichtversicherungsgesetz oder gegen § 14 Kraftfahrzeugsteuergesetz 2002 gehören, auch zu den in § 32 Abs. 2 StVG benannten Zwecken an Polizeibehörden auf nicht automatisiertem Weg übermittelt werden, wenn dies gem. § 35 Abs. 1 Nr. 2 bis 3 StVG erforderlich ist, „(...)

2. zur Verfolgung von Straftaten, zur Vollstreckung oder zum Vollzug von Strafen, von Maßnahmen im Sinne des § 11 Abs. 1 Nr. 8 StGB oder von Erziehungsmaßregeln und Zuchtmitteln im Sinne des JGG,
3. zur Verfolgung von Ordnungswidrigkeiten,
4. zur Abwehr von Gefahren für die öffentliche Sicherheit und Ordnung, (...)."

Für die polizeiliche Aufgabenerfüllung von besonderer Bedeutung ist die ausnahmsweise bestehende Übermittlungsbefugnis des KBA aus § 35 Abs. 3 Nr. 1 a) und b) i.V.m. Nr. 2 StVG, wonach eine Übermittlung von

---

505 BVerfGE 120, 378 (400).
506 Guckelberger in NVwZ 2009, 352 (356).

D. Befugnisse zur Übermittlung personenbezogener Daten an die Polizei

Fahrzeugdaten und Halterdaten zu anderen polizeilichen Zwecken als der Feststellung oder der Bestimmung des Kfz- Halters oder von Fahrzeugen in Ansehung des Grundsatzes der Verhältnismäßigkeit nur als letztmögliches Mittel zur Verfolgung von Straftaten oder zur Vollstreckung oder zum Vollzug von Strafen oder der im Einzelfall bestehenden Gefahr für die öffentliche Sicherheit und Ordnung zulässig ist. Der automatisierte Abgleich zur Verfolgung von Straftaten oder zur Vollstreckung und zum Vollzug von Strafen oder zur Abwehr einer im Einzelfall bestehenden Gefahr für die öffentliche Sicherheit durch die Polizeien des Bundes und der Länder mit dem ZFZR richtet sich nach § 36 Abs. 3 StVG. Gem. § 36 Abs. 2 Satz 1 Nr. 1 StVG darf die Übermittlung aus dem ZFZR an die Polizeien des Bundes und der Länder durch Abruf im automatisierten Verfahren „(...)

– zur Kontrolle, ob die Fahrzeuge einschließlich ihrer Ladung und die Fahrzeugpapiere vorschriftsmäßig sind,
– zur Verfolgung von Ordnungswidrigkeiten nach den §§ 24, 24a oder 24c StVG
– zur Verfolgung von Straftaten oder zur Vollstreckung oder zum Vollzug von Strafen, oder
– zur Abwehr einer Gefahr für die öffentliche Sicherheit (...)"

erfolgen[507]. Gem. § 36 Abs. 1 Satz 2 StVG gilt entsprechendes für den Abruf der *örtlich zuständigen Polizeidienststellen* und für den Straßenverkehr nach § 26 Abs. 1 StVG zuständigen Verwaltungsbehörden bei den *örtlichen Fahrzeugregistern*. Neben der in § 36 Abs. 4 StVG enthaltenen ausdrücklichen Einschränkung eines automatisierten Abrufs dahingehend, dass sich ein solcher nur auf ein bestimmtes Fahrzeug oder einen bestimmten Halter beziehen darf, ist die Errichtung von Anlagen zum automatisierten Abrufverfahren nach § 36 Abs. 5 StVG nur zulässig, wenn nach näheren Bestimmungen durch Rechtsverordnung i.S.d. § 47 Nr. 1 bis 7 StVG Vorkehrungen getroffen werden, die den Umfang der abzurufenden Daten auf das notwendige Maß beschränken, den Datenschutz und die Datensicherheit nach dem jeweiligen Stand der Technik und die Möglichkeit der Kontrolle der Abrufe, soweit nicht bereits gesetzlich geregelt, gewährleisten. Eine solche Rechtsverordnung liegt mit der *Fahrzeugregisterverordnung (FRV)* vom 20.10.1987[508] i.d.F. vom 21.6.2005[509] vor. Nach § 12 Abs. 1 Satz 3 und 5

---

507 Guckelberger in NVwZ 2009, 352 (356).
508 BGBl. 1987 I S. 2305 bis 2314.
509 BGBl. 2005 I S. 1818 bis 1846.

Kapitel 1: Die Entwicklung der allgemeinen Datenschutzgesetze

FRV dürfen im ZFZR Daten u.a. für die Polizeien des Bundes und der Länder gem. § 12 Abs. 1 Satz 1 FRV nach der darin aufgeführten „(...)
- für Anfragen
- unter Verwendung des Kennzeichens oder der Fahrzeug-Identifizierungsnummer (§ 12 Abs. 1 Satz 1 Nr. 1a) bis d) FRV),
- unter Verwendung eines Teils des Kennzeichens (§ 12 Abs. 1 Satz 1 Nr. 2 a) und b) FRV, oder
- unter Verwendung von Personalien (§ 12 Abs. 1 Satz 1 Nr. 3 a und b) FRV) (...)"

im genannten Umfang bereitgehalten werden. Für entsprechende Anfragen durch automatisierten Abruf aus den örtlichen Fahrzeugregistern durch die jeweils örtlichen Polizeidienststellen nach § 36 Abs. 2 Satz 2 StVG dürfen gem. § 12 Abs. 2 FeV weitergehende Datenbestände bereitgehalten werden. Die §§ 13 ff FeV enthalten Regelungen zum Datenschutz und zur Datensicherheit. Diese gehen dem allgemeinen Datenschutzrecht vor[510].

3. Das zentrale Fahrerlaubnisregister, §§ 48 ff StVG

Auch Fahrerlaubnisregister werden einerseits gem. § 48 Abs. 1 Satz 1 StVG als örtliche Fahrzeugregister im Zuständigkeitsbereich der örtlichen Fahrerlaubnisbehörden und andererseits als Zentrales Fahrerlaubnisregister (ZFER) beim KBA geführt. Zweck der Fahrerlaubnisregister ist gem. § 49 Abs. 1 StVG die Feststellung, welche Fahrerlaubnisse und welche Führerscheine eine Person besitzt. Weiterer Zweck ist gem. § 49 Abs. 2 StVG, Daten vorrätig zu haben,

„(...) die erforderlich sind
für die Beurteilung der Eignung und Befähigung von Personen zum Führen von Kraftfahrzeugen und
für die Prüfung der Berechtigung zum Führen von Fahrzeugen. (...)"

Art und Umfang der zu diesem Zweck im Fahrerlaubnisregister speicherbaren Daten werden durch §§ 50, 51 StVG bestimmt. Übermittelt werden dürfen die in den Fahrerlaubnisregistern gespeicherten Daten durch die örtlich zuständigen Fahrerlaubnisbehörden bzw. das KBA zu den nach § 49 StVG festgelegten Zwecken an Stellen, die diese Daten zur Erfüllung ihrer Aufgaben „(...)

---

510 Schaffland/Wiltfang, BDSG, § 19 Rn. 5.

D. Befugnisse zur Übermittlung personenbezogener Daten an die Polizei

- für die Verfolgung von Straftaten zur Vollstreckung und zum Vollzug von Strafen,
- für die Verfolgung von Ordnungswidrigkeiten und die Vollstreckung von Bußgeldbescheiden (...) oder
- für Verwaltungsmaßnahmen (...), soweit es um Fahrerlaubnisse, Führerscheine oder sonstige Berechtigungen, ein Fahrzeug zu führen geht, (...)"

benötigen. Darüber hinaus dürfen die zu den in § 49 StVG genannten Zwecken gespeicherten Daten zu diesen Zwecken gem. § 52 Abs. 2 StVG an die für Verkehrs- und Grenzkontrollen zuständigen Stellen sowie an die für Straßenkontrollen zuständigen Stellen übermittelt werden. Der automatisierte Abruf von Daten aus dem ZFER durch die Polizeidienststellen ist in § 53 Abs. 1 StVG geregelt. Der außerhalb der üblichen Dienstzeiten stattfindende automatisierte Abruf aus örtlichen Fahrerlaubnisregistern und die damit verbundene Übermittlung der darin enthaltenen Daten an die für die betreffenden Bezirke zuständigen Polizeidienststellen ist unter den Voraussetzungen des § 53 Abs. 5 Satz 1 und 2 StVG zulässig. Eine gem. §§ 63 Nr. 4; 53 Abs. 2 StVG für solch automatisierte Abrufverfahren erforderliche Rechtsverordnung liegt mit §§ 49 ff FeV vor. Entsprechend den Anforderungen des § 63 Nr. 4 StVG gewährleisten die §§ 54 und 55 FeV die Sicherstellung von Datenschutz und Datensicherheit, indem sie über § 53 Abs. 3 und 4 StVG hinausgehende oder diese ergänzende Vorkehrungen zum Schutz der eingestellten Daten gegen Missbrauch und die Aufzeichnung der Abrufe festlegen. Während im örtlichen FZR und im ZFZR personenbezogene Daten i.S.d. §§ 50 Abs. 1 Nr. 1 und 2; 63 Nr. 2 StVG i.V.m. § 49 Abs. 1 Nr. 1 bis 15 FeV gespeichert werden, dürfen örtliche Fahrerlaubnisbehörden gem. § 50 Abs. 2 Nr. 1 und 2; 63 Nr. 2 StVG i.V.m. § 57 FeV weitere Daten des Fahrzeuginhabers speichern. Die an die Polizeien des Bundes und der Länder nach § 52 StVG nicht- automatisiert übermittelbaren Daten werden durch § 63 Nr. 3 StVG i.V.m. § 51 Abs. 1 Nr. 1 und 2 FeV entsprechend den verschiedenen, einem Abruf zu Grunde zu legenden Aufgabengabenstellen unterschiedlich konkretisiert. Die für die Polizeien des Bundes und der Länder automatisiert abruf- und übermittelbaren Daten aus dem ZFZR werden über § 63 Nr. 4 StVG i.V.m. § 52 FeV konkretisiert. Der Umfang der automatisiert abrufbaren Daten ist dabei geringer als der von nicht- automatisiert abrufbaren Daten. Sie beschränken sich in der Regel auf die nach § 49 Abs. 1 Nr. 1 bis 10, 13 bis 15 FeV gespeicherten Daten. Ein automatisierter Abruf darf gem. § 52 Abs. 2 FeV nur unter der Verwendung von Angaben zur Person, der Fahrerlaubnisnummer oder der Führerscheinnummer stattfinden.

III. Das Einwanderungs- und Asylrecht

Gestützt auf die konkurrierenden Gesetzgebungskompetenz aus Art. 74 Abs. 1 Nr. 4 GG, der das Aufenthalts- und Niederlassungsrecht von Ausländern betrifft, wurden unter anderem das zuvor geltende *Ausländergesetz (AuslG)* vom 9.7.1990[511] ablösende, mit dem *Gesetz zur Steuerung und Begrenzung der Zuwanderung und zur Regelung des Aufenthalts und der Integration von Unionsbürgern und Ausländern (Zuwanderungsgesetz)* vom 30.7.2004 erlassene *Gesetz über den Aufenthalt, die Erwerbstätigkeit und die Integration von Ausländern im Bundesgebiet (Aufenthaltsgesetz – AufenthG)*[512] i.d.F. der *Bekanntmachung der Neufassung des Aufenthaltsgesetzes* vom 25.2.2008[513] i.d.F. vom 22.12.2011[514] und das *Gesetz über das Ausländerzentralregister (AZR-Gesetz – AZRG)* vom 2.9.1994[515], zuletzt geändert durch das *Gesetz zur Umsetzung aufenthaltsrechtlicher Richtlinien der EU und zur Anpassung nationaler Rechtsvorschriften an den EU-Visakodex* vom 22.12.2011[516] erlassen[517]. Kompetenznorm des Bundes für das *Asylverfahrensgesetz (AsylG)* ist Art. 74 Abs. 1 Nr. 6 GG[518].

Mit dem AZRG wurden detaillierte bereichsspezifische gesetzliche Regelungen für die automatisierte Übermittlung von Daten aus dem gem. § 1 Abs. 1 Satz 1 AZRG beim Bundesamt für Migration und Flüchtlinge (BAMF) geführten Ausländerzentralregister (AZR) erlassen[519], die gem. § 1 Abs. 1 Satz 2 AZRG durch das Bundesverwaltungsamt im Auftrag und nach Weisung des BAMF verarbeitet und genutzt werden. Das AZR besteht gem. § 1 Abs. 1 Satz 3 AZRG aus einem allgemeinen in §§ 2 ff AZRG geregelten Datenbestand und einer nach §§ 28 ff AZRG gesondert geführten VISA – Datei[520]. Während § 6 AZRG Übermittlungspflichten anderer Behörden, insbesondere in § 6 Abs. 1 Nr. 4 und 5 AZRG der Polizeien des

---

511 BGBl. 1990 I S. 1354 bis 1387 (1356 bis 1379).
512 BGBl. 2004 I S. 1950 bis 2012 (1950 bis 1986).
513 BGBl. 2008 I S. 162 bis 214.
514 BGBl. 2011 I S. 3044 bis 3068.
515 BGBl. 1994 I S. 2265 bis 2277.
516 BGBl. 2011 I S. 2258 bis 2271.
517 Sannwald in Schmidt-Bleibtreu/Hofmann/Hopfauf, GG, Art. 74 Rn. 63; Tinnefeld/Ehmann/Gerling, BDSG, S. 162.
518 Sannwald in Schmidt-Bleibtreu/Hofmann/Hopfauf, GG, Art. 74 Rn. 71.
519 Gola/Schomerus, BDSG, § 14 Rn. 13.
520 Petri in Lisken/Denninger, HbdPolR, H Rn. 484; Teubert, Datenschutz und Polizei in Bayern, S. 149.

D. Befugnisse zur Übermittlung personenbezogener Daten an die Polizei

Bundes und der Länder sowie der Staatsanwaltschaften, gegenüber dem BAMF regelt, enthalten die §§ 10 ff AZRG Befugnisse zur Übermittlung von Daten durch das BAMF aus dem AZR an andere Stellen. Die Grunddaten des Beschuldigten werden gem. § 14 Abs. 1 Nr. 1 bis 5 AZRG auf Ersuchen an alle öffentlichen Stellen übermittelt. Weitere Daten des Betroffenen werden entsprechend der den Grundgedanken des § 14 Abs. 2 Nr. 6 und 7 BDSG folgenden Systematik der Übermittlungsbefugnisse und -pflichten anderer Behörden gegenüber Polizei und Staatsanwaltschaft durch das BAMF gem. § 15 Abs. 1 Nr. 2, 4 und 5, Abs. 2 AZRG übermittelt. Entsprechende Abrufe können gem. § 22 Abs. 1 Satz 1 Nr. 3 bis 5 AZRG durch die Polizeien des Bundes und der Länder sowie durch die Staatsanwaltschaften mit Hilfe automatisierter Abrufverfahren vorgenommen werden[521]. § 22 Abs. 2 bis 4 AZRG regelt die Voraussetzungen für die Einrichtung automatisierter Abrufverfahren, die Verantwortung für den einzelnen Abruf und Pflichten der Registerbehörde. § 32 Abs. 1 Nr. 1, 3, 4 und 5, 9 AZRG enthält dem § 15 AZRG entsprechende Übermittlungsbefugnisse für Daten aus der VISA – Datei, wobei gem. § 33 AZRG die Regelungen des § 22 Abs. 1 Satz 2 und 3, Abs. 2 bis 4 AZRG entsprechend gelten.

IV. Das Sozialwesen

Das Sozialwesen ist kein einheitliches Rechtsgebiet, so dass sich die Gesetzgebungskompetenzen auf unterschiedliche Kompetenztitel stützen. Gem. § 74 Abs. 1 Nr. 7 GG steht dem Bund die konkurrierende Gesetzgebung für die öffentliche Fürsorge zu. Unter dieser Kompetenznorm wurden unter anderem die *Sozialgesetzbücher II, III, VIII, IX* und *XII* erlassen[522]. Weiterhin steht dem Bund gem. Art. 74 Abs. 1 Nr. 12 GG die konkurrierende Gesetzgebung für das Arbeitsrecht einschließlich der Betriebsverfassung, des Arbeitsschutzes und der Arbeitsvermittlung sowie der Sozialversicherung einschließlich der Arbeitslosenversicherung zu[523]. Unter dieser Kompetenznorm wurden unter anderem die Regelungen zum sog. Sozialgeheimnis aus § 35 SGB I, zum Sozialdatenschutz einschließlich der Regelungen

---

521 Teubert, Datenschutz und Polizei in Bayern, S. 149.
522 Sannwald in Schmidt-Bleibtreu/Hofmann/Hopfauf, GG, Art. 74 Rn. 76.
523 Tinnefeld/Ehmann/Gerling, BDSG, S. 162.

Kapitel 1: Die Entwicklung der allgemeinen Datenschutzgesetze

über die Datenerhebung und Übermittlung an andere Stellen aus §§ 67 bis 85a SGB X erlassen[524].

Sozialdaten i.S.d. § 67 Abs. 1 SGB X dürfen gem. § 68 Abs. 1 SGB X, soweit diese Name, Vorname, Geburtsdatum, Geburtsort, derzeitige Anschrift des Betroffenen, seinen derzeitigen oder zukünftigen Aufenthalt sowie Namen und Anschrift seiner derzeitigen Arbeitgeber betreffen, *auf* deren *Ersuchen* u.a. an Polizeibehörden, Staatsanwaltschaften oder sonstige Behörden der Gefahrenabwehr unter Berücksichtigung der §§ 68 Abs. 2 und 3 SGB X übermittelt werden. Darüber hinaus dürfen Sozialdaten auch ohne Ersuchen einer Behörde insbesondere

- gem. § 71 Abs. 1 Satz Nr. 1 SGB X zur Abwendung geplanter Straftaten nach § 138 StGB,
- gem. § 72 Abs. 1 Satz 1 SGB X zur rechtmäßigen Erfüllung der in der Zuständigkeit des Bundeskriminalamts liegenden Aufgaben, wobei § 72 Abs. 1 Satz 2 SGB X die zu übermittelnden Angaben beschränkt, und gem. § 72 Abs. 2 Satz 1 SGB X die Entscheidung über die Erforderlichkeit der Übermittlung dem Behördenleiter vorbehalten ist, sowie
- gem. § 73 Abs. 1 und 2 SGB X zur Durchführung eines Strafverfahrens wegen eines Verbrechens oder wegen einer sonstigen Straftat von erheblicher Bedeutung oder zur Durchführung eines Strafverfahrens wegen einer anderen Straftat, (...) soweit die Übermittlung auf die in § 72 Abs. 1 Satz 2 genannten Angaben und die Angaben über erbrachte oder zu erbringende Geldleistungen beschränkt ist, wobei die Übermittlung gem. § 72 Abs. 3 SGB X richterlich anzuordnen ist.

Somit bleiben die mit Zweckänderungen verbundenen Befugnisse zur Übermittlung von Sozialdaten an andere öffentliche Stellen weit hinter den in § 14 Abs. 2 BDSG enthaltenen Übermittlungsbefugnissen zurück. Entsprechend sind die Polizeibehörden von Bund- und Ländern sowie die Staatsanwaltschaften nicht zum Abruf aus automatisierten Abrufverfahren i.S.d. §§ 79 ff SGB X berechtigt.

---

524 Sannwald in Schmidt-Bleibtreu/Hofmann/Hopfauf, GG, Art. 74 Rn. 134; Tinefeld/Ehmann/Gerling, BDSG, S. 162.

V. Die Telekommunikation

Weiterhin steht dem Bund gem. Art. 73 Abs. 1 Nr. 7 GG die ausschließliche Gesetzgebungskompetenz über die Telekommunikation zu. Diese bezieht sich auf die technische Seite der Telekommunikation und die auf die Informationsübermittlung mit Hilfe von auf Telekommunikationsanlagen bezogenen Dienste[525], also auf die Errichtung einer Telekommunikationsinfrastruktur und auf die Pflicht der Betreiber von Telekommunikationsanlagen zur Informationsübermittlung an öffentliche Stellen[526]. Im Gegensatz zu den vorausgehenden Befugnissen anderer öffentlicher Stellen zur Übermittlung personenbezogener Daten an Staatsanwaltschaft und Polizei verpflichten Bestimmungen über die Übermittlung von Daten, die im Zusammenhang mit der Kommunikation anfallenden, die Diensteanbieter als nicht- öffentliche Stellen i.S.d. § 2 Abs. 4 BDSG zur Speicherung und Übermittlung gespeicherter personenbezogener Daten. Die Anbieter von Telekommunikationsdiensten werden so als Hilfspersonen für die Aufgabenerfüllung durch staatliche Behörden in Anspruch genommen[527].

Die heute durch das *Telekommunikationsgesetz (TKG)* geregelten Verpflichtungen gehen auf den Umstand zurück, dass Telekommunikationseinrichtungen auf dem Gebiet der Bundesrepublik Deutschland ursprünglich Teil der bundeseigenen Verwaltung waren und durch die Deutsche Bundespost betrieben wurden[528]. Für diese staatlichen Stellen reichten nach dem Volkszählungsurteil gesetzliche Ermächtigungen aus, um die Erhebung, Speicherung und Nutzung von Daten durch diese zu regeln. Durch die durch Art. 87f GG ermöglichte Liberalisierung des Telekommunikationsmarktes ging dem Staat dann einerseits die Möglichkeit unmittelbaren Zugriffs auf die bei der Telekommunikation anfallenden Daten verloren. Andererseits bedurfte es im nunmehr privatrechtlich organisierten Telekommunikationsmarkt auch umfangreicher Regelungen zum Schutz der Kunden[529]. Sicherheitsbehörden sind im wachsenden Maße daran interessiert, im Bedarfsfall nicht lediglich Zugriff auf Kommunikationsinhalte sondern auch auf die

---

525 BVerfGE 125, 260 (313/314); 113, 348 (368); Ebert/Seel, ThürPAG, § 34a Rn. 112.
526 BVerfG in NJW 2012, 1419 (1423, 1425, 1427); BVerfGE 125, 260 (314); 113, 348 (368); ThürVerfGH vom 21.11.2012 (Az.: VerfGH 19/09) S. 30; Tinnefeld/Ehmann/Gerling, BDSG, S. 242.
527 BVerfGE 125, 260 (311).
528 Petri in Lisken/Denninger, HbdPolR, G Rn. 308.
529 BVerfGE 106, 28 (36/37); Munz in Taeger/Gabel, Teil 3: TKG, Einführung Rn. 1.

Kapitel 1: Die Entwicklung der allgemeinen Datenschutzgesetze

technischen Daten zu erlangen, die beim Datenverkehr und durch den Aufbau von Telekommunikationsverbindungen als „Spuren" anfallen[530].

Nachdem unter anderem auf Grundlage des Kompetenztitels aus Art. 73 Abs. 1 Nr. 7 GG das *Poststrukturgesetz (PostStruktG)* vom 8.6.1989[531], das *Fernmeldeanlagengesetz (FAG)* i.d.F. der *Bekanntmachung der Neufassung des FAG* vom 3.7.1989[532] sowie das *Gesetz zur Neuordnung des Postwesens und der Telekommunikation (PTNeuOG)* vom 14.9.1994[533] erlassen worden waren, ermächtigte das *Telekommunikationsgesetz (TKG)* vom 25.7.1996[534], das an die Stelle des FAG trat, die Bundesregierung gem. § 89 TKG 1996 zunächst zum Erlass der *Telekommunikations- Datenschutzverordnung (TDSV)* vom 18.12.2000[535].

Im Zuge der Ratifizierung der *Richtlinie 97/66/EG des Europäischen Parlaments und des Rates vom 15.12.1997 über die Verarbeitung personenbezogener Daten und den Schutz der Privatsphäre im Bereich der Telekommunikation (EG-DRL)* vom 30.1.2002 und anderer europarechtlicher Vorgaben wurde dann das *Telekommunikationsgesetz (TKG)* i.d.F. 22.6.2004[536] erlassen. Dabei wurden die zuvor im *TKG 1996* und der *TKDV* geregelten Bestimmungen über die öffentliche Sicherheit in die §§ 108 bis 115 TKG übernommen, um dem im Volkszählungsurteil geforderten Parlamentsvorbehalt zu genügen[537]. Der *Erste Abschnitt* des *7. Teils* des TKG enthält seither mit den §§ 88 ff TKG das Telekommunikationsgeheimnis konkretisierende Bestimmungen[538]. Inhalt des mit „*Datenschutz*" überschriebenen, die §§ 91 ff TKG enthaltenen *Zweiten Abschnitts* des *7. Teils* des TKG ist die Absicherung des technischen Kommunikationsprozesses auf der Transportebene[539]. Diese Bestimmungen wurden durch das *Gesetz zur Neuregelung der Telekommunikationsüberwachung und anderer verdeckter Ermittlungsmaßnahmen sowie zur Umsetzung der Richtlinie*

---

530 Graulich in NVwZ 2008, 485 (485).
531 BGBl. 1989 I S. 1026 bis 1051.
532 BGBl. 1989 I S. 1455 bis 1461.
533 BGBl. 1994 I S. 2325 bis 2400.
534 BGBl. 1996 I S. 1120 bis 1150.
535 BGBl. 2000 I S. 1740 bis 1745.
536 BGBl. 2004 I S. 1190 bis 1243.
537 BVerfGE 85, 386 (402/403); Munz in Taeger/Gabel, Teil 3: TKG, Einführung Rn. 2.
538 BVerfGE 125, 260 (315); Munz in Taeger/Gabel, Teil 3: TKG, Einführung Rn. 5.
539 BVerfGE 125, 260 (315); Tinnefeld/Ehmann/Gerling, BDSG, S. 239.

2006/24/EG vom 21.12.2007[540] *(TKÜG 2007)* überarbeitet und um die §§ 113a und 113b TKG erweitert. Letztgenannte wurden jedoch ebenso wie die repressive Befugnis aus § 100g Abs. 1 Satz 1 StPO – soweit diese auf die §§ 113a, 113b TKG Bezug nahm – durch die Entscheidung des BVerfG vom 2.3.2010 (Az.: 1 BvR 256, 263, 586 / 08) für verfassungswidrig und nichtig erklärt[541]. Durch die Entscheidung des BVerfG vom 24.1.2012 (Az.: 1 BvR 1299 / 05 u.a.) wurden darüber hinaus § 113 Abs. 1 Satz 1 TKG, sofern hierdurch die Zuordnung von dynamischen IP- Adressen zu Anschlussinhabern ermöglicht wird, sowie § 113 Abs. 1 Satz 2 TKG für unvereinbar mit dem Grundgesetz erklärt. Diese Regelungen durften für eine Übergangszeit, längstens jedoch bis zum 30.6.2013 weiterhin angewendet werden[542]. Mit dem *Gesetz zur Änderung des Telekommunikationsgesetzes und zur Neuregelung der Bestandsdatenauskunft* vom 20.6.2013[543] hat der Bundesgesetzgeber die geforderten Neuregelungen getroffen.

Die §§ 110 bis 113b TKG lassen sich neben Auskunftsansprüchen der Kunden von Telekommunikationsanbietern in Ermächtigungen, Infrastrukturpflichten und Zugriffsnormen unterteilen.[544]

II. Das Einwohnermeldewesen

Das öffentliche Interesse an der Abwehr von Gefahren und der Strafverfolgungen gebietet es, dass die Einwohnermeldebehörden die sog. Meldedaten unter anderem zum Abruf für Polizeibehörden bereitstellen.

Bis zur Föderalismusreform im Jahre 2006 unterlag das Einwohnermeldewesen der Rahmengesetzgebungskompetenz des Bundes aus Art. 75 Nr. 5 GG a. F.Ein entsprechendes Rahmengesetz wurde mit dem *Melderechtsrahmengesetz (MRRG)* vom 16.8.1980[545], abgelöst durch die *Bekanntmachung der Neufassung des Melderechtsrahmengesetzes* vom 24.6.1994[546] i.d.F. vom 19.4.2002[547], zuletzt geändert durch das *Fünfzehnte*

---

540 BGBl. 2007 I S. 3198 bis 3211.
541 BVerfGE 125, 360 (315, 363/364).
542 BVerfG in NJW 2012, 1419 (1430).
543 BGBl. 2013 S. 1602 bis 1608.
544 Graulich in NVwZ 2008, 485 (486).
545 BGBl. 1980 I S. 1429 bis 1436.
546 BGBl. 1994 I S. 1430 bis 1436.
547 BGBl. 2002 I S. 1342 bis 1350.

Kapitel 1: Die Entwicklung der allgemeinen Datenschutzgesetze

Gesetz zur Änderung des Soldatengesetzes vom 8.4.2013[548], erlassen. Von dem Kompetenztitel umfasst waren auch Regelungen zum Melderegisterabgleich, da Art. 75 Nr. 5 GG dem Bund auch Vollregelungen über einzelne Teile einer Gesetzgebungsmaterie gestattete, sofern dem Landesgesetzgeber für die Gesetzesmaterie noch ausreichend Gestaltungsspielraum verblieb, den dieser aufgrund eigener Entscheidung ausfüllen konnte[549]. Folge der Rahmengesetzgebungskompetenz des Bundes für das Meldewesen war, dass Änderungen im *MRRG* erst Verbindlichkeit erreichten, nachdem diese ins Landesrecht umgesetzt worden waren[550]. Bei Zuständigkeit von 16 Landesgesetzgebern erfolgte die Umsetzung zwangsläufig nicht synchron, auch verfügen nicht sämtliche Länder über die für die Umsetzung erforderliche Infrastruktur[551]. Um eine Zersplitterung des Melderechts zu verhindern, wurde die ursprünglich mit Art. 75 Nr. 5 GG a.F. bestehende Rahmengesetzgebungskompetenz des Bundes für das Meldewesen als ein informationelles Rückgrat aller Verwaltungsebenen im Zuge der Föderalismusreform 2006 in eine in Art. 73 Abs. 1 Nr. 3 GG geregelte ausschließliche Gesetzgebungskompetenz des Bundes überführt, wobei die Regelungen des *MRRG* mit denen der Landesmeldegesetze im Wesentlichen zusammengeführt wurden[552]. Seither unterliegt das Einwohnermeldewesen ebenso wie die Freizügigkeit, das Pass- und Ausweiswesen, die Ein- und Auswanderung und die Auslieferung der ausschließlichen Gesetzgebungskompetenz des Bundes aus Art. 73 Nr. 3 GG[553].

Gestützt auf diesen Kompetenztitel erließ der Bund durch das *Gesetz zur Fortentwicklung des Meldewesens (MeldFortG)* vom 3.5.2013 ein bundeseinheitliches *Bundesmeldegesetz (BMG)*, das aber erst mit Wirkung vom 1.5.2015 in Kraft treten und dann das *MRRG* ablösen wird.[554] Das Meldewesen ist in Bezug auf die Befugnisse der Meldebehörden zur Datenübermittlung sowohl für die präventiv- polizeiliche Aufgabenwahrnehmung wie auch für die repressive Verbrechensbekämpfung insofern von Bedeutung, als dass der schnelle Datenaustausch zwischen Melde- und Strafverfol-

---

548 BGBl. 2013 I S. 730 bis 733.
549 BVerfGE 65, 1 (63).
550 BT-Drucksache 17/7746 S. 26.
551 BT-Drucksache 17/7746 S. 26, 27.
552 BT-Drucksache 17/7746 S. 26.
553 BT-Drucksache 17/7746 S. 1, S. 27; BT-Drucksache 17/10158 S. 1.
554 BT-Drucksache 17/7746.

D. Befugnisse zur Übermittlung personenbezogener Daten an die Polizei

gungs- sowie Polizeibehörden besonders wichtig ist[555]. Während § 34 BMG allgemein die Voraussetzungen der Übermittlung von Daten durch Meldebehörden an andere öffentliche Stellen enthält, bestehen mit den §§ 38 ff BMG spezielle Regelungen für automatisierte Abrufverfahren. § 32 Abs. 2 Satz 1 BMG sieht einen unmittelbaren Auskunftsanspruch der zur Identitätsfeststellung berechtigten Behörden gegenüber Krankenhäusern, Heimen und ähnlichen Einrichtungen vor, die in dem in § 32 Abs. 2 Satz 2 BMG geregelten Umfang Auskunft aus vorhandenen Unterlagen zu geben haben[556]. Hierbei handelt es sich um eine Offenbarungsbefugnis i.S.d. § 203 StGB[557]. Gem. § 34 Abs. 1 Satz 1 BMG darf die Meldebehörde auch anderen öffentlichen Stellen im Inland i.S.d. § 2 Abs. 1 bis 3, Abs. 4 Satz 2 BDSG die in § 34 Abs. 1 Satz 1 Nr. 1 bis 14 genannten Daten eines Betroffenen übermitteln, Polizeibehörden von Bund und Ländern, Strafverfolgungsbehörden, Nachrichtendiensten sowie Straftaten verfolgenden Finanzbehörden gem. § 34 Abs. 1 Satz 2 BMG auch Daten über Ausstellungsbehörde, Ausstellungsdatum, Gültigkeitsdauer und Seriennummer eines Personalausweises, des anerkannten oder gültigen Passes oder Passersatzpapiers sowie Sperrkennwort und Sperrsumme des Personalausweises. Weitere als die in § 34 Abs. 1 oder 2 BMG aufgeführten Daten darf die Meldebehörde nur unter den Voraussetzungen des § 34 Abs. 3 BMG übermitteln, es sei denn, Polizeibehörden von Bund und Ländern, Strafverfolgungsbehörden, Nachrichtendienste sowie Straftaten verfolgende Finanzbehörden ersuchen um die Übermittlung. Dann entfällt gem. § 34 Abs. 4 Satz 1 BMG die Prüfpflicht der Meldebehörde, allerdings ergeben sich für die ersuchende Behörde gem. § 34 Abs. 4 Satz 2 bis 4 BMG Dokumentationspflichten.

§ 38 Abs. 1 BMG begrenzt den Umfang der Daten, die bei einer einfachen Behördenauskunft automatisiert übermittelt werden dürfen, auf die Personalien, Geburts- sowie Sterbedatum und -ort sowie im Falle des noch nicht amtlich festgestellten Todes derzeitige Anschriften oder Wegzugsanschrift. Polizeibehörden von Bund und Ländern, Strafverfolgungsbehörden, Nachrichtendienste sowie Straftaten verfolgende Finanzbehörden dürfen auch die in § 38 Abs. 3 Nr. 1 bis 6 BMG genannten Daten übermittelt werden. Auswahldaten, also Daten mit denen diese Stellen die Melderegistereinträge automatisiert abgleichen, sind gem. § 38 Abs. 4 Satz 1 1. Alt. BMG die in § 34 Abs. 1 BMG aufgezählten Daten, wobei für Familiennamen, frühere Namen

---

555 Sannwald in Schmidt Bleibtreu/Hofmann/Hopfauf, GG, Art. 74 Rn. 27a.
556 Bisher: § 16 Abs. 2 und 3 MRRG i.V.m. Landesrecht.
557 BT-Drucksache 17/7746 S. 42.

oder Vornamen gem. § 38 Abs. 4 Satz 2 BMG. auch eine phonetische Suche zulässig ist. §§ 39 bis 41 BMG regeln technisch- organisatorische Maßnahmen, Protokollierungspflichten und Zweckbindungspflichten.

Die Übermittlung weiterer Daten oder die Verwendung weiterer Auswahldaten kann gem. § 38 Abs. 5 Satz 1 und 2 BMG unter den Voraussetzungen des § 38 Abs. 1 bis 3 BMG durch Bundes- oder Landesrecht geregelt werden. Entsprechend können durch Landesrecht gem. § 55 Abs. 6 und 7 BMG der Umfang der zu übermittelnden Daten und der Auswahldaten erweitert sowie gem. § 55 Abs. 1 bis 5, 8 BMG weitere das landesinterne Verwaltungsverfahren betreffende Regelungen getroffen werden. Von nach § 56 BMG erlassen, das Verwaltungsverfahren betreffenden Rechtsverordnungen des Bundes sowie den in §§ 33 Abs. 1 bis 3, 39 Abs. 3 BMG getroffenen Regelungen kann gem. § 55 Abs. 9 BMG nicht abgewichen werden.

1. Die Infrastrukturpflichten der Telekommunikationsbetreiber

Infrastrukturpflichten bestehen im Verhältnis der Telekommunikationsbetreiber zur Bundesnetzagentur und können widrigenfalls von dieser erzwungen werden[558]. Durch Infrastrukturpflichten werden die Telekommunikationsbetreiber zur Vorratsdatenspeicherung verpflichtet[559]. Zwar hat das BVerfG wiederholt betont, dass eine Sammlung von Daten auf Vorrat verfassungsrechtlich unzulässig ist, da diese den Grundsatz der Zweckbindung unterläuft[560]. Dieses Verbot betrifft jedoch nur Datensammlungen zu unbestimmten oder noch nicht bestimmbaren Zwecken[561]. Sobald eine Datensammlung zu einem bestimmten Zweck – wie etwa der Vertragsabwicklung oder zu Zwecken der Gefahrenabwehr oder Zwecken zukünftiger Strafverfahren – dient, ist sie nicht von vornherein unzulässig, auch wenn sie in erhöhtem Maße rechtfertigungsbedürftig ist[562].

---

558 Graulich in NVwZ 2008, 485 (487); Fezer in NStZ 2003, 625 (626).
559 Böse in ZStW 119 (2007), 848 (878).
560 BVerfG in NJW 2012, 1419 (1423/1424); BVerfGE 125, 260 (316/317); 100, 313 (360); 65, 1 (46).
561 BVerfG in NJW 2012, 1419 (1423/1424); BVerfGE 125, 260 (317).
562 BVerfG in NJW 2012, 1419 (1423/1424); BVerfGE 125, 260 (317); Böse in ZStW 119 (2007), 848 (879/880).

D. Befugnisse zur Übermittlung personenbezogener Daten an die Polizei

Während die §§ 91 bis 109 TKG grundsätzlich Speicherung und Nutzung von Daten zur Vertragsgestaltung und zu Abwicklungszwecken und damit die Rechte der TK- Betreiber beim Umgang mit den bei der Telekommunikation anfallenden Daten für eigene Zwecke oder Zwecke sonstiger nichtöffentlicher Stellen regeln, enthalten die §§ 98 Abs. 3, 108, 110 bis 113 TKG Verpflichtungen der Betreiber von Telekommunikationsanlagen, den Sicherheitsbehörden die bei der Telekommunikation anfallenden Daten zur Verfügung zu stellen[563]. Dabei ordnet der Staat die mit der Speicherung verbundenen Grundrechtsbeeinträchtigungen unmittelbar an. Den speicherungspflichtigen Unternehmen verbleibt daher kein Handlungsspielraum, so dass die Speicherung dem Gesetzgeber als unmittelbarer Eingriff in die grundrechtlich geschützten Rechtspositionen zuzurechnen ist[564].

a. Die Verpflichtungen zur Ermöglichung von unentgeltlichen Notrufen sowie Standortfeststellungen bei Notrufen

Über die in § 101 TKG geregelte Pflicht der Diensteanbieter gegenüber Teilnehmern auf Auskunftserteilung über diesen bedrohende oder belästigende Anrufe hinaus, enthält § 108 Abs. 1 Satz 1 TKG die Pflicht der Betreiber von Telekommunikationsanlagen zur Bereitstellung von Notrufnummern. Hieran anknüpfend verpflichtet § 108 Abs. 1 Satz 2 TKG die Betreiber von Telekommunikationsanlagen zur Übermittlung von Notrufen und zwar – abweichend von § 102 TKG – einschließlich der Rufnummer des Anschlusses, von dem die Notrufnummer ausgeht, sowie der Daten, die zur Ermittlung des Standortes notwendig sind, an die örtlich zuständige Notrufabfragestelle. Der Diensteanbieter hat gem. § 98 Abs. 3 TKG sicherzustellen, dass die Übermittlung von Strandortdaten nicht dauernd oder vorübergehend ausgeschlossen ist. Sofern bei einem Notruf eine eingeschaltete Rufnummernunterdrückung i.S.d. § 102 TKG[565] aufgehoben wird, wird – ebenso wie im Zuge einer Fangschaltung nach § 101 Abs. 1 Satz 1 bis 3 TKG[566] – in das Telekommunikationsgeheimnis eingegriffen, so dass solche mittels des *TKG* veranlassten Zugriffe auf TK- Daten einer gesetzlichen

---

563 Graulich in NVwZ 2008, 485 (487).
564 BVerfGE 125, 260 (311); 107, 299 (313/314).
565 BVerfGE 115, 166 (186).
566 BVerfG in NJW 2012, 1419 (1421); BVerfGE 85, 386 (395 bis 399).

Grundlage bedürfen[567]. Demgegenüber ist die Übermittlung einer durch den Anschlussinhaber freigeschalteten Rufnummer als Bestandsdatum i.S.d. § 3 Nr. 3 TKG oder der Standortdaten am Grundrecht auf informationelle Selbstbestimmung zu messen[568].

b. Die Verpflichtung zur Ermöglichung der staatlichen Überwachung der Telekommunikation

Weiterhin verpflichtet § 110 TKG die Betreiber von Telekommunikationsanlagen Vorkehrungen zu treffen, um die staatliche Überwachung der Telekommunikation zu ermöglichen[569]. Befugnisse zur Erhebung der zu übermittelnden TK- Inhalte oder von Informationen über die Art der Nutzung der Telekommunikation[570], wie etwa repressive oder präventiv- polizeiliche Befugnisse zur Telekommunikationsüberwachung, sind demgegenüber den für die Staatsanwaltschaft oder die Polizei geltenden Gesetzen unter Beachtung der bestehenden Gesetzgebungskompetenzen zu entnehmen[571].

c. Die Verpflichtungen zur Schaffung von Telekommunikationsnummernregistern

§ 111 TKG verpflichtet die Betreiber von Telekommunikationsanlagen zur Einrichtung eines *Telekommunikationsnummernregisters*[572] durch Erhebung und Speicherung der in § 111 Abs. 1 Satz 1 Nr. 1 bis 6 TKG genannten Daten über den jeweiligen Anschluss sowie dessen Inhaber, damit diese den Sicherheitsbehörden bei Bedarf Auskunft aus der so geschaffenen Daten-

---

567 BVerfG in NJW 2012, 1419 (1421); BVerfGE 85, 386 (400).
568 BVerfG in NJW 2012, 1419 (1421).
569 Graulich in Arndt/Fezer/Scherer, TKG, § 110 Rn. 2; Petri in Lisken/Denninger, HbdPolR, G Rn. 310.
570 BVerfGE 125, 260 (314); 113, 348 (368); 114, 371 (385); Wolf/Stephan/Deger, PolG BW, § 23a Rn. 3.
571 Kapitel 2 A. IV. 4. (S. 315); Kapitel 3 A. III. 3. (S. 374); BVerfGE 125, 260 (314); Klesczewski in Berliner Kommentar zum TKG, § 110 Rn. 4.
572 BVerfG in NJW 2012, 1419 (1424, 1425).

D. Befugnisse zur Übermittlung personenbezogener Daten an die Polizei

basis erteilen können[573]. Entsprechendes gilt gem. § 111 Abs. 1 Satz 3 TKG für Betreiber von Email- Postfächern[574]. Sowohl das Erheben als auch das Speichern dieser mit *Telekommunikationsnummern* in Verbindung stehenden personenbezogenen Daten greifen in das Grundrecht auf informationelle Selbstbestimmung der Anschlussinhaber bzw. der Inhaber von Email-Postfächern[575] nicht aber in das durch Art. 10 Abs. 1 GG geschützte Telekommunikationsgeheimnis ein[576]. Die in § 111 Abs. 1 Satz 1 Nr. 1 bis 6 TKG genannten Daten sind eine Teilmenge der von den Dienstanbietern zu erhebenden Bestandsdaten[577]. Bestandsdaten i.S.d. § 3 Nr. 3 TKG fallen systematisch bei Telekommunikationsbetreibern an und wurden ursprünglich als Folge eines gem. § 95 TKG abgeschlossenen Vertragsverhältnisses zum Zweck der in § 97 TKG geregelten Entgeltabrechnung benötigt[578].

Von der Verpflichtung aus § 111 Abs. 1 Satz 1 TKG sind ebenfalls die Erweiterungen durch das *TKÜG 2007* umfasst, wonach neben den Bestandsdaten i.S.d § 3 Nr. 3 TKG auch sonstige Anschlusskennungen wie diejenigen von reinen DSL- Anschlüssen und Email- Kennungen aus § 111 Abs. 1 Satz 1 Nr. 1 TKG sowie die Gerätenummer IMEI aus § 111 Abs. 1 Satz 1 Nr. 5 TKG zu den gem. § 111 Abs. 1 Satz 1 TKG zu erhebenden und zu speichernden Daten zählen[579]. Weder die in § 111 Abs. 1 Satz 1 TKG aufgeführten Daten noch die Bestandsdaten i.S.d. § 3 Nr. 3 TKG haben einen Bezug zu konkreten Telekommunikationsverbindungen[580]. Die durch § 111 TKG angestrebte verbesserte staatliche Aufgabenwahrnehmung in den Bereichen der Strafverfolgung, der Gefahrenabwehr und der nachrichtendienstlichen Tätigkeiten wurde trotz der hiermit verbundenen großen Streubreite angesichts der Geringfügigkeit des mit der Speicherung verbundenen Eingriffs als verhältnismäßig und daher verfassungsrechtlich unbedenklich eingestuft[581]. Denn hierdurch wird nur ein eng begrenzter Zugriff auf Daten

---

573 BVerfG in NJW 2012, 1419 (1423); Graulich in Arndt/Fezer/Scherer, TKG, § 111 Rn. 1; Tinnefeld/Ehmann/Gerling, BDSG, S. 242; Graulich in NVwZ 2008, 485 (488); Böse in ZStW 119 (2007), 848 (878).
574 Graulich in NVwZ 2008, 485 (488).
575 BVerfG in NJW 2012, 1419 (1422/1423).
576 BVerfG in NJW 2012, 1419 (1422); OVG Münster in MMR 2009, 424 (424).
577 OVG Münster in MMR 2009, 424 (424); Klesczewski in Berliner Kommentar zum TKG, § 111 Rn. 15.
578 OVG Münster in MMR 2009, 424 (424); Graulich in NVwZ 2008, 485 (487).
579 Bär in MMR 2008, 215 (219, 221); Graulich in NVwZ 2008, 485 (488).
580 BVerfG in NJW 2012, 1419 (1422).
581 BVerfG in NJW 2012, 1419 (1423/1424).

legitimiert, die aus sich heraus noch keinen Aufschluss über konkrete Aktivitäten Einzelner geben und deren Verwendung der Gesetzgeber auf gesetzlich näher bestimmte Zwecke geregelt hat[582].

§ 112 TKG schafft demgegenüber die Voraussetzungen für ein automatisiertes Verfahren, wonach die Anbieter von Telekommunikationsdiensten die nach § 111 TKG zu speichernden Daten so bereitzustellen haben, dass sie von der Bundesnetzagentur ohne Kenntnisnahme der Anbieter angerufen werden können[583]. Gem. § 112 Abs. 1 Satz 1 TKG sind die nach § 111 Abs. 1 Satz 1, 3 und 4; Abs. 2 TKG erhobenen Bestandsdaten durch die Betreiber von Telekommunikationsanlagen grundsätzlich in Kundendateien zu speichern, wobei für die Berichtigung und Löschung § 112 Abs. 1 Satz 3 TKG i.V.m. § 111 Abs. 1 Satz 4 und Abs. 4 TKG gilt. Die so gespeicherten Daten müssen gem. § 112 Abs. 1 Satz 5 TKG durch die Bundesnetzagentur, deren Aufgaben und Befugnisse im Übrigen in den in §§ 116 ff TKG geregelt sind, jederzeit automatisiert abrufbar sein[584], wobei gem. § 112 Abs. 1 Satz 6 TKG weder den Betreibern von Telekommunikationsanlagen noch deren Beauftragten die Abrufe zur Kenntnis gelangen dürfen[585]. Gem. § 112 Abs. 1 Satz 3 TKG erteilt die Bundesnetzagentur den in § 112 Abs. 2 TKG genannten Stellen aufgrund von im automatisierten Verfahren vorgelegten Ersuchen Auskünfte. Hierzu zählen gem. § 112 Abs. 2 Nr. 1 und 2 TKG auch Auskünfte an Strafverfolgungs- sowie Polizeivollzugsbehörden des Bundes und der Ländern zu Zwecken der Gefahrenabwehr.

Neben weiteren in § 112 TKG enthaltenen Bestimmungen über den Datenschutz i.w.S. enthält § 112 Abs. 3 Satz 1 TKG Ermächtigungen zum Erlass von Rechtsverordnungen über die wesentlichen Anforderungen an die technischen Verfahren bei automatisierten Abrufverfahren (Nr. 1), die zu beachtenden Sicherheitsanforderungen (Nr. 2) sowie Vorgaben über das einzuhaltende Verfahren bei Abrufen mit unvollständigen Abrufdaten sowie einer Ähnlichenfunktion (Nr. 3). Sicherheitsbehörden wie Polizei und Staatsanwaltschaft sollen neben der Überwachung von Telekommunikati-

---

582 BVerfG in NJW 2012, 1419 (1423/1424).
583 BVerfG in NJW 2012, 1419 (1420).
584 Graulich in Arndt/Fezer/Scherer, TKG, § 112 Rn. 1; Tinnefeld/Ehmann/Gerling, BDSG, S. 242.
585 Graulich in Arndt/Fezer/Scherer, TKG, § 112 Rn. 9.

onsinhalten aber auch auf Verkehrsdaten zurückgreifen können[586]. Solche Rechtsverordnungen wurden bislang nicht erlassen[587].

d. Die Verpflichtung zur Speicherung von Verkehrsdaten

Während § 96 TKG die Anbieter von Telekommunikationsdiensten in Abhängigkeit vom bestehenden Vertragsverhältnis dazu ermächtigt, Verkehrsdaten i.S.d. § 3 Nr. 30 TKG für Abrechnungszwecke aufzubewahren[588], *verpflichtete* der durch das *TKÜG 2007* erlassene § 113a Abs. 1 TKG diese zu einer 6- monatigen Aufbewahrung der in § 113a Abs. 2 bis 6 TKG bezeichneten Verkehrsdaten.

Verkehrsdaten i.S.d. § 96 TKG, die aufgrund eines bestehenden Vertragsverhältnisses beim Betreiber von Telekommunikationsanlagen anfallen, wurden ursprünglich zum Zweck der Entgeltabrechnung benötigt, haben aber infolge der Einführung von Prepaid- Produkten und Flatrates auf Seiten der Betreiber von TK- Anlagen sowie auf Seiten der Kunden an Bedeutung bei der Erstellung der Entgeltabrechnung verloren[589]. Da ein Abruf von Verkehrsdaten vor dem *TKÜG 2007* nur Erfolg hatte, wenn der ersuchte Diensteanbieter die Daten zu eigenen Zwecken gespeichert hatte[590], wurde der dem Grundsatz der Datensparsamkeit entsprechende, da eine unverzügliche Löschungspflicht bei fehlender Erforderlichkeit der Daten für Rechnungszwecke auslösende § 97 Abs. 3 Satz 2 TKG a.F. mit dem *TKÜG 2007* aufgehoben, durch § 97 Abs. 3 Sätze 2 und 3 TKG ersetzt und somit erheblich ausgeweitet[591]. Hiernach wurden Anbieter von Telekommunikationsdiensten dazu verpflichtet, die Daten bis zu 6 Monate nach Rechnungsstellung zu speichern, diese aber sofern sie nicht für die Abrechnung erforderlich sind, zu löschen, *wenn sie nicht aufgrund des § 113a TKG zu speichern sind*. Da die §§ 113a, 113b TKG durch das BVerfG für nichtig erklärt

---

586 Petri in Lisken/Denninger, HbdPolR, G Rn. 311.
587 BVerfG in NJW 2012, 1419 (1420).
588 BVerfGE 125, 260 (328); 107, 299 (314); 100, 313 (379).
589 BVerfGE 125, 260 (323); OLG Karlsruhe in MMR 2009, 412 (413); Käß in BayVBl. 2010, 1 (14); Bär in MMR 2008, 215 (220); Graulich in NVwZ 2008, 485 (487); Puschke/Singelnstein in NJW 2008, 113 (117).
590 Graulich in NVwZ 2008, 485 (487).
591 BVerfGE 125, 260 (323); Bär in MMR 2008, 215 (219); Graulich in NVwZ 2008, 485 (487).

wurden, müssten nicht mehr zur Vertragsabwicklung benötigte Verkehrsdaten gem. § 96 Abs. 2 TKG unter Bußgeldandrohung gelöscht werden[592].
Während § 113a Abs. 8 TKG das Verbot enthielt, Inhalte der Telekommunikation und Daten über aufgerufene Internetseiten zu speichern, verpflichtete § 113a Abs. 1 TKG Telekommunikationsanbieter im Zuge der sogenannten Vorratsdatenspeicherung, die in § 113a Abs. 2 Satz 1 Nr. 1 bis 5, Satz 2; Abs. 6 TKG aufgeführten anfallenden Daten für 6 Monate auf Vorrat zu speichern oder speichern zu lassen[593]. In ähnlicher Weise wurden die Anbieter von elektronischer Post gem. § 113a Abs. 3 Nr. 1 bis 4 TKG sowie die Anbieter von Internet-Zugangsdiensten gem. § 113a Abs. 4 Nr. 1 bis 3 TKG verpflichtet. Betreiber von Mobilfunknetzen müssen gem. § 113a Abs. 7 TKG *über die Bezeichnung der Funkzelle hinaus auch Daten vorhalten, aus denen sich die geographischen Lagen der die jeweilige Funkzelle versorgenden Funkantennen sowie die Hauptstrahlrichtung ergeben.* § 113a Abs. 9 bis 11 TKG enthielt Bestimmungen über den Datenschutz i.w.S.
Die durch die §§ 96, 113a TKG den Diensteanbietern für die in § 113a Abs. 2 bis 7 TKG genannten Verkehrsdaten auferlegten Speicherungsmöglichkeiten und -pflichten auf Vorrat griffen in das durch Art. 10 Abs. 1 GG geschützte Telekommunikationsgeheimnis ein[594]. Die durch das Fernmeldegeheimnis aus Art. 10 Abs. 1 GG geschützte Geheimnissphäre umfasst sowohl die Inhalte der Telekommunikation[595] als auch deren auf den Kommunikationsvorgang bezogenen Umstände[596]. Dessen Schutzbereich erstreckt sich auf die unkörperliche Übermittlung von Informationen an individuelle Empfänger mit Hilfe des Telekommunikationsverkehrs[597]. Mit der Kommunikation auf Distanz ist ein Verlust an Privatheit verbunden, da sich die Kommunizierenden auf die technischen Besonderheiten eines Kommunikationsmediums einlassen und sich dem eingeschalteten Kommunikationsmedium vertrauen müssen[598]. Um zu vermeiden, dass der Meinungs- und Informationsaustausch mittels Telekommunikationsanlagen unterbleibt

---

592 Böse in ZStW 119 (2007), 848 (880).
593 Käß in BayVBl. 2010, 1 (13); Puschke/Singelnstein in NJW 2008, 113 (117).
594 BVerfGE 125, 260 (310/311); 107, 299 (313/314); Roßnagel in NJW 2010, 1238 (1239); Puschke/Singelnstein in NJW 2008, 113 (118).
595 Kapitel 2 A. IV. 4 (S. 315); Kapitel 3 A. III. 3. (S. 374).
596 BVerfG in NJW 2012, 1419 (1421); BVerfGE 125, 260 (309); 120, 274 (307); 115, 166 (183); 113, 348 (365); 107, 299 (312); 100, 313 (358); 85, 386 (396); 67, 157 (172); BGHSt 35, 32 (33); 31, 296 (297); Kugelmann in NJW 2003, 1777 (1778).
597 BVerfGE 115, 166 (182).
598 BVerfGE 115, 166 (184).

D. Befugnisse zur Übermittlung personenbezogener Daten an die Polizei

oder nach Form und Inhalt verändert verläuft, weil die Beteiligten damit rechnen müssen, dass staatliche Stellen sich in die Kommunikation einschalten und so Kenntnisse über die stattfindende oder stattgefundene Kommunikation gewinnen, soll die Nutzung des Kommunikationsmediums in allem vertraulich möglich sein[599]. Art. 10 Abs. 1 GG soll einen Ausgleich für die technisch bedingte Einbuße an Privatheit schaffen und will Gefahren begegnen, die sich aus dem Kommunikationsvorgang einschließlich der Einschaltung eines Dritten ergeben[600]. Daher begegnet Art. 10 Abs. 1 GG auch Gefahren für die Vertraulichkeit von Mitteilungen, die aus dem Übermittlungsvorgang einschließlich der Einschaltung fremder Übermittler entstehen[601]. Nähere Umstände der Telekommunikation sind auch Auskünfte darüber, ob, wann und wie oft zwischen welchen Personen oder Fernmeldeanschlüssen Fernmeldeverkehr stattgefunden hat oder versucht worden ist[602]. Hierunter fallen etwa Auskünfte über Verkehrsdaten i.S.d. § 3 Nr. 30 TKG, also Daten, die bei der Erbringung eines Telekommunikationsdiensts erhoben, verarbeitet oder genutzt werden, und die in § 96 Abs. 1 TKG aufgelistet sind[603]. Häufigkeit, Dauer und Zeitpunkt von Kommunikationsverbindungen geben Hinweise auf Art und Intensität persönlicher sowie geschäftlicher Beziehungen und lassen auf den Inhalt und das Kommunikationsverhalten bezogene Schlussfolgerungen zu[604]. Da zu den gem. § 113a Abs. 2 Nr. 4c) TKG zu speichernden Daten auch Daten über die Funkzelle zählten, über die eine Verbindung zustande gekommen ist, ließ sich neben den Kommunikationsumständen auch rekonstruieren, an welchem Ort sich der Teilnehmer zum Zeitpunkt der Herstellung einer Verbindung aufgehalten hat[605]. Nach alledem ließen sich aus den auf Vorrat zu speichernden Verkehrsdaten bei deren umfassender und automatisierter Auswertung inhaltliche Rückschlüsse über gesellschaftliche oder politische Zugehörigkei-

---

599 BVerfG in NJW 2012, 1419 (1421); BVerfGE 115, 166 (183); 110, 33 (53); 107, 299 (313, 320); 100, 313 (358/359, 363, 381); Puschke/Singelnstein in NJW 2008, 113 (118); 85, 386 (396/397); 67, 157 (172).
600 BVerfGE 115, 166 (184).
601 BVerfG in NJW 2012, 1419 (1422); BVerfGE 107, 299 (313).
602 BVerfG in NJW 2012, 1419 (1421); BVerfGE 125, 260 (309); 120, 274 (307); 115, 166 (183); 107, 299 (312/313); 100, 313 (358); 85, 386 (396); 67, 157 (172).
603 Kühling/Seidel/Sivridis, Datenschutzrecht, S. 81 (Fußnote 165); Roos/Lenz, POG RP, § 31 Rn. 3.
604 BVerfG in NJW 2012, 1419 (1421); BVerfGE 125, 260 (319); 115, 166 (183); 113, 348 (382/383); 107, 299 (312/313, 320); 100, 313 (358); 67, 157 (172).
605 BVerfGE 107, 299 (314).

ten von Anschlussinhabern sowie deren persönliche Vorlieben und Schwächen bis hinein in die Intimsphäre ziehen, die eine Aussagekräftige Erstellung von Persönlichkeits- und Bewegungsprofilen ermöglichten[606]. Die Vielzahl der im Rahmen der modernen Telekommunikation erfassbaren Daten führt somit zu einer besonderen Intensität der mit den verschiedenen Überwachungsmaßnahmen verbundenen Eingriffe in das Fernmeldegeheimnis[607].

Zur Rechtfertigung des durch § 113a TKG ermöglichten Eingriffs in den Schutzbereich des Art. 10 Abs. 1 GG fehlte es an einer dem Bestimmtheits- sowie dem Verhältnismäßigkeitsgrundsatz entsprechend ausgestalteten Regelung[608]. Einerseits trug § 113a Abs. 10 TKG i.V.m. §§ 88 und 109 TKG i.V.m. § 9 BDSG nicht den besonders hohen Anforderungen an die Sicherheit der umfangreichen und aussagekräftigen Datensammlung nach § 113a Abs. 2 bis 7 TKG Rechnung[609]. Insbesondere aufgrund der Zahl der zur Vorratsdatenspeicherung verpflichteten Unternehmen und damit derjenigen, welche Zugang zu den gespeicherten Daten haben können, war das Risiko des Datenmissbrauchs hoch[610]. Andererseits hätte der durch die Speicherungspflicht auf Vorrat aus § 113a TKG begründete Eingriff trotz des durch das BVerfG seit dem Volkszählungsurteil anerkannten Verbots der Speicherung von Daten auf Vorrat zu unbestimmten Zwecken[611] den verfassungsrechtlichen Anforderungen nur genügt, wenn diese von vornherein für bestimmte Zwecke vorgesehen gewesen wäre, die wiederum verhältnismäßig i.e.S. wären[612]. Vorratsdatenspeicherung findet aus polizeilicher Sicht im Vorfeld des Verdachts einer Straftat oder aber im Vorfeld einer konkreten Gefahr statt, an die hinsichtlich der Bestimmtheit auf Gesetzesebene umso höhere Anforderungen zu stellen sind, je früher und damit unabhängiger von konkreten Anhaltspunkten ein Eingriff erfolgt[613]. Zur Recht-

---

606 BVerfGE 115, 166 (183); 107, 299 (320); Roßnagel in NJW 2010, 1238 (1239).
607 BVerfG in NJW 2012, 1419 (1421); BVerfGE 113, 348 (365); 107, 299 (318/319).
608 BVerfGE 125, 260 (347); 107, 299 (313); 100, 313 (358); Puschke/Singelnstein in NJW 2008, 113 (118).
609 BVerfGE 125, 260 (348 bis 351); Roßnagel in NJW 2010, 1238 (1241).
610 Roßnagel in NJW 2010, 1238 (1240); Puschke/Singelnstein in NJW 2008, 113 (118).
611 BVerfG in NJW 2012, 1419 (1423); 125, 260 (317); 100, 313 (360); 65, 1 (46).
612 BVerfG in NJW 2012, 1419 (1423); BVerfGE 125, 260 (317, 321, 324, 345, 347/348); 118, 168 (187), 115, 320 (350); 100, 313 (360); 65, 1 (46); Puschke/Singelnstein in NJW 2008, 113 (118).
613 Puschke/Singelnstein in NJW 2008, 113 (118).

D. Befugnisse zur Übermittlung personenbezogener Daten an die Polizei

fertigung der Vorratsdatenspeicherung kommt neben Belangen der Strafverfolgung die Wahrung der öffentlichen Sicherheit in Betracht[614]. So war die Verpflichtung der Telekommunikationsanbieter zur Speicherung von Verkehrsdaten aus § 113a TKG eine Reaktion auf das spezifische Gefahrenpotential, das deshalb mit der Telekommunikation verbunden ist, weil diese die verdeckte Zusammenarbeit durch Kommunikation und Aktion von Straftätern durch Bündelung von Wissen, Handlungsbereitschaft und krimineller Energie auch über große Distanzen ermöglicht[615]. Auch können bestimmte Straftaten unmittelbar mit Hilfe der Telekommunikation begangen werden, so dass die Rekonstruktion von Telekommunikationsverbindungen insgesamt für eine effektive Strafverfolgung und Gefahrenabwehr von besonderer Bedeutung ist[616]. § 113b TKG enthielt jedoch nur einen pauschalen Verweis auf die zukünftige Verfolgung von Straftaten, die zukünftige Abwehr von erheblichen Gefahren für die öffentliche Sicherheit und die Erfüllung der Aufgaben der Geheimdienste[617]. Die Speicherungsverpflichtung aus § 113a TKG durfte darüber hinaus angesichts der Intensität der hiermit verbundenen Grundrechtsbeeinträchtigung aus Gründen der Verhältnismäßigkeit nicht so weit gehen, dass diese auf eine flächendeckende Verfügbarkeit der vorsorglich gespeicherten Daten aller für die Strafverfolgung und Gefahrenabwehr nützlichen Daten zielte[618], deren Nutzung je nach Bedarf und politischem Ermessen der späteren Entscheidung verschiedener staatlicher Instanzen überlassen blieb[619]. Zwar wurde der in der Speicherungsverpflichtung enthaltene Eingriff in den Schutzbereich des Art. 10 Abs. 1 GG dadurch relativiert, dass im Gegensatz zu der in § 112 TKG geregelten Speicherungspflicht von Kundendaten in durch den Staat in Gestalt der von der Bundesnetzagentur abrufbaren Kundendateien gerade nicht vorgesehen war, sondern die Verkehrsdaten auf die vielen unterschiedlichen privaten Diensteanbieter, bei denen diese anfielen, verteilt waren und dem Staat daher nicht in ihrer Gesamtheit zur Verfügung standen[620]. Da die auf Vorrat zu speichernden Daten aber tiefe Einblicke in das soziale Umfeld und

---

614 Puschke/Singelnstein in NJW 2008, 113 (118).
615 BVerfGE 125, 260 (322, 343).
616 BVerfGE 125, 260 (323).
617 Kapitel 1 D. V. 2. b. (S. 151); Puschke/Singelnstein in NJW 2008, 113 (118).
618 BVerfGE 125, 260 (323/324, 345, 348); Puschke/Singelnstein in NJW 2008, 113 (118).
619 BVerfGE 125, 260 (345).
620 BVerfGE 125, 260 (321, 324).

die individuellen Aktivitäten eines jeden Bürgers zuließen[621], ist hinsichtlich der speicherbaren Daten, insbesondere der in § 113a Abs. 2 Nr. 4c) TKG benutzten Funkzelle, zu berücksichtigen, dass die Speicherung von Daten auf Vorrat nicht im Zusammenhang mit anderen vorhandenen Dateien zur Rekonstruierbarkeit aller Aktivitäten der Bürger führen darf[622]. Weiterhin fehlten in § 113a TKG Regelungen zum Schutz derjenigen Anschlussinhaber, die als Berufsgeheimnisträger bei der Berufsausübung auf besondere Vertraulichkeit angewiesen sind[623]. Dass die Freiheitswahrnehmung der Bürger nicht total erfasst werden darf, gehört zur verfassungsrechtlichen Identität der Bundesrepublik Deutschland[624]. Daher kann die Vorratsdatenspeicherung nicht als Vorbild für weitere Datenspeicherungen auf Vorrat dienen[625]. Die Verhinderung einer solchen Totalerfassung durch die hierfür notwendige Festlegung der qualifizierten Voraussetzungen für eine Verwendung der Daten zum Zwecke der Strafverfolgung, der Gefahrenabwehr oder der Gefahrenprävention durch die Nachrichtendienste[626] wurde weder durch die Regelung des § 113a TKG[627] noch in Zusammenschau mit § 113b TKG ermöglicht[628]. Damit fehlt es der Speicherungspflicht aus § 113a TKG an einer verfassungsrechtlich tragfähigen Rechtfertigung[629].

2. Die Zugriffsnormen

Von den Infrastrukturpflichten zu unterscheiden sind die in den §§ 112, 113, 113b TKG geregelten Zugriffsnormen, die den dort genannten Sicherheitsbehörden einen Zugangsanspruch gegenüber den betroffenen Telekommunikationsanbietern auf die Kundendateien vermitteln[630]. Es handelt sich um Befugnisse zum Zugriff auf und die Pflicht der Telekommunikationsbetrei-

---

621 Roßnagel in NJW 2010, 1238 (1239).
622 BVerfGE 125, 260 (324); Puschke/Singelnstein in NJW 2008, 113 (118).
623 Kapitel 2 A. VI. 2. d. bb. (S. 307) / 4. c. (S. 323); BVerfGE 125, 260 (356); Roßnagel in NJW 2010, 1238 (1241).
624 BVerfGE 125, 260 (324).
625 Roßnagel in NJW 2010, 1238 (1240).
626 BVerfGE 125, 260 (346).
627 BVerfGE 125, 260 (347 bis 351).
628 BVerfGE 125, 260 (351 bis 358).
629 BVerfGE 125, 260 (358).
630 Graulich in NVwZ 2008, 485 (487); Böse in ZStW 119 (2007), 848 (878).

D. Befugnisse zur Übermittlung personenbezogener Daten an die Polizei

ber zur Übermittlung der gespeicherten Daten[631]. Erst durch die Auswertung nach Übermittlung der gespeicherten Daten erhält die Vorratsdatenspeicherung ihr besonders Gewicht[632].

a. Übermittlungspflichten und -befugnisse der Bundesnetzagentur und der Telekommunikationsanbieter

Hinsichtlich der in §§ 112, 113 TKG geregelten Übermittlungsbefugnissen und -pflichten ist zwischen den in § 112 TKG geregelten Übermittlungspflichten und daher auch -befugnissen der Bundesnetzagentur und den in § 113 TKG geregelten Übermittlungsbefugnissen der Telekommunikationsanbieter im manuellen Auskunftsverfahren zu unterscheiden.

§ 112 Abs. 4 TKG ermächtigt und verpflichtet die Bundesnetzagentur, die gem. § 111 TKG durch die Telekommunikationsdienste erhobenen und im der Bundesnetzagentur gem. § 112 Abs. 1 TKG zum automatisierten Abruf bereitzustellenden Telekommunikationsnummernregister gespeicherten Kundendaten abzurufen und an die in § 112 Abs. 2 TKG genannten Stellen zu übermitteln[633]. Die Bundesnetzagentur fungiert dabei als Informationsmittler zwischen dem Telekommunikationsanbieter und der Gefahrenabwehr- oder Strafverfolgungsbehörde[634]. Sowohl durch den Abruf und als auch durch die Übermittlung der abgerufenen Daten an die auskunftsberechtigte Stelle wird in das Grundrecht auf informationelle Selbstbestimmung des von dem Abruf betroffenen Kunden der Telekommunikationsdienste eingegriffen[635]. Zweck des Abrufs kann gem. § 112 Abs. 1 Satz 7 TKG die Erfüllung eigener Aufgaben, vor allem aber der einem Ersuchen der in § 112 Abs. 2 TKG genannten Stellen zu Grunde liegende Zweck sein[636]. Zu den auskunftsberechtigten Stellen gehören unter anderem die in § 112 Abs. 2 Nr. 1 und 2 TKG aufgeführten Strafverfolgungsbehörden und die Polizei. Diese legen ihre Ersuchen der Bundesnetzagentur im automatisierten Verfahren vor, woraufhin die Bundesnetzagentur gem. § 112 Abs. 4 Satz 1 TKG zum Abruf der in den Kundendateien enthaltenen Datensätze

---

631 BVerfG in NJW 2012, 1419 (1423, 1425).
632 BVerfGE 100, 313 (384).
633 BVerfG in NJW 2012, 1419 (1420, 1425).
634 Böse in ZStW 119 (2007), 848 (878).
635 BVerfG in NJW 2012, 1419 (1423).
636 BVerfG in NJW 2012, 1419 (1425).

Kapitel 1: Die Entwicklung der allgemeinen Datenschutzgesetze

verpflichtet ist[637]. Insgesamt wurde § 112 TKG in der Entscheidung des BVerfG vom 24.1.2012 (Az.: 1 BvR 1299/05) unter Berücksichtigung des heutigen Standes der Verbreitung von statischen IP- Adressen für verfassungskonform befunden[638]. Wenngleich die Datenabfragen hierdurch sehr vereinfacht werden, und die Verwendungszwecke aufgrund des in § 112 Abs. 2 TKG enthaltenen Verweises auf die Aufgaben der auskunftsberechtigten Behörden weit gefasst sind, schränkt § 112 Abs. 2 Nr. 2 TKG den Verwendungszweck der Polizeivollzugsbehörden doch auf die Zwecke der Gefahrenabwehr ein, womit die bloße Gefahrenvorsorge ausgeschlossen wird[639]. Eine weitere sachlich begrenzende Maßnahme liegt zudem in dem Kriterium der Erforderlichkeit, das sicherstellt, dass Abfragen nicht leichthändig zur bloß orientierenden Vorinformation zulässig sind, sondern nur dann, wenn zur Aufgabenwahrnehmung tatsächlich benötigte Informationen auf andere Weise nicht einfacher aber ebenso effektiv beschafft werden können[640].

Neben dem automatisierten Auskunftsverfahren durch die Bundesnetzagentur besteht die Möglichkeit des in § 113 TKG geregelten manuellen Auskunftsverfahrens durch die Telekommunikationsanbieter[641]. Mit dem durch § 113 Abs. 1 Satz 1 TKG ermöglichten Zugriff auf die nach §§ 111, 112 TKG oder § 95 TKG gespeicherten Kunden- oder Bestandsdaten wird in das Grundrecht auf informationelle Selbstbestimmung der Kunden eingegriffen[642], sofern hierdurch keine dynamischen IP- Adressen zugeordnet werden[643]. Dadurch werden die Telekommunikationsunternehmen zur Übermittlung der nach § 111 TKG sowie der nach § 95 TKG gespeicherten Daten unter anderem an die *für die Verfolgung von Straftaten oder Ordnungswidrigkeiten* oder *zur Gefahrenabwehr* zuständigen Stellen berechtigt und verpflichtet[644].

---

637 BVerfG in NJW 2012, 1419 (1420).
638 BVerfG in NJW 2012, 1419 (1425, 1427).
639 BVerfG in NJW 2012, 1419 (1426, 1429).
640 BVerfG in NJW 2012, 1419 (1426).
641 Bär in MMR 2008, 215 (221).
642 BVerfG in NJW 2012, 1419 (1423).
643 BVerfG in NJW 2012, 1419 (1421, 1428).
644 BVerfG in NJW 2012, 1419 (1420, 1428, 1429).

aa. § 113 Abs. 1 TKG als Öffnungsklausel für die repressive und präventiv-polizeiliche Verwendung der nach § 111 TKG zu speichernden Daten

Sofern die Regelung des § 113 Abs. 1 TKG a.F. als Öffnungsklausel für die repressive und präventiv- polizeiliche Verwendung der nach § 111 TKG zu speichernden Daten verstanden wurde, genügte sie den verfassungsrechtlichen Bestimmtheitsanforderungen, obwohl sie die Aufgaben, deren Wahrnehmung die Auskunftserteilung dienen sollte, nicht durch konkrete Benennung der berechtigten Behörden begrenzte, diese aber zumindest abstrakt umschrieb[645]. Zu den Telekommunikationsunternehmen i.S.d. § 113 Abs. 1 Satz 1 TKG zählen nicht nur TK- Anbieter, die – wie Telefongesellschaften oder Provider – Telekommunikationsdienste der Öffentlichkeit offerieren, sondern auch all diejenigen, die – wie etwa Krankenhäuser oder Hotels – geschäftsmäßig Telekommunikationsdienste erbringen[646]. Während diese gegenüber sämtlichen Behörden in dem durch § 113 Abs. 1 Satz 1 TKG vorgegebenen Rahmen auskunftsberechtigt sind, müssen aufgrund eines Auskunftsersuchens von Strafverfolgungsbehörden, Polizei und Nachrichtendiensten gem. § 113 Abs. 1 Satz 2 TKG auch Passwörter für Endgeräte oder im Netz genutzte Speichereinrichtungen mitgeteilt werden[647]. Einer richterlichen Anordnung bedarf es für die durch § 113 TKG ermöglichten Auskunftsbegehren nicht[648]. Dabei ist § 113 Abs. 1 Satz 1 TKG verfassungskonform dahingehend auszulegen, dass sich unmittelbar hieraus noch keine gesetzliche Auskunftspflicht für Telekommunikationsunternehmen ergibt, vielmehr bedarf es einer fachrechtlichen Abrufnorm[649]. Auskünfte nach § 113 Abs. 1 TKG können für die Aufklärung aller Straftaten vorgesehen werden[650]. Auch sind die Beschränkung der Übermittlungsbefugnis zu beachten, die darin liegen, dass nur Daten übermittelt werden dürfen, die angefordert wurden und, sofern die Daten zur Gefahrenabwehr angefordert werden, die angeforderten Daten nur der Abwehr konkreter Gefahren einschließlich des Gefahrenverdachts dienen dürfen[651]. Allerdings dürften die Telekommunikationsunternehmen schwerlich befähigt sein, die Erforder-

---

645 BVerfG in NJW 2012, 1419 (1428, 1429).
646 BVerfG in NJW 2012, 1419 (1420, 1429).
647 BVerfG in NJW 2012, 1419 (1420).
648 Graulich in Arndt/Fezer/Scherer, TKG, § 112 Rn. 2.
649 BVcrfG in NJW 2012, 1419 (1421).
650 BVerfGE 125, 260 (353).
651 BVerfG in NJW 2012, 1419 (1429).

Kapitel 1: Die Entwicklung der allgemeinen Datenschutzgesetze

lichkeit behördlicher Auskunftsersuchen zu beurteilen[652]. Letztlich sichern die in § 113 Abs. 1 Satz 1 TKG enthaltenen Anforderungen sowie der mit dem Auskunftsverfahren verbundene Verfahrensaufwand die Angemessenheit der Maßnahme[653].

bb. § 113 Abs. 1 TKG als Ermächtigung zur Zuweisung von dynamischen IP- Adressen

Probleme ergaben sich bis zur Neuregelung der in § 113 Abs. 1 Satz 1 TKG a.f. geregelten Übermittlungsbefugnis, falls im manuellen Auskunftsverfahren nach § 113 Abs. 1 Satz 1 TKG Auskünfte über dynamische IP- Adressen, also Telekommunikationsnummern, mit denen normalerweise Privatpersonen im Internet surfen, erteilt werden sollten[654]. Zwar durften keine Auskünfte über einem bestimmten Anschlussinhaber zuzuordnenden IP- Adressen sondern nur Auskünfte zu einzelnen, den Behörden bereits bekannten IP- Adressen erteilt werden[655]. Eine Erteilung von Auskünften über dynamische IP- Adressen setzte – aufgrund der Nichtigkeit der §§ 113a, 113b TKG – aber voraus, dass für deren Zuordnung zu einem bestimmten Telefonanschluss als einem Bestandsdatum i.S.d. § 95 TKG auf die nach § 96 TKG gespeicherten Verkehrsdaten zurückgegriffen wurde[656]. Über den Inhaber des Anschlusses, von dem aus eine bestimmte dynamischen IP- Adresse zu einer bestimmten Zeit genutzt worden ist, kann nur dann Auskunft erteilt werden, wenn diejenigen Verkehrsdaten ausgewertet werden, die Aufschluss darüber geben, welchen Anschluss die betreffende IP- Adresse zur maßgeblichen Zeit zugewiesen war[657]. Da jede Form der Verwendung von mittels eines Eingriffs in den Schutzbereich des Art. 10 Abs. 1 GG erhobenen Daten wiederum in diesen eingreift, greift auch das zur Ermittlung einer dynamischen IP- Adresse praktizierte Vorgehen in das Telekommunikationsgeheimnis ein[658]. Die Zuordnung einer IP- Adresse zu einer bestimmten Person lässt den Rückschluss zu, dass diese Person zu einem be-

---

652 A.A. BVerfG in NJW 2012, 1419 (1429).
653 BVerfG in NJW 2012, 1419 (1421).
654 BVerfG in NJW 2012, 1419 (1420).
655 BVerfGE 125, 260 (357); OVG Münster in MMR 2009, 424 (425).
656 BVerfG in NJW 2012, 1419 (1422); OVG Münster in MMR 2009, 424 (424); OLG Zweibrücken in MMR 2009, 45 (46); Roßnagel in NJW 2010, 1238 (1241).
657 BVerfGE 125, 260 (270); OVG Münster in MMR 2009, 424 (424).
658 BVerfG in NJW 2012, 1419 (1421); a.A. OVG Münster in MMR 2009, 424 (425).

stimmten Zeitpunkt im Internet elektronisch kommuniziert hat[659]. Die nach § 96 TKG gespeicherten Verkehrsdaten fallen dabei unabhängig davon unter den Schutzbereich des Art. 10 Abs. 1 GG, ob diese von den Diensteanbietern aufgrund einer gesetzlichen Verpflichtung vorgehalten werden müssen[660] oder von diesen auf vertraglicher Grundlage gespeichert werden dürfen[661]. Demzufolge ist eine staatlich auferlegte Pflicht zur Nutzung vorhandener Verkehrsdaten an Art. 10 Abs. 1 GG zu messen[662]. Den sich hieraus ergebenden Anforderungen genügte § 113 Abs. 1 Satz 1 TKG a.F. weder im Hinblick auf das Zitiergebot aus Art. 19 Abs. 1 Satz 2 GG[663] noch im Hinblick auf das Gebot der Normenklarheit[664]. Da die Identifizierung von dynamischen IP-Adressen in weitem Umfang eine Deanonymisierung von Kommunikationsvorgängen im Internet ermöglicht[665], kann sie nicht mit der schlichten Abfrage der in §§ 95, 111 Abs. 1 Satz 1 Nr. 1 bis 6 TKG aufgeführten Daten gleichgesetzt werden[666]. Zwar werden vorhandene Verkehrsdaten zur Ermittlung einer IP-Adresse nur mittelbar und punktuell in Anspruch genommen, ohne dass die Behörden selbst Kenntnis von den vorsorglich gespeicherten Daten erhalten[667]. § 113 Abs. 1 Satz 1 TKG a.F. enthielt jedoch – im Gegensatz zum für nichtig erklärten § 113b Satz 1 2. Halbsatz TKG, der auf § 113a TKG verwies[668] – keinen Verweis auf § 96 TKG und ließ nicht erkennen, dass die Telekommunikationsunternehmen zur Vorbereitung von Auskünften über dynamische IP-Adressen auf Verkehrsdaten zugreifen dürfen[669].

Nunmehr ist die bis dahin fehlende Befugnis ausdrücklich in § 113 Abs. 1 Satz 3 und 4 TKG geregelt, so dass insoweit dem Gebot der Normenklarheit Genüge getan ist. Trotz der durch das *Gesetz zur Änderung des*

---

659 OLG Karlsruhe in MMR 2009, 412 (413).
660 BVerfG in NJW 2012, 1419 (1422); BVerfGE 125, 260 (312).
661 BVerfG in NJW 2012, 1419 (1422); BVerfGE 125, 260 (270/271).
662 BVerfG in NJW 2012, 1419 (1422); BVerfGE 125, 260 (312); a.A. OLG Zweibrücken in MMR 2009, 45 (46).
663 Käß in BayVBl. 2008, 225 (234).
664 BVerfG in NJW 2012, 1419 (1428).
665 BVerfGE 125, 260 (341).
666 BVerfG in NJW 2012, 1419 (1428); BVerfGE 125, 260 (341/342).
667 BVerfGE 125, 260 (340/341, 356); OVG Münster in MMR 2009, 424 (425).
668 BVerfGE 125, 260 (312); Roßnagel in NJW 2010, 1238 (1241); Bär in MMR 2008, 215 (221).
669 BVerfG in NJW 2012, 1419 (1428/1429); OLG Karlsruhe in MMR 2009, 412 (413/414).

Kapitel 1: Die Entwicklung der allgemeinen Datenschutzgesetze

Telekommunikationsgesetzes und zur Neuregelung der Bestandsauskunft vom 20.6.2013 vorgenommenen Neuregelung dürfte jedoch eine Auskunftserteilung nach § 113 Abs. 1 Satz 3 und 4 TKG zur Verfolgung von Ordnungswidrigkeiten nach wie vor nicht verfassungskonform sein. Bereits die dem heutigen § 113 Abs. 2 Satz 1 TKG insoweit entsprechenden Regelung des § 113 Abs. 1 TKG a.f. ermöglichte den Telekommunikationsanbietern die Auskunftserteilung zur Ahndung von Ordnungswidrigkeiten. Hierin liegt jedoch kein für einen Eingriffs in den Schutzbereich des Art. 10 Abs. 1 GG angemessener Zweck[670]. Angesichts des höheren Ranges des Grundrechts aus Art. 10 Abs. 1 GG sowie der damit verbundenen Eingriffsintensität bedarf die Zuordnung einer dynamischen IP- Adresse einer hinreichend klaren Entscheidung des Gesetzgebers darüber, ob und unter welchen Voraussetzung eine solche Identifizierung erlaubt werden soll[671]. Daher war § 113 Abs. 1 Satz 1 TKG a.F. von Verfassungs wegen so auszulegen, dass die Vorschrift nicht zu einer Zuordnung von dynamischen IP- Adressen berechtigte[672].

cc. Der Zugriff auf Zugangssicherungscodes

Zusätzlich zur Problematik der Zuordnung einer dynamischen IP- Adresse, die einen Eingriff in den Schutzbereich des Art. 10 Abs. 1 GG voraussetzt, ist der nach wie vor in § 113 Abs. 1 Satz 2 TKG geregelte Umfang des Zugriffs auf Daten wie Zugangssicherungscodes wie Passwörter, PIN oder PUK nicht erforderlich[673]. Da sich die Anwendung der Zugangscodes im Zusammenhang mit der Telekommunikation entsprechend § 113 Abs. 1 Satz 3 TKG nach eigenständigen Rechtsvorschriften bemisst, und sich die geltenden Anforderungen je nach Art des Folgeeingriffs wie etwa Online-Durchsuchungen, Telekommunikationsüberwachungen oder einfachen Beschlagnahmen sowohl in formeller als auch in materieller Hinsicht unterscheiden, ist kein Grund ersichtlich warum die Behörden Zugangscodes unabhängig von den Anforderungen anderen Nutzung und damit unter leichteren Voraussetzungen abfragen können sollten[674].

---

670 BVerfGE 125, 260 (357/358); Roßnagel in NJW 2010, 1238 (1241).
671 BVerfG in NJW 2012, 1419 (1428).
672 BVerfG in NJW 2012, 1419 (1421).
673 BVerfG in NJW 2012, 1419 (1429).
674 BVerfG in NJW 2012, 1419 (1430).

b. Übermittlungspflichten und -befugnisse der Telekommunikationsanbieter bezüglich der nach § 113a TKG zu speichernden Daten

Der durch das *TKÜG 2007* erlassene § 113b Satz 1 Nr. 1 und 2 TKG[675] war – wie das automatisierte Auskunftsverfahren nach § 112 TKG oder das manuelle Auskunftsverfahren nach § 113 TKG – eine Zugriffsnorm ohne eigenständige Abrufbefugnis und ermächtigte und verpflichtete die Telekommunikationsanbieter zur Übermittlung der nach § 113a TKG gespeicherten Daten aufgrund eines staatsanwaltschaftlichen, polizeilichen oder nachrichtendienstlichen Verlangens[676]. § 113b TKG verpflichtete die Telekommunikationsanbieter unmittelbar zur Übermittlung der nach § 113a TKG unter Eingriff in Art. 10 Abs. 1 GG gespeicherten Daten und damit wiederum zu einem besonders intensiven Eingriff in Art. 10 Abs. 1 GG[677]. Angesichts der Unausweichlichkeit, Vollständigkeit und der daher gesteigerten Aussagekraft der gem. § 113a TKG über sechs Monate vorsorglich aufbewahrten Verkehrsdaten sind an zu deren Abruf und zu deren anschließender Übermittlung berechtigenden und verpflichtenden gesetzlichen Ermächtigungen besonders hohe Anforderungen im Hinblick auf deren Normenbestimmtheit und -klarheit zu stellen[678]. Daher kommt eine Verwendung der Daten nur für Straftaten in Betracht, die überragend wichtige Rechtsgüter bedrohen oder zur Abwehr von Gefahren für solche Rechtsgüter[679]. Dabei hat der Gesetzgeber in der Speicherungsverpflichtung abschließend zu regeln, bei Verdacht welcher schweren Straftaten, für den zumindest bestimmte Tatsachen sprechen müssen, ein die Übermittlung der gespeicherten Daten auslösende Abruf erfolgen darf[680]. Da im Bereich der Gefahrenabwehr die Bezugnahme auf Kataloge von zu verhindernden Straftaten den Anforderungen an den Grad der Rechtsgutgefährdung ihre Klarheit nimmt und zu Unsicherheiten führt, wenn schon die Straftatbestände selbst Vorbereitungshandlungen und bloße Rechtsgutgefährdungen unter Strafe stellen, müssten in den die Telekommunikationsanbieter zum Datenabruf und zur anschließenden Über-

---

[675] BT-Drucksache 16/5846.
[676] BVerfGE 125, 260 (312); Käß in BayVBl. 2010, 1 (13); Graulich in NVwZ 2008, 485 (489).
[677] BVerfGE 125, 260 (312).
[678] BVerfGE 125, 260 (328/329).
[679] BVerfGE 125, 260 (328); a.A. Puschke/Singelnstein in NJW 2008, 113 (118/119).
[680] BVerfGE 125, 260 (329); a.A. Puschke/Singelnstein in NJW 2008, 113 (118/119).

mittlung der Daten ermächtigenden und verpflichtenden gesetzlichen Regelungen unmittelbar die Rechtsgüter, deren Schutz die Verwendung der Daten rechtfertigen soll, sowie die Intensität der Gefährdung dieser Rechtsgüter als Eingriffsschwelle bezeichnet werden[681]. Insoweit böten sich tatsächliche Anhaltspunkte für eine konkrete Gefährdung der Rechtsgüter Leib, Leben oder Freiheit einer Person sowie der Bestand oder die Sicherheit des Bundes oder eines Landes als tatbestandliche Voraussetzungen an[682]. Der Gesetzgeber muss die diffuse Bedrohlichkeit die eine in den Schutzbereich des Art. 10 Abs. 1 GG eingreifende Vorratsdatenspeicherung erhalten kann, durch wirksame Transparenzregelungen auffangen[683]. Da in § 113b Satz 1 Nr. 1 bis 3 TKG aber ohne konkrete Benennung der Verwendungszwecke lediglich in generalisierender Weise die Aufgabenfelder umrissen wurden, für die ein Datenabruf möglich sein sollte, kam der Bundesgesetzgeber seiner verfassungsrechtlich gebotenen Begrenzung der Verwendungszwecke nicht nach[684]. Weiterhin muss sichergestellt werden, dass nur die jeweils benötigten Daten übermittelt werden[685].

3. Befugnisnormen, die mit Eingriffen der Sicherheitsbehörden in den Schutzbereich des Art. 10 Abs. 1 GG verbunden sind

Ein weiterer Normtyp findet sich in den polizeirechtlichen, strafverfahrensrechtlichen, nachrichtendienstlichen und sonstigen sicherheitsbehördlichen Befugnisnormen, die regeln, unter welchen Voraussetzungen in die Grundrechte der Nutzer von Telekommunikationsanlagen auf informationelle Selbstbestimmung oder auf die Telekommunikationsfreiheit durch den Staat eingegriffen werden darf[686].

§ 113b TKG ermöglichte ebenso wie die fortbestehenden §§ 112, 113 TKG unter anderem der Staatsanwaltschaft und der Polizei die mittelbare Datenerhebungen, bei der die Bundesnetzagentur oder die Telekommunikationsdiensteanbieter zur Übermittlung der dort gespeicherten personen-

---

681 BVerfGE 125, 260 (329, 355/356); a.A. Puschke/Singelnstein in NJW 2008, 113 (118/119).
682 BVerfGE 125, 260 (330); 120, 274 (328).
683 BVerfGE 125, 260 (335).
684 BVerfGE 125, 260 (315, 355).
685 Roßnagel in NJW 2010, 1238 (1241).
686 Graulich in NVwZ 2008, 485 (487).

bezogenen Daten an die anfordernde Behörde aufgrund eines Ersuchens i.S.d. § 112 Abs. 1, 2 und 4 TKG oder eines Verlangens i.S.d. § 113 Abs. 2 Satz 1 TKG ermächtigt und verpflichtet werden[687].

Für den Abruf der gespeicherten Daten durch andere Stellen als denen der Telekommunikationsanbieter bedarf es jedoch eigener, losgelöst vom Kompetenztitel des Art. 73 Abs. 1 Nr. 7 GG je nach Sachbereich im Bundes- oder Landesrecht geregelter Ermächtigungsgrundlagen[688]. Auf die zum repressiven oder präventiv- polizeilichen Abruf der nach §§ 112, 113 TKG übermittelbaren Kunden- und Bestandsdaten (sowie der ehemals zum Abruf der nach § 113b TKG übermittelbaren Vorratsdaten) ermächtigenden Befugnisse wird in den Kapiteln 2[689] und 3[690] eingegangen.

VI. Zusammenfassung

Bereichsspezifisch und präzise Befugnisse für nicht- polizeiliche öffentliche Stellen des Bundes bzw. der Länder zur zweckändernden Übermittlung von personenbezogenen Daten an Strafverfolgungsbehörden und / oder die Polizei sowie zur Speicherung dieser Daten in automatisierten Dateien finden sich mittlerweile im *StVG*, im *BMG* und im *AZRG*. Auf Grundlage dieser Befugnisse werden das ZEVIS, das AZR und die automatisiert abrufbaren Dateien der Einwohnermeldeämter geführt, die für die polizeiliche Praxis von besonderer Bedeutung sind und der Polizei die mittelbare Datenerhebung bei den jeweiligen Behörden erleichtern. Der besondere Schutzanspruch des aus dem Sozialstaatsprinzip hervorgehenden Sozialdatengeheimnisses sowie das Telekommunikationsgeheimnis aus Art. 10 Abs. 1 GG stehen der Einrichtung automatisierter *polizeilicher* Abrufverfahren entgegen. Diese erlauben aber den dem Sozialdatengeheimnis bzw. dem Telekommunikationsgeheimnis verpflichteten öffentlichen wie auch nicht- öffentlichen Stellen in dem in den *Sozialgesetzbüchern* sowie – sofern bisher vorhanden – dem *TKG* eng gezogenen bereichsspezifisch und präzise geregelten Rahmen, personenbezogene Daten an die Strafverfolgungsbehörden und die Po-

---

687 BVerfG in NJW 2012, 1419 (1423); Käß in BayVBl. 2010, 1 (13).
688 BVerfG in NJW 2012, 1419 (1420, 1423, 1425, 1427); BVerfGE 125, 260 (315, 344/345/346); 114, 371 (385); 113, 348 (368); Klesczewski in Berliner Kommentar zum TKG, § 113 Rn. 10; Möstl in DVBl. 2010, 808 (815).
689 Kapitel 2 A. IV. 5. a. (S. 328).
690 Kapitel 3 A. III. 6. (S. 400).

lizei zu übermitteln. Innerhalb der öffentlichen oder nicht- öffentlichen Stellen können gleichwohl automatisierte Abrufverfahren eingerichtet werden. Entsprechendes gilt für das gem. § 1 BZRG beim Bundesamt für Justiz geführte Bundeszentralregister (BZR), für das nicht- automatisierte Auskunftsansprüche in den §§ 30 ff BZRG geregelt sind.

E. Ergebnis

Während der Umgang mit personenbezogenen Daten in den ersten, seit den 1970er Jahren erlassenen Datenschutzgesetzen noch als schlichtes Verwaltungshandeln galt, für das sich die Gesetzgebungskompetenz des Bundes und der Länder aus deren Verwaltungskompetenzen ergab, änderte sich das den Rechtsverständnis vom Datenschutz infolge der Anerkennung des Grundrechts auf informationelle Selbstbestimmung im Volkszählungsurteil erheblich. Sowohl das Erheben als auch das Speichern, Übermitteln und Nutzen von personenbezogenen Daten bedurfte seither mit Blick auf die Wesentlichkeitstheorie bereichsspezifisch und präzise geregelter formalgesetzlicher Ermächtigungsgrundlagen. Einer besonderen Beachtung der Gebote der Normenbestimmtheit und -klarheit bedarf es dabei insbesondere für die vom ursprünglichen Erhebungs- oder Speicherungszweck abweichenden zweckändernden Speicherung, Übermittlung oder Nutzung solcher Daten.

Waren die im Volkszählungsurteil geforderten bereichsspezifisch und präzise zu regelnden Eingriffsbefugnisse zunächst in den novellierten nicht- bereichsspezifischen Datenschutzgesetzen des Bundes und der Länder aus den 1980er und 1990er Jahren geregelt, kamen Bund und Länder dieser Forderung entsprechend der Verteilung der Gesetzgebungskompetenzen in den Art. 70 ff GG mit der Zeit nach und erließen in den für die Aufgabengebiete der unterschiedlichen Behörden bereichsspezifisch geltenden Gesetzen zunehmend präzise Bestimmungen über den Datenschutz i.e.S. Der Datenschutz i.w.S., also insbesondere das nicht- eingriffsrelevante Löschen, Sperren, Anonymisieren, Pseudonymisieren und Verändern von Daten sowie weitere formale Regelungen über Auskunfts- und Belehrungspflichten und die Einrichtung automatisierter Abrufverfahren konnte zumindest bei offenen Eingriffen in das Grundrecht auf informationelle Selbstbestimmung unter Einhaltung des Grundsatzes der Unmittelbarkeit der Datenerhebung – wie im Ansatz bereits im *BDSG 1977* und den übrigen DSG der 1970er Jahre vorgesehen – anstatt in den Spezialgesetzen in den für öffentliche Stellen eines Hoheitsträgers geltenden allgemeinen Datenschutzgesetz geregelt werden.

Ob und inwieweit es Bund und Ländern gelungen ist, den höchstrichterlichen Forderungen nach präzisen datenschutzrechtlichen Bestimmungen in den für die repressiven und präventiv- polizeilichen Aufgaben bereichsspezifischen Gesetzen zu regeln, ist Gegenstand der folgenden 4 Kapitel.

Kapitel 2: Die Entwicklung des polizeigesetzlichen Datenschutzrechts in Bund und Ländern

Bereits vor und noch Jahre nach Inkrafttreten des *Grundgesetzes für die Bundesrepublik Deutschland* vom 23.5.1949[691] lag mit den in den Polizeigesetzen der Länder enthaltenen Generalklauseln die einzige gesetzliche Ermächtigung für präventiv- polizeiliches Eingriffshandeln. Als Polizeigesetz galt nach Ende des 2. Weltkriegs für die Bundesländer auf dem Teilgebiet des von den Westalliierten besetzten ehemaligen Preußens zumeist das *Preußische Polizeiverwaltungsgesetz (PreußPVG)* vom 1.6.1931 fort[692]. Auch galt das *PreußPVG* bis zum Erlass des *Gesetzes über die Aufgaben und Befugnisse der Volkspolizei* vom 11.6.1968[693] in den sowjetisch besetzten Gebieten, der späteren Deutschen Demokratischen Republik, im Wesentlichen fort, wenn auch in der Praxis bei dessen Anwendung i.d.R. rechtstaatliche Grundsätze ebenso missachtet wurden[694], wie nach der Machtergreifung durch die Nationalsozialisten ab 1933[695]. In der Generalklausel des § 14 Abs. 1 PreußPVG hieß es:

> „Die Polizeibehörden haben im Rahmen der geltenden Gesetze die nach pflichtgemäßem Ermessen notwendigen Maßnahmen zu treffen, um von der Allgemeinheit oder dem Einzelnen Gefahren abzuwehren, durch die die öffentliche Sicherheit oder Ordnung bedroht wird. [696]"

Für die von den Westalliierten besetzten Bundesländer, die nicht ehemals preußischem Gebiet waren, galt § 14 Abs. 1 PreußPVG deren Eigenart als nichtpreußische Gebiete entsprechend in der Regel nicht fort. Diese Bundesländer verfügten aber über Polizeigesetze mit ähnlichen Generalklau-

---

691 BGBl. 1949 I S. 1 bis 20.
692 Preuß. GBl. S. 77; vgl. § 93 Abs. 1 Nr. 5 PolG BW vom 21.11.1955; § 92 Abs. 1 Nr. 5b PolG BW vom 16.1.1968, § 14 Abs. 1 PVwG Berlin vom 2.10.1958, § 92 lit. a) PolG Bremen vom 15.7.1960, § 62 lit. a) Hess. PolG vom 10.11.1954; § 91 Abs. 1 Nr. 2 HSOG vom 26.1.1972, § 32 Abs. 1 Nr. 4 Hamb. SOG vom 14.3.1966, § 26 PolG NRW vom 11.8.1953, § 100 Abs. 2 lit. a) PVwG vom 26.3.1954, Art. 4 des Gesetzes zur Neuordnung des Saarländischen Polizeirechts vom 8.11.1989.
693 GBl. DDR 1968 I S. 232 bis 237.
694 Schmidt, BremPolG, Vor § 1 Rn. 10.
695 Schmidt, BremPolG, Vor § 1 Rn. 9.
696 Schenke, POR, § 3 Rn. 48; Götz, POR, § 2 Rn. 11.

seln[697]. An der Praxis vollzugspolizeiliche Maßnahmen fast ausschließlich auf die Generalklausel zu stützen, änderte sich über viele Jahre hinweg nichts, obwohl die meisten Polizeigesetzgeber ab den 50er und 60er Jahren bis hinein in die 70er Jahre des 20sten Jahrhunderts dazu übergingen eigene Polizeigesetze zu erlassen. Polizeigesetze erließen in den 50er und 60er Jahren nach Ende des 2. Weltkriegs erstmals

- der *Bund* mit dem *Gesetz über die Errichtung des Bundesgrenzschutz und die Errichtung von Bundesgrenzschutzbehörden* vom 16.3.1951[698] i.d.F. vom 30.5.1956[699],
- *Niedersachsen* mit dem *Gesetz über die öffentliche Sicherheit und Ordnung (NdsSOG)* vom 21.3.1951[700] i.d.F. vom 31.3.1978[701],
- *Rheinland Pfalz* mit dem *Polizeiverwaltungsgesetz (PVwG RP) von Rheinland-Pfalz* vom 26.3.1954[702] i.d.F. vom 6.5.1971[703] und vom 29.6.1973[704],
- *Hessen* mit dem *Hessischen Polizeigesetz (HessPolG)* vom 10.11.1954[705], ersetzt durch das *Hessische Gesetz über die öffentliche Sicherheit und Ordnung (HSOG)* vom 26.1.1972[706],
- *Baden-Württemberg* mit dem *Polizeigesetz (PolG BW)* vom 21.11.1955[707] i.d.F. vom 16.1.1968[708],
- *Berlin* mit dem *Polizeiverwaltungsgesetz (PVwG Berlin)* vom 2.10.1958[709],
- *Bremen* mit dem *Bremischen Polizeigesetz (PolG Bremen)* vom 5.7.1960[710] i.d.F. vom 26.11.1976[711],

---

697 § 92 Abs. 1 Nr. 1bis 8 PolG BW vom 16.1.1968, § 95 PolG RP vom 29.6.1973; Art. 64 BayPAG vom 24.10.1974.
698 BGBl. 1951 I S. 201 (bis 201).
699 BGBl. 1956 I S. 436 (bis 436).
700 Nds. GVBl. 1951 S. 79 bis 86.
701 Nds. GVBl. 1978 S. 280 bis 288.
702 GVBl. RP 1954 S. 31 bis 41.
703 GVBl. RP 1971 S. 131 (bis 131).
704 GVBl. RP 1973 S. 180 bis 199.
705 Hess. GVBl. 1954 I S. 203 bis 210.
706 Hess. GVBl. 1972 I S. 24 bis 38.
707 GBl. BW 1955 S. 249 bis 262.
708 GBl. BW 1968 S. 61 bis 76.
709 GVBl. Berlin 1958 S. 960 bis 964.
710 Brem. GBl. 1960 S. 73 bis 83.
711 Brem. GBl. 1976 S. 265 bis 265.

- *Hamburg* mit dem *Gesetz zum Schutz der öffentlichen Sicherheit und Ordnung (HambSOG)* vom 14.3.1966[712],
- *Schleswig- Holstein* durch §§ 163 bis 218 *Allgemeines Verwaltungsgesetz für das Land Schleswig- Holstein (Landesverwaltungsgesetz – LVwG-)* vom 18.104.1967[713] und
- *Nordrhein- Westfalen* mit dem *Gesetz über die Organisation und die Zuständigkeiten der Polizei im Landes Nordrhein- Westfalen* vom 11.8.1953[714] i.d.F. des *Gesetzes zur Änderung des Gesetzes über die Organisation und die Zuständigkeiten der Polizei im Landes Nordrhein- Westfalen (PolG NRW)* vom 28.10.1969[715],

während *Bayern* und das *Saarland* zunächst weiterhin auf das jeweils geltende vorkonstitutionelle Recht zurückgriffen. Standardbefugnisse wurden in den meisten der neuen Polizeigesetzen wie auch derjenigen Ländern, die noch auf vorkonstitutionelles Recht zurückgriffen, gar nicht[716] oder nur fragmentarisch in Ansehung der speziellen Anforderungen aus Art. 2 Abs. 2 Satz 2 und 3 GG, Art. 13 Abs. 1 GG oder Art. 104 Abs. 1 Satz 1, Abs. 2 GG[717] geregelt. Als grundrechtsrelevant wurden nach damaliger Auffassung ausschließlich imperative, notfalls mit Zwangsmitteln durchsetzbare Handlungen angesehen, die im vollzugspolizeilichen Bereich wie etwa in der präventiv- polizeilichen Vorladung, dem Gewahrsam, der Sicherstellung oder von Durchsuchungen lagen[718]. Die damaligen Polizeigesetze von *Rheinland- Pfalz, Hessen, Baden- Württemberg, Bremen* und *Nordrhein-Westfalen*[719] waren den übrigen Polizeigesetzen deshalb voraus, weil diese zusätzlich über die Wesentlichkeitstheorie[720] entsprechende präventiv- po-

---

712 Hamb. GVBl. 1966 I S. 77 bis 84.
713 GVBl. SH 1967 S. 131 bis 188.
714 GVBl. NRW 1959 S. 330 bis 334.
715 GVBl. NRW 1969 S. 740 bis 745.
716 § 2 Satz 2 BGSG vom 16.3.1951.
717 §§ 2 Abs. 2, 3, 9 bis 12 Nds. SOG i.d.F. vom 21.3.1951 und vom 31.3.1978; §§ 14 bis 17 PVwG Berlin vom 2.10.1958; §§ 11 bis 16 HambSOG vom 14.3.1966.
718 Gusy in Kugelmann (Hrsg.), Polizei unter dem GG, S. 11 (14).
719 §§ 3 bis 21 PVwG RP vom 26.3.1954 bzw. §§ 3 bis 20 PVwG RP vom 29.6.1973; §§ 17 bis 32 Hess. PolG vom 10.11.1954 bzw. §§ 16 bis 22, §§ 45 bis 63 HSOG vom 26.1.1972; §§ 20 bis 30 PolG BW vom 21.11.1955 und vom 16.1.1968; §§ 9 bis 23 PolG Bremen vom 15.7.1966; §§ 20 bis 37 PolG NRW vom 28.10.1969.
720 BVerfGE 98, 218 (251/252); 88, 103 (116); 61, 260 (275); 40, 237 (249/250).

Kapitel 2: Die Entwicklung des polizeigesetzlichen Datenschutzrechts

lizeiliche Befugnisnormen zur Personenfeststellung[721], zur Durchsuchung von Personen oder Sachen[722] und zur erkennungsdienstlichen Behandlung (ED- Behandlung)[723] verfügten. Ebenso wie der Datenschutz erst ab Anfang der 1970er Jahre gesetzlich geregelt wurde, enthielten auch die *StPO*, das *OWiG* und die Polizeigesetze von Bund und Ländern damals höchstens rudimentäre datenschutzrechtliche Bestimmungen. Allenfalls § 14 Abs. 1 PreußPVG oder die in §§ 52 ff, 136, 136a StPO enthalten Bestimmungen über Aussage- und Zeugnisverweigerungsrecht ließen sich als Datenschutz klassifizieren. Auch das in Ansehung des Art. 104 Abs. 1 Satz 2 GG im Jahre 1950 erlassene Verbot menschenunwürdiger Vernehmungsmethoden aus § 136a StPO als ein Verbot bestimmter Formen der Datenerhebung und -nutzung lässt sich hierunter subsumieren[724].

Auch der polizeiliche Umgang mit personenbezogenen Daten unterliegt jedoch denselben verfassungsrechtlichen Anforderungen, die von jeder öffentlichen Stelle zu beachten sind. Diese fanden in den 1970er Jahren zunächst ihren Ausdruck in den aufgabenübergreifend geltenden Datenschutzgesetzen des Bundes und der westdeutschen Bundesländer und hielten erst nach und nach Einzug in deren aufgabenbezogene Spezialgesetze. Während das Datenschutzrecht in Bund und Ländern i.S.d. § 1 Abs. 1 BDSG ausschließlich auf den Persönlichkeitsschutz abstellt, tragen strafprozessuale und polizeigesetzliche Eingriffsbefugnisse, die aufgrund des Vorbehalts des Gesetzes aus Art. 20 Abs. 3 GG zu Eingriffen in das Grundrecht auf informationelle Selbstbestimmung aus Art. 2 Abs. 1 GG i.V.m. Art. 1 Abs. 1 GG und dessen spezielle Ausprägungen in Art. 13 Abs. 1 GG, Art. 10 Abs. 1 GG sowie dem Grundrecht auf Vertraulichkeit und Integrität informationstechnischer Systeme ermächtigen, dem Rechtstaatsprinzip, dem öffentlichen Interesse an der Inneren Sicherheit und den hieraus für die Polizei und die Strafrechtspflege zu ziehenden Konsequenzen Rechnung tragen müssen[725].

---

721 § 3 PVwG RP vom 29.6.1973; § 21 Hess. PolG vom 10.11.1954; § 20 PolG BW vom 21.11.1955; § 9 PolG Bremen vom 5.7.1960; § 23 Abs 1 und 2 PolG NRW vom 28.10.1969.
722 § 17 PVwG RP vom 29.6.1973; §§ 29, 30 Hess. PolG vom 10.11.1954; §§ 23, 24 PolG BW vom 21.11.1955; §§ 13, 14 PolG Bremen vom 5.7.1960; §§ 28, 29 PolG NRW vom 28.10.1969.
723 § 21 PolG RP vom 26.3.1954; § 21 Hess. PolG vom 18.11.1954; § 30 PolG BW vom 21.11.1955; § 23 PolG Bremen vom 5.7.1960; § 23 Abs. 3 PolG NRW vom 28.10.1969.
724 BGBl. 1950 I. S. 455 bis 675 (484/485); S. 631 bis 675 (644).
725 Hilger in NStZ 2000, 561 (561-Fußnote 6).

Kapitel 2: Die Entwicklung des polizeigesetzlichen Datenschutzrechts

Sofern die genannten Spezialgesetze keine datenschutzrechtlichen Regelungen enthalten, finden die ansonsten subsidiären Datenschutzgesetze des Bundes und der Länder ergänzend Anwendung[726].

A. Die grundsätzlich den Ländern zustehenden Gesetzgebungs- und Verwaltungskompetenzen für das Polizeirecht

Die Gesetzgebungs- und Verwaltungskompetenz für den präventiv- polizeilichen Aufgabenbereich liegt aufgrund der staatsorganisationsrechtlichen Systematik der Art. 30, 70 ff und 83 ff GG grundsätzlich bei den Ländern[727]. Dies gilt auch für das allgemeine Polizeirecht in seiner Ausprägung als vollzugspolizeiliches Gefahrenabwehrrecht[728]. Im Geltungsbereich des Grundgesetzes ist keine geschriebene Gesetzgebungskompetenz des Bundes für das Polizeirecht im Sinne eines allgemeinen Gefahrenabwehrrechts ersichtlich[729]. Einen selbstständigen, in die alleinige Gesetzgebungskompetenz der Länder fallenden Sachbereich bildet jedoch nicht das gesamte Polizeirecht, sondern ausschließlich das Polizeirecht im engeren Sinne[730]. Dieses umfasst diejenigen Regelungen, bei denen die Aufrechterhaltung der öffentlichen Sicherheit und Ordnung der alleinige und unmittelbare Gesetzeszweck ist[731]. Somit besteht eine verfassungsrechtliche Primärzuständigkeit

---

726 § 1 Abs. 4 BDSG; BT-Drucksache 14/1484 S. 17.
727 BVerfGE 125, 260 (346/347); 113, 348 (367); 100, 313 (369); ThürVerfGH vom 21.11.2012 (Az.: VerfGH 19/09) S. 29/30; VerfGH RP in DVBl. 2007, 569 (569); MV VerfG in LKV 2000, 345 (347); BbgVerfG in LKV 1999, 450 (451); BVerwGE 141, 329 (335- Rn. 28); Guckelberger in NVwZ 2009, 352 (353); Kutscha in NVwZ 2005, 1231 (1231); Zöller in NVwZ 2005, 1235 (1238); Lisken in DRiZ 1987, 184 (184).
728 § 54 Paulskirchenverfassung vom 28.3.1849 (RGBl. 1849 S. 101 ff); Art. 9 WRV vom 11.8.1949 (RGBl. 1919 S. 1383 ff); § 1 Abs. 3 BKAG; § 1 Abs. 7 BPolG; Boldt/Stolleis in Lisken/Denninger, HbdPolR, 5. Auflage, A Rn. 1 ff; Denninger/Poscher in Lisken/Denninger, HbdPolR, 5. Auflage, B Rn. 143; Gröpl in DVBl. 1995, 329 (331); Lisken in NWVBl. 1995, 281 (281).
729 Denninger/Poscher in Lisken/Denninger, HbPolR, 5. Auflage, B Rn. 143; Pieroth/Schlink/Kniesel, POR, § 2 Rn. 35; Ahlf/Störzer/Vordermaier in Kube/Störzer/Timm, Kriminalistik, Bd. 2, Kapitel 5 Rn. 28.
730 Gusy in DVBl. 1993, 1117 (1117).
731 Lisken in NWVBl. 1995, 281 (281).

der Länder für polizeiliche Aufgaben[732]. Dabei sind die Länder in ihrer Polizeigesetzgebung an die für diese geltenden Grundsätze, die in den Grundrechten, den grundrechtsähnlichen Rechten und den übrigen Verfassungsgrundsätzen des Grundgesetzes sowie den grundgesetzkonformen Bestimmungen der Landesverfassungen ihren Ausdruck finden, gebunden[733].

Da das allgemeine Gefahrenabwehrrecht der Gesetzgebungskompetenz der Länder unterliegt, ist eine Verwaltungskompetenz des Bundes rechtssystematisch ausgeschlossen. Wie sich aus dem Wortlaut des Art. 83 GG ergibt, ist die Gesetzgebungskompetenz des Bundes die äußerste Grenze seiner Verwaltungsbefugnisse[734]. Ausnahmen gelten nur dort, wo das Grundgesetz Formen der Mitwirkung des Bundes bei Länderaufgaben vorsieht[735]. Hierunter fallen vor allem Einsätze im Rahmen der Amtshilfe aus Art. 35 Abs. 1 GG, die sich durch ihre begrenzte Dauer und den Einzelfall, der die Amtshilfehandlung erforderlich macht, kennzeichnen[736]. So ist eine Mitwirkung des Bundes auf Grundlage der Landespolizeigesetze durch das Grundgesetz im Fall von Katastrophen oder im Fall des inneren Notstands nach Art. 35 Abs. 2 S. 2, Abs. 3 GG vorgesehen[737]. Ebenfalls resultierend aus ihrer insoweit bestehenden Verwaltungskompetenz im Bereich der allgemeinen Vollzugspolizei steht den jeweiligen Ländern neben der Festlegung von deren jeweiligen Aufgaben die Kompetenz der Organisation ihrer Polizei zu[738].

I. Der Musterentwurf eines einheitlichen Polizeigesetzes des Bundes und der Länder (MEPolG)

In den 1970er Jahren wurden in den westdeutschen Bundesländern durch den an dem *Musterentwurf eines einheitlichen Polizeigesetzes des Bundes und der Länder (MEPolG)* orientierte novellierte Polizeigesetze mit Befug-

---

732 Ahlf/Störzer/Vordermaier in Kube/Störzer/Timm, Kriminalistik, Bd. 2, Kapitel 56 Rn. 26; Riegel in DÖV 1992, 317 (318).
733 Götz, POR, § 3 Rn. 1.
734 BVerfGE 12, 205 (229); Papier in DVBl. 1992, 1 (3).
735 Denninger/Poscher in Lisken/Denninger, HbPolR, 5. Auflage, B Rn. 143.
736 Gröpl in DVBl. 1995, 329 (332).
737 Trute in v. Mangoldt/Klein/Starck, GG, Bd. 3, Art. 83 Rn. 26; Kirchhof in Maunz/Dürig, GG, 54. Lieferung 2009, Art. 83 Rn. 5, 7.
738 Denninger/Poscher in Lisken/Denninger, HbPolR, 5. Auflage, B Rn. 143; Papier in DVBl. 1992, 1 (3).

nisnormen geschaffen, welche die bis dahin geltenden polizeigesetzlichen Befugnisnormen um den weiten Bereich der damals so bezeichneten „*Gefahrenvorsorge*" erweiterten[739]. Obwohl der Datenschutz i.w.S. damals bereits gesetzgeberischen Bestrebungen unterworfen war, dauerte sein Einzug in die meisten Polizeigesetze noch über ein Jahrzehnt.

Auf Grundlage des von der Ständigen Konferenz der Innenminister und -senatoren des Bundes und der Länder (IMK) entwickelten Programms für die innere Sicherheit in der Bundesrepublik Deutschland wurde in diesem Zusammenhang der *MEPolG* am 10./11.6.1976 mit der Zielsetzung verabschiedet, die Polizeigesetze aller beteiligten Hoheitsträger dadurch zu vereinheitlichen, dass diese ihre neu zu schaffenden Polizeigesetze an dem noch zu verfassenden *MEPolG* ausrichteten[740]. Mittlerweile hatte sich die Lehre vom Gesetzesvorbehalt dahingehend ausdifferenziert, dass nicht nur jeder Grundrechtseingriff einer dem Vorbehalt des Gesetzes aus Art. 20 Abs. 3 GG entsprechenden Ermächtigungsgrundlage bedurfte. Vielmehr war auch eine an der Art und der Tiefe des Grundrechtseingriffs orientierte Ausgestaltung der gesetzlichen Ermächtigungsgrundlage erforderlich. Quelle des bei Erlass solcher Befugnisnormen zu beachtenden Bestimmtheitsgebots ist die Wesentlichkeitsformel, wonach als wesentlich anzusehende staatliche Maßnahmen in Form von Grundrechtseingriffen nicht nur irgendwie sondern eben gerade in ihrem, dem jeweiligen Eingriff eigenen Wesentlichen zu regeln sind[741]. Im Rahmen des Bestimmtheitsgebots ist zu beachten, dass Gesetze zwar nicht bestimmt im Hinblick auf eine konkrete Situation, sondern nur hinreichend bestimmt sein müssen. Sie müssen allerdings umso bestimmter sein, je schwerwiegender sich ein am Rang des betroffenen Grundrechts und an der Eingriffstiefe gemessener Eingriff in eine Grundrechtsposition auswirkt[742]. Nur dort, wo die Polizei durch schlicht- hoheitliches Handeln tätig wird, ist eine gesetzliche Ausgestaltung der dann wahrgenommenen polizeilichen Aufgabe der Verhütung von Straftaten durch präventiv- polizeiliche Befugnisnormen nicht erforderlich. Bei faktisch- po-

---

739 Baumanns in Die Polizei 2008, 79 (80) § 9 Abs. 1 Nr. 2 bis 4 MEPolG in Heise/Riegel, MEPolG, S. 4; § 10 Abs. 1 Nr. 2 MEPolG, a.a.O. S. 52; § 13 Abs. 1 Nr. 2 MEPolG, a.a.O. S. 61; § 17 Abs. 1 Nr. 2, 4 und 5 MEPolG, a.a.O. S. 71; § 18 Abs. 1 Nr. 1, 2a, 3 bis 6 MEPolG, a.a.O. S. 74; § 19 Abs. 1 Nr. 1 und 2 MEPolG, a.a.O. S. 76; § 21 Nr. 2 und 3 MEPolG, a.a.O. S. 83.
740 Heise, MEPolG, S. 5, 11.
741 Gusy in Kugelmann (Hrsg.), Polizei unter dem GG, S. 11 (16).
742 BVerfGE 86, 288 (310/311); 59, 104 (114); 49, 168 (181/182).

lizeilichem Handeln, das darin liegt, dass die Polizei unabhängig von jeglichen personenbezogenen Daten etwa Hinweise zu Vorsorgemaßnahme gegen Einbruchdiebstähle, zur Gepäcksicherung an Bahnhöfen und Flughäfen oder über die mit dem internationalen Terrorismus in Verbindung stehende Gefährdungslage erteilt[743], findet kein Eingriff in Grundrechtspositionen statt. Hier genügt die Eröffnung des sachlichen polizeilichen Zuständigkeitsbereichs durch eine Aufgabenzuweisungsnorm[744].

Wie die damals fortschrittlicheren Polizeigesetze der Bundesländer *Baden- Württemberg, Bremen, Hessen, Rheinland- Pfalz und Schleswig- Holsteins* zeigen, hatte die Lehre vom Gesetzesvorbehalt zur Folge, dass die einzelnen Bundesländer mehr und mehr dazu übergingen, den durch das Bestimmtheitsgebot und der diesem immanenten Wesentlichkeitsformel aufgestellten Anforderungen entsprechende, mit präventiv- polizeilichen Standardmaßnahmen versehene ausdifferenziertere Polizeigesetze zu erlassen. Polizeiliche Standardmaßnahmen sind insoweit typisiert, als sie für typische Gefahrenlagen die Rechtmäßigkeit typischer staatlicher Maßnahmen zur Gefahrenabwehr als lex specialis zur präventiv- polizeilichen Generalklausel regeln[745]. Diese einsetzenden gesetzgeberischen Aktivitäten bargen die Gefahr in sich, dass die Polizeigesetze der einzelnen Bundesländer in ihrem Inhalt, ihrem Aufbau und ihrer Entwicklung zu sehr voneinander abwichen, als es einem föderal aufgebauten Staatssystem dienlich sein konnte. Art. 35 Abs. 1, Abs. 2 und Abs. 3 GG sehen für die Fälle der Amtshilfe, der Aufrechterhaltung oder Wiederherstellung der öffentlichen Sicherheit und Ordnung oder bei Gefährdung des Gebiets von mehr als einem Land durch eine Naturkatastrophe oder einen Unglücksfall ebenso wie Art. 91 Abs. 1 und Abs. 2 GG für den Fall einer Gefahr für den Bestand der freiheitlich demokratischen Grundordnung des Bundes oder eines Landes sowie wie Art. 115f GG im Verteidigungsfalle länderübergreifende Polizeieinsätze – auch unter Beteiligung des BGS (heute: BPol) – vor, in denen je nach Situation das Polizeirecht des Einsatzlandes oder das *BGSG* (heute: *BPolG*) gilt. Bei solch gemeinsamen Einsatzlagen der Polizeien des Bundes und der Länder wäre das polizeiliche Handeln in seiner Effektivität aber auch in der Realisierbarkeit seiner Anwendung gefährdet, würde die Polizei eines Dienstherrn nicht wissen, unter welchen Voraussetzungen sie Maßnahmen unter Geltung des Polizeigesetzes eines anderen Gesetzgebers im Geltungs-

---

743 Albers, Dissertation, S. 125; Tettinger/Erbgut/Mann, VerwR BT, Rn. 424.
744 Knemeyer, POR, Rn. 141.
745 Schönrock/Knape in Die Polizei 2012, 280 (280).

bereich des Grundgesetzes vornehmen dürfte. Der *MEPolG* sollte daher ein Leitbild für alle Bundesländer zu deren Polizeigesetzgebung sein. Ziel war die Kompatibilität des polizeilichen Handelns innerhalb der Bundesrepublik Deutschland.

Datenschutzrechtliche Bestimmungen wurden weder im ursprünglichen Entwurf des *MEPolG* noch in der auf Grund der Vorarbeiten der „Arbeitsgruppe Harmonisierung" durch die IMK am 25.11.1977 beschlossene und mit Ergänzungen versehene Neufassung des *MEPolG* aufgenommen. Ziel der *Arbeitsgruppe Harmonisierung* war die Herbeiführung einer Harmonisierung des *MEPolG* mit der *StPO*[746]. Hierzu wurden neben der Entfernung aller Befugnisse der Polizei zur Verfolgung von Straftaten und Ordnungswidrigkeiten aus den §§ 1, 9, 10, 11, 14, 17, 18, 19, 21, 52, 53 MEPolG a.F. vor allem Änderungen der StPO notwendig[747]. Das bereits 10 Monate vor der Neufassung des *MEPolG* in Kraft getretene *BDSG 1977* und die diesem entsprechenden Datenschutzgesetze der Länder betrafen lediglich den Datenschutz i.w.S.

Orientiert am Ausgangsbeschluss des Arbeitskreises II der IMK vom 20.6.1972 zum *MEPolG* erließen

– Hessen mit den *Gesetzen zur Änderung des Hessischen Gesetzes über die öffentliche Sicherheit und Ordnung* vom 25.5.1973 in Bezug auf die Befugnis zur ED- Behandlung[748] bzw. vom 11.5.1988 in Bezug auf die Befugnis zur unmittelbaren Ausführung einer Maßnahme und die Kosten der Sicherstellung[749], da ein dem Ausgangsbeschluss zum *MEPolG* entsprechendes Gesetz bereits zuvor, nämlich am 26.1.1972, beschlossen worden war[750],

– Rheinland- Pfalz mit dem *Polizeigesetz von Rheinland-Pfalz (PolG RP)* vom 29.6.1973[751],

– Bayern mit dem *Gesetz über die Aufgaben und Befugnisse der Polizei in Bayern (BayPAG)* am 24.10.1974[752], in welchem erstmals die polizeiliche Befugnisnorm zur Standardmaßnahme des Platzverweises geregelt wurde, und

---

746 Heise/Riegel, MEPolG, S. 15 f.
747 Heise/Riegel, MEPolG, S. 16.
748 Hess. GVBl. 1973 I S. 160 (bis 160).
749 Hess. GVBl. 1988 I S. 191 bis 192.
750 Hess. GVBl. 1972 I S. 24 bis 38.
751 GVBl. RP 1973 S. 180 bis 199.
752 Bay. GVBl. 1974 S. 739 bis 746.

A. Die Gesetzgebungs- und Verwaltungskompetenzen für das Polizeirecht

– *Berlin* mit dem *Allgemeinen Sicherheits- und Ordnungsgesetz (ASOG Berlin)* vom 11.2.1975[753]

sowie orientiert am *MEPolG* vom 11.6.1976, der abgesehen vom *BayPAG* erstmals die Befugnisnorm zur polizeilichen Standardmaßnahme des Platzverweises enthielt[754], *Baden-Württemberg* mit dem *Gesetz zur Änderung des Polizeigesetzes* vom 3.3.1976[755] und orientiert an der Neufassung des *MEPolG* vom 25.11.1977

– *Bayern* mit dem *Gesetz über die Aufgaben und Befugnisse der Bayerischen Staatlichen Polizei (BayPAG)* am 24.8.1978[756],

– *Nordrhein-Westfalen* gem. Art. 1 des *Gesetzes zur Neuordnung des Polizei-, Ordnungs-, Verwaltungsvollstreckungs- und Melderechts vom 25.3.1980* durch das *Polizeigesetz Nordrhein-Westfalens (PolG NRW)*[757],

– *Rheinland-Pfalz* mit dem *Dritten Landesgesetz zur Änderung des Polizeiverwaltungsgesetzes* vom 24.6.1981[758] und

– *Niedersachsen* mit dem *Niedersächsischen Gesetz über die öffentliche Sicherheit und Ordnung (NdsSOG)* vom 17.11.1981[759].

neue bzw. aktualisierte Fassungen ihrer Polizeigesetze. *Hamburg* erließ bis Anfang der 1990er Jahre, der *Bund* erließ bis Mitte bzw. Ende der 1990er Jahre kein dem *MEPolG* entsprechendes *BGSG* bzw. *BKAG*. In den am *MEPolG* orientierten Polizeigesetzen wurden die präventiv- polizeilichen Befugnisse zur Datenerhebung nicht auf die zeitliche Dimension einer konkreten Gefahr beschränkt, sondern bis in deren Vorfeld ausgeweitet. Seither waren präventiv- polizeiliche Standardmaßnahmen nicht mehr nur zulässig, wenn eine konkret bevorstehende Gefahr abgewehrt werden sollte. Vielmehr ist seither ausreichend, dass *bestimmte Tatsachen die Annahme einer möglicherweise bevorstehenden Straftat rechtfertigen*[760]. Dies trifft insbesondere auf die klassischen informationellen polizeilichen Standardmaßnahmen zu. Hierzu zählen

---

[753] GVBl. Berlin 1975 S. 688 bis 695.
[754] Heise, MEPolG, S. 51; Heise/Riegel, MEPolG, S. 60.
[755] GBl. BW 1976 S. 228 bis 230; 454.
[756] Bay. GVBl. 1978 S. 561 bis 571.
[757] GVBl. NRW 1980 S. 234 bis 247 (240).
[758] GVBl. RP 1984 S. 124 bis 138.
[759] Nds. GVBl. 1981 S. 347 bis 364.
[760] Kniesel/Vahle, VE ME PolG, S. 47.

Kapitel 2: Die Entwicklung des polizeigesetzlichen Datenschutzrechts

- Identitätsfeststellungen i.S.d. § 9 Abs. 1 Nr. 2 bis 4 MEPolG n.F.[761] oder
- Durchsuchungen von Personen und Sachen i.S.d. § 17 Abs. 1 Nr. 4 und 5 MEPolG und § 18 Abs. 1 Nr. 1, 5 und 6 MEPolG.

Charakteristisch für diese im Vorfeld einer konkreten Gefahr ansetzenden Maßnahmen ist, die befürchtete Straftat dadurch zu verhüten, dass potentielle Straftäter in Kenntnis ihrer bei der Polizei vorhandenen Daten von der Begehung möglicher Straftaten abgeschreckt werden. Da unter den Voraussetzungen der zur Verhütung von Straftaten vorgenommenen Identitätsfeststellung auch zur Verhütung von Straftaten dienende präventiv- polizeiliche Durchsuchungen von Personen oder Sachen zulässig sind, kann beim tatsächlichen Auffinden und anschließender Sicherstellung von möglichen Tatwerkzeugen oder -mitteln, ein gewisser Abschreckungseffekt herbeigeführt werden[762]. Die auf präventiver Grundlage erhobenen Daten bei gleichwohl begangener Straftat können später zur Ermittlung etwaiger Tatverdächtiger herangezogen werden[763]. Auch finden sich in den am *MEPolG* orientierten Polizeigesetzen erste präventiv- polizeiliche Befugnisse zur Datenerhebung zur Verhütung von Straftaten im Vorfeld einer konkreten Gefahr, wie etwa die an § 10 Abs. 1 MEPolG n.F.[764] ausgerichteten präventiv-polizeilichen Befugnisse zur ED- Behandlung. § 10 Abs. 2 MEPolG n.F. wonach der Betroffene die Vernichtung seiner erkennungsdienstlichen Unterlagen verlangen können sollte, falls die Voraussetzungen der ED -Behandlung wegfielen, war damals die einzige datenschutzrechtliche Bestimmung des *MEPolG*.

Ebenso wenig wie der *MEPolG* oder die damaligen Polizeigesetze die präventiv- polizeiliche Befugnis zur Befragung als eine der originärsten polizeilichen Maßnahmen zur Datenerhebung enthielten, wurde damals polizeigesetzlich geregelt, wie außerhalb des Anwendungsbereichs des § 10 Abs. 2 MEPolG n.F. mit erhoben personenbezogenen Daten umzugehen war. Vielmehr fanden bezogen auf die Polizeien der Länder in den §§ 1 bis 6,

---

761 *Anlage 2.2.1 Ziffer 3* (Informationelle Standardmaßnahmen (offene und / oder unmittelbare Datenerhebung) / Identitätsfeststellung).
762 Ehrenberg/Frohne in Kriminalistik 2003, 737 (747).
763 Kapitel 4 B. II. (S. 354).
764 *Anlage 2.2.1 Ziffer 5* ((Informationelle Standardmaßnahmen (offene und / oder unmittelbare Datenerhebung) / ED-Behandlung).

7 Abs. 1 Satz 1; 8ff BDSG 1977 entsprechenden Bestimmungen aus dem Datenschutzgesetz des jeweiligen Landes Anwendung[765].

II. Der Alternativentwurf einheitlicher Polizeigesetze des Bundes und der Länder (AEPolG)

Der *MEPolG* wurde bereits vor seiner ersten Verabschiedung am 11.6.1976 wegen seiner Regelungen zum polizeilichen Schusswaffengebrauch mit tödlicher Wirkung und der damals neuartigen polizeilichen Eingriffsbefugnisse zur vorbeugenden Verbrechensbekämpfung im Vorfeld bestimmter Gefahren in der Öffentlichkeit kontrovers diskutiert[766] und blieb auch nach Bekanntgabe seiner am 25.11.1977 beschlossenen Neufassung umstritten[767]. Angesichts dessen schlossen sich im Sommer 1977 mehrere auf den Gebieten des Staats- und Verwaltungsrechts, insbesondere des Polizeirechts und des Datenschutzes, sowie im Straf- bzw. Strafverfahrensrecht und der Kriminologie tätige Wissenschaftler zum *„Arbeitskreis Polizeirecht"* zusammen[768]. Deren tragende 4 Leitlinien waren
- der Ausbau der Rechtsstaatlichkeit,
- die Wahrung der Liberalität,
- die Verstärkung der Bürgerrechte und
- die Berücksichtigung polizeilicher Praxisbedürfnisse[769].

Unter deren Berücksichtigung wurde nach etwas über ein Jahr andauernden Beratungen der *Alternativentwurf einheitlicher Polizeigesetze des Bundes und der Länder (AEPolG)* am 26.11.1978 verabschiedet[770]. Hierin wurde erstmals versucht, in einem besonderen Abschnitt über „Informationsverarbeitung" Leitlinien zur sachgerechten Eingrenzung des Phänomens zu

---

765 § 12 Abs. 2 Nr. 1 BDSG 1977, der „*soweit die Sicherheit des Bundes berührt wird"* Ausnahmen für „ *(...) das Bundeskriminalamt, die Behörden der Staatsanwaltschaft und der Polizei (...)* „ von der unverzüglich nach der ersten Einspeicherung durch § 12 Abs. 1 Satz 1 BDSG 1977 beschriebenen Pflicht zur Bekanntgabe der durch Behörden und sonstige öffentliche Stellen vorgesehenen Umstände der durch diese erfolgenden Datenverarbeitung im bestehenden Veröffentlichungsblatt für amtliche Bekanntmachungen vorsah.
766 AK Polizeirecht, AEPolG, S. VI.
767 Kniesel/Vahle, VE ME PolG, S. V.
768 AK Polizeirecht, AEPolG, S. VII / VIII.
769 AK Polizeirecht, AEPolG, S. VIII.
770 AK Polizeirecht, AEPolG, S. VIII.

entwickeln, dass die damals im Zusammenhang mit linksextremistischen terroristischen Anschlägen aufkommende moderne kriminalpolizeiliche Verbrechensverhütung und -verfolgung weit über das Feld der Terrorismusbekämpfung hinaus mehr und mehr dazu überging, mit Hilfe elektronischer Datenverarbeitung ganze Bereiche sozialen Lebens systematisch zu überwachen und damit gravierenden, häufig latenten Gefährdungen der rechtsstattlichen Freiheit des Bürgers entgegen zu treten[771]. Daher wurden über die Regelungen des *MEPolG* hinausgehende Befugnisnormen konzipiert, denen die dadurch notwendig werdenden bereichsspezifischen Datenschutzbestimmungen zur Seite gestellt wurden[772]. Eine Übernahme dieser Vorgaben in die Polizeigesetze des Bundes und der Länder erfolgte durch das *Bremische Polizeigesetz (PolG Bremen)* vom 21.3.1983[773] durch einen einzelnen Gesetzgeber. Dieser ging dann in Teilen sogar über den *AEPolG* hinaus, da § 29 PolG Bremen spezifische Regelungen zum automatisierten Datenabgleich und die §§ 32, 33 und 35 PolG Bremen etliche Verfahrenssicherungen in Form von Reglementierungen zur Datenspeicherung, -übermittlung und -löschung enthielten[774].

Der *AEPolG* sah ähnlich wie die §§ 9 Abs. 1 Nr. 1 und 2, Abs. 2 und 3; 10 Abs. 1 MEPolG mit § 15 Abs. 2 bis 5 AEPolG polizeiliche Befugnisse zur Identitätsfeststellung an kriminogenen oder gefährdeten Orten sowie mit § 16 Abs. 1 und 2 AEPolG polizeiliche Befugnisse zur ED- Behandlung, die zum Zweck der vorbeugenden Bekämpfung von Straftaten vorgenommen werden durften, einschließlich dazugehöriger Löschungspflichten vor. Darüber hinaus enthielt § 16 Abs. 3 Satz 2 AEPolG erstmals eine Unterrichtungspflicht gegenüber demjenigen, über den ohne dessen Wissen ED- Unterlagen angefertigt wurden, da ohne dieses Wissen der nach § 43 Abs. 1 AEPolG bestehende Löschungsanspruch des Betroffenen nicht durchgesetzt werden kann[775]. Außerdem enthielt der *AEPolG* bereits drei weitere Befugnisnormen zur originären polizeilichen Informationserhebung. Dies waren die Befugnisse
– zur Informationserhebung (§ 11 AEPolG), die die in den heutigen Polizeigesetzen enthaltene Befugnis zur Befragung sowie eine gegenüber der fortbestehenden polizeilichen Generalklausel aus § 10 AEPolG für den

---

771 AK Polizeirecht, AEPolG, S. IX.
772 AK Polizeirecht, AEPolG, S. XIII.
773 Brem. GBl. 1983 S. 141 bis 156.
774 Schmidt, Bremisches PolG, Vor § 1 Rn. 37.
775 AK Polizeirecht, AEPolG, S. 73.

A. Die Gesetzgebungs- und Verwaltungskompetenzen für das Polizeirecht

Bereich der Erhebung personenbezogener Informationen eingeschränkte Generalklausel für die Erhebung personenbezogener Informationen umfasste[776],
- zur Erstellung von Persönlichkeitsprofilen, welche unter Richtervorbehalt zu stellen war (§ 12 AEPolG) und daher eine stark eingegrenzte Befugnis darstellte, sowie
- zum Ausforschen von Veranstaltungen (§ 13 AEPolG i.V.m. § 44 AEPolG), die grds. ebenfalls unter Richtervorbehalt gestellt (§ 14 AEPolG) und daher stark einschränkt wurde[777].

Was mit erhobenen personenbezogenen Informationen geschehen sollte, insbesondere wie damit umzugehen sei, wurde im zweiten mit der Überschrift „*Informationsverarbeitung*" versehenen Kapitel des *AEPolG* geregelt[778]. Dieser enthielt Bestimmungen
- zur Informationsspeicherung und -änderung (§ 37 AEPolG)[779],
- zur Informationsübermittlung zwischen Polizeibehörden (§ 38 AEPolG), durch die Polizei an andere Behörden und Dritte (§ 39 AEPolG) sowie die Befugnis nicht-polizeilicher Behörden zur Informationsübermittlung an die Polizei (§ 40 AEPolG)[780],
- zur Pflicht zur Berichtigung von Informationen (§ 41 AEPolG),
- zur Löschung von Informationen und zum Verwertungsverbot (§ 42 AEPolG),
- zur Löschung erkennungsdienstlich erhobener Informationen (§ 43 AEPolG),
- zur Löschung der durch Ausforschung von Veranstaltungen erhobenen Informationen (§ 44 AEPolG)[781],
- zur Verwendung rechnerunterstützter polizeilicher Informationssystemen (§ 45 AEPolG)[782] und
- zur Auskunftserteilung gegenüber dem Betroffenen (§ 46 AEPolG)[783].

Diese durch den *AEPolG* vorgeschlagenen Bestimmungen lehnten sich eng an das *BDSG 1977* an[784], enthielten aber keine dem § 1 Abs. 2 BDSG 1977

---

776 §§ 13, 28 PolG Bremen vom 21.3.1983.
777 AK Polizeirecht, AEPolG, S. 8 bis 11.
778 AK Polizeirecht, AEPolG, S. 22 ff.
779 § 27 PolG Bremen vom 13.3.1983.
780 §§ 29, 33 PolG Bremen vom 13.3.1983.
781 § 35 PolG Bremen vom 13.3.1983.
782 § 36 PolG Bremen vom 13.3.1983.
783 § 34 PolG Bremen vom 13.3.1983.
784 AK Polizeirecht, AEPolG, Vor §§ 37 ff Rn. 4 (S. 115).

Kapitel 2: Die Entwicklung des polizeigesetzlichen Datenschutzrechts

entsprechende Einschränkung des Anwendungsbereichs dieser Schutzvorschriften auf die Informationsverarbeitung in oder aus Dateien[785]. In § 1 Abs. 2 BDSG 1977 hieß es noch:

„Dieses Gesetzt schützt personenbezogene Daten, die
(1.) von Behörden oder sonstigen öffentlichen Stellen (§ 6),
(2.) (...)
(3.) (...)
in Dateien gespeichert, verändert oder gelöscht oder aus Dateien übermittelt werden. Für personenbezogene Daten, die nicht zur Übermittlung an Dritte bestimmt sind und nicht in automatisierten Verfahren bearbeitet werden, gilt von den Vorschriften dieses Gesetzes nur § 6. „

In § 6 Abs. 1 Satz 2 BDSG 1977 wurden die von § 6 Abs. 1 Satz 1 BDSG 1977 geforderten technischen und organisatorischen Maßnahmen zur Umsetzung des *BDSG 1977* nur als erforderlich angesehen, wenn ihr Aufwand in einem angemessenem Verhältnis zu dem angestrebten Schutzzweck stand. Näheres sollte gem. § 6 Abs. 2 Satz 1 BDSG 1977 in einer Rechtsverordnung geregelt werden[786].

Da die §§ 37 ff AEPolG demgegenüber für sämtliche polizeilich erhobenen personenbezogenen Informationen gelten sollten und obwohl sie mit den Bestimmungen des *BDSG 1977* größtenteils text- und strukturgleich waren, kam ihnen grundsätzlich eine stärkere datenschützende Wirkung zu[787]. Eine Ausnahme von dieser Regel bildete § 40 Abs. 1 und 2 AEPolG. Die in den 1970er und zu Beginn der 1980er Jahre erlassenen Datenschutzgesetze des Bundes und der Länder berücksichtigten weder das Zweckbindungsgebot noch enthielten sie Befugnisse zur zweckändernden Verarbeitung oder Nutzung von erhobenen Daten. § 10 Abs. 1 Satz 2 BDSG 1977[788] bzw. die entsprechende Vorschrift des Datenschutzgesetzes des jeweiligen Landes sahen nach dem seit dem Volkszählungsurteil veralteten Rechtsverständnis die Verpflichtung zur Zweckbindung allein darin, dass für die Rechtmäßigkeit der Übermittlung von Daten, die

einem Berufs- oder besonderem Amtsgeheimnis (§ 45 Satz 2 Nr. 1 BDSG (1977)) (... unterliegen), und (... die) der übermittelnden Stelle von der zur

---

785 AK Polizeirecht, AEPolG, Vor §§ 37 ff Rn. 5 (S. 115).
786 Kapitel 1 C. I. 2. c. cc. (2) (S.72) / (3) (S. 73); Kapitel 2 A. III. 7. h. (S. 259); Kapitel 3 C. II. 2. (S. 453); Kapitel 5 A. II. 1. a. bb. (S. 741) / b. (S. 684) / c. (S. 699) / f. (S. 740).
787 AK Polizeirecht, AEPolG, Vor §§ 37 ff Rn. 5 (S. 115).
788 Ahlf/Störzer/Vordermaier, Kriminalistik, Bd. 2, Ziff. 46 Rn. 30.

Verschwiegenheit verpflichteten Person in Ausübung ihrer Berufs- und Amtspflicht übergeben worden (sind),

zusätzlich erforderlich sei, *dass der Empfänger die Daten zur Erfüllung des gleichen Zwecks benötigt, zu dem sie die übermittelnde Stelle erhalten hat*[789]. Im Umkehrschluss war die Übermittlung von Daten, die keinem Berufs- oder Amtsgeheimnis unterlagen, nach § 10 Abs. 1 Satz 1 BDSG 1977 an andere Behörden und öffentliche Stellen zulässig, *wenn sie zur rechtmäßigen Erfüllung der in der Zuständigkeit der übermittelnden Behörde des Empfängers liegenden Aufgaben erforderlich ist*. Der die Informationsübermittlung durch andere Behörden an die Polizei betreffende § 40 Abs. 1 und 2 AEPolG entsprach § 10 Abs. 1 und 2 BDSG 1977. Die Erforderlichkeit der Übermittlung musste sich hier wie dort zumindest aus den Aufgaben einer der am Übermittlungsvorgang beteiligten Behörden, wobei insoweit strenge Maßstäbe galten, als dass nicht gegen Geheimhaltungsvorschriften verstoßen werden durfte[790]. Sollte die Übermittlung der Aufgabenerfüllung der Polizei als der empfangenden Behörde dienen, musste dieser gem. § 10 Abs. 1 Satz 1 BDSG 1977 die Aufgabenerfüllung ohne Kenntnis der zu übermittelnden Informationen unmöglich sein[791]. Abgesehen von dieser Übereinstimmung mit § 10 BDSG 1977 gingen die Autoren des *AEPolG* davon aus, bestehende datenschutzrechtliche Regelungen des *BDSG 1977* über die Übermittlung von Daten teils abzuschwächen, teils verschärfen zu müssen, um der hinsichtlich der jeweiligen Kommunikationspartner und der Kommunikationsrichtung unterschiedlichen Gefahren einer Beeinträchtigung schutzwürdiger Belange des Betroffenen Rechnung zu tragen[792]. Entsprechendes galt gem. Ziffern 5.1 der Dateienrichtlinie bzw. Ziffer 3.1 der Muster – KpS-Richtlinie, die beide auf § 10 Abs. 1 BDSG 1977 verwiesen und in Ziffer 5.5 bzw. Ziffer 3.5 die Behörden, an die personenbezogene Daten aus den vom BKA geführten Dateien bzw. aus den von den Ländern geführten kriminalpolizeilichen personenbezogenen Sammlungen übermittelt werden durften, in den Übermittlungsermächtigungen nicht abschließend aufzählten.

---

789 Ziffer 5.2 Dateienrichtlinie; Ziffer 3.2 Muster- KpS-Richtlinie.
790 Dammann in Simitis/Dammann, BDSG 1978, § 10 Rn. 9.
791 Auernhammer, BDSG 1977, § 10 Rn. 7.
792 AK Polizeirecht, AEPolG, § 38 Rn. 1 (S. 117).

III. Der Musterentwurf eines einheitlichen Polizeigesetzes in der Fassung des Vorentwurfs zur Änderung des MEPolG (VE ME PolG)

Trotz bereits im *AEPolG* enthaltener Vorgaben waren formell- gesetzliche Befugnisse zu Eingriffen in das Grundrecht auf informationelle Selbstbestimmung in den bis Ende der 1970er Jahre erlassenen Polizeigesetzen allenfalls enthalten, wenn mit der Erhebung personenbezogener Daten Eingriffe in andere Grundrechte verbunden waren. Mangels Kenntnis des Grundrechts auf informationelle Selbstbestimmung lagen nach damaligem Rechtsverständnis in Identitätsfeststellungen oder ED- Behandlungen keine Eingriffe in grundrechtlich geschützte informationelle Rechtspositionen[793]. Als Folge des aus dem Volkszählungsurteil hervorgegangenen Gebots der Zweckbindung von personenbezogenen Daten wurde eine Überarbeitung der bis dahin mit Ausnahme des Polizeigesetzes vom *Bremen* an den Vorgaben des *MEPolG* orientierten Polizeigesetzen unausweichlich[794]. Da das BVerfG im Volkszählungsurteil feststellte, dass Eingriffe in das Grundrecht auf informationelle Selbstbestimmung ausschließlich aufgrund formell- gesetzlicher Grundlage, aus der unter Beachtung der Wesentlichkeitstheorie i.S.d. Gebots der Normenklarheit die Voraussetzungen und das Ausmaß des konkreten Eingriffs deutlich erkennbar sein müssen, zulässig sind[795], beauftragte die IMK den AK II mit der Prüfung, welche Auswirkungen das Volkszählungsurteil auf die polizeiliche Datenverarbeitung hat. Der AK II legte Anfang 1985 einen ersten Entwurf vor, den die IMK nach Überarbeitung am 12.3.1986 in Gestalt des *Vorentwurfs zur Änderung des Musterentwurfs eines einheitlichen Polizeigesetzes des Bundes und der Länder (VE ME PolG)* als Grundlage zur Weiterentwicklung des Polizeirechts billigte[796]. Da das aus dem APR abgeleitete Grundrecht auf informationelle Selbstbestimmung aber damals eine völlig neue Rechtsmaterie war, hatten politische Divergenzen zwischen den SPD- und den CDU- regierten Bundesländern unterschiedliche Rechtsansichten innerhalb der beiden Ländergruppierungen zur Folge[797]. Daher war der *VE ME PolG* am Ende der Beratungen nicht einheitlich ausgestaltet sondern wies insgesamt 12 Alternativen auf. Dennoch sehen heute sämtliche Polizeigesetzgeber datenschutz-

---

793 Möstl in DVBl. 2007, 581 (582).
794 BGH in NStZ 1992, 44 (45).
795 Kniesel/Vahle, VE ME PolG, S. V.
796 Kniesel/Vahle, VE ME PolG, S. VI; Lisken in DRiZ 1987, 184 (185).
797 Kniesel/Vahle, VE ME PolG, S. VII; S. 1 ff.

rechtliche Bestimmungen in ihren Polizeigesetzen vor[798]. Sie sind infolge der bei den Verhandlungen über den *VE ME PolG* bestehenden Uneinigkeiten jedoch nicht so bundeseinheitlich geregelt, wie ursprünglich beabsichtigt.

Während das Bundesministerium der Justiz am 3.11.1988 einen auf Änderungen der *StPO* bezogenen *Referentenentwurf für ein Gesetz zur Änderung des Strafverfahrensrechts – Strafverfahrensänderungsgesetz 1988 (StVÄG 1988)* vorlegte[799], erließen

- *Rheinland-Pfalz* durch das *Vierte Landesgesetz zur Änderung des Polizeiverwaltungsgesetzes von Rheinland-Pfalz* vom 26.3.1986[800],
- das *Saarland* durch das *Gesetz zur Neuordnung des Saarländischen Polizeirechts das Saarländische Polizeigesetz (SPolG)* am 8.11.1989[801],
- *Hessen* durch das *Gesetz zur Änderung des Hessischen Gesetzes über die öffentliche Sicherheit und Ordnung* vom 18.12.1989[802] und als *Neufassung durch das Hessische Gesetz über die Öffentliche Sicherheit und Ordnung* vom 26.6.1990[803] unter nunmehriger Einbeziehung der Vorschriften über den unmittelbaren Zwang,
- *Nordrhein-Westfalen* durch das *Gesetz zur Fortentwicklung des Datenschutzes im Bereich der Polizei- und Ordnungsbehörden (GFDPol)* vom 24.2.1990[804],
- *Bayern* durch das *Gesetz über die Aufgaben und Befugnisse der Bayerischen Staatlichen Polizei (BayPAG)* vom 14.9.1990[805],
- *Hamburg* durch das *Gesetz zur Änderung des Gesetzes zum Schutz der öffentlichen Sicherheit und Ordnung und zur Sicherung des Datenschutzes bei der Polizei* vom 2.5.1991 und in Gestalt des *Gesetzes über die Datenverarbeitung der Polizei (HambPolDVG)* vom 2.5.1991[806],
- *Baden-Württemberg* durch das *Polizeigesetz* vom 13.1.1992[807],

---

798 Gusy in ZJS 2012, 155 (157).
799 Entwurf eines Strafverfahrensänderungsgesetzes in StV 1989, 172 (174 bis 178).
800 GVBl. RP 1986 S. 77 bis 79.
801 ABl. d. Saarlandes 1989 S. 1751 bis 1769.
802 GVBl. Hessen 1989 I S. 469 bis 480.
803 GVBl. Hessen 1990 I S. 197 bis 230.
804 GVBl. NRW 1990 S. 69 bis 83.
805 Bay. GVBl. 1990 S. 397 bis 415.
806 Hmb. GVBl. 1991 I S. 187 bis 199.
807 GBl. BW 1992 S. 1 bis 20; berichtigt S. 596; Wolf/Stephan/Deger, PolG BW, Einführung Rn. 34.

- *Berlin* durch das *Allgemeine Gesetz zum Schutz der öffentlichen Sicherheit und Ordnung in Berlin (ASOG Berlin)* vom 14.4.1992[808],
- *Schleswig- Holstein* durch die *Bekanntmachung der Neufassung des Landesverwaltungsgesetzes* (§§ 162 bis 261 LVwG) vom 2.6.1992[809],
- *Niedersachsen* durch das *Niedersächsische Gefahrenabwehrgesetz (NGefAG)* vom 13.4.1994[810] und letztendlich
- *Bremen* durch das *Gesetz zur Änderung des Bremischen Polizeigesetzes* vom 4.9.2001[811] i.d.F. des *Gesetzes zur Änderung des Bremischen Polizeigesetzes* vom 25.10.2001[812]

an den im Volkszählungsurteil aufgestellten und im *VE ME PolG* übernommenen Anforderungen orientierte Polizeigesetze[813]. Die neuen Bundesländer konnten ihre Polizeigesetze demgegenüber auf einen Schlag auf den in Westdeutschland in mehreren Zeitabschnitten gewachsenen informationsrechtlichen Entwicklungsstand bringen. Das wenige Tage vor dem Ende der DDR erlassene *Gesetz über die Aufgaben und Befugnisse der Polizei* vom 13.9.1990[814] *(DDR- PolG)* war als polizeirechtliche Erstausstattung der neuen Länder bestimmt und normierte das Polizeirecht auf der Grundlage des nordrhein- westfälischen Polizeigesetzes vom 13.9.1990 in Anlehnung an den *MEPolG 1977* und den *VE ME PolG* von 1986[815]. Das *DDR- PolG* galt ab der Wiedervereinigung aufgrund Art. 4 Ziff. 8 a) der Vereinbarung zwischen der Bundesrepublik Deutschland (BRD) und der DDR zur Durchführung und Auslegung des am 31.8.1990 in Berlin unterzeichneten *Vertrages zwischen der BRD und der DDR über die Herstellung der Einheit Deutschlands (Einigungsvertrag)* vom 18.9.1990[816] in Ausfüllung des Art. 9 Abs. 3 des Einigungsvertrages vom 31.8.1990[817]. Dieses wurde in den Bundesländern
- *Sachsen* durch das *Polizeigesetz des Freistaates Sachsen (SächsPolG)* vom 30.7.1991[818] (zunächst ohne Regelungen über die Datenerhebung,

---

808 GVBl. Berlin 1992 S. 119 bis 132.
809 GVBl. SH 1992 S. 243 bis 318 (S. 285 bis 305).
810 Nds. GVBl. 1994 S. 172 bis 195.
811 Brem. GVBl. 2001 S. 267 bis 277.
812 Brem. GVBl. 2001 S. 341 bis 342.
813 BGH in NStZ 1992, 44 (45).
814 Das Fortgeltende Recht der DDR, 7. Lieferung, DDR II C 2 S. 1 bis 35.
815 Götz, POR, § 3 Rn. 8.
816 BGBl. 1990 II S. 889 bis 1248.
817 BGBl. 1990 II S. 1239 bis 1245 (1243).
818 Sächs. GVBl. 1991 S. 291 bis 302.

-nutzung und -verarbeitung) i.d.F. vom 15.8.1994 (nunmehr mit Regelungen über die Datenerhebung, -nutzung und -verarbeitung)[819], neu gefasst durch gleichnamiges Gesetz vom 13.8.1999[820],
- *Sachsen- Anhalt* durch das *Gesetz über die öffentliche Sicherheit und Ordnung des Landes Sachsen- Anhalt (SOG LSA)* vom 19.12.1991[821],
- *Mecklenburg- Vorpommern* durch das *Gesetz über die öffentliche Sicherheit und Ordnung des Landes Mecklenburg-Vorpommern (SOG MV)* vom 4.8.1992[822], neu gefasst durch gleichnamiges Gesetz vom 25.3.1998[823],
- *Thüringen* durch das *Gesetz über die Aufgaben und Befugnisse der Polizei (ThürPAG)* vom 4.6.1992[824] und
- *Brandenburg* durch das *Gesetz über die Aufgaben, Befugnisse, Organisation und Zuständigkeit der Polizei im Land Brandenburg (BbgPolG)* vom 19.3.1996[825],

abgelöst, nachdem das *DDR- PolG* abweichend von Art. 4 Ziff. 8a der Vereinbarung zum Einigungsvertrag über den 31.12.1991 hinaus
- in *Brandenburg* durch das *Vorschaltgesetz zum Polizeigesetz (VGPolG)* vom 11.12.1991[826],
- in *Thüringen* durch das *Gesetz über die Fortgeltung des Gesetzes über die Aufgaben und Befugnisse der Polizei – Polizeiaufgaben-Überleitungsgesetz –* vom 18.12.1991[827] und
- in *Mecklenburg-Vorpommern* durch Art. II Satz 2 des *Ersten Gesetzes zur Änderung des Verwaltungsrechtseinführungsgesetzes und des Polizeiaufgabengesetzes* vom 19.12.1991[828] i.d.F. Artikel 2 Satz 2 des *Zweiten Gesetzes zur Änderung des Verwaltungsrechtseinführungsgesetzes und des Polizeiaufgabengesetzes* vom 16.6.1992[829],

bis zum in Kraft treten der verspätet erlassenen landeseigenen Polizeigesetze gegolten hatte.

---

819 Sächs. GVBl. 1994 S. 1541 bis 1555.
820 Sächs. GVBl. 1999 S. 466 bis 480.
821 GVBl. LSA 1991 S. 537 bis 563.
822 GVBl. MV 1992, S. 498 bis 521.
823 GVBl. MV 1998, S. 335 bis 362.
824 Thür. GVBl. 1992 S. 199 (bis 119).
825 Bbg. GVBl. 1996 I S. 74 bis 95.
826 Bbg. GVBl. 1991 S. 636 (bis 636).
827 Thür. GVBl. 1991, S. 665 (bis 665).
828 GVBl. MV 1991 S. 534 bis 536.
829 GVBl. MV 1992 S. 324 (bis 324).

1. Die Kompetenzgrundlage für die neue polizeiliche Aufgabe der vorbeugenden Bekämpfung von Straftaten durch Verhütung von Straftaten aus § 1 Abs. 1 Satz 2 VE ME PolG

Im Gegensatz zur auf die polizeiliche Aufgabe der Vorsorge für die Verfolgung von Straftaten bezogenen Gesetzgebungskompetenz der Polizeigesetzgeber ist die grundsätzlich bestehende Gesetzgebungskompetenz der Polizeigesetzgeber zur gesetzlichen Ausgestaltung der polizeilichen Aufgabe der Verhütung von Straftaten ebenso unstrittig[830] wie bezogen auf die polizeiliche Aufgabe der Vorbereitung auf die Gefahrenabwehr[831]. Seit dem ersten Entwurf des § 1 Abs. 1 Satz 2 VE ME PolG war aber umstritten, ob die gesetzliche Ausgestaltung der polizeilichen Aufgabe der vorbeugenden Bekämpfung von Straftaten in der Variante der Vorsorge für die Bekämpfung von Straftaten unter die Gesetzgebungskompetenz der Länder fällt oder nicht[832]. Wegen dieser aus der frühen Zeit nach dem Volkszählungsurteil am Ende der 1980er Jahre und dem Beginn der 1990er Jahre stammenden Vorbehalte gegen die Einordnung des Begriffs der vorbeugenden Bekämpfung von Straftaten als Oberbegriff für die Aufgaben der Verhütung von Straftaten und der Vorsorge für die Verfolgung von Straftaten erwähnen die Polizeigesetze von *Baden- Württemberg, Bayern* und *Brandenburg* die Aufgabe der *vorbeugenden Bekämpfung von Straftaten* nicht ausdrücklich[833]. Gleichwohl werden diese (Teil-) Aufgaben nach dem Polizeirecht von *Ba-*

---

[830] BVerfGE 113, 348 (368/369); 100, 313 (369/394); Denninger in Lisken/Denninger, HbdPolR, 5. Auflage, D Rn. 199; Petri in Lisken/Denninger, HbdPolR, 5. Auflage, G Rn. 174; Kugelmann, POR, 5. Kapitel, Rn. 175; Schmidt, VerwR BT, Rn. 67; Schoch in Schmidt-Aßmann, VerwR BT, 2. Kap., Rn. 14; Pewestorf in Pewestorf/Söllner/Tölle, ASOG, Teil 1, § 1 Rn. 53; Zöller, Informationssysteme und Vorfeldmaßnahmen von Polizei, Staatsanwaltschaft und Nachrichtendiensten, S. 86; Möstl in DVBl. 2010, 808 (814); Guckelberger in NVwZ 2009, 352 (353); Käß in BayVBl. 2008, 225 (226); Lepsius in Jura 2006, 929 (933); Kutscha in NVwZ 2005, 1231 (1233).
[831] BVerfGE 113, 348 (368/369); Kugelmann, POR, 5. Kapitel, Rn. 167 ff; Denninger in Lisken/Denninger, HbdPolR, 5. Auflage, D Rn. 199; Kniesel/Vahle, Kommentierung VE ME PolG, Rn. 17; Zöller, a.a.O., S. 86; Pewestorf in Pewestorf/Söllner/Tölle, ASOG, Teil 1, § 1 Rn. 51; Baumanns in Die Polizei 2008, 79 (80/81).
[832] BbgVerfG in LKV 1999, 450 (451); Pieroth/Schlink/Kniesel, POR, § 5 Rn. 6; Würtenberger/Heckmann Rn. 180; Lepsius in Jura 2006, 929 (931/932); Hefendehl in StV 2001, 700 (705); Paeffgen in JZ 1991, 437 (441).
[833] *Anlage 1.1 Ziffern 3a und 3b* (Die Aufgabenzuweisungsnormen der allgemeinen Polizeigesetze / vorbeugende Bekämpfung von Straftaten).

den- Württemberg unter die polizeiliche Aufgabe der Gefahrenabwehr subsumiert[834]. Auch setzt das Polizeigesetz von *Bayern* voraus, dass die vorbeugende Bekämpfung von Straftaten der Gefahrenabwehr zuzuordnen ist[835]. Kein Teil der vorbeugenden Bekämpfung von Straftaten ist demgegenüber die polizeiliche Aufgabe der *Vorbereitung auf die Gefahrenabwehr aus* § 1 Abs. 1 Satz 2 2. Alt. VE ME PolG, die mit Ausnahme der Polizeigesetze von *Sachsen* und *Sachsen- Anhalt* in sämtlichen Polizeigesetzen durch § 8a Abs. 3 VE ME PolG entsprechende Befugnisnormen auch konkretisiert wird[836], wenn sie nicht ausdrücklich in den polizeigesetzlichen Aufgabenzuweisungsnormen erwähnt ist[837].

Ob und inwiefern die Polizeigesetzgeber die Aufgabe der Verhütung von Straftaten im Vorfeld der Begehung von Straftaten durch polizeigesetzliche Befugnisnormen tatsächlich ausgestalten dürfen, lässt sich nicht einheitlich beantworten. Insgesamt lässt sich die Verhütung von Straftaten in 6 Kategorien unterteilen. Diese sind

(1) schlicht hoheitliches Handeln durch polizeiliche Präsenz,
(2) die Verhütung von Straftaten durch Identitätsfeststellungen und Durchsuchungen an gefährdeten Objekten, kriminogenen Orten sowie im Umfeld von gefährdeten Personen,
(3) die Verhütung von Straftaten durch offene Videoüberwachung an Kriminalitätsbrennpunkten und anderen polizeilichen Maßnahmen an der Nahtstelle zur Strafverfolgung,
(4) die Verhütung von Katalogstraftaten durch verdeckte Datenerhebung,
(5) die Verhütung von Straftaten durch die präventiv- polizeiliche Nutzung von personenbezogenen Daten aus Strafverfahren sowie
(6) die Verhütung von Straftaten durch Mittel der Kriminalpolitik.

Die genannten Möglichkeiten, Straftaten zu verhüten, verfolgen das Ziel, Rechtsgutverletzungen mit strafrechtsrelevantem Unrechtsgehalt möglichst vor Beginn der Rechtsgutverletzung entgegenzuwirken[838]. Die unter (1) genannte Verhütung von Straftaten durch polizeiliche Präsenz oder mittels

---

834 Wolf/Stefan/Deger, PolG BW, § 1 Rn. 4, 4b; Würtenberger/Heckmann, PolG BW, Rn. 179.
835 BayVerfGH in NVwZ 1996, 166 (167).
836 *Anlage 2.2 Ziffer 3 a bis 3d* (allgemeine Befugnisse zur Datenerhebung / Befugnisse zur Vorbereitung auf die Gefahrenabwehr über ...).
837 Kapitel 2 A. III. 4. (S. 191); *Anlage 1.1 Ziffer 2* (Die Aufgabenzuweisungsnormen der allgemeinen Polizeigesetze / Vorbereitung auf die Gefahrenabwehr); Kugelmann, POR, 5. Kapitel, Rn. 167.
838 BVerwGE 141, 329 (335- Rn. 29); Volkmann in NVwZ 2009, 216 (220).

Beratung und Information möglicher Opfer aber auch Täter ist mit keinem Grundrechtseingriff verbunden, so dass es außer einer Aufgabenzuweisungsnorm keiner Befugnisnorm bedarf[839]. Für die unter (2) bis (5) genannten Handlungsformen bedarf es infolge der damit verbundenen Grundrechtseingriffe gesetzlicher Ermächtigungen. Für die unter (6) genannte Verhütung von Straftat durch Mittel der Kriminalpolitik genügen demgegenüber die in den Datenschutz- bzw. Polizeigesetzen vorgesehenen Befugnisse zur statistischen Verarbeitung und Nutzung von Daten. Diese Form der Verhütung von Straftaten geschieht etwa durch Erarbeiten von Lagebildern über bestimmte Kriminalitätsformen[840]. Durch Rückgriff auf anonymisierte Daten, bei denen nicht die Person sondern die Umstände des Einzelfalls interessieren, werden erhobene Daten abweichend von der ursprünglichen Zweckbestimmung zu statistischen Zwecken verarbeitet und anschließend zu diesen Zwecken genutzt.

Während die unter (2) genannte Verhütung von Straftaten durch Identitätsfeststellungen und Durchsuchungen i.S.d. §§ 8 ff MEPolG unstreitig unter die Gesetzgebungskompetenz für die Gefahrenabwehr fallen, ist die unter (4) genannte verdeckte Datenerhebung zur Verhütung von Katalogstraftaten eine erstmals in den am *VE ME PolG* orientierten Polizeigesetzen auftretende neue polizeiliche Befugnis zur Verhütung von Straftaten. Neben den §§ 8c, 8d VE ME PolG entsprechenden präventiv- polizeilichen Befugnissen zur verdeckten Datenerhebung zum Zweck der vorbeugenden Bekämpfung von Straftaten mit erheblicher Bedeutung finden sich gleich gelagerte präventiv- polizeiliche Befugnisse zur verdeckten Datenerhebung heute mittlerweile auch in denjenigen Polizeigesetzen, die im Vorfeld konkreter Gefahren unter Verweis auf bestimmte Katalogstraftaten zum Großen Lausch- und Spähangriff und / oder zur präventiv- polizeilichen TKÜ ermächtigen[841]. Insbesondere aus dem Wortlaut der jüngeren, zur verdeckten Datenerhebung mit besonderen Mitteln und Methoden oder zum Eingriff in Art. 10 Abs. 1 GG und vor allem in Art. 13 Abs. 1 GG ermächtigenden Befugnisnormen lässt sich ableiten, dass deren Zweck die die Verhütung der Verwirklichung gerade derjenigen Gefahren ist, die der jeweiligen Katalog-

---

839 NdsOVG in NJW 2006, 391 (392, 393); Abate in DuD 2011, 451 (451); Deutsch in Die Polizei 2006, 145 (146); Arzt in Die Polizei 2006, 156 (157); Schwabe in DVBl. 2000, 1815 (1817/1818).
840 Albers, Dissertation, S. 126.
841 Kapitel 2 A. IV. 2. b. (S. 286) / 4. b. (S. 318).

straftaten vor deren Beendung immanent sind[842]. Spätestens seit der Entscheidung des BVerfG vom 27.7.2005 zu § 33a Abs. 1 Nr. 2 und 3 NdsSOG i.d.F. vom 11.12.2003 (Az.: 1 BvR 668/04) finden die Vertreter der Auffassung, wonach die gesetzliche Ausgestaltung der polizeilichen Aufgabe der Vorsorge für die Bekämpfung von Straftaten vollständig unter die Gesetzgebungskompetenz des Bundes aus Art. 74 Abs. 1 Nr. 1 GG fällt[843], verstärkten Zulauf[844]. Danach fällt die polizeiliche Datenerhebung zur Vorsorge für die Verfolgung von Straftaten unter die konkurrierende Gesetzgebungskompetenz des Bundes aus Art. 72 und Art. 74 Abs. 1 Nr. 1 GG, von der der Bund bezogen auf Eingriffe in Art. 10 Abs. 1 GG mit dem Ziel der Vorsorge für die Verfolgung von Straftaten durch die Befugnisnormen aus der *StPO* abschließend Gebrauch gemacht hat[845]. Zweck der Befugnis aus § 33a Abs. 1 Nr. 2 und 3 NdsSOG a.F. war aber die Beweisbeschaffung in künftigen Strafverfahren und nicht die präventive Datenerhebung zur Verhütung von Straftaten[846]. Für die Polizeigesetzgeber verbleibt daher bezogen auf Befugnisnormen, die die verdeckte Datenerhebung zur Vorsorge für die Verfolgung von Straftaten zulassen, kein Raum[847]. Dieser Auffassung folgend wurde die Vorsorge für die Verfolgung künftiger Straftaten aus den Aufgabenzuweisungsnormen der Polizeigesetze von

– *Niedersachsen* durch das *Gesetz zur Änderung des Niedersächsischen Gesetzes über die öffentliche Sicherheit und Ordnung* vom 25.11.2007[848],
– *Nordrhein-Westfalen* durch das *Gesetz zur Änderung des Polizeigesetzes des Landes Nordrhein-Westfalen* vom 9.2.2010[849] und

---

842 Pieroth/Schlink/Kniesel, POR, § 5 Rn. 4.
843 HessVGH in NJW 2005, 2727 (2728); Zöller, Informationssysteme und Vorfeldmaßnahmen von Polizei, Staatsanwaltschaft und Nachrichtendiensten, S. 92; Schenke in JZ 2001, 997 (1002); Vahle in NVwZ 2001, 165 (166).
844 Denninger in Lisken/Denninger, HbdPolR, 5. Auflage, D Rn. 200; Rachor in Lisken/Denninger, HbdPolR, 5. Auflage, E Rn. 153; Kugelmann, POR, 5. Kapitel, Rn. 183; Schenke, POR, Rn. 30; Ipsen, NdsSOG, Rn. 325; Tegtmeyer/Vahle, PolG NRW, § 1 Rn. 23; Arzt/Eier in DVBl. 2010, 816 (817); Sachs/Krings in NWVBl. 2010, 165 (170); Volkmann in NVwZ 2009, 216 (221).
845 BVerfGE 113, 348 (368, 370/371); 100, 313 (379); Gusy, POR, Rn. 199.
846 Lepsius in Jura 2006, 929 (933).
847 BVerfGE 113, 348 (372/373); Kutscha in NVwZ 2005, 1231 (1233).
848 Nds. GVBl. 2007 S. 654 bis 660.
849 GVBl. NRW 2010 S. 132 bis 135.

Kapitel 2: Die Entwicklung des polizeigesetzlichen Datenschutzrechts

– *Rheinland-Pfalz* durch das *Siebte Landesgesetz zur Änderung des Polizei- und Ordnungsbehördengesetz* vom 15.2.2011[850]

gestrichen[851]. Diese Polizeigesetze setzen zumindest seither die polizeiliche Aufgabe der vorbeugenden Bekämpfung von Straftaten mit der polizeilichen Aufgabe der Verhütung von Straftaten gleich[852], ohne die Vorsorge für die Verfolgung von Straftaten hierbei einzubeziehen[853]. Die Frage, ob die Streichungen dieser Aufgabenzuweisungsnormen berechtigt waren, wird in Kapitel 3 verneint werden[854]. Die insoweit getroffenen Feststellungen des BVerfG lassen sich auf sämtliche verdeckten präventiv- polizeilichen Maßnahmen der Datenerhebung übertragen. Als Folge der Entscheidung des BVerfG zu § 33a Abs. 1 Nr. 2 und 3 NdsSOG a.F. wurden weiterhin polizeigesetzliche Befugnisnormen zur Telekommunikationsüberwachung, die ähnlich wie § 33a Abs. 1 Nr. 2 und 3 NdsSOG a.F. außerhalb der Gesetzgebungskompetenz der Polizeigesetzgeber lagen, aufgehoben. Dies betraf die Befugnis aus § 34a ThürPAG i.d.F. vom 28.6.2002[855], die durch das *Thüringer Gesetz zur Änderung sicherheits- und verfassungsschutzrechtlicher Vorschriften* vom 16.7.2008[856] überarbeitet wurden[857]. Ebenso fehlte es dem Polizeigesetzgeber von *Niedersachsen* an einer Gesetzgebungskompetenz für die durch § 32 Abs. 2 Nds. SOG legitimierte verdeckte Videoaufzeichnung an kriminogenen Orten[858]. Entsprechendes gilt für die ähnliche Regelung des § 27 Abs. 2 Satz 2 POG RP. Zudem wurde der erst durch das *Fünfte Gesetz zur Änderung des Sicherheits- und Ordnungsgesetzes* vom 24.3.2011[859] in *Mecklenburg- Vorpommern* erlassene § 33 Abs. 2 Satz 1 SOG MV, der den Einsatz besonderer Mittel der Datenerhebung zulässt, wenn

---

850 GVBl. RP 2011 S. 26 bis 32.
851 *Anlage 1.1 Ziffer 3b* (Die Aufgabenzuweisungsnormen der allgemeinen Polizeigesetze / Vorsorge für die Verfolgung von Straftaten); Arzt/Eier in DVBl. 2010, 816 (817).
852 *Anlage 1.1 Ziffer 3a* (Die Aufgabenzuweisungsnormen der allgemeinen Polizeigesetze / Straftatenverhütung).
853 Rachor in Lisken/Denninger, HbdPolR, 5. Auflage, E Rn. 151.
854 Kapitel 3 B. (S. 409 ff).
855 Thür. GVBl. 2002 S. 247 bis 257.
856 Thür. GVBl. 2008 S. 245 bis 258.
857 Kugelmann/Rüden, ThürVBl. 2009, 169 (171).
858 A.A. Starck in NdsVBl. 2008, 145 (150, 151).
859 GVOBl. MV 2011, 176 bis 179.

"(...) Tatsachen die Annahme der Begehung von Straftaten mit erheblicher Bedeutung (§ 49) rechtfertigen und die Aufklärung des Sachverhalts zum Zwecke ihrer möglichen Verfolgung auf andere Weise nicht möglich ist. (...)"

Berechtigten die dem §§ 8c, 8d VE ME PolG entsprechenden Befugnisnormen in den Polizeigesetzen des Bundes und der Länder ihrem Wortlaut nach neben der Abwehr von erheblichen Gefahren zu einem *der vorbeugenden Bekämpfung von Straftaten* dienenden Einsatz der besonderen Mittel und Methoden der Datenerhebung[860], wird deren Einsatz heute durch andere, diesen hinsichtlich der Art und Weise des legitimierten Grundrechtseingriffs entsprechende präventiv- polizeiliche Befugnisse *zur Verhütung von Straften mit erheblicher Bedeutung*[861] oder auf *eine dafür wesentlichen Aufklärung*[862] beschränkt[863]. Bezogen auf die verdeckte präventiv- polizeiliche Datenerhebung ist allein die vorbeugende Bekämpfung von Straftaten durch Verhinderung von Straftaten von dem Kompetenztitel der Polizeigesetzgeber abgedeckt[864]. Allerdings stellt sich die Frage, ob es in den Befugnissen zur verdeckten Datenerhebung vor dem Hintergrund der Entscheidung des BVerfG zu § 33a Abs. 1 Nr. 2 und 3 NdsSOG a.F. noch des Verweises auf Katalogstraftaten bedarf. Die Verhütung von Straftaten als dem verbleibenden Element der vorbeugenden Bekämpfung von Straftaten, ist insofern unmöglich, als dass mit verdeckter präventiv- polizeilicher Datenerhebung kein Abschreckungseffekt herbeigeführt werden kann[865]. Daher scheint der Verzicht der meisten Polizeigesetzgeber auf präventiv- polizeiliche Befugnisnormen mit Katalogen von mittels verdeckter Datenerhebung vorbeugend zu bekämpfender Straftaten auf den ersten Blick nachvollziehbar. Wird in einigen, meist älteren Befugnissen zur verdeckten präventiv- polizeilichen Datenerhebung die *vorbeugende Bekämpfung von Straftaten* als Zweck der Maßnahme benannt, kann die verdeckte Datenerhebung nur dem Zweck dienen, den mit der Verwirklichung von einzelnen Straftatbeständen verbundenen Gefahren für bestimmte Rechtsgüter im Vorfeld einer konkreten

---

860 *Anlage 2.3 Ziffer 1 bis 6* (besondere Mittel und Methoden der Datenerhebung und -nutzung (verdeckte Datenerhebung oder -nutzung.)).
861 § 20g Abs. 1 Satz 1 BKAG; § 28 Abs. 1 Satz 1 Nr. 2 BPolG; § 32 Abs. 1 Satz 1 Nr. 2 BremPolG; § 15 Abs. 2 Satz 1 Nr. 3 HSOG; § 33 Abs. 2 Satz 1 1. Alt. SOG MV; § 34 Abs. 1 Satz 1 Nr. 2 NdsSOG § 17 Abs. 2 Satz 1 SOG LSA.
862 § 17 Abs. 2 Satz 1 SOG LSA; Roggan in NJW 2009, 257 (257).
863 Baumanns in Die Polizei 2008, 79 (80).
864 Roggan in NJW 2009, 257 (257).
865 Ehrenberg/Frohne in Kriminalistik 2003, 737 (747).

Gefahr zu begegnen[866]. Demgegenüber soll der Große Lausch- und Spähangriff nach dem Wortlaut der hierzu ermächtigenden präventiv- polizeilichen Befugnisse
- der Abwehr der (terroristischen) Gefahr[867],
- der Abwehr der mit diesen Straftaten verbundenen dringenden Gefahren[868],
- der Abwehr der Gefahr, dass diese Person eine besonders schwerwiegende Straftat begehen wird[869],
- der Verhinderung von besonders schweren Straftaten[870],
- der Verhütung der Straftaten[871]

dienen. Hier geht es nicht um das Erheben von Daten auf Vorrat, um die erhobenen in zukünftigen Strafverfahren nutzen zu können, sondern um die Abwehr der Gefahren für Rechtsgüter, die durch die bevorstehende vorsätzliche rechtswidrige Verletzung durch Katalogstraftaten drohen[872]. Ebenso darf der Zweck einer TKÜ nach den Polizeigesetzen von *Brandenburg* und dem *Saarland* zwar in der *vorbeugenden Bekämpfung von Straftaten* liegen, diese darf aber nach verfassungskonformer Auslegung entsprechend § 34a Abs. 3 Satz 1 Nr. 2 ThürPAG nur der *Verhütung einer Straftat* dienen. Entsprechendes gilt für die in 11 Polizeigesetzen geregelte Abfrage von TK-Verkehrsdaten[873]. Insoweit sehen nur 4 Polizeigesetze Kataloge über Straftaten vor[874], denen durch die Abfrage von TK- Verkehrsdaten im Vorfeld einer konkreten Gefahr begegnet werden darf. Ebenso verweisen die Befugnisnormen zur Standortfeststellung von Mobilfunkgeräten des *BKAG* sowie der Polizeigesetze von *Baden- Württemberg* und *Rheinland- Pfalz* auf Katalogstraftaten[875].

---

866 BVerfGE 100, 313 (394).
867 § 20h Abs. 1 2. Halbsatz BKAG.
868 § 33a Abs. 1 2. Halbsatz BbgPolG.
869 § 35a Abs. 1 Satz 1 Nr. 2 NdsSOG.
870 § 29 Abs. 1 Satz 1 Nr. 2 POG RP.
871 § 35 Abs. 1 Satz 1 2. Halbsatz ThürPAG.
872 Roggan in NJW 2009, 257 (257).
873 *Anlage 2.3 Ziffer 8* (besondere Mittel und Methoden der Datenerhebung und -nutzung (verdeckte Datenerhebung oder -nutzung) / Telefonüberwachung); *Anlage 6.3 Ziffer 1* (TK- Verkehrsdaten nach § 96 Abs. 1 TKG / EGL).
874 *Anlage 6.3 Ziffer 4* (TK- Verkehrsdaten nach § 96 Abs. 1 TKG / Bekämpfung schwerer Straftaten).
875 *Anlage 6.1 Ziffer 4* (Standortbestimmung von mobilen TK-Endgeräten / zur Bekämpfung schwerer Straftaten).

Bei der verdeckten Datenerhebung ist die vorbeugende Bekämpfung von Straftaten durch Verhütung von Straftaten daher so zu verstehen, dass diese der Verhinderung einer sich abzeichnenden Rechtsgutverletzung dient, die sich andernfalls in der Verwirklichung einer Katalogstraftat niederschlagen würde, die dem generalpräventiven Schutz des im konkreten Einzelfall bedrohten Rechtsgutes dient[876]. Die zukünftige Straftat kann sich zeitlich noch vor Beginn des strafbaren Versuchs, d.h. vor einer konkreten Gefahr für durch die strafrechtlich sanktionierte Tathandlung generalpräventiv geschützte Rechtsgüter, und damit auch noch im Planungsstadium befinden[877]. Insoweit soll eine abstrakte, einer bevorstehenden Straftat inne wohnende Gefahr abgewehrt werden[878]. Die Verhütung von Straftaten durch verdeckte Datenerhebung fällt daher ebenso wie die Verhütung von Straftaten durch offene Datenerhebung unter diejenigen Gesetzgebungskompetenzen bei denen die Abwehr von Gefahren Gegenstand der Kompetenzzuweisung ist[879].

2. Dem § 8a Abs. 1, 4 und 5 VE ME PolG entsprechende Befugnisse zur Befragung in den Polizeigesetzen der Länder

Obwohl die Befugnis zur Befragung in § 8a Abs. 1 VE ME PolG ähnlich wie in § 11 AEPolG[880] eine bereichsspezifische präzise Regelung erfuhr, enthalten bis heute nicht sämtliche Polizeigesetze dieser Regelung entsprechende Befugnisnormen. Die präventiv- polizeilichen Befugnisse zur Befragung entsprechen weitestgehend dem Wortlaut des § 13 BDSG 1990 bzw.

---

876 BVerfGE 113, 348 (368/369); VerfGH RP in DVBl. 2007, 569 (570); MV VerfG in LKV 2000, 345 (350); LT-Drucksache RP 15/4879 S. 22; Lisken/Denninger in Lisken/Denninger, HbdPolR, 4. Auflage, C Rn. 84; Denninger in Lisken/Denninger, HbdPolR, 5. Auflage, D Rn. 199; Rachor in Lisken/Denninger, HbdPolR, 5. Auflage, E 162, 284; Käß in BayVBl. 2010, 1 (8); Roggan in NJW 2009, 257 (257); Käß in BayVBl. 2008, 225 (226).
877 BVerfGE 113, 348 (377); a.A. Käß in BayVBl. 2008, 225 (229).
878 Albers, Dissertation, S. 124; Götz, POR, § 17 Rn. 37; Gusy, POR, Rn. 101; Kugelmann, POR, 5. Kapitel, Rn. 175; Pieroth/Schlink/Kniesel, POR, § 5 Rn. 4; Walden, Dissertation, S. 155; a.A. Käß in BayVBl. 2008, 225 (229).
879 MV VerfG in LKV 2000, 345 (347); Drews/Wacke/Vogel/Martens, Gefahrenabwehr, S. 236/237; Schoch in Schoch, Verwaltungsrecht BT, 2. Kapitel, Rn. 14; Walden, Dissertation, S. 156; Käß in BayVBl. 2008, 225 (229); Paeffgen in JZ 1991, 437 (441).
880 AK Polizeirecht, AEPolG, S. 8.

dem Wortlaut des Datenschutzgesetzes des jeweiligen Landes. Die Befragung ist danach zulässig, *soweit dies zur Erfüllung der Aufgaben erforderlich ist*, wobei einige Polizeigesetze die *Aufgaben* ausdrücklich benennen. Hinsichtlich der der Polizei *durch andere Rechtsvorschrift zugewiesenen Aufgaben* ist zu berücksichtigen, dass die anderen Rechtsvorschriften häufig unter die Gesetzgebungskompetenz des Bundes fallen, so dass sich ein Rückgriff auf Landesrecht verbietet[881].

Demgegenüber hatte die Befugnis zur Befragung in § 9 PolG NRW 1990 oder in § 18 ASOG Berlin eine über die Bezugnahme auf die polizeiliche Aufgabenwahrnehmung hinausgehende Regelung erfahren. Der Grundsatz der Unmittelbarkeit der Datenerhebung aus § 13 Abs. 2 und 3 BDSG 1990 fand sich angelehnt an § 8 Abs. 4 und 5 VE ME PolG seit dem PolG NRW 1990 in § 9 Abs. 3 PolG NRW sowie die hiermit verbundenen Hinweis- und Belehrungspflichten in § 9 Abs. 6 PolG NRW. Entsprechendes gilt für § 18 Abs. 3 bis 5 ASOG Berlin 1992 sowie den Befugnissen zur Befragung in den übrigen der seit Mitte der 1980er Jahre erlassenen Polizeigesetze[882]. Der Grundsatz der Unmittelbarkeit der Datenerhebung trägt der Möglichkeit Rechnung, dass Daten über den Betroffenen im datenschutzrechtlichen Sinn sowohl bei diesem als auch bei einer anderen Person, die dann Adressat der polizeilichen Maßnahme zur Datenerhebung wird, erhoben werden können. Werden die Daten direkt beim Betroffenen im datenschutzrechtlichen Sinn erhoben, ist sichergestellt, dass die Tatsache und dem Umfang der über ihn erhobenen Daten und damit der Eingriffscharakter der Maßnahme bereits beim Erheben der Daten offen gelegt wird[883]. Daher verdient die unmittelbare gegenüber der mittelbaren Datenerhebung bei der Prüfung der Verhältnismäßigkeit aus Gründen der Erforderlichkeit grundsätzlich den Vorrang[884]. Einige präventiv- polizeiliche Datenerhebungen können ausschließlich unmittelbar beim Betroffenen im datenschutzrechtlichen Sinn durchgeführt werden. Dies sind insbesondere die polizeilichen Standardmaßnahmen der erkennungsdienstlichen Behandlung, der Durchsuchung von Personen, der körperlichen Untersuchung sowie das Anfertigen von Bild- und Tonaufnahmen. Andere präventiv- polizeiliche Datenerhebungen können sowohl unmittelbar beim Betroffenen als auch mittelbar bei einer anderen

---

881 Kapitel 2 B. I. (S. 347).
882 *Anlage 2.2.1 Ziffer 1* (Informationelle Standartmaßnahmen (offene oder unmittelbare Datenerhebung / Befragung).
883 Kühling/Seidel/Sivridis, Datenschutzrecht, S. 110; Ipsen, Nds. POR, Rn. 475.
884 Kugelmann, POR, Kapitel 7, Rn. 33.

Person durchgeführt werden. Dies sind insbesondere die polizeilichen Standardmaßnahmen der Identitätsfeststellung und der Befragung. Gerade bei der präventiv- polizeilichen Befragung ist nicht zwangsläufig der Betroffene im datenschutzrechtlichen Sinn, sondern diejenige Person, die befragt wird, Adressat der Maßnahme. Die Daten des im datenschutzrechtlichen Sinn Betroffenen werden dann unter Durchbrechung des Grundsatzes der Unmittelbarkeit der Datenerhebung mittelbar bei dem Dritten erhoben.

Zu Dritten zählen in diesem Sinne neben natürlichen sowie juristischen Personen des Privatrechts auch Behörden oder öffentliche Stellen[885]. Diesen gegenüber ist die Daten erhebende Polizei Dritte i.S.d. § 3 Abs. 8 Satz 2 und 3 BDSG mit der Folge, dass die befragte natürliche oder juristische Person des Privatrechts bzw. die befragte öffentliche Stelle bei der Weitergabe von Daten qualifizierte gesetzliche Anforderungen für die Übermittlung der Daten an die Polizei zu beachten hat. Sofern keine Auskunftspflicht des Dritten besteht, ist die Preisgabe der Daten des Betroffenen durch den Dritten freiwillig[886]. Werden Daten des Betroffenen durch Befragung bei einem Dritten erhoben, gehört es zur polizeilichen Praxis, die Personalien des Dritten ebenfalls zu erheben. Insofern ist der befragte Dritte nach den Polizeigesetzen zur Auskunft verpflichtet[887]. Der befragte Dritte ist insoweit zugleich Betroffener im datenschutzrechtlichen Sinn. Die Erhebung der Daten erfolgt, sofern der Grundsatz der offenen Datenerhebung beachtet wird, auf Grundlage eines an die befragte Person gerichteten Verwaltungsakts, der bei einer mittelbaren Datenerhebung eine belastende Drittwirkung für denjenigen Betroffenen haben kann, dessen Daten im Rahmen der Befragung erhoben werden. Die mittelbare Datenerhebung kann entsprechend § 8 Abs. 4 VE ME PolG nach den Polizeigesetzen des Bundes und der Länder verhältnismäßig sein, wenn die Datenerhebung beim Betroffenen nicht oder nur mit unverhältnismäßig hohem Aufwand möglich ist, oder wenn die unmittelbare Datenerhebung beim Betroffenen die Erfüllung der polizeilichen Aufgaben erheblich erschweren oder gefährden würde[888].

---

885 Wolf/Stephan/Deger, PolG BW, § 19 Rn. 8.
886 Kugelmann, POR, 5. Kapitel Rn. 32.
887 *Anlage 2.2.1 Ziffer 2* (Informationelle Standardmaßnahmen (offene und / oder unmittelbare Datenerhebung) / Auskunftspflicht).
888 *Anlage 2.1 Ziffer 1a und b* (Grundsätze der Datenerhebung / Verfahrensregeln / Grundsatz der Unmittelbarkeit).

Kapitel 2: Die Entwicklung des polizeigesetzlichen Datenschutzrechts

Durchbrechung des Grundsatzes der Unmittelbarkeit der Datenerhebung, wenn			
Möglichkeit der Erhebung beim Betroffenen		Aufgabenerfüllung bei Erhebung beim Betroffenen erheblich	
nicht besteht[889].	nicht rechtzeitig durchgeführt werden kann[890].	erschwert ist[891].	gefährdet ist.

Die Ausnahmetatbestände können sich im Einzelfall überschneiden. Beispiel für die Durchbrechung des Grundsatzes der Unmittelbarkeit der Datenerhebung wegen Unerreichbarkeit des von der Datenerhebung Betroffenen ist die bereits in § 8a Abs. 1 Nr. 2 VE ME PolG vorgesehene Befugnis zur polizeilichen Entgegennahme einer Vermisstenanzeige über eine geschädigte, hilflose oder vermisste Person[892]. Hier kann aufgrund der polizeilichen Schutzpflicht gegenüber der vermissten Person auf Leben und Gesundheit aus Art. 2 Abs. 2 Satz 1 GG bei der zum Zwecke der Fahndung erforderlichen Erhebung von Daten über diese Person von der Einhaltung des Grundsatzes der Unmittelbarkeit der Datenerhebung abgesehen werden. Das Grundrecht auf Leben überwiegt den Anspruch des Betroffenen auf Schutz seiner Daten.

Für die polizeiliche Praxis von besonderer Bedeutung ist die unter Beachtung der Ausnahmetatbestände legitimierte mittelbare Datenerhebung bei Behörden. Werden Behörden kraft Bundesgesetzes zum Bereithalten vorsorglicher Datensammlungen als Grundlage vielfältiger staatlicher Aufgabenwahrnehmung verpflichtet, hat der Bundesgesetzgeber in diesen Fällen kraft seiner Gesetzgebungskompetenz mittels hierzu ermächtigenden Befugnisnormen festzulegen, unter welchen Voraussetzungen Behörden – wie das Kraftfahrtbundesamt oder die örtlichen Kfz- Zulassungsbehörden, die Einwohnermeldeämter, Ausländerbehörden, Sozialbehörden oder die Bundesnetzagentur[893] – Daten im Zuge der Amtshilfe nicht- automatisiert übermitteln dürfen. Die Gesetzgebungskompetenz des Bundes für diese Bereiche endet dort, wo es um die Berechtigung zum Abruf der aufgrund Bun-

---

889 Nicht: § 13 Abs. 6 HSOG.
890 Nicht: § 19 Abs. 1 Satz 2 PolG BW, § 13 Abs. 6 HSOG.
891 § 31 Abs. 2 Satz 2 ThürPAG: „...*nur mit unverhältnismäßig hohem Aufwand möglich...*".
892 Büttner/Schade in Schipper/Schneider/Büttner/Schade, POR SH, Rn. 126.
893 Kapitel 1 D. (S. 117); BVerfG in NJW 2012, 1429 (1426).

desgesetzes bereit zu haltender Daten geht[894]. Während sich die Übermittlungsbefugnis der anderen Behörden aus Bestimmungen wie denen der §§ 30 ff, 49 ff StVG[895]; 34 BMG[896]; 10 ff AZRG[897]; 68 SGB X[898]; 112 ff TKG[899] ergibt, liegt die Gesetzgebungskompetenz zum Erlass von präventiv- polizeilichen Befugnissen zu Auskunftsersuchen nach dem 2- Türen-Modell grundsätzlich bei den Ländern[900]. Die präventiv- polizeilichen Befugnisse zur Befragung bzw. zur *Datenerhebung zur Erfüllung polizeilicher Aufgaben* reichen aufgrund des Amtshilfegrundsatzes als Rechtsgrundlage für ein Ersuchen seitens einer Auskunft begehrenden Behörde für den Datenaustausch zwischen den beteiligten Behörden aus[901]. Bereits die für die übermittelnden Behörden geltenden Übermittlungsbefugnisse schränken Art und Umfang der zu übermittelnden Daten dem Grundsatz der Normenbestimmtheit und -klarheit sowie dem Verhältnismäßigkeitsprinzip entsprechend ein[902]. Da Auskunft nur erteilt werden darf, wenn dies *zur Aufgabenwahrnehmung erforderlich* ist, ist sichergestellt, dass Auskunftsersuchen nicht zur bloß orientierenden Vorabinformation sondern nur zulässig sind, wenn zur Aufgabenwahrnehmung tatsächlich benötigte Daten auf andere Wiese nicht einfacher aber ebenso effektiv beschafft werden können[903].

Demgegenüber reicht die präventiv- polizeiliche Befugnis zur Befragung nicht als Ermächtigung zur Erhebung der aufgrund § 113 Abs. 1 Satz 1 TKG bei den Telekommunikationsanbietern gespeicherten Daten, so dass es hierfür spezieller Rechtsgrundlagen bedarf[904]. Da die Verpflichtung Privater zur Preisgabe von Daten untrennbarer Bestandteil der Datenerhebung ist, muss die Verpflichtung der Telekommunikationsanbieter zur Erteilung über Auskünfte zu den nach § 113 Abs. 1 Satz 1 TKG zu speichernden Daten in den Polizeigesetzen geregelt sein[905]. Da § 113 Abs. 1 Satz 1 TKG nicht sämtliche Voraussetzungen für den Datenabgleich selbst schafft, wird den Geboten der

---

894 BVerfG in NJW 2012, 1419 (1425/1426).
895 Kapitel 1 D. I. (S. 119).
896 Kapitel 1 D. II. (S. 131).
897 Kapitel 1 D. III. (S. 126).
898 Kapitel 1 D. IV. (S. 127).
899 Kapitel 1 D. V. (S. 129).
900 BVerfG in NJW 2012, 1419 (1425); BVerfGE 125, 260 (315, 355).
901 BVerfG in NJW 2012, 1419 (1425/1426).
902 BVerfG in NJW 2012, 1419 (1427).
903 BVerfG in NJW 2012, 1419 (1426).
904 BVerfG in NJW 2012, 1419 (1429).
905 BVerfG in NJW 2012, 1419 (1429).

Normenbestimmtheit daher nur Genüge getan, wenn sich sowohl die abfrageberechtigten Behörden als auch die Voraussetzungen, unter denen abgefragt werden darf, aus der zum Abruf ermächtigenden Befugnisnorm ergeben[906]. Dies gilt erst recht, wenn im Zuge der Datenerhebung – wie bei der Zuordnung von dynamischen IP- Adressen nach § 113 Abs. 1 Satz 2 StPO – in das Grundrecht aus Art. 10 Abs. 1 GG eingegriffen werden muss.

3. Dem § 8a Abs. 2 VE ME PolG entsprechende Befugnisse zur offenen Datenerhebung zur vorbeugenden Bekämpfung von Straftaten

Ursprünglich sollten dem § 8a Abs. 2 VE ME PolG entsprechende Befugnisse in den Polizeigesetzen als Rechtsgrundlagen für die präventiv- polizeiliche Datenerhebung im Vorfeld konkreter Gefahren dienen, falls tatsächliche Anhaltspunkte dafür vorlagen, dass Straftaten begangen werden sollen[907]. Hinsichtlich der Tatbestandsmerkmale des § 8a Abs. 2 VE ME PolG blieb aber umstritten, ob die Datenerhebung zur Verhinderung jedweder Straftat oder ausschließlich zur Verhinderung der in einem abschließenden Straftatenkatalog genannten Straftaten zulässig sein sollte[908]. Allerdings bezog sich die Befugnis zur Befragung aus § 8a Abs. 1 VE ME PolG sowohl auf die Abwehr konkreter Gefahren i.S.d. § 1 Abs. 1 Satz 1 VE ME PolG als auch auf Einzelmaßnahmen zur Wahrnehmung der sich aus § 1 Abs. 2 und 3 VE ME PolG ergebenden präventiv- polizeilichen Aufgaben des Schutzes privater Rechte sowie der Vollzugshilfe. Dabei sollten nach § 8a Abs. 1 Nr. 2 bis 3 VE ME PolG auch Daten unbeteiligter oder nicht- verantwortlicher Personen selbst dann erhoben werden dürfen, wenn die Voraussetzungen des polizeilichen Notstands nicht vorlagen. Die Polizeigesetze der Länder differenzierten in deren an § 8a Abs. 1 VE ME PolG orientierten präventiv- polizeilichen Befugnissen zur Befragung nicht mehr nach den verschiedenen präventiv- polizeilichen Aufgabenzuweisungsnormen aus § 1 Abs. 1 Satz 1 und 2, Abs. 2 bis 4 VE ME PolG. Gleichwohl enthielten die Polizeigesetze von *Bremen, Hamburg, Hessen, Mecklenburg- Vorpommern, Niedersachsen, Rheinland- Pfalz, dem Saarland, Sachsen- Anhalt und Schleswig- Holstein* § 8a Abs. 2 VE ME PolG entsprechende Befugnisse zur

---

906 BVerfG in NJW 2012, 1419 (1428, 1429).
907 Kniesel/Vahle, Kommentierung VE ME PolG, S. 27.
908 Kniesel/Vahle, VE ME PolG, S. 5; Kniesel/Vahle, Kommentierung VE ME PolG, Rn. 46.

Erhebung von Daten über künftige Straftäter, deren Kontakt- und Begleitpersonen, zukünftigen Opfern von Straftaten oder künftigen Zeugen, Hinweisgebern oder sonstigen Auskunftspersonen im Zusammenhang mit zukünftig einzuleitenden Strafverfahren. Da heute noch 12 von 18 Polizeigesetzen Befugnisse zur Erhebung von Daten über künftige Straftäter enthalten[909], und 11 Polizeigesetzgeber diese Befugnisse auch auf nicht- verantwortliche Personen erstrecken[910], stellt sich die Frage, ob eine Datenerhebung losgelöst von auf repressiver Grundlage gewonnenen Erkenntnissen über künftige Straftäter i.S.d. § 8a Abs. 2 Nr. 1 VE ME PolG sowie über andere mit der zukünftig zu erwartenden Straftat möglicher Weise konfrontierten Personen i.S.d. § 8a Abs. 2 Nr. 2 bis 4 VE ME PolG zur Verhinderung von Straftaten geeignet sein kann.

Da das BVerfG den Landesgesetzgebern in dessen Entscheidung zu § 33a Abs. 1 Nr. 2 und 3 NdsSOG a.F. die Gesetzgebungskompetenz für Befugnisnormen zur Erhebung von Daten zur Vorsorge für die Verfolgung von Straftaten absprach[911], können dem § 8a Abs. 2 Nr. 1 MEPolG entsprechende Befugnisse zur Erhebung von Daten über potentielle Straftäter zur vorbeugenden Bekämpfung von Straftaten allenfalls der Verhütung von Straftaten dienen. Der dafür nötige Abschreckungseffekt ist aber zu verneinen, wenn der von einer offenen Datenerhebung Betroffene im Zeitpunkt der Erhebung noch gar nicht wissen kann, ob die polizeiliche Erhebung seiner Daten doppelfunktional, ausschließlich zu repressiven Zwecken oder lediglich zur Verhütung von Straftaten vorgenommen wird. Gerade die doppelfunktionale Datenerhebung schließt die Verhütung von Straftaten aus, weil sich während dessen nicht feststellen lässt, ob die Erhebung der Daten der Aufklärung einer bestimmten Straftat oder der Gefahrenabwehr dient, so dass es an der eindeutigen Zuweisung des Rechtswegs fehlt[912]. Wenn sich der zu beschreibende Rechtsweg in Ermangelung einer benennbaren Befugnis zur polizeilichen Datenerhebung nicht feststellen lässt, besteht für den Einzelnen keine Möglichkeit, seinem Grundrecht auf informationelle Selbstbestimmung entsprechend selbst über die Preisgabe seiner Daten zu bestimmen. Wer aber nicht weiß, ob seine Daten zu repressiven oder präventivpolizeilichen Zwecken erhoben werden und daher vor der Entscheidung zwischen zwei möglichen Rechtswegen steht, weiß nicht, zur Erfüllung

---

909 Kapitel 2 A. III. 3. (S. 188).
910 Ebenda.
911 BVerfGE 113, 348 (369, 371-373).
912 Kapitel 2 A. III. 7. d. aa. (1) (S. 230).

welcher polizeilichen Aufgabe die preisgegebenen Daten inwiefern verwendet werden sollen. Infolge seines Unwissens über eine sich möglicherweise anschließende Verarbeitung seiner Daten zur Verhütung von Straftaten kann er allein durch die Verarbeitung seiner Daten nicht von der Begehung weiterer Straftaten abgeschreckt werden. Dementsprechend waren präventiv- polizeiliche Befugnisse zum Erheben von Daten über künftige Straftäter neben der repressiven Erhebung von Daten über Beschuldigte nur Notlösungen. Eine Befugnis zur Datenerhebung zur Verhütung von Straftaten war im Polizeigesetz von *Nordrhein- Westfalen*, aus dem die Vorsorge für die Verfolgung von Straftaten aus der Aufgabenzuweisungsnorm herausgestrichen wurde, nicht enthalten gewesen. Der im Anwendungsbereich der Polizeigesetze von *Niedersachsen, Nordrhein- Westfalen* und *Rheinland- Pfalz* Betroffene weiß auch nicht, ob über ihn zur Verhütung von Straftaten erhobene Daten später zur Verhütung oder zur Vorsorge für die Verfolgung von Straftaten in Kriminalakten verarbeitet oder sonst genutzt werden. Auch wenn die Daten offen erhoben wurden, muss damit nicht notwendig die Verarbeitung in Kriminalakten verbunden sein. Die präventiv- polizeiliche Identitätsfeststellung, Durchsuchung oder Videoüberwachung von potentiellen Straftätern an gefährdeten Objekten oder kriminogenen Orten ist ebenso wenig zwangsläufig mit einer Aufbewahrung in einer Kriminalakte verbunden wie entsprechende, repressiven Zwecken dienende Maßnahmen. Ebenso wie dem § 8a Abs. 2 Nr. 1 VE ME PolG entsprechende Befugnisse gerade zur Legitimation der Führung von Kriminalakten geschaffen wurden, bestehen für die genannten polizeilichen Standardmaßnahmen eigenständige präventiv- polizeiliche und repressive Befugnisse.

Eine Erhebung von Daten über künftige Opfer, Personen im Umfeld einer gefährdeten Person oder über künftige Zeugen, Hinweisgeber oder sonstige Auskunftspersonen zur Verhütung von Straftaten als dem verbleibenden Element der präventiv-polizeilichen Erhebung von personenbezogenen Daten zur vorbeugenden Bekämpfung von Straftaten ist losgelöst von den präventiv- polizeilichen Befugnissen zur Befragung nicht vorstellbar[913]. Wie soll ein künftiger Straftäter durch die Erhebung von Daten über andere Personen von der bevorstehenden Begehung künftiger Straftaten abgehalten werden? Der zukünftige Straftäter erfährt bei einer doppelfunktionalen Datenerhebung[914] in der Regel nichts von der Erhebung der Daten über seine

---

913 A.A. BayVGH in BayVBl. 1984, 272 (277).
914 Kapitel 2 A. III. 7. d. (S. 227).

künftigen Opfer, so dass es an dem für Befugnisse zur offenen Datenerhebung zur Verhütung von Straftaten erforderlichen Abschreckungseffekt fehlt[915]. Vielmehr dient die präventiv- polizeiliche Datenerhebung über andere Personen als dem zukünftigen Straftäter der Gefahrenvorsorge und muss mangels bestehender präventiv- polizeilicher Standardbefugnisse auf freiwilligen Angaben des Betroffenen basieren[916]. Die vom Strafverfahren losgelöste Daten*erhebung* über künftige Opfer, über Personen im Umfeld einer gefährdeten Person oder über Zeugen, Hinweisgeber und sonstige Auskunftspersonen zur vorbeugenden Bekämpfung von Straftaten auf polizeigesetzlicher Grundlage[917] ist bezogen auf die Vorsorge für die Verfolgung von Straftaten mangels gegebener Gesetzgebungskompetenz der Polizeigesetzgeber sowie mangels Geeignetheit der Maßnahme zur Verhütung von Straftaten ausgeschlossen[918]. Dass in § 8a Abs. 2 VE ME PolG ein missglückter Versuch der Legitimation der polizeilichen Praxis der Kriminalaktenhaltung mit Hilfe der Regel über die hypothetische Ersatzvornahme lag, dem erst Ende der 1990er Jahre durch das *StVÄG 1999* und der damit erlassenen aufgabenübergreifenden Befugnisse in der *StPO* und dem *OWiG* abgeholfen werden konnte, wird der weitere Verlauf der Arbeit zeigen[919].

4. Dem § 8a Abs. 3 VE ME PolG entsprechende Befugnisse zur Datenerhebung zur Gefahrenvorsorge

Befugnisse, die zur Datenerhebung zum Zweck der Gefahrenvorsorge ermächtigen, sind in den Polizeigesetzen abschließend geregelt[920]. Hiernach dürfen Daten bestimmter Personen, bei denen es sich um potentielle Verhaltens- oder Zustandsverantwortliche für potentiell gefährdete oder erhebliche Gefahren begründende Anlagen handelt, im Vorfeld einer Gefahr erhoben werden. Gleiches gilt für so genannte Gefahrenabwehrexperten. Diese § 8a Abs. 3 Satz 1 Nr. 1 bis 3 VE ME PolG entsprechenden präventiv- po-

---

915 Kapitel 2. A. III. 1. (S. 176); IV. 1. c. (S. 273).
916 Zöller, Informationssysteme und Vorfeldmaßnahmen von Polizei, Staatsanwaltschaft und Nachrichtendiensten, S. 165.
917 *Anlage 2.2.1 Ziffer 2c bis 2e* (allgemeine Befugnisnormen zu Datenerhebung / zur vorbeugenden Bekämpfung über …).
918 A.A. Ipsen, NdsSOG, Rn. 484, 487 488; Roos/Lenz, POG RP, § 26 Rn. 13 bis 16.
919 Kapitel 2 A. III. 7. d. (S. 227); Kapitel 3 B. II. (S. 414) / III. (S. 422).
920 *Anlage 2.2.1. Ziffer 3a bis d* (allgemeine Befugnisnormen zur Datenerhebung (zur Vorbereitung auf die Gefahrenabwehr über …).

lizeilichen Befugnisse zur Erhebung von Daten zur Vorbereitung auf die Gefahrenabwehr erschöpfen sich in dem Sammeln und Vorhalten von Informationen, um im Gefahrenfall vorbereitet zu sein und schnell reagieren zu können[921]. Dadurch werden Ressourcen bereit gestellt, um im Fall eines konkret drohenden Schadens schnell auf die dann bestehende konkrete Gefahr reagieren zu können[922]. Wie die bestehenden, zur gesetzlichen Ausgestaltung dieser Aufgabe erlassenen polizeigesetzlichen Befugnisnormen belegen, ist der Kreis der Personen, über die Daten zur Vorbereitung auf die Gefahrenabwehr erhoben werden dürfen, begrenzt. Es handelt sich meist um sog. Gefahrenabwehrexperten, Veranstalter von Veranstaltungen, Verantwortliche von gefährlichen Anlagen oder Einrichtungen oder Verantwortliche von gefährdeten Anlagen oder Einrichtungen. Bei den sog. Gefahrenexperten handelt es sich um Spezialisten für die Abwehr von bestimmten Gefahren[923], wie etwa Rettungsleitstellen, Jagdpächter, Schlosser, Ärzte, Dolmetscher oder Abschleppunternehmen[924]. Da dieser Personenkreis vielfach aus finanziellen Gründen mit der Datenerhebung und -speicherung einverstanden sein wird, hat die Vorschrift insoweit nur Klarstellungsfunktion[925]. Unter Verantwortlichen für besonders gefährdete Anlagen oder Einrichtungen i.S.d. § 8a Abs. 3 Satz 1 Nr. 2 VE ME PolG sind Personen zu verstehen, die für eine Anlage oder Einrichtung verantwortlich sind, für die eine überdurchschnittlich herausgehobene Gefährdung besteht[926]. Demgegenüber handelt es sich bei den Verantwortlichen *„für gefährliche Anlagen"* i.S.d. § 8a Abs. 3 Satz 1 Nr. 3 VE ME PolG um Verantwortliche für solche, von denen im Falle einer Havarie eine erhebliche Gefahr ausgehen kann[927]. Dies sind z.B. Atomkraftwerke, Betriebe der chemischen Industrie oder Tanklager[928]. Während von der in § 8a Abs. 3 Satz 2 VE ME PolG umstritten gebliebenen Befugnis, personenbezogene Daten auch bei Anlässen, die erfahrungsgemäß eine besondere Gefährdungslage hervorrufen, zur Vorbereitung und Durchführung des Einsatzes zu erheben, kein Gebrauch

---

921 Kugelmann, 5. Kapitel, Rn. 168, 170.
922 Albers, Dissertation, S. 126.
923 Wolf/Stephan/Deger, PolG BW, § 20 Rn. 33.
924 Gusy, POR, Rn. 200; Pieroth/Schlink/Kniesel, POR, § 14 Rn. 21; Roos/Lenz, POG RP, § 26 Rn. 19.
925 Kniesel/Vahle, Kommentierung VE ME PolG, Rn. 49.
926 Pieroth/Schlink/Kniesel, POR, § 14 Rn. 21; Roos/Lenz, POG RP, § 26 Rn. 19; Wolf/Stephan/Deger, PolG BW, § 20 Rn. 35.
927 Wolf/Stephan/Deger, PolG BW, § 20 Rn. 34.
928 Pieroth/Schlink/Kniesel, POR, § 14 Rn. 21; Roos/Lenz, POG RP, § 26 Rn. 19.

gemacht wurde, sind Daten von Veranstaltern i.S.d. statt dessen umgesetzten § 8a Abs. 1 Nr. 4 VE ME PolG Daten von Personen, die für die Sicherheit von öffentlichen Veranstaltungen mit starkem Publikumsandrang[929], wie etwa Fußballspiele und Rock-Festivals verantwortlich sind[930]. Oft wird die präventiv-polizeiliche Befugnis zur Erhebung von personenbezogenen Daten zur Vorbereitung auf die Gefahrenabwehr durch ein Verbot von jeglicher Zweckänderung ausgenommen[931]. Ob dies sinnvoll ist, mag dahingestellt bleiben. Die entsprechenden Daten könnten problemlos erneut erhoben werden.

4a. Dem § 8b Abs. 1 VE ME PolG entsprechende Befugnisse zur Bild- und Tonaufzeichnung

In Anlehnung an § 8b Abs. 1 Satz 1 VE ME PolG enthalten heute sämtliche Polizeigesetze der Länder Befugnisse zur Bild- und Tonaufzeichnung bei öffentlichen Veranstaltungen und Ansammlungen. Zweck ist die Abwehr von Gefahren für die öffentliche Sicherheit oder Ordnung, die von dem aufzuzeichnenden Personenkreis ausgehen oder von diesen zu verantworten sind[932]. Auch haben viele Polizeigesetze den Gedanken des § 8b Abs. 1 VE ME PolG, wonach Daten aller Teilnehmer von Veranstaltungen oder Ansammlungen unabhängig von der Verantwortlichkeit der Betroffenen unter Einsatz technischer Mittel erhoben werden können, sofern *tatsächliche Anhaltspunkte* dafür sprechen, dass aus oder bei diesen Anlässen Straftaten drohen, übernommen[933]. Die erhobenen Daten sind entsprechend § 8b Abs. 1 Satz 2 VE ME PolG je nach Bundesland entweder unverzüglich[934]

---

929 Kniesel/Vahle, VE ME PolG, S. 6.
930 Wolf/Stephan/Deger, PolG BW, § 20 Rn. 33a; Roos/Lenz, POG RP, § 26 Rn. 19.
931 *Anlage 2.2 Ziffer 3e* (allgemeine Befugnisse zur Datenerhebung / zur Vorbereitung auf die Gefahrenabwehr / Verbot der Zweckänderung).
932 *Anlage 2.2.1 Ziffer 8b* (informationelle Standardbefugnisse (offene und / oder unmittelbare Datenerhebung) / Bildaufzeichnungen bei Veranstaltungen und Ansammlungen).
933 § 21 Abs. 1 PolG BW; § 24 Abs. 1 ASOG Berlin; § 31 Abs. 1 Satz 1 und 2 BbgPolG; § 14 Abs. 1 Satz 1 HSOG; § 15 Abs. 1 PolG NRW; § 27 Abs. 2 Satz 1 POG RP; § 16 Abs. 1 Satz 1 und 2 SOG LSA; § 33 Abs. 1 ThürPAG.
934 § 26 Abs. 3 Satz 1 BPolG.

oder innerhalb einer Frist zwischen bis zu 2 Wochen und bis zu 2 Monaten[935] zu löschen, sofern sie nicht im Einzelfall zur Verfolgung von Straftaten oder Ordnungswidrigkeiten mit erheblicher Bedeutung erforderlich sind. Hinsichtlich § 8b Abs. 1 Satz 2 VE ME PolG blieb umstritten, ob die aufgezeichneten Daten nur dann nicht zu löschen sein sollten, wenn sie für die vorbeugende Bekämpfung *von Straftaten von erheblicher Bedeutung* oder für die vorbeugende Bekämpfung *von Straftaten nach dem mit § 8a Abs. 2 VE ME PolG zu schaffenden Straftatenkatalog* erforderlich sind[936].

Die ursprünglich in § 8b Abs. 2 VE ME PolG vorgesehene Befugnis zur Videoüberwachung bei oder im Zusammenhang mit Versammlungen findet sich heute nur noch im Polizeigesetz von *Hessen*[937]. Die Gesetzgebungskompetenz für Einschränkungen des Grundrechts auf Versammlungsfreiheit stand den Ländern bis zur Föderalismusreform 2006 aufgrund der damaligen Gesetzgebungskompetenz des Bundes für das Versammlungswesen aus Art. 74 Abs. 1 Nr. 4 GG a.F. nicht zu. Nach der Föderalismusreform haben die Länder zwar die erforderliche Gesetzgebungskompetenz, um jeweils eigene Befugnisnormen zur Videoüberwachung bei oder im Zusammenhang mit Versammlungen zu erlassen. Solche Befugnisnormen müssen sich aber am Maßstab des Art. 8 GG orientieren. Bezogen auf das nach der Föderalismusreform erlassene *Bayerische Versammlungsgesetz (BayVersG)* vom 22.7.2008[938] hat das BVerfG in einer einstweiligen Anordnung vom 17.2.2009 (Az.: 1 BvR 2492/08) bereits Bedenken an der ähnlichen Befugnis zur Videoüberwachung aus Art. 9 Abs. 2 Satz 2 BayVersG bekundet, da das auf Vorrat halten von Versammlungsdaten mit einem Risiko des Missbrauchs und einem Gefühl des Überwachtwerdens verbunden ist und daher mit dem Grundrecht auf Versammlungsfreiheit aus Art. 8 Abs. 1 GG nicht zu vereinbaren sein dürfte[939]. Aus diesem Grund erübrigen sich weitergehende Überlegungen, ob ohne Gesetzgebungskompetenz der Polizeigesetzgeber erlassene polizeigesetzliche Befugnisnormen zur Videoüberwachung bei oder im Zusammenhang mit Versammlungen nach der Föderalismusreform nachträglich rechtmäßig werden können. Jedenfalls liegt in der Video-

---

935 *Anlage 2.2.1 Ziffer 8a.1* (Informationelle Standardmaßnahmen (offene oder unmittelbare Datenerhebung) / Bildaufzeichnungen an kriminogenen Orten / Löschfristen).
936 Kniesel/Vahle, VE ME PolG, S. 7.
937 § 14 Abs. 2 HSOG.
938 Bay. GVBl. 2008 S. 421 bis 428.
939 BVerfGE 122, 342 (370/371).

A. Die Gesetzgebungs- und Verwaltungskompetenzen für das Polizeirecht

überwachung bei oder im Zusammenhang mit Versammlungen aufgrund bloßer Anhaltspunkte für die Annahme erheblicher Gefahren für die öffentliche Sicherheit und Ordnung keine den verfassungsrechtlichen Anforderungen genügende Einschränkung des Grundrechts auf Versammlungsfreiheit aus Art. 8 GG. Die § 8b Abs. 2 VE ME PolG entsprechende Befugnis aus § 14 Abs. 2 HSOG genügt aus diesem Grund, und weil § 10 HSOG den Art. 8 GG nicht als eingeschränktes Grundrecht zitiert, nicht den verfassungsrechtlichen Ansprüchen.

5. Die Befugnisse zur verdeckten Datenerhebung aus § 8c VE ME PolG i.V.m. § 8a Abs. 4 VE ME PolG

Mit Ausnahme des Polizeigesetzes von *Schleswig- Holstein* und seit dem *Thüringer Gesetz zur Änderung des Polizeiaufgabengesetzes und des Ordnungsbehördengesetzes* vom 19.9.2013 auch des Polizeigesetzes von *Thüringen* enthalten die Polizeigesetze der Länder am § 8c Abs. 1 Satz 1 Nr. 2 VE ME PolG orientierte, zum Einsatz von besonderen Mitteln und Methoden der Datenerhebung berechtigende und auch der *vorbeugenden Bekämpfung von Straftaten* in Gestalt der *Verhütung von Straftaten* dienende präventivpolizeiliche Befugnisnormen[940]. Das Polizeigesetz von *Schleswig- Holstein* lässt den Einsatz von besonderen Mitteln und Methoden der Datenerhebung „nur" zur

„Verhütung von Schäden für Leib, Leben oder Freiheit oder gewichtigen Schäden für Sach- oder Vermögenswerte oder für die Umwelt"

Während das Polizeigesetz von *Thüringen* diesen

„zur Abwehr einer Gefahr für den Bestand oder die Sicherheit der Bundesrepublik Deutschland oder eines Landes, für Leben, Gesundheit oder Freiheit einer Person oder zur Abwehr einer gemeinen Gefahr für Sachen"

zulässt[941]. Während zwischen den Bundesländern hinsichtlich der präventivpolizeilichen Befugnisse zur Befragung aus § 8a Abs. 1 VE ME PolG sowie hinsichtlich der Befugnisse zur präventiv- polizeiliche Datenverarbeitung und -nutzung aus §§ 10a ff VE ME PolG aufgrund verbindlicher Vorgaben weitestgehend Einigkeit herrschte, sah dies hinsichtlich der in § 8c Abs. 2

---

940 Zöller, Informationssysteme und Vorfeldmaßnahmen von Polizei, Staatsanwaltschaft und Nachrichtendiensten, S. 86.
941 § 185 Abs. 2 Satz 1 LVwG SH.

und 3 VE ME PolG vorgesehenen Befugnisse zur verdeckten Datenerhebung – mit Ausnahme der offen oder verdeckt durchgeführten Observation[942] – anders aus.

a. Ausnahmen vom Grundsatz der offenen Datenerhebung

Im Gegensatz zum *BDSG 1990* und den entsprechenden Datenschutzgesetzen der Länder wurden in § 8a Abs. 4 Satz 1 und 2 VE ME PolG nicht nur der Grundsatz der Unmittelbarkeit der Datenerhebung sowie diesbezügliche Ausnahmen geregelt. Vielmehr enthielt § 8a Abs. 4 Satz 1 VE ME PolG den Grundsatz der offenen Datenerhebung, von dem unter denselben Voraussetzungen wie vom Grundsatz der Unmittelbarkeit der Datenerhebung abgewichen werden durfte. Da personenbezogene Daten durch öffentliche Stellen des Bundes oder der Länder mit Ausnahme der Strafverfolgungs- und Polizeibehörden sowie den Nachrichtendiensten immer offen erhoben werden[943], bedurfte es der Regelung dieses Grundsatzes in den Datenschutzgesetzen des Bundes und der Länder nicht.

Offen ist eine Datenerhebung, bei der die Daten über den Betroffenen unmittelbar bei diesem und mit dessen Kenntnis erhoben werden[944]. Daher wird der Grundsatz der offenen Datenerhebung auch als *Prinzip des offenen Visiers* bezeichnet[945] und folgt ebenso wie der Grundsatz der Unmittelbarkeit der Datenerhebung aus dem rechtsstaatlichen Gebot der Offenheit und Erkennbarkeit staatlichen Handelns[946]. Nur bei Einhaltung dieser Grundsätze hat der Betroffene die Möglichkeit, seine Rechte entsprechend der Rechtsschutzgarantie aus Art. 19 Abs. 4 GG in einem frühen Stadium des Eingriffs in sein Grundrecht auf informationelle Selbstbestimmung zu verteidigen[947]. Er kann einerseits mit rechtlichen Mitteln gegen die staatliche Maßnahme vorgehen und hat andererseits bei offener Datenerhebung die

---

942 Kniesel/Vahle, Kommentierung VE ME PolG, S. 46.
943 OVG Hamburg in NJW 2008, 96 (99).
944 Ipsen, NdsPOR, Rn. 475, 478.
945 Berner/Köhler/Käß, BayPAG, Art. 30 Rn. 4; Rachor in Lisken/Denninger, HbdPolR, 5. Auflage, E Rn. 248; Lisken in DRiZ 1987, 184 (188).
946 Hornmann, HSOG, § 13 Rn. 79; Petri in Lisken/Denninger, HbdPolR, 5. Auflage, G Rn. 165; Rachor in Lisken/Denninger, HbdPolR, 5. Auflage, E Rn. 248; Bockemühl in JA 1996, 695 (696); vgl. jetzt auch BVerfG in NJW 2013, 1499 (1504 = Rn. 120).
947 SächsVerfGH in DVBl. 1996, 1423 (1432); a.A. Ipsen, NdsPOR, Rn. 475.

Möglichkeit, durch eigenes Verhalten auf die Datenerhebung einzuwirken[948]. Institutionelle Sicherungen, wie die Öffentlichkeit der Gerichtsverhandlung, die Möglichkeit der parlamentarischen Kontrolle und die Pressefreiheit bieten zusätzliche Gewähr für die Einhaltung rechtsstaatlicher Prinzipien[949]. Erkennbarkeit der polizeilichen Datenerhebung wird dadurch gewährleistet, dass der Polizeibeamte gegenüber dem Betroffenen uniformiert auftritt, sich als Polizist in Zivilkleidung mittels Dienstausweis ausweist oder sonst den dienstlichen Anlass der Datenerhebung zu erkennen gibt[950]. Eine für den Betroffenen im datenschutzrechtlichen Sinn nicht erkennbare Datenerhebung, die für den bei mittelbarer Datenerhebung herangezogenen Dritten offen durchgeführt wird und als polizeiliche Maßnahme erkennbar ist, ist – auch wenn das BVerfG diese mitunter als heimliche oder verdeckte Datenerhebung bezeichnet[951] – weder eine heimliche noch eine verdeckte Datenerbhebung[952]. Der Grundsatz der offenen Datenerhebung darf nicht allein deshalb durchbrochen werden, weil eine verdeckte Datenerhebung für die Polizei einfacher oder für den einzelnen Polizeibeamten z.B. deshalb bequemer wäre[953]. Vielmehr ist unter Heranziehung des Grundsatzes der Verhältnismäßigkeit neben den Erschwernissen zwischen dem Zweck der Maßnahme und der Intensität des jeweiligen Grundrechtseingriffs abzuwägen[954].

Durch § 8c VE ME PolG entsprechende Befugnisse in den Polizeigesetzen der Länder wurden der Polizei erstmals Befugnisse zur verdeckten Datenerhebung an die Hand gegeben, die sich nach deren jeweiligen Verständnis auf *Straftaten von erheblicher Bedeutung* bezogen[955]. Sie sollten zur Bekämpfung der Organisierten Kriminalität beitragen[956]. Hierzu wurde die

---

948 BVerfGE 120, 274 (325).
949 SächsVerfGH in DVBl. 1996, 1423 (1432).
950 Berner/Köhler/Käß, BayPAG, Art. 30 Rn. 4.
951 Kapitel 3 A. III. 6. (S. 400); vgl. jetzt auch BVerfG in NJW 2013, 1499 (1504/ 1505 = Rn. 121).
952 A.A. Büttner/Schade in Schipper/Schneider/Büttner/Schade, POR SH, Rn. 12; *Anlage 2.1 Ziffer 2.c* (Grundsätze der Datenerhebung / Verfahrensregeln / Grundsatz der offenen Datenerhebung / Ausnahmen / Legaldefinition verdeckte Datenerhebung).
953 Ebert/Seel, ThürPAG, § 31 Rn. 11.
954 Berner/Köhler/Käß, BayPAG, Art. 30 Rn. 5.
955 Götz in Isensee/Kirchhof, HbStR, Bd. IV, § 85 Rn. 9.
956 SächsVerfGH in NVwZ 2005, 1310 (1312); BbgVerfG in LKV 1999, 450 (453); SächsVerfGH in DVBl. 1996, 1423 (1428/1429); Roggan in NJW 2009, 257 (258).

neue polizeiliche Aufgabe der *vorbeugenden Bekämpfung von Straftaten* in § 1 Abs. 1 Satz 2 VE ME PolG aufgenommen. Zu den besonderen Mitteln der Datenerhebung zählten nach § 8c Abs. 2 VE ME PolG
- die längerfristige Observation,
- der verdeckte Einsatz technischer Mittel, insbesondere zur Anfertigung von Bildaufnahmen oder -Aufzeichnungen sowie zum Abhören oder Aufzeichnen des gesprochenen Wortes auf Tonträger,
- der Einsatz von Polizeivollzugsbeamten unter einer Legende (verdeckter Ermittler) sowie
- der Einsatz sonstiger Personen, deren Zusammenarbeit mit der Polizei Dritten nicht bekannt ist (V-Personen)[957].

Soweit in § 8c Abs. 3 VE ME PolG Befugnisse zum Großen Lausch- und Spähangriff sowie zum Kleinen Lauschangriff vorgesehen waren, bedürfen diese hier keiner genaueren Betrachtung. „*Lauschangriff*" ist das kontrollierte Abhören und Aufzeichnen von Lebensvorgängen innerhalb einer Wohnung mit technischen Mitteln[958]. Verfassungsrechtliche Grundlage für an § 8c Abs. 3 VE ME PolG orientierte Befugnisnormen sollte nach damaliger Rechtsauffassung Art. 13 Abs. 3 GG a.F., d.h. der heutige Art. 13 Abs. 7 GG, sein[959]. Die Frage, ob der Große Lausch- und Spähangriff bereits vor Inkrafttreten des *Gesetz zur Änderung des Art. 13 GG* vom 26.3.1998[960] auf Art. 13 Abs. 3 GG a.F. gestützt werden konnte[961], bedarf keiner Prüfung mehr. Für sämtliche präventiv- polizeilichen Befugnisse zur akustischen und / oder optischen Wohnraumüberwachung bestehen mit Art. 13 Abs. 4 und 5 GG präventiv- polizeiliche verdeckte Eingriffe in das Grundrecht auf Unverletzlichkeit der Wohnung ermöglichende konstitutive Beschränkungen des Grundrechts aus Art. 13 Abs. 1 GG[962]. Daher hatte das *Gesetz zur Änderung des Art. 13 GG* vom 26.3.1998 die Überarbeitung

---

957 Kniesel/Vahle, VE ME PolG, S. 8.
958 Bockemühl in JA 1996, 695 (697).
959 Kniesel/Vahle, Kommentierung VE ME PolG, Rn. 83.
960 BVerfGE 109, 279 (282); BGBl. I 1998 S. 610 (bis 610); BT-Drucksache 13/18650.
961 MV VerfG in LKV 2000, 345 (349); Huber in ThürVBl. 2005, 1 (1); Bockemühl in JA 1996, 695 (698).
962 MV VerfG in LKV 2000, 345 (349); Huber in ThürVBl. 2005, 1 (2).

A. Die Gesetzgebungs- und Verwaltungskompetenzen für das Polizeirecht

sämtlicher Polizeigesetze entsprechend des neuen Art. 13 Abs. 4 und 5 GG zur Folge[963].

---

963 *Gesetz zur Änderung des PolG BW und des Landesverfassungsschutzgesetz* vom 15.12.1998 (GBl. BW 1998 S. 660 bis 661) i.d.f. des *Gesetz zur Änderung des PolG BW* vom 18.11.2008 (GBl. BW 2008 S. 390 bis 401); *Gesetz zur Anpassung des Bayerischen Landesrechts an Art. 13 GG* vom 10.7.1998Bay. GVBl. 1998 S. 383 bis 384) sowie durch das *Gesetz zur Änderung des Polizeiaufgabengesetzes und des parlamentarischen Kontrollgremiumgesetzes* vom 24.12.2005 (Bay. GVBl. 2005 S. 641 bis 647) und das *Gesetz zur Änderung des PAG* vom 8.7.2008 (Bay. GVBl. 2008 S. 365 bis 368); *Gesetz zur Änderung des ASOG* vom 11.5.1999 (GVBl. Berlin 1999 S. 164 (bis 164)) i.d.f. der *Bekanntmachung der Neufassung des ASOG Berlin* vom 11.10.2006 (GVBl. Berlin 2006 S. 930 bis 956); *Gesetz zur Neuordnung des Polizeirechts im Land Brandenburg* vom 19.3.1996 (Bbg GVBl. 1996 I S. 74 bis 95); *Bekanntmachung der Neufassung des Bremischen Polizeigesetzes* vom 18.12.2001 (Brem. GBl. 2001 S. 441 bis 464); *Gesetz zur Umsetzung von Art. 13 Abs. 6 GG* vom 19.7.2000 (Hmb. GVBl. 2000 S. 155 (bis 155)), geändert durch das *Gesetz zur Erhöhung der öffentlichen Sicherheit in Hamburg* vom 16.6.2005 (Hmb. GVBl. 2005 S. 233 bis 239); *Gesetz zur Änderung des HSOG* vom 3.11.1998 (Hess. GVBl. I 1998 S. 399 bis 400); *Gesetz über die öffentliche Sicherheit und Ordnung in Mecklenburg-Vorpommern* vom 25.3.1992 (GVBl. MV 1992 S. 498 bis 521) i.d.F. des *Ersten Gesetzes zur Änderung des Sicherheits- und Ordnungsgesetzes* vom 9.2.1998 (GVBl. MV 1998 S. 126 bis 130); *Gesetz zur Änderung des NGefAG* vom 11.12.2003 (Nds. GVBl. 2003 S. 414 bis 418) und *Gesetz zur Änderung des NdsSOG* vom 25.11.2007 (Nds. GVBl. 2007 S. 654 bis 660); *Gesetz zur Änderung des PolG und des OrdnungsbehördenG* vom 8.7.2003 (GVBl. NRW 2003 S. 409 bis 418) und der *Bekanntmachung der Neufassung* vom 25.7.2003 (GVBl. NRW 2003 S. 437 bis 456), zuletzt geändert durch das *Gesetz zur Änderung des PolG des Landes NRW* vom 9.2.2010 (GVBl. NRW 2010 S. 131 bis 142); *Sechste Landesgesetz zur Änderung des Polizei- und Ordnungsbehördengesetzes* vom 25.7.2005 (GVBl. RP 2005 S. 320 bis 322); *Bekanntmachung der Neufassung des SPolG* vom 26.3.2001 (ABl. d. Saarlandes 2001 S. 1074 bis 1096), zuletzt geändert durch das *Gesetz zur Erhöhung der öffentlichen Sicherheit im Saarland* vom 21.11.2007 (ABl. d. Saarlandes 2007 S. 2032 bis 2039); *Gesetz zur Änderung des Polizeigesetzes* (Sächs. GVBl. 1994 S. 929 bis 934) i.d.F. des *Gesetz zur Änderung des Polizeigesetzes des Freistaates Sachsen* vom 13.8.1999 (Sächs. GVBl. 1999 S. 466 bis 480); Sachsen-Anhalt durch die *Neufassung des Gesetzes über die öffentliche Sicherheit und Ordnung des Landes Sachsen-Anhalt* vom 23.9.2003 (GVBl. LSA 2003 S. 214 bis 241); *Gesetz zur Anpassung gefahrenabwehrrechtlicher und verwaltungsverfahrensrechtlicher Bestimmungen* vom 13.4.2007 (GVBl. SH 2007 S. 234 bis 244); *Thüringer Gesetz zur Umsetzung des Art. 13 GG* vom 24.7.1999 (Thür. GVBl. 1999, 454 bis 455), neu gefasst durch das *Thüringer Gesetz zur Änderung des Polizei- und Sicherheitsrechts* vom 20.6.2002 (Thür. GVBl. 2002 S. 247 bis 257) i.d.F. des *Thüringer Gesetzes zur Änderung sicherheits- und verfahrensrechtlicher Vorschriften* vom 16.7.2008 (Thür. GVBl. 2008 S. 245 bis 258).

Für den verdeckten Einsatz von besonderen Mitteln und Methoden der präventiv- polizeilichen Datenerhebung sind aufgrund der mit der verdeckten Erhebung verbundenen besonders hohen Eingriffsintensität entsprechend hohe Anforderungen an die diese legitimierenden Befugnisnormen zu stellen, die insbesondere im Hinblick auf die Gebote der Normenbestimmtheit und -klarheit bestehen[964]. Außer § 8c VE ME PolG enthielt der *VE ME PolG* keine Regelungen, die den Besonderheiten im Umgang mit durch besondere Mittel und Methoden erhobenen Daten Rechnung trugen. Einige Polizeigesetze enthielten demgegenüber schon damals dem Bestimmtheitsgebot eher entsprechende spezielle Befugnisse zum Einsatz besonderer Mittel und Methoden der Datenerhebung. Diese waren in Ermangelung einer der Orientierung der Gesetzgeber dienenden eindeutigen Musterregelungen unterschiedlich ausgestaltet[965], griffen teilweise in § 8c Abs. 1 Nr. 1 bis 4 VE ME PolG benannte besondere Mittel und Methoden der Datenerhebung nicht auf[966] oder enthielten über die in § 8c Abs. 2 Nr. 1 bis 4 VE ME PolG genannten besonderen Mittel und Methoden der Datenerhebung hinaus weitere Befugnisse zur verdeckten Datenerhebung[967].

Eine Begrenzung und Korrektivfunktion kommt zumindest dem Tatbestandsmerkmal der Erforderlichkeit aus § 8c Abs. 1 Satz 1 Nr. 2 VE ME PolG zu[968]. Danach dürfen personenbezogene Daten nur verdeckt erhoben werden, *soweit dies zur vorbeugenden Bekämpfung von* Straftaten mit er-

---

[964] BVerfGE 65, 1 (45/46); BbgVerfG in LKV 1999, 450 (452); SächsVerfGH in DVBl. 1996, 1423 (1428); OVG Hamburg in NJW 2008, 96 (98); vgl. jetzt auch BVerfG in NJW 2013, 1499 (1504 = Rn. 120).

[965] §§ 44c, 44d HSOG i.d.F. vom 18.12.1989; §§ 15, 16 HSOG i.d.F. vom 26.6.1990; §§ 16 bis 20 PolG NRW vom 24.2.1990; §§ 35 bis 39 PolG DDR vom 13.9.1990; Art. 33 bis 35 BayPAG vom 14.9.1990; §§ 9 bis 12 HambPolDVG vom 2.5.1991; §§ 17,18 SOG LSA vom 19.12.1991, §§ 22 bis 24 PolG BW vom 13.1.1992; §§ 25, 26 ASOG Berlin vom 14.4.1992; §§ 185, 186 LVwG SH vom 2.6.1992; §§ 34 bis 36 ThürPAG vom 4.6.1992; §§ 33, 34 SOG MV vom 4.8.1992; §§ 34 bis 36 NGefAG vom 19.4.1994; §§ 36 Abs. 2, 39, 40 SächsPolG vom 15.8.1994; §§ 32 bis 35 BbgPolG vom 19.3.1996; §§ 33, 34 SOG MV vom 25.3.1998; §§ 36 Abs. 2, 39 bis 41 SächsPolG vom 13.8.1999; §§ 30 bis 35 PolG Bremen vom 4.9.2001.

[966] *Anlage 2.3 Ziffer 5 und 6* (besondere Mittel und Methoden der Datenerhebung und -nutzung (verdeckte Datenerhebung oder -nutzung) / VP und VE).

[967] *Anlage 2.3 Ziffer 3* (besondere Mittel und Methoden der Datenerhebung und -nutzung (verdeckte Datenerhebung oder -nutzung) / allgemeine Standortfeststellung).

[968] BbgVerfG in LKV 1999, 450 (452, 454); SächsVerfGH in DVBl. 1996, 1423 (1428).

heblicher Bedeutung *erforderlich ist und die Datenerhebung ohne Gefährdung der Aufgabenerfüllung auf andere Weise nicht möglich ist und die Maßnahme nicht außer Verhältnis zur Bedeutung des aufzuklärenden Sachverhalts steht.* Hierdurch wird der Einsatz von besonderen Mittel und Methoden der Datenerhebung innerhalb der verdeckten polizeilichen Maßnahmen der Datenerhebung an die niedrigste Subsidiaritätsstufe gebunden[969]. Angelehnt an die Formulierung des § 8a Abs. 4 Satz 2 VE ME PolG lassen die Polizeigesetze der Länder eine verdeckte Datenerhebung jedoch zu, wenn diese

– nicht oder nur mit unverhältnismäßig hohem Aufwand möglich wäre[970] oder
– sonst die Erfüllung der polizeilichen Aufgabe erheblich erschweren oder gefährden würde[971], oder wenn
– anzunehmen ist, dass dies den überwiegenden Interessen des Betroffenen entspricht[972], oder

gem. § 29 Abs. 3 BbgPolG, § 30 Abs. 2 Nr. 1 bis 3 NdsSOG; § 9 Abs. 4 2. HS PolG NRW aufgrund gesetzlicher Befugnis. Von diesen eher zur Rechtfertigung der Durchbrechung des Grundsatzes der Unmittelbarkeit der Datenerhebung entwickelten Ausnahmetatbeständen[973] sind allein die *erheblich erschwerte Aufgabenerfüllung* sowie die *gesetzlich geregelte Befugnis* geeignet, eine verdeckte Datenerhebung mit besonderen Mitteln und Methoden zu rechtfertigen. Die polizeigesetzlichen Befugnisse zum Einsatz von besonderen Mitteln und Methoden der Datenerhebung i.S.d. § 8c Abs. 2 Nr. 1 bis 4 VE ME PolG setzen daher in Anlehnung an § 8c Abs. 1 Satz 1 2. Halbsatz VE ME PolG voraus, dass *die Datenerhebung ohne Gefährdung der Aufgabenerfüllung auf andere Weise nicht möglich ist*. Die polizeiliche Aufgabengefährdung kann durch offene Datenerhebung zwar auch gefährdet sein, wenn die Gefahrenabwehr bei Erkennbarkeit der Datenerhebung für den Betroffenen oder einen möglicherweise zu befragenden Dritten nicht

---

969 BVerfGE 112, 304 (318), 109, 279 (342); Huber in ThürVBl. 2005, 33 (36).
970 § 19 Abs. 2 Satz 2 PolG BW; Art. 30 Abs. 3 Satz 2 BayPAG; § 26 Abs. 5 Satz 1 POG RP; § 36 Abs. 5 Satz 2 SächsPolG.
971 *Anlage 2.1 Ziffer 2.a* (Grundsätze der Datenerhebung / Verfahrensregeln / Grundsatz der offenen Datenerhebung / Ausnahmen / Gefährdung / erheblich erschwerte Erfüllung polizeilicher Aufgaben).
972 *Anlage 2.1 Ziffer 2.b* (Grundsätze der Datenerhebung / Verfahrensregeln / Grundsatz der offenen Datenerhebung / Ausnahmen / überwiegende Interessen des Betroffenen).
973 Kapitel 1 C. I. 2. c. aa. (S. 71).

gewährleistet werden kann[974]. Dann kann der Einsatz von nicht offen ermittelnden Polizeibeamten (noeP) bei kurzfristiger Observation auf die polizeiliche Generalklausel gestützt werden, bevor der Einsatz eines verdeckten Ermittlers (VE) oder eine längerfristige Observation in Betracht kommt[975]. Aus diesem Grund nehmen die Polizeigesetze von *Brandenburg, Hamburg* und *Nordrhein-Westfalen* die kurzfristige Observation ausdrücklich von den Voraussetzungen der längerfristigen Observation aus[976]. Das auf bloßes Beobachten beschränkte kurzzeitige verdeckte polizeiliche Handeln lässt sich in Anbetracht des hiermit verbundenen geringfügigen Eingriffs in das Grundrecht auf informationelle Selbstbestimmung und der auf der anderen Seite zu schützenden Interessen im Einzelfall rechtfertigen[977].

Eine Durchbrechung des Grundsatzes der offenen Datenerhebung kommt aufgrund überwiegender Interessen des Betroffenen ohne Einwilligungserklärung des Betroffenen i.S.d. § 4a BDSG nicht in Betracht[978]. Zwar kann sich die offene mittelbare Datenerhebung für den Betroffenen nachteilig auswirken, falls es sich bei dem befragten Dritten z.B. um die von dem in datenschutzrechtlichen Sinn mittelbar Betroffenen besuchte Schule, dessen Arbeitgeber[979] oder dessen Nachbarn handelt[980]. Derart negative Folgen müssen aber im Rahmen der Prüfung der Verhältnismäßigkeit bei der Wahl des Adressaten der Befragung abgewogen werden und sind für sich genommen nicht geeignet, die verdeckte Datenerhebung zu rechtfertigen. Dass sich in der polizeilichen Fachliteratur dennoch Stimmen finden, die eine verdeckte Datenerhebung bei *überwiegenden Interessen des Betroffenen* ohne weiteres für zulässig erachten, ist auf die begriffliche Ungenauigkeit zurückzuführen, dass eine für den von einer mittelbaren Datenerhebung Betroffenen nicht erkennbare Datenerhebung als *verdeckt* bezeichnet wird. *Verdeckt* ist eine Datenerhebung aber nur, wenn sie bewusst heimlich oder getarnt erfolgt und daher für niemanden erkennbar sein soll, wobei neben

---

974 Söllner in Pewestorf/Söllner/Tölle, ASOB Berlin, Teil 1, § 18 Rn. 14.
975 Rachor in Lisken/Denninger, HbPolR, F Rn. 310; Tegtmeyer/Vahle, PolG NRW, § 16a Rn. 13.
976 § 32 Abs. 4 BbgPolG; § 9 Abs. 4 PolDVG HH; § 16a Abs. 4 PolG NRW.
977 SächsVerfGH in DVBl. 1996, 1423 (1434).
978 Hornmann, HSOG, § 13 Rn. 81.
979 Büttner/Schade in Schipper/Schneider/Büttner/Schade, POR SH, S. Rn. 126.
980 Berner/Köhler/Käß, BayPAG, Art. 30 Rn. 5; Ebert/Seel, ThürPAG, § 31 Rn. 12; Petri in Lisken/Denninger, HbdPolR, G Rn. 166; Schmidtbauer in Schmidtbauer/Steiner, BayPAG, Art. 33 Rn. 36.

der Art und Weise der Datenerhebung immer die konkrete Zielrichtung der bzw. die dahinter stehende Absicht ausschlaggebend ist[981].

Daher können verdeckte Mittel und der Methoden nur eingesetzt werden, wenn andernfalls die polizeiliche Aufgabenerfüllung gefährdet wäre. Ebenso ist der Einsatz von besonderen Mitteln und Methoden der Datenerhebung gegenüber Kontakt- und Begleitpersonen eines potentiellen Straftäters nur zulässig, wenn die verdeckte Datenerhebung bei Kontakt- und Begleitpersonen der Polizei als letzte Möglichkeit verbleibt, um drohende schwere und schwerste Straftaten zu verhüten[982]. Die Tatbestandsvoraussetzung der Erforderlichkeit einer Datenerhebung bewirkt letztlich auch, dass die Datenerhebung auf Vorrat ebenso ausscheidet wie eine pauschale Ausforschung aller Lebensumstände des Betroffenen[983].

b. Die Bestimmtheit des Tatbestandes

Mit dem verdeckten Einsatz von besonderen Mitteln und Methoden der Datenerhebung ist ein besonders schwerer Eingriff in das Grundrecht auf informationelle Selbstbestimmung aus Art. 2 Abs. 1 GG i.V.m. Art. 1 Abs. 1 GG verbunden[984]. Neben verfahrensrechtlichen Korrektiven muss der Gesetzgeber die hierzu ermächtigenden Befugnisse durch hinreichende Korrektive und Sicherungen auf Tatbestandsseite am Grundsatz der Verhältnismäßigkeit ausrichten, um unbillige Härten zu vermeiden und um zu vermeiden, dass die Befugnisse zum Einfallstor polizeilicher Allmacht führen[985]. Daher müssen Anlass, Zweck und Umfang des jeweiligen Eingriffs sowie die entsprechenden Eingriffsschwellen in den jeweiligen Ermächtigungsgrundlagen bereichsspezifisch, präzise und normenklar geregelt werden[986]. Verdeckte Ermittlungsmethoden sind aus Gründen der Verhältnis-

---

981 Büttner/Schade in Schipper/Schneider/Büttner/Schade, POR SH, Rn. 126; Berner/Köhler/Käß, BayPAG, Art. 30 Rn. 4.
982 BbgVerfG in LKV 1999, 450 (458).
983 BbgVerfG in LKV 1999, 450 (454).
984 BVerfGE 120, 378 (401/403); BVerfG in NJW 2007, 2464 (2466/2467); BbgVerfG in LKV 1999, 450 (453).
985 ThürVerfGH in Urteil vom 21.11.2012 (Az.: VerfGH 19/09) S. 44; SächsVerfGH in DVBl. 1996, 1423 (1428).
986 BVerfGE 125, 260 (328); 118, 168 (186); 115, 320 (365); 115, 166 (191); 113, 348 (375); 113, 29 (50/51); 110, 33 (53/54); 100, 313 (359/360).

Kapitel 2: Die Entwicklung des polizeigesetzlichen Datenschutzrechts

mäßigkeit gegenüber offenen stets nachrangig[987]. Der Gesetzgeber hat sowohl die Ausgewogenheit zwischen der Art und Intensität der Grundrechtsbeeinträchtigung und den zum Eingriff ermächtigenden Tatbestandsmerkmalen – wie der Einschreitschwelle und der geforderten Tatsachenbasis – herbeizuführen[988] als auch für jede polizeiliche Befugnis die Wahrscheinlichkeit des Gefahreneintritts sowie die Nähe des Betroffenen zur abzuwehrenden Bedrohung klar und bestimmt festzulegen[989].

Ob hierzu bei verdeckter präventiv- polizeilicher Datenerhebung mit besonderen Mitteln und Methoden auch Vorkehrungen zum Schutz des Kernbereichs privater Lebensgestaltung gehören[990] oder nicht[991], ist strittig. Während Eingriffe in das Grundrecht auf informationelle Selbstbestimmung aus Art. 2 Abs. 1 GG i.V.m. Art. 1 Abs. 1 GG in Ausmaß und Intensität typischer Weise nicht den unantastbaren Kernbereich privater Lebensgestaltung erreichen[992], ist die Gefahr einer Verletzung dieses Kernbereichs den verdeckten Eingriffen in das Grundrecht auf Unverletzlichkeit der Wohnung immanent[993]. Darüber hinaus hat das BVerfG Vorkehrungen zum Kernbereichsschutz ausdrücklich nur für die Überwachung der Telekommunikation[994] und für die Online- Durchsuchung[995] gefordert. Insbesondere wenn ein Bürger Äußerungen in einem öffentlich zugänglichen Bereich abgibt oder dieser persönliche Daten gegenüber einem nicht eingegrenzten oder eingrenzbaren Adressatenkreis preisgibt, lässt er erkennen, dass diese Informationen nicht dem Zugriff Dritter vorenthalten werden sollen[996].

---

987 Sächs. VerfGH in NVwZ 2005, 1310 (1315).
988 BVerfGE 115, 320 (360); 100, 313 (392); ThürVerfGH in Urteil vom 21.11.2012 (Az.: VerfGH 19/09) S. 44; BbgVerfG in LKV 1999, 450 (453).
989 BVerfGE 115, 320 (360/361); ThürVerfGH in Urteil vom 21.11.2012 (Az.: VerfGH 19/09) S. 44, 50.
990 Warg in NStZ 2012, 237 (238); Poscher in JZ 2009, 269 (271/272); Roggan in NJW 2009, 257 (257).
991 BVerfGE 112, 304 (318); SächsVerfGH in DVBl. 1999, 1423 (1436); OVG Hamburg in NJW 2008, 96 (101); Baldus in JZ 2008, 218 (220); Starck in NdsVBl. 2008, 145 (148).
992 BVerfGE 112, 304 (318); 109, 279 (319); 80, 367 (375); a.A. Sachs/Krings in NWVBl. 2010, 165 (166/167); Huber in ThürVBl. 2005, 33 (36, 39).
993 Warg in NStZ 2012, 237 (238).
994 BVerfGE 113, 348 (390, 391/392).
995 BVerfGE 120, 274 (335 ff).
996 Hefendehl in StV 2001, 700 (703).

aa. Die Abwehr einer gegenwärtigen erheblichen Gefahr

Jedenfalls dem Verhältnismäßigkeitsgrundsatz auf Tatbestandsebene Rechnung tragend ist die in § 8c Abs. 1 Satz 1 Nr. 1 VE ME PolG vorgesehene präventiv- polizeiliche Befugnis zur verdeckten Datenerhebung zur Abwehr einer erheblichen Gefahr. Eine erhebliche Gefahr ist eine Gefahr für ein bedeutsames Rechtsgut wie Leben, Gesundheit oder Freiheit einer Person sowie den Bestand oder die Sicherheit des Bundes oder eines Landes[997]. Die Polizeigesetzgeber von *Baden- Württemberg, Hamburg, Hessen, Rheinland- Pfalz, Sachsen, Schleswig- Holstein* und *Thüringen* lassen den Einsatz von besonderen Mitteln und Methoden *zur Abwehr einer* zumindest konkreten *Gefahr für Leib, Leben oder Freiheit einer Person* zu[998]. Hierzu zählt vor allem die Abwehr einer gegenwärtigen Gefahr für besonders gewichtige Rechtsgüter wie Leben, Gesundheit oder Freiheit einer Person[999]. Je konkreter die Wahrscheinlichkeit eines Schadenseintritts und je höherrangiger das zu schützende Rechtsgut sind, desto weiter reichende Eingriffsbefugnisse können der Polizei zugestanden werden, solange der Wesensgehalt eines Grundrechts nicht angetastet wird[1000]. Gemeint sind vor allem Rechtsgutsgefährdungen, die – wie Geiselnahmen – in besonderem Maße und besonderer Intensität schadensträchtig sind[1001]. Gegenwärtig ist eine Gefahr, die den Eintritt des Schadens in allernächster Zeit erwarten lässt, falls nicht in die Entwicklung eingegriffen wird[1002].

bb. Die vorbeugende Bekämpfung von Straftaten von erheblicher Bedeutung

Weiterhin lässt § 8c Abs. 1 Satz 1 Nr. 2 VE ME PolG die mit einem besonders intensiven Eingriff in das Grundrecht auf informationelle Selbstbestimmung verbundene verdeckte Datenerhebung *zur vorbeugenden Be-*

---

997 BVerfGE 122, 120 (142/143); Kniesel/Vahle, Kommentierung VE ME PolG, Rn. 82.
998 *Anlage 3.1 Ziffer 3a bis d* (Straftaten von erheblicher Bedeutung; schwere Straftaten; besonders schwere Straftaten / Vergehen gegen Leben, Gesundheit, Freiheit, bedeutende Sach- und Vermögenswerte).
999 SächsVerfGH in DVBl. 1996, 1423 (1429).
1000 BbgVerfG in LKV 1999, 450 (453); SächsVerfGH in DVBl. 1996, 1423 (1428).
1001 MV VerfG in LKV 2000, 345 (349).
1002 MV VerfG in LKV 2000, 345 (349); SächsVerfGH in DVBl. 1996, 1423 (1427).

kämpfung von Straftaten mit erheblicher Bedeutung zu. Die entsprechenden Befugnisnormen in den Polizeigesetzen dienen dann der Aufdeckung derjenigen Gefahren, die den aller Wahrscheinlichkeit nach zukünftig zu erwartenden *Straftaten von erheblicher Bedeutung* innewohnen, und zwar bevor es zu einer konkreten Gefährdung der durch die jeweiligen Straftatbestände generalpräventiv geschützten Rechtsgüter kommt[1003]. Eine solche Datenerhebung im Vorfeld einer konkreten Gefahr ist aus verfassungsrechtlicher Sicht im Grundsatz unbedenklich und in der Auseinandersetzung mit der modernen Kriminalität unverzichtbar[1004]. Es kann Lagen geben, in denen der verdeckte Einsatz besonderer Mittel und Methoden der Datenerhebung zur vorbeugenden Verbrechensbekämpfung beitragen kann, und der Polizei keine anderen ebenso wirksamen, aber für den Betroffenen schonenderen Ermittlungsmethoden zur Verfügung stehen[1005]. Manche Überwachungsmethoden, wie die längerfristige Observation oder die Einschleusung eines verdeckten Ermittlers in die kriminelle Szene, entfalten darüber hinaus keine sofortige Wirkung, sondern bringen erst nach einer gewissen Anlaufzeit Erfolge[1006].

Zur Rechtfertigung von polizeilichen Datenerhebungen im Vorfeld konkreter Gefahren fehlt es am Anknüpfungspunkt der *konkreten* Gefahr[1007]. Lässt der Gesetzgeber Grundrechtseingriffe schon im Vorfeld konkreter Gefahren zu, kommt dem Gebot der Normenbestimmtheit und -klarheit umso bedeutenderes Gewicht zu[1008]. Der Bestimmtheitsgrundsatz verlangt, dass die jeweiligen Ermächtigungen handlungsbegrenzende Tatbestandselemente enthalten, die einen Standard an Vorhersehbarkeit und Kontrollierbarkeit vergleichbar dem schaffen, der für die Aufgaben der Gefahrenabwehr und der Strafverfolgung rechtstaatlich geboten ist[1009]. Zur Legitimation verdeckter Überwachungsmaßnahmen hat der Gesetzgeber daher neben den zu verhütenden Straftaten auch die Anforderungen für die Verdachtstatsachen so bestimmt zu umschreiben, dass das Risiko einer Fehl-

---

1003 Kapitel 2 C. I. 1. b. (S. 58); BbgVerfG in LKV 1999, 450 (453); BVerwGE 141, 329 (335- Rn. 29); Götz, POR, § 17 Rn. 490.
1004 SächsVerfGH in DVBl. 1996, 1423 (1428).
1005 BbgVerfG in LKV 1999, 450 (453); SächsVerfGH in DVBl. 1996, 1423 (1429).
1006 SächsVerfGH in DVBl. 1996, 1423 (1429).
1007 BVerfGE 113, 348 (386); 110, 33 (55).
1008 BbgVerfG in LKV 1999, 450 (452).
1009 BVerfGE 113, 348 (379); 110, 33 (56).

prognose in einem vertretbaren Rahmen verbleibt[1010]. Bei der Vorverlagerung des Eingriffs in eine Phase, in der sich die Konturen eines Straftatbestandes noch nicht abzeichnen, besteht das Risiko, dass der Eingriff an ein nur durch diffuse Anhaltspunkte für mögliche Straftaten gekennzeichnetes, in der Bedeutung der beobachteten Einzelheiten noch schwer erfassbares und unterschiedlich deutbares Geschehen anknüpft[1011]. Daher hat der Gesetzgeber für solche Befugnisse die zukünftig zu befürchtenden, zu verhindernden Straftaten sowie die Anforderungen an Tatsachen, die auf die künftige Begehung hindeuten, so bestimmt zu umschreiben, dass das im Bereich der Vorfeldermittlungen besonders hohe Risiko einer Fehlprognose verfassungsrechtlich noch hinnehmbar ist[1012].

Umstritten ist, anhand welcher Tatbestandsvoraussetzungen die bevorstehende Begehung einer Straftat von erheblicher Bedeutung zu bestimmen ist. Einige Polizeigesetze setzen *tatsächliche Anhaltspunkte für die bevorstehende Begehung* von Straftaten von erheblicher Bedeutung voraus[1013], andere Polizeigesetze stellen auf *Tatsachen, die die Annahme rechtfertigen, dass eine Person Straftaten von erheblicher Bedeutung begehen wird*[1014], ab. Jedenfalls muss der Wahrscheinlichkeitsgrad der zukünftigen Begehung einer Straftat von erheblicher Bedeutung anhand der polizeigesetzlichen Befugnis nach Entfallen der einer bereits in Verwirklichung befindlichen Straftat immanenten gegenwärtigen Gefahr wesentlich präziser ausfallen, damit das Risiko einer Fehlprognose grundrechtlich hinnehmbar ist[1015]. Das Tatbestandsmerkmal der tatsächlichen Anhaltspunkte wird in der Rechtsprechung im Vergleich zu dem der Tatsachen als weniger streng bewertet[1016]. Der Begriff der *tatsächlichen Anhaltspunkte* ist den nachrichtendienstlichen Überwachungsmaßnahmen eigen, nach deren Tatbestandsvoraussetzungen Tatsachen nicht auf das Bevorstehen einer Straftat hindeuten müssen, sondern – wie § 9 Abs. 1 Satz 1 Nr. 1 BVerfSchG – auf die noch vor einer abstrakten Gefahr angesiedelte Möglichkeit der Erlangung von

---

1010 BVerfGE 113, 348 (386); 110, 33 (56, 57); ThürVerfGH in Urteil vom 21.11.2012 (Az.: VerfGH 19/09) S. 44.
1011 BVerfGE 113, 348 (377).
1012 BVerfGE 113, 348 (388/389).
1013 Kniesel/Vahle, Kommentierung VE ME PolG, Rn. 82.
1014 ThürVerfGH in Urteil vom 21.11.2012 (Az.: VerfGH 19/09) S. 45; SächsVerfGH in DVBl. 1996, 1423 (1430).
1015 BVerfGE 110, 33 (60).
1016 BVerfGE 110, 33 (61); 109, 279 (350/351); 100, 313 (395); SächsVerfGH in DVBl. 1996, 1423 (1430).

Erkenntnissen über Bestrebungen oder Tätigkeiten i.S.d. § 3 BVerfSchG. Infolge des Grundsatzes der Verhältnismäßigkeit sind an die Wahrscheinlichkeit eines Schadenseintritts umso geringere Anforderungen zu stellen, je größer und folgenschwerer der möglicherweise eintretende Schaden wäre[1017]. Je höher das zu schützende Rechtsgut und damit der potentielle Schaden desto geringere Anforderungen dürfen an den Grad der Wahrscheinlichkeit gestellt werden, mit der auf die drohende Rechtsgutverletzung geschlossen werden kann, und desto weniger fundiert dürfen die Tatsachen sein, die auf die Gefährdung oder Verletzung des Rechtsguts schließen lassen, solange der Wesensgehalt eines Grundrechts nicht angetastet wird[1018]. Das Tatbestandsmerkmal der *die Annahme der Begehung von Straftaten rechtfertigenden Tatsachen* soll sicherstellen, dass die vom Polizeivollzugsdienst zu treffende Prognoseentscheidung über die zukünftige Begehung von Straftaten stets nur auf hinreichend sicherer Tatsachengrundlage getroffen wird und nicht allein auf polizeilichem Erfahrungswissen und Vermutungen beruht[1019]. Der Polizei müssen also stichhaltige, nachprüfbare Umstände vorliegen, die auf eine bevorstehende Straftat und deren Täter schließen lassen[1020]. Bloße Mutmaßungen genügen für eine heimliche Datenerhebung nicht[1021]. Entweder sollte das hierzu ermächtigende Gesetz daher an Planungs- oder sonstige Vorbereitungshandlungen anknüpfen oder aber neben dem Anknüpfen an Tatsachen, die die Annahme einer künftigen Straftat rechtfertigen, erhöhte Anforderungen an das Gewicht des gefährdeten Schutzguts und die Gefährlichkeit der Vorbereitungshandlung stellen[1022]. Trifft weder das eine noch das andere zu, ist der Gesetzgeber gehalten, das Interesse an einem umfassenden Rechtsgüterschutz im Vorfeld einer konkreten Gefahr hinter die Individual- und Freiheitsinteressen des Betroffenen zurückzustellen und die staatlichen Handlungsbefugnisse auf den Schutz hochrangiger Individual- und Gemeinrechtsgüter zu begrenzen[1023].

1017 BVerfGE 110, 33 (60); 100, 313 (392); BGHSt in JR 2010, 443 (450); Gusy, POR, Rn. 119.
1018 BVerfGE 113, 348 (386); 110, 33 (55, 60); 100, 313 (392); BbgVerfG in LKV 1999, 450 (453); SächsVerfGH in DVBl. 1996, 1423 (1429).
1019 BVerfGE 129, 208 (242); 115, 320 (368/369); 100, 313 (395); BbgVerfG in LKV 1999, 450 (452); SächsVerfGH in DVBl. 1996, 1423 (1430); BGHSt in JR 2010, 443 (450); Rux in JZ 2007, 285 (287).
1020 BbgVerfG in LKV 1999, 450 (452).
1021 BbgVerfG in LKV 1999, 450 (452).
1022 BVerfGE 113, 348 (386, 388/389).
1023 SächsVerfGH in DVBl. 1996, 1423 (1429).

Der zu schützende Gemeinwohlbelang muss allgemein sowie im konkreten Fall wichtig sein[1024]. Der Begriff der *Straftat von erheblicher Bedeutung* wird daher in der Rechtsordnung häufig als Begrenzungsmerkmal für verdeckte Ermittlungsmethoden herangezogen[1025]. Richtet sich die Straftat gegen die Rechtsgüter Leben oder Freiheit, ist diese jedenfalls erheblich. Die bloße Definition, dass eine Straftat von erheblicher Bedeutung mindestens der mittleren Kriminalität zuzurechnen sein, den Rechtsfrieden erheblich stören und geeignet sein muss, das Gefühl der Rechtssicherheit der Bevölkerung erheblich zu beeinträchtigen[1026], hilft demgegenüber nicht weiter[1027]. Daher wird der Begriff der Straftaten von erheblicher Bedeutung in den Polizeigesetzen legal definiert[1028], wobei aber jedes Bundesland seine eigene Definition verwendet[1029]. Nicht mehr den Geboten der Normenbestimmtheit und -klarheit entspricht es, wenn der Straftatenkatalog offen gestaltet ist, um Straftaten gleicher oder vergleichbarer Bedeutung zu erfassen[1030]. Bei einigen Polizeigesetzen wurde außer Acht gelassen, dass die Definition der Straften von erheblicher Bedeutung bezogen auf den Kontext der jeweiligen strafrechtlichen Regelungen unterschiedlich definiert werden muss[1031].

Einigkeit besteht – mit Ausnahme der Polizeigesetze von *Bremen* und *Niedersachsen* – darüber, dass Straftaten von erheblicher Bedeutung alle Verbrechen sind[1032]. Die in den Polizeigesetzen von *Bremen* und *Niedersachen* vom *Begriff der Straftaten von erheblicher Bedeutung* ausgenommenen Verbrechenstatbestände des Meineids und der falschen Versicherung an Eides statt können aufgrund ihrer Eigenart als Aussagedelikte nicht im Vorfeld einer konkreten Gefahr durch den Einsatz von besonderen Mitteln und Methoden der Datenerhebung verhindert zu werden. Die Polizeigesetze von

---

1024 BVerfGE 113, 348 (387); BVerfGE 107, 299 (322); SächsVerfGH in DVBl. 1996, 1423 (1430/1431).
1025 BVerfGE 103, 21 (33/34); BGHSt 42, 139 (157).
1026 BVerfGE 112, 304 (316); 109, 279 (344); 107, 299 (322); 103, 21 (34).
1027 BVerfGE 113, 348 (388).
1028 *Anlage 3.1 Ziffer 1* (Straftaten von erheblicher Bedeutung; schwere Straftaten; besonders schwere Straftaten / Legaldefinition); Albers, a.a.O., S. 137.
1029 *Anlage 3.2 bis 3.11* (Straftaten von erheblicher Bedeutung; schwere Straftaten; besonders schwere Straftaten); Albers, a.a.O., S. 137.
1030 BayVerfGH in NVwZ 1996, 166 (169).
1031 BVerfGE 110, 33 (65).
1032 *Anlage 3.1 Ziffer 2* (Straftaten von erheblicher Bedeutung; schwere Straftaten; besonders schwere Straftaten / Verbrechen).

Kapitel 2: Die Entwicklung des polizeigesetzlichen Datenschutzrechts

Bayern, Berlin, Brandenburg, Bremen Mecklenburg- Vorpommern, Nordrhein- Westfalen, dem *Saarland* und *Sachsen- Anhalt* benennen die als Straftaten von erheblicher Bedeutung anzusehenden Vergehenstatbestände abschließend, wobei die Polizeigesetze von *Bayern, Bremen, Nordrhein- Westfalen* und *Sachsen- Anhalt* zusätzlich auf die in § 138 Abs. 1 und Abs. 2 StGB aufgeführten Straftatbestände verweisen[1033]. *Berlin* und *Brandenburg* beschränken den Einsatz von besonderen Mitteln und Methoden der Datenerhebung demgegenüber auf die in § 100a Abs. 2 StPO abschließend aufgezählten *schweren Straftaten*[1034].

Die Polizeigesetze von *Baden- Württemberg, Hamburg, Hessen, Niedersachsen, Rheinland- Pfalz* und *Sachsen* erweitern die zunächst abschließend aufgezählten zu verhütenden *Straftaten von erheblicher Bedeutung* um solche, die *gewerbs- gewohnheits-, serien-, bandenmäßig oder sonst organisiert begangen werden*[1035]. Mit Ausnahme des Polizeigesetzes von *Niedersachsen*, das Straftaten von erheblicher Bedeutung anhand der Legaldefinition des § 138 Abs. 1 StGB definiert, haben diese Polizeigesetzgeber die damals bereits in § 98a StPO enthaltene Befugnis zur repressiven Rasterfahndung, die *Straftaten von erheblicher Bedeutung* unter Verweis auf die in §§ 74a, 120 GVG abschließend aufgeführten Straftatbestände definierte, übernommen[1036].

Als unter Verhältnismäßigkeitsgesichtspunkten mit besonderen Mitteln und Methoden der Datenerhebung in Vorfeld einer konkreten Gefahr nicht für vorbeugend bekämpfbar wurden gegen fremde Sach- und Vermögenswerte gerichtete Vergehen eingestuft, die nicht gewerbs-, gewohnheits-, serien-, bandenmäßig oder sonst organisiert begangen wurden[1037]. Verdeckte Eingriffe in informationelle Rechtspositionen könnten nicht durch den Schutz gefährdeter vermögensrechtlicher Individualinteressen wohl aber durch den Schutz des bedrohten Gemeinwesens gerechtfertigt werden, da

---

1033 *Anlage 3.1 Ziffer 3j* (Straftaten von erheblicher Bedeutung; schwere Straftaten; besonders schwere Straftaten / Vergehen aus / § 138 StGB).
1034 BbgVerfG in LKV 1999, 450 (454).
1035 *Anlage 3.1 Ziffer 3e bis h* (Straftaten von erheblicher Bedeutung; schwere Straftaten; besonders schwere Straftaten / Vergehen / gewerbs-, bandenmäßige oder sonst organisiert).
1036 *Anlage 3.1 Ziffer 3e bis h, l* (Straftaten von erheblicher Bedeutung; schwere Straftaten; besonders schwere Straftaten / Vergehen aus §§ 74a, 120 GvG / gewerbs-, bandenmäßige oder sonst organisiert).
1037 BbgVerfG in LKV 1999, 450 (454); SächsVerfGH in DVBl. 1996, 1423 (1428/1429).

sich die besondere Gefährlichkeit und Präventionsbedürftigkeit der Straftaten weniger aus dem Gewicht der durch die Einzeltaten betroffenen Rechtsgüter als vielmehr aus der Planmäßigkeit der Beeinträchtigung der Rechtsordnung durch organisiertes Vorgehen ergibt[1038]. Für präventiv- polizeiliche, auf die Verhinderung von Straftaten gerichtete Maßnahmen besteht solange Anlass, solange eine Straftat noch nicht vollendet ist[1039]. Es kann daher nicht nur zu Überschneidungen zwischen präventiv- polizeilichen und repressiven Maßnahmen kommen, wenn die Planung einer Straftat schon in ein straftatbestandliches Verhalten übergegangen ist, die Rechtsgutbeeinträchtigung aber noch nicht eingetreten oder abgeschlossen ist, und eine präventiv- polizeiliche Maßnahmen daher weiterhin sinnvoll bleibt[1040]. Vielmehr kann es erst recht zu Überschneidungen zwischen präventiv- polizeilichen und repressiven verdeckten bzw. heimlichen Ermittlungen kommen, wenn das Versuchsstadium erreicht wird.

cc. Die Adressaten des präventiv- polizeilichen Einsatzes besonderer Mittel und Methoden der Datenerhebung

Der Grundsatz der Normenbestimmtheit und -klarheit wird gewahrt, wenn die betroffenen Personen erkennen können, bei welchen Anlässen und unter welchen Voraussetzungen ein Verhalten mit dem Risiko der Überwachung verbunden ist[1041]. Dies erfordert die Benennung der Adressaten polizeilicher Maßnahmen in dem zu einer Überwachungsmaßnahme ermächtigenden Gesetz. Aus der polizeilichen Befugnis muss erkennbar sein, welche Grundrechtsträger von der Maßnahme betroffen sind[1042]. Bei der klassischen polizeilichen Gefahrenabwehr kann der Gesetzgeber an den Grad der Gefahr, also Tatsachen, aus denen sich das Bevorstehen eines schädigenden Ereignisses ableiten lässt, abstellen[1043]. Adressaten von polizeilichen Maßnahmen zur Abwehr einer konkreten Gefahr sind die in § 8c Abs. 1 VE ME PolG i.V.m. § 8a Abs. 1 Nr. 1 VE ME PolG in Bezug genommenen Verhaltens- und Zustandsverantwortlichen sowie im Falle des polizeilichen Notstands

---

1038 SächsVerfGH in DVBl. 1996, 1423 (1430).
1039 Staechelin in ZRP 1996, 430 (431).
1040 BVerfGE 110, 33 (60).
1041 BVerfGE 113, 348 (376); 110, 33 (56).
1042 BVerfGE 113, 348 (382).
1043 BVerfGE 110, 33 (55).

auch Nichtverantwortliche. Liegt eine konkrete erhebliche Gefahr vor, können auch die Voraussetzungen des polizeilichen Notstandes vorliegen, so dass die verdeckte Überwachungsmaßnahme nicht nur gegenüber den im polizeirechtlichen Sinn verantwortlichen Verhaltens- oder Zustandsstörer, sondern auch gegenüber einem unbeteiligten Dritten vorgenommen werden kann[1044]. Einer Differenzierung innerhalb der unbeteiligten Dritten zwischen gänzlich Unbeteiligten und etwaigen Kontakt- und Begleitpersonen bedarf es insoweit nicht[1045].

Adressat des Einsatzes von besonderen Mitteln oder Methoden der Datenerhebung im Vorfeld einer konkreten Gefahr kann zum einen der potentielle Straftäter sein. Neben dem potentiellen Straftäter können zum anderen gem. den § 8c Abs. 1 VE ME PolG entsprechenden Regelungen auch Kontakt- und Begleitpersonen zu Adressaten eines gezielt gegen diese gerichteten Einsatzes von besonderen Mittel und Methoden der Datenerhebung in Vorfeld einer konkreten Gefahr werden[1046]. Zu der Unvorhersehbarkeit, wer als potentieller Straftäter in Betracht kommt, tritt die Ungewissheit, wer mit dem potentiellen Straftäter bereits im Vorfeld einer künftigen Straftat so in Verbindung steht, dass Hinweise über die angenommene Straftat gewonnen werden können[1047]. Es ist unverhältnismäßig, verdeckte Überwachungsmaßnahmen auf jeden beliebigen Dritten im Umfeld eines potentiellen Straftäters zu erstrecken[1048]. Nur soweit es zur Durchführung einer gegen den potentiellen Straftäter oder die Kontakt- und Begleitperson gerichteten Datenerhebung erforderlich ist, dürfen Daten über unbeteiligte Dritte heimlich erhoben werden[1049].

Kontakt- und Begleitpersonen, über die im Vorfeld einer konkreten Gefahr unter Einsatz von besonderen Mitteln und Methoden Daten erhoben werden dürfen, können daher nur solche sein, zu denen der potentielle Straftäter gerade in Bezug auf die drohende Straftat in Verbindung steht oder diese aufnimmt[1050]. Die Datenerhebung über Kontakt- und Begleitpersonen hat sich daher auf die Informationsgewinnung über Art, Gegenstand, Zweck

---

1044 SächsVerfGH in DVBl. 1996, 1423 (1427/1428).
1045 BVerfGE in NVwZ 2001, 1261 (1263).
1046 BbgVerfG in LKV 1999, 450 (454).
1047 BVerfGE 113, 348 (380).
1048 BbgVerfG in LKV 1999, 450 (454, 457).
1049 BbgVerfG in LKV 1999, 450 (454).
1050 BVerfG in NVwZ 2001, 1261 (1262); VerfGH RP in DVBl. 2007, 569 (576); BbgVerfG in LKV 1999, 450 (457); Roggan in NJW 2009, 257 (258).

und Ausmaß eben jener Verbindung zu den angenommenen Straftaten zu beschränken[1051]. Geboten ist eine nähere Konkretisierung des Kontakts zwischen dem potentiellen Straftäter und der anderen Person dahingehend, dass entweder nähere persönliche oder geschäftliche Beziehungen zu der eigentlichen Zielperson bestehen müssen, oder der Kontakt über einen längeren Zeitraum unterhalten oder aber unter konspirativen Umständen hergestellt oder gepflegt wird[1052]. Zu weitgehend ist es demgegenüber, hinsichtlich der Kontakt- und Begleitperson einen objektiven Tatbezug in Form von strafrechtsrelevanten Beziehungen zum potentiellen Straftäter, wie etwa Auftraggeber, Helfer oder sonstigen Personen, die in sonstiger Weise bei der Planung, Durchführung oder späteren Bewertung der Tatvorteile eine Rolle spielen können, zu fordern[1053]. Diese wären Täter oder Teilnehmer einer Straftat und infolge dessen selbst bereits potentielle Straftäter.

c. Organisations- und Verfahrensregeln

Über die Festlegung von der Wesentlichkeitstheorie entsprechenden, befugnisbezogenen Eingriffsvoraussetzungen hinaus ist Grundrechtsschutz auch durch eine angemessene Verfahrensgestaltung zu bewirken[1054]. Organisations- und Verfahrensregeln dienen der Begrenzung der durch verdeckte Maßnahmen der modernen technischen Datenerhebung intensivierten Grundrechtseingriffe[1055]. Soweit die Polizei personenbezogene Daten verdeckt erhebt, bedarf es der gesetzlichen Ausgestaltung des Grundrechtsschutzes durch Verfahrensregeln, um den individualrechtlichen sowie den strukturellen Schutzbedürfnissen gerecht zu werden[1056]. Notwendigkeit und Umfang verfahrensrechtlicher Garantien richten sich sowohl nach der Art und Intensität des Grundrechtseingriffs als auch danach, inwieweit der Grundrechtsschutz durch eine nachträgliche gerichtliche Kontrolle gewähr-

---

1051 SächsVerfGH in DVBl. 1996,1423 (1431).
1052 BVerfG in NVwZ 2001, 1261 (1262); SächsVerfGH in DVBl. 1996,1423 (1431); Roggan in NJW 2009, 257 (257).
1053 BbgVerfG in LKV 1999, 450 (458).
1054 Kapitel 1 C. I. 2. d. aa. (S. 80); BVerfGE 113, 29 (57); 63, 131 (143).
1055 BVerfGE 112, 304 (319); 107, 299 (328/329); BbgVerfG in LKV 1999, 450 (453); Schoch in Jura 2008, 352 (358).
1056 BVerfGE 112, 304 (320); BbgVerfG in LKV 1999, 450 (453); SächsVerfGH in DVBl. 1996, 1423 (1424).

Kapitel 2: Die Entwicklung des polizeigesetzlichen Datenschutzrechts

leistet wird[1057]. Gerade die Heimlichkeit eines Grundrechtseingriffs erhöht seine Intensität und löst einen gesteigerten Rechtfertigungsbedarf aus[1058]. Dies gilt insbesondere mit Rücksicht auf das einem additiven Grundrechtseingriff innewohnende Gefährdungspotential[1059]. Daher müssen zu verdeckten Grundrechtseingriffen ermächtigende gesetzliche Grundlagen die Anforderungen hierfür entsprechend dem rechtsstaatlichen Gebot der Bestimmtheit und Klarheit von Eingriffsbefugnissen[1060] unter Beachtung des Verhältnismäßigkeitsgrundsatzes[1061] regeln[1062]. Solche Organisations- und Verfahrensregeln sind neben Verwendungsverboten[1063] der mit der Befristung der Maßnahme verbundene[1064] Behördenleiter[1065]- bzw. Richtervorbehalt[1066], Dokumentations- bzw. Protokollierungs-[1067] sowie besondere Sperrungs- bzw. Löschungspflichten[1068].

Weiterhin sind die gem. § 19a BDSG bei verdeckter Datenerhebung bestehenden, in § 8c Abs. 5 VE ME PolG und einigen Polizeigesetzen als *Unterrichtungspflichten* bezeichneten Benachrichtigungspflichten[1069] zu beachten. Diese bestehen, weil der Betroffene einer verdeckten Datenerhebung zunächst keine Möglichkeit hat, etwaig verletzte Positionen seines Grundrechts auf informationelle Selbstbestimmung durch die ihm gem. Art. 19 Abs. 4 GG zustehende Rechtsschutzgarantie wirksam zu verteidigen, so dass ihm zumindest nachträglicher Rechtsschutz zugebilligt werden muss[1070]. Die zum Schutz der Grundrechtsinhaber zu schaffenden verfah-

---

1057 SächsVerfGH in DVBl. 1996, 1423 (1432).
1058 BVerfGE 115, 320 (353); 113, 348 (383); 110, 33 (53); 107, 299 (321); 34, 238 (247); Götz, POR, § 17 Rn. 61.
1059 BVerfGE 112, 304 (320).
1060 BVerfGE 113, 348 (375/376); 110, 33 (53/54).
1061 BVerfGE 113, 348 (383).
1062 BVerfGE 115, 320 (345/346); SächsVerfGH in DVBl. 1996, 1423 (1424, 1432); Götz, POR, § 17 Rn. 61.
1063 Kapitel 4 A. II. 1. (S. 473).
1064 Huber in ThürVBl. 2005, 33 (36).
1065 BbgVerfG in LKV 1999, 450 (455); Kugelmann/Rüden in ThürVBl. 2009, 169 (171).
1066 SächsVerfGH in DVBl. 1996, 1423 (1433).
1067 BVerfGE 110, 33 (75); 100, 313 (395/396); BbgVerfG in LKV 1999, 450 (456); SächsVerfGH in DVBl. 1996, 1423 (1433/1434).
1068 BVerfGE 113, 29 (57/58), 65, 1 (46); SächsVerfGH in DVBl. 1996, 1423 (1434).
1069 Kapitel 1 B. II. 5. (S. 361); BbgVerfG in LKV 1999, 450 (455); Huber in ThürVBl. 2005, 33 (36).
1070 BbgVerfG in LKV 1999, 450 (452); SächsVerfGH in DVBl. 1996, 1423 (1432, 1435).

rensrechtlichen Konkretisierungen kommen zugleich dem Vertrauen der Allgemeinheit zugute, wirken sie doch den Risiken des Missbrauchs und eines Gefühls des Überwachtwerdens entgegen[1071].

aa. Der Behördenleiter- oder Richtervorbehalt

Während § 8c Abs. 1 Satz 3 VE ME PolG *außer bei Gefahr im Verzug eine Anordnung der Maßnahme durch den Behörden- bzw. Dienststellenleiter oder einen von ihm beauftragten Beamten* genügen ließ, und die meisten Polizeigesetze dieser Vorgabe entsprechen, befand der ThürVerfGH in dessen Entscheidung vom 21.11.2012 (Az.: 19/09) zu § 34 ThürPAG[1072] sowie der SächsVerfGH in dessen Entscheidung vom 14.5.1994 (Az.: Vf. 44-II-94) die diesen entsprechende Regelung in § 39 Abs. 3 SächPolG a.F. als unzureichend[1073]. Mit verdeckten Eingriffen in das Grundrecht auf informationelle Selbstbestimmung verbundene präventiv- polizeiliche Maßnahmen bedürfen jedoch aus Sicht des Grundgesetzes keines Richtervorbehaltes[1074]. Da der Betroffene einer verdeckten Datenerhebung mangels Kenntnis vor oder während des Grundrechtseingriff nicht selbst am Verwaltungsverfahren teilnehmen und seine grundrechtlich geschützten Interessen unter Berufung auf die in Art. 19 Abs. 4 GG enthaltene Garantie effektiven Rechtsschutzes verteidigen kann[1075], müssen dessen Interessen aber vor einer Entscheidung über die Durchführung der verdeckten Datenerhebung, soweit möglich, von unabhängigen, über den Verfahrensgegenstand umfassend informierten Dritten unter Auseinandersetzung mit dem durch den Dritten repräsentierten Interesse des Betroffenen zur Geltung gebracht werden[1076]. Wer die Interessen des von der verdeckten Datenerhebung Betroffenen wahrnehmende Dritte sein soll, bestimmt sich anhand der informa-

---

1071 BVerfGE 125, 260 (325); 107, 299 (328); 100, 313 (359); 67, 157 (183); 65, 1 (44).
1072 ThürVerfGH in Urteil vom 21.11.2012 (Az.: VerfGH 19/09) S. 52/53.
1073 BVerfGE 112, 304 (319); SächsVerfGH in DVBl. 1996, 1423 (1433); Huber in ThürVBl. 2005, 33 (36).
1074 BVerfGE 112, 304 (318); BbgVerfG in LKV 1999, 450 (455); BayVerfGH in NVwZ 1996, 166 (169/170); a.A. SächsVerfGH in DVBl. 1996, 1423 (1433/1434); Roggan in NJW 2009, 257 (257).
1075 BbgVerfG in LKV 1999, 450 (455, 465).
1076 BayVerfGH in NVwZ 1996, 166 (167); SächsVerfGH in DVBl. 1996, 1423 (1433); Roßmüller/Scheinfeld in wistra 2004, 52 (54/55).

tionellen Grundrechte oder, falls dort keine Regelung vorgesehen ist, anhand der das jeweilige Grundrecht konkretisierenden gesetzlichen Bestimmungen. Eine strikte verfassungsrechtliche Notwendigkeit der Einführung von Richtervorbehalten besteht – abgesehen von den in im Grundgesetz in Art. 13 Abs. 2 bis 4 GG sowie in Art. 104 Abs. 2 GG vorgesehenen Richtervorbehalten – nicht. Da verdeckte Eingriffe in das Grundrecht auf informationelle Selbstbestimmung im Geltungsbereich des Grundgesetzes bis Mitte der 1980er Jahre unterhalb der durch die Art. 10 Abs. 1 GG und Art. 13 Abs. 1 GG gezogenen Grenzen nicht als Grundrechtseingriffe gewertet worden waren, finden sich hierfür im Grundgesetz selbst keine verfassungsrechtlichen Maßstäbe, anhand derer der Verwaltung bei gesetzgeberischem Unterlassen die Grenzen ihres Handelns vor Augen geführt werden. Für den jeweils zuständigen Gesetzgeber besteht bezogen auf das gesetzlich auszugestaltende Verwaltungsverfahren aber eine umso stärkere Konkretisierungspflicht, je weniger sich ein solcher prozeduraler Grundrechtsschutz aus der Verfassung selbst entnehmen lässt[1077]. Dieser ist insbesondere dort geboten, wo eine Ergebniskontrolle an materiellen Maßstäben zwar noch denkbar ist, aber erst zu einem Zeitpunkt stattfinden kann, in dem etwaige Grundrechtsverletzungen nicht mehr korrigierbar sind[1078]. Der Gesetzgeber hat unter Abwägung aller grundrechtlichen Interessen ein Konzept zu entwickeln, das sicherstellt, dass die Rechte des von einer verdeckten Datenerhebung Betroffenen an einer Repräsentation seiner Interessen im Verwaltungsverfahren, die Kontrolle auch heimlicher staatlicher Informationseingriffe durch die Betroffenen und durch die Gerichte in dem gebotenen Umfang möglich werden[1079]. Hierzu gehört es aus zweierlei Gründen für verdeckte Maßnahmen der Datenerhebung Dokumentationspflichten vorzusehen[1080]: Einerseits sind die zuständigen Entscheidungsträger über die für die Entscheidung erforderlichen Umstände fortlaufend zu unterrichten[1081]. Andererseits müssen sich die Entscheidungsträger selbst darüber unterrichten, ob die durchzuführende Maßnahme nicht schon durch andere Stellen durchgeführt wird und die zu erhebenden Daten nicht auch durch Übermittlung von anderen Behörden erlangt werden könnten[1082].

1077 SächsVerfGH in DVBl. 1996, 1423 (1432/1433).
1078 BbgVerfG in LKV 1999, 450 (455, 459).
1079 SächsVerfGH in DVBl. 1996, 1423 (1434/1435).
1080 SächsVerfGH in DVBl. 1996, 1423 (1433).
1081 BVerfGE 112, 304 (319/320).
1082 BVerfGE 112, 304 (320).

bb. Benachrichtigungspflichten

Eine grundsätzliche Pflicht zur nachträglichen Unterrichtung als eine Benachrichtigungspflicht i.S.d. § 19a BDSG 2001 war bereits in § 8c Abs. 5 Satz 1 bis 3 VE ME PolG für die verdeckte präventiv- polizeilichen Datenerhebung vorgesehen und ist heute für sämtliche verdeckten Maßnahmen der Datenerhebung anerkannt[1083]. Maßstab für die Beurteilung des Bestehens von Benachrichtigungspflichten ist das Grundrecht auf effektiven Rechtsschutz aus Art. 19 Abs. 4 GG und nicht dasjenige Grundrecht, in das durch den vorausgehenden Grundrechtseingriff eingegriffen wurde[1084]. Benachrichtigungspflichten bestehen danach nicht nur gegenüber dem Adressaten der verdeckten polizeilichen Datenerhebung sondern grundsätzlich gegenüber jedem Betroffenen i.S.d. § 3 Abs. 1 BDSG[1085]. Von diesen darf entsprechend § 8c Abs. 5 Satz 3 VE ME PolG nur abgewichen werden, wenn der Zweck eines verfassungsrechtlich legitimierten Eingriffs ansonsten beeinträchtigt werden würde[1086], insbesondere fortdauernde Ermittlungen erschwert oder verdeckt operierende Mitarbeiter der Polizei aufgedeckt würden[1087]. Jedoch genügt nicht das bloße Interesse, weitere Einsätze eines Verdeckten Ermittlers[1088] oder einer V- Person nicht zu gefährden, um einem von einer verdeckten Datenerhebung Betroffenen dessen rechtsstaatlich garantierten Anspruch auf effektiven Rechtsschutz nur deshalb zu versagen, weil die Polizei beabsichtigt, irgendwann erneut die Dienste einer bestimmten V-Person in Anspruch zu nehmen[1089]. Sollte indes bereits die Benachrichtigung über eine verdeckte Datenerhebung gegenüber dem hier-

---

1083 BVerfGE 112, 304 (317); 100, 313 (361); ThürVerfGH in Urteil vom 21.11.2012 (Az.: VerfGH 19/09) S. 54; MV VerfG in LKV 2000, 345 (354/355); BbgVerfG in LKV 1999, 450 (455, 459, 465); SächsVerfGH in DVBl. 1996, 1423 (1434).
1084 A.A. ThürVerfGH in Urteil vom 21.11.2012 (Az.: VerfGH 19/09) S. 60.
1085 Kapitel 1 B. I. (S. 41); BVerfG in NVwZ 2001, 1261 (1262/1262); Sachs/Krings in NW VBl. 2010, 165 (169); Huber in ThürVBl. 2005, 33 (36/37, 39); Gusy in ZRP 2003, 275 (278).
1086 ThürVerfGH in Urteil vom 21.11.2012 (Az.: VerfGH 19/09) S. 58.
1087 BVerfGE 129, 208 (250ff); 125, 260 (336/337); 109, 279 (364); 100, 313 (364/365, 367); BVerfG in NVwZ 2001, 1261 (1263); ThürVerfGH in Urteil vom 21.11.2012 (Az.: VerfGH 19/09) S. 54, 55/56; SächsVerfGH in DVBl. 1996, 1423 (1434).
1088 A.A. ThürVerfGH in Urteil vom 21.11.2012 (Az.: VerfGH 19/09) S. 58/59.
1089 BbgVerfG in LKV 1999, 450 (465); Huber in ThürVBl. 2005, 33 (38); ThürVerfGH in Urteil vom 21.11.2012 (Az.: VerfGH 19/09) S. 59/60; a.A. BayVerfGH in NVwZ 1996, 166 (170); Starck in NdsVBl. 2008, 145 (148).

von Betroffenen eine Gefahr für Leben oder Gesundheit der eingesetzten V-Person oder des VE bedeuten, könnte als ultimativ letztes Mittel von einer entsprechenden Benachrichtigung abgesehen werden[1090]. Ein gem. § 99 Abs. 2 VwGO bzw. § 110b Abs. 3 Satz 3 StPO i.V.m. § 96 StPO einzuleitendes in – camera – Verfahren[1091], bei dem nach Verweigerung der Auskunftsverweigerung durch Beschluss des jeweils zuständigen Gerichts diejenigen Unterlagen zurückgehalten werden können, die auf die Identität des VE oder der V-Person hindeuten, wäre in Ansehung der Rechtschutzgarantie aus Art. 19 Abs. 4 GG gegenüber einem gänzlichen Absehen von einer Benachrichtigung als milderes Mittel vorzuziehen[1092]. In welchen Konstellationen bedeutende Sach- und Vermögenswerte Ausnahmen von den Benachrichtigungspflichten zu rechtfertigen geeignet sein sollen[1093], erschließt sich der Autorin hingegen nicht.

cc. Kennzeichnungspflichten

Weiterhin hat der Gesetzgeber für personenbezogene Daten, die durch verdeckten Eingriff in besonders geschützte informationelle Rechtspositionen erhoben werden, in dem hierzu ermächtigenden Gesetz sicherzustellen, dass diese als solche gekennzeichnet werden[1094]. Die Einhaltung des Grundsatzes der Zweckbindung lässt sich nur gewährleisten, wenn auch nach der Erfassung erkennbar bleibt, dass es sich um Daten handelt, die aus verdeckten Eingriffen in durch das Grundrecht auf informationelle Selbstbestimmung oder die diesem gegenüber speziellen Grundrechte aus Art. 13 Abs. 1, Art. 10 Abs. 1 GG oder dem Grundrecht auf Vertraulichkeit und Integrität informationstechnischer Systeme stammen[1095].

1090 BVerfGE 129, 208 (254); 125, 260 (336/337); 109, 279 (365/366, 369/370); ThürVerfGH in Urteil vom 21.11.2012 (Az.: VerfGH 19/09) S. 58.
1091 BGHSt 38, 237 (238).
1092 BVerfGE 113, 348 (390); 109, 279 (366/367); a.A. BayVerfGH in NVwZ 1996, 166 (170).
1093 ThürVerfGH in Urteil vom 21.11.2012 (Az.: VerfGH 19/09) S. 58.
1094 BVerfGE 125, 260 (333); 110, 33 (75); 109, 279 (379/380); 100, 313 (360, 394/395); Lenz/Roos, HSOG, § 29 Rn. 15; Schenke, POR, Rn. 207.
1095 BVerfGE 125, 260 (333); 100, 313 (360, 386); SächsVerfGH in NVwZ 2005, 1310 (1316); Sachs/Krings in NWVBl. 2010, 165 (169).

dd. Besondere Sperrungs- und Löschungspflichten

Bei der verdeckten polizeilichen Datenerhebung sind neben den in den Landesdatenschutzgesetzen oder den diesen gegenüber spezielleren Polizeigesetzen allgemeinen Löschungsfristen die in § 8c Abs. 4 und 5 VE ME PolG noch als *Vernichtungspflichten* bezeichneten besondere Löschungspflichten zu beachten. Da eine verdeckte Datenerhebung einen bestimmten Zweck voraussetzt, müssen so erhobene Daten vernichtet werden, sobald sie den der Erhebung zu Grunde gelegten festgelegten Zweck nicht mehr erfüllen können oder gerichtlicher Rechtsschutz nicht mehr erforderlich ist[1096]. Da die Rechtschutzgarantie aus Art. 19 Abs. 4 GG Maßnahmen verbietet, die darauf abzielen oder geeignet sind, den Rechtsschutz der Betroffenen zu vereiteln, muss die Löschungspflicht mit der Rechtschutzgarantie so abgestimmt werden, dass der Rechtsschutz nicht unterlaufen oder vereitelt wird[1097]. Notfalls sind die zu löschenden Daten zu sperren[1098]. Wird innerhalb der Klagefrist geklagt, begründet die letztinstanzliche gerichtliche Entscheidung die Pflicht zur Löschung[1099], ansonsten der Ablauf der Klagefrist.

6. Dem § 8d VE ME PolG entsprechende Befugnisse zur Ausschreibung zur polizeilichen Beobachtung

Die präventiv- polizeiliche Ausschreibung zur polizeilichen Beobachtung ist ein typisches Vorfeldinstrument der vorbeugenden Verbrechensbekämpfung, das aus der bundeseinheitlich in der PDV 384.2 geregelten „beobachtenden Fahndung" hervorgegangen ist[1100]. Sie fand in § 8d Abs. 1 VE ME PolG zumindest im Hinblick auf deren materiell- rechtlichen Voraussetzungen ein beachtetes Vorbild, wenn auch die Bezeichnung der dem § 8d VE ME PolG entsprechenden Maßnahmen in den Polizeigesetzen der Länder

---

1096 BVerfGE 100, 313 (362); BVerfG in NVwZ 2001, 1261 (1263); MV VerfG in LKV 2000, 345 (354); SächsVerfGH in DVBl. 1996, 1423 (1434/1435).
1097 BVerfGE 100, 313 (364/365; 400/401).
1098 BVerfGE 100, 313 (400/401); MV VerfG in LKV 2000, 345 (354).
1099 BbgVerfG in LKV 1999, 450 (457).
1100 Entwurf eines Strafverfahrensänderungsgesetzes in StV 1989, 172 (173); SächsVerfGH in DVBl. 1996, 1423 (1430/1431); Kniesel/Vahle, Kommentierung VE ME PolG, Rn. 89.

heute noch von *polizeilicher Beobachtung*[1101] bzw. *Ausschreibung zur grenzpolizeilichen Beobachtung*[1102] über *Mitteilung über das Antreffen von Personen*[1103] bis hin zur *Kontrollmeldung*[1104] variiert. Mit der Ausschreibung zur polizeilichen Beobachtung wird das Ziel verfolgt, der ausschreibenden Dienststelle durch detaillierte und im Optimalfall häufige Mitteilungen über die Umstände des Antreffens der ausgeschriebenen Person ein Bewegungsbild über diese zu erhalten, um so einen Beitrag *zur vorbeugenden Bekämpfung von* bzw. zur *Verhütung von Straftaten mit erheblicher Bedeutung* zu bekommen[1105]. Eine neue Reichweite erlangte die Möglichkeit der Ausschreibung zur polizeilichen Beobachtung mit der Einführung der Befugnisse zum automatisierten Kennzeichenabgleich[1106]. Polizeigesetzliche Befugnisse zur polizeilichen Beobachtung ermächtigen die Polizei zu dahingehenden Fahndungsausschreibungen, wenn die Gesamtwürdigung der Umstände die Begehung künftiger Straftaten in absehbarer Zeit erwarten lässt. Anders als beim Aufbewahren von Daten über Betroffene in Kriminalakten oder in der INPOL- KAN- Datei reicht es nicht, wenn die Gesamtwürdigung der Person im Zusammenschau mit von ihr bereits begangenen Straftaten, die Begehung weiterer Straftaten erwarten lässt[1107].

Probleme bei der Beurteilung der Rechtmäßigkeit einer bundesweiten präventiv- polizeilichen Ausschreibung zur polizeilichen Beobachtung können entstehen, indem in den hierzu ermächtigenden Polizeigesetzen an den Begriff der Straftaten von erheblicher Bedeutung angeknüpft wird, und innerhalb der Polizeigesetze der Länder kein Konsens über diesen Begriff hergestellt ist[1108]. Tatsachen, die dafür sprechen, dass ein potentieller Straftäter künftig bestimmte Straftaten begehen wird, können daher in einem

---

1101 Art. 36 BayPAG vom 14.9.1990; § 27 ASOG Berlin vom 14.4.1992; § 35 BbgPolG vom 16.3.1996; § 31 PolG Bremen vom 4.9.2001; § 13 HambPolDVG vom 2.5.1991; § 17 HSOG vom 26.6.1990; § 21 PolG NRW vom 24.2.1990; § 32 POG RP vom 26.3.1986; § 42 SächsPolG vom 15.8.1994; § 37 ThürPAG vom 4.6.1992.
1102 § 31 BGSG vom 19.10.1994.
1103 § 25 PolG BW vom 13.1.1992.
1104 § 37 NGefAG vom 13.4.1994; § 29 SPolG vom 8.11.1989; § 187 LVwG SH vom 2.6.1992; § 35 SOG MV vom 4.8.1992; vgl. § 19 SOG LSA vom 19.12.1991.
1105 Entwurf eines Strafverfahrensänderungsgesetzes in StV 1989, 172 (173); Pieroth/Schlink/Kniesel, POR, § 15 Rn. 36.
1106 Kapitel 5 A. III. (S. 771).
1107 SächsVerfGH in DVBl. 1996, 1423 (1431).
1108 *Anlage 3.1 bis 3.11* (Straftaten von erheblicher Bedeutung; schwerwiegende Straftaten; schwere Straftaten).

Bundesland zu einer rechtmäßigen Ausschreibung zur polizeilichen Beobachtung führen, in einem anderen Bundesland hingegen nicht. Darf dann die Polizei des Bundeslandes, in dem die Ausschreibung zur polizeilichen Beobachtung nicht rechtmäßig wäre, bei Antreffen des Betroffenen dem zur Fahndung ausschreibenden Bundesland trotzdem Mitteilung über die Umstände des Antreffens des Betroffenen machen?

Ferner kam es innerhalb der Polizeigesetzgeber wie bei den Befugnisse zum verdeckten Einsatz besonderer Mittel und Methoden der Datenerhebung zu keiner Einigung über die Verfahrensfrage, ob als Anordnungsberechtiger für die polizeilichen Beobachtung gem. § 8d Abs. 2 Satz 2 VE ME PolG der Behörden- bzw. Dienststellenleiter, ein Beamter des höheren Dienstes oder ein Richter in Betracht kommt[1109].

7. Den §§ 10a ff VE ME PolG entsprechende polizeigesetzliche Bestimmungen über die Verarbeitung und Nutzung von personenbezogenen Daten

Nach dem Volkszählungsurteil aber noch bevor das *BDSG 1990* erlassen worden war, billigte die IMK mit den §§ 10a bis 10h VE ME PolG polizeigesetzliche Regelungen über die polizeiliche Datenverarbeitung und -nutzung. Diese hatten ihre Vorläufer in den dem *BDSG 1977* entsprechenden Datenschutzgesetzen der Länder, den in Entstehung begriffenen und die Erkenntnisse des Volkszählungsurteils noch vor dem *BDSG 1990* umsetzenden Datenschutzgesetzen von *Hessen, Bremen* und *Nordrhein-Westfalen* sowie in der *Dateienrichtlinie* vom 26.2.1981, in der im Gegensatz zu dem auf den Stand des *BDSG 1977* verharrenden Datenschutzgesetzen zumindest schon die Vorgaben des *Übereinkommens zum Schutz des Menschen bei der automatischen Verarbeitung personenbezogener Daten (Datenschutz-Konvention)* vom 28.1.1981 Berücksichtigung gefunden hatten[1110]. Nicht unproblematisch war dabei, dass sich die amtliche Begründung zu den §§ 10a bis 10h VE ME PolG nach wie vor auf die §§ 2[1111], 6[1112], 10[1113], 14[1114]

1109 Kniesel/Vahle, VE ME PolG, S. 10.
1110 Kapitel 1 C. I. 2. (S. 62).
1111 Kniesel/Vahle, Kommentierung VE ME PolG, S. 60/61.
1112 Kniesel/Vahle, Kommentierung VE ME PolG, S. 71.
1113 Kniesel/Vahle, Kommentierung VE ME PolG, S. 69/70.
1114 Kniesel/Vahle, Kommentierung VE ME PolG; S. 90/91.

BDSG 1977 bezog. Diesen Regelungen lagen gerade nicht die Erkenntnisse des Volkszählungsurteils zu Grunde, wonach auch die Speicherung und die Nutzung von Daten mit Eingriffen in das Grundrecht auf informationelle Selbstbestimmung verbunden sind und daher einer der Wesentlichkeitstheorie sowie den Grundsätzen der Normenbestimmtheit und -klarheit entsprechenden formell- gesetzlichen Ermächtigung bedürfen.

a. Der Grundsatz der Zweckbindung

Da die präventiv- polizeilichen Befugnisse der Datenverarbeitung und -nutzung in weiten Teilen die weder bereichsspezifischen noch präzisen Vorgaben der §§ 4 ff, 14 ff BDSG 1990 wiedergaben, fand die in die Polizeigesetze von Bund und Ländern ebenso übernommene Generalklausel zur Datenverarbeitung und -nutzung ihre grundsätzliche Beschränkung in dem Grundsatz der Zweckbindung aus § 14 Abs. 1 Satz 1 BDSG 1990[1115]. Dieser verbietet grundsätzlich jede Umwidmung von erhobenen Daten, damit der von einer offenen unmittelbaren Datenerhebung Betroffene selbst einschätzen kann, zu welchem Zweck die über ihn erhobenen Daten genutzt bzw. verarbeitet werden[1116]. Erhebungs-, Nutzungs- und Speicherungszweck sollen nach dem Grundsatz der Zweckidentität regelmäßig identisch sein[1117]. Der von einer Datenerhebung Betroffene soll zu Recht davon ausgehen können, dass die einmal über ihn erhobenen Daten ausschließlich zu dem Zweck genutzt und gespeichert werden, zu dem sie ursprünglich erhoben wurden[1118]. Die grundsätzliche Bindung an den Erhebungszweck ist dann nicht nur auf die der Erhebung folgende Phase der Datenverarbeitung beschränkt, sondern haftet den erhobenen Daten bis zum Zeitpunkt ihrer tatsächlichen Zweckerfüllung an[1119]. Bei Einhaltung des Zweckbindungsgebots ist es unschädlich, wenn grundrechtssichernde Verfahrens- und Organisationsregeln nicht ausdrücklich an die Nutzung oder Speicherung der erhobenen Daten anknüpfen. Werden personenbezogene Daten zu dem Zweck genutzt oder

---

1115 Knemeyer, POR, Rn. 200; Singelnstein in ZStW 120 (2008), 855 (856); *Anlage 4.1 Ziffer 5* (Datenverarbeitung und -nutzung / Zweckbindung).
1116 Knemeyer, POR, § 20 Rn. 200.
1117 Singelnstein in ZStW 120 (2008), 854 (855); Drewes/Malmberg/Walter, BPolG, § 29 Rn. 22.
1118 *Anlage 4.1 Ziffer 5* (Datenverarbeitung und -nutzung / Zweckbindung).
1119 Gola/Schomerus, BDSG, § 14 Rn. 10.

gespeichert, zu dem sie erhoben wurden, trägt bereits die zum Schutz des jeweils betroffenen Grundrechts in der Erhebungsbefugnis vorgesehene Systematik an Verfahrens- und Organisationsvorschriften der späteren Speicherung und Nutzung der durch den Grundrechtseingriff erhobenen Daten Rechnung. Dürften die erhobenen Daten umgekehrt nicht zum Erhebungszweck genutzt und hierzu gespeichert werden, wäre bereits die Erhebung der Daten zur Erfüllung ihres Zwecks ungeeignet und damit unverhältnismäßig. Gleichwohl liegt sowohl im Verarbeiten durch Speichern als auch in der Nutzung von personenbezogenen Daten ein eigenständiger Eingriff in das Grundrecht auf informationelle Selbstbestimmung, die jeweils einer gesetzlichen Ermächtigung bedürfen[1120].

b. Die Nebenzwecke der Datenerhebung in den Polizeigesetzen

Bei so genannten *Nebenzwecken der Datenerhebung* aus den Datenschutzgesetzen handelt es sich um Befugnisnormen zur zweckändernden Nutzung und Speicherung von personenbezogenen Daten[1121]. In die seit Mitte der 1980er Jahre erlassenen Polizeigesetze wurden – mit Ausnahme des Polizeigesetzes von *Bremen* – dem § 10a Abs. 6 Satz 1 VE ME PolG bzw. dem § 10 Abs. 3 Satz 2 BDSG 1990 entsprechende Befugnisse zur zweckändernden Nutzung von präventiv- polizeilich erhobenen Daten zu Aus- und Fortbildungszwecken aufgenommen, vgl. § 24 Abs. 6 PolG NRW 1990[1122]. Diese gelten bis heute[1123] und setzen für die zweckändernde Nutzung von Daten zu Aus- und Fortbildungszwecken grds. die Anonymisierung der Daten voraus[1124]. § 39 Abs. 7 Satz 4 NdsSOG und § 34 Abs. 7 Satz 3 PolG RP gehen dabei ausdrücklich von einem der unanonymisierten Verwendung von erhobenen Daten zu Fortbildungszwecken entgegenstehenden Interesse des Betroffenen aus. § 39 Abs. 7 Satz 3 BbgPolG verbietet weiterhin die Nutzung von verdeckt erhobenen Daten zu Aus- und Fortbildungszwecken. Da durch polizeigesetzliche Befugnisse grundsätzlich nur polizeiliche Bediens-

---

1120 BVerfGE 113, 348 (365, 384); 110, 33 (68/69); 109, 279 (327/375); 100, 313 (360, 366/367, 389); 65, 1 (46);.
1121 Drewes/Malmberg/Walter, BPolG, § 29 Rn. 48/50.
1122 Kapitel 1 C. I. 2. c. cc. (2) (S. 76).
1123 *Anlage 4.1 Ziffer 7b* (Datenverarbeitung und -nutzung / Nebenzwecke / andere Zweckänderungen / zur Aus- und Fortbildung; Wissenschaft).
1124 *Anlage 4.1 Ziffer 7b.1* (Datenverarbeitung und -nutzung / Nebenzwecke / andere Zweckänderungen / zur Aus- und Fortbildung / Anonymisierungspflicht).

tete ermächtigt und verpflichtet werden, gelten für polizeifremde Lehrende und Forschende mit polizeilichem Forschungsziel für diese geltende spezialgesetzliche oder die allgemein geltenden datenschutzrechtlichen Bestimmungen[1125]. Die in § 39 Abs. 7 NdsSOG enthaltene Befugnis zur Nutzung von bei der Polizei vorhandenen Daten zur wissenschaftlichen Forschung wäre daher überflüssig. Diese wird, wie in § 25 Abs. 2 SOG LSA vorausgesetzt, in den § 14 Abs. 5 Satz 1 Nr. 2 und Satz 2 BDSG entsprechenden Regelungen der Datenschutzgesetze der Länder geregelt.

Abweichend vom *VE ME PolG* enthalten einige Polizeigesetze dem § 14 Abs. 3 Satz 1 BDSG 1990 entsprechende Regelungen über die Verarbeitung oder Nutzung von Daten zur Wahrnehmung von Aufsichts- und Kontrollbefugnissen, der Rechnungsprüfung oder der Durchführung von Organisationsuntersuchungen für die speichernde Stelle[1126]. Diese Formen der Verarbeitung von Daten werden – meist abhängig von der im jeweils geltenden Datenschutzgesetz vertretenen Rechtsauffassung – als Zweckänderungen[1127] oder entsprechend § 14 Abs. 3 Satz 1 BDSG 1990 nicht als Zweckänderungen angesehen[1128]. Allerdings gelten die Bestimmungen der Datenschutzgesetze über die in den Polizeigesetzen enthaltenen Verweisungen bzw. aufgrund der in den Datenschutzgesetzen enthaltenen Subsidiaritätsregeln auch für die Polizeien, in deren Polizeigesetz keine dem § 14 Abs. 3 Satz 1 BDSG 1990 entsprechende Nutzungsbefugnis enthalten ist[1129]. Die Übernahme von dem § 14 Abs. 3 Satz 1 BDSG 1990 entsprechenden Regelungen in die Polizeigesetze ist nur sinnvoll, wenn abweichend von dem Verbot der Zweckänderung von Daten, die ausschließlich zu Zwecken der Datenschutzkontrolle, der Datensicherung oder zur Sicherstellung des ordnungsgemäßen Betriebs der Datenverarbeitungsanlage gespeichert worden sind, zur Nutzung *zur Abwehr einer gegenwärtigen Gefahr für Leib, Leben oder Freiheit einer Person* bzw. zur Verhinderung oder Verfolgung einer

---

1125 Drewes/Malmberg/Walter, BPolG § 29 Rn. 49; Wolf/Stephan/Deger, PolG BW, § 37 Rn. 27; a.A. Meixner/Fredrich, HSOG, § 20 Rn. 27.
1126 *Anlage 4.1 Ziffer 7a* (Datenverarbeitung und -nutzung / Nebenzwecke / andere Zweckänderungen / zu Kontrollzwecken).
1127 *Anlage 4.1 Ziffer 7a.1* (Datenverarbeitung und -nutzung / Nebenzwecke / andere Zweckänderungen / zu Kontrollzwecken / mit Zweckänderungen).
1128 Kapitel 1 C. I. 2. c. cc. (1) (S. 77); Wolf/Stephan/Deger, PolG BW, § 37 Rn. 24.
1129 *Anlage 8 Ziffer 13* (Datenübermittlung / Verweis auf Datenschutzgesetz).

hiergegen gerichteten Straftat ermächtigt wird[1130], vgl. § 11 Abs. 6 Satz 3 Halbsatz 2 BKAG, § 20 Abs. 2 HSOG, § 39 Abs. 2 Satz 1 Nr. 2 NdsSOG und § 22 Abs. 3 SOG LSA.

c. Die Befugnis zur zweckändernden statistischen Verarbeitung und Nutzung von präventiv- polizeilich erhobenen Daten

Während die Datenschutzgesetze von Bund und Ländern keine Befugnis zur zweckändernden Nutzung von Daten zu statistischen Zwecken enthalten, war eine solche in § 10a Abs. 6 Satz 1 VE ME PolG vorgesehen. Diese wurde mit Ausnahme des *BPolG* und der Polizeigesetze von *Bayern, Bremen, Rheinland- Pfalz* und *Sachsen* in sämtliche Polizeigesetze übernommen[1131]. Entgegen der in der polizeilichen Fachliteratur teilweise vertretenen Auffassung, nach der die statistische Nutzung von zu repressiven präventiv- polizeilichen Zwecken erhobenen Daten keine Zweckänderung sondern eine *Nutzungsänderung* sei[1132], handelt es sich bei dieser Nutzungsform um eine im überwiegenden Allgemeininteresse stehende, mit einer Zweckänderung verbundene gesetzlich legitimierte Form der Nutzung bereits erhobener Daten zu einem anderen als dem ursprünglichen Erhebungszweck[1133]. Im Polizeigesetz von *Hessen* findet sich mit § 20 Abs. 9 HSOG im Vergleich zu § 10a Abs. 6 Satz 1 VE ME PolG sogar eine präziser geregelte Befugnis zum Erstellen von polizeilichen Statistiken sowie zur Nutzung von vorhandenen Daten zur Erstellung von Kriminalitätslagebildern[1134]. Dadurch sollen kriminal-, verkehrs- und sozialpolitische Ziele optimiert werden, wobei Polizeibehörden mit anderen Behörden auf Kommunal-, Regional-, Landes- oder Bundesebene sowie mit Organen der Gesetzgebung unter Rückgriff auf jeweils geführte Statistiken miteinander kooperieren, um wirtschaftliche, ökologische und soziale Zusammenhänge aufzudecken und diesen zu begegnen[1135]. Gegenüber den allgemein gehaltenen

---

1130 *Anlage 4.1 Ziffer 7a.1* (Datenverarbeitung und -nutzung / Zweckänderung / Nebenzwecke / andere Zweckänderungen /zu Kontrollzwecken / mit Zweckänderung).
1131 *Anlage 4.1 Ziffer 7c* (Datenverarbeitung und -nutzung / Zweckänderung / Nebenzwecke / andere Zweckänderungen zu / statistischen Zwecken).
1132 Drewes/Malmberg/Walter, BPolG, § 29 Rn. 24; Ross/Lenz, POG RP, § 33 Rn. 16.
1133 Tegtmeyer/Vahle, PolG NRW, § 24 Rn. 28.
1134 Meixner/Fredrich, HSOG, § 20 Rn. 9.
1135 BVerfGE 65, 1 (47).

polizei- oder datenschutzrechtlichen Befugnissen zum Verarbeiten und Nutzen von Daten zu statistischen Zwecken bergen präzise geregelte polizeigesetzliche Befugnisnormen nicht die Gefahr in sich, dahingehend missinterpretiert zu werden, diese würden zur Ausarbeitung von Verhaltensprofilen zu bestimmten Personen legitimieren. Insoweit ist unter Umständen auf andere gesetzliche Ermächtigungen zurückzugreifen. Konkrete Beispiele für polizeilich erstellte Statistiken sind die polizeilichen Kriminalstatistiken, die jährlich von Bund und Ländern herausgegeben werden[1136], sowie die Verkehrsunfallstatistiken. Auf Bundesebene ist es zum Beispiel Aufgabe des BKA als Zentralstelle für das polizeiliche Auskunfts- und Nachrichtenwesen gem. § 2 Abs. 6 Nr. 1 2. Alt. BKAG die Polizeien des Bundes und der Länder bei der Verhütung von Straftaten dadurch zu unterstützen, dass es auf Grundlage des § 7 Abs. 1 BKAG kriminalpolizeiliche Statistiken einschließlich der polizeilichen Kriminalstatistik erstellt und hierfür die Entwicklung der Kriminalität beobachtet[1137].

Die Polizeiliche Kriminalstatistik (PKS) gibt einen Überblick über sämtliche bei der Polizei bekannt gewordenen strafrechtlichen Sachverhalte außer den Straßenverkehrsdelikten und den Staatsschutzdelikten zum Zeitpunkt des Abschlusses der polizeilichen Ermittlungen[1138]. Beim Erstellen der Polizeilichen Kriminalstatistik (PKS) fasst das Bundeskriminalamt die Jahresstatistiken der Landeskriminalämter zur PKS der Bundesrepublik Deutschland zusammen und stellt sie den Beteiligten zur Verfügung[1139]. Ziel der PKS ist es, entweder bezogen auf bestimmte Deliktsbereiche oder auf die Gesamtkriminalitätsentwicklung Aussagen über die Kriminalitätsentwicklung treffen zu können[1140].

Während das BStatG und die StatG des Bundes und der Länder den zuständigen Behörden Befugnisse zur Verarbeitung von Daten zu statistische Zwecken einräumen, ermächtigen polizeigesetzliche Befugnisse ausschließlich die Polizei zur zweckändernden Verarbeitung von in Erfüllung ihrer Aufgaben erhobenen personenbezogenen Daten, um diese zu präventiv-polizeilichen Zwecken statistisch auszuwerten[1141]. Eingriffe in das Grundrecht auf informationelle Selbstbestimmung zu statigschen Zwecken sind von

---

1136 Wolf/Stephan/Deger, PolG BW, § 37 Rn. 30; Ebert/Seel, ThürPAG, § 40 Rn. 45.
1137 Ahlf in Ahlf/Daub/Lersch/Störzer, BKAG, § 7 Rn. 6.
1138 Ahlf in Ahlf/Daub/Lersch/Störzer, BKAG, § 2 Rn. 69.
1139 Sehr in FS für Herold S. 135 (141); Dörrmann in FS für Herold, S. 149 (150 ff).
1140 Dörrmann in Festschrift für Herold, S. 149 (154 ff).
1141 Tegtmeyer/Vahle, PolG NRW, § 24 Rn. 29.

vornherein vom öffentlichen Interesse an einer funktionsfähigen Verwaltung umfasst[1142]. Infolge der bei der statistischen Aufbereitungen von Daten zu beachtenden Beschränkungen durch das Statistikgeheimnis, die Anonymisierungspflichten und des mit der Anonymisierung der Daten einhergehenden Wegfalls des Personenbezuges[1143] ist der in der zweckändernden statistischen Verarbeitung erhobener Daten liegende Grundrechtseingriff weniger eingriffsintensiv als die statistische Verarbeitung nicht- anonymisierter Daten. Dies hat zur Folge, dass die in Statistiken verarbeiteten Daten einer weniger strengen Zweckbindung unterliegen als Daten, die aufgrund ihres Personenbezuges für Zwecke des Verwaltungsverfahrens genutzt und verarbeitet werden. Das Sozialstaatsprinzip erlegt allen staatlichen Stellen die permanente Aufgabe auf, sich umfassend, kontinuierlich und laufend unter Rückgriff auf statistisch aufbereitete Daten über aktuelle Entwicklungen zu informieren[1144]. Polizeiliche Statistik ist daher Mehrzweckerhebung und -verarbeitung auf Vorrat, damit der Staat den Entwicklungen des polizeilichen Klientels nicht unvorbereitet gegenüber tritt; Weitergabe- und Verwertungsverbote für statistisch aufbereitete polizeiliche Daten wären zweckwidrig[1145].

d. Die Regel über die hypothetische Ersatzvornahme aus § 10a Abs. 2 Satz 2; § 10c Abs. 1 VE ME PolG

Die Regel über die hypothetische Ersatzvornahme war bezogen auf die zweckändernde Nutzung erhobener Daten in § 10a Abs. 2 Satz 2 VE ME PolG und bezogen auf deren zweckändernde Übermittlung in § 10c Abs. 1 Satz 2 VE ME PolG vorgesehen. Letztlich handelt es sich dabei um einen polizeispezifischen Ausdruck für die zum Zeitpunkt der Beratungen zum *VE ME PolG* auf Bundesebene noch im Gesetzgebungsverfahren begriffenen Befugnisse zur Zweckänderung aus § 14 Abs. 2 Nr. 6 bis 8 BDSG 1990 bzw. aus § 15 Abs. 1 und 3 BDSG 1990. Deren Wortlaut nach könnten zu präventiv- polizeilichen Zwecken erhobene Daten zu anderen präventiv-polizeilichen Zwecken, zu repressiven Zwecken erhobene Daten zu präventiv- polizeilichen Zwecken oder zu präventiv- polizeilichen Zwecken erho-

---

1142 Gola/Schomerus, BDSG, § 14 Rn. 24.
1143 BVerfGE 65, 1 (49).
1144 BVerfGE 65, 1 (47); 27, 1 (9).
1145 BVerfGE 65, 1 (47).

Kapitel 2: Die Entwicklung des polizeigesetzlichen Datenschutzrechts

bene Daten zu repressiven Zweck genutzt bzw. übermittelt werden. Voraussetzung ist ähnlich wie in § 14 Abs. 2 Nr. 1 BDSG[1146], dass erhobene Daten auch zu dem jeweils anderen Nutzungszweck hypothetisch erhoben werden dürfen müssten. Allerdings war der Rückgriff auf § 14 Abs. 2 Nr. 6 bis 8 BDSG 1990 (i.V.m. § 15 Abs. 1 und 3 BDSG 1990) zur Ergänzung der bis zu Beginn des 21sten Jahrhunderts in der *StPO* und dem *OWiG* nicht umgesetzten Vorgaben des Volkszählungsurteils als Folge der verfehlten Regelung aus § 1 Abs. 2 BDSG, aufgrund der der das *BDSG* ausschließlich für öffentliche Stellen des Bundes und nicht für die der Länder galt, ausgeschlossen[1147]. Hätte der Bund von dessen konkurrierenden Gesetzgebungskompetenz für das Strafverfahren aus Art. 74 Abs. 1 Nr. 1 GG keinen abschließenden Gebrauch gemacht, konnten Befugnisse zu Eingriffen in das Grundrecht auf informationelle Selbstbestimmung auf Grundlage der dann bestehenden Gesetzgebungskompetenz der Länder für das Strafrecht schwerlich durch die Datenschutzgesetze der Länder als nicht- bereichsspezifische Querschnittsgesetze begründet werden. Aufgrund dieses gesetzlichen Vakuums wurde in der Kommentierung zum *VE ME PolG* die Auffassung vertreten, dass Änderungen des Zwecks von personenbezogenen Daten bei Überschreiten der Grenze zwischen der präventiv- und repressivpolizeilichen Aufgabenwahrnehmung nur möglich seien, wenn hinsichtlich der Art und Weise der Erhebung der Daten sowohl in der *StPO* als auch in dem anzuwendenden Polizeigesetz harmonierende Befugnisnormen vorhanden waren[1148]. Folge hiervon war, dass die in § 10a Abs. 2 Satz 1, Abs. 3 und 4 VE ME PolG vorgesehen polizeigesetzlichen Regelungen bis zum Inkrafttreten des *StVÄG 1999* ins Leere liefen. Ohne eine ausdrückliche bereichsspezifische und präzise Positionierung des für das Strafverfahrensrecht zuständigen Bundesgesetzgebers zu der Frage, wie mit den auf Grundlage der *StPO* oder des *OWiG* erhobenen personenbezogenen Daten außerhalb des der Erhebung dieser Daten zugrunde liegenden Strafverfahrens umzugehen ist, konnten die Polizeigesetzgeber keine gesetzlichen Befugnisse zur zweckändernden Verarbeitung und Nutzung der auf repressiver Grundlage erhobenen Daten treffen. Wurden die Daten aber von vornherein sowohl zur Erfüllung der polizeilichen Aufgabe der Gefahrenabwehr als auch zum hinsichtlich der Art und Weise des mit der präventiv- polizeilichen Datenerhebung verbundenen Grundrechtseingriffs gleich gelagerten repres-

---

1146 Kapitel 1 C. I. 2. d. dd. (S. 91), ee. (S. 96).
1147 Kapitel 1 C. I. 2. a. (S. 65).
1148 Kniesel/Vahle, Kommentierung VE ME PolG, Rn. 181.

siven Zweck erhoben, lag in der an die Datenerhebung anschließenden Verwendung der doppelfunktional erhobenen Daten keine Zweckänderung[1149].

aa. Die Fiktion doppelfunktionale Maßnahmen als Übergangslösung für die zweckändernde Nutzung von offen erhobenen Daten

Probleme hinsichtlich der Zweckänderung von polizeilich erhobenen Daten ergaben sich vor Inkrafttreten des *StVÄG 1999* dort, wo zu *repressiven Zwecken erhobene Daten zu präventiv- polizeilichen Zwecken* genutzt werden sollten. Wie die § 161 Abs. 2; § 477 Abs. 2 StVÄG 1988 – Entwurf[1150] belegen, war dies erst durch das *StVÄG 1999* zumindest in Bezug auf die zweckändernde präventiv- polizeiliche Nutzung von zu repressiven Zwecken erhobenen Daten in die *StPO* eingeführte 2- Türen- Prinzip möglich. Dieses war zwar schon zu Beginn der 1990er Jahre bekannt[1151]. Da zwischen dem Volkszählungsurteil und dem Inkrafttreten des *StVÄG 1999* aber beinahe zwei Jahrzehnte vergingen, und in dieser Zeit keine repressiven Öffnungsklauseln für die zweckändernde präventiv- polizeiliche Nutzung oder Speicherung personenbezogener Daten existierte, konnten Zweckänderungen auf Grundlage der Polizeigesetze nur über den Umweg der doppelfunktionalen Datenerhebung bzw. den Verweis auf die nach Polizeirecht hypothetisch mögliche Ersatzvornahme gerechtfertigt werden[1152]. Der für das Strafverfahrensrecht zuständige Bundesgesetzgeber hatte bis zum Inkrafttreten des *StVÄG 1999* mit Ausnahme der zur zweckändernden Beweisverwertung ermächtigenden §§ 98b Abs. 3 Satz 3, 100b Abs. 5, 100d Abs. 5 Satz 1 und 2, 110e, 100f Abs. 1 StPO a.F., die heute ähnlich wie schon in § 477 Abs. 2 StPO- Entwurf 1988 in § 477 Abs. 2 Satz 2 StPO geregelt ist, keine der mit den heutigen §§ 479 Abs. 1, 474 Abs. 1, 477 Abs. 2 Satz 3, 161 Abs. 1 Satz 1 bis Abs. 3, 163 Abs. 1 Satz 2, 100d Abs. 5 Nr. 1 bis 3 StPO bestehenden repressiven Öffnungsklauseln für die präventiv- polizeiliche Verwendung von zu repressiven Zwecken erhobenen personenbezogenen Daten erlassen. Die zwar schon in § 161 Abs. 2 StPO- Entwurf 1988 enthalte Regelung des § 161 Abs. 2 StPO über die repressive Verwendung von zu

---

1149 Bertram, Die Verwendung präventiv- polizeilicher Erkenntnisse im Strafverfahren, S. 214.
1150 Entwurf eines Strafverfahrensänderungsgesetzes StV 1989, 172 (173, 175, 177).
1151 Kapitel 3 A. III. (S. 374) / III. 7. (S. 403).
1152 Kapitel 3 B. III. 2. (S. 425) / 3. (S. 431); Kapitel 4 B. (S. 524).

präventiv- polizeilichen Zwecken verdeckt erhobenen Daten wurde gar erst durch das *TKÜG 2007* erlassen. Daher blieben die *StPO* und das *OWiG* bis zum Ende des 20. Jahrhunderts in weiten Teilen auf dem datenschutzrechtlichen Stand, der im *BDSG 1977* und den Datenschutzgesetzen der Länder aus den 1970er Jahren seinen Ausdruck fand: Eine Behörde – insbesondere jede Polizeibehörde – durfte zur Erfüllung ihrer repressiven Aufgaben uneingeschränkt auf sämtliche Daten zurückgreifen, die dort vorhanden waren! Solange die *StPO* und das *OWiG* noch keine dem durch das Volkszählungsurteil gewandelten Verständnis vom Datenschutz entsprechenden Regelungen enthielten, mussten die den Vorgaben des Volkszählungsurteils gerecht zu werden versuchenden Polizeigesetzgeber der Länder auf andere Weise dem Widerspruch zum antiquierten datenschutzrechtlichen Rechtsverständnis aus der *StPO* und dem *OWiG* begegnen.

(1) Doppelfunktionale Maßnahmen

Ähnlich wie bei der Rechtsauffassung aus Zeiten des *BDSG 1977*, nach der der Zweck jeder polizeilichen Datenerhebung anhand der dieser zu Grunde liegenden polizeilichen Aufgaben zu bestimmen war, ging man unmittelbar nach dem Volkszählungsurteil davon aus, dass die Zweckbestimmung der polizeilichen Datenerhebung mit der Problematik des bei doppelfunktionalen polizeilichen Maßnahmen einzuschlagenden Rechtswegs gleichzusetzen sei[1153]. Unter *echten doppelfunktionalen Maßnahmen* sind polizeiliche Anordnungen und Maßnahmen zu verstehen, die sich nicht ohne weiteres als Maßnahmen der Gefahrenabwehr oder der Strafverfolgung einordnen lassen, weil diese sowohl gestützt auf Befugnisnormen aus dem Polizeirecht als auch gestützt auf Befugnisnormen aus der *StPO* vorgenommen werden können[1154]. Für echte doppelfunktionale Maßnahmen ist der Meinungsstreit charakteristisch, welcher Rechtsweg zur gerichtlichen Überprüfung einer

---

1153 BT-Drucksache 14/1484 S. 18; Anm. Rogall in NStZ 1992, 44 (46); BayVGH in BayVBl. 1984, 272 (273); Ehrenberg/Frohne in Kriminalistik 2003, 737 (745).
1154 BayVGH in BayVBl. 2010, 220 (220); Ehlers in Schoch/Schmidt-Aßmann/Pfitzner, VwGO, § 40 Rn. 606/607; Sodan in Sodan/Zieckow, VwGO, § 40 Rn. 616; Kopp/Schenke, VwGO, § 179 Rn. 7; Rachor in Lisken/Denninger, HbdPolR, 5. Auflage, L Rn. 20; Götz, POR, § 18 Rn. 15; Drews/Wacke/Vogel/Martens, Gefahrenabwehr, S. 138; Bertram, Die Verwendung präventiv- polizeilicher Erkenntnisse im Strafverfahren, S. 209; Ehrenberg/Frohne in Kriminalistik 2003, 737 (738); Schoch in Jura 2001, 638 (631); Hefendehl in StV 2001, 700 (705).

doppelfunktionalen Maßnahme zu beschreiten ist. Aufgrund dieser Diskussion behandeln ältere Dissertationen und Aufsätze, die die Zweckänderung von polizeilich erhobenen Daten zum Thema haben, den mit doppelfunktionalen polizeilichen Maßnahmen verbundenen Meinungsstreit um den richtigen Rechtsweg ausführlich[1155]. Für polizeiliche Maßnahmen, die auf Grundlage einer repressiven Befugnis getroffen werden, ist infolge der abdrängenden Sonderzuweisung des § 23 EGGVG bzw. der § 98 Abs. 2 Satz 2 StPO i.V.m. § 40 Abs. 1 Satz 2 VwGO[1156] nicht der ansonsten gem. § 40 Abs. 1 Satz 1 VwGO gegen präventiv- polizeiliche Maßnahmen zu beschreitende Verwaltungsrechtsweg[1157] sondern der ordentliche Rechtsweg zu beschreiten[1158]. Graphisch lässt diese vor Inkrafttreten des *StVÄG 1999* praktizierte Übergangslösung folgender Maßen veranschaulichen:

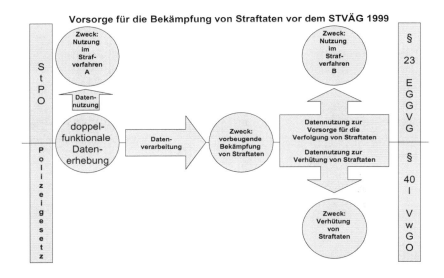

Zur Beantwortung der Frage, wie bei doppelfunktionalen polizeilichen Maßnahmen der durch Art. 19 Abs. 4 Satz 1 GG zu gewährleistenden wirksamen

---

1155 Bertram, Die Verwendung präventiv- polizeilicher Erkenntnisse im Strafverfahren, S. 208 bis 225; Walden, Dissertation, S. 170 bis 203; Ehrenberg/Frohne in Kriminalistik 2003, 737 bis 746 m.w.N.
1156 Schoch in Jura 2001, 628 (630).
1157 Schoch in Jura 2001, 628 (629).
1158 Schenke, POR, Rn. 419; Baumanns in Die Polizei 2008, 79 (86); Ehrenberg/Frohne in Kriminalistik 2003, 737 (740).

Kapitel 2: Die Entwicklung des polizeigesetzlichen Datenschutzrechts

gerichtlichen Kontrolle nachgekommen werden kann, vertrat ein Teil der Literatur die *Theorie der Doppelprüfung*. Hiernach steht es dem von einer doppelfunktionalen polizeilichen Maßnahme betroffenen Bürger frei zu entscheiden, ob er zur Überprüfung der Rechtmäßigkeit einer doppelfunktionalen polizeilichen Maßnahme den Weg über die Verwaltungsgerichte oder über die ordentlichen Gerichte zu wählt[1159]. Die Polizei dürfe sich bei doppelfunktionalen Maßnahmen auf beide Ermächtigungsgrundlagen stützen[1160]. Nach e.A. innerhalb der Vertreter dieser Meinung soll der eingeschlagene Rechtsweg für das jeweils andere Gericht bindend sein[1161]. Nach einer anderen innerhalb der von Vertretern der *Theorie der Doppelprüfung* vertretenen Meinung darf die Rechtmäßigkeitsüberprüfung sowohl vor dem Verwaltungsgericht als auch vor einem ordentlichen Gericht stattfinden[1162].

Nach der von der Rechtsprechung und einem anderen Teil der Literatur vertretenen *Schwerpunkttheorie* bzw. *Schwerpunktformel* soll das angerufene Gericht bei doppelfunktionalen Maßnahmen anhand der erkennbaren Hauptzielrichtung des polizeilichen Handelns, also anhand des Schwerpunkts, bestimmen, ob die im Einzelfall streitbefangene polizeiliche Maßnahme vorrangig der Gefahrenabwehr oder der Strafverfolgung dient[1163]. Nach einer innerhalb der Vertreter der Schwerpunkttheorie vertretenen Meinung ist bei der Feststellung des Schwerpunkts des polizeilichen Handelns der einer Polizeibehörde zuzurechnende Wille des für diese handelnden Polizeibeamten maßgeblich[1164]. Wie dieser Wille zu bestimmen ist, ist selbst unter den Vertretern dieser Auffassung umstritten. Entscheidend soll nach

---

1159 Ehlers in Schoch/Schmidt-Aßmann/Pfitzner, VwGO, § 40 Rn. 607; Sodan in Sodan/Zieckow, VwGO, § 40 Rn. 618; Götz, POR, § 19 Rn. 22; Schenke, POR, Rn. 422; Albers, Dissertation, S. 95/96.
1160 Schenke, POR, Rn. 423; Albers, Dissertation, S. 95/96.
1161 Götz, POR, § 19 Rn. 22.
1162 OVG Schleswig in NordÖR 2007, 196 (196); Schenke, POR, Rn. 424; Walden, Dissertation, S. 191, 193.
1163 BVerwGE 47, 255 (264/265); BayVGH in BayVBl. 2010, 220 (220); VGH BW in NVwZ-RR 2005, 540 (540); Gusy, POR, Rn. 484; Knemeyer, POR, Rn. 122; Pieroth/Schlink/Kniesel, POR, § 2 Rn. 15; Drews/Wacke/Vogel/Martens, Gefahrenabwehr, S. 139; Würtenberger/Heckmann, PolG BW, Rn. 189/190; Roggan in NJW 2009, 257 (269); Zöller in NVwZ 2005, 1235 (1240); Ehrenberg/Frohne in Kriminalistik 2003, 737 (740); Artzt in Kriminalistik 1998, 353 (353); Bockemühl in JA 1996, 695 (698); Anm. Welp in NStZ 1995, 602 (603).
1164 Würtenberger/Heckmann, PolG BW, Rn. 191; Schoch in Jura 2001, 628 (631).

e. A. der bei der Erhebung genannte Zweck sein[1165], wobei die verantwortliche Stelle den Zweck weit oder eng auslegen darf[1166]. Durch eine polizeigesetzliche Auskunftserteilungspflicht würde der Betroffene allerdings nicht über den einzuschlagenden Rechtsweg im Unklaren gelassen, so dass die Zuordnung der polizeilichen Maßnahme zu einem bestimmten hiergegen zu beschreitenden Rechtsweg unproblematisch wäre[1167]. Nach wiederum a. A. soll der Schwerpunkt des polizeilichen Handelns durch die Sichtweise der von der polizeilichen Maßnahme betroffenen Person[1168] oder aber auch durch einen außen stehenden Dritten[1169] bestimmt werden. Im Hinblick auf die vom Gericht zu überprüfenden polizeilichen Maßnahmen müssen nach e. A. aus Gründen der Prozessökonomie von dem zu bestimmenden Gericht gem. § 17 Abs. 2 Satz 2 GVG auch solche polizeiliche Maßnahmen überprüft werden, die eigentlich nicht dem eingeschlagenen Rechtsweg unterliegen, aber infolge des bestehenden Sachzusammenhangs eng mit denjenigen polizeilichen Maßnahmen verbunden sind, die den eingeschlagenen Rechtsweg bestimmen[1170]. Nach a. A. kann eine polizeiliche Maßnahme nur in dem Aufgabengebiet seine Rechtsgrundlage finden, für das mittels der Schwerpunkttheorie der einzuschlagende Rechtsweg zu bestimmen war, weil die nachrangigere, dem anderen Aufgabengebiet zuzurechnende polizeiliche Funktion im Zuge der durchgeführten Maßnahme quasi als Nebeneffekt miterfüllt wurde[1171].

Aufgrund des mit doppelfunktionalen Maßnahmen verbundenen Problems der Rechtswegbestimmung stimmten die zur Bestimmung des Zwecks der polizeilichen Datenerhebung mit den zur Bestimmung des einzuschlagenden Rechtswegs entwickelten Theorien überein. Gleichzeitig gingen sie dem veralteten Rechtsverständnis des *BDGS 1977* konform[1172], ohne dass das eine mit dem anderen gleichgesetzt werden kann[1173]. Der in

---

1165 Tinnefeld/Ehmann/Gerling, BDSG, S. 511/512.
1166 Dörr/Schmidt, BDSG, S. 36; Schaffland/Wiltfang, BDSG, § 14 Rn. 19.
1167 Schenke, POR, Rn. 420.
1168 BVerwGE 47, 255 (265); Pieroth/Schlink/Kniesel, § 2 Rn. 15.
1169 Knemeyer, POR, Rn. 122; Bockemühl in JA 1996, 695 (698).
1170 BayVGH in BayVBl. 2010, 220 (221); Knemeyer, POR, Rn. 122.
1171 Rachor in Lisken/Denninger, HbdPolR, 5. Auflage, J Rn. 28; Drews/Wacke/Vogel/Martens, Gefahrenabwehr, S. 139; Roggan in NJW 2009, 257 (269); Ehrenberg/Frohne in Kriminalistik 2003, 737 (740/741, 750); Anm. Welp in NStZ 1995, 602 (603).
1172 Ehrenberg/Frohne in Kriminalistik 2003, 737 (745).
1173 Schenke, POR, § 8 Rn. 423 (Fn. 21); Artzt in Kriminalistik 1998, 353 (353/354).

Bezug auf doppelfunktionale Maßnahmen nach der Schwerpunkttheorie herangezogene Begriff des *Zwecks* einer polizeilichen Maßnahme stellt eine Abgrenzung zwischen der präventiv oder repressiv ausgerichteten Funktion polizeilichen Handelns dar und ist Ausgangspunkt für die Frage, welches Gesetz anzuwenden ist. Erst durch das anzuwendende Gesetz wird der in der Entscheidung des Volkszählungsurteils problematisierte Begriff des Zwecks eines mit dem polizeilichen Umgang mit personenbezogenen Daten verbundenen Eingriffs in das Grundrecht auf informationelle Selbstbestimmung bereichsspezifisch und präzise definiert[1174]. Der Zweck staatlicher Eingriffe in Grundrechte zur Datenerhebung ist in Abhängigkeit von dem Verfahren zu bestimmen, in dem die Daten anschließend verarbeitet werden[1175].

(2) Die zweckändernde Nutzung bzw. Übermittlung von auf präventiv-polizeilicher Grundlage offen erhobenen Daten

Entgegen der innerhalb der Schwerpunkttheorie vertretenen Auffassung, dass sich der Rechtsanwender bei doppelfunktionalen polizeilichen Maßnahmen auf den dominanten „*Zweck*" polizeilichen Handelns zu konzentrieren hat[1176], machte es die Gesetzeslage vor Inkrafttreten des *StVÄG 1999* erforderlich, dass eine repressive polizeiliche Datenerhebung gleichzeitig auf präventiv- polizeilicher Grundlage erfolgte. Bis zum Inkrafttreten der §§ 474 ff StPO war die präventiv- polizeiliche Nutzung und Verarbeitung von personenbezogenen Daten aus Strafverfahren außerhalb desjenigen Strafverfahrens, für das die Daten zuvor erhoben wurden, in Ermangelung von in der StPO sowie dem OWiG enthaltenen Öffnungsklauseln nicht möglich.

Grundsätzlich unproblematisch ist der Rückgriff auf das Hilfskonstrukt der doppelfunktionalen Maßnahmen im Hinblick auf die zweckändernde präventiv- polizeiliche Nutzung von auf präventiv- polizeilicher Grundlage offen erhobenen Daten sowie deren Übermittlung zu repressiven oder präventiv- polizeilichen Zwecken. Zum Beispiel liegt in der Nutzung von Daten zur Erfüllung von Luftsicherheitsaufgaben, die die Bundespolizei zunächst

---

1174 BVerfG in DVBl. 2007, 497 (501); BVerfGE 65, 1 (45).
1175 Böse in ZStW 119 (2007), 848 (849).
1176 Knemeyer, POR, Rn. 121; Drews/Wacke/Vogel/Martens, Gefahrenabwehr, S. 139 Ehrenberg/Frohne in Kriminalistik 2003, 737 (744).

in Erfüllung ihrer bahnpolizeilicher Aufgaben erhoben und gespeichert hat, eine Zweckänderung[1177]. Solange die Polizei Daten auf präventiv- polizeilicher Grundlage offen erhoben hat, findet sich die aufgrund des Vorbehalts des Gesetzes aus Art. 20 Abs. 3 GG für Eingriffe in das Grundrecht auf informationelle Selbstbestimmung unverzichtbare Ermächtigungsgrundlage zur zweckändernden Nutzung in der in den Polizeigesetzen enthaltenen Befugnis zur Befragung i.V.m. der Regel über die hypothetische Ersatzvornahme. Sind bei der Polizei bereits Daten zu einer Person vorhanden, könnte die Polizei die Daten unter den Voraussetzungen der Ausnahmetatbestände vom Grundsatz der Unmittelbarkeit der Datenerhebung aus §§ 8a Abs. 4 und 5 VE ME PolG auch bei sich selbst erfragen. Wie sich aus § 14 Abs. 2 Nr. 6 und 7 BDSG 1990 und den diesem entsprechenden Bestimmungen der Datenschutzgesetze der Länder ergibt, überwiegt das öffentliche Interesse an der wirksamen Abwehr von konkreten Gefahren bzw. an der Aufklärung von Straftaten den Anspruch des von der zweckändernden Datennutzung Betroffenen zumindest, sofern es sich bei den zweckändernd zu nutzenden Daten um zuvor offen erhobene Daten handelt. Das *BDSG* bezieht sich ebenso wie die Datenschutzgesetze der Länder – mit Ausnahme des § 19a BDSG 2001 sowie den entsprechenden Bestimmungen in den Datenschutzgesetzen der Länder – ausschließlich auf offen erhobene Daten.

Unter den Voraussetzungen des § 10c Abs. 1 VE ME PolG i.V.m. § 10a Abs. 2 Satz 2 VE ME PolG könnte die Polizei eines anderen Hoheitsträgers entsprechend § 15 Abs. 1 und 3 BDSG 1990 i.V.m. § 14 Abs. 2 Nr. 6 und 7 BDSG 1990 diejenige Polizei, die die benötigten Daten ursprünglich erhoben hat, um die Übermittlung dieser Daten *ersuchen*. Unter denselben Voraussetzungen könnte die Polizei, die über die zur Erfüllung der Aufgaben im Zuständigkeitsbereich einer andern Polizei benötigte Daten verfügt, die Daten an die andere Polizei übermitteln, sofern die übermittelnde Polizei davon auszugehen hat, dass die Daten dort zur Gefahrenabwehr beitragen.

(3) Die zweckändernde Nutzung verdeckt bzw. heimlich erhobener Daten auf Grundlage der Regel über die hypothetische Ersatzvornahme

Neben der Möglichkeit, personenbezogene Daten sowohl auf präventiv- polizeilicher als auch auf repressiver Grundlage offen zu erheben, kann die

---

[1177] Drewes/Malmberg/Walter, BPolG, § 29 Rn. 23.

Polizei personenbezogene Daten sowohl auf präventiv- polizeilicher als auch auf repressiver Grundlage verdeckt bzw. heimlich erheben[1178]. Nach einer Anfang der 1990er Jahre verbreiteten Rechtsauffassung dienten die auf Grundlage der § 8c VE ME PolG entsprechenden polizeigesetzlichen Befugnisnormen erhobenen Daten neben der unter die Gesetzgebungskompetenz der Länder fallende polizeilichen Aufgabe der Verhütung von zukünftigen Straftaten auch dazu, personenbezogene Daten auf Vorrat zu erheben, um die erlangten Vorratsdaten für etwaige in der Zukunft einzuleitende strafprozessuale Ermittlungsverfahren sowie an diese anschließende Gerichtsverfahren als Beweismittel zur Verfügung zu haben[1179]. Die strafprozessualen Befugnisnormen hätten als Konsequenz der regelmäßig bestehenden Gemengelage zwischen Gefahrenabwehr und Strafverfolgung mit den nach dem Vorbild des *VE ME PolG* zu schaffenden polizeigesetzlichen Befugnisnormen zur Datenerhebung zu korrespondieren, weil das Zweckbindungsgebot zu Parallelregelungen zwinge[1180]. Andernfalls würde das Risiko von Beweisverwertungsverboten infolge bestehender Ermittlungsverbote eingegangen[1181]. Die zu schaffenden Befugnisnormen zur Datenerhebung in den Polizeigesetzen und in der *StPO* sollten daher hinsichtlich ihrer tatbestandlichen Voraussetzungen miteinander korrespondieren, um eine an die vorbeugende Bekämpfung von Straftaten anschließende Verwertung der zunächst auf präventiv- polizeilicher Grundlage erhobenen Daten im Strafverfahren zu ermöglichen[1182], wobei die Polizeigesetze auch über die in der *StPO* enthaltenen Befugnisse hinausgehende Befugnisnormen enthalten könnten[1183]. Tatsächlich gibt es in der *StPO* heute grundsätzlich keine informationellen Befugnisse mehr, für die es nicht zumindest in der Mehrzahl der Polizeigesetze hinsichtlich der Art und Weise des damit verbundenen Eingriffs deckungsgleiche Ermächtigungsgrundlagen gäbe[1184]. Ausnahmen sind der Einsatzes von V- Personen und die Online- Durchsuchung, für die

---

1178 Kapitel 2 A. III. 5. (S. 195) / IV. 2. (S. 284) / 3. (S. 314) / 4. (S. 315) / 6. (S. 335); Kapitel 3 A. III. 2. (S. 381) / 3. (S. 388) / 4. (S. 392).
1179 Anm. Rogall zu BGH in NStZ 1992, 44 (46).
1180 Kniesel/Vahle, Kommentierung VE ME PolG, Rn. 181.
1181 Lisken in DRiZ 1987, 184 (186); Anm. Welp zu BGH in NStZ 1995, 601 (602).
1182 Kniesel/Vahle, Kommentierung VE ME PolG, Rn. 181.
1183 Kniesel/Vahle, Kommentierung VE ME PolG, Rn. 182.
1184 *Anlage 2.2.1 Ziffer 1 bis 5* (Informationelle Standardmaßnahmen (offene und / oder unmittelbare Datenerhebung)); *Anlage 2.3 Ziffer 1 bis 13* (besondere Mittel und Methoden der Datenerhebung und -nutzung (verdeckte Datenerhebung und -nutzung).

in der *StPO* keine Ermächtigungsgrundlagen vorgesehen sind. Der Umstand, dass die auf präventiv- polizeilicher Grundlage erhobenen Daten in das spätere Strafverfahren einfließen könnten, ließ die Befürchtung aufkommen, dass durch doppelten Zwecken dienende Datenerhebungen für das Strafverfahren geltende rechtsstaatliche Grenzen unterlaufen würden[1185].

Dem ist zu entgegnen, dass die Polizei bei einer Zweckänderung von verdeckt bzw. heimlich erhobenen Daten nicht auf das Argument zurückgreifen darf, bereits verdeckt oder heimlich erhobene Daten bei sich selbst erfragen zu dürfen anstatt die Daten erneut verdeckt bzw. heimlich erheben zu müssen. Bei auf repressiver Grundlage heimlich oder auf präventiv- polizeilicher Grundlage verdeckt erhobenen Daten besteht bei genauerer Betrachtung keine Möglichkeit, Zweckänderungen durch das Konstrukt doppelfunktionaler Maßnahme zu umgehen. Während personenbezogene Daten bei offenen repressiven Datenerhebungen zum Beispiel schon aus Gründen der Eigensicherung auch zu präventiv- polizeilichen Zwecken erhoben werden, damit der die Daten erhebende Polizeibeamte diese auf präventiv- polizeilicher Grundlage mit den im polizeilichen Informationssystem INPOL gespeicherten Daten abgleichen kann[1186], wäre dies bei heimlich erhobenen Daten nicht erforderlich und daher unverhältnismäßig. Darüber hinaus können verdeckte präventiv- polizeiliche Maßnahmen der Datenerhebung bereits im Vorfeld einer konkreten Gefahr oder des strafbaren Versuchsstadiums stattfinden, während zu repressiven Zwecken heimlich erhobene Daten zumindest den Verdacht einer strafbaren versuchten Katalogtat voraussetzen. Auch liegt bei Verdacht einer beendeten Tat regelmäßig keine konkrete Gefahr im polizeirechtlichen Sinn mehr vor. Ein möglicher Schnittpunkt von heimlicher repressiver und verdeckter präventiv- polizeilicher Tätigkeit ist ausschließlich im Stadium des noch nicht beendeten strafbaren Versuchs, der zugleich eine gegenwärtige Gefahr für Leib, Leben oder Freiheit einer Person begründet, gegeben. In den verbleibenden Situationen kommen doppelfunktionale heimliche bzw. verdeckte Maßnahmen schon aufgrund der entgegenstehenden zeitlichen Komponente nicht in Betracht.

Hinzu kommt, dass die Anordnung von heimlichen bzw. verdeckten polizeilichen Maßnahmen regelmäßig dem Richter, teilweise auch dem Behördenleiter, vorbehalten ist. Aus der richterlichen Anordnung, oder, sofern bei Gefahr im Verzug eine staatsanwaltliche Anordnung bzw. eine Anord-

---

1185 Böse in ZStW 119 (2007), 848 (857, 861/862); Albrecht in StV 2001, 416 (417/418).
1186 Kapitel 2 A. III. 7. f. (S. 255).

nung des Behördenleiters genügt, aus der richterlichen Bestätigung sowie aus der dieser vorausgehenden Antragsschrift ergibt sich eindeutig, ob die Maßnahme zur Strafverfolgung oder zur Gefahrenabwehr getroffen wird[1187]. Nur in der eher unrealistischen Situation, dass Staatsanwalt und Behördenleiter eine richterliche Bestätigung zeitgleich beantragten und beiden Anträgen aufgrund des Vorliegens eines unbeendeten Versuchs stattgegeben werden sollte, wäre eine doppelfunktionale heimliche bzw. verdeckte Datenerhebung denkbar. Somit stellt sich die Frage wie die Anwendung der Regel über die hypothetische Ersatzvornahme bei der Verwendung von zu präventiv- polizeilichen Zwecken verdeckt erhobenen Daten zu repressiven Zwecken, zu repressiven Zwecken heimlich erhobenen Daten zu präventiv- polizeilichen Zwecken oder zu präventiv- polizeilichen Zwecken verdeckt erhobenen Daten zu anderen präventiv- polizeilichen Zwecken als Ermächtigungsgrundlage herangezogen werden kann.

In strafprozessualer Hinsicht erlangte die Rechtsfigur des hypothetischen Ersatzeingriffs im Zusammenhang mit *unselbstständigen* Beweisverwertungsverboten und der Frage Bedeutung, ob die Verwertung eines Beweismittels trotz rechtswidriger Beweiserhebung nicht ausnahmsweise aufgrund der hypothetischen Möglichkeit der rechtmäßigen Beweiserlangung unter Heilung der rechtswidrigen Ermittlungsmaßnahme gerechtfertigt werden könne[1188]. Ein polizeirechtliches Konterkarieren strafprozessualer Eingriffsgrenzen sei nur vermeidbar, wenn im Strafverfahren nur Beweismittel zugelassen würden, die auch mit strafprozessualen Mitteln hätten erhoben werden dürfen[1189]. Die Idee, die Regel der hypothetischen Ersatzvornahme auch auf verdeckt bzw. heimlich erhobene Daten anzuwenden, geht auf eine Entscheidung des OLG Hamburg aus dem Jahre 1972 zurück, wonach Zufallserkenntnisse aus einer Telefonüberwachung entsprechend Zufallsfunden i.S.d. § 108 StPO losgelöst vom Katalog des § 100a StPO zur Verfolgung anderer Straftaten verwendet und damit auch zum Beweis von Nicht- Katlogtaten verwertet werden durften[1190]. Hierauf baut die Rechtsprechung des BGHSt seit dem Jahre 1976 auf und kommt seit den 1980er Jahren zu dem abweichenden Ergebnis, dass Zufallserkenntnisse aus Telefonüberwachun-

---

1187 Roßmüller/Scheinfeld in wistra 2004, 52 (54).
1188 Kapitel 4 A. II. 1. b. cc. (S. 482); III. 1. b. (S. 497); III. 2. b. (S. 502); Beulke in Jura 2008, 653 (660); Jahn/Dallmeyer in NStZ 2005, 297 (302); Roßmüller/ Scheinfeld in wistra 2004, 52 (54).
1189 Anm. Welp zu BGH in NStZ 1996, 601 (604).
1190 OLG Hamburg in NJW 1973, 157 (158); Kretschmer in StV 1999, 221 (224/225).

gen nach § 100a StPO nur dann als Beweismittel in einem Strafverfahren, dem eine andere prozessuale Tat als dem ursprünglich die Erhebung der Daten auslösenden Strafverfahren zu Grunde liegt, verwertet werden dürfen, wenn sich die zufällig gewonnenen Erkenntnisse ebenfalls auf eine Katalogtat beziehen[1191]. Anders als bei einer Sicherstellung von Zufallsfunden nach § 108 StPO kann bei heimlichen repressiven Ermittlungsmaßnahmen durch die hypothetisch vorzunehmende Ersatzvornahme nicht gewährleistet werden, dass es hierdurch tatsächlich zu einer der zufällig in Erfahrung gebrachten Erkenntnis entsprechenden Erkenntnis kommen wird. Nicht nur in der Erhebung von Daten liegt ein Eingriff in eine bestimmte informationelle Grundrechtsposition sondern auch in der Nutzung und Verarbeitung bereits erhobener Daten[1192]. Die ungewissen Erfolgsaussichten einer unter Umständen längere Zeit in Anspruch nehmenden, gleichartigen erneuten heimlichen Überwachungsmaßnahme würden daher zu einem schwerwiegenderen Grundrechtseingriff führen als die zweckändernde Nutzung von Zufallserkenntnissen[1193]. Die zweckändernde Nutzung der den Zufallsfund ausmachenden Daten als Beweismittel stellt gegenüber einer erneuten heimlichen Überwachungsmaßnahme das mildere Mittel dar. Zwar dürfen durch eine Zweckänderung von erhobenen Daten keine Grenzen umgangen werden, die der Datenerhebung im Strafverfahren entgegenstünden[1194]. Bei der zweckändernden repressiven Nutzung von zu sonstigen Zwecken erhobenen Daten geht es aber nicht um die Umgehung der Verdachtsschwelle als strafprozessuale Grenze von repressiven Zwecken dienenden Grundrechtseingriffen[1195]. Die Möglichkeit der repressiven Verwendung von zu einem anderen Zweck erhobenen Daten entsteht vielmehr erst durch den Zufallsfund[1196]. Dass die erneute Datenerhebung unter Beachtung der bei heimlichen bzw. verdeckten Datenerhebungen jeweils geltenden Subsidiaritätsklauseln möglicherweise durch hinsichtlich der Art und Weise der Durchführung andere und vor allem geringfügigere Grundrechtseingriffe möglich

---

1191 BVerfG in NStZ 1988, 32 (33); BGHSt 51, 1 (2 – Rn. 7); 48, 240 (248); 41, 30 (31); 32, 68 (70); 32, 10 (15/16); 31, 304, (308); 29, 33 (34); 28, 122 (125/126); 27, 355 (357); 26, 298 (303/304); Rieß in Wahrheitsfindung und ihre Schranken, Strafverteidiger-Frühjahrssymposium 1988 des DAV, 141 (150/151).
1192 BVerfGE 113, 348 (365, 384); 110, 33 (68/69); 109, 279 (327, 375); 100, 313 (360, 366/367, 389); 65, 1 (46).
1193 Kretschmer in StV 1999, 221 (223).
1194 Böse in ZStW 119 (2007), 848 (860); Kretschmer in StV 1999, 221 (225).
1195 Böse in ZStW 119 (2007), 848 (861).
1196 Böse in ZStW 119 (2007), 848 (861).

Kapitel 2: Die Entwicklung des polizeigesetzlichen Datenschutzrechts

sein könnte, spielt dabei keine Rolle[1197]. Vor diesem Hintergrund bot es sich für die Polizeigesetzgeber nach dem Volkszählungsurteil an, die für die zweckändernde repressive Verwertung als Beweismittel von auf repressiver Grundlage heimlich erhobenen Daten entwickelte Regel über die hypothetische Ersatzvornahme auch auf die zweckändernde Nutzung von auf präventiv- polizeilicher Grundlage verdeckt erhobenen Daten zu repressiven oder anderen präventiv- polizeilichen Zwecken zu übertragen. Zumindest wurde durch die Aufnahme der Regel über die hypothetische Ersatzvornahme i.V.m. der Aufnahme von Parallelbestimmungen in den Polizeigesetzen und der *StPO* die im Volkszählungsurteil aufgestellte Forderung nach *Vereinbarkeit* von ursprünglichem Erhebungszweck und geändertem Nutzungszweck gewährleistet[1198].

bb. Die Notwendigkeit doppelfunktionaler Maßnahmen zur Legitimation der Kriminalaktenhaltung vor dem StVÄG 1999

In Ermangelung einer konkreten Gefahr ließ sich die Verarbeitung von zu Zwecken eines bestimmten Strafverfahrens erhobenen personenbezogenen Daten in Kriminalakten nicht durch den § 14 Abs. 2 Nr. 6 bis 8 BDSG 1990 und § 15 Abs. 1 und 3 BDSG 1990 zu Grunde liegenden Gedanken eines die Zweckänderung rechtfertigenden überwiegenden öffentlichen Interesses legitimieren. Daher setzte § 10a Abs. 2 Satz 1 VE ME PolG voraus, dass es personenbezogene Daten gäbe, die von der Polizei verarbeitet und genutzt werden dürften ohne an den Grundsatz der Zweckbindung gebunden zu sein. Hiernach war die Verarbeitung und Nutzung von Daten über Verhaltens-, Zustands- oder Nichtstörer i.S.d. § 8a Abs. 1 Nr. 1 VE ME PolG sowie über Personen, die i.S.d. § 8a Abs. 2 Nr. 1 VE ME PolG einer Straftat verdächtigt wurden, generell vom Zweckbindungsgebot ausgenommen. Deshalb sollte nur die Nutzung von Daten anderen als den in § 8a Abs. 1 Nr. 1 und Abs. 2 Nr. 1 VE ME PolG genannten Personen dem Zweckbindungsgebot unterliegen. Dahinter stand das Motiv, die bis zum Volkszählungsurteil bewährte polizeiliche Praxis der Kriminalaktenhaltung auf eine gesetzliche Grundlage

---

1197 Rieß in Wahrheitsfindung und ihre Schranken, Strafverteidiger-Frühjahrssymposium 1988 des DAV, 141 (151).
1198 BVerfGE 65, 1 (62/63).

stützen zu können[1199]. Vor dem Volkszählungsurteil wurden Kriminalakten ebenso wie andere kriminalpolizeiliche Sammlungen ohne gesetzliche Grundlage nach den Vorgaben der *Dateienrichtlinie* vom 12.6.1981[1200] oder nach a.A. gestützt auf die polizeiliche Generalklausel angelegt und geführt[1201]. Die erstgenannte Vorgehensweise wurde durch das Volkszählungsurteil, das gesetzliche Ermächtigungen zur zweckändernden Speicherung und Nutzung personenbezogener Daten forderte, ihrer Legitimation enthoben[1202], während die polizeiliche Generalklausel als Mittel der vorbeugenden Verbrechensbekämpfung in Ermangelung einer konkreten Gefährdung der öffentlichen Sicherheit oder Ordnung von vornherein nicht als Ermächtigungsgrundlage in Betracht kommt[1203].

Der in § 10a Abs. 1 und 2 VE ME PolG liegende Versuch der nachträglichen gesetzlichen Legitimation der Kriminalaktenhaltung wurde mit dem Argument angegriffen, der Sinn eines Gesetzesvorbehalts aus Art. 20 Abs. 3 GG bestehe nicht darin, eine eingefahrene Praxis durch nachträgliche Legitimation schlichtweg abzusegnen, vielmehr müsse die eingefahrene Praxis durch tatbestandliche Voraussetzungen, die eine Bewertung über die Zulässigkeit einer konkreten Maßnahme erlauben, begrenzt werden[1204]. Daher wurde das Anlegen und Führen von Kriminalakten und kriminalpolizeilichen Sammlungen wie die übrigen Formen der polizeilichen Datenverarbeitung und -nutzung auf andere Ermächtigungsgrundlagen gestützt[1205]. Da die ganz h.M. zu Beginn der 1990er Jahre abweichend von den Vorgaben des § 10a Abs. 2 Satz 1 VE ME PolG in Übereinstimmung mit dem Volkszählungsurteil erkannt hatte, dass sämtliche der durch die Polizei erhobenen Daten dem Grundsatz der Zweckbindung unterliegen, finden sich § 10a Abs. 1 und 2 VE ME PolG entsprechende Differenzierungen bei der Zweckänderung von Daten zwischen Beschuldigten sowie Verhaltens-, Zustands- und Nichtverantwortlichen einerseits und Personen, die keiner dieser Personengruppen zuzuordnen sind, andererseits, in keinem Polizeigesetz[1206].

1199 Begründung zu § 10a Abs. 1 VE ME PolG in Kniesel/Vahle, Kommentierung VE ME PolG, S. 61.
1200 Kapitel 3 C. I. (S. 437).
1201 BayVGH in BayVBl. 1984, 272 (275); VGH BW in NJW 1987, 3022 (3022).
1202 BayVerfGH in DVBl. 1986, 35 (36/37); VG Frankfurt in NJW 1987, 2248 (2249); Kniesel/Vahle, Kommentierung VE ME PolG, Rn. 104.
1203 BayVGH in BayVBl. 1984, 272 (273); VG Frankfurt in NJW 1987, 2248 (2249).
1204 Kniesel/Vahle, Kommentierung VE ME PolG, Rn. 107.
1205 Tegtmeyer/Vahle, PolG NRW, § 24 Rn. 11.
1206 BayVerfGH in NVwZ 1996, 166 (167).

Vielmehr bezieht sich die darin enthaltene Regel über die hypothetischen Ersatzvornahme abweichend von § 10a Abs. 2 Satz 1 VE ME PolG auf die Verarbeitung und Nutzung *sämtlicher* personenbezogenen Daten, wobei einige Polizeigesetze bestimmte Gruppen von Daten von *jedweder* Form der Zweckänderung ausnehmen[1207].

In Kriminalakten aufzunehmende Unterlagen durften daher nicht nur auf repressiver Grundlage sondern gleichzeitig auf präventiv- polizeilicher Grundlage zur vorbeugenden Bekämpfung von Straftaten erhoben werden. Alternativ hätten sie unter Rückgriff auf die Regel über die hypothetische Ersatzvornahme i.S.d. § 10a Abs. 2 Satz 2 VE ME PolG zu diesem Zweck zumindest erhoben werden dürfen müssen. Da beispielsweise Daten über polizeibekannte Drogendealer, Hehler oder Fußballrowdies nicht nur auf repressiver Grundlage sondern auch auf Grundlage der dem § 8a Abs. 2 Nr. 1 VE ME PolG entsprechenden präventiv- polizeilichen Befugnisnormen, wie dem § 26 Abs. 2 SPolG i.d.F. vom 29.12.1989 hätten erhoben werden dürfen, durften die erhobenen Daten in Kriminalakten gespeichert werden[1208]. Daneben ermöglichte diese Herangehensweise die Sammlung personengebundener Hinweise, um bei späteren polizeilichen Einsätzen die Eigensicherung der Beamten und den Schutz des Betroffenen zu gewährleisten[1209].

Bis zum Inkrafttreten des *StVÄG 1999* wurden in Kriminalakten verarbeitete Daten nicht nur auf repressiver sondern auch auf präventiv- polizeilicher Grundlage erhoben[1210]. Zumindest konnte dies aufgrund der bestehenden Gesetzeslage unterstellt werden. Diese durch die Rechtsprechung des Bundesverwaltungsgerichts akzeptierte Notlösung diente der Rechtfertigung der Zweckänderung von Daten[1211] zum Führen von Kriminalakten. Das BVerwG betonte schon damals, dass personenbezogene Daten, die sowohl auf repressiver als auch auf präventiv- polizeilicher Grundlage erhoben wurden, nicht unbegrenzt entweder zum Zweck der einen oder anderen polizeilichen Aufgabe verarbeitet oder genutzt werden können, da dann keine

---

1207 *Anlage 4.1 Ziffer 8b* (Datenverarbeitung und -nutzung / Vorgangsverwaltung ohne Zweckänderungen); *Anlage 2.2.1 Ziffer 3e* (allgemeine Befugnisnormen zur Datenerhebung / Verbot der Zweckänderung von Daten, die zur Vorbereitung auf die Gefahrenabwehr erhoben wurden).
1208 Kniesel/Vahle, Kommentierung VE ME PolG, Rn. 104.
1209 Kapitel 5 A. II. 1. c. bb. (4) (S. 716); BVerwG in NJW 1990, 2768 (2770).
1210 BayVGH in BayVBl. 1986, 272 (273).
1211 Anm. Rogall in NStZ 1992, 44 (47).

Zweckänderung vorläge[1212]. Zwar gestand das BVerwG den Gesetzgebern einen Übergangsbonus zu, in der Rechtsgrundlage für die Verarbeitung personenbezogener Daten in Kriminalakten an die polizeiliche Aufgabenzuweisungsnorm anzuknüpfen[1213], indem es den Polizeigesetzgebern am Beispiel des *Gesetzes zur Fortentwicklung des Datenschutzes im Bereich der Polizei und der Ordnungsbehörden* vom 7.2.1990[1214] sowie des *Gesetzes Nr. 1252 zur Neuordnung des Saarländischen Polizeirechts* vom 8.11.1989[1215] einen Ausweg aus der den Erkenntnissen des Volkszählungsurteils widersprechenden Rechtsauffassung des § 10a Abs. 2 Satz 1 VE ME PolG aufzeigte[1216]. Aus dem Umkehrschluss „*wenn ich erheben kann, kann ich auch speichern*" wurde zunächst die bis zum Inkrafttreten des *StVÄG 1999* praktizierbare Notlösung der doppelfunktionalen Daten*erhebung* entwickelt[1217], die noch heute im *BPolG* sowie in den 10 Polizeigesetzen von *Baden- Württemberg, Bremen, Hamburg, Hessen, Mecklenburg- Vorpommern, Niedersachsen, Rheinland- Pfalz, dem Saarland, Sachsen- Anhalt* und *Schleswig- Holstein* beibehalten wird. Diese dem § 8a Abs. 2 VE ME PolG entsprechenden Befugnisse zur präventiv- polizeilichen Erhebung von Daten zur vorbeugenden Bekämpfung von Straftaten enthaltenden Polizeigesetze, ermächtigen in der Regel zur Erhebung von Daten über
– künftige Straftäter
– deren Kontakt- und Begleitpersonen
– künftige Opfer
– Personen im Umfeld einer gefährdeten Person und
– Zeugen, Hinweisgeber oder sonstige Auskunftspersonen[1218].
Hierdurch konnte allerdings höchstens bei oberflächlicher Betrachtungsweise das Vorgehen gerechtfertigt werden, Daten von vornherein sowohl

---

1212 BVerwG in NJW 1990, 2768 (2769); BayVGH in BayVBl. 1984, 272 (273); Vahle in DuD 1991, 6 (6); Vahle in Kriminalistik 1990, 573 (574/575).
1213 BVerwG in NJW 1990, 2765 (2767); BVerwG in NJW 1990, 2768 (2769, 2770); Anm. Rogall in NStZ 1992, 44 (48).
1214 GVBl. NRW 1990 S. 70 bis 83.
1215 ABl. des Saarlandes 1980 S. 1750 bis 1769.
1216 BVerwG in NJW 1990, 2765 (2767); BVerwG in NJW 1990, 2768 (2770); BayVerfGH in NVwZ 1996, 166 (166/167).
1217 VG Gießen in NVwZ 2002, 1531 (1532); HessVGH in NVwZ-RR 1994, 652 (654).
1218 *Anlage 2.2.1 Ziffer 2a bis e* (allgemeine Befugnisse zur Datenerhebung/offene Datenerhebung zur vorbeugenden Bekämpfung von Straftaten über …); BayVerfGH in NVwZ 1996, 166 (167).

auf repressiver als auch auf präventiv- polizeilicher Grundlage zu erheben. Diese Vorgehensweise wurde zu Recht alsbald mit dem Argument angegriffen, hierdurch würde die datenschutzrechtliche Maxime der Zweckbindung konterkariert[1219]. Der Grundsatz der Zweckbindung besage zwar nicht, dass personenbezogene Daten von vornherein nur zu einem einzigen Zweck i.S.d. Erfüllung einer einzigen polizeilichen Aufgabe erhoben werden dürfen[1220]. Die mit der automatisierten Datenverarbeitung einhergehenden Gefahren, dass der Einzelne, dem durch eine multifunktionale Verwendung seiner Daten eine persönlichkeitsfeindliche Registrierung und Katalogisierung widerfährt, zum bloßen Informationsobjekt wird[1221], sollten durch einen amtshilfefesten Schutz gegen Zweckentfremdung *durch Weitergabe- und Verwertungsverbote* gerade verhindert werden[1222]. Der Umgang mit personenbezogenen Daten zwischen staatlichen Stellen solle begrenzt werden[1223]. Daher dürfe zwar aus der Ausnahme von der Regel, wonach personenbezogene Daten durch die Polizei nicht nur für einen konkreten Zweck, sondern gleichzeitig zu mehreren Zwecken erhoben werden dürfen[1224], nicht von vornherein und pauschal abgeleitet werden, dass sich der Zweck jeder polizeilichen Datenerhebung auf jede denkbare Verwendungsmöglichkeit beziehe[1225]. Durch die Annahme der doppelfunktionalen Erhebung der in Kriminalakten enthaltenen personenbezogenen Daten wurde die durch das Volkszählungsurteil aufgestellte Forderung nach der Vorhersehbarkeit von deren Verwendung[1226] für den Betroffenen ausgehebelt.

Als Ermächtigungsgrundlagen für das Verarbeiten der doppelfunktional erhobenen Daten in Kriminalakten verblieben den Polizeigesetzgebern nur daher dem § 10a Abs. 1 VE ME PolG entsprechende polizeigesetzliche Befugnisse zum Speichern, Verändern und Nutzen von Daten *zur Erfüllung*

1219 Ehrenberg/Frohne in Kriminalistik 2003, 737 (745).
1220 BVerwG in NJW 1990, 2768 (2769).
1221 BVerfGE 65, 1 (46).
1222 BVerfGE 65, 1 (48); Schoch in Jura 2008, 352 (358).
1223 Ehrenberg/Frohne in Kriminalistik 2003, 737 (745).
1224 Petri in Lisken/Denninger, HbPolR, 5. Auflage, G Rn. 155; Albers, Dissertation, S. 95/96.
1225 BVerwG in NJW 1990, 2768 (2769); Dammann in Simitis, BDSG, § 14 Rn. 46.
1226 BVerfGE 125, 260 (328, 344/345/346); 120, 378 (408); 115, 320 (359, 365); 113, 348 (375, 384/385); 113, 29 (51); 110, 33 (53/54, 70); 109, 279 (318); 100, 313 (359/360, 389); 65, 1 (45/46, 65/66); Ehrenberg/Frohne in Kriminalistik 2003, 737 (744/745).

polizeilicher Aufgaben[1227]. Da die Polizeigesetze keine speziellen Befugnisse zum Führen von Kriminalakten enthielten, mussten die doppelfunktional erhobenen oder erhebbaren Daten auf Grundlage der in den Polizeigesetzen enthaltenen Generalklauseln zur polizeilichen Datenverarbeitung und -nutzung i.V.m. dem Grundsatz der Zweckbindung[1228] bzw. der Regel der hypothetischen Ersatzvornahme verarbeitet oder übermittelt werden[1229]. Zu Eingriffen in das Grundrecht auf informationelle Selbstbestimmung durch Datenverarbeitung und -nutzung ermächtigende Befugnisse dürfen aufgrund der schon den Bemühungen rund um den *MEPolG* Mitte der 1970er Jahre zugrunde liegenden Wesentlichkeitstheorie aber nicht von vornherein für eine gesamte polizeiliche Aufgabe gelten[1230]. Mit der Formulierung „*Aufgaben der Polizei*" gibt der Gesetzgeber den äußeren Rahmen der zulässigen Datenverarbeitung vor, erlässt jedoch keine der Wesentlichkeitstheorie entsprechende Legitimation für einen Eingriff in das Grundrecht auf informationelle Selbstbestimmung[1231]. Hierzu bedarf es einer präzisen, den Geboten der Normenbestimmtheit und -klarheit Rechnung tragenden Regelung mit Tatbestandsvoraussetzungen, anhand der eine Bewertung über die Zulässigkeit der konkreten Maßnahme vorgenommen werden kann[1232]. Vor dem Volkszählungsurteil hatte es sich bei dem behördlichen Umgang mit personenbezogenen Daten allenfalls um schlichtes Verwaltungshandeln gehandelt, für dessen Legitimation eine die polizeiliche Zuständigkeit begründende Aufgabenzuweisungsnorm ausreichend war[1233]. Seit dem Volkszählungsurteil ist die informationelle Selbstbestimmung des Einzelnen als grundrechtlich geschützte Rechtsposition anerkannt. Eingriffe hierin sind ausschließlich durch eine infolge des im Einzelfall bestehenden polizeilichen Aufgabenbereichs anzuwendende, den Anforderungen des Vorbehalts des Gesetzes aus Art. 20 Abs. 3 GG genügende polizei-

---

1227 BVerwG in NJW 1990, 2765 (2667); BVerwG in NJW 1990, 2768 (2770).
1228 *Anlage 4.1 Ziffer 1* (Datenverarbeitung und -nutzung / Generalklausel zur Datenverarbeitung).
1229 *Anlage 4.1 Ziffer 6* (Datenverarbeitung und -nutzung / hypothetische Ersatzvornahme).
1230 BVerfG 65, 1 (65/66); BayVGH in BayVBl. 1984, 272 (273); Petri in Lisken/Denninger, HbdPolR, 5. Auflage, G Rn. 371; Vahle in DUD 1991, 6 (8); a.A. BVerwG in NJW 1990, 2765 (2767); BVerwG in NJW 1990, 2768 (2770).
1231 Petri in Lisken/Denninger, HbPolR, 5. Auflage, G Rn. 371.
1232 Kniesel/Vahle, Kommentierung VE ME PolG, Rn. 107.
1233 BVerfGE 110, 33 (56); 65, 1 (44/45); Schwabe in DVBl. 2000, 1815 (1818).

liche Befugnisnorm möglich[1234]. Eine solche ist vom zuständigen Gesetzgeber bereichsspezifisch, also bezogen auf den jeweiligen Aufgabenbereich, und präzise, also den Geboten der Bestimmtheit und Normenklarheit entsprechend, zu regeln[1235]. Die sowohl mit Aufgaben der Gefahrenabwehr als auch mit Aufgaben der Strafverfolgung betrauten Beamten des Polizeidienstes waren durch diese Vorgehensweise einer Situation ausgesetzt, die eine Persönlichkeitsstörung geradezu voraussetzte. Die Beamten des Polizeidienstes mussten seit dem Beginn der 1990er Jahre bis zu Beginn des 21. Jahrhunderts präventiv- polizeilich auf dem datenschutzrechtlichen Rechtskenntnisstand des *BDSG 1990* und repressiv auf dem Rechtskenntnisstand des *BDSG 1977* arbeiten. So konnte sich schwerlich ein über die Differenzierung nach den repressiv oder präventiv ausgerichteten polizeilichen Aufgaben hinausgehendes Verständnis über die Zwecksetzung des Umgangs mit informationellen Rechtspositionen entwickeln.

cc. Dem § 10a Abs. 3 und 4 VE ME PolG entsprechende Befugnisse zur Speicherung von Daten zur vorbeugenden Bekämpfung von Straftaten

Nachdem die in § 10a Abs. 1 und 2 VE ME PolG vorgesehene Befugnis zur Speicherung von personenbezogenen Daten aus Strafverfahren in Kriminalakten in damaliger Ermangelung von strafprozessualen Öffnungsklauseln nur mithilfe der Regel über die hypothetische Ersatzvornahme – durch doppelfunktionales Erheben der Daten eines Straftäter unter Ausschluss eines zweckändernden Verarbeitens – umgesetzt werden konnte, ließ sich die in § 10a Abs. 3 VE ME PolG vorgesehene Befugnis zum Speichern von auf repressiver Grundlage erhobenen Daten von Beschuldigten in Dateien in Ermangelung einer die zweckändernde präventiv- polizeiliche Verarbeitung dieser Daten rechtfertigende strafprozessualen Öffnungsklausel nur mit Hilfe der Hilfskonstruktion umsetzen. Eine solche Öffnungsklausel war zwar schon in § 482 Abs. 1 StPO – Entwurf 1988[1236] vorgesehen gewesen, konnte aber bis zum Inkrafttreten des *StVÄG 1999* zu Beginn des 20. Jahrhunderts nicht umgesetzt werden. Hinsichtlich § 10a Abs. 3 VE ME PolG blieb außerdem umstritten, ob die negative Kriminalitätsprognose im Hinblick auf

---

1234 BVerfG 65, 1 (43).
1235 BVerfGE 110, 33 (56); 65, 1 (44/45); Petri in Lisken/Denninger, HbPolR, 5. Auflage, G Rn. 371; Dammann in Simitis, BDSG, § 14 Rn. 40.
1236 Entwurf eines Strafverfahrensänderungsgesetzes in StV 1989, 172 (177).

Art und Ausführung der vorausgehenden strafbaren Handlung oder die Persönlichkeit des Betroffenen beurteilt werden sollte[1237]. Auf die Berechtigung von dem § 10a Abs. 3 VE ME PolG entsprechenden Befugnissen in den heutigen Polizeigesetzen wird in Kapitel 5 dieser Arbeit eingegangen[1238].

§ 10a Abs. 4 VE ME PolG ermächtigte über die Befugnis aus § 10a Abs. 3 VE ME PolG hinaus zur Speicherung von Daten anderer Personen als dem Beschuldigten zum Zweck der Vorsorge für die Verfolgung von Straftaten in Dateien. Diese Befugnis fand ihr Pendant in § 482 Abs. 3 StPO – Entwurf 1988[1239] und sollte sicherstellen, dass das zu dieser Zeit vom BKA betriebene PIOS- Dateien- System auf eine gesetzliche Grundlage gestellt werden konnte[1240]. Dem Umstand, dass es sich um Daten völlig Unbeteiligter handelte, sollte durch den Straftatenkatalog des § 10a Abs. 4 Satz 1 VE ME PolG Rechnung getragen werden. Insoweit blieb ungeklärt, ob Staatsschutzdelikte i.S.d. §§ 84 bis 89 StGB zu den vorbeugend zu bekämpfenden Straftaten zählen sollten[1241]. Weiterhin schloss § 10c Abs. 5 Satz 3 VE ME PolG die Übermittlung von nach § 10a Abs. 4 VE ME PolG gespeicherten Daten an außerhalb der Polizei stehende öffentliche Stellen aus, da diese regelmäßig Nichtstörer und Unbeteiligte betrafen[1242]. Inwieweit noch heute in den Polizeigesetzen enthaltene, dem § 10a Abs. 4 VE ME PolG entsprechende Regelungen eine Berechtigung haben, wird in Kapitel 5 geklärt werden[1243].

dd. Zusammenfassung

Die praktizierte doppelte, d.h. sowohl repressive als auch präventiv- polizeiliche Aufgabenstellung machte als Konsequenz des Volkszählungsurteils und dem zunächst über Jahre ausbleibenden Erlass von diesem Rechnung tragenden strafprozessualen Regelungen die Schaffung von im Strafverfahrensrecht als auch im Polizeirecht hinsichtlich der Art und Weise des polizeilichen Handelns gleich gelagerter Befugnisse erforderlich. Hinsichtlich

---

1237 Kniesel/Vahle, VE ME PolG, S. 13.
1238 Kapitel 5 A. I. 1. b. (S. 649).
1239 Entwurf eines Strafverfahrensänderungsgesetzes in StV 1989, 172 (177).
1240 Kniesel/Vahle, Kommentierung VE ME PolG, Rn. 106.
1241 Kniesel/Vahle, VE ME PolG, S. 13/14.
1242 Kniesel/Vahle, Kommentierung VE ME PolG, Rn. 117.
1243 Kapitel 5 A. II. 1. e. (S. 720).

Kapitel 2: Die Entwicklung des polizeigesetzlichen Datenschutzrechts

der Zweckänderung von offen erhobenen Daten war die in dem Polizeigesetzen enthaltene Regel der hypothetischen Ersatzvornahme vor in Kraft treten des *StVÄG 1999* insoweit von Bedeutung, als diese die zweckändernde Nutzung und Speicherung von auf präventiv- polizeilicher Grundlage erhobenen Daten zu präventiv- polizeilichen Zwecken betraf. Für die Zweckänderung von offen zu repressiven Zwecken erhobenen Daten, die zu präventiv- polizeilichen Zwecken genutzt werden sollten, musste in Ermangelung von in der *StPO* enthaltenen Ermittlungsgeneral-, Öffnungs- und Aufnahmeklauseln auf das Konstrukt der doppelfunktionalen Maßnahmen zurückgegriffen werden.

Folge des Erfordernisses doppelfunktionaler Maßnahmen war und ist, dass sich die aus den 1970er Jahren stammende Rechtsauffassung, wonach sich der Zweck der polizeilichen Datenerhebung, -nutzung und -speicherung aus der jeweiligen polizeilichen Aufgabenstellung ableitet, nach wie vor vertreten wird[1244]. Dies entspricht dem überholten datenschutzrechtlichen Verständnis aus Zeiten des *BDSG 1977*, das dem Schutz von *in Dateien* verarbeiteten Daten und daher der Wahrung des Amtsgeheimnisses galt[1245]. Diese Auffassung ist mittlerweile infolge des durch das Volkszählungsurteil anerkannten Grundrechts auf informationelle Selbstbestimmung und der hieraufhin einsetzenden Weiterentwicklung des Datenschutzrechts, die selbst vor polizeirelevanten Gesetzesmaterien nicht halt gemacht hat, überholt. Seither sind die polizeilichen Aufgabenstellungen als solche nicht mehr geeignet, Eingriffe in das Grundrecht auf informationelle Selbstbestimmung zu rechtfertigen.

e. Dem § 10c VE ME PolG entsprechende Befugnisse zur Datenübermittlung

Die nicht- automatisierte Übermittlung von Daten innerhalb der Polizei zwischen der Polizei und anderen Behörden und öffentlichen Stellen sowie von der Polizei an Private wird in § 10c VE ME PolG in allen denkbaren Facetten geregelt. Einige nicht eingriffsrelevante Regelungen des Datenschutzes i.w.S. gelten befugnisübergreifend. Während in § 10c Abs. 5 Satz 2 VE ME PolG die zweckändernde Übermittlung von Daten unter besonderer Berück-

---

1244 Drewes/Malmberg/Walter, BPolG, § 21 Rn. 15.
1245 Kapitel 1 B. I. (S. 41).

sichtigung der Verhältnismäßigkeit zugelassen wird, sofern die Polizei die Daten entsprechend § 8a Abs. 2 Nr. 1 VE ME PolG zur vorbeugenden Bekämpfung von Straftaten erhoben oder zu diesem Zweck gespeichert hat, ist in § 10c Abs. 5 Satz 1 VE ME PolG ein für die Übermittlung von Daten durch die Polizei an andere öffentliche, nicht- öffentliche, ausländische, über- und zwischenstaatliche Stellen geltendes Zweckbindungsgebot enthalten[1246]. Dieses ist gem. dem mit § 15 Abs. 3 BDSG 1990 übereinstimmenden § 10c Abs. 9 VE ME PolG durch den Empfänger grundsätzlich einzuhalten[1247].

§ 10c Abs. 6 VE ME PolG, wonach das Zweckbindungsgebot auch für Daten gelten soll, die einem besonderen Berufs- oder Amtsgeheimnis unterliegen, ist daher ebenso überflüssig wie entsprechende Regelungen in den Polizeigesetzen einiger Länder[1248]. Hier wurde die Regelung aus § 10 Abs. 1 Satz 2 BDSG 1977 übernommen[1249], ohne zu beachten, dass dessen Systematik in Folge des Volkszählungsurteils aufgegeben werden musste. Eine dem § 10 Abs. 1 Satz 2 BDSG 1977 entsprechende Übermittlungsbefugnis ist in dem die Übermittlung seit dem *BDSG 1990* regelnden § 15 BDSG nicht enthalten. Vielmehr muss die zweckändernde Nutzung von personenbezogenen Daten, die einem besonderen Berufs- oder Amtsgeheimnis unterliegen, durch eine gegenüber dem Polizeigesetz und dem *BDSG* speziellere Rechtsvorschrift i.S.d. § 10c Abs. 10 VE ME PolG geregelt werden[1250]. Hierzu zählen etwa der das Meldegeheimnis durchbrechende § 34 BMG[1251] oder der das Sozialgeheimnis durchbrechende § 68 Abs. 1 bis 3 SGB X[1252]. Weiterhin wurde die Verteilung der Verantwortung für die Übermittlung zwischen einer Daten übermittelnden und einer Daten empfangenden Stelle aus § 15 Abs. 2 Satz 1 bis 3 BDSG 1990 in § 10 Abs. 8 VE ME PolG übernommen[1253].

1246 Kniesel/Vahle, Kommentierung VE ME PolG, Rn. 116.
1247 *Anlage 8 Ziffer 3* (Datenübermittlung / Verweis aus Datenschutzgesetz / Zweckbindung).
1248 *Anlage 8 Ziffer 3a* (Datenübermittlung / Verweis aus Datenschutzgesetz / Zweckbindung / insbesondere bei Berufs- und Amtsgeheimnis).
1249 Kniesel/Vahle, Kommentierung VE ME PolG, S. 70.
1250 Kniesel/Vahle, Kommentierung VE ME PolG, Rn. 126.
1251 Kapitel 1 D. II. (S. 131).
1252 Kapitel 1 D. IV. (S. 127).
1253 *Anlage 8 Ziffer 1 und 2* (Datenübermittlung / Verweis aus Datenschutzgesetz / Verantwortung der übermittelnden / ersuchenden Stelle).

Kapitel 2: Die Entwicklung des polizeigesetzlichen Datenschutzrechts

aa. Die Übermittlung von präventiv- polizeilich erhobenen Daten zwischen unterschiedlichen Polizeien, § 10c Abs. 1 VE ME PolG

Bei der polizeiinternen Übermittlung von Daten, die zu präventiv- polizeilichen Zwecken erhoben wurden, ist zu differenzieren. Einerseits können präventiv- polizeilich erhobene Daten zur Bearbeitung desjenigen Vorgangs zwischen Polizeibehörden übermittelt werden, anlässlich dessen die Daten erhoben wurden[1254]. Dies betrifft beispielsweise einen Vermisstenvorgang, bei dem sich die im Bundesland X vermisste Person ins Bundesland Y begeben haben könnte. Dann können Unterlagen aus dem Vermisstenvorgang entsprechend § 15 Abs. 5 und 6 BDSG 1990 sowie § 10c Abs. 1 Satz 1 VE ME PolG an die andere Polizeibehörde weitergegeben werden, obwohl in der zum Vermisstenfall angelegten Akte Daten enthalten sind, die nicht zur Aufgabenwahrnehmung der anderen Polizeibehörde erforderlich sind.

Außerdem können präventiv- polizeilich erhobene Daten gem. § 15 Abs. 1 BDSG 1990 i.V.m. § 14 BDSG 1990 bzw. entsprechend § 10c Abs. 1 Satz 2 VE ME PolG i.V.m. § 10a Abs. 2 Satz 2 VE ME PolG auch zu einem anderen polizeilichen Zweck, insbesondere einer anderen präventiv- polizeilichen Aufgabe i.S.d. § 14 Abs. 2 Nr. 5 und 6 BDSG 1990 oder einer repressiven Aufgabe i.S.d. § 14 Abs. 2 Nr. 7 BDSG 1990 verwendet werden[1255]. Da die *StPO* und das *OWiG* bis zum Inkrafttreten des *StVÄG 1999* über keine den §§ 14 und 15 BDSG 1990 entsprechenden Befugnisse verfügten, musste die Polizei auch für die Übermittlung von präventiv- polizeilich erhobenen Daten zu repressiven Zwecken und insbesondere zur Übermittlung von Daten, die im Zusammenhang mit einem repressiven Anlass zur vorbeugenden Bekämpfung von Straftaten erhoben wurden, auf das Konstrukt der hypothetischen Ersatzvornahme aus § 10a Abs. 2 VE ME PolG zurückgreifen[1256].

1254 *Anlage 8 Ziffer 5 und 6* (Datenübermittlung / Verweis aus Datenschutzgesetz / innerhalb einer Polizeibehörde / an andere Polizeien von Bund und Ländern).
1255 *Anlage 8 Ziffer 4* (Datenübermittlung / Verweis aus Datenschutzgesetz / Zweckänderung).
1256 Kapitel 2 A. III. 7. d. aa. (S. 229).

bb. Die Übermittlung von präventiv- polizeilich erhobenen Daten an sonstige Behörden, § 10c Abs. 2 bis 4 VE ME PolG

Befugnisse zur Übermittlung von zu präventiv- polizeilichen Zwecken erhobenen Daten durch die Polizei an andere Behörden sowie öffentliche und nicht- öffentliche ausländische, über- oder zwischenstaatliche Stellen finden sich in den §§ 10c Abs. 2 bis 4 VE ME PolG entsprechenden polizeigesetzlichen Regelungen.

§ 10c Abs. 2 VE ME PolG betrifft die Übermittlung von Daten an andere Gefahrenabwehrbehörden, also insbesondere Ordnungsbehörden oder die Nachrichtendienste[1257]. Wie in §§ 15 Abs. 3 Satz 1 i.V.m. § 14 Abs. 2 Nr. 5 BDSG 1990 wird hier vorausgesetzt, dass die Übermittlung der Abwehr von Gefahren dient.

§ 10c Abs. 3 VE ME PolG entsprechende präventiv- polizeiliche Übermittlungsbefugnisse ermächtigen ihrem Wortlaut nach wie die §§ 15 Abs. 1; 14 Abs. 2 Nr. 5 und 6 BDSG 1990 zur Übermittlung von personenbezogenen Daten an andere öffentliche Stellen oder Personen oder Stellen außerhalb des öffentlichen Bereichs[1258].

§ 10c Abs. 4 VE ME PolG entsprechende polizeigesetzliche Befugnisse legitimieren wie der mittlerweile durch die §§ 4b, 4c BDSG 2001 ersetzte § 17 BDSG 1990 die Übermittlung von personenbezogenen Daten an ausländische öffentliche Stellen sowie an über- und zwischenstaatliche Stellen. Demgegenüber steht die Umsetzung von § 10c Abs. 4 VE ME PolG bezogen auf die polizeiliche Übermittlung von personenbezogenen Daten zwischen Behörden von EU- Mitgliedsstaaten entsprechend dem *Rahmenbeschluss 2006/960/JI des Rates vom 18.12.2006 über die Vereinfachung des Austauschs von Informationen und Erkenntnissen zwischen den Strafverfolgungsbehörden der Mitgliedstaaten der Europäischen Union* in der Mehrzahl der Bundesländer noch aus. Umgesetzt wurde dieser bisher in §§ 18a; 20a PolDVG HH, § 27a SOG LSA, § 41 Abs. 4 ThürPAG ebenso wie in den §§ 14a, 27a BKAG[1259] und §§ 32a, 33a BPolG[1260]. *Schleswig- Holstein* hat mit Erlass der §§ 36a bis 36e LVwG SH durch Art. 6 des *Gesetzes zur Um-*

1257 *Anlage 8 Ziffer 7 und 9* (Datenübermittlung / Verweis auf Datenschutzgesetz / an Ordnungsbehörden / an das BfV / LfV nach VSchG).
1258 *Anlage 8 Ziffer 8 und 11* (Datenübermittlung / Verweis auf Datenschutzgesetz / von Behörden an die Polizei).
1259 Kapitel 2 B. II. 6. (S. 361).
1260 Kapitel 2 B. I. 5. (S. 352).

Kapitel 2: Die Entwicklung des polizeigesetzlichen Datenschutzrechts

setzung zur Europäischen Dienstleistungsrichtlinie in Schleswig- Holstein (Dienstleistungsrichtliniengesetz Schleswig- Holstein) vom 9.3.2010[1261] die Amtshilfe und europäische Verwaltungszusammenarbeit allgemeinverbindlich geregelt.

Zwar steigen die Schranken des Datenflusses mit steigernder Zahl der Absätze der Übermittlungsbefugnisse aus § 10c VE ME PolG an. Die Behauptung, dass aufgrund der „Zweckvergleichbarkeit" der Aufgaben von Ordnungsbehörden und der Polizei das relativ weit gespannte Dach der Gefahrenabwehr in Verbindung mit dem Kriterium der Erforderlichkeit zur Legitimation einer § 10c Abs. 2 VE ME PolG entsprechenden Übermittlungsbefugnis ausreiche[1262], verkennt das Gebot der Normenbestimmtheit und -klarheit[1263]. Hiernach hat das zu Eingriffen in das Grundrecht auf informationelle Selbstbestimmung ermächtigende Gesetz nicht bezogen auf die Aufgabe einer öffentlichen Stelle sondern bezogen auf die im konkreten Einzelfall zu treffende polizeiliche Maßnahme zu regeln, zu welchem Zweck personenbezogene Daten erhoben, gespeichert, genutzt oder übermittelt werden dürfen. Statt die polizeilichen Übermittlungsbefugnisse bereichsspezifisch zu regeln, verharren die meisten der Polizeigesetze auf der gerade nicht bereichsspezifischen Übernahme der rein auf den Persönlichkeitsschutz ausgerichteten § 15 Abs. 3 Satz 2 i.V.m. § 14 Abs. 2 Nr. 5 und 6 BDSG 1990. Ein Formulierungsvorschlag für bereichsspezifische Übermittlungsbefugnisse kann in dieser Arbeit nur bezogen auf die in § 10c Abs. 1 VE ME PolG in Bezug genommenen polizeilichen Aufgaben der Gefahrenabwehr und der Strafverfolgung erarbeitet werden. Ein Beispiel für eine den Anforderungen der Normenbestimmtheit und -klarheit gerecht werdende polizeirechtliche Übermittlungsbefugnis findet sich in dem durch das Land *Berlin* erlassenen *Neunten Gesetz zur Änderung des Allgemeinen Sicherheits- und Ordnungsbehördengesetzes* vom 13.7.2011[1264] mit dessen § 45a ASOG Berlin. Dieser regelt die *Datenübermittlung zum Zweck der Zuverlässigkeitsüberprüfung bei Großveranstaltungen.*

1261 GVOBl. SH 2010 S. 355 bis 379.
1262 Kniesel/Vahle, Kommentierung VE ME PolG, S. 69 und Rn. 118, 121, 123.
1263 A.A. BayVerfGH in NVwZ 1996, 166 (168).
1264 GVBl. Berlin 2011 S. 337 bis 340.

cc. Die Übermittlung von Daten durch andere Behörden an die Polizei, § 10c Abs. 7 VE ME PolG

Der Dritte, von dem Daten eines Betroffenen i.S.d. § 3 Abs. 1 BDSG durch die Polizei erfragt werden, kann neben einer Privatperson auch eine Behörde oder sonstige öffentliche Stelle sein. Diese darf gem. § 10c Abs. 7 Satz 1 VE ME PolG von Amts wegen oder muss gem. § 10c Abs. 7 Satz 2 VE ME PolG auf Ersuchen der Polizei vorhandene Daten über einen bestimmten Betroffenen an die Polizei übermitteln. Dabei wird die Übermittlung der Daten durch die andere öffentliche Stelle regelmäßig mit einer Änderung des Erhebungs- oder Speicherungszwecks gegenüber dem Übermittlungszweck verbunden sein.

In den Polizeigesetzen der Länder *Bayern, Berlin, Brandenburg, Hessen, Nordrhein- Westfalen, Rheinland- Pfalz, Sachsen- Anhalt* und *Thüringen* sind dem § 10c Abs. 7 VE ME PolG entsprechende Befugnisse für Übermittlungsbefugnisse bzw. -pflichten von anderen Behörden gegenüber der Polizei enthalten[1265]. Seit dem *StVÄG 1999* findet sich in den Ermittlungsgeneralklauseln der §§ 161 Abs. 1 Satz 1, 163 Abs. 1 Satz 2 StPO (i.V.m. §§ 53 Abs. 1 Satz 1 und 2; 46 OWiG seit der Fassung des *Gesetz zur Änderung des Ordnungswidrigkeitenverfahrensrechts* vom 26.7.2002[1266]) dem § 10c Abs. 7 Satz 1 VE ME PolG entsprechende repressive Befugnisse, die zum Erlass von Übermittlungspflichten begründenden polizeilichen Ermittlungsersuchen berechtigen[1267].

Zumindest polizeigesetzliche Befugnisse sowie Pflichten zur Übermittlung von Daten durch andere öffentlichen Stellen an die Polizei sind gegenüber etwaigen spezialgesetzlichen Bestimmungen subsidiär[1268]. Mit Blick auf die Verteilung der Gesetzgebungs- und Verwaltungskompetenzen zwischen Bund und Ländern[1269] erscheinen andere Behörden ermächtigende oder verpflichtende Befugnisnormen nicht der Systematik der Polizeigesetze zu entsprechen und daher deplatziert[1270]. Eine landespolizeigesetzliche

---

1265 *Anlage 8 Ziffer 12* (Datenübermittlung / Verweis auf Datenschutzgesetz / von Behörden an die Polizei).
1266 BGBl. 2002 I S. 2864 bis 2866.
1267 Kapitel 3 A. III. 1. b. (S. 378) / IV. (S. 407).
1268 Kniesel/Vahle, Kommentierung VE ME PolG, Rn. 130; Tegtmeyer/Vahle, PolG NRW, § 30 Rn. 2.
1269 Kapitel 2 A. (S. 160); Kapitel 2 B. I. (S. 347) / II. (S. 354); Kapitel 3 A. I. (S. 368) / 3 A. II. (S. 370).
1270 Petri in Lisken/Denninger, HbdPolR, 5. Auflage, G Rn. 518.

Befugnisnorm, wie etwa § 30 Abs. 1 PolG NRW, kann aufgrund der Verteilung der Gesetzgebungskompetenzen zwischen Bund und Ländern keine Rechte und Pflichten einer der Gesetzgebungskompetenz des Bundes oder eines anderen Landes unterliegenden Rechtsmaterie begründen. Umgekehrt können der Kompetenz des Bundes zur Polizeigesetzgebung unterliegende und vom Bund in bundeseigener Verwaltung ausgeführte gesetzliche Bestimmungen keine Rechte und Pflichten von Landesbehörden begründen. Rechtlich möglich ist es hingegen, dass ein Gesetzgeber innerhalb des für den präventiv- polizeilichen Aufgabenbereich geltenden Polizeigesetzes auch Rechte und Pflichten anderer Behörden, die Landesrecht ausführen, festlegt. In der Regel verweisen die für die anderen Behörden und öffentlichen Stellen eines Landes geltenden Spezialgesetze mittels Paragraphenketten auf die in den Polizeigesetzen aufgeführten Übermittlungsbefugnisse bzw. -pflichten, die auf Seiten anderer Behörden gegenüber der Polizei bestehen. So verweist § 37 Abs. 4 FSHG NRW hinsichtlich der Übermittlung von Daten durch die nordrhein- westfälische Berufsfeuerwehr an die nordrhein- westfälische Polizei auf § 24 OBW NRW sowie ergänzend auf das DSG NRW. § 24 Nr. 11 OBG NRW wiederum verweist auf den dem § 10c Abs. 7 VE ME PolG entsprechenden § 30 Abs. 1 PolG NRW. In den Ländern *Baden- Württemberg, Bremen, Hamburg, Mecklenburg- Vorpommern, Niedersachsen*, dem *Saarland, Sachsen* und *Schleswig- Holstein* werden nichtpolizeiliche öffentliche Stellen ohne solch komplizierte Verweise auf eine dem § 10c Abs. 7 VE ME PolG entsprechende polizeigesetzliche Regelung[1271] – dafür aber dem Gedanken des § 14 Abs. 2 Nr. 5 und 6 BDSG 1990 entsprechend – zur Übermittlung von Daten an die Polizei ermächtigt. Ist hingegen keine bereichsspezifischere Regelung als die der §§ 15, 14 Abs. 2 Nr. 5 und 6 BDSG 1990 oder entsprechender datenschutzrechtlicher Regelungen der Länder ersichtlich, muss dem Grundsatz der Verhältnismäßigkeit im Hinblick auf die *Erheblichkeit* in besonderem Maße Rechnung getragen werden[1272].

1271 *Anlage 8 Ziffer 12* (Datenübermittlung / Verweis auf Datenschutzgesetz / von Behörden an die Polizei).
1272 Kühling/Seidel/Sivridis, Datenschutzrecht, S. 196.

f. Dem § 10e VE ME PolG entsprechende Befugnisse zum Datenabgleich

Der Datenabgleich ist eine besondere Form der Übermittlung personenbezogener Daten, also der Bekanntgabe gespeicherter Daten an einen Dritten i.S.d. § 3 Abs. 4 Satz 2 Nr. 3 BDSG 2001[1273]. Als Akt der Auswahl für die weitere Auswertung von Daten ist dieser mit Eingriffen in das Grundrecht auf informationelle Selbstbestimmung verbunden[1274]. Im Vergleich zur im Trefferfall bereits vorausgegangenen Speicherung von Daten stellt die Nutzung aller in einer Datei gespeicherten Daten zum bloßen Abgleich allerdings nur einen geringfügigen Grundrechtseingriff dar[1275]. Beim Datenabgleich werden zur Erfüllung polizeilicher Aufgabe anfallende Daten mit vorhandenen Datenbeständen, insbesondere denen aus dem polizeilichen Informationssystem INPOL, verglichen[1276], um den die Datenerhebung auslösenden Sachverhalt eventuell um bereits im polizeilichen System vorhandenen Daten zu ergänzen[1277]. Auch wurden bei einigen Behörden automatisierte Abrufsysteme mit dem Ziel eingerichtet, einer ansonsten kaum zu bewältigenden Zahl von Anfragen möglichst ohne zeitliche Verzögerung nachkommen zu können. Hierzu zählen das Zentrale Verkehrsinformationssystem (ZEVIS), die automatisierten Abrufverfahren der Einwohnermeldeämter sowie das Ausländerzentralregister (AZR)[1278]. Während der Bundesgesetzgeber in diesen Fällen kraft dessen Gesetzgebungskompetenz mittels hierzu ermächtigender Befugnisnormen festzulegen hat, unter welchen Voraussetzungen eine Behörde wie das Kraftfahrtbundesamt (KFB), die Einwohnermeldeämter (EMÄ) oder das Bundesamt für Migration und Flüchtlinge (BAMF) Daten auf automatisiertem Wege im Zuge der Amtshilfe automatisiert übermitteln darf, endet dessen Gesetzgebungskompetenz dort, wo es um den Abruf der Daten geht[1279]. Im präventiv- polizeilichen

---

1273 Busch in NJW 2002, 1754 (1757).
1274 BVerfGE 115, 320 (344); 100, 313 (366); Frenz in DVBl. 2009, 333 (335); vgl. jetzt auch BVerfG in NJW 2013, 1499 (1501 = Rn. 95).
1275 Kniesel/Vahle, Kommentierung VE MEPolG, S. 80; vgl. jetzt auch BVerfG in NJW 2013, 1499 (1502 = Rn. 110, 111, 112).
1276 Söllner in Pewestorf/Söllner/Tölle, POR, Teil 1, § 28 Rn. 1.
1277 Kniesel/Vahle, Kommentierung VE MEPolG, S. 80; Gusy in ZJS 2012, 155 (160, 163).
1278 Kapitel 1 D. I. bis III. (S. 119 bis 127).
1279 BVerfG in NJW 2012, 1419 (1425).

Bereich liegt die Gesetzgebungskompetenz zu derartigen Abrufen daher grundsätzlich bei den Ländern[1280].

Wie gem. den § 10e VE ME PolG entsprechenden präventiv- polizeilichen Befugnissen zum Datenabgleich aus den Polizeigesetzen der Länder[1281] sind auch die BPol gem. § 34 BPolG und das BKA gem. § 7 Abs. 5 BKAG a.F.[1282] ermächtigt, zur Erfüllung von deren Aufgaben Daten abzugleichen[1283].

Die beispielsweise in Bezug auf § 7 Abs. 5 BKAG a.F. hinsichtlich des Zwecks eines Datenabgleichs geäußerte Kritik, dass es wegen der sehr spezifischen Aufgaben des BKA mit Blick auf das Zweckbindungsprinzip zumindest einer Differenzierung nach weiteren Zwecken bedurft hätte[1284], geht fehl. Nicht der Zweck der Datenspeicherung sondern der durch den die Daten abgleichenden Polizeibeamten beim Abgleich zu Grunde gelegte repressive oder präventiv- polizeiliche Anlass des Datenabgleichs ist entscheidend. So können die abzugleichenden Daten von Personen stammen, die an einer nach § 111 StPO eingerichteten oder an einer diesem entsprechenden präventivpolizeilichen Kontrollstelle kontrolliert wurden[1285]. Der Anlass des Datenabgleichs muss auf eine bestimmte, in den polizeilichen Aufgabenbereich fallende Prognose gestützt werden und anhand einer Tatsachenbasis mit der Annahme begründet werden können, dass sachdienliche Hinweise zu erwarten sind[1286]. Enthält eine im Trefferfall gewonnene Information keine Relevanz hinsichtlich des Anlasses der Abfrage, weil z.B. keine Fahndungsnotierung vorhanden ist, werden keine polizeilichen Maßnahmen zum Zweck der Abfrage getroffen. Möglich ist aber, dass das Ergebnis des Datenabgleichs polizeiliche Maßnahmen erforderlich macht, die dem ursprünglichen Speicherungszweck entsprechen[1287].

Hinsichtlich der Verhältnismäßigkeit von polizeirechtlichen Befugnissen zum Datenabgleich gilt dasselbe wie bei an Behörden gerichteten Aus-

---

1280 BVerfG in NJW 2012, 1419 (1425); BVerfGE 125, 260 (355); vgl. jetzt auch BVerfG in NJW 2013, 1499 (1502 = Rn. 101, 103).
1281 *Anlage 4.1 Ziffer 9* (Datenverarbeitung und -nutzung / Datenabgleich).
1282 = § 7 Abs. 10 BKAG i.d.F. vom 1.7.2013.
1283 *Ahlf* in Ahlf/Daub/Lersch/Störzer, BKAG, § 7 Rn. 22; a.A. *Busch* in NJW 2002, 1754 (1757); vgl. jetzt auch BVerfG in NJW 2013, 1499 (1502 = Rn. 106).
1284 *Riegel* in NJW 1997, 3408 (3410).
1285 *Gusy* in ZJS 2012, 155 (163).
1286 *Söllner* in Pewestorf/Söllner/Tölle, POR, Teil 1, § 28 Rn. 8, 11.
1287 Kapitel 5 A. II. 1. (S. 664).

kunftsersuchen[1288]. Um sicherzustellen, das Datenabrufe nicht leichthändig zur bloß orientierenden Vorabinformation vorgenommen werden, sondern nur zulässig sind, wenn zur Aufgabenwahrnehmung tatsächlich benötigte Informationen auf andere Weise nicht beschafft werden können, bedarf es auch in den zum Datenabgleich ermächtigenden Befugnissen der Voraussetzung der *Erforderlichkeit* dieser Maßnahme[1289]. Diese war in § 10e Abs. 1 Satz 1 VE ME PolG noch nicht enthalten, so dass bei Landesgesetzgebern, die dieser Regelung entsprechende Befugnisse in deren Polizeigesetzen vorsehen, Nachbesserungsbedarf besteht.

g. Dem § 10f VE ME PolG entsprechende Befugnisse zur Rasterfahndung

Sämtliche Polizeigesetze enthalten Befugnisse zur Rasterfahndung[1290]. Hierbei handelt es sich um eine besondere polizeiliche Fahndungsmethode unter Nutzung der polizeilichen elektronischen Datenverarbeitungssysteme, bei der sich die Polizei von anderen öffentlichen oder nicht- öffentlichen Stellen Daten übermitteln lässt, um einen automatisierten Abgleich durch Rasterung bestimmter Merkmale vorzunehmen[1291]. Im Gegensatz zu den übrigen im *VE ME PolG* vorgesehenen besonderen Mitteln und Methoden der Datenerhebung sind als Adressat der Maßnahme in Anspruch zu nehmender Verhaltens- und Zustandsverantwortliche oder Notstandspflichtige bzw. potentieller Straftäter oder deren Kontakt- und Begleitpersonen noch nicht namentlich bekannt sondern sollen erst ermittelt werden[1292]. Ziel des Abgleichs ist die Ermittlung derjenigen Schnittmenge von Personen, auf die bestimmte, vorab festgelegte und für die weiteren Ermittlungen als bedeutsam angesehenen Merkmale zutreffen[1293]. Bei der positiven Rasterfahndung sollen alle Personen ermittelt werden, die bestimmte Merkmale aufwei-

---

1288 Kapitel 2 A. III. 2 (S. 183).
1289 BVerfG in NJW 2012, 1419 (1426/1427).
1290 *Anlage 2.3 Ziffer 11* (besondere Mittel und Methoden der Datenerhebung und -nutzung (verdeckte Datenerhebung oder -nutzung) / Rasterfahndung); BVerfGE 115, 320 (322).
1291 BVerfGE 115, 320 (321); Götz, POR, § 17 Rn. 77.
1292 Käß in BayVBl. 2010, 1 (3).
1293 BVerfGE 115, 320 (321).

sen[1294], bei der negativen Rasterfahndung scheiden sämtliche Personen aus, die bestimmte Merkmale nicht haben[1295].

Da hierbei zwangsläufig Daten zahlreicher nichtverdächtiger Personen erfasst werden[1296], ist diese Maßnahme mit einem erheblichen Eingriff in das Grundrecht auf informationelle Selbstbestimmung verbunden[1297], der bereits durch die an andere öffentliche oder nicht- öffentliche Stellen gerichtete Übermittlungsanordnung als einer Form der mittelbaren Datenerhebung erfolgt[1298]. Da die Übermittlung der Daten durch die übermittelnden Stellen mit einer Zweckänderung verbunden sein kann, müssen für die übermittelnden öffentlichen Stellen in deren Zuständigkeitsbereich an § 14 Abs. 2 Nr. 6 und 8 BDSG angelehnte, zur Übermittlung der Daten ermächtigende gesetzliche Öffnungsklauseln bestehen[1299]. Nicht- öffentliche Stellen verfügen zumindest aufgrund § 18 Abs. 2 Nr. 2b BDSG über entsprechende Übermittlungsbefugnisse[1300]. Die vorläufige Speicherung der an die Polizei so übermittelten Daten und deren Bereithalten zum Datenabgleich greifen dann ebenfalls in den Schutzbereich zumindest derjenigen Personen ein, deren Daten nach dem Abgleich Gegenstand weiterer Maßnahmen werden[1301]. Darüber hinaus können die übermittelten Daten miteinander verknüpft sowie nach spezifischen Parametern durchforstet werden und ermöglichen so besonders intensive Einblicke in die Persönlichkeit, möglicherweise gar die Erstellung eines vollständigen Persönlichkeitsprofils[1302]. Auch wenn die übermittelten Daten für sich genommen eine geringe Persönlichkeitsrelevanz haben, kommt den in der Rasterfahndung liegenden Eingriffen daher ein erhebliches Gewicht zu[1303].

1294 Kniesel/Vahle in Kommentierung VE ME PolG, Rn. 146; Petri in Lisken/Denninger, HbdPolR, 5. Auflage, G Rn. 530; Frenz in DVBl. 2009, 333 (335).
1295 Kniesel/Vahle in Kommentierung VE ME PolG, Rn. 147; Petri in Lisken/Denninger, HbdPolR, 5. Auflage, G Rn. 530; Frenz in DVBl. 2009, 333 (335).
1296 Frenz in DVBl. 2009, 333 (335).
1297 Knemeyer, POR, Rn. 204; Petri in Lisken/Denninger, HbdPolR, 5. Auflage, G Rn. 531; Frenz in DVBl. 2009, 333 (335).
1298 BVerfGE 115, 320 (343); Petri in Lisken/Denninger, HbdPolR, 5. Auflage, G Rn. 532.
1299 Kapitel 1 C. I. 2. d. dd. (1) (S. 92) / (3) (S. 92); D. (S. 117); a.A. BVerfGE 115, 320 (349).
1300 Petri in Lisken/Denninger, HbdPolR, 5. Auflage, G Rn. 548.
1301 BVerfGE 115, 320 (344); 100, 313 (366).
1302 BVerfGE 115, 320 (348, 350/351); 65, 1 (42); Frenz in DVBl. 2009, 333 (335).
1303 BVerfGE 115, 320 (347/348); Petri in Lisken/Denninger, HbdPolR, 5. Auflage, G Rn. 532.

Da bereits in den Beratungen zu § 10f Abs. 4 VE ME PolG ungeklärt blieb, ob die Anordnungskompetenz für die Rasterfahndung beim Behördenleiter mit Zustimmung des Innenministers bzw. -senators oder beim Richter auf Antrag des Behördenleiters liegen soll[1304], sind die heutigen Polizeigesetze entsprechend unterschiedlich ausgestaltet[1305]. War die Rasterfahndung nach den Polizeigesetzen der Länder ursprünglich in Anlehnung an § 10f Abs. 1 Satz 1 VE ME PolG nur zur Abwehr einer gegenwärtigen Gefahr für den Bestand oder die Sicherheit des Bundes oder eines Landes oder für Leib, Leben oder Freiheit einer Person zulässig[1306], so wurde sie später unter anderem in § 31 Abs. 1 PolG NRW i.d.F. vom 25.7.2003 auch im Vorfeld einer konkreten Gefahr zugelassen[1307].

Aufgrund einer hieran anknüpfenden Verfassungsbeschwerde entschied das BVerfG, dass Rasterfahndungen im Vorfeld einer konkreten Gefahr unzulässig sind[1308], weil die Wahrscheinlichkeitsschwelle aus dem Begriff der konkreten Gefahr nicht zur bloßen Möglichkeit des Schadenseintritts hin abgesenkt werden darf[1309]. Wie schon in § 10f Abs. 1 Satz 1 VE ME PolG vorgesehen, darf die Rasterfahndung daher nur zur Abwehr einer gegenwärtigen erheblichen Gefahr oder zur Abwehr einer konkreten erheblichen Gefahr[1310] in Gestalt einer Dauergefahr[1311] durchgeführt werden[1312]. Präventiv- polizeiliche Befugnisse, die eine Rasterfahndung bereits bei tatsächlichen Anhaltspunkten für die bevorstehende Begehung bestimmter Straftaten zulassen, dürften daher nicht verfassungskonform sein[1313].

h. Die Bestimmungen über den Datenschutz i.w.S. aus den §§ 10d, 10g und 10h VE ME PolG

Da die Bestimmungen über den Datenschutz i.w.S. mit denen des *BDSG 1990* sowie den diesem entsprechenden Datenschutzgesetze der Länder

---

1304 Kniesel/Vahle, VE ME PolG, S. 18.
1305 Petri in Lisken/Denninger, HbdPolR, 5. Auflage, G Rn. 536 bis 539.
1306 BVerfGE 115, 320 (325/326).
1307 BVerfGE 115, 320 (323, 327); GVBl. NRW 2003 S. 441 bis 456.
1308 Götz, POR, § 17 Rn. 62, 77.
1309 BVerfGE 115, 320 (368/369).
1310 Petri in Lisken/Denninger, HbdPolR, 5. Auflage, G Rn. 563.
1311 BVerfGE 115, 320 (364).
1312 Frenz in DVBl. 2009, 333 (335).
1313 Petri in Lisken/Denninger, HbdPolR, 5. Auflage, G Rn. 563.

übereinstimmen, wird insoweit auf die Ausführungen in Kapitel 1 verwiesen. So findet zum Beispiel der an § 14 BDSG 1977 orientierte, die Berichtigung, Sperrung und Löschung von Daten regelnde § 10g VE ME PolG sein Pendant im heutigen § 20 BDSG[1314]. Bei den Beratungen zu § 10g Abs. 2 Satz 1 Nr. 2 VE ME PolG und damit auch zu § 10h Abs. 1 Nr. 8 VE ME PolG blieb ungeklärt, wie die Prüffristen mit Blick auf die Erforderlichkeit der Berichtigung, Löschung und Sperrung von Daten bestimmt werden sollen[1315]. Dies ist mittlerweile insofern geklärt, als sich die Festlegung der Prüffristen nach dem Speicherungszweck sowie nach Art und Bedeutung des Anlasses der Speicherung bemisst[1316].

Die Regelung über die Einrichtung automatisierter Abrufverfahren aus § 10d VE ME PolG entspricht derjenigen des § 10 Abs. 1 BDSG 1990[1317], während der in § 10h VE ME PolG geforderte Erlass von Errichtungsanordnungen für automatisierte Dateien dem in § 10 Abs. 2 BDSG 1990 geregelten Verfahrensverzeichnis für automatisierte Abrufverfahren bzw. dem speziell auf die Bundesverwaltung bezogenen § 18 Abs. 2 BDSG 1990 entspricht[1318]. Errichtungsanordnungen bedarf es danach für jede automatisiert abrufbare polizeiliche Datei. Die Rechtsauffassung, wonach sich die Gesetzgeber hinsichtlich der Art der in Dateien zu verarbeitenden Daten auf normative Grundentscheidungen beschränken und deren Ausführung mittels Errichtungsanordnungen der Exekutive überlassen durften[1319], trifft heute nicht mehr zu. Eine engere Begrenzung des Speicherungszwecks als in dem zur Erhebung der Daten ermächtigenden Gesetz ist insofern durch Errichtungsanordnungen möglich, als sich die öffentliche Stelle nach Treu und Glauben selbst bindet[1320]. Sinn und Zweck eines Verfahrensverzeichnisses bzw. einer Errichtungsanordnung ist gem. § 10 Abs. 2 Satz 1 BDSG die Gewährleistung der Kontrollierbarkeit eines automatisierten Abrufverfahrens[1321]. Sofern Daten in automatisiert abrufbaren Dateien gespeichert werden, muss der Zweck der Speicherung neben dem Zweck der zur Speicherung ermächtigenden Befugnisnorm daher mit demjenigen Zweck überein-

---

1314 Kapitel 1 C. I. 2. d. aa. (S. 80).
1315 Kniesel/Vahle, VE ME PolG, S. 20.
1316 Kapitel 3 B. III. (S. 422); BayVerfGH in NVwZ 1996, 166 (168); Baumanns in Die Polizei 2008, 79 (87).
1317 Kapitel 1 C. I. 2. c. cc. (S. 76).
1318 Kapitel 1 C. I. 2. c. cc. (1) (S. 77).
1319 BayVerfGH in NVwZ 1996, 166 (168).
1320 Dammann in Simitis, BDSG, § 14 Rn. 39.
1321 Gusy in ZJS 2012, 155 (161).

stimmen, der in der Errichtungsanordnung zu dieser Datei angegeben ist[1322].

8. Zusammenfassung

Der *VE ME PolG* trug dazu bei, dass die nach dem Volkszählungsurteil zu überarbeitenden Polizeigesetze zumindest insofern über einheitliche bereichsspezifisch und präzise geregelte Befugnisse zu Eingriffen in das Grundrecht auf informationelle Selbstbestimmung verfügten, als dass die Länder die den §§ 8a bis 8d, 10e, 10f VE ME PolG entsprechenden materiellen Voraussetzungen in die Polizeigesetze übernahmen. Keine einheitliche Regelung gelang in einigen Punkten hinsichtlich der in § 8c VE ME PolG vorgesehenen Befugnisse zur verdeckten Datenerhebung. Solange Unterschiede in den Ordnungs- und Formvorschriften aber keine verfassungsimmanenten Schranken tangieren, obliegen diese der Gestaltungsfreiheit des zuständigen Gesetzgebers. Unterschiede in den materiellen Tatbestandsvoraussetzungen können demgegenüber der Erreichung des mit dem *VE ME PolG* verfolgten Ziels bundeseinheitlich geregelter polizeigesetzlicher informationeller Eingriffsbefugnisse entgegenstehen. Dies gilt insbesondere hinsichtlich des bei jedem Polizeigesetzgeber unterschiedlich verstandenen Begriffs der Straftaten von erheblicher Bedeutung, die durch den Einsatz besonderer Mittel und Methoden der Datenerhebung vorbeugend bekämpft werden sollen.

Die in den §§ 10a bis 10c VE ME PolG vorgesehenen polizeigesetzlichen Befugnisse zur präventiv- polizeilichen Speicherung, Nutzung und Übermittlung von personenbezogenen Daten wurden in den zeitlich nach dem Volkszählungsurteil erlassenen Polizeigesetzen weitestgehend einheitlich geregelt. Diese entsprachen ebenso wie die Bestimmungen über den Datenschutz i.w.S. aus den §§ 10d, 10g, 10h VE ME PolG im Großen und Ganzen den Bestimmungen des *BDSG 1990*. Dass zwischen den einzelnen Polizeigesetzgebern hinsichtlich der in §§ 10a bis 10c VE ME PolG enthaltenen präventiv- polizeilichen Befugnisse zur Datenspeicherung und -übermittlung weitestgehend Übereinstimmung erzielt werden konnte, bedeutet aber nicht, dass mit der schlichten Übernahme allgemein gehaltener, nicht be-

---

1322 Petri in Lisken/Denninger, HbPolR, 5. Auflage, H Rn. 353; Söllner in Pewestorf/ Söllner/Tölle, ASOG, Teil 1, § 42 Rn. 21.

reichsspezifischer datenschutzrechtlicher Bestimmungen in die Polizeigesetze der Forderung nach bereichsspezifisch und präzise geregelten Verarbeitungs- und Nutzungsbefugnissen nachgekommen wurde.

Den Gedanken der §§ 14 Abs. 2; 15 Abs. 1, Abs. 3 BDSG 1990 entspricht weiterhin die Regel über die hypothetischen Ersatzvornahme aus § 10a Abs. 2 Satz 2 VE ME PolG, soweit sich diese nicht auf die Befugnis zur Verwendung von personenbezogenen Daten aus Strafverfahren zur vorbeugenden Bekämpfung von Straftaten aus § 10a Abs. 2 Satz 1, Abs. 3 und 4 VE ME PolG bezieht. Da es bis zum Inkrafttreten des *StVÄG 1999* an strafprozessualen Öffnungsklauseln fehlte, war eine Fiktion der doppelfunktionalen Datenerhebung zur vorbeugenden Bekämpfung von Straftaten erforderlich, um das Führen von Kriminalakten i.S.d. § 10a Abs. 2 Satz 1 VE ME PolG, Kriminalaktennachweissystemen i.S.d. § 10a Abs. 3 VE ME PolG sowie den Betrieb von durch das BKA betriebenen PIOS- Dateien zu rechtfertigen. Da lediglich die zweckändernde Nutzung nicht aber die zweckändernde Verarbeitung von personenbezogenen Daten in Akten oder Dateien den hinter den §§ 14 Abs. 2; 15 Abs. 1, Abs. 3 BDSG 1990 stehenden Gedanken entsprachen, erreichte die Regel der hypothetischen Ersatzvornahme aus §§ 10a Abs. 2 Satz 2; 10c Abs. 1 Satz 2 VE ME PolG an Präzision noch nicht einmal den Grad dieser nicht- bereichsspezifisch geregelten Befugnisse.

IV. Die Entwicklung weiterer informationeller präventiv- polizeilicher Eingriffsbefugnisse

Nach den vorausgehend herausgearbeiteten, auf das Volkszählungsurteil zurückzuführenden bundes- und landesgesetzgeberischen Aktivitäten in Bezug auf polizeigesetzliche Regelungen zur Datenerhebung, -verarbeitung und -nutzung, die bis Mitte der 1990er Jahre andauerten, waren präventivpolizeiliche Befugnisse zur verdeckten Datenerhebung dem Einfluss der Rechtsfortbildung durch die diesbezügliche Rechtsprechung des BVerfG ebenso unterworfen[1323] wie sonstige Änderungen im Verfassungs- und Bundesrecht. Zu erwähnen sind abgesehen vom *StVÄG 1999* und der Föderalismusreform 2006 vor allem das *Gesetz zur Änderung des Art. 13 GG* vom 26.3.1998 sowie das *Gesetz zur Neuregelung der TKÜ und anderer ver-*

1323 Möstl in DVBl. 2010, 808 (809/810).

deckter Ermittlungsmaßnahmen sowie zur Umsetzung der Richtlinie 2006/24/EG vom 21.12.2007[1324]. Wie die nachfolgenden Kapitel der Arbeit ergeben werden, wurde die Regel über die hypothetische Ersatzvornahme aus den Polizeigesetzen durch das Inkrafttreten des *StVÄG 1999* entbehrlich[1325].

Präventiv- polizeiliche Befugnisse zur verdeckten Datenerhebung durch Überwachung der Telekommunikation entstanden – mit Ausnahme des § 33 NGefAG i.d.F. vom 19.4.1994, der unter der Voraussetzung des Vorliegens einer Einwilligung des Anschlussinhabers[1326] zur Aufzeichnung darüber ermächtigte, zu welcher Zeit zwischen welchen Anschlüssen Fernmeldeverkehr stattgefunden hat – erst nach den Terroranschlägen vom 11.9.2001 auf US- amerikanische Einrichtungen und Institutionen[1327]. Seither wurden in vielen Polizeigesetzen Befugnisse zur verdeckten Datenerhebung durch Erhebung von Daten im Zusammenhang mit der Telekommunikation[1328] oder

---

1324 BGBl. I 2007 S. 3198 bis 3211; BT-Drucksache 16/5846.
1325 Kapitel 4 B. I. 2. (S. 534) / C. I. (S. 573).
1326 A.A. Ebert/Seel, ThürPAG, § 34a Rn. 1.
1327 Volkmann in NVwZ 2009, 216 (216, 218); Lepsius in Jura 2006, 929 (930); Huber in ThürVBl. 2005, 1 (1).
1328 *Gesetz zur Änderung des PolG BW* vom 18.11.2008 (GVBl. BW 2008 S. 390 bis 401); *Gesetz zur Änderung des Polizeiaufgabengesetzes und des parlamentarischen Kontrollgremiumgesetzes* vom 24.12.2005 (Bay. GVBl. 2005 S. 641 bis 647) / *Gesetz zur Änderung des Polizeiaufgabengesetzes, des Bayerischen Verfassungsschutzgesetzes und des Bayerischen Datenschutzgesetzes* vom 27.7.2009 (Bay. GVBl. 2009 S. 380 bis 383); *Bekanntmachung der Neufassung des ASOG Berlin* vom 11.10.2006 (GVBl. Bln. 2006 S. 930 bis 956); *Vierte Gesetz zur Änderung des Brandenburgischen Polizeigesetzes* vom 18.12.2006 (Bbg. GVBl. 2006 S. 188 bis 194), i.d.F. des *Fünften Gesetz zur Änderung des Brandenburgischen Polizeigesetzes* vom 11.5.2007 (Bbg. GVBl. 2007 S. 97 (bis 97)) und des *Sechsten Gesetzes zur Änderung des Brandenburgischen Polizeigesetzes* vom 18.12.2008 (Bbg. GVBl. 2008 S. 355 (bis 355); *Gesetz zur Erhöhung der öffentlichen Sicherheit in Hamburg* vom 16.6.2005 (Hmb. GVBl. 2005 S. 233 bis 239); *Achte Gesetz zur Änderung des HSOG* vom 15.12.2004 (Hess. GVBl. I 2004 S. 444 bis 449) i.d.F. vom 14.1.2005 (HessGVBl. 2004 I S. 444 bis 449); *Vierte Gesetz zur Änderung des SOG MV* vom 10.7.2006 (GVBl. MV 2006 S. 551 bis 559); *Gesetz zur Änderung des NGefAG* vom 11.12.2003 (Nds. GVBl. 2003 S. 414 bis 418) und *Gesetz zur Änderung des NdsSOG* vom 25.11.2007 (Nds. GVBl. 2007 S. 654 bis 660); *Landesgesetz zur Änderung des Polizei- und Ordnungsbehördengesetzes* vom 2.3.2004 (GVBl. RP 2004 S. 202 bis 214); *Gesetz Nr. 1627 zur Erhöhung der öffentlichen Sicherheit im Saarland* vom 21.11.2007 (ABl. 2007 S. 2032 bis 2037); *Gesetz zur Anpassung gefahrenabwehrrechtlicher und verwaltungsverfahrensrechtlicher Bestimmungen* vom 13.4.2007 (GVBl. SH

mittels Online- Durchsuchung, die zuvor allenfalls den Strafverfolgungsbehörden und den Geheimdiensten vorbehalten waren, erlassen, um die Organisierte Kriminalität und den Terrorismus zu bekämpfen[1329]. Diese werden gemeinhin als polizeiliche Informationseingriffe bezeichnet, für die kennzeichnend ist, dass sie nicht notwendig an die Schwelle der konkreten Gefahr gebunden sind[1330]. Der Regelungsinhalt dieser Befugnisse ist vor dem Hintergrund der diesbezüglichen Rechtsprechung des BVerfG sowie dessen Entscheidung zur Rasterfahndung[1331] Gegenstand des nachfolgenden Abschnitts dieses Kapitels. Nachfolgend wird – soweit nicht anderes hervorgehoben – von folgenden Fassungen der Polizeigesetze der Länder (Stand: 31.12.2013) ausgegangen:

Bundesland	Stand des Polizeigesetzes
Baden-Württemberg	Polizeigesetz vom 13.1.1992[1332] i.d.F. des **Gesetzes zur Umsetzung der Polizeistrukturreform** vom 23.7.2013[1333]
Bayern	**BayPAG** vom 14.9.1990 i.d.F. vom 24.6.2013[1334]
Berlin	**Bekanntmachung der Neufassung des ASOG Berlin** vom 11.10.2006[1335] i.d.F. vom 14.11.2013[1336]
Brandenburg	**BbgPolG** vom 19.3.1996 i.d.F. des **Neunten Gesetzes zur Änderung des Brandenburgischen Polizeigesetzes** vom 21.6.2012[1337]
Bremen	**Bekanntmachung der Neufassung des Bremischen Polizeigesetzes** vom 16.12.2001[1338] i.d.F. vom 28.2.2006[1339], i.d.F. vom 18.5.2012[1340]

2007 S. 234 bis 244); *Thüringer Gesetz zur Änderung des Polizei- und Sicherheitsrechts* vom 20.6.2002 (Thür. GVBl. 2002 S. 247 bis 257) i.d.F. des *Thüringer Gesetzes zur Änderung sicherheits- und verfahrensrechtlicher Vorschriften* vom 16.7.2008 (Thür. GVBl. 2007 S. 245 bis 258).

1329 Möstl in DVBl. 2010, 808 (808).
1330 Möstl in DVBl. 2010, 808 (810).
1331 BVerfGE 115, 320 ff.
1332 GBl. BW 1992 S. 1 bis 20; berichtigt S. 596; Wolf/Stephan/Deger, PolG BW, Einführung Rn. 34.
1333 GBl. BW 2013 S. 233 ff.
1334 Bay. GVBl. 2011 S. 370 ff.
1335 GVBl. Bln. 2006 S. 930 bis 956.
1336 GVBl. Bln. 2013 S. 584 (bis 584).
1337 GVBl. Bbg. 2012 I Nr. 25.
1338 Brem. GBl. 2001 S. 441 bis 464.
1339 Brem. GBl. 2006 S. 99 bis 101.
1340 Brem. GBl. 2012 S. 159 bis 161.

A. Die Gesetzgebungs- und Verwaltungskompetenzen für das Polizeirecht

Bundesland	Stand des Polizeigesetzes
Hamburg	**Gesetz zum Schutz der öffentlichen Sicherheit und Ordnung** vom 14.3.1966 und **Gesetz über die Datenverarbeitung in der Polizei** vom 2.5.1991 jeweils i.d.F. des **Gesetzes zur Änderung polizeirechtlicher Vorschriften** vom 30.5.2012[1341]
Hessen	**Neufassung des Hessischen Gesetzes über die öffentliche Sicherheit und Ordnung (HSOG)** vom 14.1.2005[1342], überarbeitet durch das **Gesetz zur Änderung des HSOG und anderer Gesetze** vom 14.12.2009[1343] und das **Gesetz zur Änderung des Hessischen Gesetzes über die öffentliche Sicherheit und Ordnung und des Gesetzes über das Landesamt für Verfassungsschutz** vom 27.6.2013[1344]
Mecklenburg-Vorpommern	**Gesetz über die öffentliche Sicherheit und Ordnung des Landes Mecklenburg-Vorpommern (SOG MV)** vom 25.3.1998 i.d.F. vom 2.7.2011[1345]
Niedersachsen	**Neubekanntmachung des Niedersächsischen Gesetzes über die öffentliche Sicherheit und Ordnung (NdsSOG)** vom 19.1.2005[1346], überarbeitet durch das **Gesetz zur Änderung des Niedersächsischen Gesetzes über die öffentliche Sicherheit und Ordnung und des Niedersächsischen Verfassungsschutzgesetzes** vom 19.6.2013[1347]
Nordrhein-Westfalen	**Bekanntmachung der Neufassung des Polizeigesetzes des Landes Nordrhein-Westfalen** vom 25.7.2003[1348] i.d.F. des **Gesetzes zur Änderung des Polizeigesetzes des Landes Nordrhein-Westfalen und des Polizeiorganisationsgesetzes** vom 21.6.2013[1349]
Rheinland-Pfalz	**Polizei- und Ordnungsbehördengesetz (POG)** vom 10.11.1993 i.d.F. des **Siebten Landesgesetzes zur Änderung des Polizei- und Ordnungsbehördengesetzes** vom 15.2.2011[1350] und des **Landesgesetzes zur Änderung des Landesinformationsgesetzes und datenschutzrechtlicher Vorschriften** vom 20.12.2011[1351]
Saarland	**Bekanntmachung der Neufassung des Saarländische Polizeigesetz (SPolG)** vom 26.3.2001[1352] i.d.F. vom 26.10.2010[1353]

1341 Hmb. GVBl. 2012 S. 204 bis 212.
1342 Hess. GVBl. 2005 I S. 14 bis 49.
1343 Hess. GVBl. 2009 I S. 635 bis 641.
1344 Hess. GVBl. 2012 S. 444 bis 445.
1345 GVBl. MV 2013 S. 434 bis 435.
1346 Nds. GVBl. 2005 S. 9 bis 36.
1347 Nds. GVBl. 2013 S. 158 bis 159.
1348 GVBl. NRW 2003 S. 441 bis 456.
1349 GVBl. NRW 2013 S. 375 bis 377.
1350 GVBl. RP 2011 S. 26 bis 32.
1351 GVBl. RP 2011 S. 427 bis 429.
1352 ABl. d. Saarlandes 2001 S. 1074 bis 1095.
1353 ABl. d. Saarlandes 2010 S. 1406 bis 1409.

Bundesland	Stand des Polizeigesetzes
Sachsen	Polizeigesetz des Freistaates Sachsen vom 13.8.1999 i.d.F. vom 4.10.2011[1354]
Sachsen-Anhalt	Bekanntmachung der Neufassung des Gesetzes über die öffentliche Sicherheit und Ordnung des Landes Sachsen- Anhalt vom 23.9.2003[1355] i.d.F. des **Vierten Gesetzes zur Änderung des Gesetzes über die öffentliche Sicherheit und Ordnung des Landes Sachsen-Anhalt** vom 26.3.2013[1356]
Schleswig-Holstein	Bekanntmachung der Neufassung des Landesverwaltungsgesetzes (§§ **162 bis 261 LVwG**) vom 2.6.1992, zuletzt geändert durch **Gesetz zur Änderung des Landesverwaltungsgesetzes und des Landesverfassungsschutzgesetzes – Anpassung des manuellen Abrufs der Bestandsdaten nach dem Telekommunikationsgesetz an die verfassungsrechtlichen Vorgaben** vom 21.6.2013[1357]
Thüringen	**Thüringer Gesetz zur Änderung des Polizei- und Sicherheitsrechts** vom 20.6.2002 i.d.F. des **Thüringer Gesetzes zur Änderung des Polizeiaufgabengesetzes und des Ordnungsbehördengesetzes** vom 19.9.2013[1358]

Zum besseren Verständnis der bestehenden, teils unterschiedlichen polizeigesetzlichen Befugnisse zur zweckändernden Verwendung personenbezogener Daten ist ihre Entstehungsgeschichte von Bedeutung. Daher werden im Folgenden die seit Beginn des 21sten Jahrhunderts neu erlassenen polizeigesetzlichen Befugnisse zur Datenerhebung betrachtet. Auf die seither ebenfalls neu erlassenen polizeigesetzlichen Befugnisse zum Erlass von Meldeauflagen[1359] sowie zum automatisierten Kennzeichenabgleich wird in Kapitel 5 eingegangen, da diese meist an die vorausgegangene Speicherung personenbezogener Daten in polizeilichen Dateien anknüpfen.

1. Präventiv- polizeiliche Befugnisse zur Datenerhebung an der Nahtstelle zur Strafverfolgung

Die offene wie auch die verdeckte Videoüberwachung und -aufzeichnung von Personen durch öffentliche Stellen geht mit Eingriffen in das APR in dessen Ausprägung als Recht am eigenen Bild und das Grundrecht auf in-

---

1354 Sächs. GVBl. 2011 S. 370 bis 376.
1355 GVBl. LSA 2003 S. 214 bis 241.
1356 GVBl. LSA 2013 S. 145 bis 155.
1357 GVOBl. SH 2013 S. 254 bis 256.
1358 Thür. GVBl. 2013 S. 530 bis 538.
1359 Kapitel 5 A. II. 1. f. (S. 740).

formationelle Selbstbestimmung einher[1360]. Durch Tonaufzeichnungen wird dementsprechend in das Grundrecht auf informationelle Selbstbestimmung in seiner speziellen Ausprägung als das Recht am eigenen Wort eingegriffen.

a. Dem § 6b BDSG 2001 entsprechende präventiv- polizeiliche Befugnisse zur Verhütung von Straftaten durch Videoüberwachung

Seit Beginn des 21sten Jahrhunderts enthalten viele der Polizeigesetze der Länder zusätzlich zu den § 8b VE ME PolG entsprechenden Befugnissen zur offenen Videoüberwachung bei Versammlungen oder Ansammlungen Befugnisse zur Videoüberwachung und -aufzeichnung an kriminogenen Orten oder gefährdeten Objekten[1361]. § 24b ASOG Berlin enthält seit dem Gesetz zur Änderung des Allgemeinen Sicherheits- und Ordnungsgesetzes und des Berliner Datenschutzgesetzes vom 30.11.2007[1362] ferner eine Befugnis zur Videoüberwachung und -aufzeichnung in öffentlichen Verkehrseinrichtungen, die in anderen Bundesländern unter den Schutz gefährdeter Objekte fällt oder der Videoüberwachung und -aufzeichnung durch nicht- öffentliche Stellen zugeordnet wird[1363]. Kennzeichnend für die Videoüberwachung öffentlich zugänglicher Räume ist, dass diese jedermann nur deshalb treffen kann, weil sich der Betroffene an dem überwachten Ort aufhält. Diesem steht es aufgrund der Möglichkeit zur Kenntnisnahme von der offen durchgeführten Überwachungsmaßnahme frei zu entscheiden, welche Daten er durch sein Verhalten preisgibt und wie später damit verfahren wird.

Legitimer Zweck einer auf eine polizeigesetzliche Ermächtigungsgrundlage gestützte Videoüberwachung und -aufzeichnung kann nur die Abwehr einer Gefahr sein. Inwieweit bestehende Befugnisnormen tatsächlich unter die Gesetzgebungskompetenz der Polizeigesetzgeber fallen, wird an späterer Stelle geprüft[1364]. Anknüpfungspunkt der Befugnisse zur offenen Videoüberwachung ist die Prognose, dass an oder in dem zu überwachenden öf-

---

1360 Söllner in Pewestorf/Söllner/Tölle, ASOG Berlin, Teil 1, § 46a Rn. 1; Kugelmann/ Rüden in ThürVBl. 2009, 169 (171).
1361 *Anlage 2.2.1 Ziffer 8a* (informationelle Standardmaßnahmen / (offene und / oder unmittelbare Datenerhebung) / Bildaufzeichnungen an kriminogenen Orten); Fischer in VBl. BW 2002, 89 (90).
1362 GVBl. Berlin 2007 S. 598 bis 600.
1363 Hilpert in RDV 2009, 160 (161).
1364 Kapitel 2 A. IV. 1. c. (S. 273).

fentlich zugänglichen Ort oder Objekt Straftaten begangen werden[1365]. Soll ein Objekt videoüberwacht werden, muss sich die auf Tatsachen begründete Straftatenprognose auf Straftaten zum Nachteil von Personen oder Sachen im räumlichen Umfeld des betroffenen Objekts oder zum Nachteil des Objekts selbst beziehen. Soll ein öffentlich zugänglicher Ort unter Aufzeichnung der erhobenen Bilddaten videoüberwacht werden, muss sich die Straftatenprognose aus einer ortsbezogenen besonders hohen Kriminalitätsbelastung ergeben[1366]. Teilweise werden unter diesen Voraussetzungen auch Tonaufzeichnungen zugelassen[1367].

Dem Rechtsgedanken des für die Überwachung öffentlicher Räume durch öffentliche und nicht- öffentliche Stellen geltenden § 6b BDSG folgend muss bei der präventiv- polizeilichen Videoüberwachung bzw. -aufzeichnung erkennbar sein, dass es sich um eine polizeiliche Überwachungsmaßnahme handelt[1368]. In der Regel wird dies durch Hinweisschilder gewährleistet[1369]. Bei der polizeilichen Videoaufzeichnung erhobene und gespeicherte Bilddaten sind je nach anzuwendendem Polizeigesetz entweder unverzüglich oder innerhalb einer Frist zwischen 48 Stunden und bis zu 2 Monaten[1370] zu löschen, sofern sie nicht im Einzelfall zur Verfolgung von Straftaten (oder Ordnungswidrigkeiten) mit erheblicher Bedeutung benötigt werden[1371]. Hierdurch wird der durch die Videoüberwachung und -aufzeichnung erfolgende Eingriff in das Grundrecht auf informationelle Selbstbestimmung begrenzt. Insbesondere wenn das Bildmaterial zur Vorbereitung von belastenden Maßnahmen gegen Personen dienen soll, die in dem von der Überwachung erfassten Bereich bestimmte unerwünschte Verhaltensweisen zeigen, wird die Allgemeine Handlungsfreiheit in besonderem Maße berührt[1372]. Innerhalb der Polizeigesetze der Länder insoweit am präzisesten gewählt ist die Formulierung des § 16 Abs. 4 Satz 1 SOG LSA, nach der so hergestellte Videoaufzeichnungen nach Ablauf eines Zeitraumes, der

---

1365 VGH BW in NVwZ 2004, 498 (504); Fischer in VBl. BW 2002, 89 (90).
1366 BVerwGE 141, 333 (335- Rn. 30); VGH BW in NVwZ 2004, 498 (501).
1367 § 27 Abs. 3 und 4 POG RP; § 38 Abs. 2 Satz 1 SächsPolG.
1368 VGH BW in NVwZ 2004, 498 (501); Petri in Lisken/Denninger, HbdPolR, 5. Auflage, G Rn. 201; Hasse in ThürVBl. 2000, 197 (201).
1369 VGH BW in NVwZ 2004, 498 (505); Vahle in NVwZ 2001, 165 (166).
1370 *Anlage 2.2.1 Ziffer 8a.1* (Informationelle Standardmaßnahmen (offene oder unmittelbare Datenerhebung) / Bildaufzeichnungen / – an kriminogenen Orten / Löschfristen).
1371 VGH BW in NVwZ 2004, 498 (501, 503).
1372 BVerwGE 141, 329 (333).

für die Feststellung ausreicht, ob die Aufzeichnungen noch für andere in Satz 3 genannte Zwecke benötigt werden, durch Überspielen selbstständig zu löschen sind, nach Satz 2 die Löschung jedoch spätestens innerhalb der Monatsfrist zu erfolgen hat. Hinsichtlich der in § 16 Abs. 4 Satz 3 SOG LSA enthaltenen Beschränkung der Verwendungszwecke stellt sich allerdings die Frage nach deren Rechtmäßigkeit. Dieser lässt als Ausnahme von der Löschungspflicht[1373] im Gegensatz zu den übrigen Polizeigesetzen nicht die zweckändernde Verwendung der durch Videoaufzeichnungen erhobenen Daten zur Verfolgung von Straftaten (und Ordnungswidrigkeiten) zu sondern beschränkt die zweckändernde Verwendung der aufgezeichneten Daten auf die vorbeugenden Bekämpfung von *Straftaten von erheblicher Bedeutung*. Ausführungen, inwieweit eine solche polizeigesetzliche Beschränkung der zweckändernden Nutzung aufgezeichneter Daten rechtlich zulässig ist, folgen in Kapitel 4[1374].

b. Sonstige präventiv- polizeiliche Befugnisse zur offenen Bild- bzw. Tonaufzeichnungen an der Nahtstelle zur Strafverfolgung

Einige Polizeigesetze lassen abgesehen von der bereits in § 8b Abs. 1 VE ME PolG enthaltenen Befugnis zur Anfertigung von Bild- und Tonaufnahmen bei öffentlichen Veranstaltungen oder Ansammlungen und den dem § 6b BDSG entsprechenden präventiv-polizeilichen Befugnissen zur Videoüberwachung weitere Maßnahmen zum Zwecke der Gefahrenabwehr oder an der Nahtstelle zur Strafverfolgung zur vorbeugenden Bekämpfung von Straftaten oder Ordnungswidrigkeiten zu.

aa. Das Aufzeichnen von Notrufen

Eine weitere präventiv- polizeiliche Befugnis an der Nahtstelle zur Strafverfolgung ist die zum Aufzeichnen von Notrufen[1375]. Durch das Aufzeichnen von Notrufen wird in das Grundrecht auf informationelle Selbstbestim-

---

1373 § 184 Abs. 4 Satz 3 LVwG SH.
1374 Kapitel 4 B. I. (S. 526) / B. II. (S. 548).
1375 *Anlage 2.2.1 Ziffer 9* (Informationelle Standardmaßnahmen / (offene und / oder unmittelbare Datenerhebung) / Notrufaufzeichnung).

Kapitel 2: Die Entwicklung des polizeigesetzlichen Datenschutzrechts

mung[1376] in dessen spezieller Ausprägung als Recht am eigenen Wort[1377] eingegriffen. Ein Eingriff in das Grundrecht auf Schutz des Fernmeldegeheimnisses findet nicht statt[1378].

In den Polizeigesetzen von *Berlin, Brandenburg, Bremen, Hamburg, Mecklenburg- Vorpommern, Niedersachsen, Nordrhein- Westfalen, Rheinland- Pfalz* und *Sachsen- Anhalt* finden sich hierzu ermächtigende Befugnisnormen in den Abschnitten über die polizeiliche Datenverarbeitung[1379] oder innerhalb der Befugnisnormen zur polizeilichen Datenerhebung[1380]. Da die bloße akustische Entgegennahme der Informationen des über die Notrufeinrichtung Sprechenden auf dessen Initiative und somit mit dessen Einverständnis erfolgt, bedarf lediglich die Aufzeichnung des Notrufs durch die Polizei, nicht aber die Erhebung der Daten durch den einen Notruf entgegennehmenden Polizeibediensteten einer dem Vorbehalt des Gesetzes aus Art. 20 Abs. 3 GG entsprechenden Ermächtigungsgrundlage. Dem Grundsatzes der offenen Datenerhebung folgend soll gem. § 30 Abs. 1 Satz 2 2. Hs. PolG RP auf die stattfindende Aufzeichnung des Anrufs hingewiesen werden. Zu dem sich unmittelbar aus der polizeilichen Befugnis ergebenen[1381] oder hineinlesbaren[1382] Zweck der Dokumentation dürfen die bei aufgezeichneten Daten unter Beachtung des Zweckbindungsgebots durch wiederholtes Abhören ausgewertet und genutzt werden. Der Inhalt eines an die Polizei gerichteten Notrufs soll vollständig und richtig erfasst werden[1383]. Dem können sprachliche oder körperliche, einschließlich durch Alkohol oder die Gesundheit bedingte Probleme des Anrufenden sowie die

---

1376 Söllner in Pewestorf/Söllner/Tölle, ASOG Berlin, Teil 1, § 46a Rn. 1.
1377 BVerfGE 121, 115 (125); 34, 238 (246); Jarass in Jarass/Pieroth, GG, Art. 2 Rn. 44.
1378 Petri in Lisken/Denninger, HbdPolR, 5. Auflage, G Rn. 189.
1379 *Anlage 2.2.1 Ziffer 9b* (Informationelle Standardmaßnahmen / (offene und / oder unmittelbare Datenerhebung) / Notrufaufzeichnung / als Datenverarbeitung).
1380 *Anlage 2.2.1 Ziffer 9a* (Informationelle Standardmaßnahmen / (offene und / oder unmittelbare Datenerhebung) / Notrufaufzeichnung / als Datenerhebung).
1381 § 30 Abs. 2 BKAG; § 29 Abs. 5 Satz 1 BPolG; § 37 Abs. 4 PolG BW; § 38 Abs. 1 BayPAG; § 16 Abs. 1 PolDVG HH; § 20 Abs. 8 Satz 1 HSOG; § 31 Satz 1 SPolG; § 43 Abs. 1 Satz 1 SächsPolG; § 190 Satz 1 LVwG SH; § 40 Abs. 1 ThürPAG.
1382 § 46a Satz 1 ASOG Berlin; § 39 Abs. 5 Satz 1 BbgPolG; § 36a Abs. 4 Satz 1 BremPolG; § 27 Abs. 4 Satz 1 SOG MV; § 38 Abs. 3 Satz 1 1. Alt. Nds. SOG; § 24 Abs. 5 Satz 1 PolG NRW; § 30 Abs. 1 Satz 1 POG RP; § 23a Satz 1 SOG LSA.
1383 Petri in Lisken/Denninger, HbdPolR, 5. Auflage, G 188; Tegtmeyer/Vahle, PolG NRW, § 24 Rn. 27a.

Stresssituation oder unzureichende Telekommunikationsverbindungen[1384] mit der Folge abträglich sein, dass während des Notrufs nicht alle mitgeteilten Informationen so ausgewertet werden können, dass allein auf Grundlage der während des Telefonats entgegengenommenen Informationen nicht sämtliche einzuleitenden polizeilichen Maßnahmen getroffen werden können[1385]. Dem Grundsatz der Verhältnismäßigkeit wird dadurch Rechnung getragen, dass der Polizeibeamte, der den Anruf entgegennimmt, die Aufzeichnung unterbindet, falls sich ergibt, dass es sich bei einem Anruf nicht um einen Notruf handelt[1386]. Neben diesem primären Zweck eines Notrufs bietet dessen Aufzeichnen den Vorteil, dass Notrufmissbräuche i.S.d. § 145 StGB zumindest aufgrund des Hinweises auf die stattfindende Aufzeichnung unterbunden[1387], oder vor solchen abgeschreckt[1388] sowie ein stattgefundener Notrufmissbrauch in dem deshalb eingeleiteten Strafverfahren nachgewiesen werden können. Werden über Notruf Umstände über begangene Straftaten mitgeteilt, die nicht mit dem Notruf in Zusammenhang stehen, können die aufgezeichneten Mittelungen unter Umständen in ein späteres Strafverfahren eingeführt werden, da die aufgezeichneten Notrufe von der regelmäßig einen Monat betragenden Löschungspflicht[1389] ausgenommen sind, falls sie zur Verfolgung von Straftaten oder Ordnungswidrigkeiten benötigt werden[1390].

Da die Polizeigesetze von *Baden- Württemberg, Bayern, Hessen, dem Saarland, Sachsen, Schleswig- Holstein* und *Thüringen* keine speziellen Befugnisse zum Aufzeichnen von Notrufen enthalten, verbleibt als Befugnis zum Aufzeichnen von Notrufen nur die Befugnis zur Datenverarbeitung und

---

1384 Söllner in Pewestorf/Söllner/Tölle, ASOG Berlin, Teil 1, § 46a Rn. 1.
1385 Tegtmeyer/Vahle, PolG NRW, § 24 Rn. 27a.
1386 Tegtmeyer/Vahle, PolG NRW, § 24 Rn. 27a.
1387 § 30 Abs. 1 Satz 2 2. Hs. POG RP.
1388 Söllner in Pewestorf/Söllner/Tölle, ASOG Berlin, Teil 1, § 46a Rn. 1.
1389 Berlin: 3 Monate; Mecklenburg-Vorpommern: 6 Monate; Rheinland-Pfalz: 2 Monate.
1390 § 46a Satz 3 SOG Berlin; § 39 Abs. 5 Satz 3 BbgPolG; § 36a Abs. 4 Satz 3 BremPolG; § 27 Abs. 4 Satz 4 SOG MV; § 38 Abs. 3 Satz 3 NdsSOG; § 24 Abs. 5 Satz 3 PolG NRW; § 30 Abs. 3 POG RP.

-nutzung zum Zweck *der zeitlich befristeten Dokumentation*[1391]. Damit werden diese Polizeigesetze in Bezug auf das Aufzeichnen von Notrufen aber weder der Wesentlichkeitstheorie noch den Geboten der Normenbestimmtheit und -klarheit gerecht[1392]. Dies gilt auch[1393] für die in den übrigen Polizeigesetzen enthaltenen Befugnisse zum Aufzeichnen anderer Anrufe als Notrufe, *soweit dies zur Erfüllung polizeilicher Aufgaben erforderlich ist*[1394]. Solche Befugnisse greifen die generalklauselartige Formulierung des § 10a Abs. 1 VE ME PolG auf, beziehen sich damit noch nicht einmal auf den Zweck der zeitlich befristeten Dokumentation sondern allgemein auf die Erforderlichkeit zur Erfüllung polizeilicher Aufgaben[1395] und sind völlig losgelöst vom Grundsatz der Zweckbindung nicht geeignet, in verfassungskonformer Weise in der Aufzeichnung von Notrufen liegende Grundrechtseingriffe zu rechtfertigen[1396]. Allenfalls könnte das Aufzeichnen des nicht öffentlich gesprochenen Wortes einer telefonischen Mitteilung unter fehlender Inanspruchnahme von Notrufeinrichtungen als Einsatz besonderer technischer Mittel zur Anfertigung von Bild- und Tonaufzeichnungen verstanden werden, die nur unter den gesteigerten Anforderungen der hierzu berechtigenden polizeilichen Befugnisnormen zulässig ist[1397].

bb. Offene Bild- und Tonaufzeichnungen zum Schutz von Polizeibeamten und von in Gewahrsam genommenen Personen

Dem Grunde nach einer ähnlichen Systematik wie die die polizeigesetzlichen Befugnisse zur offenen Videoüberwachung von kriminogenen Orten

---

1391 *Anlage 2.2.1 Ziffer 9* (Informationelle Standardmaßnahmen / (offene und / oder unmittelbare Datenerhebung) / Notrufaufzeichnung); *Anlage 4.1 Ziffer 1c* und *8a* (Datenverarbeitung und -nutzung / Generalklausel zur Verarbeitung / Nutzung);
Ebert/Seel, ThürPAG, § 38 Rn. 8; Knemeyer, POR, Rn. 200; Schmidbauer in Schmidtbauer/Steiner, BayPAG, Art. 38 Nr. 3; Tegtmeyer/Vahle, PolG NRW, § 24 Rn. 27a.
1392 A.A. BayVerfGH in NVwZ 1996, 166 (168).
1393 A.A. Söllner in Pewestorf/Söllner/Tölle, ASOG Berlin, Teil 1, § 46a Rn. 2.
1394 § 46a Satz 2 ASOG Berlin; § 39 Abs. 5 Satz 2 BbgPolG; § 27 Abs. 4 Satz 2 SOG MV; § 38 Abs. 3 Satz 1 2. Alt. NdsSOG; § 24 Abs. 5 Satz 2 PolG NRW; § 30 Abs. 1 Satz 2 1. Hs. POG RP; § 23a Satz 2 SOG LSA.
1395 § 20 Abs. 1 Satz 1 HSOG; § 30 Abs. 1 Satz 1 SPolG.
1396 BVerfGE 65, 1 (62/63; 64/65; 66/67; 68/69).
1397 Wolf/Stephan/Deger, PolG BW, § 22 Rn. 8.

und gefährdeten Objekten folgend, lassen die Polizeigesetze von *Berlin, Brandenburg, Bremen, Hamburg, Hessen, Mecklenburg- Vorpommern, Niedersachsen, Nordrhein- Westfalen, Rheinland- Pfalz, Sachsen- Anhalt, Schleswig- Holstein und Thüringen* auch die Videoüberwachung von Personen zu, die Adressat einer sonstigen offenen polizeilichen Maßnahme geworden sind. Diese Form der Videoüberwachung dient dann dem Schutz der eingesetzten Polizeibeamten[1398]. Weiterhin enthalten die Polizeigesetze von *Berlin, Brandenburg, Bremen, Hamburg, Mecklenburg- Vorpommern, Niedersachsen, Nordrhein- Westfalen, Rheinland- Pfalz und Sachsen- Anhalt* Befugnisse zur Überwachung von Gewahrsamsräumen mittels Bildübertragung oder auch Bildaufzeichnung[1399].

c. Exkurs: Die Gesetzgebungskompetenz der Polizeigesetzgeber für die präventiv- polizeilichen Befugnisse zur offenen Datenerhebung an der Nahtstelle zur Strafverfolgung

Die Gesetzgebungskompetenz der Länder für die offene Videoüberwachung und –aufzeichnung öffentlicher Räume ist wie die Gesetzgebungskompetenz für andere *offene präventiv- polizeiliche Maßnahmen der Datenerhebung an der Nahtstelle zur Strafverfolgung* zu bejahen. Es ist der primäre Zweck dieser Maßnahmen, potentielle Straftäter durch offene Überwachung von der Begehung einer Straftat dadurch abzuhalten, dass diese – ähnlich wie bei den präventiv- polizeilichen Standardmaßnahmen der Identitätsfeststellung und der Durchsuchung von Personen oder Sachen – durch die Kenntnis von der Überwachung von der geplanten Tatbegehung abgeschreckt und die Straftat so verhindert wird[1400]. Zu den präventiv- polizeilichen Befugnissen zur offenen Datenerhebung an der Nahtstelle zur Straf-

---

1398 *Anlage 2.2.1 Ziffer 8c* (Informationelle Standardmaßnahmen / (offene und / oder unmittelbare Datenerhebung) / Videoüberwachung zur Eigensicherung); Kugelmann/Rüden in ThürVBl. 2009, 169 (171).
1399 *Anlage 2.2.1 Ziffer 8d* ((informationelle Standardmaßnahmen / (offene und / oder unmittelbare Datenerhebung) / Bildaufzeichnung / im Gewahrsam).
1400 BVerwGE 141, 329 (333- Rn. 24, 335- Rn. 29); VGH BW in NVwZ 2004, 498 (499, 501); Kugelmann, POR, 5. Kapitel, Rn. 175; Sommer in DuD, 2011, 446 (446); Wolff/Brink in DuD 2011, 447 (447/448, 449/450); Frenz in DVBl. 2009, 333 (334); Starck in NdsVBl. 2008, 145 (151); Lepsius in Jura 2006, 929 (934); Fischer in VBl. BW 2002, 89 (90); a.A. Gusy, POR, Rn. 199, Lepsius in Jura 2006, 929 (934).

verfolgung zählen die vorstehenden polizeilichen Befugnisse, die zu Bild- und ggf. Tonaufzeichnungen
- an kriminogenen Orten oder gefährdeten Objekten[1401],
- zur Eigensicherung von Polizeibeamten bei polizeilichen Kontrollen[1402],
- bei Veranstaltungen oder Ansammlungen[1403] sowie
- im polizeilichen Gewahrsam[1404].

ermächtigen[1405]. Der Zuordnung der Datenerhebung an der Nahtstelle zur Strafverfolgung zur Gefahrenabwehr steht nicht entgegen, dass die aufgezeichneten Bilddaten *bei Scheitern der vorrangig beabsichtigten präventiven Wirkung* nach bekannt werden einer Straftat im konkreten Einzelfall nach Maßgabe des Strafverfahrensrechts für Zwecke des Strafverfahrens genutzt werden und damit nebenbei auch der Vorsorge für die Verfolgung von Straftaten dienen[1406]. Die Videoüberwachung an kriminogenen Orten oder gefährdeten Objekten soll potentielle Straftäter von der Begehung von Straftaten abhalten, weil aus Sicht des potentiellen Straftäters dessen strafbares Handeln durch einen am Empfangsgerät einer Bildübertragung sitzenden Polizeibeamten beobachtet und dieser den Einsatz von weiteren Polizeibeamten zur Verhinderung dieser oder weiterer im Überwachungsbereich durch diesen begangener Straftaten auslösen[1407] oder ersatzweise zur Ergreifung des Straftäters oder Heranziehung vorhandenen Videomaterials

---

1401 *Anlage 2.2.1 Ziffer 8a* (Informationelle Standardmaßnahmen (offene und / oder unmittelbare Datenerhebung) / Videoaufzeichnungen an kriminogenen Orten und gefährdeten Objekten).
1402 *Anlage 2.2.1 Ziffer 8c* (Informationelle Standardmaßnahmen (offene und / oder unmittelbare Datenerhebung) / Videoaufzeichnungen bei Kontrollen zur Eigensicherung).
1403 *Anlage 2.2.1 Ziffer 8b* (Informationelle Standardmaßnahmen (offene und / oder unmittelbare Datenerhebung) / bei öffentlichen Veranstaltungen und Ansammlungen).
1404 *Anlage 2.2.1 Ziffer 8d* (Informationelle Standardmaßnahmen (offene und / oder unmittelbare Datenerhebung) / Bildübertragung bzw. -aufzeichnung aus Gewahrsamseinrichtungen).
1405 Kapitel 2 A. IV. 1. a. (S. 267) / b. aa. (S. 269) / b. bb. (S. 272).
1406 VGH BW in NVwZ 2004, 498 (499); Pieroth/Schlink/Kniesel, POR, § 5 Rn. 6; Guckelberger in NVwZ 2009, 352 (353); Böse in ZStW 119 (2007), 848 (849); Starck in NdsVBl. 2008, 145 (152); a.A. Volkmann in NVwZ 2009, 216 (221); Zöller in NVwZ 2005, 1235 (1238/1239).
1407 BVerwGE 141, 329 (335/336- Rn. 30); Zöller in NVwZ 2005, 1235 (1235); Fischer in VBl. BW 2002, 89 (91).

über begangene Straftaten als Beweismittel in einem späteren Strafverfahren zurückgreifen könnte[1408].

Im Gegensatz zur Videoüberwachung an kriminogenen Orten und gefährdeten Objekten zielt der Einsatz von Videokameras im Zusammenhang mit öffentlichen Veranstaltungen und Ansammlungen, wie etwa Sportveranstaltungen oder Volksfesten[1409], auf die Überblicksgewinnung über das aktuelle Geschehen, um das polizeiliche Einsatzverhalten zu steuern[1410]. Bei Video*aufzeichnungen* in polizeilichen Gewahrsamsräumen, die nur in den Polizeigesetzen von *Hamburg* und dem *Saarland* enthalten sind, steht insbesondere nach dem Tod des Oury Yalloh in einer Dessauer Polizeidienststelle am 7.1.2005 die Verhinderung von Gefährdungen der Gewahrsamsinsassen im Vordergrund. Erstellte Aufnahmen dürfen in späteren Strafverfahren für oder gegen ehemalige Gewahrsamsinsassen – beispielsweise wegen Sachbeschädigung an der Zelleneinrichtung – wie auch für oder gegen Polizeibeamte, die einer zum Nachteil eines Gewahrsamsinsassen begangenen Straftaten beschuldigt werden, als be- und entlastende Beweise verwendet werden[1411]. Dass das beabsichtigte Ziel dieser Überwachungsmaßnahmen aber darin liegt, Gewahrsamsinsassen vor Gefahrensituationen zu schützen[1412], wird an den Polizeigesetzen von *Baden- Württemberg, Hessen* und nunmehr auch *Rheinland- Pfalz* deutlich. Diese enthalten nur Befugnisse zur Übertragung von Bildern aus den Gewahrsamsräumen, nicht jedoch zur Aufzeichnung solcher Bilder. Eine spätere Verwendung der übertragenen Bilder in Strafverfahren scheidet mangels Aufzeichnung aus. Die potentielle Verfügbarkeit aufgezeichneter Bilddaten zur Verfolgung von Straftaten ist daher eine von zwei alternativen Varianten, Straftaten durch Abschreckung zu verhüten[1413] und dient nur nachrangig der Vorsorge für deren Verfolgung.

Allerdings ist die Annahme, durch polizeiliche Videoüberwachungen könne die Vorsorge für die Verfolgung von Straftaten bezweckt sein, aufgrund der in den Befugnissen aus den Polizeigesetzen von Berlin, Branden-

---

1408 BVerwGE 141, 329 (335/336- Rn. 30); Petri in Lisken/Denninger, HbdPolR, 5. Auflage, G Rn. 201, 214; Zöller in NVwZ 2005, 1235 (1239).
1409 Petri in Lisken/Denninger, HbdPolR, 5. Auflage, G Rn. 208, 209.
1410 Gusy, POR, Rn. 214; Baumanns in Die Polizei 2008, 79 (82).
1411 Kapitel 2 A. IV. 1. b. bb. (S. 272); Narr/Vogelskamp, Der Mord in Dessau im Schoß der Polizei – mit gerichtlichen Nachspielen; S. 7 ff.
1412 LT-Drucksache RP 15/4879 S. 27.
1413 Fischer in VBl. BW 2002, 89 (91); Vahle in NVwZ 2001, 165 (166).

Kapitel 2: Die Entwicklung des polizeigesetzlichen Datenschutzrechts

burg, Bremen und Hamburg gewählten Formulierung deshalb nicht allzu fern liegend, weil die zu überwachenden Orte bzw. Objekte gerade aufgrund deren Kriminogenität überwacht werden und sich der Zweck dieser Maßnahmen nicht unmittelbar aus der Befugnisnorm ergibt. Dies ist allenfalls durch Auslegung unter Berücksichtigung auf die Aufgabenzuweisungsnorm möglich, wobei die Aufgabenzuweisungsnormen der Polizeigesetze von *Berlin, Brandenburg* und *Hamburg* entweder pauschal auf die Aufgabe der vorbeugenden Bekämpfung von Straftaten verweisen oder sich neben der Verhütung von Straftaten auch auf die Vorsorge für die Verfolgung von Straftaten beziehen. Hieraus folgt aber nicht, dass die Vorsorge für die Verfolgung von Straftaten aus den Aufgabenzuweisungsnormen der Polizeigesetze zu streichen ist[1414]. Ebenso unbestimmt ist der Zweck, wenn in § 14 Abs. 3 Satz 1 HSOG die Formulierung gewählt wird *„zur Abwehr einer Gefahr oder wenn tatsächliche Anhaltspunkte die Annahme rechtfertigen, dass Straftaten drohen"*. Ähnlich lassen § 32 Abs. 3 Satz 2 SOG MV und § 16 Abs. 2 Nr. 1 SOG LSA die Videoüberwachung öffentlich zugänglicher Orte nicht nur zur in § 32 Abs. 3 Satz 1 SOG MV in Bezug genommenen Verhinderung eines schädigenden Ereignisses sondern auch zu *soweit an einem öffentlichen Ort wiederholt Straftaten begangen worden sind und Tatsachen die Annahme rechtfertigen, dass dort auch zukünftig Straftaten begangen werden."* Dass § 16 Abs. 2 Satz 3 SOG LSA oder § 33 Abs. 3 Satz 1 ThürPAG zudem ausdrücklich zur Aufzeichnung Daten Dritter ermächtigen, verstärkt den Eindruck, dass eine an sich gegen keine bestimmte Person gerichtete Maßnahme als Mittel der Strafverfolgung angesehen wird. Demgegenüber wurde die kompetenzwidrig erlassene Befugnis zur Aufzeichnung der bei einer Videoüberwachung übertragenen Bilder aus § 15 Abs. 2 PolG NRW i.d.F. *des Gesetzes zur Änderung des Datenschutzgesetzes Nordrhein-Westfalen* vom 9.5.2000[1415], die dazu ermächtigte, falls *sich durch die Beobachtung der Verdacht einer begonnenen oder unmittelbar bevorstehenden Straftat (ergibt)*, mit dem durch das Gesetz zur Änderung des Polizeigesetzes und des Ordnungsbehördengesetzes vom 8.7.2003[1416] erlassenen § 15a Abs. 1 Satz 1 PolG NRW durch eine von dem Kompetenztitel zur Polizeigesetzgebung abgedeckte Befugnis erlassen.

Der Geeignetheit der Maßnahme zur Verhütung von Straftaten steht auch nicht entgegen, dass sich die Kriminalität als Folge der Videoüberwachung

---

1414 Kapitel 3 B. III. 2. (S.425) / 3. (S. 431).
1415 GVBl. NRW 2000 S. 452 bis 460.
1416 GVBl. NRW 2003 S. 410 bis 413.

an andere Orte verlagert, falls nur besonders gefährdete Orte von der Kriminalität frei gehalten werden sollen[1417]. Die Anfälligkeit eines Ortes, zum Schauplatz bestimmter strafbarer Handlungen zu werden kann durch dessen charakteristische Gegebenheiten bedingt sein, die an anderen Orten gerade nicht vorhanden sind. So begünstigen die anonymen Menschenmassen eines Großstadtbahnhofs den Handel mit BtM ebenso wie Taschendiebstähle und der grenznahe Raum die Begehung von ausländer- und aufenthaltsrechtlich spezifizierten Delikten bis hin zum Menschenhandel. Als einziger Vorteil der Videoüberwachung ließe sich die Gewinnung von Beweismaterial nur qualifizieren[1418], wenn sich nachweisen ließe, dass die Videoüberwachung ihren Abschreckungseffekt öfter verfehlt als es zu strafbaren Handlungen kommt. Dies trifft aber gerade nicht zu[1419]. Daher ist bei funktionstüchtigen Überwachungsanlagen die Verhütung von Straftaten mittels Abschreckungseffekt gegenüber dem repressiven Zweck der Beweisgewinnung nicht der Nebenzweck[1420] sondern deren Hauptzweck[1421]. § 32 Abs. 2 Nds-SOG, wonach auch verdeckte Videoaufzeichnungen bzw. -überwachungen ermöglicht werden sollen, falls *deren offen erfolgende Anfertigung dazu führen würde, dass die Straftaten oder Ordnungswidrigkeiten an anderer Stelle zu anderer Zeit oder in anderer Weise begangen werden,* ist daher bezogen auf den Zweck der Verhütung von Straften unverhältnismäßig[1422] und entbehrt bezogen auf den Zweck der Vorsorge für die Verfolgung von Straftaten der für dessen Erlass notwendigen Kompetenzgrundlage[1423]. Gleiches gilt für § 27 Abs. 2 Satz 2 POG RP, der die verdeckte Datenerhebung mittels Bildaufzeichnung zulässt, wenn *durch die offene Datenerhebung Straftaten nicht verhindert, sondern lediglich an anderer Stelle, zu anderer Zeit oder auf andere Weise begangen werden*". Solche heimliche repressive Datenerhebung ist nur unter den Voraussetzungen der §§ 100f, 100h StPO, also insbesondere vom Bestehen des Verdachts einer Straftat gegenüber einem bestimmten Beschuldigten zulässig, da der Bund insoweit von dessen Gesetzgebungskompetenz aus Art. 74 Abs. 1 Nr. 1 GG abschlie-

---

1417 A.A. Abate in DuD 2011, 451 (452); Zöller in NVwZ 2005, 1235 (1239); Vahle in NVwZ 2001, 165 (166).
1418 Abate in DuD 2011, 451 (453).
1419 VGH BW in NVwZ 2004, 498 (502, 504/505).
1420 A.A. Wolf /Brink in DuD 2011, 447 (448); Zöller in NVwZ 2005, 1235 (1239).
1421 VGH BW in NVwZ 2004, 498 (499).
1422 Böse in ZStW 119 (2007), 848 (883).
1423 Böse in ZStW 119 (2007), 848 (851).

ßend Gebrauch gemacht hat. Damit Videoüberwachung zur Verhinderung von Straftaten durch Abschreckung geeignet ist, muss diese offen erfolgen[1424]. Was die Verhütung von Straftaten durch Fernhalten potentieller Straftäter durch Aufenthaltsverbote betrifft, so ist die offene Videoüberwachung gegenüber der verdeckten ein gleich geeignetes milderes Mittel. Dies hat zur Folge, dass verdeckte Videoüberwachung i.S.d. § 27 Abs. 2 Satz 2 POG RP nicht erforderlich ist. Verdeckte Videoüberwachung zur Verhinderung potentieller Straftaten mittels Abschreckung ist hierfür ungeeignet[1425], dient ausschließlich der Vorsorge für die Verfolgung von Straftaten und fällt damit nicht unter die Gesetzgebungskompetenz der Polizeigesetzgeber[1426]. Der Bund hat hinsichtlich der Erhebung von Daten zur Vorsorge für die Verfolgung von Straftaten von seiner Gesetzgebungskompetenz aus Art. 74 Abs. 1 Nr. 1 GG abschließend Gebrauch gemacht[1427]. Die Befugnisse aus § 32 Abs. 2 NdsSOG und § 27 Abs. 2 Satz 2 POG können, da zur Abwehr von Gefahren ungeeignet bzw. nicht erforderlich, höchstens repressiven Zwecken dienen. Sie wurden daher kompetenzwidrig erlassen und sind somit unwirksam[1428].

Als Zwischenergebnis bleibt festzuhalten, dass *die Erhebung* von personenbezogenen Daten durch polizeiliche Maßnahmen an der Nahtstelle zur Strafverfolgung auf Grundlage der den Polizeigesetzgebern zustehenden Gesetzgebungskompetenz nur zur Verhütung von Straftaten möglich ist. Ferner stellt sich die Frage, ob und inwieweit *die Speicherung* der erhobenen Daten einschließlich ihrer zeitlich begrenzten Aufbewahrung eine unter die Gesetzgebungskompetenz des Bundes fallende Maßnahme zur Vorsorge für die Verfolgung von Straftaten oder eine unter die Gesetzgebungskompetenz der Polizeigesetzgeber fallende Maßnahme zur Verhütung von Straftaten ist[1429]. Zumindest hinsichtlich der repressiven Nutzung der durch Maßnahmen an der Nahtstelle zur Strafverfolgung erhobenen Daten hat der Bund mit der durch das *StVÄG 1999* erlassenen Ermittlungsgeneralklausel des § 163 Abs. 1 Satz 2 StPO eine zu den §§ 94 ff StPO hinzugetretene Befugnis

---

1424 BVerwGE 141, 329 (335/336- Rn. 30).
1425 Kapitel 1 C. II. 3. (S. 106); BVerfGE 113, 348 (371); Lepsius in Jura 2006, 929 (933/934); Ehrenberg/Frohne in Kriminalistik 2003, 737 (747); Hasse in ThürVBl. 2000, 197 (200).
1426 Böse in ZStW 119 (2007), 848 (851).
1427 Möstl in DVBl. 2007, 581 (585); a.A. Lepsius in Jura 2006, 929 (934).
1428 § 24 Abs. 1 Satz 3 ASOG Berlin.
1429 Kapitel 3 B. III. (S. 422).

geschaffen, die es der Polizei ermöglicht, zu repressiven Zwecken auf personenbezogene Daten zurückzugreifen, die die Polizei auf Grundlage präventiv- polizeilicher Befugnisnormen erhoben hat. Dies sind unter anderem Daten, die durch präventiv- polizeiliche Maßnahmen der Datenerhebung an der Nahtstelle zur Strafverfolgung offen erhoben wurden[1430]. Bestehen Anhaltspunkte dafür, dass gespeichertes und noch nicht gelöschtes Videomaterial Bilddaten enthält, die bei der Verfolgung von Straftaten als Beweismaterial in Betracht kommen, steht deren Sichtung durch die Polizei auf Grundlage des § 163 Abs. 1 Satz 2 StPO sowie einer etwaigen anschließenden Sicherstellung und Nutzung auf Grundlage der §§ 94 ff StPO nichts entgegen. Die konkurrierende Gesetzgebungskompetenz für die Nutzung von erhobenen personenbezogenen Daten in Strafverfahren steht dem Bund gem. Art. 74 Abs. 1 Nr. 1 GG zu[1431]. Von dieser hat der Bund durch die mit dem *StVÄG 1999* und dem *Gesetz zur Änderung des Ordnungswidrigkeitenverfahrensrechts* vom 26.7.2002 erlassenen repressiven Ermittlungsgeneralklauseln der §§ 161 Abs. 1 Satz 1; 163 Abs. 1 Satz 2 StPO sowie des § 53 Abs. 1 und 2 OWiG, abschließend Gebrauch gemacht[1432]. Die §§ 160 Abs. 4; 161 Abs. 2 Satz 1 und Abs. 3; 100d Abs. 5 Nr. 3 StPO beschränken aber ausschließlich die Verwertbarkeit von Daten in Strafverfahren zu Beweiszwecken, falls diese mittels grundrechtsintensiver verdeckter bzw. heimlicher Maßnahmen erhoben wurden. Die Verwertung von mittels weniger schwerer, da offener Grundrechtseingriffe erlangten Daten als Beweismaterial im Strafverfahren richtet sich hingegen nach den zur offenen repressiven Datenerhebungs- und -nutzung berechtigenden §§ 94 ff; 163 ff StPO. Die repressive Nutzung von Daten, die zur Verhütung einer bestimmten Straftat auf Grundlage einer hierzu berechtigenden präventiv- polizeilichen Befugnis erhoben werden, ist danach sowohl als Spurenansatz als auch als Beweismittel zum Nachweis einer versuchten oder vollendeten Straftat zulässig. Mit der Ermittlungsgeneralklausel des § 163 Abs. 1 Satz 2 StPO bekam die Polizei eine Befugnisnorm an die Hand, die es ihr ermöglichte, personenbezogene Daten zu Zwecken der Strafverfolgung bei sich selbst zu erfragen und so zur Kenntnis zu nehmen. Auf diese Weise wird die Polizei auch zum repressiven Rückgriff auf Daten ermächtigt, die sie zunächst zur Verhütung von Straftaten offen aufgezeichnet hat. Zur offenen präventiv-

---

1430 Kapitel 2 A. IV. 1. (266).
1431 Anm. Welp zu BGH in NStZ 1995, 602 (603).
1432 MV VerfG in LKV 2000, 345 (347); Papier in Maunz/Dürig, GG, 36. Lieferung Oktober 1999, Art. 13 Rn. 106.

polizeilichen Aufzeichnung von Daten ermächtigen sämtliche Befugnisse zur Datenerhebung an der Nahtstelle zur Strafverfolgung, die zu Bild- und / oder Tonaufzeichnungen berechtigen. Dies betrifft einerseits die repressive Nutzung der auf präventiv- polizeilicher Grundlage erhobenen Daten zur Anzeigenaufnahme nach §§ 160 Abs. 1 bis 3 StPO sowie als Ermittlungs- und Spurenansatz sowie andererseits die Sicherstellung der aufgezeichneten Daten als Beweismittel i.S.d. § 94 Abs. 1 StPO. § 94 StPO erlaubt auch die Sicherstellung von Daten auf behördeneigenen Datenträgern[1433].

Das BVerwG vertrat in dessen Entscheidung zur polizeilichen Videoüberwachung vom 25.1.2012 (Az.: 6 C 9.11) die Auffassung, die Aufzeichnung von Bildmaterial einschließlich der im Falle des § 8 Abs. 3 HambPolDVG einmonatigen Aufbewahrungsfrist gehöre zu demjenigen Teil der konkurrierenden Gesetzgebungskompetenz des Bundes, von der der Bund noch nicht abschließend Gebrauch gemacht hätte[1434]. Diese Auffassung ist unzutreffend. Zunächst einmal ist festzustellen, dass die Regeln über den Datenschutz i.w.S., also das Löschen, Sperren, Anonymisieren und Verändern durch Berichtigen von Daten, jedenfalls unter die Gesetzgebungskompetenz der Polizeigesetzgeber fallen. Der Bund hat sogar bezogen auf Daten, die auf repressiver Grundlage erhoben wurden und anschließend zur Vorsorge für die Verfolgung von Straftaten zweckändernd gespeichert werden dürfen, mit den §§ 481 Abs. 1 Satz 1 und Abs. 2; 483 Abs. 3; 484 Abs. 4; 485 Satz 3 StPO in Bezug auf die Bestimmungen über den Datenschutz i.w.S. nicht abschließend von dessen (zumindest als Annex) bestehenden konkurrierenden Gesetzgebungskompetenz aus Art. 74 Abs. 1 Nr. 1 GG Gebrauch gemacht[1435]. Erst recht steht dem Bund dann aber hinsichtlich solcher Daten keine Gesetzgebungskompetenz zu, die auf Grundlage eines nicht unter einen Kompetenztitel des Bundes fallenden Gesetzes erhoben wurden. Hingewiesen sei hier auch darauf, dass die Annahme des BVerwG, die Dateiregelung des § 484 Abs. 4 StPO sei auf polizeiliche Videoaufzeichnungen übertragbar, schon deshalb unzutreffend ist, weil die vor Inkrafttreten des *BDSG 2001* erarbeiteten und durch das *StVÄG 1999* erlassenen Dateienregelungen der §§ 483 ff StPO auf den Begriff der Akte i.S.d. § 3 Abs. 3 Satz 1 BDSG 1990 – wozu *auch Bild- und Tonträger* zählten – fielen. Daher wäre allenfalls § 481 Abs. 1 Satz 1 und Abs. 2 StPO auf Videoaufzeichnungen, die unter Rückgriff auf eine polizeigesetzliche Grundlage er-

---

[1433] BVerfGE 113, 29 (50).
[1434] BVerwGE 141, 329 (333- Rn. 24, 335- Rn. 29, 336- Rn. 31).
[1435] Kapitel 3 B. III. (S. 422).

stellt wurden, übertragbar. Da in der Speicherung von mittels Videoaufzeichnung gewonnenem Bildmaterial zur Vorsorge für die Verfolgung von Straftaten eine Zweckänderung von auf präventiv- polizeilicher Grundlage erhobenen Daten zu repressiven Zwecken liegt, wird auf die Begründetheit der in der Entscheidung des BVerwG vom 25.1.2012 (Az.: 6 C 9.11) vertretenen Rechtsauffassung in Kapitel 4 B. II. näher eingegangen[1436].

Somit bleibt zu prüfen, ob durch Videoüberwachung oder durch andere Formen der offenen Datenerhebung an der Nahtstelle zur Strafverfolgung erhobene Daten zum Zweck der unter den Kompetenztitel des Bundesgesetzgebers aus Art. 74 Abs. 1 Nr. 1 GG fallenden Vorsorge für die Verfolgung von Straftaten oder zum Zweck der unter die Kompetenztitel der Polizeigesetzgeber fallenden Verhütung von Straftaten aufgezeichnet werden. Der präventive Zweck der Strafe liegt zwar u.a. in der Generalprävention, d.h. in der Abschreckung durch Angst vor Strafe, richtet sich aber im Gegensatz zu präventiv- polizeilichem Handeln nicht auf die Abwehr einer konkret bevorstehenden Gefahr sondern gegen jeden potentiellen Straftäter[1437]. Sämtliche vom Kompetenztitel des Bundes aus Art. 74 Abs. 1 Nr. 1 GG erfassten repressiven Maßnahmen setzten unabhängig davon, ob diese zur Verfolgung einer bereits begangenen oder zur Vorsorge für die Verfolgung künftiger Straftaten getroffen werden voraus, dass die hiervon betroffene Person zuvor mindestens einmal Beschuldigter einer Straftat gewesen ist[1438]. Das Kriterium, dass der von der Erhebung seiner Daten Betroffene mit einer gewissen Wahrscheinlichkeit durch strafbares Verhalten aufgefallen ist, trifft aber auf eine an einem kriminogenen Ort oder an einem gefährdeten Objekt stattfindende, jedermann betreffende präventiv- polizeilichen Videoaufzeichnung ebenso wenig zu, wie die bei Maßnahmen nach §§ 81b 2. Alt.; 81g Abs. 1, 484 Abs. 2 Satz 1 StPO hinsichtlich des von der Datenerhebung betroffenen Personenkreises anzustellende Kriminalitätsprognose[1439] möglich ist. Insoweit fehlt den polizeigesetzlichen Befugnissen zur Aufzeichnung personenbezogener Daten jeglicher Bezug zum Strafverfahren und damit zum gerichtlichen Verfahren i.S.d. Art. 74 Abs. 1 Nr. 1 GG. Zutreffend stellte auch das BVerwG in dessen Entscheidung vom 25.1.2012 (Az.: 6 C 9.11) fest, dass die Verwertung von mittels Videoüberwachung erhobenen Daten erst in Betracht käme, wenn tatsächlich eine

---

1436 Kapitel 4 B. II. (S. 548).
1437 Staechelin in ZRP 1996, 430 (431).
1438 BVerwGE 141, 329 (337- Rn. 34).
1439 Kapitel 5 A. II. 1. b. aa. (1) (S. 687) / bb. (S. 692) / c. bb. (3) (S. 704).

Kapitel 2: Die Entwicklung des polizeigesetzlichen Datenschutzrechts

Straftat begangen wurde und daraus strafprozessuale Konsequenzen gezogen werden[1440].

Auf polizeigesetzlicher Grundlage darf gerade keine Strafverfolgungsvorsorge durch Sicherung möglichen Beweismaterials auf Vorrat betrieben werden[1441]. Im Strafverfahrensrecht ergibt sich die besondere Eingriffsintensität von Zugriffen auf aufgezeichnete Daten daraus, dass der Rückgriff auf Vorratsdaten wegen der Vielzahl der für das Strafverfahren irrelevanten Daten mit einer erheblichen Streubreite verbunden ist, und so in unverhältnismäßiger Weise zahlreiche Personen betroffen werden, die in keiner Beziehung zu einer verfolgbaren Straftat stehen und den Eingriff durch ihr Verhalten veranlasst haben[1442]. Jede Speicherung von für das Strafverfahren irrelevanten, auf präventiv- polizeilicher Grundlage erhobenen Daten wäre bereits ungeeignet[1443]. Die Datenspeicherung zu Zwecken des Strafverfahrens ist unverhältnismäßig, wenn sie anlassunabhängig erfolgt, da mit ihr allein die Beweisgewinnung für eine im Falle des Schuldspruchs auszusprechende Freiheitsbeschränkung möglicher Straftäter verfolgt wird. Bei der polizeilichen Datenerhebung an der Nahtstelle zur Strafverfolgung werden Daten deshalb auf Vorrat gespeichert, um den mit der Erhebung dieser Daten verfolgten Schutz der Betroffenen vor ihm drohenden Grundrechtsverletzungen zu verstärken. Ob vorhandenes, auf präventiv- polizeilicher Grundlage hergestelltes Videomaterial zu Zwecken der Beweisbeschaffung im Strafverfahren verwendet werden darf, richtet sich daher ebenso nach den §§ 94 ff StPO wie die förmliche oder nicht- förmliche Sicherstellung von Videomaterial, das auf Grundlage des § 6b BDSG oder bestehenden Bestimmungen der *LDSG* hergestellt wurde. Wie bei der Videoaufzeichnung durch nicht- polizeiliche öffentliche Stellen des Bundes oder Privater nach § 6b BDSG als auch bei der Videoüberwachung durch öffentliche Stellen der Länder auf Grundlage bestehender, dem § 6b BDSG entsprechender Regelungen in den Datenschutzgesetzen der Länder setzt die Geeignetheit der Videoüberwachung zur Verstärkung des hiermit beabsichtigten Abschreckungseffekts die Aufzeichnung der erhobenen Daten voraus, weil komplexe Vorgänge bei der bloßen Beobachtung nicht sofort erkannt und gewürdigt werden können[1444]. Niemand würde in Bezug auf die durch die datenschutz-

---

1440 BVerwGE 141, 329 (337- Rn. 33).
1441 A.A. BVerwGE 141, 329 (333).
1442 BVerfGE 113, 29 (53); 107, 299 (320/321).
1443 BVerfGE 113, 29 (53).
1444 Starck in NdsVBl. 2008, 145 (151).

A. Die Gesetzgebungs- und Verwaltungskompetenzen für das Polizeirecht

gesetzlichen Regelungen zur Videoüberwachung ermächtigten nicht- polizeilichen Stellen auf die Idee kommen, diese würden im Zeitpunkt des Aufzeichnens Straftaten verfolgend tätig werden. Das neben der Verhütung von Straftaten nachrangig verfolgte Ziel für die Verfolgung von Straftaten vorzusorgen[1445], weil die Verhütung von Straftaten nicht nur mit der Gefahr der Ergreifung der Straftäter auf frischer Tat verbunden ist, sondern auch durch die Gefahr der späteren Verwertung der Aufzeichnungen in einem Strafverfahren ermöglicht, tritt in der Reihenfolge der Aufzählung in Kapitel 2. A. IV. 1. der verschiedenen Formen der polizeilichen Datenerhebung an der Nahtstelle zur Strafverfolgung[1446] mehr und mehr in den Hintergrund. Obwohl die Bildaufzeichnung gegenüber der bloßen Bildüberragung mit einem tieferen Eingriff in das Grundrecht auf informationelle Selbstbestimmung einhergeht, ist die Aufzeichnung von Bilddaten aufgrund des beabsichtigen Abschreckungseffekts nicht nur notwendig, um später eingehende Strafanzeigen, die bei der Überwachung am Monitor nicht bemerkt wurden, zu verifizieren[1447]. Beobachtung und Aufzeichnung treffen also nicht Vorsorge für den Fall, dass eine Straftat im überwachten Bereich geschieht, für deren künftige Verfolgung auf die gewonnenen Daten zurückgegriffen werden kann[1448]. Vielmehr kann das durch Videomaterial dokumentierte Geschehen dazu herangezogen werden, gegen polizeibekannte Straftäter wie Drogendealer, Trickbetrüger oder Handtaschendiebe Platzverweise oder Aufenthaltsverbote zu verhängen oder durchzusetzen, um die Begehung weiterer Straftaten durch diese Personen an dem überwachten Ort zu verhindern und so Gefahren von dem dort verkehrenden Publikumsverkehr abzuwehren. Die Feststellung des Täters einer im Überwachungsbereich begangenen Straftat kann insofern zur Verhinderung zukünftig durch dieselbe Person begangener Straftaten beitragen, als aufgrund der Feststellung von deren Personalien gegen diese Person unabhängig vom Gang des Strafverfahrens Hausverbote oder Platzverweise ausgesprochen und Anschlussmaßnahmen getroffen werden können. Ebenso wie das Aufzeichnen von Notrufen der Dokumentation des Gesprächsverlaufs dient, ist das aufgezeichnete Videomaterial dazu bestimmt, die Geschehnisse an dem überwachten Ort zu dokumentieren, um diese reproduzierbar und dadurch der Gefahrenabwehr – notfalls

---

1445 Kapitel 1 C. II. 3. (S.106); Guckelberger in NVwZ 2009, 352 (353); Starck in NdsVBl. 2008, 145 (152).
1446 Kapitel 2 A. IV. 1. (S. 266).
1447 VGH BW in NVwZ 2004, 498 (502); Fischer in VBl. BW 2002, 89 (93).
1448 BVerwGE 141, 329 (340- Rn. 37).

auch zur Rechtfertigung der Videoüberwachung oder der aufgrund der gewonnenen Erkenntnisse getroffenen präventiv- polizeilichen Maßnahmen vor Gericht – zugänglich zu machen. Die Bildaufzeichnung erhöht somit die Effizienz der zur Verhütung von Straftaten beitragenden Abschreckung[1449] und fällt somit unter die Gesetzgebungskompetenz der Polizeigesetzgeber und nicht unter die konkurrierende Gesetzgebungskompetenz aus Art. 74 Abs. 1 Nr. 1 GG. Der Vorgang des Aufzeichnens übertragener Bilddaten durch deren Speicherung dient ebenso wie die mit der Erhebung von Daten verbundene Bildübertragung nicht der Vorsorge für die Verfolgung von Straftaten sondern gilt Situationen, in denen die Verhinderung einer drohenden Straftat infolge der Kenntnis des Betroffenen von dem Aufzeichnungsvorgang und der damit suggerierten staatlichen Präsenz, die auffällige Geschehensabläufe registriert und mit jederzeitigem Einschreiten droht[1450]. Der Frage, ob der Bund polizeigesetzliche Verwendungsbeschränkungen, die eine anderweitige Verwendung von auf präventiv- polizeigesetzlicher Grundlage erhobenen Daten ausschließen, zu berücksichtigen hat, wird in Kapitel 4 geprüft[1451].

2. Präventiv- polizeiliche Befugnisse zum Großen Lausch- und Spähangriff

Die Wohnraumüberwachung ist eine besondere Ausprägung des Einsatzes von besonderen Mitteln und Methoden der Datenerhebung. Präventiv- polizeiliche Befugnisse zu verdeckten Eingriffen in den Schutzbereich des Art. 13 Abs. 1 GG finden sich heute auf Länderebene in sämtlichen Polizeigesetzen[1452]. Da Art. 13 Abs. 4 Satz 1 GG im Gegensatz zu Art. 13 Abs. 3 Satz 1 GG keine Beschränkung auf die akustische Wohnraumüberwachung enthält, ist aus verfassungsrechtlicher Sicht neben einem Großen Lauschangriff[1453] auch ein präventiv- polizeilicher *Großer Spähangriff*[1454] möglich. Von dieser Möglichkeit, die im Vergleich zur bloßen akustischen Überwachung ein gesteigertes Risiko der Verletzung der Intimsphäre in sich

---

1449 BVerwGE 141, 329 (336/337- Rn. 30).
1450 Volkmann in NVwZ 2009, 216 (216); Starck in NdsVBl. 2008, 145 (151, 152); Möstl in DVBl. 2007, 581 (585).
1451 Kapitel 4 B. I. 1. (S. 527).
1452 *Anlage 2.3 Ziffer 6* (besondere Mittel und Methoden der Datenerhebung / Wohnraumüberwachung); *Anlage 5.1 Ziffer 1* (Datenerhebung aus Wohnungen / EGL).
1453 Kapitel 3 A. III. 4. (S. 392).
1454 MV VerfG in LKV 2000, 345 (345); Huber in ThürVBl. 2005, 1 (3).

birgt[1455], haben mit Ausnahme Bremens sämtliche Polizeigesetzgeber Gebrauch gemacht[1456].

a. Der Eingriff in den Schutzbereich des Grundrechts auf Unverletzlichkeit der Wohnung aus Art. 13 Abs. 1 GG

Art. 13 Abs. 1 GG gewährleistet die Garantie der Unverletzlichkeit der Wohnung und verbürgt dem Einzelnen mit Blick auf dessen Menschenwürde sowie im Interesse der Entfaltung seiner Persönlichkeit einen elementaren Lebensraum, in den nur unter den Voraussetzungen von Art. 13 Abs. 2 bis 7 GG eingedrungen werden darf[1457]. Schutzgut des Grundrechts ist die räumliche Sphäre, in der sich das Privatleben entfaltet[1458]. Hierzu gehört das Recht, innerhalb dieses Lebensraumes in Ruhe gelassen zu werden[1459]. Ebenfalls vom Schutzbereich des Art. 13 Abs. 1 GG umfasst sind Betriebs- und Geschäftsräume[1460].

Eingriffe liegen nicht nur im körperlichen Eindringen in eine Wohnung, sondern auch darin, dass sich staatliche Stellen mit besonderen Hilfsmitteln einen Einblick in Vorgänge innerhalb der Wohnung verschaffen, die der natürlichen Wahrnehmung von außerhalb des geschützten Bereichs entzogen sind[1461]. Letzteres trifft bei der akustischen oder optischen Wohnraumüberwachung sowohl auf die Messung elektromagnetischer Abstrahlungen, wodurch die Nutzung eines informationstechnischen Systems in der Wohnung überwacht werden kann, als auch auf die Übermittlung von Bild- und

---

1455 Roggan in NJW 2009, 257 (262).
1456 *Anlage 5.1 Ziffer 2a / 2b* (Datenerhebung aus Wohnungen / Art des eingesetzten Mittels).
1457 BVerfGE 120, 274 (309); VerfGH RP in DVBl. 2007, 569 (573).
1458 BVerfGE 120, 274 (309); 103, 142 (150/151); 89, 1 (12); 51, 97 (107, 110); MV VerfG in LKV 2000, 345 (351.
1459 BVerfGE 109, 279 (309); 75, 318 (328); 51, 97 (107, 110); 42, 212 (219); 32, 54 (75); VerfGH RP in DVBl. 2007, 569 (573);SächsVerfGH in NVwZ 2005, 1310 (1313); MV VerfG in LKV 2000, 345 (351); SächsVerfGH in DVBl. 1999, 1423 (1436).
1460 BVerfGE 120, 274 (309, 327); 76, 83 (88); 44, 353 (371); 32, 54 (69ff); BbgVerfG in LKV 1999, 450 (461); SächsVerfGH in DVBl. 1996, 1423 (1436); BGHSt 42, 372 (375).
1461 BVerfGE 120, 274 (309/310); 109, 279 (309); VerfGH RP in DVBl. 2007, 569 (570); SächsVerfGH in NVwZ 2005, 1310 (1313); MV VerfG in LKV 2000, 345 (351); BbgVerfG in LKV 1999, 450 (460).

Tonmaterial durch in der Wohnung angebrachte Kameras oder Wanzen zu[1462]. Durch die Überwachung von Wohnraum mit technischen Mitteln wird unabhängig davon, ob die Mittel innerhalb oder außerhalb einer Wohnung eingesetzt werden, in das Grundrecht des Wohnungsinhabers auf Unverletzlichkeit der Wohnung aus Art. 13 Abs. 1 GG eingegriffen, sofern nur Geschehnisse aus einer Wohnung wahrgenommen werden sollen, die für Außenstehende unter normalen Bedingungen nicht wahrgenommen werden könnten[1463].

Während die Notwendigkeit der Beschränkung der Befugnisse zum Großen Lausch- und Spähangriff in deren Tatbestandsvoraussetzungen als ultima ratio[1464] ebenso unbestritten ist wie der in Art. 13 Abs. 4 Satz 1 GG von Verfassungs wegen grundsätzlich vorgesehene Richtervorbehalt[1465], die entsprechend § 19a BDSG 2001 für verdeckte Maßnahmen der Datenerhebung zu fordernde Benachrichtigungspflicht, Kennzeichnungs-, sowie spezielle Dokumentations- und Löschungspflichten, bereitet die Einordnung der für präventive Eingriffsbefugnisse in Art. 13 Abs. 4 Satz 1 GG vorgesehenen verfassungsrechtlichen Vorgabe der *dringenden Gefahr für die öffentliche Sicherheit* Schwierigkeiten.

b. Die dringende Gefahr aus Art. 13 Abs. 4 Satz 1 GG

Im Großen Lausch- und Spähangriff liegt eine tief greifende Verletzung der Privatsphäre und der schwerste denkbare Eingriff in das Grundrecht auf Unverletzlichkeit der Wohnung[1466]. Gem. Art. 13 Abs. 4 Satz 1 GG darf Zweck eines Großen Lausch- und Spähangriffs daher ausschließlich *die Abwehr einer dringenden Gefahr für die öffentliche Sicherheit, insbesondere eine gemeine Gefahr oder eine Lebensgefahr*, sein. Unbestritten ist, ob der Große Lausch- und Spähangriff wie schon in § 8c Abs. 3 Satz 1 VE ME PolG vorgesehen zur *Abwehr einer gegenwärtigen Gefahr für Leib oder Leben*

1462 BVerfGE 120, 274 (310); 109, 279 (309/327); BbgVerfG in LKV 1999, 450 (453); SächsVerfGH in DVBl. 1996, 1423 (1436).
1463 BVerfGE 109, 279 (309, 327); MV VerfG in LKV 2000, 345 (351); Bockemühl in JA 1996, 695 (697).
1464 BVerfGE 109, 279 (342); VerfGH RP in DVBl. 2007, 569 (575/576); SächsVerfGH in NVwZ 2005, 1310 (1314); BbgVerfG in LKV 1999, 450 (461); Huber in ThürVBl. 2005, 33 (34).
1465 MV VerfG in LKV 2000, 345 (350, 354); Huber in ThürVBl. 2005, 1 (2).
1466 Anm. Welp zu BGH in NStZ 1996, 601 (603).

oder Freiheit einer Person zulässig ist, da dies jedenfalls eine dringenden Gefahr i.S.d. Art. 13 Abs. 4 Satz 1 GG ist[1467]. Ob der Große Lausch- und Spähangriff entsprechend § 8c Abs. 3 Satz 1 VE ME PolG auch *zur Abwehr einer gegenwärtigen Gefahr für erhebliche Sach- und Vermögenswerte*[1468] oder entsprechend § 20h Abs. 1 BKAG auch für *den Bestand oder die Sicherheit des Staates* bzw. *des Bundes oder eines Landes* möglich sein darf[1469], ist bereits strittig[1470]. Jedenfalls unzutreffend ist, eine dringende Gefahr als eine Gefahr für die Gesamtheit der subjektiven Rechtsgüter des Einzelnen wie auch die Belange der Allgemeinheit und die staatlichen Funktionen anzusehen und daher mit der Definition der öffentlichen Sicherheit i.S.d. Polizeirechts gleichzusetzen[1471].

Innerhalb der Polizeigesetze sowie der Literatur besteht aber insbesondere darüber Uneinigkeit, ob der Begriff der dringenden Gefahr für die öffentliche Sicherheit ausschließlich die Abwehr einer gegenwärtigen erheblichen Gefahr oder auch Maßnahmen im Vorfeld einer *konkreten Gefahr im traditionellen polizeirechtlichen Sinn* für hochrangige Rechtsgüter bezwecken darf[1472]. Neben § 20h Abs. 1 Nr. 1b BKAG enthalten heute nur noch die Polizeigesetze von Brandenburg und Niedersachsen Kataloge von Straftaten, deren Begehung durch akustische und / oder optische Überwachung von Wohnraum verhindert werden soll[1473]. Diese Straftatenkataloge beziehen sich

- gem. § 20h Abs. 1 Nr. 1b BKAG auf Straftaten, i.S.d. § 4a Abs. 1 Satz 2 BKAG, die in § 129a Abs. 1 und Abs. 2 StGB bezeichnet sind,
- auf Straftaten i.S.d. § 33a Abs. 1 Nr. 2 BbgPolG,
- gem. § 35a Abs. 1 Nr. 2 NdsSOG auf *besonders schwerwiegende Straftaten* i.S.d. § 2 Nr. 10 NdsSOG.

Die diesen entsprechende Regelung des § 35 Abs. 1 Nr. 2 ThürPAG a.F., der die Überwachung von Wohnraum zur Verhütung *besonders schwerer Straftaten* i.S.d. § 31 Abs. 5 Satz 1 ThürPAG a.F. legitimierte, wurde durch Urteil

---

1467 MV VerfG in LKV 2000, 345 (349); BbgVerfG in LKV 1999, 450 (460).
1468 Kniesel/Vahle, VE ME PolG, S. 9.
1469 SächsVerfGH in NVwZ 2005, 1310 (1314); SächsVerfGH in DVBl. 1996, 1423 (1427, 1436/1437); a.A. MV VerfG in LKV 2000, 345 (349).
1470 Denninger in ZRP 2004, 101 (104).
1471 A.A. SächsVerfGH in NVwZ 2005, 1310 (1313).
1472 *Anlage 2.3 Ziffer 6* (besondere Mittel und Methoden der Datenerhebung / Wohnraumüberwachung); *Anlage 5.1 Ziffer 1 ff* (Datenerhebung aus Wohnungen).
1473 *Anlage 5.1 Ziffer 3i* (Datenerhebung aus Wohnungen / Kataloge von besonders schweren Straftaten).

des ThürVerfGH vom 21.11.2012 im Lichte des Art. 13 Abs. 4 GG für unvereinbar mit Art. 8 Abs. 3 ThürVerf befunden[1474]. Der in § 31 Abs. 5 Satz 1 ThürPAG a.F. enthaltene Begriff der *besonderes schweren* Straftat entsprach dem des seit dem *Gesetz zur Umsetzung des Urteils des BVerfG vom 3.3.2004* vom 24.6.2005[1475] zum repressiven Großen Lauschangriff ermächtigenden § 100c Abs. 2 StPO, so dass der Verdacht nahe liegt, dass es dem Gesetzgeber auch hier darum ging, eine mit der repressiven Erhebungsbefugnis korrespondierende präventiv- polizeiliche Befugnisnorm zu schaffen. Im *Thüringer Gesetz zur Änderung des Polizeiaufgabengesetzes und des Ordnungsbehördengesetzes* vom 19.12.2013 wurde nunmehr auf eine entsprechende Regelung verzichtet.

Mit dem in § 2 Nr. 10 NdsSOG herangezogene Begriff der *besonders schwerwiegenden* Straftat sollte demgegenüber eine Orientierungshilfe dafür geschaffen werden, dass es nicht nur – wie durch Art. 13 Abs. 4 GG nahe gelegt – einfache Gefahren für die öffentliche Sicherheit sondern erhebliche, schwere, ja schwerste Gefahren für die öffentliche Sicherheit abzuwehren gilt, die der zu verhindernden Straftat innewohnen[1476]. Keinen Gewinn an Normenbestimmtheit und -klarheit bringen die Polizeigesetze von *Rheinland-Pfalz, Sachsen* und *Thüringen*[1477], die anstelle einer klaren Positionierung durch eindeutige Tatbestandsumschreibungen die Zweckbestimmung des Großen Lausch- und Spähangriffs aus Art. 13 Abs. 4 Satz 1 GG der *Abwehr einer dringenden Gefahr* inhaltsgleich übernehmen[1478]. Im Gegensatz zu Art. 13 Abs. 3 1. Alt. GG a.F., der unmittelbar aus der Verfassung heraus zum Eingriff in Art. 13 Abs. 1 GG ermächtigt[1479], bedarf Art. 13 Abs. 3 2. Alt. GG a.F. wie auch der heutige Art. 13 Abs. 4 GG einer Konkretisierung durch Gesetz, wobei den Geboten der Normenbestimmtheit und -klarheit besondere Bedeutung zukommt. Die in Art 13 Abs. 4 Satz 1 GG verwendeten Begriffe, welche die notwendigen inhaltlichen Voraussetzungen der Überwachung von Wohnungen zum Zweck der Gefahrenabwehr begrenzen, sind vorrangig nicht nach Maßgabe des Rechts der öffentlichen

---

1474 ThürVerfGH in Urteil vom 21.11. 2012 (Az.: VerfGH 19/09) S. 44.
1475 BGBl. 2005 I S. 1841 bis 1846.
1476 Käß in BayVBl. 2010, 1 (9); Starck in NdsVBl. 2008, 145 (147).
1477 *Anlage 5.1 Ziffer 3a* (Datenerhebung aus Wohnungen / gemeine Gefahr).
1478 VerfGH RP in DVBl. 2007, 569 (572); a. A. ThürVerfGH in Urteil vom 21.11. 2012 (Az.: VerfGH 19/09) S. 36.
1479 MV VerfG in LKV 2000, 345 (351); Möstl in DVBl. 2010, 808 (811).

Sicherheit und Ordnung sondern spezifisch verfassungsrechtlich auszulegen[1480].

Nach einer Auffassung bietet der in Art. 13 Abs. 4 Satz 1 GG herangezogene Begriff der dringenden Gefahr keine verfassungsrechtliche Grundlage für einen zum Zweck der Verhütung von Straftaten im Vorfeld einer konkreten Gefahr durchzuführenden Großen Lausch- und Spähangriff[1481]. Eine nach Art. 13 Abs. 4 Satz 1 GG auf Grundlage einer entsprechenden Befugnis zulässige präventiv- polizeiliche Wohnraumüberwachung darf danach ausschließlich dem Zweck der Abwehr einer zumindest konkreten Gefahr für hochrangige Rechtsgüter dienen[1482]. Art. 13 Abs. 4 Satz 1 GG enthalte zwar Legaldefinitionen, die bereits in Art. 13 Abs. 3 GG a.f. enthalten waren, bewirke aber auch eine Verschärfung der bis dahin geltenden Anforderungen des Art. 13 Abs. 3 GG a.F.[1483]. Über die auch in Art. 13 Abs. 4 Satz 1 GG verwendeten Begriffe *der gemeinen Gefahr oder Lebensgefahr für einzelne Personen* hinaus enthielt Art. 13 Abs. 3 GG a.f. auf Tatbestandsseite umfassendere Möglichkeiten, das Grundrecht auf Unverletzlichkeit der Wohnung einzuschränken. Während sich Art. 13 Abs. 4 Satz 1 GG ausschließlich auf die Abwehr dringender Gefahren für die öffentliche Sicherheit beschränkt, ließ Art. 13 Abs. 3 GG a.F. Einschränkungen des Grundrechts auf Unverletzlichkeit der Wohnung neben der Abwehr einer gemeinen Gefahr oder einer Lebensgefahr für einzelne Personen auf Grund eines Gesetzes auch zum Zweck der Verhütung dringender Gefahren für die öffentliche Sicherheit und Ordnung zu[1484]. Hieraus wird abgeleitet, dass Art. 13 Abs. 4 Satz 1 GG keine Grundlage für die Überwachung von Wohnungen mit technischen Mitteln zur vorbeugenden Bekämpfung von Straftaten im Sinne der präventiv- polizeilichen Aufgaben böte[1485]. Solche Eingriffsnormen erlaubten nahezu voraussetzungslos die Ausforschung von jedermann zum Zwe-

---

[1480] MV VerfG in LKV 2000, 345 (349); Möstl in DVBl. 2010, 808 (811).
[1481] MV VerfG in LKV 2000, 345 (350); BbgVerfG in LKV 1999, 450 (464); SächsVerfGH in DVBl. 1996, 1423 (1424, 1436); ThürVerfGH in Urteil vom 21.11.2012 (Az.: VerfGH 19/09) S. 43 bis 46; a.A. VerfGH RP in DVBl. 2007, 569 (572); SächsVerfGH in NVwZ 2005, 1310 (1314).
[1482] ThürVerfGH in Urteil vom 21.11.2012 (Az.: VerfGH 19/09) S. 44; Hofmann in Schmidt-Bleibtreu/Hofmann/Hopfauf, GG, Art. 13 Rn. 33.
[1483] BT-Drucksache 13/8650 S. 4; VerfGH RP in DVBl. 2007, 569 (572); Papier in Maunz/Dürig, GG, Art. 13 Rn. 90, 93.
[1484] VerfGH RP in DVBl. 2007, 569 (570/571, 572).
[1485] MV VerfG in LKV 2000, 345 (351).

cke der Verdachtsschöpfung[1486]. Da bei Art. 13 Abs. 4 Satz 1 GG anders als bei Art. 13 Abs. 3 GG a.F. darauf verzichtet worden sei, neben der Abwehr dringender Gefahren für die öffentliche Sicherheit explizit auch die Verhütung von Gefahren im Sinne einer Gefahrenvorsorge als verfassungsrechtlich vertretbaren Zweck einer Wohnraumüberwachung zu erwähnen, ließe sich ableiten, dass die in Art. 13 Abs. 4 Satz 1 GG benannte *Abwehr dringender Gefahren für die öffentliche Sicherheit* ausschließlich eine konkrete, akut vorliegende Gefahr im traditionellen polizeirechtlichen Sinne sei, und Art. 13 Abs. 4 Satz 1 GG keine Grundlage zu Eingriffen im Vorfeld konkreter Gefahren enthielte[1487]. Durch die Formulierung *„dringende Gefahr"* solle die Dringlichkeit der Notwendigkeit des Einschreitens herausgestellt werden, so dass deutlich werde, dass eine für den Einzelnen oder den Staat besonders schädliche Störung der öffentlichen Sicherheit entgegengetreten werden müsse[1488].

Die Gegenseite vertritt die Auffassung, dass bezogen ein hochrangiges Rechtsgut noch keine *konkrete Gefahr im klassischen polizeirechtlichen Sinn* eingetreten sein muss; vielmehr genüge es, dass durch den Eingriff in das Grundrecht auf Unverletzlichkeit der Wohnung ein Zustand verhindert wird, der seinerseits eine konkrete Gefahr für die öffentliche Sicherheit darstellen würde[1489]. Die in Art. 13 Abs. 4 Satz 1 GG in Bezug genommene gemeine Gefahr betrifft aber einen unbestimmten Kreis von Personen oder Sachen und kommt an Bedeutung einer Lebensgefahr nahe[1490]. Eine dringende Gefahr i.S.d. Art. 13 Abs. 4 GG bedeutet daher eine Sachlage oder ein Verhalten, das bei ungehindertem Ablauf des objektiv zu erwartenden Geschehens mit hinreichender Wahrscheinlichkeit ein bedeutendes Rechtsgut schädigen wird[1491]. Von dem Begriff der öffentliche Sicherheit i.S.d. Art. 13 Abs. 4 GG umfasste Rechtsgüter sind die Gesamtheit der subjektiven Rechtsgüter des Einzelnen sowie die Belange der Allgemeinheit und die Funktionen des Staates zu verstehen, die den Bestand oder die Sicherheit

---

1486 Anm. Welp zu BGH in NStZ 1996, 601 (603).
1487 VerfGH RP in DVBl. 2007, 569 (572); MV VerfG in LKV 2000, 345 (350/351); Papier in Maunz/Dürig, GG, Art. 13 Rn. 93.
1488 MV VerfG in LKV 2000, 345 (350).
1489 BVerfGE 17, 232 (251/252); SächsVerfGH in NVwZ 2005, 1310 (1313); BbgVerfG in LKV 1999, 450 (463); BGHSt in JR 2010, 443 (450); Starck in NdsVBl. 2008, 145 (149/150)).
1490 MV VerfG in LKV 2000, 345 (350); Jarass in Jarass/Pieroth, GG, Art. 13 Rn. 35.
1491 BbgVerfG in LKV 1999, 450 (464); BGHSt in JR 2010, 443 (450); Jarass in Jarass/Pieroth, GG, Art. 13 Rn. 30, 37.

des Bundes oder eines Landes sowie Leben, Gesundheit oder Freiheit einer Person und bedeutende fremde Sach- oder Vermögenswerte umfassen[1492]. Diese sind indes nicht mit dem Begriff der dringenden Gefahr gleichzusetzen. Die in Art. 13 Abs. 4 Satz 1 GG geforderte dringende Gefahr knüpft an einen aller Wahrscheinlichkeit nach zeitlich absehbaren Schaden für hochrangige Rechtsgüter an, ohne dass sich es sich um eine konkrete Gefahr im traditionellen polizeirechtlichen Sinn zu handeln braucht.

Die erstgenannte Auffassung, wonach unter einer dringenden Gefahr ausschließlich eine akut *bestehende konkrete Gefahr im klassischen polizeirechtlichen Sinn* zu verstehen ist, ergibt schon deshalb keinen Sinn, weil die bei einer solchen Gefahr bestehenden zeitlichen Nähe zur Verwirklichung der abzuwehrenden Gefahr regelmäßig zur Ungeeignetheit des Großen Lausch- und Spähangriffs, der die Verfügbarkeit des hierfür erforderlichen technischen Geräts voraussetzt, führen würde. Eine dringende Gefahr i.S.d. Art. 13 Abs. 4 GG ist nicht gleich eine gegenwärtige und damit eine qualifizierte konkrete Gefahr im klassischen polizeirechtlichen Sinn[1493]. Zum einen ist aus Art. 13 Abs. 4 Satz 1 GG nicht ersichtlich, dass sich der dort in Bezug genommene Große Lausch- und Spähangriff ausschließlich auf die Abwehr konkreter Gefahren im traditionell polizeirechtlichen Sinn beschränken soll. Zum anderen widerspricht der Umstand, dass das BVerfG in dessen Entscheidung zum repressiven Großen Lauschangriff vom 3.3.2004 den § 100f Abs. 1, 2. Alt. StPO a.F. als die Vorgängervorschrift des heutigen § 100d Abs. 5 Nr. 2 StPO mit Art. 13 Abs. 4 GG für vereinbar erklärt hat[1494], nicht der Annahme, dass eine dringende Gefahr i.S.d. Art. 13 Abs. 4 GG auch dann besteht, wenn keine konkrete Gefahr im polizeirechtlichen Sinne vorliegt, aber Tatsachen die Annahme rechtfertigen, dass gegen besonders hochrangige Rechtsgüter gerichtete Straftaten bevorstehen[1495].

Einzelne Passagen in Urteilen sind nicht ohne weiteres geeignet, sich in die bestehende Terminologie und in die Regelungssystematik eines Gesetzes einzufügen, wenn dieses nicht Entscheidungsgegenstand war[1496]. Es ist Sache des Gesetzgebers, ob dieser in den Polizeigesetzen eine straftatbezogene

---

1492 SächsVerfGH in NVwZ 2005, 1310 (1313).
1493 BbgVerfG in LKV 1999, 450 (463); Möstl in DVBl. 2010, 808 (809); Käß in BayVBl. 2008, 225 228/229).
1494 BVerfGE 109, 279 (378).
1495 Möstl in DVBl. 2010, 808 (811/812); Starck in NdsVBl. 2008, 145 (149/150).
1496 Käß in BayVBl. 2010, 1 (9); Möstl in DVBl. 2010, 808 (813).

Kapitel 2: Die Entwicklung des polizeigesetzlichen Datenschutzrechts

Fassung der Eingriffstatbestände mittels Katalogstraftaten wählt[1497]. Nach hier vertretender Ansicht ist die Regelungstechnik der Polizeigesetze von Brandenburg und Niedersachsen (sowie § 20h Abs. 1 Nr. 1b BKAG) vorzuziehen, weil sie der Polizei im Vergleich zu der rein rechtsgutsbezogenen Fassung operablere Kriterien an die Hand gibt, um bestimmen zu können, ab welchem Grad der Gefährdung bestimmter Rechtsgüter von einem zum Eingriff berechtigenden Verstoß gegen die öffentliche Sicherheit auszugehen ist[1498]. Dabei mag die Kritik des ThürVerfGH in dessen Urteil vom 21.11.2012 in Bezug auf die Verweisung des § 34 Abs. 3 Nr. 2 ThürPAG auf Strafnormen, die auf weitere Vorschriften Bezug nehmen, ihre Berechtigung haben[1499]. Ist jedoch erkennbar, welche Rechtsgüter durch den Grundrechtseingriff geschützt werden sollen und legen die auf Straftatenkataloge verweisenden präventiv- polizeilichen Befugnisse die Eingriffsschwelle durch eindeutige Umschreibungen der Gefahrenintensität fest, steht einer den Geboten der Normenbestimmtheit und -klarheit entsprechenden präventiv- polizeilichen Befugnis zum Großen Lausch- und Spähangriff trotz des Verweises auf zu verhütende Katalogstraftaten nichts entgegen[1500].

Die straftatenbezogene Fassung präventiv- polizeilicher Befugnisse zur verdeckten Datenerhebung darf dabei nicht reflexartig mit einer unter die abschließend durch den Bund in Anspruch genommenen, unter die Gesetzgebungskompetenz aus Art. 74 Abs. 1 Nr. 1 GG fallenden und daher unwirksamen polizeigesetzlichen Befugnis zur präventiv- polizeilichen Datenerhebung zur Vorsorge für die Verfolgung von Straftaten gleichgesetzt werden[1501]. Auch richten sich die bei der Entscheidung des BVerfG vom 2.3.2010 (Az.: 1 BvR 256, 586/08) für nichtig erklärten Regelungen der §§ 113a, 113b TKG an privatwirtschaftliche Telekommunikationsbetreiber, denen ein Straftatenkatalog in der Regel nichts über die sich dahinter verbergenden, schon durch die Straftatbestände generalpräventiv geschützten Rechtsgüter sagt. Daher ist insoweit eine konkrete Bezeichnung der durch präventiv- polizeiliche Abfragen von Vorratsdaten zu schützenden Rechts-

---

1497 ThürVerfGH in Urteil vom 21.11.2012 (Az.: VerfGH 19/09) S. 41/42.
1498 ThürVerfGH in Urteil vom 21.11.2012 (Az.: VerfGH 19/09) S. 42; Möstl in DVBl. 2010, 808 (812); a.A. BVerfGE 125, 260 (315, 355).
1499 ThürVerfGH in Urteil vom 21.11.2012 (Az.: VerfGH 19/09) S. 41, 43/44.
1500 ThürVerfGH in Urteil vom 21.11.2012 (Az.: VerfGH 19/09) S. 42/43.
1501 ThürVerfGH in Urteil vom 21.11.2012 (Az.: VerfGH 19/09) S. 42; Möstl in DVBl. 2010, 808 (811).

güter vorzugswürdig. In den zu präventiv-polizeilichen Auskunftsverlangen ermächtigenden Befugnissen sollten hingegen Straftatenkataloge zur Veranschaulichung des zum Auskunftsverlangen ermächtigenden Gefährdungsgrads beibehalten werden. Richtern und Polizeibediensteten dürften anders als Mitarbeitern der Telekommunikationsbetreiber sowohl repressive als auch präventiv-polizeiliche Befugnisse und sonstige dahingehende gesetzliche Bestimmungen geläufig sein. Den jeweiligen Kontext übersieht der ThürVerfGH, der unter Verweis auf die Entscheidungen des BVerfG zur Vorratsdatenspeicherung nach §§ 113a, 113b TKG[1502], zu §§ 113a, 133b TKG i.V.m. Art. 34b BayPAG a.F. bzw. § 34a ThürPAG u.a.[1503] und zur Fernmeldeüberwachung nach dem FAG [1504], wenn dieser der Verweisung auf Straftatenkataloge in den Polizeigesetzen per se mangels Normenbestimmtheit und -klarheit eine Absage erteilt[1505].

Auch die vom BVerfG in dessen Entscheidung zum Großen Lauschangriff gewählte Formulierung, nach der die in § 100f Abs. 1, 2. Alt. StPO enthaltenen Tatbestandsmerkmale *Abwehr* und *im Einzelfall* klarstellen würden, dass eine Verwendung von zu repressiven Zwecken erhobenen Daten zu polizeilichen Zwecken nur bei konkreten Gefahren im polizeirechtlichen Sinn in Betracht kommt[1506], bezieht sich nicht auf eine konkrete Gefahr im traditionell polizeirechtlichen Sinn[1507]. Eine konkrete Gefahr im polizeirechtlichen Sinn ist zwar ebenfalls durch die Begriffe *Abwehr* und *im Einzelfall* gekennzeichnet, sie wird in den Polizei- und Ordnungsbehördengesetzen aber weiterhin als

> „eine Sachlage, bei der im einzelnen Fall die hinreichende Wahrscheinlichkeit besteht, dass bei ungehindertem Ablauf des zu erwartenden Geschehens in absehbarer Zeit ein Schaden für die öffentliche Sicherheit (oder Ordnung) eintreten wird,"

1502 BVerfGE 125, 260 (329).
1503 BVerfGE 122, 120 (142/143).
1504 BVerfGE 110, 33 (58).
1505 ThürVerfGH in Urteil vom 21.11.2012 (Az.: VerfGH 19/09) S. 41/42.
1506 BVerfGE 109, 279 (379); VerfGH PR in DVBl. 2007, 569 (572).
1507 Möstl in DVBl. 2010, 808 (810).

definiert[1508]. Die Schwelle der konkreten Gefahr ist in den 1970er Jahren bei den Beratungen zum *MEPolG* für nicht- informationelle polizeiliche Gefahrbeseitigungseingriffe entwickelt worden, um unter diesen Voraussetzungen unmittelbar in den schadensträchtigen Kausalverlauf einzugreifen[1509]. Eine konkrete Gefahr setzt daher – anders als eine *gegenwärtige* oder *unmittelbar bevorstehende Gefahr* – neben der *Wahrscheinlichkeit des Schadenseintritts* und des *Einzelfalls* keine gesteigerte zeitliche Nähe zum Schadenseintritt voraus[1510].

Der Anforderung an den Wahrscheinlichkeitsgrad des Schadenseintritts genügt die Straftatenverhütung als vorbeugende Verbrechensbekämpfung hingegen nicht[1511]. Bezüge zu einer konkreten Gefahr fehlen, soweit die polizeiliche Aufgabe darin besteht, im Vorfeld der Abwehr einer konkreten Gefahr Vorkehrungen gegen zukünftig – insbesondere durch die Begehung von Straftaten – eventuell zu erwartenden Gefahren zu treffen[1512]. Zwar genügt das bloße Vorliegen einer abstrakten Gefahr, die nach Art. 13 Abs. 3 GG a.F. als Rechtfertigung eines Eingriffs in den Schutzbereich des Art. 13 Abs. 1 GG noch ausreichte, nicht den Anforderungen des Art. 13 Abs. 4 Satz 1 GG n.F.[1513]. Zur polizeilichen Gefahren*abwehr* durch präventiv- polizeiliche Daten*erhebung* zählt aber seit den am *MEPolG* orientierten Polizeigesetzen der 1970er und 1980er Jahre auch die Abwehr von Rechtsgutschäden im Vorfeld konkreter Gefahr durch die informationellen präventiv-polizeilichen Standardmaßnahmen wie der Befragung, der Identitätsfeststellung, der Durchsuchung von Personen oder Sachen sowie der erkennungsdienstlichen Behandlung zum Zweck der *Verhütung von Strafta-*

1508 § 2 Nr. 3a) BremPolG; § 3 Nr. 3a) SOG MV; § 2 Nr. 1a) NdsSOG; § 3 Nr. 3a) SOG LSA; § 54 N. 3a) ThürOBG; ThürVerfGH in Urteil vom 21.11.2012 (Az.: VerfGH 19/09) S. 45; VerfGH RP in DVBl. 2007, 569 (572); BVerwGE 45, 51 (57); Möstl in DVBl. 2010, 808 (810); Roggan in NJW 2009, 257 (258); Baumanns in Die Polizei 2008, 79 (80); Starck in NdsVBl. 2008, 145 (149); Rux in JZ 2007, 285 (287).
1509 Möstl in DVBl. 2010, 808 (810).
1510 BVerfGE 125, 260 (330); 120, 274 (328/329); ThürVerfGH in Urteil vom 21.11.2012 (Az.: VerfGH 19/09) S. 45; Wolff/Brink in DuD 2011, 447 (448); Möstl in DVBl. 2010, 808 (810); Roggan in NJW 2009, 257 (257).
1511 Möstl in DVBl. 2010, 808 (810); Roggan in NJW 2009, 257 (257).
1512 BVerwGE 129, 142 (150).
1513 VerfGH RP in DVBl. 2007, 569 (572).

ten[1514]. Die Verhütung von Straftaten ist im Gegensatz zur abstrakten Gefahr ebenso wie die Abwehr konkreter Gefahren durch die *Wahrscheinlichkeit des Schadenseintritts* und den *Einzelfall* gekennzeichnet[1515]. Das Bevorstehen der zu verhütenden Straftat muss dann durch *Tatsachen, die die Annahme* der Begehung einer bestimmten Straftat *rechtfertigen*, belegt sein[1516], um den Geboten an Normenbestimmtheit und -klarheit gerecht werden zu können[1517].

Im Gegensatz zur konkreten Gefahr im traditionellen polizeirechtlichen Sinn reicht eine polizeilich bekannte Tatsachenbasis bei der Verhütung von Straftaten aber noch nicht aus, um einzuschätzen, wann ein Schaden für die öffentliche Sicherheit tatsächlich eintreten wird, so dass gerade noch keine hinreichende Wahrscheinlichkeit für die Begehung einer Straftat bzw. der durch den Straftatbestand generalpräventiv abzuwehrenden Rechtsgutgefährdung *in absehbarer Zeit* besteht[1518]. Bei verdeckten präventiv- polizeilichen Datenerhebungen sollen ja gerade diejenigen Informationen erhoben werden, die Aufschluss darüber geben, wie wahrscheinlich die bevorstehende Begehung einer ein hochrangiges Rechtsgut schädigenden Straftat zu einem bestimmten Zeitpunkt ist, um bei Bestätigung der bisherigen Gefahrenprognose und der damit bestehenden Gewissheit darüber, dass tatsächlich eine konkrete Gefahr i.S.d. klassischen Polizeirechts besteht, mit den klassischen präventiv- polizeilichen Mitteln i.S.d. MEPolG in den die konkrete Gefahr begründenden Kausalverlauf einzugreifen[1519]. So kann die Annahme der bevorstehenden Begehung von Straftaten insbesondere gerechtfertigt sein, wenn Tatsachen vorliegen, die eine mögliche Mitgliedschaft in einer kriminellen Organisation begründen[1520]. Insbesondere bei Dauerdelikten wie der Mitgliedschaft in einer kriminellen Vereinigung i.S.d. § 129a StGB liegen Gefahrenabwehr und Strafverfolgung nahe beieinander[1521]. Die präventiv- polizeiliche verdeckte Datenerhebung aus Wohnungen dient dann

---

1514 Kapitel 2 A. I. (S. 266); BVerwGE 141, 329 (335- Rn. 29); *Anlage 1.1 Ziffer 3a* (Die Aufgabenzuweisungsnormen der allgemeinen Polizeigesetze / Straftatenverhütung).
1515 Möstl in DVBl. 2010, 808 (810).
1516 Kapitel 2 A. III. 5. b. bb. (S. 205).
1517 BVerwGE 129, 142 (148- Rn. 34).
1518 BVerfGE 125, 260 (330); Möstl in DVBl. 2010, 808 (810); Roggan in NJW 2009, 257 (257); a.A. SächsVerfGH in DVBl. 1996, 1423 (1438).
1519 Möstl in DVBl. 2010, 808 (810/811).
1520 Käß in BayVBl. 2010, 1 (9); Roggan in NJW 2009, 257 (260).
1521 Bockemühl in JA 1996, 695 (698).

dazu, in die Strukturen krimineller Organisationen einzudringen und frühe Entstehungsphasen von Straftaten sowie Zusammenhänge und Arbeitsweisen mafiöser Gebilde sowie die steuernden Personen zu ergründen[1522]. Zutreffend ist, dass es unverhältnismäßig wäre, Große Lausch- und Spähangriffe nur deshalb zur Verhütung von Straftaten zuzulassen, weil die Straftaten organisiert begangen werden, deren Begehung aber weniger schützenswerte Rechtsgüter bedroht als die unter den Begriff der erheblichen Gefahr subsumierbaren Rechtsgüter Leib, Leben oder Freiheit einer Person[1523]. Der Begriff der Dringlichkeit intensiviert aber sowohl die inhaltlichen Anforderungen hinsichtlich der Rechtsgüter, deren Schutz die Wohnraumüberwachung dienen soll, als auch den Grad der Wahrscheinlichkeit der Gefährdung[1524]. Dies ermöglicht nicht, den Großen Lausch- und Spähangriff zur Abwehr einer abstrakten Gefahr – wohl aber im Vorfeld einer konkreten Gefahr – durchzuführen. Die Ende der 1990er Jahre erlassenen Befugnisse zum Großen Lausch- und Spähangriff sollen nicht nur der Bekämpfung der Organisierten Kriminalität förderlich sein, sondern insbesondere der Abwehr terroristischer und gleich schwerer Gefahren, die umso gründlicher und langfristiger vorbereitet werden dürften desto schwerer der durch diese angestrebt Schaden ausfallen dürfte, dienen[1525]. Es geht also nicht um ein Handeln der Polizei im Vorfeld einer Gefahr, sondern um Eingriffe im Vorfeld von Straftaten, auf deren zukünftige Begehung Tatsachen hinweisen, und damit um eine Situation, in der noch nicht klar ist, ob bei ungehindertem Geschehensablauf mit gewisser Wahrscheinlichkeit ein Schaden für die öffentliche Sicherheit eintreten wird[1526]. Daher zählen zum Begriff der Gefahrenabwehr nach allgemeinem Verständnis auch Erforschungseingriffe, die unter der Voraussetzung des Vorliegens von Tatsachen, die den Verdacht einer konkreten Gefahr begründen, der weiteren

---

1522 MV VerfG in LKV 2000, 345 (350); SächsVerfGH in DVBl. 1996, 1423 (1428/1429, 1437); a.A. Bockemühl in JA 1996, 695 (698).
1523 MV VerfG in LKV 2000, 345 (350); Käß in BayVBl. 2010, 1 (8); a.A. SächsVerfGH in NVwZ 2005, 1310 (1314).
1524 BVerfGE 125, 260 (330/331); VerfGH RP in DVBl. 2007, 569 (572); Papier in Maunz/Dürig, Art. 13 Rn. 95; Käß in BayVBl. 2008, 225 (228); Huber in ThürVBl. 2005, 1 (2).
1525 Starck in NdsVBl. 2008, 145 (149).
1526 BbgVerfG in LKV 1999, 450 (454); BayVerfGH in NVwZ 1996, 166 (167); Huber in ThürVBl. 2005, 1 (2).

Aufklärung des Sachverhalts dienen[1527]. Hier kann die Behörde in Anbetracht der Gefahr nicht auf den Eintritt einer konkreten oder gar gegenwärtigen Gefahr warten[1528]. Daher ermächtigt auch § 100d Abs. 5 Nr. 2 Satz 1 und 2 StPO nicht *nur zur Abwehr einer im Einzelfall bestehenden Gefahr* sondern auch zur Abwehr *einer dringenden Gefahr für Leib oder Freiheit einer Person oder* bestimmten *Gegenständen von bedeutendem Wert*. Durch den Begriff der dringenden Gefahr wird daher sowohl in Art. 13 Abs. 4 GG als auch in § 100d Abs. 5 Nr. 2 Satz 1 StPO klargestellt, dass bezogen auf einen konkreten Einzelfall anzunehmen ist, dass eine Gefahr für ein besonders wichtiges Rechtsgut wahrscheinlich sein könnte[1529]. Daher spricht nichts dagegen, dass § 100f Abs. 1, 2. Alt StPO a.F. bei verfassungskonformer Auslegung nicht nur konkrete Gefahren für hinreichend gewichtige Rechtsgüter sondern auch Gefahren erfasst, deren möglicher Eintritt mit Begehung etwaiger Straftaten, die diese Rechtsgüter schädigen könnten, nicht zweifelsfrei feststeht, über das Bestehen einer solchen Gefahr aber durch verdeckte informationelle Vorfeldmaßnahmen Gewissheit erlangt werden kann[1530]. Die Dringlichkeit der Gefahr stellt mithin weniger auf das zeitliche Element als auf den Grad des zu schützenden Rechtsguts ab[1531]. Beschränkungen des Grundrechts auf Unverletzlichkeit der Wohnung können auch dem Zweck dienen, einen Zustand nicht eintreten zu lassen, in dem seinerseits eine konkrete Gefahr für die öffentliche Sicherheit liegen würde[1532]. Je hochrangiger das bedrohte Rechtsgut und je gefährlicher die Begehungsweise der drohenden Straftat und damit der zu erwartende Rechtsbruch ist, desto dringender ist die Gefahr im verfassungsrechtlichen Sinne und desto weiter im Vorfeld einer konkreten Gefahr im polizeirechtlichen Sinn darf in das Grundrecht aus Art. 13 Abs. 1 GG eingegriffen werden[1533].

Nicht vom Begriff der dringenden Gefahr i.S.d. Art. 13 Abs. 4 Satz 1 G gedeckt ist daher der nachrichtendienstliche Großer Lausch- und Spähan-

---

1527 BbgVerfG in LKV 1999, 450 (454, 464); Knemeyer, POR, Rn. 71; a.A. Starck in NdsVBl. 2008, 145 (150).
1528 Starck in NdsVBl. 2008, 145 (149, 150).
1529 Käß in BayVBl. 2008, 225 (228).
1530 Roggan in NJW 2009, 257 (262).
1531 SächsVerfGH in DVBl. 1996, 1423 (1437); Möstl in DVBl. 2010, 808 (810/811); Starck in NdsVBl. 2008, 145 (149/150).
1532 BVerfGE 17, 232 (251/252); a.A. SächsVerfGH in DVBl. 1996, 1423 (1437/1438).
1533 BbgVerfG in LKV 1999, 450 (463).

griff[1534], so dass die Verfassungsschutzgesetze von *Brandenburg, Mecklenburg- Vorpommern, Schleswig- Holstein* und *Thüringen* zutreffend auch keine hierzu ermächtigenden Befugnisse enthalten. Die Verfassungsschutzgesetze der übrigen Länder ermächtigen demgegenüber in Abweichung von § 9 Abs. 2 Satz 1 und 2 BVerfSchG zum Einsatz technischer Mittel der Bild- und Tonaufzeichnung in Wohnungen zur Erfüllung der Aufgabe des Schutzes der freiheitlichen demokratischen Grundordnung und des Bestandes und der Sicherheit des Bundes und der Länder zur verdeckten Erhebung von personenbezogenen Daten. Bereits die zum Erlass der strafprozessualen Befugnis zum Großen Lauschangriff erforderliche Änderung des Art. 13 GG war heftig umstritten, weil die Gefahr, dass die Privatsphäre des Bürger durch die Abhörmöglichkeit zur Disposition gestellt würde, in Anbetracht der fundamentalen Bedeutung der durch Art. 13 Abs. 1 GG geschützten Bereiche privater Kommunikation und privatem Rückzugsraumes sowohl für soziale Beziehungen als auch für die demokratische Verfasstheit des Staats nicht zu unterschätzen sei, so dass eine totalitäre Kontrolle in einem demokratischen Rechtsstaat nicht in Betracht käme[1535].

Voraussetzung für den nachrichtendienstlichen Großen Lauschangriff ist, dass *tatsächliche Anhaltspunkte dafür bestehen*, dass eine Bestrebung besteht, die sich gegen die freiheitlich- demokratische Grundordnung oder den Bestand oder die Sicherheit des Bundes oder eines Landes und damit möglicher Weise gegen solch hochrangige Rechtsgüter wie Leib, Leben und Freiheit einer Vielzahl von Personen richtet. Auch hier geht es also um die Abwehr von Gefahren, für deren Bevorstehen aber noch keine konkreten Tatsachen für eine erhebliche Gefahr sondern lediglich tatsächliche Anhaltspunkte für eine eher diffuse Bedrohung des Bestandes oder die Sicherheit des Bundes oder eines Landes bestehen. Ein nachrichtendienstlicher Großer Lausch- oder Spähangriff, der in den Verfassungsschutzgesetzen einiger dieser Länder nur an Gefährdungen durch *das Planen* von in § 3 Abs. 1 Satz 1 und 2 G-10 benannten Staatsschutzdelikten anknüpft[1536], ist mangels ausreichend konkretisierter erheblicher Gefahr keine dringende Gefahr i.S.d. Art. 13 Abs. 4 Satz 1 GG und wäre daher mangels Verhältnismäßigkeit des in einem nachrichtendienstlichen Großen Lausch- und Späh-

---

1534 A.A. Papier in Maunz/Dürig, GG, Art. 13 Rn. 100; Huber in ThürVBl. 2005, 1 (2); ThürVBl. 2005, 33 (33).
1535 Staechelin in ZRP 1996, 430 (432).
1536 Art. 6a BayVSG, §§ 9 Abs. 1 Satz 1 BremVerfSchG, 8 Abs. 3 Satz 1 HmbVerfSchG, 6a NVerfSchG, 8 Abs. 3 Satz 1 SVerfSchG, 5a Abs. 1 SächsVSG.

angriff liegenden Eingriffs in das Grundrecht auf Unverletzlichkeit der Wohnung aus Art. 13 Abs. 1 GG verfassungswidrig[1537]. Die einzige Ausnahme bildet § 9 Abs. 2 Satz 1 und 2 BVerfSchG, der an die Abwehr einer gegenwärtigen gemeinen Gefahr oder die Abwehr einer gegenwärtigen Lebensgefahr anknüpft. Es wäre daher zu überlegen, ob die Nachrichtendienste zum Großen Lausch- und Spähangriff dann ermächtigt werden dürften, wenn Tatsachen die Annahme des *Begehens* von bestimmten Staatsschutzdelikten rechtfertigen. Verfassungsrechtlich zulässige Überlagerungen mit polizeilichen Aufgabenbereichen sind möglich[1538]. Hinsichtlich etwaiger nachrichtendienstlicher Befugnisse wäre zu beachten, dass nicht sämtliche in § 3 Abs. 1 Satz 1 und 2 G-10 genannte Staatsschutzdelikte einen Großen Lausch- und Spähangriff zu rechtfertigen geeignet sind[1539]. Da ein Schaden für die freiheitlich- demokratische Grundordnung oder den Bestand oder die Sicherheit des Bundes oder eines Landes bei Vorliegen einer einen polizeilichen Großen Lausch- und Spähangriff rechtfertigenden dringenden Gefahr nicht mehr allein mit nachrichtendienstlichen Mitteln abgewehrt werden kann und aufgrund des Trennungsprinzips die einzige Aufgabe der Nachrichtendienste in der rein informationellen Aufgabe des Beobachtens liegt, um verfassungsfeindlichen Bestrebungen so früh wie möglich mit politischen Mitteln entgegenzutreten, müssten die Nachrichtendienste dann gleichzeitig ermächtigt werden, die erhobenen Daten an die Polizei weiterzuleiten.

c. Die Adressaten des Großen Lausch- und Spähangriffs

Hinsichtlich der Adressaten des Großen Lausch- und Spähangriffs ist zwischen den Polizeigesetzen zu unterscheiden, die diesen ausschließlich zur Abwehr einer gegenwärtigen erheblichen Gefahr zulassen und denjenigen, die den Großen Lauschangriff auch im Vorfeld einer solche gegenwärtigen Gefahr, sei es zur Abwehr einer sonst konkreten Gefahr oder in deren Vorfeld zuzulassen.

Die Polizeigesetze von *Baden- Württemberg, Bayern, Berlin, Bremen, Hamburg, Hessen, Mecklenburg- Vorpommern, Nordrhein- Westfalen,* dem

---

[1537] A.A. SächsVerfGH in NVwZ 2005, 1310 (1312/1313).
[1538] SächsVerfGH in NVwZ 2005, 1310 (1312).
[1539] BVerfGE 109, 279 (348/349); SächsVerfGH in NVwZ 2005, 1310 (1314); Huber in ThürVBl. 2005, 33 (33, 34).

Kapitel 2: Die Entwicklung des polizeigesetzlichen Datenschutzrechts

Saarland, Sachsen- Anhalt und *Schleswig- Holstein* lassen den Großen Lausch- und Spähangriff ausschließlich zur Abwehr einer gegenwärtigen erheblichen Gefahr zu[1540]. Adressaten der Maßnahme können dann nach den allgemeinen polizeirechtlichen Grundsätzen Verhalten- oder Zustandsverantwortliche sowie unbeteiligte Dritte unter den Voraussetzungen des polizeilichen Notstands sein[1541]. Einer zusätzlichen Befugnis zum Erheben von Daten Dritter, wie diese in den Polizeigesetzen von *Baden- Württemberg, Berlin, Nordrhein-Westfalen* und *Schleswig- Holstein* vorgesehen ist[1542], bedarf es dann nicht[1543]. Unbeteiligte Dritte, die sich in der Wohnung des Betroffenen aufhalten und über die daher im Zuge eines Großen Lausch- und Spähangriff ebenfalls Daten erhoben und die dadurch in deren Grundrecht auf informationelle Selbstbestimmung tangiert werden, sind immer Notstandsverantwortliche.

Die Polizeigesetze von *Hamburg, Mecklenburg- Vorpommern, Niedersachsen* und *Sachsen- Anhalt* enthalten keine Differenzierung zwischen einem durch Art. 13 Abs. 1 GG geschützten Wohnungsinhaber und einem zufällig in der Wohnung anwesenden Dritten. Dort wird ausschließlich geregelt, *über wen* bei einem großen Lausch- und Spähangriffs Daten erhoben werden dürfen, nicht aber *in wessen Wohnungen*. Dies ist nur hinnehmbar, wenn der Standpunkt vertreten wird, der Große Lausch- und Spähangriff dürfe auch in Wohnungen von Notstandspflichtigen durchgeführt werden[1544]. Dabei ist jedoch zwingend das Prinzip der Nachrangigkeit der Inanspruchnahme des Notstandspflichtigen zu beachten[1545].

Im Polizeigesetz von *Bayern*, nach dem der Große Lausch- und Spähangriff wie nach dem Polizeigesetz von *Thüringen* ausschließlich *in Wohnungen von Verhaltens- und Zustandsverantwortlichen* sowie deren Kontakt- und Begleitpersonen nicht aber in Wohnungen von polizeilich Notstandspflichtigen durchgeführt werden darf, ergibt die Befugnis zur Erhebung von

---

1540 *Anlage 5.1 Ziffer 3b bis 3h* (Datenerhebung aus Wohnungen / gegenwärtige Gefahr für ...).
1541 *Anlage 5.1 Ziffer 4 und 5* (Datenerhebung aus Wohnungen / Verantwortliche für Verhalten + Zustand).
1542 *Anlage 5.1 Ziffer 8* (Datenerhebung aus Wohnungen / Daten von Dritten).
1543 A.A. MV VerfG in LKV 2000, 345 (352).
1544 VerfGH RP in DVBl. 2007, 569 (576); MV VerfG in LKV 2000, 345 (349); BbgVerfG in LKV 1999, 450 (460/461); Huber in ThürVBl. 2005, 33 (37); a.A. SächsVerfGH in DVBl. 1996, 1423 (1424, 1437).
1545 VerfGH RP in DVBl. 2007, 569 (576); MV VerfG in LKV 2000, 345 (349).

Daten unbeteiligter Dritter hingegen Sinn[1546]. Gleiches gilt für die Polizeigesetze von *Bremen* und *Hessen*, nicht jedoch für das Polizeigesetz von *Rheinland- Pfalz*. Da dieses den Großen Lausch- und Spähangriff im Vorfeld einer konkreten Gefahr nicht legitimiert[1547], sondern voraussetzt, dass ausschließlich eine gegenwärtige erhebliche Gefahr als eine dringende Gefahr i.S.d. Art. 13 Abs. 4 Satz 1 GG gilt[1548], ist die gesonderte Benennung von Kontakt- und Begleitpersonen als Adressaten eines Großen Lausch- und Spähangriffs überflüssig. Wenn eine durch Tatsachen belegte Nähebeziehung des durch die Anordnung einer Wohnraumüberwachung Betroffenen zu der konkret bevorstehenden Verletzung eines hochrangigen Rechtsguts besteht[1549], ist die betroffene Kontakt- und Begleitperson Verhaltens- oder Zustandsverantwortlicher, jedenfalls aber Notstandspflichtiger.

Bei den Polizeigesetzen von *Brandenburg* und *Niedersachsen*, die den Großen Lausch- und Spähangriff ebenso wie § 20h BKAG nicht nur zur Abwehr einer gegenwärtigen erheblichen Gefahr sondern auch zur Abwehr besonders schwerer Straftaten zulassen[1550], ist die dort ebenso wie in § 20h Abs. 2 Satz 3 BKAG enthaltene Befugnis zur Erhebung von Daten Dritter ebenfalls angebracht. Da hier die Voraussetzungen des polizeilichen Notstands nicht vorzuliegen brauchen, muss zur Erhebung von Daten über in der überwachten Wohnung von potentiellen Straftätern oder von deren Kontakt- und Begleitpersonen[1551] anwesenden Nicht- Wohnungsinhaber gesondert ermächtigt werden[1552]. Allerdings können Berufsgeheimnisträger, in deren Geschäftsräumen sich der eigentliche Adressat polizeilicher Beobachtung aufhält, nicht als Kontaktpersonen eines potentiellen Straftäters allein deshalb zu Adressaten des Großen Lausch- und Spähangriff werden, weil sich der eigentliche Adressat in deren Geschäftsräumen aufhält[1553]. Auch Geschäftsräume von Berufsgeheimnisträgern sind vom Schutzbereich des Art. 13 Abs. 1 GG erfasst[1554]. Nicht unter die Formulierung des *Aufent-*

1546 MV VerfG in LKV 2000, 345 (349).
1547 VerfGH RP in DVBl. 2007, 569 (576/577).
1548 VerfGH RP in DVBl. 2007, 569 (577).
1549 VerfGH RP in DVBl. 2007, 569 (577).
1550 *Anlage 5.1 Ziffer 3i* (Datenerhebung aus Wohnungen / Kataloge von besonders schweren Straftaten).
1551 *Anlage 5.1 Ziffer 6 und 7* (Datenerhebung aus Wohnungen / über potentiellen Straftäter / Kontakt- und Begleitpersonen).
1552 BbgVerfG in LKV 1999, 450 (463).
1553 Huber in ThürVBl. 2005, 33 (34).
1554 Huber in ThürVBl. 2005, 33 (34).

halts in der Wohnung fällt das nur vorübergehende Verweilen in der Wohnung mit Zustimmung des Berechtigten.

d. Weitere Tatbestandsvoraussetzungen des Großen Lausch- und Spähangriffs

Den Geboten der Normenbestimmtheit und -klarheit kommt bei verdeckten Eingriffen in das Grundecht auf informationelle Selbstbestimmung sowie dessen speziellen Ausprägungen aus Art. 13 Abs. 1 GG sowie Art. 10 Abs. 1 GG besondere Bedeutung zu[1555]. Anders als der die Verfassung ändernde Gesetzgeber ist der einfache Gesetzgeber an die Wesensgehaltsgarantie des Art. 19 Abs. 2 GG gebunden und hat sich an die durch Auslegung der Verfassung ermittelbaren Vorgaben zu halten[1556]. Die einfachgesetzliche Ausgestaltung des § 13 Abs. 4 GG erfordert die Erkennbarkeit des Umfangs der Beschränkungen eines Eingriffs in Art. 13 Abs. 1 GG aus der Eingriffsnorm heraus, wie das BVerfG in seiner Entscheidung vom 3.3.2004 zum Großen Lauschangriff für die Befugnis aus §§ 100c Abs. 1 Nr. 3 StPO im Verhältnis zu Art. 13 Abs. 3 GG forderte[1557]. Daher sind auch in den Polizeigesetzen ausdrückliche Regelungen zum Schutz des Kernbereichs privater Lebensgestaltung zwingend geboten. Dem widerspricht es, wenn die Eingriffsvoraussetzungen erst im Wege der verfassungskonformen Reduktion des Anwendungsbereichs der Norm zu bestimmen sind[1558].

aa. Der Kernbereich privater Lebensgestaltung

Befugnisnormen, die Art. 13 Abs. 3 bis 5 GG konkretisieren, müssen hinreichende Vorkehrungen enthalten, um Eingriffe in den absolut geschützten Kernbereich privater Lebensgestaltung von vornherein abzuwehren und so

---

1555 BVerfGE 109, 279 (318/319); 100, 313 (359/360); 65, 1 (64/65); SächsVerfGH in NVwZ 2005, 1310 (1314).
1556 BVerfGE 109, 279 (310/311).
1557 BVerfGE 109, 279 (343 ff); SächsVerfGH in NVwZ 2005, 1310 (1313, 1314); Denninger in ZRP 2004, 101 (104).
1558 BVerfGE 100, 313 (396); SächsVerfGH in NVwZ 2005, 1310 (1313); Baldus in JZ 2008, 218 (220/221).

die Menschwürde zu wahren[1559]. Durch das Grundrecht auf Unverletzlichkeit der Wohnung kommt das verfassungsrechtliche Gebot unbedingter Achtung einer Sphäre des Bürgers für eine ausschließlich private Entfaltung zum Ausdruck, da dem Einzelnen das Recht, in Ruhe gelassen zu werden, gerade in seinen Wohnräumen gesichert werden soll[1560]. Die vom BVerfG für andere Konstellationen zur Konkretisierung des Begriffs der Menschenwürde entwickelte sog. Objektformel[1561] hilft daher bei der auf die verdeckten präventiv- polizeiliche Wohnraumüberwachung bezogenen Bestimmung des Kernbereichs privater Lebensgestaltung nicht weiter. Nicht die Tatsache, dass der Einzelne durch eine Wohnraumüberwachung zum Objekt staatlichen Handelns wird[1562], sondern der Umstand, dass die Behandlung durch die öffentliche Gewalt die Achtung des Wertes vermissen lässt, der jedem Menschen um seiner selbst willen zukommt, und daher die Subjektqualität des Betroffenen grundsätzlich in Frage stellt, ist für einen Verstoß gegen den Kernbereichsschutz im Fall der Wohnraumüberwachung kennzeichnend[1563].

Ein Verstoß gegen das Gebot, den Kernbereich privater Lebensgestaltung zu wahren, liegt vor, wenn bei einer verdeckten Überwachung ein Sachverhalt aufgezeichnet wird, der seinem Inhalt nach höchstpersönlichen Charakter hat[1564]. Zum höchstpersönlichen Bereich gehört die Möglichkeit, Gefühle und Empfindungen, Überlegungen, Ansichten, Erlebnisse höchstpersönlicher Art oder Sexualität sowie Äußerungen des unbewussten Erlebens ungehindert und ohne die Angst des Überwachtwerdens durch staatliche Stellen zum Ausdruck zu bringen[1565]. Daher ist bei einer gezielt vom Be-

---

[1559] BVerfG in NJW 2007, 2753 (2754); BVerfGE 109, 279 (328, 331/332); ThürVerfGH in Urteil vom 21.11.2012 (Az.: VerfGH 19/09) S. 46; Warg in NStZ 2012, 237 (238).
[1560] BVerfGE 120, 274 (309/310); 109, 279 (313); 80, 367 (373/374); 51, 97 (110); SächsVerfGH NVwZ 2005, 1310 (1313).
[1561] BVerfGE 72, 105 (115/116); 45, 187 (228); 28, 389 (391).
[1562] BVerfGE 96, 375 (399); 30, 1 (25/26).
[1563] BVerfGE 109, 279 (312/313); VerfGH RP in DVBl. 2007, 569 (573).
[1564] BVerfGE 109, 279 (314).
[1565] BVerfG in NJW 2012, 907 (908); BVerfGE 119, 1 (29/30); 109, 279 (313, 315); 80, 367 (381); ThürVerfGH in Urteil vom 21.11.2012 (Az.: VerfGH 19/09) S. 46; VerfGH RP in DVBl. 2007, 569 (573).

Kapitel 2: Die Entwicklung des polizeigesetzlichen Datenschutzrechts

troffenen verborgenen Beobachtung von Geschehnissen in Wohnräumen ein unantastbarer Kernbereich privater Lebensgestaltung[1566] zu wahren[1567].

Da der Kernbereich privater Lebensgestaltung als Teil der Menschenwürde unantastbar ist[1568], ist der Zweck jeder diesen beeinträchtigenden Maßnahme nicht zu rechtfertigen[1569]. Den durch die Menschenwürdegarantie geprägten Kernbereichsschutz überwiegende Interessen der Allgemeinheit kann es nicht geben[1570]. Der Gesetzgeber ist durch Rechtsstaats- und Demokratieprinzip gehalten, staatliche Befugnisse, die Kernbereichsverletzungen mit Wahrscheinlichkeit befürchten lassen, durch gesetzliche Schutzvorkehrungen abzusichern und im Zuge dessen festzulegen, wie nach einer Kernbereichsverletzung trotz adäquaten Absicherungen vorzugehen ist[1571]. Ein zum Großen Lausch- und Spähangriff ermächtigendes Gesetz muss sicherstellen, dass die Maßnahme von vornherein in Situationen unterbleibt, in denen Anhaltspunkte dafür bestehen, dass hierdurch die Menschenwürde verletzt wird[1572].

Eine Wohnraumüberwachung, die unerwartet zur Erhebung von absolut geschützten Informationen führt, muss abgebrochen und etwaige vorhande-

---

1566 BVerfGE 80, 367 (373); 27, 1 (6); 6, 32 (41); BbgVerfG in LKV 1999, 450 (464).
1567 BVerfGE 109, 279 (313); ThürVerfGH in Urteil vom 21.11.2012 (Az.: VerfGH 19/09) S. 47/48; VerfGH RP in DVBl. 2007, 569 (573); SächsVerfGH in NVwZ 2005, 1310 (1314).
1568 BVerfGE 109, 279 (317, 328); Baldus in JZ 2008, 218 (223).
1569 BVerfGE 80, 367 (373); ThürVerfGH in Urteil vom 21.11.2012 (Az.: VerfGH 19/09) S. 48; VerfGH RP in DVBl. 2007, 569 (573); SächsVerfGH NVwZ 2005, 1310 (1314/1315); a.A. SächsVerfGH in DVBl. 1996, 1423 (1437); Baldus in JZ 2008, 218 (224).
1570 BVerfGE 109, 279 (318/319); 34, 238 (245); ThürVerfGH in Urteil vom 21.11.2012 (Az.: VerfGH 19/09) S. 48; SächsVerfGH in NVwZ 2005, 1310 (1341); BbgVerfG in LKV 1999, 450 (464); BGHSt 50, 206 (210); Huber in ThürVBl. 2005, 1 (3).
1571 BVerfGE 120, 274 (335 ff); 113, 348 (391); 109, 279 (318/319); SächsVerfGH in NVwZ 2005, 1310 (1314); Bertram, Terrorismusabwehr durch das BKA, S. 81; Warg in NStZ 2012, 237 (238); Poscher in JZ 2009, 269 (272); Baldus in JZ 2008, 218 (221).
1572 BVerfG in NJW 2012, 907 (908); BVerfGE 109, 279 (318 ff, 328); ThürVerfGH in Urteil vom 21.11.2012 (Az.: VerfGH 19/09) S. 46; VerfGH RP in DVBl. 2007, 569 (573); SächsVerfGH in NVwZ 2005, 1310 (1314); Warg in NStZ 2012, 237 (238); a.A. SächsVerfGH in DVBl. 1996, 1423 (1428).

ne Aufzeichnungen müssen gelöscht werden[1573]. Daher scheidet der Einsatz selbsttätiger Aufzeichnungsgeräte in Abwesenheit eines verantwortlichen Polizeibeamten beim Großen Lausch- und Spähangriff[1574] aus, so dass die Aufzeichnung auf einem sog. Richterband nur bei dessen gleichzeitiger Anwesenheit – und bei in ausländischer Sprache geführten Gesprächen bei gleichzeitiger Anwesenheit eines sprachkundigen Dolmetschers – möglich ist[1575]. Da jede aussagekräftige Dokumentation gegen das absolute Verbot der Erhebung kernbereichsrelevanter Informationen verstoßen würde, genügt es bei der Protokollierung der Löschung schriftlich festzuhalten, dass es zur Aufnahme absolut geschützter Gesprächsinhalte gekommen ist, und dass die angefertigten Aufzeichnungen deswegen vollständig gelöscht worden sind[1576].

Verneint der BGH die Bedeutung des Sozialbezugs von in einem Pkw geführten Selbstgesprächen bei der Prüfung des Kernbereichsschutzes, obwohl sich der Inhalt der Selbstgespräche auf einen Mord bezog[1577], so tut er dies, weil der *repressive Große Lauschangriff* gar nicht erst hätte durchgeführt werden dürfen, falls sich eine Person allein *in einen der Öffentlichkeit nicht zugänglichen Raum* aufhält, so dass *dort* geführte Selbstgespräche allein durch staatlichen Überwachungsmaßnahmen erfasst werden könnten und daher immer der Kernbereich privater Lebensgestaltung verletzt wird[1578]. Staatliche Maßnahmen, die das Risiko einer Kernbereichsverletzung in sich bergen, sind nur solange möglich, solange die Wahrscheinlichkeit der Kernbereichsverletzung niedrig ist[1579]. Bei der verdeckten Überwachung von Wohnraum oder auch eines sonstigen umschlossenen Raums wie einem Pkw, in dem sich der Betroffene allein aufhält, ist die Wahrscheinlichkeit einer Kernbereichsverletzung demgegenüber extrem

---

1573 ThürVerfGH in Urteil vom 21.11.2012 (Az.: 19/09) S. 46, 49; VerfGH RP in DVBl. 2007, 569 (574); SächsVerfGH in NVwZ 2005, 1310 (1314); Kugelmann/ Rüden in ThürVBl. 2009, 169 (173); Baldus in JZ 2008, 218 (220); Huber in ThürVBl. 2005, 1 (6); Denninger in ZRP 2004, 101 (102).
1574 Sachs/Krings in NWVBl. 2010, 165 (167, 169); Huber in ThürVBl. 2005, 33 (37, 38).
1575 Sachs/Krings in NWVBl. 2010, 165 (169/170); a.A. ThürVerfGH in Urteil vom 21.11.2012 (Az.: VerfGH 19/09) S. 50; Baldus in JZ 2008, 218 (227).
1576 BVerfG in NJW 2012, 907 (908); BVerfGE 109, 279 (333); ThürVerfGH in Urteil vom 21.11.2012 (Az.: VerfGH 19/09) S. 49.
1577 BGHSt 57, 71 (73/74 – Rn. 10).
1578 BVerfGE 109, 279 (319, 321); BGHSt 57, 71 (76 – Rn. 15); 50, 206 (210).
1579 Baldus in JZ 2008, 218 (220, 226).

hoch[1580]. Daher verbieten sich dann sowohl repressive als auch präventivpolizeiliche heimliche bzw. verdeckte Überwachungsmaßnahmen, die mit der Gefahr der technischen Aufzeichnung kernbereichsrelevanter Inhalte einhergehen[1581]. Werden Selbstgespräche an öffentlich zugänglichen Orten geführt und zufällig aufgezeichnet, gibt es wie bei der Telekommunikationsüberwachung[1582] kein absolutes Erhebungsverbot, das im Strafverfahren aus rechtstaatlichen Gründen zwangsläufig zu einem absoluten Verwendungsverbot führt[1583]. Daher können außerhalb des durch Art. 13 Abs. 1 GG geschützten Wohnraums Äußerungen aus einem Selbstgespräch mit Sozialbezug der Beweisverwertung im Strafverfahren unter Beachtung des Grundsatzes der Verhältnismäßigkeit ebenso zugänglich sein[1584], wie deren Nutzung zur Gefahrenabwehr nichts entgegenstehen muss[1585].

Mittlerweile haben mit den Polizeigesetzen von *Hamburg, Sachsen* und *Sachsen-Anhalt* die letzten Polizeigesetzgeber Befugnisse zum Großen Lausch- und Spähangriff erlassen, die der Einschränkung dieser Befugnisse durch den Kernbereich privater Lebensgestaltung Rechnung tragen. Innerhalb der Landespolizeigesetze wie auch der Literatur nach wie vor ungeklärt ist die Frage, wann eine Äußerung oder ein Verhalten nicht dem Kernbereich privater Lebensgestaltung zuzurechnen ist. Auch ein Raum, der vorderhand absolute Schutzwürdigkeit genießt, kann im Einzelfall in einer Weise genutzt werden, die diesen Schutz nicht verdient und einen Eingriff zur Bewahrung anderer Rechtsgüter erforderlich macht[1586]. Ebenso wie das BVerfG aufgrund Sozialbezugs den Kernbereich privater Lebensgestaltung verneint hat, wenn Zwiegespräche über begangene schwere Straftaten mitgeschnitten werden[1587], besteht kein Schutz des Kernbereichs privater Lebensgestaltung, wenn – wie etwa bei der Verabredung schwerer Straftaten

---

1580 BGHSt in NJW 2005, 3295 (3296).
1581 BGHSt 57, 71 (74 – Rn. 13, 78 – Rn. 20).
1582 Kapitel 2 A. VI. 4. (S. 315).
1583 Kapitel 4 A. II. 2. (S. 487).
1584 Warg in NStZ 2012, 237 (240).
1585 BGHSt in NJW 2005, 3295 (3296).
1586 BbgVerfG in LKV 1999, 450 (464).
1587 BVerfGE 113, 348 (391); 109, 279 (319); 80, 367 (375); BGHSt 57, 71 (77 – Rn. 18); 50, 206 (210); Warg in NStZ 2012, 237 (239, 240).

– ein besonders hohes Rechtsgut in besonderem Maße gefährdet wird[1588]. Dem Kernbereich privater Lebensgestaltung können nur Sachverhalte zugerechnet werden, die die Sphäre anderer oder die Sphäre der Gemeinschaft nicht berühren[1589]. Während Eingriffe in die Sozial- und Privatsphäre nach der herkömmlichen Eingriffsdogmatik möglich sein sollen, konstituiert die Intimsphäre den Kernbereich der Persönlichkeit, der einen absoluten Schutz genießt[1590]. Die Höchstpersönlichkeit eines Sachverhalts schwindet zwar umso mehr, je weiter dieser seiner Art und Intensität nach die Sphäre anderer Personen oder die Belange der Gemeinschaft berührt und somit Sozialbezug aufweist[1591]. Kommunikationsinhalte, die Lebensgefahr oder eine sonstige ebenso dringende Gefahr für Leib oder Freiheit einer Person betreffen, können von vornherein keinen höchstpersönlichen Inhalt haben, da polizeirelevante Gefahren für hochrangige Rechtsgüter ebenso wie schwere Straftaten in Zwiegesprächen nie die Intimsphäre des sich Äußernden betreffen sondern stets auch in die Intimsphäre anderer Personen eingreifen oder sich auf die Rechtsgemeinschaft als solche beziehen[1592].

bb. Der Schutz von Vertrauensverhältnissen

Da Gespräche über gegenwärtige Gefahren für hochrangige Rechtsgüter nie dem Kernbereich privater Lebensgestaltung zuzurechnen sind, stellt sich die Frage, inwieweit der Schutz besonderer Vertrauensverhältnisse vor dem Hintergrund grundrechtlicher Schutzpflichten des Staates in Situationen, in denen ein großer Lausch- und Spähangriff Aufschluss über diese Gefahren begründenden Umstände liefern könnte, Einschränkungen bei der Gefah-

---

1588 BVerfGE 124, 43 (70); 113, 348 (391); 109, 279 (314/315); 80, 367 (374/375); MV VerfG in LKV 2000, 345 (352); BGHSt 57, 71 (77 – Rn. 18); Warg in NStZ 2012, 237 (239); Kugelmann/Rüden in ThürVBl. 2009, 169 (173); Baldus in JZ 2008, 218 (226).
1589 BVerfGE 109, 279 (314); 80, 367 (373, 374); Baldus in JZ 2008, 218 (219, 223/224); Starck in NdsVBl. 2008, 145 (146).
1590 Poscher in JZ 2009, 269 (271).
1591 BVerfGE 113, 348 (391); 109, 279 (314/315); 80, 367 (373, 374, 375); Starck in NdsVBl. 2008, 145 (146).
1592 BT-Drucksache 15/5486 S. 18; VerfGH RP in DVBl. 2007, 569 (573);); Meyer-Goßner, StPO, § 100d Rn. 8; Warg in NStZ 2012, 237 (239); a.A. Baldus in JZ 2008, 218 (226).

Kapitel 2: Die Entwicklung des polizeigesetzlichen Datenschutzrechts

renabwehr rechtfertigen kann[1593]. Bislang ist der Schutz von Zeugnisverweigerungsberechtigten und Amts- und Berufsgeheimnisträgern in den Polizeigesetzen unterschiedlich ausgestaltet. Zwar haben die Polizeigesetzgeber von *Baden-Württemberg, Rheinland- Pfalz* und *Thüringen* mit dem
– *Gesetz zur Änderung des Polizeigesetzes* vom 18.11.2008[1594] erlassenen § 9a PolG BW i.d.F. des *Gesetzes zur Änderung des Polizeigesetzes und des Gesetzes zur Ausführung des Personenstandsgesetzes* vom 20.11.2012[1595],
– *Siebten Landesgesetzes zur Änderung des Polizei- und Ordnungsbehördengesetzes* vom 15.2.2011 und
– *Gesetz zur Änderung sicherheits- und verfassungsrechtlicher Vorschriften* vom 16.7.2008[1596]

dem durch das *TKÜG 2007* erlassenen § 160a Abs. 1 StPO (sowie dem durch das Gesetz zur Abwehr von Gefahren des internationalen Terrorismus durch das Bundeskriminalamt vom 25.12.2008[1597] erlassenen § 20u Abs. 1 BKAG) im Wesentlichen entsprechende Regelungen getroffen. § 9a Abs. 1 Satz 1 PolG BW, § 39b Abs. 1 Satz 1 POG RP sowie der durch Entscheidung des ThürVerfGH vom 21.11.2012 (Az.: VerfGH 19/09) als mit der Thüringer Verfassung und folglich auch dem Grundgesetz für unvereinbar erklärte § 5a Abs. 3 ThürPAG a.F. enthalten absolute Erhebungsverbote, falls präventiv- polizeilichen Datenerhebungen besonders geschützte Vertrauensverhältnisse i.S.d. § 53 Abs. 1 Satz 1 StPO tangieren. Problematisch an der damit vollzogenen Parallelregelung von strafprozessualen und präventiv- polizeilichen Erhebungsverboten ist im Polizeirecht, dass der verfassungsrechtliche Schutz von Vertrauensverhältnissen, wie zu Geistlichen, zu Strafverteidigern, zu Ärzten oder zu Parlamentsabgeordneten gem. § 53 Abs. 1 Satz 1 Nr. 1, 2 und 4 StPO im Strafverfahrensrecht generell höher zu bewerten ist als das Interesse des Staates, Amts- und Berufsgeheimnisträger zur Aufklärung von Straftaten zu überwachen[1598]. Gleiches gilt für Gespräche mit Rechtsanwälten und Notaren in familien- und erbrechtlichen Ange-

---

1593 Sachs/Krings in NWVBl. 2010, 165 (168/169).
1594 GBl. BW 2008 S. 390 bis 401.
1595 GBl. BW 2012 S. 625 bis 631.
1596 ThürGVBl. 2008 S. 245 bis 258.
1597 Kapitel 2 B. II. 3. (S. 357).
1598 BVerfG in NVwZ 2001, 1261 (1262); BbgVerfG in LKV 1999, 450 (458, 464); SächsVerfGH in DVBl. 1996, 1423 (1432); BGHSt 50, 206 (212); Huber in ThürVBl. 2005, 1 (5).

legenheiten[1599]. Äußerungen gegenüber diesen Berufsgeheimnisträgern sind bezogen auf den Beichtenden, den Patienten oder den einer Straftat beschuldigten Mandanten zwar grundsätzlich dem Kernbereich privater Lebensgestaltung zuzurechnen[1600]. Das Vertrauensverhältnis eines Mandanten zum Strafverteidiger ist aber auch für die Funktionsfähigkeit der freiheitlich demokratischen Grundordnung ebenso von Bedeutung wie das Vertrauensverhältnis zu Parlamentsabgeordneten oder Geistlichen. Daher sind im Strafverfahrensrecht an die Rechtfertigung von Abhörmaßnahmen grundsätzlich höhere Anforderungen zu stellen, als bei der heimlichen Aufzeichnung von Daten sonstiger Personen[1601].

Bei nicht ausschließlich als Strafverteidiger oder in Familien- und Erbrecht tätigen Rechtsanwälten, bei Notaren und Steuerberatern berührt demgegenüber nicht jedes Gespräch den Kernbereich privater Lebensgestaltung, so dass eine Überwachung möglich sein könnte[1602]. Auch könnte zumindest dann in das Vertrauensverhältnis zwischen Strafverteidiger und Beschuldigten eingegriffen werden dürfen, wenn die von dem Beschuldigten ausgehende erhebliche Gefahr nicht im Zusammenhang mit dem Mandatsverhältnis steht[1603]. Die Verfassung schützt Vertrauensverhältnisse nicht absolut, sondern ermöglicht eine Abwägung mit gegenseitigen Verfassungsbelangen[1604]. Auch das in der *StPO* normierte Zeugnisverweigerungsrecht von Presseangehörigen und Abgeordneten dient nicht dem Schutz der Persönlichkeit und der Würde von deren Gesprächspartnern, sondern der Funktionsfähigkeit der Presse und des Mandats[1605]. Der dem Staat gegenüber dem Bürger obliegenden grundrechtlichen Schutzpflicht kommt im Zusammenhang mit der dem Individualgüterschutz dienenden Aufgabe der Gefahrenabwehr eine größere Bedeutung zu als bei der Strafverfolgung, bei der dieser Rechtsgüterschutz gewisser Maßen mediatisiert erscheint[1606]. Da es Zweck verdeckter präventiv- polizeilicher Datenerhebungen ist, bevorstehende drohende Schäden für hochrangige Rechtsgüter zu verhindern[1607], könnte der

---

1599 Huber in ThürVBl. 2005, 1 (5).
1600 MV VerfG in LKV 2000, 345 (353); Huber in ThürVBl. 2005, 1 (5, 6).
1601 Roggan in NJW 2009, 257 (259); Huber in ThürVBl. 2005, 1 (4, 5).
1602 Huber in ThürVBl. 2005, 1 (6).
1603 MV VerfG in LKV 2000, 345 (353).
1604 BbgVerfG in LKV 1999, 450 (457, 464); SächsVerfGH in DVBl. 1996, 1423 (1432).
1605 Huber in ThürVBl. 2005, 1 (5); Kugelmann in NJW 2003, 1777 (1779).
1606 MV VerfG in LKV 2000, 345 (352); Schenke in JZ 2001, 997 (997).
1607 Huber in ThürVBl. 2005, 1 (3).

Staat sogar verpflichtet sein, gesetzliche Vorkehrungen zu treffen, die eine tief in Vertrauensverhältnisse eingreifende Datenerhebung ermöglichen[1608]. Nach den Verstrickungsregeln der § 160a Abs. 4 StPO, 20u Abs. 4 BKAG, § 9a Abs. 4 PolG BW sowie § 5 Abs. 5 ThürPAG i.d.F. vom 16.7.2008 kann sich daher kein Rechtsanwalt, der selbst in kriminelle Handlungen seines Mandanten involviert ist, auf den Rechtsanwälten durch die Rechtsordnung grundsätzlich zugebilligten Vertrauensschutz berufen[1609]. Demgegenüber überwiegt im Strafverfahrensrecht bei einem nicht verstrickten Berufsgeheimnisträger i.S.d. § 53 Abs. 1 Satz 1 Nr. 1, 2 und 4 StPO als Kontakt- und Begleitperson eines potentiellen Straftäters jedenfalls der verfassungsrechtliche Schutz des Vertrauensverhältnisses[1610]. Ist aber das Rechtstaat- und Demokratieprinzip gleichrangig oder gar höherrangiger als gefährdete hochrangige Individualrechtsgüter? Im Strafverfahren geht zum Beispiel der Schutz von Pressemitarbeitern i.S.d. § 53 Abs. 1 Satz 1 Nr. 5 StPO durch die Pressefreiheit aus Art. 5 Abs. 1 Satz 2 GG dann nicht über den Schutz des Art. 10 Abs. 1 GG hinaus[1611], wenn in diese Grundrechtspositionen durch *Abfrage von Vorratsdaten* zu Zwecken der Strafverfolgung oder der Gefahrenabwehr eingegriffen wird[1612]. Gem. § 160a Abs. 2 Satz 1 StPO durch relative Beweisverwertungsverbote geschützte Berufsgeheimnisträgern i.S.d. § 53 Abs. 1 Satz 1 Nr. 3 bis 3b und 5 StPO – mit Ausnahme der in § 160a Abs. 2 Satz 4 StPO genannten Rechtsanwälte und diesen gleich gestellte Personen – genießen einen abwägungsoffeneren, von Verhältnismäßigkeitserwägungen getragenen Schutz[1613].

Das Interesse am Schutz der Grundrechte auf Leben, Freiheit und körperlicher Unversehrtheit geht aber regelmäßig über den in § 53 Abs. 1 Satz 1 Nr. 5 StPO zum Ausdruck kommenden Schutzanspruch des Art. 5 Abs. 1 Satz 2 GG hinaus. Wie im konkreten Einzelfall auch das Strafverfolgungsinteresse des Staates überwiegen kann, kann der Schutz hochrangiger Grundrechte nicht nur den Schutzanspruch des Art. 10 Abs. 1 GG sondern auch den Schutzanspruch des Art. 10 Abs. 1 GG überwiegen. Auch wenn

---

1608 ThürVerfGH in Urteil vom 21.11.2012 (Az.: VerfGH 19/09) S. 36; MV VerfG in LKV 2000, 345 (352); SächsVerfGH in DVBl. 1996, 1423 (1432).
1609 BVerfG in NVwZ 2001, 1261 (1262); BbgVerfG in LKV 1999, 450 (457); Sächs-VerfGH in DVBl. 1996, 1423 (1432).
1610 BbgVerfG in LKV 1999, 450 (464); SächsVerfGH in DVBl. 1996, 1423 (1432).
1611 Kugelmann in NJW 2003, 1777 (1778).
1612 BVerfGE 107, 299 (329 ff); Kugelmann in NJW 2003, 1777 (1777).
1613 BVerfGE 100, 313 (365); Roggan in NJW 2009, 257 (259).

das Grundrecht auf Schutz der Betriebs- und Geschäftsräume vom Presseangehörigen aus Art. 13 Abs. 1 GG in der Regel einen höheren Schutzanspruch genießt als das Grundrecht aus Art. 10 Abs. 1 GG, können hochrangigste Grundrechte wie diejenigen auf Leben, Freiheit und körperliche Unversehrtheit diesen und denjenigen des Art. 5 Abs. 1 Satz 2 GG verdrängen. Andererseits gilt dies selbstverständlich nicht, wenn die in § 53 Abs. 1 Satz 1 Nr. 3 bis 3b StPO genannten Stellen gerade zur Verhinderung von Gefahren, die mit deren Aufgabenstellung im Zusammenhang stehen, tätig werden. So bestehen bei den in § 53 Abs. 1 Satz 1 Nr. 3 bis 3b StPO genannten Beratungsstellen für Schwangerschaftsabbrüche und Betäubungsmittelabhängige in gewissem Sinne immer Gefahren für Leib oder Leben, so dass eine heimliche Überwachung der vertraulichen Gespräche unter Umständen nie ausgeschlossen werden könnte.

Können die Voraussetzungen des polizeilichen Notstands aber im konkreten Einzelfall ausnahmsweise auch geeignet sein, einen Großen Lausch- und Spähangriff gezielt in Wohn- und Geschäftsräumen eines für eine erhebliche Gefahr nicht verantwortlichen Berufsgeheimnisträgers i.S.d. § 53 Abs. 1 Nr. 1, 2 und 4 StPO durchzuführen[1614]? Voraussetzung wäre, dass von vornherein ausgeschlossen ist, dass der Kernbereich privater Lebensgestaltung nicht betroffen wird, etwa weil aus einer vorausgegangenen TKÜ bekannt wurde, dass ein zukünftiger Störer mit dem Berufsgeheimnisträger über die eine erhebliche Gefahr begründenden Umstände zu sprechen beabsichtigt. Dann ist ein Strafverfolgungsinteresse entsprechend des aus § 160a Abs. 1 StPO hervorgehenden absoluten Beweisverwertungsverbots ausgeschlossen und ein repressiver Großer Lauschangriff von vornherein zur Aufklärung einer Straftat ungeeignet[1615]. Im Gegensatz zum Strafverfolgungsinteresse, das regelmäßig voraussetzt, dass hochrangige Individualrechtsgüter schon verletzt wurden, dient der präventiv- polizeiliche Große Lausch- und Spähangriff der Verhinderung von Verletzungen dieser Rechtsgüter. Wäre der durch § 160a StPO i.V.m. § 53 Abs. 1 Satz 1 Nr. 1, 2 und 4 StPO geschützte Berufsgeheimnisträger nicht Adressat der verdeckten präventiv- polizeilichen Datenerhebung, weil nicht seine Büroräume sondern die Wohnung des verantwortlichen Störers durch Großen Lausch- und Spähangriff überwacht würden, und wäre das bevorstehende Gespräch in Unkenntnis der Eigenschaft des Gesprächspartners als Berufsgeheimnisträger

---

1614 MV VerfG in LKV 2000, 345 (353); SächsVerfGH in DVBl. 1996, 1423 (1432).
1615 Roggan in NJW 2009, 257 (259).

Kapitel 2: Die Entwicklung des polizeigesetzlichen Datenschutzrechts

i.S.d. § 53 Abs. 1 Nr. 1, 2 oder 4 StPO abgehört worden, dürfen so gewonnene Erkenntnisse über erhebliche Gefahren jedenfalls zu deren – unmittelbarer – Abwehr verwendet werden. Dann wäre der Kernbereich privater Lebensgestaltung des Wohnungsinhabers und Mandanten nicht betroffen und ein demokratischer Rechtsstaat kann nicht um seiner selbst willen untätig der Verletzung hochrangiger Rechtgüter zusehen. Nichts anderes gilt, wenn von Anfang an fest steht, dass ein potentieller Hijacker, Kofferbombenleger oder Amokläufer im vorab über die ihm drohenden rechtlichen Konsequenzen eines bevorstehenden Massenmordes in den Kanzleiräumen seines Stammanwalts informieren oder als Selbstmordattentäter sein Testament abschließen wird. Unter diesen – zugegebener Maßen äußerst selten eintretenden engsten Voraussetzungen – dürfen zu präventiv- polizeilichen Zwecken selbst Büroräume der in § 53 Abs. 1 Satz 1 Nr. 1, 2 und 5 StPO genannten Berufsgeheimnisträger mittels Großen Lausch- und Spähangriffs zu präventiv- polizeilichen Zwecken überwacht werden[1616]. Die rechtsstaatlich gebotene Untersagung der Verwertung dieser Erkenntnisse als Beweismittel im Strafverfahren wird demgegenüber durch § 100d Abs. 5 Nr. 3 StPO i.V.m. § 100c Abs. 6 StPO gewährleistet[1617].

Demnach dürfte der Große Lausch- und Spähangriff in Büro- und Geschäftsräumen von sämtlichen in § 53 Abs. 1 Satz 1 Nr. 1 bis 5 StPO genannten Amts- und Berufsgeheimnisträgern als ultima ratio angeordnet werden, wenn Tatsachen die Annahme rechtfertigen, dass dort Gespräche, die Aufschluss über eine drohende Gefährdung hochrangigster Rechtsgüter Gespräch stattfinden werden, auch wenn der Amts- oder Berufsgeheimnisträger nicht in die insoweit bevorstehende Straftat verstrickt ist. Einer Unterbrechungspflicht bedarf es dann selbstverständlich nicht. Insoweit müsste eine Regelung zum Schutz von Vertrauensverhältnissen im Zusammenhang mit der Erhebung von Daten in einem überarbeiteten *ME PolG* wie folgt gefasst werden:

§ 8e MEPolG – neu
(...) Der Große Lausch- und Spähangriff in Büro- und Geschäftsräumen von Berufsgeheimnisträgern i.S.d. § 53 Abs. 1 Satz 1 StPO und deren Hilfspersonen i.S.d. § 53a Abs. 1 StPO ist unzulässig. Ebenso dürfen in Wohnungen von für eine Gefahr verantwortlichen Personen geführte Gespräche mit Berufsgeheimnisträgern nicht überwacht und aufgezeichnet werden. Dennoch erlangte Erkenntnisse sind unverzüglich zu löschen. Erkenntnisse hierüber dürfen nicht

---

[1616] A.A. Roggan in NJW 2009, 257 (259).
[1617] Kapitel 4 B. III. 1. (S. 494).

verwendet werden. Die Tatsache ihrer Erhebung ist zu dokumentieren. Satz 1 gilt nicht, wenn Tatsachen die Annahme rechtfertigen, dass durch die Überwachung der Büro- und Geschäftsräume eines Berufsgeheimnisträgers bei einem bestimmten Gespräch Erkenntnisse gewonnen werden, die zur Abwehr einer dringenden Gefahr erforderlich sind. Satz 1 und 2 gelten nicht, sofern Tatsachen die Annahme rechtfertigen, dass die zeugnisverweigerungsberechtigte Person für die Gefahr verantwortlich ist. (...)

e. Organisations- und Verfahrensregeln

Die Maßstäbe, die das BVerfG für das Grundrecht auf informationelle Selbstbestimmung entwickelt hat, können weitestgehend auf die spezielleren Garantien aus Art. 10 Abs. 1, aus Art. 13 Abs. 1 GG und aus dem Grundrecht auf Vertraulichkeit und Integrität informationstechnischer Systeme übertragen werden[1618]. Daher gelten für die präventiv- polizeilichen Befugnisse zum Großen Lausch- und Spähangriff die zu den verdeckten, mittels besonderer Mittel und Methoden der Datenerhebung durchgeführten und in das Grundrecht auf informationelle Selbstbestimmungen eingreifenden polizeilichen Maßnahmen entwickelten Organisations- und Verfahrensregeln der Benachrichtigungs-[1619], Dokumentations-, Sperrungs- und Löschungspflichten[1620] sowie Kennzeichnungspflichten, ohne die der Gegenstand des Grundrechtsschutzes bei den weiteren Verarbeitungsschritten nicht mehr identifizierbar ist[1621].

Der heute für akustische bzw. optische Wohnraumüberwachungen grundsätzlich geltende Richtervorbehalt war aufgrund des hohen Schutzanspruchs des Grundrechts auf Unverletzlichkeit der Wohnung aus Art. 13 Abs. 1 GG geboten[1622]. Infolge der mit dem Großen Lausch- und Spähangriff verbundenen besonderen Eingriffsintensität muss der verfassungsimmanente Richtervorbehalt aus Art. 13 Abs. 4 Satz 2 GG in den zum Großen Lausch- und Spähangriff ermächtigenden Befugnisnormen enthalten sein. Gem. Art. 13 Abs. 4 Satz 2 GG darf hiervon nur ausnahmsweise auf Grundlage einer gesetzlichen Regelung bei Gefahr im Verzug abwichen werden. Richtervorbehalte sollen bei besonders schwerwiegenden Grundrechtseingriffen feh-

---

1618 BVerfGE 125, 260 (310); 100, 313 (358/359); BbgVerfG in LKV 1999, 450 (462).
1619 Huber in ThürVBl. 2005, 33 (37/38).
1620 Kapitel 2 A. III. 5. c. dd. (S. 219); Sachs/Krings in NWVBl. 2010, 165 (168).
1621 BVerfGE 109, 279 (374); 100, 313 (360, 386).
1622 BVerfGE 103, 142 (151); BVerfG in NJW 2005, 275 (276).

Kapitel 2: Die Entwicklung des polizeigesetzlichen Datenschutzrechts

lenden oder zu spät kommenden Rechtsschutz kompensieren[1623]. Sie zielen auf eine vorbeugende Kontrolle der Maßnahme durch eine unabhängige neutrale Instanz ab, bei der die Richter aufgrund ihrer persönlichen und sachlichen Unabhängigkeit und ihrer ausschließlichen Bindung an das Gesetz die Rechte des Betroffenen im Einzelfall am besten und sichersten wahren können[1624]. Es ist Aufgabe und Pflicht des Richters, sich bezogen auf den konkreten Einzelfall auf Grundlage einer sorgfältigen Prüfung der Eingriffsvoraussetzungen und einer umfassenden Abwägung zur Feststellung der Angemessenheit des Eingriffs eigenverantwortlich ein Urteil zu bilden[1625]. Die hierbei angestellten Erwägungen müssen im Anordnungsbeschluss erkennbar sein und sicherstellen, dass der Eingriff in die Grundrechte messbar und kontrollierbar bleibt[1626]. Eine Minderung der Eingriffsintensität kann durch gesetzlich festgelegte Fristen der richterlichen Anordnung erreicht werden[1627].

3. Präventiv- polizeiliche Befugnisse zum Kleinen Lauschangriff

Der verfassungsrechtliche Rahmen für einfachgesetzliche Ermächtigungen zum Kleinen Lauschangriff wird durch Art. 13 Abs. 5 Satz 1 GG vorgegeben. Heute enthalten sämtliche Polizeigesetze der Länder Befugnisnormen, die zum Kleinen Lauschangriff ermächtigen[1628]. Diese bereits in § 8c Abs. 3 Satz 2 VE ME PolG erwähnte präventiv- polizeiliche Maßnahme darf ausschließlich dem Schutz einer sich mit Kenntnis des Wohnungsinhabers in dessen Wohnung aufhaltenden aber unerkannt hoheitlich tätigen Person dienen[1629], deren Einsatz auf einer strafprozessrechtlichen oder polizeigesetzlichen Ermächtigungsgrundlage beruhen kann[1630]. Unerheblich ist, ob

---

1623 BVerfGE 107, 299 (325); Kühling/Seidel/Sivridis, Datenschutzrecht, S. 82, Gusy in ZRP 2003, 275 (275).
1624 BVerfGE 107, 299 (325); 103, 142 (151); BbgVerfG in LKV 1999, 450 (461).
1625 BVerfGE 113, 348 (381); 107, 299 (325).
1626 BVerfGE 103, 142 (151/152).
1627 Huber in ThürVBl. 2005, 33 (37).
1628 *Anlage 2.3 Ziffer 7* (besondere Mittel und Methoden der Datenerhebung und -nutzung (verdeckte Datenerhebung oder -nutzung / Eigensicherung (kl. Lauschangriff).
1629 SächsVerfGH in DVBl. 1996, 1423 (1438); Jarass in Jarass/Pieroth, GG, Art. 13 Rn. 32.
1630 Bertram, a.a.O., S. 231.

der Anlass, anlässlich dessen der Einsatz von technischen Mitteln zur Eigensicherung des in einer Wohnung eingesetzten Verdeckten Ermittlers oder V- Mannes erfolgt, repressiver oder präventiv- polizeilicher Natur ist[1631]. Abweichend vom durch Art. 13 Abs. 3 GG vorgesehenen repressiven Großen Lauschangriff sowie dem durch Art. 13 Abs. 4 GG vorgesehenen präventiv-polizeilichen Großen Lausch- und Spähangriff bedarf es gem. Art. 13 Abs. 5 Satz 1 GG von Verfassungs wegen für den Kleinen Lauschangriff keines Richtervorbehalts[1632]. Das Mitführen eines Personenschutzsenders durch einen Polizeibeamten oder eine V-Person in einer Wohnung stellt einen geringfügigeren Eingriff in das Grundrecht aus Art. 13 Abs. 1 GG dar, als der Große Lausch- oder Spähangriff. Zwar wird der Wohnungsinhaber beim Kleinen Lauschangriff über die Absichten seines Besuchers getäuscht, er ist sich aber bewusst, dass er einem Dritten Zutritt zu seiner Wohnung gestattet und daher einen Teil seines geschützten Kernbereichs privater Lebensgestaltung aufgibt[1633]. Hinsichtlich der beim Kleinen Lauschangriff zu beachtenden Verfahrensvorschriften gelten die Ausführungen zu § 8c VE ME PolG. Die Voraussetzungen einer zweckändernden *Verwertung* von Erkenntnissen, die durch technische Mittel zum Schutz der bei einem Einsatz in Wohnungen tätigen Personen erhoben wurden, zu anderen repressiven oder präventiv- polizeilichen Zwecken bemessen sich an Art. 13 Abs. 5 Satz 2 GG. Diese bedarf danach *außer bei Gefahr im Verzug* einer vorherigen richterlichen Feststellung der Rechtmäßigkeit des Kleinen Lauschangriffs, wenn eine richterliche Anordnung vor Durchführung der Maßnahme deshalb unterblieben ist, weil der Kleine Lauschangriff vor seiner Durchführung durch eine andere gesetzlich bestimmte Stelle i.S.d. Art. 13 Abs. 5 Satz 1 GG angeordnet worden war[1634].

4. Präventiv- polizeiliche Befugnisse zur Überwachung und Aufzeichnung von TK- Inhalten durch Eingriff in Art. 10 Abs. 1 GG

Vor den Anschlägen vom 11.9.2001 und den daraufhin gestiegenen Sicherheitserwartungen bestand kein praktisches Interesse an präventiv- polizei-

---

1631 Bertram, a.a.O., S. 231; a.A. Hofmann in Schmidt-Bleibtreu/Hofmann/Hopfauf, GG, Art. 13 Rn. 34.
1632 BbgVerfG in LKV 1999, 450 (462).
1633 Tegtmeyer/Vahle, PolG NW, § 19 Rn. 8.
1634 BbgVerfG in LKV 1999, 450 (462).

Kapitel 2: Die Entwicklung des polizeigesetzlichen Datenschutzrechts

licher Telekommunikationsüberwachung und Online- Durchsuchung. Diese benötigen infolge des Richtervorbehalts und der technisch- organisatorischen Vorbereitungsmaßnahmen einen hohen zeitlichen Vorlauf und sind deshalb zur Abwehr einer zumindest konkreten Gefahr für hochrangige Rechtsgüter wenig geeignet[1635].

Die Überprüfung der Vereinbarkeit von Beschränkungen des Grundrechts auf Unverletzlichkeit des Fernmeldegeheimnisses aus Art. 10 Abs. 1 GG durch staatliche Überwachungsmaßnahmen mit verfassungsrechtlichen Grundsätzen war zu diesem Zeitpunkt bereits Gegenstand einer Reihe von höchstrichterlichen Entscheidungen gewesen, die den Polizeigesetzgebern als Orientierungshilfe zur Verfügung standen. Für den repressiven polizeilichen Aufgabenbereich bestanden schon seit dem *Gesetz zur Beschränkung des Brief-, Post- und Fernmeldegeheimnisses (Gesetz zu Artikel 10 Grundgesetz (G 10))* vom 13.8.1968[1636] mit § 100a StPO und den hierdurch ebenfalls erlassenen Vorgängernormen des *Gesetzes zur Beschränkung des Brief-, Post- und Fernmeldegeheimnisses (Artikel 10-Gesetz – G 10)* vom 26.1.2001[1637] Befugnisse, die zu Eingriffen in den Schutzbereich des Art. 10 Abs. 1 GG ermächtigten, und zu denen ebenso wie zu ähnlichen Befugnissen der Finanzbehörden schon früh höchstrichterliche Entscheidungen ergangen waren.

In den Polizeigesetzen von *Bremen, Nordrhein- Westfalen*[1638] und *Sachsen* sind demgegenüber heute noch keine Befugnisse zu Eingriffen in das Telekommunikationsgeheimnis durch Überwachung und Aufzeichnung des TK- Inhalts enthalten[1639]. Gleichwohl darf in diesen Bundesländern die real bestehende Möglichkeit eines Eingriffs in den Schutzbereich des Art. 10 Abs. 1 GG bei der Prüfung der Erforderlichkeit eines Großen Lausch- und Spähangriffs nicht ausgeblendet werden[1640]. Nur der Eingriff in den Schutzbereich des Art. 13 Abs. 1 GG ist noch intensiver als der seinerseits schon schwere Eingriff der Überwachung der Telekommunikation[1641]. Der Staat greift beim Großen Lausch- und Spähangriff nicht nur auf das gesprochene

---

1635 Lepsius in Jura 2006, 929 (930/931).
1636 BGBl. 1968 I S. 949 bis 952.
1637 BGBl. 2001 I. S. 1254 bis 1261; 2298.
1638 NRW LT-Drucksache 14/10089 S. 8, 10 bis 16, 27 bis 34; Entwurf der SPD-Fraktion in NRW LT-Drucksache 14/9386 S. 19 bis 21, 64 bis 66; 80 bis 84.
1639 In Sachsen-Anhalt wurde eine entsprechende Befugnis mit § 17a SOG LSA erst durch Gesetz vom 26.3.2013 eingefügt.
1640 Sachs/Krings in NWVBl. 2010, 165 (169); Starck in NdsVBl. 2008, 145 (150).
1641 Käß in BayVBl. 2008, 225 (231).

Wort zu, das der hiervon Betroffene einer anderen Person an einen anderen Ort übermittelt, sondern hört die vertrauliche Nahkommunikation ab und gefährdet die Privatsphäre dort, wo sie am meisten ausgeübt wird[1642].

a. Der Eingriff in den Schutzbereich des Art. 10 Abs. 1 GG

Polizeiliche Eingriffe in das Fernmeldegeheimnis finden neben der mittelbaren Datenerhebung durch Abfrage der näheren Umstände von Telekommunikationsvorgängen[1643] durch die verdeckte staatliche Kenntnisnahme von Telekommunikationsinhalten durch Abhören oder deren technisches Aufzeichnen statt[1644] und unterliegen daher dem Gesetzesvorbehalt aus Art. 10 Abs. 2 Satz 1 GG[1645]. Im Gegensatz zu Art. 13 Abs. 3 bis 7 GG normiert Art. 10 Abs. 1 GG aber keine spezifischen Eingriffsvoraussetzungen sondern verweist implizit auf allgemeine rechtsstaatliche Anforderungen[1646]. Um dem Gesetzesvorbehalt aus Art. 10 Abs. 2 Satz 1 GG zu genügen, bedürfen gesetzliche Ermächtigungen zu Beschränkungen des Fernmeldegeheimnisses einer Konkretisierung der sich aus Art. 10 Abs. 1 GG ergebenden besonderen Anforderungen[1647].

Das Telekommunikationsgeheimnis schützt die unkörperliche Übermittlung von Informationen mittels eines Telekommunikationsmittels[1648]. Ziel des Schutzes von TK- Inhalten ist es zu verhindern, dass sich die öffentliche Gewalt ungehindert Kenntnis vom Inhalt des durch Fernmeldeanlagen übermittelten mündlichen oder schriftlichen Informations- oder Gedankenaustausches verschafft[1649]. Art. 10 Abs. 1 GG gewährleistet die freie Entfaltung der Persönlichkeit durch einen privaten, von der Öffentlichkeit verborgenen Austausch von Kommunikation und schützt damit zugleich die Würde des Menschen[1650]. Die Voraussetzungen, die das BVerfG im Volkszählungsur-

---

1642 MV VerfG in LKV 2000, 345 (351).
1643 Kapitel 1 D. V. (129).
1644 BVerfGE 125, 260 (310); 115, 166 (183); 110, 33 (52/53); 107, 299 (313); 100, 313 (358); 107, 299 (312/313); 106, 28 (36); 85, 386 (396); 67, 157 (172).
1645 BVerfGE 110, 33 (53); 107, 299 (314); 67, 157 (171).
1646 BVerfGE 113, 348 (391).
1647 BVerfGE 125, 260 (310); 113, 348 (375/376, 379); 110, 33 (56); 100, 313 (359); Lepsius in Jura 2006, 929 (934).
1648 BVerfGE 125, 260 (309); 120, 274 (307/308); 106, 28 (35/36).
1649 BVerfGE 100, 313 (358).
1650 BVerfGE 113, 348 (391); 110, 33 (53); 67, 157 (171).

teil für Eingriffe in den Schutzbereich des Grundrechts auf informationelle Selbstbestimmung aus Art. 2 Abs. 1 GG i.V.m. Art. 1 Abs. 1 GG entwickelt hat, sind daher grundsätzlich auf die speziellere Garantie des Art. 10 Abs. 1 GG übertragbar[1651].

Dem Schutz der Inhalte der Kommunikation unterliegen sämtliche mittels Telekommunikationstechnik ausgetauschten Informationen[1652], also nicht nur mündlich ausgetauschte Kommunikationsinhalte[1653] sondern auch jegliche sonstige Art der Nachrichtenübermittlung mittels Telekommunikationsanlagen, beispielsweise per SMS, Mailbox[1654], die Quellen – TK[1655] oder Emails[1656]. Vom Schutzbereich erfasst werden die übermittelten Informationen, die ausgesprochenen Gedanken sowie die Art der Interaktion am Telefon[1657]. Der Schutzbereich des Art. 10 Abs. 1 GG ist unabhängig davon betroffen, ob die Maßnahme technisch auf der Übermittlungsstrecke oder am Endgerät der Telekommunikation ansetzt[1658], also auch, wenn das Endgerät ein komplexes informationstechnisches System ist, dessen Einsatz zur Telekommunikation nur eine unter mehreren Nutzungsarten ist[1659]. Nicht vom Schutzbereich des Art. 10 Abs. 1 GG umfasst sind die Zeiträume vor und nach einem Kommunikationsvorgang, da die spezifischen Gefahren der räumlich distanzierten Kommunikation, die durch das Fernmeldegeheimnis abgewehrt werden sollen, dann noch nicht bzw. nicht mehr bestehen[1660].

b. Die Tatbestandsvoraussetzungen der präventiv- polizeilichen TKÜ

Eingriffe in den Schutzbereich des Art. 10 Abs. 1 GG bedürfen einer bereichsspezifischen präzisen gesetzlichen Befugnisnorm, die einen legitimen Gemeinwohlzweck verfolgt und den Grundsatz der Verhältnismäßigkeit

---

1651 BVerfGE 110, 33 (53); 100, 313 (359).
1652 BVerfGE 100, 313 (358).
1653 BVerfGE 113, 348 (383).
1654 BVerfGE 106, 28 (36); BGH in NStZ 1997, 247 (248); a.A. Fezer in NStZ 2003, 625 (627/628).
1655 BVerfGE 120, 274 (308/309).
1656 BVerfGE 125, 260 (311); 113, 348 (383); Käß in BayVBl. 2008, 225 (228).
1657 BVerfGE 113, 348 (383).
1658 BVerfGE 120, 274 (307); 115, 166 (186/187); 106, 28 (37/38).
1659 BVerfGE 120, 274 (307); Käß in BayVBl. 2010, 1 (5/6).
1660 BVerfGE 120, 274 (307/308); 115, 166 (183/184); Rux in JZ 2007, 285 (292).

wahrt[1661]. Neben Befugnissen zur Aufzeichnung von TK- Inhalten enthalten die Polizeigesetze von *Bayern, Hamburg, Hessen, Rheinland- Pfalz* und *Thüringen* spezielle Befugnisse zur sogenannten Quellen – TKÜ[1662]. Diese ist mit der unbemerkten Infiltration eines von der Zielperson als Mittel der Telekommunikation genutzten informationstechnischen Systems verbunden, um die laufende Telekommunikation zu überwachen, ohne dass andere auf dem System gespeicherte Daten erfasst werden[1663]. Sind die übrigen zur TKÜ ermächtigende präventiv- polizeilichen Befugnisse nicht ausdrücklich darauf beschränkt, die Überwachung von TK- Inhalten unter Rückgriff auf die Verpflichtung der TK- Betreiber aus § 110 TKG durchzuführen[1664], ermächtigen diese auch zur Quellen- TKÜ[1665]. Die zur Überwachung und Aufzeichnung von TK- Inhalten ermächtigenden Polizeigesetze von *Bayern, Brandenburg, Hamburg, Hessen, Mecklenburg- Vorpommern, Niedersachsen, Rheinland- Pfalz, dem Saarland, Schleswig- Holstein* und *Thüringen*[1666] lassen diese grundsätzlich zur Abwehr einer gegenwärtigen Gefahr für die Rechtsgüter Leben, Gesundheit und Freiheit zu[1667]. *Rheinland- Pfalz* und *Sachsen- Anhalt* nehmen die Abwehr einer gegenwärtigen Gefahr für die Freiheit einer Person von dieser Befugnis aus[1668]. Keine Einigkeit besteht weiterhin darüber, ob die Überwachung und Aufzeichnung von TK- Inhalten auch zur Abwehr einer gegenwärtigen Gefahr für den Bestand des Bundes oder eines Landes oder für bedeutende Sach- und Vermögenswerte zulässig sein darf[1669]. Darüber hinaus enthalten von den 11 Landes – Polizeigesetzen, die zur Überwachung und Aufzeichnung von TK- Inhalten ermächtigen, mit
- § 33b Abs. 1 Satz 1 Nr. 1 und 2 i.V.m. § 33a Abs. 1 BbgPolG und
- § 28b Abs. 1 Satz 1 Nr. 2 SPolG i.V.m. § 100c StPO

1661 BVerfGE 100, 313 (359, 372).
1662 *Anlage 6.2 Ziffer 3.2* (Überwachung und Aufzeichnen der TK- Inhalte / aus IT- Systemen).
1663 Käß in BayVBl. 2010, 1 (5); Roggan in NJW 2009, 257 (262).
1664 Kapitel 1 D. V. 1. b. (S. 136).
1665 Käß in BayVBl. 2010, 1 (5/6).
1666 *Anlage 6.2 Ziffer 3.1/ 3.2* (Überwachung und Aufzeichnen der TK- Inhalte / über TK- Anbieter / aus IT-Systemen).
1667 Lepsius in Jura 2006, 929 (930).
1668 *Anlage 6.2 Ziffer 4b bis d* (Überwachung und Aufzeichnung des TK-Inhalts / zur Abwehr einer gegenwärtigen Gefahr für Leben / Gesundheit / Freiheit).
1669 *Anlage 6.2 Ziffer 4b bis d* (Überwachung und Aufzeichnung des TK-Inhalts / zur Abwehr einer gegenwärtigen Gefahr für Bund/Land / Sachen).

Kapitel 2: Die Entwicklung des polizeigesetzlichen Datenschutzrechts

heute noch 2 Landespolizeigesetze Kataloge von Straftaten, deren Begehung durch eine TKÜ vorbeugend bekämpft werden darf[1670]. Ähnliche Regelungen in anderen Polizeigesetzen wurden nach der Entscheidung des BVerfG zu § 33a Abs. 1 Nr. 2 NdsSOG a.F. gestrichen, da den Polizeigesetzgebern hierdurch die Kompetenz abgesprochen worden war, Befugnisse zur verdeckten Erhebung von Daten zur Vorsorge für die Verfolgung von Straftaten unter Eingriff in den Schutzbereich des Art. 10 Abs. 1 GG zu erlassen[1671]. Die zunächst noch fortbestehende Befugnis aus § 34a Abs. 3 Satz 1 Nr. 1 bis 3 ThürPAG a.F. i.V.m. § 31 Abs. 5 Satz 1 und 2 ThürPAG a.F. wurden durch das *Thüringer Gesetz zur Änderung des Polizeiaufgabengesetzes und des Ordnungsbehördengesetzes* vom 19.9.2013 gestrichen. Insbesondere hinsichtlich des Polizeigesetzes von *Niedersachsen* ist die Streichung des Strafkataloges nicht nachvollziehbar. Da dort – nach hier vertretener Auffassung zutreffend – hinsichtlich des Großen Lausch- und Spähangriffs davon ausgegangen wird, dieser könne auch zur Abwehr von besonders schwer wiegenden Straftaten innewohnenden Gefahren durchgeführt werden, ist unverständlich, dass dies bei der weniger eingriffsintensiven TKÜ nicht möglich sein soll[1672]. Es würde gegen das Verhältnismäßigkeitsprinzip verstoßen, wenn zum intensiveren Grundrechtseingriff gegriffen würde, weil der geringere Eingriff nicht erlaubt ist[1673]. Im Gegensatz zum Polizeigesetz des *Saarlandes* fasst das zu Eingriffen in Art. 10 Abs. 1 Satz 1 GG im Vorfeld einer konkreten Gefahr ermächtigende Polizeigesetz von *Brandenburg* ebenso wie zuvor das von *Thüringen* den zur TKÜ berechtigenden, meist dem § 100a Abs. 2 StPO ähnelnden Straftatenkatalog[1674], weiter als den zum Großen Lauschangriff berechtigenden Straftatenkatalog des § 100c Abs. 2 StPO[1675].

Durch eine TKÜ kann unbeabsichtigt in den Kernbereich privater Lebensgestaltung eingegriffen werden[1676]. Das Gebot der Achtung der Menschenwürde zwingt jedoch dazu, die Kommunikation zu schützen, *soweit*

1670 *Anlage 6.2 Ziffer 5* (Aufzeichnung und Überwachung des TK-Inhalts / vorbeugende Bekämpfung schwerer Straftaten).
1671 BVerfGE 113, 348 (370/371); Lepsius in Jura 2006, 929 (934); Kapitel 2 A. III. 1 (S. 176).
1672 Starck in NdsVBl. 2008, 145 (150).
1673 Starck in NdsVBl. 2008, 145 (150).
1674 Kugelmann/Rüden in ThürVBl. 2009, 169 (170).
1675 A.A. Kugelmann/Rüden in ThürVBl. 2009, 169 (170).
1676 BVerfGE 113, 348 (390); Lepsius in Jura 2006, 929 (936).

sie höchstpersönlicher Natur ist[1677]. Allerdings sind bei Eingriffen in den Schutzbereich des Art. 10 Abs. 1 GG andere Vorkehrungen zum Schutz individueller Entfaltung im Kernbereich privater Lebensgestaltung zu treffen als bei Eingriffen in den Gewährleistungsbereich des Art. 13 Abs. 1 GG[1678]. Bei Eingriffen in Art. 10 Abs. 1 GG fehlt es – abgesehen von unter drittschützenden Vertrauensschutz fallenden Berufsgeheimnisträgern – in aller Regel an operationalisierbaren Kriterien, um eine Erhebung von Kommunikationsdaten mit Kernbereichsschutz vorausschauend zu vermeiden[1679]. Während bei verdeckten Eingriffen in Art. 13 Abs. 1 GG mittels Großen Lausch- oder Spähangriffs eine automatische Aufzeichnung von Lebenssachverhalten in Abwesenheit eines verantwortlichen Polizeivollzugsbeamten aufgrund der allgegenwärtigen Gefahr der Verletzung des Kernbereichs privater Lebensgestaltung ausgeschlossen ist, ist diese bei der präventiv- polizeilichen TKÜ die Regel. Bei der verdeckten Datenerhebung kommt es erst dann zur Missachtung der Menschenwürde, wenn zu der bloßen Wahrnehmung der Inhalte aus dem Kernbereich der privaten Lebensgestaltung noch die Missachtung der Würde hinzutritt[1680]. Da der Bürger zum Schutz seiner höchstpersönlichen Kommunikation nicht in gleicher Weise auf die Telekommunikation angewiesen ist wie auf seine Wohnung[1681], braucht auf eine TKÜ aufgrund einer bloßen Möglichkeit der Verletzung des Kernbereichs privater Lebensgestaltung nicht von vornherein verzichtet zu werden[1682]. Hierbei ist es praktisch unvermeidbar, dass die Ermittlungsbehörden Informationen zur Kenntnis nehmen, bevor diese einen möglichen Kernbereichsbezug erkennen können[1683]. Gleichwohl ist bei der TKÜ verfassungsrechtlich nicht zwangsläufig zu fordern, den verdeckten Zugriff auf personenbezogene Daten wegen des Risikos einer nicht unbedingt zu erwartenden Kernbereichsverletzung von vornherein auf der Erhebungsphase zu unterlassen[1684]. Die Menschenwürdegarantie ist nicht als der Schutz einer Substanz oder eines Raumes sondern als Achtungsan-

---

1677 BVerfGE 113, 348 (391); 110, 33 (52/53); 67, 157 (171).
1678 BVerfGE 129, 208 (245); 120, 274 (337); 113, 348 (391); ThürVerfGH in Urteil vom 21.11.2012 (Az.: VerfGH 19/09) S. 48; Poscher in JZ 2009, 269 (272).
1679 BVerfGE 129, 208 (247); Käß in BayVBl. 2010, 1 (10).
1680 Poscher in JZ 2009, 260 (275); a.A. Kutscha in NJW 2007, 1169 (1171).
1681 BVerfGE 113, 348 (391); Käß in BayVBl. 2008, 225 (232).
1682 Warg in NStZ 2012, 3237 (238); Poscher in JZ 2009, 269 (272); Käß in BayVBl. 2008, 225 (232); Bär in MMR 2008, 215 (217).
1683 ThürVerfGH in Urteil vom 21.11.2012 (Az.: VerfGH 19/09) S. 48.
1684 BVerfGE 129, 208 (245); 120, 274 (337/338); 80, 367 (375, 381).

spruch des Individuums zu verstehen[1685]. Zur Missachtung der Menschenwürde kommt es bei einer TKÜ daher erst, wenn der Staat mit der Absicht auf den Kernbereich privater Lebensgestaltung zugreift, dem Kernbereich privater Lebensgestaltung zurechenbare Daten für staatliche Zwecke zu nutzen[1686]. Nur wenn im konkreten Einzelfall während einer TKÜ Anhaltspunkte für die Annahme bestehen, dass hierdurch Inhalte erfasst werden, die zum Kernbereich zählen, ist diese nicht zu rechtfertigen, muss insoweit – aber auch nur insoweit – unterbleiben und muss unterbrochen werden[1687]. Gerade auf dem Gebiet des internationalen Terrorismus, zu dessen Bekämpfung die präventiv-polizeilichen Befugnisse zur TKÜ gerade erlassen wurden, kann es vorkommen, dass die Telekommunikation in einer Sprache stattfindet, die der Ermittler nicht versteht, so dass dieser auf die Aufzeichnung der TK- Inhalte und deshalb auf eine spätere Übersetzung angewiesen ist, und eine Unterbrechung der Überwachung mangels Verstehens des Gesprächs und damit Erkennens der Kernbereichsverletzung nicht in Betracht kommt[1688]. Der Grundrechtschutz kann hier oft erst erfolgen, wenn die unbeabsichtigte Erhebung von unter den Kernbereichsschutz fallenden Informationen bei der Daten erhebenden Stelle nachträglich bekannt wird[1689]. Dass es dem Staat nicht auf die Verletzung des Kernbereichs und sondern auf die Achtung der Würde des Individuums ankommt, kann durch gesetzliche Begrenzungen wie Unterbrechungspflichten und – wo erforderlich – Kompensationen wie Vernichtungspflichten sowie Verwertungs- und Verwendungsverbote zum Ausdruck gebracht werden[1690]. Somit liegt nicht in jeder Datenerhebung, durch die der Staat vom TK- Inhalt Kenntnis nimmt, und bei der sich erst im Nachhinein herausstellt, dass dieser dem Kernbereich privater Lebensgestaltung zuzurechnen ist, eine Kernbereichsverletzung[1691]. Somit ist die automatisierte Datenerhebung durch Überwachung

---

1685 BVerfGE 96, 375 (399); 87, 209 (228); Poscher in JZ 2009, 260 (274).
1686 Poscher in JZ 2009, 260 (275).
1687 BVerfGE 129, 208 (245); 120, 274 (338/339); 113, 348 (391/392); Poscher in JZ 2009, 269 (272, 273); Starck in NdsVBl. 2008, 145 (146).
1688 BVerfGE 129, 208 (248); Starck in NdsVBl. 2008, 145 (146).
1689 BVerfGE 100, 313 (365); Hömig in Jura 2009, 207 (212).
1690 BVerfGE 129, 208 (246, 249); 120, 274 (338/339); 113, 348 (392); 109, 279 (324, 331 ff); 100, 313 (365); Hömig in Jura 2009, 207 (212); Poscher in JZ 2009, 269 (273/274); Bär in MMR 2008, 215 (217); Starck in NdsVBl. 2008, 145 (146).
1691 Hömig in Jura 2009, 207 (212); Poscher in JZ 2009, 269 (275).

der Telekommunikation rechtlich grundsätzlich zulässig und heute gängige Praxis[1692].

c. Die Adressaten der TKÜ

Adressaten der TKÜ können bei gegenwärtiger Gefahr Verhaltens- und Zustandsverantwortliche[1693], im Gegensatz zu den Polizeigesetzen von *Bayern, Brandenburg, Mecklenburg- Vorpommern, Schleswig- Holstein* und *Thüringen* nach den Polizeigesetzen von *Hamburg, Hessen, Niedersachsen, Rheinland- Pfalz, Sachsen- Anhalt* und dem *Saarland* aber auch unbeteiligte Dritte unter den Voraussetzungen des polizeilichen Notstands sein[1694]. Bei der TKÜ im Vorfeld konkreter Gefahren, zu der auf Länderebene die Polizeigesetze von *Brandenburg* und dem *Saarland* ermächtigen, kommen als Adressaten der potentielle Straftäter[1695] sowie dessen Kontakt- und Begleitpersonen in Betracht. Dies sind vor allem Nachrichtenmittler, also Personen, die Mitteilungen entgegennehmen oder weiterleiten, die für Verhaltens- oder Zustandsverantwortliche bzw. potentielle Straftäter bestimmt sind[1696]. Der am jeweiligen Telekommunikationsvorgang beteiligte Gesprächspartner ist neben dem eigentlichen Adressaten der TKÜ ebenfalls Betroffener i.S.d. § 3 Abs. 1 BDSG[1697].

Es stellt sich die Frage, ob auch Berufsgeheimnisträger i.S.d. §§ 53, 53a StPO – sei es als Verhaltens- oder Zustandsverantwortliche – Adressaten einer TKÜ werden können. Soweit der Gesetzgeber annimmt, dass der Kontakt eines Betroffenem zu einem Berufsgeheimnisträger typischerweise den unantastbaren Kernbereich privater Lebensgestaltung berührt, gewährt er einen absoluten Schutz vor Erhebung und Verwendung personenbezogener

---

1692 Bär in MMR 2008, 215 (217).
1693 *Anlage 6.2 Ziffer 6* (Aufzeichnung und Überwachung des TK-Inhalts / über Verantwortlichen für Verhalten + Zustand von Sachen).
1694 *Anlage 6.2 Ziffer 7* (Aufzeichnung und Überwachung des TK-Inhalts / bei unbeteiligtem Dritten aufgrund polizeilichen Notstands); Kugelmann/Rüden in ThürVBl. 2009, 169 (172).
1695 *Anlage 6.2 Ziffer 8 und 9* (Aufzeichnung und Überwachung des TK-Inhalts / über potentiellen Straftäter / über Kontakt- und Begleitpersonen).
1696 Käß in BayVBl. 2008, 225 (230).
1697 Kapitel 1 B. I. (S. 41); Käß in BayVBl. 2008, 225 (231); *Anlage 6.2 Ziffer 10* (Aufzeichnung und Überwachung des TK-Inhalts / Erheben von Daten Dritter).

Daten[1698]. Allerdings können die in § 160a Abs. 1 und 2 StPO geregelten repressiven Erhebungs- und Verwendungsverbote nicht deckungsgleich auf die präventiv- polizeilichen Aufgaben übertragen werden[1699]. Da die Berufsgeheimnisse aus §§ 53 Abs. 1 Satz 1 Nr. 1 bis 3 b StPO (zumindest auch) *fremdnützig* sind[1700], steht bei der Überwachung von TK- Anschlüssen von Seelsorgern, Strafverteidigern und sonstigen Rechtsanwälten, aber auch Ärzten oder Beratungsstellen i.S.d. § 53 Abs. 1 Satz 1 Nr. 3a und 3b StPO – anders als bei einem in der Regel nicht automatisiert und auch optisch durchführbaren Großen Lausch- und Spähangriff – von vornherein fest, dass dort kernbereichsrelevante Daten einer Vielzahl von unbeteiligten Personen erfasst werden würden, während bei der Überwachung des TK- Anschlusses eines für eine Gefahr verantwortlichen Nicht- Berufsgeheimnisträgers eine niedrigere Gefahr der Verletzung des Kernbereichs privater Lebensgestaltung dieser Person sowie vor allem Unbeteiligter besteht. Beeinträchtigt bereits der offene Zugriff auf den gesamten Datenbestand einer Rechtsanwaltssozietät oder einer Steuerberatungsgesellschaft wegen seines Umfangs das jeweils vorausgesetzte und rechtlich geschützte Vertrauensverhältnis zwischen dem Bürger und den für ihn tätigen Berufsgeheimnisträger in schwerwiegender Weise[1701], so ist einem solchen Vertrauensverhältnis jegliche Grundlage entzogen, wenn der Bürger damit rechnen muss, dass Kommunikationsinhalte mit Berufsgeheimnisträgern, die unter Zuhilfenahme von Telekommunikation ausgetauscht werden, heimlich mitgeschnitten werden können. Da an einem TK- Anschluss von Geistlichen, Telefonseelsorgern, Strafverteidigern oder im Einzelfall auch Ärzten daher für die Ermittlungsbehörden immer erkennbar ist, dass es von kernbereichsrelevanten Äußerungen einer Vielzahl von diesen Anschluss anwählenden Gesprächsteilnehmern kommen wird[1702], verbietet der Schutzanspruch des Kernbereichs privater Lebensgestaltung eine TKÜ gegenüber diesen Gruppen von Berufsgeheimnisträgern[1703]. Dies gilt selbst dann, wenn diese Zustands- oder Verhaltensverantwortliche wären. Anstelle einer TKÜ gegenüber dem durch ein Vertrauensverhältnis geschützten Berufsgeheimnisträger käme zur Abwehr einer erheblichen Gefahr eine TKÜ bei der beim Berufsge-

---

1698 BVerfGE 129, 208 (259).
1699 A.A. ThürVerfGH in Urteil vom 21.11.2012 (Az.: VerfGH 19/09) S. 39, 40.
1700 Huber in ThürVBl. 2005, 1 (6).
1701 BVerfGE 113, 29 (47/48).
1702 BVerfGE 129, 208 (247).
1703 BVerfGE 124, 43 (70); 113, 348 (391/392).

heimnisträger anrufenden Kontakt- oder Begleitperson oder ein in den Büro- und Geschäftsräumen des Berufsgeheimnisträgers durchgeführter nicht- automatisierter Groß- und Lauschangriff, der ausschließlich bei Anwesenheit des möglichen Mitverantwortlichen stattfindet, in Betracht. Dadurch könnte eine vorhersehbare und daher von Verfassungs wegen unzulässige Verletzung des Kernbereichs privater Lebensgestaltung einer Vielzahl auf das Vertrauensverhältnis vertrauender Unbeteiligten umgangen werden. Generelle Befugnisse zur gezielten verdeckten Datenerhebung aus Vertrauensverhältnissen wie die aus § 36 Abs. 5 Satz 3 und 4 SächsPolG sind daher nicht verfassungskonform. Hiernach darf mit Ausnahme von zu Seelsorgern bestehenden Vertrauensverhältnissen in sämtliche sonstigen Vertrauensverhältnisse eingegriffen werden, sofern der Eingriff *zur Abwehr einer gegenwärtigen Gefahr für Leben oder Freiheit einer Person oder einer gegenwärtigen erheblichen Gesundheitsgefahr zwingend erforderlich ist.*

Bei den *nicht- fremdnützigen* Vertrauensverhältnissen aus § 53 Abs. 1 Satz 1 Nr. 4 und 5 StPO ist hingegen abzuwägen[1704]. Der Schutz der Abgeordneten durch § 53 Abs. 1 Satz 1 Nr. 4 StPO dient nicht dem Schutz der Persönlichkeit von deren Gesprächsteilnehmern, sondern wird dem Abgeordneten um der Institution des Parlaments und seiner Funktionsfähigkeit willen gewährt, so dass Art. 47 GG bezogen auf gerichtliche und ähnliche Verfahren Zeugnisverweigerungsrechte und Beschlagnahmeverbote anordnet[1705]. Nicht mit der Funktionsfähigkeit des Parlaments ließe sich rechtfertigen, dass ein Abgeordneter seine Abgeordnetenstellung dazu missbrauchen können sollte, um selbst ungehindert einen Anschlag auf Leben und Freiheit anderer Personen – wohlmöglich noch die übrigen Parlamentsmitglieder – zu planen. Insoweit wäre § 36 Abs. 5 Satz 3 und 4 SächsPolG gerechtfertigt. Gleiches gilt für den durch § 53 Abs. 1 Satz 1 Nr. 5 StPO im Strafverfahrensrecht gewährleisteten Schutz der Pressefreiheit aus Art. 5 Abs. 1 Satz 2 GG. Verdeckte oder heimliche Eingriffe in die Pressefreiheit können zwar durch bekannt werden von geheimen Informationsquellen der Presse zum Verlust des Vertrauensverhältnisses zwischen Presse und Informanten[1706] sowie der Vertraulichkeit der Informationsarbeit insgesamt[1707] führen und dadurch beeinträchtigt werden[1708]. Da das BVerfG aber aus

---

1704 Huber in ThürVBl. 2005, 1 (6).
1705 BVerfGE 129, 208 (265); 109, 279 (323).
1706 BVerfGE 77, 65 (74/75); 50, 234 (240); 20, 162 (176, 187/188).
1707 BVerfGE 66, 116 (133 bis 135).
1708 BVerfGE 100, 313 (365); Kugelmann in NJW 2003, 1777 (1778/1779).

Gründen der Verhältnismäßigkeit mehrfach betont hat, dass ein genereller und keiner Abwägung unterliegender Schutz der Pressefreiheit selbst gegenüber strafprozessualen Maßnahmen in Betracht kommt[1709], gilt dies erst recht bei Sachlagen, in denen bevorstehende Gefahren für hochrangige Rechtsgüter noch abgewehrt werden können. Der Gesetzgeber ist weder gehalten noch steht es ihm frei, der Presse- und Rundfunkfreiheit den Vorrang vor anderen wichtigen Rechtsgütern einzuräumen[1710].

Zusammenfassend ist eine TKÜ bei *fremdnützigen* Amts- und Berufsgeheimnisträgern i.S.d. § 53 Abs. 1 Satz 1 Nr. 1 bis 3b StPO von vornherein ausgeschlossen, da hier die Verletzung des Kernbereichs privater Lebensgestaltung einer Vielzahl unbeteiligter Personen absehbar ist, während eine TKÜ bei *nicht- fremdnützigen* Berufsgeheimnisträgern i.S.d. § 53 Abs. 1 Satz 1 Nr. 4 und 5 StPO zum Schutz hochrangigster Grundrechte wie denen aus Art. 2 Abs. 2 GG als ultima ratio möglich sein kann. Daher müsste § 8e MEPolG – neu im Hinblick auf die Überwachung von TK- Inhalten wie folgt gefasst werden

§ 8e MEPolG – neu
(…) Die Überwachung von TK- Inhalten an aus beruflichen Gründen eingerichteten TK- Anschlüssen von Berufsgeheimnisträgern i.S.d. § 53 Abs. 1 Satz 1 Nr. 1 bis 3b StPO ist unzulässig. Aus beruflichen Gründen eingerichtete TK- Anschlüsse von Berufsgeheimnisträgern i.S.d. § 53 Abs. 1 Satz 1 Nr. 4 und 5 StPO können überwacht werden, wenn dies zur Abwehr einer erheblichen Gefahr erforderlich ist. (…)

d. Organisations- und Verfahrensregeln

Bei der TKÜ sind dieselben Organisations- und Verfahrensregeln zu beachten wie beim Großen Lausch- und Spähangriff, also Richtervorbehalt[1711], Benachrichtigungs-[1712], Dokumentations-, Sperrungs- und Löschungs-[1713] sowie Kennzeichnungspflichten[1714].

Infolge der Unbemerktheit von Eingriffen in das Fernmeldegeheimnis und der Undurchsichtigkeit der sich anschließenden Datenverarbeitung für

---

1709 BVerfGE 129, 208 (266).
1710 BVerfGE 129, 208 (266); 107, 299 (332/333); 77, 65 (75/76).
1711 BVerfGE 125, 260 (336/337).
1712 BVerfGE 125, 260 (336/337); 100, 313 (361).
1713 BVerfG 124, 43 (70); 113, 348 (392).
1714 Kapitel 2 A. III. 5. c. (S. 213).

den Betroffenen gebietet Art. 10 Abs. 1 GG eine Kontrolle durch unabhängige und an keine Weisungen gebundenen staatlichen Organe und Hilfsorgane[1715]. Für Eingriffe in das Fernmeldegeheimnis aus Art. 10 Abs. 1 GG ist in der Verfassung selbst zwar kein Richtervorbehalt vorgesehen. Allerdings hat das BVerfG bezogen auf § 12 FAG und § 100b StPO einen einfachgesetzlich ausgestalteten Richtervorbehalt für Eingriffe in Art. 10 Abs. 1 StPO für angemessen erachtet[1716]. Für tiefgreifende Grundrechtseingriffe kommen Richtervorbehalte nicht nur in Betracht, wenn dies – wie bei Art. 13 Abs. 2 bis 5 GG sowie Art. 104 Abs. 2 und 3 GG – so vorgesehen ist, sondern auch in Situationen, in denen das Gesetz den Eingriff dem Richter vorbehält, weil der Eingriff vom Gesetzgeber als besonders schwer wiegend empfunden wird[1717]. Die richterliche Anordnung des Eingriffs in das Fernmeldegeheimnis muss den Tatvorwurf so beschreiben, dass der äußere Rahmen abgesteckt wird, innerhalb dessen sich der Angriff halten muss[1718]. Nur so kann der vielfach geäußerten Besorgnis eines Überwachungsstaates durch eine ernst genommene richterliche Kontrolle begegnet werden[1719].

Was die etwaige Verpflichtung der Gesetzgeber zur gesetzlichen Regelung von Unterbrechungs- und Löschungspflichten bei unbeabsichtigten Verletzungen des Kernbereichs privater Lebensgestaltung oder von besonders geschützten Vertrauensverhältnissen betrifft, so bestehen diese nur

– hinsichtlich Auszeichnungen, die den Kernbereichs privater Lebensgestaltung oder besonders geschützten Vertrauensverhältnissen i.S.d. § 53 Abs. 1 Satz 1 StPO betreffen,
– bei denen die Amts- und Berufsgeheimnisträger nicht Adressat der TKÜ waren, und
– sich aus den aus der Überwachung gewonnenen Aufzeichnungen keine Anhaltspunkte ergeben, die geeignet sind, dazu beizutragen, eine Gefahr für hochrangigste Rechtsgüter abzuwehren.

Ergeben sich aus den Aufzeichnungen Anhaltspunkte, die zur Abwehr einer Gefahr für hochrangige Rechtsgüter beitragen können, ist weder der Kern-

---

[1715] BVerfGE 125, 260 (327); 113, 348 (361); 110, 33 (54/55; 67/68); 107, 299 (325); 100, 313 (361, 364); 67, 157 (185); 65, 1 (46); 30, 1 (23/24, 30/31).
[1716] BVerfGE 107, 299 (338); Kühling/Seidel/Sivridis, Datenschutzrecht, S. 81 (Fußnote 165).
[1717] BVerfGE 107, 299 (338).
[1718] BVerfGE 103, 142 (151/152).
[1719] Ipsen, NdsSOG, Rn. 520.

Kapitel 2: Die Entwicklung des polizeigesetzlichen Datenschutzrechts

bereich privater Lebensgestaltung verletzt noch überwiegt der Schutzanspruch besonderer Vertrauensverhältnisse[1720]. Weder bedarf es bezogen auf die automatisierte Aufzeichnung von TK- Inhalten der gesetzlichen Regelung von Unterbrechungspflichten noch – erst recht – einer Regelung darüber, wann die Maßnahme fortgesetzt werden darf. Wird ein krenbereichsrelevantes oder ein besonders geschütztes Vertrauensverhältnis betreffendes Telefonat, das keine erhebliche Gefahr betrifft, ausnahmsweise in Echtzeit mitgehört[1721], ist es selbstverständlich, dass die Überwachung zu unterbrechen ist und solange zu unterbleiben hat, bis das kernbereichsrelevante Gespräch beendet ist[1722]. Etwaige Aufzeichnungen sind dann genauso zu löschen wie bei Auszeichnungen, bei denen sich die Kernbereichsverletzung erst im Wege des nachträglichen Abhörens ergibt. Nur insoweit ist der Gesetzgeber durch die Verfassung verpflichtet[1723], präzise Befugnisnormen zu schaffen.

5. Präventiv- polizeiliche Befugnisse zum Abruf von Vorrats- bzw. Verkehrsdaten, zur Standortfeststellung sowie zum Einsatz von IMSI-Catchern

Weitere seit Beginn des 21sten Jahrhunderts entwickelte präventiv- polizeiliche Befugnisse zur Datenerhebung sind diejenigen zum Abruf von Vorrats- bzw. Verkehrsdaten, zur Standortfeststellung und zum Einsatz von IMSI-Catchern.

a. Die Befugnis zum Abruf von Vorrats- bzw. Verkehrsdaten

Bestehende präventiv- polizeiliche Befugnisse, die die Erhebung von Vorratsdaten zur Gefahrabwehr ermöglichten[1724], sind infolge der durch das BVerfG für nichtig erklärten §§ 113a, 113b TKG bedeutungslos[1725]. Sie

---

1720 A.A. ThürVerfGH in Urteil vom 21.11.2012 (Az.: VerfGH 19/09) S. 38/39.
1721 ThürVerfGH in Urteil vom 21.11.2012 (Az.: VerfGH 19/09) S. 51.
1722 A.A. ThürVerfGH in Urteil vom 21.11.2012 (Az.: VerfGH 19/09) S. 38.
1723 ThürVerfGH in Urteil vom 21.11.2012 (Az.: VerfGH 19/09) S. 41.
1724 *Anlage 6.3* (TK- Verbindungsdaten nach § 96 Abs. 1 TKG (nicht: Vorratsdaten nach §§ 113a, 113b TKG).
1725 Kapitel 1 D. V. 3. (S. 152).

können seither allenfalls als Ermächtigungsgrundlage zur Erhebung von zukünftig anfallenden Verbindungsdaten herangezogen werden.

Für die Landespolizeien, die nicht über derartige polizeigesetzliche Befugnisse verfügen, verblieben als Ermächtigungsgrundlage für die Abfrage von Verbindungsdaten die allgemeinen Befugnisse zur Erhebung von Daten[1726]. Allerdings eröffnet die Abfrage von Verbindungsdaten Einblicke in konkrete Telekommunikationsvorgänge, so dass diese mit einem Eingriff in Art. 10 Abs. 1 GG verbunden ist[1727]. Insoweit genügen die Länder, die die Abfrage von Verbindungsdaten auf allgemeine Befugnisse zur Datenerhebung stützen, dem Zitiergebot aus Art. 19 Abs. 1 Satz 2 GG nicht[1728]. Vielmehr bedarf es den Geboten der Normenbestimmtheit und -klarheit genügender Befugnisnormen, weil dem besonders hohen Schutzanspruch des Grundrechts aus Art. 10 Abs. 1 GG Rechnung getragen werden muss, wozu auch gehört, dass die die Pflicht der TK- Anbieter zur Übermittlung von Verbindungsdaten begründenden Umstände den verfassungsrechtlichen Anforderungen entsprechend ausdrücklich geregelt werden müssen[1729].

Zu den verfassungsrechtlichen Anforderungen gehört der Schutzanspruch von besonders geschützten Vertrauensverhältnissen. Da differenziert nach dem Schutzanspruch drittschützender Vertrauensverhältnisse i.S.d. § 53 Abs. 1 Satz 1 Nr. 1 bis 3b StPO und nicht- drittschützender Vertrauensverhältnisse i.S.d. § 53 Abs. 1 Satz 1 Nr. 4 und 5 StPO nichts anderes gilt als hinsichtlich der Überwachung von TK- Inhalten, wäre daher an § 8e Abs. 2 MEPolG – neu folgender Satz 3 anzuhängen:

§ 8e MEPolG – neu
(…) Die Sätze 2 und 3 gelten entsprechend für die Abfrage von Vorrats- bzw. Verkehrsdaten (…).

Ebenso wie die allgemeinen präventiv- polizeilichen Befugnisse zur Datenerhebung nicht als Ermächtigungsgrundlage zur Abfrage von TK- Verbindungsdaten geeignet sind, bedarf es für jedes Auskunftsersuchen der Landespolizeien spezifischer Rechtsgrundlagen[1730]. Dies gilt umso mehr für die Abfrage von Verkehrsdaten zur Ermittlung einer dynamischen IP- Adresse über § 113 Abs. 1 Satz 2 TKG[1731] sowie den Zugriff auf Zugangssiche-

---

1726 BVerfG in NJW 2012,1419 (1420).
1727 BVerfG in NJW 2012, 1419 (1422).
1728 BVerfG in NJW 2012, 1419 (1428).
1729 BVerfG in NJW 2012, 1419 (1428).
1730 BVerfG in NJW 2012, 1419 (1428).
1731 BVerfG in NJW 2012, 1419 (1428/1429).

rungscodes über § 113 Abs. 1 Satz 2 TKG[1732]. Rechtzeitig vor Ablauf der vom BVerfG bis 30.6.2013 gesetzten Übergangszeit[1733] haben neben dem Bund auch die Länder *Hessen, Mecklenburg- Vorpommern, Niedersachsen, Nordrhein- Westfalen* und *Schleswig- Holstein* entsprechende Befugnisse erlassen; der Freistaat *Thüringen* zumindest nachträglich. Da sowohl die Abfrage von Bestandsdaten als auch die Ermittlung von IP- Adressen unter Rückgriff auf die Verkehrsdaten mit einem Eingriff in das Grundrecht aus Art. 10 Abs. 1 Satz 1 GG verbunden ist, stellt sich die Frage, ob es hierfür eines Richtervorbehalts bedarf. Dieser ist in dem durch das *Gesetz zur Änderung des Polizeigesetzes des Landes Nordrhein- Westfalen und des Polizeiorganisationsgesetzes* vom 21.6.2013 erlassenen hierzu ermächtigenden § 20a PolG NRW nicht vorgesehen. Demgegenüber fordern die Polizeigesetze von *Hessen, Niedersachsen, Schleswig- Holstein* und *Thüringen* wie auch die bundesrechtlichen §§ 100j Abs. 3 Satz 1 StPO; 7 Abs. 5 Satz 1, 20b Abs. 5 Satz 1, 22 Abs. 4 Satz 1 BKAG; 22a Abs. 3 Satz 1 BPolG den Richtervorbehalt für die Abfrage von Zugangsdaten auf Endgeräte oder Speichereinrichtungen; die Polizeigesetze von *Niedersachsen* und *Thüringen* zusätzlich auch für die Abfrage von IP-Adressen.

b. Die Befugnisse zur Standortfeststellung sowie zum Einsatz von IMSI- Catchern

Die Polizeigesetze der Länder enthalten weiterhin unterschiedliche Befugnisse zur Feststellung des Standorts einer Person. In den Polizeigesetzen von *Baden- Württemberg, Bayern, Bremen, Niedersachsen, Rheinland- Pfalz, Sachsen- Anhalt* und *Thüringen* sind Befugnisse zur Feststellung des Standorts einer Person als Form des Einsatzes besonderer Mittel und Methoden der Datenerhebung *zur Feststellung des Aufenthaltsortes oder der Bewegung einer Person*[1734] bzw. *einer Sache*[1735] enthalten[1736]. Unter solche Mittel fallen zwar vor allem der Einsatz von satellitengestützten Navigationssys-

---

1732 BVerfG in NJW 2012, 1419 (1430).
1733 BVerfG in NJW 2012, 1419 (1430).
1734 § 33 Abs. 1 Satz 1 BremPolG; § 9 Abs. 5 Satz 1 PolDVG HH i.V.m. § 9 Abs. 1 bis 3 PolDVG HH; § 35 Abs. 1 Satz 1 NdsSOG; § 34 Abs. 1 Nr. 2 ThürPAG.
1735 § 22 Abs. 1 Nr. 3 PolG BW; Art. 33 Abs. 1 Nr. 2b BayPAG; § 28 Abs. 2 Nr. 5 POG RP.
1736 *Anlage 2.3 Ziffer 3* (besondere Mittel und Methoden der Datenerhebung und -nutzung (verdeckte Datenerhebung oder -nutzung / allgemeine Standortfeststellung).

temen, wie das Global Positioning System (GPS) und von herkömmlichen Peilsendern[1737], die häufig im Zusammenhang mit einer Observation als additiver Grundrechtseingriff zum Einsatz kommen[1738]. Von den hierzu ermächtigenden präventiv- polizeilichen Befugnissen ist die Befugnis umfasst, für den Einsatz dieser Mittel notwendige Vorbereitungshandlungen und Begleitmaßnahmen, wie etwa das Anbringen eines Peilsenders an einem Kraftfahrzeug unter kurzzeitiger Verbringung in eine Werkstatt, durchzuführen[1739].

Seit dem *Vierten Gesetz zur Änderung des Gesetzes über die öffentliche Sicherheit und Ordnung des Landes Sachsen- Anhalt* vom 26.3.2013 ermächtig § 23b SDOG LSA zur Standortfeststellung von Personen auf Grundlage von polizeilichen Auskunftsansprüchen über Standortdaten i.S.d. §§ 3 Nr. 19, 96 Abs. 1 TKG. Eine ähnliche Regelung findet sich in dem durch *Gesetz zur Änderung des Polizeigesetzes des Landes Nordrhein- Westfalen und des Polizeiorganisationsgesetzes* vom 21.6.2013 erlassenen § 20a Abs. 1 Nr. 2 PolG NRW. Mit Ausnahme des Polizeigesetzes von Bremen enthalten die vorstehenden Polizeigesetze ebenso wie diejenigen von *Berlin, Brandenburg, Hamburg, Hessen, Mecklenburg- Vorpommern*, dem *Saarland* und *Schleswig- Holstein* auch Befugnisse zur Standortfeststellung durch den Einsatz von IMSI- Catchern[1740]. Daher stellt sich die Frage, ob der Einsatz eines IMSI- Catchers in *Bremen* auf die Befugnis zum Einsatz besonderer Mittel der Datenerhebung gestützt werden kann.

Da die Standortbestimmung mittels Einsatz eines IMSI- Catchers das Mitführen eines mit einer SIM- Card ausgestatteten Mobilfunkgerätes voraussetzt, wird teilweise die Auffassung vertreten, durch die Feststellung des Standortes eines solchen Mobilfunkgerätes würde in das Grundrecht aus Art. 10 Abs. 1 GG eingegriffen[1741]. Die Feststellung einer Standortkennung

---

1737 BVerfGE 112, 304 (316); Schmidbauer in Schmidtbauer/Steiner, BayPAG, Art. 33 Rn. 25; Wolf/Stephan/Deger, PolG BW, § 22 Rn. 11a.
1738 BVerfGE 112, 304 (319/320); Ebert/Seel, ThürPAG, § 34 Rn. 4.
1739 BGHSt 46, 266 (273/274); Wolf/Stephan/Deger, PolG BW, § 22 Rn. 11a.
1740 *Anlage 2.3 Ziffer 3* (besondere Mittel und Methoden der Datenerhebung und -nutzung (verdeckte Datenerhebung oder -nutzung / Standortbestimmung durch den Einsatz von IMSI-Catchern); *Anlage 6.1 Ziffer 1a* (Standortbestimmung eines mobilen TK-Endgeräts / durch die Polizei (Einsatz technischer Mittel; IMSI-Catcher).
1741 Schmidt, Bremisches PolG, § 33 Rn. 31, 33; Wolf/Stephan/Deger, PolG BW, § 23a Rn. 2; Käß in BayVBl. 2008, 225 (233/234); Nachbaur in NJW 2007, 335 (337).

lasse Einblicke in das Kommunikationsverhalten, in das soziale Umfeld sowie in persönliche Angelegenheiten und Gewohnheiten zu, so dass hierdurch die Freiheit der Bürger zu unbefangener Kommunikation aus Furcht vor Überwachung mittelbar beeinträchtigt werde[1742]. Die Standortkennung könne zur Erstellung eines Bewegungsbildes führen, über das gegebenenfalls auf Gewohnheiten der betroffenen Person oder auf Abweichungen hiervon geschlossen werden kann[1743]. Zwar darf der Einsatz besonderer Mittel und Methoden der Datenerhebung nicht zu einem Eingriff in den Schutzbereich des Art. 10 Abs. 1 GG führen[1744], jedoch wird durch den Einsatz eines IMSI-Catchers in das Grundrecht auf informationelle Selbstbestimmung eingegriffen[1745]. Die Tatsache, dass eine polizeiliche Maßnahme auf Befugnisse gestützt wird, die wie die §§ 100a, 100b StPO, der heutige § 100g StPO oder der frühere § 12 FAG *auch* zu Eingriffen in Art. 10 Abs. 1 GG ermächtigen[1746], bedeutet noch nicht, dass damit ein Eingriff in das Grundrecht aus Art. 10 Abs. 1 GG legitimiert wird[1747]. Zur Feststellung des Standorts eines Mobiltelefons bedarf es weder eines aktiven Kommunikationsvorgangs[1748], noch irgendwelcher Daten, die mit dem eigentlichen Kommunikationsvorgang in Zusammenhang stehen[1749]. Mit Hilfe des IMSI- Catchers wird neben der Kennung einer SIM der Standort eines Mobilfunkgeräts dadurch ermittelt, dass dieser die Funkzelle einer Basisstation eines Netzbetreibers simuliert[1750]. Der IMSI- Catcher simuliert eine Funkantenne mit verstärkter Sende- und Empfangsleistung und einen daran angeschlossenen Laptop[1751]. Das gesamte Mobilfunknetz ist einem Raster entsprechend in einzelne Zellen

---

1742 BVerfGE 113, 348 (382/383); Nachbaur in NJW 2007, 335 (337).
1743 BVerfGE 113, 348 (383).
1744 BbgVerfG in LKV 1999, 450 (452).
1745 BVerfG in NJW 2007, 351 (353/354); Kühling/Seidel/Sivridis, Datenschutzrecht, S. 91; Söllner in Pewestorf/Söllner/Tölle, ASOG Berlin, Teil 1, Rn. 2; Roos/Lenz, POG RP, § 31a Rn. 1; Frenz in DVBl. 2009, 333 (334); Harnisch/Pohlmann in NVwZ 2009, 1328 (1330); Schoch in Jura 2008, 352 (355); Rux in JZ 2007, 285 (292).
1746 BGH in NStZ 1998, 92 (92).
1747 Fezer in NStZ 2003, 625 (626); a.A. BGH in StV 2003, 371 (371).
1748 BVerfG NJW 2007, 351 (355); Söllner in Pewestorf/Söllner/Tölle, ASOG Berlin, Teil 1, Rn. 2; a.A. BGHSt in NJW 2001, 1587 (1587/1588).
1749 Harnisch/Pohlmann in NVwZ 2009, 1328 (1330).
1750 Kühling/Seidel/Sivridis, Datenschutzrecht, S. 75 (mit Fußnoten 129/131); Wolf/Stephan/Deger, PolG BW, § 23a Rn. 14.
1751 Roos/Lenz, POG RP, § 31a Rn. 3.

aufgeteilt[1752]. In die durch den IMSI- Catcher simulierte Zelle buchen sich alle im Umkreis befindlichen Endgeräte ein, woraufhin der Catcher den Identitiy-Request-Befehl anfordert und das jeweilige Handy mit seiner IMSI- und / oder IMEI- Nummer antwortet[1753]. Bei bekannter Kennung kann dann das gesuchte Handy und mit diesem im Idealfall die gesuchte Person oder Sache bis auf 50m genau geortet werden[1754].

Der IMSI- Catcher ist damit ein Empfangsgerät für einen Peilsender, wobei das eingeschaltete Handy an die Stelle des GPS- Senders tritt. Daher lässt der Einsatz von IMSI- Catchern keine anderen Einblicke in das Kommunikationsverhalten, in das soziale Umfeld sowie in persönliche Angelegenheiten und Gewohnheiten des von der polizeilichen Maßnahme Betroffenen zu als der Einsatz eines Peilsenders. Dies gilt auch für die Erstellung von Bewegungsbildern. Die Freiheit der Bürger zu unbefangener Kommunikation kann daher nur insofern beeinträchtigt werden, dass sie sich aus begründeter Furcht vor Überwachung keines mobilen TK- Endgerätes bedienen. Die genaue Standortbestimmung eines Mobiltelefons kann durch den Einsatz eines IMSI- Catchers erst vorgenommen werden, wenn die Polizei über den gem. §§ 112, 113 TKG zur Auskunft verpflichteten TK- Betreiber den ungefähren Standort des mitgeführten Mobiltelefons nach den hierzu ermächtigenden Befugnissen[1755], im Zweifel unter Rückgriff auf die polizeiliche Generalklausel, festgestellt hat[1756]. Die Befürchtung, dass ein Telekommunikationsbetreiber, der seinen Sitz in einem anderen, als dem die Standortdaten anfordernden Bundesland hat, nicht verpflichtet sein könnte, diese Daten an die anfordernde Polizeibehörde zu übermitteln, ist daher unbegründet[1757].

Für den Einsatz des IMSI- Catchers ist es im Gegensatz zum Einsatz von Peilsendern nicht erforderlich, zunächst einen Sender an der Person oder Sache, über die der Standort ermittelt werden soll, anzubringen. Die gesuchte Person oder Sache, beispielsweise ein in einem Pkw mit eingebautes Navigationsgerät, enthält bereits das zur Standortfeststellung notwendige Mo-

---

1752 BVerfG in NJW 2007, 351 (353/354); Meixner/Fredrich, HSOG, § 15a Rn. 3.
1753 Wolf/Stephan/Deger, PolG BW, § 23a Rn. 14; Söllner in Söllner/Pewestorf/Tölle, ASOG Berlin, § 25a Rn. 13.
1754 Söllner in Söllner/Pewestorf/Tölle, ASOG Berlin, § 25a Rn. 13; Meixner/Fredrich; HSOG § 15a Rn. 3.
1755 *Anlage 6.1. Ziffer 1b* (Standortbestimmung eines mobilen TK-Endgeräts / EGL über TK-Anbieter); Harnisch/Pohlmann in NVwZ 2009, 1328 (1330, 1332).
1756 Kapitel 1 D. V. 1. a. (S. 135) / d. (S. 139).
1757 Meixner/Fredrich, HSOG § 15a Rn. 1; Käß in BayVBl. 2008, 225 (226/227).

Kapitel 2: Die Entwicklung des polizeigesetzlichen Datenschutzrechts

biltelefon bzw. die dazugehörige SIM- Card. Insoweit ist die Standortfeststellung einer Person oder Sache mittels IMSI- Catcher sogar ein geringfügigerer Grundrechtseingriff. Im Gegensatz zur Standortfeststellung mittels GPS durch den Einsatz von Peilsendern setzt der Einsatz von IMSI- Catchern das ungefähre Wissen um den aktuellen Aufenthaltsort der gesuchten Personen oder Sachen voraus[1758]. Allerdings besteht die Gefahr einer umfassenden Lokalisierung und Auskundschaftung von Personen, die ein Mobilfunkgerät mit sich führen. Mittlerweile besitzt nahezu jeder Bürger ein empfangsbereites Mobilfunkgerät oder ein ähnliches, mit einer SIM- Card versehenes Sende- und Empfangsgerät mit sich. Zwar darf der Gesetzgeber davon ausgehen, dass eine von Verfassungs wegen stets unzulässige „Rundumüberwachung", mit der ein umfassendes Persönlichkeitsprofil eines Beteiligten erstellt werden könnte, durch allgemeine verfahrensrechtliche Sicherungen auch ohne spezifische gesetzliche Regelungen grundsätzlich ausgeschlossen sein wird[1759]. Durch Wegfall des eine Standortfeststellung erheblich verkomplizierenden Zwischenschritts des vorherigen Anbringens eines Sendegerätes, gewinnt der Einsatz von IMSI- Catchern als ein gewöhnliches Mittel zur Standortfeststellung einer Person oder Sache erheblich an Bedeutung. Entsprechend detailliert müssen daher die durch den Gesetzgeber aufzustellenden Anforderungen an die hierzu ermächtigende Befugnisnorm ausfallen. In Bundesländern, die sowohl Befugnisnormen zur Standortbestimmung mit besonderen Mitteln der Datenerhebung als auch durch Einsatz des IMSI- Catchers vorsehen, können die sich bzgl. der Anwendbarkeit von IMSI- Catchern überschneidenden Befugnisse parallel angewendet werden, wenn der Standort einer gefährdeten Person zu ermitteln ist[1760]. Findet die Standortbestimmung durch den Einsatz eines IMSI-Catchers mit präventiver Zielsetzung statt, dient sie regelmäßig der Abwehr einer gegenwärtigen Gefahr für Leib, Leben oder Freiheit einer Person. Soll demgegenüber der Standort eines Telekommunikationsgerätes einer Person ermittelt werden, für die keine Gefahr besteht, gelten die im Zusammenhang mit der TKÜ geregelten Befugnisse, die regelmäßig über höhere Eingriffsschwellen verfügen, als Spezialregelung gegenüber den Befugnissen zur Standortfeststellung durch den verdeckten Einsatz technischer Mittel[1761], so dass dann auf diese Befugnisse zurückgegriffen werden muss.

1758 BVerfGE 112, 304 (316).
1759 BVerfGE 112, 304 (319); 109, 279 (323); 65, 1 (43).
1760 Schmidbauer in Schmidbauer/Steiner, BayPAG, Art. 33 Rn. 27.
1761 Schmidbauer in Schmidbauer/Steiner, BayPAG, Art. 33 Rn. 27.

6. Präventiv- polizeiliche Befugnisse zur Online- Durchsuchung

Eine weitere seit Beginn des 21sten Jahrhunderts in einige Polizeigesetzen aufgenommene präventiv- polizeiliche Befugnis ist die zur Online- Durchsuchung. Hierunter ist die Suche nach verfahrensrelevanten Inhalten auf Datenträgern, die sich in keinem durch Sicherstellung begründeten öffentlich- rechtlichen Verwahrverhältnis befinden sondern vielmehr über Kommunikationsnetze erreichbar sind, zu verstehen[1762].

Bei Online- Durchsuchungen wird in das Grundrecht auf Vertraulichkeit und Integrität informationstechnischer Systeme als einer besonderen Ausprägung des APR eingegriffen[1763]. Das APR gewährleistet Elemente der Persönlichkeit, die nicht Gegenstand der besonderen Freiheitsgarantien sind, diesen aber in ihrer konstituierenden Bedeutung für die Persönlichkeit nicht nachstehen[1764]. Dieser lückenschließenden Gewährleistung bedarf es, um neuartigen Gefährdungen zu begegnen, zu denen es im Zuge des wissenschaftlich technischen Fortschritts und gewandelter Lebensverhältnisse gekommen ist[1765]. Das Grundrecht auf Vertraulichkeit und Integrität informationstechnischer Systeme findet daher Anwendung, sofern der Schutz vor Online- Zugriffen auf nicht durch speziellere Grundrechte wie aus Art. 10 Abs. 1 GG oder Art. 13 Abs. 1 GG gewährleistet ist[1766]. Geschützt wird das Interesse des Nutzers, dass die von einem informationstechnischen System erzeugten, verarbeiteten und gespeicherten Daten vertraulich bleiben[1767]. Dabei bezieht sich der Schutzanspruch sowohl auf die im Arbeitsspeicher gehaltenen als auch auf die temporär oder dauerhaft auf den Speichermedien des Systems abgelegten Daten sowie auf Datenerhebungen mit Mitteln, die zwar technisch von den Datenverarbeitungsvorgängen des betroffenen informationstechnischen Systems unabhängig sind, aber diese Datenverarbeitungsvorgänge zum Gegenstand haben[1768]. In das Grundrecht auf Gewährleistung der Vertraulichkeit und Integrität informationstechnischer Systeme wird eingegriffen, wenn die Integrität des geschützten Systems mittels Zu-

---

1762 BT-Drucksache 16/3231 S. 11/12; Rux in JZ 2007, 285 (287).
1763 Käß in BayVBl. 2010, 1 (2).
1764 BVerfGE 120, 274 (303); 114, 339 (346/347); 99, 185 (193).
1765 BVerfGE 120, 274 (303); 118, 168 (183); 115, 320 (341/342); 115, 166 (190); 65, 1 (41).
1766 BVerfGE 120, 274 (302).
1767 BVerfGE 120, 274 (314); Käß in BayVBl. 2010, 1 (2).
1768 BVerfGE 120, 274 (314/315); Käß in BayVBl. 2010, 1 (2).

Kapitel 2: Die Entwicklung des polizeigesetzlichen Datenschutzrechts

griff auf dessen Leistung, Funktionen und Speicherinhalte durch unerkannte Dritte angegriffen wird[1769]. Dies kann unabhängig vom Standort des informationstechnischen Systems erfolgen[1770], so dass ein Eingriff auch dann vorliegt, wenn ein komplexes informationstechnisches System zum Zweck der Telekommunikationsüberwachung mittels eines Trojaners technisch infiltriert wird, sofern dadurch die auf einem PC ohne Bezug zur Telekommunikation abgelegten Daten zur Kenntnis genommen werden können[1771]. Wie beim Großen Lausch- und Spähangriff geht es auch bei der Online-Durchsuchung um ein Ausforschen des Agierens bestimmter Personen, die in einem grundrechtlich besonders geschützten Rückzugsraum agieren und kommunizieren[1772].

Präventiv- polizeiliche Eingriffe in das Grundrecht auf Vertraulichkeit und Integrität informationstechnischer Systeme mittels Online-Durchsuchung können – wie Eingriffe in andere Grundrechte in verfassungskonformer Weise legitimiert werden[1773]. Bisher haben neben dem Bundesgesetzgeber mit § 20k BKAG die Polizeigesetzgeber von *Bayern* und *Rheinland-Pfalz* Befugnisse zur Online- Durchsuchung erlassen. Eine repressive Befugnis zur Online- Durchsuchung existiert derzeit nicht. Ob deren Erlass verfassungskonform möglich ist, ist umstritten[1774]. Abgesehen von dem für die Online- Durchsuchung zwingenden Richtervorbehalt[1775] gelten die bei verdeckten präventiv- polizeilichen Datenerhebungen zu fordernden Organisations- und Verfahrensvorschriften[1776]. Die genannten polizeigesetzlichen Befugnisse lassen die Online- Durchsuchung nur zur Abwehr von Gefahren für bestimmte hochrangige Rechtsgüter nicht jedoch zur vorbeugenden Bekämpfung von Katalogstraftaten zu[1777]. Während die Gefahr in dem Polizeigesetz von *Rheinland- Pfalz* auf die *konkrete* Gefahr beschränkt ist, enthalten das *BKAG* und das Polizeigesetz von *Bayern* keine zeitliche Be-

---

1769 BVerfGE 120, 274 (314).
1770 BVerfGE 120, 274 (310); Kutscha in NJW 2007, 1169 (1170).
1771 BVerfGE 120, 274 (308); Hömig in Jura 2009, 207 (208, 210); Kutscha in NJW 2007, 1169 (1170).
1772 Kutscha in NJW 2007, 1169 (1170).
1773 BVerfGE 120, 274 (315); Hömig in Jura 2009, 207 (211).
1774 BVerfGE 120, 274 (315); Käß in BayVBl. 2010, 1 (2, 11- Fn. 162); Hömig in Jura 2009, 207 (212); Roggan in NJW 2009, 257 (261).
1775 BVerfGE 120, 274 (331/332); Käß in BayVBl. 2010, 1 (3).
1776 Kapitel 2 A. III. 5. c. (S. 213); Käß in BayVBl. 2010, 1 (9 ff).
1777 *Anlage 2.3 Ziffer 10* (besondere Mittel und Methoden der Datenerhebung (verdeckte Datenerhebung oder -nutzung) / Online-Durchsuchung).

grenzung. Vielmehr soll die Online- Durchsuchung gem. § 20k Abs. 1 Satz 2 BKAG *auch zulässig* sein,

> „wenn sich noch nicht mit hinreichender Sicherheit feststellen lässt, dass ohne Durchführung der Maßnahme in näherer Zukunft ein Schaden eintritt, sofern bestimmte Tatsachen auf eine im Einzelfall durch bestimmte Personen drohende Gefahr für eine der in Satz 1 genannten Rechtsgüter hinweisen."

Das Polizeigesetz von *Bayern* verweist auf eine dringende Gefahr. Nach Auffassung des BVerfG soll die Online- Durchsuchung zur Abwehr einer *konkreten* Gefahr im verfassungsgerichtlichen Sinn zulässig sein[1778]. Insoweit gilt dasselbe wie für die durch das BVerfG zur Legitimation der präventiv- polizeilichen Rasterfahndung für ausreichend befundene Dauergefahr[1779]. Gemeint ist eine existentielle Bedrohungslage, die mittels Online- Durchsuchung aufgeklärt werden soll[1780]. Es muss sich noch nicht mit hinreichender Wahrscheinlichkeit feststellen lassen, dass eine Gefahr schon in näherer Zukunft eintritt, vielmehr müssen bestimmte Tatsachen den Schluss auf ein wenigstens seiner Art nach konkretisiertes und zeitlich absehbares gefahrenträchtiges Geschehen zulassen, an dem bestimmte Personen beteiligt sein werden, über deren Identität zumindest so viel bekannt ist, dass die staatliche Abwehrmaßnahme gezielt gegen sie eingesetzt und weitgehend auf sie beschränkt werden kann[1781].

Adressaten einer Online- Durchsuchung können nur Verhaltens- und Zustandsverantwortliche[1782] sowie Nachrichtenmittler sein[1783]. Es müssen ausreichende Anhaltspunkte dafür vorliegen, auf welchen Datenträgern sich Informationen befinden, die zur Gefahrenabwehr benötigt werden[1784]. Auch kann die Betroffenheit unbeteiligter Dritter nicht ausgeschlossen werden, wenngleich eine Durchsuchung von Geräten nicht- verantwortlicher Personen aufgrund polizeilichen Notstands ausscheiden dürfte[1785]. Das BVerfG knüpft daher in der Online- Entscheidung an sein zur Überwachung von TK- Inhalten hinsichtlich des Schutzes des Kernbereichs privater Lebensgestal-

---

1778 BVerfGE 120, 274 (327/328).
1779 Kapitel 2 A. III. 7. g. (S. 257); a.A. Käß in BayVBl. 2010, 1 (3).
1780 Roggan in NJW 2009, 257 (260).
1781 Käß in BayVBl. 2010, 1 (13); Hömig in Jura 2009, 207 (211/212).
1782 Käß in BayVBl. 2010, 1 (3, 9).
1783 Käß in BayVBl. 2010, 1 (9).
1784 Käß in BayVBl. 2010, 1 (3).
1785 Roggan in NJW 2009, 257 (261).

Kapitel 2: Die Entwicklung des polizeigesetzlichen Datenschutzrechts

tung entwickeltes zweistufiges Schutzkonzept an[1786]. Danach ist eine Online- Durchsuchung unzulässig, sobald diese von vornherein und überwiegend die Erlangung von Kernbereichsdaten mit hoher Wahrscheinlichkeit erwarten lässt[1787]. Entsprechend scheiden Online- Durchsuchungen gem. § 20k BKAG, Art. 34d BayPAG, 31c PolG RP bei den in § 53 Abs. 1 Satz 1 Nr. 1 bis 3b (sowie Nr. 4 und 5) StPO genannten Berufsgeheimnisträgern aus[1788]. Da es mit Ausnahme der fremdnützigen Berufsgeheimnisträger im Gegensatz zur Wohnraumüberwachung vor der Maßnahme an äußeren Indikatoren für höchstpersönliche Aufzeichnungen fehlt, muss der praktischen Unvermeidbarkeit der Erhebung von Kernbereichsdaten auf der zweiten Stufe entgegengewirkt werden[1789]. Auf dieser Stufe ist dann eine Durchsicht der erhobenen Daten unter Sachleitung des anordnenden Gerichts erforderlich, das auf der zweiten Stufe dennoch stattgefundenen Kernbereichsverletzungen durch Verhängen von Verwendungsverboten und Löschungspflichten entgegentritt[1790]. Insoweit wäre § 8e ME PolG – neu wie folgt zu erweitern:

§ 8e MEPolG – neu
(…) sowie für Online – Durchsuchungen.

7. Präventiv- polizeiliche Befugnisse zur Analyse DNA- fähigen Materials von Vermissten, unbekannten Toten und hilflosen Personen

Die Polizeigesetze von *Berlin, Niedersachsen, Nordrhein- Westfalen, Rheinland- Pfalz,* dem *Saarland, Sachsen-Anhalt* und *Schleswig- Holstein* enthalten Befugnisse zur molekulargenetischen Untersuchung von Toten, von aufgefundenem Spurenmaterial von Vermissten bzw. von unbekannten hilflosen Personen zur Feststellung von deren Identität[1791]. Derartige präventivpolizeiliche Maßnahmen sind mit einem erheblichen Eingriff in das Grundrecht auf informationelle Selbstbestimmung verbunden und bedürfen daher

---

1786 BVerfGE 120, 274 (337/338); Hömig in Jura 2009, 207 (212).
1787 Hömig in Jura 2009, 207 (212).
1788 Käß in BayVBl. 2010, 1 (10); a.A. Roggan in NJW 2009, 257 (261); Kutscha in NJW 2007, 1169 (1171).
1789 Käß in BayVBl. 2010, 1 (4).
1790 Hömig in Jura 2009, 207 (212); Roggan in NJW 2009, 257 (261).
1791 *Anlage 2.2.1 Ziffer 7* (Informationelle Standardmaßnahmen (offene und / oder unmittelbare Datenerhebung) DNA-Analyse).

einer richterlichen Anordnung[1792]. Wird einer hilflosen Person DNA- fähiges Material entnommen, liegt zusätzlich ein Eingriff in deren Grundrecht auf körperliche Unversehrtheit vor.

Da das BVerfG in seiner Entscheidung vom 27.7.2005 zu § 33a Abs. 1 Nr. 2 und 3 NdsSOG i.d.F. vom 11.12.2003 (Az.: 1 BvR 668/04)[1793] feststellte, dass der Bund der ihm für das Strafverfahren zustehenden konkurrierenden Gesetzgebungskompetenz aus Art. 74 Abs. 1 Nr. 1 GG abschließend Gebrauch gemacht hat, sofern es um die Erhebung von Daten zur Vorsorge für die Verfolgung von Straftaten geht, können die präventiv- polizeilichen Befugnisse zur Analyse DNA- fähigen Materials von Vermissten, unbekannten Toten und hilflosen Personen nur auf einen den Polizeigesetzgebern zustehenden Kompetenztitel gestützt werden. Erst recht gilt dies, wenn die Analyse DNA- fähigen Materials zur Aufklärung einer Straftat durchgeführt wird. Gemäß Art. 72 Abs. 1 GG gilt für den Bereich der konkurrierenden Gesetzgebung, wozu auch die Vorsorge für die Verfolgung von Straftaten gehört[1794], dass die Länder eigene Gesetze nur dann erlassen dürfen, solange und soweit der Bund von seiner Gesetzgebungskompetenz keinen Gebrauch gemacht hat[1795]. Liegt einem Vermisstenfall der Verdacht einer Straftat zugrunde, erfolgt die Analyse des einem Vermissten möglicherweise zuzuordnenden Spurenmaterials auf Grundlage des § 81e Abs. 2 Satz 1 und Abs. 1 Satz 2 und 1 StPO. Gleiches gilt für die Identifizierung dieses lebendig oder tot aufgefundenen Vermissten. Die Identifizierung von unbekannten Toten durch Analyse deren DNA- fähigen Materials ist durch die Befugnis des § 159 Abs. 1 2. Alt. StPO i.V.m. § 88 Abs. 1 Satz 2 StPO abschließend geregelt. Die letztgenannten Regelungen dienen der Beweissicherung im gegebenenfalls einzuleitenden Strafverfahren, indem sie die frühzeitige Information der Ermittlungsbehörde beim Auffinden eines unbekannten Toten sicherstellen, ohne dass es sich bereits um ein Ermittlungsverfahren handelt[1796]. Gem. § 159 Abs. 1 StPO sind die Polizei und die Gemeindebehörden beim Fund eines unbekannten Toten zur sofortigen Anzeige an die Staatsanwaltschaft oder das Amtsgericht verpflichtet. Zur Feststellung der Identität des Verstorbenen oder von dessen Geschlecht sind

---

1792 Wolfgang/Hendricks/Merz, POR NRW, Rn. 139.
1793 BVerfGE 113, 348 (369 ff).
1794 BVerfGE 113, 348 (369/370).
1795 Rachor in Lisken/Denninger, HbPolR, 5. Auflage, E Rn. 418 (zu § 19 Abs. 3 HSOG).
1796 Patzak in Graf, StPO, § 160 Rn. 2.

dann gem. § 88 Abs. 1 Satz 2 StPO die Entnahme von Körperzellen an der Leiche und deren molekulargenetische Untersuchung zulässig. An unbekannten Toten aufgefundenes Spurenmaterial kann ebenso wie das von aufgrund von Straftaten vermissten Personen auf Spurenträgern oder als Vergleichsproben sichergestellte oder beschlagnahmte Spurenmaterial i.S.d. § 81e Abs. 2 Satz 1 i.V.m. Abs. 1 Satz 2 und 1 StPO DNA- fähiges Material enthalten. Dieses darf gem. § 88 Abs. 1 Satz 2 StPO zur Feststellung der Identität des Verstorbenen oder gem. § 81e Abs. 1 Satz 1 StPO der Feststellung der Tatsache, ob das aufgefundene Spurenmaterial von dem Beschuldigten oder dem Verletzten stammt, analysiert werden.

Der Erlass von polizeigesetzlichen Befugnisnormen zur molekulargenetischen Untersuchung von DNA- fähigem Material von unbekannten Toten und unbekannten hilflosen Personen bzw. von aufgefundenem Spurenmaterial von Vermissten zum Zwecke der gefahrenabwehrrechtlichen Identitätsfeststellung erfolgte trotzdem, weil die Analyse des von vermissten Personen aufgefundenen Materials häufig deshalb nicht durchgeführt werden konnte, weil Sachverständige häufig einen richterlichen Beschluss nach § 81f StPO verlangten, der ohne Bezug zu einem Strafverfahren nicht eingeholt werden konnte[1797]. Weder die Untersuchung von aufgefundenem DNA- Material von Vermissten als potentiellen Opfern von Straftaten nach § 81f Abs. 2 Satz 1 StPO noch die Feststellung der Identität von unbekannten Toten nach § 88 Abs. 1 Satz 3 StPO bedarf der ansonsten in § 88f Abs. 1 StPO vorgesehenen richterlichen Anordnung[1798]. Weder § 81e Abs. 2 StPO noch § 88 Abs. 1 StPO enthalten einen Verweis auf § 88f Abs. 1 StPO.

Grund hierfür ist, dass unter dem i.S.d. § 81 Abs. 2 Satz 1 StPO in einem Strafverfahren aufgefundenen Spurenmaterial nur solches zu verstehen ist, das noch keiner bestimmten Person zugeordnet werden kann[1799]. Es soll erst noch mit dem eines namentlich bekannten Beschuldigten i.S.d. § 81a Abs. 1 StPO bzw. eines Zeugen i.S.d. § 81c Abs. 1 StPO entnommenen und gem. § 81e Abs. 1 Satz 1 bzw. Satz 2 StPO analysierten Spurenmaterial abgeglichen werden. Das aufgefundene DNA- fähige Material eines Vermissten ist anders als sonstiges Spurenmaterial der namentlich bekannten vermissten Person zuzuordnen, so dass zur Analyse dieses Materials zu Recht

---

1797 Tegtmeyer/Vahle, PolG NRW, § 14a Rn. 1.
1798 Frister in Lisken/Denninger, HbPolR, 5. Auflage, G Rn. 299; Störzer in Kriminalistik 2006, 184 (184).
1799 Frister in Lisken/Denninger, HbPolR, 5. Auflage, G Rn. 295; Eisenberg, Beweisrecht, Rn. 1684.

eine richterliche Anordnung zumindest gem. § 81f Abs. 1 StPO analog gefordert wird. Der Tod der als vermisst geltenden Person wurde noch nicht festgestellt, so dass davon auszugehen ist, dass der Schutzanspruch des Vermissten aus dem Grundrecht auf informationelle Selbstbestimmung noch fortbesteht. Aufgefundenes Material i.S.d. § 81e Abs. 2 Satz 1 StPO darf gem. § 81e Abs. 2 Satz 2 StPO ebenso wie nach § 81e Abs. 1 Satz 1 und 2 StPO zu analysierendes Material gem. § 81e Abs. 1 Satz 3 StPO nur für Zwecke eines anhängigen Strafverfahrens verwendet werden[1800].

Bestehen keine Anhaltspunkte für eine mit dem Verschwinden einer vermissten Person im Zusammenhang stehenden Straftat oder dem Auffinden einer unbekannten hilflosen Person, kann die Analyse DNA- fähigen Materials nicht auf § 81e Abs. 2 StPO (i.V.m. § 81e Abs. 1 Satz 2 StPO i.V.m. § 81c Abs. 1 StPO) gestützt werden. Insbesondere bei als vermisst geltenden älteren Personen kann häufig gerade nicht von einer Straftat als Ursache für deren Verschwinden ausgegangen werden[1801]. Auch nach Naturkatastrophen, wie z.B. Überschwemmungen oder Tsunamis[1802], oder bei vor dem Verschwinden eindeutig geäußerten Suizidabsichten sind nicht mit dem Verdacht einer Straftat in Verbindung zu bringende Vermisstenfälle denkbar[1803]. Auch eine Einwilligung kommt nur bei bestehendem Erziehungs- oder Betreuungsverhältnis in Betracht. Die Sicherung und Analyse des DNA- fähigen Materials auf präventiv- polizeilicher Grundlage dient dann der Sicherstellung der Möglichkeit einer späteren Identifizierung der später möglicherweise hilflos oder tot aufgefundenen vermissten Person. Die Analyse und anschließende Speicherung des DNA- Identifizierungsmusters einer als vermisst geltenden Person ist daher erforderlich, weil ein Datenabgleich mit anderen Proben sonst nicht möglich wäre[1804].

8. Präventiv- polizeiliche Befugnisse zur zweckändernden Verwendung präventiv- polizeilich erhobener Daten

Ebenso wie seit Beginn des 21ten Jahrhunderts die polizeigesetzlichen Befugnisse zur Erhebung personenbezogener Daten entwickelt wurden, änder-

---

1800 Meyer-Goßner, StPO, § 81e Rn. 10.
1801 Tegtmeyer/Vahle, PolG NRW, § 14a Rn. 1.
1802 Ipsen, NdsSOG, § 12 Rn. 380.
1803 Roos/Lenz, POG RP, § 11a Rn. 3.
1804 Tegtmeyer/Vahle, PolG NRW, § 14a Rn. 4.

te sich die Rechtsauffassung über polizeigesetzliche Befugnisse zur zweckändernden Verarbeitung von auf polizeigesetzlicher Grundlage erhobener Daten.

Nach einer im Zusammenhang mit der *präventiv- polizeilichen Videoüberwachung einer Wohnungstür* sowie der sog. *Blockhütten – Entscheidung* des BGH in den Jahren 1991 und 1995[1805] vertretenen Auffassung erstreckt sich die grundsätzlich den Ländern zustehende Gesetzgebungskompetenz für das Polizeirecht auch darauf, dass die Polizeigesetzgeber dazu berechtigt und verpflichtet sind, gesetzlich zu regeln zu welchen repressiven Zwecken zu präventiv- polizeilichen Zwecken erhobene Daten umgewidmet werden dürfen, da allein die zur repressiven Nutzung dieser Daten ermächtigende Befugnisnorm der Gesetzgebungskompetenz des Bundes aus Art. 74 Abs. 1 GG unterliegen[1806]. Diese Auffassung vertreten – zum Teil partiell – auch einige Polizeigesetzgeber[1807]. Speicherung und Verwendung personenbezogener Daten sind grundsätzlich an den Zweck und an das Verfahren gebunden, für die sie erhoben wurden[1808]. Daher dürften beispielsweise mittels Großen Lausch- und Spähangriffs auf präventiv- polizeilicher Grundlage erhobene Daten nur unter der Voraussetzung zur Strafverfolgung umgewidmet werden, dass es sich bei der aufzuklärenden Straftat um eine Katalogtat handelt, zu deren Aufklärung nach den Regeln der *StPO* ein Großer Laushangriff durchgeführt werden dürfte[1809].

Problematisch an der *Blockhütten – Entscheidung* war, dass der BGH die repressive Verwendung von auf Grundlage des Polizeigesetzes von *Rheinland- Pfalz* durch die verdeckte Überwachung von Blockhütten gewonnene Erkenntnisse zur Strafverfolgung billigte, ohne dass damals eine der präventiv- polizeilichen Befugnis entsprechende repressive Ermächtigung zum Großen Lauschangriff bestand, und die repressive Nutzung der durch die verdeckte Wohnraumüberwachung gewonnenen Daten nur in dem Polizeigesetz legitimiert wurde[1810]. Eine bereichsspezifische Regelung über die

---

1805 BGH in NStZ 1992, 44 ff; BGH in NStZ 1995, 601 (601/602).
1806 BVerfG in NJW 2012, 907 (912); VerfGH RP in DVBl. 2007, 569 (570); MV VerfG in LKV 2000, 345 (347); Götz, POR, § 17 Rn. 86; Staechelin in ZRP 1996, 430 (432); Anm. Welp zu BGH in NStZ 1995, 601 (604).
1807 Kapitel 4 B. 1. (S. 526).
1808 BVerfG in NJW 2012,907 (911); BVerfGE 120, 351 (367/368); 109, 279 (375); 100, 313 (360).
1809 MV VerfG in LKV 2000, 345 (356/357); Staechelin in ZRP 1996, 430 (432).
1810 BGH in NStZ 1995, 601 (602); Staechelin in ZRP 1996, 430 (431/432); Albrecht in StV 2001, 416 (418).

Verwendung personenbezogener Daten müsse grundsätzlich in dem Gesetz geregelt werden, das zur Erhebung der Daten ermächtigt, so dass diesem der Vorrang über die Regelung des Empfängergesetzes einzuräumen sei[1811]. Verwendungsverbote i.S.d. *BDSG* verbieten anders als relative Beweisverwertungsverbote im Strafverfahren jegliche Form von Nutzung personenbezogener Daten[1812] und sollen auch der Einleitung von Strafverfahren entgegenstehen[1813]. So soll etwa § 160 Abs. 4 StPO verhindern, dass der Schutz des Persönlichkeitsrechts dadurch in Mitleidenschaft gezogen wird, dass aufgrund der Verteilung der Gesetzgebungskompetenzen zwischen Bund und Ländern bestimmten sensiblen Daten nur deshalb keine Sperrwirkung zukommt, weil sie „nur" durch landesrechtliche Regelungen geschützt würden[1814]. Jedwede bundes- oder landesgesetzliche Verwendungsbeschränkung stehe also der Erhebung, Verarbeitung oder Nutzung personenbezogener Daten entgegen[1815]. Bezogen auf § 160 Abs. 4 StPO wurde daher ebenfalls behauptet, dass dem Gesetz, das die Erhebung von Daten regelt, der Vorrang vor der Regelung im Empfängergesetz eingeräumt werde, da die Grundentscheidung der Zweckbindung erhobener Daten aus § 14 Abs. 1 BDSG ansonsten ins Gegenteil verkehrt werde[1816].

Nach anderer Ansicht sind Bestimmungen über das Erheben wie das Nutzen von personenbezogenen Daten für Zwecke eines Strafverfahrens von der konkurrierenden Gesetzgebungskompetenz des Bundes für das Strafverfahrensrecht aus Art. 74 Abs. 1 Nr. 1 GG erfasst, so dass den Polizeigesetzgebern gerade keine Gesetzgebungskompetenz zusteht, um die repressive Nutzung von auf präventiv- polizeilicher Grundlage erhobenen Daten einzuschränken[1817]. Dieser Auffassung entsprechend schränkte bereits §§ 161 Abs. 2 StPO- Entwurf 1988 die Verwertung von durch verdeckte präventiv- polizeiliche Maßnahmen i.S.d § 8c VE ME PolG erhobenen personenbezogenen Daten *zu Beweiszwecken* ein[1818]. Dass trotz entgegenstehender Auffassung des BVerfG in dessen Entscheidung vom 7.12.2011 (Az.:

1811 BT-Drucksache 14/1484 S. 22; Staechelin in ZRP 1996, 430 (432).
1812 Meyer-Goßner, StPO, Einleitung Rn. 57d; Singelnstein in ZStW 120 (2008), 854 (865/866).
1813 Meyer-Goßner, StPO, Einleitung Rn. 57d; Rogall in JZ 2008, 818 (827/828).
1814 BT-Drucksache 14/1484 S. 23.
1815 Meyer-Goßner, Einleitung Rn. 57d; Singelnstein in ZStW 120 (2008), 854 (855/866).
1816 Soine in Kriminalistik 2001, 245 (245); Staechelin in ZRP 1996, 430 (430).
1817 Vahle in NVwZ 2001, 165 (166/167); Bockemühl in JA 1996, 695 (699).
1818 Entwurf eines Strafverfahrensänderungsgesetzes in StV 1989, 172 (175).

Kapitel 2: Die Entwicklung des polizeigesetzlichen Datenschutzrechts

2 BvR 2500/09) letztgenannter Auffassung zu folgen ist, ergeben die Ausführungen in Kapitel 4[1819].

V. Zwischenergebnis

Seit Beginn des 21sten Jahrhunderts ist es nach Inkrafttreten *des StVÄG 1999* zu einer rasanten Entwicklung der präventiv- polizeilichen Befugnisse zur Datenerhebung unter Rückgriff auf technische Mittel zur Bild- und Tonaufzeichnung sowie moderner Kommunikationsmittel und -techniken gekommen. Da mit deren verdecktem Einsatz insbesondere bei Überwachung von Wohnraum, der Telekommunikation oder von informationstechnischen Systemen ein erhöhtes Risiko besteht, in den durch die Menschenwürdegarantie des Art. 1 Abs. 1 GG geschützten absoluten Kernbereich privater Lebensgestaltung einzudringen oder von Verfassungs wegen besonders geschützte Berufsgeheimnisse zu verletzen, bedarf es über die für besondere Mittel und Methoden der Datenverarbeitung entwickelten Schutzmechanismen hinaus solche, die die staatlichen Schutzpflichten in ein angemessenes Verhältnis zu den beeinträchtigten Grundrechten setzen. Allerdings ist hinsichtlich der Tatbestandsebene der Verwirrung entgegenzutreten, die darauf zurückzuführen ist, dass das BVerfG in dessen Entscheidung zur Rasterfahndung, zum Großen Lauschangriff sowie zur Vorratsdatenspeicherung mit Blick auf die Vorfeldbefugnisse von einer konkreten Gefahr gesprochen hat. Hiermit ist nicht die konkrete Gefahr i.S.d. polizeilichen Generalklausel, also eine konkreten Gefahr i.S.d. klassischen Polizeirechts, als vielmehr eine nach Einzelfall und gefährdetem Rechtsgut *konkretisierte Gefahr* zu verstehen, bei der Tatsachen auf die Wahrscheinlichkeit des Eintritts des schädigenden Ereignisses schließen lassen, der Zeitpunkt des Schadenseintritts aber noch nicht absehbar ist. Gegen präventiv- polizeiliche Befugnisse zur verdeckten Datenerhebung im Vorfeld einer konkreten Gefahr i.S.d. Polizeirechts ist daher nichts einzuwenden, sofern deren Tatbestand den Geboten der Normenbestimmtheit und -klarheit entspricht. Möglich ist unter Berücksichtigung dessen sowohl ein Verweis auf zu verhindernde Katalogstraftaten als auch ein Verweis auf erheblich gefährdete hochrangige Rechtsgüter.

1819 Kapitel 4 B. 2. (S. 548).

Was die Pflicht der Polizeigesetzgeber zur Schaffung von Regelungen zum Schutz des Kernbereichs privater Lebensgestaltung betrifft, so ist nach den unterschiedlichen verdeckten präventiv- polizeilichen Maßnahmen zu differenzieren. Ebenso wie der Große Lausch- und Spähangriff bei negativer Kernbereichsprognose ausgeschlossen ist, scheidet eine TKÜ aus[1820], wenn Kenntnisse aus dem Kernbereich privater Lebensgestaltung mit Sicherheit zu erwarten sind. Da die Überwachung der TK- Inhalte von Berufsgeheimnisträgern i.S.d. § 53 Abs. 1 Satz 1 Nr. 1 bis 3b StPO immer mit der Verletzung des Kernbereichs privater Lebensgestaltung einer Vielzahl ihrer Mandanten verbunden ist, verbietet sich jede TKÜ dieser Berufs- und Amtsgeheimnisträger[1821]. Entsprechendes gilt für die Abfrage von Verkehrsdaten zu dienstlichen TK- Anschlüssen dieses Personenkreises sowie die Online-Durchsuchung der von diesem Personenkreis dienstlich genutzten informationstechnischen Systeme.

Weiterhin ist zwischen Erhebungsverboten zu unterscheiden, die speziell dem Schutz besonderer Vertrauensverhältnisse dienen, und nicht gleichzeitig durch den Schutzanspruchs des Kernbereichs privater Lebensgestaltung abgedeckt sind. Da bei erheblichen Gefahren für die durch Art. 2 Abs. 2 GG geschützten Rechtsgüter Leben, Freiheit und körperlicher Unversehrtheit die Sozialsphäre berührt ist, fallen aufgezeichnete Lebenssachverhalte, die der Abwehr solcher Gefahren zuträglich sind, nicht unter den Kernbereich privater Lebensgestaltung. Erhebliche Gefahren für die durch Art. 2 Abs. 2 GG geschützten Rechtsgüter führen zu einem Zurücktreten des Schutzanspruchs von besonders geschützten Vertrauensverhältnissen, bei denen der Schutzanspruch des Kernbereichs privater Lebensgestaltung die Durchführung der verdeckten präventiv- polizeilichen Überwachungsmaßnahme nicht von vornherein ausschließt. Da der Große Lausch- und Spähangriff infolge der besonderen Gefährdung des Schutzanspruchs des Kernbereichs privater Lebensgestaltung – unbeschadet eines zusätzlichen automatischen Aufzeichnungsgeräts – verfassungskonform nur durch Echtzeitüberwachung möglich ist, ist eine auf den im Einzelfall zu überwachten Lebenssachverhalt bezogene Abwägung des Schutzanspruchs besonders geschützter Vertrauensverhältnisse mit der im Einzelfall noch abwendbaren Verletzung der Rechtsgüter Leib, Leben oder Freiheit geboten. Daher können beim Großen Lausch- und Spähangriff auch Gespräche mit Berufsgeheimnisträgern über-

---

1820 ThürVerfGH in Urteil vom 21.11.2012 (Az.: VerfGH 19/09) S. 49.
1821 BVerfGE 120, 208 (247f); ThürVerfGH in Urteil vom 21.11.2012 (Az.: VerfGH 19/09) S. 49.

wacht werden, solange Anhaltspunkte dafür bestehen, dass sich aus dem überwachten Gespräch Erkenntnisse ergeben, die zur Abwehr der Gefahr erforderlich sind.

Hinsichtlich der übrigen verdeckten präventiv- polizeilichen Maßnahmen, also der TKÜ, der Abfrage von Vorrats- oder Verkehrsdaten oder der Online- Durchsuchung sind solche Abwägungen nur bei Datenerhebungen mit Berufsgeheimnisträgern i.S.d. § 53 Abs. 1 Satz 1 Nr. 4 und 5 StPO möglich, da diese Formen der Datenerhebung bei drittschützenden Vertrauensverhältnissen i.S.d. § 53 Abs. 1 Satz 1 Nr. 1 bis 3b StPO aufgrund der unausweichlichen Verletzung des Kernbereichs privater Lebensgestaltung Unbeteiligter ausgeschlossen sind. Auf bestimmte Berufsgeheimnisträger bezogene, vor die Klammer gezogene nicht- maßnahmespezifische Datenerhebungsverbote wie die des § 9a Abs. 1 und 2 PolBW oder des § 5 Abs. 3 und 4 ThürPAG i.d.F. vom 16.7.2008 sind daher unpraktikabel.

Verwendungsbeschränkungen müssten die Polizeigesetzgeber dann erlassen, wenn sich die in Art. 10 Abs. 1 GG bzw. das Grundrecht auf Vertraulichkeit und Integrität informationstechnischer Systeme eingreifenden verdeckten präventiv- polizeilichen Überwachungsmaßnahmen nicht gegen einen Berufsgeheimnisträger richteten. Aus Gründen des Schutzes des Kernbereichs privater Lebensgestaltung, des Schutzes von besonderen Vertrauensverhältnissen oder aus Verhältnismäßigkeitsgesichtspunkten eingerichtete Schutzmechanismen können zwar auch einer zweckändernden repressiven oder präventiv- polizeilichen Verwendung von auf präventiv- polizeilicher Grundlage erhobener Daten entgegenstehen. Insoweit stellt sich jedoch die Frage, inwieweit sich die Pflicht der Gesetzgeber, die weitere Verwendung von personenbezogenen Daten in demjenigen Gesetz zu regeln, das zu deren Erhebung ermächtigt, ausnahmslos gilt und daher – wie die Landesverfassungsgerichte von *Mecklenburg- Vorpommern* und *Rheinland-Pfalz* zu Unrecht annehmen – auch für die Polizeigesetzgeber zu beachten ist, falls es um die repressive zweckändernde Nutzung von auf präventiv-polizeilicher Grundlage erhobenen Daten geht. Dieses Problem wird jedoch sind in Kapitels 4 geklärt[1822].

1822 Kapitel 4 B. I. (S. 526) / C. I. 4. (S. 575).

B. Die ausnahmsweise bestehenden Gesetzgebungskompetenzen des Bundes für das Polizeirecht

Neben den 16 Landespolizeigesetzen bestehen mit dem aus dem *BGSG* hervorgegangenen *BPolG* sowie dem *BKAG* auf Bundesebene zwei weiter Polizeigesetze. Auch die auf besondere präventiv-polizeiliche Aufgaben beschränkten polizeilichen Einrichtungen des Bundes[1823], zu denen neben dem Bundeskriminalamt (BKA) vor allem die Bundespolizei (BPol) als dem ehemaligen Bundesgrenzschutz (BGS) gehört, zählt rechtssystematisch zum allgemeinen Polizeirecht, soweit die für deren Aufgabengebiete geltenden Gesetze gleichartige Fragen betreffen wie das Recht der Länder für deren jeweilige Landespolizei[1824]. Daher ist zunächst zu prüfen, aus welchen Kompetenztiteln sich die Gesetzgebungs- und Verwaltungskompetenzen des Bundes für die präventiv- polizeilichen Aufgaben der Bundespolizei und das BKA ergeben. Auf die Polizei des Deutschen Bundestages i.S.d. Art. 40 Abs. 2 GG und die Wasser- und Schifffahrtspolizei, wird nicht gesondert eingegangen.

I. Die Gesetzgebungs- und Verwaltungskompetenz des Bundes für die Bundespolizei (BPol)

Die Bundespolizei nimmt ähnlich wie die Landespolizeien, jedoch beschränkt auf ihr speziell übertragene Sonderaufgaben und damit meist beschränkt auf einen bestimmten örtlichen Bereich, präventiv- polizeiliche Aufgaben wahr. Seit Inkrafttreten des *Gesetzes zur Umbenennung des Bundesgrenzschutzes in Bundespolizei* vom 21.6.2005 wird der ehemalige Bundesgrenzschutz (BGS) unter der Bezeichnung Bundespolizei (BPol) fortgeführt[1825].

1823 Lange in JR 1962, 166 (167).
1824 Götz, POR, § 3 Rn. 25; Lange in JR 1962, 166 (167).
1825 BGBl. 2005 I S. 1818 bis 1840; Götz in Isensee/Kirchhof, HbStR, Bd. IV, § 85 Rn. 36.

Kapitel 2: Die Entwicklung des polizeigesetzlichen Datenschutzrechts

1. Der Grenzschutz; § 2 BPolG

Dem Bund steht gem. § 73 Abs. 1 Nr. 5 GG die ausschließliche Gesetzgebungskompetenz für den Grenzschutz zu. Infolge des institutionellen Gesetzvorbehalts[1826] aus Art 87 Abs. 1 Satz 2 GG kann der Bund durch Bundesgesetz Bundesgrenzschutzbehörden errichten und besitzt somit eine auf das Gebiet des Grenzschutzes bezogene Verwaltungskompetenz[1827]. Von dieser Verwaltungskompetenz machte der Bund erstmals durch das *Gesetz über den Bundesgrenzschutz und die Einrichtung von Bundesgrenzschutzbehörden* vom 16.3.1951[1828] Gebrauch. Bis zum Zustandekommen des *Gesetzes über den Bundesgrenzschutz* vom 18.8.1972[1829] blieb der Grenzschutz[1830] die einzige, dem BGS kraft Gesetzes übertragene Aufgabe.

2. Der Schutz von Bundesorganen; § 5 BPolG

Im Laufe der Zeit wurden dem BGS neben dessen originären Aufgabe des Grenzschutzes eine Reihe anderer Aufgaben übertragen. Hierzu gehört der erstmals in § 4 BGSG i.d.F. vom 18.8.1972[1831] genannte Schutz von Bundesorganen. Dieser beschränkt sich auf den unmittelbaren Schutz der Gebäude und Liegenschaften, also vor allem auf den Schutz der Grundstücke, auf denen die Verfassungsorgane des Bundes und die Bundesministerien ihren Sitz haben[1832]. Im Grundgesetz findet sich allerdings keine geschriebene Gesetzgebungs- oder Verwaltungskompetenz des Bundes für den Objektschutz. Trotzdem besteht Einigkeit darüber, dass der Bund in der Lage sein muss, den Schutz des Kernstücks seiner staatlichen Organisation unabhängig von den Zuständigkeiten der Länder sicherzustellen und für die Sicherstellung der Funktionsfähigkeit seiner staatlichen Organe zuständig ist[1833]. Die Verwaltungskompetenz ergibt sich für die präventiv- polizeiliche Aufgabe des Schutzes von Verfassungsorganen des Bundes nach h.M. als

---

1826 Burgi in v. Mangoldt/Klein/Starck, GG, Bd. 3, Art. 87 Abs. 1 Rn. 37 m.w.N.
1827 Winkeler, Von der Grenzpolizei zur multifunktionalen Polizei des Bundes?, S. 112; vgl. jetzt auch BVerfG in NJW 2013, 1499 (1502) = Rn. 102).
1828 BGBl. 1951 I. 201 (bis 201).
1829 BGBl. 1972 I S. 1834 bis 1847.
1830 § 2 BGSG 1951.
1831 Heute: § 5 BPolG.
1832 Riegel in DÖV 1992, 317 (318).
1833 Drewes/Malmberg/Walter, BPolG, § 5 Rn. 4.

stillschweigende Bundeskompetenz zum Schutz der eigenen Organe[1834] kraft Natur der Sache[1835], nach teilweise vertretener Auffassung i.V.m. Art. 87a Abs. 4 GG[1836].

3. Die Bahnpolizei und die Luftsicherheit; §§ 3, 4, 4a BPolG

Neue Bedeutung erlangte der BGS nach dem Ende des Kalten Krieges und der deutschen Wiedervereinigung am 3.10.1990, als ihm durch den Einigungsvertrag vom 31.8.1990[1837] die Aufgaben der Bahnpolizei übertragen wurden, und der BGS im Beitrittsgebiet als oberste Luftfahrtbehörde nach § 29c LuftVG mit dem Schutz vor Angriffen auf die Sicherheit des Luftverkehrs betraut wurde. Nachdem diese Aufgaben dem BGS bundesweit durch das *Gesetz zur Übertragung der Aufgaben der Bahnpolizei und der Luftsicherheit auf den Bundesgrenzschutz* vom 23.1.1992[1838] verliehenen und durch das *Gesetz zur Neuregelung des Bundesgrenzschutzes* vom 19.10.1994[1839] erweitert worden waren, entschied das BVerfG über ein auf Antrag der Landesregierung von *Nordrhein-Westfalen* eingeleitetes Normenkontrollverfahren. Dieses hob in seiner Entscheidung vom 28.1.1998 hervor, dass der BGS nicht zu einer allgemeinen, mit den Landespolizeien konkurrierenden BPol ausgebaut werden und damit sein Gepräge als Polizei mit begrenzten Aufgaben verlieren dürfe[1840]. Zugleich betonte das BVerfG aber, dass die von der Landesregierung *Nordrhein-Westfalens* in Frage gestellten Erweiterungen der Aufgaben des Bundesgrenzschutzes um die Aufgaben der Bahnpolizei und der Luftverkehrsverwaltung mit dem Grundgesetz vereinbar sind[1841].

1834 Spranger in BK, 115. Lieferung 2004, Art. 73 Nr. 10 Rn. 133.
1835 Bull in AK, Bd. 2, Art. 87 Rn. 81; Heintzen in v. Mangoldt/Klein/Starck, GG, Bd. 2, Art. 73 Rn. 52; Uhle in Maunz/Dürig, GG, 58. Lieferung 2010, Art. 73 Nr. 125; Lerche in Maunz/Dürig, GG, 30. Lieferung 1992, Art. 87 Rn. 125; a.A. Hermes in Dreier, GG, Bd. III, Art. 87 Rn. 42; Winkeler, Von der Grenzpolizei zur multifunktionalen Polizei des Bundes?, S. 159.
1836 Lerche in Maunz/Dürig, GG, 30. Lieferung 1992, Art. 87 Rn. 125.
1837 BGBl. 1990 II S. 1239 bis 1245 (1243).
1838 BGBl. 1992 I S. 178 bis 179.
1839 BGBl. 1994 I S. 2978 bis 3000.
1840 BVerfGE 97, 198 (218).
1841 BVerfGE 97, 198 (226 bis 228); Götz in Isensee/Kirchhof, HbStR, Bd. IV, § 85 Rn. 36; Jutzi in DÖV 1992, 650 (656); a.A. Hecker in NVwZ 1998, 707 (708); Papier DVBl. 1992, 1 (3 ff),.

Kapitel 2: Die Entwicklung des polizeigesetzlichen Datenschutzrechts

Die Gesetzgebungs- und Verwaltungskompetenz für die Aufgaben der Bahnpolizei steht dem Bund gem. Art. 73 Abs. 1 Nr. 6a GG und Art. 87e Abs. 1 Satz 1; Abs. 2 GG zu[1842]. Dem Bund stand es frei, dem damaligen Bundesgrenzschutz die Aufgabe der Bahnpolizei über Art. 87e Abs. 1 Satz 1; Abs. 2 GG zu übertragen. Weder bedurfte es zur Übertragung von bahnpolizeilichen Aufgaben auf den ehemaligen Bundesgrenzschutz eines Bezugs zum Grenzschutz i.S.d. Art. 87 Abs. 1 Satz 2 GG[1843], noch war dieser möglich[1844]. Während sich die Verwaltungskompetenz des Bundes für bahnpolizeiliche Aufgaben vor Neuordnung des Eisenbahnwesens durch das *Gesetz zur Änderung des Grundgesetzes* vom 20.12.1993 aus Art. 87 Abs. 1 Satz 1 GG a.F. ergab, befindet sich dieser Kompetenztitel nunmehr in Art. 87e Abs. 1 Satz 1 GG. Dem Bund wurden trotz Neugestaltung der Gesetzgebungs- und Verwaltungskompetenzen im Zuge der Neuordnung des Eisenbahnwesens durch *Gesetz zur Änderung des Grundgesetzes* vom 20.12.1993[1845] gem. Art. 73 Nr. 6a GG i.V.m. Art. 87e Abs. 1 Satz 1 GG die Aufgaben der Bahnpolizei auf dem Gebiet der Eisenbahnen des Bundes belassen[1846].

Die zur Übertragung von Luftsicherheitsaufgaben erforderliche Gesetzgebungs- und Verwaltungskompetenz des Bundes ergibt sich aus Art. 73 Abs. 1 Nr. 6 GG i.V.m. Art. 87d Abs. 1 Satz 1 GG. Die ausschließliche Gesetzgebungskompetenz des Bundes aus Art. 73 Abs. 1 Nr. 6 GG umfasst alle mit dem Luftverkehr zusammenhängenden Tätigkeiten und Institutionen, worunter sowohl die Abwehr von Gefahren des Luftverkehrs als auch die Abwehr von Gefahren für den Luftverkehr fällt[1847]. Für die Luftverkehrsverwaltung sind die gegenständlich begrenzten Zuständigkeiten nach

---

1842 Winkeler, Von der Grenzpolizei zur multifunktionalen Polizei des Bundes?, S. 135.
1843 Jutzi in DÖV 1992, 650 (651); a.A. Papier in DVBl. 1992, 1 (3 ff).
1844 Jutzi in DÖV 1992, 650 (651); Papier in DVBl. 1992, 1 (3 ff).
1845 BGBl. 1993 I. S. 2089 bis 2090.
1846 BVerfGE 97, 198 (221); Pieroth in Jarass/Pieroth, GG, Art. 73 Rn. 23; Heintzen in v. Mangoldt/Klein/Starck, GG, Bd. 2, Art. 73 Nr. 5 Rn. 59; Kunig in v. Münch/Kunig, GG, Bd. 2, Art. 73 Rn. 32; Sannwald in Schmidt-Bleibtreu/Hofmann/Hopfauf, GG, Art. 73 Rn. 73.
1847 Rengeling in Isensee/Kirchhof, HbStR, Bd. VI, § 135 Rn. 114; Heintzen in v. Mangoldt/Klein/Starck, GG, Bd. 2, Art. 73 Rn. 57; Winkeler, Von der Grenzpolizei zur multifunktionalen Polizei des Bundes?, S. 142.

Art. 87d Abs. 1 Satz 1 GG zu beachten[1848]. Durch das *Gesetz zur Übertragung der Aufgaben der Bahnpolizei und der Luftsicherheit auf den Bundesgrenzschutz* vom 23.1.1992 änderte der Bund die §§ 29c, 29d und 31 Abs. 2 Nr. 19 LuftVG dahingehend, dass dem Bund gem. § 31 Abs. 2 Nr. 19 LuftVG die vormals den Ländern übertragene Aufgabe der Gewährleistung der Luftsicherheit aus §§ 29c und 29d LuftVG dergestalt zurück übertragen wurde, dass diese Aufgabe nunmehr auf Antrag eines Landes gem. § 1 Nr. 3 l BGSG 1992 durch den BGS wahrgenommen werden sollte. Von dessen Gesetzgebungskompetenz aus Art. 73 Abs. 1 Nr. 6 GG Gebrauch machend hat der Bund durch das *Gesetz zur Neuregelung von Luftsicherheitsaufgaben* vom 11.1.2005[1849] die §§ 5 und 16 Luftsicherheitsgesetz *(LuftSiG)* erlassen und gleichzeitig die §§ 29c, 29d und 31 Abs. 2 LuftVG vollständig aufgehoben. Eine verfassungsrechtliche Kompetenzregelung wie die des Art. 87d Abs. 1 Satz 1, Abs. 2 GG, wonach bestimmte Angelegenheiten primär in bundeseigener Verwaltung geführt werden, alternativ aber auch den Ländern zur Auftragsverwaltung übertragen werden können, steht einer Wiederherstellung der verfassungsrechtlichen Ausgangslage einer bundeseigenen Verwaltung i.S.d. Art. 87d Abs. 1 Satz 1 GG nicht entgegen[1850]. Daher fiel es in den Bereich der Gesetzgebungskompetenz des Bundes, durch § 31 Abs. 2 Nr. 19 LuftVG vom 23.1.1992 i.V.m. § 1 Nr. 3 l BGSG 1992 bzw. gem. § 16 Abs. 2 und 3 LuftSiG i.V.m. §§ 4, 4a BPolG dem BGS als der heutigen BPol die Aufgabe der Luftsicherheit zu übertragen.

4. Die sonstigen Aufgaben der BPol aus den §§ 6 bis 11 BPolG

Die Aufgaben der BPol auf See § 6 BPolG sind für die Zweckänderung von zu repressiven und präventiv- polizeilichen Zwecken erhobenen Daten insofern irrelevant, als sich die meisten auf See anfallenden Aufgaben aus völkerrechtlichen Vereinbarungen oder innerstaatlichen Spezialregelungen, die der BPol aufgrund anderer Kompetenztitel zugewiesen sind, erge-

---

1848 Winkeler, Von der Grenzpolizei zur multifunktionalen Polizei des Bundes?, S. 143.
1849 BGBl. 2005 I S. 78 bis 87.
1850 BVerfGE 97, 198 (226).

ben[1851]. Wie sich aus der Überschrift „*Aufgaben und Verwendungen*" des *Abschnitts 1 des BPolG* ergibt, beinhalten die §§ 1 ff BPolG nicht nur Aufgaben der BPol sondern auch verschiedene Verwendungsformen der BPol. Diese werden in den §§ 7 bis 11 BPolG aufgezählt. So bedarf es für die Verwendung der BPol nach Art. 35 Abs. 2 Satz 1, Satz 2 und Abs. 3 GG, Art. 91 Abs. 1 und 2 GG und Art. 115f Abs. 1 Nr. 1 GG einer besonderen Zuständigkeitsregelung durch das GG, weil dann nicht sonderpolizeiliche Aufgaben sondern originär den Landespolizeien obliegende Aufgaben zum Schutz der öffentlichen Sicherheit oder Ordnung durch die BPol wahrgenommen werden[1852]. Der Aufgabe der BPol aus § 6 BPolG und deren Verwendungsformen aus §§ 7 bis 11 BPolG ist gemein, dass sich die Befugnisse der BPol bei der jeweiligen Verwendung grundsätzlich nicht aus dem *BPolG* sondern aus dem Gesetz ergeben, das für die zu unterstützende Polizei oder den Rechtsträger gilt, dem die BPol funktionell eingegliedert wird[1853]. Daher bedarf es keiner näheren Auseinandersetzung mit den Verwendungsmöglichkeiten der Bundespolizei aus den §§ 7 bis 11 BPolG.

5. Die auf die Aufgaben aus §§ 2 bis 6 BPolG bezogenen Befugnisse

Noch zu Zeiten des BGS wurden der BPol durch das *Gesetz zur Neuregelung der Vorschriften über den Bundesgrenzschutz (BGSNeuRegG)* vom 19.10.1994[1854] erstmals der Wesentlichkeitstheorie und dem Vorbehalt des Gesetzes aus Art. 20 Abs. 3 GG entsprechende präventiv- polizeiliche Befugnisnormen zur Erfüllung der Aufgaben aus §§ 2 bis 6 BGSG an die Hand gegeben. Die Beurteilung der Rechtmäßigkeit präventiv- polizeilichen Maßnahmen richtete sich nach den §§ 14 ff BGSG, denen die heutigen §§ 14 ff BPolG entsprechen. Diese enthalten mit §§ 14 bis 20; 38 bis 50 BPolG den §§ 8 bis 24 MEPolG entsprechende Standardbefugnisse und mit den §§ 21 bis 37 BPolG an die Vorgaben der §§ 8a bis 8d, 10 bis 10g VE ME PolG angelehnte Regelungen über die Verarbeitung und Nutzung von personenbezogenen Daten durch die BPol. Befugnisse zum Großen Lausch- und

---

1851 Winkeler, Von der Grenzpolizei zur multifunktionalen Polizei des Bundes?, S. 170.
1852 Schreiber in DVBl. 1992, 589 (593).
1853 Gröpl in DVBl. 1995, 329 (331).
1854 BGBl. 1994 I S. 2978 bis 3000.

Spähangriff, zum Kleinen Lauschangriff oder Maßnahmen mit Bezug zur Telekommunikation sind bis heute im BPolG nicht enthalten.

Das *BGSG 1994* enthielt mit § 29 Abs. 2 BGSG 1994 abweichend von den Vorgaben des *VE ME PolG* erstmals dem § 482 Abs. 1 und 2 StVÄG 1988 – Entwurf entsprechende Regelungen zur Speicherung von personenbezogenen Daten im Kriminalaktennachweis (KAN) des polizeilichen Informationssystems INPOL, die sich heute weitestgehend in der Öffnungsklausel des § 484 Abs. 1 und 2 StPO sowie in § 8 Abs. 1 und 2 BKAG wiederfinden. Gem. § 29 Abs. 2 Satz 1 BPolG dürfen Daten aus Strafverfahren im KAN gespeichert werden, soweit dies erforderlich ist zum Zweck der *Abwehr von Gefahren im Rahmen der ... obliegenden Aufgaben* oder *für Zwecke künftiger Strafverfahren wegen Straftaten i.S.d. § 12 Abs. 1 BGSG*. Damit gibt § 29 Abs. 2 Satz 1 BPolG der Bundespolizei das Instrumentarium an die Hand, um Vorsorge für die Verfolgung von künftigen Straftaten zu treffen.

Ebenfalls erstmals in einem Polizeigesetz geregelt wurde die Befugnis aus § 30 Abs. 5 BGSG 1994 zur Ausschreibung zur Fahndung. Die im heutigen § 30 Abs. 5 BPolG geregelt Befugnis ermächtigt die BPol neben der in § 30 Abs. 1 bis 4 BPolG geregelten Grenzfahndung sowie der nunmehr in § 31 BPolG geregelten Befugnis zur grenzpolizeilichen Beobachtung zur Fahndungsausschreibung in INPOL,

> zum Zwecke der Ingewahrsamnahme, Aufenthaltsermittlung oder Überprüfung einer Person, wenn sie nach diesem Gesetz befugt ist, die mit der Ausschreibung bezweckte Maßnahme selbst vorzunehmen oder durch eine zum Abruf im automatisierten Verfahren berechtigte Stelle vornehmen zu lassen.

Durch das *Gesetz zur Änderung des Telekommunikationsgesetzes und zur Neuregelung der Bestandsdatenauskunft* vom 20.6.2013 wurde der BPol neben den Befugnissen zum Auskunftsverlangen gegenüber Telekommunikationsanbietern über Verkehrsdaten (§ 22a Abs. 1 Satz 1 BPolG) und über Daten, mittels derer der Zugriff auf Endgeräte oder Speichereinrichtungen geschützt wird, mit § 22a Abs. 2 BPolG erstmals eine Befugnis zum Eingriff in das Grundrecht aus Art. 10 Abs. 1 GG eingeräumt. Hierdurch wird die BPol ermächtigt, bezogen auf einen bestimmten Zeitpunkt den Anschlussinhaber einer dynamischen IP- Adresse zu ermitteln. Für Auskünfte nach § 22a Abs. 1 Satz 2 BPolG besteht gem. § 22a Abs. 3 BPolG grundsätzlich der Richtervorbehalt. Für Auskünfte nach § 22a Abs. 1 Satz 2 und Abs. 2 BPolG bestehen gem. § 22a Abs. 4 BPolG grundsätzlich Benachrichtigungspflichten.

II. Die Gesetzgebungs- und Verwaltungskompetenz des Bundes für das Bundeskriminalamt (BKA)

Nach der Gründung des BKA durch das *Gesetz über die Einrichtung eines Bundeskriminalpolizeiamtes (Bundeskriminalamt)* vom 8.3.1951[1855] wurden zunächst die in §§ 4, 5 BKAG 1951 geregelten repressiven Zuständigkeiten des BKA durch die §§ 4, 4a, 4b und 5 des *Gesetzes zur Änderung des Gesetzes über die Einrichtung eines Bundeskriminalpolizeiamtes* vom 19.9.1969[1856] erweitert. Auf die Aufgabe des BKA als Zentralstelle für das polizeiliche Auskunfts- und Nachrichtenwesen wird in Kapitel 3 zurückgekommen[1857].

Erst seit Mitte der 1970er Jahre werden dem BKA ausdrücklich kraft Gesetzes präventiv- polizeiliche Aufgaben zugewiesen, nachdem es zwischen der ersten Hälfte der 1970er Jahre und dem Anfang der 1990er Jahre verübten Terroranschläge linksextremistischer Gruppen wie der Roten Armee Fraktion, der Bewegung 2. Juli und der Revolutionären Zellen zur bis dahin größten Gefährdung der inneren Sicherheit der Bundesrepublik Deutschland gekommen war[1858]. Hieraufhin wurden die Bundeskompetenzen aus Art. 35 Abs. 2 GG, Art. 73 Nr. 10 GG und Art. 87 Abs. 1 Satz 2 GG durch das 31. Änderungsgesetz zum Grundgesetz vom 28.7.1972[1859] gestärkt, woraufhin es zur *Neufassung des Gesetzes über die Errichtung eines Bundespolizeikriminalamtes (Bundeskriminalamtes)* vom 29.6.1973[1860] kam. Die präventiv- polizeilichen Aufgaben des BKA fallen nicht unter die ausschließliche Gesetzgebungskompetenz des Bundes aus Art. 73 Abs. 1 Nr. 10 GG[1861], so dass die präventiv- polizeilichen Befugnisse des BKA gleichwohl auf eine schmalere Kompetenzbasis gestellt sind als die Strafverfolgungs- und Zentralstellenkompetenz des BKA[1862].

Zu grundlegenden Änderungen kam es mit dem *Gesetz über das Bundeskriminalamt und die Zusammenarbeit des Bundes und der Länder in kri-*

1855 BGBl. 1951 I S. 165 bis 166.
1856 BGBl. 1969 I. S. 1717 bis 1718.
1857 Kapitel 3 C. (S. 436).
1858 Götz in Isensee/Kirchhof, HbStR, Bd. IV, § 85 Rn. 11.
1859 BGBl. 1972 I S. 1305 (bis 1305).
1860 BGBl. 1973 I S. 704 bis 707.
1861 Kapitel 3 A. II. 2. (S. 371); Rengeling in Isensee/Kirchhof, HbStR, Bd. VI, § 135 Rn. 129; Kunig in v. Münch/Kunig, GG, Bd. 2, Art. 73 Rn. 43; Lisken in NW VBl. 1995, 281 (281).
1862 Götz, POR, § 16 Rn. 17.

minalpolizeiliche Angelegenheiten (BKAG) vom 7.7.1997[1863] und dem *Gesetz zur Abwehr von Gefahren des internationalen Terrorismus durch das Bundeskriminalamt* vom 25.12.2008[1864], dem die Föderalismusreform 2006 vorausging. Die letzte Erweiterung der präventiv- polizeilichen Aufgaben des BKA erfolgte durch das *Gesetz über die Vereinfachung des Austausches von Informationen und Erkenntnissen zwischen den Strafverfolgungsbehörden der Mitgliedstaaten der Europäischen Union* vom 21.7.2012[1865], infolge dessen sich der Personen- und Objektschutz jetzt nicht mehr nur auf den Schutz der Mitglieder der Verfassungsorgane und deren ausländischer Gäste sondern nunmehr auch auf die Leitung des BKA erstreckt.

1. Der Personen- und Objektschutz, § 5 BKAG

Die dem BKA heute durch § 5 BKAG zugewiesene Aufgabe des Personenschutzes der Verfassungsorgane des Bundes und deren Gästen sowie des inneren Schutzes der Dienst- und Wohnsitze und der jeweiligen Aufenthaltsräume des Bundespräsidenten, der Mitglieder der Bundesregierung und in besonders gelagerten Fällen auch ihrer Gäste aus anderen Staaten, wurde dem BKA kraft Gesetzes erstmals durch den mit dem heutigen § 5 BKAG inhaltlich weitgehend übereinstimmenden § 9 Abs. 1 und Abs. 2 BKAG 1973 übertragen. Doch bereits in den davor liegenden über 20 Jahren hatte das BKA die diesem heute durch § 5 BKAG zugewiesene Aufgabe seit dessen Gründung ohne ausdrückliche gesetzliche Legitimation wahrgenommen[1866].

Die Gesetzgebungs- und Verwaltungskompetenz des Bundes, dem BKA die Aufgabe des inneren Schutzes der von Mitgliedern von Verfassungsorganen und deren ausländischen Gästen genutzten Objekten aus dem heutigen § 5 BKAG zu übertragen, ergibt sich entsprechend der der BPol durch § 5

1863 BGBl. 1997 I S. 1650 bis 1664.
1864 BGBl. 2008 I S. 3083 bis 3104.
1865 BGBl. 2012 I S. 1566 bis 1576.
1866 Abbühl, Der Aufgabenwandel des BKA, S. 118-120; Riegel in DVBl. 1982, 720 (722).

Kapitel 2: Die Entwicklung des polizeigesetzlichen Datenschutzrechts

BPolG übertragenen Aufgabe kraft Natur der Sache[1867] bzw. als Annexkompetenz zur Eigensicherung von Bundesbehörden[1868]. Der Bund muss selbst in der Lage sein, die Funktionsfähigkeit seiner Organe sicherzustellen, wozu auch der Schutz seiner Organwalter und deren ausländischer Gäste unabhängig von den ebenso den Länder zustehenden Befugnissen in diesem Bereich gehört[1869].

2. Der Zeugenschutz, § 6 BKAG

Die Aufgabe des Zeugenschutzes wurde dem BKA erstmals durch § 6 BAKG 1997 kraft Gesetzes zugewiesen. Aber bereits zuvor nahmen das BKA und die Landespolizeien die Aufgabe des Zeugenschutzes orientiert an den *Gemeinsamen Richtlinien der Innenminister und -senatoren und der Justizminister- und Senatoren der Länder zum Schutz gefährdeter Zeugen* vom 29.6.1990 wahr[1870]. Der Zeugenschutz durch das BKA erfolgte also zunächst mit Einwilligung der Innenminister und -senatoren der Länder jedoch ohne Rechtsgrundlage. Später wurde das Verfahren des Zeugenschutzes durch das *Gesetz zur Harmonisierung des Schutzes gefährdeter Zeugen (Zeugenschutz- Harmonisierungsgesetz – ZSHG)* vom 11.12.2001[1871] in der Fassung vom 19.2.2007[1872] geregelt. Infolge der sich als Annex zur Gesetz-

---

1867 BT-Drucksache 7/178 S. 7, 13/1550 S. 20; BVerfGE 12, 205 (251); Abbühl, Der Aufgabenwandel des BKA, S. 136; Daub in Ahlf/Daub/Lersch/Störzer, BKAG, § 5 Rn. 3; Bull in AK, Bd. 2, Art. 87 Rn. 81, 88; Papsthardt in Erbs/Kohlhaas, Strafrechtliche Nebengesetze, B 190, 172. Lieferung 2008, Vorbemerkungen Rn. 32; Götz, POR, § 16 Rn. 18; Oebbecke in Isensee/Kirchhof, HbStR, Bd. VI, § 136 Rn. 107; Schenke, POR, Rn. 441; Gärditz, Strafprozess und Prävention, S. 269; Schreiber in NJW 1997, 2137 (2140); Riegel in DÖV 1982, 849 (850); a.A. Denninger/Poscher in Lisken/Denninger, HbdPolR, 5. Auflage, B Rn. 158.
1868 Werthebach/Droste in BK, 87. Lieferung 1998, Art. 73 Nr. 10 Rn. 133; Lerche in Maunz/Dürig, GG, 30. Lieferung 1992, Art. 87 Rn. 139; Gusy, POR, Rn. 52; Kugelmann, POR, 2. Kapitel, Rn. 18.
1869 BT-Drucksache 13/1550 S. 20; Heintzen in v. Mangoldt/Klein/Starck, GG, Bd. 2, Art. 73, Rn. 111, 112; Schreiber in NJW 1997, 2137 (2140); Riegel in DÖV 1982, 849 (850).
1870 BT-Drucksache 13/1550 S. 24.
1871 BGBl. 2001 I S. 3510 bis 3512.
1872 BGBl. 2007 I S. 122 bis 148.

gebungskompetenz aus Art. 73 Abs. 1 Nr. 10 GG[1873] sowie als Annex zur Verwaltungskompetenz des Bundes, eine Zentralstelle für die Kriminalpolizei zu errichten, konnte dem BKA begrenzt auf die von § 4 Abs. 1 und 2 BKAG erfassten Straftatbestände die Aufgabe des Zeugenschutzes übertragen werden, weil der Zeuge nur bei Kenntnis des dem Zeugenschutz zu Grunde liegenden Ausgangsstrafverfahrens effektiv geschützt werden kann[1874].

3. Die Abwehr von Gefahren des internationalen Terrorismus, § 4a BKAG

Im Zuge der Föderalismusreform I wurde mittels des *52. Änderungsgesetzes zum Grundgesetz*[1875] durch das *Gesetzes zur Änderung des Grundgesetzes (Artikel 22, 23, 33, 52, 72, 73, 74, 74a, 75, 84, 85, 87c, 91a, 91b, 93, 98, 104a, 105, 107, 109, 125a, 125b, 125c, 143c)* vom 28.8.2006[1876] erstmals eine ausschließliche Gesetzgebungskompetenz in das Grundgesetz aufgenommen, die den Bund ermächtigt, einer Bundespolizeibehörde unter bestimmten Voraussetzungen durch Gesetz umfassende präventiv- polizeiliche Befugnisse zur Abwehr von Gefahren des internationalen Terrorismus einzuräumen[1877]. Gestützt auf den neuen Kompetenztitel aus Art. 73 Abs. 1 Nr. 9a und Abs. 2 GG wurde das *Gesetz zur Abwehr von Gefahren des in-*

1873 BVerfGE 4, 143 (150); 3, 407 (433); BT-Drucksache 13/1550 S. 20, 24; Abbühl, Der Aufgabenwandel des BKA, S. 184; Lersch in Ahlf/Daub/Lersch/Störzer, BKAG, § 6 Rn. 2; Bäcker, Terrorismusabwehr durch das BKA, S. 27; Werthebach/Droste in BK, 87. Lieferung 1998, Art. 73 Nr. 10 Rn. 139; Papsthardt in Erbs/Kohlhaas, Strafrechtliche Nebengesetze, B 190, 172. Lieferung 2008, Vorbemerkungen Rn. 32; § 6 Rn. 2; Götz, POR, § 16 Rn. 18; Lersch in FS Herold, S. 35 (59); Heintzen in v. Mangoldt/Klein/Starck, GG, Bd. 2, Art. 73 Rn. 118; Schreiber in NJW 1997, 2137 (2140).
1874 BVerfGE 4, 143 (150); 3, 407 (433); BT-Drucksache 13/1550 S. 24; Abbühl, Der Aufgabenwandel des BKA, S. 184; Lersch in Ahlf/Daub/Lersch/Störzer, BKAG, § 6 Rn. 1/2; Bäcker, Terrorismusabwehr durch das BKA, S. 27; Werthebach/Droste in BK, 87. Lieferung 1998, Art. 73 Nr. 10 Rn. 139; Papsthardt in Erbs/Kohlhaas, Strafrechtliche Nebengesetze, B 190, 168. Lieferung 2007, § 6 Rn. 2; Götz, POR, § 16 Rn. 18; Lersch in FS Herold, S. 35 (59); Schreiber in NJW 1997, 2137 (2140).
1875 Denninger/Poscher in Lisken/Denninger, HbPolR, 5. Auflage, C Rn. 159.
1876 BGBl. 2006 I S. 2034 bis 2096.
1877 Abbühl, Der Aufgabenwandel des BKA, S. 293 bis 304 m.w.N.; Denninger/Poscher in Lisken/Denninger, HbdPolR, 5. Auflage, B Rn. 159; Roggan in NJW 2009, 257 (257).

ternationalen Terrorismus durch das Bundeskriminalamt vom 25.12.2008[1878] verabschiedet, das den Aufgabenkreis des BKA durch § 4a BKAG um das schmale Kompetenzfeld, Gefahren des internationalen Terrorismus abzuwehren, erweiterte[1879].

Die Föderalismusreform I umfasste allerdings nicht die Anpassung der Verwaltungskompetenzen des Bundes[1880]. In Teilen der Literatur wird daher die Auffassung vertreten, dass die Verwaltungskompetenz des Bundes für die neue Aufgabe des BKA aus § 4a BKAG in dessen Gesetzgebungskompetenz aus Art. 73 Abs. 1 Nr. 9a GG hineingelesen werden müsse[1881], bzw. dass der Art. 73 Abs. 1 Nr. 9a GG dem Bund nicht nur eine Gesetzgebungskompetenz, sondern auch eine Verwaltungskompetenz zusprechen würde[1882]. Eine andere Auffassung versucht die notwendige Verwaltungskompetenz des Bundes aus dem Zentralstellenkonzept des Art. 87 Abs. 1 Satz 2 GG abzuleiten[1883]. Eine wiederum andere Auffassung meint, die vermeintlich bestehende Lücke im Grundgesetz dadurch schließen zu können, dass sie dem Bund eine Verwaltungskompetenz aus Art. 87 Abs. 3 Satz 1 GG zuspricht[1884]. Im Ergebnis ist keiner dieser Auffassungen zu folgen[1885]. Ebenso wie dem Bund durch Art. 73 Abs. 1 Nr. 10 GG keine Verwaltungskompetenz hinsichtlich der Strafverfolgungszuständigkeit i.S.d. heutigen § 4 BKAG eingeräumt wird[1886], wird dem Bund durch Art. 73 Abs. 1 Nr. 9a BKAG die Verwaltungskompetenz zur Durchsetzung der Aufgabe der Abwehr von Gefahren des internationalen Terrorismus eingeräumt. Art. 73 Abs. 1 Nr. 9a GG ermächtigt den Bundesgesetzgeber zwar, dem BKA durch Bundesgesetz das Werkzeug in Form von präventiv- polizeilichen Befugnissen zur Durchsetzung seiner Aufgabe, Gefahren des internationalen Ter-

---

1878 BGBl. I 2008 S. 3083 bis 3094.
1879 Wolff in DÖV 2009, 597 (598).
1880 Abbühl, Der Aufgabenwandel des BKA, S. 305; Heintzen in Starck, Föderalismusreform, Rn. 93.
1881 Papsthardt in Erbs/Kohlhaas, Strafrechtliche Nebengesetze, B 190, 172. Lieferung 2008, Vorbemerkung Rn. 30.
1882 Bäcker, Terrorismusabwehr durch das BKA, S. 30/31; Wolff in DÖV 2009, 597 (598); Baum/Schantz in ZRP 2008, 137 (137); Tams in DÖV 2007, 367 (369).
1883 Heintzen in Starck, Föderalismusreform, Rn. 95.
1884 Abbühl, Der Aufgabenwandel des BKA, S. 310/311.
1885 Stettner in Dreier, GG, Bd. II, Supplementum 2007, Art. 73 Rn. 52; Roggan in NJW 2009, 257 (258).
1886 Kapitel 2 A. II. 2. (S. 371).

rorismus abzuwehren, an die Hand zu geben[1887]. Angesichts der föderalen Aufbaus der Bundesrepublik musste aber eine zentrale Stelle gefundenen werden, der die durch Art. 73 Abs. 1 Nr. 9a und Abs. 2 GG erst ermöglichte Aufgabenerfüllung übertragen werden konnte. Dabei konnte auf eine bereits eingerichtete Zentralstelle zurückgegriffen werden. Neben der BPol ist das BKA eine in der Bundesrepublik Deutschland mit Zentralstellenfunktionen ausgestattete Polizeibehörde. Im Gegensatz zur BPol verfügte das BKA aufgrund seiner Funktionen als Zentralstelle für die Kriminalpolizei sowie als Zentralstelle für das polizeiliche Auskunfts- und Nachrichtenwesen bereits über die für die Abwehr von Gefahren des internationalen Terrorismus erforderlichen Informations- und Kommunikationswege und entsprechende Erfahrungen. Gleichwohl lässt sich die auf die vorbeugende Bekämpfung der Gefahren des internationalen Terrorismus bezogene neue Aufgabe des BKA nicht aus dessen Zentralstellenfunktionen aus Art. 87 Abs. 1 Nr. 2 GG ableiten[1888]. Vielmehr steht dem Bund die Verwaltungskompetenz für die Abwehr von Gefahren des internationalen Terrorismus kraft Natur der Sache zu. Hiervon wurde bei Erlass des Art. 73 Abs. 1 Nr. 9a i.V.m. Abs. 2 GG ausgegangen, so dass dem Bund nicht extra eine neue Verwaltungskompetenz verliehen werden musste[1889]. In der Natur der Gefahren des internationalen Terrorismus liegt es, dass diese anders als Gefahren des nationalen Terrorismus ihren Ursprung im Ausland haben[1890]. Aus Sicht eines vor potentiellen Terroristen warnenden anderen Staates dürfte die Zuständigkeit eines einzelnen Bundeslandes ebensolche Schwierigkeit bereiten wie mangelnde formelle, materielle oder personelle Voraussetzungen.

Gestützt auf Art. 73 Abs. 1 Nr. 9a GG darf dem BKA durch einfachgesetzliche Regelung nur in denjenigen Fällen die Zuständigkeit für die Abwehr von Gefahren des internationalen Terrorismus übertragen werden, in denen diese Gefahr noch nicht, nicht oder nicht mehr durch eine einzelne oder mehrere Landesbehörden abgewehrt werden kann[1891]. Die neue Bundeskompetenz des Art. 73 Abs. 1 Nr. 9a GG trägt der besonderen Bedrohungslage im Bereich des internationalen Terrorismus Rechnung, zu der Hinweise aus dem Ausland erfolgen, ohne dass die Zuständigkeit einer Lan-

---

1887 Heintzen in Starck, Föderalismusreform, Rn. 89, 93; Uhle in DÖV 2010, 989 (990).
1888 Heintzen in Starck, Föderalismusreform, Rn. 95.
1889 Stettner in Dreier, GG, Bd. II, Supplementum 2007, Art. 73 Rn. 52.
1890 BT-Drucksache 16/813 S. 12; Heintzen in Starck, Föderalismusreform, Rn. 97.
1891 Kunig in v. Münch/Kunig, GG, Bd. 2, Art. 73 Rn. 40.

Kapitel 2: Die Entwicklung des polizeigesetzlichen Datenschutzrechts

despolizeibehörde erkennbar ist[1892]. In diesem wie den übrigen beiden von Art. 73 Abs. 1 Nr. 9a GG erfassten Situationen ist die effektive Gefahrenabwehr durch eine einzelne Landesbehörde nicht möglich, so dass mit Art. 73 Abs. 1 Nr. 9a GG eine kompetenzrechtliche Vorsorge gegen eine im föderalen Staatsaufbau der Bundesrepublik Deutschland begründete ineffektive Abwehr von Gefahren des internationalen Terrorismus zu treffen war[1893]. Besteht also der begründete Verdacht, dass irgendwo im Bundesgebiet eine Gefahr durch den internationalen Terrorismus droht, und diese Gefahr nicht durch Landesbehörden abgewehrt werden kann, ist der Bund aufgrund der sich aus dem Grundgesetz als der Verfassung des Bundes ergebenden Grundrechten und den hieraus folgenden Schutzpflichten verpflichtet, sich schützend vor die Rechtsgüter der Bevölkerung zu stellen. Dann gibt es vor dem Hintergrund des Staatsziels Innere Sicherheit keinen legitimen Grund, dem im Gegensatz zu den Ländern handlungsfähigen Bund diese Handlungspflicht verfassungsrechtlich abzuschnüren[1894]. Wo die örtliche Zuständigkeit einer Landespolizei nicht ersichtlich ist, kann dieser nicht die Ausführung eines aufgrund Art. 73 Abs. 1 Nr. 9a GG erlassenen Bundesgesetzes übertragen werden, selbst wenn den Art. 83 ff GG keine ausdrückliche Zuweisung einer Verwaltungszuständigkeit an den Bund zu entnehmen ist[1895].

4. Die Eigensicherung von repressiv tätigen BKA-Beamten

Die Gesetzgebungskompetenz des Bundes besteht weiterhin für den in § 16 BKAG vorgesehenen Einsatz technischer Mittel zur Eigensicherung von in strafprozessualen Ermittlungsverfahren eingesetzten BKA – Beamten als Annexkompetenz noch durch Art. 73 Abs. 1 Nr. 10 GG. Der Bund ist infolge des Art. 33 Abs. 5 GG aus Fürsorgegründen angehalten für die Sicherheit seiner über Art. 87 Abs. 1 GG auf Grundlage eines auf Art. 73 Abs. 1 Nr. 10 GG gestützten Gesetzes eingesetzten Beamten zu sorgen.

1892 BT-Drucksache 16/813 S. 12; Kunig in v. Münch/Kunig, GG, Bd. 2, Art. 73 Rn. 40.
1893 Heintzen in Starck, Föderalismusreform, Rn. 98; Uhle in Maunz/Dürig, GG, 58. Lieferung 2010, Art. 73 Rn. 209; Uhle in DÖV 2010, 989 (989, 993).
1894 Heintzen in Starck, Föderalismusreform, Rn. 98.
1895 Kunig in v. Münch/Kunig, GG, Bd. 2, Art. 73 Rn. 40.

5. Das BKA als Zentralstelle für die internationale polizeiliche Zusammenarbeit

Neben dem Recht aus Art. 87 Abs. 1 Satz 2 GG zur Errichtung der dort genannten Zentralstellen, auf die § 2 BKAG Bezug nimmt[1896], steht dem Bund gem. Art. 73 Abs. 1 Nr. 10 GG auch das Recht zur ausschließlichen Gesetzgebung zu über (...) *die internationale Verbrechensbekämpfung.* Darunter ist nicht die Bekämpfung internationaler Verbrechen sondern die internationale Bekämpfung von Verbrechen, also etwa die Zusammenarbeit deutscher und internationaler Stellen in kriminalpolizeilichen Fragen, zu verstehen[1897]. Auf die sich hieraus ergebenden, nunmehr in den §§ 3, 13 ff BKAG 1997 geregelte Aufgabe des BKA als Zentralstelle für die internationale Verbrechensbekämpfung kann in dieser Arbeit nicht näher eingegangen werden. Was die Übermittlung durch das BKA und die Nutzung der übermittelten, zuvor zu präventiv- polizeilichen Zwecken erhobenen Daten zu präventiv- polizeilichen Zwecken betrifft, so dürfte mit dem durch Art. 3 des *Gesetzes über die Vereinfachung des Austauschs von Informationen und Erkenntnissen zwischen den Strafverfolgungsbehörden der Mitgliedstaaten der Europäischen Union* vom 21.12.2012[1898] eingefügten §§ 14a, 27a BKAG ein entscheidender Schritt vollbracht worden sein. Gleiches gilt für die Befugnisse der Polizeien des Bundes und der Länder zur Übermittlung und Nutzung von auf präventiv- polizeilicher oder repressiver Grundlage erhobenen Daten zu repressiven Zwecken, die seither bezogen auf Mitgliedstaaten der Europäischen Union in den §§ 92 bis 92b IRG geregelt sind.

6. Die Befugnisse des BKA zur Erfüllung der Aufgaben aus §§ 2 bis 6 BKAG

Aufgrund der für die Aufgaben des BKA aus §§ 2 bis 6 BKAG bestehenden Gesetzgebungs- und Verwaltungskompetenz war der Bundesgesetzgeber gehalten, den im Volkszählungsurteil aufgestellten Anforderungen entsprechende bereichsspezifisch und präzise geregelte datenschutzrechtliche Bestimmungen zu erlassen, die festlegen, unter welchen Voraussetzungen personenbezogene Daten erhoben, verarbeitet oder genutzt werden dürfen.

1896 Kapitel 3 C. I. (S. 437).
1897 BVerfGE 100, 313 (369).
1898 BGBl. 2012 I S. 1566 bis 1576.

Kapitel 2: Die Entwicklung des polizeigesetzlichen Datenschutzrechts

Im Gegensatz zu den Polizeigesetzen der Länder und dem *BPolG* werden die zur Erfüllung dieser Aufgabe erforderlichen Befugnisse des BKA nicht einheitlich für sämtliche dem BKA übertragenen Aufgaben sondern für jedes Aufgabengebiet gesondert geregelt und durch die aufgabenübergreifend geltenden Bestimmungen der §§ 27 bis 34 BKAG ergänzt. Hinsichtlich des nicht- eingriffsrelevanten Umgangs mit personenbezogenen Daten kann gem. § 37 BKAG ergänzend grundsätzlich auf das *BDSG 1990* zurückgegriffen werden. Differenziert nach den Aufgaben aus §§ 2 bis 6 BKAG 1997 wurden mit den §§ 7 bis 15, 16 bis 20, 21 bis 26 BKAG 1997 sowie bezogen auf die durch das *Gesetz zur Abwehr von Gefahren des internationalen Terrorismus durch das Bundeskriminalamt* vom 25.12.2008 hinzugetretene Aufgabe des BKA aus § 4a BKAG mit den §§ 20a bis 20x BKAG erstmals eigens auf das BKA bezogene präventiv- polizeiliche Befugnisse erlassen[1899]. Im Einzelnen gelten bezogen auf die Aufgabe des BKA aus

– § 5 BKAG die Befugnisse aus §§ 21 bis 25, 27 ff BKAG,
– § 6 BKAG die Befugnisse aus §§ 21 bis 25, 27 ff BKAG i.V.m. § 26 BKAG,
– § 4 BKAG die Befugnisse aus §§ 4 Abs. 3; 16 bis 20, 27 ff BKAG,
– § 4a BKAG die Befugnisse aus §§ 20a bis 20x, 27 ff BKAG,
– § 2 BKAG die Befugnisse aus §§ 7 bis 13, 27 ff BKAG[1900],
– § 3 BKAG die Befugnisse aus §§ 14, 15, 27 ff BKAG.

Die Befugnisse des BKA beschränkten sich bezogen dessen Aufgaben aus § 5 und 6 BKAG gem. § 21 BKAG (i.V.m. § 26 BKAG) auf die in den §§ 8 bis 24 MEPolG geregelte polizeiliche Generalklausel (§ 21 Abs. 1 BKAG) sowie auf die Standardmaßnahmen

– der Identitätsfeststellung (§ 21 Abs. 2 Nr. 1 BKAG),
– der Prüfung von Berechtigungsscheinen (§ 21 Abs. 2 Nr. 2 BKAG,
– der Durchsuchung von Personen oder Sachen (§ 21 Abs. 2 Nr. 3 BKAG,
– die ED-Behandlung zum Zwecke der Identitätsfeststellung (§ 21 Abs. 3 BKAG),
– den Platzverweis (§ 21 Abs. 4 BKAG),
– die Sicherstellung (§ 21 Abs. 5 BKAG),
– die Durchsuchung von Wohnungen (§ 21 Abs. 6 BKAG) und
– die Ingewahrsamnahme (§ 21 Abs. 7 BKAG).

1899 Denninger/Poscher in Lisken/Denninger, HbdPolR, 5. Auflage, C Rn. 159.
1900 Kapitel 3 C. I. (S.437); Kapitel 5 A. II. 1. (S. 664).

wobei jeweils ergänzend die Bestimmungen des BPolG anzuwenden sind. Demgegenüber bekam das BKA bezogen auf den schmalen Kompetenztitel des § 4a BKAG den gesamten Katalog der bis dahin existierenden präventivpolizeilichen Standardmaßnahmen zur Verfügung gestellt[1901]. Durch § 20k BKAG bekam das BKA als erste mit präventiv- polizeilichen Befugnissen ausgestattete Behörde die Befugnis zum verdeckten Eingriff in informationstechnische Systeme eingeräumt.

Durch das *Gesetz zur Änderung des Telekommunikationsgesetzes und zur Neuregelung der Bestandsdatenauskunft* vom 20.6.2013 wurde dem BKA bezogen auf dessen Aufgaben aus §§ 2, 4a, 5 und 6 BKAG mit den §§ 7 Abs. 3 bis 7 BKAG n.F; 20b Abs. 3 n.F. bis Abs. 7; 22 Abs. 1 bis 6 BKAG Befugnisse zum Auskunftsverlangen gegenüber Telekommunikationsanbietern

– über Bestandsdaten,
– über Daten, mittels derer der Zugriff auf Endgeräte oder Speichereinrichtungen geschützt wird, sowie
– bezogen auf einen bestimmten Zeitpunkt, über den Anschlussinhaber einer dynamischen IP-Adresse

an die Hand gegeben. Dabei dürfte es nicht erforderlich gewesen sein, dem BKA diese Befugnis zur Erfüllung von dessen Aufgabe als Zentralstelle für das polizeiliche Auskunfts- und Nachrichtenwesen[1902] einzuräumen, so dass es sich bei Erlass der §§ 7 Abs. 3 bis 7 BKAG n.F. um ein Redaktionsversehen gehandelt haben dürfte. Für Auskünfte nach §§ 20b Abs. 3 Satz 2, 22 Abs. 2 Satz 2 BKAG ist gem. §§ 7 Abs. 5, 20b Abs. 5 Abs. 3, 22 Abs. 4 BKAG grundsätzlich der Richtervorbehalt vorgesehen. Für Auskünfte nach §§ 20b Abs. 3 Satz 2 und Abs. 4, 22 Abs. 2 Satz 2 und Abs. 3 BKAG sind gem. §§ 20b Abs. 6 und 22 Abs. 5 BKAG grundsätzliche Benachrichtigungspflichten vorgesehen.

C. Zusammenfassung

Entsprechend den im Volkszählungsurteil erhobenen Forderungen hat jedes Bundesland für dessen Landespolizei und der Bund für das BKA sowie die

---

1901 Stettner in Dreier, GG, Bd. II, Supplementum 2007, Art. 73 Rn. 54, 55; Degenhart in Sachs, GG, Art. 73 Rn. 48; Uhle in DÖV 2010, 989 (993); Wolff in DÖV 2009, 596 (598).
1902 Kapitel 3 C. I. (S. 437).

BPol bereichsspezifisch präzise festzulegen, bezogen auf welche personenbezogenen Daten und für welchen Zweck deren Erhebung, Speicherung, Übermittlung oder Nutzung jeweils geeignet, erforderlich und angemessen ist. Dieser Notwendigkeit sind Bund und Länder bisher in unterschiedlichem Umfang nachgekommen.

Bezogen auf die polizeilichen Funktionen als Gefahrenabwehr- und Strafverfolgungsbehörde stellte sich bis zum Ende der 1990er Jahre das Problem, dass die infolge des Volkszählungsurteils in den Polizeigesetzen sowie in der *StPO* und dem *OWiG* erlassenen Befugnisnormen bisherige praktizierte polizeiliche Praktiken legitimieren sollten. Bezogen auf die repressive Nutzung von auf präventiv- polizeilicher Grundlage verdeckt erhobenen Daten bzw. auf die präventiv- polizeiliche Nutzung von auf repressiver Grundlage heimlich erhobenen Daten hatte die Regel über die hypothetischen Ersatzvornahme insofern ihre Berechtigung, als diese aufgrund des bis zu Beginn der 21sten Jahrhunderts unterschiedlichen datenschutzrechtlichen Stands von *StPO* und *OWiG* einerseits und Polizeigesetzen andererseits die damals einzige, allein auf Erwägungen der Verhältnismäßigkeit beruhende Lösungsmöglichkeit bot, um zu Zwecken der Gefahrenabwehr erhobene Daten im Strafverfahren zu Beweiszwecken und im Strafverfahren zu Beweiszwecken erhobene Daten zu Zwecken der Gefahrenabwehr verwenden zu können. Zur Kompatibilität beider polizeilichen Funktionen bedurfte es daher aufeinander abgestimmter repressiver und präventiv- polizeilicher Befugnisse.

Gleiches gilt für die Zusammenarbeit der Polizeien des Bundes und der Länder im Bereich der behördenübergreifenden Gefahrenabwehr. Aufgrund von 17 unterschiedlichen Polizeigesetzgebern standen und stehen Bund und Länder vor einer schwer zu bewerkstelligenden Herausforderung. Nur wenn die datenschutzrechtlichen Bestimmungen der Polizeigesetze und der *StPO* den seit dem Volkszählungsurteil aufgestellten verfassungsgerichtlichen Forderungen entsprechen und gleichzeitig miteinander kompatibel sind, ist eine rechtsstaatlichen Anforderungen und bundesstaatlichen Interessen genügende informationelle polizeiliche Zusammenarbeit zwischen Bund und Ländern möglich. Seit Beginn des 21sten Jahrhundert besteht mit den durch das *StVÄG 1999* erlassenen und durch das *TKÜG 2007* überarbeiteten repressiven Bestimmungen, eine neue Ausgangssituation für die zweckändernde Verwendung von auf präventiv-polizeilicher Grundlage erhobenen Daten. Einerseits war es notwendig, die präventiv- polizeilichen Befugnisse zum Großen Lausch- und Spähangriff entsprechend den Vorgaben des BVerfG zur repressiven Befugnis zum Großen Lauschangriff zu überarbeiten und Vorkehrungen zum Schutz des Kernbereichs privater Lebensgestaltung und besonders geschützter Vertrauensverhältnisse zu schaffen. Andererseits musste diese Erkenntnisse auf die neuen präventiv- polizeilichen Befugnisse zur Überwachung der Telekommunikation und der Durchsuchung informationstechnischer Probleme überführt werden. Hinzu kam die zwischen einigen Landesgesetzgebern und dem Bund bestehende Uneinigkeit darüber, welcher Gesetzgeber über die zweckändernde repressive Verwendung von auf präventiv- polizeilicher Grundlage per Gesetz entscheiden durfte. Muss der zur präventiv- polizeilichen Datenerhebung ermächtigende Polizeigesetzgeber auch über die zweckändernde repressive Verwendung von personenbezogenen Daten entscheiden oder steht diese Kompetenz ausschließlich dem Bund zu? Ob bestehende polizeigesetzliche Regelungen den Anforderungen an Normenbestimmtheit und -klarheit – insbesondere hinsichtlich der zweckändernden repressiven oder präventiv-polizeilichen Verwendung von ursprünglich zu präventiv-polizeilichen Zwecken erhobenen Daten – gerecht werden, ist in Zusammenschau mit den heutigen repressiven Bestimmungen zu prüfen[1903].

1903 Kapitel 4 (S. 462); Kapitel 5 (S. 635).

Kapitel 3: Die Entwicklung des Datenschutzrechts in der StPO und dem OWiG sowie die Folgen für die Gesetzgebungskompetenz der Polizeigesetzgeber

Während die Polizeigesetzgeber nach dem Volkszählungsurteil relativ schnell begannen, den darin aufgestellten Anforderungen mehr oder weniger berücksichtigende Polizeigesetze zu erlassen, verzögerte sich deren Umsetzung im repressiven Bereich bis ins 21ste Jahrhundert. Dies mag zum einen an dem gegenüber der Landesgesetzgebung komplexeren Gesetzgebungsverfahren für Bundesgesetze gelegen haben. Zum anderen waren die neuen datenschutzrechtlichen Grundsätze nicht ebenso leicht auf das Strafverfahren wie auf das allgemeine oder besondere Verwaltungsrecht zu übertragen. Im Strafverfahren ist es zweckmäßig, bei Anfangsverdacht einer Straftat zunächst ohne Kenntnis des Beschuldigten Ermittlungen durchzuführen. So kann der Grad des Tatverdachts geprüft werden, bevor dem Beschuldigten das Ergebnis der Ermittlungen bei dessen erster Vernehmung vorgehalten oder andere Ermittlungsmaßnahmen gegen ihn getroffen werden[1904]. Dann wird jedoch der datenschutzrechtliche Grundsatz der Unmittelbarkeit der Datenerhebung umgangen[1905]. Dies wird im Strafverfahren dadurch relativiert, dass dem Betroffenen die Datenerhebung spätestens bei den späteren strafprozessualen Schritten – wie der Erhebung der Anklage oder dem Erlass einer Polizeiverfügung – offen gelegt wird, und ihm so die Gelegenheit gegeben wird, danach zu handeln[1906].

Auch wird bei der Verhältnismäßigkeitsprüfung von repressiven Eingriffen in Grundrechtspositionen im Gegensatz zum Polizeirecht nicht zwischen den zu schützenden Rechtsgütern im Verhältnis zu den Rechtsgütern der Betroffenen abgewogen. Da das Strafverfahren ein gerichtliches Verfahren ist, wird bei einer dies betreffenden Verhältnismäßigkeitsprüfung zwischen dem durch das Rechtsstaatsprinzip geprägte Strafverfolgungsinteresse und der durch die repressive Maßnahme beeinträchtigte Grundrechtsposition des Betroffenen abgewogen. Dabei kann es zu einem anderen Ergebnis als bei

---

1904 Meyer-Goßner, StPO, § 161 Rn. 8.
1905 Kapitel 1 C. I. 2. c. aa. (S. 71); a.A. BVerfG in NJW 2013, 1499 (1504/1505 = Rn. 121).
1906 BVerfG in NJW 2013, 1499 (1504/1505 = Rn. 121).

A. Die Entwicklung von Datenschutzbestimmungen in der StPO und im OWiG

einer hinsichtlich der Art und Weise der Eingriffshandlung gleich gelagerten präventiv- polizeilichen Maßnahmen kommen[1907].

A. Die Entwicklung spezialgesetzlicher Datenschutzbestimmungen in der StPO und im OWiG

Zur Legitimation repressiven polizeilichen Handelns enthielt die *StPO* über lange Zeit nur dann Befugnisse zur Datenerhebung, wenn durch die repressiven Maßnahmen in andere Grundrechtspositionen als in das Grundrecht auf informationelle Selbstbestimmung eingegriffen wurde[1908]. Befugnisse zur Verarbeitung und Nutzung von erhobenen Daten fehlten zunächst völlig[1909]. Erst über 16 Jahre nach dem Volkszählungsurteil wurden die bis dahin in datenschutzrechtlicher Hinsicht lückenhaften repressiven Befugnisse kurz vor Verabschiedung des *BDSG 2001* durch das *StVÄG 1999* durch Novellierung bestehender sowie durch die Einführung neuer datenschutzrechtlicher Bestimmungen reformiert. Der langwierige Entwicklungsprozess war heftigen Auseinandersetzungen geschuldet, die im Jahre 1988 mit einem *Referentenentwurf eines Strafverfahrensänderungsgesetzes (StVÄG 1988)* begannen[1910]. Nachdem durch das *Gesetz zur Bekämpfung des illegalen Rauschgifthandels und anderer Erscheinungsformen der organisierten Kriminalität (OrgKG)* vom 15.7.1992[1911] sowie dem *Gesetz zur Änderung des Strafgesetzbuches, der Strafprozessordnung und anderer Gesetze (Verbrechensbekämpfungsgesetz)* vom 28.10. 1994[1912] ein Teil der im Referentenentwurf enthaltenen Dateienregelungen kodifiziert worden war, brachten die Bundesländer *Bayern, Hessen, Nordrhein- Westfalen, Rheinland- Pfalz, Saarland* und *Thüringen* einen eigenen *Entwurf eines Strafverfahrensänderungsgesetzes 1994 (StVÄG 1994)*[1913] in den Bundestag ein. Dieser wurde aber aufgrund des von der Bundesregierung parallel eingereichten *Entwurfs eines Strafverfahrensänderungsgesetzes 1996 (StVÄG*

1907 Kapitel 4 A. II. 1. a. (S. 475) / b. (S. 476) / III. 2. (S. 498).
1908 BGH in NStZ 1992, 44 (45).
1909 Ebert/Seel, ThürPAG, Vorbemerkungen Rn. 4.
1910 Entwurf eines Strafverfahrensänderungsgesetzes in StV 1989, 172 (174 bis 178); Pollähne in GA 2006, 807 (810); BGH in NStZ 1992, 44 (45; Anm. Rogall S. 46).
1911 BGBl. 1992 I S. 1302 bis 1312.
1912 BGBl. 1994 I S. 3186 bis 3198.
1913 BR-Drucksache 620/94 S. 1 ff; BT-Drucksache 13/194 S. 1 ff.

Kapitel 3: Die Entwicklung des Datenschutzes im Strafprozessrecht

1996)[1914] nicht weiter verfolgt. Das *StVÄG 1996* konnte im weiteren Verlauf des Gesetzgebungsverfahrens wegen umfangreichen Änderungsvorschlägen des Bundesrates nicht mehr in der 13. Legislaturperiode verabschiedet werden und wurde erst am 5.2.1999 als überarbeiteter *Entwurf eines Gesetzes zur Änderung und Ergänzung des Strafverfahrensrechts – Strafverfahrensänderungsgesetz 1999 (StVÄG 1999)* neu in den Bundestag eingebracht; nach Anrufung des Vermittlungsausschusses konnte dieser mit Zustimmung des Bundestages zu einer Reihe von Änderungsvorschlägen am 1.11.2000 in Kraft treten[1915]. Neben politischen Erwägungen ist das langwierige Gesetzgebungsverfahren auf das Zustimmungsbedürfnis der unter die konkurrierende Gesetzgebungskompetenz des Bundes aus Art. 74 Abs. 1 Nr. 1 GG fallenden *StPO* zurückzuführen.

I. Die konkurrierende Gesetzgebungskompetenz des Bundes für die Strafverfolgung

Die Gesetzgebungskompetenz des Bundes für die Verfolgung von Straftaten ist durch das Bedürfnis nach einem bundeseinheitlichen Strafrecht begründet. Nach Inkrafttreten des Grundgesetzes am 24.5.1949 galt zunächst die *Strafprozessordnung (StPO)* vom 1.2.1877[1916] als dem Grundgesetz nicht widersprechendes Recht aus der Zeit vor dem Zusammentritt des Bundestages i.S.d. § 123 Abs. 1 GG fort. Gem. Art. 124, 125 GG wird über Art. 123 GG fortgeltendes vorkonstitutionelles Recht nur dann Bundesrecht, wenn dieses unter die ausschließliche oder unter die konkurrierende Gesetzgebungskompetenz des Bundes fällt[1917]. Dem Bund obliegt gem. Art. 72 GG i.V.m. 74 Abs. 1 Nr. 1 GG die Kompetenz zur konkurrierenden Gesetzgebung im Bereich des Strafrechts einschließlich des Strafverfahrensrechts[1918]. Hierzu zählt neben dem Kriminalstrafrecht auch das Recht über Ordnungswidrigkeiten[1919]. Ziel des Strafrechts ist die durch den Verdacht

---

1914 BR-Drucksache 961/96 S. 1 ff; BT-Drucksache 13/9718 S. 1 ff.
1915 BGBl. 2000 I S. 1253 bis 1262; Pollähne in GA 2006, 807 (810/811).
1916 RGBl. 1877 S. 253 bis 346.
1917 Rengeling in Isensee/Kirchhof, HbStR, Bd. VI, § 135 Rn. 345.
1918 BT-Drucksache 14/1484 S. 18; BVerfGE 125, 260 (352); MV VerfG in LKV 2000, 345 (347); Guckelberger in NVwZ 2009, 352 (353); Lepsius in Jura 2006, 929 (933); Zöller in NVwZ 2005, 1235 (1238); Lisken in DRiZ 1987, 184 (186).
1919 Maunz in Maunz/Dürig, GG, 23. Lieferung 1984, Art. 74 Rn. 65; Pieroth in Jarass/Pieroth, GG, Art. 74 Rn. 5,6.

A. Die Entwicklung von Datenschutzbestimmungen in der StPO und im OWiG

einer Straftat eingetretene Störung des Rechtsfriedens zu beseitigen, indem der Verdacht geklärt und – falls er sich bestätigt – die Geltung der verletzten Norm durch Verhängung einer Strafe wieder hergestellt oder – anderenfalls – der Beschuldigte von dem gegen ihn erhobenen Vorwurf freigesprochen wird[1920]. Anknüpfungspunkt des Strafrechts ist die begangene, also die versuchte oder vollendete Tat als eine Übertretung bestimmter rechtlicher Gebote und Verbote, mit denen das ethische Minimum bezeichnet ist, ohne das die Gemeinschaft nicht bestehen kann[1921]. Der gegen eine bestimmte Person gerichtete Verdacht ist Grund und Anlass für die Durchführung des Strafverfahrens[1922]. Zentrales Zurechnungskriterium des Strafrechts ist die individuelle Vorwerfbarkeit der Tat[1923]. Welches Verhalten unter Strafe gestellt wird, ergibt sich neben dem ebenfalls auf die konkurrierende Gesetzgebungskompetenz des Bundes aus Art. 74 Abs. 1 Nr. 1 GG gestützten Vorschriften des *Strafgesetzbuches (StGB)* aus einer Vielzahl anderer gesetzlicher Bestimmungen. Die mit der Strafverfolgung untrennbar verbundenen straf- und strafverfahrensrechtlichen Folgen sollen potentielle Straftäter als generalpräventiven Effekt von der Begehung von Straftaten abschrecken und als spezialpräventiver Effekt bessernd auf das zukünftige Verhalten von ermittelten Straftätern einwirken[1924].

Der Bund machte bezogen auf das Strafverfahrensrecht erstmals aktiv durch das *Gesetz zur Widerherstellung der Rechtseinheit auf dem Gebiete der Gerichtsverfassung, der Bürgerlichen Rechtspflege, des Strafverfahrens und des Kostenrechts* vom 12.9.1950[1925] unter Rückgriff auf das vorkonstitutionelle Recht der *StPO* und auf das ebenfalls vorkonstitutionelle *Einführungsgesetz zur StPO (EGStPO)* vom 1.2.1877[1926] von dessen Gesetzgebungskompetenz aus Art. 74 Abs. 1 Nr. 1 GG Gebrauch[1927]. Aufgrund der konkurrierenden Gesetzgebungskompetenz Bund im Bereich des Strafgerichtsverfahrens aus Art. 74 Abs. 1 Nr. 1 GG ist der Bund in Ansehung des

---

1920 Böse in ZStW 119 (2007), 848 (849).
1921 Rengeling in Isensee/Kirchhof, HbStR, Bd. VI, § 135 Rn. 198; Staechelin in ZRP 1996, 430 (431).
1922 Böse in ZStW 119 (2007), 848 (849); Staechelin in ZRP 1996, 430 (431).
1923 Lepsius in Jura 2006, 929 (931); Staechelin in ZRP 1996, 430 (431).
1924 Ehrenberg/Frohne in Kriminalistik 2003, 737 (738); Staechelin in ZRP 1996, 430 (431).
1925 BGBl. 1950 I S. 455 bis 676 (631 bis 676).
1926 RGBl. 1877 S. 346 bis 348.
1927 Schenke, POR, Rn. 29; Ahlf/Störzer/Vordermaier in Kube/Störzer/Timm, Kriminalistik, Bd. 2, Kapitel 56 Rn. 26.

Kapitel 3: Die Entwicklung des Datenschutzes im Strafprozessrecht

Volkszählungsurteils auch dazu verpflichtet, bereichsspezifische und präzise Regelungen über die Erhebung, die Weitergabe und sonstige Verwendung von personenbezogenen Daten zu treffen, soweit diese ein auf die Verfolgung von Straftaten ausgerichtetes gerichtliches Verfahren betreffen[1928]. Die Frage, inwieweit der Bund dieser Verpflichtung nachgekommen ist, ist Gegenstand dieses Kapitels.

II. Die Verteilung der Verwaltungskompetenzen für die Strafverfolgung zwischen Bund und Ländern

Parallel zur grundsätzlichen Gesetzgebungskompetenz der Länder aus Art. 70 Abs. 1 GG bestimmt Art. 83 GG als Konkretisierung der zentralen Aufgaben- und Funktionsverteilungsnorm für das Bund- Länder- Verhältnis aus Art. 30 GG[1929], dass die Länder Bundesgesetze grundsätzlich als eigene Angelegenheiten ausführen, sofern keine spezielle Verwaltungskompetenz des Bundes besteht. Damit existiert für die Ausführung von Bundesgesetzen eine Vermutung zu Gunsten der Verwaltungskompetenz der Länder[1930]. Da unter den Begriff der Kriminalpolizei jegliche Straftaten verfolgende und aufklärende polizeiliche Tätigkeit fällt[1931], handelt es sich bei Wahrnehmung dieser Verwaltungsaufgaben grundsätzlich um Angelegenheiten der Länder[1932]. Eine umfassende Verwaltungskompetenz des Bundes für die Strafverfolgung ist durch das Grundgesetz nicht vorgesehen. Allerdings setzt Art. 87 Abs. 1 Satz 2 GG Ausnahmen voraus, aufgrund derer der Bundespolizei bzw. dem BKA die Verwaltungskompetenzen für die Strafverfolgung zugewiesen werden können.

1928 BT-Drucksache 14/1484 S. 18.
1929 Trute in v. Mangoldt/Klein/Starck, GG, Bd. 3, Art. 83 Rn. 12.
1930 Schmidt, BremPolG, Vor § 1 Rn. 24.
1931 Heintzen in v. Mangoldt/Klein/Starck, GG, Bd. 2, Art. 73 Rn. 114; Rengeling in Isensee/Kirchhof, HbStR, Bd. VI, § 135 Rn. 128; Sachs in Sachs, GG, Art. 87 Rn. 42; Lange in JR 1962, 166 (166).
1932 Rengeling in Isensee/Kirchhof, HbStR, Bd. VI, § 135 Rn. 129; Lange in JR 1962, 166 (166); § 1 Abs. 3 BKAG; §§ 1 Abs. 7; 12 Abs. 2 Satz 2; 13 Abs. 1 Satz 2 BPolG.

1. Die Bundespolizei als Strafverfolgungsbehörde

Die Verwaltungskompetenz des Bundes, wonach der Bundespolizei Aufgaben der Verfolgung von Straftaten und Ordnungswidrigkeiten übertragen werden können, ergibt sich als Annex zu den präventiv- polizeilichen Aufgaben der Bundespolizei begründenden Verwaltungskompetenzen aus Art. 87 Abs. 1 Satz 2 GG[1933] und ist hinsichtlich deren bahnpolizeilichem Tätigkeitsfeld traditionell begründet[1934]. Innerhalb ihres Zuständigkeitsbereichs ist die BPol und war der BGS seit dessen Gründung im Jahre 1951 Polizei i.S.d. § 163 StPO und § 53 OWiG[1935]. Daher wahrt der heutige § 12 Abs. 5 BPolG, wonach die Bundespolizei nicht nur zur Verfolgung von Vergehens- Tatbeständen sondern auch zur Verfolgung von Verbrechen i.S.d. § 315 Abs. 3 Nr. 1 StGB zuständig ist, das Gepräge der in der Verfassung vorgesehenen Aufgaben der Bundespolizei[1936], und schließt die Gefahr einer Umwandlung der heutigen mit Sonderaufgaben versehenen Bundespolizei in eine mit Landespolizeien konkurrierende allgemeine Bundespolizei aus[1937].

2. Das BKA als Strafverfolgungsbehörde i.S.d. § 4 BKAG

Während sich die Verwaltungskompetenz zur Errichtung der Zentralstelle für die Kriminalpolizei aus Art. 87 Abs. 1 Satz 2 GG ergibt[1938], und Art. 73 Abs. 1 Nr. 10 2. Hs. GG dieselbe Verwaltungskompetenz wiederholt[1939], bestehen für die dem BKA auf dem Gebiet der Strafverfolgung verliehenen

---

1933 Drewes/Malmberg/Walter, BPolG, § 12 Rn. 1; Ronellenfitsch in VerwArch 90 (1999), 139 (158); Köhler in BayVBl. 1985, 673 (676); Lange in JR 1962, 166 (168).
1934 Meyer-Goßner, StPO, § 163 Rn. 14; Winkeler, Von der Grenzpolizei zur multifunktionalen Polizei des Bundes?, S. 29;.
1935 Drewes/Malmberg/Walter, BPolG; § 1 Rn. 29; Schreiber in DVBl. 1992, 589 (591).
1936 Drewes/Malmberg/Walter, BPolG, § 12 Rn. 32.
1937 BVerfGE 97, 198 (225); Götz in Isensee/Kirchhof, HbStR, Bd. IV, § 85 Rn. 36.
1938 Gusy in DVBl. 1993, 1117 (1120); a.A. Degenhart in Sachs, GG, Art. 73 Rn. 52.
1939 Heintzen in v. Mangoldt/Klein/Starck, GG, Bd. 2, Art. 73 Rn. 118; Lerche in Maunz/Dürig, GG, 30. Lieferung 1992, Art. 87 Rn. 137; a.A. Bull in AK, Art. 87 Rn. 87; Uhle in Maunz/Dürig, GG, 58. Lieferung 2010, Art. 73 Rn. 249.

Exekutivbefugnisse unterschiedliche Gesetzgebungskompetenzen des Bundes.

Die Gründung einer Zentralstelle für die Kriminalpolizei als eine mit exekutiven Befugnissen ausgestattete Zentrale gegenüber den Kriminalpolizeien der Länder erfolgte durch das *Gesetz über die Errichtung eines Bundeskriminalpolizeiamtes (Bundeskriminalamtes)* vom 8.3.1951. Die §§ 4 bis 6 BKAG 1951 sahen ebenso wie die §§ 4, 4a, 4b bis 6 BKAG 1969 und die §§ 5 bis 8 BKAG 1973 neben den die Länder unterstützenden oder koordinierenden Zuständigkeiten ausdrücklich eigene, immer umfangreichere und Exekutivbefugnisse voraussetzende Ermittlungstätigkeiten des BKA vor[1940]. Zwar finden sich die für die Ermittlungstätigkeiten des BKA notwendigen Befugnisnormen grundsätzlich in der StPO[1941], für die dem Bund die konkurrierende Gesetzgebungskompetenz aus Art. 74 Abs. 1 Nr. 1 GG zusteht[1942]. Sofern aber durch den heutigen § 4 BKAG sowie dessen Vorgängernormen eigene Ermittlungszuständigkeiten des BKA begründet wurden und werden, bildet Art. 73 Abs. 1 Nr. 10 GG die verfassungsrechtliche Grundlage, um durch Gesetz Ausnahmen von dem auf Art. 83 GG gestützten staatsorganisationsrechtlichen Grundsatz zuzulassen, dass die Strafverfolgung unter die Verwaltungskompetenz der Länder fällt[1943]. Art. 73 Abs. 1 Nr. 10 GG begründet und beschränkt damit zugleich die Gesetzgebungskompetenz des Bundes für die zur Verwirklichung der Funktion des BKA als Zentralstelle für die Kriminalpolizei notwendige bundesgesetzliche Ausstattung des BKA mit besonderen Zuständigkeiten und Exekutivbefugnissen[1944]. Diese besteht insoweit nur, als es für die Zusammenarbeit des Bundes und der Länder in der Kriminalpolizei erforderlich ist[1945]. Zu den vom BKA verfolgbaren Straftaten zählen gem. § 4 BKAG vor allem

---

1940 Bäcker, Terrorismusabwehr durch das BKA, S. 25.
1941 Bäcker, Terrorismusabwehr durch das BKA, S. 27; Kretschmer in Jura 2006, 336 (338);.
1942 Gärditz, Strafprozeß und Prävention, S. 266.
1943 Hermes in Dreier, GG, Bd. III, Rn. 52; Lersch in Ahlf/Daub/Lersch/Störzer, BKAG, § 4 Rn. 2; Papsthart in Erbs/Kohlhaas, Strafrechtliche Nebengesetze, B 190, 168. Lieferung 2007, § 4 Rn. 7; a.A. Gärditz, Strafprozess und Prävention, S. 266 ff.
1944 BVerfGE 100, 313 (369); Degenhart in Sachs, GG, Art. 73 Rn. 52; vgl. jetzt auch BVerfG in NJW 2013, 1499 (1501 = Rn. 97).
1945 BVerfGE 100, 313 (369); Riegel in BayVBl. 1983, 649 (650).

- Straftaten mit internationalem Bezug aus dem Straftatenkatalog des Abs. 1 Satz 1 Nr. 1 bis 5, sofern die Aufgabe über Abs. 2 durch die Staatsanwaltschaft nicht an eine Landespolizei übertragen wird sowie
- Straftaten, um deren Verfolgung eine zuständige Landesbehörde ersucht, deren Verfolgung der Bundesminister des Innern aus schwerwiegenden Gründen anordnet oder um deren Verfolgung der Generalbundesanwalt ersucht oder einen Auftrag erteilt (vgl. § 4 Abs. 2 BKAG).

Hierbei handelt es sich um begrenzte, die Eigenstaatlichkeit der Länder und den Grundsatz ihrer Polizeihoheit im Kern nicht berührende Zuständigkeiten, die an das Erfordernis zentraler Bekämpfung anknüpfen und somit Bundesbezug aufweisen[1946]. Dieser Notwendigkeit geschuldet ermächtigt Art. 73 Abs. 1 Nr. 10 GG den Bund bezogen auf dessen durch Gesetz begründeten repressive Zuständigkeiten mit Bundesbezug auch dazu, Regelungen zu erlassen, die die Art und Weise der kriminalpolizeilichen Zusammenarbeit ausgestalten und den Bund mit Weisungsbefugnissen ausstatten. Soweit das BKA nach § 4 Abs. 4 BKAG begrenzt auf die Zusammenarbeit in der Kriminalpolizei gegenüber Landespolizeibehörden zu Weisungen legitimiert ist, ergibt sich die Regelungsbefugnis des Bundes ebenfalls aus der Gesetzgebungskompetenz des Art. 73 Abs. 1 Nr. 10 GG zur Regulierung der Zusammenarbeit des Bundes und der Länder in der Kriminalpolizei[1947]. Keinesfalls darf die Weisungsbefugnis in die auf Art. 87 Abs. 1 Nr. 2 GG zu stützende Zentralstellenfunktion, aus der sich allenfalls die Koordinierungsaufgabe ergibt[1948], hineingelesen werden[1949]. Dem steht nicht entgegen, dass das BKA in seiner Funktion als Zentralstelle für das polizeiliche Auskunfts- und Nachrichtenwesen i.S.d. Art. 87 Abs. 1 Satz 2 GG zu einer wirksamen Aufgabenerfüllung auf die Kooperation mit den Ländern angewiesen

---

1946 Werthebach/Droste in BK, 87. Lieferung 1998, Art. 73 Nr. 10 Rn. 132; Heintzen in v. Mangoldt/Klein/Starck, GG, Bd. 2, Art. 73 Nr. 10 Rn. 110; Lerche in Maunz/Dürig, GG, 30. Lieferung 1992, Art. 87 Rn. 135; Schreiber in NJW 1997, 2137 (2140).
1947 BT-Drucksache 13/1550 S. 55; Werthebach/Droste in BK, 87. Lieferung 1998, Art. 73 Rn. 76, 78, 79, 141; Papsthart in Erbs/Kohlhaas, Strafrechtliche Nebengesetze, B 190, 168. Lieferung 2007, § 4 Rn. 22; Schreiber in NJW 1997, 2137 (2140); Gusy in DVBl. 1993, 1117 (1119); Riegel in DVBl. 1982, 720 (722); a.A. Heintzen in v. Mangoldt/Klein/Starck, GG, Bd. 2, Art. 73 Rn. 111; anders Ziff. 3 2. Hs. des Polizeibriefs vom 14.4.1949 in Werthebach/Droste in BK, 87. Lieferung 1998, Art. 73 Nr. 10 Rn. 10.
1948 Gusy in DVBl. 1993, 1117 (1121).
1949 Riegel in NJW 1983, 656 (657); Riegel in DVBl. 1982, 720 (723);.

ist[1950]. Die Gesetzgebungskompetenz des Bundes aus Art. 73 Abs. 1 Nr. 10 GG räumt diesem vor allem die Berechtigung zum Erlass von gesetzlichen Regelungen ein, die es diesem erlauben, kriminalpolizeiliche Zuständigkeiten der Länder zur Durchsetzung seiner aufgrund des Bundesstaatsprinzips notwendigen Funktion als Zentralstelle für die Kriminalpolizei i.S.d. Art. 87 Abs. 1 Satz 2 GG zu beschränken und das BKA mit grundsätzlich den Ländern zustehenden Ermittlungszuständigkeiten auszustatten[1951].

III. Die Entwicklung repressiver Befugnisse zur zweckändernden Datennutzung, -speicherung und -übermittlung in der StPO

Ermächtigungsgrundlagen für repressive polizeiliche Maßnahmen finden sich aufgrund der bestehenden konkurrierenden Gesetzgebungskompetenz des Bundes aus Art. 74 Abs. 1 Nr. 1 GG vor allem in der *StPO* und dem *OWiG*. Bis die *StPO* ihren heutigen Entwicklungsstand erreichte, durchlief sie ähnlich wie die Polizeigesetze der Länder unterschiedliche Entwicklungsstadien, von denen das *Gesetz zur Änderung und Ergänzung des Strafverfahrensrechts – Strafverfahrensänderungsgesetz 1999 (StVÄG 1999)* der aus datenschutzrechtlicher Sicht entscheidendste Schritt war. Darüber hinaus verdienen die durch das *TKÜG 2007* erlassenen oder überarbeiteten §§ 160a, 161 Abs. 2, § 477 Abs. 2 Satz 3 StPO in Bezug auf die Zweckänderung von zu präventiv- polizeilichen oder zu repressiven Zwecken erhobenen Daten besondere Beachtung. Die durch das *StVÄG 1999* geschaffenen Rechtsgrundlagen betrafen folgende Problemfelder[1952]:
- die in das Persönlichkeitsrecht des Betroffenen eingreifenden Ermittlungsmethoden,
- die Erteilung von Auskünften und Akteneinsicht sowie die Zulässigkeit der Verwendung von Informationen aus Strafverfahren für die Gefahrenabwehr,
- die Verarbeitung von personenbezogenen Daten in Dateien und deren anschließende Nutzung,
- die Erteilung einer unbestimmten Anzahl von Auskünften durch die Staatsanwaltschaften und das BKA ohne die Personendaten des Betroffenen spezifizierende Anträge.

1950 Oebbecke in Isensee/Kirchhof, HbStR, Bd. VI, § 136 Rn. 88/92.
1951 Vgl. jetzt auch BVerfG in NJW 2013, 1499 (1502 = Rn. 98).
1952 BT-Drucksache 14/1484 S. 17.

A. Die Entwicklung von Datenschutzbestimmungen in der StPO und im OWiG

Teilweise anknüpfend an die bereits abgeschlossene Aufnahme von präventiv- polizeilichen Befugnissen zu nunmehr gesetzlich legitimierten Methoden der Datenerhebung sowie der Datenverarbeitung und -nutzung[1953] in den Polizeigesetzen des Bundes und der Länder enthielt das *StVÄG 1999* als Meilenstein des Datenschutzes in der *StPO* Regelungen über

- die Fahndung; §§ 131, 131a, 131b und 131c StPO,
- die Gewährung von Akteneinsicht; § 147 StPO,
- die Unzulässigkeit von Maßnahmen in Ermittlungsverfahren; § 164 Abs. 4 StPO,
- das Beweisverwertungsverbot; § 161 Abs. 3 StPO,
- die polizeiliche Ermittlungsgeneralklausel; § 163 Abs. 1 Satz 2 StPO,
- die längerfristige Observation; § 163f StPO,
- den Ersten Abschnitt des 8. Buches der StPO über die Erteilung von Auskünften und Akteneinsicht und die sonstige Verwendung von Informationen für verfahrensübergreifende Zwecke; §§ 474 bis 482 StPO n.F.
- den Zweiten Abschnitt des 8. Buches der StPO mit den Dateiregelungen der §§ 483 bis 491 StPO[1954].

Obwohl das *StVÄG 1999* erst nach der anstehenden Bundestagswahl in der 14. Legislaturperiode als neu eingebrachtes *StVÄG 1996*[1955] erlassen werden konnte, knüpfte der Bund bereits in der 13. Legislaturperiode durch das *BGSG 1994* sowie das *BKAG 1997* an das Gesetzesvorhaben an. Ausgehend vom *Entwurf des StVÄG 1996* waren auf Bundesebene zum Ende der 13. Legislaturperiode im Bundestag mit § 25 Abs. 2 Satz 2 BKAG 1997 und § 29 Abs. 2 Satz 1 BGSG 1994 (heute: *BPolG*) diese Bestimmungen berücksichtigende präventiv- polizeiliche Regelungen erlassen worden[1956].

1953 BT-Drucksache 14/1484 S. 24, 40, 46/47 (zur Observation entsprechend § 38 Abs. 2 Nr. 1 BGSG; § 23 Abs. 2 Nr. 1 BKAG und den Polizeigesetzen von Bayern und Nordrhein-Westfalen); S. 32 (zur Speicherung entsprechend § 8 Abs. 3 BKAG); S. 34 (zu Aussonderungs- und Prüffristen entsprechend § 32 Abs. 3 BKAG); S. 40 (zu einschränkenden Verwendungsregelungen nach § 160 Abs. 4 StPO entsprechend § 39 Abs. 2 NGefAG).
1954 Brodersen in NJW 2000, 2536 (2536/2537); Hilger in NStZ 2000, 641 (641/642).
1955 BR-Drucksache 65/99 S. 1 ff.
1956 BT-Drucksache 14/1484 S. 47; Meyer-Goßner, StPO, § 163f Rn. 1.

Kapitel 3: Die Entwicklung des Datenschutzes im Strafprozessrecht

1. Die repressiven Befugnisse zum Erheben von Daten von Beschuldigten und Zeugen

Unmittelbar nach Inkrafttreten des Grundgesetzes gab es in der *StPO* abgesehen vom Legalitätsprinzip aus §§ 152 Abs. 2 StPO i.V.m. §§ 158 Abs. 1; 160 Abs. 1; 163 Abs. 1 Satz 1 StPO sowie den repressiven Befugnissen zur Sicherstellung und Beschlagnahme aus §§ 94 ff StPO so gut wie keine Befugnisse zur Erhebung von personenbezogenen Daten, geschweige denn zu deren Verarbeitung oder Nutzung.

a. Die Befugnis zur Sicherstellung nach den §§ 94 ff StPO als offene repressive Datenerhebung

Die repressive Befugnis zur Sicherstellung von Beweismitteln aus § 94 StPO enthält neben den Bestimmungen über die Vernehmung von Beschuldigten und Zeugen die wichtigste Befugnis zum offenen Erheben personenbezogener Daten, die nicht unter dem Schutz eines spezielleren Grundrechts steht[1957]. Diese entspricht auch hinsichtlich der Sicherstellung von Datenträgern den Geboten der Normenbestimmtheit und -klarheit[1958]. Die Befugnis aus § 94 StPO wird neben §§ 152 Abs. 2; 155 Abs. 1; 160; 170; 244 Abs. 2; 264 StPO durch § 97 StPO, der die Beschlagnahmefähigkeit von Beweismitteln einschränkt, begrenzt[1959]. Hierdurch wird der Forderung des BVerfG nach bereichsspezifischer und präziser gesetzlicher Bestimmung des Verwendungszwecks durch die strenge Begrenzung aller Maßnahmen auf den Ermittlungszweck, der Aufklärung einer bestimmten Straftat, genüge getan[1960]. Das für das Strafverfahren charakteristische Legalitätsprinzip ist durch den Anfangsverdacht gekennzeichnet, der die Trennlinie zwischen Gefahrenabwehr und Strafverfolgung zeichnet und zugleich das Prinzip der Sachleitungsbefugnis der Staatsanwaltschaft enthält[1961]. Seit Beginn des Computerzeitalters wird § 94 StPO auch als Rechtsgrundlage für die Beschlagnahme von Datenträgern herangezogen[1962], wobei sich das beson-

---

1957 BVerfGE 113, 29 (50).
1958 BVerfGE 115, 166 (191); 113, 29 (33, 51); 100, 313 (359/360).
1959 BVerfGE 113, 29 (30).
1960 BVerfGE 115, 166 (191); 113, 29 (51/52).
1961 Böse in ZStW 119 (2007), 848 (849/850); Albrecht in StV 2001, 416 (416).
1962 BVerfGE 113, 29 (50).

A. Die Entwicklung von Datenschutzbestimmungen in der StPO und im OWiG

dere Problem ergibt, dass nur einzelnen der auf einem PC gespeicherten Daten ein Beweiswert zukommt[1963]. Beim Zugriff auf elektronische Datenträger kann eine Recherche nach Daten mit Beweiswert faktisch einer gezielten Suche nach „Zufallsfunden" i.S.d. § 108 StPO nahe kommen[1964]. Sofern die Sicherstellung von Beweismitteln auf Datenträgern nur im Zusammenhang mit der Durchsuchung von Wohnraum i.S.d. §§ 102 ff StPO möglich ist, die gem. § 105 StPO grundsätzlich unter Richtervorbehalt steht, hat der Richter eine verfahrensbezogene Konkretisierung nach Möglichkeit im jeweiligen Durchsuchungs- oder Beschlagnahmebeschluss zu leisten[1965]. Der Richtervorbehalt zielt auf eine vorbeugende Kontrolle der Maßnahme durch eine unabhängige und neutrale Instanz[1966].

Da § 94 StPO grundsätzlich die Sicherstellung und Beschlagnahme von Datenträgern oder die Kopie des Datenträgers ermöglicht, können dazu erforderliche Durchsuchungen von Wohnraum nach §§ 102 ff StPO angeordnet und durchgeführt werden[1967]. Selbst wenn es sich bei den Daten, zu deren Sicherstellung eine Wohnungsdurchsuchung gegenüber einer Privatperson angeordnet wird, um Verbindungsdaten über stattgefundene Telekommunikationsvorgänge handelt, ist diese Form der Datenerhebung nicht am Grundrecht aus Art. 10 Abs. 1 GG zu messen[1968]. Für den Zugriff auf Verbindungsdaten, die bei den Telekommunikationsbetreibern gespeichert sind, ist die Heimlichkeit (besser: Mittelbarkeit) des Eingriffs in Art. 10 Abs. 1 GG kennzeichnend[1969]. Die Durchsuchung von Wohnraum nach §§ 102 ff StPO sowie die Sicherstellung von aufgefundenen Beweismitteln nach §§ 94 ff StPO erfolgt weder – wie bei den §§ 100a ff StPO – unter Durchbrechung des Grundsatzes der offenen Datenerhebung i.S.d. § 8c VE ME PolG[1970] noch – wie bei § 100g StPO[1971] – unter Durchbrechung des Grundsatzes der Unmittelbarkeit der Datenerhebung aus § 13 Abs. 2 und 3 BDSG 1990[1972]. Einerseits ist der Betroffene im Besitz der erhobenen Daten, so dass er über

---

1963 BVerfGE 113, 29 (30).
1964 BVerfGE 113, 29 (30).
1965 BVerfGE 115, 166 (198/199); 113, 29 (51).
1966 BVerfGE 115, 166 (196); 103, 142 (151); 76, 83 (91); 57, 346 (355/356), 51, 97 (110).
1967 BVerfGE 115, 166 (191).
1968 BVerfGE 115, 166 (191/192).
1969 Kapitel 3 A. III. 6. (S. 400); BVerfGE 115, 166 (194).
1970 Kapitel 2 A. III. 5. a. (S. 196).
1971 Kapitel 3 A. III. 7. (S. 221).
1972 Kapitel 1 C. I. 2. c. aa. (1) (S. 71).

die Möglichkeit der gerichtlichen Kontrolle der Datenverarbeitung, Datensicherung und Datenlöschung verfügt[1973]. Auch stehen dem Betroffenen bei Sicherstellungen, zu deren Durchführung Durchsuchungen von Wohnungen angeordnet werden, die Ordnungsvorschriften der §§ 105, 106 StPO sowie infolge der Offenheit der Datenerhebung die Möglichkeit des Rechtsschutzes zur Seite.

b. Die Befugnisse zur Vernehmung von Beschuldigten und Zeugen und weitere Befugnisse zur offenen repressiven Datenerhebung

Die §§ 161, 163, 163a StPO über die Vernehmung von Beschuldigten und Zeugen wurden durch das *Gesetz zur Änderung der StPO und des GVG (StVÄG)* vom 19.12.1964[1974] novelliert. Dem polizeirechtlichen *Prinzip des offenen Visiers* als dem Pendant zum datenschutzrechtlichen Grundsatz der offenen Datenerhebung entspricht das im Strafverfahrensrecht geltende *nemo- tenetur- Prinzip*, das das in §§ 136, 136a StPO geregelte Recht des Beschuldigten zu schweigen sowie die in §§ 52 ff, 55 StPO geregelten Zeugnisverweigerungsrechte gewährleistet[1975]. Die Erkennbarkeit und Offenheit hoheitlichen Handelns im Strafverfahren dient der Vertrauensbildung des von einem Strafverfahren betroffenen Bürgers in die Willkürfreiheit staatlicher Macht[1976]. Verstöße gegen die sich aus §§ 136 Abs. 1; 52 Abs. 3, 55 Abs. 2 StPO ergebenden Belehrungspflichten können in bestimmten Konstellationen zum Verbot gewonnener Beweise führen[1977].

Im Zusammenhang mit der Neufassung des *MEPolG* bat die IMK durch Beschluss vom 25.11.1977 die Justizministerkonferenz, sich für die für erforderlich erachtete Änderung der *StPO* einzusetzen[1978]. Dies war von dem Ziel getragen, – wo notwendig – den mit dem *MEPolG* angestrebten präventiv- polizeilichen Standardbefugnissen entsprechende repressive Befugnisse zu erlassen, weil die Polizeigesetze fortan nur noch präventiv- poli-

---

1973 BVerfGE 115, 166 (195).
1974 BGBl. 1964 I S. 1067 bis 1082.
1975 Albrecht in StV 2001, 416 (416).
1976 Albrecht in StV 2001, 416 (416).
1977 Albrecht in StV 2001, 416 (416).
1978 Heise/Riegel, MEPolG, S. 16.

A. Die Entwicklung von Datenschutzbestimmungen in der StPO und im OWiG

zeiliche Befugnisse enthalten sollten[1979]. Zu den angestrebten repressiven Bestimmungen zählten
- die Überarbeitung der § 10 MEPolG entsprechenden Regelung über erkennungsdienstliche Maßnahmen i.S.d. § 81b StPO-Entwurf[1980],
- der Erlass einer § 13 MEPolG entsprechende Regelung über die polizeiliche Vernehmung und die Vorladung in § 163b StPO-Entwurf[1981],
- der Erlass einer § 9 MEPolG entsprechenden Regelung über die Identitätsfeststellung in § 163c StPO-Entwurf [1982],
- der Erlass einer § 9 MEPolG entsprechende Regelung über die Einrichtung von Kontrollstellen in § 111 StPO-Entwurf[1983],
- der Erlass einer § 14 MEPolG entsprechende Regelung über die richterliche Entscheidung bei Freiheitsentziehung anlässlich einer Identitätsfeststellung in § 163d StPO-Entwurf[1984].

Während die §§ 81c, 163 StPO bereits durch das *Einführungsgesetz zum StGB (EGStGB)* vom 2.3.1974[1985] dieser Forderung entsprechend geändert worden waren, wurden durch die sog. *Anti- Terror- Gesetze*, die aus
- dem *Ersten Gesetz zur Reform des Strafverfahrens (1. StVRG) vom 9.12.1974 bzw. aus dem Gesetz zur Ergänzung des Ersten Gesetzes zur Reform des Strafverfahrensrechts* vom 20.12.1974[1986],
- dem *Gesetz zur Änderung des StGB, der StPO, des GVG, der Bundesrechtsanwaltsordnung und des Strafvollzugsgesetzes* vom 18.8.1976[1987] und
- dem *Gesetz zur Änderung der StPO* vom 14.4.1978[1988]

bestanden, mit den §§ 111[1989], 161a, 163b, 163c StPO die im Zusammenhang mit dem *MEPolG* vorgeschlagenen repressiven Befugnisse zur Erhebung von Daten über Beschuldigte und Zeugen erweitert. Die Befugnis zur Einrichtung einer Kontrollstelle aus § 111 StPO wurde durch das *Passgesetz*

1979 Heise/Riegel, MEPolG, S. 16.
1980 Heise/Riegel, MEPolG, S. 53/54.
1981 Heise/Riegel, MEPolG, S. 56/57.
1982 Heise/Riegel, MEPolG, S. 46 bis 48.
1983 Heise/Riegel, MEPolG, S. 46/49 bis 51.
1984 Heise/Riegel, MEPolG, S. 64/65.
1985 BGBl. 1974 I S. 469 bis 650 (502 bis 519).
1986 BGBl. 1974 I S. 3393 bis 3415, 3533 bzw. 3686 bis 3692.
1987 BGBl. 1976 I S. 2181 bis 2185.
1988 BGBl. 1978 I S. 497 bis 499.
1989 Guckelberger in NVwZ 2009, 352 (354).

und Gesetz zur Änderung der StPO vom 19.4.1986[1990] um die Befugnis zur Verarbeitung und Nutzung von bei einer Grenzkontrolle oder an einer Kontrollstelle erhobenen Daten aus § 163d StPO ergänzt. Bei letztgenannter handelte es sich um die erste repressive Befugnis, die die Vorgaben des Volkszählungsurteils umsetzte.

Erst durch das *StVÄG 1999* wurde die bereits in §§ 161 Abs. 1 Satz 1 und 2; 163 Abs. 1 Satz 2 StPO- Entwurf 1988 in ihrer heutigen Fassung vorgesehene staatsanwaltschaftliche Ermittlungsgeneralklausel bzw. die polizeiliche Ermittlungsgeneralklausel erlassen[1991]. Hierdurch sollte umfassend zu offenen Ermittlungshandlungen und -eingriffen in die Rechte der Bürger ermächtigt werden, die nicht von den bestehenden klassischen repressiven Zwangsbefugnissen wie etwa zur Beschlagnahme nach §§ 94 ff StPO, zur Durchsuchung nach §§ 102 ff StPO sowie zu körperlichen Eingriffen nach §§ 81a ff StPO abgedeckt waren[1992]. Diese sollten eine ausreichende strafprozessuale Grundlage für die Erfüllung der den Strafverfolgungsbehörden zugewiesenen Aufgaben bilden, um den sich ständig ändernden Erscheinungsformen der Organisierten Kriminalität wirksam zu beggnen, falls die Maßnahmen mit weniger gewichtigen Grundrechtseingriffen verbunden waren[1993].

Durch die Ermittlungsgeneralklauseln sollten Befragungen, einfache Fahndungsmaßnahmen unterhalb der Schwelle der §§ 131 ff StPO, kurzfristige Observationen oder der Einsatz von Scheinkäufern sowie die Nutzung von Erkenntnissen von V- Leuten außerhalb einer vernehmungsähnlichen Situation legitimiert werden[1994], auch wenn dies in Frage gestellt oder nur für Maßnahmen wie das Sammeln und Auswerten von am Tatort hinterlassenen Spuren, das Befragen einer verdächtigen Person unter Erkennbarkeit des befragenden Polizeibeamten, sowie die kurzfristige Observation bejaht wurde[1995]. Staatsanwaltschaft und Polizei sind aufgrund der §§ 161 Abs. 1 Satz 1; 163 Abs. 1 Satz 2 StPO aber auch ermächtigt, personenbezogene Daten mittelbar von anderen öffentlichen Stellen unter Durchbrechung

---

1990 BGBl. 1986 I S. 537 bis 544.
1991 Entwurf eines Strafverfahrensänderungsgesetzes in StV 1989, 172 (175); Hefendehl in StV 2001, 700 (703).
1992 Entwurf eines Strafverfahrensänderungsgesetzes in StV 1989, 172 (173); Albrecht in StV 2001, 416 (419); Hefendehl in StV 2001, 700 (703).
1993 Entwurf eines Strafverfahrensänderungsgesetzes in StV 1989, 172 (173); Albrecht in StV 2001, 416 (419).
1994 Albrecht in StV 2001, 416 (419); Hefendehl in StV 2001, 700 (703/704).
1995 Hefendehl in StV 2001, 700 (701, 704).

A. Die Entwicklung von Datenschutzbestimmungen in der StPO und im OWiG

des Post- und Telekommunikationsgeheimnisses aus § 39 PostG; § 88 TKG oder des Sozialgeheimnisses aus § 35 Abs. 1 SGB I zu erheben. Für die Erhebung von TK- Verbindungsdaten bei den TK- Anbietern als nicht- öffentliche Stellen gilt dies jedoch nur, soweit nicht in das Grundrecht aus Art. 10 Abs. 1 GG eingegriffen wird und keine Zugangscodes abgefragt werden. Hier bedarf es bereichsspezifischer und präziser repressiver Befugnisse zur Datenerhebung[1996]. Diese wurden durch das *Gesetz zur Änderung des Telekommunikationsgesetzes und zur Neuregelung der Bestandsauskunft* vom 20.6.2013[1997] mit den Befugnissen aus § 100j Abs. 1 Satz 1 und 2 StPO erlassen. Ihre heutige Fassung erhielten die §§ 161a, 163 und 163a StPO durch das *Gesetz zur Stärkung der Rechte von Verletzten und Zeugen im Strafverfahren (2. Opferrechtsreformgesetz)* vom 29.7.2009[1998], aufgrund dessen die bisher in § 163a Abs. 5 StPO a.F. geregelte Vernehmung von Zeugen in § 163 Abs. 3 StPO übernommen wurde.

Eine den präventiv- polizeilichen Befugnissen zum Datenabgleich entsprechende repressive Befugnis findet sich für sämtliche Polizeien von Bund und Ländern in dem im Zusammenhang mit der Befugnis zur Rasterfahndung durch das *OrgKG 1992* erlassenen § 98c StPO. Weiterhin unterwirft der durch das *TKÜG 2007* zum Schutz von Berufsgeheimnisträgern erlassene und durch das *Gesetz zur Stärkung des Schutzes von Vertrauensverhältnissen zu Rechtsanwälten* vom 22.12.2010[1999] überarbeitete § 160a StPO Erkenntnisse aus offenen oder verdeckten Ermittlungsmaßnahmen bestimmten Erhebungs- und Verwendungsverboten.

2. Die repressive Befugnis der Überwachung des Fernmeldeverkehrs bzw. der Telekommunikation aus §§ 100a, 100b StPO

Bevor repressive Befugnisse zur Identitätsfeststellung von Beschuldigten und Zeugen in der *StPO* geregelt wurden, ermächtigte das *Gesetz zur Beschränkung des Brief-, Post- und Fernmeldegeheimnisses (Gesetz zu Artikel 10 Grundgesetz (G 10))* vom 13.8.1968[2000] nicht nur die Nachrichtendiensten sondern durch die §§ 100a, 100b, 101 StPO erstmals auch die Strafver-

---

1996 BVerfG in NJW 2012, 1419 (1428/1429, 1430).
1997 BGBl. 2013 I S. 1602 bis 1608.
1998 BGBl. 2009 I S. 2280 bis 2285.
1999 BGBl. 2010 I S. 2261 (bis 2261); BVerfGE 129, 208 (258/259).
2000 BGBl. 1968 I S. 949 bis 952.

Kapitel 3: Die Entwicklung des Datenschutzes im Strafprozessrecht

folgungsbehörden zu heimlichen Eingriffen in das Grundrecht aus Art. 10 Abs. 1 GG [2001]. Die §§ 100a, 100b, 101 StPO wurden seitdem über 30- mal überarbeitet, wobei die meisten Änderungen den – nach heutigem Sprachgebrauch *schwere Straftaten* definierenden – Straftatenkatalog des heutigen § 100a Abs. 2 StPO betrafen[2002]. Weitere Gesetzesänderungen betrafen den

---

2001 Kretschmer in StV 1999, 21 (221); Bockemühl in JA 1996, 695 (696).
2002 *1)* das *Zwölfte Strafrechtsänderungsgesetz* vom 16.12.1971 (BGBl. 1971 I S. 1979 (bis 1979)); *2)* das *Waffengesetz (WaffG)* vom 19.9.1972 (BGBl. 1972 I S. 1797 bis 1817); *3)* das *Vierte Gesetz zur Reform des Strafrechts (4. StRG)* vom 23.11.1973 (BGBl. 1973 I S. 1725 bis 1735); *4)* das *Einführungsgesetz zum StGB (EGStGB)* vom 2.3.1974 (BGBl. 1974 I S. 469 bis 650 (502 bis 519)); *5)* das *Gesetz zur Änderung des Waffenrechts* vom 31.5.1978 (BGBl. 1978 I S. 641 bis 645); *6)* das *Achtzehnte Strafrechtsänderungsgesetz (18. StRÄG)* vom 28.3.1980 (BGBl. 1980 I S. 373 bis 379); *7)* das *Gesetz zur Neuregelung des Betäubungsmittelrechts* vom 28.7.1981 (BGBl. 1981 I S. 681 bis 703); *8)* das *Gesetz zur Neuregelung des Ausländerrechts* vom 9.7.1990 (BGBl. 1990 I S. 1354 bis 1387); *9)* das *Gesetz zur Verbesserung der Überwachung des Außenwirtschaftsverkehrs und zum Verbot von Atomwaffen, biologischen und chemischen Waffen* vom 5.11.1990 (BGBl. 1990 I S. 2428 bis 2431); *10)* das *Gesetz zur Änderung des AWG, des StGB und anderer Gesetze* vom 28.2.1992 (BGBl. 1992 I S. 372 bis 375); *11)* das *Sechsundzwanzigste Strafrechtsänderungsgesetz – Menschenhandel (26. StRÄndG)* vom 14.7.1992 (BGBl. 1992 I S. 1255 bis 1256); *11a) Gesetz zur Bekämpfung des illegalen Rauschgifthandels und anderer Erscheinungsformen der organisierten Kriminalität (OrgKG)* vom 15.7.1992 (BGBl. 1992 I S. 1302 bis 1312); *11b) Gesetz zur Änderung des Strafgesetzbuches, der Strafprozessordnung und anderer Gesetze (Verbrechensbekämpfungsgesetz)* vom 28.10.1994 (BGBl. 1994 I S. 3186 bis 3198); *12)* das *Sechste Gesetz zur Reform des Strafrechts (6. StRG)* vom 26.1.1998 (BGBl. 1998 I S. 164 bis 188); *13)* das *Gesetz zur Verbesserung der Bekämpfung der Organisierten Kriminalität* vom 4.5.1998 (BGBl. 1998 I S. 845 bis 850); *14)* das *StVÄG 1999* vom 2.8.2000 (BGBl. 2000 I S. 1253 bis 1262); *15)* das *Gesetz zur Einführung des Völkerstrafgesetzbuches* vom 26.6.2002 (BGBl. 2002 I S. 2254 bis 2260); *16)* das *Sechste Gesetz zur Änderung des Strafvollzugsgesetzes* vom 5.10.2002 (BGBl. 2002 I S. 3954 bis 3955); das *Gesetz zur Neuregelung des Waffenrechts (WaffRNeuRegG)* vom 11.10.2002 (BGBl. 2002 I S. 3970 bis 4014); *17)* das *Gesetz zur Änderung der Vorschriften über das Strafverfahren gegen die sexuelle Selbstbestimmung und zur Änderung anderer Vorschriften* vom 27.12.2003 (BGBl. 2003 I S. 3007 bis 3012); *18)* das *Gesetz zur Steuerung und Begrenzung der Zuwanderung und zur Regelung des Aufenthalts und der Integration von Unionsbürgern und Ausländern (Zuwanderungsgesetz)* 30.6.2004 (BGBl. 2004 I S. 1950 bis 2012); *19)* das *Siebenunddreißigste Strafrechtsänderungsgesetz – §§ 180b, 181 StGB – (37. StRÄG)* vom 11.2.2005 (BGBl. 2005 I S. 239 bis 241); *20)* das *2. Gesetz zur Bereinigung von Bundesrecht im Zuständigkeitsbereich des BMJ* vom 23.11.2007 (BGBl. 2007 I S. 2614 bis 2630); *20)* das *Gesetz zur Neuregelung des Grundstoffüberwachungs-*

sich aus der Liberalisierung des Telekommunikationsmarktes ergebenden Neuregelungsbedarf[2003]. Grundlegend überarbeitet wurden die §§ 100a, 100b, 101 StPO letztmalig durch das *TKÜG 2007*.

a. Tatbestand und Adressaten

Bezogen auf die repressive TKÜ enthält § 100a Abs. 1 Nr. 3 StPO eine Subsidiaritätsklausel, wonach die TKÜ ultima ratio zu sein hat[2004]. Eine TKÜ darf gem. § 100a Abs. 1 Nr. 1 und 2 StPO nur aufgrund eines durch bestimmte Tatsachen begründeten Verdachts einer vollendeten oder versuchten schweren Straftat i.S.d. § 100a Abs. 2 StPO, die auch im Einzelfall schwer wiegt, oder aufgrund des Verdachts der strafbaren Vorbereitung einer solchen Tat durchgeführt werden[2005]. Nur bei Verdacht schwerer Straftaten überwiegt das Allgemeininteresse an der Aufklärung der Straftat das Individualinteresse auf Schutz der Vertraulichkeit der Telekommunikation[2006]. Indizien für schwere Straftaten können im Hinblick auf die begangene Straftat
- die Beeinträchtigung der Funktionsfähigkeit des Staates und seiner Einrichtungen[2007],
- die Schutzwürdigkeit der verletzten Rechtsgüter[2008],
- der Grad der Bedrohung der Allgemeinheit[2009],
- die Art der Begehung der Straftat[2010],
- die Anzahl der Geschädigten und / oder
- das Ausmaß des Schadens[2011]

---

rechts vom 11.3.2008 (BGBl. 2008 I S. 306 bis 312); *21) das Gesetz zur Umsetzung des Rahmenbeschlusses des Rates der Europäischen Union zur Bekämpfung der sexuellen Ausbeutung von Kindern und Kinderpornographie* vom 31.10.2008 (BGBl. 2008 I S. 2149 bis 2151); *22) das Gesetz zur Verfolgung der Vorbereitung von schweren staatsgefährdenden Gewalttaten* vom 30.7.2009 (BGBl. 2009 I S. 2437 bis 2442).

2003 Kapitel 1 D. V. (S. 129).
2004 BVerfGE 129, 208 (244); BGHSt 48, 240 (247).
2005 BGHSt 48, 240 (247); Kretschmer in StV 1999, 221 (221).
2006 Kretschmer in StV 1999, 221 (221).
2007 BVerfGE 129, 208 (244).
2008 BVerfGE 109, 279 (346).
2009 BVerfGE 113, 348 (388/389); 107, 299 (322).
2010 BVerfGE 109, 279 (346/347); 107, 299 (324).
2011 BVerfGE 107, 299 (324).

sein[2012]. Weiterhin verbietet § 100a Abs. 4 Satz 2 StPO die Verwertung von Erkenntnissen aus dem Kernbereich privater Lebensgestaltung[2013]. Nicht zutreffend ist, dass jedwede Verwendung, also auch als Ermittlungs- und Spurenansatz verboten wird[2014]. Sollte sich während des Auswertens von Daten herausstellen, dass diese in anderen Strafverfahren als Ermittlungs- und Spurenansatz in Betracht kommen, kann der Kernbereich privater Lebensgestaltung – jedenfalls soweit es sich nicht um geringfügigste Vergehenstatbestände wie insbesondere Antrags- und Privatklagedelikte handelt – aufgrund des bestehenden Sozialbezugs nicht berührt sein[2015].

Adressaten einer TKÜ dürfen gem. § 100a Abs. 3 StPO nur der einer solchen Straftat Beschuldigte oder dessen Kontakt- und Begleitpersonen sein. Ermittlungsmaßnahmen gegen in § 53 Abs. 1 Satz 1 Nr. 1, 2 oder 4 StPO oder sonst in § 160a Abs. 1 Satz 1 StPO bezeichnete Vertrauenspersonen oder deren Berufshelfer sind gem. § 160a Abs. 1 Satz 1, Abs. 3 StPO grundsätzlich unzulässig, es sei denn, die zeugnisverweigerungsberechtigte Person ist gem. § 160a Abs. 4 Satz 1 StPO an der Tat oder einer Begünstigung, einer Strafvereitelung oder Hehlerei beteiligt. Dabei ist zu beachten, dass sich gezielt gegen i.S.d. §§ 53 Abs. 1 Nr. 1 bis 3b StPO drittschützenden Vertrauensverhältnissen unterliege Berufsgeheimnisträger gerichtete TKÜ aufgrund der vorhersehbaren Verletzung des Kernbereichs privater Lebensgestaltung unbeteiligter Dritter gem. § 100a Abs. 4 Satz 1 StPO von Anfang an verbieten[2016]. Insbesondere im Hinblick auf den Schutzanspruch von Mandaten vor heimlichem Zugriff auf Kommunikationsinhalte dürfen Mandanten nicht durch die Gefahr eines unbeschränkten Informationszugriffs der Strafverfolgungsbehörden an einer offenen, rückhaltlosen und vertrauensvollen Kommunikation mit ihren Verteidigern gehindert werden[2017]. Die Überwachung von Telefonaten mit Rechtsanwälten würde nicht nur in deren und die Grundrechte ihrer Mandanten aus Art. 10 Abs. 1 GG eingreifen. Vielmehr würden auch die Interessen der Allgemeinheit am rechtsstaatlichen fairen Verfahren und das hieraus resultierende Recht auf vertrauliche

---

2012 BVerfGE 129, 208 (244).
2013 BVerfGE 129, 208 (249).
2014 Kapitel 4 A. III. (S. 492); a.A. BVerfGE 129, 208 (249); Meyer-Goßner, StPO, § 100a Rn. 25.
2015 BVerfGE 113, 348 (391); 109, 279 (319); 80, 367 (375); Warg in NStZ 2012, 237 (239, 240).
2016 Kapitel 2 A. IV. 4. c. (S. 323).
2017 BVerfGE 113, 29 (47); 110, 226 (260).

A. Die Entwicklung von Datenschutzbestimmungen in der StPO und im OWiG

Kommunikation zwischen dem Rechtsanwalt als Strafverteidiger und dessen Mandanten betroffen[2018]. Der Verwertung zu Beweiszwecken von unter Verstoß gegen § 160a Abs. 1 Satz 1 StPO erhobenen Daten steht daher das Verbot des § 160a Abs. 1 Satz 2 StPO entgegen, der Verwertung von unter Verstoß gegen § 100a Abs. 4 Satz 1 StPO erhobenen Daten stehen § 100a Abs. 4 Satz 2 bis 4 StPO entgegen.

Bei den in § 160a Abs. 2 Satz 1 StPO – mit Ausnahme des in § 160a Abs. 2 Satz 4 StPO in Bezug genommenen Personenkreises – genannten Berufsgeheimnisträgern und gem. § 160a Abs. 3 StPO deren Berufshelfern ist grundsätzlich nur von einem Überwiegen des Strafverfolgungsinteresses an der Datenerhebung auszugehen, wenn es um die Aufklärung einer Straftat von erheblicher Bedeutung geht. § 160a Abs. 1 Satz 2, Abs. 2 Satz 3 StPO stellt die Verwertung der im Unwissen einer Kernbereichsverletzung vorgenommenen Datenerhebung zu Beweiszwecken unter ein relatives Beweisverwertungsverbot. Hier gilt das zu § 100a Abs. 4 Satz 1 StPO Gesagte entsprechend, so dass eine gezielt gegen den in §§ 53 Abs. 1 Satz 1 Nr. 1 bis 3b StPO genannten Kreis von Berufsgeheimnisträgern gerichtete Überwachungsmaßnahme von vornherein ausscheidet[2019].

b. Verfahrens- und Organisationsvorschriften

Der ständigen Rechtsprechung des BVerfG zu Eingriffen in Art. 10 Abs. 1 GG entsprechend steht die TKÜ gem. § 100b Abs. 1, 2 und 4 StPO unter Richtervorbehalt. Bereits durch das G 10 aus dem Jahre 1968 war mit § 101 Abs. 1 StPO eine Benachrichtigungspflicht gegenüber dem von einer TKÜ Betroffenen eingeführt worden[2020]. Weitere Bestimmungen über den Datenschutz i.w.S. wurden im Laufe der Zeit ebenfalls in § 101 StPO aufgenommen. Seit dem *TKÜG 2007* beziehen sich die in § 101 StPO enthaltenen, bis dahin nur die Grundrechte aus Art. 19 Abs. 4, Art. 10 Abs. 1 GG sowie Art. 2 Abs. 1 i.V.m. 1 GG sichernden Verfahrensvorschriften auch auf heimliche Eingriffe in das Grundrecht auf Unverletzlichkeit der Wohnung aus Art. 13 Abs. 1 GG. Die Vereinbarkeit dieser Verfahrensvorschriften, als da wären

---

2018 BVerfGE 113, 29 (47); 110, 226 (253/254).
2019 Kapitel 2 A. IV. 4. c. (S. 323).
2020 Bockemühl in JA 1996, 695 (696).

- die Kennzeichnungspflicht (§ 101 Abs. 3 StPO),
- die Benachrichtigungspflicht und deren vorläufige oder endgültige Suspendierung (§ 101 Abs. 4 bis 6 StPO),
- die Löschungspflicht (§ 101 Abs. 8 StPO) sowie
- die in § 101 Abs. 2 StPO für bestimmte Erhebungsmethoden geregelten Vorgaben für die Aktenführung[2021],

wurden durch die Entscheidung des BVerfG vom 12.10.2011 (Az.: 2 BvR 236, 237, 422/08) zu §§ 100a Abs. 2 und 4, 101 Abs. 4 bis 6, 160a StPO bestätigt[2022]. Weiterhin sind Erkenntnisse aus dem Kernbereich privater Lebensgestaltung und über besonders geschützte Vertrauensverhältnisse i.S.d. §§ 53 Abs. 1 Satz 1 Nr. 1, 2 und 4 (i.V.m. 53a); 160a Abs. 1 Satz 1, Abs. 3 StPO gem. §§ 100a Abs. 4 Satz 3 und 4, 160a Abs. 1 Satz 3 und 4 StPO zu löschen, wobei die Löschung aktenkundig zu machen ist. Dies gilt gem. § 160a Abs. 1 Satz 5 StPO auch, wenn der betroffene Berufsgeheimnisträger nicht Adressat der TKÜ war. Bei Vertrauensverhältnissen i.S.d. § 160a Abs. 2 Satz 1 StPO ist die Maßnahme, soweit geboten, zu unterlassen oder zu beschränken.

c. Befugnisse zur zweckändernden Verwendung

Befugnisse zur zweckändernden repressiven Verwendung von auf repressiver Grundlage erhobenen personenbezogenen Daten fanden sich erstmals in dem durch das *OrgKG 1992* erlassenen § 100b Abs. 5 StPO a.F.[2023]. Diese Befugnis zur zweckändernden Nutzung von auf repressiver Grundlage für Zwecke eines bestimmten Strafverfahrens erhobenen Daten betraf indes nur deren Nutzung *zu Beweiszwecken* in einem anderen Strafverfahren und wurde in den durch das *TKÜG 2007* erlassenen, befugnisübergreifend geltenden § 477 Abs. 2 Satz 2 StPO übernommen. Die hierin enthaltene, auf die Beweisverwertung bezogene Regel über die hypothetische Ersatzvornahme knüpft an die auf § 108 StPO aufbauende Überlegung an, wie mit Zufallsfunden zu verfahren ist, die bei einer repressiven Wohnungsdurchsuchung bekannt werden und Aufschluss über eine andere als die der ursprünglichen Erhebung von Daten zu Grunde liegenden prozessualen Tat geben[2024].

2021 BVerfGE 129, 208 (252).
2022 BVerfGE 129, 208 (250 bis 258).
2023 Kretschmer in StV 1999, 221 (222, 223).
2024 BGHSt 31, 296 (301); 26, 298 (303); Singelnstein in ZStW 120 (2008), 854 (871).

Seit Bestehen der *StPO* gibt es mit § 108 StPO eine spezielle repressive Befugnis zur Datenerhebung im Zusammenhang mit Zufallsfunden, die anlässlich von repressiven Wohnungsdurchsuchungen nach §§ 102 ff StPO aufgefundenen werden[2025]. Hiernach darf ein Gegenstand, der unter Eingriff in das Grundrecht auf Unverletzlichkeit der Wohnung aus Art. 13 Abs. 1 GG bei einer Wohnungsdurchsuchung aufgefunden wird, beschlagnahmt werden, wenn dieser zwar nicht für die Aufklärung des Sachverhalts im Ausgangsverfahren relevant ist, aus dessen Auffinden sich aber konkrete Anhaltspunkte für eine andere Straftat ergeben. Die Zufallsfunde müssen auf die Begehung einer anderen Tat hindeuten, die bisher entweder unbekannt war oder derentwegen ein anderes Ermittlungsverfahren anhängig ist[2026]. Eine Sicherstellung für das Ausgangsverfahren wäre hier nicht erforderlich und daher unzulässig, weil diese zur Aufklärung des neuen Tatverdachts und somit für ein anderes Ermittlungsverfahren erfolgt[2027]. Zweck der Beschlagnahme nach § 108 StPO ist wie bei förmlichen oder nicht-förmlichen Sicherstellungen nach den § 94 ff StPO die Sicherung von Beweismitteln, um diese bei gerichtlichen Entscheidungen nach § 33 StPO, insbesondere aber in der Hauptverhandlung nach §§ 226 ff StPO zurückzugreifen. Zusätzliche Sicherstellungsgründe nach §§ 94 Abs. 3 i.V.m. 111a; 111b ff StPO zu Zwecken der Einziehung oder des Verfalls sind möglich. Die spätere Verwendung der Zufallsfunde als Beweismittel in dem neuen Ermittlungsverfahren stellt dann keine Zweckänderung dar, jedoch müssen die Voraussetzungen für die Sicherstellung in dem neuen Verfahren vorliegen[2028]. Der durchsuchende Beamte hat sich daher in die Lage zu versetzen, als ob die Durchsuchung wegen der anderen Tat durchgeführt würde[2029]. Grund für die Regelung des § 108 StPO ist, dass das zufällig aufgefundene Beweismittel ohnehin zum Gegenstand einer neuen strafprozessualen Maßnahme gemacht werden könnte[2030]. War die andere Straftat im Zeitpunkt des Auffindens des Zufallsfunds noch nicht bekannt, verpflichtete das Legalitätsprinzip aus §§ 160 Abs. 1, 163 Abs. 1 Satz 1 StPO zur Einleitung eines neuen Ermittlungsverfahrens, selbst wenn vor dem Zufallsfund noch kein Anfangsver-

---

2025 Singelnstein in ZStW 120 (2008), 854 (871).
2026 Meyer-Goßner, StPO, § 108 Rn. 2.
2027 Singelnstein in ZStW 120 (2008), 854 (859).
2028 Singelnstein in ZStW 120 (2008), 854 (859); Kretschmer in StV 1999, 221 (222).
2029 Kretschmer in StV 1999, 221 (222).
2030 BVerfGE 113, 29 (32); Kretschmer in StV 1999, 221 (222).

dacht vorgelegen hat[2031]. Die zufällig erlangten Erkenntnisse könnten dann zur Grundlage einer erneuten Durchsuchung und Beschlagnahme gemacht werden, so dass sie aus Gründen der Verhältnismäßigkeit auch gleich bei der ersten Feststellung sichergestellt werden können[2032]. Den Gedanken des § 108 StPO übertrug der BGHSt auf Maßnahmen der TKÜ und festigte diese Auffassung über die Jahre in ständiger Rechtsprechung[2033]. Deren zentrale Aussage ist, dass personenbezogene Daten, die anlässlich eines bestimmten Strafverfahrens erhoben wurden, in einem anderen Strafverfahren als Beweismittel verwertet werden dürfen, wenn die Daten auch in dem anderen Strafverfahren als Beweismittel hätten erhoben werden dürfen[2034]. Da die TKÜ im Gegensatz zur Wohnraumdurchsuchung nur angeordnet und durchgeführt werden darf, wenn es um die Aufklärung einer Katalogtat geht, ist auch die Frage nach der Verwendbarkeit von während einer TKÜ gewonnen Zufallserkenntnissen als Beweismittel von der Voraussetzung des Vorliegens einer Katalogtat abhängig zu machen[2035]. Unter dieser Voraussetzung besteht auch kein Beweisverwertungsverbot bei der Strafverfolgung von Personen entgegen, bei denen es sich im Ausgangsverfahren nicht um einen Beschuldigten oder Teilnehmer sondern um unbeteiligte Dritte gehandelt hat[2036].

3. Die repressiven Befugnisse zu heimlichen Eingriffen in das Grundrecht auf informationelle Selbstbestimmung und zum Datenabgleich

Durch das *OrgKG 1992* wurden – abgesehen von der TKÜ – die in §§ 98a ff, 163 e bis 163n StPO – Entwurf 1988[2037] vorgesehenen Befugnisse

---

2031 Böse in ZStW 119 (2007), 848 (861).
2032 Kretschmer in StV 1999, 221 (222).
2033 BT-Drucksache 16/5846 S. 66; BGHSt 31, 304 (306); 27, 355 (356/357); 26, 298 (303); BVerfG in NStZ 1988, 32 (33); Böse in ZStW 119 (2007), 848 (861); Allgayer in NStZ 2006, 603 (605).
2034 BGHSt 31, 296 (301); 28, 122 (135); 26, 298 (303); Singelnstein in ZStW 120 (2008), 854 (871); Kretschmer in StV 1999, 221 (222/223); Bockemühl in JA 1996, 695 (699); Anm. Welp zu BGH in NStZ 1996, 601 (603).
2035 BGHSt 28, 122 (135); Kretschmer in StV 1999, 221 (222/223).
2036 BVerfGE 110, 33 (75); 107, 299 (321); 100, 313 (300, 321); LG Münster StV 2008, 460 (460); Meyer-Goßner, StPO, § 477 Rn. 7; Fezer in NStZ 2003, 625 (628); a.A. Kretschmer in StV 1999, 221 (227).
2037 Entwurf eines Strafverfahrensänderungsgesetzes in StV 1989, 172 (174/175).

A. Die Entwicklung von Datenschutzbestimmungen in der StPO und im OWiG

zu seit jeher praktizierten heimlichen repressiven informationelle Eingriffsmaßnahmen in die *StPO* aufgenommen[2038], so dass das Strafprozessrecht die bis dahin im Polizeirecht zur Bekämpfung der Organisierten Kriminalität mehr oder weniger abgeschlossen Entwicklung nachvollzog[2039]. Mit den Befugnissen
- aus §§ 98a, 98b, 98c StPO zur Rasterfahndung und zum Datenabgleich,
- aus §§ 100c Abs. 1 Nr. 1 und 2, 100d, 100e StPO zum heimlichen Einsatz technischer Mittel zur Bild- und Tonaufzeichnung,
- aus §§ 110a bis 110d StPO zum Einsatz Verdeckter Ermittler und
- aus § 163e StPO zur polizeiliche Beobachtung

wurden den §§ 8c, 8d, 10e und 10f VE ME PolG entsprechende repressive Befugnisse geschaffen. Die Rasterfahndung wurde bis dahin auf die §§ 94, 103, 110, 116 ff StPO, die Polizeiliche Beobachtung auf die PDV 384.2 i.V.m. §§ 161, 163 StPO a.F. und die übrigen Maßnahmen ebenfalls auf §§ 161, 163 StPO a.F. gestützt[2040], obwohl strafprozessuale Zwangseingriffe grundsätzlich nur dann zulässig sind, wenn eine über die Generalklauseln der §§ 161, 163 StPO hinausgehende, den Geboten der Normenbestimmtheit und -klarheit entsprechende Regelung vorliegt[2041].

Durch das *Gesetz zur Umsetzung des Urteils des BVerfG vom 3.3.2004* vom 24.6.2005[2042] wurden die bisher in § 100c Abs. 1 Nr. 1 StPO geregelten Befugnisse zur Anfertigung von Bildaufnahmen sowie zum Einsatz sonstiger für Observationszwecke bestimmter technischer Mittel in § 100f Abs. 1 Nr. 1 und 2 StPO und die Befugnis zum Aufzeichnen des nichtöffentlich gesprochenen Wortes außerhalb von Wohnungen aus § 100c Abs. 1 Nr. 2 StPO a.F. in § 100f Abs. 2 Satz 1 StPO geregelt, wobei sich der Richtervorbehalt gem. § 100f Abs. 2 Satz 2 StPO ausschließlich auf die Befugnis zu Tonaufzeichnungen erstreckte. Gleiches galt gem. § 100f Abs. 5 StPO für die Beschränkung der zweckändernden Verwendung für Katalogtaten i.S.d. § 100a StPO. Durch das *TKÜG 2007* wurden die zuvor durch § 100f Abs. 1 Nr. 1 und 2 StPO legitimierte Herstellung von Bildaufnahmen sowie der Einsatz sonstiger technischer Mittel zu Observationszwecken in § 100h Abs. 1 StPO geregelt. Durch das *StVÄG 1999* wurde mit § 163f StPO zusätzlich zu dem in § 100c Abs. 1 Nr. 1 und 2 StPO a.F. geregelten heimlichen

---
2038 Hefendehl in StV 2001, 700 (701); Bockemühl in JA 1996, 695 (696).
2039 Götz in Isensee/Kirchhof, HbStR, Bd. IV, § 85 Rn. 9.
2040 Entwurf eines Strafverfahrensänderungsgesetzes in StV 1989, 172 (173).
2041 Bockemühl in JA 1996, 695 (697).
2042 BGBl. 2005 I S. 1841 bis 1846.

Einsatz technischer Mittel zur Bild- und Tonaufzeichnung und zu Observationszwecken eine eigens geregelte Befugnis zur längerfristigen Observation geschaffen[2043], die seit dem *TKÜG 2007* unter Richtervorbehalt steht[2044].§ 98a Abs. 1 Satz 2, § 100f Abs. 1, § 100h Abs. 1 Satz 1, § 110a Abs. 1 Satz 3, § 163e Abs. 1 Satz 2, § 163f Abs. 1 Satz 2 StPO sehen auch im repressiven Bereich für die Rasterfahndung, die akustische Überwachung außerhalb von Wohnungen, den Einsatz technischer Mittel außerhalb von Wohnungen, den Einsatz Verdeckter Ermittler, die Ausschreibung zur polizeilichen Beobachtung sowie die längerfristige Observation eine Subsidiaritätsklausel für diese Maßnahmen vor[2045].

Bestimmungen über den Datenschutz i.w.S. finden sich in § 101 StPO. Im Gegensatz zu den verdeckten präventiv- polizeilichen Maßnahmen verfolgen die heimlichen repressiven Maßnahmen den Zweck der Aufklärung von Straftaten mit erheblicher Bedeutung, wobei dieser Begriff in den §§ 98c Abs. 1 Satz 1, 100f Abs. 1 i.V.m. 100a Abs. 2, 110a Abs. 1 Satz 1 StPO bezogen auf die jeweilige repressive Maßnahme legal definiert wird. Auch die §§ 100h Abs. 1 Nr. 2, Satz 2, 163e Abs. 1 Satz 1, 163f Abs. 1 Satz 1 StPO beziehen sich auf Straftaten von erheblicher Bedeutung, enthalten hingegen keine Legaldefinition. Heimliche Bildaufnahmen i.S.d. § 100h Abs. 1 Satz 1 Nr. 1 StPO dürfen im Umkehrschluss aus § 100h Abs. 1 Satz 2 StPO zu repressiven Zwecken auch zur Aufklärung von Straftaten angefertigt werden, wenn diese nicht von erheblicher Bedeutung sind. Gem. §§ 98a Abs. 1 Satz 2, 100f Abs. 1, 100h Abs. 1 Satz 1, 163e Abs. 1 Satz 2, 163f Abs. 1 Satz 2 und 3 StPO dürfen die Rasterfahndung, die Aufzeichnung des nichtöffentlich gesprochenen Wortes und weitere heimliche Maßnahmen auch zur Feststellung des Aufenthaltsortes eines Beschuldigten vorgenommen werden.

Während Adressat einer Rasterfahndung zunächst nur diejenigen Stellen sind, bei denen Daten über Dritte erhoben werden, ist beim Einsatz eines verdeckten Ermittlers häufig nur die aufzuklärende Straftat, aber noch kein Tatverdächtiger und daher auch kein Adressat bekannt, in dessen Grundrechte der Einsatz des verdeckten Ermittlers eingreifen könnte. Ziel der repressiven Rasterfahndung ist es, aus einer Masse von Daten diejenigen herauszusuchen, die deshalb für die Aufklärung einer Straftat i.S.d. § 98c Abs. 1 Satz 1 StPO von Bedeutung sein können, weil sie rastertypische Be-

---

2043 Albrecht in StV 2001, 416 (419).
2044 Meyer-Goßner, StPO, § 163f Rn. 6.
2045 BVerfGE 129, 208 (257).

sonderheiten, wie z.B. eine Kombination tätertypischer Verhaltensweisen, aufweisen, und um diese dann mit herkömmlichen Methoden aufzuklären[2046]. Adressaten des Einsatzes technischer Mittel zur Aufzeichnung des außerhalb von Wohnungen nichtöffentlich gesprochenen Wortes und der längerfristigen Observation sind gem. §§ 100f Abs. 2 Satz 1, 100h Abs. 2 Satz 1, 163e Abs. 1 Satz 2, 163f Abs. 1 Satz 2 StPO vorrangig Beschuldigte. Unter den strengeren Voraussetzungen des §§ 100f Abs. 2 Satz 2, 100h Abs. 2 Satz 2, 163e Abs. 1 Satz 3, 163f Abs. 1 Satz 3 StPO können dies auch deren Kontakt- und Begleitpersonen sein. Daten unvermeidbar betroffener Dritter dürfen gem. §§ 100f Abs. 3, 100h Abs. 3, 163f Abs. 2 StPO ebenfalls erhoben werden. Da sich die Maßnahmen nach §§ 100f, 163e, 163f Abs. 1 Satz 1 und 3 StPO gegen namentlich bekannte Personen richten, bedürfen diese gem. § 100f Abs. 4 StPO i.V.m. §§ 100b Abs. 1, 100d Abs. 2; 163e Abs. 4, 163f Abs. 3 StPO ebenso der richterlichen Anordnung wie die Rasterfahndung gem. § 98c Abs. 1 Satz 1 bis 5 StPO und der Einsatz eines Verdeckten Ermittlers gem. § 110b Abs. 2 StPO, falls sich dieser gegen einen bestimmten Beschuldigten richtet oder der Verdeckte Ermittler eine nicht allgemein zugängliche Wohnung betritt. Andernfalls genügt gem. § 110b Abs. 1 StPO die Zustimmung der Staatsanwaltschaft. Weitere Maßnahmen ohne Wissen des Betroffenen, also insbesondere Observationsmaßnahmen ohne Aufzeichnung des nicht- öffentlich gesprochenen Wortes, bedürfen mangels Regelung in § 100h StPO hingegen keiner richterlichen Anordnung[2047].

Neben vorstehenden Befugnissen zur Datenerhebung wurden durch das *OrgKG 1992* mit den §§ 98 Abs. 3 Satz 2, 100d Abs. 2; 110e StPO a.F. bereichsspezifische Befugnisse zur zweckändernden repressiven Verwendung von durch repressive Maßnahmen nach §§ 98a, 100c Abs. 1 Nr. 1 und 2, 110a StPO erhobenen personenbezogenen Daten *zu Beweiszwecken* erlassen. Infolge des *Gesetzes zur Umsetzung des Urteils des BVerfG vom 3.3.2004* ergab sich die Befugnis zur zweckändernden Nutzung des heimlich aufgezeichneten nichtöffentlich gesprochenen Wortes *zu Beweiszwecken* aus § 100f Abs. 5 StPO a.F. Diese auf die Beweisverwertung beschränkten repressiven Regeln über die hypothetische Ersatzvornahme wurden durch das *TKÜG 2007* in § 477 Abs. 2 Satz 2 StPO zusammengefasst. Neben § 100b Abs. 5 StPO wurden dadurch die §§ 98b Abs. 3 Satz 3, 100b Abs. 5,

---

2046 Entwurf eines Strafverfahrensänderungsgesetzes in StV 1989, 172 (173); Petri in Lisken/Denninger, HbdPolR, 5. Auflage, G Rn. 528.
2047 BVerfGE 129, 208 (252).

Kapitel 3: Die Entwicklung des Datenschutzes im Strafprozessrecht

110e, 100f Abs. 1 und 2 StPO a.F., die jeweils eine Ermächtigung zur zweckändernden repressiven Verwendung personenbezogener Daten *zu Beweiszwecken* enthielten, überflüssig und daher gestrichen[2048]. Während die präventiv- polizeiliche Verwendung dieser Daten in dem durch das *StVÄG 1999* erlassenen und durch das *TKÜG 2007* überarbeiteten § 477 Abs. 2 Satz 3 StPO geregelt wurde, fehlten die in § 161 Abs. 2 StPO – Entwurf 1988[2049] geplanten Aufnahmeklauseln für die zweckändernde Nutzung von auf präventiv- polizeilicher Grundlage verdeckt erhobenen Daten – mit Ausnahme der durch das *StVÄG 1999* erlassenen Befugnis zur zweckändernde Verwendung von durch den Kleinen Lauschangriff erhobenen Daten aus § 161 Abs. 2 StPO a.F. – bis zum Inkrafttreten des durch das *TKÜG 2007* erlassenen § 161 Abs. 2 StPO n.F. völlig. Der bis dahin den Kleinen Lauschangriff regelnde § 161 Abs. 2 StPO a.F. ist seither in § 161 Abs. 3 StPO geregelt.

4. Die repressive Befugnis zum Großen Lauschangriff

Repressive Befugnisse zur heimlichen Wohnraumüberwachung durch Einsatz von technischen Mittel zur Datenerhebung wurden in die *StPO* erst aufgenommen, nachdem Art. 13 GG a.F. durch das *Gesetz zur Änderung des Grundgesetzes (Art. 13)* vom 26.3.1998 um dessen heutige Abs. 3 bis 6 ergänzt und der ehemalige Abs. 3 zum heutigen Abs. 7 geworden war. Da sich seither die in Art. 13 Abs. 3 Satz 1 GG vorgesehene repressive Wohnraumüberwachung im Gegensatz zu der in Art. 13 Abs. 4 GG vorgesehenen präventiv- polizeilichen Wohnraumüberwachung auf die akustische Überwachung beschränkt, wird die repressive Überwachung von Wohnraum in Abgrenzung zum präventiv- polizeilichen Großen Lausch- und Spähangriff als *Großer Lauschangriff* bezeichnet[2050].

Der Erlass des Art. 13 Abs. 3 GG konstitutiver Beschränkung des Grundrechts aus Art. 13 Abs. 1 GG ebnete den Weg[2051], um durch das *Gesetz zur Verbesserung der Bekämpfung der Organisierten Kriminalität* vom 4.5.1998 die §§ 100c Abs. 1 Nr. 3; Abs. 2 Satz 4 und 5; 100d Abs. 2 bis 6,

---

2048 BT-Drucksachen 14/7008 S. 7/8; 14/7679 S. 9; Singelnstein in ZStW 120 (2008), 854 (877); Glaser/Gedeon in GA 2007, 415 (435).
2049 Entwurf eines Strafverfahrensänderungsgesetzes in StV 1989, 172 (175).
2050 Petri in Lisken/Denninger, HbPolR, H Rn. 235.
2051 BVerfGE 109, 279 (316).

100f StPO a.F. zu erlassen und die bestehenden §§ 100c, 100d, 100e und 101 StPO zu novellieren. Seither entwickelte sich der Straftatenkatalog des § 100c StPO bis zur Entscheidung des BVerfG zum repressiven Großen Lauschangriff vom 3.3.2004[2052] im Wesentlichen parallel zum Katalog des § 100a StPO[2053]. Durch das *Vierunddreißigste Strafrechtsänderungsgesetz – § 129b StGB (34. StrÄG)* vom 22.8.2002[2054] sowie das *Fünfunddreißigste Strafrechtsänderungsgesetz* vom 22.12.2003[2055] wurden weitere Regelungen zum Großen Lauschangriff geändert. Nachdem durch das *Erste Gesetzes zur Modernisierung der Justiz (1. Justizmodernisierungsgesetz)* vom 24.8.2004[2056] die Formulierung „*Hilfsbeamten der Staatsanwaltschaft*" durch „*Ermittlungspersonen der Staatsanwaltschaft*" in der StPO ersetzt und die Vereinbarkeit des Art. 13 Abs. 3 GG mit der Verfassung durch das Urteil zum Großen Lauschangriff durch das BVerfG bestätigt worden war[2057], wurde den zur damaligen Befugnis aus § 100c Abs. 1 Nr. 3, Abs. 2 Satz 4 und 5, §§ 100d Abs. 2 bis 6, 100f StPO a.F. darin aufgestellten Forderungen durch das *Gesetz zur Umsetzung des Urteils des BVerfG vom 3.3.2004* vom 24.6.2005[2058] unter Überarbeitung der §§ 100c, 100d, 100e, 101 StPO nachgekommen. Seither regeln die §§ 100c, 100d, 100e StPO speziell den Großen Lauschangriff.

Der Große Lauschangriff muss gem. § 100c Abs. 1 Nr. 4 StPO ultima ratio der Strafverfolgung sein[2059], wobei es sich gem. § 100c Abs. 1 Nr. 2 StPO um eine im Einzelfall „*besonders schwere*" Straftat handeln muss. „*Besonders schwere" Straftaten* werden in § 100c Abs. 2 StPO legal definiert. Aufgrund des besonders schweren Eingriffs durch den Großen Lauschangriff in das hochrangige Grundrecht aus Art. 13 Abs. 1 GG muss das hierzu ermächtigende Gesetz besonderes strenge Eingriffsvoraussetzungen enthalten[2060]. Die Schwere der verfolgbaren Katalogstraftaten muss sich bereits

---

2052 BVerfGE 109, 279 (343 ff).
2053 *Gesetz zur Einführung des Völkerstrafgesetzbuches* vom 26.6.2002 (a.a.O.); *Gesetz zur Neuregelung des Waffenrechts* vom 11.10.2002 (a.a.O.); *Aufenthaltsgesetz* vom 30.7.2004 (a.a.O.); *37. Strafrechtsänderungsgesetz (Menschenhandel)* vom 11.2.2005 (a.a.O).
2054 BGBl. 2002 I S. 3390 bis 3392.
2055 BGBl. 2003 I S. 2838 bis 2839.
2056 BGBl. 2004 I S. 2198 bis 2209.
2057 BVerfGE 109, 279 (309 bis 325).
2058 BGBl. 2005 I S. 1841 bis 1846.
2059 BVerfGE 109, 279 (316, 341, 342/243).
2060 BVerfGE 109, 279 (345).

aus der Straftat als solche und nicht aus der Voraussetzung ergeben, dass die Straftat nur im Einzelfall besonders schwer wiegt[2061]. Bei bestimmten Straftaten – wie Mord, Totschlag und den Staatsschutzdelikten des Friedensverrats nach § 80 StGB, des Hochverrats nach §§ 81 ff StGB und bestimmter anderer Delikte der Gefährdung des demokratischen Rechtsstaats aus §§ 84 StGB – ist die hinreichende Schwere auch im Einzelfall schon durch das verletzte Rechtsgut indiziert, bei anderen bedarf sie der eigenständigen Feststellung[2062]. Im Übrigen liegt eine abstrakt gesehen besonders schwere Straftat i.S.d. Art. 13 Abs. 3 Satz 1 GG vor, wenn der Gesetzgeber diese als solche definiert und für diese – auch in einem Qualifikationstatbestand näher umschriebenen Regelbeispiel – eine Höchststrafe von über 5 Jahren androht[2063]. Gleichwohl muss der Verdacht einer abstrakt schweren Katalogstraftat auch im konkreten Einzelfall besonders schwer wiegen[2064]. Maßgeblich für die Schwere des tatbestandlichen Unrechts sind der Rang des verletzten Rechtguts und andere tatbestandlich umschriebene, gegebenenfalls auch in einem Qualifikationstatbestand enthaltene Begehungsmerkmale und Tatfolgen[2065]. Dabei kann sich die Schwere der Straftat nur auf eine begangene Tat beziehen, nicht etwa auf erst zukünftig zu erwartende Straftaten[2066].

Gem. § 100c Abs. 1 Nr. 3 StPO kann der Große Lauschangriff entweder der Sachverhaltserforschung oder der Ermittlung des Aufenthaltsorts eines verurteilten Straftäters dienen[2067]. Für die Tatbegehung durch den Beschuldigten müssen gem. § 100c Abs. 1 Nr. 1 StPO *bestimmte Tatsachen den Verdacht begründen,* also konkrete und in gewissem Umfang verdichtete Umstände als Tatsachenbasis für den Verdacht vorhanden sein[2068]. Ziel des Ermittlungsverfahrens ist es, den auf einen bestimmten Beschuldigten bezogenen Anfangsverdacht i.S.d. § 152 Abs. 2 StPO zu einem für eine Anklageerhebung erforderlichen hinreichenden Verdacht i.S.d. § 170 Abs. 1 StPO zu erhärten oder aber den Beschuldigten zu entlasten[2069].

2061 BVerfGE 109, 279 (346).
2062 BVerfGE 109, 279 (346).
2063 BVerfGE 109, 279 (348/349).
2064 BVerfGE 109, 279 (346); 107, 299 (321/322).
2065 BVerfGE 109, 279 (344).
2066 BVerfGE 109, 279 (347).
2067 BVerfGE 109, 279 (352).
2068 BVerfGE 109, 279 (350/351); 100, 313 (395).
2069 BVerfGE 109, 279 (351).

A. Die Entwicklung von Datenschutzbestimmungen in der StPO und im OWiG

Adressat eines repressiven Großen Lauschangriffs kann gem. § 100c Abs. 3 Satz StPO vor allem der Inhaber oder Bewohner derjenigen Wohnung sein, in der – und auch nur so lange – sich der Beschuldigte einer besonders schweren Straftat aufhält[2070]. Ein Nichtverdächtiger kann gem. § 100c Abs. 3 Satz 2 StPO nur Adressat eines Großen Lauschangriffs werden, *„wenn der in der Anordnung nach § 100d Abs. 2 StPO bezeichnete Beschuldigte"* sich in dessen Wohnung aufhält *„und die Maßnahme in Wohnungen des Beschuldigten allein nicht zur Erforschung des Sachverhalts oder zur Ermittlung des Aufenthaltsorts eines Beschuldigten führen wird"*[2071]. Daraus, dass jegliche Überwachung von anderen Personen als dem Beschuldigten, also Dritten nach § 100c Abs. 3 StPO nur zulässig ist, wenn Dritte *unvermeidbar betroffen sind*, folgt weiterhin, dass der Große Lauschangriff unzulässig ist, wenn dieser zu einer vermeidbaren Beeinträchtigung des Dritten führt[2072].

Die Durchführung des Großen Lauschangriffs scheidet gem. § 100c Abs. 3 und 4 StPO aus, wenn der Kernbereich privater Lebensgestaltung berührt werden könnte. Dies trifft immer dann zu, wenn sich jemand völlig allein in einer Wohnung aufhält oder sich ausschließlich in Gesellschaft von Personen des engsten Vertrauens aufhält, da dann alles, was gesprochen wird, höchstpersönlicher Natur sein könnte[2073]. Gespräche, die konkrete Angaben über begangene Straftaten oder Äußerungen, mittels derer Straftaten begangen werden, enthalten, gehören gem. § 100c Abs. 4 Satz 3 StPO nicht zum unantastbaren Kernbereich privater Lebensgestaltung, da insoweit ein hinreichender Sozialbezug besteht[2074]. Auch Gespräche mit engsten Familienangehörigen unterfallen nicht dem Kernbereich privater Lebensgestaltung, wenn konkrete Anhaltspunkte bestehen, dass die am Gespräch beteiligten Familienangehörigen zugleich Tatbeteiligte sind[2075]. Weiterhin besteht in der Regel ein hinreichender Sozialbezug, wenn Gespräche in Betriebs- und Geschäftsräumen geführt werden, es sei denn, es handelt sich um Betriebs- und Geschäftsräume von Berufsgeheimnisträgern oder solche, die gleichzeitig als Privatwohnung genutzt werden[2076]. Jede Verwendung von

---

2070 BVerfGE 109, 279 (316, 326).
2071 BVerfGE 109, 279 (356).
2072 BVerfGE 109, 279 (357).
2073 BVerfGE 109, 279 (319/320); SächsVerfGH NVwZ 2005, 1310 (1314).
2074 BVerfGE 109, 279 (319); 80, 367 (375).
2075 BVerfGE 109, 279 (328).
2076 BVerfGE 109, 279 (320/321).

absolut durch den Kernbereich privater Lebensgestaltung geschützten Daten zu Beweiszwecken ist ausgeschlossen[2077]. Da ausschließlich in einer Wohnung geführte Gespräche, die nicht den Kernbereich privater Lebensgestaltung betreffen, abgehört und aufgezeichnet werden dürfen[2078], ergeben sich Beweiserhebungsverbote, sofern durch den Kernbereich privater Lebensgestaltung absolut geschützte Gespräche erfasst worden sind[2079].

Über den Schutz des Kernbereichs privater Lebensgestaltung hinaus soll der durch § 160a StPO gewährleistete Schutz besonderer Vertrauensverhältnisse den Interessen der durch ein Zeugnisverweigerungsrecht geschützten Personen Rechnung tragen[2080]. Vertrauensverhältnisse, die besonderen verfassungsrechtlichen Schutz genießen, müssen diesen auch erfahren, wenn ohne Wissen des Vertrauensinhabers in das Vertrauensverhältnis eingegriffen wird[2081]. Zu den verfassungsrechtlich geschützten Vertrauensverhältnissen zählen aufgrund des Grundrechtsschutzes aus Art. 6 Abs. 1 und 2 GG engste Familienangehörige, aber auch enge persönliche Freunde sowie aufgrund des Grundrechtsschutzes aus Art. 4 Abs. 1 und 2 GG Seelsorger und Strafverteidiger, weil diese die zur Wahrung der Menschenwürde die wichtige Funktion innehaben, darauf hinzuwirken, dass der Beschuldigte nicht zum bloßen Objekt im Strafverfahren wird[2082]. Ärzte können je nach Einzelfall ebenfalls zu den Personen des engsten Vertrauens zählen[2083]. Das Vertrauen in die Integrität der Unterhaltung von verfassungsrechtlich geschützten Beziehungen zu Seelsorgern und Strafverteidigern ist Grundlage der freiheitlich- demokratischen Grundordnung und daher nur dann zum Schutz von mindestens gleichrangigen Rechtsgütern zulässig, wenn solche Ausnahmesituationen gesetzlich festgelegt werden[2084].

Durch das *Gesetz zur Verbesserung der Bekämpfung der Organisierten Kriminalität* vom 4.5.1998 wurde die Befugnis des § 100d Abs. 5 Satz 2 StPO a.F. erlassen, wonach die Verwendung *zu Beweiszwecken* in anderen Strafverfahren auf die Aufklärung von in § 100c Abs. 1 Nr. 3 StPO a.F. bezeichneten, einen Großen Lauschangriff rechtfertigenden Straftaten be-

---

2077 BVerfGE 109, 279 (319); Petri in Lisken/Denninger, HbPolR, 5. Auflage, G Rn. 242.
2078 BVerfGE 109, 279 (355).
2079 BVerfGE 109, 279 (328).
2080 BVerfG NJW 2007, 2753 (2756).
2081 SächsVerfGH in DVBl. 1996, 1423 (1431/1432).
2082 BVerfGE 109, 279 (322).
2083 BVerfGE 109, 279 (323); 32, 373 (379/380).
2084 SächsVerfGH in DVBl. 1996, 1423 (1432).

A. Die Entwicklung von Datenschutzbestimmungen in der StPO und im OWiG

schränkt wurde[2085]. Diese Verwendungsbeschränkung wurde orientiert an der Rechtsprechung des BGH zur Verwertbarkeit von Erkenntnissen aus der Überwachung des Fernmeldeverkehrs nach § 100a StPO erlassen[2086]. Der ebenfalls durch das *Gesetz zur Verbesserung der Bekämpfung der Organisierten Kriminalität* vom 4.5.1998 erlassene § 100f Abs. 1 StPO a.F. enthielt erstmals eine strafprozessuale Öffnungsklausel für die zweckändernde präventiv- polizeiliche Verwendung von durch den Großen Lauschangriff erhobenen Daten zu präventiv- polizeilichen Zwecken. Der hierdurch ebenfalls erlassene § 100f Abs. 2 StPO a.F. regelte in Ansehung der *Blockhütten – Entscheidung* des BGH[2087] erstmals die zweckändernde repressiven Verwendung von auf polizeigesetzlicher Grundlage durch Großen Lausch- und Spähangriff erhobenen Daten zu Beweiszwecken. Die Regelungen der §§ 100d Abs. 5 Satz 2; 100f Abs. 1 und 2 StPO wurden durch den durch das *Gesetz zur Umsetzung des Urteils des BVerfG vom 3.3.2004* erlassenen § 100d Abs. 6 StPO abgelöst, der fortan jede dieser drei Formen der zweckändernden Verwendung von mittels Großen Lausch- bzw. Großen Lausch- und Spähangriffs erhobenen Daten regelte. Durch das *TKÜG 2007* wurde der vorherige § 100d Abs. 6 StPO a.F. zum heutigen § 100d Abs. 5 StPO, der den Kleinen Lauschangriff betreffende, bereits mit dem *StVÄG 1999* erlassene § 161 Abs. 2 StPO a.F. wurde zum heutigen § 161 Abs. 3 StPO.

5. Die repressiven Befugnisse zur erkennungsdienstlichen Behandlung und zur Entnahme und Analyse DNA- fähigen Materials

Befugnisse zu Eingriffen in das Grundrecht auf informationelle Selbstbestimmung waren vor und nach Inkrafttreten des Grundgesetzes nur vorgesehen, wenn mit der Datenerhebung die Beschränkung anderer Grundrechte verbunden war. Letzteres traf auf die durch das *Ausführungsgesetz zu den Gesetzen gegen gefährliche Gewohnheitsverbrecher und über Maßregeln der Sicherung und Besserung* vom 24.11.1933[2088] erlassenen Befugnisse zur erkennungsdienstlichen Behandlung bzw. zur körperlichen Untersuchung aus §§ 81a, 81b StPO zu. Diese wurden durch das *Gesetz zur Widerherstel-*

2085 BT-Drucksache 16/5846 S. 66.
2086 BT-Drucksache 13/8651 S. 14; BGHSt 32, 10 (15/16); 31, 296 (301); 29, 23 (24/25); 28, 122 (129); 27, 355 (357/358); 26, 298 (302/303).
2087 BGH in NStZ 1992, 44ff, BGH in NStZ 1995, 601 ff.
2088 RGBl. 1933 I S. 1000 bis 1008.

lung der Rechtseinheit auf dem Gebiete der Gerichtsverfassung, der Bürgerlichen Rechtspflege, des Strafverfahrens und des Kostenrechts vom 12.9.1950 nahezu unverändert ins Bundesrecht überführt[2089]. Während die damalige Fassung des § 81b StPO noch heute fortbesteht, wurden hierdurch die Befugnis zur körperlichen Untersuchung von Zeugen aus § 81c StPO und die § 81d StPO geregelten Modalitäten der körperlichen Untersuchung erlassen. Die §§ 81a Abs. 1 Satz 2, 81c Abs. 2 Satz 1 und 2 StPO näherten sich anschließend durch das *Dritte Strafrechtsänderungsgesetz* vom 4.8.1953[2090] ihrer heutigen Fassung an. An die fortgeschrittene Entwicklung der strafprozessualen Befugnisnormen zur körperlichen Untersuchung anknüpfend, wurden die §§ 81a, 81c und 101 StPO nach weiteren Änderungen durch das *Gesetz zur Verbesserung der Überwachung des Außenwirtschaftsverkehrs und zum Verbot von Atomwaffen, biologischen und chemischen Waffen vom 5.11.1990*[2091]*, sowie durch das Strafverfahrensänderungsgesetz – DNA- Analyse („genetischer Fingerabdruck") – (StVÄG)* vom 17.3.1997[2092] überarbeitet. Eine Befugnis zur Speicherung von für Zwecke eines Strafverfahrens oder zur Vorsorge für die Verfolgung von Straftaten erhobenen erkennungsdienstlichen Daten eines Beschuldigten in polizeilichen Dateien bestand bis zum Erlass des § 484 Abs. 2 und 4 StPO durch das *StVÄG 1999* nicht.

Da mit zunehmender Persönlichkeitsrelevanz der jeweiligen Daten die Anforderungen an die Zulässigkeit der Speicherung von Informationen steigen[2093], wurde durch das *StVÄG 1997* die neue polizeiliche Befugnis zur DNA- Analyse zwecks Feststellung der Abstammung oder der Zuordnung von Spurenmaterial aus §§ 81e, 81f StPO erlassen. Ergänzt wurde diese auf in der DNA enthaltenen personenbezogenen Informationen bezogene Befugnis durch das *Gesetz zur Änderung der Strafprozessordnung (DNA- Identitätsfeststellungsgesetz)* vom 7.9.1998[2094]. Die so legitimierte Erhebung und Speicherung von DNA- Identifizierungsmustern greift – auch soweit sie nur den sog. nicht- codierenden Bereich betrifft – in das Grundrecht auf informationelle Selbstbestimmung ein[2095] und bedarf daher einer den Ge-

---

2089 BGHSt 34, 39 (44).
2090 BGBl. 1953 I S. 735 bis 750 (743 bis 748).
2091 BGBl. 1990 I S. 2428 bis 2431.
2092 BGBl. 1997 I S. 534 bis 535.
2093 Böse in ZStW 119 (2007), 848 (881).
2094 BGBl. 1998 I S. 2646 (bis 2646).
2095 BVerfGE 103, 21 (32/33); Bergemann/Hornung in StV 2007, 164 (165).

A. Die Entwicklung von Datenschutzbestimmungen in der StPO und im OWiG

boten der Normenbestimmtheit und -klarheit genügenden Ermächtigungsgrundlage, die den Grundsatz der Verhältnismäßigkeit wahrt[2096].

Während durch § 1 DNA- Identitätsfeststellungsgesetz mit dem neu in die *StPO* eingefügten § 81g Abs. 1 und 2 StPO 1998 ein Vorläufer des heutigen § 81g Abs. 1 und 2 StPO erlassen wurde, verwies § 81g Abs. 3 StPO 1998 auf den in § 81a Abs. 2 und 81f StPO sowohl für die Entnahme von Körperzellen als auch für die hieran vorzunehmende DNA- Analyse geregelten Richtervorbehalt. Die heute in § 81g Abs. 4 StPO geregelte Entnahme und Analyse DNA- fähigen Materials von dem Beschuldigten gleichzustellenden Personen wurde außerhalb der *StPO* in § 2 DNA- Identitätsfeststellungsgesetz geregelt. Die heute in § 81g Abs. 5 StPO geregelte Befugnis zur Speicherung der so erhobenen Daten fand sich ebenfalls außerhalb der StPO in § 3 DNA- Identitätsfeststellungsgesetz[2097].

Nachdem neben der Neufassung des § 88 StPO durch das *Gesetz zur Änderung der Vorschriften über die Straftaten gegen die sexuelle Selbstbestimmung und zur Änderung anderer Vorschriften* vom 27.12.2003 vor allem die Befugnis zur Analyse des DNA- fähigen Materials aus §§ 81e Abs. 1, 81g Abs. 2 StPO um die Feststellung des Geschlechts erweitert und der Straftatenkatalog des § 81g Abs. 1 StPO neu gefasst worden war, wurde durch das *Gesetz zur Novellierung der forensischen DNA- Analyse* vom 12.8.2005[2098] mit 81h StPO die Befugnis zur molekulargenetischen Reihenuntersuchung eingeführt[2099].

Außerdem erhielten die §§ 81f und 81g StPO deren heutige Fassung. Seither können DNA- Identifizierungsmuster, die aus Spurenmaterial gewonnen wurden, ohne Einschränkungen gespeichert werden[2100]. Praktische Probleme ergaben sich im Hinblick auf die Befugnis zur Speicherung des DNA- Identifizierungsmusters daraus, dass § 81g Abs. 5 Satz 2 Nr. 2 StPO auch zur Speicherung von DNA- Identifizierungsmustern von aufgefundenem Spurenmaterial ermächtigt. Während für die Analyse von DNA- fähigem Material von Beschuldigten und diesen gleichgestellten Personen grundsätzlich immer eine richterliche Entscheidung notwendig war und auch heute noch ist, war für die Analyse von DNA- fähigem Spurenmaterial

---

2096 BVerfGE 103, 21 (33, 34); Busch in NJW 2002, 1754 (1754).
2097 Senge in NJW 2005, 3028 (3031); Busch in NJW 2002, 1754 (1754).
2098 BGBl. 2005 I S. 2360 bis 2362.
2099 Senge in NJW 2005, 3028 (3028/3029).
2100 Bergemann/Hornung in StV 2007, 164 (165).

Kapitel 3: Die Entwicklung des Datenschutzes im Strafprozessrecht

bis zum *Gesetz zur Änderung der Strafprozessordnung* vom 6.8.2002[2101] und ist seit dem *Gesetz zur Novellierung der forensischen DNA- Analyse* vom 12.8.2005 wiederum kein Richtervorbehalt vorgesehen[2102]. Hintergrund der Streichung des Richtervorbehalts als Voraussetzung für die Analyse DNA- fähigen Spurenmaterials waren die Überlegungen, dass der eingeschaltete Richter in der Praxis keine Alternative zum Erlass der beantragten Maßnahme hatte und trotz des Wegfalls des Richtervorbehalts die sich aus § 81f Abs. 2 StPO ergebende Verpflichtung zur schriftlichen Abfassung der Beauftragung des Sachverständigen nicht erlosch[2103]. Eine interessante Neuerung brachte die durch § 81g Abs. 5 Satz 4 StPO geschaffene Informationspflicht gegenüber demjenigen Beschuldigten, dessen DNA zunächst gem. § 81e Abs. 1 StPO für Zwecke eines bestimmten Strafverfahrens erhoben wurde und anschließend zur Vorsorge für die Verfolgung von künftigen Straftaten umwidmend gespeichert werden soll[2104].

6. Weitere repressive Befugnisse zur Datenerhebung nach den Anschlägen vom 11.9.2001

Als Reaktion der Sicherheitspolitik auf den weltweiten islamistischen Terrorismus wurden zwei sog. Sicherheitspakete verabschiedet[2105]. Hierzu zählen das *Gesetz zur Änderung der Strafprozessordnung* vom 20.12.2001[2106], das mit § 100g Abs. 1 StPO eine Befugnis zur Erhebung von TK- Verbindungsdaten, mit § 100g Abs. 2 StPO eine Befugnis zur Zielwahlsuche, mit § 100h Abs. 3 StPO eine Befugnis zur zweckändernden Verwendung der nach § 100g Abs. 1 oder 2 StPO erhobenen Daten zu Beweiszwecken und eine entsprechende Änderung in § 101 StPO vorsah, sowie das *Gesetz zur Änderung der Strafprozessordnung* vom 6.8.2002, das durch § 100i StPO zum Einsatz von IMSI- Catchern[2107] ermächtigte. Die so erlassenen §§ 100g bis 100i StPO wurden durch das *TKÜG 2007* neu gefasst, wobei § 100h StPO seither die eigenständige Befugnis zur offenen oder verdeckten Herstellung

---

2101 BGBl. 2002 I S. 3018 bis 3019.
2102 Bergemann/Hornung in StV 2007, 164 (164); Senge in NJW 2005, 3028 (3028).
2103 Senge in NJW 2005, 3028 (3029).
2104 Senge in NJW 2005, 3028 (3028).
2105 Götz in Isensee/Kirchhof, HbStR, Bd. IV, § 85 Rn. 14; Volkmann in NVwZ 2009, 216 (216).
2106 BGBl. 2001 I S. 3879 bis 3880.
2107 Kapitel 2 A. IV. 5. b. (S. 330).

von Bildaufnahmen sowie zum offenen oder verdeckten Einsatz sonstiger technischer Mittel für Observationszwecke enthält, die sich nicht mehr auf § 100g StPO bezieht.

Gem. §§ 100g Abs. 1 Satz 1 und 2, 100i Abs. 1 StPO gilt eine Subsidiaritätsklausel. Bestimmungen über den Datenschutz i.w.S. finden sich nach wie vor in § 101 StPO. Adressaten der §§ 100g Abs. 1 Satz bis 3, 100i Abs. 1 StPO dürfen gem. den auf § 100a Abs. 3 StPO verweisenden §§ 100g Abs. 2 Satz 1, 100i Abs. 3 Satz 1 StPO nur der Beschuldigte oder dessen Kontakt- und Begleitpersonen sein. Das Erfordernis der richterlichen Anordnung ergibt sich aus §§ 100g Abs. 2 Satz 1 und 2, 100i Abs. 3 StPO. Etwaige zweckändernde repressive oder präventiv- polizeiliche Verwendungen der Verbindungsdaten werden durch § 477 Abs. 2 Satz 2 bzw. 3 StPO legitimiert, wobei die repressive Befugnis aus § 477 Abs. 2 Satz 2 StPO nur die repressive Verwendung zu Beweiszwecken betrifft. Zur repressive Verwendung von auf Grundlage den §§ 100g, 100i StPO entsprechenden präventiv- polizeilichen Befugnissen wird durch § 161 Abs. 2 Satz 1 StPO ermächtigt.

Sowohl hinsichtlich § 477 Abs. 2 Satz 2 StPO als auch hinsichtlich § 161 Abs. 2 Satz 1 StPO gilt ergänzend § 160a StPO. Insoweit ist aber wie bei der präventiv- polizeilichen als auch bei der repressiven Überwachung von TK-Inhalten als auch bei der präventiv- polizeilichen Abfrage von Verbindungsdaten von Berufsgeheimnisträgern i.S.d. § 53 Abs. 1 Nr. 3 bis 3b StPO zu beachten, dass es sich um drittschützende Vertrauensverhältnisse handelt, gegenüber denen der Schutzanspruch des Kernbereichs privater Lebensgestaltung schon jegliche Abfrage von deren Verbindungsdaten verbietet[2108]. Da diesbezügliche Regelungen fehlten, § 100g Abs. 1 Satz 1 StPO insgesamt nicht den Anforderungen an Normenbestimmtheit und -klarheit genügte[2109], und es diesem infolge der Nichtigkeit der §§ 113a, 113b TKG[2110] an der Geeignetheit mangelte, wurde auch dieser durch das BVerfG für nichtig befunden, *soweit danach Verkehrsdaten gem. § 113a TKG erhoben werden dürften*[2111].

Weiterer Kritikpunkt des BVerfG an der Befugnis aus § 100g Abs. 1 Satz 1 StPO war, dass Datenabrufe gem. § 112 Abs. 1 Satz 6 TKG im Zeitpunkt des Abrufs weder zur Kenntnis des Unternehmens noch zur Kenntnis

---

2108 BVerfGE 125, 260 (356).
2109 BVerfGE 125, 260 (332/333/334).
2110 Kapitel 1 D. V. 3. (S. 152).
2111 BVerfGE 125, 26 (363).

Kapitel 3: Die Entwicklung des Datenschutzes im Strafprozessrecht

des Betroffenen gelangen konnten, so dass die Rechtsschutzgarantie des Art. 19 Abs. 4 GG umgangen wurde[2112]. Während bei der Gefahrenabwehr sowie bei der Wahrnehmung der Aufgaben der Nachrichtendienste stets anzunehmen sei, dass die offene Datenerhebung und -nutzung deren Zweck gefährden würde und daher vom Grundsatz der Offenheit der Erhebung und Nutzung von personenbezogenen Daten[2113] abgewichen werden könne, sei dies bei der Strafverfolgung anders[2114]. Dabei übersieht das BVerfG, dass es sich bei der Abfrage von Verbindungsdaten nicht um heimliche Datenerhebung ohne Wissen des von der Datenerhebung Betroffenen sondern um eine vom den Grundsatz der Unmittelbarkeit der Datenerhebung[2115] abweichende mittelbare Datenerhebung über den Betroffenen im datenschutzrechtlichen Sinn handelt[2116]. Gerade weil das Wissen des Beschuldigten um ein gegen ihn laufendes Ermittlungsverfahren dessen Gang erschweren und damit die Erfüllung polizeilicher Aufgaben gefährden kann, wird im Strafverfahren regelmäßig vom Grundsatz der Unmittelbarkeit der Datenerhebung abgewichen[2117]. Dies gilt erst recht beim Verdacht einer Straftat von erheblicher Bedeutung i.S.d. § 100g Abs. 1 Satz 1 Nr. 1 StPO. Erst wenn die Ermittlungen unter mittelbarer Datenerhebung – seien es Zeugenaussagen oder sichergestelltes Beweismaterial – zu einem gesteigerten Tatverdacht führen, kann unter Umständen durch offenes Auftreten gegenüber dem Beschuldigten, z.B. durch Wohnungsdurchsuchungen i.S.d. §§ 102, 106 StPO, ermittelt werden. Sollte sich der Tatverdacht gegen den Beschuldigten nicht bestätigen, könnte dieser im Einstellungsbescheid über die seine Verbindungsdaten betreffende Maßnahme informiert werden. Insoweit bedürfte es einer Ergänzung des § 170 Abs. 2 Satz 2 StPO.

Durch das *Gesetz zur Änderung des Telekommunikationsgesetzes und zur Neuregelung der Bestandsdatenauskunft* vom 20.6.2013 wurde schließlich die vom BVerfG geforderten Befugnisse zur Auskunft über Bestandsdaten (§ 100j Abs. 1 Satz 1 StPO), zur Auskunft über Daten zum Zugriff auf Endgeräte oder Speichereinrichtungen (§ 100j Abs. 1 Satz 2 StPO) sowie anhand einer zu einem bestimmten Zeitpunkt zugewiesenen Internetprotokolladresse (§ 100j Abs. 2 StPO) erlassen. Für Auskünfte nach § 100j Abs. 1 Satz 2

2112 BVerfGE 125, 260 (335, 353/354); Böse in ZStW 119 (2007), 848 (882).
2113 Kapitel 2 A. III. 5. a. (S. 196).
2114 BVerfGE 125, 260 (336).
2115 Kapitel 1 C. I. 2. c. aa. (S. 71).
2116 Siehe auch: BVerfGE 129, 208 (257).
2117 Meyer-Goßner, StPO, § 161 Rn. 8.

A. Die Entwicklung von Datenschutzbestimmungen in der StPO und im OWiG

StPO ist gem. § 100j Abs. 3 StPO grundsätzlich ein Richtervorbehalt vorgesehen. Für Auskünfte nach § 100j Abs. 1 Satz 2 und Abs. 2 StPO sind gem. § 100j Abs. 4 StPO grundsätzliche Benachrichtigungspflichten vorgesehen.

7. Befugnisse zur Datenverarbeitung und -nutzung in der StPO

Da der Umgang mit personenbezogenen Daten in den 1970er Jahren noch nicht als staatliches Eingriffshandeln gewertet wurde, durfte die Polizei nach damaligem Rechtsverständnis zur Strafverfolgung nicht nur auf sämtliche Daten zurückgreifen, die sie zur Verfolgung einer bestimmten Straftaten erhoben hatte, sondern auch auf Daten, die zu präventiv- polizeilichen Zwecken erhoben worden waren. Nach dem damals vorherrschenden Verständnis des Datenschutzes, das in der *StPO* bis zum Ende der 1990er Jahre fortwirkte, bedurfte die Polizei für rein informationelle Ermittlungshandlungen keiner dem Vorbehalt des Gesetzes entsprechenden Ermächtigungsgrundlage. Deshalb gab es bis knapp 20 Jahre nach Verkündung des Volkszählungsurteils noch keine bereichsspezifisch und präzise geregelten repressiven Bestimmungen darüber, wie mit Daten umzugehen war, die ursprünglich auf repressiver Grundlage erhoben wurden und später zu präventiv- polizeilichen Zwecken genutzt oder umgekehrt auf präventiv- polizeilicher Grundlage erhoben wurden und erst im Nachhinein zu repressiven Zwecken genutzt werden sollten. Heute bemisst sich die die Aufklärung und Aburteilung von Straftaten betreffende Verwendung von personenbezogenen Daten nach den durch das *StVÄG 1999* erlassenen §§ 161 Abs. 2; 474 ff StPO[2118]. Die bereits durch das *Verbrechensbekämpfungsgesetz* vom 28.10.1994 im damals neuen *Achten Buch der StPO* unter der Überschrift *„Länderübergreifendes staatsanwaltliches Verfahrensregister"* eingefügten §§ 474 bis 477 StPO a.F. finden sich seither im *Dritten Abschnitt des 8. Buches der StPO* mit den §§ 492 ff StPO wieder.

Durch das *StVÄG 1999* wurden weiterhin die zuvor ausschließlich in § 131 StPO a.F. sowie den Ziffern 39 bis 43 RiStBV a.F. enthaltenen Bestimmungen über die Fahndung mittels polizeilichem Steckbrief durch die in den §§ 131 bis 131c StPO i.V.m. den Ziffern 39 bis 43 RiStBV enthaltenen Regelungen über die Fahndung nach Beschuldigten und zur Ermittlung des

---

2118 Gusy in ZJS 2012, 195 (196).

Kapitel 3: Die Entwicklung des Datenschutzes im Strafprozessrecht

Aufenthaltsortes von Zeugen ersetzt[2119]. Diese ermächtigen mit §§ 131 Abs. 3, 131a Abs. 3, 131b, 131c StPO nicht nur zur Öffentlichkeitsfahndung sondern vor allem zur demgegenüber weniger eingriffsintensiven behördeninternen Fahndungsausschreibung. Bei der repressiven Fahndung handelt es sich um eine die Festnahme vorbereitende Maßnahme oder um sonstige Maßnahmen zur Sicherstellung der Strafverfolgung und Strafvollstreckung[2120]. Diese kann gem. Ziffer 40 Abs. 1 b) RiStBV unter anderem in dem Fahndungshilfsmitteln des EDV- Fahndungssystems der Polizei INPOL erfolgen[2121]. Zuständig für die Ausschreibung in INPOL ist gem. Ziffer 41 Abs. 1 Satz 2 RiStBV die mit den Ermittlungen befasste Polizeidienststelle. Für die internationale Fahndung gilt Ziffer 43 RiStBV.

Weiterhin wurde durch das *StVÄG 1999* der neue *Erste Abschnitt des 8. Buches der StPO* über die Erteilung von Auskünften und Akteneinsicht sowie die sonstige Verwendung von Informationen für verfahrensübergreifende Zwecke mit den §§ 474 bis 482 StPO n.F. sowie der neue Zweite Abschnitt des 8. Buches der StPO mit der Überschrift „*Dateiregelungen*" und den §§ 483 bis 491 StPO geschaffen. Die §§ 474 bis 477 StPO a.F. wurden zu §§ 492 bis 495 des *Dritten Abschnitt des 8. Buches der StPO*[2122]. Die nunmehr in §§ 478 bis 482 StPO geregelte Erteilung von Auskünften und die Einsicht in Akten aus Strafverfahren konnten, sofern diese nicht in anderen Zusammenhängen normiert waren, bis dahin allenfalls auf §§ 19 ff BDSG i.V.m. den Ziff. 182 ff RiStBV oder entsprechende Bestimmungen der Datenschutzgesetze der Länder gestützt werden[2123].

Seit dem *StVÄG 1999* wird die anlässlich eines bestimmten Strafverfahrens durchgeführte Sicherstellung und Beschlagnahme von Datenbeständen Verdächtiger erfolgte automatische Verarbeitung der auf Grundlage der §§ 94 ff StPO erhobenen Daten durch § 483 Abs. 1 StPO legitimiert[2124]. Da es die Sicherstellung von Datenträgern grundsätzlich ermöglicht, alle auf dem sichergestellten Datenträger enthaltenen Informationen nach Zufallsfunden i.S.d. § 108 StPO zu untersuchen, gebietet der auf das anhängige

---

2119 BT-Drucksache 14/1484 S. 16, 17; Entwurf eines Strafverfahrensänderungsgesetzes 1988 in StV 1989, 172 (173).
2120 BT-Drucksache 14/1484 S. 19.
2121 Soine in Kriminalistik 2001, 173 (173).
2122 BT-Drucksache 14/1484 S. 7 bis 12; 17 bis 18.
2123 BVerfGE 113, 29 (60); BT-Drucksache 14/1484 S. 17; Lampe in KK, OWiG, § 49b Rn. 2.
2124 BVerfGE 113, 29 (45, 59).

A. Die Entwicklung von Datenschutzbestimmungen in der StPO und im OWiG

Strafverfahren begrenzte Erhebungszweck die unverzügliche Löschung aller nicht zur Zweckerreichung erforderlichen Daten, wobei nach Durchsicht i.S.d. § 110 StPO insbesondere zum Schutz von Berufsgeheimnisträgern bestehende Beweisverwertungsverbote i.S.d. § 97 StPO zu beachten sind[2125]. Der den Datenzugriff begrenzende Verwendungszweck ist unter Beachtung des Normzusammenhangs mit den §§ 152 Abs. 2; 155 Abs. 1; 160; 170; 244 Abs. 2; 264 StPO, in welchen die §§ 94 ff StPO eingebettet sind, hinreichend präzise vorgegeben[2126]. Hinsichtlich der Einhaltung des Erhebungszwecks sind die Regelungen aus § 489 StPO über den Datenschutz i.w.S. und den Auskunftsanspruch des Betroffenen aus § 491 StPO von Bedeutung[2127]. Gegenüber diesen spezialgesetzlich geregelte Auskunftsansprüche des Betroffenen finden sich in §§ 147; 385 Abs. 3, 397 Abs. 1 Satz 2; 406e und 475 StPO[2128].

Mit dem *Gesetz zur effektiven Nutzung von Dateien im Bereich der Staatsanwaltschaften* vom 10.9.2004 wurden schließlich die §§ 484, 488, 491 bis 495 StPO den sich durch das in den Vordergrund treten von automatisierten Abrufverfahren ergebenen gesetzgeberischen Notwendigkeiten auf Bundesebene angepasst. Hierdurch wurden in § 484 Abs. 1 Nr. 3 StPO sowie § 492 Abs. 2 Satz 1 Nr. 3 StPO die nähere Bezeichnung der Straftat aus § 484 Abs. 1 Nr. 4 StPO bzw. aus § 492 Abs. 2 Satz 1 Nr. 4 StPO übernommen und die das automatisierte Abrufverfahren betreffenden Regelungen der §§ 488 Abs. 1, 492 Abs. 4, 493 bis 495 StPO überarbeitet, während durch das *Gesetz zur Errichtung und Regelung der Aufgaben des Bundesamtes für Justiz* vom 17.12.2006[2129] § 492 StPO dahingehend geändert wurde, dass das staatsanwaltschaftliche Verfahrensregister nicht mehr beim Bundeszentralregister sondern durch das nunmehr errichtete *Bundesamt für Justiz* in Bonn geführt wird.

Nachdem infolge des *TKÜG 2007* in den §§ 474 bis 481 StPO das Wort „*Informationen*" durch das Wort „*Daten*" ersetzt worden war, haben die §§ 474 ff StPO im Wesentlichen deren heutige Fassung beibehalten. Seither findet sich eine der umfassenden Verwendung entgegenstehende bundesgesetzliche Verwendungsregelung in § 477 Abs. 2 Satz 3 StPO. Personenbezogene Daten, die aufgrund einer repressiven Maßnahme erhoben wurden,

---

2125 BVerfGE 113, 29 (56, 58, 60).
2126 BVerfGE 113, 29 (51/52).
2127 BVerfGE 113, 29 (59).
2128 BVerfGE 113, 29 (59/60).
2129 BGBl. 2006 I S. 3171 bis 3174.

die nur bei Verdacht bestimmter Straftaten zulässig ist, dürfen für präventivpolizeiliche Zwecke gem. § 477 Abs. 2 Satz 3 Nr. 1 StPO nur zur Abwehr einer „*erheblichen Gefahren für die öffentliche Sicherheit*" verwendet werden[2130].

Was die Übermittlung von Daten im Inland betrifft, kam es im *Gesetz über die Vereinfachung des Austausches von Informationen und Erkenntnissen zwischen den Strafverfolgungsbehörden der Mitgliedstaaten der Europäischen Union* vom 21.7.2012[2131] zur Erweiterung in den §§ 478 Abs. 1 Satz 5; 481 Abs. 3 StPO dahingehend, wie bei Zweifeln an der Zulässigkeit der Übermittlung von Daten sowie der Akteneinsicht zu verfahren ist, während Befugnisse zur Übermittlung von Daten ins Ausland zu repressiven Zwecken §§ 92, 92a, 92b IRG geregelt werden.

8. Zusammenfassung

Zusammenfassend bleibt festzustellen, dass die Befugnis zur zweckändernden repressiven Verwendung von durch Großen Lauschangriff bzw. Großen Lausch- und Spähangriff erhobenen Daten seit dem *Gesetz zur Umsetzung des Urteils des BVerfG* vom 3.3.2004 i.d.F. des *TKÜG 2007* in § 100d Abs. 5 Nr. 1 StPO geregelt ist, während sich die Öffnungsklausel zur präventiv- polizeiliche Verwendung von durch Großen Lauschangriff erhobenen Daten in § 100d Abs. 5 Nr. 2 StPO findet. Während die zweckändernde Nutzung von durch Kleinen Lauschangriff erhobenen Daten zu Beweiszwecken oder zur Gefahrenabwehr infolge des *StVÄG 1999* gesetzlich präziser und nunmehr in § 161 Abs. 3 StPO geregelt ist, findet sich die Befugnis für die repressive zweckändernde Verwendung von Daten, die durch sonstige repressiven Maßnahmen erhoben werden und nur zur Verfolgung bestimmter Katalogstraftaten zulässig sind, zu Beweiszwecken seit dem *StVÄG 1999* in § 477 Abs. 2 Satz 2 StPO. Der ebenfalls durch das *StVÄG 1999* erlassene und durch das *TKÜG 2007* überarbeitete § 477 Abs. 2 Satz 3 StPO legitimiert die zweckändernde präventiv- polizeiliche Nutzung der auf diese Weise zu repressiven Zwecken erhobenen Daten, während der erst durch das *TKÜG 2007* erlassene § 161 Abs. 2 Satz 1 StPO zur zweckändernden repressiven Nutzung von Daten zu Beweiszwecken ermächtigt, die auf präventiv- poli-

---

2130 Puschke/Singelnstein in NJW 2008, 112 (117).
2131 BGBl. 2012 S. 1566 bis 1576.

A. Die Entwicklung von Datenschutzbestimmungen in der StPO und im OWiG

zeilicher Grundlage erhoben wurden und Maßnahmen entsprechen, die nach der *StPO* nur bei Verdacht bestimmter Straftaten zulässig sind. Die zweckändernde präventiv- polizeiliche Nutzung, Speicherung und Übermittlung sonstiger auf repressiver Grundlage erhobener Daten richtet sich seit dem *StVÄG 1999* nach §§ 481, 482 StPO.

Ob die bereits durch das *StVÄG 1999* erlassenen Ermittlungsgeneralklauseln der §§ 161 Abs. 1 Satz 1, 163 Abs. 1 Satz 2 StPO zur zweckändernden repressiven Nutzung der so erhobenen Daten als Ermittlungsansatz oder zur Feststellung des Aufenthaltsortes eines Beschuldigten ermächtigen, wird in Kapitel 4 geprüft. Eine weitere für die Verarbeitung auf repressiver Grundlage erhobener personenbezogener in Dateien bedeutsame Neuerung erbrachte der durch das *StVÄG 1999* eingefügte *Zweite Abschnitt des 8. Buches der StPO* mit den §§ 483 ff StPO für die zweckändernde Verwendung von Daten aus Strafverfahren. Während im nachfolgenden Abschnitt B. geprüft wird, inwiefern der Bund insofern von dessen Gesetzgebungskompetenz aus Art. 74 Abs. 1 Nr. 1 GG abschließend Gebrauch gemacht hat, wird in Kapitel 5 geprüft, inwieweit diese Bestimmungen und etwaige hiermit korrespondierenden Befugnisse in den Polizeigesetzen den sich aus der Verfassung ergebenden Anforderungen genügen.

IV. Die Entwicklung des Rechts über die Ordnungswidrigkeiten

Gestützt auf den Kompetenztitel aus § 74 Abs. 1 Nr. 1 GG erließ der Bund das *Gesetz über Ordnungswidrigkeiten (OWiG)* vom 25.3.1952[2132], das durch das *OWiG* vom 24.5.1968[2133] abgelöst wurde und heute nach diversen Änderungen in der Fassung der *Bekanntmachung des Neufassung des Gesetzes über Ordnungswidrigkeiten* vom 19.2.1987[2134], zuletzt geändert durch *Gesetz zur Regelung der Verständigung im Strafverfahren* vom 29.7.2009[2135] gilt. Zwar gelten die repressiven Befugnisse gem. § 46 Abs. 1 OWiG auch für das Bußgeldverfahren. Da die Verfolgung geringfügigerer Rechtsverstöße ausschließlich geringfügige Grundrechtseingriffe rechtfertigt, ermächtigt § 46 Abs. 4 Satz 1 OWiG nur zur Entnahme von Blutproben und anderen geringfügigen körperlichen Eingriffen. Die Analyse

---

2132 BGBl. 1952 I S. 177 bis 187.
2133 BGBl. 1968 I S. 481 bis 502.
2134 BGBl. 1987 I S. 602 bis 629.
2135 BGBl. 2009 I S. 2353 bis 2354.

Kapitel 3: Die Entwicklung des Datenschutzes im Strafprozessrecht

DNA- fähigen Materials wird demgegenüber durch § 46 Abs. 4 Satz 3 StPO für unzulässig erklärt. Durch das *Gesetz zur Änderung des Ordnungswidrigkeitenverfahrensrechts* vom 26.7.2002 wurde das *OWiG* dem durch das *StVÄG 1999* erreichten Entwicklungen der *StPO* angepasst. Der hierdurch erlassene § 49b OWiG verweist grundsätzlich auf die §§ 474 bis 478, 480 und 481 StPO. Ausgenommen wird § 479 StPO, da *verfahrensübergreifende Mitteilungen von Amts wegen* bezogen auf das OWi- Verfahren in dem neuen § 49a OWiG speziell geregelt sind[2136]. Der ebenfalls neue § 49c Abs. 1 OWiG bestimmt – unter den Einschränkungen des § 49c Abs. 2 bis 5 OWiG – die grundsätzliche Anwendbarkeit der Dateienregelungen aus den §§ 483 bis 491 StPO für Bußgeldverfahren[2137]: Gem. § 49c Abs. 2 Satz 1 StPO i.V.m. § 483 Abs. 1 Satz 1 StPO findet der Grundsatz der Zweckbindung von personenbezogenen Daten, die in Dateien gespeichert sind, auf das OWi- Verfahren insofern Anwendung, als Daten durch mit OWi- Verfahren betraute Behörden, wozu auch Polizeibehörden gehören, in Dateien gespeichert, verändert und genutzt werden dürfen, soweit dies für Zwecke des Bußgeldverfahrens erforderlich ist. Gem. § 49c Abs. 2 Satz 1 OWiG i.V.m. § 483 Abs. 3 StPO ist das für die speichernde Stelle geltende Recht maßgeblich, wenn Daten aus einem OWi- Verfahren mit Daten, deren Speicherung sich nach den Polizeigesetzen richtet, in Mischdateien gespeichert werden. Gem. § 49c Abs. 2 Satz 2 OWiG als einer gegenüber § 483 Abs. 2 StPO spezielleren Vorschrift dürfen personenbezogene Daten aus Bußgeldverfahren zu anderen Zwecken als dem ursprünglichen OWi- Verfahren nur verwendet werden, soweit es für Zwecke eines Strafverfahrens, des Gnadenverfahrens oder der internationalen Rechts- und Amtshilfe in Straf- und Bußgeldsachen erforderlich ist. Da § 49c Abs. 2 bis 5 OWiG nicht auf § 477 Abs. 2 Satz 2 StPO Bezug nimmt, gilt dieser für das Bußgeldverfahren nicht. § 477 Abs. 2 Satz 2 StPO betrifft überwiegend die repressiven Befugnisse zur heimlichen Datenerhebung nach §§ 100a ff StPO, die ausschließlich auf die Aufklärung von Straftaten mit einem gewissen Schweregrad beziehen, so dass so erhobene Daten aus Gründen der Verhältnismäßigkeit nicht zur Aufklärung von Ordnungswidrigkeitsverfahren verwendet werden können.

2136 Lampe in KK, OWiG, § 49b Rn. 2.
2137 Lampe in KK, OWiG, § 49c Rn. 2.

B. Die Bedeutung des StVÄG 1999 für die Gesetzgebungskompetenz der Polizeigesetzgeber für die Vorsorge für die Verfolgung von Straftaten

Mit Inkrafttreten des *StVÄG 1999* hat sich der Meinungsstreit, ob den Polizeigesetzgebern die Gesetzgebungskompetenz für die polizeiliche Aufgabe der Vorbeugenden Bekämpfung von Straftaten in Gestalt der Vorsorge für die Verfolgung von Straftaten zusteht, insofern erledigt, als es um die Erhebung, Speicherung und Nutzung von personenbezogenen Daten zur Vorsorge für die Verfolgung von Straftaten geht. Dies ist allerdings den Polizeigesetzgebern, die die polizeiliche Aufgabe der Vorsorge für die Verfolgung von Straftaten nie in deren Polizeigesetzen aufgenommen haben, sowie denjenigen, die diese Aufgabe nach der Entscheidung des BVerfG vom 27.7.2005 zu § 33a Abs. 1 Nr. 2 und 3 NdsSOG i.d.F. vom 11.12.2003 (Az.: 1 BvR 668/04)[2138] aus ihren Polizeigesetzen gestrichen haben[2139], anscheinend nicht bewusst.

Was die Befugnisse zur Datenerhebung und Speicherung betrifft, hat der zunächst auf die Befugnis zur erkennungsdienstlichen Behandlung aus § 81b 2. Alt. StPO und die entsprechenden präventiv- polizeilichen Befugnissen bezogene Meinungsstreit durch die Entwicklung der die polizeiliche Aufgabe der *Vorsorge für die Verfolgung künftiger Straftaten* betreffenden repressiven Befugnisse aus §§ 81g, 484 StPO in den 1990er Jahren bzw. dessen Vorgängernorm § 2 DNA- IdentitätsfeststellungsG betreffende Entscheidung des BVerfG vom 14.12.2000[2140] neue Bedeutung erlangt. Ein Teil der Literatur sieht die vorbeugende Bekämpfung von Straftaten sowie deren unterschiedliche Ausgestaltungen seit jeher als eine neben die klassische Gefahrenabwehraufgabe tretende polizeiliche Aufgabe an und ordnet sowohl *die Verhütung von Straftaten* als auch *die Vorsorge für die Verfolgung künftiger Straftaten* der präventiv- polizeilichen Aufgabe der Gefahrenabwehr und damit der grundsätzlichen Gesetzgebungskompetenz der Länder

---

[2138] BVerfGE 113, 348 (369 ff); a.A. BVerfG in NVwZ 2001, 1261 (1263); MV VerfG in LKV 2000, 345 (347).
[2139] Kapitel 2 A. III. 1. (S.176 ff).
[2140] BVerfGE 103, 21 (30/31).

Kapitel 3: Die Entwicklung des Datenschutzes im Strafprozessrecht

zu[2141]. Der Bund habe bezogen auf die polizeiliche Aufgabe der Vorsorge für die Verfolgung von Straftaten von dessen Gesetzgebungskompetenz aus Art. 74 Abs. 1 Nr. 1 GG nur abschließend Gebrauch gemacht, als es um die Befugnisse zur *Erhebung* und *Nutzung* von personenbezogenen Daten aus Strafverfahren für das die Erhebung auslösende oder für künftige Strafverfahren gehe; keinen abschließenden Gebrauch habe der Bund von dessen Gesetzgebungskompetenz insofern gemacht, als dies die Befugnisse zur *Speicherung* von Daten betreffe, die auf repressiver Grundlage zur Aufklärung eines bestimmten Strafverfahrens erhoben und zur Vorsorge für die Strafverfolgung, also für Zwecke künftiger Strafverfahren, verarbeitet werden sollen[2142]. Dementsprechend zählen die Polizeigesetze von *Berlin, Hamburg, Hessen, Mecklenburg- Vorpommern, Sachsen- Anhalt* und *Thüringen* in deren an § 1 Abs. 1 Satz 2 VE ME PolG angelehnten Aufgabenzuweisungsnormen die Vorsorge für die Verfolgung von Straftaten nach wie vor zu den Aufgaben der Gefahrenabwehr. Hiernach hat die Polizei „für die Verfolgung von Straftaten vorzusorgen und Straftaten zu verhüten (vorbeugende Bekämpfung von Straftaten)[2143] (...)." Ob und inwiefern der Bund bezogen auf die vorbeugende Bekämpfung von Straftaten von dessen konkurrierender Gesetzgebungskompetenz aus Art. 74 Abs. 1 GG auch bezogen auf die Verarbeitung von personenbezogenen Daten zur Vorsorge für die Verfolgung von Straftaten abschließend Gebrauch gemacht hat, bleibt zu prüfen.

2141 MV VerfG in LKV 2000, 345 (347); BbgVerfG in LKV 1999, 450 (451); SächsVerfGH in DVBl. 1996, 1423 (1428/1429); BayVerfGH in NVwZ 1996, 166 (167); Götz, POR, § 17 Rn. 34; Pieroth/Schlink/Kniesel, POR, § 5 Rn. 6 / § 15 Rn. 14; Drewes/Malmberg/Walter, BPolG, § 1 Rn. 55; Kniesel/Vahle, Kommentierung VE ME PolG, Rn. 18 m.w.N.; Möstl in DVBl. 2007, 581 (583, 585); Paeffgen in JZ 1991, 437 (441, 442, 443); a.A. Volkmann in NVwZ 2009, 216 (221).
2142 Pieroth/Schlink/Kniesel, POR, § 5 Rn. 6 / § 15 Rn. 14; Schenke, POR, Rn. 418; Meixner/Fredrich, HSOG, § 1 Rn. 43.
2143 *Anlage 1.1 Ziffern 3a und 3b* (Die Aufgabenzuweisungsnormen der allgemeinen Polizeigesetze / Vorsorge für die Verfolgung von Straftaten).

B. Folgen des StVÄG 1999 für die Vorsorge für die Verfolgung von Straftaten

I. Die abschließend in der StPO geregelte Erhebung und Nutzung von personenbezogenen Daten zur Vorsorge für die Verfolgung von Straftaten

Der Bund hat von seiner konkurrierender Gesetzgebungskompetenz aus Art. 74 Abs. 1 Nr. 1 GG im Bereich der Strafverfolgung in Bezug auf die Erhebung und Nutzung von personenbezogenen Daten zur Verfolgung von Straftaten abschließend Gebrauch gemacht[2144]. Unter den Begriff des Strafrechts fällt infolge einer an Wortlaut, Gesetzesgeschichte, Systematik und Normzweck orientierten Auslegung die Regelung aller, auch nachträglicher, repressiver oder präventiver staatlicher Reaktionen auf Straftaten, die an eine Straftat anknüpfen, ausschließlich für Straftäter gelten und ihre sachliche Rechtfertigung aus der Anlasstat beziehen[2145]. Charakteristisch für repressive Sanktionen ist, dass diese an zukünftig zu erwartende, durch den Beschuldigten, Angeklagten oder Verurteilten begangene Strafverfahren anknüpft[2146]. Für die *Vorsorge für die Verfolgung künftiger Straftaten* kennzeichnend ist die Beschaffung von Beweismitteln mit dem Zweck der Aufklärung von zukünftig durch den Beschuldigten zu erwartenden Straftaten[2147]. Hierunter fallen bestimmte auf die Erhebung und Verarbeitung personenbezogener Daten zielende Maßnahmen, zu denen auch das Vorhalten erkennungsdienstlichen Materials nach §§ 81b 2. Alt., 81g StPO oder von Spurenmaterial nach §§ 81e, 81f StPO, das Betreiben polizeilicher Informationssysteme sowie das Führen von Kriminalakten gehören[2148]. Dabei ist die Vorsorge für die zukünftige Verfolgung von Straftaten weiter von einer gegenwärtigen Gefahr für bestimmte Rechtsgüter entfernt als die Verhütung

---

[2144] Petri in Lisken/Denninger, HbdPolR, 5. Auflage, G Rn. 174; Zöller, Informationssysteme und Vorfeldmaßnahmen von Polizei, Staatsanwaltschaft und Nachrichtendiensten, S. 92; Käß in BayVBl. 2008, 225 (226); Lepsius in Jura 2006, 929 (934); Hefendehl in StV 2001, 700 (705/706); a.A. BVerwGE 141, 329 (336/337- Rn. 33ff); Ehrenberg/Frohne in Kriminalistik 2003, 737 (747).
[2145] BVerfGE 109, 190 (212); 103, 21 (30/31); Pieroth in Jarass/Pieroth, GG, Art. 74 Rn. 6.
[2146] BVerwGE 141, 329 (336- Rn. 32; 337- Rn. 33); Baumanns in Die Polizei 2008, 79 (82).
[2147] BVerfGE 103, 21 (30/31); BVerwGE 141, 329 (337. Rn. 33); Volkmann in NVwZ 2009, 216 (220); Baumanns in Die Polizei 2008, 79 (80/81).
[2148] Kapitel 5 A. II. 1. b. (S.684) / II 1. c. (S. 699); BVerfGE 103, 21 (30/31); BVerwGE 141, 329 (339- Rn. 36); Baumanns in Die Polizei 2008, 79 (80/81); Ehrenberg/Frohne in Kriminalistik 2003, 737 (747).

Kapitel 3: Die Entwicklung des Datenschutzes im Strafprozessrecht

der durch eine bevorstehende Straftat zu erwartenden Gefahr[2149]. Dennoch fällt die Vorsorge für die Verfolgung von Straftaten nicht unter die auf Gefahrenabwehr aufbauende Gesetzgebungskompetenz der Polizeigesetzgeber. De facto entfaltet zwar jede strafprozessuale Ermittlungsmaßnahme eine generalpräventive (Neben-) Wirkung, ohne dass diese deshalb gleich dem Polizeirecht zuzuordnen ist[2150]. Die Funktion, künftige Straftaten präventiv durch Abschreckung abzuwehren, kommt den Vorschriften aber weder nach deren Wortlaut noch nach deren Zweck zu, da diese künftige Straftaten im Regelfall nicht verhindern können[2151].

Befugnisse zur Beweisbeschaffung in Strafverfahren sind demgegenüber – auch wenn sie nur die Beweisführung in künftigen Strafverfahren erleichtern sollen – der konkurrierenden Gesetzgebungskompetenz des Bundes aus Art. 74 Abs. 1 Nr. 1 GG für das Strafverfahrensrecht zuzuordnen[2152]. So sind nach der Entscheidung des BVerfG zur Befugnis zur präventiv- polizeilichen TKÜ aus § 33a Abs. 1 Nr. 2 und 3 NdsSOG a.F. auch Befugnisse zum heimlichen Erheben und Nutzen von zur Vorsorge für die Verfolgung von Straftaten erhobenen oder verarbeiteten Daten dem Strafverfahrensrecht und damit der konkurrierenden Gesetzgebungskompetenz des Bunds aus Art. 74 Abs. 1 Nr. 1 GG zuzuordnen[2153]. Dadurch, dass der Bundesgesetzgeber keine repressiven Befugnisse zur heimlichen Datenerhebung im Vorfeld des Anfangsverdachts einer Straftat vorsieht, hat der Gesetzgeber insofern abschließend Gebrauch von dessen Gesetzgebungskompetenz aus Art. 74 Abs. 1 Nr. 1 GG gemacht, als dieser die heimliche Datenerhebung zum Zweck der Verfolgung von Straftaten von der Einleitung eines konkreten Ermittlungsverfahrens abhängig gemacht hat[2154]. Daher steht den Ländern eine Gesetzgebungskompetenz *für die verdeckte Erhebung personenbezogener Daten* zum Zweck der Vorsorge für die Verfolgung von Straftaten durch TKÜ- Maßnahmen aufgrund Art. 72 Abs. 1 GG nicht zu[2155]. Der Bund

---

2149 MV VerfG in LKV 2000, 345 (351); Arzt/Eier in DVBl. 2010, 816 (817).
2150 Baumanns in Die Polizei 2008, 79 (82).
2151 BVerfGE 103, 21 (31).
2152 BVerfGE 103, 21 (30/31); 48, 367 (373); 36, 314 (319/320); 36, 193 (203/204); BVerwGE 141, 329 (337- Rn. 34); Arzt/Eier in DVBl. 2010, 816 (817); Baumanns in Die Polizei 2008, 79 (82); Hefendehl in StV 2001, 700 (705/706).
2153 BVerfGE 113, 348 (371); OVG Schleswig in NordÖR 2007, 196 (196); Kutscha in NVwZ 2005, 1231 (1233).
2154 BVerfGE 113, 348 (370/371); BVerwG in NJW 2006, 1225 (1226).
2155 BVerfGE 113, 348 (369/370, 371); 103, 21 (30/31); BVerwG in NJW 2006, 1225 (1226); BVerwGE 66, 192 (197); a.A. MV VerfG in LKV 2000, 345 (347).

B. Folgen des StVÄG 1999 für die Vorsorge für die Verfolgung von Straftaten

macht von seiner Gesetzgebungskompetenz nicht nur dadurch Gebrauch, dass er Befugnisse zur Erhebung von Daten zur Vorsorge für die Verfolgung von Straftaten erlässt, vielmehr kann er auch durch absichtsvolles Unterlassen bei der Gesetzgebung in einem bestimmten Bereich eine Sperrwirkung für die Länder erzeugen[2156]. Hiermit war § 33a Abs. 1 Nr. 2 und 3 NdsSOG a.F., wonach personenbezogene Daten auf polizeigesetzlicher Ermächtigungsgrundlage vor Bestehen eines konkreten Anfangsverdachts i.S.d. §§ 158 Abs. 1 Satz 1, 161 Abs. 1 StPO[2157] und damit losgelöst von der Beschuldigten- oder Zeugeneigenschaft des Adressaten der Maßnahme auch noch bevor der Täter konkret zur Rechtsgutverletzung angesetzt hat[2158] unter Umgehung der strafprozessual festgelegten Eingriffsvoraussetzungen und unter Eingriff in grundrechtlich geschützte Rechtspositionen mit dem alleinigen Ziel erhoben werden, die Daten später bei sich möglicherweise ergebenden Anfangsverdacht für die Verfolgung von Straftaten zu nutzen, unvereinbar[2159]. Ziel solcher präventiv- polizeilichen Datenerhebung auf Vorrat wäre es, Vorsorge für die Verfolgung zukünftiger Straftaten zu treffen[2160]. Diese ohne konkret absehbare Anlasstat vorgenommene Verfolgungsvorsorge würde nicht nur gegen das verfassungsrechtliche Verbot der Vorratsdatensammlung verstoßen[2161] und der durch die Verfassung geforderten Normenbestimmtheit zuwiderlaufen[2162]. Eine Sperrwirkung wird bezogen auf die Erhebung von personenbezogenen Daten zum einen durch die ausdrücklich geregelten Befugnisse zur Datenerhebung zur Vorsorge für die Verfolgung aus §§ 81b 2. Alt., 81g Abs. 1 bis 4, 159a Abs. 1 i.V.m. 88 Abs. 1 Satz 1 und 3 StPO zum anderen in negativer Hinsicht durch die Befugnisse zur heimlichen Datenerhebung aus den §§ 100a, 100b, 100g, und 100i StPO erzeugt. Die Gesetzgebung der Länder im Bereich der Straftatenverfolgung ist insofern ausgeschlossen. Über verdeckte präventiv- polizeiliche Maßnahmen der Datenerhebung hinaus wirkt sich die Entscheidung des BVerfGE zu § 33a Abs. 1 Nr. 2 und 3 NdsSOG a.F. damit auch auf die Gesetzgebungskompetenz der Polizeigesetzgeber für alle übrigen Be-

---

2156 BVerfGE 113, 348 (371); 98, 265 (300); 32, 319 (327/328); BVerwGE 141, 329 (338- Rn. 36).
2157 BVerfGE 113, 348 (370); Nds. LT-Drucksache 15/240, S. 16.
2158 BVerfGE 113, 348 (373/374); Knemeyer, POR, Rn. 74.
2159 Baumanns in Die Polizei 2008, 79 (82).
2160 BVerfGE 113, 348 (370); Nds. LT-Drucksache 15/240, S. 16; Kutscha in NVwZ 2005, 1231 (1233).
2161 BVerfG 65, 1 (46); Petri in Lisken/Denninger, HbdPolR, 5. Auflage, G Rn. 381.
2162 Petri in Lisken/Denninger, HbdPolR, 5. Auflage, G Rn. 38, 174/175.

fugnisse zur Datenerhebung zur Vorsorge für die Verfolgung von Straftaten aus. Der Bund hat von dessen Gesetzgebungskompetenz aus Art. 74 Abs. 1 Nr. 1 GG hinsichtlich der Vorsorge für die Verfolgung von Straftaten erst recht bezogen auf die offene Datenerhebung abschließend Gebrauch gemacht, da er in den Befugnissen der §§ 81b 2. Alt., 81g Abs. 1 bis 4, 159 Abs. 1 i.V.m. 88 Abs. 1 Satz 1 und 3 StPO ausdrücklich geregelt hat, unter welchen Voraussetzungen welche Daten in zukünftig einzuleitenden Strafverfahren genutzt werden sollen[2163].

II. Die grundsätzliche Ungeeignetheit der zweckändernden Speicherung repressiv erhobener Daten zur Verhütung von Straftaten

Da die polizeiliche Aufgabe der Vorsorge für die Verfolgung von Straftaten als Reaktion auf die Entscheidung des BVerfG zu § 33a Abs. 1 Nr. 2 und 3 NdsSOG a.F. in den Aufgabenzuweisungsnormen der Polizeigesetze von *Niedersachsen, Nordrhein- Westfalen* und *Rheinland- Pfalz* gestrichen wurde, stellt sich die Frage, ob mit dem Speichern von personenbezogenen Daten in Kriminalakten oder Kriminalpolizeilichen personenbezogenen Sammlungen anstelle des Speicherungszwecks der Vorsorge für die Verfolgung von Straftaten auch der Speicherungszweck der Verhütung von Straftaten i.S.d. § 10a Abs. 2 Satz 1, Abs. 3 VE ME PolG[2164] erreicht werden kann.

Vor besonderen Veranstaltungen wie Fußballspielen werden potentielle Straftäter, die in der Vergangenheit anlässlich ähnlicher Veranstaltungen Straftaten begangen haben, durch *persönliche Ansprache* oder aber mittels *Gefährderanschreiben* darauf hingewiesen, dass sie im Visier der Behörden stehen[2165]. Auch werden auf Grundlage der nach den gewalttätigen Auseinandersetzungen bei der Fußballweltmeisterschaft 1998 in Frankreich überarbeiteten § 10 Abs. 1 Satz 2 1. Alt. Passgesetz i.V.m. §§ 7 oder 8 Passgesetz bzw. § 2 Abs. 2 PersAuswG vermehrt Ausreisebeschränkungen gegen polizeibekannte Hooligans oder als gewalttätig aufgefallene Demonstranten ausgesprochen, um das internationalen Ansehen der Bundesrepublik

---

2163 BVerwG in NJW 2006, 1225 (1226).
2164 Gusy, POR, Rn. 198.
2165 NdsOVG in NJW 2006, 391 (391); Deutsch in Die Polizei 2006, 145 (145/146); Arzt in Die Polizei 2006, 156 (156).

Deutschland zu wahren[2166]. Der Begehung von Straftaten durch gewaltbereite Hooligans versucht *Rheinland- Pfalz* zudem dadurch vorzubeugen, dass auf Grundlage der neuen Befugnis des § 12a POG RP *Meldeauflagen* verhängt werden dürfen[2167]. Die präventive Meldeauflage ist ein Gebot der Polizei- oder Ordnungsbehörde an den Betroffenen, sich einmal oder mehrmals täglich entweder zu einem bestimmten Zeitpunkt oder innerhalb eines bestimmten Zeitraums unter Vorlage eines gültigen Personalausweisdokuments bei einer Behörde einzufinden[2168]. Die Frage, ob die Speicherung der Daten von potentiellen zukünftige Gewalttätern in Gewalttäterdateien, die einer derartigen präventiv- polizeilichen Vollzugsmaßnahmen vorausgegangen ist, nach bestehender Gesetzeslage verfassungskonform geregelt ist, wird in Kapitel 5 geprüft[2169]. Hier interessiert, ob allein der Speicherungsvorgang dazu beitragen kann, die Begehung von Straftaten ohne weitere Zwischenschritte zu verhindern. Hinsichtlich der Polizeigesetzgeber, die die Aufgabe der Vorsorge für die Verfolgung von Straftaten insgesamt, also auch bezogen auf die Verarbeitung von auf repressiver Grundlage erhobenen Daten, aus ihren Polizeigesetzen gestrichen haben[2170], stellt sich also die Frage, inwiefern Straftaten durch Verarbeitung von auf repressiver Grundlage erhobenen Daten in Kriminalakten oder im Kriminalaktennachweis verhütet werden können.

Vereinzelt wird die Auffassung vertreten, die vorbeugende Bekämpfung von Straftaten durch Verhütung von Straftaten sei der Hauptanwendungsfall, in dem die Polizei Daten aus Strafermittlungsakten auf polizeigesetzlicher Grundlage verwendet[2171]. Das Strafrecht biete keine Legitimation zur Installation strafprozessualer Eingriffsbefugnisse, die dazu ermächtigen, strafbare Handlungen durch das Speichern von Daten „vorbeugend" abzuweh-

---

2166 BVerwGE 129, 142 (145- Rn. 28, 152/153- Rn. 41); OVG Bremen in NordÖR 2001, 107 (108); VGH BW in NJW 2000, 3658 (3659, 3660); VG Freiburg in VBl. BW 2002, 130 (130); VG Gelsenkirchen in NWVBl. 2000, 394 (395); May in NdsVBl. 2002, 41 (41).
2167 BVerwGE 129, 142 (143); VGH BW in NJW 2000, 3658 (3660); Breucker in NJW 2004, 1631 (1632); Gusy, POR, Rn. 198; Schönrock in Die Polizei 2011, 280 (281/282); Breucker in NJW 2004, 1631 (1632).
2168 BVerwGE 129, 142 (143); Schönrock/Knape in Die Polizei 2012, 280 (280); Breucker in NJW 2004, 1631 (1632).
2169 Kapitel 5 A. II. 1. f. (S. 740).
2170 Soine in Kriminalistik 1997, 252 (255).
2171 Petri in Lisken/Denninger, HbdPolR, 4. Auflage, H Rn. 364.

ren[2172]. Ebenso wie der Betroffene, über den eine Kriminalakte geführt wird, nur nach Unterrichtung oder nach vorheriger Anhörung auf den Inhalt der Kriminalakte Einfluss nehmen kann[2173], kann der Betroffene von der Begehung möglicher weiterer Straftaten entsprechend den präventiv- polizeilichen Maßnahmen an der Nahtstelle zur Strafverfolgung nur abgehalten werden, wenn er vom Vorhandensein einer über ihn geführten Kriminalakte erfährt. Dann bedürfte es keines Rückgriffs auf die Vorsorge für die Verfolgung von Straftaten als Zweck der Speicherung, um die Kompetenz der Polizeigesetzgeber zum Erlass einer zur Verarbeitung personenbezogener Daten aus Strafverfahren ermächtigenden Befugnisnorm zu bejahen.

Einerseits könnten Straftaten durch das Führen von Kriminalakten verhütet werden, indem der Betroffene hierüber in Kenntnis gesetzt und so von der Begehung weiterer Straftaten abgeschreckt wird. Gegen die ausschließlich auf die Verhütung von Straftaten bezogene Speicherung von personenbezogenen Daten aus Strafverfahren spricht aber, dass die Polizeigesetze keine Benachrichtigungs- oder Unterrichtungspflichten gegenüber von der Daten*speicherung* Betroffenen fordern[2174]. Der von einer zweckändernden Verarbeitung auf repressiver Grundlage erhobener Daten Betroffene erfährt hiervon ohne Bestehen solcher – zum Beispiels bereits in § 16 Abs. 3 Satz 2 AEPolG vorgesehener – Unterrichtungspflicht nichts. Einige Polizeigesetze fordern zwar zumindest eine Benachrichtigung bzw. Unterrichtung des von einer mittelbaren Daten*erhebung* Betroffenen[2175] und sämtliche Polizeigesetze[2176] die nachträgliche Unterrichtung des Betroffenen von verdeckten Datenerhebungen[2177]. Eine ausdrückliche Unterrichtungspflicht über die Speicherung von personenbezogenen Daten ist jedoch nur im Polizeigesetz von *Schleswig- Holstein* vorgesehen[2178]. § 189 Abs. 3 Satz 4 LVwG SH verpflichtet zur Unterrichtung der von einer Speicherung von auf Grundlage des § 189 Abs. 3 Satz 1 LVwG SH zur Verhütung von drohenden Straftaten erhobenen Daten Betroffenen. Einem demzufolge zu erlassenen Bescheid über die beabsichtigte Anlegung oder Erweiterung einer Kriminalakte kommt Verwaltungsaktqualität zu, so dass der psychische Druck,

---

2172 Denninger/Poscher in Lisken/Denninger, HbdPolR, 5. Auflage, B Rn. 98.
2173 BayVerfGH in BayVBl. 1986, 35 (36).
2174 Arzt/Eier in DVBl. 2010, 816 (823/824).
2175 *Anlage 2.1.3 Ziffer 1* (Benachrichtigungspflicht bei offener Datenerhebung).
2176 *Anlage 2.1.3 Ziffer 3a bis d* (Unterrichtungspflicht bei verdeckter Datenerhebung).
2177 A.A. Gusy in ZJS 2012, 155 (158).
2178 *Anlage 2.1.3 Ziffer 2* (Benachrichtigungspflicht bei Datenverarbeitung).

B. Folgen des StVÄG 1999 für die Vorsorge für die Verfolgung von Straftaten

der aus der Kenntnis vorhandener Unterlagen und damit deren jederzeitige Verwendbarkeit zur Organisation von Überwachungsmaßnahmen sowie die hieraus resultierende höhere Entdeckungswahrscheinlichkeit das Rechtsbewusstsein potenzieller Rechtsbrecher im Einzelfall fördern und die Hemmschwelle zur Begehung weitere Straftaten erhöhen kann[2179]. Im Gegensatz zu der Bestimmung aus § 189 Abs. 3 Satz 1 LVwG SH hob das BVerwG bezogen auf das Führen von Kriminalakten Anfang der 1990er Jahre hervor, dass das öffentliche Interesse an der vorbeugenden Verbrechensbekämpfung es verbiete, dem Einzelnen einen Auskunftsanspruch i.S.d. §§ 13 Abs. 2 i.V.m. 12 Abs. 2 Nr. 1 und 2 BDSG 1977 zur Durchsetzung seines Rechts auf informationelle Selbstbestimmung zuzugestehen, weil die in Kriminalakten zur Wahrung der inneren Sicherheit enthaltenen Unterlagen dieses Grundrecht überwiegen könnten[2180]. Diese Rechtsauffassung ist zwar seit dem Volkszählungsurteil und dem den § 13 BDSG 1977 ablösenden § 19 BDSG 1990[2181] überholt[2182]. Gleichwohl folgt eine Unterrichtungspflicht gegenüber dem Betroffenen über die Verarbeitung von dessen offen erhobenen Daten weder unmittelbar aus dem Grundrecht auf informationelle Selbstbestimmung noch in Kombination mit der Rechtsschutzgarantie aus Art. 19 Abs. 4 GG. Der Gesetzgeber hat unter Beachtung der Grundrechte des Betroffenen lediglich eine hinreichende Kenntnisnahme des Betroffenen von der Verarbeitung von dessen Daten zu gewährleisten[2183]. Soweit die Grundrechte die Möglichkeit des Einzelnen schützen, von einer ihn betreffenden Maßnahme des Staates Kenntnis zu erlangen, gibt das Grundgesetz nicht vor, wie dies im Einzelnen gesetzlich auszugestalten ist[2184]. Dem Interesse des Einzelnen, den ihn betreffenden Informationsstand des Staates zu überschauen, dienen auf abstrakt – genereller Ebene die Rechtsgrundlagen der Erhebung, Speicherung und Übermittlung von personenbezogenen Daten, die den Geboten der Bestimmtheit und Klarheit der Norm genügen müssen[2185]. Diese gewährleisten i.V.m. den durch § 19 BDSG 1990 und

---

[2179] BayVGH BayVBl. 1984, 272 (277); Ehrenberg/Frohne in Kriminalistik 2003, 737 (747, 748).
[2180] BVerfGE 67, 157 (185); BVerwG in NJW 1990, 2765 (2766/2767); VG Wiesbaden in NVwZ-RR 2006, 693 (694).
[2181] Art. 48 BayPAG.
[2182] Knemeyer in JZ 1992, 348 (348/349).
[2183] BVerfGE 120, 351 (363).
[2184] BVerfGE 120, 351 (363); 100, 313 (361); 109, 279 (363).
[2185] BVerfGE 120, 351 (363); 118, 168 (186/187); 113, 348 (376/377); 110, 33 (52, 53).

entsprechenden Bestimmungen in den Datenschutzgesetzen der Länder Auskunftsansprüche, durch die der Betroffene Kenntnis über die Verarbeitung seiner Daten erlangen kann, sofern dieser an der offenen Datenerhebung oder -verarbeitung beteiligt wurde[2186]. Allein bei heimlichen Datenerhebungen ist eine aktive Benachrichtigungspflicht geboten[2187]. Auch folgen Unterrichtungs- bzw. Benachrichtigungspflichten über eine zweckändernde Speicherung nicht aus § 19a BDSG bzw. den diesem entsprechenden Bestimmungen aus den Datenschutzgesetzen der Länder. Gem. § 19a BDSG wäre der von einer mittelbaren oder verdeckten Datenerhebung und anschließenden -verarbeitung Betroffene nur zu benachrichtigen, wenn ihm der Erhebungsvorgang unbekannt wäre. Potentielle zukünftige Straftäter, deren aus Strafverfahren stammende Daten auf polizeigesetzlicher Grundlage in polizeilichen Dateien verarbeitet werden, müssen zumindest Beschuldigte in dem die Erhebung ihrer Daten auslösenden Strafverfahren gewesen sein. Selbst wenn das Strafverfahren nicht durch Urteil oder Freispruch sondern durch Einstellung des Verfahrens nach § 170 Abs. 2 Satz 1 StPO endete, muss dem ehemals Beschuldigten gem. § 170 Abs. 2 Satz 2 StPO die Einleitung des zu dessen Nachteil geführten Strafverfahrens und damit auch die ihn betreffende Datenerhebung bekannt gegeben worden sein. Bei jedem Strafverfahren, das nicht durch Einstellung nach § 170 Abs. 2 Satz 1 StPO mangels Tatverdachts endete, ist dem Beschuldigten ohnehin Gelegenheit zur Äußerung zum Tatvorwurf zu geben. Jedoch lässt ein nach § 170 Abs. 2 Satz 2 StPO einzustellendes Strafverfahren noch keine Rückschlüsse darüber zu, ob tatsächlich Daten über den ehemals Beschuldigten gespeichert werden. Da ein ehemals Beschuldigter gem. § 170 Abs. 2 Satz 2 StPO durch die Einstellungsverfügung zumindest nachträglich mittelbar auch über die Erhebung seiner Daten in Kenntnis zu setzten ist, werden gegenüber einem ehemals Beschuldigten jedenfalls keine Benachrichtigungs- und Unterrichtungspflichten i.S.d. § 19a BDSG ausgelöst. Endete ein Strafverfahren hingegen mangels Tatverdachts i.S.d. § 170 Abs. 2 Satz 1 StPO besteht keine Veranlassung, eine Kriminalakte zu dem eingestellten Ermittlungsverfahren anzulegen und darüber einen Nachweis in einer automatisierten Datei i.S.d. §§ 483 ff StPO zu führen.

Die Tatsachen, dass mit Ausnahme des Polizeigesetzes von *Schleswig-Holstein* sämtliche übrigen Polizeigesetze keine auf das Führen von Krimi-

---

2186 BVerfGE 120, 351 (363).
2187 BVerfGE 120, 351 (363); 118, 168 (208); 109, 279 (363/364); 100, 313 (361, 364); 65, 1 (70).

nalakten bezogenen Unterrichtungspflichten vorsehen sowie dass das BVerwG sogar Auskunftsansprüche über bestehende Kriminalakten, die wohlgemerkt keine Ermittlungsakten im strafprozessualen Sinne sind, ablehnt[2188], führen zu dem Ergebnis, dass die Kriminalaktenhaltung und der Nachweis der Kriminalakten in INPOL allein der Vorsorge für die Verfolgung von Straftaten dienen.

Andererseits könnten Straftaten insoweit verhütet werden, als dass ein möglicher Wiederholungstäter infolge der in den Kriminalakten enthaltenen Informationen effizienter ermittelt werden und deshalb von der weiteren Begehung von Straftaten abgehalten werden kann. Das BVerwG sieht die Vorsorge für die Verfolgung von Straftaten als ein vorsorgliches Bereitstellen von Hilfsmitteln für die sachgerechte Wahrnehmung von Aufgaben, die der Kriminalpolizei hinsichtlich der Erforschung und Aufklärung von Straftaten nach § 163 StPO zugewiesen sind, an[2189]. Dürften personenbezogene Daten aus Strafverfahren, die gem. § 484 Abs. 4 StPO nach Maßgabe der Polizeigesetze in Dateien gespeichert werden, nicht zur Verfolgung von Straftaten verwendet werden, könnten durch die Speicherung keine Straftaten verhütet werden[2190]. Für einen gewalttätigen Fußballfan, für den am Anfang seiner kriminellen Karriere stehenden Dieb oder für einen in kurzer Zeit wegen sonstiger Bagatelldelikte erstmalig auffällig gewordenen Straftäter hätte die Speicherung von deren Daten in Form von Lichtbildern, Fingerabdrücken oder DNA- Profilen keine abschreckende Wirkung, bräuchte der Betroffene nicht damit zu rechnen, dass Polizei und Staatsanwaltschaft ihm bei erneuter Begehung einer Straftat mittels Lichtbildvorlage oder durch den Abgleich von Spurenmaterial mit in den polizeilichen Dateien gespecherten Daten schneller auf die Spur kommen würden, als dies ohne eine Verwendungsmöglichkeit in späteren Strafverfahren möglich wäre[2191]. Nicht aber die Existenz von Einträgen im Kriminalaktennachweis oder Erkennungsdienstlichen Dateien ist geeignet, durch psychologische Wirkung mittels Einschüchterung riskanter Gruppen und der Suggestion von staatlicher Handlungs- und Reaktionsmöglichkeit einen Abschreckungseffekt zu entfalten sondern erst der durch eine hierauf aufbauende polizeiliche Folge-

---

2188 BVerwG in NJW 1990, 2765 (2767/2768); BayVerfGH in BayVBl. 1986, 36 (36).
2189 BVerwG in NJW 2006, 1225 (1226); BVerwGE 66, 202 (204); 66, 192 (196); Rachor in Lisken/Denninger, HbdPolR, 5. Auflage, E Rn. 162; Wolf/Stefan/Deger, PolG BW, § 1 Rn. 4b.
2190 Ehrenberg/Frohne in Kriminalistik 2003, 737 (747).
2191 Wolf/Stefan/Deger, PolG BW, § 1 Rn. 4b.

handlung, aufgrund der der Betroffene damit rechnen muss, bei erneuter krimineller Auffälligkeit unter Rückgriff auf die auf Vorrat vorgehaltenen Beweismittel ermittelt zu werden[2192]. Von den vorstehenden Formen der Datenerhebung, die auf strafprozessualer Grundlage gezielt zur Vorsorge für die Verfolgung von Straftaten vorgenommen werden dürfen, ist das eigentliche Führen von Kriminalakten sowie der deren Nachweis dienende Hinweis in polizeilichen Dateien zu unterscheiden. Kriminalakten werden in einzelnen Polizeidienststellen archiviert und können erst eingesehen werden, nachdem sie durch einen positiv verlaufenen Abgleich der Daten eines Betroffenen mit dem KAN ausfindig gemacht werden[2193]. Da der Rückgriff auf die eigentliche Kriminalakte einige Zeit in Anspruch nehmen kann, wären möglicherweise zu verhütende Straftaten bereits begangen, bevor die Kriminalakte eingesehen werden konnte. Daher eignen sich die Kriminalakten für sich allein genommen nicht zur Förderung der aktiven polizeilichen Verhütung von Straftaten. Vielmehr wären der Verhütung von Straftaten dienende Informationen unmittelbar den sonstigen ggf. mit den KAN- Dateien verknüpften automatisierten Sofortauskünften aus den (INPOL-) Dateien zu entnehmen[2194]. Allenfalls die auf Grundlage der in der Kriminalakte geführten, zu jeder Zeit an jedem Ort abrufbaren Hinweise aus Dateien und nicht etwa allein die Kriminalakten bzw. die deren Nachweis dienenden Hinweise ermöglichen es, Straftaten zu verhüten oder sonstige durch den möglichen Straftäter drohende Gefahren abzuwehren[2195].

Dem Ergebnis steht auch nicht entgegen, dass automatisiert abrufbare Dateien, in denen Daten über Personen gespeichert werden, über die eine Kriminalakte angelegt worden ist, nicht auch der aktiven polizeilichen Verhütung von Straftaten dienen können[2196]. Die Verhütung von Straftaten durch das zweckändernde Speichern von personenbezogenen Daten aus Strafverfahren wäre allenfalls möglich, wenn bereits der Speicherungsvorgang einen Abschreckungseffekt auslösen würde, wie es für die präventivpolizeiliche Datenerhebung an der Nahtstelle zur Strafverfolgung charakteristisch ist. Da Benachrichtigungs- und Unterrichtungspflichten nach § 19a BDSG ausscheiden und nicht zwangsläufig aus grundrechtssystematischen

---

2192 Söllner in Pewestorf/Söllner/Tölle, POR Berlin, Teil 1, § 23 Rn. 28; Tegtmeyer/Vahle, PolG NRW, § 14 Rn. 11; a.A. Volkmann in NVwZ 2009, 216 (219).
2193 Kapitel 5 A. II. 1. b. bb. (S. 704).
2194 BVerwG in NJW 1990, 2768 (2770).
2195 BVerwG in NJW 1990, 2768 (2770).
2196 Kapitel 5 A. I. 1. (S. 645) / II. 1. c. bb. (2) (S. 706).

B. Folgen des StVÄG 1999 für die Vorsorge für die Verfolgung von Straftaten

Erwägungen bei der zweckändernden Verarbeitung personenbezogener Daten gefordert werden müssen[2197], erfährt der von einer auf polizeigesetzlicher Grundlage erfolgenden Speicherung seiner zu repressiven Zwecken erhobenen Daten betroffene vorherige Beschuldigte regelmäßig nichts von dem Speicherungsvorgang. Damit ist die unmittelbare Verhütung von Straftaten durch eine zweckändernde Speicherung von Daten ausgeschlossen. Mangels Abschreckungseffekt ist das Speichern von Daten ohne Kenntniserlangung des Betroffenen zur Verhütung von Straftaten ungeeignet und daher unverhältnismäßig[2198]. Weiß der von der Speicherung seiner Daten Betroffene nicht, dass seine in einem Strafverfahren zu Zwecken dieses Strafverfahrens erhobenen Daten zur Verhütung von bzw. zur Vorsorge für die Verfolgung von künftigen Straftaten gespeichert werden[2199], um bei Bedarf für die Verfolgung zukünftiger Straftaten verwendet zu werden, kann deren Verarbeitung auf präventiv- polizeilicher Grundlage im Gegensatz zur offenen Videoüberwachung oder eine sonstige auf präventiv- polizeilicher Grundlage durchgeführte Datenerhebung an der Nahtstelle zur Strafverfolgung keinen Abschreckungseffekt auslösen und ist daher zum Primärziel der Verhütung von Straftaten ungeeignet[2200].

Sollten Polizeigesetzgeber die Verhütung von Straftaten durch Speicherung von personenbezogenen Daten aus Strafverfahren gleichwohl beabsichtigen, müssten Benachrichtigungs- bzw. Unterrichtungspflichten über die Speicherung von auf repressiver Grundlage erhobenen Daten in die Polizeigesetze aufgenommen und so dafür gesorgt werden, dass der Betroffene Kenntnis von der Speicherung erlangt, um so von der Begehung weiterer Straftaten abgeschreckt werden zu können. Dann könnte aber zum einen die Zahl der auf die Polizei zukommenden Benachrichtigungen mit nicht zu unterschätzendem Arbeitsaufwand und entsprechenden Kosten verbunden sein. Zum anderen träfe diese Argumentation bezogen auf Wiederholungstäter, insbesondere solchen, bei denen bereits Resozialisierungsversuche durch Strafvollzug scheiterten, nicht zu. Zumindest insoweit würde es sich um einen ziemlich ungeeigneten Abschreckungsversuch handeln. Somit bleibt festzustellen, dass die Verarbeitung von auf repressiver Grundlage erhobenen personenbezogenen Daten nicht der Verhütung von Straftaten sondern primär der Vorsorge für die Verfolgung von Straftaten dient.

2197 Kapitel 1 C. II. 5. (S. 112).
2198 Gusy in ZJS 2012, 155 (159).
2199 Gusy in ZJS 2012, 155 (158).
2200 Kapitel 1 C. II. 3. (S. 106); Kapitel 2 A. IV. 1. (S. 266).

III. Die nicht abschließend in der StPO geregelte Verarbeitung von personenbezogenen Daten zur Vorsorge für die Verfolgung von Straftaten

Die Verarbeitung von Daten über den Betroffenen, die bei der Verfolgung begangener Straftaten auf repressiver Grundlage erhoben und anschließend für die zukünftige Strafrechtspflege bereitgehalten werden, ist trotz der Entscheidung des BVerfG zu § 33a Abs. 1 Nr. 2 und 3 NdsSOG a.F. dem Polizeirecht zuzurechnen[2201]. Insoweit trifft das BVerfG dort keine Feststellungen[2202]. Die in dieser Entscheidung eher beiläufig erwähnte, durch das *StVÄG 1999* erlassene Öffnungsklausel des § 484 Abs. 4 StPO[2203] regelt ähnlich wie die ebenfalls hierdurch erlassenen §§ 481 Abs. 1 Satz 1 und Abs. 2; 483 Abs. 3; 485 Satz 5 StPO, unter welchen Voraussetzungen die Polizei Daten, die auf repressiver Grundlage erhoben wurden, *nach Maßgabe des* einschlägigen Polizei- und / oder Datenschutzrechts verarbeiten darf[2204]. Auch das BVerwG berief sich in dessen Entscheidung zur Videoüberwachung öffentlich zugänglicher Orte auf Grundlage des § 8 Abs. 3 HambPolDVG vom 25.1.2012 (Az.: 6 C 9.11) auf diese strafprozessualen Regelungen und begründete dessen Standpunkt damit, dass die Speicherung von auf präventiv- polizeilicher Grundlage erhobenen Daten mittels Videotechnik der Vorsorge für die Verfolgung von Straftaten diene, von der der Bund hinsichtlich der Verarbeitung personenbezogener Daten gerade nicht abschließend Gebrauch gemacht habe[2205]. Daher stellt sich die Frage, inwiefern der Bund durch die §§ 481 Abs. 1 Satz 1 und Abs. 2; 483 Abs. 3; 484 Abs. 4 oder 485 Satz 5 StPO durch die Polizeigesetzgeber ausfüllbare Regelungslücken gelassen hat, die es den Polizeigesetzgebern aufgrund der insoweit vom Bund nicht abschließend in Anspruch genommenen konkurrierenden Gesetzgebungskompetenz für die Vorsorge für die Verfolgung von Straftaten aus Art. 74 Abs. 1 Nr. 1 GG ermöglicht, die Verarbeitung von personenbezogenen Daten zur Vorsorge für die Verfolgung von Straftaten gestützt auf deren Gesetzgebungskompetenzen zu regeln.

2201 Paeffgen in JZ 1991, 437 (441, 443).
2202 Starck in NdsVBl. 2008, 145 (152).
2203 BVerfGE 113, 348 (375).
2204 BT-Drucksache 14/1484 S. 17, 31; Götz, POR, § 17 Rn. 87.
2205 BVerwGE 141, 329 (339- Rn. 36).

B. Folgen des StVÄG 1999 für die Vorsorge für die Verfolgung von Straftaten

1. § 483 Abs. 3 StPO und § 485 Satz 3 StPO als Öffnungsklauseln für die Vorsorge für die Verfolgung von Straftaten?

§ 483 Abs. 3 StPO scheidet grundsätzlich als strafprozessuale Öffnungsklausel, die die Vorsorge für die Verfolgung von Straftaten ermöglicht, aus. Dieser verweist lediglich hinsichtlich der *Verarbeitung und Nutzung* sowie auf *die Rechte des Betroffenen* auf „*das für die speichernde Stelle geltende Recht*", sofern die Speicherung von personenbezogenen Daten aus Strafverfahren zusammen mit Daten, deren Speicherung sich nach den Polizeigesetzen richtet, also in sog. „*Mischdateien*" erfolgt. Der Zweck der Speicherung von auf repressiver Grundlage erhobenen Daten ergibt sich hingegen aus einer repressiven Ermächtigungsgrundlage für die Speicherung, und der Zweck der Speicherung von auf präventiv-polizeilicher Grundlage erhobenen Daten würde sich – sofern vorhanden – aus einer polizeigesetzlichen Befugnisnorm für die Speicherung ergeben.

Unter „*Verarbeiten*" i.S.d. § 483 Abs. 3 StPO sind nach Ausklammern des Speicherns und des ebenfalls mit einem Grundrechtseingriff verbundenen Übermittelns i.S.d. § 3 Abs. 4 Satz 2 Nr. 3 BDSG all diejenigen Formen der Verarbeitung i.S.d. § 3 Abs. 4 BDSG zu verstehen, die nicht mit einem Grundrechtseingriff verbunden sind, d.h. das Löschen, Sperren, Anonymisieren und Berichtigen von Daten[2206]. Infolge des Grundsatzes der Zweckbindung hat sich der Übermittlungszweck nach dem im zur Speicherung der Daten ermächtigenden Gesetz vorgesehenen Speicherungszweck zu richten. Dies sind in der Regel die Polizeigesetze. Sofern das Löschen, Sperren, Anonymisieren, Berichtigen und Übermitteln von Daten wie im Polizeigesetz von *Sachsen* nicht im einschlägigen Polizeigesetz geregelt ist, könnte daher auf die entsprechenden Regelungen des einschlägigen Datenschutzgesetzes zurückgegriffen werden.

Gleiches gilt für die in § 483 Abs. 3 StPO genannten Rechte des Betroffenen, die unter Regelungen wie diejenigen über Auskunfts- und Benachrichtigungspflichten der §§ 19, 19a BDSG sowie über die verantwortliche Stelle i.S.d. §§ 3 Abs. 7 BDSG i.V.m. §§ 8, 20 ff BDSG fallen. So gehört es zu der dem BKA gem. § 2 Abs. 1 BKAG 1997 zugewiesenen Aufgabe als Zentralstelle für das polizeiliche Auskunfts- und Nachrichtenwesen die Polizeien des Bundes und der Länder bei der Verhütung und Verfolgung von Straftaten zu unterstützen. Gem. § 13 Abs. 1 Satz 1 BKAG 1997 sowie laut

---

2206 Kapitel 1 C. I. 2. d. aa. (S. 80) / bb. (S. 85).

§ 13 Abs. 3 Satz 1 BKAG 1997 sind die Landespolizeien sowie die Bundespolizei verpflichtet, dem BKA „(...) *die zur Erfüllung seiner Aufgabe als Zentralstelle notwendigen Informationen (...)*" zu übermitteln, wobei die die Daten übermittelnden Polizeien entsprechend § 13 Abs. 6 BKAG 1997 jeweils die Verantwortung für die Zulässigkeit der Übermittlung tragen. Bezogen auf das i.S.d. § 11 BKAG 1997 eingerichtete INPOL- System ist die datenschutzrechtliche Verantwortung der übermittelnden Stellen in § 12 BKAG 1997 ausführlich geregelt. Die datenschutzrechtliche Verantwortung, „*(...) namentlich die Rechtmäßigkeit der Erhebung, die Zulässigkeit der Eingabe sowie die Richtigkeit und Aktualität der Daten (...)*", obliegt danach den Stellen, die die Daten unmittelbar eingeben. Hätte die Verarbeitung personenbezogener Daten aus Strafverfahren für Zwecke zukünftiger Strafverfahren vom Bundesgesetzgeber auf Grundlage des Kompetenztitels aus Art. 74 Abs. 1 Nr. 1 GG abschließend geregelt werden sollen, hätte der Bund den Polizeigesetzgebern über § 483 Abs. 3 StPO diese Möglichkeit nicht eröffnet. Auch hätte der Bundegesetzgeber von dessen eigener Gesetzgebungskompetenz für das Polizeirecht in Bezug auf den BGS und das BKA nicht Gebrauch gemacht, indem dieser Bundesgesetzgeber entsprechende datenschutzrechtliche Bestimmungen für das BKA und den BGS erließ. Damit überlässt es der Bund ähnlich wie im *BDSG 1977* den mit der Verwaltungskompetenz für das Strafverfahrensrecht ausgestatteten Polizeigesetzgebern, durch Regelungen zum Datenschutz i.w.S., also zum Löschen, Sperren, Anonymisieren, Berichtigen, zu den Auskunfts- und Benachrichtigungspflichten sowie zur verantwortliche Stelle, über den Umgang von auf repressiver Grundlage gespeicherter Daten zu entscheiden[2207].

Da seit Anerkennung des Grundrechts auf informationelle Selbstbestimmung durch das Volkszählungsurteil die zulässigen Zwecke der dieses einschränkenden Eingriffe in Form der Speicherung, Übermittlung und Nutzung erhobener Daten bereits in dem Gesetz zu bestimmen sind, das zur Erhebung der Daten ermächtigt, durfte der Bundesgesetzgeber hinsichtlich der Übermittlung und Nutzung von in Mischdateien gespeicherten Daten aus Strafverfahren nicht ohne Zweckbegrenzung auf die Maßgabe des für die speichernde Stelle maßgeblichen Rechts verweisen. Repressive und präventiv- polizeiliche Befugnisse zur Nutzung von in polizeilichen Dateien gespeicherten Daten finden sich in § 98c StPO und den polizeigesetzlichen Befugnissen zum Datenabgleich und bedürfen daher keiner Bezugnahme in

---

[2207] Baumanns in Die Polizei 2008, 79 (86/87).

B. Folgen des StVÄG 1999 für die Vorsorge für die Verfolgung von Straftaten

§ 483 Abs. 3 StPO. Somit bezieht sich die Öffnungsklausel des § 483 Abs. 3 StPO ausschließlich auf den Datenschutz i.w.S. und müsste wie folgt überarbeitet werden:

§ 483 StPO – Entwurf

...

(3) Erfolgt die Speicherung in einer Datei der Polizei zusammen mit Daten, deren Speicherung sich nach den Polizeigesetzen richtet, so dürfen die gespeicherten Daten nur zu dem ihrer Speicherung zugrunde gelegten Zweck übermittelt werden. Im Übrigen ist für das Löschen, Sperren, Anonymisieren und Berichtigen der Daten sowie für die Rechte des Betroffenen das für die speichernde Stelle geltende Recht maßgebend.

Der überarbeitete *§ 483 Abs. 3 StPO – Entwurf* beträfe wie auch die derzeitige Fassung des § 483 Abs. 3 StPO die polizeiliche Aufgabe der Vorsorge für die Verfolgung von Straftaten nur, wenn es Vorsorgedateien gäbe, die keine gegenüber § 483 Abs. 3 StPO speziellere Regelung erführen[2208]. Dies trifft nicht zu.

2. Die Öffnungsklauseln aus § 484 Abs. 4 StPO und § 81g Abs. 5 StPO

Die vorbeugende Bekämpfung von Straftaten durch polizeilichen Vorsorge für die Verfolgung von künftigen Straftaten betrifft nicht nur das Erheben von personenbezogenen Daten zur Vorsorge für die Verfolgung von Straftaten sondern auch das zweckändernde Speichern von personenbezogenen Daten aus Strafverfahren mit dem Ziel, die Durchführung anderer strafrechtlicher Ermittlungsverfahren zu erleichtern. Dabei kommt die Nutzung von zur Vorsorge für die Verfolgung von Straftaten gespeicherten Daten zu repressiven Zwecken erst in Betracht, wenn der Anfangsverdacht für eine Straftat besteht[2209]. Eine diese zweckändernde Verarbeitung betreffende und daher gegenüber § 483 Abs. 3 StPO speziellere Regelung findet sich in § 484 Abs. 4 StPO. Hiernach richtet sich die Verwendung von Daten, die für Zwecke künftiger Strafverfahren in Dateien der Polizei gespeichert sind oder werden – abgesehen von der Verwendung für Zwecke des Strafverfahrens – nach den Polizeigesetzen.

2208 Kapitel 5 A. II. 1. b. bb. (S. 692) / c. (S. 699).
2209 BVerfGE 113, 348 (370); Rachor in Lisken/Denninger, HbdPolR, 5. Auflage, F Rn. 165.

Die Befugnisse zum Bereithalten solcher Daten sollen sich im Umkehrschluss aus § 484 Abs. 4 StPO aus dem jeweils einschlägigen Polizeigesetz, d.h. nach der zur Vorsorge für die Verfolgung von Straftaten erforderlichen polizeigesetzlichen Befugnis zum Speichern auf repressiver Grundlage erhobenen Daten in Kriminalakten und polizeilichen Vorsorgedateien, ergeben[2210]. Da die Verwendung von personenbezogenen Daten im Umkehrschluss aus der Legaldefinition ihrer Nutzung aus § 3 Abs. 5 BDSG neben der eingriffsrelevanten Datennutzung, -speicherung und -übermittlung auch die nicht- eingriffsrelevanten Verarbeitungsformen i.S.d. § 3 Abs. 4 BDSG erfasst, soll sich nach dem Wortlaut des § 484 Abs. 4 StPO die gesamte der repressiven Datenerhebung nachfolgende Verwendung personenbezogener Daten nach den Polizeigesetzen richten[2211]. Dabei gelten für den Datenschutz i.w.S. sowie für die Übermittlung und Nutzung der gespeicherten Daten die Ausführungen zu § 483 Abs. 3 StPO.

Hinsichtlich der Speicherung von auf repressiver Grundlage erhobenen Daten zur Vorsorge für die Verfolgung von Straftaten lässt sich aus der Systematik des § 484 StPO durch Auslegung noch ermitteln, dass bei den polizeigesetzlichen Speicherungs- und Übermittlungsbefugnissen die Vorgaben des § 484 Abs. 1 und 2 StPO zu beachten sind. Da § 484 Abs. 4 StPO aber anders als § 483 Abs. 3 StPO auch hinsichtlich der Speicherung von Daten aus Strafverfahren auf die „*Regelungen der Polizeigesetze*" verweist, überlässt der Bund den Polizeigesetzgebern die Entscheidung, ob und inwieweit diese von dem durch § 484 Abs. 1 und 2 StPO vorgegebenen Rahmen Gebrauch machen und in deren Polizeigesetzen festlegen, inwieweit Daten aus Strafverfahren außerhalb der repressiven Befugnisse zur Datenerhebung zur Vorsorge für die Verfolgung von Straftaten aus den §§ 81b 2. Alt., 81g Abs. 1 bis 4, 159 Abs. 1 i.V.m. 88 Abs. 1 Satz 1 und 3 StPO verarbeitet werden dürfen.

Ungeachtet der in Kapitel 5 behandelten Frage, ob § 484 StPO seinerseits den Geboten der Normenbestimmtheit und -klarheit entspricht, verbleibt den Ländern in dem von § 484 Abs. 1 und 2 StPO vorgegebenen Rahmen die Kompetenz, in deren Polizeigesetzen Befugnisse zur Speicherung von auf repressiver Grundlage zur Aufklärung eines bestimmten Strafverfahrens erhobenen Daten in Vorsorgedateien wie beispielsweise dem Kriminalaktennachweis zu erlassen. Das BVerfG ist in dessen Entscheidung zu § 33a

---

2210 Ehrenberg/Frohne in Kriminalistik 2003, 737 (748).
2211 Baumanns in Die Polizei 2008, 79 (86/87).

B. Folgen des StVÄG 1999 für die Vorsorge für die Verfolgung von Straftaten

Abs. 1 Nr. 1 und 3 NdsSOG unter Bezugnahme auf § 484 Abs. 4 StPO nur insofern von einer durch den Bund abschließend in Anspruch genommenen Gesetzgebungskompetenz für die Vorsorge für die Verfolgung von Straftaten ausgegangen als der Bereich der präventiven Daten*erhebung* zum Zwecke späterer Strafverfolgung betroffen war[2212]. Hinsichtlich der *Speicherung* von zur Aufklärung eines bestimmten Strafverfahrens erhobenen Daten zur Vorsorge für die Verfolgung von Straftaten hat der Bund gerade nicht von dessen konkurrierender Gesetzgebungskompetenz aus Art. 74 Abs. 1 Nr. 1 GG abschließend Gebrauch gemacht[2213]. Da die zur Vorsorge für die Verfolgung von Straftaten zu verarbeitenden Daten auf repressiver Grundlage für Zwecke eines bestimmten Strafverfahrens erhoben wurden, bestehen hinsichtlich deren späteren Nutzung in anderen Strafverfahren grundsätzlich keine Bedenken. Allerdings wird die Erforderlichkeit der Speicherung von auf repressiver Grundlage erhobenen Daten auf polizeigesetzlicher Grundlage durch § 484 Abs. 1 und 2 StPO eingeschränkt. Dies schließt nicht aus, dass die Polizeigesetzgeber den durch die Öffnungsklausel des § 484 Abs. 1 und 2 StPO vorgegebenen Rahmen aufgabenspezifisch und präzise einschränken dürfen und müssen.

Im Zuge des Gesetzgebungsverfahrens zum *StVÄG 1999* wurde ausgeführt, dass sich „(...) *die der Gefahrenabwehr dienenden Polizeidateien und die darin enthaltenen Informationen (...)*" grundsätzlich nach den Polizeigesetzen der einzelnen Länder richten[2214]. Daher hatte der für den Erlass des *StVÄG 1999* und damit des § 484 Abs. 4 StPO zuständige Bundesgesetzgeber schon knapp 2 Jahre vor Erlass des *StVÄG 1999* mit den § 29 BGSG 1994 und den §§ 2, 4 BKAG 1997 i.V.m. den §§ 8, 20 BKAG 1997 polizeigesetzliche Regelungen über die Verarbeitung von personenbezogenen Daten aus Strafverfahren zur Vorsorge für die Verfolgung von Straftaten getroffen. Mit der Aufnahmeklauseln des § 29 Abs. 1 Satz 1 und 2, Abs. 2 Satz 1 und 2 BGSG 1994 hat der Bundesgesetzgeber die Vorgaben des § 484 Abs. 1 und 2 StPO- Entwurf dahingehend eingeschränkt, dass grundsätzlich nur Daten aus Strafverfahren i.S.d. § 12 Abs. 1 BGSG für Zwecke künftiger Strafverfahren gespeichert werden dürfen. Dabei stimmten die Voraussetzungen des § 484 Abs. 1 Nr. 1 bis 4, Abs. 2 StPO mit denen des § 29 Abs. 2 Satz 2 Nr. 1 bis 4, Satz 3 Nr. 2 und Satz 4 StPO überein. Sofern der Bund für die BPol in § 29 Abs. 2 Satz 2 BPolG keine § 484 Abs. 1 Nr. 5

2212 BVerfGE 113, 348 (375).
2213 A.A. Schenke in JZ 2001, 997 (1002).
2214 BT-Drucksache 14/1484 S. 33.

StPO entsprechende Befugnis zur Speicherung von Daten über die Einleitung des Strafverfahrens sowie die Verfahrenserledigungen bei der Staatsanwaltschaft und bei Gericht nebst Angabe der gesetzlichen Vorschriften vorgesehen hat, liegt hierin eine Einschränkung gegenüber der Öffnungsklausel des § 484 Abs. 1 StPO, die von der Gesetzgebungskompetenz des Bundes für die Aufgaben der BPol abgedeckt ist. Ob sich die Befugnis zur Speicherung von Daten aus Strafverfahren i.S.d. § 12 Abs. 1 BPolG zur Eigensicherung von Beamten oder zum Schutz des Betroffenen aus § 29 Abs. 2 Satz 3 Nr. 1 BPolG noch in dem von § 484 Abs. 1 und 2 StPO vorgegebenen Rahmen hält, ist Gegenstand des Kapitels 5. Durch systematische Auslegung des § 484 Abs. 4 StPO ergibt sich somit, dass zumindest die Befugnis zum Speichern von Daten aus Strafverfahren für Zwecke zukünftiger Strafverfahren sowie die den Datenschutz i.w.S. betreffenden Bestimmungen aus den §§ 35 bis 37 BPolG und ergänzend die Vorschriften des *BDSG* gelten, sofern diese nicht durch § 37 BPolG für unanwendbar erklärt werden. In Bezug auf Daten, die das BKA in Erfüllung von dessen repressiver Aufgabe aus § 4 BKAG erhoben hat, sowie in Bezug auf Daten, die dem BKA durch die Polizeien der Länder i.S.d §§ 11 bis 13 BKAG übermittelt wurden, hat der Bund parallel zu den §§ 29 Abs. 2 Satz 1 Nr. 1 bis 4, Satz 3 Nr. 2 und Satz 4; 35 bis 37 BPolG in § 8 Abs. 1 bis 3 BKAG 1997 die Speicherungsbefugnis und die den Datenschutz i.w.S. betreffenden Regelungen der §§ 32, 34 bis 37 BKAG getroffen, für die ergänzend die Vorschriften des *BDSG* gelten, sofern diese durch § 37 BKAG nicht für unanwendbar erklärt werden[2215]. Allerdings fehlt hier eine dem § 29 Abs. 2 Satz 3 Nr. 2 BPolG entsprechende Speicherungsbefugnis.

Die Polizeien der Länder sind gem. § 13 BKAG bzw. § 12 BKAG verpflichtet, dem BKA in Verwaltungszuständigkeit der Länder auf repressiver Grundlage erhobene Daten zur Erfüllung der Aufgabe des BKA als Zentralstelle für das polizeiliche Auskunfts- und Nachrichtenwesen zu übermitteln[2216]. Hierunter fällt etwa das Bereitstellen von erkennungsdienstlichem Material oder sonstigen personenbezogenen Daten, die für den Betrieb des beim BKA geführten polizeilichen Informationssystems benötigt werden[2217]. Dies setzt voraus, dass die Länder personenbezogene Daten auf Grundlage des § 484 Abs. 4 StPO i.V.m. deren polizeigesetzlichen Befugnissen zur Speicherung von auf repressiver Grundlage erhobenen Daten über

---

2215 Rachor in Lisken/Denninger, HbdPolR, 5. Auflage, E Rn. 162.
2216 Arzt/Eier in DVBl. 2010, 816 (818); Arzt in Die Polizei 2006, 159 (160).
2217 Ehrenberg/Frohne in Kriminalistik 2003, 737 (747).

B. Folgen des StVÄG 1999 für die Vorsorge für die Verfolgung von Straftaten

die begrenzte Aufgabenstellung des BKA aus § 2 BKAG hinaus erheben und zur Vorsorge für die Verfolgung künftiger Straftaten in eigenen Dateien speichern. Da die nach § 8 BKAG beim BKA speicherbaren Daten überwiegend durch die Landespolizeien erhoben und nach Speicherung automatisiert durch die Länder übermittelt werden, bleiben diese gem. § 11 Abs. 2 Satz 1, Abs. 3 Satz 1 BKAG im Verantwortungsbereich der Länder unterstellt[2218]. Das BKA hat grundsätzlich keine Möglichkeit der Einflussnahme auf den Speicherungsprozess durch die übrigen Polizeien. Darauf, ob und gegebenenfalls inwiefern § 29 Abs. 2 BPolG, § 8 Abs. 1 bis 3 und 6 BKAG oder entsprechende Speicherungsbefugnisse in den Polizeigesetzen der Länder den Geboten der Normenbestimmtheit und -klarheit genügen, wird in Kapitels 5 eingegangen[2219]. Während sich somit das Speichern und Übermitteln von Daten nach dem durch den bisherigen § 484 Abs. 1 und 2 StPO vorgegebenen Rahmen richtet, sollte § 484 Abs. 4 StPO wie folgt überarbeitet werden:

§ 484 StPO – Entwurf
(7) Für das Löschen, Sperren, Anonymisieren und Berichtigen der Daten sowie für die Rechte des Betroffenen ist das für die die Daten eingebende Stelle geltende Recht maßgebend.

Die Nutzung der in Vorsorgedateien gespeicherten Daten erfolgt in der Regel aus dem Speicherungszweck. Im Trefferfall ist für die weitere Nutzung der Zweck der Speicherung der Daten entscheidend. Gezielte Abfragen zur Aufklärung einer bestimmten Straftat aus Vorsorgedateien i.S.d. § 484 StPO oder aus Falldateien i.S.d. §§ 483 Abs. 2, 486 ff StPO werden auf Grundlage des § 98c StPO durchgeführt. Hierzu gehört z.B. der Abgleich von am Tatort aufgefundenen Fingerabdrücken[2220]. Daher ist der in § 484 Abs. 4 StPO enthaltene Begriff des Verwendens sowie der Zusatz, dass sich die Verwendung der in Vorsorgedateien enthaltenen Daten *mit Ausnahme der Verwendung für Zwecke eines Strafverfahrens* nach dem Polizeirecht richtet, überflüssig. Abfrage und Speicherungszweck können bei Vorsorgedateien übereinstimmen, sie müssen es aber nicht zwangsläufig. In Vorsorgedateien gespeicherte Daten können auch zur Abwehr einer Gefahr oder zur Verhütung von Straftaten verwendet werden[2221]. So können die bei einer präventiv- poli-

---

[2218] Arzt in NJW 2011, 352 (352/353); Arzt/Eier in DVBl. 2010, 816 (818).
[2219] Kapitel 5 A. II. (S. 664) / III. (S. 771).
[2220] Schild in DuD 2002, 679 (679).
[2221] Schild in DuD 2002, 679 (681/682).

zeichlichen erkennungsdienstlichen Behandlung mit dem Ziel der Identitätsfeststellung erhobenen Fingerabdrücke eines Störers auf präventiv- polizeilicher Grundlage mit den Dateien AFIS-P und / oder -A abgeglichen werden, auch wenn die in AFIS-P gespeicherten und mit den abgeglichenen Daten übereinstimmenden Daten ursprünglich zur Vorsorge für die Verfolgung von Straftaten gespeichert worden sein sollten. Entsprechendes gilt, wenn beim Abgleich von Daten von verdächtigen Personen, die Einbruchswerkzeug und potentielles Beutegut mitführen, anhand des KAN festgestellt wird, dass diese schon einschlägig in Erscheinung getreten sind, und durch die Sicherstellung des Einbruchswerkzeugs vorläufig weitere Straftaten verhütet sowie durch Sicherstellung des Beuteguts die privaten Rechte der Geschädigten gewahrt werden. Diese Form der zweckändernden Nutzung von zur Vorsorge für die Verfolgung von Straftaten gespeicherten Daten soll durch § 484 Abs. 4 StPO legitimiert werden, auch wenn dies nur schwer aus der Regelung herausgelesen werden kann. Daher sollte an den überarbeiteten § 484 Abs. 7 StPO- Entwurf folgender Satz 2 angefügt werden:

§ 484 StPO – Entwurf
(7) (...). Die nach Abs. 1 bis 5 zur Vorsorge für die Verfolgung von Straftaten gespeicherten Daten dürfen nach Maßgabe der Polizeigesetze zur Abwehr von Gefahren oder zur Verhütung von Straftaten genutzt werden.

Die getroffenen Feststellungen zu § 484 Abs. 4 StPO lassen sich auch auf die demgegenüber speziellere Öffnungsklausel des § 81g Abs. 5 Satz 1 StPO übertragen. Festgestellte DNA- Identifizierungsmuster dürfen danach ausschließlich in der DNA- Analyse- Datei des BKA oder der dort geführten Datei „Vermisste / Unbekannte Tote", nicht aber in landeseigenen Dateien gespeichert werden. Da es sich bei der DNA- Analyse- Datei sowie bei der Datei „Vermisste / Unbekannte Tote" um Verbunddateien handelt, werden die hierin zu speichernden DNA- Identitätsfeststellungsmuster überwiegend durch die Landespolizeien sowie gegebenenfalls durch die BPol erhoben und dem BKA auf Grundlage des jeweiligen Polizeigesetzes durch Einspeicherung in das polizeiliche Informationssystem zum Speicherungszweck übermittelt[2222]. Das BKA seinerseits speichert und übermittelt entsprechende Daten auf Grundlage der §§ 8 Abs. 6 i.V.m. Abs. 3; 10 BKAG unter Beachtung der Bestimmungen über den Datenschutz i.w.S. aus §§ 32, 34 bis 37 BKAG für Zwecke zukünftiger Strafverfahren. Gem. § 32 Abs. 9 BKAG i.V.m. § 12 Abs. 2 BKAG genießen die für die DNA- Identifizierungsmuster

---

2222 Busch in NJW 2002, 1754 (1755).

einspeichernden Stelle geltenden Bestimmungen über den Datenschutz i.w.S. den Vorrang, da diese hierfür verantwortlich ist[2223]. Weiterhin erfolgt die spätere Verwendung der gespeicherten Daten zum Zwecke eines Strafverfahrens nicht auf Grundlage der Befugnis zum Datenabgleich aus § 7 Abs. 5 BKAG a.F.[2224] sondern auf Grundlage des § 98c StPO.
Der Abgleich von auf präventiv- polizeilicher Grundlage erhobenen Daten von Vermissten oder unbekannten oder hilflosen Personen können auf Grundlage der Befugnis zum Datenabgleich derjenigen Landespolizei vorgenommen werden, die zur präventiv- polizeilichen Entnahme und Analyse DNA- fähigen Materials berechtigt ist. Da das BKA über keine präventiv- polizeiliche Befugnis zur Entnahme und Analyse DNA- fähigen Materials verfügt, ist der in § 81g Abs. 1 StPO enthaltene Verweis auf das *BKAG* auch insoweit verfehlt. Daher wäre § 81g Abs. 5 StPO unter Beachtung der zu § 484 Abs. 4 StPO angestellten Überlegungen wie folgt zu überarbeiten:

§ 81g StPO – Entwurf
(5) Die erhobenen Daten dürfen in das polizeiliche Informationssystem eingegeben und, sofern das BKA die Daten nicht selbst erhoben hat, an das BKA übermittelt werden. Das BKA darf die übermittelten Daten für Zwecke künftiger Strafverfahren nach Maßgabe des §§ 8 Abs. 6 Satz 1 Nr. 1; 9 Abs. 3 BKAG speichern und nach Maßgabe des § 10 Abs. 7 und 8 BKAG an jede die Daten auf Grundlage des § 98c StPO abgleichende Stelle übermitteln. Im Übrigen sind für das Löschen, Sperren, Anonymisieren und Berichtigen der Daten sowie für die Rechte des Betroffen die §§ 34 bis 37 BKAG bzw. die entsprechenden Bestimmungen der die Daten eingebenden Stellen maßgeblich. Die gespeicherten Daten dürfen zur Identifizierung Vermisster oder unbekannter hilfloser Personen sowie zur Internationalen Rechtshilfe übermittelt werden.

§ 81g Abs. 5 Satz 3 StPO wird gestrichen, § 81g Abs. 5 Satz 2 und 4 StPO werden zu § 81g Satz 4 und 5 StPO.

3. Die Öffnungsklausel des § 481 Abs. 1 Satz 1 StPO

Eine weitere, § 484 Abs. 4 StPO ähnelnde Öffnungsklausel findet sich in § 481 Abs. 1 Satz 1 StPO. Auch hiernach dürfen Polizeibehörden Daten aus Strafverfahren *nach Maßgabe der Polizeigesetze verwenden*. Daten, die zur Aufklärung einer bestimmten Straftat erhoben wurden, dürfen danach nicht

---

[2223] Busch in NJW 2002, 1754 (1755); a.A. Bergemann/Hornung in StV 2007, 164 (168).
[2224] = § 7 Abs. 11 BKAG i.d.F. vom 1.7.2013.

nur nach Maßgabe der *StPO* in künftigen Strafverfahren sondern nach Maßgabe der Polizeigesetze, also insbesondere unter Beachtung des Grundsatzes der Erforderlichkeit als Ausdruck der Verhältnismäßigkeit[2225], auch zur Gefahrenabwehr verwendet werden, es sei denn, es bestehen entgegenstehende bundes- oder landesgesetzliche Verwendungsregeln i.S.d. § 481 Abs. 2 StPO. Da § 481 Abs. 1 Satz 1 StPO im Gegensatz zu den §§ 483 ff StPO nicht in dem mit „*Dateiregelungen*" überschriebenen Zweiten Buch des 8. Abschnitts der StPO steht, ist die Speicherung von personenbezogenen Daten in polizeilichen Dateien in den §§ 483 ff StPO abschließend geregelt. Neben den in Kapitel 4 untersuchten rechtlichen Voraussetzungen für die zweckändernde Nutzung von Daten aus Strafverfahren zu präventiv- polizeilichen Zwecken kommt auf Grundlage des § 481 Abs. 1 Satz 1 StPO eine zweckändernde Speicherung personenbezogener Daten aus Strafverfahren zur Vorsorge für die Verfolgung oder zur Verhütung von Straftaten in den sogenannten Kriminalakten in Betracht. Auch hier gelten für den Datenschutz i.w.S. die Ausführungen zu § 483 Abs. 3 StPO. Die Befugnis zur repressiven polizeiliche Nutzung der in den Kriminalakten enthaltenen Daten ergibt sich demgegenüber aus der Ermittlungsgeneralklausel des § 163 Abs. 1 Satz 2 StPO und die Befugnis zu deren präventiv- polizeilicher Nutzung aus den präventiv- polizeilichen Generalklauseln. Ähnlich wie bei § 484 Abs. 4 StPO überlässt es der Bund auch hier den Polizeigesetzgebern, gesetzlich festzulegen, unter welchen Voraussetzungen Kriminalakten angelegt und damit personenbezogene Daten aus Strafverfahren in Kriminalakten zur Vorsorge für die Verfolgung von Straftaten gespeichert werden dürfen. Den Ländern verbleibt daher eine auf die Verarbeitung solcher Daten aus Strafverfahren zur Vorsorge für die Verfolgung von Straftaten bezogene Regelungslücke.

Dabei geben die in § 482 StPO geregelten Informations- und Mitteilungspflichten der Staatsanwaltschaft gegenüber der Polizei den Polizeigesetzgebern zumindest mittelbar einen gewissen Rahmen für das Anlegen von Kriminalakten vor. Aus § 482 Abs. 3 StPO lässt sich entnehmen, dass bei Verfahren gegen einen unbekannten Täter sowie mit Ausnahme der §§ 142, 315 bis 315c StGB bei Verkehrsstrafsachen, grundsätzlich keine Kriminalakten angelegt werden dürfen. Bei diesen Delikten braucht die Staatsanwaltschaft der Polizei nicht von Amts wegen den Ausgang des Verfahrens mitzuteilen. Da ohne die in § 482 Abs. 2 StPO von Amts wegen zu erfol-

---

2225 Petri in Lisken/Denninger, HbdPolR, 5. Auflage, G Rn. 381/382.

gende Mitteilung der Staatsanwaltschaft über den Ausgang des Verfahrens grundsätzliche keine dem § 484 Abs. 2 Satz 2 StPO entsprechenden Löschungs- bzw. Vernichtungspflichten im Hinblick auf die angelegte Kriminalakte eingehalten werden können, scheidet das Anlegen einer Kriminalakte bei Strafverfahren gegen Unbekannt oder bei Verkehrsstrafsachen mit Ausnahme der §§ 142, 315 bis 315c StGB aus. Ob § 481 Abs. 1 Satz 1 StPO damit dem Grundsatz der Normenbestimmtheit und -klarheit gerecht wird, sei an dieser Stelle dahingestellt. Fest steht, dass der Bund hinsichtlich der Speicherung von Daten aus Strafverfahren außerhalb von Dateien i.S.d. § 3 Abs. 2 Satz 1 BDSG 1990 zur Vorsorge für die Verfolgung von Straftaten nicht abschließend von dessen konkurrierender Gesetzgebungskompetenz aus Art. 74 Abs. 1 Nr. 1 GG Gebrauch gemacht hat.

4. Ergebnis

Im Ergebnis ist die in § 8 Abs. 1 Satz 3 VE ME PolG vorgesehene und heute noch in den Aufgabenzuweisungsnormen der Polizeigesetze von *Berlin, Hamburg, Hessen, Mecklenburg- Vorpommern, Sachsen- Anhalt* und *Thüringen* enthaltene, § 1 Abs. 1 VE ME PolG entsprechende Zuweisung der Aufgabe der Vorsorge für die Verfolgung von Straftaten als Teil der polizeilichen Aufgabe der vorbeugenden Bekämpfung von Straftaten aufgrund der Entscheidung des BVerfG zu § 33a Abs. 1 Nr. 2 und 3 NdsSOG a.F. nicht entbehrlich geworden. Infolge der vom Bund dem Grunde nach in Anspruch genommenen konkurrierenden Gesetzgebungskompetenz aus Art. 74 Abs. 1 Nr. 1 GG für den Bereich der Strafverfolgung ist es grundsätzlich Sache des Bundes, durch den Anforderungen des Volkszählungsurteils entsprechende bereichsspezifisch und präzise geregelte strafprozessuale Bestimmungen festzulegen, welche auf strafprozessualer Grundlage erhobenen Daten für welchen Zweck verarbeitet und genutzt werden dürfen. Wie vom BVerfG in dessen Entscheidung zu § 33a Abs. 1 Nr. 2 und 3 NdsSOG a.F. festgestellt wurde, hat der Bund durch die Regelungen der *StPO* von dieser Gesetzgebungskompetenz bezogen auf eine *Erhebung* und *Nutzung* personenbezogener Daten mit dem Ziel der Verfolgung – auch zukünftiger – Straftaten abschließend Gebrauch gemacht. Da die vom Bund durch das *StVÄG 1999* mit den §§ 481 ff StPO erlassenen Bestimmungen über die polizeiliche *Verarbeitung* von personenbezogenen Daten aus Strafverfahren im Gegensatz zu den Bestimmungen über die Erhebung von Daten für Zwecke des Strafverfahrens gerade nicht abschließend sind, bleibt das jeweils geltende Polizeigesetz und das diesem gegenüber jeweils subsidiäre Datenschutzgesetz anwendbar. Dem Bund steht zwar als Annex zu seiner konkurrierenden Gesetzgebungskompetenz aus Art. 74 Abs. 1 Satz 1 GG i.V.m. Art. 84 Abs. 1 GG auch die Kompetenz zu, die Weitergabe und Verwendung von Daten, die für das gerichtliche Verfahren erhoben worden sind, für Zwecke außerhalb dieses Verfahrens und damit zugleich das Verwaltungsverfahren der Länder zu regeln[2226]. Von dieser Kompetenz hat der Bund – mit Zustimmung der Länder – bezogen auf die Verarbeitung personenbezogener Daten aber in dem durch die §§ 481 ff StPO vorgegebenen Rahmen nur insoweit Gebrauch gemacht, als mit dem Strafverfahren betraute Bundes- oder Landesbehörden betroffen sind, bei denen es sich nicht um Polizeibehörden handelt. Hinsichtlich der Verarbeitung von Daten aus Strafverfahren durch Polizeibehörden hat der Bund nur insoweit von dessen konkurrierender Gesetzgebungskompetenz aus Art. 74 Abs. 1 Nr. 1 GG Gebrauch gemacht, als dass er diese den Polizeibehörden durch die Öffnungsklauseln der §§ 81g Abs. 5 Satz 2 Nr. 1 i.V.m. Satz 1; 484 Abs. 4; 485 Satz 4 StPO zu Zwecken der Gefahrenabwehr im Sinne der Vorsorge für die Bekämpfung von Straftaten zur Verfügung stellt.

Daher wurde den Polizeigesetzgebern durch die Rechtsprechung des BVerfG zu § 33a Abs. 1 Nr. 2 und 3 NdsSOG a.F. bezogen auf die Verarbeitung von auf repressiver Grundlage erhobenen Daten kompetenzrechtlich gerade nicht der halbe Boden unter den Füßen entzogen[2227]. Mit den durch das *StVÄG 1999* erlassenen §§ 481 ff StPO wurde die seit dem ersten Entwurf des § 8a Abs. 1 Satz 2 VE ME PolG anhaltende Diskussion über die Berechtigung der Zuweisung der polizeilichen Aufgabe der Vorsorge für die Verfolgung von Straftaten zur Gesetzgebungskompetenz der Polizeigesetzgeber durch insoweit erfolgten Verzicht des Bundes auf eine vollumfängliche Inanspruchnahme von dessen konkurrierender Gesetzgebungskompetenz aus Art. 74 Abs. 1 Nr. 1 GG positiv entschieden. Was sich bereits durch § 29 Abs. 2 Satz 1 und Abs. 3 Satz 1 BGSG 1994 sowie durch die §§ 8, 20 und 25 BKAG 1997 abzeichnete, wurde durch das StVÄG 1999 bestätigt: Die Vorsorge für die Verfolgung von Straftaten durch (nicht eingriffsrelevantes) Verarbeiten von Daten aus Strafverfahren unterliegt der der Gesetzgebungskompetenz der Polizeigesetzgeber[2228]. Die Streichung der Vorsorge

---

2226 BT-Drucksache 14/1484 S. 18.
2227 Möstl in DVBl. 2007, 581 (585).
2228 A.A. Bertram, Die Verwendung präventiv- polizeilicher Erkenntnisse im Strafverfahren, S. 209.

für die Verfolgung von Straftaten aus den Aufgabenzuweisungsnormen der Polizeigesetze von *Niedersachsen, Nordrhein- Westfalen* und *Rheinland-Pfalz* war unangebracht.

IV. Zusammenfassung

Zusammenfassend bleibt festzustellen, dass die Gesetzgebungskompetenz der Polizeigesetzgeber für präventiv- polizeiliche Befugnisse zur Verhütung von Straftaten durch präventiv- polizeiliche Maßnahmen an der Nahtstelle zur Strafverfolgung sowie durch verdeckte präventiv- polizeiliche Datenerhebung zu bejahen ist. Die polizeiliche Aufgabe der vorbeugenden Bekämpfung von Straftaten ist Teil des allgemeinen Polizeirechts. Die Verhütung von Straftaten durch Speicherung von Daten aus Strafverfahren kommt demgegenüber grundsätzlich nicht in Betracht. Abgesehen davon, dass Zwecke, zu denen personenbezogene Daten abweichend von deren Erhebungszwecken genutzt und verarbeitet werden dürfen, bereits in dem zur Erhebung ermächtigenden Gesetz festzulegen sind[2229], und dies nicht durch vorgetäuschte andere Erhebungszwecke umgangen werden darf, führt das grundsätzliche Fehlen von Benachrichtigungs- und Unterrichtungspflichten über die Speicherung von Daten aus Strafverfahren zur Nichteigung dieser Speicherungsform zur Verhütung von Straftaten. Von der polizeilichen Aufgabe der Verhütung von Straftaten ist die polizeiliche Aufgabe der Vorsorge für die Verfolgung von Straftaten insoweit ausgegliedert wie das Strafverfahrensrecht reicht[2230]. Der Bund hat zwar von der ihm aus Art. 74 Abs. 1 Nr. 1 StPO zustehenden Gesetzgebungskompetenz für das gerichtliche Verfahren im Hinblick auf die Erhebung sowie auf die Nutzung von personenbezogenen Daten für Zwecke des Strafverfahrens abschließend Gebrauch gemacht. Nicht zuzustimmen ist der Auffassung, wonach der Bund von seiner konkurrierenden Gesetzgebungskompetenz aus Art. 74 Abs. 1 Nr. 1 StPO auch insoweit abschließend Gebrauch gemacht hätte, als es um die Speicherung von personenbezogenen Daten aus Strafverfahren zur Vorsorge für die Verfolgung von Straftaten geht. Da der Bund seinerseits in Ansehung des bereits seit dem Jahre 1988 geplanten *StVÄG* schon im *BGSG 1994* sowie im *BKAG 1997* polizeigesetzliche Befugnisse zur Vorsorge für die Verfol-

---

2229 BVerfG in NJW 2012, 1419 (1422/1423); BVerfGE 125, 260 (310); 120, 378 (400/401); 110, 33 (70); 109, 279 (375 ff); 100, 313 (360, 372, 387/388); 65, 1 (46).
2230 BayVerfGH in NVwZ 1996, 166 (167).

gung von Straftaten schuf, wird deutlich, dass der Bund mit den Regelungen der *StPO* bezogen auf die Speicherung von personenbezogenen Daten aus Strafverfahren zur Vorsorge für die Bekämpfung von Straftaten von dessen Gesetzgebungskompetenz aus Art. 74 Abs. 1 Satz 1 GG bewusst nicht abschließend Gebrauch gemacht hat. Demgegenüber hat der Bund hinsichtlich der polizeilichen Aufgabe der Vorsorge für die Verfolgung von Straftaten von dessen konkurrierender Gesetzgebungskompetenz aus Art. 74 Abs. 1 Nr. 1 GG hinsichtlich der Erhebung von personenbezogenen Daten zur Vorsorge für die Verfolgung von Straftaten sowie deren spätere Nutzung in Strafverfahren abschließend Gebrauch gemacht[2231]. Der Bund hatte sich mit dem *StVÄG 1999* in Ansehung des Volkszählungsurteils unter anderem das Ziel gesetzt, präzise Rechtsgrundlagen für die Verwendung von Daten, die anlässlich eines bestimmten Strafverfahrens erhoben wurden, zu schaffen[2232], es aber gem. §§ 481 Abs. 1 Satz 1 und Abs. 2, 483 Abs. 3, 484 Abs. 4, 485 Satz 4 StPO im jeweils vorgegebenen Rahmen den Polizeigesetzgebern überlassen, bezogen auf die polizeiliche Verarbeitung von Daten aus Strafverfahren bereichsspezifische und präzise Regelungen zu schaffen. Was die in § 483 Abs. 3 StPO und in § 484 Satz 4 StPO genannte *Verarbeitung* personenbezogener Daten aus Strafverfahren „*nach dem für die speichernde Stelle maßgeblichen*" Polizeirecht angeht, so ist hierunter ausschließlich das Löschen, Sperren, Anonymisieren und Berichtigen von Daten zu verstehen. § 484 Abs. 3 StPO sollte wie vorgeschlagen nachgebessert werden.

C. Die Folgen des StVÄG 1999 für das BKA als Zentralstelle für das polizeiliche Auskunfts- und Nachrichtenwesen und für die Kriminalpolizei

Die Einführung neuer datenschutzrechtlicher Bestimmungen durch das *StVÄG 1999* in die *StPO* führte nicht nur zu Änderungen bei der Verteilung der Gesetzgebungskompetenzen in Bezug auf die polizeiliche Aufgabe der vorbeugenden Bekämpfung von Straftaten. Vielmehr erledigte sich durch die hiermit verbundene Abkehr vom Rechtsverständnis über den Datenschutz aus Zeiten des *BDSG 1977* auch der in den § 7 Abs. 6 BKAG

2231 Böse in ZStW 119 (2007), 848 (883(.
2232 BT-Drucksache 14/1484 S. 1.

a.F.[2233] und § 11 Abs. 4 Satz 3 BKAG geforderte Erlass von Rechtsverordnungen über

– *die Art der Daten, die nach den §§ 8 und 9 gespeichert werden dürfen,* und
– die Freigabe *von weiteren im polizeilichen Informationssystem gespeicherten Daten (...) zum automatisierten Abruf, soweit diese von der Staatsanwaltschaft zur Erfüllung von deren Aufgaben benötigt werden.*

Bevor diesem Problem nachgegangen werden kann, bedarf es eines Überblicks über die rechtlichen Voraussetzungen der Aufgabe des BKA als Zentralstelle für das polizeiliche Auskunfts- und Nachrichtenwesen und für die Kriminalpolizei in der Zeit vor und nach dem Volkszählungsurteil.

I. Die Aufgabe die BKA als Zentralstelle für das Auskunfts- und Nachrichtenwesen und für die Kriminalpolizei vor dem Volkszählungsurteil

Art. 87 Abs. 1 Satz 2 GG ermächtigt den Bund durch dessen institutionellen Gesetzesvorbehalt[2234] ermächtigt Art. 87 Abs. 1 Satz 2 GG nicht nur, durch Bundesgesetz Bundesgrenzschutzbehörden zu errichten[2235], sondern auch Zentralstellen für die Kriminalpolizei sowie Zentralstellen für das polizeiliche Auskunfts- und Nachrichtenwesen zu errichten[2236]. Da es zur Errichtung dieser Zentralstellen eines Gesetzes bedarf, stand es dem Bund angesichts der Regelung des Art. 87 Abs. 1 Satz 2 GG frei zu entscheiden, ob er nur eine Zentralstelle für das polizeiliche Auskunft- und Nachrichtenwesen oder nur eine Zentralstelle für die Kriminalpolizei, beide Zentralstellen oder gar keine einrichtet. Der Bund hat sich entschieden, sowohl eine Zentralstelle für die Kriminalpolizei als auch eine Zentrale für das polizeiliche Auskunfts- und Nachrichtenwesen zu errichten. Zentralstellen sind ein institutionelles Bindeglied zwischen den an sich getrennten Verwaltungsräu-

---

2233 = § 7 Abs. 11 BKAG i.d.F. vom 1.7.2013.
2234 Burgi in v. Mangoldt/Klein/Starck, GG, Bd. 3, Art. 87 Rn. 37; Gusy in DVBl. 1993, 1117 (1126).
2235 Kapitel 2 B. II. 1. (S. 348).
2236 Bull in AK, Bd. 2, Art. 87 Rn. 85; Werthebach/Droste in BK, 87. Lieferung 1998, Art. 73 Nr. 10 Rn. 129; Broß/Mayer in v. Münch/Kunig, GG, Bd. 2, Art. 87 Rn. 14, 16; vgl. jetzt auch BVerfG in NJW 2013, 1499 (1502 = Rn. 104).

Kapitel 3: Die Entwicklung des Datenschutzes im Strafprozessrecht

men des Bundes und der Länder mit dem Typus einer überwiegend informationellen und koordinierenden Bundesverwaltung[2237].

Da das Grundrecht auf informationelle Selbstbestimmung bis zum Volkszählungsurteil noch nicht bekannt war, gab es auf bundesgesetzlicher Ebene außerhalb des *BDSG 1977* keine über die Befugnis zur Erhebung erkennungsdienstlicher Daten aus § 81b 2. Alt. StPO hinausgehende Befugnisse zur Verarbeitung oder Nutzung der erhobenen Daten oder sonstige Bestimmungen über den Datenschutz i.w.S.[2238] Gleichwohl setzt die Aufgabe des BKA als Zentralstelle für das polizeiliche Auskunfts- und Nachrichtenwesen voraus, dass das BKA erhobene Daten i.S.d. § 3 Satz 1 BDSG 1977 verarbeitet[2239]. Ansonsten hätten sich die durch das *Gesetz über die Einrichtung eines Bundeskriminalpolizeiamtes (BKAG)* vom 8.3.1951[2240] i.d.F. vom 19.09. 1969[2241], abgelöst durch das gleichnamige Gesetz vom 29.6.1973[2242] umschriebenen Aufgaben des Bundeskriminalamtes und der Landeskriminalämter (LKÄ) nicht realisieren lassen. So heißt es in § 2 BKAG 1951:

Das BKA hat
– alle Nachrichten und Unterlagen für die kriminalpolizeiliche Verbrechensbekämpfung und die Verfolgung strafbarer Handlungen zu sammeln und auszuwerten, soweit die Nachrichten und Unterlagen nicht lediglich auf den Bereich eines Landes begrenzte Bedeutung haben;
– die Behörden der Länder über die sie betreffenden Nachrichten und die in Erfahrung gebrachten Zusammenhänge strafbarer Handlungen zu unterrichten;
– nachrichten- und erkennungsdienstliche sowie kriminaltechnische Einrichtungen zu unterhalten."

Auch das *BKAG 1969* und dessen Neufassung im Jahre 1973 enthielten keine dem Vorbehalt des Gesetzes aus Art. 20 Abs. 3 GG genügende Befugnisnormen zum Umgang des BKA mit personenbezogenen Daten[2243]. § 2 Abs. 1 BKAG 1973 erweiterte zwar die Aufgabe des BKA als Zentralstelle für das polizeiliche Auskunfts- und Nachrichtenwesen und für die Krimi-

---

2237 Becker in DÖV 1978, 551 (554).
2238 Bull in AK, Bd. 2, Art. 87 Rn. 90.
2239 Möstl in DVBl. 2007, 581 (582).
2240 BGBl. 1951 I S. 165 bis 166.
2241 BGBl. 1969 I S. 1717 bis 1718.
2242 BGBl. 1973 I S. 704 bis 706.
2243 §§ 3 Abs. 1 und Abs. 2, 5 Abs. 1; 10 BKAG 1973 und §§ 1 Abs. 2 und 3; 3 Abs. 2 BKAG 1997.

nalpolizei seinem Wortlaut nach, indem es dem BKA über die durch § 2 Nr. 1 und 2 BKAG 1951 zugewiesenen Aufgaben hinaus nunmehr aufgab,

...
- erkennungsdienstliche Einrichtungen zu unterhalten;
- die erforderlichen Einrichtungen für alle Bereiche der kriminaltechnischen Untersuchungen und kriminaltechnische Forschung zu unterhalten sowie die Zusammenarbeit auf diesem Gebiet zu koordinieren;
- die Entwicklung der Kriminalität zu beobachten und daraus kriminalpolizeiliche Statistiken und Analysen zu erstellen;
- Forschung und Entwicklung polizeilicher Methoden und Arbeitsweisen der Verbrechensbekämpfung zu betreiben;
- die Polizei der Länder in der Vorbeugungsarbeit zur Verbrechensverhütung zu unterstützen und
- Fortbildungsarbeiten auf kriminalpolizeilichen Spezialgebieten durchzuführen.

In § 3 BKAG 1951/1973 heißt es weiter:

„Zur Sicherung der Zusammenarbeit des Bundes und der Länder sind die Länder verpflichtet, für ihren Bereich zentrale Dienststellen der Kriminalpolizei (LKÄ) zu unterhalten. Diese haben dem BKA die zur Erfüllung ihrer Aufgaben erforderlichen Nachrichten und Unterlagen zu übermitteln. (...)"

Aufgabe des BKA als Zentralstelle für das polizeiliche Auskunfts- und Nachrichtenwesen war es also, vorhandene Daten zu sammeln und diese aufzuarbeiten, um die gesammelten Daten den an der Kooperation beteiligten Bundesländern oder ausländischen Staaten zur Verfügung zu stellen. Dass dies nicht ohne vorausgehendes Erheben und anschließendes Verarbeiten von personenbezogenen Daten möglich war, liegt auf der Hand. Gleichwohl enthielten die am *MEPolG* orientierten Polizeigesetze der Länder sowie das *BGSG 1951 / 1952* keine Bestimmungen, wie mit Daten, die zur Identitätsfeststellung oder mit durch ED- Behandlungen erhoben wurden, umzugehen war. Nachdem Art. 73 Nr. 10 GG a.F. und Art. 87 Abs. 1 Satz 2 GG durch das *31. Änderungsgesetz des Grundgesetzes* vom 28.7.1972 überarbeitet worden waren und anschließend die *Neufassung des Gesetzes über die Errichtung eines Bundespolizeikriminalamtes (Bundeskriminalamtes)* vom 29.6.1973 verabschiedet wurde, konnte das BKA zwischen 1972 und 1976 zur polizeilichen Zentralstelle für den elektronischen Datenverbund zwischen Bund und Ländern ausgebaut werden[2244]. Bereits im Jahre

---

2244 Götz in Isensee/Kirchhof, HbStR, Bd. IV, § 85 Rn. 37; Abbühl, Das Bundeskriminalamt im Wandel der Zeit, S. 146 ff; Küster in Kriminalistik 1983, 18 (18).

Kapitel 3: Die Entwicklung des Datenschutzes im Strafprozessrecht

1972 hatte das BKA zur Erfüllung seiner Aufgabe aus § 2 BKAG 1969 am Flughafen Frankfurt am Main die erste Aufbaustufe des polizeilichen Informationssystems (INPOL) als eine reine Fahndungsdatei in Betrieb genommen[2245]. Hierin wurden die herkömmlichen Fahndungskarteien in elektronischer Form mit dem Ziel abgebildet, vorhandene Informationen bundesweit elektronisch abrufbar zu machen[2246]. Dieses erste, hier als INPOL- alt bezeichnete, polizeiliche Informationssystem sollte der Verbrechensbekämpfung dienen, sämtliche bei den zuständigen Polizeidienststellen des Bundes und der Länder anfallenden relevanten Informationen enthalten und diese für weitere Ermittlungen zur Verfügung zu stellen[2247]. Zu der ursprünglich reinen Fahndungsdatei kamen nach und nach neue Dateien und Anwendungen, die sich über die Jahre zu einem umfangreichen polizeilichen Informationssystem entwickelten[2248]. Orientiert an der ersten Aufbaustufe von INPOL beschloss die Innenministerkonferenz des Bundes und der Länder am 27.1.1972 die Schaffung eines gemeinsamen, arbeitsteiligen, elektronischen Informations- und Auskunftssystems für die gesamte innerdeutsche Polizei, wobei es historisch bedingt noch an bereichsspezifischen und präzisen gesetzlichen Ermächtigungsgrundlagen fehlte[2249].

Im Anschluss an die INPOL- Konzepte von 1975 und 1978 beschloss die IMK am 12.6.1981 das *Konzept für die Fortentwicklung des polizeilichen Informationssystems INPOL*[2250]. Dieses nahm erstmals eine organisatorische Unterteilung des INPOL- Systems in INPOL- Bund und INPOL- Land vor[2251]. Hierauf aufbauend erließ das Bundesinnenministerium am 26.2.1981 den *Einführungserlass der Richtlinien für die Führung kriminalpolizeilicher*

[2245] Petri in Lisken/Denninger, HbPolR, 5. Auflage, A Rn. 92; Pieroth/Schlink/Kniesel, POR, § 15 Rn. 23; Kersten in Kriminalistik 1987, 357 (357); Küster in Kriminalistik 1983, 18 (18).

[2246] Petri in Lisken/Denninger, HbPolR, 5. Auflage, A Rn. 92; Küster in Kriminalistik 1983, 18 (18).

[2247] Zöller, Informationssysteme und Vorfeldmaßnahmen von Polizei, Staatsanwaltschaft und Nachrichtendiensten, S. 140; Kersten in Kriminalistik 1987, 325 (326).

[2248] Sehr in Kriminalistik 1999, 532 (532); Küster in Kriminalistik 1983, 18 (18).

[2249] Simitis in Simitis, BDSG, Einleitung Rn. 16; Zöller, Informationssysteme und Vorfeldmaßnahmen von Polizei, Staatsanwaltschaft und Nachrichtendiensten, S. 140; Küster in Kriminalistik 1983, 18 (18).

[2250] Zöller, Informationssysteme und Vorfeldmaßnahmen von Polizei, Staatsanwaltschaft und Nachrichtendiensten, S. 140; Kersten in Kriminalistik 1987, 325 (326); Küster in Kriminalistik 1983, 18 (18).

[2251] Kersten in Kriminalistik 1987, 325 (326); Küster in Kriminalistik 1983, 18 (19).

Sammlungen – KpS- Richtlinien – vom 26.2.1981[2252]. Dieser sollte als Orientierungshilfe bei den durch die Innenministerien und -senatoren der Länder zu erlassenden KpS- Richtlinien dienen. Weiterhin wurde der ausschließlich auf die Aufgaben des BKA bezogene *Einführungserlass der Richtlinien für die Errichtung und Führung von Dateien über personenbezogene Daten beim Bundeskriminalamt – Dateienrichtlinie* erlassen[2253]. Kernstück der Dateienrichtlinie waren die Regelungen zum polizeilichen Informationssystem (INPOL) als das gemeinsame arbeitsteilige elektronische Informationssystem der Polizeien des Bundes und der Länder zur Unterstützung vollzugspolizeilicher Aufgaben, in dem informationstechnische Einrichtungen des Bundes und der Länder in einem Verbund zusammenwirken[2254]. Hierin werden personenbezogene Daten mit Bundesrelevanz in verschiedenen Dateien verwaltet[2255].

Zu den in INPOL- alt enthaltenen Dateien mit personenbezogenen Daten zählen vor allem das Kriminalaktennachweissystem, die Personenfahndungs-, die Sachfahndungsdatei, die erkennungsdienstlichen Dateien sowie die Haftdatei[2256]. In der in INPOL- alt enthaltenen P- Gruppe wurden Personendaten all derjenigen Personen gespeichert, die in mindestens einer der anderen INPOL- alt – Dateien erfasst waren[2257]. Die Dateienrichtlinie und das Muster für die KpS- Richtlinien stimmten dabei jeweils in den
- Ziffern 4 bzw. 2 (Speicherung und Veränderung, Umfang der zu speichernden Daten)
- Ziffern 5 bzw. 3 (Übermittlung),
- Ziffern 6 bzw. 4 (Auskunft an den Betroffenen),
- Ziffern 7 bzw. 5 (Speicherungsdauer bzw. Aufbewahrungsdauer),
- Ziffern 8 bzw. 6 (Wirkung der Löschung bzw. Wirkung der Aussonderung),
- Ziffern 9 bzw. 7 (Datensicherung)

überein, sofern nicht Ziffer 4.3.13 spezielle Zuständigkeiten des BKA und die Ziffern 4.4 bis 4.5.4, 5.8, 5.9, 6.3.5 der Dateienrichtlinie sowie die Ziffer

---

2252 GMBl. 1981 S. 119 bis 123.
2253 Küster in Kriminalistik 1983, 18 (19).
2254 BT-Drucksache 13/1550 S. 28; Kersten in Kriminalistik 1987, 325 (326).
2255 Gadorosi in Kriminalistik 2003, 403 (403).
2256 BT-Drucksache 13/1550 S. 28; Sehr in Kriminalistik 1999, 532 (536); Paeffgen in JZ 1991, 441 (444 – Fn. 112); Kersten in Kriminalistik 1987, 357 (358); Kersten in Kriminalistik 1987, 325 (326); Küster in Kriminalistik 1983, 18 (19).
2257 Zöller, Informationssysteme und Vorfeldmaßnahmen von Polizei, Staatsanwaltschaft und Nachrichtendiensten, S. 148.

Kapitel 3: Die Entwicklung des Datenschutzes im Strafprozessrecht

6.3 des Musters für die KpS- Richtlinien datei- bzw. aktentypische Regelungen enthielten. Abweichend vom *BDSG 1977* und dem *AEPolG* entsprechend bezogen sich die Beschränkungen der zu erstellenden KpS- Richtlinien gem. Ziffer 1.3 der Muster- KpS- Richtlinie nicht nur auf Dateien sondern wie das *BDSG 1990* auch auf Akten[2258]. In den Ziffern 10.2 bzw. 10.3 sowie in den Ziffern 10.5 und 11.6 wurde unter Verweis auf Ziffer 2 der Dateienrichtlinie 1981 zwischen Zentral-, Verbund- und Amtsdateien differenziert[2259].

1. Amtsdateien

Amtsdateien sind entsprechend Ziffer 2.3 der Dateienrichtlinie 1981 vom BKA automatisch oder manuell geführte Dateien, die der Verwaltung der im Zusammenhang mit der Wahrnehmung der Aufgaben nach anfallenden Vorgängen dienen. Es handelt sich um interne Dateien des BKA zur Erfüllung von deren eigenen Aufgaben[2260], die weder als Verbunddatei noch als Zentraldatei mit externer Zugriffberechtigung geführt werden[2261]. Sie dienen zum Beispiel der Auswertung von Erkenntnissen zu bestimmten Kriminalitätsphänomenen, z.B. der Rauschgiftkriminalität, der Kinderpornografie oder anderen Projekten mit Bezug zur Kriminalitätsbekämpfung[2262] als Teil der Aufgabe des BKA aus § 2 Abs. 2 Nr. 2 BKAG[2263]. Im Hinblick auf die Aufgaben des BKA aus § 4a Abs. 1 Satz 1 und 2 BKAG wurden als Amtsdateien etwa die Dateien „Internationaler Terrorismus – Gefahrenabwehrsachverhalte" und „Internationaler Terrorismus – Gefahrermittlungssachverhalte" errichtet, um hierin gem. § 20v Abs. 4 Satz 2 Nr. 1 BKAG Daten zu speichern, die dem BKA zur Erfüllung von dessen Aufgabe aus § 4a BKAG übermittelten wurden[2264]. Gem. § 483 Abs. 1 StPO führt das

---

2258 Kapitel 1 C. I. 2. c. bb. (S. 74).
2259 BT-Drucksache 17/2803 S. 2.
2260 Petri in Lisken/Denninger, HbdPolR, 5. Auflage, G Rn. 77.
2261 Ahlf in Ahlf/Daub/Lersch/Störzer, BKAG, § 11 Rn. 38; Zöller, Informationssysteme und Vorfeldmaßnahmen von Polizei, Staatsanwaltschaft und Nachrichtendiensten, S. 141 (Fn. 19).
2262 BT-Drucksache 17/2803 S. 16, 17, 18, 19, 24, 26.
2263 Kersten in FS für Herold, S. 21 (25).
2264 BT-Drucksache 17/7307 S. 7.

BKA darüber hinaus als Ermittlungsbehörde i.S.d. § 4 BKAG für jedes Ermittlungsverfahren eine eigene Strafverfahrensdatei[2265].

2. Verbunddateien

Verbunddateien waren gem. Ziffer 2.1 der Dateienrichtlinie 1981 vom BKA als Zentralstelle für den elektronischen Datenverbund zwischen Bund und Ländern geführte

> Dateien, bei denen unbeschadet eigener Dateneingaben durch das BKA,
> die anderen Verbundteilnehmer verpflichtet sind, die Daten in eigener Verantwortung auf Stromwegen in der Weise anzuliefern, das die Speicherungen sowie die erforderlichen Veränderungen und Löschungen nach nur maschineller Prüfung vorgenommen werden können und
> die Dateien zum unmittelbaren Abruf durch die Verbundteilnehmer bereitgehalten werden[2266].

Verbundteilnehmer konnten also andere Polizeien sowie nach besonderer Zulassung durch die Innenminister und -senatoren der Länder auch andere öffentliche Stellen unter Berücksichtigung ihrer besonderen Aufgaben sein[2267]. Ziel der Erfassung von personenbezogenen Daten in Verbunddateien war es, die gesammelten Informationen überregional als Entscheidungsbasis und Aktennachweissystem verfügbar zu machen und auf diese Weise zur Verhütung und Verfolgung von Straftaten sowie zur Gefahrenabwehr beizutragen[2268]. Vorrangiges Anliegen des AK II beim Aufbau des polizeilichen Informationssystems war es, die heute in §§ 8 und 9 BKAG geregelten Anwendungen von INPOL- Bund, also die Personen- und Sachfahndung, die Haftdatei, der Kriminalaktennachweis sowie die Dateien des Erkennungsdienstes, gegenüber anderen Anwendungen beschleunigt zu rea-

---

2265 BT-Drucksache 17/2803 S. 2.
2266 BT-Drucksache 13/1550 S. 24; Petri in Lisken/Denninger, HbPolR, 5. Auflage, G Rn. 77; Ahlf in Ahlf/Daub/Lersch/Störzer, BKAG, § 7 Rn. 1; Störzer in Ahlf/Daub/Lersch/Störzer, BKAG, § 34 Rn. 6; Zöller, Informationssysteme und Vorfeldmaßnahmen von Polizei, Staatsanwaltschaft und Nachrichtendiensten, S. 141 (Fn. 12); Arzt in NJW 2011, 352 (352); Arzt/Eier in DVBl. 2010, 816 (818); Störzer in Kriminalistik 2006, 184 (185).
2267 BVerwG in NJW 2011, 405 (405).
2268 BT-Drucksache 17/2803 S. 4.

Kapitel 3: Die Entwicklung des Datenschutzes im Strafprozessrecht

lisieren[2269]. Dieser Entwicklungsprozess war bei Inkrafttretens des *BKAG 1997* weitestgehend abgeschlossen.

Weiterer Bestandteil von in INPOL- alt war das Spurendokumentationssystem SPUDOK[2270]. SPUDOK- Dateien wurden vorzugsweise eingesetzt, wenn in einem Ermittlungsverfahren wegen eines Kapitalverbrechens oder einer ähnlich herausragenden Straftat eine große Zahl an Hinweisen und Spuren anfällt[2271]. Sie dienten bei umfangreichen Ermittlungsverfahren zur temporären Dokumentation von Hinweisen, ermittlungsrelevanten sachlichen Spuren wie etwa Tatmittelnachweisen[2272], polizeilichen Maßnahmen sowie Ermittlungsergebnissen und hatte zum Ziel, aufeinander abgestimmte Ermittlungen zu führen[2273]. Durch die zeitlich begrenzte Sammlung und Speicherung des Spuren- und Hinweisaufkommens sowie polizeilicher Maßnahmen und Ermittlungsergebnisse sollten auf einen konkreten Fall bezogene Ermittlungsmaßnahmen abgestimmt werden[2274]. In die beim BKA betriebenen SPUDOK- Dateien speicherten die Polizeien des Bundes und der Länder ihre Daten nicht über Rechnerverbindungen ein, sondern auf Stromwegen mittels direkt an die BKA- Anlagen angeschlossenen Terminals[2275]. Die SPUDOK- Dateien konnten bis zum Beginn des 21. Jahrhunderts zu Verbunddateien ausgebaut werden[2276], ohne dass sich die Befugnis zu deren Betrieb ohne weiteres aus den §§ 8 und 9 BKAG entnehmen ließ.

3. Zentraldateien

Zentraldateien waren gem. Ziffer 2.2 der Dateienrichtlinie 1981 vom BKA als Zentralstelle i.S.d. heutigen § 2 Abs. 1, 2 und 4 BKAG geführte Dateien, bei denen die Daten nicht wie bei einer Verbunddatei angeliefert und abgerufen werden, sondern von den Polizeien des Bundes und der Länder an das

---

2269 Kersten in Kriminalistik 1987, 357 (357).
2270 Schenke, POR, Rn. 11; Kersten in Kriminalistik 1987, 325 (326); Küster in Kriminalistik 1983, 18 (42/43).
2271 Küster in Kriminalistik 1983, 18 (43).
2272 Kersten in Kriminalistik 1987, 325 (326).
2273 Kersten in Kriminalistik 1987, 325 (329); Küster in Kriminalistik 1983, 18 (43).
2274 Petri in Lisken/Denninger, HbdPolR, 5. Auflage, G Rn. 84; Zöller, Informationssysteme und Vorfeldmaßnahmen von Polizei, Staatsanwaltschaft und Nachrichtendiensten, S. 145.
2275 Kersten in Kriminalistik 1987, 325 (326).
2276 Gadorosi in Kriminalistik 2003, 403 (405).

BKA in Papierform, mittels Fax oder per Email übermitteln und erst nach Empfang ausschließlich durch das BKA in die Datei eingegeben wurden[2277]. Vor Abschluss des Entwicklungsprozesses des heutigen polizeilichen Informationssystems INPOL-neu im Jahre 2003 konnten die heutigen Verbunddateien des BKA mit Blick auf einzelne Bundesländer je nach Entwicklungsstand der dort betriebenen Informationssysteme als Zentral- oder Verbunddateien angesehen werden[2278]. Nicht sämtliche der an dem Verbundsystem beteiligten Polizeien verfügten von Anfang an über Informationssysteme, die mit dem vom BKA betriebenen System INPOL-alt kompatibel waren[2279]. So zählte zum Zeitpunkt des Erlasses der Dateienrichtlinie 1981 das heutige automatisierte Fingerabdrucksystem (AFIS) ebenso wie andere der heutigen Verbunddateien noch zu den Zentraldateien[2280]. Auch zu den Falldateien in INPOL-alt zählten neben den als Verbunddateien geführten Falldateien wie etwa die Falldatei Rauschgift, in der entsprechend der PDV 386.1 aufgrund des Sondermeldedienstes Rauschgift meldepflichtigen Ermittlungsverfahren mit Bezug zur Rauschgiftkriminalität gespeichert wurden[2281], die zunächst als Zentraldateien betriebenen Falldateien über Straftaten gegen das Leben, die persönliche Freiheit, die sexuelle Freiheit sowie Erpressungen, Raubüberfälle, Straftaten gegen das Waffen-, Sprengstoff-, Kriegswaffenkontroll- sowie Außenwirtschaftsgesetz und Straftaten im Bereich der Scheck- und Falschgeldkriminalität[2282].

Im Jahre 1976 waren dann anlässlich der Vorbereitungen des Baader-Meinhof- Prozesses die ersten PIOS- Dateien in INPOL-alt zur Ermittlungsunterstützung in bestimmten Kriminalitätsbereichen eingerichtet worden, um den Inhalt der Ermittlungsakten den Sammelbegriffen Personen, Institutionen, Objekte, Sachen zuzuordnen, und so einen ganzen Kriminalitätsbereich effektiv beobachten zu können[2283]. Bei den PIOS- Dateien handelte es sich um zentrale Aktenerschließungssysteme[2284], mit deren Hilfe eine

---

2277 BT-Drucksache 13/1550 S. 24; Kersten in Kriminalistik 1987, 325 (329).
2278 Kersten in Kriminalistik 1987, 325 (327); Küster in Kriminalistik 1983, 18 (43).
2279 Kersten in Kriminalistik 1987, 325 (326/327); Küster in Kriminalistik 1983, 18 (19/20, 43).
2280 BT-Drucksachen 13/1550 S. 28; 17/7307 S. 10 (Ziffer 53, 55).
2281 Küster in Kriminalistik 1983, 18 (42).
2282 Kersten in Kriminalistik 1987, 325 (329); Küster in Kriminalistik 1983, 18 (42).
2283 Zöller, Informationssysteme und Vorfeldmaßnahmen von Polizei, Staatsanwaltschaft und Nachrichtendiensten, S. 146; Kersten in Kriminalistik 1987, 325 (326).
2284 Paeffgen in JZ 1991, 441 (444 – Fn. 112); Kersten in Kriminalistik 1987, 325 (326, 327); Küster in Kriminalistik 1983, 18 (42).

Fülle von Einzelinformationen geordnet, sortiert und koordiniert werden konnte[2285], und die in Zeiten von INPOL- alt ebenfalls als Zentraldateien geführt wurden. Diese waren wie die Falldateien von dem Meldeaufkommen des KPMD und der Sondermeldedienste abhängig[2286]. Sie dienten dazu, die relevanten Einzeltatsachen aus Ermittlungsakten mit ihren Querbezügen recherchefähig darzustellen und für beliebige ermittlungsdienliche Feststellungen zu erschließen[2287]. In der Folgezeit wurden in INPOL- alt beispielsweise

- die Arbeitsdatei PIOS Innere Sicherheit (APIS),
- die Arbeitsdatei PIOS Landesverrat (APLV) und
- die Arbeitsdatei PIOS Organisierte Kriminalität (APOK)

als PIOS- Dateien eingerichtet[2288]. Wesensmerkmal der PIOS-Dateien war es, dass von unterschiedlichen Polizeidienststellen geführte Strafverfahren nicht nur aufgrund der Personalien eines namentlich bekannten Beschuldigten zusammengeführt wurden sondern auch mit Hilfe der Daten von Opfern, anzeigenden oder gefährdeten Personen oder Inhabern von Tatmitteln, wie beispielsweise Wohnungen, Waffen oder Fahrzeugen[2289]. Daher war der Zugriff auf PIOS nur einer beschränkten Zahl von Dienststellen, insbesondere den Landeskriminalämtern, gestattet[2290]. Die ursprünglich als Zentraldateien geführten PIOS- Dateien konnten bis zum Beginn des 21. Jahrhunderts im Zuge der Einführung von INPOL- neu in den als Falldateien geführten Verbunddateien aufgehen[2291].

II. Die Aufgabe des BKA als Zentralstelle für das Auskunfts- und Nachrichtenwesen und die Kriminalpolizei nach dem Volkszählungsurteil

Trotz der Erkenntnisse des Volkszählungsurteils bestand in den 1980er Jahren sowohl auf Seiten des Bundes als auch der Länder die diesem entgegenstehende Auffassung, dass es keiner gesetzlicher Ermächtigung für die po-

---

2285 Kniesel/Vahle, Kommentierung VE ME PolG, Rn. 106.
2286 Kersten in Kriminalistik 1987, 325 (326, 329, 330).
2287 Paeffgen in JZ 1991, 441 (444 – Fn. 112); Küster in Kriminalistik 1983, 18 (42).
2288 Ahlf in Ahlf/Daub/Lersch/Störzer, BKAG, § 11 Rn. 22; Kersten in Kriminalistik 1987, 325 (329); Küster in Kriminalistik 1983, 18 (42).
2289 Paeffgen in JZ 1991, 441 (444 – Fn. 112).
2290 Paeffgen in JZ 1991, 441 (444 – Fn. 112); Küster in Kriminalistik 1983, 18 (42).
2291 Gadorosi in Kriminalistik 2003, 403 (405).

lizeiliche Verarbeitung personenbezogener Daten sondern vielmehr flexibler Regeln bedürfte, die nur mit Hilfe von Verwaltungsvorschriften in die Praxis umgesetzt werden könnten; Die Transparenz der Verarbeitungsbedingungen könne auch auf diese Weise ausreichend sichergestellt werden[2292]! Die auf die Aufgabe des BKA als Zentralstelle für das polizeiliche Auskunfts- und Nachrichtenwesen und die internationale kriminalpolizeiliche Zusammenarbeit bezogene Dateienrichtlinie 1981 verlor daher erst mit dem Inkrafttreten des *BKAG 1997* ihre Bindungswirkung und kann seither allenfalls als Auslegungshilfe herangezogen werden. Durch das *BKAG 1997* wurden erstmals rechtliche Rahmenbedingungen geschaffen, die das BKA zum Betrieb von automatisierten Dateien ermächtigen. Seither ist das Führen des polizeilichen Informationssystems (INPOL) gem. § 2 Abs. 3 BKAG Teil der Aufgabe des BKA als Zentralstelle für das polizeiliche Auskunfts- und Nachrichtenwesen und für die Kriminalpolizei. Die datenschutzrechtlich relevanten Bestimmungen des *BKAG 1997* basieren nicht mehr auf der Dateienrichtlinie 1981 sondern berücksichtigten im Hinblick auf die Eingriffsbefugnisse zur Speicherung und Nutzung der gespeicherten Daten bereits den Regierungsentwurf des bis zum Ende der 13. Legislaturperiode nicht mehr verabschiedeten *StVÄG 1996*. So finden sich in den heutigen §§ 7 bis 10, 27 bis 34, 37 BKAG ebenso wie in den §§ 21 bis 37 BPolG den im Volkszählungsurteil aufgestellten Forderungen Rechnung tragende bereichsspezifische Bestimmungen über den Datenschutz i.w.S.[2293]. Mit den §§ 7 ff BKAG 1997 hat der Bund aber auch Befugnisse zu Eingriffen in das Grundrecht auf informationelle Selbstbestimmung erlassen, die die Erfüllung der Aufgabe des BKA als Zentralstelle für das polizeiliche Auskunfts- und Nachrichtenwesen ermöglichen. Daher stellt sich die Frage, woraus der Bund bezogen auf die Aufgabe des BKA als Zentralstelle für das polizeiliche Auskunfts- und Nachrichtenwesen die Gesetzgebungskompetenz ableitet, um dem Volkszählungsurteil entsprechende gesetzliche Regelungen zur Rechtfertigung der bisherigen polizeiliche Praxis der Datenverarbeitung zu erlassen.

2292 Simitis in Simitis, BDSG, Einleitung Rn. 17.
2293 Kapitel 2 B. I. 5. (S. 352) / II. 6. (S. 361); BVerwG in NJW 2011, 405 (405); Ebert/Seel, ThürPAG, Vorbemerkungen Rn. 4.

1. Die Gesetzgebungskompetenz des Bundes für die Aufgabe des BKA als Zentralstelle für das polizeiliche Auskunfts- und Nachrichtenwesen

Der Bund ist nur dann verpflichtet, die Datenverarbeitung zur Erfüllung der Aufgabe des BKA als Zentralstelle für das polizeiliche Auskunfts- und Nachrichtenwesen über den im *BDSG* geregelten Datenschutz i.w.S. hinaus gesetzlich zu reglementieren, wenn die vom BKA praktizierte Datenverarbeitung mit Eingriffen in das durch das Volkszählungsurteil anerkannte Grundrecht auf informationelle Selbstbestimmung verbunden ist. Im Lichte des Volkszählungsurteils wäre die praktische Umsetzung der in Art. 87 Abs. 1 Satz 2 GG vorgesehenen Funktion des BKA als Zentralstelle für das polizeiliche Auskunfts- und Nachrichtenwesen aufgrund des Fehlens einer gesetzlichen Legitimation für das Sammeln und Auswerten von vormals erhobenen Daten, die ihrerseits einen Eingriff in das Grundrecht auf informationelle Selbstbestimmung darstellen, nicht möglich gewesen. Damit der Bund gesetzliche Befugnisse erlassen kann, die das BKA zu Eingriffen in das Grundrecht auf informationelle Selbstbestimmung durch Speicherung, Übermittlung und Nutzung von personenbezogenen Daten ermächtigen, müsste für diesen ein entsprechender Kompetenztitel bestehen. Da aber die Erkenntnisse aus dem Volkszählungsurteil weder bei den Beratungen zu Art. 87 Abs. 1 Satz 2 GG noch bei der Überarbeitung der Art. 73 und 87 GG durch das *31. Änderungsgesetz des Grundgesetzes* vom 28.7.1972 bekannt waren, enthielt das Grundgesetz keinen Kompetenztitel, der den Bund außerhalb des Anwendungsbereichs des Art. 73 Abs. 1 Nr. 10 GG zur gesetzlichen Ausgestaltung der Aufgaben der nach Art. 87 Abs. 1 Satz 2 GG einzurichtenden Zentralstellen für das polizeiliche Auskunfts- und Nachrichtenwesen ermächtigte. Weder im Jahre 1949 noch in den darauf folgenden über 45 Jahren wurde in dem Handeln des BKA als Zentralstelle für das polizeiliche Auskunfts- und Nachrichtenwesen staatliches Handeln gesehen, das über schlichtes Verwaltungshandeln einer insoweit ohne Exekutivbefugnisse ausgestatteten Verwaltungsbehörde des Bundes hinausging[2294]. Nach der eingangs erwähnten zumindest bis in die 1980er Jahre vertretbaren Rechtsauffassung bedurfte es also in Ermangelung eines durch das BKA im Rahmen seiner Tätigkeit als Zentralstelle für das polizeiliche Auskunfts- und Nachrichtenwesen vollzogenen Grundrechtseingriffs weder im Jahre 1951

2294 Ahlf, Das BKA als Zentralstelle, S. 88; Riegel in BayVBl. 1983, 649 (650); Riegel in NJW 1983, 656 (657); Denninger in JA 1980, 280 (283); Lange in JR 1962, 166 (167).

noch in den darauf folgenden mehr als 30 Jahren keiner gesetzlichen Ermächtigungsgrundlage. Daher bedurfte es damals auch keiner dem Bund in den Art. 73 ff GG ausdrücklich zugewiesenen Gesetzgebungskompetenz, auf Grund derer eine solche Ermächtigungsgrundlage hätte erlassen werden müssen. Bei den Beratungen zum Grundgesetz bedurfte es zur Legitimation der mit der Funktion des BKA als Zentralstelle für das polizeiliche Auskunfts- und Nachrichtenwesen verbundenen Eingriffe keiner auf die Kompetenznorm des Art. 73 Nr. 10 GG a.F. zu stützenden und dem den Vorbehalt des Gesetzes aus Art. 20 Abs. 3 GG genügenden Ermächtigungsgrundlage.

Nach dem Volkszählungsurteil stellte sich daher die bis heute umstrittene Frage, ob sich die Gesetzgebungskompetenz des Bundes zur Realisierung der beiden unterschiedlichen Zentralstellenkompetenzen des Art. 87 Abs. 1 Satz 2 GG ausschließlich aus Art. 73 Abs. 1 Nr. 10 GG ergibt[2295], oder ob dies allein auf die Funktion des BKA als Zentralstelle für die Kriminalpolizei zutrifft, und die Gesetzgebungskompetenz des Bundes für das polizeiliche Auskunfts- und Nachrichtenwesen aus Art. 87 Abs. 1 Satz 2 GG abgeleitet werden darf[2296]. Zumindest der Zweck einer etwaigen zweckändernden Speicherung, Übermittlung oder Nutzung von personenbezogenen Daten als auch der Empfängerkreis der zu übermittelnden Daten muss sich bereits aus der zur Erhebung der Daten ermächtigenden Befugnisnorm, die ihrerseits eines Kompetenztitels bedarf, ergeben. Ergibt sich die Gesetzgebungskompetenz für den Datenschutz i.e.S. im Normalfall als Annex zu den Gesetzgebungskompetenzen aus Art. 70, 73 ff GG, so ergibt sich die Gesetzgebungskompetenz hinsichtlich der nach Art. 87 Abs. 1 Satz 2 GG errichteten Zentralstelle für das polizeiliche Auskunfts- und Nachrichtenwesen ausnahmsweise kraft Natur der Sache aus der dieser Verwaltungskompetenz immanenten Gesetzgebungskompetenz zur Errichtung einer Zentralstelle für das polizeiliche Auskunfts- und Nachrichtenwesen und für die Kriminalpolizei, die die äußerste Grenze der Verwaltungskompetenz bildet[2297]. Vom Grundsatz, dass die Gesetzgebungskompetenz des Bundes aus Art. 73

2295 Burgi in v. Mangoldt/Klein/Starck, GG, Bd. 3, Art. 87 Rn. 45; Schreiber NJW 1997, 2137 (2140); Sachs in Sachs, GG, Art. 87 Rn. 40; Werthebach/Droste in BK, 87. Lieferung 1998, Art. 73 Nr. 10 Rn. 129; Gärditz, Strafprozeß und Prävention, S. 262 ff; vgl. jetzt auch BVerfG n NJW 2013, 1499 (1501 = Rn. 97).
2296 Ahlf, Das BKA als Zentralstelle, S. 79; Lersch in Ahlf/Daub/Lersch/Störzer, BKAG, § 4 Rn. 2; Ahlf in Ahlf/Daub/Lersch/Störzer, BKAG, § 2 Rn. 8; Abbühl, Der Aufgabenwandel des BKA, S. 88; Broß/Mayer in v. Münch/Kunig, GG, Bd. 2, Art. 87 Rn. 16; Gusy in DVBl. 1993, 1117 (1125).
2297 BVerfGE 12, 205 (229).

und 74 GG die äußerste Grenze der Verwaltungskompetenz des Bundes aus Art. 86 ff GG ist[2298], besteht eine Ausnahme für gesetzgeberische Organisationsregelungen zu den Gegenständen der Bundesverwaltung. Daher obliegt dem Bund über Art. 73 und 74 GG hinaus die Gesetzgebung für die Bundesverwaltung[2299], während den Ländern die Gesetzgebungskompetenz für die jeweilige Landesverwaltung zusteht. Zwar können Verwaltungskompetenzen niemals dort bestehen, wo der Bund keine Gesetzgebungskompetenz hat[2300], wohl aber können Gesetzgebungskompetenzen dort bestehen, wo der Bund von einer Zentralstellenkompetenz Gebrauch gemacht hat, obwohl für die zur Realisierung dieser besonderen Verwaltungskompetenz notwendige Gesetzgebung keine speziell geregelten Gesetzgebungskompetenzen bestehen. Der institutionelle Gesetzesvorbehalt aus Art. 87 Abs. 1 Satz 2 GG gesteht dem Bund zu, im vorgegebenen Rahmen mittels Gesetz über das „Ob" und „Wie" der Einrichtung einer Zentralstelle für das polizeiliche Auskunfts- und Nachrichtenwesen und damit den Umfang dieser Aufgaben zu entscheiden[2301].

Die Funktion der Zentralstellen geht darauf zurück, dass infolge der föderalen Kompetenzverteilung für identische Sachgebiete eine sachliche, länderübergreifende Zusammenarbeit unabdingbar ist, die durch das Amtshilfegebot des Art. 35 GG allein nicht sichergestellt werden kann[2302]. Schon mit § 2 BKAG 1951 hat sich der Bund nicht nur für die Errichtung einer Zentralstelle für die Kriminalpolizei, für die ihm die Gesetzgebungskompetenz sowohl auf nationaler als auch auf internationaler Ebene aus Art. 73 Abs. 1 Nr. 10 GG zusteht, sondern auch für eine Zentralstelle für das polizeiliche Auskunfts- und Nachrichtenwesen entschieden. Die Zentralstellen für das polizeiliche Auskunfts- und Nachrichtenwesen und für die Kriminalpolizei wurden im Bundeskriminalamt als eine nachgeordnete Behörde des Bundesinnenministeriums vereinigt, die zugleich das in Art. 73 Abs. 1

2298 BVerfGE 102, 167 (174); 78, 374 (386/387); 15, 1 (16/17); 12, 205 (229); BVerwGE 110, 9 (14); 87, 181 (184).
2299 Pieroth in Jarass/Pieroth, GG, Art. 83 Rn. 2.
2300 BVerfGE 12, 205 (229).
2301 Burgi in v. Mangoldt/Klein/Starck, GG, Bd.3, Art. 87 Rn. 36; Ziff. 4 des Polizeibriefs vom 14.4.1949 abgedruckt in Werthebach/Droste in BK, 87. Lieferung 1998, Art. 73 Nr. 10 Rn. 10; Gusy in DVBl. 1993, 1117 (1126).
2302 Denninger/Poscher in Lisken/Denninger, HbdPolR, 5. Auflage, B Rn. 155.

Nr. 10 GG genannte Bundeskriminalpolizeiamt umfasst[2303]. Ist das „Wie" der Einrichtung und der damit verbundenen Führung einer Zentralstelle durch den Bund zwangsläufig mit Grundrechtseingriffen verbunden, muss dem Bund insofern auch die erforderliche Gesetzgebungskompetenz zustehen.

Vom BKA in Dateien zu speichernde Daten werden fast ausschließlich durch die die Daten zur Verfügung stellenden Landespolizeien und nur in einem geringen Umfang vom BKA in dessen Funktion als Zentralstelle für die Kriminalpolizei erhoben[2304]. Das „Wie" der kriminalpolizeilichen Daten*erhebung* wird auf Grundlage des Art. 74 Abs. 1 Nr. 1 GG unabhängig davon geregelt wird, welche Polizei – also das BKA, die BPol oder eine der 16 Landespolizeien – die von der Zentralstelle für das polizeiliche Auskunft und Nachrichtenwesen zu verwaltenden Daten erhebt. Demgegenüber wird die ebenfalls in das Grundrecht auf informationelle Selbstbestimmung eingreifende *Speicherung durch das BKA* einschließlich der *Übermittlung* der beim BKA gespeicherten Daten *durch das BKA* auf Grundlage des Kompetenztitels des Art. 87 Abs. 1 Satz 2 BKAG geregelt, während die *Übermittlung* der durch die Länder zu repressiven oder präventiv- polizeilichen Zwecken erhobenen Daten durch die Länder *an das BKA* ebenso wie gegebenenfalls die vorherige *Speicherung* dieser Daten *durch die Polizeien der Länder* zumindest seit Erlass der §§ 483 ff StPO durch das *StVÄG 1999* nach den für diese geltenden Polizeigesetz geregelt ist. Entsprechendes gilt für zu repressiven oder präventiv- polizeilichen Zwecken durch die BPol erhobenen Daten. Somit folgt bereits aus § 2 BKAG 1951, dass sich die Gesetzgebungskompetenz des Bundes für die Ausgestaltung der Aufgabe des BKA als Zentralstelle für das polizeiliche Auskunfts- und Nachrichtenwesen i.S.d. heutigen §§ 2, 7 ff BKAG entgegen der in der Literatur häufig anzutreffenden Auffassung nicht vorrangig aus Art. 73 Abs. 1 Nr. 10 GG[2305] sondern dessen Verwaltungskompetenz aus Art. 87 Abs. 1 Satz 2 GG entsprechend

---

[2303] Pieroth in Jarass/Pieroth, GG, Art. 87 Rn. 6; Burgi in v. Mangoldt/Klein/Starck, GG, Bd. 3, Art. 87 Rn. 48; a.A. Werthebach/Droste in BK, 87. Lieferung 1998, Art. 73 Nr. 10 Rn. 128; Oebbecke in Isensee/Kirchhof, HbStR, Bd. VI, § 136 Rn. 123; Becker in DÖV 1978, 551 (553).

[2304] Riegel in NJW 1983, 656 (657).

[2305] A.A. Bäcker, Terrorismusabwehr durch das BKA, S. 22; Bull in AK, Bd. 2, Art. 87 Rn. 91; Gärditz, Strafprozeß und Prävention, S. 263; Burgi in v. Mangoldt/ Klein/ Starck, GG, Bd. 3, Art. 87 Rn. 45; Sachs in Sachs, GG, Art. 87 Rn. 40; Schreiber NJW 1997, 2137 (2140).

kraft Natur der Sache ergibt[2306]. Allerdings folgt aus der das polizeiliche Auskunfts- und Nachrichtenwesen betreffenden Eigenschaft des BKA als Zentralstelle, dass das *BKAG* den Ländern nicht die Organisation derjenigen Behörden vorschreiben kann, die mit dem BKA zusammenarbeiten, jedoch dürfen die Länder ihre Behörden auch nicht so organisieren, dass keine vertrauensvolle Zusammenarbeit mehr gewährleistet ist[2307]. So haben die Länder die Pflicht, dem BKA Daten zur Erfüllung dieser Aufgabe zur Verfügung zu stellen. Hieraus folgt jedoch keine Kompetenz des Bundes, dem BKA Befugnisse einzuräumen den Landespolizeien gegenüber Weisungen hinsichtlich der Bereitstellung von Daten zu erteilen[2308]. Eine Beschränkung der Souveränität der Bundesländer durch die Funktion des BKA als Zentralstelle für das polizeiliche Auskunfts- und Nachrichtenwesen ist daher ausgeschlossen.

Dass eine Gesetzgebungskompetenz aus Art. 73 Abs. 1 Nr. 10 GG nicht in Betracht kommt, ist historisch bedingt. Nach Auffassung der damaligen Verfassungsgeber bedurfte es keiner über Art. 87 Abs. 1 Satz 2 GG hinausgehenden Gesetzgebungskompetenz für das polizeiliche Auskunfts- und Nachrichtenwesen. Zwar hieß es in Ziffer 3 des Polizeibriefs vom 14.4.1949 noch:

„Die Befugnisse, Zuständigkeiten und Aufgaben ... für jede zu errichtende Polizeibehörde sollen durch Bundesgesetz vorgegeben werden, dass Gegenstand einer Überprüfung der Militärgouverneure wird, wobei es verboten ist, dass eine Bundespolizeibehörde eine Befehlsgewalt über irgendeine Landespolizei- oder Ortspolizeibehörde hat."

Wenn damals in Ermangelung der Kenntnis über einen mit der Tätigkeit des BKA als Zentralstelle für das polizeiliche Auskunfts- und Nachrichtenwesen verbundenen Grundrechtseingriff kein Bedarf für einen Kompetenztitel bestand, bestand auch kein Grund, dem Bund durch Art. 73 Nr. 10 GG insoweit einen Kompetenztitel einzuräumen. Daher steht dem Bund kraft Natur der Sache die Gesetzgebungskompetenz darüber zu, ob und inwieweit das BKA als Zentralstelle für das polizeiliche Auskunfts- und Nachrichtenwesen personenbezogene Daten, die durch die BPol, die Polizeien der Länder oder das BKA selbst in Erfüllung von deren repressiver oder präventiv- polizeilicher

---

2306 BVerfGE 12, 205 (229); Abbühl, Der Aufgabenwandel des BKA, S. 88; Ahlf, Das BKA als Zentralstelle, S. 79; Ahlf in Ahlf/Daub/Lersch/Störzer, BKAG, § 2 Rn. 8; Gusy in DVBl. 1993, 1117 (1125).
2307 Kunig in v. Münch/Kunig, GG, Bd. 2, Art. 73 Rn. 42.
2308 Becker in DÖV 1978, 551, (554); Riegel in NJW 1983, 656 (657).

Aufgaben erhoben wurden, speichert, bei Bedarf an die übrigen Polizeien übermittelt oder selbst zur Erfüllung von dessen in §§ 4, 4a, 5 und 6 BKAG genannten Aufgaben nutzt.

2. Die Notwendigkeit von Rechtsverordnungen i.S.d. § 7 Abs. 6 BKAG a.F.[2309] und § 11 Abs. 4 Satz 3 und Abs. 5 BKAG

Bezogen auf die Aufgabe des BKA als Zentralstelle für das polizeiliche Auskunfts- und Nachrichtenwesen hatte das Volkszählungsurteil zur Folge, dass die Verarbeitung personenbezogener Daten in den vom BKA geführten Dateien zur Erfüllung dieser Aufgabe sowie deren Nutzung durch das BKA in Erfüllung von deren Aufgaben aus §§ 2 bis 6 BKAG durch formelles Gesetz bereichsspezifisch und präzise geregelt werden musste[2310]. Da mit der Aufgabe des BKA als Zentralstelle für das polizeiliche Auskunfts- und Nachrichtenwesen die Speicherung und Übermittlung von meist durch andere Polizeien auf repressiver oder präventiv- polizeilicher Grundlage erhobenen Daten bzw. von in Erfüllung von dessen Aufgaben aus §§ 4, 4a, 5 und 6 BKAG 1997 erhobenen Daten verbunden ist, hat sich der Zweck und damit auch die Art und der Umfang der zu speichernden Daten grundsätzlich ebenso aus den zur Erhebung ermächtigenden Befugnissen aus der *StPO*, dem *OWiG* oder aus den Polizeigesetze von Bund und Ländern zu ergeben wie die Bestimmungen über den Datenschutz i.w.S.[2311]. Ob die einzelnen Gesetzgeber diesen Anforderungen heute genügen, bleibt zu prüfen[2312].

Infolge der im Volkszählungsurteil anerkannten Notwendigkeit von Befugnisnormen für das Speichern, Übermitteln und Nutzen von Daten, die unmittelbar in dem zur Erhebung ermächtigenden Gesetz geregelt sein müssen, kommt dem in § 7 Abs. 6 BKAG a.F. vorgesehenen Erlass einer Rechtsverordnung heute keine Bedeutung mehr zu[2313]. Nur falls deren Berechtigung heute noch zu bejahen wäre, würde sich die nach wie vor diskutierte Frage stellen, ob eine Rechtverordnung i.S.d. § 7 Abs. 6 BKAG a.F. konsti-

---

2309 = § 7 Abs. 11 BKAG i.d.F. vom 1.7.2013.
2310 Simitis in Simitis, BDSG, Einleitung Rn. 17, 49.
2311 BVerfG in NJW 2012, 1419 (1422/1423); BVerfGE 125, 260 (310); 120, 378 (400/401); 110, 33 (70); 109, 279 (375 ff); 100, 313 (360, 372, 387/388); 65, 1 (46).
2312 Kapitel 5 A. II. (S. 664) / II. 2. b. (S. 765).
2313 A.A. Arzt in NJW 2011, 352 (352).

Kapitel 3: Die Entwicklung des Datenschutzes im Strafprozessrecht

tutive[2314] oder lediglich deklaratorische Voraussetzung für die Einrichtung von Dateien beim BKA ist[2315]. Auch wird es teilweise für möglich gehalten, dass § 7 Abs. 6 BKAG nur für „sonstige Dateien" außerhalb der Verbunddateien gilt[2316]. Gem. § 7 Abs. 6 BKAG bestimmt das Bundesministerium des Innern mit Zustimmung des Bundesrates mittels Rechtsverordnung *das Nähere über die Art der Daten, die nach den §§ 8 und 9 BKAG gespeichert werden dürfen*. Wie die Ausführungen in Kapitel 5 zeigen, enthalten die durch das *StVÄG 1999* erlassenen strafprozessualen Öffnungsklauseln der §§ 81b, 81g, 131 ff, 483, 484 StPO i.V.m. den Aufnahmeklauseln der §§ 7 Abs. 3 und 4; 8, 9 und 34 BKAG bzw. § 29 Abs. 2 BGSG 1994 detaillierte Regelungen über den Zweck der Speicherung und der hierzu durchzuführenden Übermittlung von Daten[2317]. Gleichwohl hat der Bund als Reaktion auf die Entscheidung des NdsOVG vom 16.12.2008 (Az.: 11 LC 229/08)[2318] einen Tag vor der mündlichen Verhandlung der Revision vor dem BVerwG[2319] durch die *Verordnung über die Art der Daten, die nach den §§ 8 und 9 des Bundeskriminalamtgesetzes gespeichert werden dürfen (BKA- Daten- VO – BKADV)* vom 4.6.2010[2320] erstmals von der Verordnungsermächtigung aus § 7 Abs. 6 BKAG Gebrauch gemacht. Während die Überlegungen in Kapitel 5 ergeben, dass diverse Ziffern der *BKADV* keinen Bezug zur Realität haben und daher unbrauchbar sind[2321], wird hier geprüft, warum der Erlass der *BKADV* entgegen der vom BVerwG bestätigten Entscheidung des NdsOVG nicht zwingend war[2322].

Der Erlass von Rechtsverordnungen war in Zeiten des *BDSG 1977* unverzichtbares Mittel zur Transparenz gegenüber dem Bürger, weil die Datenverarbeitung gem. § 3 Satz 1 BDSG 1977 nicht nur *auf Grundlage eines Gesetzes* sondern auch *auf Grundlage einer anderen Rechtsvorschrift* zulässig war. Demgegenüber muss in Errichtungsanordnungen i.S.d. § 10h VE ME PolG bzw. § 10 Abs. 2 BDSG 1990 bezogen auf jede einzelne Datei der

---

2314 BVerwG in NJW 2011, 405 (406); Arzt in NJW 2011, 352 (352); Arzt/Eier in DVBl. 2010, 816 (821); May in NdsVBl. 2002, 41 (42).
2315 HessVGH in NJW 2005, 2727 (2732).
2316 Arzt in Die Polizei 2006, 159 (160).
2317 Kapitel 5 A. II. (S. 664).
2318 NdsOVG in NdsVBl. 2009, 135 ff; VG Wiesbaden in DuD 2011, 143 (143); a.A. HessVGH in NJW 2005, 2727 (2732); VG Mainz in DuD 2009, 195 (197);.
2319 BVerwG in NJW 2011, 405 ff; Arzt in NJW 2011, 352 (352).
2320 BGBl. 2010 I S. 716 bis 721.
2321 Kapitel 5 A. II. 1. b. (S. 684) / c. (S. 699) / f. (S. 740).
2322 BVerwG in NJW 2011, 405 (405/406); Arzt/Eier in DVBl. 2010, 816 (821).

in den gesetzlichen Bestimmungen vorgegebene Rahmen eingehalten werden. Der gesetzlich vorgegebene Rahmen kann aber im Zuge der Selbstbindung der Verwaltung durch Errichtungsanordnungen bzw. durch den Erlass von Verwaltungsvorschriften i.S.d. § 10h Abs. 1 Satz 3 VE ME PolG, auf deren Inhalt in der Errichtungsanordnung wiederum Bezug zu nehmen ist, näher eingeschränkt werden. Durch die gesetzliche Fiktion der speicherbaren Datenart wie auch der möglichen Datenempfänger wird damit der Bedeutung, die Rechtsverordnungen vor dem Volkszählungsurteil beim behördlichen Datenschutzes zukam, mehr als Genüge getan. So enthielt beispielsweise der AEPolG vom 26.11.1978 mit dem mit „*Rechnerunterstützte polizeiliche Informationssysteme*" betitelten § 45 AEPolG Ermächtigungen zum Erlass von Rechtsverordnungen hinsichtlich

– der Genauigkeit der gattungsmäßigen Bekanntmachung der in rechnerunterstützten polizeilichen Informationssystemen speicherbaren Daten (Abs. 1 Satz 2),
– der Festlegung des Löschungszeitpunktes (Abs. 2 Satz 1) und
– der Bestimmung der Gattung der zwischen der Polizei und anderen Behörden auszutauschenden Informationen sowie der am Informationsaustausch beteiligten Stellen (Abs. 3 Satz 1 und 3).

Dabei wurde bereits in § 45 Abs. 3 Satz 1 und 3 AEPolG als Mittel zur Bestimmung der Gattung der Informationen bzw. der beteiligten Stelle neben der Rechtsverordnung auch das Gesetz als möglich erachtet. Zumindest aber mit Hilfe von Rechtsverordnungen sollten der Öffentlichkeit diejenigen Informationen über die polizeilichen Informationssysteme verschafft werden, die zur politischen Beurteilung der Systeme im Rahmen einer öffentlichen Diskussion erforderlich sind[2323]. Da die Überzeugung der Öffentlichkeit, dass Polizeibehörden den Bürger belastende Informationen ohnehin nur sehr begrenzt kontrollierbar lebenslänglich speichern könnten, zu einer der schwersten Belastung des Verhältnisses der Bürger zu den Sicherheitsbehörden des Staates führen könnte, müsse diese aus politischen Gründen möglichst klein gehalten werden[2324]. Da aber seit dem Volkszählungsurteil jegliche speicherbaren Daten nach Anlass, Zweck und Adressaten ebenso wie die abrufberechtigten Behörden durch das zu deren Erhebung ermächtigende Gesetz bereichsspezifisch und präzise bestimmt werden müssen, wird dem hinter den Ermächtigungen aus § 45 AEPolG stehenden Gedanken

---

2323 AK Polizeirecht, AEPolG, S. 127.
2324 AK Polizeirecht, AEPolG, S. 128.

Kapitel 3: Die Entwicklung des Datenschutzes im Strafprozessrecht

der Information der Öffentlichkeit bereits durch die Notwendigkeit bereichsspezifischer und präziser gesetzlicher und daher zu veröffentlichender Regelungen ausreichend Rechnung getragen. Gerade deshalb wurden mittlerweile im straßenverkehrsrechtlichen oder telekommunikationsrechtlichen Bereich die Ende der 1990er Jahre in Form von Rechtsverordnungen erlassenen Bestimmungen durch formale Gesetze ersetzt[2325]. Dem veralteten Gedanken des § 45 AE PolG entsprechend verwies insbesondere § 10d Abs. 2 Satz 1 VE ME PolG noch auf *§ 6 BDSG 1977* bzw. den diesem entsprechenden Regelungen der Datenschutzgesetze der Länder. § 6 Abs. 2 Satz 1 BDSG 1977 berechtigte die Bundesregierung zumindest durch Erlass von Rechtsverordnungen mit Zustimmung des Bundesrates, *das Nähere über die* zum Schutz von in Dateien i.S.d. § 2 Abs. 3 Nr. 3 BDSG 1977 gespeicherten personenbezogenen Daten erforderlichen *technischen und organisatorischen Maßnahmen* fortzuschreiben. Dabei sollte gem. § 10d Abs. 2 Satz 2 VE ME PolG der in § 10h VE ME PolG vorgesehene Erlass von Errichtungsanordnungen unberührt bleiben. Die Notwendigkeit des Erlasses von Errichtungsanordnungen wiederum wird seit dem BKAG 1997 in Anlehnung an § 10h VE ME PolG in § 34 BKAG geregelt[2326]. Der in § 34 Abs. 1 Satz 1 BKAG geregelte, mit § 10h Abs. 1 Satz 1 VE ME PolG übereinstimmende Inhalt von Errichtungsanordnungen, die bei Dateien aus INPOL abweichend von § 10 Abs. 1 Satz 2 VE ME PolG gem. § 34 Abs. 2 BKAG neben der *Zustimmung des Bundesministers des Innern* auch *der Zustimmung der zuständigen Innenministerien und Senatsinnenverwaltungen der Länder* bedürfen, wurde zuvor bereits in den Ziffern 10 und 11 der Dateienrichtlinie 1981 konkretisiert[2327]. Im *BDSG 1977* gab es allerdings gerade noch keine dem § 10 Abs. 2 BDSG 1990 entsprechende Ermächtigung zum Erlass von Errichtungsanordnungen[2328]. Errichtungsanordnungen sollen gem. § 10 Abs. 2 Satz 2 Nr. 4 BDSG 1990 Bestimmungen über die nach § 9 BDSG 1990 erforderlichen technischen und organisatorischen Maßnahmen enthalten. Die in § 6 Abs. 2 Satz 1 BDSG 1977 enthaltene Ermächtigung zum Erlass einer Rechtsverordnung ist daher durch die gesetzliche Verpflichtung einer ein automatisiertes Abrufverfahren einrichtenden Stelle nach § 10 Abs. 2 Satz 2 und 3 BDSG bzw. § 18 Abs. 2 BDSG 1990 ersetzt worden. Während § 6 Abs. 1 BDSG 1977 in § 9 BDSG 1990 inhalt-

---

2325 Kapitel 1 D. I. (S. 119); 1 D. V. (S. 129).
2326 HessVGH in NJW 2005, 2727 (2732).
2327 Arzt/Eier in DVBl. 2010, 816 (821).
2328 Auernhammer, BDSG 1990, § 10 Rn. 1.

lich unverändert übernommen wurde und die Anlage zu § 6 Abs. 1 BDSG 1977 als Anlage zu § 9 Abs. 1 BDSG ebenso unverändert geblieben war, wurde im BDSG 1990 gerade die Ermächtigung zum Erlass von Rechtsverordnungen aus § 6 Abs. 2 Satz 1 BDSG 1977, wovon bis dahin noch nie Gebrauch gemacht worden war[2329], gestrichen. Die ursprünglich in § 6 Abs. 2 Satz 1 BDSG 1977 sowie einigen unmittelbar nach dem Volkszählungsurteil erlassenen Datenschutzgesetzen enthaltene Ermächtigung zum Erlass von Rechtsverordnungen über durchzuführende technisch- organisatorische Maßnahmen als Voraussetzung für die Einrichtung automatisierter Abrufverfahren ist daher durch die nach dem Volkszählungsurteil zwingend notwendig gewordene bereichsspezifische und präzise gesetzliche Bestimmung des Zwecks der Speicherung von Daten sowie der für den Schutz automatisiert abrufbarer personenbezogener Daten essentieller technischer und organisatorischer Maßnahmen i.S.d. §§ 10 Abs. 2; 18 Abs. 2 BDSG 1990 entbehrlich geworden. Muss bereits all das, was notwendig ist, um den Bürger wissen zu lassen, wer was wann bei welcher Gelegenheit über ihn weiß, schon im Gesetz geregelt werden, und wird dies in den Errichtungsanordnung nur wiederholt oder im Wege der Selbstbindung der Verwaltung allenfalls eingeschränkt, kann es sich bei dem, was untergesetzlich geregelt werden darf, nicht um etwas handeln, was die Öffentlichkeit zu wissen braucht. Es reicht aus, dass der Datenschutzbeauftragte dies überprüft[2330].

Ebenso entbehrlich geworden ist die Ermächtigung des Bundesministeriums des Innern zum Erlass von Rechtsverordnungen gem. § 11 Abs. 4 Satz 3 BKAG. Anstatt von dieser zuvor in § 11 Abs. 4 Satz 2 BKAG a.F. enthaltenen Ermächtigung Gebrauch zu machen, erließ der Bund mit dem *Gesetz zur effektiven Nutzung von Dateien im Bereich der Staatsanwaltschaften* vom 10.9.2004[2331] entsprechend der verfassungsrechtlichen Notwendigkeit der gesetzlichen Benennung der zur Nutzung der gespeicherten Daten berechtigten Behörde[2332] den neuen § 11 Abs. 4 Satz 2 Nr. 1 bis 3 BKAG. Dieser ermächtigt die Staatsanwaltschaften Fahndungsausschreibungen zur Festnahme und Aufenthaltsermittlung, Daten aus der Haftdatei und Daten aus der DNA- Analyse- Datei abzurufen. Gleiches gilt für § 11 Abs. 1 Satz 2 BKAG, wonach weitere in das polizeiliche Informationssystem aufzunehmende Verbunddateien i.S.d. § 34 Abs. 2 BKAG gem. § 11

2329 Auernhammer, BDSG 1990, § 9 Rn. 1.
2330 Arzt/Eier in DVBl. 2010, 816 (822).
2331 BGBl. 2004 I S. 2318 bis 2319.
2332 A.A. BVerfG in NJW 2013, 1499 (1507 = Rn. 140/141, 143/144).

Abs. 1 Satz 2 BKAG durch das Bundesministerium des Innern im Einvernehmen mit den Innenministerien und -senatoren der Länder bestimmt werden können[2333]. Da sich der Zweck und Adressat einer Speicherung von Daten aus dem hierzu ermächtigenden Gesetz ergeben müssen, und der Zweck der Datei, in der die Daten gespeichert werden, nicht über den Speicherungszweck der Daten hinausgehen kann, bedarf es heute keiner Rechtsverordnung mehr, die die in §§ 10 Abs. 2 Satz 2 Nr. 1 bis 4; 18 Abs. 2 Satz 1 Nr. 1 bis 7, Satz 2 BDSG genannten, bereits gesetzlich konkretisierten Festlegungen fixiert. Der in § 10d Abs. 2 Satz 1 VE ME PolG enthaltenen Verweis auf § 6 BDSG 1977 ist auf eine anfängliche Verkennung der durch die Anerkennung des Grundrechts auf informationelle Selbstbestimmung geänderten Bedeutung des Datenschutzes zurückzuführen und damit heute überflüssig.

Die Forderung des NdsOVG in dessen Entscheidung vom 16.12.2008 (Az.: 11 LC 229/08) nach dem Erlass einer Rechtsverordnung i.S.d. § 7 Abs. 6 BKAG a.F. mag daher darauf zurückzuführen sein, dass auch das niedersächsische Datenschutzgesetz in § 12 Abs. 2 Satz 1 bis 4 NDSG eine derartige Rechtsverordnung fordert. Diese Regelung sowie die entsprechenden Regelungen aus den Datenschutzgesetzen von Berlin, Bremen, Hamburg, Nordrhein-Westfalen und dem Saarland entsprechen jedoch nicht dem heutigen, aufgrund der Erkenntnisse aus dem Volkszählungsurteil zu fordernden datenschutzrechtlichen Standard[2334]. Das Nähere über die Art der zu speichernden Daten i.S. des Zwecks der Daten sowie der Adressat der Speicherung müssen in dem zur Erhebung bzw. Speicherung ermächtigenden Gesetz zu entnehmen sein, alles Übrige kann in Errichtungsanordnungen geregelt werden, die bereits vor der Errichtung der eine Speicherung von Daten technisch erst ermöglichenden Datei, unverzichtbar sind.

Wird die Auffassung vertreten, § 7 Abs. 6 BKAG a.F. (sowie § 11 Abs. 4 Satz 3 BKAG) enthielten Rechtsverordnungen von konstitutiver Bedeutung[2335], so übersehen deren Vertreter, dass sich der Zweck der Datenverarbeitung in polizeilichen Dateien wie denjenigen aus INPOL nicht allein aus §§ 7 ff BKAG sondern bereits aus den die Speicherung dieser in der Regel auf repressiver Grundlage erhobenen Daten neben den §§ 81b[2336],

---

2333 NdsOVG in NdsVBl. 2009, 135 (135).
2334 BVerwG in NJW 2011, 405 (406).
2335 BVerwG in NJW 2011, 405 (406); Arzt/Eier in DVBl. 2010, 816 (821).
2336 Kapitel 3 A. III. 5. (S. 397); Kapitel 5 A. II. 1. b. bb. (S. 692).

C. Folgen des StVÄG 1999 für das BKAG

81g[2337] StPO aus den mit dem *StVÄG 1999* erlassenen §§ 131 ff[2338], 483[2339], 484[2340] StPO ergibt. Da der Entwurf dieser Regelungen dem nicht nur für das Strafverfahrensrecht sondern auch für das *BKAG* zuständigen Bundesgesetzgeber bereits seit dem Jahre 1988 vorlag, und dieser Ende der 13. Legislaturperiode darauf vertrauen konnte, dass das *StVÄG 1996* zumindest in der 14. Legislaturperiode erlassen werden würde, konnte dieser Ende der 13. Legislaturperiode gestützt auf dessen Kompetenztitel für die Aufgabe des BKA als Zentralstelle für das polizeiliche Auskunfts- und Nachrichtenwesen und für die Kriminalpolizei zumindest das *BKAG 1997* erlassen. Der in § 7 Abs. 6 BKAG a.F. vorgesehenen Rechtsverordnung hätte es daher auf Bundesebene als Übergangslösung nur in dem Zeitraum bedurft, der zwischen dem Inkrafttreten des *BKAG 1997* und dem Inkrafttreten des *StVÄG 1999* lag. In diesem Zeitraum bestanden weder die Fahndungsbefugnisse der §§ 131 ff StPO noch die strafprozessualen Öffnungsklauseln der §§ 81g Abs. 5, 483 Abs. 3, 484 Abs. 4 StPO, so dass der Zweck der repressiven polizeilichen Speicherung von personenbezogenen Daten im polizeilichen Informationssystem gerade noch nicht bereichsspezifisch und präzise geregelt war. Durch Inkrafttreten der mit dem *StVÄG 1999* erlassenen Öffnungsklauseln i.V.m. den vorausschauend erlassenen Aufnahmeklauseln der §§ 7 bis 9 BKAG 1997 ist aber – ungeachtet etwaiger Mängel der hierdurch erlassenen Regelungen – die Notwendigkeit von Rechtsverordnungen, die sich i.S.d. § 7 Abs. 6 BKAG a.F. und § 11 Abs. 4 Satz 3 BKAG auf das Grundrecht auf informationelle Selbstbestimmung bezogenes eingriffsrelevantes polizeiliches Handeln beziehen, überflüssig geworden[2341].

Im Gegensatz zu der vor dem Volkszählungsurteil bestehenden datenschutzrechtlichen Rechtslage sind die in den Datenschutzgesetzen der Länder *Berlin, Bremen, Hamburg, Niedersachsen, Nordrhein-Westfalen* und dem *Saarland* vorgesehenen Rechtsverordnungen über die *Festsetzung von Datenart und Datenempfänger*[2342], die dort für die Einrichtung automatisierter Abrufverfahren vorgesehen sind, aufgrund der Erkenntnisse aus dem

---

2337 Kapitel 3 A. III. 5. (S. 397); Kapitel 5 A. II. 1. b. aa. (S. 686).
2338 Kapitel 3 A. III. 7. (S. 403); Kapitel 5 A. II. 1. a. bb. (1) (a) (S. 676) / (b) (S. 677).
2339 Kapitel 3 A. III. 7. (S. 403) / C. II. 1. (S. 448); Kapitel 5 A. II. 1. a. bb. (S. 741).
2340 Kapitel 3 A. III. 7. (S. 403) / C. II. 2. (S. 453); Kapitel 5 A. II. 2. c. (S. 699).
2341 A.A. Arzt/Eier in DVBl. 2010, 816 (822).
2342 Kapitel 1 C. I. 2. c. cc. (2) (S. 78).

Kapitel 3: Die Entwicklung des Datenschutzes im Strafprozessrecht

Volkszählungsurteils nicht mehr tragbar. Infolge der Gebote der Normenbestimmtheit und -klarheit müssen die Gesetzgeber nunmehr durch formelles Gesetz bereichsspezifisch und präzise regeln, welche Daten zu welchem Zweck gespeichert und an wen die gespeicherten Daten übermittelt werden dürfen[2343]. Damit ist das Wesentliche, also jedenfalls die Befugnisse zu Eingriffen in informationelle Rechtspositionen als Bestimmungen über den Datenschutz i.e.S. bereichsspezifisch in dem zur Erhebung der Daten ermächtigenden Gesetz zu regeln[2344]. Bestimmungen über den Datenschutz i.w.S. können unter Umständen in dem jeweils anzuwendenden Datenschutzgesetz geregelt werden. Da § 7 Abs. 6 BKAG nach Inkrafttreten des *StVÄG 1999* überflüssig geworden ist, hat sich die Frage, ob einer Rechtsverordnung i.S.d. § 7 Abs. 6 BKAG konstitutive oder nur deklaratorische Bedeutung zukommt, mittlerweile erledigt[2345]. Da der Datenschutz i.w.S. in den §§ 27 ff BKAG geregelt ist, und die notwendigen technisch- organisatorische Maßnahmen zum Datenschutz in den zu den einzelnen Dateien zu erlassenden Errichtungsanordnungen geregelt werden, bedarf es zur Exekution des Regelungsprogramms der §§ 7 Abs. 3 und 4; 8 und 9 BKAG keines Einziehens einer Zwischenebene zwischen den bestehenden gesetzliche Vorgaben einerseits und ihres Herunterbrechens auf die Ebene der Errichtungsanordnung andererseits mehr[2346].

D. Ergebnis

Seit dem Volkszählungsurteil versuchten die zuständigen Gesetzgeber, in der *StPO*, dem *OWiG* und den Polizeigesetzen von Bund und Ländern bereichsspezifische und präzise Befugnisnormen zur Datenerhebung, -nutzung und -verarbeitung aufzunehmen. Während die so erlassenen repressiven und präventiv- polizeilichen Befugnisse zur Erhebung von personenbezogenen Daten mittlerweile grundsätzlich präzise Regelungen erfahren haben, stim-

---

2343 BVerfGE 65, 1 (44, 61 ff); Arzt/Eier in DVBl. 2010, 816 (821); vgl. jetzt BVerfG in NJW 2013, 1499 (1507 = Rn. 140).
2344 BVerfG in NJW 2012, 1419 (1422/1423); BVerfGE 125, 260 (310); 120, 378 (400/401); 110, 33 (70); 109, 279 (375 ff); 100, 313 (360, 372, 387/388); 65, 1 (46); Schoch in Jura 2008, 352 (356/357); so auch BVerfG in NJW 2013, 1499 (1507 = Rn. 140).
2345 A.A. Arzt/Eier in DVBl. 2010, 816 (821).
2346 Papsthardt in Erbs/Kohlhaas, B 190, § 7 Rn. 4; a.A. Arzt/Eier in DVBl. 2010, 816 (821/822).

men die Befugnisse zur zweckändernden Datennutzung und -verarbeitung in weiten Teilen nach wie vor mit den gerade nicht bereichsspezifisch geregelten Vorgaben der §§ 4 ff, 14 ff BDSG überein und dürften daher nicht den Anforderungen an Normenbestimmtheit und -klarheit genügen.

Durch die zweckändernde Verwendung von personenbezogenen Daten, also deren Nutzung, Speicherung oder Übermittlung zu einem anderen als dem der Erhebung der Daten zu Grunde gelegten Zweck, wird ebenso wie durch deren Erhebung in das Grundrecht auf informationelle Selbstbestimmung oder dessen spezielle Ausprägungen in Art. 13 Abs. 1 GG, Art. 10 Abs. 1 GG sowie dem Grundrecht auf Vertraulichkeit und Integrität informationstechnischer Systeme eingegriffen. Daher bedarf es auch insofern bereichsspezifischer und präziser, von einem Kompetenztitel getragener Befugnisse. Deren Verfassungskonformität und Praktikabilität steht in Kapitel 4 auf dem Prüfstand.

Weiterhin hat sich der Meinungsstreit geklärt, ob die Gesetzgebungskompetenz für die polizeiliche Aufgabe der vorbeugenden Bekämpfung von Straftaten dem Bund zusteht, soweit es um die Erhebung und Nutzung personenbezogener Daten für Zwecke eines – auch künftigen – Strafverfahrens geht. Nur für Bestimmungen über die zweckändernde Speicherung von auf repressiver Grundlage erhobenen Daten steht den Polizeigesetzgebern durch die § 484 Abs. 4 StPO (i.V.m. § 49c OWiG) bzw. § 81g Abs. 5 StPO vorgegebenen Rahmen noch die Gesetzgebungskompetenz für die Vorsorge für die Verfolgung von Straftaten zu. Vor diesem Hintergrund wird in Kapitel 5 die Verfassungskonformität der bestehenden, die zweckändernde Speicherung von personenbezogenen Daten in polizeilichen Dateien ermöglichenden strafprozessualen und polizeigesetzlichen Bestimmungen überprüft.

Kapitel 4: Die repressiven und präventiv- polizeilichen Befugnisse zur zweckändernden Nutzung von zu repressiven oder präventiv- polizeilichen Zwecken erhobenen Daten

Ausgangspunkt dieses Kapitels sind die heutigen Befugnisnormen, die Staatsanwaltschaft und Polizei zur Änderung des Nutzungszwecks von personenbezogenen Daten gegenüber dem ursprünglich ihrer Erhebung zu Grunde gelegten Zweck ermächtigen. Die von Verfassungs wegen an solche Befugnisse zu stellenden Anforderungen wurden seit dem Volkszählungsurteil durch höchstrichterliche Rechtsprechung konkretisiert. Um effektive Verwaltungsarbeit zu gewährleisten müssen vom Grundsatz der Zweckbindung im Interesse des von einer Datenerhebung Betroffenen oder im überwiegenden öffentlichen oder privaten Interesse Ausnahmen zugelassen werden[2347]. Liegt bereits in der Nutzung und Verarbeitung von Daten zum ursprünglichen Erhebungszweck ein eigenständiger Eingriff in die betroffene informationelle Rechtsposition, gilt dies erst recht, wenn erhobene Daten zu einem anderen als dem ursprünglichen Erhebungszweck genutzt oder gespeichert werden[2348]. Ein Grundrechtseingriff liegt in jedem Nutzen, Speichern oder Übermitteln von personenbezogenen Daten, unabhängig davon, ob der ursprüngliche Erhebungszweck geändert wird oder nicht[2349]. Daher bedarf die zweckändernde Verarbeitung und Nutzung von Daten einer dem Vorbehalt des Gesetzes aus Art. 20 Abs. 3 GG genügenden Ermächtigungsgrundlage.

Bis zu Beginn des 21sten Jahrhunderts wurde der Grundsatz der Zweckbindung über die Regel über die hypothetische Ersatzvornahme, die bis heute in nahezu allen Polizeigesetzen enthalten ist, relativiert[2350]. Hierdurch ist die Nutzung zu einem anderen als dem Erhebungszweck nur zulässig, falls die Polizei die Daten auch zu diesem Zweck hätte erheben dürften[2351]. Auf diese

---

[2347] Gola/Schomerus, BDSG, § 14 Rn. 12.
[2348] Singelnstein in ZStW 120 (2008), 854 (856).
[2349] BVerfGE 100, 313 (366/367).
[2350] *Anlage 4.1 Ziffer 6* (Datenverarbeitung und -nutzung / hypothetische Ersatzvornahme).
[2351] § 10a Abs. 2 Satz 2 VE ME PolG.

Kapitel 4: Polizeiliche Befugnisse zur zweckändernden Nutzung von erhobenen Daten

Weise ließ sich am ehesten der Forderung des BVerfG aus dem Volkszählungsurteil gerecht werden, dass ursprünglicher Erhebungszweck und veränderter Nutzungszweck miteinander vereinbar zu sein haben[2352]. Das Volkszählungsurteil erging allerdings unter dem Eindruck, dass auf Grundlage des *VZG 1983* zu statistischen Zwecken erhobene und deshalb zu anonymisierende personenbezogene Daten nach den § 9 VZG 1983 zu Zwecken umgewidmet werden sollten, zu denen die erhobenen Daten in nichtanonymisierter Form benötigt wurden[2353]. Daher schlossen sich der ursprüngliche Erhebungszweck und der diesem gegenüber ändernde Nutzungszweck aus und waren eine der Ursachen für die Verfassungswidrigkeit von Teilen des *VZG 1983*. Die unter dem Eindruck des Volkszählungsurteils entwickelte Regel über die hypothetische Ersatzvornahme war dennoch zu Beginn der 1990er Jahre die einzige in der *StPO* sowie den Polizeigesetzen von Bund und Ländern enthaltene Befugnis zur zweckändernden Nutzung erhobener personenbezogener Daten. Von dieser Befugnis zur zweckändernden Nutzung umfasst ist die Befugnis zur Speicherung zum geänderten Nutzungszweck. Die Regel über die hypothetische Ersatzvornahme setzte voraus, dass für den neuen Zweck, zu dem die erhobenen Daten genutzt werden sollen, eine der ursprünglichen Erhebung zu Grunde gelegten Befugnis vergleichbare Befugnis besteht, auf deren Grundlage in Rede stehenden Daten erhoben werden könnten[2354].

In den auf das Volkszählungsurteil folgenden Jahren wurde dann durch das BVerfG wiederholt betont, dass sich der Gesetzgeber seiner Aufgabe, die Grundrechte durch entsprechende gesetzliche Vorkehrungen zu konkretisieren, nicht dadurch entziehen kann, dass er die Entscheidung über die Umsetzung der Grundrechte mittels salvatorischer Klauseln an die Normen vollziehende Verwaltung weiterreicht[2355]. Soll eine Daten erhebende Behörde berechtigt und verpflichtet werden, die in Erfüllung ihrer Aufgaben angefallenen Erkenntnisse für andere Zweck zu nutzen oder anderen Behörden zu deren Nutzung durch Übermittlung zur Verfügung zu stellen, muss der Gesetzgeber den informationellen Grundrechten unter Wahrung seiner kompetenzrechtlichen Grenzen durch hinreichende Bestimmung des anderen Nutzungszwecks, angemessene Zweckbindungen, eine darauf abgestimmte Ausgestaltung der Befugnisse zur Änderung des Erhebungs-

---

2352 BVerfGE 110, 33 (69); 109, 279 (374); 100, 313 (360); 65, 1 (46, 61 ff).
2353 Kapitel 1 C. I. 1. a. (S. 51).
2354 Singelnstein in ZStW 120 (2008), 854 (861).
2355 BVerfGE 120, 274 (317).

zwecks und sachgerechte Schutzvorkehrungen Rechnung tragen[2356]. Insbesondere von heimlichen Überwachungsmaßnahmen möglicherweise Betroffene müssen die Nachteile, die objektiv zu erwarten oder zu befürchtet sind, bereits aus dem zur Datenerhebung ermächtigenden Gesetz erkennen können, da schon die Befürchtung einer Überwachung mit der Gefahr der Aufzeichnung, späteren Auswertung, etwaigen Übermittlung und weiteren Verwendung der Daten durch andere Behörden zu einer Befangenheit der zwischenmenschlich Kommunikation führen kann, ohne dass oder noch bevor Daten tatsächlich erhoben werden[2357]. Das Grundrecht auf informationelle Selbstbestimmung dient dem Ziel, eine Gesellschafts- und Rechtsordnung zu erhalten, in der für den Bürger die Möglichkeit besteht zu wissen, wer was wann bei welcher Gelegenheit über ihn weiß[2358]. Dies kann nur erreicht werden, wenn der zuständige Gesetzgeber nicht nur den legitimen Zweck der Erhebung personenbezogener Daten, sondern jeden Nutzungs- und Speicherungszweck bereichsspezifisch und präzise bestimmt[2359]. Jede Nutzung, Speicherung und Übermittlung von Daten, die zuvor durch Eingriff in das Grundrecht auf informationelle Selbstbestimmung bzw. dessen speziellen Ausprägungen aus Art. 13 Abs. 1 GG, Art. 10 Abs. 1 GG bzw. dem Grundrecht auf Vertraulichkeit und Integrität informationstechnischer Systeme aus Art. 2 Abs. 1 GG i.V.m. Art. 1 Abs. 1 GG erhoben wurden, stellt einen eigenständigen Eingriff in das jeweilige Grundrechte dar[2360]. Da sich Bedeutung und Tiefe eines Grundrechtseingriffs erst aus dem Nutzungs- bzw. Speicherungszweck der erhobenen Daten ergeben, müssen Erhebungseingriffe einen gesetzlich hinreichend bestimmten Zweck verfolgen[2361].

Weicht der verfolgte Nutzungs- oder Speicherungszweck von dem ursprünglich mit der Erhebung der Daten verfolgten Zweck ab, muss sich der Zweck, zu dem die Daten genutzt und verarbeitet werden dürfen, entsprechend dem Gebot der Normenklarheit und -bestimmtheit aus der polizeilichen Befugnis zur Nutzung und Verarbeitung von bereits erhobenen Daten entnehmen lassen. Inhalt dieses Kapitels ist die Prüfung, ob und wenn ja

---

2356 BVerfGE 100, 313 (372).
2357 BVerfG in NJW 2012, 1419 (1422/1423); BVerfGE 125, 260 (310); 120, 378 (400/401); 110, 33 (70); 109, 279 (375 ff); 100, 313 (360, 372, 387/388); 65, 1 (46).
2358 BVerfG 65, 1 (43); Dammann in Simitis, BDSG, § 14 Rn. 37.
2359 BVerfG 65, 1 (46); Dammann in Simitis, BDSG, § 14 Rn. 37.
2360 BVerfGE 113, 348 (365, 384); 110, 33 (68/69); 109, 279 (327/375); 100, 313 (360, 366/367, 389); 65, 1 (46); Singelnstein in ZStW 120 (2008), 854 (855).
2361 Singelnstein in ZStW 120 (2008), 854 (855).

inweit die *StPO*, das *OWiG* und die 18 Polizeigesetze von Bund und Ländern diesen verfassungsrechtlichen Ansprüchen gerecht werden, d.h. ob sie den Geboten an Normenbestimmtheit und Normenklarheit entsprechend den neuen Verwendungszweck sowie dessen Anlass und Grenzen mit steigender Tiefe des durch diese jeweils legitimierten Grundrechtseingriffs umso bereichsspezifischer und präziser regeln[2362].

A. Befugnisse zur zweckändernden repressiven Nutzung von zu repressiven Zwecken erhobenen Daten

Die *StPO* beschränkt die Nutzung von personenbezogenen Daten, die zur Aufklärung eines Strafverfahrens erhoben wurden, grundsätzlich auf dasjenige Strafverfahren, anlässlich dessen die Daten erhoben wurden und ordnet so die grundsätzliche Bindung der Datennutzung an den ursprünglichen Erhebungszweck an[2363]. Damit beschränken repressive Befugnisse zur Datenerhebung den Verwendungszweck auf Ermittlungen in einem auf einen konkreten Sachverhalt bezogenem Strafverfahren, d.h. auf die Aufklärung einer bestimmten prozessualen Tat i.S.d. § 264 StPO[2364]. Ergeben sich im Laufe eines Ermittlungsverfahrens tatsächliche Anhaltspunkte dafür, dass es im Zusammenhang mit dem vom Ermittlungsverfahren erfassten einheitlichen Lebenssachverhalt i.S.d. § 264 StPO zu einer weiteren Straftat gekommen ist, können bereits im Ermittlungsverfahren gewonnene Erkenntnisse auch zur Aufklärung der nachträglich bekannt gewordenen Straftat herangezogen werden[2365]. In rechtmäßiger Weise im Strafverfahren durch besonders eingriffsintensive heimliche Maßnahmen gewonnene Erkenntnisse sind im Ausgangsverfahren unstrittig sowohl als Spurenansatz, als auch zu Beweiszwecken, als auch hinsichtlich anderer Begehungsformen einer Katalogtat, als auch hinsichtlich sonstiger Straftatbestände und anderer Tatbeteiligter insoweit verwertbar, als es noch um die Aufklärung derselben Tat im pro-

---

2362 BVerfGE 113, 348 (365, 384); 110, 33 (68/69); 109, 279 (327/375); 100, 313 (360, 366/367, 389); 65, 1 (46); 100, 313 (359/360); Singelnstein in ZStW 120 (2008), 85 (861).
2363 Gieg in KK, StPO, § 484 Rn. 3; Meyer-Goßner, StPO, § 483 Rn. 2; Singelnstein in ZStW (2008) 120, 854 (858, 871).
2364 Meyer-Goßner, StPO, § 474 Rn. 3; Singelnstein in ZStW 120 (2008), 854 (855, 858); Kretschmer in StV 1999, 221 (221, 223).
2365 Singelnstein in ZStW 120 (2008), 854 (859); Rieß in Wahrheitsfindung und ihre Schranken, Strafverteidiger-Frühjahrssymposium 1988 des DAV, 141 (149/150).

Kapitel 4: Polizeiliche Befugnisse zur zweckändernden Nutzung von erhobenen Daten

zessualen Sinn geht[2366]. Als Beweis gegen den Beschuldigten und etwaige Teilnehmer dürfen Zufallserkenntnisse über andere als die in der Anordnung bezeichnete Katalogtat selbst dann uneingeschränkt verwertet werden, wenn es sich um Zufallsfunde über Taten handelt, die im Zusammenhang mit einer Katalogstraftat stehen[2367]. Der Verwertung der Erkenntnisse als Beweismittel im Ausgangsverfahren sowie deren Verwendung als Vorhalt steht allerdings dann ein *selbstständiges* relatives Beweisverwertungsverbot entgegen, wenn sich der Verdacht einer Katalogtat nicht bestätigt[2368]. Das den Erhebungszweck begründende Ermittlungsverfahren ist dann bezogen auf die bisher verfolgten Straftaten und die nunmehr zusätzlich zu verfolgende weitere Straftat identisch.

In diesem Kapitel geht es allerdings um die Frage, unter welchen Voraussetzungen zur Aufklärung einer bestimmten prozessualen Tat gewonnene Erkenntnisse zur Aufklärung einer anderen prozessualen Tat verwendet werden dürfen. Eine solche Zweckänderung bedarf einer bereichsspezifischen gesetzlichen Ermächtigung, die den neuen Verwendungszweck dem Grundsatz der Verhältnismäßigkeit entsprechend regelt[2369]. Die an die jeweilige Befugnisnorm zu stellenden Anforderungen ergeben sich aus der Tiefe des jeweiligen Grundrechtseingriffs, aus der Form der vorherigen Erhebung sowie aus Art und Umfang der erhobenen Daten und den Möglichkeiten ihrer weiteren Verwendung[2370]. Im Allgemeinen wird die staatsanwaltliche und polizeiliche Verwendung von Daten, die zuvor zur Aufklärung einer anderen prozessualen Tat erhoben wurden, zum Zwecke eines anderen Strafverfahrens durch § 479 Abs. 1 StPO i.V.m. §§ 161 Abs. 1, 163 Abs. 1 StPO legitimiert[2371]. Sofern personenbezogene Daten aus einem bestimmten

---

2366 BT-Drucksache 16/5846 S. 66; BVerfG in NStZ 1988, 32 (33); BGHSt 28, 122 (125/126); 26, 298 (302); BGH in NStZ 1998, 426 (427); Allgayer in NStZ 2006, 603 (604); Kretschmer in StV 1999, 221 (223).
2367 BGHSt 28, 122 (127/128); Meyer-Goßner, StPO, § 477 Rn. 6; a.A. BVerfG in NStZ 1988, 32 (33).
2368 Meyer-Goßner, StPO, § 477 Rn. 6; Kretschmer in StV 1999, 221 (224/225); a. A. BT-Drucksache 16/5846 S. 66.
2369 BVerfGE 110, 33 (69); 109, 279 (375/376); 100, 313 (359); 65, 1 (46, 61 ff); Wohlers in SK-StPO, § 161 Rn. 52/53; Singelnstein in ZStW 120 (2008), 854 (860); Kretschmer in StV 1999, 221 (225).
2370 BVerfGE 113, 348 (365, 384); 110, 33 (68/69); 109, 279 (327/375); 100, 313 (360, 366/367, 389); 65, 1 (46); Petri in Lisken/Denninger, HbdPolR, 5. Auflage, G Rn. 35 ff; Singelnstein in ZStW 120 (2008), 854 (860).
2371 Singelnstein in ZStW 120 (2008), 854 (872, 874).

A. Befugnisse zur zweckändernden repressiven Nutzung von repressiv erhobenen Daten

Strafverfahren in Dateien i.S.d. § 3 Abs. 3 BDSG 1990 bzw. durch automatisierte Verarbeitung i.S.d. heutigen § 3 Abs. 2 Satz 1 BDSG gespeichert wurden, findet sich die Befugnis zu deren *Nutzung für Zwecke eines anderen Strafverfahrens* nicht in § 479 Abs. 1 StPO sondern in § 483 Abs. 2 StPO[2372]. Die in der Nutzung von zu Zwecken eines bestimmten Strafverfahrens erhobenen Daten in einem anderen Strafverfahren liegende Zweckänderung kann daher durch strafprozessuale Verwendungsbeschränkungen ausgeschlossen werden[2373].

Der Bund hat diesbezüglich mit dem *StVÄG 1999* sowie mit dem *TKÜG 2007* versucht, den verfassungsgerichtlichen Anforderungen gerecht zu werden. Durch das *StVÄG 1999* wurden neben den Ermittlungsgeneralklauseln der §§ 161 Abs. 1 Satz 1 und 2; 163 Abs. 1 Satz 2 StPO die §§ 474 bis 491 StPO erlassen, wobei insbesondere der damalige § 477 Abs. 2 bis 4 StPO in Frage gestellt wurde[2374]. Seine heutige Fassung erhielt § 477 Abs. 2 Satz 2 bis 4 StPO mit Inkrafttreten des *TKÜG 2007*. Zuvor war mit dem *Gesetz zur Umsetzung des Urteils des Bundesverfassungsgerichts vom 3.3.2004 (akustische Wohnraumüberwachung)* § 100d Abs. 6 StPO als eine auf die zweckändernde Verwendung von durch verdeckte Wohnraumüberwachungen bezogene Öffnungsklausel geschaffen worden, die deren Vorgängerregelungen aus den §§ 100d Abs. 5 Satz 2; 100f Abs. 1 und Abs. 2 StPO a.F. ablöste. Bezogen auf Daten, die durch besonders intensive Grundrechtseingriffe erhoben wurden[2375], hebt § 477 Abs. 2 Satz 2 StPO hervor, dass Daten, die aufgrund einer Maßnahme erhoben wurden, die nach der *StPO* nur bei Verdacht bestimmter Straftaten zulässig ist, *zu Beweiszwecken* in anderen Strafverfahren nur zur Aufklärung solcher Straftaten verwendet werden dürfen, *zu deren Aufklärung eine solche Maßnahme nach der StPO hätte angeordnet werden dürfen*. Einen solch spezifischen Verdacht setzen – abgesehen von den §§ 99; 100h Abs. 1 Satz 1 Nr. 1 StPO – grundsätzlich die in § 101 Abs. 1 StPO genannten verdeckten Ermittlungsmaßnahmen voraus[2376]. Einer solchen Beschränkung der zweckändernden Verwendung als Beweismittel i.S.d. § 477 Abs. 2 Satz 2 StPO entspricht – ähnlich wie § 100d

---

[2372] Kapitel 5 A. II. 1. e. (S. 720); Singelnstein in ZStW 120 (2008), 854 (874); Hilger in NStZ 2001, 15 (17).
[2373] Singelnstein in ZStW 120 (2008), 854 (864).
[2374] Brodersen in NJW 2000, 2536 (2540).
[2375] Puschke/Singelnstein in NJW 2008, 112 (117); Singelnstein in ZStW 120 (2008), 854 (872, 877).
[2376] BT-Drucksache 16/5846 S. 3, 58.

Abs. 5 Nr. 1 StPO – die in den Polizeigesetzen enthaltene Regel über die hypothetische Ersatzvornahme[2377]. Demgegenüber schränkt § 100d Abs. 5 Nr. 1 StPO seinem Wortlaut nach nicht nur die zweckändernde repressive Verwendung von durch Großen Lauschangriff erhobenen Daten als Beweismittel sondern deren gesamte repressive Verwendung ein.

I. Die repressive Zweckänderung von zu repressiven Zwecken offen erhobenen Daten

In den Generalklauseln der §§ 474 Abs. 1, 479 Abs. 1, 160 Abs. 1 i.V.m. 161 Abs. 1 Satz 1, 163 Abs. 1 Satz 1 und 2 StPO finden sich seit Inkrafttreten des *StVÄG 1999* die erforderlichen Ermächtigungen für die repressive zweckändernde Verwendung von auf repressiver Grundlage offen erhobenen personenbezogenen Daten[2378]. Voraussetzung für die Einleitung eines neuen Ermittlungsverfahrens sowie den damit verbundenen Nachforschungen ist das Bestehen eines Anfangsverdachts unter Beachtung des Grundsatzes der Verhältnismäßigkeit[2379]. Dabei ist zwischen Daten zu unterscheiden, die durch Eingriff in das APR, in das Postgeheimnis aus Art. 10 Abs. 1 GG oder durch Eingriff in das Grundrecht auf Unverletzlichkeit der Wohnung aus Art. 13 Abs. 1 GG erhoben wurden.

Die Zweckänderung von Daten, die ursprünglich auf repressiver Grundlage erhoben wurden und anschließend zur Aufklärung einer anderen prozessualen Tat verwendet werden sollen, ist unproblematisch, sofern diese auf Grundlage repressiver Befugnisse zur offenen Datenerhebung unter Eingriff in das APR erhoben wurden. Ergibt sich anlässlich einer durch Gericht, Staatsanwaltschaft oder Polizei durchgeführten Beschuldigten- oder Zeugenvernehmung der Anfangsverdacht für eine Straftat, die im Zusammenhang mit dem ursprünglichen Ermittlungsverfahren steht, wird das bisherige Ermittlungsverfahren um den neuen Tatverdacht erweitert. Ergibt sich gegen den ursprünglichen Beschuldigten oder gegen eine andere Person ein neuer Anfangsverdacht, der mit dem bisherigen Ermittlungsverfahren in keinem Zusammenhang steht, so betrifft der neue Verdacht eine andere prozessuale Tat i.S.d. § 264 StPO. Infolge des Legalitätsprinzips aus §§ 160 Abs. 1, 163

2377 Kapitel 2 A. III. 7. d. (S. 227); BT-Drucksache 16/5846 S. 66; Meyer-Goßner, StPO, § 477 Rn. 5; Singelnstein in ZStW 120 (2008), 854 (880).
2378 Hilger in NStZ 2001, 15 (15/16).
2379 Meyer-Goßner, StPO, § 474 Rn. 4; Singelnstein in ZStW 120 (2008), 854 (875).

Abs. 1 Satz 1 StPO ist dann zwingend ein neues Ermittlungsverfahren einzuleiten. Eine Entscheidungsprärogative obliegt der Polizei diesbezüglich nicht; vielmehr hat die Staatsanwaltschaft gem. § 163 Abs. 2 StPO die rechtliche Bewertung der übermittelten Informationen zu treffen[2380]. Bei Bedarf sind weitere, auf die repressiven Ermittlungsbefugnisse aus §§ 161 Abs. 1, 163 Abs. 1 Satz 2, 81 ff, 94 ff, 100a ff, 163a ff StPO zu stützende Ermittlungshandlungen durchzuführen. Den §§ 161 Abs. 1, 163 Abs. 1 Satz 2 ff StPO entsprechend ermächtigt und verpflichtet § 479 Abs. 1 StPO von Amts wegen zum Datenaustausch zwischen Strafverfolgungsbehörden, Strafgerichten sowie anderen Strafverfolgungsbehörden zur Verfolgung anderer prozessualer Taten. Dabei werden die Daten spontan und ohne Ersuchen übermittelt, soweit die anlässlich der ursprünglich aufzuklärenden prozessualen Tat gewonnenen Erkenntnisse aus Sicht der übermittelnden Stelle hierfür erforderlich sind[2381]. § 474 Abs. 1 StPO betrifft aufgrund seines Verweises auf *Zwecke der Rechtspflege* die Auskunftserteilung und Akteneinsichtsgewährung auf Ersuchen von Gerichten, Staatsanwaltschaften und anderen Justizbehörden für Zwecke, die außerhalb desjenigen Strafverfahrens liegen, das Anlass zu der in der Vergangenheit stattgefundenen Datenerhebung gegeben hat[2382]. Hierunter können strafrechtliche Ermittlungsverfahren aber auch OWi- Verfahren fallen[2383], wobei infolge des § 47 Abs. 1 OWiG für die OWi- Verfahren nicht das Legalitätsprinzip sondern das Opportunitätsprinzip gilt. Ergeben sich bei offenen repressiven Datenerhebungen – wie etwa Beschuldigten- oder Zeugenvernehmungen – Hinweise auf den Aufenthaltsort eines einer anderen prozessualen Tat Beschuldigten, gelten die §§ 474 Abs. 1, 479 Abs. 1 StPO i.V.m. §§ 161 Abs. 1, 163 Abs. 1 Satz 2 ff StPO gem. § 457 Abs. 1 und 2 StPO entsprechend.

Wie in den Kapitel 2 und 3 dargestellt, war der zur Sicherstellung von bei Wohnungsdurchsuchungen anfallenden Zufallsfunden ermächtigende § 108 StPO Ausgangspunkt der heute in den §§ 161 Abs. 1 Satz 2, 477 Abs. 2 Satz 2 und 3 StPO enthaltenen Regel über die hypothetische Ersatzvornahme[2384]. Hinter § 108 StPO steht der Gedanke, dass anlässlich einer Durchsuchung aufgefundene Gegenstände, die mit dem die Durchsuchung auslö-

---

2380 Bockemühl in JA 1996, 695 (697/698); Anm. Welp zu BGH in NStZ 1996, 601 (603).
2381 Hilger in NStZ 2001, 15 (16-Fußnoten 84 und 85).
2382 Hilger in NStZ 2001, 15 (15).
2383 Hilger in NStZ 2001, 15 (15-Fußnote 63).
2384 Kapitel 2 A. III. 7. d. aa. (3) (S. 235) / Kapitel 3 A. III. 2. c. (S. 386).

senden Strafverfahren in keinerlei Zusammenhang stehen, auch ohne erneuten Durchsuchungsbeschluss sichergestellt werden dürfen. Ein Gegenstand könnte während einer repressiven Wohnungsdurchsuchung auch zunächst nach §§ 94 ff StPO als Beweismittel zur Aufklärung derjenigen prozessualen Tat sichergestellt werden, zu deren Aufklärung die Durchsuchung durchgeführt wurde. Stellt sich erst nachträglich heraus, dass der sichergestellte Gegenstand auch als Beweismittel zur Aufklärung einer anderen prozessualen Tat in Betracht kommt, könnte dieser für das andere Verfahren erneut nach § 94 Abs. 1 StPO sichergestellt werden. Mit dem sicherzustellenden Gegenstand sind insofern personenbezogene Daten verbunden, als auf dem Sicherstellungsprotokoll vermerkt wird, aus welchem Anlass der Gegenstand bei wem sichergestellt worden ist. Spätestens ab Kenntniserlangung über die andere prozessuale Tat müsste eine erneute Sicherstellung des Beweisgegenstandes durchgeführt werden, ohne dass erneut in den Schutzbereich des Art. 13 Abs. 1 GG eingegriffen würde. An dem sichergestellten Gegenstand besteht aber bereits ein öffentliches Verwahrverhältnis. Demzufolge richtet sich die Zweckänderung von Daten, die im Zusammenhang mit einem offenen Eingriff in das Grundecht auf Unverletzlichkeit der Wohnung erhoben wurden, nach den Regeln der §§ 474 Abs. 1, 479 Abs. 1 StPO i.V.m. 161 Abs. 1, 163 Abs. 1 Satz 2 ff StPO.

Offene repressive Eingriffe in das Post- und Fernmeldegeheimnis sind bei repressiven polizeilichen Maßnahmen eher die Ausnahme. Der Vollständigkeit halber sei hier auf Zufallserkenntnisse hingewiesen, die eine andere prozessuale Tat als diejenige betreffen, aufgrund der jemand in Untersuchungshaft sitzt, und bei nach § 119 Abs. 1 Satz 1 Nr. 2 StPO durchgeführten richterlichen Briefkontrollen von Untersuchungsgefangenen anfallen. Derjenige, der an einen Untersuchungsgefangenen Postsendungen verschickt, hat infolge des § 119 StPO ebenso wie der Untersuchungsgefangene die Möglichkeit zur Kenntnis darüber, dass Postkontrollen durchgeführt werden, das Postgeheimnis insoweit außer Kraft tritt, und die §§ 108, 109 StPO entsprechend anzuwenden sind[2385]. War die andere prozessuale Tat bei Auffinden eines Zufallsfundes durch den Richter noch nicht bekannt, verpflichtet das Legalitätsprinzip aus §§ 160 Abs. 1, 163 Abs. 1 Satz 1 StPO zur Einleitung des neuen Ermittlungsverfahrens. Die gem. § 108 StPO analog durch den Untersuchungsrichter einstweilen in Beschlag zu nehmende

---

2385 BGHSt in 28, 349 (350); OLG Düsseldorf in NJW 1993, 3278 (3278/3279); OLG Celle in NJW 1974, 805 (806); Meyer-Goßner, StPO, § 108 Rn. 3; § 119 Rn. 20; § 98 Rn. 5.

Postsendung wäre durch den zuständigen Staatsanwalt nach §§ 94 ff StPO sicherzustellen[2386], das Strafverfahren gem. §§ 161 Abs. 163 Abs. 1 Satz 2 ff StPO durchzuführen.

II. Die repressive Zweckänderung von durch heimlichen repressiven Eingriff in Art. 13 Abs. 1 GG erhobenen Daten

Die Verwendung von mittels Großen Lauschangriffs erhobenen Daten ist grundsätzlich an den Zweck desjenigen Ermittlungsverfahrens gebunden, zu dem die Daten ursprünglich erhoben wurden[2387]. Dabei erstreckt sich der Schutzbereich des Art. 13 Abs. 1 GG auch auf den Gebrauch, der von den mittels Großen Lauschangriffs gewonnenen Erkenntnissen gemacht wird[2388], und unterliegt dem Vorbehalt des Gesetzes aus Art. 20 Abs. 3 GG[2389]. Der heutige, durch das *Gesetz zur Umsetzung des Urteils des Bundesverfassungsgerichts vom 03. März 2004* erlassene § 100d Abs. 5 Nr. 1 StPO lässt die zweckändernde repressive Verwendung von durch Großen Lauschangriff erhobenen Daten *„zur Aufklärung einer Straftat, auf Grund derer die Maßnahme nach § 100c StPO angeordnet werden könnte, oder zur Ermittlung des Aufenthalts der einer solchen Straftat beschuldigten Person"* zu, falls es sich um *„verwertbare"* Daten handelt. In der gewählten Formulierung spiegelt sich die Überlegung wider, dass verfassungsunmittelbare und gesetzliche Verwertungsverbote bei der Weiterverwendung oder bei der Verwertung von Zufallsfunden als Beweismittel ebenso zu beachten sind wie im Anlassverfahren[2390]. Neben der Voraussetzung einer Katalogtat aus § 100c Abs. 2 StPO müssen mittels Großen Lauschangriffs gewonnene Erkenntnisse eine konkretisierte Verdachtslage begründen, und die Subsidiaritätsklausel i.S.d. § 100c Abs. 1 Nr. 3 StPO ist zu beachten[2391]. Eine Verwendung von mittels Großen Lauschangriffs erhobenen Daten in einem anderen Strafverfahren ist nicht zu rechtfertigen, wenn die gewonnenen Er-

---

2386 OLG Düsseldorf in NJW 1993, 3278 (3278).
2387 BVerfGE 109, 279 (375); 100, 313 (360).
2388 BVerfGE 109, 279 (326); 100, 313 (359); jetzt auch BVerfG in NJW 2013, 1499 (1503 = Rn. 114).
2389 BVerfGE 109, 279 (375/376).
2390 BVerfGE 109, 279 (378); Wolter in SK-StPO, § 100d Rn. 35.
2391 BVerfGE 109, 279 (377); BT-Drucksache 15/4533 S. 18; Meyer-Goßner, StPO, § 100d Rn. 7; Bertram, Die Verwendung präventiv- polizeilicher Erkenntnisse im Strafverfahren, S. 230.

kenntnisse nicht den Grad an Tatverdacht stützen, der ansonsten vor Durchführung eines Großen Lauschangriffs zu verlangen ist[2392]. Stellt sich während einer Überwachung oder im Rahmen der späteren Auswertung der aufgezeichneten Daten heraus, dass die so gewonnenen Erkenntnisse als Beweismittel in einem anderen Strafverfahren in Betracht kommen, ist der Verdacht zwangsläufig von dem in der entsprechenden strafprozessualen Befugnisnorm geforderten Gewicht. Das Vorliegen des spezifischen Verdachtsgrads bedarf deshalb keiner gesonderten Prüfung. Ein solcher wird vielmehr in den in § 33 Abs. 4 StPO genannten Entscheidungssituationen sowie in der Hauptverhandlung gem. §§ 112 ff; 170 Abs. 1; 199 Abs. 1, 203 StPO vorausgesetzt[2393]. Als Beweismittel verwertet werden dürfen durch Großen Lauschangriff erhobene Daten indes nur, wenn sie sich auf eine Katalogtat i.S.d. § 100c Abs. 2 StPO beziehen. Nur bei dahingehenden Verdacht muss das Recht des Einzelnen auf Unverletzlichkeit der Wohnung aus Art. 13 Abs. 1 GG, das auch vor der *Verwertung* von aufgezeichneten, in einer Wohnung stattgefundenen Lebenssituationen *als Beweismittel* schützt, gegenüber den Interessen der Öffentlichkeit an der Aufklärung besonders schwerer Straftaten zurücktreten[2394].

§ 100d Abs. 5 Nr. 1 StPO regelt aber nicht nur die zweckändernde *Verwertung als Beweismittel,* sondern auch die zweckändernde repressive *Verwendung* von mittels Großen Lauschangriffs erhobenen verwertbaren Daten insgesamt. Da dieser Wortlaut von demjenigen der §§ 100d Abs. 5 Satz 2; 100f Abs. 1, 1. Alt. StPO a.F. abweicht obwohl das BVerfG diesen Regelungen in dessen Entscheidung zum Großen Lauschangriff vom 3.3.2004 ein die grundrechtlich geschützten Interessen aus Art. 13 Abs. 1 GG überwiegendes und durch Allgemeinbelange gerechtfertigtes Interesse bescheinigte[2395], stellt sich die Frage, ob § 100d Abs. 5 Nr. 1 StPO nur die zweckändernde repressive Verwendung von durch Großen Lauschangriff erhobenen Daten wie zuvor § 100d Abs. 5 Satz 2 StPO a.F. ausschließlich zu Beweiszwecken oder auch deren die repressive zweckändernde Verwendung als Spurenansatz auf die Aufklärung von Katalogstraftaten i.S.d. § 100c StPO beschränkt. Hieraus folgt die weitere Frage, ob die in § 100d Abs. 5 Nr. 1 StPO enthaltene Verwendungsbefugnis zur Ermittlung des Aufenthalts eines einer Straftat nach § 100c StPO Beschuldigten gegenüber den Regelungen

---

2392 BVerfGE 109, 279 (377); 100, 313 (394).
2393 Anm. Löffelmann in JR 2010, 443 (455).
2394 Kretschmer in StV 1999, 221 (221).
2395 BVerfGE 110, 33 (69); 109, 279 (376); 100, 313 (360).

aus §§ 100d Abs. 5 Satz 2; 100f Abs. 1, 1. Alt. StPO a.F. die Befugnisse der Strafverfolgungsbehörden erweitert oder beschränkt. Eine Befugnis zur Verwendung der gewonnenen Erkenntnisse zur Feststellung des Aufenthaltsortes von Beschuldigten war in § 100d Abs. 5 Satz 2 StPO a.F. nicht vorgesehen.

1. Die zweckändernde Verwendung als Beweismittel

Beweisverbote beschränken das beweisrechtliche Verhalten der Strafverfolgungsorgane wie Gericht, Staatsanwaltschaft oder Polizei und damit den Grundsatz der freien Beweiswürdigung[2396]. Problematisch an dem Begriff der „*verwertbaren personenbezogenen Daten*" aus § 100d Abs. 5 Nr. 1 StPO ist, dass sich hieraus nicht ableiten lässt, ob sich die enthaltene Beschränkung auf die Verwendung der Daten insgesamt, also sowohl als Beweismittel als auch als Spurenansatz sowie zur Aufenthaltsermittlung, oder aber ausschließlich auf deren *Verwertung als Beweismittel* bezieht. Zum einen wird die Auffassung vertreten, dass die von der Rechtsprechung entwickelten Grundsätze zu den relativen Beweisverwertungsverboten, bei denen nicht jeder Verstoß bei der Gewinnung von Beweismitteln zum Verbot der Verwertung der hierdurch erlangten Erkenntnisse führt, auch für die Verwendungsregelungen und Verwendungsbeschränkungen gelten[2397], wenn auch ein Verstoß gegen diese Begrenzung grundsätzlich keine Fernwirkung zur Folge habe[2398]. Nach anderer Auffassung dürfen nicht verwertbare, da fehlerhaft und somit rechtswidrig erlangte Erkenntnisse weder als Beweismittel noch als Spurenansatz verwendet werden[2399]. Eine eindeutige Entscheidung für eine der genannten, sich auf dem ersten Blick widersprechenden Auffassungen ist nicht möglich.

[2396] BGHSt 54, 69 (87- Rn. 47); Meyer-Goßner, StPO, Einleitung Rn. 50; Beulke in Jura 2008, 653 (666); Rogall in JZ 2008, 818 (821).
[2397] BVerfG in NJW 2012, 907 (914); BGHSt 54, 69 (88- Rn. 50); Meyer-Goßner, StPO, Einleitung Rn. 57d.
[2398] BVerfG in NJW 2012, 907 (910); BGHSt 51, 1 (8/9 – Rn. 24); BGH in NStZ 1995, 601 (602); Meyer-Goßner, StPO, § 100d Rn. 7; Kretschmer in StV 1999, 221 (221); Anm. Welp zu BGH in NStZ 1995, 601 (604); a. A. Singelnstein in ZStW 120 (2008), 854 (890/891).
[2399] BVerfGE 109, 279 (377); BVerfG in NJW 2007, 2753 (2756); Rogall in JZ 2008, 818 (827); Singelnstein in ZStW 120 (2008), 854 (867).

Die Verwertbarkeit rechtswidrig erhobener Daten ist am Recht auf ein faires Verfahren zu messen[2400]. Dieses hat seine Wurzeln im Rechtsstaatsprinzip in Verbindung mit den Freiheitsrechten und der Menschenwürdegarantie aus Art. 1 Abs. 1 GG und gehört zu den wesentlichen Grundsätzen eines rechtsstaatlichen Verfahrens[2401]. Soweit bei der Verwertung erhobener Daten das APR berührt wird, tritt dieses bei der Prüfung der Verwertbarkeit von rechtswidrig gewonnenen Erkenntnissen zurück, sofern wegen der umfassenden Schutzwirkung des Rechts auf ein faires Verfahren vor allem berücksichtigt werden muss, dass dem Angeklagten unabhängig von der Frage der Betroffenheit seines APR hinreichende Möglichkeiten verbleiben, auf den Gang des Verfahrens Einfluss zu nehmen[2402].

Bei der Prüfung, ob mittels Großen Lauschangriffs erhobene Daten *als Beweismittel verwertet* werden dürfen, ist zwischen Beweiserhebungs- und Beweisverwertungsverboten zu unterscheiden[2403]. Nicht sämtliche Beschränkungen im Beweiserhebungsrecht haben ein Verbot der Verwertung als Beweismittel zur Folge[2404]. Während bestehende Beweis*erhebungs*verbote nur mittelbar Aufschluss über die Verwertbarkeit von Beweisen geben[2405], führen *absolute* Beweis*verwertungs*verbote unausweichlich zur Unverwertbarkeit eines Beweismittels. Bei *relativen* Beweis*verwertungs*verboten bedarf es hingegen der weiteren Prüfung der Verwertbarkeit des Beweismittels. Bei *unselbstständigen* relativen Beweis*verwertungs*verboten ist zu prüfen, ob ein Beweismittel genutzt werden darf, obgleich bei der Beweiserhebung Fehler unterlaufen sind[2406]. Fehlerhaft und daher rechtswidrig werden personenbezogene Daten zum einen erhoben, wenn bei deren Erhebung gegen ein Beweiserhebungsverbot verstoßen wird. Darüber hinaus gibt es *selbstständige* relative Beweisverwertungsverbote, die die Beweisverwertung auch bei rechtmäßiger Beweiserhebung beschränken[2407].

2400 BVerfG in NJW 2012, 907 (910).
2401 BVerfG in NJW 2012, 907 (909).
2402 BVerfG in NJW 2012, 907 (910).
2403 Pfeiffer/Hannich in KK, StPO, Einleitung Rn. 118.
2404 BGHSt 19, 325 (331); Pfeiffer/Hannich in KK, StPO, Einleitung Rn. 120; Gusy in ZJS 2012, 155 (167); Löffelmann in JR 2009, 10 (11).
2405 Löffelmann in JR 2009, 10 (11).
2406 Rogall in JZ 2008, 818 (822); Singelnstein in ZStW 120 (2008), 854 (866); Kretschmer in StV 1999, 221 (221); Anm. Rogall zu BGH in NStZ 1992, 44 (46).
2407 Kretschmer in StV 1999, 221 (221).

a. Beweiserhebungsverbote

Beweisverwertungsverbote i.S.d. § 244 Abs. 3 StPO bestehen, wenn es an den Voraussetzungen einer Ermächtigungsgrundlage – wie hier den §§ 100c, 100d StPO – zur Erhebung des Beweises fehlt, ferner wenn bestimmte Aufklärungsmaßnahmen in Ausnahmefällen wie zum Beispiel durch die §§ 81c Abs. 3; 81e Abs. 1 Satz 3 und Abs. 2 Satz 1; 97; 104 StPO gesetzlich verboten sind oder wenn die Voraussetzungen einer an sich zulässigen Ermittlungsmaßnahme situativ nicht vorliegen[2408]. Speziell bezogen auf den Großen Lauschangriff enthalten die zum Schutzes des Kernbereichs privater Lebensgestaltung geschaffenen Tatbestandsvoraussetzungen aus § 100c Abs. 4 Satz 1 StPO sowie die zum Schutzes von Vertrauensverhältnissen geschaffenen Tatbestandsvoraussetzungen aus § 100c Abs. 6 Satz 1 1. Halbsatz StPO Beweiserhebungsverbote als Beweismethodenverbote[2409]. Derartige Beweisverwertungsverbote untersagen unter Durchbrechung des Untersuchungsgrundsatzes aus § 244 Abs. 2 StPO die *Erhebung eines Beweises* und beschränken damit die Erhebung bestimmter Beweistatsachen[2410]. Weitere wichtige allgemeingültige Beweiserhebungsverbote im Strafverfahren sind die in § 136a Abs. 1 und 2 StPO genannten verbotenen Vernehmungsmethoden als sog. Beweismethodenverbote[2411], die Zeugnisverweigerungsrechte aus §§ 52, 252 StPO sowie der durch die §§ 53, 53a StPO bei Nichtvorliegen einer Aussagegenehmigung gewährleistete Schutz von Vertrauensverhältnissen. Bei letztgenanntem liegt zudem ein Beweisthemaverbot, also ein an das Gericht gerichtetes Verbot der Aufklärung bestimmter Tatsachen[2412], vor sowie ein Beweismittelverbot, das die Benutzung bestimmter Beweismittel untersagt[2413]. Diese die Beweiserhebung betreffende Verfahrensstruktur dient dazu, unverhältnismäßige Eingriffe in Grund-

---

2408 Rogall in JZ 2008, 818 (821).
2409 BVerfG in NJW 2007, 2053 (2056); Löffelmann in NJW 2005, 2033 (2036); Eisenberg, Beweisrecht, Rn. 347.
2410 Beulke in Jura 2008, 653 (654); Rogall in JZ 2008, 818 (821).
2411 Meyer-Goßner, StPO, Einleitung Rn. 54; Pfeiffer/Hannich in KK, StPO, Einleitung Rn. 119.
2412 Meyer-Goßner, StPO, Einleitung Rn. 52; Pfeiffer/Hannich in KK, StPO, Einleitung Rn. 119.
2413 Meyer-Goßner, StPO, Einleitung Rn. 53; Pfeiffer/Hannich in KK, StPO, Einleitung Rn. 119; Beulke in Jura 2008, 653 (654).

rechtspositionen möglichst auszuschließen[2414]. Bei der gerichtlichen Beweisaufnahme sind Beweiserhebungsverbote daher über §§ 244 Abs. 3, 245 ff StPO als Ausnahmen vom Grundsatz der freien Beweiswürdigung aus § 261 StPO zu berücksichtigen, wenn auch deren Nichtbeachtung nicht zwangsläufig zu einem Beweisverwertungsverbot führt[2415]. Für den Regelfall rechtmäßiger Datenerhebung bedarf es jedenfalls keiner weiteren gesetzlichen Einschränkungen oder Konkretisierungen auf der Ebene von *deren Verwertung als Beweismittel* im Urteil[2416].

b. Beweisverwertungsverbote

Die Formulierung des § 100d Abs. 5 Nr. 1 StPO, wonach *„verwertbare"* personenbezogene Daten *„zur Aufklärung einer Straftat, auf Grund derer die Maßnahme nach § 100c StPO angeordnet werden könnte"*, verwendet werden dürfen, könnte bedeuten, dass jegliche unter ein Beweisverwertungsverbot fallende, durch Großen Lauschangriff erhobene Daten nicht verwendet werden dürfen. Die Verwertung von personenbezogenen Daten zu Beweiszwecken ist in aller Regel auch verhältnismäßig, wenn die Daten ursprünglich zu einem anderen Zweck erhoben wurden, aber ursprünglicher Erhebungszweck und neuer Verwendungszweck miteinander vereinbar sind[2417]. Würden mit der Zweckänderung grundrechtsbezogene Erhebungsbeschränkungen umgangen, wäre die Verwendung der erhobenen Daten zu dem neuen Verwendungszweck dem Gedanken der Regel über die hypothetische Ersatzvornahme entsprechend ausgeschlossen[2418]. Daher stellt sich die Frage, welche Folge Erhebungsbeschränkungen für grundrechtsbezogene Verwendungsbeschränkungen haben.

Rechtsgrundlage für die Beweisverwertung ist der den Geboten der Normenbestimmtheit und -klarheit sowie dem Zitiergebot entsprechende § 261

2414 Kapitel 2 A. III. 5. (S. 195) / IV. 2. (S. 284); Kapitel 3 A. III. (S. 374); BVerfG in NJW 2012, 907 (913, 914); BVerfGE 125, 260 (309ff); 109, 279 (328 ff).
2415 BVerfG in NJW 2012, 907 (910, 913); BVerfGE 80, 367 (375/376); 34, 238 (248/249); BGH in NStZ 1992, 44 (45); Pfeiffer/Hannich in KK, StPO, Einleitung Rn. 120.
2416 BVerfG in NJW 2012, 907 (913).
2417 BVerfGE in NJW 2012, 907 (913); BVerfGE 125, 260 (332/333); 120, 351 (368/369); 110, 33 (68/69); 109, 279 (375/376); 100, 313 (360); 65, 1 (51, 62).
2418 BVerfG in NJW 2012, 907, (913); BVerfGE 120, 351 (369); 110, 33 (73); 109, 279 (377); 100, 313 (389).

StPO[2419], dessen Wortlaut sich keine Anhaltspunkte dafür entnehmen lassen, dass die Verwertung rechtswidrig erhobener oder sonst erlangter Beweise nicht oder nur eingeschränkt zulässig ist[2420]. Beweisen bedeutet die Feststellung und Würdigung von prozessual erheblichen Tatsachen zum Zwecke der gerichtlichen Entscheidungsfindung[2421]. Zentrales Anliegen des Staates im Strafprozess ist gem. §§ 155, 264 StPO die vollständige Ermittlung des wahren Sachverhalts, um dessen verfassungsrechtliche Pflicht einer funktionstüchtigen Strafrechtspflege zu gewährleisten[2422], die mit der von Amts wegen auf alle Tatsachen und Beweismittel zu beziehenden Beweisaufnahme verbunden ist[2423]. Beweisverwertungsverbote begrenzen den Inhalt der Beweiswürdigung und Urteilsfindung[2424]. Hierbei handelt es sich um Ausnahmen vom Grundsatz der freien Beweiswürdigung aus § 261 StPO, auf die nur im Einzelfall bei ausdrücklicher gesetzlicher Anordnung oder aus übergeordneten wichtigen Gründen erkannt werden kann[2425]. Daher bezeichnen Beweisverwertungsverbote eine Rechtsfolge, die Bestandteil einer Rechtsnorm ist und es dem zuständigen Strafverfolgungsorgan untersagt, im Wege der Beweiserhebung festgestellte Tatsachen, also Beweisergebnisse i.S.d. § 33 Abs. 3 StPO, zum Gegenstand der Beweiswürdigung und Entscheidungsfindung zu machen[2426]. Da Beweisverwertungsverbote die Beweismöglichkeiten zur Erhärtung oder Widerlegung des Verdachts strafbarer Handlungen einschränken und so die Findung einer materiell richtigen Entscheidung beeinträchtigen, führen Grundrechtsverletzungen außerhalb der Hauptverhandlung nicht zwingend dazu, dass auch das auf so gewonnenen Erkenntnissen beruhende, aus dem Inbegriff der Hauptverhandlung gewonnene Strafurteil gegen Verfassungsrecht verstößt[2427].

2419 BVerfG in NJW 2012, 907 (912/913, 914); BVerfGE 106, 28 (48/49).
2420 BVerfG in NJW 2012, 907 (910); Rogall in JZ 2008, 818 (822, 825).
2421 Pfeiffer/Hannich in KK, StPO, Einleitung Rn. 117; Rogall in JZ 2008, 818 (821).
2422 BVerfG in NJW 2012, 907 (913); BVerfGE 113, 29 (54).
2423 BVerfG in NJW 2012, 907 (913); BGHSt 54, 69 (87- Rn. 47); Pfeiffer/Hannich in KK, StPO, Einleitung Rn. 117.
2424 BT-Drucksache 16/5846 S. 25/26; Beulke in Jura 2008, 653 (654, 665).
2425 BVerfG in NJW 2009, 3225 (3225); BGHSt 54, 69 (87- Rn. 47); 51, 285 (290- Rn. 20/21); 44, 243 (249); 37, 30 (32); Beulke in Jura 2008, 653 (654); Knierim in StV 2008, 599 (600).
2426 BGHSt 31, 304 (308/309); 31, 296 (298); Pfeiffer/Hannich in KK, StPO, Einleitung Rn. 120; Rogall in JZ 2008, 818 (822); Löffelmann in JR 2009, 10 (10).
2427 BVerfG in NJW 2012, 907 (910).

aa. Der beweisrechtliche Begriff des Verwertens und der datenschutzrechtlichen Begriff des Verwendens

Bevor geprüft werden kann, ob und inwieweit der Verwertung von personenbezogenen Daten als Beweismittel absolute oder relative Beweisverwertungsverbote entgegenstehen, muss zwischen dem im Strafverfahrensrecht häufig herangezogenen Begriff des *Verwertens* und dem datenschutzrechtlichen Begriff des „*Verwendens*"[2428] differenziert werden[2429]. Das Verbot des Verwertens von Beweismitteln im Strafverfahrensrecht ist nicht zwangsläufig mit einem Verbot des Verwendens im datenschutzrechtlichen Sinne gleichzusetzen. Ein absolutes Verwendungsverbot verbietet jegliche Verarbeitung und Nutzung von Daten i.S.d. § 3 Abs. 4 und 5 BDSG[2430] und steht auch der Einleitung von Strafverfahren entgegen[2431]. Aus der Perspektive informationeller Selbstbestimmung sind Beweisverwertungsverbote Verwendungsbeschränkungen, die *die Verwertung von Daten als Beweismittel* betreffen[2432]. Einerseits gibt es Verwendungsbeschränkungen, die sich ausschließlich auf die Verwertung von Erkenntnissen als Beweismittel nicht jedoch auf die Verwendung als Spurenansatz oder zur Aufenthaltsermittlung beschränken. Bei diesen wird im Strafverfahrensrecht häufig – wie etwa in § 108 Abs. 2 und 3 StPO – die Formulierung „*Verwertung zu Beweiszwecken*" gewählt[2433]. Sollen personenbezogene Daten nicht nur als Beweismittel sondern insgesamt nicht *verwendet* werden, wird – wie in den §§ 81g Abs. 2 Satz 1, 100i Abs. 2 Satz 2, 160a Abs. 1 Satz 2 StPO – die Formulierung „*verwenden*" gewählt[2434]. Die §§ 161 Abs. 2 Satz 1, 477 Abs. 2 Satz 2 StPO, in denen es heißt: „*zu Beweiszwecken ... verwendet werden*", enthalten hingegen aufgrund der Begrenzung der eingeschränkten Verwendung auf Beweismittel Beweisverwertungsverbote[2435]. Andererseits wird in den §§ 100a Abs. 4 Satz 2, 100c Abs. 5 Satz 2 StPO jegliche *Verwertung*

2428 Kapitel 1 C. I. 2. c. aa. (3) (S. 73).
2429 Meyer-Goßner, StPO, Einleitung Rn. 57d; Anm. Löffelmann in JZ 2010, 443 (455).
2430 Meyer-Goßner, StPO, Einleitung Rn. 57d; Singelnstein in ZStW 120 (2008), 854 (865); Soine in Kriminalistik 2001, 245 (249).
2431 Meyer-Goßner, StPO, Einleitung Rn. 52; Rogall in JZ 2008, 818 (827/828).
2432 BVerfG in NJW 2012, 907 (910); Eisenberg, Beweisrecht, Rn. 358.
2433 Anm. Löffelmann zu BGH in JR 2010, 443 (455).
2434 BVerfG in NJW 2012, 907 (910); Harnisch/Pohlmann in NVwZ 2009, 1328 (1330, 1332); Anm. Löffelmann zu BGH in JR 2010, 443 (455).
2435 BVerfG in NJW 2012, 907 (910); Anm. Rogall zu BGH in NStZ 1992, 44 (46).

verboten, so dass sich aus dieser Begriffswahl nicht ohne weiteres ergibt, ob es sich bei diesen Regelungen um absolute Verwendungsverbote, die jegliche Verwendung ausschließen, handelt oder doch ausschließlich um Beweisverwertungsverbote. Wie sich zeigen wird, muss in § 100c Abs. 5 Satz 2 StPO sowie in § 100d Abs. 5 Nr. 1 und 3 StPO anstelle des Begriffs des *Verwertens* der Begriff des *Verwendens* hineingelesen werden[2436], bzw. sollte mit den Worten des Volkszählungsurteils eine präzisere Formulierung im Gesetz gewählt werden.

bb. Absolute Beweisverwertungsverbote

Zwingend zu absoluten Beweisverwertungsverboten führt jedes verfassungsfeindliche staatliche Verhalten. Daher ergeben sich absolutes Beweisverwertungsverbote, wenn die zur Fehlerhaftigkeit der Ermittlungsmaßnahme führenden Verfahrensverstöße schwerwiegend waren oder bewusst bzw. willkürlich begangen wurden, beispielsweise indem die Polizei außerhalb ihrer gesetzlichen Befugnisse gezielt nach Zufallserkenntnissen sucht[2437]. Eine Billigung dieser Vorgehensweise würde zur Begünstigung rechtswidriger Beweiserhebungsmethoden führen[2438]. Ebenfalls hierunter fallen heimliche Ermittlungsmaßnahmen, die rechtswidrig angeordnet wurden, weil der Verdacht einer Katalogtat von vornherein nicht bestanden hat[2439] oder sonstige materielle Voraussetzungen der zur Datenerhebung berechtigenden Befugnisnorm nicht beachtet wurden[2440]. Maßgeblich ist dabei die Verdachtssituation zum Zeitpunkt der Anordnung der Überwachungsmaßnahme[2441]. Scheitert die rechtmäßige Beweiserlangung an unsorgfältiger kriminalistischer Arbeit in tatsächlicher Hinsicht, so kann diese nicht durch

---

2436 BVerfG in NJW 2012, 907 (910).
2437 BVerfG in NJW 2012, 907 (910); BVerfGE 125, 260 (339); 113, 29 (61); BVerfG in NJW 2009, 3225 (3226); BVerfG in NJW 2006, 2684 (2686); BVerfG in NJW 2005, 2766 (2766); BGHSt 51, 285 (291/292 – Rn. 23/24); 42, 372 (377/378); BGH in NStZ 1992, 44 (45); Bertram, Die Verwendung präventiv- polizeilicher Erkenntnisse im Strafverfahren, S. 303; Gusy in ZJS 2012, 155 (167); Löffelmann in JR 2009, 10 (11); Beulke in Jura 2008, 653 (654); Bockemühl in JA 1996, 695 (699).
2438 BVerfG in NJW 2012, 907 (910); BVerfGE 113, 29 (61).
2439 BGHSt 48, 240 (248); 41, 30 (31).
2440 BGHSt 41, 30 (31); 32, 68 (70); 31, 304 (308).
2441 BGHSt 48, 240 (248).

Hypothesenbildung annulliert werden[2442]. Neben vorstehenden sowie ausnahmsweise geschriebenen absoluten Beweisverwertungsverboten bei rechtswidriger Beweiserhebung wie denjenigen aus §§ 136a Abs. 3 Satz 2; 148, 148a Abs. 2 StPO[2443] finden sich speziell auf den Großen Lauschangriff bezogene absolute Beweisverwertungsverbote in § 100c Abs. 5 Satz 3 StPO sowie in § 100c Abs. 6 Satz 1 2. Halbsatz StPO[2444]. Diese verbieten jedwede *„Verwertung"* von Erkenntnissen, bei denen sich erst während oder nach Abschluss der Überwachung im Nachhinein herausstellt, dass die hierdurch gewonnenen Erkenntnisse trotz des Verbots des § 100c Abs. 5 Satz 1 StPO aus dem Kernbereich privater Lebensgestaltung erhoben wurden oder entgegen dem Verbot aus § 100c Abs. 6 Satz 1 2. Halbsatz StPO geschützte Vertrauensverhältnisse aus §§ 53, 53a StPO betreffen.

Bei Prüfung der Verwertbarkeit von Beweisen, die unter Eingriff in das Grundrecht auf informationelle Selbstbestimmung aus Art. 1 Abs. 1 GG i.V.m. Art. 2 Abs. 1 GG oder dessen spezielle Ausprägungen erhoben wurden, unterscheidet das BVerfG nach der sog. *Dreisphärentheorie* zwischen der Intimsphäre als dem unantastbaren Kernbereich dieser Grundrechte, der staatlichen Eingriffen unter allen Umständen verschlossen ist, und bei dem eine Abwägung nach Maßgabe des Verhältnismäßigkeitsgrundsatzes nicht stattfindet, und dem Bereich allgemeiner sozialer Kontakte sowie der Privatsphäre, bei denen überwiegende Belange der Allgemeinheit Eingriffe rechtfertigen können[2445]. Wird unbeabsichtigt gegen das Verbot der Verletzung des absoluten Kernbereichs privater Lebensgestaltung verstoßen, müssen neben Löschungspflichten auch Verwendungsverbote bestehen, um die Folgen einer solchen Verletzung zu beseitigen[2446]. Soweit im Ausgangsverfahren dem § 100c Abs. 5 StPO entsprechende Verwertungsverbote möglicher Weise in Betracht kommen, muss gem. § 100c Abs. 7 StPO – erst recht vor einer zweckändernden Weiterverwendung – eine positive gerichtliche

---

2442 Beulke in Jura 2008, 653 (661).
2443 BVerfG in NJW 2012, 907 (910); Beulke in Jura 2008, 653 (656); Knierim in StV 2008, 599 (604).
2444 Eisenberg, Beweisrecht, Rn. 2536; Beulke in Jura 2008, 653 (659); Löffelmann in NJW 2005, 2033 (2036).
2445 BVerfGE 80, 367 (375, 381); 34, 238 (245/246, 249/250); BGHSt 50, 206 (210); 34, 397 (400/401); 31, 296 (299/300); 19, 325 (331); Pfeiffer/Hannich in KK, StPO, Einleitung Rn. 1121; Beulke in Jura 2008, 653 (659); Hefendehl in StV 2001, 700 (703).
2446 BVerfGE 109, 279 (328, 331); Anm. Rogall zu BGH in NStZ 1992, 44 (47).

A. Befugnisse zur zweckändernden repressiven Nutzung von repressiv erhobenen Daten

Entscheidung über die Verwertbarkeit der Daten eingeholt werden[2447]. In dessen Entscheidung zum Großen Lauschangriff hat das BVerfG dies wie folgt formuliert:

> „Dürfen die gewonnenen Erkenntnisse bereits im Anlassverfahren nicht verwertet werden, gilt dies erst recht für die Verwertung in anderen Verfahren, da eine reine Verwendungsvorschrift eine ordnungsgemäße Erhebung der Daten voraussetzt.[2448]"

Aus datenschutzrechtlicher Perspektive liegt hierin ein umfassendes Verwendungsverbot[2449]. Das BVerfG zog den zutreffenden Schluss, dass ein absolutes Beweisverwertungsverbot im Ausgangsverfahren dann zu einem umfassenden Verwendungsverbot führt, wenn dem absoluten Beweisverwertungsverbot eine nicht zu rechtfertigende Verletzung der Verfassung zu Grunde liegt. Verfassungsunmittelbare und gesetzliche Verwertungsverbote sind daher sowohl bei der Weiterverwendung als auch bei der Verwertung von Zufallsfunden als Beweismittel im Anlassverfahren zu beachten[2450]. Der Wortlaut des § 100c Abs. 5 Satz 3 StPO, auf den § 100c Abs. 6 Satz 1 2. Halbsatz StPO verweist, ist insoweit eindeutig, als dieser ein umfängliches Verwendungsverbot aller unter Verstoß gegen den Kernbereichschutz oder den Schutz besonderer Vertrauensverhältnisse gewonnenen Erkenntnisse nach sich zieht. Ein Verwendungsverbot besteht danach auch, wenn den Umständen nach nicht von einem Erhebungsverbot ausgegangen werden kann, sich während der Durchführung des Großen Lauschangriffs aber gleichwohl eine Situation ergibt, die zum Abhören von höchstpersönlichen Gesprächen führt[2451]. Schließen Verwendungsverbote die Verwertung von personenbezogenen Daten nicht nur als Beweismittel sondern umfassend aus handelt es sich um *echte Verwendungsverbote*[2452]. Daten aus dem unantastbaren Kernbereich privater Lebensgestaltung unterliegen von Verfassungs wegen einem absoluten Verwertungsverbot und dürfen weder im Hauptsacheverfahren verwertet noch Anknüpfungspunkt weiterer Ermitt-

---

2447 BT-Drucksache 15/4533 S. 18; Bockemühl in JA 1996, 695 (699).
2448 BVerfGE 109, 279 (378).
2449 BVerfG in NJW 2012, 907 (908); a.A. BVerfGE 109, 279 (331).
2450 BVerfGE 109, 279 (378); Wolter in SK-StPO, § 100d Rn. 41.
2451 BVerfGE 109, 279 (331/332).
2452 BGHSt 54, 69 (81- Rn. 31); Röwer in Radtke/Hohmann, StPO, § 100d Rn. 8; Meyer-Goßner, StPO, § 100d Rn. 6; Nack in KK, StPO, § 100d Rn. 13, 18; Soine in Schulz/Händel/Soine, StPO, § 100d Rn. 8; Singelnstein in ZStW 120 (2008), 854 (866).

lungen werden[2453]. Insoweit ist der Auffassung zuzustimmen, nach der nicht verwertbare, da rechtswidrig erlangte Erkenntnisse, nicht als Spurenansatz verwertet werden dürfen.

cc. Relative Beweisverwertungsverbote

Bei den relativen Beweisverwertungsverboten ist zwischen *selbstständigen* und den *unselbstständigen* relativen Beweisverwertungsverboten zu unterscheiden.

Selbstständige relative Beweisverwertungsverbote folgen unmittelbar aus dem Gesetz und haben oft Bezug zur sog. *Rechtskreistheorie*[2454]. So ist beim Großen Lauschangriff zum Beispiel neben der Begrenzung der Verwertbarkeit von gewonnenen Erkenntnissen auf den Nachweis auf Katalogtaten i.S.d. § 100c Abs. 2 StPO das selbstständige Beweisverwertungsverbot des § 100c Abs. 6 Satz 2 StPO zu beachten[2455]. Danach ist die Verwertung von Erkenntnissen aus Sachverhalten, für die ein Zeugnisverweigerungsrecht nach § 52 StPO besteht oder die von Hilfspersonen von Berufsgeheimnisträgern aus § 53 StPO stammen, als Beweismittel nur zulässig, wenn das Strafverfolgungsinteresse die Bedeutung des Vertrauensverhältnisses überwiegt. Auf die Beantwortung der Frage, ob für zeugnisverweigerungsberechtigte Personen aus § 52 StPO neben dem Kernbereichsschutz des § 100c Abs. 4 Satz 1 StPO noch ein Anwendungsbereich besteht[2456] oder ob die Bezugnahme auf die in § 53a StPO bezeichneten Hilfspersonen vor dem Hintergrund der durch § 100c Abs. 6 Satz 1 StPO geschützten Berufsgeheimnisträger verfassungsrechtlichen Ansprüchen genügt, kommt es hier nicht an. Zwar spricht insbesondere der Vergleich mit dem durch das *TKÜG 2007* geschaffenen, insbesondere für heimliche Eingriffe in Art. 10 Abs. 1 GG sowie in das Grundrecht auf informationelle Selbstbestimmung geltenden § 160a Abs. 3 StPO, in den eine § 100c Abs. 6 Satz 2 StPO entsprechende Ausnahmeregelung für Zeugnisverweigerungsberechtigte i.S.d. § 52 StPO und Hilfspersonen von Berufsgeheimnisträgern nach § 53a StPO nicht übernommen wurde, dafür, dass für einen verfassungskonformen Anwendungsbereich des § 100c Abs. 6 Satz 2 StPO kein Raum bleibt. An dieser

---

2453 BVerfGE 109, 279 (332); 44, 353 (383/384).
2454 Gössel in Löwe/Rosenberg, StPO, Einleitung L Rn. 25.
2455 BVerfG in NJW 2007, 2753 (2756, 2757); Wolter in SK-StPO, § 100d Rn. 42.
2456 BVerfG in NJW 2007, 2753 (2756).

Stelle kommt es vielmehr darauf an, dass der Gesetzgeber mit § 100c Abs. 6 Satz 2 StPO zum Ausdruck gebracht hat, bereits erhobene Erkenntnisse kämen nur unter der Voraussetzung als Beweismittel in Betracht, dass diese durch eine nach § 100c Abs. 4 bis Abs. 6 Satz 1 StPO *zulässige* Abhörmaßnahme gewonnen wurden[2457]. Vorausgesetzt der Große Lauschangriff war nicht infolge des § 100c Abs. 4 bis Abs. 6 Satz 1 StPO von vornherein unzulässig, macht der Gesetzgeber mit § 100c Abs. 6 Satz 2 StPO die Verwertung oder anderweitige Verwendung der durch Großen Lauschangriff gewonnenen Erkenntnisse von der Abwägung darüber abhängig, ob der Schutzanspruch des Vertrauensverhältnisses gegenüber dem Erforschungs- und Ermittlungsinteresse zurückzutreten hat[2458].

Ist keine Verbotsnorm ersichtlich, die die Verwertung ermittelter Erkenntnisse untersagt, kann das Vorliegen eines Beweisverwertungsverbots durch Auslegung, meist durch Analogieschluss, ermittelt werden[2459]. Bei *unselbstständigen* Beweisverwertungsverboten lässt sich die Frage, inwiefern ein Verfahrensverstoß zu einem Verwendungsverbot führt, im Gegensatz zu den *selbstständigen* Beweisverwertungsverboten nicht ohne weiteres aus dem Gesetz beantworten[2460]. Nicht nur, dass das erkennende Gericht grundsätzlich darauf vertrauen darf, dass das Ermittlungsverfahren entsprechend den gesetzlichen Vorschriften durchgeführt wurde[2461]. Nach der von der st. Rspr. und der h. L. vertretenden Abwägungslehre dürfen je nach konkretem Einzelfall selbst fehlerhaft und daher rechtswidrig erhobene Beweise als Beweismittel i.S.d. § 100d Abs. 5 Nr. 1 und 3 StPO verwertet werden, sofern das Strafverfolgungsinteresse überwiegt und keine von Verfassungs wegen zu beachtenden absoluten Beweisverwertungsverbote wie diejenigen

---

2457 BVerfG in NJW 2007, 2753 (2756).
2458 Meyer-Goßner, StPO, § 100c Rn. 23.
2459 Rogall in JZ 2008, 818 (822).
2460 BVerfG in NJW 2012, 907 (910); Gössel in Löwe/Rosenberg, StPO, Einleitung L Rn. 26; Beulke in Jura 2008, 653 (654, 655); a.A. Wolter in SK-StPO, § 100d Rn. 42; Löffelmann in NJW 2005, 2033 (2036); Bockemühl in JA 1996, 695 (698).
2461 BGHSt 51, 1 (3 – Rn. 8).

aus § 100c Abs. 4 bis Abs. 6 Satz 1 StPO entgegenstehen[2462]. Ließe sich mittels Verwendungsregeln losgelöst vom konkreten Sachverhalt im Voraus beantworten, ob ein Beweismittel zur Aufklärung einer anderen prozessualen Tat genutzt werden darf[2463], bräuchten bei relativen Beweisverwertungsverboten keine Abwägungen hinsichtlich der Verwertbarkeit von Beweismitteln getroffen zu werden.

Den *selbstständigen* wie den *unselbstständigen* relativen Beweisverwertungsverboten ist charakteristisch, dass die Erforderlichkeit der Informationsverwertung zur Sachverhaltsaufklärung und -feststellung i.S.d. §§ 155, 264 StPO erst im Zeitpunkt der Entscheidungsfindung – z.B. in Gesamtschau mit den am Ende des Ermittlungsverfahrens noch fortbestehenden Tatvorwürfen sowie den übrigen dem Gericht nach dessen Ermessen zur Verwertung zur Verfügung stehenden objektiven Gegebenheiten[2464] – überprüft werden kann[2465]. Dem Interesse der Allgemeinheit an einer wirksamen Strafverfolgung und Verbrechensbekämpfung ist im jeweiligen Einzelfall das Schutzgebot des Grundrechts auf informationelle Selbstbestimmung und dessen spezielle Ausprägungen als Korrektiv gegenüber zu stellen[2466]. Ist der Kernbereich von Grundrechtspositionen nicht betroffen, und überwiegt der durch die §§ 52 ff StPO umschriebene Schutz von Zeugnis- und Vertrauensverhältnissen nicht, hängt die Verwertbarkeit von Beweismitteln davon ab, ob ein gerechter Ausgleich zwischen den von einem etwaigen Rechtsverstoß beeinträchtigten Grundrechtspositionen und dem Interesse der Allgemeinheit an einer wirksamen Strafverfolgung und Verbrechens-

---

2462 BVerfG in NJW 2012, 907 (910, 914); BVerfG in NJW 2007, 499 (503); BVerfGE 44, 353 (374/375, 383/384); BGHSt 44, 243 (248/249); 42, 139 (157); 38, 214 (219); 37, 30 (32); 34, 39 (52/53); 27, 355 (357); 24, 125 (130); 19, 325 (329/330, 332/333); BGH in StV 2003, 271 (272); Pfeiffer/Hannich in KK, StPO, Einleitung Rn. 120; Gössel in Löwe/Rosenberg, StPO, Einleitung L Rn. 26; Meyer-Goßner, StPO, § 100d Rn. 6; Löffelmann in JR 2009, 10 (10/11); Beulke in Jura 2008, 653 (655); Anm. Löffelmann zu BGH in JR 2010, 443 (455); Anm. Welp zu BGH in NStZ 1995, 602 (604); a.A. Singelnstein in ZStW 120 (2008), 854 (889); Jahn/Dallmeyer in NStZ 2005, 297 (303/304).
2463 Singelnstein in ZStW 120 (2008), 854 (866).
2464 BGHSt 22, 347 (349); Knierim in StV 2008, 599 (605).
2465 BVerfG in NJW 2012, 907 (910, 913); BVerfGE 124, 43 (60/61); 113, 29 (57/58); Anm. Löffelmann zu BGH in JR 2010, 443 (455).
2466 BGH in NStZ 1994, 350 (350); Pfeiffer/Hannich in KK, StPO, Einleitung Rn. 121; Knierim in StV 2008, 599 (604).

A. Befugnisse zur zweckändernden repressiven Nutzung von repressiv erhobenen Daten

bekämpfung, hergestellt werden kann[2467]. Durch Großen Lauschangriff fehlerhaft gewonnene Erkenntnisse könnten daher in dem Ausgangsverfahren nach den von der Abwägungslehre zu den relativen Beweisverwertungsverboten entwickelten Kriterien als Beweismittel verwertbar sein, im Zusammenhang mit einer anderen prozessualen Tat hingegen nicht[2468]. Zu verneinen ist ein Beweisverwertungsverbot daher regelmäßig, wenn bei der Datenerhebung gegen Verfahrens- und Formvorschriften – ausgenommen sind Regelungen des präventiven Rechtsschutzes wie Richtervorbehalte[2469] – verstoßen wurde, sich der Verfahrensfehler aber bei der Verwertung als Beweismittel – auch unter Änderung gegenüber dem Erhebungszweck nicht fortsetzen würde[2470]. Da die Fernwirkung von Verfahrensfehlern bei einer heimlichen Überwachungsmaßnahme einen Dominoeffekt zur Folge hätte, weil sämtliche auf den so gewonnenen Erkenntnissen aufbauenden Maßnahmen später nicht als Beweismittel verwertet werden dürften, verbietet das Interesse an der Aufklärung des einem Strafverfahren zu Grunde liegenden wahren Sachverhalts deren Annahme[2471].

Nicht gerechtfertigt ist daher der in den Formulierungen des § 100d Abs. 5 Nr. 1 StPO nach dessen Wortlaut gezogene, an die Formulierung des BVerfG anknüpfende Rückschluss, dass aus jedem Beweisverwertungsverbot zwingend ein absolutes Verwendungsverbote folgt[2472]. Wie die zu den relativen Beweisbewertungsverboten entwickelte ganz herrschende Abwägungslehre zeigt, könnten auch fehlerhaft erhobene Daten, selbst wenn diese im Ausgangsverfahren zu einem Beweiserhebungsverbot geführt haben, bei Abwägung des Interesses der Allgemeinheit an der wirksamen Strafverfolgung und Verbrechensbekämpfung in einem anderen Strafverfahren verwertbar sein. Durch Großen Lauschangriff erhobene Daten dürfen aber nur dann insgesamt nicht verwendet werden, wenn für diese aufgrund § 100d Abs. 5 Nr. 1 StPO i.V.m. § 100c Abs. 5 Satz 3 StPO bzw. § 100c Abs. 6 Satz 1 StPO deshalb ein absolutes Verwendungsverbot besteht, weil von vornherein gegen grundrechtsbezogene Erhebungsbeschränkungen versto-

---

2467 BVerfG in NJW 2007, 499 (503); BGHSt 44, 243 (249); 42, 372 (377); 38, 372 (373/374); 38, 214 (219); Pfeiffer/Hannich in KK, StPO, Einleitung Rn. 121; Singelnstein in ZStW 120 (2008), 854 (866).
2468 BT-Drucksache 15/4533 S. 18.
2469 BVerfGE 103, 142 (150/151, 163/164); Beulke in Jura 2008, 653 (656, 660/661).
2470 BVerfG in NJW 2012, 907 (910); Bertram, Die Verwendung präventiv- polizeilicher Erkenntnisse im Strafverfahren, S. 309; a.A. Fezer in NStZ 2003, 625 (629).
2471 BGHST 51, 1 (9 – Rn. 24).
2472 BT-Drucksache 15/4533 S. 18; Löffelmann in NJW 2005, 2033 (2036).

ßen wurde oder weil sich erst während der Überwachung Anhaltspunkte dafür ergaben, dass diese grundrechtsbezogene, insbesondere den Kernbereich privater Lebensgestaltung oder den Schutz besonderer Vertrauensverhältnisse betreffende Erhebungsverbote verletzten[2473]. Eine Verbotswirkung tritt dann nicht nur bezogen auf die gerichtliche Würdigung von Beweisergebnissen im Rahmen der Hauptverhandlung sondern grundsätzlich in allen Verfahrensstadien und damit auch bezogen auf sonstige prozessuale Anschlussoperationen ein[2474]. Mit *verwertbaren Daten* i.S.d. § 100d Abs. 5 Nr. 1 StPO sind daher nur solche gemeint, deren Verwertung als Beweismittel kein absolutes Verwendungsverbot entgegensteht. Somit können mittels Großen Lauschangriffs erhobene Daten, deren Verwertung als Beweismittel selbstständige oder unselbstständige relative Beweisverwertungsverbote entgegenstehen könnten, im Zusammenhang mit der Aufklärung eines anderen Strafverfahren als Spurenansatz für eine Katalogtat oder zur Feststellung des Aufenthaltsortes eines einer Katalogtat Beschuldigten verwendet werden[2475].

c. Zwischenergebnis

Mit der Formulierung der „*verwertbaren personenbezogenen Daten*" aus § 100d Abs. 5 Nr. 1 StPO werden solche Beweismittel umschrieben, die keinem absoluten Verwendungsverbot unterliegen. Die in § 100d Abs. 5 Nr. 1 StPO übernommene Formulierung aus der Entscheidung des BVerfG zum Großen Lauschangriff vom 3.3.2004, wonach Erkenntnisse, die im Ausgangsverfahren nicht verwertet werden dürfen, erst recht nicht in einem anderen Verfahren verwertet werden dürfen, würde vor dem Hintergrund relativer Beweisverwertungsverbote keinen Sinn ergeben. Der Gesetzgeber hat in § 100d Abs. 5 Nr. 1 StPO den in der vom BVerfG gewählten Formulierung verkörperten Gedanken, dass unter Verletzung des Kernbereichs privater Lebensgestaltung oder unter Verletzung von besonders geschützten Vertrauensverhältnissen erhobene Beweismittel einem absoluten Verwendungsverbot unterliegen, aufgegriffen[2476]. Dabei wurde übersehen, dass die

---

2473 BVerfGE 109, 279 (331); Wolter in SK-StPO, § 100d Rn. 42.
2474 Rogall in JZ 2008, 818 (822).
2475 BVerfG in NJW 2012, 907 (914); Anm. Löffelmann zu BGH in JR 2010, 443 (455).
2476 BVerfG in NJW 2007, 2753 (2757).

A. Befugnisse zur zweckändernden repressiven Nutzung von repressiv erhobenen Daten

vom BVerfG gewählte Formulierung im Kontext einer Beweisverwertung als eine Untergruppe der strafprozessualen Verwendung von Daten gesehen wurde, so dass deren Übernahme in eine gesetzliche Regelung zu Unklarheiten führen kann. Die in der Befugnis zur zweckändernden Verwendung aus § 100d Abs. 5 Nr. 1 StPO enthaltene Verwendungsregel, wonach nur *„verwertbare"* personenbezogene Daten in anderen Strafverfahren verwendet werden dürfen, ist so zu verstehen, dass nur entsprechend § 100c Abs. 4 Satz 1 und Abs. 6 Satz 1 StPO erhobene Daten verwendet werden dürfen, da weder der allgemeine Sprachgebrauch noch die Terminologie der *StPO* eine Gleichstellung von *„verwertbar"* und *„rechtmäßig erhoben"* indizieren[2477]. Nach dem Sprachgebrauch des Datenschutzrechts korrekt müsste in § 100d Abs. 5 Nr. 1 StPO der Begriff *„verwertbar"* durch den Begriff *„verwendbar"* ersetzt werden. Daher müsste § 100d Abs. 5 Nr. 1 StPO wie folgt überarbeitet werden:

§ 100d StPO – Entwurf
(5)(…)
1. Die durch eine Maßnahme nach § 100c StPO unter Beachtung des § 100c Abs. 4 bis Abs. 6 Satz 1 StPO erlangten personenbezogenen Daten dürfen … (wie bisher)."

2. Die zweckändernde Verwendung als Spurenansatz

In § 100d Abs. 5 Nr. 1 StPO könnte eine spezialgesetzliche Einschränkung der gesetzlichen Ermächtigung zur zweckändernden Verwendung von durch Großen Lauschangriff erhobenen Daten als Spurenansatz liegen. Dann müsste die Verwendung von mittels Großen Lauschangriffs erhobener Daten als Spurenansatz von der Formulierung des § 100d Abs. 5 Nr. 1 StPO erfasst sein. Der Verwendung dieser Daten als Spurenansatz steht nicht entgegen, dass der in § 100d Abs. 5 Nr. 1 StPO enthaltene Begriff der *verwertbaren personenbezogenen Daten* darauf hindeuten könnte, dass sich § 100d Abs. 5 Nr. 1 StPO ausschließlich auf die Verwertbarkeit dieser Daten als Beweismittel bezieht. Unter der Verwertbarkeit von Daten i.S.d. §§ 100c Abs. 5 Satz 3, 100c Abs. 7 StPO ist das Nichtvorliegen absoluter Verwendungsverbote nach § 100c Abs. 5 Satz 3 und Abs. 6 Satz 1 StPO zu verstehen. Überwiegt bei der Abwägung zwischen dem beeinträchtigten Rechtsgut des von der repressiven Maßnahme Betroffenen und dem Strafverfolgungs-

---

2477 Meyer-Goßner, StPO, § 100d Rn. 6.

interesse letzteres, bleiben die gewonnenen Erkenntnisse als Beweismittel verwertbar sowie als Spurenansatz oder zur Aufenthaltsermittlung verwendbar.

Bezug nehmend auf § 100d Abs. 5 Satz 2 StPO a.F., der ausschließlich ein Beweisverwertungsverbot enthielt, führte das BVerfG aus, dass sich die Beschränkung der Verwendung von mittels Großen Lauschangriffs erhobenen Daten auf abstrakt und im konkreten Einzelfall besonders schwere Straftaten nicht nur auf deren Verwendung zu Beweiszwecken im engeren Sinne sondern auch auf deren Verwendung als Spurenansatz für die Aufklärung von anderen Straftaten bezieht; andernfalls könnten in einem Folgeverfahren Informationen aus einem Großen Lauschangriff verwendet werden, ohne dass in diesem Verfahren jemals der Verdacht einer Katalogtat bestand[2478]. Da sich § 100d Abs. 5 Satz 2 StPO a.F. aber im Gegensatz zum heutigen § 100d Abs. 5 Nr. 1 StPO auf die Verwertung von mittels Großen Lauschangriff erhobenen Daten zu Beweiszwecken bezog, hielt es das BVerfG für möglich, die gewonnenen Daten auch als Spurenansatz zu verwenden. Ein Verfahrensfehler, der ein Verwertungsverbot für ein Beweismittel bewirkt, darf nicht ohne weiteres dazu führen, dass das gesamte Strafverfahren lahmgelegt wird[2479]. Daher sind zum Beispiel Aussagen von Zeugen, die durch Verwendung von Erkenntnissen aus Telefonüberwachungen als Spurenansatz ermittelt wurden, später – auch zum Nachweis einer anderen prozessualen Tat – als Beweismittel verwertbar[2480]. Der zweckändernden Verwendung von durch Großen Lauschangriff erhobenen Daten als Spurenansatz hat der den Vorgaben des BVerfG folgende Gesetzgeber in Anbetracht des hohen Ranges des Grundrechts aus Art. 13 Abs. 1 GG durch die Regelung des § 100d Abs. 5 Nr. 1 GG eine das Legalitätsprinzip einschränkende Grenze gezogen[2481].

Zieht man bei der Frage, ob heimlich erhobene Daten auch als Spurenansatz verwendet werden dürfen, die Regel über die hypothetische Ersatzvornahme heran, gelangt man zu dem Ergebnis, dass gem. § 160 Abs. 1 StPO jedweder Spurenansatz – also auch einer, der keine Katalogtat betrifft – ver-

---

2478 BVerfGE 109, 279 (377).
2479 BGHSt 51, 1 (8 – Rn. 23); 35, 32 (34); 32, 68 (71); 27, 355 (358); 22, 129 (136).
2480 BGHSt 51, 1 (8 – Rn. 23); 32, 68 (70/71); Eisenberg, Beweisrecht, Rn. 2536; Rogall in JZ 2008, 818 (827).
2481 Bertram, Die Verwendung präventiv- polizeilicher Erkenntnisse im Strafverfahren, S. 318 zu § 100d Abs. 5 Nr. 3.

wendet werden darf[2482]. Dies würde auch gelten, wenn der Große Lauschangriff fehlerhaft durchgeführt worden wäre, und die gewonnenen Erkenntnisse daher einem relativen Beweisverwertungsverbot unterlägen. Die Regel über die hypothetische Ersatzvornahme stelle darauf ab, ob vorhandene Daten durch eine hypothetisch mögliche, einer hinsichtlich Art und Weise der ihrer Erhebung zu Grunde liegenden Maßnahme vergleichbaren Maßnahme rechtmäßig erhoben werden könnten[2483], nicht aber ob sie rechtmäßig erhoben worden sind. Ist dieses Prinzip der Wiederholung zu bejahen, könnte selbst ein ursprünglich fehlerhaftes Beweisergebnis als Beweismittel verwertet werden[2484]. Anstelle des hypothetisch möglichen weiteren Großen Lauschangriffs soll auf die weniger einschneidende Maßnahme der Verwendung von Daten, die bereits durch einen abgeschlossenen Überwachungsvorgang erhoben wurden, zurückgegriffen werden. Ist die der ursprünglichen Erhebung zu Grunde liegende Maßnahme aus einem weniger gravierenden Grund rechtswidrig und könnte diese auch rechtmäßig durchgeführt werden, spricht nichts dagegen, schon vorhandene Erkenntnisse als Spurenansatz zu verwenden[2485]. Wenn schon die Prüfung, ob überhaupt ein Verwertungsverbot besteht, nur anhand des Einzelfalls möglich ist, gilt dies umso eher für den Umfang und die Auswirkungen eines solchen[2486].

Der Schutz des Grundrechts auf Unverletzlichkeit der Wohnung wird durch die Verwendung der sich aus einem Großen Lauschangriff ergebenden Erkenntnisse als Spurenansatz nicht berührt. Die Tonaufnahme ist nur der Anknüpfungspunkt für weitere Ermittlungsmaßnahmen, die dann selbstverständlich zur Gewinnung neuer verwertbarer Beweismittel führen können[2487]. Ist die zweckändernde Verwendung der durch Großen Lauschangriff gewonnenen Erkenntnisse auch noch per Gesetz auf die Aufklärung von als besonders schwer eingestuften Katalogstraftaten beschränkt, wird dem Umstand, dass Ausgangspunkt der neuen Ermittlungen ein Eingriff in das Grundrecht aus Art. 13 Abs. 1 GG war, jedenfalls Rechnung getragen. Daher ist die zweckändernde Verwendung von aus einem Großen Lauschangriff gewonnenen Erkenntnissen als Spurenansatz selbst dann rechtlich

---

2482 BGHSt in JR 2009, 443 (446); BGHSt 30, 317 (319); 28, 122 (127/128); 27, 355 (358); Nack in KK, StPO, § 100d Rn. 33; Wolter in SK-StPO, § 100d Rn. 74;.
2483 Glaser/Gedeon in GA 2007, 415 (435).
2484 Rogall in JZ 2008, 818 (826).
2485 A.A. Singelnstein in ZStW 120 (2008), 854 (867).
2486 BGHSt 27, 355 (357).
2487 BGHSt 27, 355 (358).

zulässig, wenn die Daten ursprünglich fehlerhaft erhoben worden sind, aber bei deren Verwertung als Beweismittel nur ein relatives Beweisverwertungsverbot zu beachten wäre. Weil es sich bei der Verwendung als Spurenansatz in anderen Strafverfahren um eine kriminalistisch wichtige Verwendungsmöglichkeit handelt, lässt § 100d Abs. 5 Nr. 1 StPO die Verwendung von durch Großen Lauschangriff erhobenen Daten in dem vom BVerfG vorgegebenen Rahmen sowohl als Beweismittel als auch als Spurenansatz zur Aufklärung von besonders schweren Straftaten i.S.d. § 100c StPO zu[2488].

3. Die zweckändernde Verwendung zur Aufenthaltsermittlung

Für die Weiterverwendung von durch Großen Lauschangriff erhobenen Daten zur Feststellung des Aufenthaltsorts eines Beschuldigten setzt § 100d Abs. 5 Nr. 1 2. Alt. StPO das Vorliegen einer Katalogtat aus § 100c Abs. 2 StPO in Bezug auf die Person, deren Aufenthalt festgestellt werden soll, voraus[2489]. Gleiches gilt gem. § 457 Abs. 3 StPO i.V.m. § 100d Abs. 5 Nr. 1 2. Alt. StPO für die Vollstreckung eines Vorführungs- oder Haftbefehls, wenn der Verurteilte eine Freiheitsstrafe nicht antritt, der Flucht verdächtig ist oder ein Strafgefangener entweicht oder sich sonst dem Vollzug entzieht, sofern die Vollstreckungsbehörde i.S.d. § 451 StPO gem. § 457 Abs. 2 StPO einen Vorführungs- oder Haftbefehl erlassen hat.

4. Schlussfolgerungen

Die Rechtmäßigkeit der zweckändernden Verwendung von Daten, die durch Großen Lauschangriffs erhoben wurden, bemisst sich an § 100d Abs. 5 Nr. 1 StPO. Hierin liegt die notwendige Ermächtigung für die zweckändernde Verwendung von durch Großen Lauschangriff erhobenen Daten zu repressiven Zwecken, die diese auf den Straftatenkatalog des § 100c Abs. 2 StPO beschränkt. Dies gilt unabhängig davon, ob die Verwendung der erhobenen Daten zu Beweiszwecken oder als Spurenansatz oder zur Feststel-

---

2488 BT-Drucksache 15/4533 S. 18; Gercke in HK-StPO, § 100d Rn. 13; Soine in Schulz/Händel/Soine, StPO, § 100d Rn. 9; Nach in KK-StPO; § 100d Rn. 14; Wolter in SK-StPO, § 100d Rn. 35; Glaser/Gedeon in GA 2007, 415 (435).
2489 Meyer-Goßner, StPO, § 100d Rn. 7.

A. Befugnisse zur zweckändernden repressiven Nutzung von repressiv erhobenen Daten

lung des Aufenthaltsorts eines Beschuldigten oder Verurteilten beabsichtigt wird[2490].

Da die bei relativen Beweisverwertungsverboten gebotene Abwägung erst auf Grundlage der sich aus dem anderen Strafverfahren ergebenden Sachlage vorgenommen werden kann, können im Ursprungsverfahren als Beweismittel unverwertbare Erkenntnisse einer zweckändernden Verwendung i.S.d. § 100d Abs. 5 Nr. 1 StPO, d.h. sowohl als Beweismittel als auch als Spurenansatz als auch zur Feststellung des Aufenthaltsorts eines Beschuldigten nicht von Anfang an entgegenstehen.

§ 100d Abs. 5 Nr. 1 StPO bezieht sich auf die Aufklärung einer anderen prozessualen Tat und daher auch auf die Verwendung der so erhobenen Daten als Spurenansatz. Voraussetzung ist, dass die aufzuklärende Straftat um eine Katalogtat aus § 100c Abs. 2 StPO ist und dass der Verwendung der Daten als Spurenansatz kein Verstoß gegen Verfassungsgrundsätze von solchem Gewicht entgegensteht, dass einer Verwertung der erhobenen Daten als Beweismittel ein absolutes Verwendungsverbot und damit ein absolutes Beweisverwertungsverbot entgegen stehen würde[2491]. Die in § 100d Abs. 5 Nr. 1 StPO enthalte Beschränkung der Verwendung von Daten auf verwertbare Daten nimmt auf die Beweiserhebungs- und die daraus folgenden Beweisverwertungsverbote aus § 100c Abs. 4 bis Abs. 6 Satz 1 StPO Bezug[2492] und steht einer Verwendung von fehlerhaft erhobenen Daten, deren Verwertbarkeit als Beweismittel nur einem relativen Beweisverwertungsverbot unterläge, als Spurenansatz oder zur Aufenthaltsermittlung nicht entgegen[2493]. Hierdurch sollte ein adäquates Schutzniveau für den Kernbereich privater Lebensgestaltung gewährleistet werden, um die einfachgesetzliche repressive Befugnis zum Großen Lauschangriff sowie die Befugnis zur Verwendung der dadurch erhobenen personenbezogenen Daten verfassungsgemäß zu gestalten[2494].

2490 Allgayer in NStZ 2006, 603 (608).
2491 BVerfG in NJW 2012, 907 (914).
2492 BGHSt 54, 69 (82- Rn. 33).
2493 Allgayer in NStZ 2006, 603 (605/606).
2494 BVerfG in NJW 2012, 907 (914); BGHSt 54, 69 (81- Rn. 31); BT-Drucksache 15/4533 S. 1/2.

III. Die repressive Zweckänderung von durch heimlichen repressiven Eingriff in Art. 10 Abs. 1 GG oder in das Grundrecht auf informationelle Selbstbestimmung erhobenen Daten

Auf Zweckänderungen von Daten, die durch heimlichen Eingriff in das Fernmeldegeheimnis aus Art. 10 Abs. 1 GG oder in das Grundrecht aus Art. 2 Abs. 1 GG i.V.m. Art. 1 Abs. 1 GG erhoben wurden, findet § 477 Abs. 2 Satz 2 GG in dessen heutiger Fassung Anwendung. In einem zurückliegenden Strafverfahren erhobene Daten können danach „*zu Beweiszwecken*" in einem anderen Strafverfahren verwendet werden, soweit dies für Zwecke des Strafverfahrens erforderlich ist[2495]. Nicht unter diese Verwendungsbeschränkungen fällt die Verwendung von heimlich gewonnenen Erkenntnissen im Ausgangsstrafverfahren[2496]. Durch § 477 Abs. 2 Satz 1 StPO wird also die verfahrensübergreifende Verwendung von zu repressiven Zwecken erhobenen Daten zu Beweiszwecken eingeschränkt, falls die Art und Weise ihrer ursprünglichen Erhebung vom Verdacht bestimmter Straftatbestände abhängig war[2497]. Die Einschränkung der zweckändernden Verwendung von personenbezogenen Daten zum Beweis einer anderen als der ihrer Erhebung zu Grunde liegenden prozessualen Tat aus § 477 Abs. 2 Satz 2 StPO gilt daher für die Verwendung von Daten, die durch
– Rasterfahndung gem. §§ 98a bis 98c StPO,
– Telekommunikationsüberwachung gem. §§ 100a und 100b StPO,
– Observation gem. §§ 100f, 100h und 163f StPO,
– Erhebung von Verkehrsdaten gem. § 100g StPO,
– Auskunftsersuchens über Telekommunikationsverbindungsdaten gem. § 100i StPO oder
– Einsatzes eines Verdeckten Ermittlers gem. §§ 110a bis 110c StPO
erhobenen wurden[2498]. § 477 Abs. 2 Satz 2 StPO ist seinem Wortlaut nach ebenfalls auf personenbezogene Daten, die bei einer nach § 111 Abs. 1 Satz 1, Abs. 2 StPO eingerichteten Kontrollstelle bei Identitätsfeststellungen oder Durchsuchungen nach § 111 Abs. 1 Satz 2, Abs. 2 StPO offen erhoben werden, anwendbar. An einer Kontrollstelle durchgeführte Identitätsfest-

---

2495 BT-Drucksache 16/5846 S. 66; Meyer-Goßner, StPO, § 477 Rn. 5a.
2496 BT-Drucksache 16/5846 S. 66; BGHSt 53, 64 (69- Rn. 15); Hohmann in Hohmann/Radtke, StPO, § 477 Rn. 2; Wittig in Graf, StPO, § 477 Rn. 5.
2497 Meyer-Goßner, StPO, § 477 Rn. 5.
2498 Meyer-Goßner, StPO, § 477 Rn. 5a; Puschke/Singelnstein in NJW 2008, 112 (117); Allgayer in NStZ 2006, 603 (604).

stellungen und hierbei erhobene Daten kommen aber allenfalls als Ermittlungsansatz für die prozessuale Tat in Betracht, zu deren Aufklärung die Kontrollstelle eingerichtet wurde. Die Ermächtigungsgrundlage für die Verwendung von bei Durchsuchungen an einer Kontrollstelle aufgefundenen Zufallsfunden als Beweismittel liegt demgegenüber in § 111 Abs. 3 StPO. Die Übertragung des Gedankens des hypothetischen Ersatzeingriffs auf Kontrollstellen nach § 111 StPO würde daher nicht ins Absurde führen[2499]. Vielmehr scheitert die Anwendbarkeit des § 477 Abs. 2 Satz 2 StPO daran, dass an einer Kontrollstelle keine personenbezogenen Daten zu Beweiszwecken heimlich erhoben werden.

Nicht unter die Verwendungsbeschränkungen des § 477 Abs. 2 Satz 2 StPO fallen gem. § 477 Abs. 2 Satz 4 StPO weiterhin mittels Großen Lauschangriff erhobene Daten. Deren zweckändernde repressive Verwendung wird in dem spezielleren § 100d Abs. 5 Nr. 1 StPO geregelt. Obwohl ebenfalls unter der Voraussetzung des Verdachts einer Katalogtat stehend, sind darüber die in §§ 131 Abs. 3, 131a Abs. 3, 131b Abs. 1 und 2, 163d Abs. 1 und 163e Abs. 1 StPO enthaltenen repressiven Befugnisse zur

– Ausschreibung zur Festnahme durch Öffentlichkeitsfahndung aus § 131 Abs. 3 StPO,
– Ausschreibung zur Aufenthaltsermittlung durch Öffentlichkeitsfahndung aus § 131a Abs. 3 StPO,
– Veröffentlichung von Abbildungen eines Beschuldigten oder Zeugen nach § 131b Abs. 1 bzw. Abs. 2 StPO,
– Schleppnetzfahndung nach § 163d Abs. 1 StPO und
– Ausschreibung einer Person zur polizeilichen Beobachtung nach § 163e Abs. 1 StPO

nicht von § 477 Abs. 2 Satz 2 StPO erfasst[2500]. Bei diesen Befugnissen handelt es sich nicht um Befugnisse zur Daten*erhebung* sondern um Befugnisse zur weiteren – gegebenenfalls zweckändernden – *Verwendung* bereits erhobener Daten[2501]. Bei deren Verwendung besteht keine Möglichkeit Zufallserkenntnisse zu erlangen, die zur Aufklärung einer anderen prozessualen Tat beitragen können. Daher bleibt zu prüfen, ob und inwiefern § 477

[2499] Rieß in Wahrheitsfindung und ihre Schranken, Strafverteidiger- Frühjahrssymposium 1988 des DAV, 141 (156).
[2500] A.A. Wittig in Graf, StPO, § 477 Rn. 5; Singelnstein in ZStW 120 (2008), 854 (879).
[2501] A.A. Meyer-Goßner, StPO, § 477 Rn. 5; Singelnstein in ZStW 120 (2008), 854 (879).

Abs. 2 Satz 2 StPO die zweckändernde repressive Verwendung durch Maßnahmen nach §§ 98a bis 98c, 100a und 100b, 100f, 100h und 163f, 100g, 100i sowie 110a bis 110c StPO erhobene personenbezogene Daten zu Beweiszwecken in einem anderen Strafverfahren sowie als Spurenansatz oder zur Aufenthaltsermittlung beschränkt.

1. Die Verwendung zu Beweiszwecken in anderen Strafverfahren

§ 477 Abs. 2 Satz 2 StPO beschränkt die zweckändernde repressive *Verwertung* von personenbezogenen Daten *zu Beweiszwecken* dem § 100d Abs. 5 Nr. 1 StPO sowie dem Gedanken der hypothetischen Ersatzvornahme entsprechend auf Straftaten, die zur Rechtfertigung der Durchführung einer ihrer ursprünglichen Erhebung zu Grunde liegenden Maßnahme geeignet wären[2502]. Daher gelten die Ausführungen zu den Beweisregeln zu § 100d Abs. 5 Nr. 1 StPO entsprechend[2503]. So dürfen durch heimliche Ermittlungen fehlerhaft erhobene personenbezogene Daten zum Beweis einer anderen prozessualen Tat nur verwertet werden, wenn keine absoluten Beweisverwertungsverbote entgegenstehen und bei der Abwägung der widerstreitenden Interessen das Interesse an einer effektiven Strafrechtspflege überwiegt[2504].

a. Absolute Beweisverwertungsverbote bei heimlichen Ermittlungsmaßnahmen i.S.d. § 477 Abs. 2 Satz 2 StPO

Der zweckändernden repressiven Nutzung von personenbezogenen Daten, die zur Aufklärung einer anderen prozessualen Tat erhoben wurden, und nunmehr als Beweismittel für eine andere prozessuale Tat verwertet werden sollen, werden durch den Schutz des Kernbereichs privater Lebensgestaltung, dem grundsätzlich bestehenden Schutzanspruch von Vertrauensverhältnissen und anderen gesetzlich geregelten absoluten Beweis- und Verwendungsverboten Grenzen gesetzt. Wie beim Großen Lauschangriff folgen

---

2502 BVerfGE 115, 166 (197/198); 113, 348 (369/370); BGHSt 53, 64 (68- Rn. 13); BT-Drucksache 16/5846 S. 66; Gemählich in KMR, StPO, § 477 Rn. 4; Zöller in StraFo 2008, 15 (24).
2503 Kapitel 4 A. II. 1. (S. 473).
2504 BGHSt 54, 69 (87- Rn. 47); a.A. Singelnstein in ZStW 120 (2008), 854 (889).

absolute Beweisverwertungsverbote bei den übrigen heimlichen repressiven Ermittlungsmaßnahmen aus dem von Verfassungs wegen zu beachtenden Gebot, den durch die Menschenwürdegarantie absolut geschützten Kernbereich privater Lebensgestaltung nicht zu verletzten[2505]. Bezogen auf die repressive Telekommunikationsüberwachung findet sich in § 100a Abs. 4 Satz 1 StPO ein dem § 100c Abs. 5 StPO entsprechend ausgestaltetes einfachgesetzliches absolutes Verwendungsverbot. Für heimliche Eingriffe in das Grundrecht auf informationelle Selbstbestimmung leitet sich dieses Gebot unmittelbar aus der Verfassung ab.

Falls aufgrund mangelnder Vorhersehbarkeit Erkenntnisse aus Ermittlungsmaßnahmen gewonnen würden, die in einer Vernehmungssituation zur Zeugnisverweigerung von Berufsgeheimnisträgern nach §§ 53, 53a StPO berechtigten, differenziert § 160a Abs. 1 StPO im Gegensatz zu § 100c Abs. 6 Satz 1 StPO zwischen verschiedenen Gruppen von Berufsgeheimnisträgern. Nur für die in § 160a Abs. 1 Satz 1 StPO genannten Berufsgeheimnisträger aus § 53 Abs. 1 Satz 1 Nr. 1, 2 oder 4 StPO (Geistliche, Strafverteidiger, Abgeordnete) sowie für Rechtsanwälte, eine nach § 206 der Bundesrechtsanwaltsordnung in eine Rechtsanwaltskammer aufgenommene Person oder einen Kammerrechtsbeistand besteht ein dem § 100c Abs. 6 Satz 1 StPO entsprechendes absolutes Verwendungsverbot, dass zu einem absoluten Beweisverwertungsverbot führt[2506]. Dieses würde über § 160a Abs. 3 StPO – anders als nach § 100c Abs. 6 Satz 2 StPO – ausnahmslos auch für deren von § 53a StPO erfassten Hilfspersonen gelten[2507]. Gleiches gilt gem. § 160a Abs. 5 Satz 1 StPO, wenn sich die Ermittlungsmaßnahme zwar nicht gegen den Berufsgeheimnisträger richtete, von dieser Person aber Kenntnisse erlangt wurden, über die sie das Zeugnis verweigern dürfte; beispielsweise wenn ein Rechtsanwalt bei einem Mandaten anriefe, und das Telefon des Mandanten überwacht wurde. Andererseits ist ein in § 160a Abs. 1 StPO bezeichnetes Vertrauensverhältnis gem. § 160a Abs. 4 StPO dann nicht schutzwürdig, wenn die Vertrauensperson selbst Tatbeteiligter ist. Da aber § 148 StPO an die Verfahrensstellung des Verteidigers anknüpft geht selbst im Fall des § 160a Abs. 4 StPO das verfassungsrechtlich abge-

---

2505 BVerfGE 109, 279 (332/333); 44, 353 (383/384); BGHSt 51, 1 (4 – Rn. 10); 31, 296 (300); Eisenberg, Beweisrecht, Rn. 2504.
2506 Zöller in StraFo 2008, 15 (23).
2507 Meyer-Goßner, StPO, § 160a Rn. 1 und 4; Zöller in StraFo 2008, 15 (23).

sicherte aus § 148 StPO folgende umfassende Beweisverwertungsverbot der Regelung des § 160a Abs. 4 StPO vor[2508].

Absolute Verwendungsverbote und damit auch absolute Beweisverwertungsverbote bestehen für Daten, die gem. § 100i Abs. 1 StPO durch den Einsatz von IMSI- Catchern erhoben wurden, hinsichtlich der zweckändernden repressiven Verwendung personenbezogener Daten Dritter. § 477 Abs. 2 Satz 4 StPO verweist auf § 100i Abs. 2 Satz 2 StPO, der ein absolutes Beweisverwertungsverbot enthält und neben der Verwertung als Beweismittel jegliches *Verwenden* der Daten und damit jegliche Nutzung dieser Daten untersagt[2509]. Weiterhin bleiben gem. § 477 Abs. 2 Satz 4 StPO die Beweisverwertungsverbote aus § 108 Abs. 2 und 3 StPO unberührt. § 108 Abs. 2 StPO enthält ein absolutes Beweisverwertungsverbot[2510], § 108 Abs. 3 StPO enthält ein bedingtes absolutes Beweisverwertungsverbot für Zufallsfunde[2511]. Zum einen dürfen Zufallsfunde gem. § 108 Abs. 2 StPO nicht als Beweismittel für einen Schwangerschaftsabbruchs nach § 218 StPO verwertet werden, die bei einem Arzt vorgefunden werden und sich auf dessen Patientin beziehen. Gem. § 108 Abs. 3 StPO dürfen Zufallsfunde zu Beweiszwecken für eine *Straftat, die im Höchstmaß nicht mindestens mit 5 Jahren bedroht ist und bei der es sich nicht um eine Straftat* der Verletzung des Dienstgeheimnisses *nach § 353b StGB* handelt, nicht *verwertet* werden. Obwohl die Bestimmung über die Beschlagnahme von Zufallsfunden aus § 108 Abs. 1 Satz 1 StPO nicht von der Voraussetzung des Verdachts einer Katalogtat abhängig ist, hat der Verweis des § 477 Abs. 2 Satz 4 StPO auf § 108 Abs. 2 und 3 StPO seine Berechtigung. Durch § 477 Abs. 2 Satz 4 StPO i.V.m. § 108 Abs. 2 und 3 StPO wird nicht die Verwertung eines bei einer Hausdurchsuchung gefundenen Zufallsfundes als Beweismittel eingeschränkt, sondern die Verwertung von Zufallserkenntnissen der in § 108 Abs. 2 und 3 StPO bezeichneten Art, die durch heimliche Datenerhebung gegenüber Ärzten oder Presseorganen gewonnen wurden. Sofern es die zweckändernde Verwendung von durch heimliche Ermittlungsmaßnahmen gewonnene Erkenntnissen zu Beweiszwecken betrifft, geht § 477 Abs. 2 Satz 2 StPO i.V.m. § 108 Abs. 2 und 3 StPO als speziellere Regel gegenüber § 160a Abs. 2 Satz 3 StPO, der ein relatives Verwendungsverbot und daher auch ein relatives Beweisverwertungsverbot enthält, vor.

2508 Knierim in StV 2008, 599 (604).
2509 Singelnstein in ZStW 120 (2008), 854 (873).
2510 Eisenberg, Beweisrecht, Rn. 359.
2511 Singelnstein in ZStW 120 (2008), 854 (877).

b. Relative Beweisverwertungsverbote bei heimlichen Ermittlungsmaßnahmen i.S.d. § 477 Abs. 2 Satz 2 StPO

Bei der zweckändernden Verwertung von personenbezogenen Daten als Beweismittel sind neben absoluten Beweisverwertungsverboten insbesondere gesetzlich geregelte relative Beweisverwertungsverbote zu beachten. In § 477 Abs. 2 Satz 2 StPO liegt insofern ein selbstständiges relatives Beweisverwertungsverbot, als durch heimliche Ermittlungen gewonnene Aufzeichnungen nur zur Aufklärung solcher Katalogstraftaten als Beweismittel verwertet werden dürfen, die auch die Durchführung der vorausgegangenen heimlichen Überwachung hätten rechtfertigen können[2512].

Von besonderer Bedeutung für die zweckändernde Verwertung von durch heimliche Ermittlungen i.S.d. § 477 Abs. 2 Satz 2 StPO erhobenen Daten ist weiterhin, dass für die in § 53 Abs. 1 Satz 1 Nr. 3 bis 3b und 5 StPO bezeichneten Berufsgruppen das absolute Beweisverwertungsverbot aus § 160a Abs. 1 Satz 2 StPO anders als bei § 100c Abs. 6 Satz 1 StPO nicht gilt. Stattdessen enthält § 160a Abs. 2 Satz 1 i.V.m. Satz 3 StPO für diese Gruppe der Berufsgeheimnisträger ein relatives Beweisverwertungsverbot in Gestalt eines relativen Verwendungsverbots[2513], bei dem die Abwägungsregeln des § 160a Abs. 1 Satz 1 2. Halbsatz StPO zu beachten sind. Das Strafvollzugsinteresse entfällt regelmäßig, wenn keine Straftat von erheblicher Bedeutung aufzuklären ist. Gem. § 160a Abs. 2 Satz 2 StPO ist eine derartige Maßnahme unter Berücksichtigung der Verhältnismäßigkeitsmaßstäbe zu beschränken. Gem. § 160a Abs. 3 StPO gilt für Hilfspersonen i.S.d. § 53a StPO die Regelung aus § 160a Abs. 2 StPO entsprechend. § 160a Abs. 2 Satz 1 StPO bezieht sich auf die in § 53 Abs. 1 Nr. 3 bis 3b und Nr. 5 StPO genannten Berufsgruppen, also insbesondere Rechtsanwälte, Steuerberater, Mediziner, Psychologen, Mitglieder und Berater von Beratungseinrichtungen für Schwangerschaftsabbrüche und BtM- Konsumenten sowie Presseorgane, und gestattet die Verwendung von über diesen Personenkreis erlangten Erkenntnissen – auch zu Beweiszwecken – nur unter Verhältnismäßigkeitsgesichtspunkten. Von diesen relativen Beweisverwertungsverboten ausgenommen sind Zufallserkenntnisse über Ärzte i.S.d. § 108 Abs. 2 StPO und über Presseorgane im Falle des § 108 Abs. 3 StPO. Insoweit besteht ein spezielleres absolutes Beweisverwertungsverbot.

2512 Beulke in Jura 2008, 653 (660).
2513 Knierim in StV 2008, 599 (604); Zöller in StraFo 2008, 15 (23).

c. Zusammenfassung

Zusammenfassend ist festzuhalten, dass personenbezogene Daten, die durch Ermittlungsmaßnahmen erhoben wurden, die i.S.d. § 477 Abs. 2 Satz 2 StPO nur bei Verdacht einer bestimmten Straftat zulässig sind, ähnlich wie mittels Großen Lauschangriffs erhobene Daten nur dann zum Beweis einer anderen prozessualen Tat verwertet werden dürfen, wenn diese eine prozessuale Tat betreffen, die sich zumindest auch auf den Verdacht einer in der jeweiligen Erhebungsbefugnis bezeichneten Katalogtat bezieht und ihrer Verwertung als Beweismittel kein absolutes oder relatives Beweisverwertungsverbot entgegensteht.

2. Die Verwendung als Spurenansatz oder zur Aufenthaltsermittlung im Zusammenhang mit anderen Strafverfahren

Zu prüfen bleibt, ob personenbezogene Daten, die bei heimlichen Ermittlungen zur Aufklärung einer bestimmten prozessualen Tat erhoben wurden, zweckändernd als Spurenansatz bei der Aufklärung einer anderen prozessualen Tat oder zur Aufenthaltsermittlung verwendet werden dürfen. Ausgeschlossen ist jedenfalls die zweckändernde Verwendung als Spurenansatz bei der Aufklärung einer anderen prozessualen Tat oder zur Aufenthaltsermittlung von Daten, deren vom ursprünglichen Erhebungszweck abweichender Verwendung ein von Verfassungs wegen zu berücksichtigendes absolutes Beweisverwertungsverbot entgegensteht[2514]. Die §§ 100a Abs. 4 Satz 2, 100i Abs. 2 Satz 2, 160a Abs. 1 Satz 2 StPO enthalten nicht nur absolute Beweisverwertungsverbote sondern auch absolute Verwendungsverbote[2515]. Steht einer Verwertung von durch heimliche Ermittlungen von in einem anderen Strafverfahren i.S.d. § 477 Abs. 2 Satz 2 StPO gewonnenen Erkenntnisse als Beweismittel kein absolutes Verwendungsverbot entgegen, steht deren Verwendung als Spurenansatz grundsätzlich ebenfalls nichts entgegen. Da jede Verwendung bereits erhobener Daten den mit der ursprüngliche Erhebung verbundenen Grundrechtseingriff in Art. 13 Abs. 1 GG, Art. 10 Abs. 1 GG oder Art. 2 Abs. 1 GG i.V.m. Art. 1 Abs. 1 GG noch verstärkt und daher unter dem Vorbehalt des Gesetzes aus Art. 20 Abs. 3 GG

2514 BVerfGE 109, 279 (332); 44, 353 (383/384).
2515 Meyer-Goßner, StPO, § 160a Rn. 4; Nack in KK, StPO, § 100i Rn. 11; Griesbaum in KK, StPO, § 160a Rn. 9; Eisenberg, Beweisrecht, Rn. 2504.

steht[2516], stellt sich die Frage, welche repressive Befugnisnorm die zweckändernde Verwendung von personenbezogenen Daten als Spurenansatz legitimiert, wenn deren ursprüngliche Erhebung i.S.d. § 477 Abs. 2 Satz 2 StPO vom Vorliegen einer Katalogtat abhängig war.

Seinem Wortlaut nach ermächtigt § 477 Abs. 2 Satz 2 StPO zur eingeschränkten zweckändernden repressiven Verwendung zu Beweiszwecken. Anders als bei dem durch das *Gesetz zur Umsetzung des Urteils des Bundesverfassungsgerichts vom 3.3.2004 vom 3.3.2004* erlassenen § 100f Abs. 5 StPO a.F. sowie § 100d Abs. 5 Nr. 1 StPO beschränkt der heutige § 477 Abs. 2 Satz 2 StPO die Umwidmung von durch heimliche Eingriffe in Art. 10 Abs. 1 GG oder das Grundrecht auf informationelle Selbstbestimmung erhobene Daten nicht auf die *Aufklärung einer Straftat* aus dem zur Erhebung dieser Daten ermächtigenden Straftatenkatalog des § 100a StPO bzw. 100c StPO[2517]. § 477 Abs. 2 Satz 2 StPO beschränkt ausschließlich die zweckändernde Verwendung *zu Beweiszwecken* in einem anderen Strafverfahren. Demgegenüber wurde bei Erlass des *Gesetzes zur Umsetzung des Urteils des Bundesverfassungsgerichts vom 3.3.2004* irrtümlich die Auffassung vertreten, die dadurch erlassenen §§ 100d Abs. 6 Nr. 1; 100f Abs. 5 StPO enthielten nicht nur Befugnisse zur zweckändernden Datennutzung zu Beweiszwecken sondern auch zu zweckändernden Nutzung als Spurenansatz[2518]. Die unterschiedlichen Formulierungen in § 100d Abs. 5 Nr. 1 StPO einerseits und in § 477 Abs. 2 Satz 2 StPO andererseits führen zu der Frage, warum durch Großen Lauschangriff erhobene Daten – wenn auch in beschränktem Umfang – als Spurenansatz einer anderen prozessualen Tat oder zur Ermittlung des Aufenthalts eines einer anderen prozessualen Tat Beschuldigten verwendbar sein sollten, durch weniger eingriffsintensive Maßnahmen erhobene Daten dem Wortlaut des § 477 Abs. 2 StPO nach hingegen nicht[2519]. Dabei ist zwischen der zweckändernden Verwendung von personenbezogenen Daten als Spurenansatz für Katalogtaten sowie als Spurenansatz für Nicht- Katalogtaten zu differenzieren.

2516 BVerfGE 113, 348 (365, 384); 110, 33 (68, 69); 109, 279 (375); 100, 313 (360, 366/367, 389).
2517 BVerfG in NJW 2005, 2766 (2766); BGHSt 28, 122 (125); 27, 355 (358); Meyer-Goßner, StPO, § 477 Rn. 5a; Schäfer in Löwe/Rosenberg, StPO, § 100a Rn. 93; Allgayer in NStZ 2006, 603 (608); a.A. BT-Drucksache 15/4533 S. 8, 20; LG Münster StV 2008, 460 (460); Singelnstein in ZStW 120 (2008), 854 (884); Rogall in JZ 2008, 819 (828); Glaser/Gedeon in GA 2007, 415 (435).
2518 BT-Drucksache 15/4533 S. 18, 20.
2519 Pfeiffer/Hannich in KK, StPO, Einleitung Rn. 123.

Kapitel 4: Polizeiliche Befugnisse zur zweckändernden Nutzung von erhobenen Daten

a. Die zweckändernde Verwendung als Spurenansatz für Katalogtaten

Teilweise wird die Auffassung vertreten, dass grundrechtsschützende Beschränkungen von Erhebungsbefugnissen im Strafverfahren wie etwa Katalogstraftaten nicht umgangen werden dürften, indem eine Zweckumwidmungsvorschrift geringere Anforderungen aufstellt als die Erhebungsvorschrift[2520]. Daher könne die zweckändernde Verwendung von Zufallserkenntnissen aus Strafverfahren nicht auf generalklauselartige Formulierungen wie die der §§ 474 Abs. 1, 479 Abs. 1, 160 Abs. 1 i.V.m. 161 Abs. 1 Satz 1, 163 Abs. 1 Satz 1 und 2 StPO gestützt werden[2521]. Die weite Fassung der §§ 161 Abs. 1 Satz 1 und 2; 163 Abs. 1 Satz 2 StPO genüge nicht den Geboten der Normenbestimmtheit und -klarheit, weil die Anforderungen an die Bestimmtheit von Verwendungszweck, Anlass und Grenzen einer zweckändernden Datennutzung mit steigender Eingriffsintensität steigen[2522]. Die mangelnde Normenbestimmtheit und -klarheit betreffe indes nicht den Verwendungszweck der in § 477 Abs. 2 Satz 2 StPO benannten Daten[2523]. Das Gebot der Normenbestimmtheit und Normenklarheit gebietet nicht nur eine hinreichende Bestimmung des Verwendungszwecks sondern auch eine darauf abgestimmte Ausgestaltung der Befugnisse und sachgerechte Schutzvorkehrungen[2524]. Solche seien im Zusammenhang mit den zur zweckändernden Verwendung von durch heimliche Ermittlungen gewonnenen Erkenntnissen ermächtigenden §§ 161 Abs. 1; 163 Abs. 1 Satz 2 StPO nicht ersichtlich. Mit dem Strafverfahren seien besondere Eingriffsformen und Verwendungszwecke verbunden, die der informationellen Selbstbestimmung konträr gegenüber stünden[2525]. Auch könne der dem Wortlaut des heutigen § 100d Abs. 5 Nr. 1 StPO entsprechende § 100f Abs. 5 StPO i.d.F. des *Gesetz zur Umsetzung des Urteils des Bundesverfassungsgerichts vom 3.3.2004*, der die Verwendung von erhobenen Daten insgesamt auf die Aufklärung von Katalogstraftaten beschränkte, entnommen werden, dass neben

---

2520 Zöller in HK-StPO, § 161 Rn. 32; Singelnstein in ZStW 120 (2008), 854 (885); Kretschmer in StV 1999, 201 (225).
2521 Zöller in HK-StPO, § 161 Rn. 32; Albrecht in StV 2001, 416 (419).
2522 Di Fabio in Maunz/Dürig, GG, 39. Lieferung Juli 2001, Art. 2 Abs. 1 Rn. 182; Papier in Maunz/Dürig, GG, 36. Lieferung Oktober 1999, Art. 13 Rn. 107; Zöller in Roggan/Kutscha, HbdIS, S. 497/498; Singelnstein in ZStW 120 (2008), 854 (875).
2523 A.A. Singelnstein in ZStW 120 (2008), 854 (875).
2524 BVerfGE 107, 299 (328); 100, 313 (372); 67, 157 (183).
2525 Singelnstein in ZStW 120 (2008), 854 (855).

deren Verwendung als Beweismittel zum Nachweis einer anderen prozessualen Tat auch deren zweckändernde Verwendung als Spurenansatz nur der Aufklärung einer Katalogtat dienen dürfe[2526]. Die Vertreter dieser Auffassung sehen in der Regel der hypothetischen Ersatzvornahme als einzige legitime Möglichkeit einer Zweckänderung[2527], oder gehen davon aus, dass § 477 Abs. 2 Satz 2 StPO die zweckändernde Verwendung von personenbezogenen Daten aus heimlichen Ermittlungen als Spurenansatz nur legitimiere, weil es sich hierbei um geringfügigere Grundrechtseingriffe als bei deren vom Wortlaut des § 477 Abs. 2 Satz 2 StPO erfassten Verwendung als Beweismittel handele[2528]. Danach ließen sich personenbezogene Daten, die als Spurensatz verwendet werden sollen, allenfalls dann unter § 477 Abs. 2 Satz 2 StPO subsumieren, wenn dadurch eine Straftat aufgeklärt werden soll, bei der es sich um eine Tat handelt, zu deren Beweis die Daten aufgrund der ihrer Erhebung zu Grunde gelegten Befugnisnorm hätten erhoben werden dürfen[2529]. Ist sogar die eingriffsintensive Verwertung als Beweismittel in einem Strafverfahren zulässig, könnten Daten, die zur Verfolgung bestimmter Katalogtaten erhoben werden dürfen, nur für weniger eingriffsintensive weitere Ermittlungsmaßnahmen zur Aufklärung anderer Katalogtaten herangezogen werden. So diente auch die repressive TKÜ nicht der Bekämpfung der allgemeinen Kriminalität, und hierdurch gewonnene Erkenntnisse bei Wegfall des Verdachts einer Katalogtat dürften nicht einmal zum Beweis der mit der ursprünglich angenommenen Katalogtat in sachlichem Zusammenhang stehenden und daher einer prozessuale Tat i.S.d. § 264 StPO bildenden Nicht-Katalogtaten verwertet werden dürften, damit die Begrenzung der TKÜ in § 100a Abs. 2 StPO nicht durch die leichtfertige Bejahung des Verdachts einer Katalogtat unterlaufen wird[2530]. Sofern es um die Aufklärung einer Katalogtat ginge, könnten Zufallserkenntnisse nach dieser Auffassung gestützt auf § 477 Abs. 2 Satz 2 StPO – gegebenenfalls in analoger Anwendung – sowohl als Spurenansatz für weitere Ermittlungen als auch als Beweismittel im Rahmen der Vernehmung von Zeugen oder Beschuldigten durch Verlesung von Überwachungsprotokollen oder durch Augen-

---

2526 Knierim in StV 2008, 599 (605); Singelnstein in ZStW 120 (2008), 854 (887/888).
2527 Singelnstein in ZStW 120 (2008), 854 (875/876, 887); Kretschmer in StV 1999, 221 (225/226).
2528 A.A. Bertram, Die Verwendung präventiv- polizeilicher Erkenntnisse im Strafverfahren, S. 300.
2529 LG Münster StV 2008, 460 (460).
2530 Kretschmer in StV 1999, 221 (225/226).

schein mittels Anhören der Datenträger in der Hauptverhandlung verwendet werden[2531].

b. Die zweckändernde Verwendung als Spurenansatz für Nicht-Katalogtaten

Nach anderer Ansicht fällt bei der zweckändernden Verwendung von Daten, die durch repressiven heimlichen Eingriff in Art. 10 Abs. 1 GG oder in das Grundrecht auf informationelle Selbstbestimmung erhoben wurden, ausschließlich deren Verwertung als Beweismittel und nicht deren Verwendung als Spurenansatz unter die Einschränkung einer Katalogstraftat[2532]. Hiernach ist die Verwendung von i.S.d. § 477 Abs. 2 Satz 2 StPO heimlich erhobenen Daten auf eine andere repressive Befugnis zu stützen, die dazu berechtigt, bereits erhobene Daten auch als Spurenansatz für Nicht-Katalogtaten i.S.d. ursprünglichen Erhebungsbefugnis zu verwenden. Hierzu ermächtigende Befugnisnormen finden sich in den §§ 474 Abs. 1, 479 Abs. 1, 160 Abs. 1 i.V.m. 161 Abs. 1 Satz 1, 163 Abs. 1 Satz 1 und 2 StPO. Gem. dem durch das *StVÄG 1999* erlassenen § 161 Abs. 1 Satz 1 StPO ist die Staatsanwaltschaft befugt, von allen Behörden – und damit auch von der Polizei – unabhängig von der ursprünglichen Erhebungsbefugnis sowie der Rechtmäßigkeit der ursprünglichen Erhebung Auskunft über die bei der Behörde vorhandenen Daten zu verlangen[2533]. Wie bereits vor Erlass der §§ 98b Abs. 3 Satz 3; 100b Abs. 5; 100h Abs. 3; 110e StPO a.F. durch das *OrgKG 1992*, deren Wortlaut sich ebenso wie der des diese ablösenden, die

---

2531 BGHSt 51, 1 (2 – Rn. 5); Allgayer in NStZ 2006, 603 (604); Anm. Welp zu BGH in NStZ 1995, 601 (604).
2532 BVerfG in NJW 2008, 2766 (2766); BT-Drucksache 16/5846 S. 64; BGHSt 27, 355 (358); 22, 129 (135); Erb in Löwe/Rosenberg, StPO, § 160 Rn. 34a; Wittig in Graf, StPO, § 477 Rn. 5; Griesbaum in KK-StPO, § 161 Rn. 40; Hilger in Löwe/Rosenberg, StPO, § 477 Rn. 8; Hohmann in Radtke/Hohmann, StPO, § 477 Rn. 5; Plöd in KMR, StPO, § 161 Rn. 25; Schulz/Händel/Soine, StPO, § 161 Rn. 17; Schäfer in Löwe/Rosenberg, StPO, § 100a Rn. 93; Wohlers in SK-StPO, § 161 Rn. 53; Temming in HK-StPO, § 477 Rn. 7; Beulke in Jura 2008, 653 (660); Puschke/Singelnstein in NJW 2008, 112 (117); Zöller in StraFo 2008, 15 (24); Allgayer in NStZ 2006, 603 (606); Hilger in NStZ 2000, 561 (564-Fußnote 52); Rogall in JZ 2008, 818 (827/828); Bittmann in DRiZ 2007, 115 (120); Rieß in Wahrheitsfindung und ihre Schranken, Strafverteidiger-Frühjahrssymposium 1988 des DAV, 141 (151); Anm. Löffelmann zu BGH in JR 2010, 443 (456).
2533 Brodersen in NJW 2000, 2536 (2539).

A. Befugnisse zur zweckändernden repressiven Nutzung von repressiv erhobenen Daten

vorherige Praxis aber beibehaltenden § 477 Abs. 2 Satz 2 StPO[2534] auf die Verwertung „zu Beweiszwecken" bezog, gehen der BGH in ständiger Rechtsprechung und mit ihm die h. L. davon aus, dass Zufallserkenntnisse über Nicht- Katalogtaten zwar nicht als Beweismittel verwertet werden dürften, wohl aber Anlass zu weiteren Ermittlungen zur Gewinnung neuer Beweismittel sein und Anhaltspunkte für weitere Ermittlungen bieten könnten[2535]. Der Gesetzgeber hatte im Vorfeld des heutigen § 474 Abs. 2 Satz 2 StPO durch Verweis auf die st. Rspr. des BGH betont keine Veränderungen am status quo herbeiführen zu wollen[2536]. Auch hatte das BVerfG bezogen auf den Bereich der TKÜ nach § 100a StPO in dessen Nichtannahmebeschluss vom 29.6.2005 (Az.: 2 BvR 866/05) darauf verwiesen, dass Zufallserkenntnisse, die Nicht- Katalogtaten betreffen, zwar nicht zu Beweiszwecken verwertet werden dürfen, im Gegensatz zu Daten aus Großem Lauschangriff wohl aber Anlass zu weiteren Ermittlungen zur Gewinnung neuer Beweismittel geben können[2537]. Sollten durch eine heimliche Ermittlungsmaßnahme Zufallserkenntnisse, die keine Katalogtat betreffen, gewonnen werden, stünde das Interesse an einer wirksamen Strafrechtspflege im Vordergrund[2538]. Ist die ursprüngliche heimliche Datenerhebung nicht zu beanstanden, könnte einer Verwendung der dadurch gewonnenen Erkenntnisse, die bei Vorliegen einer Nicht- Katalogtat gegen ein Verwendungsverbot verstoßen würde und dadurch auch die Verwendung der erhobenen Daten als Spurenansatz verbietet, ohnehin nicht entgegen getreten werden[2539].

2534 Gieg in KK, StPO, § 477 Rn. 3; Meyer-Goßner, StPO, § 477 Rn. 5a; J. Kretschmer in Radtke/Hohmann, StPO, § 477 Rn. 5; Zöller in StraFo 2008, 15 (24).
2535 BGHSt 51, 1 (8 – Rn. 23); 35, 32 (34); 32, 68 (71); 27, 355 (358); 22, 129 (136); Meyer-Goßner, StPO, § 161 Rn. 18d; Erb in Löwe/Rosenberg, StPO, § 160 Rn. 34a; Allgayer in NStZ 2006, 603 (604); Rieß in Wahrheitsfindung und ihre Schranken, Strafverteidiger-Frühjahrssymposium 1988 des DAV, 141 (150/151).
2536 BT-Drucksache 16/5846 S. 2, 3, 66.
2537 BVerfGE 113, 348 (391); BVerfG in NJW 2005, 2766 (2766); Allgayer in NStZ 2006, 603 (605).
2538 BVerfG in NJW 2005, 2766 (2766).
2539 BVerfG in NJW 2005, 2766 (2766); Roßmüller/Scheinfeld in wistra 2004, 52 (54/55).

c. Stellungnahme

Seit dem Erlass des *StVÄG 1999* enthalten die §§ 474 Abs. 1, 479 Abs. 1, 160 Abs. 1 i.V.m. 161 Abs. 1 Satz 1, 163 Abs. 1 Satz 1 und 2 StPO Ermächtigungen, um durch heimliche Ermittlungen erhobene personenbezogene Daten selbst dann als Spurenansatz zur Aufklärung zur Aufklärung einer anderen prozessualen Tat zu verwenden, wenn es sich um Nicht- Katalogtaten handelt, so dass eine Verwertung zu Beweiszwecken infolge des § 477 Abs. 2 Satz 2 StPO ausscheiden würde[2540]. Aus § 477 Abs. 2 Satz 2 StPO lässt sich nicht entnehmen, dass dieser beschränkt auf bestimmte Katalogtaten zur Verwendung als Spurenansatz ermächtigt[2541]. Ein Blick auf die historische Entwicklung des § 477 Abs. 2 Satz 2 StPO macht deutlich, dass dieser ebenso wie § 161 Abs. 2 Satz 1 StPO und abweichend von § 100d Abs. 5 Nr. 1 und 3 StPO ausschließlich die zweckändernde Verwendung von durch verdeckte präventiv- polizeiliche bzw. heimliche repressive Maßnahmen erhobene Daten *zu Beweiszwecken* auf Katalogtaten beschränkt. Auch wurde im Zuge der Beratungen zum *StVÄG 1999* der seit dem Entwurf des *StVÄG 1988* vorgesehene § 161 Abs. 2 StPO- Entwurf gestrichen, während der die Verwertung von mittels Kleinen Lauschangriff erhobenen Daten zu Beweiszwecken beschränkende § 161 Abs. 3 StPO-Entwurf als § 161 Abs. 2 StPO 1999 erlassen wurde[2542]. § 477 Abs. 2 Satz 2 StPO betrifft daher ausschließlich die auf bestimmte Katalogtaten beschränkten Verwertung der anlässlich einer anderen prozessualen Tat gewonnenen Erkenntnisse zu Beweiszwecken. Die zweckändernde repressive Verwendung der vom Anwendungsbereich des § 477 Abs. 2 Satz 2 StPO erfassten Daten als Spurenansatz als Minusmaßnahme zu einer durch § 477 Abs. 2 Satz 2 StPO vorausgesetzten, hypothetischen Datenerhebung scheidet schon aus diesen Gründen aus.

Die Ermächtigungsgrundlage für den mit der zweckändernde Verwendung von personenbezogenen Daten i.S.d. § 477 Abs. 2 Satz 2 StPO als Spurenansatz verbundenen erneuten Grundrechtseingriffs[2543] findet sich stattdessen in den §§ 474 Abs. 1, 479 Abs. 1, 160 Abs. 1 i.V.m. 161 Abs. 1 Satz 1, 163 Abs. 1 Satz 1 und 2 StPO. Zwar handelt es sich bei der Erhebung

---

2540 A.A. Zöller in HK, StPO, § 161 Rn. 32.
2541 Zöller in HK-StPO, § 161 Rn. 32.
2542 Kapitel 4 B. III. 2. (S. 555).
2543 BVerfG in NJW 2012, 1419 (1422/1423); BVerfGE 125, 260 (310); 120, 378 (400/401); 110, 33 (70); 109, 279 (375 ff); 100, 313 (360, 372, 387/388); 65, 1 (46).

A. Befugnisse zur zweckändernden repressiven Nutzung von repressiv erhobenen Daten

von Daten unter heimlichen Eingriff in Art. 10 Abs. 1 GG und in das Grundrecht auf informationelle Selbstbestimmung um eingriffsintensive Maßnahme in bedeutende Grundrechtspositionen, die durch die zweckändernde Verwendung der gewonnenen Erkenntnisse verstärkt wird[2544]. In der Verwendung als Spurenansatz liegt aber ein weniger intensiver Grundrechtseingriff als in der Beweisverwertung[2545]. So führt die gesetzliche Beschränkung der Verwendung als Spurenansatz insofern zu einem geringfügigeren Grundrechtseingriff, als nicht die bei der Überwachung aufgezeichneten Gesprächsinhalte sondern nur der für die Aufgabenerfüllung erforderliche Teil der enthaltenen Informationen übermittelt und genutzt wird[2546]. Ein weniger intensiver Grundrechtseingriff lässt sich durch Befugnisnormen legitimieren, die weniger strenge Eingriffsvoraussetzungen enthalten.

aa. Die Eingriffsintensität der Beweisverwertung

Die Verwertbarkeit von Beweismitteln, die einem relativen Beweisverwertungsverbot unterliegen, ist abgesehen von der Grundrechtsintensität von deren Erhebung sowie dem jeweiligen Tatvorwurf davon abhängig, ob nach dem jeweiligen Ermittlungsstand andere und / oder weniger eingriffsintensive Beweismittel zur Verfügung stehen, so dass es der Heranziehung eines Beweismittels, das einem relativen Beweisverwertungsverbot unterfällt, nicht mehr bedarf. Liegen genügend Beweise vor, um die Schuld oder Unschuld eines Beschuldigten zu beweisen, ist dem Bedürfnis nach einer effektiven Strafrechtspflege Genüge getan, und ein Rückgriff auf ein durch eine grundrechtsintensive Maßnahme fehlerhaft erhobenes Beweismittel wäre – abgesehen von Situationen, in denen der Beschuldigte in die Beweisverwertung einwilligt oder in denen noch irgendwelche Zweifel an der Schuldfrage bestehen – unverhältnismäßig. Die zu den relativen Beweisverwertungsverboten entwickelten Abwägungsregeln sind daher auf die Verwendung von Daten, die durch Maßnahmen i.S.d. § 477 Abs. 2 Satz 2 StPO erhoben wurden und nunmehr als Spurenansatz für eine andere prozessuale Tat verwendet werden sollen, nicht übertragbar. Andere strafprozessuale Schutzvorschriften wie die aus den §§ 52 ff, 96, 97, 136a oder 148

2544 BVerfGE 113, 348 (384); 110, 33 (68/69); 109, 279 (375/376); 100, 313 (360); 65, 1 (46, 61 ff); Zöller in HK-StPO, § 161 Rn. 32.
2545 A.A. Singelnstein in ZStW 120 (2008), 854 (886).
2546 BVerfGE 100, 313 (390).

StPO können die Verwertung von bei sonstigen Ermittlungen gewonnenen Erkenntnissen zu Beweiszwecken hindern und zu Beweisverwertungsverboten führen[2547]. Jedoch gehen diese Beweisverwertungsverbote – abgesehen von Verstößen gegen § 136a StPO – regelmäßig nicht mit einem Verbot der Verwendung als Spurenansatz einher[2548].

Obwohl gem. § 158 Abs. 2 StPO bei Privatklage- und Antragsdelikten ohne Vorliegen eines Strafantrags mangels öffentlichen Interesses an der Strafverfolgung nicht zu ermittelt werden braucht, ist aufgrund des für das Strafverfahren geltenden Legalitätsprinzips gem. § 160 Abs. 1 StPO zunächst ein Ermittlungsverfahren einzuleiten. Andernfalls geriete der zuständige Beamte in den Verdacht der Strafvereitelung im Amt nach §§ 258a, 258 StGB. Allerdings überwiegt der sich aus dem Grundrecht auf informationelle Selbstbestimmung – und erst recht aus den spezielleren informationellen Grundrechtspositionen – ergebende Schutzanspruch bei heimlich erhobenen Daten stets gegenüber dem öffentlichen Interesse an der Strafverfolgung, sofern strafprozessuale Verfolgungsbeschränkungen wie absolute und relative Antragsdelikte i.S.d. § 158 Abs. 2 StPO oder die in § 374 Abs. 1 Nr. 1 bis 8 StPO bezeichneten Privatklagedelikte auf ein in der Regel nicht bestehendes Interesse an der Strafverfolgung schließen lassen. Bei ausnahmsweise dennoch bestehendem öffentlichen Interesse an der Strafverfolgung und für alle übrigen Delikte gelten die Ermittlungsgeneralklauseln der §§ 161 Abs. 1 Satz 1 und 2; 163 Abs. 1 Satz 2 StPO. Da bei Ordnungswidrigkeiten an die Stelle des Legalitätsprinzips das Opportunitätsprinzip tritt, fehlt es am öffentlichen Interesse an der Verfolgung von Ordnungswidrigkeiten auch dann, wenn sich anlässlich einer heimlichen Überwachungsmaßnahme Anhaltspunkte für eine Ordnungswidrigkeit ergeben. Demgegenüber stehen zu Beginn und während eines Ermittlungsverfahrens, in dem die zweckändernde Verwendung von mittels heimlicher Ermittlungen erhobenen Daten als Spurenansatz in Betracht kommt, noch keine oder noch nicht in gleichem Umfang zur Verfügung, wie bei gerichtlichen Entscheidungen, die durch ein fortgeschrittenes Stadium der Erkenntnisgewinnung und die dadurch ermöglichte Verwertung von Beweismitteln geprägt sind. Damit fällt die anzustellende Abwägung zwischen Schwere des heimlichen der Datenerhebung i.S.d. § 477 Ans. 2 Satz 2 StPO zu Grunde lie-

---

2547 Meyer-Goßner, StPO, § 98c Rn. 3.
2548 BGHSt 32, 68 (71); 27, 355 (358); BGH in NStZ 1998, 426 (427); BGH in NStZ 1996, 200 (201); Erb in Löwe/Rosenberg, StPO, § 160 Rn. 34a; Meyer-Goßner, StPO, Einleitung Rn. 57d; a.A. Pfeiffer/Hannich in KK, StPO, Einleitung Rn. 123.

A. Befugnisse zur zweckändernden repressiven Nutzung von repressiv erhobenen Daten

genden Grundrechtseingriffs bei der zweckändernden Verwendung der hierdurch gewonnenen Erkenntnisse und dem öffentlichen Interesse an der Verwendung der gewonnenen Erkenntnisse als Spurenansatz für eine andere prozessuale Tat zwangsläufig anders aus als bei deren durch § 477 Abs. 2 Satz 2 StPO geregelten Verwertung als Beweismittel.

Im Rahmen der Verhältnismäßigkeitsprüfung ist weiterhin zu berücksichtigen, ob und inwiefern einer Verwertung von personenbezogenen Daten als Beweismittel eine höhere Eingriffsintensität zukommt als deren Verwendung als Spurenansatz. Einigen repressiven Befugnissen zur Datenerhebung ist die Befugnis zum Speichern der erhobenen Daten zum Zweck ihrer Erhebung immanent. Hierbei handelt es sich um Befugnisnormen zum Erheben von Daten durch *Aufzeichnen*. Technische Aufzeichnungen fallen dort an, wo beobachtetes Verhalten mittels technischen Geräts zur Bild- und Tonaufzeichnung dokumentiert wird. Dies trifft auf den Großen Lauschangriff nach §§ 100c, 100d StPO, auf die Überwachung von Telekommunikationsinhalten nach §§ 100a, 100b StPO sowie auf den sonstigen heimlichen Einsatz von technischen Mitteln der Bild- und Tonaufzeichnung nach §§ 100f, 100h StPO, nicht jedoch auf den Einsatz von Verdeckten Ermittlern und V- Personen zu[2549]. Der Aufzeichnungsvorgang findet in unmittelbarem zeitlichem Zusammenhang mit der Erhebung der Daten statt und ist von diesem nur durch eine logische Sekunde getrennt. Datenschutzrechtlich ausgedrückt handelt es sich um präventiv- polizeiliche Befugnisse zur automatisierten Verarbeitung i.S.d. § 3 Abs. 2 Satz 1 BDSG. Die technischen Aufzeichnungen ermöglichen es, Lebenssachverhalte, die in der Annahme, nicht durch staatliche Stellen beobachtet zu werden, bei vorbereitenden Entscheidungen oder in der Hauptverhandlung akustisch oder optisch wiedergegeben oder verlesen werden können[2550]. Die mit der Verwertung von heimlich erhobenen Daten als Beweismittel verbundene hohe Intensität der Grundrechtsvertiefung ist darauf zurückzuführen, dass bei der Beweisaufnahme Daten verwendet werden, die mit technischem Aufzeichnungsgerät festgehaltenen und durch den Betroffenen im Vertrauen auf eine nicht stattfindende staatliche Beobachtung preisgegeben wurden. Die durch heimliche Ermittlungsmaßnahmen aufgezeichneten Erkenntnisse können durch Abspielen der aufgenommenen Bild- oder Tonaufzeichnungen als Augenscheinsobjekte zum Inhalt der Beweisaufnahme gemacht werden, wenn der

---

2549 Schoch, POR, Rn. 185.
2550 BGHSt 31, 296 (299); 27, 355 (358); 26, 298 (299/300); Kretschmer in StV 1999, 221 (225).

Kapitel 4: Polizeiliche Befugnisse zur zweckändernden Nutzung von erhobenen Daten

akustische Eindruck wie Sprachfehler oder Sprachkenntnisse zum Beweisthema gemacht werden[2551]. Aus Gründen der Verhältnismäßigkeit werden aber regelmäßig eher die über die Gespräche angefertigten Niederschriften als Urkundenbeweis oder die Zeugenaussagen des mit der Überwachung beauftragten Beamten zum Inhalt der Beweisaufnahme[2552]. Ob es im Rahmen der Beweisaufnahme tatsächlich zur Wiedergabe der technischen Aufzeichnungen kommt, ein zuvor verschrifteter Lebenssachverhalt vorgehalten wird oder eine Ermittlungsperson, die sich mittels der technischen Aufzeichnungen auf die Aussage vor Gericht vorbereitet hat, als Zeuge über die aus der Überwachungsmaßnahme gewonnenen Erkenntnisse in deren Gesamtheit aussagt, ist unerheblich. Es macht keinen Unterschied, ob ein Polizeibeamter, die Staatsanwaltschaft, das Gericht oder im Rahmen der Hauptverhandlung aufgrund § 169 StPO die Öffentlichkeit bei Nichtvorliegen der Ausschlussgründe aus §§ 171a, 171b StPO von den technisch aufgezeichneten Vorgängen Kenntnis nimmt. Entscheidend ist, dass die Möglichkeit besteht, wiederholt ganze Lebenssachverhalte derjenigen Personen zu reproduzieren, deren Verhalten mit technischen Mitteln heimlich dokumentiert und reproduzierbar gemacht worden ist. In der späteren Hauptverhandlung würde neben dem von § 33 StPO umschriebenen Personenkreis auch die Öffentlichkeit von den getätigten Äußerungen erfahren. Daher greift die heimliche Dokumentation von zusammenhängenden Lebenssachverhalten mittels technischer Aufzeichnung ebenso wie die Verlesung einer Abschrift hierüber oder die Vernehmung von Verdeckten Ermittlern oder V-Personen durch den in § 33 StPO umschriebenen Personenkreis oder gar in Anwesenheit der Öffentlichkeit gravierend in die Grundrechte auf informationelle Selbstbestimmung oder dessen spezieller Ausprägung im Grundrecht auf Schutz des Telekommunikationsgeheimnisses aus Art. 10 Abs. 1 GG ein.

bb. Die Eingriffsintensität der Verwendung als Spurenansatz

Die zweckändernde Verwendung von durch heimliche Ermittlungen erhobenen Daten als Spurenansatz ist gegenüber deren Verwendung als Beweismittel mit einer anderen, geringfügigeren Eingriffsintensität verbunden. Im

---

2551 BGHSt 51, 1 (2 – Rn. 5); 27, 355 (358); Kretschmer in StV 1999, 221 (221 – Fn. 10).
2552 Kretschmer in StV 1999, 221 (221-Fn. 10).

A. Befugnisse zur zweckändernden repressiven Nutzung von repressiv erhobenen Daten

Gegensatz zur Verwertung von durch heimliche Ermittlungen erhobenen Daten als Beweismittel geht es bei deren Verwendung als Spurenansatz nicht um die inhaltliche Wiedergabe von zusammenhängenden Lebenssachverhalten. Vielmehr reichen einzelne von dem gesamten Lebenssachverhalt losgelöste Informationen aus, um dem Legalitätsprinzips aus §§ 160 Abs. 1, 163 Abs. 1 Satz 1 StPO entsprechend wegen einer anderen prozessualen Tat ein Ermittlungsverfahren einzuleiten oder heimlich gewonnene Erkenntnisse zur Grundlage weiterer Ermittlungen zu machen. Die technische Aufzeichnung ist nur der äußere Anlass für die folgenden Ermittlungshandlungen, auf die die ursprüngliche technische Aufzeichnung keinen Einfluss mehr hat[2553]. Voraussetzung ist, dass die Strafverfolgungsbehörden nicht auf den vollen Datenbestand – also keinesfalls auf die technische Aufzeichnung selbst oder auf die daraus hervorgehenden Protokolle – zurückgreifen[2554].

(1) Das Legalitätsprinzip aus §§ 160 Abs. 1; 163 Abs. 1 Satz 1 StPO

Aufgrund des Legalitätsprinzips sind Staatsanwaltschaft und Polizei gem. §§ 160 Abs. 1, 163 Abs. 1 Satz 1 StPO verpflichtet, bei Vorliegen eines Anfangsverdachts ein Ermittlungsverfahrens einzuleiten. Entsteht bei den Strafverfolgungsbehörden – beispielsweise durch Zufallsfunde bei heimlichen Ermittlungen – der Verdacht strafbarer Handlungen, und kämen diese der sich aus dem Legalitätsprinzip von Amts wegen ergebenen Pflicht der Anzeigenaufnahme nicht nach, würden sich die Verantwortlichen des Vorwurfs der Strafvereitelung im Amt i.S.d. §§ 258a, 258 StGB aussetzen[2555]. Aber schon die Einleitung des Ermittlungsverfahrens durch Anzeigenaufnahme ist mit der Erfassung von Daten von Tätern oder Opfern sowie sonstigen Zeugen verbunden[2556]. Entsteht während einer heimlichen repressiven Ermittlung wie einer TKÜ der Verdacht einer neuen prozessualen Tat i.S.d. § 264 StPO, muss geprüft werden, ob wegen der anlässlich der heimlichen Überwachung bekannt gewordenen neuen prozessualen Tat bereits ein Ermittlungsverfahren eingeleitet wurde. Hierzu können gem. §§ 161 Abs. 1; 163 Abs. 1 Satz 2 StPO anlässlich der heimlichen Ermittlung bekannt ge-

---

[2553] BGHSt 27, 355 (358).
[2554] BVerfGE 100, 313 (390).
[2555] Rieß in Wahrheitsfindung und ihre Schranken, Strafverteidiger- Frühjahrssymposium 1988 des DAV, 141 (158).
[2556] Allgayer in NStZ 2006, 603 (608).

wordene Daten mit Fahndungsdateien, dem Kriminalaktennachweis, Dateien der polizeilichen Vorgangsverwaltung oder mit dem staatsanwaltlichen Verfahrensregistern abgeglichen werden. Ist wegen der anlässlich einer heimlichen Überwachung bekannt gewordenen neuen prozessualen Tat noch kein Ermittlungsverfahren eingeleitet worden, muss dies geschehen. Der neue Anfangsverdacht ergibt sich dann aus der heimlichen Überwachung selbst, Personalien des nunmehr Verdächtigen können – abhängig von dem sich bei der heimlichen Überwachung ergebenden Sachverhalt – diejenigen des in dem ursprünglichen Ermittlungsverfahren Beschuldigten, eines an einem Telefonat oder sonstigen Gesprächs beteiligten anderen Gesprächsteilnehmers oder eines an einem Telefonat oder sonstigen Gesprächs unbeteiligten Dritten sein. Die Personalien des überwachten Beschuldigten ergeben sich aus den Unterlagen des ursprünglichen Ermittlungsverfahrens, in dem die Überwachung vorgenommen wurde. Personalien des anderen Gesprächsteilnehmers können gegebenenfalls über §§ 112, 113 i.V.m. 95 ff TKG ermittelt werden, und die Daten eines an dem Verdacht begründenden Telefonats unbeteiligten Dritten fallen nicht in den Schutzbereich des Art. 10 Abs. 1 GG sondern unter das APR.

Die Dokumentation der den Anfangsverdacht begründenden Tatsachen kann durch Vermerk erfolgen, aus dem nicht erkennbar sein muss, unter welchen Umständen die Ermittlungsbehörde den Verdacht einer Straftat erlangt hat. Zum Beispiel reicht es aus, auf das Aktenzeichen des Ausgangsverfahrens hinzuweisen. Im Anfertigen des den Anfangsverdacht betreffenden Vermerks liegt dann einen Eingriff in Art. 10 Abs. 1 GG ohne dass es eines Rückgriffs auf den anlässlich der Überwachung aufgezeichneten Lebenssachverhalt bedarf. Entweder wurde die Überwachung – wie es beim Großen Lauschangriff aufgrund § 100c Abs. 5 StPO der Regelfall – in Echtzeit, also in Anwesenheit eines Ermittlungsbeamten am Übertragungsgerät mitverfolgt, oder die Aufzeichnung wird später ausgewertet. Schon beim ersten Abhören der Aufzeichnung kann der auswertende Ermittlungsbeamte den neuen Anfangsverdacht vermerken, damit es in dem neuen Ermittlungsverfahren des Rückgriffs auf den technisch aufgezeichneten Lebenssachverhalt nicht bedarf. Die polizeiliche Pflicht und damit auch die Befugnis zur Nutzung der den Anfangsverdacht einer anderer prozessualen Tat begründenden Erkenntnisse aus einer heimlichen repressiven Maßnahme zur Einleitung eines neuen Ermittlungsverfahrens ergibt sich aus dem Legalitätsprinzip des § 163 Abs. 1 Satz 1 StPO, wobei § 163 Abs. 2 Satz 1 StPO die Polizei verpflichtet und ermächtigt, die polizeilich gewonnenen Erkenntnisse der Staatsanwaltschaft zu übermitteln[2557]. Somit liegt in der Verwendung von personenbezogenen Daten, die aus einer technisch aufgezeichneten heimlichen Überwachung stammen und nunmehr zur Einleitung eines neuen Strafverfahrens und somit als Spurenansatz verwendet werden sollen, ein weniger intensiver Grundrechtseingriff als in der Verwertung der aufgezeichneten Daten als Beweismittel. Das gewählte Beispiel der TKÜ lässt sich auf die übrigen heimlichen repressiven Datenerhebungen unter Eingriff in das Grundrecht auf informationelle Selbstbestimmung, auf das Recht am gesprochenen Wort und das Recht am eigenen Bild aus Art. 2 Abs. 1 GG i.V.m. Art. 1 Abs. 1 GG übertragen.

(2) Die Ermittlungsgeneralklauseln der § 161 Abs. 1 Satz 1, § 163 Abs. 1 Satz 2 (i.V.m. 161 Abs. 1 Satz 2) StPO und andere Ermittlungsbefugnisse

Während die Polizei aufgrund des Legalitätsprinzips zwingend verpflichtet ist bei heimlichen repressiven Überwachungen gewonnene Erkenntnissen zur Anzeigenaufnahme zweckändernd repressiv zu nutzen und zu verarbeiten, und dies durch die §§ 163 Abs. 1 Satz 1 und Abs. 2 Satz 1 StPO legitimiert wird, bedarf die weitere Verwendung dieser Erkenntnisse ebenfalls einer Ermächtigung. Da zur Anzeigenaufnahme nicht auf die aufgezeichneten Gesprächsinhalte oder sonstigen Lebenssachverhalte zurückgegriffen zu werden braucht, enthält die Anzeigeschrift nur die durch die heimliche Überwachung gewonnenen Erkenntnissen, die für dieses Strafverfahren notwendig sind. Da auf repressiver Grundlage heimlich aufgezeichnete Informationen zur Verfolgung von Nicht- Katalogstraftaten nicht zu Beweiszwecken verwertet und daher auch nicht nach § 94 Abs. 1 StPO zu Beweiszwecken sichergestellt werden dürfen, kommen für deren Verwendung als Spurenansatz nur die sich aus der Anzeige ergebenden, *von der technischen Aufzeichnung oder deren Verschriftung losgelösten* Erkenntnisse in Betracht. Die sich durch die infolge heimlicher Ermittlungen gewonnenen Zufallserkenntnisse ermöglichte Anzeigenaufnahme anschließenden Ermittlungsmaßnahmen spiele für die Eingriffsintensität der Verwendung von Zufallserkenntnissen keine Rolle[2558]. Dies lässt wie folgt veranschaulichen:

2557 Bockemühl in JA 1996, 695 (699); Anm. Welp zu BGH in NStZ 1995, 602 (603); a.A. Staechelin in ZRP 1996, 430 (431).
2558 Allgayer in NStZ 2006, 603 (608).

Kapitel 4: Polizeiliche Befugnisse zur zweckändernden Nutzung von erhobenen Daten

Während einer bei dem Beschuldigten A wegen des Verdacht des Mordes durchgeführten TKÜ wird ein Telefonat des A mit B aufgezeichnet, anlässlich dessen B äußert, dass dieser den Pkw Porsche des C, den er schon immer einmal hätte fahren wollen, entwendet und anschließend auf dem Parkplatz P abgestellt hätte. Auf Grundlage dieser Erkenntnisse können weitere Ermittlungen durchgeführt werden, ohne dass auf die technischen Tonaufzeichnungen oder deren Verschriftung zurückgegriffen werden muss. Es genügt ein Vermerk über den neu bekannt gewordenen Anfangsverdacht „Diebstahl eines Pkw". Weder der Straftatbestand des unberechtigten Gebrauchs eines Kraftfahrzeugs nach § 248b StGB noch die Diebstahlsdelikte nach §§ 242 ff StGB sind Katalogtaten aus § 100a Abs. 2 StPO. Anzeichen für einen in § 100a Abs. 2 lit. j) StPO aufgeführten Bandendiebstahl sind nicht ersichtlich.

Aufgrund des erstellten Vermerks können die Ermittlungsbeamten den in dem Telefonat benannten Parkplatz aufsuchen, den aufgebrochenen und kurzgeschlossenen Pkw vorfinden, das Kennzeichen und die FIN des Pkw nach § 98c StPO mit dem Fahndungsbestand abgleichen, den Pkw zum Beispiel als Beweismittel nach § 94 Abs. 1 und 2 StPO sicherstellen, Fingerabdrücke und DNA- fähiges Material als Spurenträger sichern, das gesicherte DNA- fähige Material nach §§ 81e Abs. 2, 81f StPO molekulargenetisch untersuchen und die gesicherten Fingerabdrücke und die festgestellte DNA mit bestehenden polizeilichen Dateien abgleichen. Bestenfalls führen diese Ermittlungen bereits zu B als Beschuldigten. Andernfalls wären weitere Ermittlungen nach § 161 Abs. 1 Satz 2 StPO und anderen Ermittlungsbefugnissen zulässig.

Die durch die TKÜ gewonnenen Aufzeichnungen stehen jedoch nicht für die gem. §§ 81a Abs. 2, 81f StPO erforderliche richterliche Anordnung der körperlichen Untersuchung sowie der DNA-Analyse zur Verfügung. Gegebenenfalls müsste bei B eine körperliche Untersuchung nach § 81a Abs. 1 Satz 2 StPO oder eine molekulargenetische Untersuchung nach § 81e Abs. 1 StPO durchgeführt werden, um zu prüfen, ob B das im Pkw aufgefundene Spurenmaterial zuzuordnen ist.

Insoweit gehen die Meinungen auseinander. Die *StPO* knüpft nach einer Auffassung nicht an die Herkunft der den Tatverdacht begründenden Informationen sondern an Verdachtsgrad, Verhältnismäßigkeit und Straftatbestände an[2559]. Sollen heimlich gewonnene Erkenntnisse über eine Anzeigenaufnahme und einfache Ermittlungshandlungen hinaus zur Grundlage vorbereitender gerichtlicher Entscheidungen werden, mindern § 33 Abs. 3 StPO sowie die anzustellenden Verhältnismäßigkeitserwägungen die Eingriffsintensität im Vergleich zu deren Verwertung als Beweismittel in der Hauptverhandlung. Gem. § 33 Abs. 1 und Abs. 3 StPO ergehen Entscheidungen des Gerichts zwar grundsätzlich erst nach Anhörung desjenigen Beteiligten, zu dessen Nachteil Tatsachen oder Beweisergebnisse, zu denen

---

2559 Allgayer in NStZ 2006, 603 (608).

512

A. Befugnisse zur zweckändernden repressiven Nutzung von repressiv erhobenen Daten

dieser noch nicht gehört worden ist, verwertet werden. Bei der Anhörung des Beschuldigten bei die Hauptverhandlung vorbereitenden Entscheidungen i.S.d. § 33 Abs. 3 StPO würde der Vorhalt der bei einer heimlichen Ermittlungsmaßnahme angefertigten Aufzeichnungen oder deren Inhalt mit einem erheblichen psychischen Druck auf den Beschuldigten einhergehen[2560]. Andererseits braucht der Beschuldigte des Ermittlungsverfahrens, zu dessen Durchführung die durch eine heimliche Überwachungen in einem anderen Strafverfahren erhobenen Daten nunmehr als Beweismittel verwertet werden sollen, nicht zwangsläufig von der gerichtlichen Entscheidungsfindung zu erfahren. Einer Anhörung des Beteiligten i.S.d. § 33 Abs. 3 StPO, zu dessen Nachteil Tatsachen oder Beweisergebnisse verwertet werden sollen, und zu denen er noch nicht gehört worden ist, bedarf es gem. § 33 Abs. 4 Satz 1 StPO dann nicht, wenn die vorherige Anhörung den Zweck der Anordnung gefährden würde. Dies trifft gem. § 33 Abs. 4 Satz 1 StPO regelmäßig auf die Anordnung der Untersuchungshaft, Beschlagnahme oder anderen Ermittlungshandlungen zu, die eine richterliche Anordnung bedürfen. Gefährdet die vorherige Anhörung des Beteiligten den Zweck des Untersuchungserfolgs, wird eine gerichtliche Entscheidung außerhalb der Hauptverhandlung gem. § 33 Abs. 2 StPO nach schriftlicher oder mündlicher Erklärung der Staatsanwaltschaft erlassen. Zum anderen braucht die Herkunft der zu der gerichtlichen Entscheidung führenden Informationen nicht zwangsläufig *aus der Entscheidung* selbst ersichtlich zu sein[2561]. Bei Anordnung und Durchführung weiterführender Ermittlungsmaßnahmen ist dann sicherzustellen, dass Quelle und Zufallserkenntnisse nicht erkennbar sind; sie dürfen in Vernehmungen nicht vorgehalten werden und aus auszuhändigenden Beschlussausfertigungen nicht ersichtlich sein[2562]. Hierdurch wird die Wiederholung und Vertiefung des Grundrechtseingriffs auf das erforderliche Mindestmaß beschränkt[2563].

Nach anderer Auffassung dienen die aus der TKÜ gewonnenen Erkenntnisse nichts desto trotz der Verwertung als Beweismittel im Rahmen einer richterlichen Anordnung, wenn auch nur in Entscheidungen, die die Hauptverhandlung vorbereiten[2564]. Sie fallen daher unter das Beweisverwertungs-

---

[2560] BGHSt 27, 355 (358).
[2561] Allgayer in NStZ 2006, 603 (608).
[2562] Allgayer in NStZ 2006, 603 (608).
[2563] Schäfer in Löwe/Rosenberg, StPO, § 100a Rn. 93; Allgayer in NStZ 2006, 603 (607).
[2564] Eisenberg, Beweisrecht, Rn. 356.

verbot aus § 477 Abs. 2 Satz 2 StPO i.V.m. § 100a Abs. 2 StPO[2565]. Dieser Auffassung ist zuzustimmen. Der Ausschluss der Öffentlichkeit bei Entscheidungen des Ermittlungsrichters dient der Sicherung des weiteren Ermittlungsverfahrens, z.B. vor Verdunklungshandlungen, und trägt der Tatsache Rechnung, dass der Tatverdacht noch kein Stadium erreicht hat, das die Erhebung der Anklage und die Eröffnung des Hauptverfahrens rechtfertigen würde. Andernfalls bedürfte es der beantragten Ermittlungshandlung nicht. Sie wäre nicht erforderlich und daher unverhältnismäßig. Die noch unklare Beweislage und die Gefährdung des weiteren Ermittlungserfolges rechtfertigen es, dass der Ermittlungsrichter im Gegensatz zur Hauptverhandlung unter Ausschluss der Öffentlichkeit entscheidet. Entsprechendes gilt für den Verzicht auf die Anhörung des Beteiligten nach § 33 Abs. 4 Satz 1 StPO. Ebenso kann die fehlende Erkennbarkeit der Herkunft der zur gerichtlichen Anordnung führenden Informationen zur Sicherung des Ausgangsverfahrens, in dem die heimlichen, nunmehr auch für das neue Verfahren relevanten Aufzeichnungen angefertigt wurden, beitragen und den Grundrechtseingriff minimieren.

Nichts desto trotz liegt in dem Rückgriff auf technische Aufzeichnungen, die durch heimliche Ermittlungen gewonnen wurden und im Zusammenhang mit der Aufklärung einer anderen prozessualen Tat zur Entscheidungsgrundlage einer richterlichen Anordnung werden sollen, oder auf deren Verschriftungen ein intensiverer Grundrechtseingriff als in der Heranziehung einzelner aus dem aufgezeichneten Sachverhalt heraus gelöster Informationen. Dies gilt unabhängig davon, ob unmittelbar auf die technischen Aufzeichnungen zurückgegriffen wird, oder ob eine Ermittlungsperson, die die Aufzeichnungen zuvor angehört oder gesehen hat, hierüber Auskunft gibt. Aufgrund der hohen Eingriffsintensität in informationelle Grundrechtspositionen, die der Verwertung von aus heimlichen Überwachungen hervorgegangen technischen Aufzeichnungen, die zu vorbereitenden richterlichen Entscheidungen zur Aufklärung einer anderen prozessualen Tat herangezogen werden sollen, liegen, verbietet sich die Verwendung dieser Aufzeichnungen als Entscheidungsgrundlage für vorbereitende richterliche Entscheidungen zur Aufklärung von Nicht- Katalogtaten. Auch insoweit handelt es sich um eine Verwertung als Beweismittel, die an § 477 Abs. 2 Satz 2 StPO zu messen ist. Eine Sicherstellung der technischen Aufzeichnung auf Grund-

---

2565 Rieß in Wahrheitsfindung und ihre Schranken, Strafverteidiger- Frühjahrssymposium 1988 des DAV, 141 (158).

lage des § 94 Abs. 1 StPO würde ausscheiden. Somit können anlässlich heimlicher Überwachungen hergestellte technische Aufzeichnungen nur dann sowohl unmittelbar als auch mittelbar als Grundlage einer vorbereitenden richterlichen Entscheidung herangezogen werden, wenn die aufzuklärende neue prozessuale Tat eine Katalogtat ist, zu deren Aufklärung die ursprüngliche Erhebungsmaßnahme ebenfalls hätte angeordnet werden dürfen.

> Im Beispielsfall dürften die aus der TKÜ gewonnenen Aufzeichnungen über den Kfz-Diebstahl bzw. den unberechtigten Gebrauch eines Kfz nicht zur Grundlage einer Anordnung nach §§ 81a Abs. 2, 81f StPO gemacht werden. Somit entfalten absolute Beweisverwertungsverbote ihre Verbotswirkung nicht erst bzw. nur in der Hauptverhandlung, sondern sind vielmehr während des gesamten Strafverfahrens, insbesondere während des Ermittlungs- und des Zwischenverfahrens, von Bedeutung[2566].

(3) Zusammenfassung

Zusammenfassend lässt sich feststellen, dass die Verwendung von Daten als Spurenansatz weniger eingriffsintensiv ist als deren durch § 477 Abs. 2 Satz 2 StPO legitimierte und zugleich beschränkte Verwendung als Beweismittel, die mit der Wiedergabe des Gesprächsinhalts in einer der Öffentlichkeit zugänglichen Hauptverhandlung verbunden ist[2567], sofern lediglich auf einen punktuellen Auszug aus den technischen Aufzeichnungen einer heimlichen Überwachungsmaßnahme zurückgegriffen wird. Dieser punktuelle Auszug liegt in der Kenntnisnahme der Ermittlungsbeamten vom Gesprächsinhalt. Diese haben entsprechend den §§ 160 Abs. 1, 163 Abs. 1 Satz 2 StPO durch Anzeigenaufnahme ein neues Strafverfahren einzuleiten, weitere Ermittlungen vornehmen zu lassen oder Vorkehrungen zu treffen, um einen Beschuldigten an dessen bekannt gewordenen vermutlichen Aufenthaltsort habhaft zu werden. Ist die im Zusammenhang mit der Überwachung bekannt gewordene andere prozessuale Tat eine Nicht- Katalogtat, darf auf die technischen Aufzeichnungen auch dann nicht zurückgegriffen werden, wenn diese als einzige Grundlage einer richterlichen Anordnung herangezogen werden könnten.

2566 Eisenberg, Beweisrecht, Rn. 356.
2567 A.A. Singelnstein in ZStW 120 (2008), 854 (886).

cc. Der zweckändernden Verwendung als Spurenansatz entgegenstehende Verfahrensvorschriften

Es stellt sich die Frage, ob die Kennzeichnungspflicht aus § 101 Abs. 3 StPO oder die Benachrichtigungspflicht aus § 101 Abs. 4 bis 7 StPO der auf §§ 474 Abs. 1, 479 Abs. 1, 160 Abs. 1 i.V.m. 161 Abs. 1 Satz 1, 163 Abs. 1 Satz 2 StPO gestützten, zweckändernden repressiven Verwendung von personenbezogenen Daten, die durch heimliche repressive Ermittlungen erhoben wurden und nunmehr als Spurenansatz verwendet werden sollen, entgegensteht. In dem durch das *TKÜG 2007* neugefassten § 101 Abs. 3, 4 bis 7 StPO finden sich bezogen auf die in § 101 Abs. 1 StPO aufgezählten heimlichen Ermittlungsmaßnahmen Verfahrensvorschriften, die zur Kennzeichnung von heimlich erhobenen Daten sowie zur Benachrichtigung des von heimlichen Ermittlungsmaßnahmen Betroffenen verpflichten.

(1) Die Kennzeichnungspflichten aus § 101 Abs. 3 StPO

Den vorstehenden, hinsichtlich der zweckändernden Verwendung von Zufallsfunden zur Einleitung eines Ermittlungsverfahrens wegen einer anderen prozessualen Tat oder als Grundlage weiterer Ermittlungen angestellten Überlegungen steht die Kennzeichnungspflicht aus § 101 Abs. 3 StPO nicht entgegen. Diese ermöglicht vielmehr gerade das vorstehende, informationelle Grundrechte schonende Vorgehen. Dass es Erkenntnisse geben kann, die durch heimliche Überwachungen erlangt wurden, aber nicht im selben Maß der Kennzeichnungspflicht aus § 101 Abs. 3 StPO unterliegen wie technische Aufzeichnungen belegt der mit dem *StVÄG 1999* erlassene § 477 Abs. 2 Satz 2 StPO a.F. Im Zuge der Ersetzung des § 477 Abs. 2 Satz 2 StPO a.F. durch den durch das *TKÜG 2007* erlassenen § 477 Abs. 2 Satz 2 StPO wurde außer Acht gelassen, dass dadurch auch der in § 477 Abs. 2 Satz 2 StPO a.F. enthaltene Hinweis auf *erkennbar durch eine heimliche Maßnahme (...) erhobene Daten* wegfiel. Dieser Formulierung war zu entnehmen, dass es personenbezogene Daten gibt, die durch heimliche repressive Überwachung erhoben werden und nicht ohne weiteres als solche zu erkennen sind. Zwar wurde auf das Merkmal der Erkennbarkeit von heimlich erhobenen Daten im heutigen § 477 Abs. 2 Satz 2 StPO aufgrund der nunmehr in § 101 Abs. 3 StPO geregelten Kennzeichnungspflicht solcher Daten be-

A. Befugnisse zur zweckändernden repressiven Nutzung von repressiv erhobenen Daten

wusst verzichtet[2568]. Das BVerfG hatte Kennzeichnungspflichten ja bezogen auf heimliche Datenerhebung wiederholt gefordert[2569]. Jedoch wurde nicht berücksichtigt, dass die Herkunft von Erkenntnissen mit strafrechtlicher Relevanz für die Einleitung eines Ermittlungsverfahrens und für die Verwendung als Ansatzpunkt für weitere Ermittlungen irrelevant ist, solange nicht auf die bei einer heimlichen Überwachung hergestellten technischen Aufzeichnung und Verschriftungen hiervon zurückgegriffen wird. Zur Wahrung der Zweckbindung von heimlich erhobenen Daten sowie zur Sicherstellung beschränkender Verwendungsregeln wie denen aus den §§ 100d Abs. 5 Nr. 1 und 2, 477 Abs. 2 und 3 StPO sieht § 101 Abs. 3 Satz 1 StPO Kennzeichnungspflichten für sämtliche Daten vor, die durch heimliche Ermittlungen nach § 101 Abs. 1 StPO erhoben wurden[2570]. Auch ist gem. § 101 Abs. 3 Satz 2 StPO die Kennzeichnung durch die übermittelnde Stelle aufrecht zu erhalten. Bedeutsam ist aber, inwieweit eine auf die zweckändernde Nutzung bezogene uneingeschränkte Kennzeichnungspflicht Geltung beanspruchen kann[2571].

Unproblematisch haben Kennzeichnungspflichten ihre Berechtigung, sofern sie sich auf Datensammlungen beziehen, die den überwachten Lebenssachverhalt oder Ausschnitte hiervon in deren Gesamtheit auf elektronischen Datenträgern oder in Akten abbilden[2572]. Derartige Datensammlungen liefern Beweismittel, die neben dem Beweis der prozessualen Tat, zu deren Aufklärung sie ursprünglich erhoben wurden, nach Zweckänderung gem. § 477 Abs. 2 Satz 2 StPO auch zum Beweis einer anderen prozessualen Tat genutzt werden sollen[2573]. Damit bei einer potentiellen Zweckänderung jedenfalls die Herkunft der Daten erkennbar ist, genügt es, wenn dies – beispielsweise durch einen Aktendeckel mit der Aufschrift „TKÜ-Sonderheft" – aus dem Zusammenhang ersichtlich ist[2574]. In der Praxis geboten ist daher

---

2568 BT-Drucksache 16/5846 S. 3, 33, 38, 49.
2569 BVerfGE 100, 313 (360, 403).
2570 BVerfGE 109, 279 (374, 379/380); 100, 313 (361); Wohlers in SK-StPO, § 101 Rn. 7.
2571 Bittmann in DRiZ 2007, 115 (118).
2572 Bär in KMR-StPO, § 101 Rn. 10; Nack in KK, StPO, § 101 Rn. 9; Wohlers in SK-StPO, § 101 Rn. 9.
2573 Nack in KK, StPO, § 101 Rn. 9; Meyer-Goßner, StPO, § 101 Rn. 3; Röwer in Radtke/Hohmann, StPO, § 101 Rn. 2.
2574 Hegmann in Graf, StPO, § 101 Rn. 8.

Kapitel 4: Polizeiliche Befugnisse zur zweckändernden Nutzung von erhobenen Daten

eine getrennte Aktenführung für verdeckt erhobene Daten und sonstige offene Ermittlungsergebnisse[2575].

Problematisch erweisen sich aber Kennzeichnungspflicht, die sich auf jedwede zweckändernde Nutzung, also auch auf die Verwendung von heimlich erhobenen Daten als Spurenansatz oder zur Aufenthaltsermittlung erstrecken. Der Wortlaut des § 101 Abs. 3 Satz 2 StPO lässt zwar keine Ausnahme zu. Würde während einer heimlichen Ermittlung aber der Verdacht einer Straftat entstehen, die nicht derselben prozessualen Tat zuzurechnen ist wie die, anlässlich der die Daten heimlich erhoben wurden, könnte der gem. § 101 Abs. 3 Satz 2 StPO auf den neuen Vorgang zu setzende Kennzeichnungsvermerk dem mit § 101 Abs. 2 StPO verfolgten Ziel, dass ein Verteidiger im Wege der Akteneinsicht nicht vorzeitig von der noch laufenden heimlichen Datenerhebungsmaßnahme Kenntnis erhält, zuwider laufen. Ist nur die Verwendung als Spurenansatz zulässig, dürfen Zufallserkenntnisse zwar nicht als Beweismittel in die Hauptverhandlung eingeführt oder zum Gegenstand vorbereitender richterlicher Anordnungen gemacht werden. Auf deren Grundlage dürften jedoch weitere Ermittlungen durchgeführt werden, deren Zulässigkeit sich nach den Regeln der *StPO* bestimmt[2576]. Dabei ist dann sicherzustellen, dass Quelle und Einzelheiten der Zufallserkenntnisse nicht erkennbar sind[2577]. Daher ist § 101 Abs. 3 Satz 2 StPO dahingehend korrigierend auszulegen, dass ausschließlich personenbezogene Daten, die zu Beweiszwecken verwendet werden können oder sollen, aus heimlichen Ermittlungen stammen und dokumentierte, zusammenhängende Lebenssachverhalte betreffen, zu kennzeichnen sind. Der Verwendungsbeschränkung des § 477 Abs. 2 Satz 2 StPO wird dadurch genügt, dass nur Primärschriftstücke zu Beweiszwecken verwendet werden dürfen[2578]. Eine darüber weitere Pflicht zur Kennzeichnung einzelner Daten, etwa mittels Stempels „100a-Erkenntnis", ist verfassungsrechtlich nicht geboten[2579]. In einer Sekundärakte dürfen daher keine Einzelauszüge aus Primärakten im Originalformat abgelegt werden[2580].

2575 Bär in KMR-StPO, § 101 Rn. 10.
2576 Allgayer in NStZ 2006, 603 (608).
2577 Allgayer in NStZ 2006, 603 (608).
2578 Hegmann in Graf, StPO, § 101 Rn. 7.
2579 Hegmann in Graf, StPO, § 101 Rn. 8.
2580 Bär in KMR, StPO, § 101 Rn. 10.

A. Befugnisse zur zweckändernden repressiven Nutzung von repressiv erhobenen Daten

(2) Das Zitiergebot aus Art. 19 Abs. 1 Satz 2 GG

Das Zitiergebot aus Art. 19 Abs. 1 Satz 2 GG findet auf Grundrechte Anwendung, die kraft ausdrücklicher Ermächtigung durch Gesetzesvorbehalt eingeschränkt werden dürfen[2581]. Gesetzesvorbehalte finden sich sowohl in Art. 10 Abs. 2 Satz 1 GG als auch in Art. 13 Abs. 3 bis 5 und 7 GG. Art. 10 Abs. 1 GG wird seit 1968 durch § 100a StPO und Art. 13 Abs. 1 GG wird mit den §§ 102 ff StPO seit Inkrafttreten des Grundgesetzes durch vorkonstitutionelles Recht eingeschränkt. Da der Gesetzgeber in den Jahren 1999 und 2008 lediglich Eingriffe in bereits eingeschränkte Grundrechte konkretisierte, könnte es des Zitats in den Änderungsgesetzen gar nicht bedurft haben[2582]. Einer Klärung dieser Frage bedarf es jedoch nicht. Das Zitiergebot des Art. 19 Abs. 1 Satz 2 GG wurde durch das *StVÄG 1999* und das *TKÜG 2007* jedenfalls insoweit gewahrt, als die zweckändernd verwendbaren Daten aus Eingriffen in Art. 10 Abs. 1 GG stammen. Art. 12a StVÄG 1999 zitiert ebenso wie Art. 15 TKÜG 2007 das Grundrecht aus Art. 10 Abs. 1 GG als eingeschränktes Grundrecht[2583]. Ebenso wird *Art. 13 Abs. 1 GG sowohl im Gesetz zur Änderung des Grundgesetzes (Art. 13)* vom 26.3.1998 als auch durch das *Gesetz zur Verbesserung der Bekämpfung der Organisierten Kriminalität* vom 4.5.1998 als auch durch das *Gesetz zur Umsetzung des Urteils des BVerfG vom 3.3.2004* vom 24.6.2005 als eingeschränktes Grundrecht zitiert.

d. Zwischenergebnis

Im Ergebnis liegt in der Verwertung von durch heimliche Ermittlungen erhobenen personenbezogenen Daten zu Beweiszwecken gegenüber deren Verwendung als Spurenansatz ein intensiverer Grundrechtseingriff. Im Gegensatz zur Verwertung eines heimlich mit technischen Hilfsmitteln aufgezeichneten Gesprächsinhalts als Beweismittel werden bei der Verwendung der so erhobenen Daten als Spurenansatz nicht der Gesprächsinhalt als solcher, sondern nur einzelne aus dem Gespräch entnommene, eine andere pro-

---

[2581] BVerfGE 113, 348 (366).
[2582] BVerfGE 61, 82 (113); 5, 13 (16); Jarass in Jarass/Pieroth in GG, Art. 19 Rn. 5.
[2583] BGBl. I 2000 S. 1253 bis 1262 (1262); BGBl. I 2007 S. 3198 bis 3211 (3211); Schenke in JZ 2001, 997 (1000); Brodersen in NJW 2000, 2536 (2540).

zessuale Tat betreffenden Informationen weiterverwendet[2584]. Die Eingriffsintensität der Verwendung als Spurenansatz oder als Ermittlungsansatz ist für sich genommen dann so gering, dass sie auf die Generalklauseln der §§ 161 Abs. 1, 163 Abs. 1 Satz 1 StPO gestützt werden können[2585].

Zwar hat das BVerfG in dessen Entscheidung zum Großen Lauschangriff bekräftigt, dass die Beschränkung auf den Straftatenkatalog des § 100c Abs. 1 Nr. 3 StPO a.f. entgegen dem Wortlaut des § 100d Abs. 5 Satz 2 StPO a.F. nicht nur für die Verwertung als Beweismittel sondern auch für die Verwendung als Spurenansatz gilt[2586]. Diese Erkenntnis ist jedoch in Anbetracht der hohen Eingriffsintensität des Großen Lauschangriffs nicht zwangsläufig auf heimliche Eingriffe in andere informationelle Grundrechtspositionen übertragbar[2587]. Verfahrensübergreifender Zweck aller Strafverfahren ist der Allgemeinwohlbelang der effektiven Strafrechtspflege[2588]. Die Verwendung als Spurenansatz ist daher entsprechend dem durch die §§ 160 Abs. 1, 163 Abs. 1 Satz 1 StPO vorausgesetzten Legalitätsprinzip grundsätzlich geboten. Das Schwergewicht des mit der Einleitung eines Strafverfahrens einhergehenden Grundrechtseingriffs liegt nicht in der weiteren Verwendung des gesamten Überwachungsergebnisses oder eines Auszugs hieraus, sondern im vorangehenden, bereits abgeschlossenen Ermittlungsgeschehen[2589]. Hätte der Gesetzgeber beabsichtigt, die zweckändernde Verwendung von personenbezogenen Daten in § 477 Abs. 2 Satz 2 StPO insgesamt unter dessen Beschränkung zu stellen, hätte er die Formulierung aus § 100d Abs. 5 Nr. 1 StPO oder die aus dem erst durch das *Gesetz zur Umsetzung des Urteils des Bundesverfassungsgerichts vom 3.3.2004* vom 24.6.2005 erlassenen § 100f Abs. 5 StPO a.F. auf sämtliche heimlichen repressiven Datenerhebungen übertragen müssen. Dann wäre auch der Verweis des § 477 Abs. 2 Satz 4 StPO auf § 100d Abs. 5 Nr. 1 StPO überflüssig gewesen, weil eine Unterscheidung zwischen Daten, die durch heimlichen Eingriff in Art. 13 Abs. 1 GG, und solchen, die durch heimlichen Eingriff in andere informationellen Grundrechtspositionen, erhoben wurden, nicht

---

2584 A.A. Singelnstein in ZStW 120 (2008), 854 (886).
2585 BGHSt 51, 211 (218 – Rn. 21); Hilger in NStZ 2000, 561 (564); a.A. Hefendehl in StV 2001, 700 (703/704).
2586 BVerfGE 109, 279 (377).
2587 Allgayer in NStZ 2006, 603 (605); Schäfer in Löwe/Rosenberg, StPO, § 100d Rn. 37/37a.
2588 Singelnstein in ZStW 120 (2008), 854 (861).
2589 Allgayer in NStZ 2006, 603 (606).

A. Befugnisse zur zweckändernden repressiven Nutzung von repressiv erhobenen Daten

mehr sinnvoll gewesen wäre. So ergibt sich der Rückschluss, dass der Gesetzgeber bezogen auf heimlich erhobene Daten, deren Erhebung den Schutzbereich des Art. 13 Abs. 1 GG nicht tangierte, ausschließlich eine Beschränkung der zweckändernden Verwendung als Beweismittel beabsichtigte. Vielmehr sollten die §§ 161 Abs. 2 Satz 1; 477 Abs. 2 Satz 2 StPO die Verwendung personenbezogener Daten lediglich im Hinblick auf eine Verwertung *zu Beweiszwecken* einschränken[2590].

Dieses Ergebnis führt zu dem Rückschluss, dass die Verwendung von personenbezogenen Daten, die durch heimliche Maßnahmen in einem anderen Strafverfahren erhoben wurden, als Spurenansatz auf eine andere gesetzliche Grundlage als die des § 474 Abs. 2 Satz 2 StPO zu stellen sind. Sobald ein mit heimlichen Ermittlungsmaßnahmen beauftragter Polizeibeamter eine dabei angefertigte technische Aufzeichnung auswertet oder im Zuge einer Observation entsprechende Äußerungen unmittelbar selbst wahrnimmt und so Kenntnis über weitere begangene Straftaten erhält, ist dieser gem. §§ 160 Abs. 1, 163 Abs. 1 Satz 1 StPO i.V.m. §§ 152 Abs. 2; 158 Abs. 1 Satz 1 StPO verpflichtet, Strafanzeige zu erstatten und weitergehende Ermittlungen zu veranlassen. Bei der Anzeigenaufnahme und hinsichtlich der anschließenden Ermittlungsmaßnahmen ist zwischen den kollidierenden Rechtsgütern des Grundrechtsschutzes und dem öffentlichen Interesse an einer effektiven Strafverfolgung abzuwägen; Details aus einer vorausgegangenen Überwachung, die anlässlich einer anderen prozessualen Tat durchgeführt wurde, dürfen nicht zum Gegenstand des neuen Ermittlungsverfahrens gemacht werden, wenn diesem nicht der Verdacht einer Katalogtat, die die Durchführung einer entsprechenden repressiven Maßnahme rechtfertigen würde, zu Grunde liegt[2591]. Dann würde das öffentliche Interesse an der Strafverfolgung hinter dem Interesse auf Schutz der informationellen Grundrechtsposition zurücktreten, und die zweckändernde Verwendung des aufgezeichneten Gesprächsinhalts wäre unverhältnismäßig. Das öffentliche Interesse an der Strafverfolgung überwiegt demgegenüber den durch die Verwendung von anlässlich eines anderen Strafverfahrens erhoben personenbezogenen Daten als Spurenansatz verbundenen Eingriff in informationelle Rechtspositionen auch, wenn es sich um einen grundrechtsintensiven, da heimlichen Eingriff handelte. Die Verwendung dieser Daten

---

2590 BT-Drucksache 16/5846 S. 64 / 66.
2591 Allgayer in NStZ 2006, 603 (606).

als Spurenansatz ist dann durch § 479 Abs. 1 und 2 Nr. 1 und Nr. 2 StPO i.V.m. §§ 161 Abs. 1 Satz 1 und 2; 163 Abs. 1 Satz 2 StPO legitimiert.

e. Die zweckändernde Verwendung als Spurenansatz oder zur Ermittlung des Aufenthaltsorts eines Beschuldigten

§ 477 Abs. 2 Satz 2 StPO ermächtigt lediglich zur zweckändernden Verwendung von nach §§ 98a, 100a, 100c, 100f, 100g, 100h, 100i, 110a, 111, 163f StPO erhobenen Daten zu Beweiszwecken, die durch § 477 Abs. 2 Satz 4 StPO eingeschränkt wird. Zwar wird die Auffassung vertreten, der Begriff des Strafverfahrens aus § 477 Abs. 2 Satz 2 StPO umfasse auch den Begriff der Strafvollstreckung[2592]. Zutreffend ist, dass die zweckändernde Verwendung zur Ermittlung des Aufenthaltsorts auch eines einer Nicht-Katalogtat Beschuldigten auf die §§ 474 Abs. 1, 479 Abs. 1 StPO i.V.m. §§ 161 Abs. 1, 163 Abs. 1 Satz 2 ff StPO zu stützen ist. Gleiches gilt gem. § 457 Abs. 1 und 2 StPO für die Vollstreckung eines Vorführungs- oder Haftbefehls, falls ein Verurteilter eine Freiheitsstrafe nicht antritt, der Flucht verdächtig ist oder ein Strafgefangener entweicht oder sich sonst dem Vollzug entzieht. Wie bei der Verwendung von heimlich erhobenen Daten als Spurenansatz ist es auch bei deren Verwendung zur Ermittlung des Aufenthaltsorts eines Beschuldigten nicht erforderlich, auf die gesamten, bei einer heimlichen repressiven Überwachung hergestellten technischen Aufzeichnungen zurückzugreifen. Vielmehr genügen Angaben darüber, wo der Aufenthaltsort infolge der Überwachung vermutet wird. Auf Grundlage des § 457 Abs. 3 StPO i.V.m. den §§ 161 Abs. 1, 163 Abs. 1 Satz 2 StPO und den übrigen Ermittlungsmaßnahmen können bereits aus Erkenntnissen, die losgelöst von der technischen Aufzeichnung eines Gesprächsinhalts bekannt geworden sind, notwendige Ermittlungsansätze gewonnen werden, um den Aufenthaltsort des einer anderen prozessualen Tat Beschuldigten oder Verurteilten zu ermitteln. Dies gilt auch, wenn es sich um einen wegen Nicht-Katalogtat Beschuldigten oder Verurteilten handelt. Anlass für richterliche Anordnungen von Maßnahmen i.S.d. §§ 98a ff, 102 ff, 100a ff, 110a ff, 163e StPO, die zur Ergreifung eines Beschuldigten oder i.V.m. § 457 Abs. 3 StPO zur Ergreifung eines Verurteilten getroffen werden sollen, können technische Aufzeichnungen nur werden, wenn die Straftat, der der Beschuldigte

---

[2592] Meyer-Goßner, StPO, § 477 Rn. 5.

verdächtig oder wegen der jemand verurteilt wurde, eine Katalogtat i.S. derjenigen Befugnisnorm ist, aufgrund derer die Daten ursprünglich erhoben worden waren[2593].

VI. Ergebnis

Letztlich bleibt festzustellen, dass für die repressive zweckändernde Verwendung von zu repressiven Zwecken erhobenen Daten der Grundsatz der Verwendungsgeneralklausel aus § 479 Abs. 1 StPO gilt, dass die repressive Verwendung von Zufallserkenntnissen zur Aufklärung einer anderen prozessualen Tat sowohl als Beweismittel als auch als Ermittlungsansatz uneingeschränkt zulässig ist[2594]. Ausnahmen bestehen insofern, als die speziellere Regelungen des § 477 Abs. 2 Satz 2 StPO entweder nur die zweckändernde repressive Verwendung als Beweismittel oder die wiederum speziellere Regelung des § 100d Abs. 5 Nr. 1 StPO die zweckändernde repressive Verwendung insgesamt einschränkt[2595]. Die zweckändernde repressive Verwendung von Daten, die durch Großen Lauschangriff erhoben wurden, bemisst sich unabhängig davon, ob die erhobenen Daten als Beweismittel oder als Spurenansatz für eine andere prozessuale Tat verwendet werden sollen, nach § 100d Abs. 5 Nr. 1 StPO. Demgegenüber schränkt § 477 Abs. 2 Satz 2 StPO nur die zweckändernde Verwendung von anderen als durch Großen Lauschangriff heimlich erhobenen Daten als Beweismittel ein. Hinsichtlich deren zweckändernder Verwendung als Spurenansatz gelten die §§ 479 Abs. 1, 474 Abs. 1, 160 Abs. 1, 163 Abs. 1 Satz 1, 161 Abs. 1, 163 Abs. 1 Satz 2 StPO sowie die übrigen strafprozessualen Ermittlungsbefugnisse, auch wenn keine Katalogtat vorliegt. Voraussetzung für die zweckändernde Verwendung als Spurenansatz oder zur Aufenthaltsermittlung ist jedoch, dass nur punktuell auf einzelne Informationen, nicht aber auf ganze Ausschnitte der bei einer heimlichen Überwachung gewonnenen technischen Aufzeichnung eines Lebenssachverhalts zurückgegriffen wird.

2593 Kapitel 4 A. II. 2. (S. 487).
2594 Beulke in Löwe/Rosenberg, StPO, § 152 Rn. 25; Schäfer in Löwe/Rosenberg, StPO, § 108 Rn. 2; Allgayer in NStZ 2006, 603 (606).
2595 Allgayer in NStZ 2006, 603 (606).

B. Befugnisse zur repressiven zweckändernden Nutzung von zu präventivpolizeilichen Zwecken erhobenen Daten

Der nachfolgende Abschnitt dieses Kapitels setzt sich mit der Frage nach der Verfassungskonformität der bestehenden Befugnisnormen zur zweckändernden Verwendung von Daten, die zunächst auf präventiv- polizeilicher Grundlage erhoben wurden und später zu repressiven Zwecken genutzt werden sollen, auseinander. Während präventiv- polizeiliche informationelle Ermittlungsbefugnisse allein vom Zweck der Gefahrenabwehr durch Straftatenverhütung her gerechtfertigt sein müssen, können mit ursprünglich präventiv- polizeilicher Zwecksetzung erhobene Daten im Nachhinein auch für Zwecke der Strafverfolgung verwendet werden[2596]. Während eine andere prozessualen Tat i.S.d. § 264 StPO zwingende Voraussetzung der Zweckänderung im Zusammenhang mit der Verwendung von zu repressiven Zwecken erhobenen Daten ist, liegt eine Zweckänderung von ursprünglich zu präventiv- polizeilichen Zwecken erhobenen Daten vor, wenn zur Erfüllung präventiv- polizeilicher Aufgaben erhobene Daten zu repressiven Zwecken verwendet werden, namentlich wenn die Verhinderung der Tat misslingt und diese nur noch repressive verfolgt werden kann[2597].

Die Eingriffsbefugnisse der *StPO* sowie vergleichbare bereichsspezifische Befugnisnormen, die die Erfüllung anderer polizeilicher Aufgaben ermöglichen, ermöglichen dem Grundsatz der Zweckbindung entsprechend nur die Nutzung erhobener Daten zur Erfüllung derjenigen polizeilichen Aufgabe, durch die der Anwendungsbereich der Erhebungsbefugnisse eröffnet wird[2598]. Allerdings stellt sich die Frage, inwiefern der Grundsatz der Zweckbindung durchbrochen werden kann. Die repressive Verwendung von zu präventiv- polizeilichen Zwecken erhobenen Daten wird durch die Ermittlungsgeneralklauseln der §§ 161 Abs. 1 Satz 1, 163 Abs. 1 Satz 2 StPO ermöglicht, *soweit das Gesetz nichts anderes bestimmt*[2599]. Solch spezielle Verwendungsbeschränkungen finden sich in den §§ 100d Abs. 5 Nr. 3; 161 Abs. 2 Satz 1; 161 Abs. 3 StPO in Bezug auf Daten, die durch eingriffsintensive präventiv-polizeiliche Maßnahmen wie dem Großen Lausch- und

---

2596 Möstl in DVBl. 2010, 808 (815).
2597 Singelnstein in ZStW 120 (2008), 854 (857/858).
2598 Singelnstein in ZStW 120 (2008), 854 (858).
2599 Pieroth/Schlink/Kniesel, POR, § 15 Rn. 14; Götz, POR, § 17 Rn. 86; Bertram, Die Verwendung präventiv- polizeilicher Erkenntnisse im Strafverfahren, S. 228; Singelnstein in ZStW 120 (2008), 854 (872).

Spähangriff, der verdeckten TKÜ, sonst mit besonderen Mitteln und Methoden der Datenerhebung oder dem Kleinen Lauschangriff erhoben worden sind[2600]. Das Legalitätsprinzip aus §§ 152 Abs. 2, 160 Abs. 1 StPO *verpflichtet* hingegen die Staatsanwaltschaft bei bestehendem Anfangsverdacht wegen aller verfolgbaren Straftaten einzuschreiten[2601]. § 163 Abs. 1 Satz 1 StPO, der das Legalitätsprinzip auf die Polizei ausdehnt, verpflichtet die Beamten des Polizeidienstes in deren Funktion als Ermittlungspersonen der Staatsanwaltschaft i.S.d. § 152 GVG *selbstständig Straftaten zu erforschen und alle keinen Aufschub gestattenden Anordnungen zu treffen, um die Verdunklung der Sache zu verhüten*[2602]. Vor diesem Hintergrund stellt sich die Frage, ob die Polizeigesetzgeber die Verwendung von auf Grundlage ihrer Polizeigesetze erhobenen Daten kraft deren Gesetzgebungskompetenzen soweit einschränken dürfen, dass für präventiv- polizeiliche Zwecke erhobene Daten nicht oder nur eingeschränkt zu repressiven Zwecke verarbeitet werden können. Andererseits könnte dem Legalitätsprinzip gegenüber den polizeigesetzlichen Verwendungsverboten der Vorrang einzuräumen sein. Viele Polizeigesetze enthalten jedoch mehr oder weniger präzise geregelte Öffnungsklauseln, um die repressive Verwendung von auf präventiv- polizeilicher Grundlage erhobenen Daten zu ermöglichen. Schließlich hat das Bundesverfassungsgericht mehrfach betont, dass in der zukünftigen Verwendung von Daten ein ebensolcher Eingriff in das betroffene Grundrecht liegt wie in der ursprünglichen Erhebung der Daten[2603]. Daher gelten die Grundsätze der Normenbestimmtheit und Normenklarheit auch für gesetzliche Bestimmungen über die zukünftige Verwendung bereits erhobener Daten, so dass diese in dem die ursprüngliche Erhebung legitimierenden Gesetz bereichsspezifisch und präzise bestimmt werden müssen[2604]. Voraussetzung für die repressive Nutzung von auf polizeigesetzlicher Grundlage erhobenen Daten sei, dass das Gesetz, auf dessen Grundlage die Daten ursprünglich erhoben wurden, die in der strafprozessualen Verwendung liegende Zweckumwandlung gestattet[2605].

2600 Singelnstein ZStW 120 (2008), 854 (872).
2601 Plöd in KMR, StPO, § 152 Rn. 1; Plöd in KMR, StPO, § 16 Rn. 1.
2602 Plöd in KMR, StPO, § 163 Rn. 1.
2603 BVerfGE 113, 348 (365, 384); 110, 33 (68/69); 109, 279 (327, 375); 100,313 (360, 366/367, 389); 65, 1 (46).
2604 BVerfGE 110, 33 (71); 109, 279 (376); 100, 313 (360, 384).
2605 BGHSt 54, 69 (82- Rn. 35); Meyer-Goßner, StPO, § 161 Rn. 18c; Singelnstein in ZStW 120 (2008), 854 (864).

Kapitel 4: Polizeiliche Befugnisse zur zweckändernden Nutzung von erhobenen Daten

I. § 160 Abs. 4 StPO als Einschränkung des Legalitätsprinzips?

Durch den durch das *StVÄG 1999* erlassenen § 160 Abs. 4 StPO werden ergänzend zu den Konkretisierungen des Legalitätsprinzips in § 160 Abs. 2 und 3 StPO Maßnahmen für unzulässig erklärt, *„denen besondere bundesgesetzliche oder entsprechende landesgesetzliche Verwendungsregelungen entgegenstehen"*. Was unter *„entsprechenden landesgesetzlichen Verwendungsregeln"* i.S.d. § 160 Abs. 4 StPO zu verstehen ist bleibt unklar[2606].

Laut Gesetzesbegründung sollte § 160 Abs. 4 StPO sicherstellen, dass der bereichsspezifischen Regelung über die zweckändernde Verwendung von Daten in dem zur Erhebung von Daten ermächtigenden Gesetz der Vorrang vor der Regelung im Empfängergesetz zukommt[2607]. Verwendungsregelungen begrenzen die zweckändernde Verwendung erhobener Daten[2608]. *„Besondere bundesgesetzliche Verwendungsregelungen"* i.S.d. § 160 Abs. 4 StPO dienen daher etwa dem Schutz besonderer Amts- und Berufsgeheimnisse, des Steuergeheimnisses aus § 30 AO oder des Sozialgeheimnisses aus § 35 SGB I sowie den §§ 67 ff SGB X, oder sonstiger Schutzvorschriften, beispielsweise des BZRG[2609]. Mit dem Schutz besonderer Vertrauensverhältnisse sind Beweisverwertungsverbote verbunden, die aus strafprozessualer Perspektive regeln, in welchen Situationen die Heranziehung bestimmter Beweismittel in verschiedenen Verfahrensstadien zur Beweiswürdigung und Entscheidungsfindung unzulässig ist[2610]. Unklar bleibt aber, inwiefern nach § 160 Abs. 4 StPO aufgrund von *„entsprechenden landesgesetzlichen Verwendungsregelungen"* die zweckändernde Nutzung von auf präventiv- polizeilicher Grundlage erhobenen Daten zu repressiven Zwecken unzulässig sein soll. Zumindest nach der Entscheidung des Verfassungsgerichts von Mecklenburg- Vorpommern vom 18.5.2000 ist zwar die Gesetzgebungskompetenz eines Landes für die Schaffung von Regelungen zur Umwidmung von Daten, die im Rahmen der Gefahrenabwehr erhoben wurden und anschließend zu repressiven Zwecken genutzt werden sollen,

---

2606 BT-Drucksache 14/1484 S. 39.
2607 BT-Drucksache 14/1484 S. 22/23; VG Gießen in NVwZ 2002, 1531 (1533).
2608 Singelnstein in ZStW 120 (2008), 854 (865).
2609 Meyer-Goßner, StPO, § 12 EGGvG Rn. 6; Zöller in KK, § 160 Rn. 13; Plöd in KMR, StPO, § 160 Rn. 17; Söllner in Pewestorf/Söllner/Tölle, ASOG, § 42 Rn. 30; Soine in Kriminalistik 2001, 245 (245).
2610 Singelnstein in ZStW 120 (2008), 854 (865/866); Beulke in Jura 2008, 653 (654, 666).

B. *Befugnisse zur repressiven Nutzung von präventiv- polizeilich erhobenen Daten*

gegeben[2611]. Grundsätzlich wird der bereichsspezifischen Regelung über die Verwendung der Daten in dem zur Erhebung von Daten ermächtigenden Gesetz der Vorrang vor der Regelung im Empfängergesetz eingeräumt[2612]. Um zu klären, ob und ggf. inwiefern eine solche Gesetzgebungskompetenz oder gar -pflicht der Polizeigesetzgeber tatsächlich besteht, bedarf es der genaueren, sich mit den bestehenden polizeigesetzlichen Regelungen auseinandersetzenden Betrachtung.

1. Polizeigesetzliche Öffnungsklauseln für die repressive Verwendung von zu präventiv- polizeilichen Zwecken erhobenen Daten

In den verschiedenen Polizeigesetzen sind Öffnungsklauseln für die repressive Verwendung von zu präventiv- polizeilichen Zwecken erhobenen Daten in unterschiedlichem Umfang vorgesehen. Teilweise wird danach differenziert, in welchem Umfang personenbezogene Daten zu repressiven Zwecken verwendet werden dürfen, falls diese zuvor zu präventiv- polizeilichen Zwecken unter Eingriff in das Grundrecht auf Unverletzlichkeit der Wohnung aus Art. 13 Abs. 1 GG, in das Fernmeldegeheimnis aus Art. 10 Abs. 1 GG oder durch heimlichen oder offenen Eingriff in das Grundrecht auf informationelle Selbstbestimmung erhoben wurden. Teilweise findet sich lediglich die Regel über die hypothetische Ersatzvornahme als mögliche Ermächtigungsgrundlage oder es wird gänzlich auf bereichsspezifische und präzise Öffnungsklauseln verzichtet.

a. Öffnungsklauseln für die repressive Verwendung von unter Eingriff in Art. 13 Abs. 1 GG erhobenen Daten

Bei den Öffnungsklauseln für die repressive Verwendung von unter verdecktem Eingriff in das Grundrecht aus Art. 13 Abs. 1 GG erhobenen Daten unterscheiden einige Polizeigesetze zwischen solchen, die sich auf mittels

---

[2611] MV VerfG in LKV 2000, 345 (347); BGHSt 54, 69 (78- Rn. 25; Hofmann in Schmidt- Bleibtreu/Hofmann/Hopfauf, GG, Art. 13 Rn. 33; Gusy in ZJS 2012, 155 (157); Singelnstein in ZStW 120 (2008), 854 (862).
[2612] BVerfGE 110, 33 (71); 109, 279 (376); 100, 313 (360, 384); BT-Drucksache 14/1484 S. 22.

Kapitel 4: Polizeiliche Befugnisse zur zweckändernden Nutzung von erhobenen Daten

Großen Lausch- und Spähangriffs erhobenen Daten oder mittels Kleinen Lauschangriffs erhoben Daten beziehen.

aa. Öffnungsklauseln beim Großen Lausch- und Spähangriff

Die Polizeigesetze von *Baden- Württemberg, Berlin, Mecklenburg- Vorpommern, Rheinland- Pfalz, Sachsen* und *Schleswig- Holstein* lassen die repressive Verwendung von durch Großen Lausch- und Spähangriff erhobenen Daten zu repressiven Zwecken entsprechend § 100d Abs. 5 Nr. 3 StPO *„zur Aufklärung von Straftaten, die nach der Strafprozessordnung die Wohnraumüberwachung rechtfertigen"*, in *Sachsen* auch *„zur Ermittlung des Aufenthaltsortes der einer solchen Straftat beschuldigten Person"* zu[2613]. Auch das BKAG und das Polizeigesetz von *Bayern* treffen entsprechende Regelungen. § 20v Abs. 5 Satz 1 Nr. 3 BKAG i.V.m. § 20h BKAG beschränkt die aufzuklärende Straftat auf solche, die im Höchstmaß mit einer Freiheitsstrafe von mindestens 5 Jahren bedroht sind, Art. 34 Abs. 5 Satz 2 Nr. 2 BayPAG verweist direkt auf die Regelung des § 100d Abs. 5 Nr. 3 StPO[2614]. Das Polizeigesetz von *Brandenburg* lässt die repressive Verwendung von mittels Großen Lausch- und Spähangriffs erhobenen Daten zur Aufklärung von Straftaten zu, die teils über den Straftatenkatalog des § 100c Abs. 2 StPO hinausgehen, teils dahinter zurück bleiben. So lässt § 33a Abs. 7 Satz 2 BbgPolG i.V.m. § 33a Abs. 1 Nr. 2 BbgPolG weitergehend als § 100c Abs. 2 StPO den Großen Lausch- und Spähangriff zum Beispiel auch zur Abwehr der mit Straftaten i.S.d. §§ 307 Abs. 1 bis 3, 308 Abs. 1 bis 3, 313, 315 Abs. 3, 315b Abs. 3, 316c Abs. 1 und 3 verbundenen dringenden Gefahr zu, nicht aber zur Abwehr der mit den Straftaten aus §§ 234. 234a, 239a, 239b, 260, 244 Abs. 1 Nr. 2 StGB verbundenen Gefahren[2615]. *Bremen* und *Niedersachen* begnügen sich mit Öffnungsklauseln, wonach durch Großen Lausch- und Spähangriff erhobene Daten zu repressiven Zwecken *„nach Maßgabe der Vorschriften der Strafprozessordnung zum Zweck der Verfol-*

2613 *Anlage 5.1 Ziffer 3a* (Zweckänderung der durch Wohnraumüberwachung erlangten personenbezogenen Daten / zur Verfolgung von Straftaten / Straftatenkataloge).

2614 *Anlage 5.1 Ziffer 3a* (Zweckänderung der durch Wohnraumüberwachung erlangten personenbezogenen Daten / zur Verfolgung von Straftaten / Straftatenkataloge).

2615 *Anlage 3.1 bis 3.11* (Straftaten vor erheblicher Bedeutung / schwere Straftaten / besonders schwere Straftaten).

B. Befugnisse zur repressiven Nutzung von präventiv- polizeilich erhobenen Daten

gung von Straftaten" verwendet werden dürfen[2616]. § 36b Abs. 9 Satz 2 BremPolG konkretisiert dies, indem personenbezogene Daten, die mit besonderen Mitteln und Methoden erhoben worden sind, nur genutzt werden dürfen „*wenn sie nach den Vorschriften der Strafprozessordnung für diesen Zweck hätten erhoben werden dürfen.*" § 39 Abs. 2 Satz 2 NdsSOG ermächtigt ähnlich zur zweckändernden Nutzung der durch Großen Lausch- und Spähangriff erhobenen Daten, um eine „*besonders schwerwiegende Straftat*" aufzuklären. Die in § 2 Nr. 10 NdsSOG legal definierten schwerwiegenden Straftaten stimmen jedoch nicht mit dem Straftatenkatalog des § 100c StPO überein, sondern gehen teils über diesen hinaus und bleiben teils dahinter zurück. Die Polizeigesetze von *Hamburg*, *Hessen*, *Nordrhein-Westfalen*, dem *Saarland*, *Sachsen- Anhalt* und *Thüringen* enthalten allenfalls die Regel über die hypothetische Ersatzvornahme als mögliche Öffnungsklausel für die repressive Verwendung von mittels Großen Lausch- und Spähangriff erhobenen Daten vor[2617].

bb. Öffnungsklauseln beim Kleinen Lauschangriff

Ähnlich wie bei den Öffnungsklauseln für eine repressive Verwendung von mittels Großen Lausch- und Spähangriffs erhobenen Daten, sieht es mit den Öffnungsklauseln für eine repressive Verwendung von durch Kleinen Lauschangriff erhobenen Daten aus. *Baden- Württemberg*, *Rheinland- Pfalz*, *Sachsen* und *Schleswig- Holstein* beschränken die Verwendung von durch Kleinen Lauschangriff erhobenen Daten auf Straftaten aus § 100c StPO, im Polizeigesetz von *Bayern* geschieht *dies* gem. Art. 34 Abs. 8 BayPAG mittelbar unter *Verweis* § 100d Abs. 5 Nr. 3 StPO[2618]. Die Länder *Bremen*, *Berlin*, *Brandenburg*, *Hamburg*, *Mecklenburg- Vorpommern*, *Niedersachen* und *Nordrhein- Westfalen*, verweisen allgemein auf Zwecke des Strafverfahrens, *Hessen* sogar ausdrücklich auf § 161 Abs. 2 StPO, womit der heutige § 161 Abs. 3 StPO gemeint sein dürfte[2619]. Gem. § 16 Abs. 3 Satz 3

2616 *Anlage 5.1 Ziffer 3a* (Zweckänderung der durch Wohnraumüberwachung erlangten personenbezogenen Daten / zur Verfolgung von Straftaten).

2617 *Anlage 5.1 Ziffer 3a* (Zweckänderung der durch Wohnraumüberwachung erlangten personenbezogenen Daten / zur Verfolgung von Straftaten).

2618 *Anlage 4.3 Ziffer 2a* (Zweckänderung von Daten aus Maßnahmen der Gefahrenabwehr zu Zwecken der a) Strafverfolgung aus / Kleinem Lauschangriff).

2619 *Anlage 4.3 Ziffer 2a* (Zweckänderung von Daten aus Maßnahmen der Gefahrenabwehr zu Zwecken der a) Strafverfolgung aus / Kleinem Lauschangriff).

Kapitel 4: Polizeiliche Befugnisse zur zweckändernden Nutzung von erhobenen Daten

BKAG richtet sich die Verwendung von mittels Kleinen Lauschangriffs erhobenen Daten für Zwecke der Strafverfolgung „*nach der Strafprozessordnung*"[2620]. In den Polizeigesetzen des *Saarlandes*, von *Sachsen-Anhalt* und *Thüringen* sind abgesehen von den Regeln über die hypothetische Ersatzvornahme gar keine Öffnungsklauseln für eine repressive Verwendung von durch Kleinen Lauschangriff erhobenen Daten vorgesehen.

b. Öffnungsklauseln für die repressive Verwendung von unter Eingriff in Art. 10 Abs. 1 GG erhobenen Daten

Ähnlich wie bei durch Großen Lausch- und Spähangriff erhobenen Daten lassen einige Polizeigesetze die zweckändernde Verwendung von durch präventiv- polizeiliche TKÜ- Maßnahmen erhobenen Daten zu repressiven Zwecken

– zur Aufklärung von Straftaten, die nach der Strafprozessordnung die Erhebung von Verkehrsdaten rechtfertigen *(Baden- Württemberg)*,
– zu Zwecken der Strafverfolgung, wenn sie zur Verfolgung von Straftaten im Sinn des § 100a Abs. 2 StPO benötigt werden *(Bayern)*,
– für die Verfolgung von Straftaten nach § 100a Satz 1 StPO *(Brandenburg)*,
– zur Aufklärung von Straftaten, die nach der Strafprozessordnung die Überwachung und Aufzeichnung der Telekommunikation rechtfertigen *(Mecklenburg- Vorpommern)*, oder
– zur Verfolgung von schweren Straftaten, die nach der Strafprozessordnung die Telefonüberwachung rechtfertigen *(Rheinland- Pfalz, Schleswig- Holstein)*

zu[2621]. *Bremen* und *Niedersachsen* enthalten die oben dargestellten allgemein gehaltenen Öffnungsklauseln. § 20v Abs. 5 Satz 1 Nr. 3 BKAG i.V.m. § 20h BKAG beschränkt die durch zweckändernde Verwendung von auf präventiv- polizeilicher Grundlage unter Eingriff in Art. 10 Abs. 1 GG erhobenen Daten aufklärbaren Straftaten auf solche, die im Höchstmaß mindestens mit einer Freiheitsstrafe von 5 Jahren bedroht sind. *Hessen* bestimmt in § 15a Abs. 6 Satz 2 HSOG, dass bundesgesetzliche Übermittlungsregeln

---

[2620] *Anlage 4.3 Ziffer 2a* (Zweckänderung von Daten aus Maßnahmen der Gefahrenabwehr zu Zwecken der a) Strafverfolgung aus / Kleinem Lauschangriff).
[2621] *Anlage 4.3 Ziffer 1a* (Zweckänderung von Daten aus Maßnahmen der Gefahrenabwehr zu Zwecken der a) Strafverfolgung aus / TK-Maßnahmen).

B. Befugnisse zur repressiven Nutzung von präventiv- polizeilich erhobenen Daten

unberührt bleiben. Hierunter fallen vor allem die Regelungen der Strafprozessordnung. Die Polizeigesetze von *Hamburg*, das *Saarland* und *Thüringen* enthalten abgesehen von der Regel über die hypothetische Ersatzvornahme gar keine Öffnungsklauseln[2622].

c. Öffnungsklauseln für unter Eingriff in das Grundrecht auf informationelle Selbstbestimmung erhobenen Daten

Als Öffnungsklauseln für die repressive Verwendung von Daten, die unter verdecktem oder offenem präventiv- polizeilichen Eingriff in das Grundrecht auf informationelle Selbstbestimmung erhoben wurden, kommen nach den meisten Polizeigesetzen ausschließlich die Regeln über die hypothetische Ersatzvornahme in Betracht. Einige Polizeigesetze treffen aber auch präzisere Regelungen.

aa. Öffnungsklauseln für verdeckt erhobene Daten

Die Polizeigesetze von *Baden- Württemberg, Bayern, Berlin, Brandenburg, Hessen, Nordrhein- Westfalen*, dem *Saarland, Sachsen- Anhalt* und *Thüringen* enthalten als Öffnungsklausel für die zweckändernde repressive Verwendung von auf präventiv- polizeilicher Grundlage heimlich erhobenen Daten allenfalls die Regel über die hypothetische Ersatzvornahme[2623]. Demgegenüber wurden in 20v Abs. 5 Satz 1 BKAG sowie in den Polizeigesetzen *von Bremen, Rheinland- Pfalz* und *Sachsen* jeweils spezielle Regelungen über die repressive Verwendung von zu präventiv- polizeilichen Zwecken erhobenen Daten erlassen. Im Einzelnen dürfen mit besonderen Mitteln und Methoden erhobene Daten zur Strafverfolgung verwendet werden,

---

2622 *Anlage 4.3 Ziffer 1a* (Zweckänderung von Daten aus Maßnahmen der Gefahrenabwehr zu Zwecken der a) Strafverfolgung aus / TK-Maßnahmen); Götz, POR, § 17 Rn. 86.
2623 *Anlage 4.1 Ziffer 6 a.1* (Datenverarbeitung und -nutzung / Zweckänderung / hypothetische Ersatzvornahme bei besonderen Mitteln und Methoden / Strafverfolgung).

Kapitel 4: Polizeiliche Befugnisse zur zweckändernden Nutzung von erhobenen Daten

- wenn ein Auskunftsverlangen nach der Strafprozessordnung zulässig wäre *(BKAG)*,
- zur Verfolgung von Straftaten von erheblicher Bedeutung bzw. wenn sie nach den Vorschriften der Strafprozessordnung hätten erhoben werden dürfen *(Bremen)*,
- soweit dies zur Verfolgung von Straftaten mit erheblicher Bedeutung i.S.d. § 28 Abs. 3 POG RP erforderlich ist *(Rheinland- Pfalz)* oder
- zur Aufklärung einer Straftat oder zur Ermittlung des Aufenthalts des Beschuldigten einer Straftat, soweit die Daten nach der Strafprozessordnung mit den Mitteln hätten erhoben werden dürfen, mit denen sie zulässiger Weise erhoben worden sind *(Sachsen)*.

Niedersachsen verweist auf die Maßgaben der Strafprozessordnung. § 29 Abs. 1 Satz 5 BPolG sowie die Polizeigesetze von *Hamburg, Mecklenburg-Vorpommern* und *Schleswig- Holstein* haben die in ihren Polizeigesetzen enthaltene Regel über die hypothetische Ersatzvornahme bezogen auf heimliche Eingriffe in das Grundrecht auf informationelle Selbstbestimmung insofern präzisiert, als dass Daten, die mit besonderen Mitteln der Datenerhebung erhoben wurden, für andere Verfahren nur genutzt werden dürfen, *„wenn sie dafür unter Einsatz dieser Befugnisse / Mittel hätten erhoben werden dürfen*[2624]*."*

bb. Öffnungsklauseln für offen erhobene Daten

Als eigentliche Öffnungsklauseln für die repressive zweckändernde Verwendung von auf präventiv- polizeilicher Grundlage offen erhobenen Daten kommen die vorstehenden Regelungen aus dem *BKAG* und den Polizeigesetzen von *Bremen* und *Niedersachsen* in Betracht, in den übrigen Polizeigesetze allenfalls die Regel der hypothetischen Ersatzvornahme. Teilweise wird die repressive Verwendung von zu präventiv- polizeilichen Zwecken offen erhobenen Daten in den Polizeigesetzen als Ausnahme von grundsätzlichen Löschungspflichten berücksichtigt. So brauchen etwa durch Maßnahmen an der Nahtstelle zur Strafverfolgung aufgezeichnete Daten nicht gelöscht zu werden, *soweit sie nicht zur Verfolgung von Straftaten oder von Ordnungswidrigkeiten (von erheblicher Bedeutung) benötigt werden.*

[2624] *Anlage 4.1 Ziffer 6 a.1* (Datenverarbeitung und -nutzung / Zweckänderung / hypothetische Ersatzvornahme bei besonderen Mitteln und Methoden / Strafverfolgung).

d. Öffnungsklauseln für unter Eingriff in das Grundrecht auf Vertraulichkeit und Integrität informationstechnischer Systeme erhobene Daten

Von den bundesweit 18 Polizeigesetzen enthalten derzeit nur das *BKAG* sowie die Polizeigesetze von *Bayern* und *Rheinland- Pfalz* Befugnisse zu Eingriffen in das Grundrecht auf Vertraulichkeit und Integrität informationstechnischer Systeme durch Online- Überwachung. Obwohl die StPO keine entsprechende Befugnis enthält, lässt § 20v Abs. 5 Nr. 3 Satz 2 BKAG i.V.m. § 20k BKAG die zweckändernde Übermittlung von personenbezogenen Daten, die bei einer Online-Durchsuchung erhoben wurden, zur Verfolgung von Straftaten, *„die im Höchstmaß mit mindestens 5 Jahren Freiheitsstrafe bedroht sind,..."* zu. Nach § 31c Abs. 6 POG RP i.V.m. § 29 Abs. 5 POG RP dürfen bei einer Online- Durchsuchung erhobene Daten *„zur Verfolgung von besonders schweren Straftaten, die nach der Strafprozessordnung die Wohnraumüberwachung rechtfertigen, ..."* verwendet werden. Der ebenfalls zur Online- Durchsuchung ermächtigende Art. 34d BayPAG enthält mit Art. 34d Abs. 5 Satz 2 BayPAG zwar zunächst eine strikte Zweckbindung. Nach Art. 34 Abs. 7 Satz 3 und 4 BayPAG werden aber zumindest Ausnahmen von der Unterrichtungspflicht zugelassen, wenn wegen desselben Sachverhalts ein strafrechtliches Ermittlungsverfahren anhängig ist.

e. Zusammenfassung

Zusammenfassend bleibt festzuhalten, dass im Wesentlichen drei Typen von Öffnungsklauseln existieren, die sich auf die repressive Verwendung von unter präventiv- polizeilichem Eingriff in informationelle Grundrechtspositionen erhobenen Daten beziehen. Dies sind:
1. Öffnungsklauseln, die die Straftatenkataloge beschränken, die mittels der auf präventiv- polizeilicher Grundlage erhobenen Daten aufgeklärt werden dürfen,
2. Öffnungsklauseln, die ausschließlich auf die Maßgaben der *StPO* verweisen und
3. Öffnungsklauseln, in Gestalt der in den Polizeigesetzen enthaltenen Regel der hypothetischen Ersatzvornahme.

Kapitel 4: Polizeiliche Befugnisse zur zweckändernden Nutzung von erhobenen Daten

2. Stellungnahme zu den 3 Typen von Öffnungsklauseln

Nach der Bestandsaufnahme über polizeigesetzliche Öffnungsklauseln für die repressive Verwendung von auf präventiv- polizeilicher Grundlage erhobenen Daten stellt sich die Frage, inwiefern die festgestellten 3 Typen von polizeigesetzlichen Öffnungsklauseln i.S.d. § 160 Abs. 4 StPO den *bundesgesetzlichen Verwendungsregeln entsprechende landesgesetzliche Verwendungsregeln* sind oder nicht. Zwar hat das BVerfG in dessen Entscheidung vom 7.12.2011 (Az.: 2 BvR 2500/09) die Auffassung der Polizeigesetzgeber vertreten, die in ihren Polizeigesetzen Öffnungsklauseln für die repressive Verwendung von auf präventiv- polizeilicher Grundlage erhobenen Daten vorsehen[2625]. Die in den Streitbefangenen § 29 Abs. 5 Satz 1 1. Alt. POG RP i.V.m. § 28 Abs. 3 POG RP i.d.F. des *Landesgesetzes zur Änderung des Polizei- und Ordnungsbehördengesetzes und anderer Gesetze* vom 2.4.2004[2626] enthaltene Öffnungsklausel für durch Großen Lausch- und Spähangriff gewonnenen Erkenntnisse lautete:

> „Nach Absatz 1 erlangte Daten sind besonders zu kennzeichnen und dürfen für einen anderen Zweck verwendet werden, soweit dies zur Verfolgung von Straftaten von erheblicher Bedeutung (§ 28 Abs. 3) ... erforderlich ist".

Den Vertretern der Auffassung, dass den Polizeigesetzgebern die Pflicht zum Erlass von Öffnungsklauseln für die repressive Verwendung von auf präventiv- polizeilicher Grundlage erhobenen Daten obliegt, ist zuzugestehen, dass Polizeigesetze, die zur Legitimation der zweckändernden repressiven Verwendung von auf präventiv- polizeilicher Grundlage erhobenen Daten ausschließlich auf die der Regel über die hypothetische Ersatzvornahme verweisen, nicht den Geboten der Normenbestimmtheit und -klarheit entsprechen. Zweckänderungen von auf präventiv- polizeilicher Grundlage verdeckt erhobenen Daten bedürfen einer den Gebieten der Normenbestimmtheit und -klarheit entsprechenden gesetzlichen Befugnis in dem zur Erhebung der Daten ermächtigenden Gesetz[2627]. Jedoch kann der vom BVerfG gezogene Rückschluss, Regelungen aus der *StPO* könnten nicht über Normen des Landespolizeirechts disponieren, sondern nur bestimmen, dass von einer nach Landesrecht zulässigen Zweckänderung im Strafver-

---

[2625] BVerfG in NJW 2012, 907 (912).
[2626] GVBl. RP 2004 S. 202 bis 214.
[2627] BVerfG in NJW 2012, 1419 (1428); 2012, 907 (911); BVerfGE 120, 351 (368/369); 110, 33 (70); 109, 279 (375 ff); 100, 313 (360, 372, 387/388); 65, 1 (46); Schoch in Jura 2008, 352 (356/357).

B. Befugnisse zur repressiven Nutzung von präventiv- polizeilich erhobenen Daten

fahren nicht oder nur eingeschränkt Gebrauch gemacht wird[2628], wenn in den Polizeigesetzen – wie in denen von *Bremen* und *Niedersachsen* geschehen – ohne jede Beschränkung zur repressiven Nutzung der auf präventiv-polizeilicher Grundlage erhobenen Daten ermächtigt wird. Die Annahme, dass sich die aufgrund des Gebots der Zweckbindung erforderliche gesetzliche Ermächtigung zur Zweckumwandlung von durch die präventiv- polizeilichen Großen Lausch- und Spähangriff erhobenen Daten zu repressiven Zwecken[2629] aus den Polizeigesetzen ergeben müsse[2630], geht aber fehl.

Spätestens nachdem der Bund durch das *StVÄG 1999* von der ihm zustehenden konkurrierenden Gesetzgebungskompetenz aus Art. 74 Abs. 1 Nr. 1 GG in Bezug auf Befugnisse zur zweckändernden repressiven Verwendung bereits erhobener Daten Gebrauch gemacht hat, sind die den seither erlassenen Regelungen des Strafverfahrensrechts entgegenstehende landesgesetzlichen Regelungen unwirksam geworden. Während strafprozessuale Aufnahmeklauseln die Verwendung von auf präventiv- polizeilicher Grundlage erhobenen Daten aus der Perspektive des neuen Verwendungszwecks betreffen, ist für die in den Polizeigesetzen enthaltenen Öffnungsklauseln die Perspektive des Erhebungszwecks maßgebend[2631]. Polizeigesetzliche Öffnungsklauseln, die die Verwendung von auf präventiv- polizeilicher Grundlage erhobenen Daten zu repressiven Zwecken entweder auf bestimmte Straftatenkataloge beschränken oder aber auf die „*Maßgabe der StPO*" verweisen, spiegeln die seit der *Blockhütten- Entscheidung* des BGH umstrittene Frage wieder, ob dem für den ursprünglichen Erhebungszweck zuständigen Gesetzgeber oder dem für den neuen repressiven Verwendungszweck zuständigen Gesetzgeber die Gesetzgebungskompetenz für die Schaffung von Verwendungs- und Übermittlungsregelungen zusteht[2632]. Die Existenzberechtigung der polizeigesetzlichen Öffnungsklauseln, die die Straftatbestände einschränken, die unter Rückgriff auf zu präventiv- polizeilichen Zwecken erhobenen Daten aufgeklärt werden dürfen, hat sich mit der Zeit gewandelt. Dies wird von den Vertretern der Auffassung, die poli-

---

2628 BVerfG in NJW 2012. 907 (912).
2629 Singelnstein in ZStW 120 (2008), 854 (863).
2630 Anm. Welp zu BGH in NStZ 1995, 601 (604); Meyer-Goßner, StPO, § 100d Rn. 9; Schmidtbauer/Steiner, BayPAG, Art. 37 Rn. 4; Staechelin in ZRP 1996, 430 (432).
2631 BVerfGE 100, 313 (372); Singelnstein in ZStW 120 (2008), 854 (863).
2632 BT-Drucksache 14/1484 S. 39 (Stellungnahme des Bundesrates); Zöller in Roggan/Kutscha, HbdIS, S. 460/461.

Kapitel 4: Polizeiliche Befugnisse zur zweckändernden Nutzung von erhobenen Daten

zeigesetzliche Öffnungsklauseln für die repressive Verwendung auf präventiv- polizeilicher Grundlage erhobener Daten für notwendig erachten[2633], übersehen. Bei Erlass der polizeigesetzlichen Öffnungsklauseln, die die repressive Verwendung von auf präventiv- polizeilicher Grundlage erhobenen Daten insofern einschränkte, als durch TKÜ oder durch andere verdeckte Eingriffe in informationelle Grundrechtspositionen erhobene Daten nur zur Aufklärung von Katalogstraftaten verwendet werden dürfen, wurde – aus zeitlicher Perspektive zumindest teilweise unberechtigt – übersehen, dass den Ländern infolge

– der mit dem *Gesetz zur Verbesserung der Bekämpfung der Organisierten Kriminalität* vom 4.5.1998 erlassenen, auf die Verwertung von durch präventiv- polizeiliche Wohnraumüberwachungen gewonnenen Erkenntnissen bezogenen Regelung des § 100f Abs. 2 StPO a.F.,

– der mit dem *StVÄG 1999* erlassenen, auf die Verwertung von mittels Kleinen Lauschangriffs gewonnenen Erkenntnissen bezogenen Regelung des § 161 Abs. 2 a.F.,

– der mit dem *TKÜG 2007* erlassenen Regelung des heutigen § 161 Abs. 2 StPO auf die Verwertung von mittels aller übrigen präventiv- polizeilichen Maßnahmen, deren hinsichtlich der Art und Weise der Durchführung korrespondierende repressive Maßnahmen in der *StPO* unter der Voraussetzung der Aufklärung einer Katalogstraftat stehen,

aufgrund der (nunmehr) in Anspruch genommenen konkurrierenden Gesetzgebungskompetenz des Bundes aus Art. 74 Abs. 1 Nr. 1 GG keine Gesetzgebungskompetenz für diesen Bereich des Strafverfahrensrechts (mehr) zusteht[2634]. – Der Gegenmeinung nach bedurfte es dieser Regelungen aufgrund der den Entscheidungen des BGH zur *präventiv- polizeilichen Videoüberwachung eines Tatverdächtigen* sowie den in der sog. *Blockhütten – Entscheidung* zu Grunde liegenden Überlegungen nicht, so dass es aus Sicht des Bundesgesetzgebers der schon in *§ 161 Abs. 2 StPO- Entwurf 1998* geplanten Regelung über die zweckändernde repressive Verwendung von auf präventiv- polizeilicher Grundlage gar nicht erst bedurft hätte[2635].

2633 Kapitel 2 A. IV. 8. (S. 341).
2634 Bertram, Die Verwendung präventiv- polizeilicher Erkenntnisse im Strafverfahren, S. 309, 311/312; Hefendehl in StV 2001, 700 (705/706); Bockemühl in JA 1996, 695 (699); Staechelin in ZRP 1996, 430 (432); a.A. VerfGH RP in DVBl. 2007, 569 (579); MV VerfG in LKV 2000, 345 (347); Schmidt, BremPolG, § 36b Rn. 3; Singelnstein in ZStW 120 (2008), 854 (863).
2635 Hefendehl in StV 2001, 700 (704/705).

B. Befugnisse zur repressiven Nutzung von präventiv- polizeilich erhobenen Daten

Einer Entscheidung zwischen diesen unterschiedlichen Standpunkten bedarf es heute nicht mehr[2636]. Unter das gerichtliche Verfahren i.S.d. Art. 74 Abs. 1 Satz 1 GG fallen zum einen die Regeln über die Beweiswürdigung sowie die Beweiserhebungs- und Beweisverwertungsverbote[2637]. Anstatt den Einzelnen davor zu schützen, dass die gegen ihn erlangten Erkenntnisse Anlass weiterer Ermittlungen werden, dient die Regel der hypothetischen Ersatzvornahme im Strafverfahrensrecht dem Schutz des Einzelnen vor der *Verwertung* seiner Daten *als Beweismittel*, falls die Daten aus qualifizierten Ermittlungseingriffen erhoben wurden und deren Anordnung im Strafverfahren mehr als einen Anfangsverdacht voraussetzte[2638]. Ob und inwiefern auf präventiv- polizeilicher Grundlage verdeckt erhobene Daten in einem Strafverfahren als Spurenansatz oder als Beweismittel genutzt werden dürfen, richtet sich ausschließlich nach den vom Bund erlassenen Bestimmungen der *StPO*[2639]. Während für die präventiv- polizeiliche Erhebung der Daten die betroffene Grundrechtsposition des Adressaten mit dem Schutzanspruch des gefährdeten Rechtsguts abgewogen werden musste[2640], ist das öffentliche Interesse an der Strafverfolgung grundsätzlich geeignet, die in einer solchen Zweckänderung liegenden Eingriffe in die Grundrechte aus Art. 2 Abs. 1 GG i.V.m. Art. 1 Abs. 1 GG[2641], aus Art. 10 Abs. 1 GG[2642] oder Art. 13 Abs. 1 GG[2643] zu rechtfertigen[2644]. Die durch das *OrgKG 1992* erlassenen Regelungen betrafen zwar zunächst ebenso wie der durch das *StVÄG 1999* erlassene und durch das *TKÜG 2007* überarbeitete § 477 Abs. 2 Satz 2 StPO ausschließlich die zweckändernde Verwendung *von auf repressiver Grundlage* erhobenen Daten *zu Beweiszwecken* in einem anderen Strafverfahren. Auch enthielt die *StPO* bis zum Inkrafttreten des *TKÜG 2007* nur wenige Bestimmungen darüber, ob und unter welchen Voraussetzungen Ergebnisse aus nachrichtendienstlichen oder verdeckten präventiv-

---

2636 A.A. BVerfG in NJW 2012, 907 (912).
2637 BVerfGE 48, 367 (373); 36, 314 (319/320); 36, 193 (203/204); BVerwGE 141, 329 (337- Rn. 34); Hefendehl in StV 2001, 700 (705/706).
2638 Kapitel 3 A. III. 2. c. (S. 386); Kapitel 4 A. II. 1. b. cc. (S. 482); Böse in ZStW 119 (2007), 848 (861/862).
2639 A.A. BVerfG in NJW 2012, 907 (912).
2640 Kapitel 2 A. IV. 2. d. (S. 302).
2641 Kapitel 3 A. III. 3. (S. 374).
2642 Kapitel 3 A. III. 2. (S. 381).
2643 Kapitel 3 A. III. 4. (S. 392).
2644 Kapitel 4 A. III. 1 (S. 494) / 2. (S. 498); BVerfG in NJW 2012, 907 (912); Böse in ZStW 119 (2007), 848 (860).

polizeilichen Überwachungsmaßnahmen in das Strafverfahren eingeführt und zum Nachweis welcher Taten diese verwertet werden dürfen[2645]. Gleichwohl war dies bereits im § 161 Abs. 2 StPO – Entwurf 1988 vorgesehen gewesen[2646]. Dieser sowie der in § 163f Abs. 2 und 3 StPO – Entwurf 1988 vorgesehene Kleine Lauschangriff wurden jedoch nicht Bestandteil des *OrgKG 1992*[2647]. Obwohl der Wortlaut des seit dem *OrgKG 1992* auch zum heimlichen Einsatz technischer Mittel ermächtigenden 100c Abs. 1 Nr. 2 StPO a.F. nicht ausschloss, dass die technische Mittel auch in Wohnungen heimlich eingesetzt werden konnten, ist aus der nur fragmentarischen Übernahme der §§ 161, Abs. 2, 163f Abs. 2 und 3 StPO – Entwurf 1988 ein gesetzgeberisches Unterlassen des Bundesgesetzgebers dahingehend herauszulesen, dass ohne Änderung des Art. 13 GG keine strafprozessuale Befugnis zum Großen oder Kleinen Lauschangriff erlassen werden sollte[2648]. Dieses gesetzgeberischer Unterlassen führte anlässlich der *Blockhütten- Entscheidung* des BGH zu regen Diskussionen, die auch die Frage nach der Verteilung bestehender Gesetzgebungskompetenzen für die zweckändernde repressive Verwendung von auf präventiv- polizeilicher Grundlage erhobenen Daten betrafen[2649]. So mag der dem Gedanken des § 1 Abs. 2 Nr. 2 BDSG entsprechende Standpunkt, dass den Ländern die Gesetzgebungskompetenz für die zweckändernde repressive Verwendung von auf präventiv- polizeilicher Grundlage erhobenen Daten zusteht, solange tragbar gewesen sein, solange der Bund den §§ 100d Abs. 5 Nr. 3; 161 Abs. 2 Satz 1; 161 Abs. 3 StPO entsprechende Regelungen (s.o.) noch nicht erlassen und damit möglicherweise noch nicht abschließend von dessen Gesetzgebungskompetenz aus Art. 74 Abs. 1 Nr. 1 GG Gebrauch gemacht hatte. Nunmehr regelt aber § 161 Abs. 2 Satz 1 StPO die Verwertung von *„aufgrund einer Maßnahme nach anderen Gesetzen erhobenen Daten"* zu Beweiszwecken ohne Einwilligung des Betroffenen abschließend. Falls *„eine Maßnahme nur bei Verdacht bestimmter Straftaten zulässig ist"*, lässt § 161 Abs. 2 Satz 1 StPO die *„Verwertung"* der dadurch erlangten Daten *„als Beweismittel nur zur Aufklärung solcher Straftaten"* zu, *„zu deren Aufklärung eine Maßnahme hätte angeordnet werden dürfen"*. Die Verwendung von durch Großen Lausch- und Spähangriff erhobenen Daten beschränkt § 100d

---

2645 Anm. Welp zu BGH in NStZ 1995, 602 (603).
2646 Entwurf eines Strafverfahrensänderungsgesetzes in StV 1989, 172 (175).
2647 Bockemühl in JA 1996, 695 (697).
2648 Bockemühl in JA 1996, 695 (697/698); Staechelin in ZRP 1996, 430 (432).
2649 Kapitel 2 A. IV. 8. (S. 341).

Abs. 5 Nr. 3 StPO weiterhin auf die „*Aufklärung des Aufenthalts der einer solchen Straftat beschuldigten Person*". In der in §§ 160 Abs. 2 Satz 1 und 100d Abs. 5 Nr. 3 StPO zum Ausdruck kommenden, für die Verwendung von personenbezogenen Daten zu Beweiszwecken notwendigen strafprozessualen Parallelregelung spiegelt sich der Gedanke der hypothetischen Ersatzeingriffs wider[2650], so dass das Nichtvorliegen von deren Voraussetzungen zu einem Beweisverwertungsverbot führt.

Obwohl der Wortlaut der bestehenden polizeigesetzlichen Öffnungsklauseln auf dem ersten Blick in weiten Teilen den heutigen §§ 100d Abs. 5 Nr. 3; 161 Abs. 2 Satz 1; 161 Abs. 3 StPO entspricht, darf nicht übersehen werden, dass die polizeigesetzlichen Öffnungsklauseln nicht nur die Verwendung der mit präventiv- polizeilichen Mitteln erhobenen Daten *zu Beweiszwecken* sondern sämtliche sonstigen strafprozessualen Verwendungsformen wie die Verwendung *als Spurenansatz* oder *zur Aufenthaltsermittlung* auch dort einschränken, wo die StPO dies bei auf repressiver Grundlage heimlich erhobenen Daten nicht verbietet. Heute beschränkt allein § 100d Abs. 5 Nr. 1 und 3 StPO die repressive Verwendung von Daten, die durch heimliche repressive oder verdeckte präventiv- polizeiliche Eingriffe in das Grundrecht auf Unverletzlichkeit der Wohnung erhoben wurden, sowohl zu Beweiszwecken als auch als Spurenansatz auf Katalogtaten i.S.d. § 100c Abs. 2 StPO. Nur, weil sich § 100d Abs. 5 Nr. 2 StPO ausnahmsweise auch auf die zweckändernde Verwendung von mittels Großen Lausch- und Spähangriff erhobenen Daten als Spurenansatz für Katalogtaten i.S.d. § 100c Abs. 2 StPO sowie zur Ermittlung des Aufenthalts eines einer solchen Katalogtat Beschuldigten erstreckt, und § 29 Abs. 5 Satz 1 1. Alt. POG RP i.V.m. § 28 Abs. 3 POG RP 2004 diesen Rahmen zufällig nicht weiter einschränkte, sind die vom BVerfG in dessen Entscheidung vom 7.12.2011 (Az.: 2 BvR 2500/09)[2651] gezogenen Schlussfolgerungen folgenlos. Für sämtliche nicht- repressiven verdeckten Ermittlungsmaßnahmen, durch die in Art. 10 Abs. 1 GG sowie das Grundrecht auf informationelle Selbstbestimmung eingegriffen wird, beschränkt der mit dem *TKÜG 2007* erlassene § 161 Abs. 2 Satz 1 StPO ausschließlich die repressive Verwendung *zu Beweiszwecken*.

Bereits § 14 Abs. 2 Nr. 7 BDSG enthielt den Grundsatz, dass zweckändernde Verwendungen zu repressiven Zwecken dem Grundsatz der Zweck-

---

2650 Meyer-Goßner, Einleitung Rn. 57c; § 161 Rn. 18b; a.A. Jahn/Dallmeyer in NStZ 2005, 297 (303).
2651 BVerfG in NJW 2012, 907 (911/912).

Kapitel 4: Polizeiliche Befugnisse zur zweckändernden Nutzung von erhobenen Daten

bindung aus § 14 Abs. 1 BDSG vorgehen[2652]. Weiterhin ermächtigen die mit dem *StVÄG 1999* erlassenen Ermittlungsgeneralklauseln der §§ 161 Abs. 1, 163 Abs. 1 Satz 2 StPO zumindest zur zweckändernde Verwendung von zu präventiv- polizeilichen Zwecken erhobenen Daten als Spurenansatz. Im Gegensatz zum heutigen § 100d Abs. 5 Nr. 3 StPO steht § 160 Abs. 2 Satz 1 StPO auch einer Verwendung der präventiv- polizeilich verdeckt erhobenen Daten als Spurenansatz oder zur Ermittlung des Aufenthalts eines auch einer Nicht- Katalogtat Beschuldigten nicht entgegen[2653]. Zwar besteht der durch das BVerfG aufgestellte Grundsatz, dass Verwendungsregeln des Erhebungsgesetzes Vorrang gegenüber denen des Empfängergesetzes haben[2654], fort, so dass der Rückschluss, Befugnisse zur Zweckänderung müssten ausnahmslos durch denjenigen Gesetzgeber geschaffen werden, der die ursprüngliche Erhebungsbefugnis normiert hat, damit der zuständige Gesetzgeber selbst die Schwere des von ihm zu verantwortenden Grundrechtseingriffs festlegen kann[2655]. Die Schutzwirkung von informationellen Grundrechtspositionen wie denen aus Art. 13 Abs. 1 GG, Art. 10 Abs. 1 GG oder Art. 2 Abs. 1 GG i.V.m. Art. 1 Abs. 1 GG bezieht sich nicht nur auf die Erhebung sondern ebenso auf die Weitergabe der Daten und Informationen, die durch einen Eingriff in die Privatsphäre erhoben wurden[2656]. Die älteren Entscheidungen des BVerfG betrafen jedoch ausschließlich Verwendungsmöglichkeiten, die sowohl was das zur Datenerhebung als auch das zur zweckändernden Datenverwendung ermächtigende Gesetzes betraf unter die Gesetzgebungskompetenz des Bundes fielen und meist nachrichtendienstliche Befugnisse zur heimlichen Datenerhebung betrafen[2657]. So bezog sich

---

2652 Kapitel 1 C. I. 2. d. dd. (2) (S. 94).
2653 Meyer-Goßner, StPO, § 161 Rn. 18d; BVerfG in NJW 2005, 2766 (2766); Puschke/Singelnstein in NJW 2008, 112 (117); Bockemühl in JA 1996, 695 (699).
2654 BVerfG in NJW 2012, 907 (912); 125, 260 (344/345/346, 355/356); 113, 348 (365, 384); 110, 33 (68/69); 109, 279 (289, 375/376); 100, 313 (360, 366/367, 389); 65, 1 (46).
2655 VerfGH RP in DVBl. 2007, 569 (570); SächsVerfGH in NVwZ 2005, 1310 (1315); MVVerfG in LKV 2000, 345 (347); Papier in Maunz/Dürig, GG, 36. Lieferung Oktober 1999, Art. 13 Rn. 106; Meyer-Goßner, StPO, § 160 Rn. 28; Schenke, POR, Rn. 31; Singelnstein in ZStW 120 (2008), 854 (873).
2656 BVerfGE 110, 33 (71); 109, 279 (374/375); 100, 313 (360, 367, 389); SächsVerfGH in NVwZ 2005, 1310 (1315).
2657 Anm. Welp zu BGH in NStZ 1996, 601 (603).

B. Befugnisse zur repressiven Nutzung von präventiv- polizeilich erhobenen Daten

- BVerfGE 110, 33 ff auf §§ 39, 41 AWG i.d.F. vom 28.2.1992[2658], für die sich die Gesetzgebungskompetenz des Bundes aus Art. 73 Abs. 1 Nr. 5 GG ergibt[2659],
- BVerfGE 107, 299 ff auf § 12 FAG i.d.F. vom 1.7.1989[2660], für den sich die Gesetzgebungskompetenz des Bundes aus Art. 73 Abs. 1 Nr. 7 GG ergibt[2661],
- BVerfGE 100, 313 auf die §§ 1, 3, 9 G-10 i.d.F. des Verbrechensbekämpfungsgesetzes vom 28.10.1994 i.d.F. des Begleitgesetzes zur Telekommunikation vom 17.12.1997[2662], sowie BVerfGE 67, 157 ff auf § 3 G 10 i.d.F. vom 13.9.1978[2663], für die sich die Gesetzgebungskompetenz des Bundes aus Art. 73 Abs. 1 Nr. 1 GG ergibt[2664].

Diese Entscheidungen betreffen also allesamt Befugnisse zur Daten*erhebung*, die unter die ausschließliche Gesetzgebungskompetenz des Bundes fallen. In den einschlägigen Entscheidungen des BVerfG zu landesgesetzlichen Regelungen wie etwa derjenigen zu § 33a NdsSOG a.F.[2665], zu § 31 PolG NRW a.F.[2666] oder zu § 5 Abs. 2 Nr. 11 VSG NRW[2667] fanden sich im Gegensatz zu dessen Entscheidung vom 7.12.2011 (Az. 2 BvR 2500/09) derartige Forderungen wohlweislich nicht. Als Folge des Grundsatzes der Bundestreue können nur solche Regelungen unter den Kompetenzbereich der Landesgesetzgeber fallen, bei denen die Aufrechterhaltung der öffentlichen Sicherheit und Ordnung nicht als Teil einer bundesgesetzlichen Sachmaterie ist[2668]. Erscheint eine Regelung als Annex zu einem Sachgebiet, auf dem der Bund gesetzgeberisch tätig ist, umfasst die Zuständigkeit der Gesetzgebung auch präventiv ausgerichtete Regelungen, die diesen Bereich betreffen[2669]. Dass gegen ausschließliche strafprozessuale Verwendungsre-

---

2658 BGBl. 1992 I S. 372 bis 375.
2659 BVerfGE 110, 33 (39/40).
2660 BGBl. 1989 I S. 1455 bis 1461.
2661 Kapitel 1 D. IV. (S. 129).
2662 BGBl. 1997 I S. 3108 bis 3120.
2663 BGBl. 1978 I S. 1546 bis 1547.
2664 BVerfGE 100, 313 (368 bis 370).
2665 BVerfGE 113, 348 ff.
2666 BVerfGE 115, 320 ff.
2667 BVerfGE 120, 274 ff; GVBl. NRW 2006 S. 620 bis 621.
2668 VerfGH RP in DVBl. 2007, 569 (569); Zöller in Roggan/Kutscha, HbdIS, S. 464; a.A. Staechelin in ZRP 1996, 430 (432).
2669 BVerfG in NJW 2012, 1419 (1423, 1425, 1427); BVerfGE 125, 260 (314, 345); 110, 33 (48); 106, 62 (115); 98, 265 (299); 3, 407 (421, 433); VerfGH RP in DVBl. 2007, 569 (569).

Kapitel 4: Polizeiliche Befugnisse zur zweckändernden Nutzung von erhobenen Daten

gelungen für auf präventiv- polizeilicher Grundlage erhobene Daten keine Einwände bestehen, wird anhand der Entstehungsgeschichte des die repressive Nutzung von durch Kleinen Lauschangriff erhobenen Daten zu repressiven Beweiszwecken regelnden heutigen § 161 Abs. 3 StPO deutlich. Bei den Beratungen zum *StVÄG 1999* wurde bezogen auf den damaligen § 161 Abs. 3 StPO- Entwurf hervorgehoben, dass es sich hierbei um eine Übernahme der Regelung des damaligen § 16 Abs. 3 Satz 2 BKAG in der Strafprozessordnung handele, die der Vermeidung eines unterschiedlichen Verwertungsumfangs im Strafverfahren diene[2670]. Die anderweitige Verwendung von Erkenntnissen aus Eigensicherungsmaßnahmen zum Zweck der Strafverfolgung bedürfe keiner eigenständigen Regelung, weil insoweit § 161 Abs. 3 StPO- Entwurf eine bundeseinheitliche Regelung für alle polizeilichen Eigensicherungsmaßnahmen durch den Kleinen Lauschangriff trifft, und es mit einer Unberührtheitsklausel sein Bewenden hat[2671]. Der Bund hatte insoweit von dessen konkurrierenden Gesetzgebung aus Art. 74 Abs. 1 Nr. 1 GG abschließend Gebrauch gemacht, so dass den Ländern kein Kompetenztitel mehr für derartige Regelungen zustand[2672].

Ob aufgrund der die Verwertung als Beweismittel regelnden, erstmals durch das *OrgKG 1992* erlassenen §§ 98b Abs. 3 Satz 3, 100b Abs. 5, 100d Abs. 5 Satz 1 und 2, 110e, 100f Abs. 1 und 2, 100h Abs. 3 StPO a.F. schon Anfang der 1990er Jahre kein Bedürfnis mehr nach polizeigesetzlichen Öffnungsklauseln bestand[2673], um die repressive Verwendung von auf präventiv- polizeilicher Grundlage erhobenen Daten zu beschränken, obwohl der ursprünglich im *StVÄG 1999* vorgesehene, auf die repressive Verwendung von zunächst zu präventiv- polizeilichen Zwecken bezogene § 161 Abs. 2 StPO- Entwurf gestrichen worden war, kann dahingestellt bleiben. Durch den mit dem *StVÄG 1999* erlassenen § 160 Abs. 4 StPO sollte zwar der Schutz des Persönlichkeitsrechts unabhängig von der Verteilung der Gesetzgebungskompetenz zwischen Bund und Ländern zu Gunsten der Bundeseinheitlichkeit der Strafverfolgung gewährleistet werden[2674]. Im Sinne des Art. 72 Abs. 2 GG ist es aber zwingend erforderlich, dass allein die *StPO* die repressive Verwendung von auf präventiv- polizeilicher Grundlage erhobenen Daten legitimierende Befugnisse enthält, damit die Einheitlich-

---

2670 BT-Drucksache 14/1484 S. 23, 38.
2671 BT-Drucksache 14/1484 S. 23, 38.
2672 Wohlers in SK-StPO, § 160 Rn. 74.
2673 Staechelin in ZRP 1996, 430 (432).
2674 BT-Drucksache 14/1484 S. 46.

B. Befugnisse zur repressiven Nutzung von präventiv- polizeilich erhobenen Daten

keit des Verfahrensrechts in allen Ländern gewährleistet und dadurch die Rechtseinheit im gesamten Bundesgebiet im Sinne eines einheitlichen straf- und datenschutzrechtlichen Standards gewahrt bleibt[2675]. Um dies zu gewährleisten sind die Länder im Bereich des Strafverfahrensrechts im Bereich der konkurrierenden Gesetzgebung von einer eigenständigen Gesetzgebung ausgeschlossen solange und soweit der Bund von seiner Gesetzgebungszuständigkeit durch Gesetz Gebrauch gemacht hat[2676]. Diese Erkenntnis gilt für Daten, die auf repressiver Grundlage erhoben wurden, ebenso wie für Daten, die auf präventiv- polizeilicher Grundlage erhoben wurden[2677]. Dank des *TKÜG 2007* regelt die StPO die Befugnisse zur zweckändernden Verwendung von auf präventiv- polizeilicher Grundlage verdeckt erhobenen Daten durch die §§ 161 Abs. 1, 163 Abs. 1 Satz 2, 100d Abs. 5 Nr. 3, 161 Abs. 2 Satz 1 StPO als Empfangsgesetz im Interesse der bundesweiten Einheit des Strafverfahrensrechts nunmehr abschließend. Kraft Sachzusammenhangs mit dem Strafverfahren ist der Bundesgesetzgeber ausnahmsweise in der Lage, Zweckbindungen von auf landesgesetzlicher Grundlage erhobenen Daten zu durchbrechen[2678]. Die zweckändernde repressive Verwendung auf präventiv- polizeilicher Grundlage erhobener Daten einschränkende polizeigesetzliche Öffnungsklauseln haben gegenüber der bundesrechtlichen strafprozessualen Regelung keinen Bestand und sind mangels (fort-) bestehender Gesetzgebungskompetenz der Polizeigesetzgeber unwirksam[2679]. Es ist Sache des Bundes zu entscheiden, welche Daten im Strafverfahren zur Verfolgung welcher Straftaten und inwiefern verwendet werden dürfen und welche nicht. Polizeigesetzgeber, die bis heute die repressive Verwendung von Daten beschränkende Öffnungsklauseln in ihren Polizeigesetzen beibehalten haben, übersehen, dass dadurch das Legalitätsprinzip gefährdet wird. Durch verdeckte präventiv- polizeiliche Maßnahmen erhobene Daten dürften nach dem Wortlaut dieser Polizeigesetze sowohl als Spurenansatz als auch als Beweismittel als auch zur Feststellung des Aufenthaltsorts eines Beschuldigten nur dann verwendet werden, wenn es sich bei der dem jeweiligen Ermittlungsverfahren zu Grunde liegenden Straftat um eine Katalogtat handelt[2680]. Das Legalitätsprinzip gebietet jedoch prin-

---

2675 BT-Drucksache 14/1484 S. 19, 23, 46.
2676 BVerwGE 141, 329 (338- Rn. 35).
2677 BT-Drucksache 14/1484 S. 19, 39, 46; Wohlers in SK-StPO, § 160 Rn. 73.
2678 A.A. Singelnstein in ZStW 120 (2008), 854 (873).
2679 A.A. VerfGH RP in DVBl. 2007, 569 (570); BT-Drucksache 14/1484 S. 40.
2680 Anm. Welp zu BGH in NStZ 1996, 601 (604).

zipiell die Einleitung von Ermittlungsverfahren bei Verdacht jeder Straftat. Diese im Rechtsstaatsprinzip verankerte Grundlage des Strafrechts darf nicht durch polizeigesetzliche Verwendungsregeln eingeschränkt werden. Fortbestehende kompetenzwidrig erlassene, die repressive Verwendung betreffende polizeigesetzliche Öffnungsklauseln erwecken den Eindruck, dass trotz durch verdeckte präventiv- polizeiliche Maßnahmen gewonnene Verdachtsmomente über Straftaten kein Strafverfahren eingeleitet zu werden braucht. Trotz oder gerade aufgrund der Unwirksamkeit bestehender polizeigesetzlicher Öffnungsklauseln für die zweckändernde repressive Verwendung von Daten sollten Polizeigesetzgeber, die heute noch die repressive Verwendung von auf polizeigesetzlicher Grundlage erhobenen Daten nach dem Wortlaut ihrer Polizeigesetze einschränken, entsprechende Öffnungsklauseln schnellstmöglich streichen.

Dies gilt auch für den in § 20v Abs. 5 Satz 1 Nr. 3 Satz 2 BKAG enthaltenen Verweis auf den die TKÜ regelnden § 20l BKAG. § 20v Abs. 5 Satz 1 Nr. 3 Satz 2 BKAG beschränkt die Verwendung von durch eine präventiv- polizeiliche TKÜ gewonnenen Erkenntnisse auf die Verfolgung von Straftaten mit einer pauschalierten Strafandrohung von mindestens 5 Jahren. Zwar entspricht die Verwendungsbeschränkung des § 20v Abs. 5 Satz 1 Nr. 3 Satz 2 BKAG bezogen auf Daten, die gem. § 20h BKAG durch Großen Lausch- und Spähangriff oder gem. § 20k BKAG mittels Online- Durchsuchung erhoben wurden, nicht den Vorgaben des BVerfG aus dessen Entscheidung zum Großen Lauschangriff. Darin hatte das BVerfG bezogen auf heimliche Eingriffe in das Grundrecht auf Unverletzlichkeit der Wohnung aus Art. 13 Abs. 1 GG oder das Grundrecht auf Vertraulichkeit und Integrität informationstechnischer Systeme „*eine höhere Höchststrafe von mehr als 5 Jahre*" gefordert[2681], während § 20v Abs. 5 Satz 1 Nr. 3 Satz 2 BKAG lediglich die Verfolgung von Straftaten voraussetzt, die *im Höchstmaß mit mindestens 5 Jahren Freiheitsstrafe bedroht sind*. Eine auf die repressive Verwendung bezogene zu weit gefasste Öffnungsklausel ist jedoch insofern unschädlich, als sich in § 100d Abs. 5 Nr. 3 StPO eine dies abfangende repressive Aufnahmeklausel für durch einen präventiv- polizeilichen Großen Lausch- und Spähangriff erhobenen Daten findet. Die repressive Verwendung von mittels Online- Durchsuchung erhobenen Daten könnte aufgrund des Fehlens strafprozessuale Verwendungsbeschränkung sowie infolge der hohen, einem heimlichen Eingriff in Art. 13 Abs. 1 GG gleichkommenden

---

[2681] BVerfGE 120, 274 (326/327); 109, 279 (347/348).

Intensität des Eingriffs in das Grundrecht auf Vertraulichkeit und Integrität informationstechnischer Systeme verfassungsrechtlich nicht gerechtfertigt sein. – Die Verwendung von mittels TKÜ aufgezeichneter Daten als Spurenansatz unterliegt gem. §§ 161 Abs. 1, 163 Abs. 1 Satz 2 StPO entgegen § 20v Abs. 5 Satz 1 Nr. 3 Satz 2 BKAG keiner Beschränkung. Da es sich sowohl beim *BKAG* als auch bei der *StPO* Bundesgesetze handelt, findet zwar das Argument des Art. 31 GG keine Anwendung. Es ist jedoch kein Grund ersichtlich, das BKA als ausnahmsweise zuständige Polizeibehörde des Bundes im Vergleich zu den Landespolizeien unterschiedlich zu behandeln. Anders als im Vergleich zu den Nachrichtendiensten ist die vom BKA wahrzunehmende Aufgabe der Gefahrenabwehr ebenso durch die Nähe von Gefahr und Beginn strafbaren Verhaltens geprägt, wie die Aufgaben der Landespolizeien. Vielmehr ist die *StPO*, was die strafprozessuale Verwendung von auf präventiv- polizeilicher Grundlage durch die Aufzeichnung von TK- Inhalten erhobene Daten betrifft, gegenüber § 20v Abs. 5 Satz 1 Nr. 3 Satz 2 BKAG lex specialis. – Damit hat sich auch der durch das *Siebte Landesgesetz zur Änderung des Polizei- und Ordnungsbehördengesetzes* vom 15.2.2011 überarbeitete heutige § 31 Abs. 7 POG RP, der hinsichtlich der Verwertung von aufgezeichneten TK- Inhalten ähnlich wie § 20v Abs. 5 Satz 1 Nr. 3 Satz 2 BKAG an die für Lauschangriffe bestehende Verwendungsregelung anknüpft, an der falschen bundesgesetzlichen Regelung orientiert. Bezogen auf die zweckändernde Verwendung von mittels Online-Durchsuchungen erhobenen Daten wurden hingegen durch § 31c Abs. 6 POG RP die verfassungsrechtlichen Vorgaben eingehalten.

Entgegen der Entscheidung des BVerfG vom 7.12.2011 steht der zweckändernden repressiven Verwendung von auf präventiv- polizeilicher Grundlage erhobenen Daten letztlich auch dann nichts entgegen, wenn Polizeigesetze nur die Regel über die hypothetische Ersatzvornahme oder gar keine Regelung über die repressive Verwendung enthalten. Es ist für die repressive Verwendung von auf präventiv- polizeilicher Grundlage erhobenen Daten gleichgültig, ob ein Polizeigesetz die repressive Verwendung einschränkende Bestimmungen enthält oder keine Regelung über die zweckändernde repressive Verwendung trifft. Im erstgenannten Fall genügen die Polizeigesetze nicht den Geboten der Normenbestimmtheit und –klarheit, im zweitgenannten Fall ist die repressive Verwendung einschränkendes Landespolizeirecht dem Bundesrecht entgegenstehendes Landesrecht und daher gem.

Art. 31 GG unwirksam[2682]. Auch besinnt sich der unter die zweite Alternative einzuordnende Polizeigesetzgeber offensichtlich nicht der Tragweite des in der Informationserhebung liegenden Eingriffs, der den sekundären Zweck der repressiven Nutzung umfasst[2683]. Den einen wie den anderen Anforderungen genügen allein die Polizeigesetze von *Bremen* und *Niedersachsen*.

3. Zusammenfassung

Festzuhalten bleibt, dass landesgesetzliche Verwendungsregelungen in Gestalt von polizeigesetzlichen Öffnungsklauseln für die repressive Verwendung von zu präventiv- polizeilichen Zwecken erhobenen Daten keine weitergehenden Beschränkungen enthalten dürfen als durch die durch das *StVÄG 1999* und durch das *TKÜG 2007* erlassenen und überarbeiteten repressiven Befugnisse zur zweckändernden Datenverwendung aus den §§ 161 Abs. 1 Satz 1, 163 Abs. 1 Satz 2, 161 Abs. 2 und 3, 477 Abs. 2 StPO möglich ist[2684].

Landesgesetzliche Verwendungsbeschränkungen, die bundesgesetzlichen Verwendungsbeschränkungen entsprechen, finden sich zwar nicht nur in den in den Landesstatistikgesetzen oder der Kommunalabgabenordnung statuierten Geheimhaltungspflichten, die dem bundesgesetzlichen Statistik- und Steuergeheimnis entsprechen[2685]. Beispielsweise kommen gem. § 21 BVerfSchG neben den Übermittlungsbefugnissen und -pflichten der Nachrichtendienste des Bundes aus § 20 BVerfSchG auch entsprechende Bestimmungen aus den Verfassungsschutzgesetzen der Länder in Betracht. Demgegenüber sind in den polizeigesetzlichen Öffnungsklauseln liegende, über die Verwendungsbeschränkungen aus §§ 161 Abs. 1, 163 Abs. 1 Satz 2, 100d Abs. 5 Nr. 3, 161 Abs. 2 und 3 StPO hinausgehende Verwendungsbeschränkungen ebenso unwirksam wie etwaige von den Vorgaben des § 21 BVerfSchG abweichende Bestimmungen in den Verfassungs-

---

2682 BVerfG in NJW 2012, 907 (913/914); BVerfGE 120, 274 (315/316); 118, 168 (186/187); 115, 320 (365); 113, 348 (375/376); 110, 33 (53/54); 100, 313 (359/360, 372/373).
2683 BVerfG in NJW 2012, 907 (914).
2684 Anm. Welp zu BGH in NStZ 1995, 602 (602, 603).
2685 BT-Drucksache 14/1484 S. 23; Soine in Kriminalistik 2001, 245 (245).

schutzgesetzen der Länder[2686]. Landesgesetzliche Öffnungsklauseln für die zweckändernde repressive Verwendung werden durch die durch das *StVÄG 1999* und das *TKÜG 2007* erlassenen, die Polizei von Amts wegen zur Anzeigenaufnahme und gegebenenfalls zu weitergehenden Ermittlungen verpflichtenden Bestimmungen der §§ 161 Abs. 1, 163 Abs. 1 Satz 1, 100d Abs. 5 Nr. 3, 161 Abs. 2 und 3 StPO verdrängt. Die Verwendung von auf präventiv- polizeilicher Grundlage erhobenen Daten einschließlich deren Verwertbarkeit als Beweismittel bemisst sich ebenso ausschließlich nach den strafprozessualen Verwendungsregeln[2687]. § 160 Abs. 4 StPO verbietet daher allein solche Verwendungen, denen besondere bundesgesetzliche oder den bundesgesetzlichen Verwendungsregeln *entsprechende* landesgesetzliche Verwendungsregelungen entgegenstehen[2688].

Die in den Polizeigesetzen von Bremen und Niedersachsen enthaltenen Öffnungsklauseln, die ausschließlich auf *Maßgaben der StPO* verweisen, heben den Vorrang der bundesgesetzlichen Regelung über das Strafverfahren vor polizeigesetzlichen Verwendungsbeschränkungen ausdrücklich hervor. Sie erkennen hierdurch bezogen auf die repressive Verwendung von auf präventiv-polizeilicher Grundlage erhobenen Daten den vom Bundesgesetzgeber durch das *StVÄG 1999* in Anspruch genommenen Kompetenzbereich an, soweit dieser seinerseits die notwendigen Regelungen zum Schutz der jeweils betroffenen informationellen Grundrechtspositionen getroffen hat. Entsprechendes gilt bezüglich der Übermittlungsregelung des § 20v Abs. 5 Satz 1 Nr. 3 Satz 1 BKAG. Da das BKA nach § 4 BKAG nur eingeschränkt repressiv tätig werden kann, ist eine spezielle Verwendungsregelung in Gestalt einer Übermittlungsregelung anstelle der in den Polizeigesetzen von *Bremen* und *Niedersachsen* enthaltenen allgemeinen Verwendungsregelung geboten. Um bei Anhaltspunkten für begangene Straftaten, die sich anlässlich präventiv- polizeilicher Ermittlungen des BKA nach § 4a BKAG ergeben, die originär für die Strafverfolgung zuständigen Landespolizeien einschalten zu können, bedarf es der Übermittlung des den Anfangsverdacht begründenden Sachverhalts[2689]. Da die zuständige Strafverfolgungsbehörde in der Regel nicht weiß, über welche Informationen das BKA verfügt, wird diese zwar weniger ein Auskunftsersuchen i.S.d. § 474

2686 OVG Münster in NJW 1999, 522 (523).
2687 A.A. Soine in Kriminalistik 2001, 245 (245).
2688 Zöller in HK, StPO, § 160 Rn. 17; Griesbaum in KK, StPO, § 160 Rn. 39.
2689 BT-Drucksache 16/9588 S. 34 = BT-Drucksache 16/10121 S. 36.

Kapitel 4: Polizeiliche Befugnisse zur zweckändernden Nutzung von erhobenen Daten

Abs. 1 StPO an das BKA richten[2690]. Vielmehr ist das BKA aufgrund des Legalitätsprinzips gem. § 479 Abs. 1 StPO *von Amts wegen* dazu verpflichtet Ermittlungsverfahren einzuleiten und gegebenenfalls die zuständigen Ermittlungsbehörden zu informieren. Richtig ist auch, dass das BKA im Falle des § 161 Abs. 1 Satz 2 StPO bei einem auf einen Anfangsverdacht begründeten Auskunftsersuchen nach §§ 161 Abs. 1 Satz 1, 163 Abs. 1 Satz 2 StPO zur Auskunft verpflichtet wäre[2691]. Das BKA wäre hingegen gem. § 160 Abs. 4 BKA dann nicht zur Auskunft verpflichtet, wenn entgegen §§ 100d Abs. 5 Nr. 3, 161 Abs. 2 StPO die Übermittlung aufgezeichneter Gesprächsinhalte zum Beweis einer Nicht- Katalogtat verlangt werden würde. Damit entspricht § 20v Abs. 5 Satz 1 Nr. 3 BKAG den in den Polizeigesetzen von *Bremen* und *Niedersachsen* vorgesehenen, allgemein gehaltenen Öffnungsklauseln.

II. Die repressive Zweckänderung von auf präventiv- polizeilicher Grundlage durch offenen Eingriff in das RiS erhobenen Daten

Wurden personenbezogene Daten auf präventiv- polizeilicher Grundlage offen erhoben, können die erhobenen Daten zu Zwecken des Strafverfahrens auf Grundlage der §§ 94 ff StPO zu Beweiszwecken sichergestellt werden. Dies gilt selbst, falls dem Erhebungsvorgang eine Wohnungsdurchsuchung als Eingriff in Art. 13 Abs. 1 GG vorausging oder die Daten nach Abschluss eines TK-Vorgangs im Herrschaftsbereich des TK- Teilnehmers gespeichert wurden. Beschlagnahmen, die im Zusammenhang mit der Durchsuchung von Wohn- oder Geschäftsräumen erfolgen, fallen nicht mehr unter den Schutzbereich des Art. 13 Abs. 1 GG; vielmehr bildet Art. 2 Abs. 1 GG den maßgebenden Schutzbereich, wenn und soweit nicht andere Spezialgrundrechte vorgehen[2692]. Insbesondere können durch präventiv- polizeiliche Maßnahmen an der Nahtstelle zur Strafverfolgung hergestellte Bild- und Tonaufzeichnungen wie Videoaufnahmen oder Notrufaufzeichnungen als Beweismittel im Strafverfahren auf Grundlage der §§ 94 ff StPO sichergestellt werden. Gleiches gilt für Zufallserkenntnisse, die anlässlich einer Durchsuchung von bei Providern eingerichteten Email- Postfächern gewon-

---

2690 A.A. BT-Drucksache 16/9588 S. 34 = BT-Drucksache 16/10121 S. 36.
2691 BT-Drucksache 16/9588 S. 34 = BT-Drucksache 16/10121 S. 36.
2692 BVerfGE 115, 166 (190/191); 113, 29 (45).

B. Befugnisse zur repressiven Nutzung von präventiv- polizeilich erhobenen Daten

nen werden, auch wenn hierdurch (offen aber mittelbar) in das Grundrecht aus Art. 10 Abs. 1 GG eingegriffen werden sollte[2693].

Wie hinsichtlich der polizeigesetzlichen, die repressive zweckändernde Nutzung von auf präventiv- polizeilicher Grundlage verdeckt erhobenen Daten betreffenden Öffnungsklauseln festgestellt, kann aus polizeigesetzlichen Einschränkungen der repressiven Nutzung von auf präventiv- polizeilicher Grundlage erhobenen Daten infolge des Legalitätsprinzips selbst für geringfügige Straftaten kein Verwendungsverbot folgen[2694]. Für präventivpolizeiliche Befugnisse an der Nahtstelle zur Strafverfolgung bedeutet dies, dass Beschränkungen der repressiven Verwendung wie aus § 16 Abs. 4 Satz 3 SOG LSA[2695], der die zweckändernde Verwendung von noch nicht gelöschten aufgezeichneten Daten auf die Bekämpfung von *Straftaten von erheblicher Bedeutung* beschränkt, mangels bestehender Gesetzgebungskompetenz unwirksam sind.

Etwas anderes gilt, wenn präventiv- polizeiliche Befugnisse an der Nahtstelle zur Strafverfolgung wie § 21 Abs. 3 PolG BW oder Art. 21 Abs. 3 BayPAG in Bezug auf Ordnungswidrigkeiten nur Ausnahmen von den Löschungspflichten vorsehen, wenn es sich um *Ordnungswidrigkeiten von erheblicher Bedeutung* handelt, oder wie §§ 24a, 24b ASOG Berlin in Bezug auf Ordnungswidrigkeiten gänzlich auf Ausnahmen von den Löschungspflichten verzichten. Aufgrund des im OWi- Verfahren geltenden Opportunitätsprinzips steht den Polizeigesetzgebern hier eine vorweggenommene Güterabwägung zu. Wann aufgezeichnete Daten zu löschen sind, obliegt hingegen grundsätzlich den Polizeigesetzgebern, denen die eng mit der Verwaltungskompetenz verknüpfte Gesetzgebungskompetenz für den Datenschutz i.w.S. zusteht.

III. Die repressive Zweckänderung von durch Großen Lausch- und Spähangriff oder Kleinen Lauschangriff erhobenen Daten

Da ein verdeckter präventiv- polizeilicher Eingriff in Art. 13 Abs. 1 GG sowohl durch Großen Lausch- und Spähangriff i.S.d. Art. 13 Abs. 4 GG als auch durch Kleinen Lauschangriff i.S.d. Art. 13 Abs. 5 GG denkbar ist, bestimmt sich die Zulässigkeit der Zweckänderung der hierdurch zu präventiv-

---

[2693] BVerfGE 124, 43 (53 ff); BGHSt in NJW 2010, 1297 (1298).
[2694] A.A. Vahle in NVwZ 2001, 165 (167).
[2695] Kapitel 2 A. IV. 1. a. (S. 267).

Kapitel 4: Polizeiliche Befugnisse zur zweckändernden Nutzung von erhobenen Daten

polizeilichen Zwecken erhobenen Daten zu repressiven Zwecken nach unterschiedlichen strafprozessualen Befugnissen. Während die einschlägige Befugnisnorm für die Zweckänderung von durch den Großen Lausch- und Spähangriff erhobenen Daten zu repressiven Zwecken gem. § 161 Abs. 2 Satz 2 StPO in § 100d Abs. 5 Nr. 3 StPO liegt, findet sich die Befugnis zur zweckändernden Nutzung von durch den Kleinen Lauschangriff erhobenen Daten zu repressiven Zwecken im heutigen § 161 Abs. 3 StPO.

1. Die repressive Zweckänderung von durch Großen Lausch- und Spähangriff erhobenen Daten

§ 100d Abs. 5 Nr. 3 StPO ist gem. § 161 Abs. 2 Satz 2 StPO gegenüber § 161 Abs. 2 Satz 1 StPO die spezielle Regelung für die repressive Verwendung von Daten, die ursprünglich mittels präventiv- polizeilichen Großen Lausch- und Spähangriff erhoben wurden. Insoweit bestehen gegenüber den §§ 161 Abs. 1 Satz 1, 163 Abs. 1 Satz 2 StPO besondere Verwendungsbefugnisse[2696]. Vorgängernorm des heutigen § 100d Abs. 5 Nr. 3 StPO war der aus dem *Gesetz zur Umsetzung des Urteils des Bundesverfassungsgerichts vom 3.3.2004* vom 24.6.2005 hervorgegangene inhaltsgleiche § 100d Abs. 6 Nr. 3 StPO a.F., der den vorherigen § 100f Abs. 2 StPO a.F. ablöste. Letztgenannter ließ die Verwendung von auf polizeigesetzlicher Grundlage erhobenen Daten *„zu Beweiszwecken ... einer in § 100c StPO bezeichneten Straftat"* in einem anderen Strafverfahren zu. Wie nach der heutigen Verwendungsbeschränkung aus dem § 100d Abs. 5 Nr. 1 StPO entsprechenden § 100d Abs. 5 Nr. 3 StPO dürfen durch Großen Lausch- und Spähangriff erhobene *verwertbare* Daten im Strafverfahren nunmehr *„zur Aufklärung einer Straftat, aufgrund derer die Maßnahme nach § 100c StPO angeordnet werden könnte, oder zur Ermittlung des Aufenthaltsortes der einer solchen Straftat beschuldigten Person verwendet werden."* Damit könnt in § 100d Abs. 5 Nr. 3 StPO entsprechend § 100d Abs. 5 Nr. 1 StPO die nach Art. 20 Abs. 3 GG erforderliche Befugnisnorm sowohl zur zweckändernden repressiven Verwendung als Beweismittel als auch als Spurenansatz oder zur Aufenthaltsermittlung liegen.

2696 Götz, POR, § 17 Rn. 86.

B. Befugnisse zur repressiven Nutzung von präventiv- polizeilich erhobenen Daten

a. Die Verwendung zu Beweiszwecken in einem Strafverfahren

Präventiv- polizeilich durch verdeckten Eingriff in Art. 13 Abs. 1 GG gewonnene *verwertbare* Tonaufzeichnungen sind gem. § 100d Abs. 5 Nr. 3 StPO *zu Beweiszwecken* im Strafverfahren verwendungsfähig, sofern diese der Aufklärung einer Katalogtat nach § 100c Abs. 2 StPO dienen[2697].

Zu Beweiszwecken unverwertbare Daten i.S.d. § 100d Abs. 5 Nr. 3 StPO sind jedenfalls die auf polizeigesetzlicher Grundlage erhobenen Bildaufzeichnungen aus Wohnungen[2698]. Einer solchen Verwertung steht die verfassungsrechtliche Beschränkung des Art. 13 Abs. 3 GG entgegen[2699]. Durch hoheitlichen staatlichen Eingriff in Art. 13 Abs. 1 GG gewonnene Bildaufzeichnungen dürfen gem. Art. 13 Abs. 3 Satz 1 GG nicht zum Gegenstand eines Strafverfahrens gemacht werden[2700]. Sind Bildaufzeichnungen aus Wohnungen mit akustischen Aufzeichnungen verbunden, steht einer Verwertung der Tonspur als Beweismittel nichts entgegen, sofern sichergestellt ist, dass die Bildaufzeichnungen – insbesondere im Rahmen der Beweisaufnahme in der Hauptverhandlung – nicht wahrnehmbar gemacht werden können[2701]. Es kommt nicht darauf an, ob mehr überwacht worden ist, als nach Art. 13 Abs. 3 StPO bzw. § 100c Abs. 1 StPO zulässig ist[2702], sondern darauf, wie sich der durch die Beweisaufnahme fortsetzende Eingriff in Art. 13 Abs. 1 GG darstellt. Ist es möglich, die Beweisaufnahme allein durch Wiedergabe der Tonaufzeichnungen durchzuführen, wobei diese beispielsweise dadurch unabhängig von der Wiedergabe der technisch aufgezeichneten Bilderaufnahmen erfolgt, dass der Monitor ausgeschaltet wird, steht einer Verwertung der Tonspur als Beweismittel nichts entgegen. Dann entspricht der durch die Wiedergabe der Tonaufzeichnung fortgesetzte Ein-

---

2697 BGH in NStZ-RR 2006, 240 (240); Bertram, Die Verwendung präventiv- polizeilicher Erkenntnisse im Strafverfahren, S. 317.
2698 MV VerfG in LKV 2000, 345 (357); Gercke in HK-StPO, § 100d Rn. 15; Nack in KK-StPO, § 100d Rn. 19; Meyer-Goßner, StPO, § 100d Rn. 9; Bertram, Die Verwendung präventiv- polizeilicher Erkenntnisse im Strafverfahren, S. 235.
2699 Meyer-Goßner, StPO, § 100d Rn. 9; Bertram, Die Verwendung präventiv- polizeilicher Erkenntnisse im Strafverfahren, S. 235; Hefendehl in StV 2001, 700 (705).
2700 MV VerfG in LKV 2000, 345 (357).
2701 A.A. Gercke in HK-StPO, § 100d Rn. 15; Nack in KK-StPO, § 100d Rn. 19; Wolter in SK-StPO, § 100d Rn. 66.
2702 A.A. Nack in KK-StPO, § 100d Rn. 19.

Kapitel 4: Polizeiliche Befugnisse zur zweckändernden Nutzung von erhobenen Daten

griff in Art. 13 Abs. 1 GG demjenigen, der bei einer Wiedergabe einer nach § 100c Abs. 1 StPO gewonnenen Aufzeichnung erfolgen würde.

Nur grundsätzliche Voraussetzung für die repressive Verwendung von auf präventiv- polizeilicher Grundlage erhobenen Daten ist die Rechtmäßigkeit der vorausgehenden präventiv-polizeilichen Erhebung der Daten[2703]. Hinsichtlich der Verwertbarkeit der durch Großen Lausch- und Spähangriff gewonnenen Erkenntnisse als Beweismittel gilt das zu § 100d Abs. 5 Nr. 1 StPO Gesagte entsprechend. Daher sind nur von Verfassungs wegen bestehende oder sonst gesetzlich geregelte Beweisverwertungsverbote zu beachten[2704]. Dies hat zur Folge, dass sich die in Teilen der Literatur vertretenen Auffassung, bei der repressiven Verwertung von Erkenntnissen, die mittels präventiv- polizeilichen Großen Lausch- und Spähangriffs erhoben wurden, seien polizeirechtliche Verwendungsbeschränkungen zu beachten[2705], erübrigt. Ihren Ursprung mag diese Auffassung darin gehabt haben, dass im Zuge des *StVÄG 1999* zunächst von der den heutigen §§ 100d Abs. 5 Nr. 3, 161 Abs. 2 Satz 1 StPO insoweit entsprechenden Regelung des damaligen § 161 Abs. 2 StPO- Entwurf abgesehen worden war[2706], wenngleich andererseits mit § 100f Abs. 2 StPO a.F. bereits eine auf den präventiv- polizeilichen Großen Lausch- und Spähangriff bezogene, die Verwendung zu Beweiszwecken regelnde Öffnungsklausel existierte. *Verwertbare* personenbezogen Daten i.S.d. § 100d Abs. 5 Nr. 3 StPO sind daher auch fehlerhaft und daher rechtswidrig erhobene Daten, solange deren Verwertung als Beweismittel kein absolutes Verwendungsverbot und ein daraus folgendes absolutes Beweisverwertungsverbot entgegensteht[2707]. Dies gilt selbst, wenn der ursprüngliche Große Lausch- und Spähangriff auf eine Ermächtigungsgrundlage gestützt wurde, die wegen fehlender Regelung zum Schutz des Kernbereichs privater Lebensgestaltung nicht verfassungskonform war[2708].

2703 BVerfG in NJW 2012, 907 (914); BGHSt 54, 69 (83- Rn. 37); BT-Drucksache 15/4533 S. 25.
2704 BVerfG in NJW 2012, 907 (913/914); BVerfGE 109, 279 (332, 333); Götz, POR, § 17 Rn. 88; Bertram, Die Verwendung präventiv- polizeilicher Erkenntnisse im Strafverfahren, S. 234/235; Soine in Kriminalistik 2001, 245 (246).
2705 BGH in NStZ-RR 2006, 240 (240); Nack in KK-StPO, § 100d Rn. 19; Wolter in SK-StPO, § 100d Rn. 65, 69a, 69b; Singelnstein in ZStW 120 (2008), 854 (863).
2706 Albrecht in StV 2001, 416 (419).
2707 BVerfG in NJW 2012, 907 (913/914); Bär in KMR-StPO, § 100d Rn. 21.
2708 BVerfG in NJW 2012, 907 (913/914); BGHSt 54, 69 (81- Rn. 31); Bär in KMR-StPO, § 100d Rn. 21.

B. Befugnisse zur repressiven Nutzung von präventiv- polizeilich erhobenen Daten

Hinsichtlich der repressiven Verwendung von durch Großen Lausch- und Spähangriff erhobenen Daten hat der Bundesgesetzgeber mit § 100d Abs. 5 Nr. 3 StPO abschließend von seiner konkurrierenden Gesetzgebungskompetenz aus Art. 74 Abs. 1 Nr. 1 GG Gebrauch gemacht, so dass den Ländern insoweit kein Gestaltungsspielraum (mehr) verbleibt[2709]. Mittels Großen Lausch- und Spähangriff erhobene Daten können daher zum Beispiel nicht dadurch zu im Strafverfahren verwertbaren Daten gemacht werden, dass einige Polizeigesetze – zu Recht – von den zum Schutz von Vertrauensverhältnissen aus §§ 53, 53a StPO erlassenen strafprozessualen Bestimmungen abweichende Ausnahmen zulassen[2710]. Sofern ein solcher polizeigesetzlicher Ausnahmetatbestande im konkreten Einzelfall vorlag, das schädigende Ereignis in Gestalt einer Straftat aber nicht mehr verhindert werden konnte, führt ein gem. §§ 53, 53a StPO geschütztes Vertrauensverhältnis bei der repressiven zweckändernden Verwendung der erhobenen Daten nach § 100d Abs. 5 Nr. 3 StPO i.V.m. § 100c Abs. 6 Satz 1 StPO zu deren Unverwendbarkeit[2711], sofern keine Ausnahmeregelung wie die des § 100c Abs. 6 Satz 2 StPO greift. Polizeigesetzliche Verwendungsbeschränkungen, die den Schutz besonderer Vertrauensverhältnisse betreffen, sind keine der bundesgesetzlichen Verwendungsbeschränkung des § 100c Abs. 6 Satz 1 StPO i.S.d. § 160 Abs. 4 StPO entsprechenden Verwendungsbeschränkungen, es sei denn, sie schließen entsprechend § 100d Abs. 6 Satz 3 StPO i.V.m. § 160a Abs. 4 StPO den Schutz von Vertrauensverhältnissen für den Fall der Beteiligung der Vertrauensperson an der bevorstehenden Straftat bzw. deren Mitverantwortung für die bevorstehende Gefahr aus. – Demgegenüber unterliegen auf präventiv- polizeilicher Grundlage angefertigte Tonaufzeichnungen aus Wohnungen, die aufgrund zunächst bestehender mangelnder Erkennbarkeit aus dem Kernbereich privater Lebensgestaltung erhoben wurden, und daher dem absoluten Verwendungsverbot aus § 100c Abs. 4 Satz 1 StPO und aus den entsprechenden polizeigesetzlichen Bestimmungen unterliegen, einem absoluten Verwendungsverbot[2712]. Insoweit sind die zum

---

2709 A.A. BVerfG in NJW 2012, 907 (913/914); Wolter in SK-StPO, § 100d Rn. 69a, 69b.
2710 *Anlage 7 Ziffer 2b und e* (Tatbestandsbeschränkungen bei verdeckt erfolgender Datenerhebung / Schutz von Vertrauensverhältnissen bei Wohnraumüberwachung).
2711 MV VerfG in LKV 2000, 345 (357); BGHSt 54, 69 (81/82- Rn. 32).
2712 BVerfG in NJW 2012, 907 (913/914); BGHSt 54, 69 (81- Rn. 31).

Kernbereichsschutz erlassenen polizeigesetzlichen Bestimmungen[2713] der bundesgesetzlichen Verwendungsbeschränkung des § 100c Abs. 4 Satz 1 StPO i.S.d. § 160 Abs. 4 StPO entsprechende landesgesetzliche Verwendungsbeschränkungen.

b. Die Verwendung als Spurenansatz oder zur Aufenthaltsermittlung

Ebenso wie bei der repressiven Zweckänderung von mittels Großen Lauschangriffs erhobenen Daten dürfen gem. § 100d Abs. 5 Nr. 3 StPO durch Großen Lausch- und Spähangriff erhobene Daten im Zusammenhang mit einem Strafverfahren nur dann als Spurenansatz oder zur Ermittlung des Aufenthaltsorts eines Beschuldigten oder Verurteilten verwendet werden, wenn dem jeweiligen Strafverfahren eine Katalogtat aus § 100c Abs. 2 StPO zu Grunde liegt[2714]. Insofern bildet § 100d Abs. 5 Nr. 3 StPO i.V.m. §§ 160 Abs. 1, 161 Abs. 1 Satz 1, 163 Abs. 1 und 2 StPO (ggf. i.V.m. § 457 Abs. 3 StPO) die für die zweckändernde Verwendung erforderliche Ermächtigungsgrundlage. Fraglich bleibt, ob beim Großen Lausch- und Spähangriff hergestellte Bildaufzeichnungen als Spurenansatz verwendet werden dürfen. Da Bildaufzeichnungen als Beweismittel einem absoluten Verwertungsverbot unterliegen, dürfte dies zu verneinen sein[2715]. Entsprechend des sich aus § 100a StPO i.V.m. Art. 20 Abs. 3 GG ergebenden Verbots, zum Zwecke eines Strafverfahrens heimliche Bildaufzeichnungen aus Wohnungen herzustellen oder zu verwenden, verbietet § 100d Abs. 5 Nr. 3 StPO in Anlehnung an Art. 13 Abs. 3 Satz 1 GG die Umgehung die repressive Verwendung von auf präventiv- polizeilicher Grundlage erhobenen Daten als Spurenansatz[2716].

2713 *Anlage 7 Ziffer 1b* (Tatbestandsbeschränkungen bei verdeckt erfolgender Datenerhebung / Kernbereichsschutz bei Wohnraumüberwachung).
2714 Bertram, Die Verwendung präventiv- polizeilicher Erkenntnisse im Strafverfahren, S. 235; Glaser/Gedeon in GA 2007, 415 (435); Löffelmann in NJW 2005, 2033 (2036).
2715 Eisenberg, Beweisrecht, Rn. 2538 (Fn. 345).
2716 BGH in StraFo 2005, 377 (377); Wolter in SK-StPO, § 100d Rn. 66.

B. Befugnisse zur repressiven Nutzung von präventiv- polizeilich erhobenen Daten

c. Zusammenfassung

Im Ergebnis gilt für die zweckändernde repressive Verwendung von mittels Großen Lausch- und Spähangriffs erhobenen Daten dasselbe wie hinsichtlich der repressiven Verwendung von mittels Großen Lauschangriffs erhobenen Daten. Sowohl zu Beweiszwecken als auch zur Verwendung als Spurenansatz dürfen durch Großen Lausch- und Spähangriff erhobene Daten nur zur Aufklärung einer Katalogtat oder zur Feststellung des Aufenthaltsorts eines einer Katalogtat Beschuldigten oder deswegen Verurteilen verwendet werden, wenn deren Verwendung keine absoluten Beweisverwertungsverbote entgegenstehen. Aufgrund der entsprechend § 100d Abs. 5 Nr. 1 StPO missglückten Formulierung des § 100d Abs. 5 Nr. 3 StPO müsste dieser wie folgt überarbeitet werden:

§ 100d StPO – Entwurf
(…)

3. Sind personenbezogene Daten durch eine polizeirechtliche Maßnahme unter Beachtung der nach dem jeweiligen Polizeirecht anwendbaren, dem § 100c Abs. 4 bis Abs. 6 Satz 1 StPO entsprechenden polizeigesetzlichen Bestimmungen erlangt worden, dürfen sie in einem anderen Strafverfahren unter Beachtung des § 100c Abs. 6 Satz 2 und 3 StPO … (wie bisher)."

2. Die repressive Zweckänderung von durch den Kleinen Lauschangriff erhobenen Daten

Für auf polizeigesetzlicher Grundlage durch Einsatz von technischen Mitteln zur Eigensicherung unter verdecktem Eingriff in das Grundrecht auf Unverletzlichkeit der Wohnung erhobene Daten besteht eine spezielle repressive Verwendungsbefugnis in § 161 Abs. 3 StPO[2717]. Diese durch das *StVÄG 1999* als § 161 Abs. 2 StPO eingefügte Regelung wurde mit dem *TKÜG 2007* zu § 161 Abs. 3 StPO, wobei der Begriff „Informationen" durch den Begriff „Daten" ersetzt wurde[2718].
Der durch die Verfassung vorgegebene Rahmen für diese Befugnis findet sich seit dem *Gesetz zur Änderung des Grundgesetzes (Art. 13)* vom 16.3.2008 in Art. 13 Abs. 5 Satz 2 StPO. Hierauf aufbauend dürfen durch Kleinen Lauschangriff erhobene Daten gem. § 161 Abs. 3 1. Halbsatz StPO

2717 Götz, POR, § 17 Rn. 86.
2718 BT-Drucksache 16/5846; Wohlers in SK-StPO, § 161 Rn. 53.

Kapitel 4: Polizeiliche Befugnisse zur zweckändernden Nutzung von erhobenen Daten

in einem Strafverfahren „*zu Beweiszwecken nur verwendet werden, wenn das Amtsgericht i.S.d. § 162 Abs. 1 StPO, in dessen Bezirk die anordnende Stelle ihren Sitz hat, die Rechtmäßigkeit der Maßnahme festgestellt hat.*" In § 161 Abs. 3 StPO wird nicht ausdrücklich geregelt zur Verfolgung welcher Straftaten durch Kleinen Lauschangriff erhobene Daten im Strafverfahren verwendet werden dürfen. Auch die dem heutigen § 161 Abs. 3 StPO vorausgehende Regelung des § 161 Abs. 2 StPO a.F. wurde bewusst nicht mit der Beschränkung auf die Verfolgung bestimmter Straftaten versehen[2719]. Vielmehr handelt es sich dem Wortlaut des § 161 Abs. 3 StPO nach um eine Befugnis zur *Verwertung* der durch Kleinen Lauschangriff gewonnenen Erkenntnisse *zu Beweiszwecken* bei der Verfolgung von Straftaten, sofern der Grundsatz der Verhältnismäßigkeit und die Verfahrensvorschrift der richterlichen Bestätigung beachtet werden. Umstritten ist jedoch, ob die durch § 161 Abs. 3 StPO ermöglichte Verwertung der durch Kleinen Lauschangriff gewonnenen Erkenntnisse zum Beweis jedweder Straftat den durch § 100d Abs. 5 Nr. 3 StPO gezogenen Grenzen und damit dem verfassungsrechtlich vorgegebenen Rahmen widerspricht[2720], und auf welchen Prüfungsgegenstand sich die in § 161 Abs. 3 StPO geforderte amtsrichterliche Bestätigung bezieht.

a. Die amtsrichterliche Bestätigung aus § 161 Abs. 3 StPO

Hinsichtlich der im Zusammenhang mit der Zweckänderung von durch Kleinen Lauschangriff erhobenen Informationen in § 161 Abs. 3 StPO geforderte amtsrichterliche Bestätigung bestehen zwei Problemstellungen. Zum einen betrifft dies die Frage nach dem Prüfungsgegenstand der richterlichen Bestätigung. Zum anderen stellt sich die Frage, ob eine Ausnahme von der richterlichen Bestätigung bei Gefahr im Verzug im Zusammenhang mit der in § 161 Abs. 3 StPO vorgesehenen Verwendung *zu Beweiszwecken* überhaupt sinnvoll ist.

2719 Bertram, Die Verwendung präventiv- polizeilicher Erkenntnisse im Strafverfahren, S. 231; Rieß in Löwe/Rosenberg, StPO, 26. Auflage 2004, § 161 Rn. 65; a.A. BT-Drucksache 14/1484 S. 6, 48.

2720 BT-Drucksache 14/1484 S. 6 (Entwurfsfassung); S. 45 (Stellungnahme des Bundesrates) 48 (Gegenäußerung der Bundesregierung); Bertram, Die Verwendung präventiv- polizeilicher Erkenntnisse im Strafverfahren, S. 232.

aa. Der Prüfungsumfang der richterlichen Bestätigung vor einer Verwendung zu Beweiszwecken

Die Frage nach dem Gegenstand der amtsrichterlichen Prüfung nach § 161 Abs. 3 StPO lässt sich nicht eindeutig anhand des Wortlauts des § 161 Abs. 3 StPO klären. Zum einen kann § 161 Abs. 3 StPO so verstanden werden, dass das Amtsgericht die Rechtmäßigkeit der späteren Verwertung der durch Kleinen Lauschangriff gewonnenen Erkenntnisse zu Beweiszwecken festzustellen hat[2721]. Zum anderen kann § 161 Abs. 3 StPO aber auch dahingehend verstanden werden, dass die Verwertung der durch Kleinen Lauschangriff gewonnenen Erkenntnisse nur zulässig ist, wenn das Amtsgericht vor Durchführung des Kleinen Lauschangriffs dessen Rechtmäßigkeit festgestellt hat[2722].

Ein Blick auf die Vorgabe der Verfassung für die Befugnis zum Kleinen Lauschangriff aus Art. 13 Abs. 5 Satz 2 GG verschafft Klarheit. Gem. Art. 13 Abs. 5 Satz 2 GG dürfen durch den Kleinen Lauschangriff gewonnene Erkenntnisse anderweitig nur zum Zwecke der Strafverfolgung oder der Gefahrenabwehr verwendet werden, wenn zuvor die Zulässigkeit des *Kleinen Lauschangriffs* i.S.d. Art. 13 Abs. 5 Satz 1 GG richterlich festgestellt worden ist[2723]. Die richterliche Feststellung der Rechtmäßigkeit bezieht sich also darauf, dass der Kleine Lauschangriff ausschließlich der Eigensicherung diente und nicht einmal teilweise das Ziel verfolgte, darüber hinausgehende Informationen zu gewinnen; nur bei einem insoweit rechtmäßigen Einsatz erlangte Zufallsfunde dürfen verwertet werden[2724]. Da die in § 161 Abs. 3 StPO vorgesehene richterliche Anordnung einen Ausgleich dafür schaffen soll, dass für den Großen Lausch- bzw. Großen Lausch- und Spähangriff gem. Art. 13 Abs. 2 und 3 GG eine richterliche Anordnung zwingend ist, während Art. 13 Abs. 5 Satz 1 GG hierauf verzichtet[2725], bedürfte es der Prüfung der Rechtmäßigkeit des Kleinen Lauschangriffs bei den Polizeigesetzen, die die richterliche Anordnung schon vor Beginn des Kleinen Lauschangriffs fordern, nicht. Erkenntnisse, die durch Kleinen

---

[2721] Erb in Löwe-Rosenberg, StPO, § 161 Rn. 75.
[2722] Meyer-Goßner, StPO, 161 Rn. 19; Wohlers in SK-StPO, § 161 Rn. 55; Brodersen in NJW 2000, 2536 (2539); Hilger in NStZ 2000, 561 (564).
[2723] Brodersen in NJW 2000, 2536 (2539).
[2724] Hofmann in Schmidt-Bleibtreu/Hofmann/Hopfauf, GG, Art. 13 Abs. 5 GG, Rn. 34.
[2725] Erb in Löwe/Rosenberg, StPO, § 161 Rn. 68.

Kapitel 4: Polizeiliche Befugnisse zur zweckändernden Nutzung von erhobenen Daten

Lauschangriff im Geltungsbereich von Polizeigesetzen gewonnen wurden, die die richterliche Bestätigung der Rechtmäßigkeit des Kleinen Lauschangriffs nicht schon vor Beginn des polizeilichen Einsatzes vorsehen, dürfen gem. § 161 Abs. 3 StPO i.V.m. § 161 Abs. 1 StPO zu Beweiszwecken im Strafverfahren nur nach nachträglicher Feststellung der Rechtmäßigkeit der Maßnahme[2726] durch das Amtsgericht, in dessen Bezirk die anordnende Stelle ihren Sitz hat, verwendet werden[2727]. Das Amtsgericht prüft dann die Rechtmäßigkeit des stattgefundenen Kleinen Lauschangriffs einschließlich dessen Verhältnismäßigkeit[2728].

bb. Die sich einander ausschließenden Formulierungen „zu Beweiszwecken" und „Gefahr im Verzug" aus § 161 Abs. 3 StPO

Zu prüfen ist weiterhin, in welchem Umfang beim Kleinen Lauschangriff erhobene Daten gem. § 161 Abs. 3 StPO im Strafverfahren verwendet werden dürfen. Nach einer Auffassung sollen die so erhobenen Daten gem. § 161 Abs. 3 StPO nur zu Beweiszwecken[2729] und nach einer anderen Auffassung auch als Spurenansatz[2730] oder zu Ermittlung des Aufenthaltsortes des einer Straftat Beschuldigten verwendet werden dürfen.

Die Ausnahme von der richterlichen Bestätigung vor Verwendung *bei Gefahr im Verzug* aus Art. 13 Abs. 5 Satz 2 GG, die auch in § 161 Abs. 3 StPO in seiner heutigen Fassung beibehalten wird, wäre überflüssig, sofern durch Kleinen Lauschangriff gewonnene Erkenntnisse dem Wortlaut des § 161 Abs. 3 StPO entsprechend ausschließlich zu Beweiszwecken verwendet werden dürften[2731]. *Gefahr im Verzug* ist bei richterlichen Anordnungen in Strafverfahren im Zusammenhang mit Maßnahmen, die Beweiszwecken dienen, gegeben, wenn die vorherige Einholung der richterlichen Bestätigung den Erfolg einer Maßnahme gefährden würde[2732]. Es ist keine Situation denkbar, in der eine Verwertung einer Tonaufnahme in einem Strafverfahren zu Beweiszwecken dadurch gefährdet sein könnte, dass zuvor eine richter-

---

2726 Meyer-Goßner, StPO, § 161 Rn. 19; Wohlers in SK-StPO, § 161 Rn. 55.
2727 Jarass in Jarass/Pieroth, GG, Art. 13 Rn. 33.
2728 Meyer-Goßner, StPO, § 161 Rn. 19; Wohlers in SK-StPO, § 161 Rn. 55.
2729 Meyer-Goßner, StPO, § 161 Rn. 19; Brodersen in NJW 2000, 2536 (2539).
2730 Wohlers in SK-StPO § 161 Rn. 56; Zöller in HK-StPO, § 161 Rn. 35; Patzak in Graf, StPO, § 161 Rn. 14; Albrecht in StV 2001, 416 (419).
2731 Erb in Löwe/Rosenberg, StPO, § 161 Rn. 79.
2732 Jarass in Jarass/Pieroth, GG, Art. 13 Rn. 19.

liche Entscheidung über die Rechtmäßigkeit der Maßnahme, mittels der die aufgezeichneten Informationen erhoben worden waren, stattfindet. Die Daten, die im Strafverfahren zu Beweiszwecken verwertet werden sollen, sind ja bereits vorhanden und können nicht durch das Einholen einer richterlichen Anordnung gefährdet werden. Daher kann *Gefahr im Verzug* nicht bei einer Verwertung der durch Kleinen Lauschangriff erhobenen Daten zu Beweiszwecken im Strafverfahren, wohl aber bei einer anderweitigen Verwertung der durch den Kleinen Lauschangriff gewonnenen Erkenntnisse zum Zwecke der Strafverfolgung oder zum Zwecke der Gefahrenabwehr vorliegen[2733]. Im Gegensatz zur Möglichkeit der Verwertung der durch Kleinen Lauschangriff erhobenen Daten als Beweismittel in einem Strafverfahren bestünde bezogen auf die Feststellung des Aufenthaltsortes eines Beschuldigten oder bei der Verwertung als Spurenansatz ebenso wie bei deren Verwertung zur Gefahrenabwehr die Möglichkeit, dass die Einholung einer richterliche Bestätigung diese Zwecke gefährden könnte. Da der Wortlaut des Art. 13 Abs. 5 Satz 2 GG eine Verwertung zu anderen repressiven Zwecken als zur Beweisverwertung nicht ausschließt, könnte die in § 161 Abs. 3 StPO enthaltene Einschränkung der Verwendung *zu Beweiszwecken* verfehlt sein[2734].

Andererseits könnte die aus Art. 13 Abs. 4 Satz 2 GG in § 161 Abs. 3 StPO übernommene Formulierung „*bei Gefahr im Verzug ist die richterliche Entscheidung unverzüglich nachzuholen*" versehentlich in die Regelung des § 161 Abs. 3 StPO übertragen worden sein, so dass § 161 Abs. 3 StPO ausschließlich die Verwertung der aufgezeichneten Äußerungen zu Beweiszwecken zulässt[2735]. Dem Wortlaut des Art. 13 Abs. 5 GG nach können neben der Verwertung der durch Kleinen Lauschangriff gewonnenen Erkenntnisse zur Gefahrenabwehr und dem Beweis von Straftaten auch die – ggf. auf bestimmte Straftaten beschränkte [2736] – Verwertung dieser Erkenntnisse als Spurenansatz oder zur Feststellung des Aufenthaltsortes eines Beschuldigten möglich sein. Selbst § 100d Abs. 5 Nr. 1 und Nr. 3 StPO lässt neben der Verwendung *zu Beweiszwecken* in Ermittlungsverfahren wegen beson-

---

2733 BT-Drucksache 14/1484 S. 38.
2734 J. Kretschmer in Radtke/Hohmann, StPO, Rn. 16; Bertram, Die Verwendung präventiv- polizeilicher Erkenntnisse im Strafverfahren, S. 233; Erb in Löwe/Rosenberg, StPO, § 161 Rn. 72.
2735 Erb in Löwe/Rosenberg, StPO, § 161 Rn. 79.
2736 Erb in Löwe/Rosenberg, StPO, § 161 Rn. 72; Brodersen in NJW 2000, 2536 (2539); a.A. Wohlers in SK-StPO, § 161 Rn. 54.

Kapitel 4: Polizeiliche Befugnisse zur zweckändernden Nutzung von erhobenen Daten

ders schweren Straftaten nach § 100c Abs. 2 StPO auch die Verwendung dieser Daten *zur Feststellung des Aufenthaltsortes* des einer solchen Straftat Beschuldigten zu. Allerdings wurde der dem heutigen § 161 Abs. 3 StPO entsprechende § 161 Abs. 3 StPO-Entwurf i.d.F. des überarbeiteten Entwurfs des *StVÄG 1999* anders als der dem heutigen § 161 Abs. 2 StPO ähnelnde § 161 Abs. 2 StPO-Entwurf i.d.F. des ursprünglichen Entwurfs des *StVÄG 1999* lediglich unter Berücksichtigung etwaiger *Probleme bei der Entscheidungsfindung des Gerichts* in die StPO übernommen[2737]. Dass ein Verdeckter Ermittler zwar unmittelbar oder mittelbar den Sachverhalt bezeugen kann, dies aber unter Umständen nicht ausreicht, weil die Überführung allein mit den Angaben eines Verdeckten Ermittlers problematisch sein kann, würde, wenn diese Angaben durch Tonaufzeichnungen bestätigt werden könnten, und dies mangels einer dazu ermächtigenden Befugnisnorm nicht dürften, zu dem dann unvertretbaren Ergebnis eines Freispruchs führen[2738].

Dem Gesetzgeber kam es bei § 161 Abs. 3 StPO anders als beim damaligen § 161 Abs. 2 StPO- Entwurf ausschließlich auf eine Ermächtigung zur Verwertung der durch Kleinen Lauchangriff erhobenen Daten als Beweismittel in einem Strafverfahren an[2739]. Der richterlichen Bestätigung der Rechtmäßigkeit des Kleinen Lauschangriffs kommt daher die Funktion zu, einer vorzeitigen Vernichtung des Beweismittels durch Löschung der bei einem Kleinen Lauschangriff gefertigten Tonaufzeichnungen entgegenzuwirken. Dafür, dass § 161 Abs. 3 StPO ausschließlich eine Verwertung zu Beweiszwecken zulässt, spricht weiterhin, dass abgesehen von der Situation, dass die beim Kleinen Lauschangriff hoheitlich handelnde Person plötzlich verstirbt[2740], die Verwendung der durch Kleinen Lauschangriff erhobenen Daten als Spurenansatz oder zur Feststellung des Aufenthaltsorts eines Beschuldigten nicht verhältnismäßig ist[2741]. Der beim Kleinen Lauschangriff eingesetzte Verdeckte Ermittler, die eingesetzte V-Person oder der sonst nicht offen ermittelnde Polizeibeamte[2742] kann die durch das eingesetzte Tonübertragungs- und -aufzeichnungsgerät übertragenen Daten über die Begehung weiterer Straftaten oder den Aufenthaltsort eines Beschuldigten

---

2737 BT-Drucksache 14/3525 S. 2.
2738 BT-Drucksachen 14/2595 S. 27 und 14/2886 S. 3.
2739 Meyer-Goßner, StPO, Einleitung Rn. 57d.
2740 BT-Drucksache 14/2886 S. 3.
2741 Wohlers in SK-StPO, § 161 Rn. 54.
2742 Erb in Löwe/Rosenberg, StPO, § 161 Rn. 68.

annährend ebenso sicher wiedergeben, wie dies durch die aufgezeichneten Daten möglich ist[2743]. Vor diesem Hintergrund ist es angebracht, die spätere repressive Verwendung der durch Kleinen Lauschangriff erhobenen Daten auf Beweiszwecke zu beschränken. Eine Verwendung der beim Kleinen Lauschangriff aufgezeichneten Daten als Spurenansatz oder zur Feststellung des Aufenthaltsorts des Beschuldigten ist nicht erforderlich und daher unverhältnismäßig. Daher ist der Auffassung zuzustimmen, wonach die durch Kleinen Lauschangriff erhobenen Daten nur zu Beweiszwecken verwertet werden dürfen. Die in § 161 Abs. 3 2. Halbsatz StPO enthaltene, bei Gefahr im Verzug bestehende Ausnahme von dem Erfordernis der richterlichen Bestätigung der Rechtmäßigkeit des Kleinen Lauschangriffs ist daher entbehrlich.

b. Die Straftaten, zu deren Beweis mittels Kleinen Lauschangriffs erhobene Daten verwertet werden dürfen

Hinsichtlich der Verwertung von mittels Kleinen Lauschangriffs erhobenen Daten zu Beweiszwecken bestehen auch insoweit unterschiedliche Ansichten, als dass die Daten grundsätzlich zum Beweis jedweder Straftat verwertet werden könnten[2744], andererseits aber vertreten wird, dass dies nur im Rahmen des § 100d Abs. 5 Nr. 3 StPO, der auf den Straftatenkatalog des § 100c Abs. 2 StPO verweist, möglich sei[2745].

Unbestritten ist, dass die durch Kleinen Lauschangriff gewonnenen Erkenntnisse in einem Strafverfahren verwendet werden können, wenn eine Gefahr für Leben oder Freiheit für eine bei einem Kleinen Lauschangriff eingesetzte Person nicht abgewehrt werden konnte, weil zu deren Nachteil ein diese Rechtsgüter betreffender Straftatbestand verwirklicht oder zu verwirklichen versucht worden ist[2746]. Dann sind in dem Straftatenkatalog des § 100c Abs. 2 StPO genannten Katalogstraftaten der Verbrechenstatbestände aus §§ 211 ff StGB oder aus §§ 239 ff StGB erfüllt.

2743 BT-Drucksache 14/2886 S. 3; Hilger in NStZ 2000, 561 (564-Fußnote 56).
2744 Meyer-Goßner, StPO, § 161 Rn. 19.
2745 Erb in Löwe/Rosenberg, StPO, § 161 Rn. 71a; Bertram, Die Verwendung präventiv- polizeilicher Erkenntnisse im Strafverfahren, S. 233, 319; a.A. Eisenberg, Beweisrecht, Rn. 1054a, 2538.
2746 Tegtmeyer/Vahle, PolG NRW, § 19 Rn. 9.

Kapitel 4: Polizeiliche Befugnisse zur zweckändernden Nutzung von erhobenen Daten

Problematisch ist hingegen, ob durch Kleinen Lauschangriffs gewonnene Erkenntnisse zu Straftaten, die nicht im Katalog des § 100c Abs. 2 StPO enthalten sind, verwendet werden dürfen[2747], ob also durch Kleinen Lauschangriffs gewonnene Erkenntnisse im Strafverfahren auch jede andere Straftat bewiesen werden darf[2748]. Zumindest die Polizeigesetze von *Baden-Württemberg, Bayern, Bremen, Rheinland- Pfalz, Sachsen* und *Schleswig-Holstein* beschränken ihrem Wortlaut nach – wenn derartige Öffnungsklauseln bei entgegenstehendem Bundesrecht natürlich keine Wirkung entfalten – die Verwertbarkeit von durch Kleinen Lauschangriff gewonnenen Erkenntnissen auf die Aufklärung von bestimmten Straftaten[2749], und haben den vorstehenden Meinungsstreit daher zugunsten der Vertreter der Auffassung entschieden, die eine Verwertung der durch Kleinen Lauschangriff gewonnenen Erkenntnisse zum Beweis jeder Straftat ablehnt. Ob derartige polizeigesetzliche Regelungen auch den Sinngehalt des Art. 13 Abs. 5 StPO sowie des § 161 Abs. 3 StPO erfassen, ist damit noch nicht geklärt. Zuzustimmen wäre dieser Auffassung, falls § 161 Abs. 3 StPO vor dem Hintergrund des Art. 13 Abs. 4 und 5 StPO und des § 100d Abs. 5 Abs. 1 Nr. 3 StPO keine andere Auslegung zulassen würde[2750]. Art. 13 Abs. 5 GG macht nicht nur eine Ausnahme von dem ansonsten geltenden Richtervorbehalt für die Anordnung der Wohnraumüberwachung[2751]. Durch den Kleinen Lauschangriff soll die in einer Wohnung aus polizeilichem Anlass tätige Person unter Umständen auch vor gewalttätigen Übergriffen bewahrt werden, die noch keine Gefahren i.S.d. Art. 13 Abs. 4 GG begründen[2752]. Vor allem bedarf es keiner Anhaltspunkte für den Grad ihrer Gefährdung. Weiterhin überzeugt das Argument, dass § 161 Abs. 3 StPO deshalb an § 100d Abs. 5 Nr. 3 StPO und damit an Art. 13 Abs. 4 GG orientiert verfassungskonform auszulegen sei, weil dies in Bezug auf die Streichung des bisherigen Verweises auf § 161 Abs. 2 StPO a.F. in § 16 Abs. 3 Satz 3 BKAG in der Weise, dass nur

---

2747 BT-Drucksache 13/8651 S. 15; Hofmann in Schmidt-Bleibtreu/Hofmann/Hopfauf, GG, Art. 113 Rn. 34.
2748 Meyer-Goßner, StPO, Rn. 161 Rn. 19; Wohlers in SK-StPO, § 161 Rn. 54; Soine in Kriminalistik 2001, 245 (247).
2749 *Anlage 4.3 Ziffer 2a* (Zweckänderung von Daten aus Maßnahmen der Gefahrenabwehr zu Zwecken a) der Strafverfolgung / Kleiner Lauschangriff).
2750 Bertram, Die Verwendung präventiv- polizeilicher Erkenntnisse im Strafverfahren, S. 233.
2751 Bertram, Die Verwendung präventiv- polizeilicher Erkenntnisse im Strafverfahren, S. 319.
2752 BT-Drucksache 14/2886 S. 3.

B. Befugnisse zur repressiven Nutzung von präventiv- polizeilich erhobenen Daten

noch ein allgemeiner Verweis auf die *StPO* übrig bleibt[2753], so angedeutet werde[2754], nicht. Bei Einführung des § 161 Abs. 2 StPO a.F. hat der damalige Gesetzgeber bewusst von einer Beschränkung der Verwertbarkeit der durch Kleinen Lauschangriff gewonnenen Erkenntnisse zu Beweiszwecken von Straftaten des Mordes oder Totschlags, des erpresserischen Menschenraubes oder einer Geiselnahme, einen Angriff auf den Luft- und Seeverkehr oder eine der in § 100a Satz 1 Nr. 4 StPO a.F. bezeichneten Straftaten abgesehen[2755]. Beim Kleinen Lauschangriff wird eine als solche für den Betroffenen nicht erkennbare Person in Gestalt eines Verdeckten Ermittlers, einer V- Person oder eines nicht offenen ermittelnden Polizeibeamten hoheitlich tätig. Unabhängig davon, dass sich die polizeilich eingesetzte Person in der Wohnung des Betroffenen aufhält, äußert sich der Wohnungsinhaber dieser gegenüber wissentlich und kann sich daher nicht auf sein sich aus dem Schutz der Unverletzlichkeit der Wohnung ergebendes Vertrauen berufen. Gleichwohl handelt es sich aber bei dem Einsatz eines Verdeckten Ermittlers, einer V- Person oder eines nicht offen ermittelnder Polizeibeamten gleichwohl um verdeckte Eingriffe in das Grundrecht auf informationelle Selbstbestimmung. Lediglich im Einsatz des technischen Mittels zur Eigensicherung in der Wohnung, nicht aber das Betreten der Wohnung durch den getarnt agierenden Polizeibeamten oder V- Mann liegt ein Eingriff in das Grundrecht aus Art. 13 Abs. 1 GG. Da aber auch die durch Verdeckte Ermittler beweisbaren Straftaten auf den Katalog der besonders schweren Straftaten beschränkt sind, ist § 161 Abs. 3 StPO in Bezug auf die später durch die beim Kleinen Lauschangriff hergestellten technischen Aufzeichnungen beweisbaren Straftatbestände dahingehend einzuschränken, dass diese nur zu Beweiszwecken für die in § 110a Abs. 1 Satz 1 StPO genannten Straftaten von erheblicher Bedeutung verwertet werden dürfen. Erfolgte der Einsatz des Verdeckten Ermittlers auf Grundlage der §§ 110a, 110b, 110c StPO, bemisst sich die Zulässigkeit der Verwertung der durch Kleinen Lauschangriff gewonnenen Erkenntnisse zu Beweiszwecken nach den §§ 161 Abs. 3, 477 Abs. 2 Satz 2, 110a Abs. 1 Satz 1 StPO. Wurde der Verdeckte Ermittler auf präventiv- polizeilicher Grundlage eingesetzt, bemisst sich die Zulässigkeit der Zweckänderung von durch den Kleinen Lauschangriff gewonnenen Erkenntnissen nach §§ 161 Abs. 3, 161 Abs. 2 Satz 1

2753 BT-Drucksache 16/5846 S. 76.
2754 Bertram, Die Verwendung präventiv- polizeilicher Erkenntnisse im Strafverfahren, S. 233.
2755 BT-Drucksache 14/1484 S. 6.

StPO i.V.m. den in den einzelnen Polizeigesetzen enthaltenen Befugnissen zum Einsatz von Verdeckten Ermittlern und V- Personen. § 161 Abs. 3 StPO schützt den Verdeckten Ermittler, die V- Person oder den sonst nicht offen ermittelnden Polizeibeamten letztlich auch dadurch, dass die jeweils eingesetzte Person im Zuge der Hauptverhandlung nicht als Zeuge aufzutreten braucht, da statt dessen auf das technisch aufgezeichnete Gespräch zurückgegriffen werden kann.

c. Zusammenfassung

Zusammenfassend bleibt festzuhalten, dass sich die in § 161 Abs. 3 StPO geforderte richterliche Bestätigung ausschließlich auf die Rechtmäßigkeit der Durchführung des Kleinen Lauschangriffs bezieht. Die Ausnahme vom Erfordernis der richterlichen Anordnung bei Gefahr im Verzug nach § 161 Abs. 3 2. Halbsatz StPO ist entbehrlich, da in § 161 Abs. 3 1. Halbsatz StPO aus Gründen der Verhältnismäßigkeit ausschließlich eine Befugnis zur Verwendung von durch Kleinen Lauschangriff gewonnenen Daten zu Beweiszwecken liegt. Für sich im Rahmen eines Kleinen Lauschangriffs ergebende Spurenansätze oder Hinweise auf den Aufenthaltsort des Beschuldigten ist auf Auskünfte der polizeilich eingesetzten Person zurückzugreifen, deren Eigensicherung der Einsatz des beim Kleinen Lauschangriff verwendeten technischen Mittels galt. Die beweisbaren Straftaten beschränken sich auf die in § 110a Abs. 1 Satz 1 StPO benannten Straftatbestände und den mit diesen als prozessualer Tat mitverwirklichten Straftaten.

IV. Die repressive Zweckänderung von durch verdeckten Eingriff in Art. 10 Abs. 1 GG sowie in das Grundrecht auf informationelle Selbstbestimmung erhobenen Daten

Einschlägige repressive Verwendungsregelung für zu präventiv- polizeilichen Zwecken verdeckt erhobenen personenbezogenen Daten ist der durch das *TKÜG 2007* erlassene heutige § 161 Abs. 2 Satz 1 StPO[2756]. Dieser ermächtigt die Strafverfolgungsbehörden, personenbezogene Daten, die auf Grundlage anderer Gesetze erhoben wurden, unter Änderung ihres ursprüng-

---

2756 J. Kretschmer in Radtke/Hohmann, StPO, Rn. 14; Wohlers in SK-StPO, § 161 Rn. 53.

B. Befugnisse zur repressiven Nutzung von präventiv- polizeilich erhobenen Daten

lichen Erhebungszwecks *zu Beweiszwecken* in einem Strafverfahren zu verwenden[2757], sofern die aufzuklärende Straftat eine Maßnahme rechtfertigen würde, die der ursprünglichen Erhebungsmaßnahme entspricht. Hierbei handelt es sich um eine einschränkend abgewandelte Form der hypothetischen Ersatzvornahme[2758].

Ursprünglich war beabsichtig gewesen, mit § 161 Abs. 2 StPO- Entwurf mit Erlass des *StVÄG 1999* eine auf die zweckändernde repressive Verwendung von zu präventiv- polizeilichen Zwecken erhobenen Daten bezogene Regel über die hypothetische Ersatzvornahme zu erlassen, die auf Maßnahmen der Rasterfahndung nach § 98a StPO, der akustischen Überwachung mit technischen Mitteln außerhalb von Wohnungen nach § 100c Abs. 1 Nr. 2 StPO a.F. sowie auf den Einsatz Verdeckter Ermittler nach § 110a StPO begrenzt sein sollte[2759]. Dieser Versuch misslang im Vermittlungsausschuss, da befürchtet wurde, dass die Strafverfolgungsbehörden derartige Informationen nicht wie bisher zum Ansatz weiterer Ermittlungen machen könnten[2760]. Das in den folgenden Jahren durch das BVerfG wiederholt betonte Erfordernis einer präzisen Verwendungsregelung in dem zur Datenerhebung ermächtigenden Gesetz sowie das Ziel der Harmonisierung des Rechts der verdeckten Ermittlungsmaßnahmen und des Rechtschutzes von hiervon Betroffenen machten den Erlass dieser Regelung knapp 7 Jahre später unumgänglich[2761]. Sowohl § 161 Abs. 2 StPO-Entwurf als auch § 161 Abs. 3 StPO-Entwurf, der schon damals die zweckändernde repressive Verwendung von durch Kleinen Lauschangriff gewonnenen Erkenntnissen betraf, wurde im Gesetzgebungsverfahren zum *StVÄG 1999* teilweise nicht für erforderlich gehalten, weil sowohl der eine als auch der andere der st. Rspr. des BGHSt widersprächen[2762]. Hiernach wäre die Verwendung von Präventivdaten grundsätzlich unbeschränkt zuzulassen, da Informationen, die der Polizei zur Verfügung stünden, für die Strafverfolgung grundsätzlich unbe-

---

2757 Bittmann in DRiZ 2008, 115 (119); J. Kretschmer in Radtke/Hohmann, StPO, Rn. 14.
2758 BT-Drucksache 16/5846 S. 64; Bertram, Die Verwendung präventiv- polizeilicher Erkenntnisse im Strafverfahren, S. 229; Meyer-Goßner, StPO, § 161 Rn. 18b; Singelnstein in ZStW 120 (2008), 854 (880/881); Glaser/Gedeon in GA 2007, 415 (435); BT-Drucksache 14/1484 S. 6.
2759 BT-Drucksachen 16/5846 S. 64; 14/1484 S. 23.
2760 BT-Drucksache 14/3525 S. 2; Bittmann in DRiZ 2997, 115 (119).
2761 BT-Drucksache 16/5846 S. 65.
2762 BT-Drucksachen 14/3525 S. 2; 14/2886 S. 3.

Kapitel 4: Polizeiliche Befugnisse zur zweckändernden Nutzung von erhobenen Daten

schränkt verfügbar sein müssten[2763]. Diese Auffassung traf bezogen auf die st. Rspr. des BGHSt zu, nicht jedoch bezogen auf die seit dem Volkszählungsurteil vom BVerfG geforderte bereichsspezifisch und präzise Regelung des repressiven Umgangs mit personenbezogenen Daten.

Gem. dem nunmehr geltenden § 161 Abs. 2 Satz 1 StPO dürfen auf präventiv- polizeilicher Grundlage erhobene Daten „*zu Beweiszwecken*" nur verwendet werden, wenn sie durch eine der ursprünglichen präventiv- polizeilichen Erhebungsmaßnahme entsprechenden repressiven Maßnahme hätten erhoben werden dürfen. Die Voraussetzung, dass eine parallel zu einer präventiv- polizeilichen Erhebungsbefugnis bestehende strafprozessuale Erhebungsbefugnis nur bei Verdacht bestimmter Straftaten zulässig ist, trifft grundsätzlich auf sämtliche heimlichen präventiv- polizeilichen Maßnahmen zu. Ausnahmen sind lediglich die Postbeschlagnahme nach § 99 StPO und die ohne Wissen des Betroffenen durchgeführten Anfertigung von Bildaufnahmen nach § 100h Abs. 1 Satz 1 Nr. 1 StPO, nicht jedoch nach § 100h Abs. 1 Satz 1 Nr. 2 i.V.m. Abs. 1 Satz 2 StPO. Diese repressiven Maßnahmen haben keine polizeigesetzlichen Parallelregelungen.

§ 161 Abs. 2 Satz 1 StPO setzt wie die § 100d Abs. 5 Nr. 3 StPO nur grundsätzlich voraus, dass die zu verwendenden Daten polizeirechtlich rechtmäßig erhoben wurden[2764]. Zu Beweiszwecken dürfen gem. § 161 Abs. 2 Satz 1 StPO Daten aus heimlichen präventiv- polizeilichen Maßnahmen insbesondere dann nicht verwendet werden, wenn diesen § 100a Abs. 4 Satz 2 StPO und § 160a Abs. 1 und 3 StPO entsprechende polizeigesetzliche absolute Verwendungsverbote und daher absolute Beweisverwertungsverbote entgegenstehen[2765]. Hinzu kommen Beweisverwertungsverbote wie § 108 Abs. 2 StPO. Im Übrigen gelten die von der Abwägungslehre entwickelten Regeln über die relativen Beweisverwertungsverbote, insbesondere die relative Verwendungsbeschränkung aus § 160a Abs. 2 Satz 3 i.V.m. 1 StPO sowie dieser gegenüber im Hinblick auf die Beweisverwertung speziellere § 108 Abs. 3 StPO.

Für die Verwendung als Spurenansatz oder zur Ermittlung des Aufenthaltsorts eines Beschuldigten gelten die auf die Verwertbarkeit von Beweismitteln bezogenen Einschränkungen des § 161 Abs. 2 Satz 1 StPO aufgrund des zwischen Polizei und Staatsanwaltschaft bestehenden Informationsver-

---

2763 BT-Drucksachen 14/2886 S. 3; 14/2595 S. 26.
2764 Wolter in SK-StPO, § 161 Rn. 53; Eisenberg, Beweisrecht, Rn. 358; a.A. Griesbaum in KK § 161 Rn. 40.
2765 Knierim in StV 2008, 599 (605).

bundes den Ausführungen zu § 477 Abs. 2 Satz 2 StPO entsprechend nicht[2766]. Die erforderliche gesetzliche Ermächtigung zur Verwendung der gewonnenen Erkenntnisse als Spurenansatz ergibt sich daher aus den §§ 160 Abs. 1, 161 Abs. 1, 163 Abs. 1 Satz 1 und 2 StPO[2767]. Zufallserkenntnisse, die keine Katalogtaten betreffen, dürfen nach der gefestigten, vom Bundesverfassungsgericht gebilligten fachgerichtlichen Rechtsprechung zwar nicht zu Beweiszwecken, also im Rahmen der Beweisaufnahme in der Hauptverhandlung nach §§ 243 ff StPO oder bei diese vorbereitenden Entscheidungen des Ermittlungsrichters, verwertet werden; sie können aber Anlass zu weiteren Ermittlungen zur Gewinnung neuer Beweismittel sein[2768]. Voraussetzung ist auch hier, dass keine den absoluten Verwendungsverboten aus § 100a Abs. 4 Satz 2 StPO und § 160a Abs. 1 und 3 StPO i.S.d. § 160 Abs. 4 StPO entsprechenden polizeigesetzlichen Regelungen[2769] bzw. keine den relativen Verwendungsverboten aus § 160a Abs. 2 Satz 1 und 2, Abs. 3 StPO entsprechenden polizeigesetzlichen Regelungen[2770] bestehen. Stehen den genannten bundesgesetzlichen Verwendungsregelungen nicht entsprechende polizeigesetzliche Bestimmungen entgegen, sind die landesgesetzlichen Regelungen infolge des Art. 31 GG unwirksam[2771]. Dann bleibt es bei den durch §§ 100a Abs. 4 Satz 2; 160a Abs. 1 und 3; 160a Abs. 2 Satz 1 und 2, Abs. 3 StPO getroffenen Verwendungsbeschränkungen.

2766 BT-Drucksache 16/5846 S. 64; BGH in NStZ 1992, 44 (45; Anm. Rogall S. 47); Griesbaum in KK-StPO, § 161 Rn. 36; Meyer-Goßner, StPO, § 161 Rn. 18d; Patzak in Graf, StPO, § 161 Rn. 12; Plöd in KMR, StPO, § 161 Rn. 25a; Wohlers in SK-StPO, § 161 Rn. 53; Bertram, Die Verwendung präventiv-polizeilicher Erkenntnisse im Strafverfahren, S. 230; Beulke in Jura 2008, 653 (660); a.A. Singelnstein in ZStW 120 (2008), 854 (885); Glaser/Gedeon in GA 2007, 415 (435); Zöller in HK-StPO, § 161 Rn. 32.
2767 Erb in Löwe/Rosenberg, StPO, § 160 Rn. 34a; a.A. Zöller in HK-StPO, § 161 Rn. 32.
2768 BVerfG in NJW 2005, 2766 (2766); BT-Drucksache 16/5846 S. 64; Meyer-Goßner, StPO, § 161 Rn. 18d; Plöd in KMR, StPO, § 161 Rn. 25b; Wohlers in SK-StPO, § 161 Rn. 53; Brodersen in NJW 2000, 2536 (2539); Hilger in NStZ 2000, 561 (564); Hefendehl in StV 2001, 700 (700).
2769 *Anlage 7 Ziffer 1a, c und d* (Kernbereichsschutz bei ...).
2770 *Anlage 7 Ziffer 2a, c bis e* (Tatbestandsbeschränkungen bei verdeckt erfolgender Datenerhebung / Schutz von Vertrauensverhältnissen bei ...).
2771 BbgVerfG in LKV 1999, 450 (459); OVG NRW 1999, 522 (523).

V. Die repressive Zweckänderung von durch Eingriff in das Grundrecht auf Vertraulichkeit und Integrität informationstechnischer Systeme erhobenen Daten

Eine Zweckänderung von Daten, die auf präventiv- polizeilicher Grundlage unter Eingriff in das Grundrecht auf Vertraulichkeit und Integrität informationstechnischer Systeme bei einer Online- Durchsuchung erhoben wurden, ist aufgrund der Regelung des § 161 Abs. 2 Satz 1 StPO ausgeschlossen, sofern es um die Verwertung der so gewonnenen Erkenntnisse zu Beweiszwecken geht[2772]. Die Strafprozessordnung enthält keine Befugnis zur Beweiserhebung durch Maßnahmen der Online- Durchsuchung. Insoweit besteht ein Beweisverwertungsverbot aufgrund Rechtsfolgenmangels[2773]. Es stellt sich jedoch die Frage, ob und inwiefern die bei einer präventiv- polizeilichen Online- Durchsuchung gewonnenen Erkenntnisse im Strafverfahren als Spurenansatz oder zur Aufenthaltsermittlung verwendet werden dürfen. Dies ist grundsätzlich zu bejahen[2774]. Die aufgrund des Vorbehalts des Gesetzes aus Art. 20 Abs. 3 GG für die repressive Verwendung als Spurenansatz notwendige Befugnisnorm findet sich in den Ermittlungsgeneralklauseln der §§ 161 Abs. 1, 163 Abs. 1 Satz 2 StPO, bzgl. der Ermittlung des Aufenthaltsorts eines Verurteilten i.V.m. § 457 Abs. 3 StPO.

§ 20v Abs. 5 Satz 1 Nr. 3 Satz 2 BKAG könnte, sofern dieser auf den zur Online-Durchsuchung ermächtigenden § 20k BKAG Bezug nimmt, eine besondere bundesgesetzliche Verwendungsbeschränkung i.S.d. § 160 Abs. 4 BKAG enthalten. § 20v Abs. 5 Nr. 3 Satz 2 StPO sollte nach dem Willen des Gesetzgebers aus Gründen der Verhältnismäßigkeit eine – Praktikabilitätserwägungen ausnehmende und deshalb pauschalierend an einen dem § 100c Abs. 2 StPO entsprechenden Straftatenkatalog anknüpfende – Einschränkung der Übermittlungsbefugnis nach § 20v Abs. 5 Satz 1 BKAG enthalten[2775]. Jedoch entsprechen die in § 20v Abs. 5 Satz 1 Nr. 3 Satz 2 BKAG in Bezug genommenen *Straftaten, „... die im Höchstmaß mit mindestens 5 Jahren Freiheitsstrafe bedroht sind,"* nicht den vom BVerfG für heimliche Eingriffe in Art. 13 Abs. 1 GG und diesen an Intensität entsprechenden Ein-

---

2772 BT- Drucksache 16/9588 S. 34 = BT-Drucksache 16/10121 S. 36; Meyer-Goßner, StPO, § 161 Rn. 18e; a.A. Singelnstein in ZStW (2008) 120, 854 (884).
2773 BGHSt 51, 211 (215 – Rn. 9, 219 – Rn. 22); LT-Drucksache RP 15/4879 S. 39; Rogall in JZ 2008, 818 (821).
2774 Meyer-Goßner, StPO, § 161 Rn. 18e; Plöd in KMR, StPO, § 161 Rn. 25a.
2775 BT-Drucksache 16/9588 S. 34 = BT-Drucksache 16/10121 S. 36.

B. Befugnisse zur repressiven Nutzung von präventiv- polizeilich erhobenen Daten

griffen geforderten *Straftaten mit einer höheren Höchststrafe als 5 Jahren*[2776], die durch § 100c Abs. 2 StPO als besonders schwere, einen Großen Lauschangriff zu rechtfertigen geeignete Straftaten legal definiert werden.

Eine der bundesgesetzlichen Verwendungsregelung des § 20v Abs. 5 Satz 1 Nr. 3 Satz 2 BKAG i.S.d. § 160 Abs. 4 StPO auf den ersten Blick entsprechende Verwendungsregelung findet sich in § 30c Abs. 6 POG RP. Dieser verweist auf den zur repressiven Verwendung von durch Großen Lausch- und Spähangriff erhobenen Daten ermächtigenden § 29 Abs. 5 StPO und daher auf den Straftatenkatalog des § 100c Abs. 2 StPO. Hierdurch wird die zweckändernde Verwendung von Daten, die im Wege einer präventivpolizeilichen Online- Durchsuchung erhoben wurden, als Spurensansatz an ebenso enge Voraussetzungen geknüpft, wie § 100d Abs. 5 Nr. 3 StPO dies für die zweckändernde Verwendung von Daten, die durch Großen Lausch- und Spähangriff erhoben wurden, fordert. Dem Grundrecht auf Vertraulichkeit und Integrität informationstechnischer Systeme kommt ein vergleichbarer Schutzanspruch wie dem Grundrecht auf Unverletzlichkeit der Wohnung zu[2777]. Da es – anders als im Verhältnis des § 20k BKAG zu § 100a Abs. 2 StPO – keine diesen Schutz gewährleistende strafprozessuale Verwendungsregelung gibt, steht der Anwendbarkeit des § 30c Abs. 6 POG RP i.V.m. § 9 Abs. 5 POG RP nichts entgegen. Somit dürfen durch Online- Durchsuchung gewonnene Erkenntnisse zutreffend weder als Spurensansatz für die Verfolgung von Nicht- Katalogtaten noch zur Aufenthaltsermittlung von Personen, denen eine Nicht- Katalogtat vorgeworfen wird, genutzt werden.

Ungeachtet dessen, dass dem zur Online- Durchsuchung ermächtigenden Art. 34d BayPAG keine repressive Verwendungsbeschränkung zu entnehmen ist, wäre für die Verwendung von in *Bayern* durch Online- Durchsuchungen gewonnenen Erkenntnissen, die sich auf den Anfangsverdacht einer Straftat beziehen, gem. § 160 Abs. 4 StPO nach Maßgabe des fehlerhaften bundesgesetzlichen § 20v Abs. 5 Satz 1 Nr. 3 Satz 2 BKAG anzuwenden. Verfassungsrechtlich nicht zu rechtfertigenden bundesgesetzlichen Verwendungsbeschränkungen kann aber keine Bindungswirkung zukommen. Vielmehr ist der bayerische Gesetzgeber – zumindest solange keine den verfassungsrechtlichen Ansprüchen genügende bundesgesetzliche Verwendungsbeschränkung besteht -, angehalten, eigene bereichsspezifische und

---

[2776] BVerfGE 109, 279 (348).
[2777] BVerfGE 120, 274 (322/323, 324/325); 115, 166 (187/188); 113, 348 (391).

Kapitel 4: Polizeiliche Befugnisse zur zweckändernden Nutzung von erhobenen Daten

präzise Verwendungsbeschränkungen für Daten zu erlassen, die mittels präventiv- polizeilicher Online- Durchsuchung erhoben werden.

VI. Besonderheiten bei der Übermittlung von auf präventiv- polizeilicher Grundlage erhobenen Daten zur repressiven Nutzung

Mit Ausnahme des § 20v Abs. 5 Satz 1 Nr. 3 BKAG i.V.m. den strafprozessualen Verwendungsbeschränkungen sowie den Verwendungsbeschränkung aus § 20v Abs. 5 Satz 1 Nr. 3 Satz 2 BKAG gibt es keine Besonderheiten, die bei der Übermittlung von zu präventiv- polizeilichen Zwecken erhobenen Daten zu repressiven Zwecken zu beachten sind. Zutreffend geht § 478 Abs. 1 Satz 5 StPO i.V.m. § 479 Abs. 3 1. Halbsatz StPO davon aus, dass die Polizei als zuständige Strafverfolgungsbehörde regelmäßig bereits im Besitz der zur Strafverfolgung benötigten Daten ist, so dass es keiner innerpolizeilichen Ermittlungsbefugnis bedarf. Gegenüber der Staatsanwaltschaft wäre die Polizei gem. § 161 Abs. 1 Satz 1 StPO zur Auskunft verpflichtet.

VII. Ergebnis

Zusammenfassend bleibt festzuhalten, dass sich die Rechtmäßigkeit der Nutzung von Daten aus Strafverfahren unabhängig davon, ob die Daten auf repressiver oder präventiv- polizeilicher Grundlage erhoben wurden, infolge des Art. 31 GG vorrangig anhand der Bestimmungen der *StPO* und anderer Bundesgesetze bemisst. Diese regeln bereichsspezifisch und präzise, welche Daten zur Strafverfolgung zur Verfügung stehen. Für die repressive Verwendung von durch die Polizei zu präventiv- polizeilichen Zwecken erhobenen Daten ist ausschließlich das Strafverfahrensrecht maßgebend. Teilweise bestehende polizeigesetzliche Öffnungsklauseln, durch die die repressive Verwendung von präventiv- polizeilich erhobenen Daten einschränkt zu werden scheint, sind aufgrund des Art. 31 GG unwirksam. Der besseren Verständlichkeit wegen und um Irrtümer zu vermeiden sollten bestehende, vor dem *StVÄG 1999* unter Umständen zu Recht erlassene polizeigesetzliche Öffnungsklauseln für die repressive Verwendung von auf präventiv- polizeilicher Grundlage erhobenen Daten aus den Polizeigesetzen – mit Ausnahme der auf die Online- Durchsuchung bezogenen Öffnungsklauseln – gestrichen werden.

B. Befugnisse zur repressiven Nutzung von präventiv- polizeilich erhobenen Daten

Gem. §§ 100d Abs. 5 Nr. 1 und 3 StPO, 161 Abs. 2 Satz 1, 477 Abs. 2 Satz 2 StPO können Daten, die ursprünglich zu Zwecken eines bestimmten Strafverfahrens oder aus präventiv- polizeilichem Anlass heraus heimlich bzw. verdeckt erhoben worden sind, entsprechend der Regel über die hypothetische Ersatzvornahme unter den Voraussetzungen als Beweismittel in einem (anderen) Strafverfahren verwendet werden, die bei der erneuten Erhebung der Daten zu beachten gewesen wären. Hieraus folgt, dass deren Verwendung als Beweismittel abhängig von der der ursprünglichen Erhebung zu Grunde liegenden repressiven oder präventiv- polizeilichen Maßnahme grundsätzlich nur zur Aufklärung einer Katalogtat aus §§ 98a Abs. 1 Satz 1, 100a Abs. 2 (i.V.m. 100f Abs. 1 oder 100i Abs. 1), 100c Abs. 2, 100h Abs. 1 Satz 1 Nr. 2 i.V.m. Satz 2, 110a Abs. 1 Satz 1 und 2, 163f Abs. 1 Satz 1 StPO möglich ist.

Hinsichtlich der Verwendung von durch heimliche repressive oder verdeckte präventiv- polizeiliche Maßnahmen erhobenen Daten als Spurenansatz ist zu differenzieren. Personenbezogene Daten, die durch heimlichen Eingriff in Art. 13 Abs. 1 GG entsprechend Art. 13 Abs. 3 oder 4 GG erhoben wurden, dürfen gem. § 100d Abs. 5 Nr. 1 und 3 StPO nur als Spurenansatz verwendet werden, wenn es um die Aufklärung einer Katalogtat aus § 100c Abs. 2 StPO geht. Durch andere heimliche repressive oder verdeckte präventiv- polizeiliche Maßnahmen erhobene Daten dürfen gem. §§ 160 Abs. 1, 161 Abs. 1 Satz 1, 163 Abs. 1 Satz 1 und 2 StPO auch dann als Spurenansatz oder zur Aufenthaltsermittlung verwendet werden, wenn Nicht-Katalogtaten aufzuklären sind und für die Verwendung als Ermittlungs- oder Spurenansatz nicht auf die anlässlich der heimlichen Ermittlungsmaßnahme hergestellte technische Aufzeichnung als solche, sondern nur auf einzelne Informationen hieraus zurückgegriffen wird. Für die richterliche Anordnung einer unter Richtervorbehalt stehenden Ermittlungsmaßnahme stehen die technischen Aufzeichnungen daher nicht zur Verfügung, sofern es sich bei der aufzuklärenden Straftat um keine Katalogtat handelt, zu deren Aufklärung die heimliche Ermittlungsmaßnahme nach der StPO hätte angeordnet werden können.

Abweichend von dem vorstehenden Gesagten dürfen personenbezogene Daten, die anlässlich eines Kleinen Lauschangriffs i.S.d. Art. 13 Abs. 5 GG technisch aufgezeichnet wurden, gem. § 161 Abs. 3 StPO nach richterlicher Bestätigung der Rechtmäßigkeit des Kleinen Lauschangriffs ausschließlich zu Beweiszwecken im Strafverfahren für Katalogtaten aus § 110a Abs. 1 Satz 1 StPO verwendet werden. Die Verwendung von durch den in einer Wohnung auf repressiver oder präventiv- polizeilicher Grundlage einge-

Kapitel 4: Polizeiliche Befugnisse zur zweckändernden Nutzung von erhobenen Daten

setzten Verdeckten Ermittler oder durch eine V- Person erhobenen Daten als Spurenansatz nach §§ 160 Abs. 1, 161 Abs. 1 Satz 1, 163 Abs. 1 Satz 1 und 2 StPO bleibt von § 161 Abs. 3 StPO unberührt.

Sind bundesgesetzliche Verwendungsregeln wie § 160 Abs. 4 StPO i.V.m. § 20v Abs. 5 Satz 1 Nr. 3 Satz 2 BKAG fehlerhaft, können und müssen sich der repressiven Verwendung entgegenstehende Verwendungsbeschränkungen wie der auf § 29 Abs. 5 StPO verweisende § 30c Abs. 6 StPO ausnahmsweise aus landesgesetzlichen Bestimmungen ergeben. Die fehlerhaften bundesgesetzlichen Verwendungsbeschränkungen sollten nachgebessert werden.

C. Befugnisse zur präventiv- polizeilichen zweckändernden Nutzung von zu repressiven oder präventiv- polizeilichen Zwecken erhobenen Daten

Im nachfolgenden Abschnitt werden bestehende Befugnisnormen zur zweckändernden präventiv- polizeilichen Verwendung von personenbezogenen Daten, die auf repressiver oder präventiv- polizeilicher Grundlage erhoben wurden, auf deren Verfassungskonformität überprüft. Zu präventiv- polizeilichen Zwecken können Daten abweichend von deren ursprünglichen Erhebungszweck genutzt werden, wenn die Daten zuvor zu repressiven Zwecken oder zu präventiv- polizeilichen Zwecken erhoben wurden. Dies ist insbesondere für Gemengelagen aus Straftatenverhütung und Strafverfolgung relevant, beispielsweise wenn die Polizei einen Anschlag verhindern will und zugleich der Verdacht der illegalen Beschaffung von Sprengstoffen besteht[2778]. Hierzu bedarf es besonderer, präzise umschriebener Belange, um zu gewährleisten, dass der in der zweckändernden Verwendung liegende weitere Eingriff in die Rechte des Betroffenen gerechtfertigt ist[2779]. Dazu müssen auch Behörden, an die zu anderen Zwecken erhobenen Daten übermittelt werden dürfen, in der den Grundrechtseingriff legitimierenden Befugnisnorm benannt werden[2780]. Dabei bemisst sich die Rechtmäßigkeit der Nutzung von auf strafprozessualer Grundlage erhobenen Daten zu präventiv- polizeilichen Zwecken nicht allein nach den Polizeigesetzen, sondern primär nach den strafprozessualen Öffnungsklauseln. Im Folgenden wird zunächst auf die präventiv- polizeiliche Zweckänderung von

---

2778 Möstl in DVBl. 2010, 808 (815).
2779 BVerfGE 110, 33 (71); 109, 279 (376); 100, 313 (360, 384).
2780 BVerfGE 110, 33 (74); 100, 313 (391).

C. Befugnisse zur präventiv- polizeilichen Nutzung von polizeilichen Daten

auf repressiver Grundlage erhobenen personenbezogenen Daten eingegangen, bevor die bestehenden Befugnisse für die mit einer präventiv- polizeilichen Nutzung verbundenen Zweckänderung von auf polizeigesetzlicher Grundlage erhobenen Daten auf deren Verfassungskonformität überprüft werden.

I. Strafprozessrechtliche Öffnungsklauseln für die zweckändernde präventiv- polizeiliche Datennutzung

Die Rechtmäßigkeit der repressiven Zweckänderung von zu präventiv- polizeilichen Zwecken erhobenen Daten richtet sich – wie dargestellt – nach den gegenüber den polizeigesetzlichen Öffnungsklauseln vorrangigen strafprozessrechtlichen Aufnahmeklauseln. Dies sind bei offen erhobenen Daten die §§ 160 Abs. 1, 161 Abs. 1 StPO, 163 Abs. 1 Satz 1 und 2 StPO und bei heimlich erhobenen Daten die §§ 100d Abs. 5 Nr. 3, 161 Abs. 2 und 3 StPO. Demgegenüber bestimmt sich die Rechtmäßigkeit der präventiv- polizeilichen Zweckänderung von auf repressiver Grundlage erhobenen Daten zunächst anhand der Öffnungsklauseln aus der *StPO* und erst nachgeordnet anhand polizeigesetzlicher Aufnahmeklauseln[2781]. Nur, wenn das jeweilige Polizeigesetz eine mit einer bestehenden strafprozessrechtlichen Öffnungsklausel korrespondierende Aufnahmeklausel enthält, darf die Polizei zu repressiven Zwecken erhobene Daten zu präventiv- polizeilichen Zwecken nutzen[2782]. Mit § 481 Abs. 1 Satz 1 bis 3, Abs. 2 StPO sowie in den spezielleren §§ 100d Abs. 5 Nr. 2, 477 Abs. 2 Satz 3 und 4 StPO finden sich die für die zweckändernde präventiv- polizeiliche Nutzung von auf repressiver Grundlage erhobenen Daten erforderlichen strafprozessrechtlichen Öffnungsklauseln[2783]. Obwohl der Polizei Daten aus Strafverfahren zur Abwehr von Gefahren für die öffentliche Sicherheit und Ordnung in der Regel nicht übermittelt zu werden brauchen, weil die Polizei aufgrund vorausgegangener strafrechtlichen Ermittlungen bereits über die Daten verfügt, ordnet die Polizei gleichwohl die auf repressiver Grundlage erhobenen Daten in einen präventiv- polizeilichen Verwendungszusammenhang ein und erweitert so

---

2781 Schmidt, BremPolG, § 36 Rn. 4.
2782 MV VerfG in LKV 2000, 345 (347).
2783 VGH BW in NJW 2005, 234 (235/236).

den Überwachungseingriff[2784]. Dadurch geht der Kontext der ursprünglichen Erhebung verloren[2785].

11. Die Öffnungsklausel des § 481 StPO

§ 481 Abs. 1 Satz 1 und 2 StPO enthält durch die Formulierung „*nach Maßgabe der Polizeigesetze*" die auch aufgrund des Prinzips „*Bundesrecht bricht Landesrecht*" aus Art. 31 GG erforderliche Öffnungsklausel, um auf Grundlage repressiver Befugnisnormen erhobene Daten der präventiv- polizeilichen Nutzung zugänglich zu machen[2786]. Durch die Bezugnahme auf die Polizeigesetze wird die zweckändernde Nutzung von ursprünglich zu repressiven Zwecken erhobenen Daten zur Gefahrenabwehr im engeren Sinne sowie zur Erfüllung von Aufgaben, die der Polizei durch andere Rechtsvorschrift zugewiesen worden, generalklauselartig legitimiert[2787]. Es wäre nicht nachvollziehbar, wenn die Polizei Erkenntnisse, über die sie bereits verfügt und nicht erst erheben muss, nicht grundsätzlich auch zur Gefahrenabwehr nutzen darf, weil diese in einem Strafverfahren gewonnen wurden[2788]. Die Befugnis der Strafverfolgungsbehörden aus § 481 Abs. 1 Satz 2 StPO zur Übermittlung von zu repressiven Zwecken erhobenen Daten an Polizeibehörden ergänzt § 481 Abs. 1 Satz 1 StPO[2789] und bedarf in dieser Arbeit keiner weiteren Betrachtung. Für Daten, die vor ihrer präventiv- polizeilichen Nutzung bereits im Zugriffsbereich der Polizei befinden, ist grundsätzlich § 481 Abs. 1 Satz 1 und 3 StPO einschlägig. Ein praxisrelevanter Ausnahmefall ist das BKA. Da dieses gem. § 4 BKAG nur eingeschränkt zur Strafverfolgung ermächtigt ist, ist die Übermittlung von Daten aus Strafverfahren an das BKA der Regelfall. § 481 Abs. 1 Satz 1 StPO wird durch § 481 Abs. 1 Satz 3 und Abs. 2 StPO relativiert. Gem. § 481 Abs. 1 Satz 3 StPO ist eine Änderung von zu repressiven Zwecken erhobenen Daten allein zum Zweck des Schutzes privater Rechte ausgeschlossen. Wird die Polizei hingegen nicht nur zum Schutz privater Rechte sondern auch im öffentlichen

---

2784 BVerfGE 110, 33 (71); 100, 313 (360, 367, 389).
2785 BVerfGE 110, 33 (73/74).
2786 Götz, POR, § 17 Rn. 87; Gemählich in KMR, StPO, § 481 Rn. 1.
2787 BT-Drucksache 14/1484 S. 31; Meyer-Goßner, StPO, § 481 Rn. 1; Baumanns in Die Polizei 2008, 79 (87); Hilger in NStZ 2001, 15 (17); Brodersen in NJW 2000, 2536 (2539); a.A. Schenke in JZ 2001, 997 (998).
2788 BT-Drucksache 14/1484 S. 31; Gemählich in KMR, StPO, § 481 Rn. 2.
2789 Schenke in JZ 2001, 997 (998).

C. Befugnisse zur präventiv- polizeilichen Nutzung von polizeilichen Daten

Interesse zur Gefahrenabwehr oder zur Strafverfolgung tätig, findet § 481 Abs. 1 Satz 3 StPO keine Anwendung[2790].

Eine Einschränkung der präventiv- polizeilichen Nutzung von auf repressiver Grundlage erhobenen Daten liegt in § 481 Abs. 2 StPO. Danach bleiben nicht nur die spezielleren Verwendungsregeln der §§ 100d Abs. 5 Nr. 2; 477 Abs. 2 Satz 3 StPO unberührt, sondern auch *„andere bundesgesetzliche oder entsprechende landesgesetzliche Verwendungsbeschränkungen"*. Besondere bundesgesetzliche Verwendungsregelungen, die für besondere Amts- und Berufsgeheimnisse bestehende strafprozessualen Verwendungsbeschränkungen aus §§ 53, 53a StPO bezogen auf präventiv- polizeiliche Aufgaben entsprechend § 160a StPO relativieren, finden sich in § 20u BKAG. Nahezu wortgleich zu § 160a StPO beschränkt § 20u BKAG die präventiv- polizeiliche Nutzung von auf repressiver Grundlage erhobenen Daten, die eigentlich den Berufsgeheimnissen aus §§ 53, 53a StGB unterliegen würden, grundsätzlich. Ob dies die präventiv- polizeiliche Aufgabenerfüllung, die dem BKA nach § 4a BKAG zugewiesen ist, ausreichend berücksichtigt, bedarf einer genaueren Prüfung[2791]. Im Gegensatz zu den Öffnungsklauseln der *StPO* und des *OWiG* können die bundesgesetzlichen Öffnungsklauseln aus dem *BKAG* und dem *BPolG* nicht zur Unwirksamkeit etwaiger abweichender landespolizeigesetzlicher Regelungen führen. Das *BKAG* und das *BPolG* beruhen auf ureigenen Angelegenheiten des Bundes und sind auf die ausschließliche Gesetzgebungskompetenz des Bundes aus Art. 73 Abs. 1 GG gestützt. Sie regeln im Gegensatz zum Kompetenztitel aus Art. 74 Abs. 1 GG nicht die Befugnisse aller Polizeien von Bund und Ländern sondern allein die Befugnisse des BKA und der BPol. Daher sind die bundesgesetzlichen Bestimmungen des *BKAG* und des *BPolG* grundsätzlich nicht geeignet, entgegenstehendes Landesrecht i.S.d. Art. 31 GG zu durchbrechen. Eine Ausnahme gilt, wenn das Prinzip der Bundestreue die Landespolizeien verpflichtet, die Polizeien des Bundes bzw. deren übergeordnete Ministerien zu informieren, beispielsweise bei einem bevorstehenden Anschlag auf Mitglieder der Verfassungsorgane. Die Frage, ob bestehende, auf die präventiv- polizeiliche Verarbeitung bezogene Übermittlungsbefugnisse und -pflichten der Polizeien des Bundes und der Länder den verfassungsrechtlichen Anforderungen genügen, wird in Kapitel 5 geprüft.

[2790] Hohmann in Radtke/Hohmann, StPO, § 481 Rn. 3; Brodersen in NJW 2000, 2536 (2540).
[2791] Kapitel 4 C. I. 2. a. bb. (S. 581).

Kapitel 4: Polizeiliche Befugnisse zur zweckändernden Nutzung von erhobenen Daten

Der präventiv- polizeilichen Verwendung entgegenstehende bundesgesetzliche Verwendungsregelungen für auf repressiver Grundlage offen erhobene Daten ergeben sich allein aus der *StPO*. Dieses sind zum einen die ausschließlich die repressive Nutzungen gestattenden Verwendungsbeschränkungen aus §§ 81 Abs. 3; 81c Abs. 5; 136a StPO und die dem Schutz des Kernbereichs privater Lebensgestaltung gewidmeten §§ 100a Abs. 4 Satz 2, 100c Abs. 5 Satz 2 StPO. § 136a StPO steht der präventiv- polizeilichen Verwendung jedoch nur entgegen soweit dieser dem Schutz der Menschenwürde und nicht dem Schutz des Rechts auf ein faires Verfahren dient[2792]. Repressiven Verwendungsbeschränkungen aus § 160a StPO entsprechende polizeigesetzliche Verwendungsbeschränkungen für die präventiv- polizeiliche Datennutzung sind nicht zweckdienlich, weil die Verwendungsbeschränkungen des § 160a StPO für die repressive Verwendung von auf repressiver Grundlage *heimlich* oder auf präventiv- polizeilicher Grundlage *verdeckt* erhobenen Daten entwickelt wurden. Möglicher Regelungsbedarf § 160a StPO entsprechenden präventiv- polizeilichen Verwendungsbeschränkungen zum Schutz von besonders geschützten Vertrauensverhältnissen wird im Zusammenhang mit § 100d Abs. 5 Nr. 2 StPO bzw. § 477 Abs. 2 Satz 3 StPO geprüft.

An dieser Stelle kann bezogen auf zu repressiven Zwecken offen erhobene Daten nicht aus § 481 Abs. 2 StPO geschlussfolgert werden, dass sämtliche bundesgesetzlichen Verwendungsbeschränkungen für landesgesetzliche Beschränkungen der präventiv- polizeilichen Verwendung von auf repressiver Grundlage erhobenen Daten ebenso bindend sind wie bei der repressiven Verwendung von zu präventiv- polizeilichen Zwecken erhobenen Daten. Warum sollte es den Ländern verwehrt sein, für die präventiv- polizeiliche Verwendung von auf strafprozessualer Grundlange erhobenen Daten weitergehende Verwendungsbeschränkungen zu erlassen? § 481 Abs. 2 StPO hätte nur seine Berechtigung, wenn sämtliche bundesgesetzlichen Beschränkungen der präventiv- polizeilichen Verwendung von auf strafprozessualer Grundlage erhobenen Daten von vornherein Unfehlbarkeit und damit Bindungswirkung für die Landesgesetzgebung zukäme. Rein landesgesetzliche Verwendungsbeschränkungen enthalten zum Beispiel die Polizeigesetze von *Brandenburg, Bremen, Niedersachsen, Nordrhein- Westfalen* und *Thüringen*. Diese verbieten die Verarbeitung und Nutzung rechts-

---

2792 Gemählich in KMR, StPO, § 481 Rn. 3; Knierim in StV 2008, 599 (604).

widrig erhobener Daten[2793]. Mit der Überlegung, dass der Schutzanspruch aus Art. 2 Abs. 2 Satz 1 und 2 GG die meisten übrigen Grundrechtspositionen überwiegt, wird die präventiv- polizeiliche Nutzung von rechtswidrig erhobenen Daten zum Schutz von elementaren Schutzgütern wie Leben und Gesundheit für zulässig erachtet werden müssen[2794]. Die genannten Gesetzgeber wollen nicht ernsthaft aus einer formell rechtswidrigen, da zum Beispiel durch einen unzuständigen Richter angeordnete Durchsuchung stammende Erkenntnisse für unverwendbar erklären, wenn durch Auswertung der rechtswidrig gewonnenen Erkenntnisse Leben, körperliche Unversehrtheit oder Freiheit einer Person geschützt werden könnten. Insoweit sollten die Polizeigesetze nachgebessert werden.

2. Die Öffnungsklauseln des § 100d Abs. 5 Nr. 2 StPO

Mit § 100d Abs. 5 Nr. 2 StPO besteht eine besondere bundesgesetzliche Verwendungsregelung i.S.d. §§ 477 Abs. 2 Satz 4; 481 Abs. 2 StPO. Dieser bindet die zweckändernde präventiv- polizeiliche Verwendung von durch Großen Lauschangriff erhobenen Daten an den repressiven Erhebungsbefugnissen entsprechende präventiv- polizeiliche Befugnisse[2795]. Da durch Großen Lauschangriff gewonnene Daten ein schwerwiegender Grundrechtseingriff vorausgeht, ist es verfassungsbedingt geboten, auch die strafprozessualen Öffnungsklauseln den auf präventiv- polizeiliche Eingriffe in das Grundrecht auf Unverletzlichkeit der Wohnung bezogenen Vorgaben des Art. 13 Abs. 4 GG auszurichten[2796]. Innerhalb des § 100d Abs. 5 Nr. 2 StPO ist zwischen der Öffnungsklausel aus § 100d Abs. 5 Nr. 2 Satz 1 StPO und der Öffnungsklausel des § 100d Abs. 5 Nr. 2 Satz 2 StPO zu differenzieren. § 100d Abs. 5 Satz 3 bis 5 StPO ist zudem die Forderung nach einem Mindestmaß an polizeigesetzlichen Verfahrensvorschriften zu entnehmen.

2793 *Anlage 4.1 Ziffer 4* (Datenverarbeitung und Nutzung / Zweckänderung / nur rechtmäßig erhobene Daten); Schenke, POR, Rn. 206; Gusy in ZJS 2012, 155 (156 / 157, 167).
2794 Meyer-Goßner, StPO, § 481 Rn. 2; OVG Hamburg in NJW 2008, 96 (99).
2795 Götz, POR, § 17 Rn. 87.
2796 BVerfGE 109, 279 (378); 100, 313 (394).

a. Die Öffnungsklausel des § 100d Abs. 5 Nr. 2 Satz 1 StPO

Gem. § 100d Abs. 5 Nr. 2 Satz 1 StPO dürfen mittels Großen Lauschangriff erhobene Daten zu präventiv- polizeilichen Zwecken neben *„einer im Einzelfall bestehenden Lebensgefahr* oder *einer dringenden Gefahr für Leib oder Freiheit einer Person"* nur zur Abwehr einer *„dringenden Gefahr für Gegenstände von bedeutendem Wert, die der Versorgung der Bevölkerung dienen, von kulturell herausragendem Wert oder in § 305 StGB genannt sind"* verwendet werden. Obwohl § 100f Abs. 1, 2. Alt. StPO a.F. durch das BVerfG in dessen Entscheidung zum Großen Lauschangriff vom 3.3.2004 nicht beanstandet wurde, enthält § 100d Abs. 5 Nr. 2 Satz 1 StPO neben den bereits in § 100f Abs. 1, 2. Alt. StPO a.F. aufgezählten Rechtsgütern Leben, Leib und Freiheit einer Person bereichsspezifische Einschränkungen hinsichtlich der zu schützenden erheblichen Sach- und Vermögenswerte[2797]. Dieser Begriff lässt sich anhand der hierzu sowie zu §§ 89a Abs. 2 Nr. 4, 263 Abs. 3 Nr. 2, 283a Nr. 2, 283d Abs. 3 Nr. 2, 315 Abs. 1, 315a Abs. 1, 315b Abs. 1, 315c Abs. 1 StGB und den §§ 53 Abs. 2 Satz 2 Nr. 3, 100a Abs. 2 Nr. 1m und l, 111e Abs. 4 Satz 1, 111i Abs. 3 Satz 3, Abs. 5 Satz 1 und 111l Abs. 1 StPO bestehenden Kommentierung auslegen[2798]. In der juristischen Literatur finden sich zuweilen Stimmen, die § 100d Abs. 5 Nr. 2 Satz 1 StPO vor dem Hintergrund des § 100d Abs. 5 Nr. 2 Satz 2 StPO und der Überlegung in Frage stellen, dass letztgenannter eine präventiv- polizeiliche Verwendung nur bei mittels Großen Lauschangriffs erhobenen *verwertbaren* Daten zulasse, erstgenannter aber nicht[2799].

aa. Kein Kernbereich privater Lebensgestaltung bei einer Gefahr für Leib, Leben oder Freiheit einer Person

Erkenntnissen, die eine Gefahr für den Bestand des Bundes oder eines Landes oder für Leib, Leben und Freiheit einer Person betreffen sind aber immer *„verwertbare Daten"* i.S.d. § 100d Abs. 5 Nr. 2 Satz 2 StPO. Der in § 100d Abs. 5 Nr. 2 Satz 2 StPO herangezogene Begriff der *verwertbaren personenbezogenen Daten* bezieht sich ebenso wie in § 100d Abs. 5 Nr. 1 und 3 StPO nur auf solche Daten, deren Verwendung kein dem § 100c Abs. 5 und

---

[2797] BVerfGE 109, 279 (378).
[2798] BVerfGE 129, 208 (255).
[2799] Löffelmann in NJW 2005, 2033 (2036).

Abs. 6 Satz 1 StPO entsprechendes absolutes Verwendungsverbot entgegensteht[2800]. Stellt sich während eines Großen Lauschangriffs heraus, dass eine Gefahr für den Bestand des Bundes oder eines Landes oder für Leib, Leben und Freiheit einer Person besteht, so ist weder der Kernbereich privater Lebensgestaltung berührt, noch besteht ein Schutzanspruch für besondere Vertrauensverhältnisse.

Ebenso wie Äußerungen über begangene besonders schwere Straftaten innerhalb einer Wohnung gem. § 100c Abs. 4 Satz 2 StPO nicht unter die für das Grundrecht aus Art. 13 Abs. 1 GG charakteristischen Privatsphäre des Wohnraums fallen[2801], trifft dies auf Äußerungen in Wohnungen über bevorstehende Gefahren für solch hochrangige Rechtsgüter wie Leben, Gesundheit oder Freiheit zu[2802]. Liegt keine solche Ausnahme vor, ist der Schutzanspruch des Kernbereichs privater Lebensgestaltung zu bejahen, so dass dann ein absolutes Verwendungsverbot besteht. Einige Polizeigesetze enthalten wie § 100c Abs. 4 Satz 2 und 3 StPO Negativdefinitionen des Kernbereichs privater Lebensgestaltung. Entsprechend § 100c Abs. 4 Satz 2 StPO schließen die Polizeigesetze von *Baden-Württemberg, Berlin, Niedersachsen, Nordrhein-Westfalen, Sachsen* und *Schleswig-Holstein* im Regelfall Gespräche in Betriebs- und Geschäftsräumen vom Kernbereich privater Lebensgestaltung aus. Seinen präventiv- polizeilichen Regelungsauftrag übersehend schließt der Polizeigesetzgeber von *Mecklenburg-Vorpommern* wortgleich mit § 100c Abs. 4 Satz 3 StPO „*Gespräche über begangene Straftaten und Äußerungen, mittels derer Straftaten begangen werden*", regelmäßig vom Schutzanspruch des Kernbereichs privater Lebensgestaltung aus. Ähnlich wie § 100c Abs. 4 Satz 3 StPO, aber den präventiv- polizeilichen Aspekt polizeigesetzlicher Bestimmungen eher berücksichtigend ordnen die Polizeigesetze von *Berlin* und *Bremen* zusätzlich

– „Gespräche über begangene Straftaten und Verabredungen oder Aufforderungen zu Straftaten" bzw.
– „Gespräche über die beabsichtigte Begehung von Straftaten oder ihre Fortführung"

nicht dem Kernbereich privater Lebensgestaltung zu. Zu weitgehend ist das Polizeigesetz von *Sachsen*, wenn es unter Verweis auf die polizeiliche Generalklausel jegliche „*Gespräche über Gefahren für die öffentliche Sicherheit und Ordnung*" als nicht unter den Kernbereich privater Lebensgestal-

---

2800 Kapitel 4 A. II. 1. b. bb. (S. 479).
2801 BVerfGE 109, 279 (319); 80, 367 (375/376).
2802 BT-Drucksache 15/5486 S. 18; a.A. Wolter in SK-StPO, § 100d Rn. 48.

Kapitel 4: Polizeiliche Befugnisse zur zweckändernden Nutzung von erhobenen Daten

tung fallend definiert. Ebenso wie das BVerfG in dessen Entscheidung zum Großen Lauschangriff bezogen auf das Strafverfahren nur besonders schwere Straftaten als nicht zum Kernbereich privater Lebensgestaltung gehörend befand, unterliegen bezogen auf die Gefahrenabwehr nur Äußerungen über Gefahren für besonders hochrangige Rechtsgüter nicht dem Schutzanspruchs des Kernbereichs privater Lebensgestaltung. Sofern eine Lebensgefahr oder eine dringende Gefahr für Leib oder Freiheit einer Person besteht, werden durch Großen Lauschangriff gewonnene Daten nicht von den zum Schutz des Kernbereichs privater Lebensgestaltung bestehenden Verwendungsverboten erfasst[2803]. Gleiches gilt für Gefahren für den Bestand des Bundes oder eines Landes oder für Versorgungseinrichtungen. Informationen, die zur Abwehr dieser Gefahren notwendig sind, sind von vornherein nicht dem Kernbereich privater Lebensgestaltung zuzurechnen[2804]. Hier besteht Sozialbezug. Dem absolute Verwendungsverbot aus § 100c Abs. 5 Satz 3 StPO entsprechende polizeigesetzliche Verwendungsverbote scheiden aus, wenn sich Gespräche auf Gefahren für die in § 100d Abs. 5 Nr. 2 Satz 1 StPO genannten Rechtsgüter beziehen. § 100c Abs. 5 Satz 3 StPO enthält eine auf das Strafverfahrensrecht bezogene Negativdefinitionen, während die Polizeigesetze ihrer Natur nach auf die Gefahrenabwehr bezogene Negativdefinitionen enthalten sollten. Ungeachtet des tatsächlichen Bestehens polizeigesetzlicher Negativdefinitionen besteht der Schutzanspruch des Kernbereichs privater Lebensgestaltung bei Gesprächen über bevorstehenden Gefahren für hochrangige Rechtsgüter nicht. Das Polizeigesetz des *Saarlandes* verkennt zwar den hinter dem Kernbereichsschutz stehenden Gedanken, wenn es Informationen, die den Kernbereich privater Lebensgestaltung betreffen, als nicht verwertbar definiert, dann aber *für solche Informationen, deren Verwendung geeignet und erforderlich ist, Gefahren für Leib oder Leben von Personen abzuwehren,* Ausnahmen von dem Kernbereich privater Lebensgestaltung geltenden Verwendungsverbot zulässt. Auch hier hätte berücksichtigt werden müssen, dass ein Schutzanspruch des Kernbereichs privater Lebensgestaltung nicht besteht, wenn Daten mit einem derartigen Informationsgehalt erhoben werden. Entsprechend § 100c Abs. 4 Satz 2 und 3 StPO müsste es in den Polizeigesetzen daher heißen:

[2803] VerfGH RP in DVBl. 2007, 569 (573); BT-Drucksache 15/5486 S. 18; Meyer-Goßner, StPO, § 100d Rn. 8; Baldus in JZ 2008, 218 (226).
[2804] BT-Drucksache 15/5486 S. 18; a.A. Bundesregierung in BT-Drucksache 15/4533 S. 29.

C. Befugnisse zur präventiv- polizeilichen Nutzung von polizeilichen Daten

§ 8e MEPolG – neu

(1) Gespräche in Betriebs- und Geschäftsräumen sind in der Regel nicht dem Kernbereich privater Lebensgestaltung zuzurechnen. Das Gleiche gilt für Gespräche die sich auf Gefahren für Leib, Leben oder Freiheit von Personen beziehen.

Was „*Gegenstände von kulturell bedeutendem Wert* oder *in § 305 StGB benannte Gegenstände* wie *ein Gebäude, ein Schiff, eine Brücke einen Damm, eine gebaute Straße* oder *eine Eisenbahn*" aus § 100d Abs. 5 Nr. 2 Satz 1 StPO betrifft, lässt deren Schutzanspruch den Kernbereich privater Lebensgestaltung unberührt und überwiegt gegenüber den in §§ 53 ff StPO benannten, als Vertrauensverhältnisse besonders geschützten Grundrechtspositionen. In, auf oder im Umfeld von Gegenständen i.S.d. § 100d Abs. 5 Nr. 2 Satz 1 StPO halten sich regelmäßig Menschen auf, so dass die Gefährdung dieser Gegenstände immer mit Gefahren für deren Leib, Leben oder Freiheit einhergeht. Neben Gebäuden i.S.d. § 305 StGB kommen auch Versorgungseinrichtungen oder sozialen Zwecken gewidmete Gegenstände sowie Güter des Kulturerbes in Betracht[2805]. Unter welchen Voraussetzungen darüber hinaus die präventiv- polizeiliche Nutzung von mittels Großen Lauschangriff gewonnenen Erkenntnissen zur Abwehr einer Gefahr für die in § 100d Abs. 5 Nr. 2 Satz 1 StPO benannten schützenswerten Rechtspositionen die Grundrechtsposition aus Art. 13 Abs. 1 GG tatsächlich zu überwiegen geeignet ist, bedarf weiterer Präzisierung durch die Polizeigesetzgeber, sofern nicht bereits so hochrangige Rechtsgüter wie Leben und Gesundheit von Personen gefährdet sind. Den Polizeigesetzgebern steht es frei, bei entgegenstehender Auffassung den Schutz der in § 100d Abs. 5 Nr. 2 Satz 1 StPO benannten Rechtspositionen unter den Vorbehalt der in § 100d Abs. 5 Nr. 2 Satz 2 StPO in Bezug genommenen Verwertbarkeit der gewonnenen Erkenntnisse im Strafverfahren zu stellen.

bb. Der Schutzanspruch besonderer Vertrauensverhältnisse bei einer Gefahr für Leib, Leben und Freiheit

Ebenso wie der durch § 100c Abs. 6 Satz 1 i.V.m. Abs. 5 Satz 2 bis 4 StPO i.V.m. §§ 53, 53a StPO gewährte Schutz von Vertrauensverhältnissen grundsätzlich zu einem auf die repressive Verwendung bezogenen absoluten Verwendungsverbot führt, könnte die präventiv- polizeiliche Nutzung von durch

---

2805 BT-Drucksache 15/5486 S. 18.

Großen Lauschangriff gewonnenen Erkenntnissen unter ein präventiv- polizeiliches Verwendungsverbot fallen. Zu beachten ist aber, dass dem durch die §§ 100c Abs. 6; 160a; 53 ff StPO gewährleisteten Schutz von Vertrauensverhältnissen bei der präventiv- polizeilichen Nutzung von Daten, die aus solchen Vertrauensverhältnissen stammen, eine andere Bedeutung zukommt als bei deren Nutzung als Beweismittel im Strafverfahren. Amts- und Berufsgeheimnisse werden vor allem im Hinblick auf das Strafverfahren eingeschränkt. Die dem zu Grunde liegende Abwägung besagt aber nichts über eventuelle Verschwiegenheitspflichten bei Tatsachen, die zur Abwehr von Gefahren für hochrangige Rechtsgüter beitragen können. Bestehen objektive Anhaltspunkte für eine konkretisierte Gefahr für hochrangige Rechtsgüter, können zu deren Abwehr vor allem Grundrechtseingriffe gegen mutmaßliche Störer gerechtfertigt sein[2806]. Da mit der Durchführung des Strafverfahrens andere Zwecke verfolgt werden als mit dem polizeirechtlichen Verwaltungsverfahren, unterliegt die Rechtfertigung von zu diesen Zwecken vorgenommenen Grundrechtseingriffen in beiden Verfahren unterschiedlichen Anforderungen[2807]. Das Strafverfahren ist darauf ausgerichtet, den Beschuldigten bei Beweis des Verdachts einer durch ihn begangenen Straftat zu einer Strafe zu verurteilen, die ihrerseits in dessen Freiheitsrechte eingreift. Damit wird nicht nur im Zuge der Gewinnung von Beweismitteln in dessen Grundrechte aus Art. 13 Abs. 1 GG, Art. 10 Abs. 1 GG, Art. 2 Abs. 1 GG, Art. 14 Abs. 1 GG oder das Grundrecht auf informationelle Selbstbestimmung eingegriffen. Vielmehr können durch die mit der Beweisgewinnung verbundenen Grundrechtseingriffe bei Bestätigung des Anfangsverdachts durch die Beweismittel zusätzlich Freiheitsstrafen i.S.d. §§ 38, 39 StGB, Geldstrafen i.S.d. §§ 40 ff StGB, Nebenstrafen i.S.d. § 44 StGB oder Nebenfolgen i.S.d. §§ 45 ff StGB verhängt werden. Deshalb wurde im Strafverfahrensrecht die strenge Beweislehre entwickelt[2808]. Beweismittel, die durch besonders eingriffsintensive, verdeckt oder heimlich aufgezeichnete Daten gewonnen wurden, dürfen daher nur zur Aufklärung bestimmter Katalogstraftaten verwendet werden, wobei sich diese Beschränkung auch auf gerichtliche Entscheidungen außerhalb der Hauptverhandlung i.S.d. § 33 Abs. 2 bis 4 StPO erstreckt[2809].

2806 Böse in ZStW 119 (2007), 848 (849/850).
2807 Böse in ZStW 119 (2007), 848 (849).
2808 Kapitel 4 A. II. 1. (S. 473).
2809 Kapitel 4 A. III. 2. c. bb. (2) (S. 511).

Demgegenüber bezweckt die präventiv- polizeiliche Datenerhebung nicht die Gewinnung von Beweismitteln. Vielmehr dienen präventiv- polizeiliche Datenerhebungen dem Schutz von Grundrechtspositionen. Deshalb gelten für die richterliche Anordnung von verdeckten präventiv- polizeilichen Maßnahmen nicht die §§ 33, 53 ff, 100c Abs. 6, 160a StPO sondern die Regeln des *Gesetzes über das Verfahren in Familiensachen und in den Angelegenheiten der freiwilligen Gerichtsbarkeit (FamFG)* vom 17.12.2008[2810]. Zwar gilt dieses gem. § 1 FamFG unter anderem in Angelegenheiten der Freiwilligen Gerichtsbarkeit nur, soweit diese *durch Bundesgesetz* den Gerichten zugewiesen sind. Gem. §§ 13, 13a GVG kann den ordentlichen Gerichten i.S.d. bundesgesetzlichen § 12 GVG durch Bundes- oder Landesrecht aber auch die Zuständigkeit in bestimmten Angelegenheiten durch Landesgesetz übertragen werden. So ist das bei präventiv- polizeilichen Freiheitsentziehungssachen einzuhaltende Verfahren zum Beispiel in §§ 415 bis 432 FamFG geregelt. Da diese Vorschriften aber gem. § 415 Abs. 1 FamFG unmittelbar nur anzuwenden sind, wenn es aufgrund von Bundesrecht angeordneten Freiheitsentziehungen geht, können die §§ 415 FamFG unmittelbar nur für auf Grundlage von §§ 39 bis 42 BPolG bzw. §§ 20p, 21 Abs. 7 (i.V.m. § 26 Abs. 1) BKAG i.V.m. §§ 40 Abs. 1 und 2; 41; 42 Abs. 1 Satz 1und 3, Abs. 2 BPolG angeordnete Freiheitsentziehungen gelten. Für auf Grundlage der Landespolizeigesetze angeordnete bzw. anzuordnende Freiheitsentziehungen *gelten* die Regeln der §§ 415 bis 432 FamFG jedoch *entsprechend*. Das Verfahren im ersten Rechtszug ist dabei grundsätzlich in den §§ 23 ff FamFG geregelt, wobei die Beweiserhebung in § 29 FamFG und die Beweisaufnahme in § 30 FamFG geregelt ist. Diese gelten entsprechend für sämtliche übrigen präventiv- polizeilichen Maßnahmen, die nach den Polizeigesetzen des Bundes und der Länder unter Richtervorbehalt stehen. Gem. § 29 Abs. 2 FamFG gelten hinsichtlich der Vernehmung von Zeugen insbesondere die §§ 383, 384 ZPO, die den Zeugnis- bzw. Aussageverweigerungsrechten aus den §§ 53 ff StPO entsprechen. Eine förmliche Beweisaufnahme steht gem. § 30 Abs. 1 ZPO jedoch grundsätzlich im Ermessen des Gerichts, wobei wiederum auf die *ZPO* verwiesen wird. Zu den zulässigen Beweismitteln zählen neben dem Beweis durch Parteivernehmung i.S.d. §§ 445 ff ZPO und dem in §§ 373 ff ZPO geregelten Zeugenbeweis der Beweis durch Augenschein i.S.d. §§ 371 ZPO, der Beweis durch Sachverständige i.S.d. §§ 402 ff ZPO und der Beweis durch Ur-

---

2810 BGBl. 2008 I. S. 2586 bis 2744.

kunden i.S.d. §§ 415 ff ZPO. Das selbstständige Beweisverfahren ist in §§ 485 ff ZPO geregelt. Allerdings kennt das *FamFG* keine Beweisverwertungsverbote i.S.d. §§ 160a Abs. 1 bis 3; 100c Abs. 6, 97 StPO i.V.m. §§ 52 ff StPO. Zwar ist den Verfahren vor den Zivilgerichten sowie vor der freiwilligen Gerichtsbarkeit die verdeckte Datenerhebung fremd. Der Sinn und Zweck von Richtervorbehalten liegt sowohl bei repressiven als auch bei präventiv- plizeilichen Maßnahmen darin, den bei heimlichen repressiven sowie verdeckten präventiv- polizeilichen Datenerhebungen zwangsläufig (zunächst) entfallenden Rechtsschutz zu kompensieren. Zweck einer heimlichen repressiven Datenerhebung ist jedoch primär die Gewinnung von Beweismitteln, so dass bei entgegenstehenden Beweisverwertungsverboten bereits die richterliche Anordnung der Datenerhebung mangels Geeignetheit des darin liegenden Grundrechtseingriffs ausscheidet. Demgegenüber ist Zweck einer verdeckten präventiv- polizeilichen Datenerhebung regelmäßig die Abwehr einer erheblichen Gefahr für bedeutende Rechtsgüter wie Leib, Leben oder Freiheit einer Person. Somit ist bei heimlichen repressiven und verdeckten präventiv- polizeilichen Datenerhebungen eine Verhältnismäßigkeitsprüfung auf Grundlage unterschiedlicher Wertmaßstäbe durchzuführen: Bei heimlichen repressiven Datenerhebungen geht es um die rechtsstaatliche Durchführung eines Strafprozesses, an deren Ende die Bestrafung des einer Straftat Verdächtigten mit der Folge jahrelanger Freiheitsentziehung stehen kann, während es bei heimlichen präventiv- polizeilichen Maßnahmen um den Schutz vor bevorstehenden und damit noch abwendbaren Verletzungen solch hochrangiger Grundrechtspositionen wie denen aus Art. 2 Abs. 2 GG geht.

Zum Großen Lausch- und Spähangriff berechtigende Polizeigesetze wie diejenigen von *Bayern, Hamburg, Hessen, Mecklenburg- Vorpommern*, dem *Saarland, Sachsen, Sachsen- Anhalt* und *Schleswig- Holstein* sehen bei Gefahr für Leib, Leben und Freiheit zwar Ausnahmen von zum Schutz der besonderen Vertrauensverhältnisse aus §§ 53, 53a StPO bestehenden Verwendungsbeschränkungen vor[2811]. Art. 34 Abs. 5 Satz 3 BayPAG beschränkt diese Ausnahme beispielsweise auf die Zeugnisverweigerungsrechte aus § 53 Abs. 1 Satz 1 Nr. 3 bis 3b und 5 StPO, während § 20 Abs. 4 Satz 1 HSOG diese Ausnahme auf die Zeugnisverweigerungsrechte aus

---

2811 *Anlage 5.2 Ziffer 4a bis g* (Zweckänderung der aus Wohnraumüberwachung erlangten personenbezogenen Daten).

C. Befugnisse zur präventiv- polizeilichen Nutzung von polizeilichen Daten

§ 53 Abs. 1 Satz 1 Nr. 1, 2, 4 und 5 StPO bezieht[2812]. Daher stellt sich die Frage, ob die präventiv- polizeiliche Nutzung von Daten, die durch heimlichen repressiven Eingriff in besonders geschützte Vertrauensverhältnisse erhoben wurden, bei sich hieraus ergebenden Erkenntnissen über das Bestehen einer erheblichen Gefahr rechtlich zulässig sein kann.

Ähnlich wie die Verstrickungsregelung des § 100c Abs. 6 Satz 3 StPO i.V.m. § 160a Abs. 4 Satz 1 StPO eine Ausnahme vom grundsätzlichen absoluten Erhebungs- und damit auch Verwendungsverbot enthält, falls eine zeugnisverweigerungsberechtigte Person an einer Straftat beteiligt ist, zu deren Aufklärung ein Großer Lauschangriff gem. §§ 100c ff StPO angeordnet werden kann, lassen das *BKAG* mit § 20u Abs. 4 BKAG sowie das Polizeigesetz von *Rheinland- Pfalz* mit § 39b Abs. 2 POG RP Ausnahmen von den polizeigesetzlichen Verwendungsverboten zu, *„sofern Tatsachen die Annahme rechtfertigen, dass die zeugnisverweigerungsberechtigte Person für die Gefahr verantwortlich ist."* Der Schutz von Vertrauensverhältnissen oder der Institutionen an sich soll nicht zur Begründung von Geheimbereichen führen, in denen die Verursachung von Gefahren einer staatlichen Aufklärung schlechthin entzogen ist[2813]. Dieser ist zumindest dann nicht mehr gerechtfertigt, wenn der Vertrauensschutz missbraucht wird[2814]. Insoweit könnten das *BKAG* sowie die Polizeigesetze von *Baden- Württemberg* und *Thüringen* mit § 20u Abs. 4 KLAG, § 9a Abs. 4 PolG BW, § 5 Abs. 5 ThürPAG i.d.F. vom 16.7.2008 eine verständlichere Regelung enthalten, wonach besonders geschützte Vertrauensverhältnisse i.S.d. §§ 53 Abs. 1 Satz 1 Nr. 3 bis 3b oder 5 StPO vor allem dann keinen Schutz genießen, *sofern Tatsachen die Annahme rechtfertigen, dass die zeugnisverweigerungsberechtigte Person die Gefahr verursacht hat.* Fraglich ist aber, ob die Polizeigesetzgeber durch die Übernahme dieser § 160a Abs. 4 StPO entsprechenden Regelungen ihrer sich aus der Verfassung ergebenden Schutzpflicht tatsächlich nachgekommen sind. Die Regelung des § 5 Abs. 4 Satz 1 ThürPAG i.d.F. vom 16.7.2008 wurde durch das Urteil des ThürVerfGH vom 21.11.2012 mit der Verfassung für unvereinbar erklärt, weil dies wegen Fehlens der die Vertrauensverhältnisse i.S.d. § 53 Abs. 1 Satz 1 Nr. 3 bis 3b oder Nr. 5 StPO überwiegenden schutzwürdigen Interessen nicht als be-

---

[2812] *Anlage 5.2 Ziffer 4e* (Zweckänderung der aus Wohnraumüberwachung erlangten personenbezogenen Daten / trotz Zeugnisverweigerungsrecht nach …).
[2813] BT-Drucksache 16/9588 S. 33/34.
[2814] RP LT-Drucksache 15/4879 S. 45.

Kapitel 4: Polizeiliche Befugnisse zur zweckändernden Nutzung von erhobenen Daten

stimmt genug erachtete[2815]. Aber auch das zumindest aus § 9a Abs. 2 PolG BW sowie § 20u Abs. 2 BKAG ableitbare Verständnis des absoluten Schutzanspruchs besonders geschützter Vertrauensverhältnisse i.S.d. § 53 Abs. 1 Satz 1 Nr. 1, 2 und 4 StPO könnte der Schutzpflicht des Staates für solch hochrangige Rechtsgüter wie Leib, Leben und Freiheit aus Art. 2 Abs. 2 GG widersprechen, da diese Ausnahmen für deren Gefährdung nur hinsichtlich der nach § 53 Abs. 1 Satz 1 Nr. 3 bis 3b und 5 StPO geschützten Vertrauensverhältnisse vorsehen.

Während etwaiger Regelungsbedarf im Zusammenhang mit dem Schutz von Berufsgeheimnissen bei der verdeckten präventiv- polizeilichen Datenerhebung bereits in Kapitel 2 analysiert wurde[2816], interessiert an dieser Stelle die Verwendung von personenbezogenen Daten, die durch heimliche repressive Datenerhebung in Unkenntnis der Tangierung eines besonders geschützten Vertrauensverhältnisses erhoben wurden[2817], und aus denen sich im Nachhinein Erkenntnisse über eine bevorstehende Gefahr für besonders hochrangige Rechtsgüter wie Leib, Leben und Freiheit einer Person ergeben. Die Gewährleistung des Schutzes der Bevölkerung vor Gefahren für Leib, Leben und Freiheit und der Sicherheit des Staates als verfasster Friedens- und Freiheitsmacht ist eine der vornehmsten Aufgaben des Rechtsstaats[2818]. Zwar finden die Pflichten des Staates zum Schutz anderer Rechtsgüter ihre Grenzen in dem Verbot unangemessener Grundrechtseingriffe[2819]. In der präventiv- polizeilichen Nutzung vorhandener Daten zur Abwehr von Gefahren für Leib, Leben oder Freiheit liegen jedoch keine unverhältnismäßigen Grundrechtseingriffe, wenn die Daten aus einem besonders geschützten Vertrauensverhältnis stammen. Aus demselben Grund entsteht die polizeiliche *Verantwortlichkeit* für eine Gefahr beim polizeilichen Notstand nach sämtlichen Polizeigesetzen, wenn der Notstandsverantwortliche in keiner Weise bei der Entstehung der Gefahr mitgewirkt hat. Voraussetzungen sind eine gegenwärtige Gefahr für hochrangige Rechtsgüter wie Leib, Leben oder Freiheit, die Verhältnismäßigkeit der Maßnahme sowie deren Erforderlichkeit als ultima ratio. Der hohe Rang der zu schützen-

---

2815 ThürVerfGH in Urteil vom 21.11. 2012 (Az.: VerfGH 19/09) S. 37.
2816 Kapitel 2 A. IV. 2. d. bb. (S. 307) / IV. 4. c. (S. 323) / IV. 5 (S. 328) / IV. 6. (S. 335).
2817 MV VerfG in LKV 2000, 345 (352/353).
2818 BT-Drucksache 16/10851 S. 1; ThürVerfGH in Urteil vom 21.11. 2012 (Az.: VerfGH 19/09) S. 36.
2819 BVerfGE 120, 274 (327); 115, 320 (358); 115, 118 (159/160).

C. Befugnisse zur präventiv- polizeilichen Nutzung von polizeilichen Daten

den Rechtsgüter rechtfertigt daher sogar die präventiv- polizeilichen Nutzung von zu Beweiszwecken im Strafverfahren nicht verwert- oder sogar vollumfänglich nicht verwendbaren, weil aus besonders geschützten Vertrauensverhältnissen stammenden Daten[2820]. Die Grundrechte aus Art. 2 Abs. 2 Satz 1 und 2 GG haben gegenüber dem öffentlichen Interesse an der Strafverfolgung ein höheren Schutzanspruch als beispielsweise die Grundrechte aus Art. 4 GG und Art. 5 GG. Werden *während* oder *bei der Auswertung* einer heimlichen Überwachung, die sich ursprünglich nicht gegen eine durch ein besonders Vertrauensverhältnis geschützte Person richtete, aus einem Gespräch zwischen dem Berufsgeheimnisträger und der überwachten Person Anhaltspunkte für eine Gefahr für Leib, Leben oder Freiheit einer Person bekannt, macht der hohe Rang des gefährdeten Rechtsguts den Rückgriff auf diese Erkenntnisse zwingend erforderlich. Dürften andernfalls durch Großen Lauschangriff gewonnene Informationen zu präventiv- polizeilichen Zwecken nur genutzt werden, wenn die Informationen auch im repressiven Ausgangsverfahren als Beweismittel verwertbar wären, würde dies gegen die Menschenwürde und damit gegen die Verfassung verstoßen; beispielsweise wenn die Polizei Informationen über einen bevorstehenden Anschlag ignorieren müsste, falls sich ein Großer Lauschangriff wegen Verstoßes gegen den Schutz von Vertrauensverhältnissen als rechtswidrig erwiese[2821]. Es verstößt auch gegen die Menschenwürde, wenn bei einer Überwachung, von der eine im Strafverfahren durch § 53 Abs. 1 StPO geschützte Person betroffen ist, Erkenntnisse einer Gefahr für Leib, Leben oder Freiheit gewonnen würden, die wegen des Vertrauensverhältnisses nicht genutzt werden dürften. Dies gilt über den Wortlaut des § 7 Abs. 1 Nr. 1 POG RP hinaus selbst dann, wenn es sich noch nicht um eine gegenwärtige erhebliche Gefahr sondern lediglich um eine in absehbarer Zeit bevorstehende Gefahr handelt. Der Schutzanspruch von Leib, Leben und Freiheit aus Art. 2 Abs. 2 GG überwiegt die Grundrechte aus Art. 4 und 5 GG, die den am ehesten schützenswerten Berufsgeheimnissen zu Grunde liegen, selbst dann, wenn noch keine gegenwärtige Gefahr für Leib, Leben und Freiheit zu bejahen ist. Die Schutzpflicht des Staates für die Rechtsgüter aus Art. 2 Abs. 2 GG besteht unabhängig davon, unter welchen Umständen und unter Beteiligung welcher Berufsgeheimnisträger die zu der Erkenntnis führenden Daten erhoben wurden. Demgegenüber kann der Schutzanspruch von be-

---

2820 Meyer-Goßner, StPO, § 100d Rn. 8; Röwer in Radtke/Hohmann, StPO, § 100d Rn. 5; Wolter in SK-StPO, § 100d Rn. 52; a.A. RP LT-Drucksache 15/4879 S. 45.
2821 BT-Drucksache 15/4533 S. 25.

Kapitel 4: Polizeiliche Befugnisse zur zweckändernden Nutzung von erhobenen Daten

stimmten besonderen Vertrauensverhältnissen an einem von einer heimlichen Überwachung betroffenen Gespräch bei der Abwägung mit dem öffentlichen Interesse an der Strafverfolgung – wie in § 160a Abs. 1 und 2 StPO zutreffend differenziert – im Falle der in § 53 Abs. 1 Satz 1 Nr. 1, 2 und 4 StPO zu einem Überwiegen des besonderen Vertrauensschutzes führen. Somit darf bei der präventiv- polizeilichen Nutzung von Zufallserkenntnissen aus einer Überwachung bestimmter Berufsgeheimnisträger und des damit einhergehenden Vertrauensverlust zur Abwehr von Gefahren für hochrangige Rechtsgüter nicht wie in § 20u Abs. 1 und 2 BKAG oder § 9a Abs. 1 und 2 PolG BW zwischen absoluten und relativen Erhebungsverboten differenziert werden[2822]. Zwar dürfen Berufsgeheimnisträger, die eine Gefahr nicht verursacht haben, bei verdeckten präventiv- polizeilichen Maßnahmen grundsätzlich nicht zu deren Adressaten werden[2823]. Jedoch ist bei der präventiv- polizeilichen Verwendung von Erkenntnissen, die sich nicht gegen Berufsgeheimnisträger richteten, aber aus der Kommunikation des Adressarten der Überwachung mit einem Berufsgeheimnisträger stammen, die Differenzierung nach § 53 Abs. 1 Nr. 1, 2 und 4 StPO einerseits und § 53 Abs. 1 Nr. 3 bis 3b und Nr. 5 StPO andererseits im Zusammenhang mit der polizeilichen Aufgabe der Gefahrenabwehr unangebracht. Gleiches gilt für die im Strafverfahren durch § 53 Abs. 1 Satz 1 Nr. 5 StPO geschützte Pressefreiheit als Grundlage des demokratischen Rechtsstaats[2824]. Gegen Berufsgeheimnisträger dürfen daher zur Gefahrenabwehr grundsätzlich keine gezielten präventiv- polizeilichen Überwachungen angeordnet werden. Wird aber anlässlich einer Überwachungsmaßnahme eines Nicht- Berufsgeheimnisträgers ein Gespräch mit einem Berufsgeheimnisträgern aufgezeichnet, aus dem sich Erkenntnisse über eine Gefahr für Leib, Leben oder Freiheit ergeben, müssen diese Erkenntnisse zum Schutz der genannten Rechtsgüter genutzt werden dürfen. Äußerungen mit einem Sozialbezug von solchem Gewicht haben gerade keinen Bezug zur Menschenwürde des von der Überwachung im polizeirechtlichen Sinn Betroffenen sowie des Berufsgeheimnisträgers[2825]. Die Grundrechte enthalten auch eine alle staatlichen Organe bindende Verpflichtung des Staates, diese zu schützen, so dass der Staat dafür zu sorgen hat, die Bürger vor rechtswidrigen Eingriffen durch

---

2822 A.A. Roggan in NJW 2009, 257 (259).
2823 BT-Drucksache 16/10851 S. 8.
2824 BT-Drucksache 16/10851 S. 8.
2825 A.A. Roggan in NJW 2009, 257 (259).

andere zu bewahren[2826]. Eine polizeirechtliche Norm, die diesem Schutzauftrag offensichtlich widerspricht und die Polizei zwingt, die Grenzen ihres Handelns selbst festzulegen, ist mit den Geboten der Normenbestimmtheit und -klarheit nicht zu vereinbaren[2827].

Im Ergebnis gilt das den Schutz von Vertrauensverhältnissen dienende absolute Erhebungsverbot aus § 100c Abs. 6 Satz 1 StPO zwar umfassend, also nicht nur bezogen auf das Strafverfahren. Nicht abschließend in der *StPO* geregelt sind jedoch dem § 100c Abs. 6 Satz 3 StPO i.V.m. § 160a Abs. 4 Satz 1 StPO entsprechende, durch die Polizeigesetzgeber zu schaffenden und den Grundrechten aus Art. 2 Abs. 2 GG angemessen Rechnung tragenden Ausnahmetatbestände i.S.d. § 481 Abs. 2 StPO. Die Polizeigesetzgeber sind angesichts des hohen Verfassungsrangs der Grundrechte auf Leib, Leben und Freiheit verpflichtet, diesen Grundrechten Rechnung tragende klarstellende Bestimmungen zu erlassen[2828]. Dies ist bislang allenfalls dem Polizeigesetzgeber von *Rheinland- Pfalz* gelungen. Aus Gründen der Verständlichkeit sollte es in § 39b POG RP und entsprechenden bundes- oder landesgesetzlichen Regelungen heißen:

§ 8e MEPolG – neu
(…) Ergeben sich aus Erkenntnissen i.S.d. Absatz 2 oder 3, die nicht aus einer gegen den Berufsgeheimnisträger oder dessen Hilfspersonen gerichteten Maßnahme stammen, Anhaltspunkte für eine bestehende Gefahr für Leib, Leben oder Freiheit einer Person, dürfen diese Erkenntnisse zur Abwehr dieser Gefahr genutzt werden.

cc. Zusammenfassung

Im Ergebnis lässt § 100d Abs. 5 Nr. 2 StPO die zweckändernde präventivpolizeiliche Nutzung von Daten, die durch Großen Lauschangriff erhoben wurden, zur Abwehr von bevorstehenden Gefahren für hochrangige Rechtsgüter oder Schäden größeren Ausmaßes zu[2829]. Dabei bezieht sich § 100d Abs. 5 Nr. 2 Satz 1 StPO auf personenbezogene Daten, deren präventiv- polizeilicher Verwendung deshalb kein den §§ 100c Abs. 5 Satz 3 StPO oder § 100c Abs. 6 Nr. 1 StPO entsprechendes absolutes Verwendungsverbot

---
[2826] BVerfGE 46, 160 (164); 39, 1 (42); ThürVerfGH in Urteil vom 21.11. 2012 (Az.: VerfGH 19/09) S. 36.
[2827] ThürVerfGH in Urteil vom 21.11. 2012 (Az.: VerfGH 19/09) S. 36.
[2828] Kugelmann/Rüden in ThürVBl. 2009, 169 (174); Schenke in JZ 2001, 997 (1003).
[2829] SächsVerfGH in NVwZ 2005, 1310 (1316).

entgegensteht, weil ein solches bei bevorstehender Gefahr für Leib, Leben oder Freiheit einer Person aufgrund des hohen Ranges dieser grundrechtlich geschützten Rechtspositionen ausgeschlossen ist. Gespräche, die sich auf eine Gefahr für den Bestand des Bundes oder eines Landes oder für Leib, Leben und Freiheit einer Person beziehen, sind weder dem Kernbereich privater Lebensgestaltung zuzurechnen noch können sie vom Schutzanspruch besonderer Vertrauensverhältnisse umfasst sein. Bestehen jedoch keine Anhaltspunkte dafür, dass ein Berufsgeheimnisträger eine Gefahr verursacht, dürfen gegenüber dem Berufsgeheimnisträger von vornherein keine gezielten Überwachungen durchgeführt werden. Daher können Erkenntnisse aus Gesprächen mit einem Berufsgeheimnisträger nur dann für präventiv- polizeiliche Zwecke genutzt werden, wenn während der heimlichen Überwachung eines Nicht- Berufsgeheimnisträgers unbeabsichtigt Gespräche mit einem Berufsgeheimnisträger aufgezeichnet werden, aus denen sich Erkenntnisse über eine in absehbarer Zeit bevorstehende Gefahr für Leib, Leben oder Freiheit einer Person ergeben. Derartige Gesprächsinhalte unterliegen dann nicht dem ausschließlich für repressive Überwachung bestehendem Beweiserhebungsverbot und daher grundsätzlich zu fordernden Verwendungsverbot.

b. Die Öffnungsklausel des § 100d Abs. 5 Nr. 2 Satz 2 StPO

Weiterhin stellt sich die Frage, ob § 100d Abs. 5 Nr. 2 Satz 2 StPO neben § 100d Abs. 5 Nr. 1 StPO Bedeutung erlangt[2830]. Nach § 100d Abs. 5 Nr. 2 Satz 2 StPO dürfen durch Großen Lauschangriff gewonnene personenbezogene Daten nur *„zur Abwehr einer im Einzelfall bestehenden dringenden Gefahr für sonstige bedeutende Vermögenswerte"* verwendet werden, *„wenn im Ausgangsverfahren keine Verwertungsverbote entgegenstehen"*[2831].

Der Begriff der Verwertbarkeit bezieht sich ausschließlich auf die in § 100c Abs. 5 und 6 StPO genannten absoluten Beweisverwertungsverbote nicht aber auf deren Verwendbarkeit im polizeirechtlichen Sinne[2832]. Die gegenüber § 100d Abs. 5 Nr. 2 Satz 1 StPO weitergehende Einschränkung der präventiv- polizeilichen Verwendung von mittels Großen Lauschangriff erhobenen Daten verdeutlicht, dass die Abwägung zwischen den in §§ 53 ff

---

2830 Wolter in SK-StPO, § 100d Rn. 52, 60.
2831 BT-Drucksache 15/5486 S. 18.
2832 BGHSt 54, 69 (81- Rn. 31); Röwer in Radtke/Hohmann, StPO, § 100d Rn. 8.

StPO benannten Berufsgeheimnisträger verkörperten Grundrechtspositionen und sonstigen Vermögenswerten entfällt, weil diese jedenfalls zu Gunsten der im Strafverfahren durch die §§ 53 ff StPO geschützten Berufsgeheimnisse ausfällt. § 100d Abs. 5 Nr. 2 Satz 2 StPO wird damit keineswegs obsolet. Dieser bezieht sich auf Situationen, in denen es im Einzelfall nicht bereits aufgrund des hohen Ranges des zu schützenden Rechtsguts geboten ist, durch Großen Lauschangriff erhobene Daten trotz Betroffenheit eines besonders geschützten Vertrauensverhältnisses oder sonst rechtswidriger Erlangung ausnahmsweise zur Abwehr besonderer Gefahren zu verwenden[2833]. Hier können aber relative *Verwendungs*regelungen wie die aus § 20u Abs. 2 BKAG und § 9a Abs. 2 PolG BW Bedeutung erlangen. Soweit § 100d Abs. 5 Nr. 2 Satz 2 StPO für die polizeiliche Verwendung der Erkenntnisse eine sonstige Gefahr für Vermögenswerte genügen lässt, ist unter Berücksichtigung der Vorgaben des Art. 13 Abs. 4 GG Voraussetzung, dass das für eine *gemeine Gefahr* typische Gefahrenpotential gegeben ist[2834]. Sofern kein Verwendungsverbot aufgrund von durch §§ 53 ff StPO besonders geschützten Vertrauensverhältnisse entgegensteht, können durch Großen Lauschangriff erhobene Daten vorbehaltlich einer entsprechenden präventiv- polizeilichen Befugnisnorm zur Abwehr einer Gefahr für besondere Sach- und Vermögenswerte verwendet werden.

c. Der Datenschutz i.w.S. aus § 100d Abs. 5 Nr. 2 Satz 3 bis 5 StPO

§ 100d Abs. 5 Nr. 2 Satz 3 bis 5 StPO legt den für die Gefahrenabwehr zuständigen Stellen datenschutzrechtliche Verpflichtungen zur Löschung, Dokumentation über die Löschung bzw. Sperrung der ursprünglich durch einem Großen Lauschangriff erhobenen Daten auf[2835]. Aufgrund des auch für das Polizeirecht bestehenden Bedürfnisses nach präzise geregelten Datenschutzbestimmungen und der hierfür bestehenden Gesetzgebungskompetenz der Polizeigesetzgeber fallen Regelungen über den Umgang mit Daten, die der Polizei auf Grundlage von präventiv- polizeilichen Befugnissen zu präventiv- polizeilichen Zwecken bereitstehen, nicht unter die konkurrierende Gesetzgebungskompetenz des Bundes für das Strafverfahren aus Art. 74

2833 BT-Drucksache 15/5486 S. 18.
2834 BVerfGE 109, 279 (379).
2835 Löffelmann in NJW 2005, 2033 (2036).

Abs. 1 Nr. 1 GG[2836]. Daher entbehren die datenschutzrechtlichen Bestimmungen aus § 100d Abs. 5 Nr. 2 Satz 3 bis 5 StPO der erforderlichen Gesetzgebungskompetenz des Bundes[2837]. § 100d Abs. 5 Nr. 2 bis 5 StPO liegt jedoch der Gedanke zu Grunde, dass die präventiv- polizeiliche Nutzung von mittels Großen Lauschangriffs erhobenen Daten neben den in § 100d Abs. 5 Nr. 2 Satz 1 und 2 StPO aufgestellten Anforderungen nur dann zulässig sein soll, wenn die Polizeigesetze die in § 100d Abs. 5 Nr. 3 bis 5 StPO vorgesehenen datenschutzrechtlichen Vorkehrungen enthalten[2838]. Dies gibt der Wortlaut der Regelung jedoch nicht her. Bei § 100d Abs. 5 Nr. 2 Satz 3 bis 5 StPO handelt es sich um keine Befugnis zur unmittelbaren Datenverwendung, denn die eigentliche Öffnungsklausel für die weitere Verwendung von durch Großen Lauschangriff gewonnenen Daten zu präventiv- polizeilichen Zwecken finden sich in § 100d Abs. 5 Nr. 2 Satz 1 und 2 StPO. Einer Auslegung des § 100d Abs. 5 Nr. 2 StPO dahingehend, dass die präventiv- polizeiliche Verwendung von durch Großen Lauschangriff gewonnenen Daten nur bei Vorhandensein der in § 100d Abs. 5 Nr. 2 Satz 3 bis 5 genannten Verwendungsregelungen in den zur präventiv- polizeilichen Nutzung berechtigenden Befugnisnormen zulässig sein soll, steht nichts entgegen. Für eine zweckändernde präventiv- polizeiliche Nutzung von mittels Großen Lauschangriffs erhobenen Daten ist es erforderlich, dass etwaige präventiv- polizeiliche Befugnisnormen entsprechende Löschungs-, Dokumentations- und Sperrungsverpflichtungen vorsehen.

3. Die Öffnungsklausel des § 477 Abs. 2 Satz 3 Nr. 1 StPO

Eine weitere besondere bundesgesetzliche Verwendungsbeschränkung für die präventiv- polizeiliche Nutzung von auf repressiver Grundlage erhobenen Daten ist § 477 Ab. 2 Satz 3 Nr. 1 StPO.

Der bis zur Neuregelung des § 477 Abs. 2 Satz 3 StPO in der Literatur anhaltenden Diskussion darüber, ob § 477 Abs. 2 Satz 3 StPO gegenüber § 481 Abs. 1 Satz 1 StPO eine speziellere Verwendungsbeschränkung[2839] i.S.d. § 481 Abs. 2 StPO ist[2840], oder ob der sich auf die zweckändernde

---

2836 Wolter in SK-StPO § 110d Rn. 62.
2837 Löffelmann in NJW 2005, 2033 (2036).
2838 BT-Drucksache 15/5486 S. 18.
2839 Puschke/Singelstein in NJW 2008, 112 (117).
2840 Meyer-Goßner, StPO, § 481 Rn. 2.

C. Befugnisse zur präventiv- polizeilichen Nutzung von polizeilichen Daten

präventiv- polizeiliche Nutzung von erhobenen Daten durch unterschiedliche, auf Prävention ausgerichtete Behörden regelnde § 477 Abs. 2 StPO gegenüber § 481 Abs. 1 Satz 1 und 2 StPO deshalb subsidiär ist, weil sich letztgenannter speziell auf Polizeibehörden bezieht[2841], wurde mit dem *TKÜG 2007* die Grundlage entzogen. Die umstrittene Übermittlungsregelung des § 477 Abs. 2 Satz 2 StPO a.F. musste den im heutigen § 477 Abs. 2 Satz 2 und 3 StPO enthaltenen Verwendungsregelungen weichen. Hiernach sind bei der Verwendung – und damit auch bei der Übermittlung – stets die besonderen bundes- oder landesgesetzlichen Verwendungsregelungen – und damit auch die in § 477 Abs. 2 Satz 3 Nr. 1 StPO enthaltenen Verwendungsbeschränkungen zu beachten[2842]. Durch das *TKÜG 2007* wurde zudem die auf § 481 StPO verweisende Einschränkung des § 477 Abs. 2 Satz 4 StPO a.F. gestrichen[2843] und durch die heutige Subsidiaritätsklausel ersetzt. Gem. dem heutigen § 477 Abs. 2 Satz 4 StPO bleiben § 100d Abs. 5 Nr. 2 StPO sowie die §§ 100i Abs. 2 Satz 2; 108 Abs. 2 und 3 StPO unberührt. § 108 Abs. 2 und 3 StPO verbietet nur die Verwertung erhobener Daten zu Beweiszwecken und ist daher ausschließlich für den Anwendungsbereich des § 477 Abs. 2 Satz 2 StPO und die Frage nach der Verwendbarkeit von zu repressiven Zwecken erhobenen Daten zu repressiven Zwecken relevant.

Nach § 477 Abs. 2 Satz 3 Nr. 1 StPO dürfen Daten, die durch repressive Maßnahmen erhoben wurden, die nur bei Verdacht bestimmter Straftaten zulässig sind, zu präventiv- polizeilichen Zwecken nur *„zur Abwehr einer erheblichen Gefahr für die öffentliche Sicherheit"* verwendet werden. Bloße Gefahren für die öffentliche Ordnung genügen, auch wenn sie erheblich sind, nicht[2844]. Fraglich ist, ob der Bundesgesetzgeber mit dem Begriff der *erheblichen Gefahren für die öffentliche Sicherheit* dem Gebot der Normenbestimmtheit und Normenklarheit genügt. Zwar fehlt es in der *StPO* an einer Legaldefinition dieses Begriffs. Allerdings wird dieser in § 13 Abs. 2 Nr. 5 BDSG im Zusammenhang mit der Erhebung besonderer Daten i.S.d. § 3 Abs. 9 BDSG genannt. Auch findet sich der Begriff der *erheblichen Gefahr* in nahezu sämtlichen Polizeigesetzen in den Regeln über den polizei-

---

[2841] Rieß in Löwe/Rosenberg, StPO, § 477 Rn. 12; Ebert/Seel, ThürPAG, § 39 Rn. 15; Schenke in JZ 2001, 997 (1004-Fußnote 48); Brodersen in NJW 2000, 2536 (2540).
[2842] BT-Drucksache 16/5846 S. 67.
[2843] BT-Drucksache 16/5846 S. 67.
[2844] BT-Drucksache 16/5846 S. 66.

lichen Notstand. Dort wird für die polizeiliche Inanspruchnahme von Nichtverantwortlichen in der Regel eine *gegenwärtige* erhebliche Gefahr für die öffentliche Sicherheit gefordert. Weiterhin enthalten 4 Landespolizeigesetze diesbezüglich Legaldefinitionen, auch wenn hierin der Begriff der *erheblichen Gefahr für die öffentliche Sicherheit* nicht abschließend und teilweise unterschiedlich definiert wird. So lautet die Legaldefinition der Polizeigesetze von *Bremen, Mecklenburg- Vorpommern, Niedersachsen* und *Sachsen- Anhalt „insbesondere eine Gefahr für ein bedeutsames Rechtsgut, wie den Bestand des Staates, Leben, Gesundheit, Freiheit oder nicht unwesentliche Vermögenswerte*[2845]". Danach bezieht sich eine erheblich Gefahr zumindest auf die in § 100d Abs. 5 Nr. 2 Satz 1 und 2 StPO genannten Rechtsgüter[2846]. Das Wort *„insbesondere"* macht allerdings deutlich, dass die Definitionen nicht abschließend sind. § 2 Nr. 1 c) NdsSOG bezieht zum Beispiel *alle strafrechtlich geschützten Güter* in die Definition der *erheblichen Gefahr für die öffentliche Sicherheit* ein und geht damit zu weit. Äußerste Grenze der *erheblichen Gefahr* i.S.d. § 477 Abs. 2 Satz 3 StPO ist jedenfalls § 481 Abs. 1 Satz 3 StPO. Soweit personenbezogene Daten aus Strafverfahren, die nicht unter die gegenüber § 481 Abs. 1 Satz 1 StPO speziellere Regelung des § 477 Abs. 2 Satz 3 StPO fallen, nicht zum Schutz privater Rechte zur Erfüllung polizeilicher Aufgaben genutzt werden dürfen, gilt das erst recht für solche Daten, deren Erhebung i.S.d. § 477 Abs. 2 Satz 2 und 3 StPO vom Vorliegen des Verdachts einer bestimmten Straftat abhängig war. Daher fällt die Abwehr von Gefahren für Rechtsgüter, die durch bevorstehende Antrags- und Privatklagedelikte drohen, nicht unter den Begriff der erheblichen Gefahr, obwohl die hierdurch geschützten Rechtsgüter strafrechtlich geschützt werden. Unklar bleibt weiterhin, welcher Gefahrengrad gefordert wird. In Polizeigesetzen, die die erhebliche Gefahr als Voraussetzung für den polizeilichen Notstand voraussetzen, wird regelmäßig eine *„gegenwärtige"* erhebliche Gefahr gefordert. Dies ist aber dem Umstand geschuldet, dass die Regeln über den polizeilichen Notstand Ausnahmen sind von den Regeln der Adressatenauswahl bei der Abwehr zumindest konkreter Gefahren. Zum besonders hohen Rang des gefährdeten Rechtsguts muss eine besondere zeitliche Dringlichkeit hinzukommen, ehe ein für die abzuwehrende Gefahr Nicht- Verantwortlicher Adressat einer polizeilichen Maßnahme wird. Diese Überlegung legt nahe, dass der in § 477 Abs. 2 Satz 3 StPO her-

---

2845 § 2 Nr. 3c) BremPolG; § 3 Abs. 3 Nr. 3 SOG MV; § 2 Nr. 1c) NdsSOG; § 3 Nr. 3c) SOG LSA.
2846 A.A. Pewestorf in Söllner/Pewestorf/Tölle, POR, Teil 1, § 1 Rn. 30.

angezogene Begriff der erheblichen Gefahr im Gegensatz zum Begriff der dringenden Gefahr aus Art. 13 Abs. 4 Satz 1 GG keinen zeitlichen Aspekt des Gefahrengrads enthält. Nach hier vertretener Auffassung umfasst der in Art. 13 Abs. 4 Satz 1 GG enthaltene Begriff der *gemeinen Gefahr* in zeitlicher Hinsicht zumindest auch eine Gefahr, deren zeitliche Nähe zum Schadenseintritt noch nicht den Grad einer konkreten Gefahr im polizeirechtlichen Sinn erreicht, nicht jedoch eine Gefahr im nachrichtendienstlichen Sinn[2847]. Gem. § 100d Abs. 5 Nr. 2 StPO können personenbezogene Daten auch im Vorfeld einer konkreten Gefahr zur Verhütung von bestimmten Straftaten bzw. zur Verhütung von Schäden für Rechtsgüter genutzt werden, zu deren Schutz diese Rechtsgüter gefährdende Handlungen unter Strafe gestellt wurden. Der in § 477 Abs. 2 Satz 3 Nr. 1 StPO enthaltene Begriff der erheblichen Gefahr, der sich nach den Polizeigesetzen von *Bremen, Mecklenburg- Vorpommern, Niedersachsen* und *Sachsen- Anhalt* auf dieselben Rechtsgüter bezieht wie § 100d Abs. 5 Nr. 2 Satz 1 und 2 StPO, kann also weitergehend sein und umfasst jedenfalls präventiv- polizeiliche Maßnahmen im Vorfeld einer konkreten Gefahr. § 477 Abs. 2 Satz 3 Nr. 2 StPO erstreckt die Verwendbarkeit von heimlich erhobenen Daten aus Strafverfahren gerade auf die noch weiter im Vorfeld einer konkreten Gefahr liegende Tätigkeit der Nachrichtendienste. Daher sollten die Polizeigesetzgeber den Begriff der erheblichen Gefahr für die öffentliche Sicherheit verstehen als „*konkrete oder im unmittelbaren Vorfeld einer konkreten Gefahr liegende Gefährdung für Leib, Leben und Freiheit oder nicht unwesentliche Vermögenswerte.*"

Eine Einschränkung der präventiv- polizeilichen Nutzung von auf repressiver Grundlage heimlich erhobenen Daten liegt in § 481 Abs. 2 StPO. Danach bleiben nicht nur die spezielleren Verwendungsregeln der §§ 100d Abs. 5 Nr. 2; 477 Abs. 2 Satz 3 StPO unberührt, sondern auch „*andere bundesgesetzliche oder entsprechende landesgesetzliche Verwendungsbeschränkungen*". Dabei kann nicht auf die Ausführungen zu § 160 Abs. 4 StPO zurückgegriffen werden. Wie bereits zu § 100d Abs. 5 Nr. 2 Satz 1 StPO herausgearbeitet[2848], genügen das an § 160a Abs. 1 StPO orientierte bundesgesetzliche präventiv- polizeiliche *Verwendungs*verbot des § 20u Abs. 1 BKAG sowie die diesem i.S.d. § 481 Abs. 2 StPO entsprechenden Regelungen des § 9a Abs. 1 Satz 2 PolG BW sowie des § 5 Abs. 3 ThürPAG

2847 Kapitel 2 A. IV. 2. b. (S. 286); a.A. Pewestorf in Söllner/Pewestorf/Tölle, POR, Teil 1, § 1 Rn. 30.
2848 Kapitel 4 C. I. 2. a. bb. (S. 581).

Kapitel 4: Polizeiliche Befugnisse zur zweckändernden Nutzung von erhobenen Daten

i.d.F. vom 16.7.2008 dem Schutzanspruch der Grundrechte auf Leib, Leben oder Freiheit einer Person nicht[2849]. § 160a Abs. 1 StPO trägt strafprozessualen Besonderheiten bereichsspezifisch Rechnung, für entsprechende präventiv- polizeiliche Verwendungsbeschränkungen müssen eigene bereichsspezifische Regelungen geschaffen werden[2850]. Wäre es der Polizei untersagt, zufällig gewonnene Daten aus Vertrauensverhältnissen zu verwenden, könnte ihr das einzige Mittel genommen werden, um schwere Verbrechen wie Sprengstoffanschläge oder Geiselnahmen zu verhindern[2851]. Ähnliches wie zu § 100d Abs. 5 Nr. 2 Satz 1 StPO herausgearbeitet[2852] gilt für die TKÜ[2853] oder andere mit besonderen Mitteln und Methoden der Datenerhebung[2854] auf repressiver Grundlage erhobenen Daten. So ist es mit dem verfassungsrechtlichen Schutzanspruch der Grundrechte auf Leib, Leben und Freiheit nicht zu vereinbaren, dass die Polizeigesetze von *Berlin, Bremen* und *Nordrhein- Westfalen* keine Ausnahmen von den §§ 53, 53a, StPO entsprechenden Verwendungsverboten für Daten enthalten[2855], die unbeabsichtigt mittels heimlichen und in besonders geschützte Vertrauensverhältnisse eindringenden polizeilichen Maßnahmen erhoben wurden[2856]. Enthalten die Polizeigesetze den §§ 53, 53a StPO entspreche Verwendungsbeschränkungen, enthalten aber wie § 20u Abs. 1 Satz 3 BKAG, § 9a Abs. 1 Satz 2 PolG BW i.d.F. vom 21.11.2012 und § 5 Abs. 1 Satz 2 und 4 ThürPAG i.d.F. vom 16.7.2008 selbst keine den Grundrechten auf Leib, Leben und Gesundheit aus Art. 2 Abs. 2 GG hinreichend Rechnung tragende Ausnahmen für die Verwendung von zufällig aus besonders geschützten Vertrauensverhältnissen stammenden Zufallsfunden, falls Berufsgeheimnisträger aus § 53 Abs. 1 StPO bzw. § 53 Abs. 1 Satz 1 Nr. 1, 2 und 4 StPO oder deren Hilfspersonen von einer verdeckten präventiv- polizeilichen Datenerhe-

---

2849 ThürVerfGH, Urteil vom 21.11.2012 (Az.: VerfGH 19/09) S. 36.
2850 MV VerfG in LKV 2000, 345 (352).
2851 MV VerfG in LKV 2000, 345 (352).
2852 Kapitel 4 C. I. 2. a. bb. (S. 581).
2853 *Anlage 6.4 Ziffer 4a bis d, 5* (Rahmenbedingungen für TK-Maßnahmen aus Anlage 6.2 und 6.3 / Verwendung zur Gefahrenabwehr bei Verwendungsverboten / wegen Berufsgeheimnis).
2854 *Anlage 7 Ziffer 2a bis e* (Tatbestandsbeschränkungen bei verdeckt erfolgender Datenerhebung / Schutz von Vertrauensverhältnissen).
2855 MV VerfG in LKV 2000, 345 (352).
2856 *Anlage 7 Ziffer 2e* (Tatbestandsvoraussetzungen bei verdeckter Datenerhebung / Schutz von Vertrauensverhältnissen / Ausnahmen bei Gefahr für Leib, Leben, Freiheit).

bung als unbeteiligte Dritte betroffen sind, und die Daten in Unkenntnis solchen Erhebungsverbots erhoben wurden, sind die betroffenen Polizeigesetzgeber zum Erlass von Ausnahmeregelungen zum Schutz von hochrangigen Grundrechten wie dem aus Art. 2 Abs. 2 Satz 1 und 2 GG verpflichtet[2857]. Eine Verletzung des Kernbereichs privater Lebensgestaltung scheidet aufgrund des Sozialbezugs aus, wenn Betroffener einer polizeilichen Maßnahme zufällig ein Berufsgeheimnisträger ist. Eine polizeirechtliche Norm, die dem Schutzauftrag aus Art. 2 Abs. 2 Satz 1 und 2 GG offensichtlich widerspricht und die Polizei zwingt, die Grenzen ihres Handelns selbst festzulegen, ist mit der Wesentlichkeitstheorie und den damit eihergehenden Geboten der Normenbestimmtheit und -klarheit nicht zu vereinbaren[2858]. Hinsichtlich der neu zu schaffenden Regelung sei auf den oben entwickelten § 8e ME PolG – neu verwiesen. Der Schutz vor nachteiliger Verwertung der zufällig gewonnenen Daten aus Berufsgeheimnissen im Strafverfahren als Beweismittel wird durch § 160a StPO gewährleistet.

4. Zusammenfassung

Festzuhalten bleibt, dass Daten aus Strafverfahren nur dann für präventiv-polizeiliche Zwecke verwendet werden dürfen, wenn die Voraussetzungen des § 481 Abs. 1 Satz 1 bis 3, Abs. 2 StPO und des § 477 Abs. 2 Satz 3 StPO gegeben sind. Zu repressiven Zwecken offen erhobene Daten dürfen gem. § 481 Abs. 1 Satz 3 StPO nicht verwendet werden, wenn die Nutzung der Daten allein dem Schutz privater Rechte dient. Zu repressiven Zwecken heimlich erhobene Daten dürfen gem. § 477 Abs. 2 Satz 3 StPO nur zur Abwehr einer erheblichen Gefahr, also einer *konkreten oder im unmittelbaren Vorfeld einer konkreten Gefahr liegende Gefährdung für Leib, Leben und Freiheit oder nicht unwesentlicher Vermögenswerte* erhoben werden. § 481 Abs. 2 StPO ist so zu verstehen, dass der Verwendung von ausschließlich zu repressiven Zwecken erhobenen Daten keine *besonderen* bundes- *oder* landesgesetzlichen Verwendungsregeln entgegenstehen dürfen[2859].

2857 MV VerfG in LKV 2000, 345 (352).
2858 ThürVerfGH, Urteil vom 21.11.2012 (Az.: VerfGH 19/09) S. 36.
2859 Hohmann in Radtke/Hohmann, StPO, § 481 Rn. 3; Schenke in JZ 2001, 997 (998).

II. Polizeigesetzliche Aufnahmeklauseln für die zweckändernde präventivpolizeiliche Datennutzung und -verarbeitung

§§ 100d Abs. 5 Nr. 2; 481; 477 Abs. 2 Satz 3 Nr. 1 StPO enthalten noch keine Rechtsgrundlage für die präventiv- polizeiliche Nutzung von auf repressiver Grundlage gewonnenen Erkenntnissen für Zwecke der Gefahrenabwehr[2860]. Die Polizeigesetze müssen vielmehr über die zweckändernde Datennutzung legitimierende Aufnahmeklauseln verfügen[2861], die es der Polizei ermöglichen, repressiv erhobene Daten zu präventiv- polizeilichen Zwecken zu nutzen sowie zu den geänderten Nutzungszwecken zu verarbeiten[2862]. Die polizeigesetzlichen Aufnahmeklauseln können die durch §§ 481 Abs. 1 Satz 1; 477 Abs. 2 Satz 3 Nr. 1, 100d Abs. 5 Nr. 2 StPO gesetzten Verwendungsbeschränkungen weiter einschränken. Unklar ist, inwieweit de lege lata die präventiv- polizeiliche Verwendung von aus repressiven Eingriffen in besonders geschützte Rechtspositionen wie Art. 10 Abs. 1 GG stammenden Daten zulässig ist[2863]. Die polizeigesetzlichen Aufnahmeklauseln für Daten aus Strafverfahren sind in den einzelnen Polizeigesetzen unterschiedlich ausgestaltet. Entweder lassen sie die Verwendung von auf repressiver Grundlage erhobenen Daten allgemein zur Gefahrenabwehr zu oder differenzieren nach den strafprozessualen Erhebungsbefugnissen.

1. Ausdrücklich geregelte polizeigesetzliche Aufnahmeklauseln[2864]

Im *BPolG* und den Polizeigesetzen von *Bayern, Berlin, Brandenburg, Nordrhein- Westfalen, Rheinland- Pfalz, Sachsen, Sachsen- Anhalt* und *Thüringen* finden sich Aufnahmeklauseln, die – abgesehen von der im folgenden Kapitel behandelten Verarbeitung von Daten aus Strafverfahren – generell zur Nutzung von auf repressiver Grundlage erhobenen Daten zur Gefahrenabwehr ermächtigen ohne hinsichtlich der ursprünglichen Erhebungsmethode und dem hiervon betroffenen Grundrecht zu differenzieren.

2860 Schenke in JZ 2001, 997 (998/999).
2861 *Anlage 4.2 Ziffer 1* (Zweckänderung von Daten aus Maßnahmen der Strafverfolgung zu Zwecken der Gefahrenabwehr).
2862 Soine in Kriminalistik 2001, 245 (249).
2863 Schenke in JZ 2001, 997 (998).
2864 *Anlage 4.2 Ziffer 1* (Zweckänderung von Daten aus Maßnahmen der Strafverfolgung zu Zwecken der Gefahrenabwehr (allgemein) / Zweckänderung Strafverfahren -> Gefahrenabwehr).

Demgegenüber differenziert das Polizeigesetz von *Baden- Württemberg* zwischen Daten, die auf Grundlage des § 100c StPO, auf Grundlage des § 100a StPO oder durch Eingriff in das Grundecht auf informationelle Selbstbestimmung erhoben wurden, und beschränkt die Nutzung von auf Grundlage der §§ 100c ff StPO erhobenen Daten ausdrücklich auf die *„Abwehr einer Gefahr für den Bestand oder die Sicherheit des Bundes oder eines Landes oder für Leben, Gesundheit oder Freiheit einer Person,"* die Nutzung von auf Grundlage der §§ 100a, 100b StPO erhobenen Daten ausdrücklich auf die *„Abwehr einer Gefahr für den Bestand oder die Sicherheit des Bundes oder Landes oder für Leben, Gesundheit oder Freiheit einer Person oder zur vorbeugenden Bekämpfung für Straftaten von erheblicher Bedeutung"*, und die Nutzung von durch repressiven Eingriff in das Grundrecht auf informationelle Selbstbestimmung erhobenen Daten auf die *„Abwehr einer Gefahr oder zur vorbeugenden Bekämpfung für Straftaten von erheblicher Bedeutung."*

Das *Bremer* Polizeigesetz lässt die zweckändernde Nutzung von auf repressiver Grundlage mit besonderen Mitteln und Methoden erhobenen Daten nur zur *„Abwehr einer gegenwärtigen Gefahr für Leben, Gesundheit oder Freiheit einer Person oder zur Verhütung von Straftaten mit erheblicher Bedeutung"* zu. Bei Ermangelung anderer Aufnahmeklauseln müsste zur präventiv- polizeilichen Nutzung von auf repressiver Grundlage offen erhobenen Daten die polizeiliche Generalklausel herangezogen werden. Der geänderte Nutzungszweck der Verhütung von Straftaten mit erheblicher Bedeutung entspricht aufgrund des zu weit gehenden Begriffs der Straftaten von erheblicher Bedeutung nicht den Anforderungen des § 100d Abs. 5 Nr. 2 StPO.

Die Aufnahmeklausel von *Hamburg* differenziert zwischen Daten, die auf repressiver Grundlage offen bzw. mit besonderen Mitteln und Methoden erhoben wurden. Wurden Daten heimlich erhoben, dürfen sie wegen der sich daraus ergebenden Einschränkung der Regel über die hypothetische Ersatzvornahme zu präventiv- polizeilichen Zwecken nur genutzt werden, wenn sie zu diesen Zwecken auf präventiv- polizeilicher Grundlage mit entsprechenden Mitteln erhoben werden könnten.

Die Polizeigesetze von *Hessen, Mecklenburg- Vorpommern,* dem *Saarland* und *Schleswig- Holstein* beziehen die Aufnahmeklauseln über die präventiv- polizeiliche Verwendung von auf repressiver Grundlage erhobenen Daten ausschließlich auf die *„Speicherung"* und *„sonstige Verarbeitung"* von personenbezogenen Daten *„zur vorbeugenden Bekämpfung von Straftaten"*, so dass zumindest unklar ist, ob sich daraus eine Befugnis zur zweckändernden präventiv- polizeilichen Nutzung von ursprünglich zu repressiven Zwecken erhobenen Daten ergibt. Aufnahmeklauseln für die unmittelbare Nutzung von zu repressiven Zwecken erhobenen Daten zu präventivpolizeilichen Zwecken könnten daher allenfalls in der polizeilichen Generalklausel und / oder in der Regel über die hypothetische Ersatzvornahme liegen. Die präventiv- polizeiliche Nutzung der aus einer repressiven TKÜ stammenden Daten soll danach nur zulässig sein, wenn in dem jeweiligen Polizeigesetz eine hinsichtlich der Art und Weise des ursprünglichen Erhebungseingriffs gleichartige Erhebungsbefugnis vorgesehen ist[2865].

Das Polizeigesetz von *Niedersachsen* lässt die Nutzung von auf repressiver Grundlage erhobenen Daten zu präventiv- polizeilichen Zwecken zu, *„sofern nicht besondere Vorschriften der StPO entgegenstehen."* Entgegenstehende Regelungen aus der *StPO* könnten die §§ 100d Abs. 5 Satz 2, 477 Abs. 2 Satz 3 StPO sein. Dem soll nach dem niedersächsischen Polizeigesetz durch einen Verweis auf die Regel über die hypothetische Ersatzvornahme Rechnung getragen werden.

Das *BKAG* enthält keine Regel über die hypothetische Ersatzvornahme. Allerdings legen §§ 20x, 24 (i.V.m. 26 Abs. 1 Satz 3) BKAG Übermittlungsbefugnisse und -pflichten fest, wonach Behörden und sonstige öffentliche Stellen personenbezogene Daten an das BKA übermitteln dürfen, wenn die Daten zur Erfüllung der Aufgaben des BKA aus §§ 4a, 5 und 6 BKAG erforderlich sind bzw. wenn durch das BKA Gefahren, die durch den internationalen Terrorismus für den Bestand des Staates oder für Leib, Leben oder Freiheit einer Person oder Sachen von bedeutendem Wert, deren Erhaltung im öffentlichen Interesse liegt, erforderlich sind, oder wenn die Daten zur Abwehr einer Gefahr für Leib, Leben oder Freiheit von Mitgliedern von Verfassungsorganen oder unter Zeugenschutz stehenden Personen erforderlich sind. Diese Übermittlungspflichten sind aufgrund Art. 31 GG auch für die Länder bindend.

2. Rechtliche Bewertung der unterschiedlichen Aufnahmeklauseln

Es stellt sich die Frage, welche der unterschiedlichen Typen von polizeigesetzlichen Aufnahmeklauseln den von Verfassungs wegen gestellten Anforderungen an Normenbestimmtheit und Normenklarheit sowie den An-

---

2865 Schenke, POR, Rn. 209.

C. Befugnisse zur präventiv- polizeilichen Nutzung von polizeilichen Daten

forderungen des Zitiergebots gerecht werden. Da Befugnisse zum Großen Lausch- und Spähangriff mit Ausnahme des *BPolG* in sämtlichen Polizeigesetzen enthalten sind, und § 70 Satz 2 BPolG aufgrund der zur präventivpolizeilichen Wohnraumdurchsuchung ermächtigenden §§ 45, 46 BPolG den Art. 13 Abs. 1 GG ebenso wie die übrigen Polizeigesetze – hier jedoch ausschließlich bezogen auf die in §§ 45, 46 BPolG geregelte Wohnraumdurchsuchung – als eingeschränktes Grundrecht zitiert, wird die eingangs aufgeworfenen Frage am Beispiel von Eingriffen in das Grundrecht aus Art. 10 Abs. 1 GG geprüft. Das *BPolG* sowie die Polizeigesetze von *Bremen, Berlin* und *Sachsen* enthalten keine Befugnisse zu Eingriffen in Art. 10 Abs. 1 GG im Zusammenhang mit der Datenerhebung und zitieren daher Art. 10 Abs. 1 GG nicht als eingeschränktes Grundrecht. Das Polizeigesetz von *Nordrhein- Westfalen* ermächtigt zwar mit § 20a Abs. 1 Satz 1 Nr. 1 und 2 PolG NRW neuerdings zu Eingriffen in das Grundrecht aus Art. 10 Abs. 1 GG; dies jedoch nur zur Ermittlung von IP- Adressen und mittels Abfrage von Verkehrsdaten. Entsprechend zitiert § 7 PolG NRW nunmehr auch Art. 10 Abs. 1 GG als eingeschränktes Grundrecht. Aus diesem Zitat einen Rückschluss dahingehend zu ziehen, dass damit auch zur Nutzung von auf Grundlage anderer Befugnisnormen aufgezeichneten TK- Inhalten ermächtigt werden soll, würde dem Vorbehalt des Gesetzes sowie den Grundsätzen der Normenbestimmtheit und -klarheit zuwider laufen.

a. Die Regel über die hypothetische Ersatzvornahme als Aufnahmeklausel bei korrespondierender Erhebungsbefugnis

Diejenigen Polizeigesetze, die zur Legitimation der präventiv- polizeilichen Nutzung von auf repressiver Grundlage erhobenen Daten ausschließlich die Regel über die hypothetische Ersatzvornahme enthalten und zugleich zu Eingriffen in Art. 10 Abs. 1 GG berechtigende Erhebungsbefugnisse enthalten, zitieren dieses Grundrecht als eingeschränktes Grundrecht. Hierbei handelt es sich um die Polizeigesetze von *Hessen, Mecklenburg- Vorpommern,* dem *Saarland* und *Schleswig- Holstein*. Diese versuchen dem Umstand, dass die Beeinträchtigung des Grundrechts aus Art. 10 Abs. 1 GG durch eine TKÜ durch Nutzung der erhobenen Daten zu einem anderen als dem ursprünglichen Erhebungszweck verstärkt wird, durch die Regel über die hypothetische Ersatzvornahme Rechnung zu tragen. Für eine zweckändernde Datenverwendung dürfen jedoch keine geringeren Tatbestandsvoraussetzungen verlangt werden als für einen erstmaligen Eingriff in das Fern-

601

Kapitel 4: Polizeiliche Befugnisse zur zweckändernden Nutzung von erhobenen Daten

meldegeheimnis[2866]. Die Weiterverwendung von erhobenen Daten ist daher nur dann verfassungskonform, wenn diese für Zwecke legitimiert wird,, die zur Rechtfertigung der ursprünglichen Erhebung ausgereicht hätten[2867]. Grundrechtsbezogene Beschränkungen des Einsatzes bestimmter Erhebungsmethoden dürfen nicht dadurch umgangen werden, dass Daten, die mit einer solchen Methode in rechtmäßiger Weise zu bestimmten Zwecken erhoben worden sind, in gleicher Weise auch für Zwecke zugänglich gemacht werden, die den Einsatz der Erhebungsmethode nicht rechtfertigen würden[2868]. Daher dürfen Daten, die zur Aufklärung von schweren Straftaten i.S.d. § 100a Abs. 2 StPO erhoben wurden, zu präventiv- polizeilichen Zwecken verwendet werden, wenn diese Erkenntnisse zur Abwehr einer gegenwärtigen Gefahr für Leib und Leben oder Freiheit beitragen könnten. Fraglich ist aber, ob Daten, die zunächst zur Aufklärung einer schweren Straftat i.S.d. § 100a Abs. 2 StPO erhoben wurden, auch zur Verhinderung von Rechtsgutsverletzungen verwendet werden können, auf die sich der Straftatenkatalog § 100a Abs. 2 StPO nicht erstreckt. Beispielsweise werden die in § 100a Abs. 2 StPO genannten Straftatbestände der §§ 233, 233a StGB (Menschenhandel zur Ausbeutung der Arbeitskraft und Förderung des Menschenhandels) mit Ausnahme des Verbrechenstatbestandes des § 233a Abs. 3 StGB in den Polizeigesetzen von *Mecklenburg- Vorpommern* und dem *Saarland* nicht als Straftat von erheblicher Bedeutung legal definiert[2869]. Auch enthält das Polizeigesetz von *Mecklenburg- Vorpommern* keine Befugnisse zu verdeckten Eingriffen in die Grundrechte aus Art. 13 Abs. 1 GG und Art. 10 Abs. 1 GG im Vorfeld einer konkreten Gefahr, das Polizeigesetz des *Saarlandes* zumindest keine Befugnis zu verdeckten Eingriffen in das Grundrecht aus Art. 13 Abs. 1 GG im Vorfeld einer konkreten Gefahr[2870]. Allein durch die Begrenzung auf einen Katalog von Strafrechtsnormen und die Prüfung von Verdachtstatsachen wird dem Gebot einer normenklaren und bereichsspezifischen Zweckbestimmung daher nicht Genüge

---

2866 BVerfGE 113, 348 (384/385); 110, 33 (68/69); 109, 279 (375/376); 100, 313 (389, 390); 65, 1 (46, 61 ff); Schenke in JZ 2001, 997 (1000).
2867 BVerfGE 110, 33 (73); 109, 279 (375); 100, 313 (360, 383).
2868 BVerfGE 100, 313 (389/390).
2869 *Anlage 3.6 Ziffer 11 bis 15* (Straftaten von erheblicher Bedeutung; schwerwiegende Straftaten; schwere Straftaten).
2870 *Anlage 5.1 Ziffer* (Datenerhebung aus Wohnungen / Kataloge von zu verhütenden Straftaten); *Anlage 6.2 Ziffer 5* (Überwachung und Aufzeichnung des TK-Inhalts / vorbeugende Bekämpfung von Straftaten).

getan[2871]. Vielmehr sind im Hinblick auf die zweckändernde präventiv- polizeiliche Verwendung erhobener Daten hinreichende gesetzliche Anhaltspunkte für die genaue Bestimmung des gefährdeten Rechtsguts und tatsächliche Grundlagen für die Annahme der eine Gefahr begründenden Handlungen zu fordern[2872]. Der für das zur Erhebung der Daten ermächtigende Gesetz zuständige Gesetzgeber kann sich seiner Aufgabe, einschlägige Grundrechte durch gesetzliche Vorkehrungen zu konkretisieren, nicht dadurch entziehen, dass er die Entscheidung über die Umsetzung der Grundrechte mittels salvatorischer Regelungstechnik an die Normen vollziehende Verwaltung weiterleitet[2873]. Dann darf aber auch der die zweckändernde Verwendung regelnde Gesetzgeber dieser Forderung Rechnung tragende gesetzliche Regelungen – wie die aus § 100d Abs. 5 Nr. 2 StPO oder § 477 Abs. 2 Satz 3 StPO – nicht dadurch ignorieren, dass dieser an der überholten, allenfalls eine Zwischenlösung darstellenden Regel über die hypothetische Ersatzvornahme festhält. Diese hatten allenfalls solange ihre Berechtigung, als die durch das *StVÄG 1999* und das *TKÜG 2007* erlassenen repressiven Öffnungsklauseln noch nicht erlassen waren. Es bleibt daher zu prüfen, welche der übrigen Polizeigesetze der Forderung nach bereichsspezifischen und präzisen Aufnahmeklauseln bisher nachgekommen sind.

b. Aufnahmeklauseln für die präventiv- polizeiliche Nutzung von auf strafprozessualer Grundlage erhobenen Daten

Innerhalb der Polizeigesetze mit Aufnahmeklauseln für die präventiv- polizeiliche Nutzung von auf repressiver Grundlage erhobenen Daten ist zu differenzieren. Es gibt allgemein gehaltene Aufnahmeklauseln, bei deren Auslegung die Regel über die hypothetische Ersatzvornahme mangels in dem betreffenden Polizeigesetz enthaltener korrespondierender Erhebungsbefugnis nicht herangezogen werden kann, Aufnahmeklauseln, bei deren Auslegung auf die Regel über die hypothetische Ersatzvornahme zurückgegriffen werden kann und Aufnahmeklauseln, die die präventiv- polizeiliche Nutzung von auf repressiver Grundlage erhobenen Daten detailliert regeln.

2871 BVerfGE 110, 33 (71, 75).
2872 BVerfGE 113, 348 (285/386); 110, 33 (55); 100, 313 (360).
2873 BVerfGE 120, 274 (317).

aa. Polizeigesetze, bei denen die Regel über die hypothetische Ersatzvornahme mangels korrespondierender Erhebungsbefugnis nicht als Aufnahmeklausel herangezogen werden kann

Fraglich ist, worin in Polizeigesetzen die Befugnisnorm für die präventivpolizeiliche Nutzung von auf repressiver Grundlage heimlich erhobenen Daten liegen soll, wenn diese keine mit der repressiven Erhebungsbefugnis korrespondierenden präventiv- polizeilichen Erhebungsbefugnisse enthalten. Das *BPolG* sowie die Polizeigesetze von *Berlin, Bremen, Nordrhein-Westfalen* und *Sachsen* enthalten keine präventiv- polizeiliche Befugnis, die hinsichtlich der Art und Weise des Eingriffs den zum repressiven Eingriff in Art. 10 Abs. 1 GG ermächtigenden §§ 100a, 100b StPO entspricht. Gleiches gilt für das Polizeigesetz von *Bremen*, das über keine der repressiven Erhebungsbefugnis entsprechende präventiv- polizeiliche Erhebungsbefugnis verfügt und stattdessen die präventiv- polizeilichen Nutzungszwecke von auf repressiver Grundlage heimlich erhobenen Daten generell begrenzt. Eine polizeigesetzliche Befugnis zur Verwendung der auf repressiver Grundlage heimlich erhobenen Daten könnte daher allenfalls in der polizeilichen Generalklausel liegen.

Die genannten Polizeigesetze zitieren aber das Grundrecht aus Art. 10 Abs. 1 GG grundsätzlich nicht als eingeschränktes Grundrecht. Allerdings hat das BVerfG wiederholt betont, dass sich der Schutz des Art. 10 Abs. 1 GG nicht nur auf die Erhebung sondern auch auf *jede* weitere Nutzung oder Verarbeitung von erhobenen Daten erstreckt[2874]. Daher liegt in jeder zweckändernden Nutzung und Verarbeitung von so erhobenen Daten ein Eingriff in Art. 10 Abs. 1 GG, so dass ein hierzu ermächtigendes Gesetz gem. Art. 19 Abs. 1 Satz 2 GG das eingeschränkte Grundrecht zitieren muss[2875]. Das im *StVÄG 1999* und dem *TKÜG 2007* enthaltene Zitat des Art. 10 Abs. 1 GG reicht zur Rechtfertigung der durch präventiv- polizeiliche Verwendung von durch repressiven Eingriff in Art. 10 Abs. 1 GG erhobenen Daten nicht aus. Die präventiv- polizeiliche Verwendung dieser Daten reicht über den durch § 477 Abs. 2 Satz 3 Nr. 2 StPO legitimierten Eingriff in Art. 10 Abs. 1 GG hinaus und erfordert dessen zusätzliches Zitat im hierzu

---

2874 BVerfGE 125, 260 (313); 113, 348 (365, 384); 110, 33 (68/69); 109, 279 (327, 375); 100, 313 (359/360, 366/367, 389); 65, 1 (46); Schmidt, BremPolG, § 36b Rn. 4; vgl. jetzt auch BVerfG in NJW 2013, 1499 (1501 = Rn. 94; 1517 = Rn. 226).
2875 Schenke in JZ 2001, 997 (1000).

ermächtigenden Polizeigesetz[2876]. Die Warn- und Besinnungsfunktion des Zitiergebots aus Art. 19 Abs. 1 Satz 2 GG dient dazu, dass der Gesetzgeber nur Eingriffe in Grundrechte legitimiert, die ihm als solche bewusst sind, und über deren Auswirkungen auf die betroffenen Grundrechte er sich selbst Rechenschaft ablegt[2877]. Da die genannten Polizeigesetze das Grundrecht aus Art. 10 Abs. 1 GG nicht zitieren, enthalten diese auch keine Befugnisse zu Eingriffen in Art. 10 Abs. 1 GG, so dass das *BPolG* und die Polizeigesetze von *Berlin, Bremen, Nordrhein- Westfalen* und *Sachsen* auch nicht zur zweckändernden Nutzung von unter Eingriff in Art. 10 Abs. 1 GG erhobenen Daten ermächtigen. Somit verbietet es sich, dass auf Grundlage anderer zu Eingriffen in Art. 10 Abs. 1 GG berechtigender Befugnisnormen erhobene Daten durch die BPol und die Polizeien der betroffenen Bundesländer zu präventiv- polizeilichen Zwecken zu nutzen.

Wie seit Mitte der 1970er Jahre im Zusammenhang mit der Diskussion rund um den finalen Rettungsschuss herausgearbeitet, kann der hoheitlich handelnde Staat sich auch nicht auf die im Bürger- Bürger- Verhältnis geltenden Rechtfertigungsgründe berufen, da der Vorbehalt des Gesetzes aus Art. 20 Abs. 3 GG eine nach Inhalt, Zweck und Ausmaß hinreichend bestimmte Ermächtigungsgrundlage für Grundrechtseingriffe fordert[2878]. Da sich der Staat schützend und fördernd insbesondere vor solch hochrangige Grundrechte wie die aus Art. 2 Abs. 2 GG stellen muss[2879], besteht für den Polizeigesetzgeber die durch die Verfassung gebotene Pflicht, die Nutzung von auf repressiver Grundlage erhobenen Daten zum Schutz vor drohenden Verletzungen besonders hochrangiger verfassungsrechtlich geschützter Rechtsgüter wie Leben und Gesundheit zu ermöglichen[2880].

Ergeben sich aus einer repressiven TKÜ Anhaltspunkte für eine Gefahr für Leib, Leben oder Freiheit einer Person, darf die Polizei nach dem Willen von *Berlin, Bremen, Nordrhein- Westfalen* und *Sachsen* nicht präventiv- polizeilich tätig werden. Gleiches gilt für die Bundespolizei, für deren Zuständigkeitsbereich keine den §§ 20x, 24 BKAG entsprechende Regelung

---

2876 Schenke, POR, Rn. 209; Schmidt, BremPolG, § 36b Rn. 4; Schenke in JZ 2001, 997 (1000).
2877 BVerfGE 113, 348 (366); 85, 386 (403/404); 5, 13 (16).
2878 Götz, POR, § 17 Rn. 61, 88; Gusy, POR, Rn. 177/178; Schenke in JZ 2001, 997 (1003).
2879 BVerfGE 46, 160 (164); 39, 1 (42); ThürVerfGH in Urteil vom 21.11. 2012 (Az.: VerfGH 19/09) S. 36; v. Münch/Kunig in v. Münch/Kunig, GG, Bd. 1, Vorb. Art. 1-19 Rn. 22; Schmidt, BremPolG, § 36b Rn. 4.
2880 Schmidt, BremPolG, § 36b Rn. 4; Schenke in JZ 2001, 997 (1003/1004).

Kapitel 4: Polizeiliche Befugnisse zur zweckändernden Nutzung von erhobenen Daten

existiert. Streng genommen dürfte die BPol nach den durch das *BPolG* zur Verfügung gestellten Eingriffsmaßnahmen selbst bei einer gegenwärtigen Gefahr für die Mitglieder der 5 Verfassungsorgane nicht tätig werden, wenn sich die Gefahr begründenden Umstände allein aus einer repressiven TKÜ ergeben. Ungünstig für das jeweils betroffene Mitglied eines Verfassungsorgans dürfte es insbesondere sein, wenn es sich – wie wohl nicht selten – in *Nordrhein- Westfalen* oder *Berlin* aufhält. Die jeweilige Landespolizei dürfte auf Grundlage seines Polizeigesetzes anstelle der Bundespolizei ebenfalls nicht tätig werden. So haben möglicherweise gefährdete Mitglieder von Verfassungsorganen zu hoffen, dass die zuständigen Polizeibeamten bei fortdauernder gesetzgeberischer Untätigkeit ihrer Dienstherren den Grundrechten aus Art. 2 Abs. 2 GG gegenüber dem Grundrecht aus Art. 10 Abs. 1 GG im Einzelfall die höhere Bedeutung zukommen lassen. Damit würde dann allerdings der rechtstaatwidrigen Vorstellung Vorschub geleistet, der Zweck heilige die Mittel[2881].

bb. Polizeigesetze, bei denen die Regel über die hypothetische Ersatzvornahme aufgrund korrespondierender Erhebungsbefugnis als Aufnahmeklausel herangezogen werden kann

Die Polizeigesetze von *Bayern, Brandenburg, Hamburg, Rheinland-Pfalz* und *Thüringen* enthalten Aufnahmeklauseln für auf repressiver Grundlage erhobene Daten unter Bezugnahme auf die der vorausgegangenen repressiven Erhebung hinsichtlich der Art und Weise ihrer Durchführung entsprechende präventiv- polizeiliche Befugnisse. Daher zitieren diese Polizeigesetze das Grundrecht aus Art. 10 Abs. 1 GG als eingeschränktes Grundrecht, begrenzen aber die zweckändernde Nutzung der durch Eingriff in Art. 10 Abs. 1 GG zu repressiven Zwecken erhobenen Daten allenfalls über die Regel über die hypothetische Ersatzvornahme. Fraglich ist, ob der Wortlaut dieser Öffnungsklauseln zur Nutzung der durch TKÜ auf repressiver Grundlage erhobener Daten zur Abwehr jeder konkreten Gefahr dem Grundrecht aus Art. 10 Abs. 1 GG hinreichend Rechnung trägt[2882]. In der Nutzung von durch Eingriff in Art. 10 Abs. 1 GG erhobenen Daten zu anderen als dem ursprünglichen Erhebungszweck liegt ein eigenständiger Grundrechtsein-

---

2881 Schenke in JZ 2001, 997 (1004).
2882 Schenke in JZ 2001, 997 (1002).

griff[2883]. Die Polizeigesetze von *Bayern* und *Brandenburg* lassen die präventiv- polizeiliche TKÜ nicht nur zur Abwehr gegenwärtiger Gefahren für hochrangige Rechtsgüter sondern auch zur vorbeugenden Bekämpfung bestimmter Katalogstraftaten zu. Gestützt auf die zur präventiv- polizeilichen Nutzung von auf repressiver Grundlage erhobenen Daten berechtigenden Öffnungsklausel i.V.m. der Regel der hypothetischen Ersatzvornahme könnten in *Bayern* und *Brandenburg* Daten, die gem. §§ 100a, 100b StPO durch TKÜ erhoben wurden, genutzt werden, um im Vorfeld konkreter Gefahren Gefährdungen für hochrangige, durch bestimmte Straftatbestände geschützten Rechtsgütern zu begegnen. Das BVerfG hat jedoch betont, dass eine zu weit gefasste Rechtsgrundlage für die Verwendung von unter Eingriff in Art. 10 Abs. 1 GG gewonnenen Daten allein durch den Verhältnismäßigkeitsgrundsatzes nicht möglich ist, und insoweit bestehende verfassungsrechtliche Einwände nicht ausräumbar sind[2884]. Aus Gründen der Normenklarheit muss der Gesetzgeber die Ermächtigungsgrundlage selbst ausgestalten und darf deren nähere inhaltliche Konkretisierung nicht der Exekutive überlassen[2885]. Die erst im Wege der Gesetzesvollziehung durch die zur Gefahrenabwehr berufenen Behörden bzw. durch die Gerichte vorgenommene inhaltliche Konturierung der Vorschrift ist mit dem rechtsstaatlichen Gebot der Normenbestimmtheit nicht in Einklang zu bringen, so dass eine gesetzliche Regelung bestehen muss, die die Verwendung von auf repressiver Grundlage durch TKÜ erhobener Daten nicht zur Abwehr jeder Gefahr zulässt, sondern unter qualifizierte Anforderungen stellt[2886].

cc. Detaillierte Aufnahmeklauseln für die zweckändernde präventivpolizeiliche Nutzung von auf repressiv erhobenen Daten

Schließlich gibt es die Polizeigesetze von *Baden- Württemberg und Niedersachsen*, die eine präventiv- polizeiliche Nutzung von auf repressiver Grundlage erhobenen Daten detailliert regeln. Anders als die vorstehenden Polizeigesetze haben diese die Signalwirkung der Rechtsprechung des BVerfG

2883 BVerfGE 113, 348 (365, 384); 110, 33 (68/69); 100, 313 (360, 366/367, 389); 65, 1 (46).
2884 BVerfGE 100, 313 (396); Schenke in JZ 2001, 997 (1001).
2885 BVerfGE 100, 313 (388, 391/392); Schenke in JZ 2001, 997 (1001/1002).
2886 BVerfGE 100, 313 (359/360, 396); Schenke in JZ 2001, 997 (1001).

Kapitel 4: Polizeiliche Befugnisse zur zweckändernden Nutzung von erhobenen Daten

in seinen neueren Entscheidungen erkannt[2887] und den gesetzgeberischen Schutzpflichten gegenüber potentiellen Opfern der Schwerkriminalität zu genügen versucht. Die Verwendung von aus einer TKÜ nach § 100a StPO stammenden Daten ist in präventiv- polizeilicher Hinsicht nur in einem dem Grundrecht aus Art. 10 Abs. 1 GG Rechnung tragenden Rahmen zur Abwehr von Gefahren für besonders hochrangige Rechtsgüter oder zur Verhütung von diese Rechtsgüter verletzenden schweren Straftaten zulässig.

Allerdings ist der in § 38 Abs. 1 Satz 3 PolG BW enthaltene Verweis auf Straftaten von erheblicher Bedeutung aus § 22 Abs. 5 PolG BW im Zusammenhang mit der zweckändernden Nutzung von auf Grundlage des § 100a StPO erhobenen Daten zu weitgehend. Das Polizeigesetz von *Baden-Württemberg* enthält selbst zwar keine Befugnis zur Überwachung und Aufzeichnung der Telekommunikation, mit § 23a PolG BW wohl aber eine Befugnis zur Abfrage von Verkehrsdaten. Der in dieser Befugnis enthaltene Katalog von *schwerwiegenden* Straftaten trägt dem Grundrecht auf Art. 10 Abs. 1 GG eher Rechnung als der des § 22 Abs. 5 PolG BW. Daher müsste die Regelung des § 38 Abs. 1 Satz 3 PolG BW zumindest entsprechend überarbeitet werden. Es stellt sich aber auch die Frage, ob der Verweis auf einen Katalog von zu verhütenden Straftaten überhaupt geeignet ist, der Schutzpflicht des Staates für solch hochrangige Rechtsgüter wie die aus Art. 2 Abs. 2 GG gerecht zu werden. Es ist nicht ausgeschlossen, dass sich bei einer heimlichen Überwachung zu repressiven Zwecken Anhaltspunkte für Gefahren für Leib und Leben ergeben, ohne dass eine Straftat bevorstehen muss, beispielsweise wenn ein Gespräch über Suizidabsichten aufgezeichnet wird. Daher böte es sich an, bei Aufnahmeklauseln für auf repressiver Grundlage erhobene Daten die zu schützenden Rechtsgüter in den Vordergrund zu stellen.

Weiterhin enthält das *BKAG* mit §§ 20v Abs. 4 Satz 2 Nr. 1 und 2, 20x Satz 2, 24 und 25 (i.V.m. 26 Abs. 1 Satz 3) BKAG bereichsspezifische und präzise Befugnisse zur präventiv- polizeilichen Nutzung von Daten, die durch repressive TKÜ erhoben wurden. Die §§ 20x Satz 2, 24 Satz 2 (i.V.m. § 26 Abs. 1 Satz 3) BKAG regeln die Pflicht anderer Behörden, personenbezogene Daten an das BKA zu übermitteln, wenn dies in Anbetracht der Aufgaben des BKA aus §§ 4a, 5 und 6 BKAG zur Abwehr einer Gefahr für Leib, Leben oder Freiheit bzw. im Falle des § 20x Satz 2 BKAG auch zur Abwehr einer Gefahr für den Bestand oder die Sicherheit des Staates oder

---

2887 Schenke in JZ 2001, 997 (1004).

einer Sache von bedeutendem Wert, deren Erhaltung im öffentlichen Interesse liegt, erforderlich ist. Diese Übermittlungspflicht betrifft neben den Nachrichtendiensten auch Staatsanwaltschaften und die repressiv tätig werdende Polizei anderer Hoheitsträger. § 20v Abs. 4 Satz 2 Nr. 1 und Nr. 2 BKAG berechtigt das BKA, die nach dem Unterabschnitt 3a des BKAG erhobenen und entsprechend § 20x BKAG dorthin übermittelten, aus repressiven Maßnahmen stammenden Daten zur Erfüllung von dessen Aufgaben aus §§ 4a, 5 und 6 BKAG zu nutzen. § 25 Abs. 1 Satz 1 BKAG ermächtigt das BKA zur Nutzung und Verarbeitung von erhobenen oder dorthin übermittelten Daten, soweit dies zur Erfüllung von dessen Aufgaben aus § 5 BKAG zum Schutz von Mitgliedern von Verfassungsorganen erforderlich ist. Zur Erfüllung der Aufgabe des Zeugenschutzes aus § 6 BKAG gilt gem. § 26 Abs. 1 Satz 3 BKAG entsprechendes. Aufgrund der engen Begrenzung des Aufgabenbereichs des BKA durch Art. 73 Abs. 1 Nr. 9a und 10 GG genügt die Bezugnahme auf die eng begrenzten präventiv- polizeilichen Aufgaben des BKA ausnahmsweise den verfassungsrechtlichen Anforderungen an die Normenbestimmtheit[2888]. Da § 38 BKAG das Grundrecht aus Art. 10 Abs. 1 GG als eingeschränktes Grundrecht zitiert, und die bereits stark begrenzten Aufgaben des BKA aus §§ 4a, 5 und 6 BKAG den Verwendungsumfang extrem beschränken, bedarf es keiner über § 20v Abs. 4 Satz 2 Nr. 1 und Nr. 2 BKAG i.V.m. § 20x Satz 2 BKAG, § 24 Satz 2 BKAG i.V.m. § 25 Abs. 1 Satz 1 (i.V.m. § 26 Abs. 1 Satz 1) BKAG hinausgehenden Präzisierung der Nutzungsbefugnisse[2889].

Somit enthalten das *BKAG* und die Polizeigesetze von *Baden- Württemberg* und *Niedersachsen* den Anforderungen an Normenbestimmtheit und -klarheit sowie dem Zitiergebot aus Art. 19 Abs. 1 Satz 2 GG entsprechende Befugnisse zur präventiv- polizeilichen Nutzung von durch repressive TKÜ nach § 100a StPO erhobene Daten. Aufgrund der eingeschränkten Aufgabenbereichs des BKA können dessen insoweit bestehenden Befugnisnormen jedoch den anderen Polizeigesetzen nicht zur Orientierung dienen. Die übrigen Polizeigesetzgeber können sich grundsätzlich an den Regelungen aus den Polizeigesetzen von *Baden- Württemberg* oder *Niedersachsen* orientieren.

Dabei dürfen die hinsichtlich der repressiven Verwendung von heimlich erhobenen Daten einerseits als Spurenansatz und andererseits als Beweis-

---

2888 Zum ZKA: BVerfGE 110, 33 (71).
2889 BVerfGE 110, 33 (71).

mittel nicht außer Acht gelassen werden. Ergeben sich aus der heimlichen Überwachungsmaßnahme Anhaltspunkte für eine *gegenwärtige Gefahr für Leib, Leben oder Freiheit einer Person* reicht es entsprechend der repressiven Verwendung dieser Daten als Spurenansatz aus, wenn die zuständige Polizeibehörde nur über die Erkenntnisse informiert wird, aus denen sich die Gefahr begründenden Umstände ergeben, d.h. durch wen welche Gefahr für wen wo und wie droht. Ergeben sich aus der Überwachung Tatsachen, die die Annahme einer bevorstehenden Rechtsgutgefährdung durch eine Straftat begründen, müssen zur Verhütung dieser Straftaten und zum Schutz der durch die Straftatbestände geschützten Rechtsgüter weitere präventiv- polizeiliche Ermittlungen durchgeführt werden. Für die richterliche Anordnung der unten stehenden präventiv- polizeilichen Ermittlungshandlungen wie Wohnraumdurchsuchungen, dem Einsatz verdeckter Ermittler oder V-Leuten, Observationsmaßnahmen, Online- Durchsuchungen, TK- Maßnahmen oder Große Lausch- und Spähangriffe ist dann ein Rückgriff auf die anlässlich der repressiven Überwachung angefertigten technischen Aufzeichnungen *als Beweismittel* erforderlich. Hierbei kommt es weniger darauf an, dass es sich bei der richterlich anzuordnenden präventiv- polizeilichen Maßnahme um die der ursprünglichen repressiven Erhebungsmaßnahme hinsichtlich der Art und Weise des Grundrechtseingriffs entsprechenden Maßnahme handelt. Ein (präventiv- polizeilicher) Großer Lausch- und Spähangriff braucht also nicht zwangsläufig aufgrund von Erkenntnissen aus einem (repressiven) Großen Lauschangriff angeordnet zu werden. Vielmehr hat eine Abwägung zwischen dem gefährdeten Rechtsgut und dem durch die zweckändernde Nutzung der auf repressiver Grundlage erhobenen Daten tangierten informationellen Grundrecht zu erfolgen. Als Orientierungshilfe mag dabei der Strafrahmen dienen, der bei eintretender Rechtsgutverletzung drohen würde, und für den unter anderem die Intensität der drohenden Rechtsgutsverletzung maßgeblich ist. Zwingend ist dies bei der Verhältnismäßigkeitsabwägung allerdings nicht, da das geschützte Rechtsgut und nicht die zu verhindernde Straftat im Vordergrund steht. Daher kann die richterliche Anordnung eines Großen Lausch- und Spähangriffs auch auf technische Aufzeichnungen aus einer repressiven Observation oder die richterliche Anordnung einer präventiv- polizeilichen TKÜ auch aufgrund Erkenntnissen aus Kleinem Lauschangriff angeordnet werden, wenn die bestehenden Erkenntnisse genügend Anhaltspunkte bieten, dass die präventiv- polizeiliche Maßnahme zur Verhinderung einer in absehbarer Zeit bevorstehenden *erheblichen* Gefahr für die genannten Rechtsgüter erforderlich ist.

3. Zusammenfassung

Im Ergebnis bleibt festzustellen, dass die *StPO* durch das *StVÄG 1999* und das *TKÜG 2007* insofern auf den vom BVerfG geforderten Stand gebracht wurde, als dies die präventiv- polizeiliche Nutzung von auf repressiver Grundlage erhobenen Daten betrifft. In den Polizeigesetzen fehlt es weitestgehend an mit den neuen Regelungen der *StPO* und zugleich auf die verfassungsrechtlichen Anforderungen abgestimmten Aufnahmeklauseln. Bisher sind lediglich das *BKAG* und die Polizeigesetze von *Baden- Württemberg* und *Niedersachen* der vom BVerfG seit dem Volkszählungsurteil wiederholt erhobenen Forderung nach bereichsspezifischen und präzisen Befugnissen zur zweckändernden Nutzung von zu repressiven Zwecken erhobenen Daten nachgekommen. Diesen fehlt es zum Beispiel an dem § 18 Abs. 6 Satz 2 BVerfSchG entsprechenden Regelungen über Löschungs- und Kennzeichnungspflichten.

Die Ausführungen zur zweckändernden Verwendung von auf Grundlage der §§ 100a, 100b StPO erhobenen Daten lassen sich auf die übrigen strafprozessualen heimlichen Datenerhebungen übertragen. Die Bundespolizei dürfte mangels Zitat des Art. 13 Abs. 1 GG im Zusammenhang mit der verdeckten Erhebung von personenbezogenen Daten daher selbst dann keine durch Großen Lauschangriff erhobenen Daten zu präventiv- polizeilichen Zwecken nutzen, wenn sich aus den durch den Großen Lauschangriff gewonnenen Erkenntnissen Anhaltspunkte für Gefahren für Liegenschaften der Mitglieder von Verfassungsorganen ergäben [2890].

Angelehnt an das Polizeigesetz von *Baden- Württemberg* müssten auf die präventiv- polizeiliche Nutzung von auf repressiver Grundlage erhobenen Daten bezogene Aufnahmeklauseln in den Polizeigesetzen in einem neuen *MEPolG* wie folgt formuliert werden:

§ 10a.1 MEPolG – neu
(1) Die Polizei kann personenbezogene Daten, die ihr aus strafprozessualen Ermittlungen bekannt geworden sind, soweit und solange zur Gefahrenabwehr nutzen, wie dies zur Abwehr einer erheblichen Gefahr oder zur Verhinderung von Rechtsgutsverletzungen, die durch die bevorstehende Begehung von Straftaten von erheblicher Bedeutung drohen oder diesen gleichzusetzen sind, erforderlich ist.
(2) Für Daten, die durch eine Maßnahme nach § 100c StPO erhoben wurden, gilt dies nur zur Abwehr einer gegenwärtigen Gefahr für Leib, Leben oder Freiheit einer Person oder zur Verhinderung von Rechtsgutverletzungen, die durch

---

2890 Schenke in JZ 2001, 997 (998).

Kapitel 4: Polizeiliche Befugnisse zur zweckändernden Nutzung von erhobenen Daten

die bevorstehende Begehung von besonders schweren Straftaten i.S.d. § 100c Abs. 2 StPO drohen oder diesen gleichzusetzen sind.
(3) Für Daten, die durch eine Maßnahme nach § 100a StPO erhoben wurden, gilt dies nur zur Abwehr einer gegenwärtigen Gefahr für Leib, Leben oder Freiheit einer Person oder zur Verhinderung von Rechtsgutverletzungen, die durch die bevorstehende Begehung von schweren Straftaten i.S.d. § 100a StPO drohen oder diesen gleichzusetzen sind.
(4) Die Nutzung der Daten bezieht sich auf
1. die Abwehr einer Gefahr i.S.d. Abs. 1 und bei einer gegenwärtigen Gefahr für Leib, Leben oder Freiheit einer Person i.S.d. Abs. 2 und 3 auf die Daten, aus denen sich die Umstände der Gefahr ergeben und
2. die Verhinderung von Rechtsgutverletzungen nach Abs. 1 bis 3 auf die Auswertung der bei den heimlichen Ermittlungsmaßnahmen hergestellten technischen Aufzeichnungen und deren Verwendung für die richterliche Anordnung weiterer Gefahren abwehrender Maßnahmen. Satz 1 Nr. 2 gilt entsprechend, falls dem Behördenleiter bei Gefahr im Verzug die Anordnung obliegt.
(5) Auf die aus strafprozessualen Ermittlungen nach Abs. 1 bis 3 stammenden Unterlagen und Aufzeichnungen finden die §§ ... (Zweckbindung, Kennzeichnung, Löschung) VE ME PolG entsprechend Anwendung.

Sofern Polizeigesetze bisher über keine zu Eingriffen in Art. 13 Abs. 1 GG und Art. 10 Abs. 1 GG ermächtigende Befugnisnormen enthalten, müssten diese Grundrechte in deren Zitierklauseln benannt werden. Für eine Befugnis zur zweckändernden Nutzung von auf repressiver Grundlage heimlich erhobenen Daten ist es nicht zwingend erforderlich, dass das anzuwendende Polizeigesetz selbst über eine der repressiven Erhebungsbefugnis entsprechende präventiv- polizeiliche Erhebungsbefugnis verfügt[2891]. Kann durch repressive heimliche Ermittlungen gewonnene Erkenntnisse keine gegenwärtige erhebliche Gefahr abgewehrt werden, ergeben sich hieraus aber gleichwohl Anhaltspunkte dafür, dass in absehbarer Zeit eine derartige Tat geplant ist, ohne dass Gewissheit darüber besteht, wann und ob dies tatsächlich geschehen wird, bedarf es weitergehender Ermittlungen. Diese können auf Grundlage der repressiven Zufallsfunde nur dann rechtmäßig durchgeführt werden, wenn in den Polizeigesetzen Aufnahmeklauseln für die präventiv- polizeiliche Nutzung im Vorfeld einer konkreten Gefahr enthalten sind. Polizeigesetzgeber, deren Polizeigesetz noch nicht über die vorgeschlagenen Aufnahmeklauseln verfügt, sollte diese in deren Polizeigesetz übernehmen und die insofern eingeschränkten Grundrechte aus Art. 10 Abs. 1 GG und 13 Abs. 1 GG zitieren.

2891 Insoweit ungenau BVerfG in NJW 2013, 1499 (1503 = Rn. 114).

III. Polizeigesetzliche Befugnisse zur zweckändernden präventiv-polizeilichen Nutzung und Übermittlung von zu präventiv-polizeilichen Zwecken erhobenen Daten

Ebenso wie zu repressiven Zwecken erhobene Daten zur Aufklärung einer anderen prozessualen Tat verwendet werden können, könnten auf präventiv-polizeilicher Grundlage erhobene Daten zu anderen präventiv- polizeilichen Zwecken genutzt werden. Während für die zu repressiven Zwecken zweckändernd verwendbaren Daten bundeseinheitlich die *StPO* und das *OWiG* gelten, so dass deren präventiv- polizeiliche Nutzung durch die Öffnungsklauseln der §§ 481, 477 Abs. 2 Satz 3 und 4, 100d Abs. 5 Nr. 2 StPO bundeseinheitlich begrenzt wird, weisen die Befugnisse zur zweckändernden präventiv- polizeilichen Nutzung von zu präventiv- polizeilichen Zwecken erhobenen Daten aus den 18 Polizeigesetzen infolge der Zuständigkeit von 17 unterschiedlichen Polizeigesetzgebern teils erhebliche Unterschiede auf. Abgesehen von der Frage, ob die mit Zweckänderungen verbundenen präventiv- polizeiliche Nutzungsregelungen den vom BVerfG anerkannten verfassungsrechtlichen Anforderungen genügen, stellt sich die Frage, ob mit dem derzeitigen Regelungswust länderübergreifenden Gefahren überhaupt noch verfassungskonform begegnet werden kann.

1. Polizeigesetzliche Befugnisse zur zweckändernden präventiv-polizeiliche Datennutzung

Innerhalb der polizeilichen Befugnisse zur zweckändernden präventiv- polizeilichen Datennutzung von ursprünglich zu präventiv- polizeilichen Zwecken erhobenen Daten ist zwischen Befugnissen der die Daten erhebenden zur zweckändernden Nutzung und Befugnissen zu differenzieren, die die Daten erhebende Polizei durch Öffnungsklauseln zur Übermittlung der Daten an Polizeien anderer Hoheitsträger ermächtigen. Die präventiv- polizeiliche Nutzung der übermittelten Daten durch die die Daten empfangende Polizei muss dann auf eine Befugnis aus dem geltenden Polizeigesetz gestützt werden.

Kapitel 4: Polizeiliche Befugnisse zur zweckändernden Nutzung von erhobenen Daten

a. Befugnisnormen für die zweckändernde präventiv- polizeiliche Datennutzung

Die bestehenden polizeigesetzlichen Befugnisse zur zweckändernden präventiv- polizeilichen Nutzung von auf präventiv- polizeilicher erhobenen Daten sind unterschiedlich geregelt.

aa. Die zweckändernde präventiv- polizeiliche Nutzung von durch verdeckten präventiv- polizeilichen Eingriff in Art. 13 Abs. 1 GG erhobenen Daten

Hinsichtlich der zweckändernden präventiv- polizeilichen Nutzung von Daten, die durch verdeckten präventiv- polizeilichen Eingriff in Art. 13 Abs. 1 GG erhoben wurden, wird in den Polizeigesetzen ähnlich wie bei deren zweckändernden repressiven Verwendung häufig zwischen Daten unterschieden, die zum einen durch Großen Lausch- und Spähangriff und zum anderen durch Kleinen Lauschangriffs erhoben wurden.

(1) Mittels Großen Lausch- und Spähangriffs erhobene Daten

Im Allgemeinen ermächtigen die Polizeigesetze zur zweckändernden präventiv- polizeilichen Nutzung von durch Großen Lausch- und Spähangriffs erhobenen Daten zu den Zwecken, zu denen die Daten nach der ihrer Erhebung zugrunde liegenden Befugnis hätten erhoben werden können. So lassen die Polizeigesetze von *Brandenburg* und *Niedersachsen* den Großen Lausch- und Spähangriff sowohl „*zur Abwehr einer gegenwärtigen Gefahr für Leib, Leben oder Freiheit einer Person* als auch *zur Verhütung von Straftaten*" als auch deren zweckändernde präventiv- polizeiliche Nutzung zu diesen Zwecken zu. Sofern nach den Polizeigesetzen von *Rheinland-Pfalz* und *Sachsen* der Große Lausch- und Spähangriff zur Abwehr einer dringenden Gefahr zulässig ist, und hierunter die Verhütung von Straftaten subsumiert wird, lassen auch diese Polizeigesetze die zweckändernde präventiv- polizeiliche Nutzung von mittels Großen Lausch- und Spähangriffs gewonnenen Daten sowohl „*zur Abwehr einer gegenwärtigen Gefahr für Leib, Leben oder Freiheit einer Person* oder *zur Verhütung von Straftaten*" zu. Das *BKAG* ermächtigt mit § 20v Abs. 4 Satz 2 BKAG zur generellen Verwendung der nach §§ 20a ff erhobenen Daten „*zur Erfüllung von dessen*

Aufgaben aus §§ 4a Abs. 1 Satz 1, 5 und 6 BKAG". Nach den Polizeigesetzen von *Baden- Württemberg, Bayern, Berlin, Bremen, Hamburg, Hessen, Mecklenburg- Vorpommern, Nordrhein- Westfalen,* dem *Saarland, Sachsen- Anhalt* und *Schleswig- Holstein,* die zum Großen Lausch- und Spähangriff ausschließlich *„zur Abwehr einer gegenwärtigen Gefahr für Leib, Leben (oder Freiheit) einer Person"* ermächtigen, ist die zweckändernde präventiv- polizeiliche Nutzung der so erhobenen Daten auch nur zu diesen Zwecken möglich. Das Polizeigesetz von *Thüringen* enthält neuerdings mit § 36 Abs. 1 Satz 4 ThürPAG eine speziell für sämtliche verdeckten Datenerhebungen formulierte Regel über die hypothetische Ersatzvornahme. Obwohl § 33 Abs. 2 BremPolG keinen Großen Lausch- (und Späh-) angriff zur Verhütung von Straftaten im Vorfeld einer konkreten Gefahr legitimiert, ermächtigt das Polizeigesetz von *Bremen* mit § 36b Abs. 6 Satz 1 BremPolG zur zweckändernden präventiv- polizeiliche Nutzung dieser Daten zur Verhütung von Straftaten von erheblicher Bedeutung. Das Polizeigesetz von *Mecklenburg- Vorpommern* ermächtigt mit § 34b Abs. 7 Satz 3 SOG MV dessen Wortlaut nach lediglich zur Nutzung der Daten *zu Zwecken, zu denen sie erhoben wurden.* Dies kann vor dem Hintergrund des Zweckbindungsgebots und des gleichzeitigen Verweises auf mehrere Zwecke so verstanden werden, dass § 34b Abs. 7 Satz 3 SOG MV zu einer zweckändernden präventiv- polizeilichen Nutzung zu all denjenigen Zwecken ermöglicht, zu denen eine Erhebung der Daten durch Großen Lausch- und Spähangriff möglich wäre. Dies sollte dann aber auch so formuliert werden.

(2) Mittels Kleinen Lauschangriffs erhobene Daten

Die Polizeigesetze von *Baden- Württemberg, Bayern, Hamburg* und *Hessen* lassen die zweckändernde präventiv- polizeiliche Nutzung von durch Kleinen Lauschangriff erhobenen Daten *„zur Abwehr einer gegenwärtigen Gefahr für Leib, Leben oder Freiheit einer Person"* zu, das des *Saarlandes* nur *„zur Abwehr einer gegenwärtigen Gefahr für Leib oder Leben einer Person."* Die Polizeigesetze von *Berlin, Brandenburg, Nordrhein- Westfalen, Sachsen- Anhalt* und *Schleswig- Holstein* ermächtigen allgemein zur zweckändernden präventiv- polizeilichen Nutzung von durch Kleinen Lauschangriff erhobenen Daten *zur Gefahrenabwehr.* Die Polizeigesetze von *Bremen* und *Niedersachsen* ermächtigen zur präventiv- polizeilichen Nutzung von durch Kleinen Lauschangriff erhobenen Daten sowohl *„zur Abwehr einer gegenwärtigen Gefahr für Leib, Leben oder Freiheit einer*

Kapitel 4: Polizeiliche Befugnisse zur zweckändernden Nutzung von erhobenen Daten

Person" als auch *„zur Verhütung von Straftaten mit erheblicher Bedeutung.*" Nach dem Polizeigesetz von *Mecklenburg- Vorpommern* ist die zweckändernde präventiv- polizeiliche Verwendung von durch Kleinen Lauschangriff erhobenen Daten allenfalls über die Regel über die hypothetische Ersatzvornahme möglich. Die Polizeigesetze von *Rheinland- Pfalz, Sachsen* und *Thüringen* ermächtigen zu deren zweckändernden präventiv- polizeilichen Nutzung *„zur Abwehr einer dringenden Gefahr.*"

bb. Die zweckändernde präventiv- polizeiliche Nutzung von durch präventiv- polizeiliche TKÜ erhobenen Daten

Die Polizeigesetze, die Befugnisse zur TKÜ enthalten, ermächtigen grundsätzlich insofern zur zweckändernden präventiv- polizeilichen Nutzung von hierdurch erhobenen Daten, als dass die Daten zu den Zwecken genutzt werden dürfen, zu denen die Daten aufgrund ihrer Erhebung zugrunde liegenden Befugnisnorm hätten erhoben werden dürfen. Entsprechend legitimiert das Polizeigesetz von *Baden- Württemberg* die zweckändernde präventiv- polizeiliche Nutzung von zu präventiv- polizeilichen Zwecken erhobenen Verkehrsdaten *„zur Abwehr einer unmittelbar bevorstehenden Gefahr für Leben, Gesundheit oder Freiheit einer Person und zur vorbeugenden Bekämpfung von schwerwiegenden Straftaten.*" Das *BKAG* ermächtigt mit § 20v Abs. 4 Satz 2 BKAG generell zur Verwendung der nach §§ 20a ff BKAG erhobenen Daten *„zur Erfüllung der Aufgaben* des BKA *aus §§ 4a Abs. 1 Satz 1, 5 und 6 BKAG.*" Das Polizeigesetz von *Bayern* lässt die zweckändernde präventiv- polizeiliche Nutzung von durch präventiv- polizeiliche TKÜ sowie Verkehrsdatenabfragen erhobene Daten zu Zwecken zu, *„zu denen sie erhoben wurden.*" Damit dürfte *„zu denen sie durch eine eben solche Maßnahme hätten erhoben werden könnten*" gemeint sein. Andernfalls läge keine Zweckänderung vor, und es hätte aufgrund des Grundsatzes der Zweckbindung keiner weiteren Regelung bedurft. Daher darf die zweckändernde Nutzung nur der Abwehr einer gegenwärtigen Gefahr für Leib, Leben oder Freiheit einer Person, nicht aber der Verhütung von Straftaten im Vorfeld einer Gefahr dienen. Das Polizeigesetz von *Brandenburg* ermöglicht die zweckändernde präventiv- polizeiliche Nutzung von durch präventiv- polizeiliche TKÜ erhobenen Daten, *„zur Abwehr einer dringenden Gefahr für Leib, Leben oder Freiheit einer Person oder der Abwehr von durch bestimmte Straftaten drohenden Gefahren.*" Entsprechendes gilt – je nachdem wie der umstrittene Rechtsbegriff der dringenden Gefahr verstanden wird – für das Polizeigesetz von *Rheinland-Pfalz*. Ebenso wie nach dem Polizeigesetz von *Schleswig-Holstein* gilt die rheinland-pfälzische Zweckänderung sowohl für Daten aus einer TKÜ als auch für Verkehrsdaten. Das *Gesetz über die Datenverarbeitung der Polizei* von *Hamburg* sowie die Polizeigesetze von *Hessen, Mecklenburg-Vorpommern, Niedersachsen* und *Sachsen-Anhalt* ermächtigen zur zweckändernden präventiv-polizeilichen Nutzung von durch präventiv-polizeiliche TKÜ oder Verkehrsdatenabfragen erhobene Daten *„zur Abwehr einer gegenwärtigen Gefahr für Leib oder Leben (oder Freiheit) einer Person"*, wobei das Polizeigesetz von *Mecklenburg-Vorpommern* eine ähnlich ungenaue Ausdrucksweise verwendet wie das Polizeigesetz von *Bayern*.

cc. Die zweckändernde präventiv-polizeiliche Nutzung von durch sonstige besondere Mittel und Methoden erhobenen Daten

Die Polizeigesetze von *Bremen* und *Niedersachsen* berechtigen zur zweckändernden Nutzung *„zur Abwehr einer gegenwärtigen Gefahr für Leib, Leben, zur Verhütung von Straftaten von erheblicher Bedeutung."* In *Bremen* ist deren Nutzung darüber hinaus auch *„zum Schutz der zur Erfüllung von Aufgaben nach diesem Gesetz tätigen Personen"* möglich, sofern die Daten mit besonderen Mitteln und Methoden erhoben wurden. In *Rheinland-Pfalz* dürfen so erhobene Daten *„zur Abwehr einer dringenden Gefahr oder zur vorbeugenden Bekämpfung einer Straftat von erheblicher Bedeutung"* unter Änderung des Erhebungszwecks genutzt werden. In *Sachsen* dürfen so erhobene Daten zu einem anderen als dem Erhebungszweck

> *„zur Abwehr einer im Einzelfall bestehenden Gefahr für Leben, Gesundheit oder Freiheit einer Person oder zur Abwehr einer gegenwärtigen Gefahr für bedeutende Sach- und Vermögenswerte oder zur Verhütung von Straftaten mit erheblicher Bedeutung"*

genutzt werden. Das *BPolG* lässt die zweckändernde präventiv-polizeiliche Nutzung von zu präventiv-polizeilichen Zwecken durch langfristige Observation, durch Einsatz technischer Mittel zur Anfertigung von Bild- und Tonaufzeichnungen sowie durch Einsatz eines Verdeckten Ermittlers erhobenen Daten *„zur Abwehr einer erheblichen Gefahr"* zu. Das *BKAG* ermächtigt mit § 20v Abs. 4 Satz 2 BKAG generell zur Verwendung der nach §§ 20a ff BKAG erhobenen Daten *„zur Erfüllung der Aufgaben* des BKA *aus §§ 4a Abs. 1 Satz 1, 5 und 6 BKAG."* Das Polizeigesetz von *Sachsen-Anhalt* lässt die zweckändernde Nutzung von durch verdeckten präventiv-

Kapitel 4: Polizeiliche Befugnisse zur zweckändernden Nutzung von erhobenen Daten

polizeilichen Eingriff in das Grundrecht auf informationelle Selbstbestimmung erhobenen Daten nur „*zur Abwehr einer gegenwärtigen Gefahr für Leib oder Leben einer Person*" zu.

dd. Die zweckändernde präventiv- polizeiliche Nutzung von Daten aus Online- Durchsuchungen

Als Befugnis zur zweckändernden präventiv- polizeilichen Nutzung von durch präventiv- polizeiliche Online- Durchsuchung erhobenen Daten ermächtigt das *BKAG* mit § 20v Abs. 4 Satz 2 BKAG im Hinblick auf die nach § 20k BKAG erhobenen Daten *zur Erfüllung der Aufgaben* des BKA *aus §§ 4a Abs. 1 Satz 1, 5 und 6 BKAG*. Das Polizeigesetz von *Bayern* enthält mit Art. 34d Abs. 5 Satz 2 BayPAG ein absolutes Verwendungsverbot, dass aufgrund anders lautender bundesgesetzlicher Regelung in § 20v Abs. 5 BKAG gem. § 160a Abs. 4 StPO für das Strafverfahrensrecht keine Wirkung entfaltet. Mit § 31c Abs. 6 POG RP ermächtigt das Polizeigesetz von *Rheinland- Pfalz* zur zweckändernden präventiv- polizeilichen Nutzung von durch Online-Durchsuchungen erhobenen Daten „*zur Abwehr einer dringenden Gefahr.*" Insoweit geht das zur zweckändernden präventiv- polizeilichen Nutzung von durch Großen Lauschangriff oder durch repressive TKÜ erhobenen Daten Gesagte entsprechend.

b. Befugnisse zur zweckändernden präventiv- polizeilichen Nutzung in Form der Regel über die hypothetische Ersatzvornahme

Allenfalls in Verbindung mit der Regel über die hypothetische Ersatzvornahme ermächtigen die Polizeigesetze
– von *Hessen, Nordrhein- Westfalen*, dem *Saarland* und *Thüringen* zur zweckändernden präventiv- polizeilichen Nutzung von mittels Großen Lausch- und Spähangriffs erhobenen Daten,
– vom *Saarland* und von *Thüringen* zur zweckändernden präventiv- polizeilichen Nutzung von durch präventiv- polizeiliche Eingriffe in Art. 10 Abs. 1 GG erhobenen Daten,
– von *Baden- Württemberg, Bayern, Brandenburg, Bremen, Hamburg, Hessen, Mecklenburg- Vorpommern, Nordrhein- Westfalen* vom *Saarland Schleswig- Holstein* und *Thüringen* zur zweckändernden präventivpolizeilichen Nutzung von durch sonstige präventiv- polizeiliche beson-

C. Befugnisse zur präventiv- polizeilichen Nutzung von polizeilichen Daten

dere Mittel und Methoden der Datenerhebung erhobene Daten, wobei *Schleswig- Holstein* dies grundsätzlich unter Richtervorbehalt stellt,
- von *Baden- Württemberg, Bayern, Brandenburg, Bremen, Hamburg, Hessen, Mecklenburg- Vorpommern, Niedersachsen, Nordrhein- Westfalen,* vom *Saarland,* von *Sachsen- Anhalt, Schleswig- Holstein* und *Thüringen* zur zweckändernden präventiv- polizeilichen Nutzung von zu anderen präventiv- polizeilichen Zwecken offen erhobenen Daten.

Zufallsfunde, die während der präventiv- polizeilichen Erhebung von Daten bekannt werden, sind danach für andere Zwecke der Gefahrenabwehr nur dann nutzbar, wenn sie auch für diese Zwecke hätten erhoben werden dürfen[2892]. Während die Polizeigesetze von *Baden- Württemberg, Bayern, Brandenburg, Bremen, Hessen, Mecklenburg- Vorpommern, Nordrhein- Westfalen* und dem *Saarland* innerhalb der Regel über die hypothetische Ersatzvornahme nicht hinsichtlich der Art und Weise der ursprünglichen Erhebung differenzieren, versuchen die Polizeigesetze von *Hamburg, Mecklenburg- Vorpommern* und *Schleswig- Holstein* dem Verhältnismäßigkeitsgrundsatz dadurch Rechnung zu tragen, dass Daten, die ursprünglich zu einem bestimmten präventiv- polizeilichen Zweck mit besonderen Mitteln oder Methoden der Datenerhebung erhoben worden, zu anderen Zwecken nur genutzt werden dürfen, wenn sie auch hierfür mit gleichartigen präventiv- polizeilichen Mitteln und Methode der Datenerhebung erhoben werden könnten.

c. Stellungnahme

Die unter b. aufgeführten Polizeigesetze, die auf die Regel der hypothetischen Ersatzvornahme verweisen, entsprechen nicht den verfassungsrechtlichen Geboten der Normenbestimmtheit und Normenklarheit, wonach sich eine hinreichende Bestimmung des geänderten Nutzungszwecks aus dem Gesetz ergeben muss, auf dessen Grundlage personenbezogene Daten erhoben werden dürfen[2893]. Lediglich die Polizeigesetze von *Nordrhein- Westfalen,* dem *Saarland* und von *Thüringen* favorisieren die salvatorische Regelungstechnik der hypothetischen Ersatzvornahme ausschließlich. In *Hessen* sind allein Befugnisse zur zweckändernden Nutzung unter Eingriff in

---

2892 Schenke, POR, Rn. 207.
2893 BVerfGE 120, 274 (317); 100, 313 (372).

Kapitel 4: Polizeiliche Befugnisse zur zweckändernden Nutzung von erhobenen Daten

Art. 10 Abs. 1 GG bereichsspezifisch und präzise geregelt, während auf alle übrigen verdeckten präventiv- polizeilichen Maßnahmen einschließlich des Großen Lausch- und Spähangriffs allenfalls die Regel der hypothetischen Ersatzvornahme angewendet werden kann. In den übrigen unter aa. und bb. genannten, zu verdeckten Eingriffen in Art. 13 Abs. 1 GG und – mit Ausnahme *Bremens*, das über keine Befugnis zur TKÜ verfügt – in Art. 10 Abs. 1 GG ermächtigenden Polizeigesetzen, findet die Regel über die hypothetische Ersatzvornahme lediglich bezogen auf verdeckte oder offene Eingriffe in das Grundrecht auf informationelle Selbstbestimmung Anwendung. Dies führt zu dem Rückschluss, dass die jeweiligen Gesetzgeber die seit Anfang des 21sten Jahrhunderts neuen Befugnisse zum Großen Lausch- und Spähangriff sowie zur TKÜ den verfassungsrechtlichen Anforderungen entsprechend auszugestalten versuchten, eine Anpassung bereits bestehender polizeigesetzlicher Bestimmungen jedoch nicht für notwendig erachteten. Zumindest hinsichtlich der verdeckten Datenerhebung bedarf es aber auch hier bereichsspezifischer und präzise geregelter Befugnisse zur zweckändernden Nutzung, die gerade nicht in der Regel der hypothetischen Ersatzvornahme liegen können. Kann der von einer verdeckten Datenerhebung möglicherweise Betroffene aus der hierzu ermächtigenden Befugnis Nachteile, die objektiv zu erwarten sind oder befürchtet werden müssen, nicht erkennen, kann dies zu einer Befangenheit in der Kommunikation führen, die es zu vermeiden gilt[2894].

Durch Zweckänderungsklauseln innerhalb der Befugnisse zur verdeckten Erhebung von Daten wird zwar den Belangen derjenigen Polizei hinreichend Rechnung getragen, die die Daten zuvor erhoben hat, nicht jedoch den Belangen anderer Behörden oder Polizeien anderer Hoheitsträger, die vielleicht über keine der ursprünglichen Erhebungsbefugnis mitsamt deren Zweckänderungsklausel entsprechende Befugnis verfügen, und an die die erhobenen Daten übermittelt werden sollen. Enthalten die unter a. aa. bis a. dd. genannten Polizeigesetze spezielle, die Zweckänderung beschränkende Befugnisse zur zweckändernden Nutzung von Daten, die sich darauf beziehen, dass die Daten zuvor durch eine durch das betroffene Polizeigesetz legitimierte verdeckte präventiv- polizeiliche Maßnahme erhoben wurden, gilt diese Ermächtigung ausschließlich im Anwendungsbereich des jeweiligen Polizeigesetzes. Solange eine Gefahr ausschließlich das Gebiet eines Hoheitsträgers betrifft, ist dies unschädlich. Wie aber bei länderübergreifenden

---

2894 Kapitel 2 A. IV. 4 (S. 315 ff); Kapitel 3 A. III. 2 (S. 183 ff).

C. Befugnisse zur präventiv- polizeilichen Nutzung von polizeilichen Daten

Gefahren mit Daten umzugehen ist, die aufgrund einer präventiv- polizeilichen Befugnis verdeckt erhoben wurden, muss durch eine spezielle Befugnis zur Übermittlung der Daten legitimiert werden. Weisen aber bereits die für die einzelnen Hoheitsträger bestehenden Befugnisse zur zweckändernden Nutzung von erhobenen Daten eine derartige Vielfalt auf, liegt die Gefahr nahe, dass die in dem jeweiligen Polizeigesetz enthaltenen Übermittlungsbefugnisse ähnlich vielfältig ausgestaltet sind.

2. Polizeigesetzliche Übermittlungsbefugnisse zur Abwehr länderübergreifender Gefahren

Die Polizeien von Bund und Ländern sind nach dem jeweils geltenden Polizeirecht dazu befugt, personenbezogene Daten grundsätzlich unter Einhaltung oder auch unter Durchbrechung des Zweckbindungsgebots innerhalb des Geltungsbereichs des Grundgesetzes an die Polizei eines anderen Hoheitsträgers zu übermitteln. Die Übermittlung an Polizeien anderer Staaten oder zwischenstaatlicher Einrichtungen ist nicht Gegenstand dieser Arbeit. Derartigen Übermittlungsbefugnissen kommt eine den strafprozessualen Öffnungsklauseln der §§ 481, 477 Abs. 2 Satz 3 und 4, 100d Abs. 5 Nr. 2 StPO entsprechende Funktion zu. Sie sind Öffnungsklauseln für die präventiv- polizeiliche Nutzung von auf Grundlage eines bestimmten Polizeigesetzes erhobenen Daten durch Polizeien anderer Hoheitsträger bzw. durch sonstige Behörden desselben oder eines anderen Hoheitsträgers. Hinsichtlich der Befugnisse der BPol ist zu berücksichtigen, dass das *BPolG* weder eine Befugnis zum Großen Lausch- und Spähangriff noch über Befugnisse, die in Art. 10 Abs. 1 GG eingreifende Maßnahmen legitimieren, enthält. Daher bedarf es dort insoweit keiner Öffnungsklauseln.

a. Die Übermittlung von Daten unter Einhaltung des Zweckbindungsgebots

Die erforderlichen Öffnungsklauseln für die Übermittlungen von personenbezogenen Daten unter Einhaltung des Zweckbindungsgebots ergeben sich bezogen auf Übermittlungen zwischen Polizeibehörden unterschiedlicher Hoheitsträger aus dem zur Erhebung der Daten ermächtigenden Polizeigesetz, während die polizeigesetzlichen Aufnahmeklauseln grundsätzlich in der jeweils anzuwendenden Generalklausel des für die Daten empfangende

Kapitel 4: Polizeiliche Befugnisse zur zweckändernden Nutzung von erhobenen Daten

Polizei geltenden Polizeigesetzes unter Berücksichtigung des Grundsatzes der Zweckbindung liegen.

Dies könnte selbst dann gelten, wenn ein Polizeigesetz über keine zu verdeckten Eingriffen in besondere informationelle Grundrechtspositionen ermächtigende Erhebungsbefugnis verfügt. Eine solche besondere informationelle Grundrechtsposition liegt beispielsweise in Art. 10 Abs. 1 GG. Dieser schließt nicht jegliche Übermittlung von Daten an andere Behörden aus, denen eine TKÜ nicht zusteht oder zugestanden werden dürfte[2895]. Grundvoraussetzung ist jedoch, dass das von der ursprünglichen Datenerhebung betroffene besonders geschützte informationelle Grundrecht in dem Polizeigesetz zitiert wird, das für die die Daten empfangende Polizeibehörde gilt[2896] sowie dass die für den Umgang mit den übermittelten Daten zu fordernden verfahrensrechtlichen Schutzvorkehrungen eingehalten werden[2897]. Können verfahrensrechtliche Schutzvorkehrungen nicht in dem Maß gewährleistet werden, wie von dem zur Erhebung der Daten ermächtigenden Gesetz zu fordern wäre, darf der Daten empfangenden Behörde nicht der Zugang zum vollen Datenbestand eröffnet werden[2898].

Wie bereits bezogen auf die zweckändernde repressive Verwendung von Daten, die auf repressiver oder präventiv- polizeilicher Grundlage erhoben wurden, sowie bezogen auf die zweckändernde präventiv- polizeiliche Nutzung von Daten, die auf repressiver Grundlage erhoben wurden, festgestellt, ist ein Zugriff auf den „vollen" Datenbestand einer heimlichen Überwachung immer dann erforderlich, wenn sich ein Zufallsfund auf keine gegenwärtige Gefahr für Leib, Leben oder Freiheit bezieht, sondern im Vorfeld einer solchen Gefahr angesiedelt ist. Dann müsste die bei der heimlichen Überwachung hergestellte technische Aufzeichnung umfänglich ausgewertet werden oder insbesondere im Zusammenhang mit Anordnungen von eingriffsintensiven Maßnahmen als Grundlage von weiterführenden polizeilichen Untersuchungshandlungen herangezogen werden. Sofern die weiterführenden polizeilichen Untersuchungshandlungen verdeckt durchzuführen sind, stehen diese regelmäßig unter Richtervorbehalt. Die technische Aufzeichnung aus der ursprünglichen Überwachung ist dann als Beweismittel

---

2895 BVerfGE 100, 313 (390).
2896 BVerfGE 113, 348 (366); 85, 386 (403/404); 5, 13 (16).
2897 BVerfGE 100, 313 (372); vgl. jetzt auch BVerfG in NJW 2013, 1499 (1503 = Rn. 114).
2898 BVerfGE 100, 313 (390); vgl. jetzt auch BVerfG in NJW 2013, 1499 (1503 = Rn. 114).

C. Befugnisse zur präventiv- polizeilichen Nutzung von polizeilichen Daten

bei der richterlichen Entscheidungsfindung zu berücksichtigen. Ob und inwiefern in dem für die die übermittelten Daten empfangende Polizei geltenden Polizeigesetz eine zur Nutzung der übermittelten Daten zu fordernden Aufnahmeklausel vorhanden ist, wird an späterer Stelle geprüft.

b. Die Übermittlung von Daten unter Durchbrechung des Zweckbindungsgebots

Während einige Polizeigesetze bezogen auf Zweckänderungen besondere Sicherungsmechanismen als Präzisierung des Zweckbindungsgrundsatzes enthalten, fehlt es hieran in vielen der übrigen Polizeigesetze[2899]. Den wohl extremsten Standpunkt nimmt das Polizeigesetz von *Sachsen* ein, das abgesehen von der Befugnis zur Datenübermittlung an nicht öffentliche Stellen aus § 45 SächsPolG gar keine Befugnisse zur polizeilichen Datenübermittlung enthält und stattdessen durch § 35 SächsPolG auf das *SächsDSG* verweist. Hier fehlt es an einer im Volkszählungsurteil geforderten bereichsspezifischen Regelung. Aber auch die übrigen Polizeigesetze, die den polizeilichen Umgang mit personenbezogenen Daten bereichsspezifisch regeln, lassen die seit dem Volkszählungsurteil vom BVerfG geforderten präzisen Übermittlungsregelungen vermissen.

aa. Präzise polizeigesetzliche Befugnisnormen zur Übermittlung von Daten an Polizeibehörden anderer Hoheitsträger

In einigen Polizeigesetzen wird ausdrücklich geregelt, zu welchen Zwecken personenbezogene Daten übermittelt werden dürfen. So ermächtigt § 20v Abs. 4 Satz 1 Nr. 2 1. Halbsatz BKAG zur Übermittlung von nach §§ 20a ff BKAG erhobenen Daten an andere Behörden des Bundes und der Länder *„zur Abwehr einer erheblichen Gefahr oder zur Verhütung von Straftaten, die in § 129a Abs. 1 und 2 StGB bezeichnet sind,"* während § 20v Abs. 4 Satz 1 Nr. 2 2. Halbsatz BKAG die Übermittlung von personenbezogenen Daten, die nach §§ 20h, 20k, und 20l BKAG erhoben wurden, auf *„die Abwehr einer dringenden Gefahr für die öffentliche Sicherheit, insbesondere*

[2899] Pieroth/Schlink/Kniesel, POR, § 15 Rn. 15.

Kapitel 4: Polizeiliche Befugnisse zur zweckändernden Nutzung von erhobenen Daten

einer gemeinen Gefahr oder einer Lebensgefahr," beschränkt. Das *Berliner* Polizeigesetz ermächtigt zur Übermittlung an andere Behörden, soweit dies

- „zur Erfüllung ordnungsbehördlicher oder polizeilicher Aufgaben,
- zur Abwehr einer Gefahr für oder gegen den Empfänger
- zur Abwehr erheblicher Nachteile für das Gemeinwohl, oder
- zur Abwehr einer schwerwiegenden Beeinträchtigung der Rechte einer anderen Person"

erforderlich ist. Nach dem Polizeigesetz von *Bremen* gilt die hypothetische Ersatzvornahme dort lediglich für offen erhobene Daten. Verdeckt erhobene Daten dürfen nur

„zur Abwehr einer gegenwärtigen Gefahr für Leib oder Leben oder zur Aufklärung einer in § 100a StPO genannten Straftat oder solcher Straftaten übermittelt werden, die sich gegen das Leben oder die sexuelle Selbstbestimmung richten."

Über die Regel der hypothetischen Ersatzvornahme hinaus ist nach den Polizeigesetzen von *Mecklenburg- Vorpommern,* dem *Saarland* und von *Schleswig- Holstein* die Übermittlung personenbezogener Daten möglich,

- „soweit dies zur Abwehr einer im einzelnen Fall bevorstehenden Gefahr unerlässlich ist,
- eine erneute Erhebung der personenbezogenen Daten mit vergleichbaren Mitteln zur Abwehr der Gefahr zulässig ist und
- der Empfänger die Daten auf andere Weise nicht oder nicht rechtzeitig oder nur mit unverhältnismäßig hohem Aufwand erlangen kann."

Ähnlich wie *Bremen* gestattet das Polizeigesetz von *Niedersachsen* die präventiv- polizeiliche Übermittlung von personenbezogenen Daten *„zur Abwehr einer gegenwärtigen Gefahr für Leib, Leben oder Freiheit einer Person oder zur Aufklärung von Straftaten mit erheblicher Bedeutung."*

bb. Die Regel der hypothetischen Ersatzvornahme als Befugnis zur Übermittlung von Daten zu einem anderen Nutzungszweck

Die Polizeigesetze von *Baden- Württemberg, Brandenburg, Hamburg* und *Nordrhein- Westfalen* lassen die Übermittlung von Daten zu einem anderen als dem ursprünglichen Erhebungszweck unter Rückgriff auf die Regel über die hypothetische Ersatzvornahme zu. Präventiv- polizeilich erhobene Daten dürfen also an andere Polizeien zu dem Zweck übermittelt werden, zu dem sie nach dem Polizeigesetz der übermittelnden Polizei hätten erhoben werden dürfen.

Das *BPolG* und die Polizeigesetze von *Bayern, Hessen, Rheinland- Pfalz, Sachsen- Anhalt* und *Thüringen* gestatten die Übermittlung von personenbezogenen Daten allgemein zur Erfüllung der Aufgaben der Empfangsbehörde und enthalten im Gegensatz zu den eingangs genannten Polizeigesetzen den Grundsatz der Zweckbindung und die Regel über die hypothetische Ersatzvornahme nicht in unmittelbarem Zusammenhang mit den Übermittlungsregelungen. Gleichwohl gilt nach sämtlichen der genannten Polizeigesetze der Grundsatz der Zweckbindung, der unter den Voraussetzungen der Regel über die hypothetische Ersatzvornahme durchbrochen werden darf. Würde die Übermittlungsbefugnis losgelöst vom ursprünglichen Erhebungszweck lediglich an die Aufgabenstellung einer Empfangsbehörde anknüpfen, wären die genannten polizeigesetzlichen Übermittlungsbefugnisse mit denselben Fehlern behaftet, wie die Übermittlungsbefugnisse des *VZG 1983*. Es würde an einer bereichsspezifischen und präzisen Regelung fehlen.

c. Stellungnahme

Die unter (bb) genannten Polizeigesetze, die eine zweckändernde Übermittlung von auf präventiv- polizeilicher Grundlage erhobenen Daten zu anderen präventiv- polizeilichen Zwecken nach der Regel über die hypothetische Ersatzvornahme legitimieren, entsprechen nicht den vom BVerfG für Verwendungs- und daher auch für Übermittlungsbefugnisse geforderten verfassungsrechtlich Anforderungen der Normenbestimmtheit und Normenklarheit.

Ermächtigt eine gesetzliche Regelung zu einem Eingriff in eine informationelle Grundrechtsposition, so hat das Gebot der Normenbestimmtheit und -klarheit die Funktion, eine Umgrenzung des Anlasses der Maßnahme sowie des möglichen weiteren Verwendungszwecks der betroffenen Informationen sicherzustellen[2900]. Jede Folgeverwendung von Daten, die einmal durch einen Eingriff in eine bestimmte informationelle Grundrechtsposition erhoben worden, bleibt stets an diesem Grundrecht zu messen[2901]. Nur durch

---

[2900] BVerfGE 120, 378 (408); 115, 320 (365); 113, 29 (51); 110, 33 (70); 65, 1 (46, 61 ff); SächsVerfGH in NVwZ 2005, 1310 (1316).
[2901] BVerfGE 125, 260 (313); 113, 348 (365); 110, 33 (68/69); 109, 279 (327, 375); 100, 313 (359/360, 366/367, 389); 65, 1 (46); VerfGH RP in DVBl. 2007, 569 (570); Bockemühl in JA 1996, 695 (699); Anm. Welp zu BGH in NStZ 601 (604).

gesetzliche Regelungen, aus denen eindeutig zu erkennen ist, zu welchen Zwecken Daten erhoben und anschließend verwendet oder übermittelt werden dürfen, ist ein potentiell Betroffener in der Lage, die Auswirkungen einer Datenerhebung zu überblicken[2902]. Grundrechtseingriffe in informationelle Grundrechtspositionen liegen auch in der Übermittlung von Daten, die durch Eingriff in informationelle Grundrechtspositionen erhoben wurden[2903]. Bei der Weitergabe von erhobenen Daten handelt es regelmäßig nicht nur um eine Ausweitung der Stellen oder Personen, die über die Kommunikation informiert werden, sondern um die Überführung der Daten in einen anderen Verwendungszusammenhang, der für den Betroffenen mit zusätzlichen, unter Umständen schwereren Folgen verbunden ist, als im ursprünglichen Verwendungszusammenhang[2904]. An die Kenntnisnahme der Daten können sich andere Maßnahmen, die mit weiteren Grundrechtseingriffen gegenüber einer – auch zufällig – von der Überwachungsmaßnahme betroffenen Personen verbunden sind, anschließen[2905]. Die Daten empfangenden Behörden ordnen die Daten den eigenen Aufgabenbereichen zu, wodurch der Kontext, der der ursprünglichen Erhebung zu Grunde gelegt wurde, verloren geht, und erweitern so den Überwachungseingriff[2906]. Es bedarf daher besonderer, genügend umschriebener Belange, um zu gewährleisten, dass der in der Übermittlung liegende weitere Eingriff in die Rechte des Betroffenen gerechtfertigt ist[2907]. Der Bestimmtheitsgrundsatz wird verletzt, wenn eine Übermittlungsbefugnis keinen Bezug auf bestimmte Empfangsbehörden oder deren Aufgabenbereiche enthält[2908]. Allein durch Begrenzung auf einen Katalog von Strafnormen und die Prüfung von Verdachtstatsachen wird dem Gebot einer bereichsspezifischen Zweckbestimmung nicht Genüge getan[2909]. Der in dem zur Erhebung der Daten ermächtigenden Gesetz zu bestimmende neue Verwendungszweck muss sich daher auch auf die Aufgaben und die Befugnisse derjenigen Behörde beziehen, der die Daten übermittelt werden dürfen[2910].

2902 BVerfGE 115, 320 (359); 110, 33 (70); 100, 313 (391); 65, 1 (45, 61 ff).
2903 BVerfGE 125, 260 (312); VerfGH RP in DVBl. 2007, 569 (570); SächsVerfGH in NVwZ 2005, 1310 (1315).
2904 BVerfGE 100, 313 (360).
2905 BVerfGE 100, 313 (391).
2906 BVerfGE 110, 33 (71, 73/74); 100, 313 (360, 367, 389).
2907 BVerfGE 110, 33 (71); 109, 279 (370); 100, 313 (360, 381).
2908 BVerfGE 110, 33 (70); SächsVerfGH in NVwZ 2005, 1310 (1315).
2909 BVerfGE 110, 33 (71, 75).
2910 BVerfGE 100, 313 (360); 65, 1 (46, 61 ff).

C. Befugnisse zur präventiv- polizeilichen Nutzung von polizeilichen Daten

Die Polizeigesetze, die ausschließlich an die Regel der hypothetischen Ersatzvornahme anknüpfen, ermächtigen undifferenziert zur Übermittlung von personenbezogenen Daten an jedwede Behörde. Dies muss noch nicht einmal über eine der ursprünglichen Erhebungsbefugnis entsprechende Nutzungsbefugnis verfügen, durch die anstelle der Übermittlung eine hypothetisch durchführbare Erhebung der Daten durch die Empfangsbehörde gerechtfertigt werden könnte. Dadurch richten sich die Voraussetzungen für die Rechtmäßigkeit einer Datenerhebung nach den für die Ausgangsbehörden bestehenden Erhebungsbefugnissen, nicht jedoch nach dem auf Verhältnismäßigkeitserwägungen beruhenden und diesen Rechnung tragenden Willen des für die Erhebungsbefugnis der Daten zuständigen Gesetzgebers. Hieran ändert es nichts, dass ein Teil dieser Polizeigesetze, nämlich

– sämtliche Polizeigesetze, die in ihren Befugnisnormen, die zu verdeckten Eingriffen in Art. 13 Abs. 1 GG durch den Großen Lausch- und Spähangriff[2911] bzw. sämtliche Polizeigesetze, die zu verdeckten Eingriffen in Art. 13 Abs. 1 GG durch den Kleinen Lauschangriff ermächtigen[2912], sowie

– das *BKAG* und die Polizeigesetze von *Baden- Württemberg, Bayern, Brandenburg, Hessen, Mecklenburg- Vorpommern, Niedersachsen, Rheinland- Pfalz* und *Schleswig- Holstein*, die in ihren Befugnisnormen, die zu heimlichen Eingriffen in Art. 10 Abs. 1 GG ermächtigen, sowie

– das Polizeigesetz von *Rheinland- Pfalz* in dessen Befugnisnorm zur Online-Durchsuchung

innerhalb der jeweiligen Erhebungsbefugnis zur präventiv- polizeilichen Nutzung dieser Daten sowohl unter Einhaltung als auch unter Durchbrechung des Zweckbindungsgebots ermächtigen. Zum einen knüpfen die durch die Übermittlungsbefugnisse in Bezug genommenen Regeln über die hypothetische Ersatzvornahme nicht an den in den genannten Zweckänderungsklauseln umschriebenen geänderten Nutzungszweck, sondern an den ursprünglichen Erhebungszweck an. Entspricht die im Erhebungsgesetz legitimierte zweckändernde Nutzung nicht dem Erhebungszweck, was insbesondere Zufallsfunde betreffen kann, wird die in der Zweckänderungsklausel liegende Nutzungsermächtigung, die die zweckändernde Nutzung gegenüber der Erhebungsbefugnis erweitern oder einschränken kann, durch die Übermittlungsbefugnis ausgehebelt.

[2911] Ausnahme: *BPolG* und die Polizeigesetze von *Nordrhein- Westfalen,* dem *Saarland, Sachsen- Anhalt* und *Thüringen.*

[2912] Ausnahme: *BPolG* und das Polizeigesetz von *Mecklenburg- Vorpommern.*

Es bleibt zu prüfen, wie eine den verfassungsrechtlichen Ansprüchen genügende polizeigesetzliche Übermittlungsbefugnis formuliert sein müsste. Das *BKAG* und die Polizeigesetze von *Berlin, Bremen, Mecklenburg- Vorpommern, Niedersachsen,* dem *Saarland* und *Schleswig- Holstein* enthalten erste, den vom BVerfG für heimlich erhobene Daten geforderten Voraussetzungen Rechnung tragende Übermittlungsbefugnisse. Um dem föderativen Aufbau der Bundesrepublik Deutschland Rechnung tragen zu können, gleichwohl aber bundesweit eine effektive Gefahrenabwehr zu gewährleisten, sollten Befugnisse zur präventiv- polizeilichen Übermittlung von Daten zwischen Polizeien unterschiedlicher Hoheitsträger einheitlich ausgestaltet sein.

Der Bundesgesetzgeber hat den vom BVerfG aufgestellten Anforderungen bezogen auf Daten, die in Strafverfahren heimlich erhoben wurden, durch §§ 100d Abs. 5 Nr. 2, 477 Abs. 2 Satz 3 Nr. 1 StPO sowie bezogen auf Daten, die in Erfüllung der präventiv- polizeilichen Aufgabe des BKA aus § 4a BKAG erhoben wurden, durch § 20v Abs. 5 Satz 1 Nr. 1 BKAG Rechnung getragen. Heimlich erhobene Daten dürfen gem. § 477 Abs. 2 Satz 3 Nr. 1 StPO nur zur Abwehr einer erheblichen Gefahr an andere Gefahrenabwehrbehörden übermittelt werden, es sei denn die Daten sind durch Großen Lauschangriff erhoben wurden. Solche Daten dürfen gem. § 100d Abs. 5 Satz 2 StPO nur zur Abwehr einer dringenden Gefahr an andere Gefahrenabwehrbehörden übermittelt werden, wobei der Begriff der erheblichen Gefahr innerhalb der großen Mehrheit der Polizeigesetze unumstritten ist. Von diesen repressiven Verwendungs- und Übermittlungsbefugnissen weicht § 20v Abs. 5 Nr. 2 1. Halbsatz BKAG insofern ab, als dieser die Übermittlung von Daten, die durch Eingriff in das Grundrecht auf informationelle Selbstbestimmung erhoben worden, zum einen unabhängig davon, ob die Daten offen oder verdeckt erhoben wurden, und zum anderen begrenzt auf die Verhütung von Straftaten nach § 129a Abs. 1 und Abs. 2 StGB zulässt. Gem. § 4a Abs. 1 Satz 2 BKAG gehört es zum Aufgabengebiet des BKA, im Zusammenhang mit der Abwehr von Gefahren des internationalen Terrorismus die in § 129a Abs. 1 und 2 StGB genannten Straftaten zu verhüten. Bei der Beschränkung auf den Straftatenkatalog des § 129a Abs. 1 und 2 BKAG scheint der Gesetzgeber auf den ersten Blick zu übersehen, dass das BKA im Zusammenhang mit Datenerhebungen nach § 20a ff BKAG auch Zufallsfunde erlangen kann, die sich nicht auf Straftaten aus § 129a Abs. 1 und 2 StGB beziehen, aber gleichwohl Erkenntnisse über bevorstehende Verletzungen von hochrangigen Rechtsgütern enthalten könnten, die noch nicht das Stadium einer konkreten Gefahr im polizeirechtlichen Sinn erreicht

C. Befugnisse zur präventiv- polizeilichen Nutzung von polizeilichen Daten

haben, sondern in deren Vorfeld liegen, und eine andere als eine Katalogtat aus § 129a Abs. 1 und 2 StGB befürchten lassen. Gerade Zufallsfunde, die nicht unter die sachliche Zuständigkeit des BKA fallen, müssen zum Schutz dieser Rechtgüter an die zuständigen Behörden übermittelt werden dürfen. Gerade deshalb hebt § 20v Abs. 5 Satz 2 BKAG die in § 20v Abs. 5 Satz 2 Nr. 1 BKAG enthaltene Verwendungsbeschränkung wieder auf, so dass § 20c Abs. 5 Satz 1 Nr. 2 BKAG wie folgt gefasst sollte:

§ 20v BKAG – neu
(5) Das BKA kann die nach diesem Unterabschnitt erhobenen personenbezogenen Daten an andere Polizeien des Bundes und der Länder ... übermitteln, soweit dies erforderlich ist ...
2. zur Abwehr einer erheblichen Gefahr für die öffentliche Sicherheit, ...

Weiterhin macht § 20v Abs. 5 Nr. 2 2. Halbsatz BKAG im Gegensatz zu §§ 100d Abs. 5 Nr. 2, 477 Abs. 2 Satz 3 Nr. 1 StPO nicht nur die Übermittlung von durch Großen Lausch- und Spähangriff nach § 20h BKAG erhobenen Daten von dem Zweck der Abwehr einer dringenden Gefahr für die öffentliche Sicherheit abhängig, sondern auch die Übermittlung von Daten, die durch präventiv- polizeiliche TKÜ nach § 20l BKAG oder Online-Durchsuchungen nach § 20k BKAG erhoben wurden. Die Differenzierung des § 20v Abs. 5 Satz 1 Nr. 2 2. Halbsatz BKAG dahingehend, dass nach §§ 20k oder 20l BKAG erhobene Daten ebenso wie nach § 20h BKAG erhobene Daten entsprechend § 100d Abs. 5 Nr. 2 StPO nur zur Abwehr einer dringenden Gefahr übermittelt werden dürfen, während durch §§ 100a, 100b StPO entsprechend § 20l BKAG erhobene Daten gem. § 477 Abs. 2 Satz 3 Nr. 1 StPO auch zur Abwehr einer erheblichen Gefahr übermittelt werden dürfen, ist bezogen auf die Übermittlung von personenbezogen Daten zu präventiv- polizeilichen Zwecken unerheblich. Die dringende Gefahr für die öffentliche Sicherheit und die erhebliche Gefahr für die öffentliche Sicherheit beziehen sich auf dieselben Rechtsgüter und in zeitlicher Hinsicht sowohl auf konkrete Gefahren im polizeirechtlichen Sinn als auch auf das polizeiliche Vorfeld einer konkreten Gefahr. Die erhebliche Gefahr bezieht sich aufgrund der diesem Begriff nicht immanenten zeitlichen Beschränkung jedoch zusätzlich auch auf das nachrichtendienstliche Vorfeld einer konkreten Gefahr. Eine Übermittlung an die Nachrichtendienste richtet sich demgegenüber nach den auf die Aufgaben der Nachrichtendienste bezogenen Übermittlungsbefugnissen. Da sich die Übermittlungsbefugnis aus § 20v Abs. 5 Satz 1 Nr. 2 BKAG bezogen auf die präventiv- polizeilichen Aufgaben anderer Polizeibehörden – abgesehen von der misslungenen Beschränkung des Übermittlungszwecks auf die Verhütung von Straftaten aus

Kapitel 4: Polizeiliche Befugnisse zur zweckändernden Nutzung von erhobenen Daten

dem Straftatenkatalog des § 129a Abs. 1 und 2 StPO – hinsichtlich des Übermittlungszwecks nicht von § 477 Abs. 2 Satz 3 Nr. 1 StPO unterscheidet, wäre es im Grunde genommen unerheblich, ob die Übermittlung an nicht- nachrichtendienstliche Gefahrenabwehrbehörden *zur Abwehr einer erheblichen Gefahr* oder *zur Abwehr einer dringenden Gefahr* zulässig wäre. Nicht unberücksichtigt gelassen werden darf, dass der mittels Online- Durchsuchung in das Grundrecht auf Vertraulichkeit und Integrität informationstechnischer Systeme an Eingriffsintensität einem mittels Großem Lausch- und Spähangriff in das gleichrangige Grundrecht des Art. 13 Abs. 1 GG erfolgenden Eingriff zumindest gleich kommt. Daher bietet sich als Muster einer polizeigesetzlichen Übermittlungsbefugnis, die auf die präventiv- polizeiliche Nutzung bezogen ist, folgende Formulierung an:

§ 10c MEPolG – neu
(1) (...). Auf Grundlage dieses Gesetzes verdeckt erhobene personenbezogene Daten dürfen an andere Polizeien zur Abwehr einer erheblichen Gefahr übermittelt werden. Dies gilt auch für personenbezogene Daten, die gem. § X MEPolG – neu durch Großen Lausch- und Spähangriff oder gem. § Y ME PolG – neu durch Online- Durchsuchung erhoben wurden.

Die in dem alten § 10c Abs. 1 Satz 2 VE ME PolG enthaltene Regelung über die hypothetische Ersatzvornahme ist zu streichen.

3. Polizeigesetzliche Aufnahmeklauseln für die präventiv- polizeiliche Nutzung von durch die Polizei eines anderen Hoheitsträgers zweckändernd übermittelten, zu präventiv- polizeilichen Zwecken erhobenen Daten

Aufnahmeklauseln sind insoweit erforderlich, als zu präventiv- polizeilichen Zwecken erhobene Daten nicht durch die Polizei desjenigen Hoheitsträgers genutzt werden, die die Daten zuvor erhoben hat. Andernfalls berechtigt bereits die in dem Erhebungsgesetz enthaltene Öffnungsklausel die ursprünglich die Daten erhebende Polizei zur zweckändernden präventiv- polizeilichen Nutzung.

Soll eine präventiv- polizeiliche Befugnis zur Zweckänderung nach dem Prinzip des hypothetischen Ersatzvornahme Daten aus einem Eingriff in Art. 10 Abs. 1 GG erfassen, muss das Polizeigesetz das Zitiergebot wahren

C. Befugnisse zur präventiv- polizeilichen Nutzung von polizeilichen Daten

und dieses Grundrecht als eingeschränktes Grundrecht benennen[2913]. Das Grundrecht aus Art. 10 Abs. 1 GG wird im *BPolG* und in den Polizeigesetzen von *Berlin, Bremen, Mecklenburg- Vorpommern* und *Sachsen* nicht als eingeschränktes Grundrecht zitiert. Da die Kommunikation ihren grundrechtlich vermittelten Geheimnisschutz nicht dadurch verliert, dass bereits eine staatliche Stelle Kenntnis hierüber erlangt, beziehen sich die Anforderungen des Grundrechtsschutzes auch auf die durch Übermittlung erfolgende Weiterverwendung von Daten, die unter Aufhebung des Grundrechtsschutzes erlangt worden sind[2914]. Wird Art. 10 Abs. 1 GG nicht als eingeschränktes Grundrecht zitiert, verbietet es sich daher, die unter Eingriff in dieses Grundrecht erhobenen Daten zu einem anderen als dem ursprünglichen Erhebungszweck zu nutzen. Da das *BPolG* das Grundrecht aus Art. 13 Abs. 1 GG ausschließlich bezogen auf die präventiv- polizeiliche Durchsuchung von Wohnraum und ansonsten nicht als eingeschränkte Grundrechte zitiert, dürfen unter Eingriff in Art. 13 Abs. 1 GG erhobene Daten nicht zur Aufgabenerfüllung der BPol genutzt werden, auch wenn dies für die Erfüllung von deren Aufgaben förderlich wäre.

a. Präzise Aufnahmeklauseln für die präventiv- polizeiliche Nutzung von übermittelten Daten

Aufnahmeklauseln, die die zweckändernde präventiv- polizeiliche Nutzung von Daten, die auf Grundlage von Polizeigesetzen anderer Hoheitsträger erhoben wurden, präzise regeln, finden sich in den wenigsten Polizeigesetzen. Im *BKAG* finden sich mit §§ 7 Abs. 5 a.F.[2915], 20v Abs. 4 Satz 2, 25 Abs. 1 Satz 1, 26 Abs. 1 Satz 3 BKAG Befugnisse zur Nutzung von Daten, die dem BKA in Erfüllung einer anderen diesem zugewiesenen Aufgabe bekannt geworden sind. Das Polizeigesetz von *Bremen* enthält in Bezug auf die Erfüllung der präventiv- polizeilichen Aufgaben keine Regel über die hypothetische Ersatzvornahme. Stattdessen lässt § 36b Abs. 7 Satz 1 BremPolG die zweckändernde Nutzung von Daten, die *nach anderen Rechtsvorschriften* mit besonderen präventiv- polizeilichen Mitteln und Methoden er-

---

[2913] Götz, POR, § 17 Rn. 87; Würtenberger/Heckmann, PolG BW, Rn. 651/652; Schenke in JZ 2001, 997 (1000).
[2914] BVerfGE 110, 33 (70); 100, 313 (360); Würtenberger/Heckmann, PolG BW, Rn. 651/652.
[2915] = § 7 Abs. 10 BKAG i.d.F. vom 1.7.2013.

Kapitel 4: Polizeiliche Befugnisse zur zweckändernden Nutzung von erhobenen Daten

hobenen wurden, bezogen sämtliche verdeckten präventiv- polizeilichen Maßnahmen pauschal

„zur Abwehr einer gegenwärtigen Gefahr für Leib, Leben oder Freiheit einer Person oder der Verhütung von Straftaten von erheblicher Bedeutung oder der zum Schutz der zur Erfüllung von polizeilichen Aufgaben tätigen Personen"

zu. Das Polizeigesetz von *Niedersachsen* bezieht sich mit § 38 Abs. 1 Satz 2 NdsSOG speziell auf Daten, die die niedersächsische Polizei selbst nicht erhoben hat. Dort heißt es:

„Erlangen ... und die Polizei rechtmäßig Kenntnis von personenbezogenen Daten, ohne sie erhoben zu haben, so dürfen sie diese Daten zu einem der Gefahrenabwehr dienenden Zweck speichern, verändern oder nutzen."

§ 38 Abs. 2 Satz 1 NdsSOG schränkt anschließend die Nutzung und Speicherung von Daten, die durch offenen oder verdeckten Eingriff in das Grundrecht auf informationelle Selbstbestimmung erhoben wurden, ein, *„wenn dies zur Abwehr einer gegenwärtigen Gefahr für Leib, Leben oder Freiheit einer Person erforderlich ist."* Die Speicherung und Nutzung von Daten, die aus einer Datenerhebung nach §§ 33a bis 33c (Überwachung der Telekommunikation) und 35a (Datenerhebung durch den verdeckten Einsatz technischer Mittel in Wohnungen) NdsSOG erhoben wurden, dürfen nach § 38 Abs. 2 Satz 2 NdsSOG nur genutzt oder verarbeitet werden, *„um eine in Satz 1 genannte Gefahr abzuwehren oder eine besonders schwerwiegende Straftat aufzuklären."*

b. Die Generalklausel zur Datennutzung und -verarbeitung als Aufnahmeklauseln für die präventiv- polizeiliche Nutzung von übermittelten Daten

Die übrigen Polizeigesetze verfügen nur insofern über Aufnahmeklauseln für Daten, die an die Polizei des jeweiligen Hoheitsträgers zu präventiv- polizeilichen Zwecken übermittelt werden und auf Grundlage anderer Gesetze erhoben wurden, als dass diese die polizeiliche Generalklausel zur Datennutzung und -verarbeitung enthalten.

Dabei ist zwischen 2 Gruppen von Generalklauseln zur Datennutzung und -verarbeitung zu unterscheiden. Das *BPolG* und die Polizeigesetze von *Baden- Württemberg, Bayern, Berlin, Brandenburg, Hamburg, Hessen, Nordrhein- Westfalen, Saarland, Sachsen- Anhalt, Schleswig- Holstein* und *Thüringen* lassen die Nutzung und Verarbeitung von personenbezogenen Daten

C. Befugnisse zur präventiv- polizeilichen Nutzung von polizeilichen Daten

zu den Zwecken zu, zu denen die Daten erhoben oder *erlangt* wurden. Demgegenüber wird die Nutzung von übermittelten Daten nach den Polizeigesetzen von *Mecklenburg- Vorpommern, Rheinland- Pfalz* und *Sachsen* nur zu dem Zweck möglich, zu dem die Daten *erhoben* wurden. Nach dem Wortlaut dieser Befugnisse wäre also eine Nutzung von personenbezogenen Daten ausgeschlossen, die zu einem anderen als dem ursprünglichen Erhebungszweck übermittelt wurden. Die zu dem geänderten Übermittlungszweck erlangten Daten wurden nicht zu dem Zweck übermittelt, zu dem die Daten erhoben wurden.

c. Stellungnahme

Im Hinblick auf Aufnahmeklauseln zur Legitimation der präventiv- polizeilichen Nutzung von personenbezogenen Daten, die aufgrund anderer Polizeigesetze erhoben wurden, kann nichts anderes gelten, als im Hinblick auf die Aufnahmeklauseln von auf repressiver Grundlage erhobenen Daten erarbeitet wurde. Insoweit gelten die obigen Ausführungen entsprechend. Die dort vorgeschlagene Aufnahmeklausel sollte daher wie folgt erweitert werden:

§ 10a.1 ME PolG – neu
(6) Die Abs. 1 bis 5 gelten entsprechend, wenn Daten auf Grundlage eines anderen Polizeigesetzes oder sonstiger Rechtsvorschriften erhoben wurden oder der Polizei auf sonstige Weise bekannt geworden sind.
(7) Abs. 3 gilt entsprechend, wenn die Daten im Zuge einer Online- Durchsuchung erhoben wurden.

4. Ergebnis

Im Ergebnis bleibt festzuhalten, dass eine Zusammenarbeit der Polizeien von Bund und Ländern zur Abwehr länderübergreifender Gefahren auf Grundlage des bisherigen Regelungsstands der meisten Polizeigesetze bisher in verfassungskonformer Weise nicht möglich ist. Die Mehrzahl der Polizeigesetze genügt meist bereits hinsichtlich der zweckändernden Nutzung von erhobenen Daten durch die Polizei des eigenen Hoheitsträgers schon nicht den verfassungsrechtlichen Anforderungen; erst recht gilt dies aber für die länderübergreifende Zusammenarbeit der Polizeien unterschiedlicher Hoheitsträger. Die Übermittlungsbefugnisse knüpfen meist ausschließlich an die Regel der hypothetischen Ersatzvornahme an. Die Zusammenarbeit mit Behörden, die nachrichtendienstliche Aufgaben wahrnehmen, wird mit Ausnahme des *BKAG* und den Regelungen über die Antiterrordateien in keinem Polizeigesetz thematisiert. In den nachrichtendienstlichen Gesetzen fehlt es – ausgehend vom BVerfSchG – meist an Übermittlungspflichten bei Zufallserkenntnissen über gegenwärtige Gefahren für Leib, Leben oder Freiheit einer Person, es sei denn, solche ergäben sich aus § 24 BKAG. Daher müssten die §§ 20u BKAG, 9a PolG BW sowie sämtliche der übrigen polizeigesetzlichen Regelungen diesem angepasst werden.

IV. Zusammenfassung

Bis die Entwicklung des die unterschiedlichen polizeilichen Aufgabenfelder betreffenden Datenschutzrechts durch das *StVÄG 1999* und durch das *TKÜG 2007* dessen heutigen Entwicklungsstand erreichte, bedurfte es einiger aus verfassungsrechtlicher Sicht langfristig nicht tragbarer Übergangslösungen, von denen die Zweckbestimmungen auf Grundlage der polizeilichen Aufgabenzuweisung den ersten Schritt dieser nunmehr knapp 30 Jahre andauernden Entwicklung ausmachte. Dass es dem einen oder anderen Wissenschaftler schwer fallen mag von altbewährten praktischen Gewohnheiten Abstand zu nehmen ist nachvollziehbar, ändert jedoch nichts an der bestehenden sich aus der Verfassung ergebenden Notwendigkeit. Daher sollten in die Polizeigesetze, für die – was auf beinahe sämtliche Polizeigesetze zutrifft – Änderungsbedarf besteht, die in diesem Kapitel herausgearbeiteten Änderungsvorschläge übernommen werden.

Kapitel 5: Die zweckändernde Verarbeitung von Daten in kriminalpolizeilichen personenbezogenen Sammlungen

Die Rechtsgrundlagen für die Verarbeitung von personenbezogenen Daten in kriminalpolizeilichen personenbezogenen Sammlungen sind seit dem Volkszählungsurteil umstritten. Vorweggenommen sei, dass die in diesem Kapitel betrachtete Zweckänderung nur die zweckändernde Verarbeitung offen erhobener Daten betrifft, da Daten, die anlässlich verdeckten präventiv- polizeilichen oder heimlichen repressiven Maßnahmen infolge der mit dem Erhebungsvorgang verbundenen besonders hohen Eingriffsintensität nach Abschluss der Maßnahme zu löschen sind, falls es nicht zu einer zweckändernden Nutzung aus Kapitel 4 kommt.

In der zweckändernden Verarbeitung von erhobenen Daten liegt ebenso wie in deren zweckändernder Nutzung ein Eingriff in informationelle Grundrechtspositionen[2916]. Der mit der zweckändernden Verarbeitung verbundene Eingriff bedarf einer bereichsspezifisch und präzise geregelten Ermächtigungsgrundlage. Das Grundrecht auf informationelle Selbstbestimmung soll den Einzelnen nicht nur gegen unberechtigte Erhebung und Nutzung sondern vor allem gegen unbegrenzte Speicherung, Verwendung und Weitergabe seiner persönlichen Daten schützen[2917]. Aus dem Grundrecht auf informationelle Selbstbestimmung leitet sich daher über den Grundsatz der Zweckbindung das grundsätzliche Verbot der Vorratsdatenspeicherung ab. Danach ist es untersagt nicht- anonymisierte personenbezogene Daten auf Vorrat zu unbestimmten oder noch nicht bestimmbaren Zwecken zu sammeln[2918]. Mittels elektronischer Datenverarbeitung können aus einzelnen Informationen weitergehende Informationen erzeugt werden, die sowohl die grundrechtlich geschützten Geheimhaltungsinteressen des Betroffenen beeinträchtigen als auch Eingriffe in dessen Verhaltensfreiheit mit sich

---

2916 Gusy in ZJS 2012, 155 (156).
2917 BVerfG in NJW 2012, 1419 (1423/1424); BVerfGE 125, 260 (309/310); 113, 29 (57/58); 100, 313 (360); 65, 1 (43).
2918 BVerfG in NJW 2012, 1419 (1423/1424); BVerfGE 125, 260 (317); 118, 168 (187); 115, 320 (350); 100, 313 (360); 65, 1 (46).

bringen[2919]. Das Verbot der Vorratsdatenspeicherung betrifft jedoch nur Datensammlungen zu unbestimmten oder nicht bestimmbaren Zwecken[2920]. Die Speicherung zu einem bestimmten Zweck wie den in § 484 Abs. 2 Satz 1 StPO genannten „*Zwecken zukünftiger Strafverfahren*" ist ein bestimmter Zweck, wenngleich aufgrund der Ungewissheit, ob es später tatsächlich zu einem weiteren Strafverfahren kommen wird, erhöhter Rechtfertigungsbedarf besteht[2921].

Ebenso wie beim ZEVIS, dem AZR oder den bei den Einwohnermelde-, Ausländer- oder Kfz- Zulassungsbehörden sowie der Bundesnetzagentur vorsorglich eingerichteten Datensammlungen[2922] können das Polizeiliche Informationssystem INPOL sowie die bei den regionalen Polizeibehörden geführten Kriminalaktensammlungen ihre rechtliche Grundlage haben[2923]. Das Gewinnen, Sammeln und Auswerten von Informationen in Akten, Karteien und Dateien sowie die Umsetzung dieser Informationen in Schlussfolgerungen, Unterrichtungen, Ermittlungen oder sonstige Maßnahmen gehört seit jeher zur zentralen polizeilichen Tätigkeit[2924]. Eine wirkungsvolle Bekämpfung von Straftaten setzt eine zuverlässige Verfügbarkeit von Informationen zur richtigen Zeit voraus[2925]. Um über besondere Lagen und kriminelle Szenen informiert zu sein und sich für zukünftiges repressives oder präventiv- polizeiliches Handeln zu rüsten, sammelt die Polizei Informationen[2926]. Mit dem Beginn der polizeilichen automatisierten Datenverarbeitung Anfang der 1970er Jahre bot sich die Chance, die Effizienz administrativer und damit auch polizeilicher Arbeit in einem bis dahin nicht vorstellbaren Maß zu steigern[2927]. Durch die Nutzung von IT- Systemen konnten vorhandene, bis dahin in Akten und Karteien gespeicherte Informationen schneller und für einen größeren Personenkreis abrufbar gemacht werden.

2919 BVerfGE 120, 274 (312); 118, 168 (184/185); 115, 320 (342); 113, 29 (45), 65, 1 (42).
2920 BVerfG in NJW 2012, 1419 (1424); BVerfGE 125, 260 (317/318); Böse in ZStW 119 (2007), 848 (879).
2921 Böse in ZStW 119 (2007), 848 (879).
2922 Kapitel 1 D. (S. 117).
2923 BVerfG in NJW 2012, 1419 (1424).
2924 Zöller, Informationssysteme und Vorfeldmaßnahmen von Polizei, Staatsanwaltschaft und Nachrichtendiensten, S. 139; Gusy in ZJS 2012, 155 (155); Kersten in Kriminalistik 1987, 325 (325).
2925 Kersten in Kriminalistik 1987, 325 (325).
2926 Pieroth/Schlink/Kniesel, POR, § 1 Rn. 32.
2927 BVerfGE 65, 1 (42).

Mit Informationen über Straftaten, deren Begehung eine bestimmte Person in der Vergangenheit verdächtigt wurde, oder mit Informationen über Gefahren, die einer Person drohen oder von dieser ausgehen, lässt sich zukünftig mit dieser Person auftretenden Gefahren zuverlässiger begegnen, Tatzusammenhänge können aufgedeckt, die Begehung weiterer Straftaten kann verhindert oder zumindest zuverlässiger aufgeklärt werden[2928]. Mit der Verwendung von IT – Systemen ist allerdings auch die Gefahr verbunden, dass Daten oder ganze Datensammlungen zu einer bestimmten Person zu einem teilweisen oder weitgehend vollständigen Persönlichkeitsbild zusammengefügt werden, ohne dass der Betroffene die Richtigkeit der getroffenen Schlussfolgerungen und deren Verwendung ausreichend kontrollieren kann[2929]. Nicht umsonst wird zu Gunsten der Gesetzgebungskompetenz der Polizeigesetzgeber heute teils zu Recht teils zu Unrecht argumentiert, die Videoüberwachung öffentlicher Plätze oder das Vorhalten von Daten potentieller Straftäter in polizeilichen Dateien diene der *Verhütung* von Straftaten[2930].

Unter welchen Voraussetzungen nicht- anonymisierte personenbezogene Daten zu bestimmten oder zumindest bestimmbaren Zwecken auf Vorrat gespeichert und genutzt werden dürfen, wurde in der Entscheidung des BVerfG vom 2.3.2010 (Az.: 1 BvR 256, 263, 586 / 08) bezogen auf die Bestimmungen der §§ 113a, 113b TKG a.F. sowie des § 100g StPO a.F. herausgearbeitet[2931]. Obwohl sich diese Entscheidung an dem gegenüber dem Grundrecht auf informationelle Selbstbestimmung spezielleren Grundrechtsschutz aus Art. 10 Abs. 1 GG orientierte, besteht kein Grund, die hierzu gezogenen Schlussfolgerungen nicht auf das Grundrecht auf informationelle Selbstbestimmung zu übertragen[2932]. Ebenso wie das Speichern von TK- Verbindungsdaten auf Vorrat schafft das vorsorgliche anlasslose Speichern und Übermitteln von personenbezogenen Daten der für Strafverfolgung sowie für die Gefahrenabwehr zuständigen Polizeibehörden Aufklärungsmöglichkeiten, die sonst nicht bestünden, und die in vielen Situationen

---

2928 Gusy in ZJS 2012, 155 (155/156); Kersten in Kriminalistik 1987, 325 (326).
2929 BVerfGE 65, 1 (42).
2930 Kapitel 2 A. III. 1. (S. 176); IV. 1. c. (S. 273) /Kapitel 3 B. II. 1. (S. 355) / 2. (S. 356).
2931 BVerfGE 125, 260 (316ff).
2932 BVerfGE 120, 378 (397); 115, 320 (347); umgekehrt: BVerfGE 125, 260 (310); 110, 33 (53); 109, 279 (325/326); 100, 313 (358/359); 67, 157 (171).

Erfolg versprechend sind[2933]. Das Speichern von personenbezogenen Daten ist mit dem Grundrecht auf informationelle Selbstbestimmung dann nicht schlechthin unvereinbar, wenn es legitime Zwecke verfolgt, für deren Erreichung eine solche Speicherung im Sinne des Grundsatzes der Verhältnismäßigkeit geeignet und erforderlich ist[2934]. Die Effektivierung der Strafverfolgung und der Gefahrenabwehr sind grundsätzlich legitime Zwecke, die einen Eingriff in das Grundrecht auf informationelle Selbstbestimmung rechtfertigen können[2935]. Der Grundsatz der Verhältnismäßigkeit verlangt jedoch, dass die gesetzliche Ausgestaltung einer zur Datenspeicherung ermächtigenden Befugnisnorm dem besonderen Gewicht des hiermit verbundenen Grundrechtseingriffs angemessen Rechnung trägt, und hinreichend anspruchsvolle und normenklare Regelungen hinsichtlich der Datenverwendung und der Datensicherheit, der Transparenz und des Rechtsschutzes erforderlich sind[2936]. Die Gewährleistung der Datensicherheit sowie die normenklare Begrenzung der Zwecke einer möglichen Datenverwendung obliegen als untrennbare Bestandteile einer Erhebungsbefugnis zunächst dem Gesetzgeber, der eine solche Erhebungsbefugnis einräumt[2937]. Mit dem Speicherungsvorgang verbundene Zweckänderungen können in folgenden 4 Stadien der polizeilichen Verarbeitung von personenbezogenen Daten auftreten[2938]:

2933 BVerfGE 125, 260 (317).
2934 BVerfGE 125, 260 (316).
2935 BVerfGE 125, 260 (316); 115, 320 (345); 109, 279 (363); 107, 299 (316); 100, 313 (373).
2936 BVerfGE 125, 260 (260/261; 2. Leitsatz).
2937 BVerfGE 125, 260 (261; 1. Satz des 3. Leitsatzes).
2938 Gadorosi in Kriminalistik 2003, 403 (403).

Kapitel 5: Die zweckändernde Verarbeitung von Daten in KpS

Die teils sehr unterschiedlichen Vorgangsbearbeitungssysteme der Polizeien des Bundes und der Länder bilden die Quelle der Daten, die in den kriminalpolizeilichen Sammlungen verarbeitet werden[2939]. Mit ihrer Hilfe werden strafprozessuale Ermittlungen sowie präventiv- polizeiliche Einsätze dokumentiert. Aus ihnen gehen die Kriminalpolizeilichen Sammlungen (KpS) hervor. Diese untergliedern sich in Kriminalakten, die durch die sachbearbeitende Dienststelle oder einer übergeordneten Behörde geführt werden, sowie die polizeilichen Informationssysteme, die begrenzt durch die örtlichen und sachlichen Zuständigkeiten einerseits durch die Landeskriminalämter, das BKA und die BPol und andererseits durch das BKA in seiner Funktion als Zentralstelle für das polizeiliche Auskunft- und Nachrichtenwesen betriebenen werden (INPOL- Bund). Dabei werden aus jeder Verarbeitungsstufe Daten an die nächst höhere Stufe der Datenverarbeitung übermittelt.

Die für Strafverfolgung und Polizeigesetzgebung zuständigen Gesetzgeber haben bezogen auf KpS mit Blick auf die im Volkszählungsurteil aufgestellten Forderungen bislang im unterschiedlichem Maße erfolgreich versucht, präzise Regelungen zu treffen, die die Polizei zur Verarbeitung von

---

[2939] Gadorosi in Kriminalistik 2003, 403 (403); Sehr in Kriminalistik 1999, 532 (533).

personenbezogenen Daten in kriminalpolizeilichen Sammlungen berechtigen. Um diesen Anforderungen gerecht zu werden, müssten die Gesetzgeber klären, zu welchem Zweck aus Strafverfahren stammende Daten verarbeitet werden dürfen und welche Verknüpfungs- und Verwendungsmöglichkeiten bestehen[2940]. Insofern stellt sich die Frage, ob und wenn ja bezogen auf welche polizeilichen Aufgaben bereichsspezifisch und präzise geregelte Befugnisse bestehen, die eine unter Umständen mit Zweckänderungen verbundene Form der Verarbeitung von personenbezogenen Daten in polizeilichen Dateien legitimieren. Bestehen solche Befugnisse nicht oder nicht in der seit dem Volkszählungsurteil geforderten Normenbestimmtheit und -klarheit, stellt sich die Frage, wie solche formuliert werden müssten.

A. Die Kriminalpolizeilichen personenbezogenen Sammlungen (KpS)

Hinter den KpS steht die Überlegung, dass derjenige, der schon einmal straffällig geworden ist, wieder straffällig werden könnte[2941]. Sie stellen ein bewährtes polizeiliches Informationsmittel dar. Sie werden entsprechend Ziffer 1.2 der Muster- KpS- Richtlinie vom 26.2.1981 mit dem Ziel geführt
– bei Ermittlungen die Aufklärung des Sachverhalts zu unterstützen und die Feststellung von Verdächtigen zu fördern,
– Hinweise zur Gefahrenabwehr, insbesondere zur vorbeugenden Verbrechensbekämpfung, zu geben,
– bei der Personenidentifizierung zu helfen,
– Hinweise auf das taktische Vorgehen und die Eigensicherung der Polizei zu geben,
– Ablauf und Grundlagen polizeilichen Handelns zu dokumentieren.
Vor der Anerkennung des Grundrechts auf informationelle Selbstbestimmung durch das Volkszählungsurteil haben Polizeibehörden personenbezogenen Daten ohne gesetzliche Ermächtigung erhoben und mit Blick auf deren möglichen Nutzen für zukünftige polizeiliche Lagen archiviert[2942]. Einschränkungen beim Führen von KpS bestanden allenfalls aufgrund untergesetzlicher Normen, etwa aufgrund der im Anschluss an die *Muster- KpS- Richtlinie* vom 26.2.1981 durch die Innenministerien und -senate der Länder erlassenen *Richtlinien für das Führen kriminalpolizeilicher Sammlungen*

2940 BVerfGE 65, 1 (45).
2941 Petri in Lisken/Denninger, HbdPolR, G 70.
2942 BVerfGE 110, 33 (56).

(*KpS- Richtlinien*). Hierin wurde festgelegt, unter welchen Voraussetzungen Unterlagen in KpS aufgenommen werden durften[2943] und welche Personen die in den aufzunehmenden Unterlagen enthaltenen personenbezogenen Angaben über persönliche und sachliche Verhältnisse betreffen durften[2944]. Solange die Erhebung und Verarbeitung von personenbezogenen Daten nicht als grundrechtsrelevant erkannt und daher nicht dem Gesetzesvorbehalt unterworfen worden war, bestand keine Notwendigkeit, das Führen von KpS als grundrechtsrelevantes polizeiliches Handeln rechtlich zu erfassen und entsprechend zu reglementieren[2945]. Das Volkszählungsurteil und die damit einhergehende Erkenntnis, dass auch in dem Verarbeiten von aus Strafverfahren stammenden Daten durch Archivierung in KpS einen Eingriff in das Grundrecht auf informationelle Selbstbestimmung liegt, machte es erforderlich, dem Vorbehalt des Gesetzes aus Art. 20 Abs. 3 GG gerecht werdende Ermächtigungsgrundlagen für das Führen von KpS zu schaffen[2946]. Die Länder erließen entsprechend der noch am *BDSG 1977* orientierten *Muster- KpS- Richtlinie* vom 26.2.1981 eigene KpS- Richtlinien der Länder[2947], die mittlerweile durch KpS- Richtlinien ersetzt wurden, die die seit dem Volkszählungsurteil vollzogene Rechtsentwicklung zumindest dahingehend berücksichtigten, dass diese die Einräumung informationeller polizeilichen Befugnisse den polizeirelevanten Gesetzen überlassen[2948]. Im Zusammenhang mit KpS können Eingriffe in das Grundrecht auf informationelle Selbstbestimmung sowohl in der Aufbewahrung von Akten als auch der Nutzung der in den KpS enthaltenen Daten liegen[2949]. Bis zu Beginn des 21. Jahrhunderts blieb ungeklärt, auf welcher Grundlage aus Strafverfahren stammende personenbezogene Daten in KpS verarbeitet und genutzt werden dürfen.

2943 Ziffer 2.3 bis 2.5 Muster – KpS-Richtlinie.
2944 Ziffer 2.2.1 bis 2.2.12 Muster – KpS-Richtlinie.
2945 Pieroth/Schlink/Kniesel, POR, § 1 Rn. 32.
2946 HessVGH in NJW 2005, 2727 (2729); VG Gießen in NVwZ 2002, 1531 (1534); vgl. jetzt auch BVerfG in NJW 2013, 1499 (1515 = Rn. 207).
2947 HessStAnz 1981 S. 881 ff.
2948 Z.B. Bbg. ABl. 2006 S. 550 bis 560; Brem. ABl. 2008 S. 893 ff; MBl. NW 2000 S. 1370 bis 1375; MBl. RP 1997 S. 448 ff.
2949 Ahlf in Ahlf/Daub/Lersch/Störzer, BKAG, § 2 Rn. 15.

Kapitel 5: Die zweckändernde Verarbeitung von Daten in KpS

I. Kriminalakten als Bestandteil von KpS

In Kriminalakten werden vor allem aus Strafverfahren stammende Daten oder anlässlich eines bestimmten Strafverfahrens zur Vorsorge für die Verfolgung von Straftaten erhobene Unterlagen aufbewahrt, die bei künftigen Ermittlungen die Aufklärung des Sachverhalts unterstützen und die Feststellung des Verdächtigen fördern sollen[2950]. Kriminalakten werden von den mit dem ursprünglichen Ermittlungsverfahren betrauten Polizeidienststellen bislang meist in Form von Akten i.S.d. § 3 Abs. 3 BDSG 1990 bzw. nicht automatisierten Dateien i.S.d. § 3 Abs. 2 Satz 2 BDSG 2001, zunehmend aber auch in Form von nicht- automatisierten Dateien i.S.d. § 3 Abs. 3 Satz 1 Nr. 1 BDSG 1990 bzw. durch automatisierte Verarbeitung i.S.d. § 3 Abs. 2 Satz 1 BDSG 2001 geführt. Sie sind keine Ermittlungsakten sondern bestehen aus einem Auszug aus Ermittlungsakten, die in dem vorausgehenden Zeitraum zur Aufklärung von gegen einen bestimmten Beschuldigten gerichteten Tatvorwürfen angelegt wurden[2951]. Kriminalaktenführende Dienststelle ist, wie beispielsweise in *Brandenburg* gem. Ziffer 5.1 und 5.3 des *Erlasses des MdI über die Führung von Kriminalakten* vom 13.7.2006 [2952], grundsätzlich die am Wohnsitz des Tatverdächtigen örtlich zuständige Polizeibehörde, unter Umständen auch das jeweilige Landeskriminalamt[2953]. Sofern das BKA zur Wahrung seiner Aufgabe als Zentralstelle für das polizeiliche Auskunfts- und Nachrichtenwesen gem. § 2 Abs. 2 Nr. 1 BKAG eigene kriminalpolizeiliche Sammlungen führt, handelt es sich regelmäßig um Doppelakten, weil die in den Akten enthaltenen Unterlagen originär von den Ländern erstellt und die darin enthaltenen Daten zuvor dort erhoben wurden, und die Zentralstelle lediglich ein Doppel dieser Unterlagen als *teilidentische Unterlagen* erhält[2954]. Kriminalakten können aber auch nach präventiv- polizeilichem Einschreiten, insbesondere im Zusammenhang mit Vermisstenfällen oder aus sonstigem präventiv- polizeilichen Anlass angelegt werden. Gem. Ziffer 3.2 lit. a) bis k) der brandenburgischen KpS- Richtlinie sowie den entsprechenden Bestimmungen der übrigen Länder können in KpS Einzelangaben über persönliche und sachliche Verhältnisse folgender Personen aufgenommen werden:

2950 BVerwG in NJW 1990, 2765 (2767); Vahle in DUD 1991, 6 (6).
2951 BVerwG in NJW 1990, 2765 (2765, 2767); Vahle in DUD 1991, 6 (6).
2952 Bbg. ABl. 560 bis 563 (561/562).
2953 VG Gießen in NVwZ 2002, 1531 (1535).
2954 Ahlf in Ahlf/Daub/Lersch/Störzer, BKAG, § 2 Rn. 15.

A. Die Kriminalpolizeilichen personenbezogenen Sammlungen (KpS)

- Beschuldigte im Rahmen eines strafrechtlichen Ermittlungsverfahrens sowie Betroffene im Rahmen eines Bußgeldverfahrens (…),
- Verdächtige (Personen, die nicht Beschuldigte sind, bei denen aber Anhaltspunkte dafür vorliegen, dass sie Täter oder Teilnehmer einer Straftat sind),
- Personen, die richterlich angeordneten Freiheitsentziehungen unterliegen,
- Personen, bei denen nach Maßgabe des § 81b StPO oder § 13 BbgPolG erkennungsdienstliche Maßnahmen zur Erfüllung polizeilicher Aufgaben vorgenommen wurden sind,
- Straftäter, die zur Festnahme oder Ingewahrsamnahme gesucht werden,
- Personen, die von Gerichten, Staatsanwaltschaften oder anderen Behörden in Strafverfahren oder von Polizeibehörden zur Aufenthaltsermittlung gesucht werden,
- Personen, die unter Führungsaufsicht stehen (§ 68 StGB), wenn der Leiter der zuständigen Aufsichtsstelle um Unterstützung durch die Polizei ersucht,
- Vermisste oder nicht identifizierte hilflose Personen,
- Personen, bei denen nach grenzpolizeilichen, ausländerrechtlichen, passrechtlichen oder sonstigen Rechtsvorschriften zur Gefahrenabwehr die Führung von Unterlagen erforderlich ist,
- gefährdete Personen, Anzeigenerstatter und Hinweisgeber, Zeugen und Geschädigte,
- andere Personen, wenn zureichende tatsächliche Anhaltspunkte die Annahme rechtfertigen, dass dies zur Aufklärung oder vorbeugenden Bekämpfung von Straftaten von erheblicher Bedeutung (§ 10 Abs. 3 BbgPolG) zur Ergreifung von zur Festnahme gesuchten Personen oder zur Abwehr einer erheblichen Gefahr erforderlich ist.

Kriminalakten enthalten gem. Ziffer 3.3 a) bis q) der brandenburgischen KpS – Richtlinie i.V.m. Ziffer 2.1 der Erl. des MdI Brandenburg über die Führung von Kriminalakten und den entsprechenden Bestimmungen der übrigen Länder folgende im Zusammenhang mit Strafverfahren stehende Unterlagen:

- Vernehmungsniederschriften,
- Anzeigen, Hinweise von Auskunftspersonen,
- Tatortbefundberichte, Untersuchungsberichte und Gutachten,
- Durchsuchungs- und Beschlagnahmeprotokolle,
- Zwischen- und Schlussberichte,
- Merkblätter und Aktenvermerke,

Kapitel 5: Die zweckändernde Verarbeitung von Daten in KpS

- Ermittlungs- und Auskunftsersuchen sowie Erledigungsunterlagen,
- Ausschreibungsunterlagen,
- Fahndungshinweise und -ergebnisse,
- Registerauszüge,
- Straf- und Haftmitteilungen,
- Verfahrenseinstellungen,
- Verurteilungen und Freisprüche,
- erkennungsdienstliche Unterlagen und
- KP-Meldungen.

In die Kriminalakte gehört damit praktisch alles, was Aufschluss über potentielle kriminelle Aktivitäten und Pläne eines Tatverdächtigen geben kann einschließlich der Unterlagen aus erkennungsdienstlichen Behandlungen[2955]. Werden Kriminalakten nach präventiv- polizeilichem Einschreiten oder aus sonstigem präventiv- polizeilichen Anlass angelegt, können gem. Ziffer 3.3 lit. r) bis v) der brandenburgischen KpS – Richtlinie i.V.m. Ziffer 2.1 der Erlasses des MdI Brandenburg über die Führung von Kriminalakten und den entsprechenden Bestimmungen der übrigen Länder neben Fahndungshinweisen und -ergebnissen auch

- Vermisstenvorgänge,
- Vorgänge über Selbsttötungen und Selbsttötungsversuche,
- Hinweise auf solche Suchtkrankheiten und Suchtkrankheiten, die für die Gefahrenabwehr von Bedeutung sind,
- Hinweise auf besondere Gefährlichkeiten (zum Beispiel Waffenträger, Schläger oder Ausbrecher) oder
- Hinweise auf Verbote im Bereich des Gewerbe-, Straßenverkehrs-, Waffen- oder Sprengstoffrechts

in die Kriminalakten aufgenommen werden. Gegenüber den Ziffer 2.2 bis 2.5 der Muster – KpS – Richtlinie vom 26.2.1981 haben sich insofern keine Änderungen ergeben. Nachfolgend wird geprüft, inwiefern zur Kriminalaktenführung berechtigende gesetzliche Befugnisse bestehen. Da der Schwerpunkt der Kriminalaktenführung der Strafverfolgung zuzuordnen ist, werden zunächst die rechtlichen Voraussetzungen für die Archivierung von aus Strafverfahren stammenden Daten untersucht, bevor die rechtlichen Voraussetzungen der Archivierung von aus präventiv- polizeilichem Anlass erhobenen Daten geprüft werden.

2955 Vahle in DUD 1991, 6 (6).

1. Die Befugnisse zum Verarbeiten und Nutzen von in Kriminalakten enthaltenen Daten aus Strafverfahren

Gem. Ziffer 1.3 des *Erlasses des brandenburgischen MdI über die Führung von Kriminalakten* vom 23.8.2006 soll die Kriminalakte unter anderem einen Überblick über den kriminellen Lebenslauf des kriminalpolizeilich in Erscheinung getretenen Betroffenen, sein Vorgehen bei der Vorbereitung und Ausführung von Straftaten vermitteln und Personen- und Sachzusammenhänge offenbaren. Hierzu werden auf repressiver Grundlage erhobene Daten verarbeitet und bei späterem Bedarf durch die Polizei genutzt. Bei der Führung von Kriminalakten sind drei Phasen, nämlich die Erhebung der in den Kriminalakten enthaltenen Daten, die bloße Aufbewahrung der Kriminalakten und die Nutzung der in den Kriminalakten enthaltenen Kriminaldaten, zu unterscheiden[2956]. In jeder Handlung aus einer der drei Phasen der Datenverarbeitung liegt ein Eingriff in das Grundrecht auf informationelle Selbstbestimmung, der einer dem Vorbehalt des Gesetzes aus Art. 20 Abs. 3 GG genügenden gesetzlichen Ermächtigung bedarf[2957].

a. § 481 StPO als strafprozessuale Öffnungsklausel für das Führen von Kriminalakten

Kriminalakten können ein umfangreiches, sich über einen langen Zeitraum erstreckendes Persönlichkeitsbild über eine namentlich bekannte Person vermitteln[2958]. Sie enthalten Daten aus Strafverfahren, die anlässlich der gegen den Tatverdächtigen geführten Strafverfahren erhoben wurden, stellen das Abbild der möglichen kriminellen Karriere einer Person dar und werden parallel zu den Ermittlungsakten angelegt[2959].

Die anlässlich eines konkreten Strafverfahrens erhobenen und in den Kriminalakten dokumentierten Daten können zwei unterschiedlichen Zielrichtungen dienen. Einerseits kann der Sachverhalt, der die repressive Erhebung der Daten auslöste, auch zu Lasten des Beschuldigten aufgeklärt worden sein. Dann dient die Archivierung der Kriminalakten der Dokumentation der

---

2956 Ahlf in Ahlf/Daub/Lersch/Störzer, BKAG, § 2 Rn. 14.
2957 BayVGH in BayVBl. 1984, 272 (275); vgl. jetzt auch BVerfG in NJW 2013, 1499 (1501 = Rn. 95).
2958 HessVGH in NJW 2005, 2727 (2731); BayVerfGH in DVBl. 1986, 35 (36).
2959 HessVGH in NJW 2005, 2727 (2731); VG Gießen in NVwZ 2002, 1531 (1534).

nachweisbar dem Beschuldigten anzulastenden Straftat. Derartige Archivierungen verfolgen einen anderen Zweck als den ursprünglichen Erhebungszweck und bedürfen einer gesetzlichen Ermächtigung. Andererseits kann die Straftat, zu deren Aufklärung personenbezogene Daten erhoben wurden, nicht aufgeklärt worden sein. Dann dient die Archivierung der erhobenen Daten neben der Dokumentation der mutmaßlichen kriminellen Karriere auch der Aufklärung der Straftat, anlässlich der die Daten ursprünglich erhoben wurden[2960]. Es kann nicht ausgeschlossen werden, dass nachträglich neue Tatsachen bekannt werden, die die spätere Aufklärung der Straftat zu Lasten des früheren Beschuldigten ermöglichen. Daher können die archivierten Daten zu dem Zweck der Aufklärung des ursprünglichen Strafverfahrens auf Grundlage des § 474 Abs. 1 bis 6 StPO genutzt werden ohne dass eine Zweckänderung erfolgt[2961]. Somit verbleibt es bei der Frage, auf Grundlage welcher polizeilichen Befugnis Daten über Tatverdächtige in Kriminalakten gespeichert werden dürfen, die nicht ausschließlich zur Aufklärung der die Datenerhebung auslösenden Straftat sondern auch zur Dokumentation der kriminellen Karriere des Tatverdächtige gespeichert werden.

Bei der Änderung des Verarbeitungszwecks gegenüber dem ursprünglichen Erhebungszweck ist das Gebot der Normenklarheit zu wahren, d.h. aus der gesetzlichen Regelung muss der neue Verarbeitungszweck klar erkennbar sein[2962]. Die Rechtmäßigkeit der polizeilichen Speicherung von auf repressiver Grundlage erhobenen Daten in Kriminalakten ist anhand des 2-Türen- Prinzips aufgrund einer der durch das *StVÄG 1999* erlassenen Öffnungsklauseln in der StPO aus den §§ 481 Abs. 1 Satz 1, 484 Abs. 4 StPO i.V.m. einer in einem Polizeigesetz enthaltenen Aufnahmeklausel zu beurteilen[2963]. Bezogen auf das Führen von Kriminalakten scheiden die §§ 483 Abs. 3, 484 Abs. 4 StPO aus. Kriminalakten werden zwar sowohl mit präventiv- polizeilicher als auch mit repressiver Zielrichtung angelegt und könnten daher *Mischdateien* i.S.d. § 483 Abs. 3 StPO sein. Sie werden jedoch je nach Anlass des polizeilichen Tätigwerdens entweder mit dem Ziel,

---

[2960] HessVGH in NJW 2005, 2727 (2729).
[2961] BT-Drucksachen 13/9718 S. 29; 14/1484 S. 31.
[2962] BVerfGE 65, 1 (62).
[2963] BT-Drucksachen 13/9718 S. 28; 14/1484 S. 31; HessVGH in NJW 2005, 2727 (2728); VG Gießen in NVwZ 2002, 1531 (1533); Zöller, Informationssysteme und Vorfeldmaßnahmen von Polizei, Staatsanwaltschaft und Nachrichtendiensten, S. 147; Ahlf in Ahlf/Daub/Lersch/Störzer, BKAG, § 11 Rn. 3.

A. Die Kriminalpolizeilichen personenbezogenen Sammlungen (KpS)

künftige Gefahren abzuwehren, oder mit dem Ziel, bei Ermittlungen die Aufklärung des ursprünglichen oder eines anderen strafrechtsrelevanten Sachverhalts zu unterstützen und die Feststellung von Verdächtigen oder den Aufenthaltsort von Vermissten zu fördern, getrennt voneinander aufbewahrt. Die Archivierung von repressiven Zwecken dienenden Kriminalakten erfolgt auf Grundlage der Personalien des einer bestimmten Straftat verdächtigen, die Archivierung von präventiv- polizeilichen Zwecken dienenden, da im Zusammenhang mit Vermisstenfällen geführten Kriminalakten erfolgt hingegen aufgrund der Personalien der ehemals als vermisst geltenden Person. Eine Mischdatei i.S.d. § 483 Abs. 3 StPO liegt dann gerade nicht vor.

Darüber hinaus sind Kriminalakten keine Dateien i.S.d. §§ 483 Abs. 3, 484 Abs. 4 StPO. Während § 481 StPO in den Ersten Abschnitt des 8. Buches der StPO, der mit „*Erteilung von Auskünften und Akteneinsicht, sonstige Verwendung von Daten für verfahrensübergreifende Zwecke*" überschrieben ist, einzuordnen ist, befinden sich die §§ 483, 484 StPO in dem mit der Überschrift „*Dateiregelungen*" versehenen Zweiten Abschnitt des 8. Buches der StPO. Von den 18 anlässlich dieser Arbeit befragten Polizeien des Bundes und der Länder bzw. den für diese zuständigen Innenministerien und -senaten äußerten sich 8 zu der Frage, ob diese KpS / Kriminalakten ausschließlich als Akten oder auch als Dateien führen. Hiervon gaben 2/3 an, Kriminalakten nicht nur in Papierform sondern zumindest auch in digitalisierter Form zu führen bzw. derzeit eine entsprechende Umstellung von der Papierform zur elektronischen Speicherung zu planen. § 484 StPO bestimmt Zulässigkeit und Grenzen repressiver Vorsorgedateien, also das vorsorgliche Aufbewahren von Daten, die bereits in einem Strafverfahren für dessen Zwecke erhoben worden sind, in automatisierten Dateien i.S.d. § 3 Abs. 2 Satz 1 Nr. 1 BDSG 1990[2964]. Von dem im Zweiten Abschnitt des 8. Buches der StPO in Bezug genommenen Dateien sind die in digitalisierter Form geführten Kriminalakten zu unterscheiden, da es sich hierbei nicht um automatisierte Dateien i.S.d. § 3 Abs. 2 Satz 1 Nr. 1 BDSG 1990 sondern vielmehr um nicht- automatisierte Dateien i.S.d. § 3 Abs. 2 Satz 1 Nr. 2 BDSG 1990 bzw. um durch automatisierte Verarbeitung i.S.d. § 3 Abs. 2 Satz 1 BDSG 2001 erstellte Dateien handelt. Kriminalakten kennzeichnen sich dadurch, dass mit Hilfe der Personalien eines ehemals Beschuldigten anhand des Kriminalaktennachweises die Kriminalakte insgesamt, nicht aber wei-

---

[2964] Hilger in NStZ 2001, 15 (17).

Kapitel 5: Die zweckändernde Verarbeitung von Daten in KpS

tere hierin enthaltene Dateien, automatisiert recherchiert werden können. Daher ist die Speicherung von Daten, die zur Aufklärung einer Straftat erhoben wurden und nunmehr zur Vorsorge für die Verfolgung von Straftaten als Kriminalakten in Akten i.S.d. § 3 Abs. 3 BDSG 1990 bzw. in nicht automatisierten Dateien i.S.d. § 3 Abs. 2 Satz 2 BDSG 2001 gespeichert werden, keine Speicherung von Daten in Dateien i.S.d. §§ 483 ff StPO. Mit Blick auf etwaige künftig gegen einen bestimmten Beschuldigten zu führende Strafverfahren liegt die strafprozessuale Öffnungsklausel zur Aufbewahrung von Kriminalakten daher unabhängig davon, ob Kriminalakten in der herkömmlichen Aktenform oder neuerdings in nicht- recherchierbarer digitalisierter Form aufbewahrt werden, in § 481 Abs. 1 und 2 StPO[2965].

§ 481 StPO umfasst anders als § 481 Abs. 1 Satz 1 StPO i.d.F. des Regierungsentwurf des *StVÄG 1996*[2966] auch die vorbeugende Verbrechensbekämpfung[2967] und verschafft den Polizeigesetzgebern die Möglichkeit, durch polizeigesetzliche Regelungen das Führen von Kriminalakten zu legitimieren. Eine solche Öffnungsklausel ist verfassungsrechtlich grundsätzlich erforderlich, weil personenbezogene Informationen, die ausschließlich für Zwecke der Strafverfolgung erhoben worden, bei deren Verarbeitung für präventiv- polizeiliche Zwecke eine Zweckänderung erfahren, auch wenn die Polizei bereits im Besitz der fraglichen Informationen ist[2968]. So werden nach § 81b 1. Alt. StPO hergestellte Unterlagen über erkennungsdienstliche Behandlungen gem. § 481 Abs. 1 Satz 1 StPO i.V.m. den polizeigesetzlichen Aufnahmeklauseln in die Kriminalakten aufgenommen[2969]. Ebenso können Nachweise über die Entnahme von DNA- Identifizierungsmustern, beispielsweise in Form von Gerichtsbeschlüssen oder Protokollen über deren Analyse Bestandteil einer Kriminalakte werden. § 481 Abs. 1 Satz 3 und Abs. 2 StPO trägt dabei dem Grundsatz der Verhältnismäßigkeit Rechnung. § 481 Abs. 1 Satz 3 StPO enthält eine Ausnahme von den Öffnungsklauseln des § 481 Abs. 1 Satz 1 und 2 StPO, wonach die Verarbeitung und Nutzung von auf repressiver Grundlage erhobenen Daten für präventiv- polizeiliche

---

2965 Hilger in Löwe-Rosenberg, StPO, § 481 Rn. 1.
2966 BT-Drucksache 13/9718 S. 28.
2967 BT-Drucksache 14/1484 S. 31; Ehrenberg/Frohne in Kriminalistik 2003, 737 (748); Hilger in NStZ 2001, 15 (17); Soine in Kriminalistik 2001, 245 (249); Brodersen in NJW 2000, 2537 (2539).
2968 BT-Drucksachen 13/9718 S. 28; 14/1484 S. 31; Hilger in NStZ 2001, 15 (17).
2969 Ritzert in Graf, StPO, § 81b Rn. 9; Meyer-Goßner, StPO, § 81b Rn. 19; Beukelmann in Radtke/Hohmann, StPO, § 81b Rn. 13.

A. Die Kriminalpolizeilichen personenbezogenen Sammlungen (KpS)

Zwecke ausscheidet, wenn die Polizei ausschließlich zum Schutz privater Rechte tätig wird. Der repressive Schutz privater Rechte umfasst auch die echten und unechten Antragsdelikte i.S.d. § 158 Abs. 2 StPO sowie die Privatklagedelikte i.S.d. § 374 Abs. 1 Nr. 1 bis 4 StPO. Solange kein öffentliches Interesse an der Strafverfolgung besteht, ist bei derartigen Bagatelldelikten aus Verhältnismäßigkeitsgründen von der Speicherung in Kriminalakten abzusehen[2970]. Gleiches galt gem. Ziffer 4.3 der Dateienrichtlinie vom 26.2.1981 grundsätzlich für Fahrlässigkeitsdelikte und Ordnungswidrigkeiten, d.h. insbesondere für Verkehrsdelikte[2971].

Auf die entgegenstehenden besonderen bundes- oder landesgesetzliche Verwendungsregelungen i.S.d. § 481 Abs. 2 StPO wurde bereits eingegangen; die landesgesetzlichen Verwendungsregelung brauchen den bundesgesetzlichen nicht zu entsprechen und können weitergehende Verwendungsbeschränkungen enthalten[2972]. Da darüber hinaus Daten aus heimlichen Ermittlungsmaßnahmen gem. §§ 100a, 100c, 100f, 100g, 100h, 100i StPO nach Abschluss der Maßnahme gem. § 101 Abs. 8 StPO zu löschen sind, können diese nicht zum Inhalt von Kriminalakten werden.

b. Polizeigesetzliche Aufnahmeklauseln, die das Führen von Kriminalakten ermöglichen

Aufgrund der Öffnungsklausel des § 481 Abs. 1 und 2 StPO bedürfen die Polizeigesetze § 10a Abs. 3 VE ME PolG entsprechende Aufnahmeklauseln in Gestalt von präzise geregelten polizeigesetzlichen Befugnisnormen, die zum Führen von Kriminalakten durch Archivierung von auf repressiver Grundlage erhobenen Daten berechtigen[2973]. Fehlt es an einer solchen Regelung bleibt die Öffnungsklausel des § 481 StPO wirkungslos[2974]. Spätestens seit Inkrafttreten des *StVÄG 1999* lassen sich daher in Polizeigesetzen von Bund und Ländern keine einheitlichen Befugnisse zum Führen von Kriminalakten mehr erkennen. Dies ist zum einen auf das unterschiedliche Ver-

---

[2970] Kniesel/Vahle, Kommentierung VE ME PolG, Rn. 107; Baumanns in Die Polizei 2008, 79 (85).
[2971] Kniesel/Vahle, Kommentierung VE ME PolG, Rn. 107.
[2972] Kapitel 4 C. I. 1. (S. 574).
[2973] VG Braunschweig in NVwZ-RR 2008, 30 (31); HessVGH in NJW 2005, 2727 (2728).
[2974] Hilger in Löwe-Rosenberg, StPO, § 481 Rn. 5; Weßlau in SK-StPO, § 481 Rn. 2, 4.

ständnis des Begriffs der vorbeugenden Bekämpfung von Straftaten[2975] und zum anderen auf die unmittelbar nach dem Volkszählungsurteil einsetzenden vielfältigen Bemühungen zurückzuführen, das praxisbewährte Führen von Kriminalakten auch ohne strafprozessrechtliche Öffnungsklauseln per Polizeigesetz zu legitimieren[2976]. Die im Zusammenhang mit doppelfunktionalen Maßnahmen aufgekommenen Problemstellungen sind aber heute nicht mehr nur theoretischer Natur und in der Praxis jedenfalls zu bewältigen[2977]. Nach dem Inkrafttreten des *StVÄG 1999* sind die zu den doppelfunktionalen Maßnahmen entwickelten Rechtstheorien weder für die Bestimmung des hiergegen einzuschlagenden Rechtswegs noch für die Beurteilung der Rechtmäßigkeit der Zweckänderung von personenbezogenen Daten im Zusammenhang mit deren polizeilicher Verarbeitung und Nutzung von Bedeutung[2978].

Die mit dem *StVÄG 1999* erlassenen §§ 474 ff StPO sowie die diesen entsprechenden §§ 49 ff OWiG ließen die bis dahin zur Rechtfertigung der Verarbeitung von zu repressiven Zwecken erhobenen Daten zu präventivpolizeilichen Zwecken bestehende Notwendigkeit der doppelfunktionalen Maßnahmen entfallen. Der Bundesgesetzgeber wollte die Materie der mit dem Strafverfahren verbundenen Datenerhebung und der damit verbundenen Datenverarbeitung und -nutzung durch das *StVÄG 1999* regeln, damit keine auszufüllende Regelungslücke mehr besteht[2979]. Gem. den Öffnungsklauseln der §§ 481 Abs. 1 und 2, 483 Abs. 3, 484 Abs. 4, 485 Satz 4 StPO sowie des auf die §§ 483, 484 Abs. 1 und 485 StPO verweisenden § 49c Abs. 1, Abs. 2 Satz 1 OWiG können zu repressiven Zwecken erhobene personenbezogene Daten heute *nach Maßgabe der Polizeigesetze* zur Gefahrenabwehr verarbeitet werden[2980]. Seither ist bei der Überprüfung der Rechtmäßigkeit einer an eine repressive Erhebung anschließenden präventiv- polizeilichen Verarbeitung sogar dann, wenn die polizeiliche Datenerhebung ursprünglich doppelfunktional durchgeführt worden ist, ausschließlich das

---

2975 Kapitel 3 C. (S. 436).
2976 Kapitel 2 A. III. 7. b. (S. 223).
2977 Denninger in Lisken/Denninger, HbdPolR, 5. Auflage, D Rn. 192.
2978 Ehrenberg/Frohne in Kriminalistik 2003, 737 (745).
2979 HessVGH in NJW 2005, 2727 (2728/2729); VG Gießen in NVwZ 2002, 1531 (1532/1533).
2980 Kapitel 3 B. III. (S. 422).

A. Die Kriminalpolizeilichen personenbezogenen Sammlungen (KpS)

Polizeirecht anzuwenden und damit der Verwaltungsrechtsweg gegeben[2981].

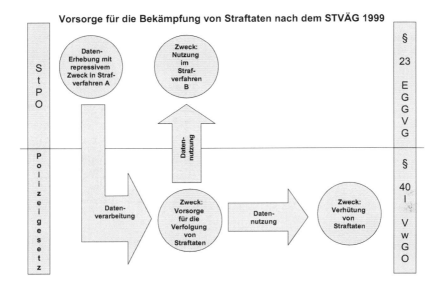

Das für die speichernde Polizeidienststelle maßgeblichen Recht ist das in deren sachlichen Zuständigkeitsbereich geltende Polizeigesetz sowie das dieses ergänzende Verwaltungsverfahrens- und Datenschutzgesetz des jeweiligen Trägers der Verwaltungshoheit[2982]. Daher bleibt für die Anwendung der abdrängenden Sonderzuweisung des § 23 EGGVG im Hinblick auf die Überprüfung der Rechtmäßigkeit einer gegebenenfalls mit der Datenverarbeitung einhergehenden Zweckänderung von Daten kein Raum. Da gem. § 481 Abs. 1 Satz 1 StPO für den auf die zweckändernd in Kriminalakten verarbeiteten Daten bezogenen Datenschutz i.w.S. das Polizeirecht gilt[2983], ist der Verwaltungsrechtsweg gem. § 40 Abs. 1 VwGO eröffnet[2984].

Die im *BPolG* und den Polizeigesetzen von *Baden- Württemberg, Bremen, Hamburg, Hessen, Mecklenburg- Vorpommern, Niedersachsen, Rheinland- Pfalz,* dem *Saarland, Sachsen- Anhalt* und *Schleswig- Holstein* enthaltenen Befugnisse zur Daten*erhebung* zur vorbeugenden Bekämpfung

---

2981 Baumanns in Die Polizei 2008, 79 (87/88).
2982 Kapitel 3 B. III. (S. 422).
2983 Kapitel 2 A. III. 7. d. aa. (1) (S. 230).
2984 Baumanns in Die Polizei 2008, 79 (88).

Kapitel 5: Die zweckändernde Verarbeitung von Daten in KpS

von Straftaten auch über andere Personen als dem mutmaßlichen zukünftigen Straftäter und dessen Kontakt- und Begleitpersonen sind mangels bestehender Gesetzgebungskompetenz der Polizeigesetzgeber bzw. wegen fehlender Erforderlichkeit und Unverhältnismäßigkeit der Maßnahme unwirksam und können aus den betreffenden Polizeigesetzen gestrichen werden. Polizeigesetzliche Aufnahmeklauseln, die die Polizei in dem durch § 481 Abs. 1 und 2 StPO vorgegebenen Rahmen zum Führen von Kriminalakten ermächtigen, finden sich in den präventiv- polizeilichen Befugnissen, die zur zweckändernden Verarbeitung auf repressiver Grundlage erhobenen Daten zu präventiv- polizeilichen Zwecken ermächtigen[2985]. Diese Befugnisse beziehen sich mit Ausnahme des *BPolG* und des Polizeigesetzes des *Saarlandes* nicht nur auf das Speichern von Daten in Dateien sondern auch auf deren Speicherung in Akten[2986]. Das *BPolG* sowie das Polizeigesetz des *Saarlandes* halten hingegen hinsichtlich der Speicherung der Daten in Kriminalakten an der veralteten Herangehensweise der doppelfunktionalen Datenerhebung fest[2987], so dass als Befugnis zur Speicherung von Daten aus Strafverfahren allenfalls die Generalklausel der polizeilichen Datenverarbeitung i.V.m. der Regel über die hypothetische Ersatzvornahme in Betracht käme.

Innerhalb der übrigen Polizeigesetze besteht Uneinigkeit darüber, ob das Führen von Kriminalakten durch Verarbeitung von auf repressiver Grundlage erhobenen Daten zur vorbeugenden Bekämpfung von Straftaten auch die Vorsorge für die Verfolgung von Straftaten oder ausschließlich der Verhütung von Straftaten dienen darf, und ob das Führen von Kriminalakten ebenso wie das Speichern von Daten von Beschuldigten und Tatbeteiligten nach § 484 Abs. 2 Satz 1 StPO von der Prognose der zukünftigen Begehung von Straftaten abhängig zu machen ist oder nicht.

Infolge der Entscheidung des BVerfG zu § 33a Abs. 1 Nr. 2 und 3 Nds-SOG a.F. gehen etwaige mit der Öffnungsklausel des § 481 StPO harmonisierende Aufnahmeklauseln in den Polizeigesetzen auch von keinem einheitlichen Verständnis des Begriffs der *vorbeugenden Bekämpfung von*

[2985] *Anlage 4.2 Ziffer 1* (Zweckänderung von Daten aus Maßnahmen zur Strafverfolgung zu Zwecken der Gefahrenabwehr / Zweckänderung Strafverfahren -> Gefahrenabwehr).
[2986] *Anlage 4.2 Ziffer 3a* (Zweckänderung von Daten aus Maßnahmen zur Strafverfolgung zu Zwecken der Gefahrenabwehr / Speicherung in Akten).
[2987] Kapitel 2. A. III. 7. d. bb. (S. 240).

Straftaten mehr aus[2988]. Während § 29 Abs. 2 Satz 1 und Abs. 2 Satz 1 BPolG sowie die §§ 2 Abs. 4 und 6 BKAG i.V.m. § 8 BKAG i.V.m. §§ 20, 25 Abs. 2 Satz 2 BKAG hervorheben, dass die vorbeugende Bekämpfung von Straftaten sowohl der Gefahrenabwehr als auch der Aufklärung künftiger Straftaten dienen soll, definieren die Polizeigesetze der Länder diesen Begriff in deren Aufgabenzuweisungs- oder Befugnisnormen uneinheitlich[2989]. Die Polizeigesetze von *Berlin, Hamburg, Hessen, Mecklenburg-Vorpommern* und *Sachsen-Anhalt* lassen die Speicherung von Daten aus Strafverfahren entsprechend dem Wortlaut des § 2 Abs. 4 und 6 BKAG zu dem in deren Aufgabenzuweisungsnormen zu dem Zweck zu, *„um für die Verfolgung von Straftaten vorzusorgen und Straftaten zu verhüten*[2990]*"*, während die Polizeigesetze von *Bremen, Niedersachsen, Nordrhein-Westfalen, Rheinland-Pfalz, Sachsen* und *Thüringen* durch Definition des Begriffs der vorbeugenden Bekämpfung von Straftaten in den Aufgabenzuweisungsnormen zu deren Speicherung ermächtigen, *„um Straftaten zu verhüten*[2991]*"*. Die Polizeigesetze von *Baden-Württemberg, Bayern* und des *Saarlandes* enthalten weder in deren Aufgabenzuweisungsnormen noch in deren Befugnisnormen eine Legaldefinitionen des Begriffs der vorbeugenden Bekämpfung von Straftaten. Im Polizeigesetz von *Schleswig-Holstein* ist die zweckändernde Verarbeitung von Daten aus Strafverfahren stattdessen möglich, *„soweit dies zur Aufklärung oder Verhütung von Straftaten erforderlich ist"*. Der Regelungsgehalt der zum Führen von Kriminalakten ermächtigenden polizeigesetzlichen Aufnahmeklauseln bemisst sich somit nach dem Verständnis des jeweiligen Polizeigesetzgebers von der polizeilichen Aufgabe der vorbeugenden Bekämpfung von Straftaten. Dass Straftaten nicht allein durch das Anlegen von Kriminalakten und deren Nachweis durch automatisierte Datenverarbeitungssysteme verhütet werden können, wurde bereits geklärt[2992].

Aber auch die Frage, ob das Führen von Kriminalakten ebenso wie das Speichern von Daten von Beschuldigten und Tatbeteiligten in Dateien i.S.d.

2988 Kapitel 3 C. (S. 436).
2989 Soine in Kriminalistik 2001, 245 (249).
2990 *Anlage 1.1 Ziffer 3a und 3b* (Die Aufgabenzuweisungsnormen der allgemeinen Polizeigesetze / vorbeugende Bekämpfung von Straftaten / Straftatenverhütung / Vorsorge für die Verfolgung von Straftaten).
2991 *Anlage 1.1 Ziffer 3a* (Die Aufgabenzuweisungsnormen der allgemeinen Polizeigesetze / vorbeugende Bekämpfung von Straftaten / Straftatenverhütung).
2992 Kapitel 3 B. II. (S. 414).

Kapitel 5: Die zweckändernde Verarbeitung von Daten in KpS

heutigen § 484 Abs. 2 Satz 1 StPO von der Prognose der zukünftigen Begehung von Straftaten abhängig gemacht werden muss oder nicht, wird in den Polizeigesetzen uneinheitlich gehandhabt. Der Polizei soll die Vorsorge für die Verfolgung von Straftaten auf Grundlage des Polizeirechts nach einer Ansicht nur dann obliegen, wenn die Begehung von künftigen Straftaten hinreichend wahrscheinlich ist[2993]. Daher setzen die Polizeigesetze von *Bremen, Mecklenburg- Vorpommern* und *Niedersachsen* für jede Befugnis zur Speicherung von Daten aus Strafverfahren in Bezug auf den ursprünglich Tatverdächtigen eine positive Kriminalitätsprognose voraus[2994]. Die übrigen 15 Polizeigesetze lassen die Speicherung dieser Daten in Kriminalakten hingegen ohne eine Kriminalitätsprognose zu[2995]. Während die Polizeigesetze von *Bremen, Mecklenburg- Vorpommern, Niedersachsen* ebenso wie die Polizeigesetze von *Baden- Württemberg*, dem *Saarland* und von *Schleswig- Holstein* für das Speichern von personenbezogenen Daten in Kriminalakten nach wie vor auf das doppelfunktionale Erheben der Daten einerseits zur Verhütung[2996] und andererseits zur Verfolgung von Straftaten abstellen, treffen die Polizeigesetze von *Baden- Württemberg, Berlin, Brandenburg, Hamburg, Nordrhein- Westfalen, Rheinland- Pfalz, Schleswig-Holstein* und *Thüringen* speziellere Regelungen[2997]. Insbesondere das Polizeigesetz von *Baden- Württemberg* beschränkt diese Form des Speicherns von auf repressiver Grundlage erhobenen Daten grundsätzlich auf eine Dauer von 2 Jahren, nur für eine darüber hinausgehende Speicherung fordert es eine positive Kriminalitätsprognose. Ähnlich enthalten die Polizeigesetze von *Hamburg, Nordrhein- Westfalen* und *Thüringen* solch eine Prognoseentscheidung ausschließlich bezogen auf „*die suchfähige Speicherung*" von Daten über ursprünglich tatverdächtige Personen, während *Schleswig- Holstein* in § 189 Abs. 1 Satz 4 LVwG SH „*die abrufbare Speicherung*" der Daten von Tatverdächtigen auf die Prognose der Begehung künftiger schwe-

---

2993 BbgVerfG in LKV 1999, 450 (451); BayVGH in BayVBl. 1984, 272 (276).
2994 VG Braunschweig in NVwZ-RR 2008, 30 (31); *Anlage 4.2 Ziffer 3 a.2* (Zweckänderung von Daten aus Maßnahmen der Strafverfolgung zu Zwecken der Gefahrenabwehr (allgemein) / Speicherung in Akten).
2995 *Anlage 4.2 Ziffer 3 a.2* (Zweckänderung von Daten aus Maßnahmen der Strafverfolgung zu Zwecken der Gefahrenabwehr (allgemein) / Speicherung in Akten / …).
2996 *Anlage 2.2.1 Ziffer 2a bis e* (allgemeine Befugnisnormen zur Datenerhebung / zur vorbeugenden Bekämpfung von Straftaten über …).
2997 *Anlage 4.2 Ziffer 3* (Zweckänderung von Daten aus Maßnahmen der Strafverfolgung zu Zwecken der Gefahrenabwehr (allgemein) / Speicherung in Akten / …).

rer Straftaten sowie die Zwecke der Aufklärung oder Verhütung künftiger Straftaten beschränkt. Gleiches gilt für das *BKAG*, das nur die Speicherung von Daten des Beschuldigten in Dateien nach § 8 Abs. 2 BKAG von der Prognose der künftigen Begehung von Straftaten abhängig macht, nicht jedoch deren Speicherung in Kriminalakten auf Grundlage des § 7 Abs. 1 BKAG[2998].

Diese unterschiedlichen Herangehensweisen sind auf die historische Entwicklung der Befugnisse zum Führen von Kriminalakten zurückzuführen. Die Polizeigesetze von *Bremen, Mecklenburg- Vorpommern* und *Niedersachsen*, die die Prognose der zukünftigen Begehung von Straftaten auch für das Speichern von im Zusammenhang mit der Strafverfolgung erhobenen Daten in Kriminalakten fordern, setzen als Folge ihres Rückgriffs auf die Regel über die hypothetische Ersatzvornahme voraus, dass die Daten neben dem repressiven Zweck der Aufklärung von Straftaten auch auf präventivpolizeilicher Grundlage zur Verhütung von Straftaten hätten erhoben werden können. Dabei ist die Erhebung von Daten über zukünftige Tatverdächtige, zukünftige Opfer oder sonstige zukünftig mit der Verfolgung von Straftaten in Zusammenhang zu bringender Personen zum Zweck der Verhütung von Straftaten schon laut der präventiv- polizeilichen Erhebungsbefugnis zwangsläufig mit der Prognose der zukünftigen Begehung von Straftaten verbunden; sei es, dass die Straftaten durch eine Person, zum Nachteil einer Person oder in Anwesenheit einer unbeteiligten Person begangen werden.

Die Polizeigesetze von *Baden- Württemberg, Brandenburg, Hessen, Rheinland- Pfalz,* dem *Saarland, Sachsen- Anhalt* und von *Schleswig- Holstein* könnten aufgrund deren weiterhin bestehenden Befugnisse zur präventiv- polizeilichen Erhebung von Daten zur Verhütung von Straftaten zwar auch auf das Konstrukt der doppelfunktionalen Maßnahme zurückgreifen. Diese enthalten aber in Bezug auf die zweckändernde präventivpolizeiliche Verarbeitung und Nutzung von auf repressiver Grundlage erhobenen Daten demgegenüber speziellere Aufnahmeklauseln[2999], über die auch die Polizeigesetze von *Bayern, Berlin, Nordrhein- Westfalen, Sachsen* und *Thüringen* verfügen. Letztgenannte enthalten aber keine Befugnisnormen (mehr), die zur Erhebung von Daten zur Verhütung von Straftaten über künftige Tatverdächtige, künftige Opfer, etc. ermächtigen.

2998   Ahlf in Ahlf/Daub/Lersch/Störzer, BKAG, § 7 Rn. 6.
2999   HessVGH in NJW 2005, 2727 (2729).

Kapitel 5: Die zweckändernde Verarbeitung von Daten in KpS

Im Ergebnis ist der in den Polizeigesetzen von *Baden- Württemberg, Bayern, Berlin, Brandenburg, Hamburg, Hessen, Nordrhein- Westfalen, Rheinland- Pfalz,* dem *Saarland, Sachsen, Sachsen- Anhalt, Schleswig- Holstein* und *Thüringen* vertretenen Rechtsauffassung zu folgen, wonach es für das Führen von Kriminalakten keiner positiven Prognose über die zukünftige Begehung von Straftaten bedarf. Die Polizeibehörden dürfen aber bei der Speicherung personenbezogener Daten in Kriminalakten trotz bestehender KA- Richtlinien nicht schematisch vorgehen, sondern müssen unter Würdigung des damit einhergehenden Grundrechtseingriffs unter den Gesichtspunkten der Verhältnismäßigkeit in jedem Einzelfall prüfen und abwägen, ob die gewonnenen und zu speichernden Erkenntnisse zur Erfüllung ihrer Aufgaben unverzichtbar sind[3000]. Auch ohne dahingehende Prognose liegt in der Speicherung von auf repressiver Grundlage erhobenen Daten von Beschuldigten ein verhältnismäßiger Eingriff in dessen Grundrecht auf informationelle Selbstbestimmung. Bezogen auf die Daten von Beschuldigten und sonstigen Personen tragen die Öffnungsklausel des § 481 Abs. 1 Satz 1 StPO mit deren Beschränkungen in § 481 Abs. 1 Satz 3 und Abs. 2 StPO, die dem § 484 Abs. 2 Satz 2 StPO sowie § 8 Abs. 3 BKAG entsprechenden Regelungen in den Polizeigesetzen und schließlich das System der separate Führung von Kriminalakten als Akten i.S.d. § 3 Abs. 3 BDSG 1990 bzw. nicht automatisierte Dateien i.S.d. § 3 Abs. 2 Satz 2 BDSG 2001 einerseits und der beim BKA bzw. den LKÄ als automatisierte Datei i.S.d. § 3 Abs. 2 Satz 1 Nr. 1 BDSG 1990 geführte Kriminalaktennachweis[3001] andererseits dazu bei, dass das Führen von Kriminalakten den denkbar geringsten Eingriff in das Grundrecht auf informationelle Selbstbestimmung eines nicht erwiesener Maßen Unschuldigen ehemals Tatverdächtigen bewirkt.

Das Speichern von auf repressiver Grundlage erhobenen Daten von Beschuldigten in Kriminalakten ist daher zur Vorsorge für die Verfolgung von Straftaten geeignet[3002]. Entsprechend den in § 481 Abs. 2 StPO genannten bundesgesetzlichen – auf automatisierte Dateien bezogen – Verwendungsbeschränkungen aus § 484 Abs. 2 Satz 2 StPO sowie aus § 8 Abs. 3 BKAG heben sämtliche Polizeigesetze hervor, dass keine Daten von ehemals Beschuldigten, die erwiesener Maßen unschuldig sind, in Kriminalak-

---

3000 BVerwG in NJW 1990, 2768 (2770).
3001 Kapitel 5 A. II. 1 c. (S. 699).
3002 Kapitel 5 A. II. 1. c. bb. (S. 704); BayVerfGH in NVwZ 1996, 166 (168/169).

A. Die Kriminalpolizeilichen personenbezogenen Sammlungen (KpS)

ten oder in zu deren Nachweis geführten Dateien gespeichert werden dürfen[3003]. Die Aufbewahrung solcher Daten wäre zur Vorsorge für die Verfolgung sowie zur Verhütung von Straftaten ungeeignet[3004]. Voraussetzung für die eine wie auch die andere Speicherungsform ist das Fortbestehen des Verdachts einer Straftat, so dass es im Falle eines Freispruchs oder einer Verfahrenseinstellung der Prüfung bedarf, ob noch Verdachtsmomente gegen den Betroffenen bestehen[3005]. Solche fehlen bei einer staatsanwaltlichen Einstellung nach § 170 Abs. 2 StPO ebenso wie bei einem gerichtlichen Freispruch wegen erwiesener Unschuld, während die §§ 153 ff StPO sogar das Bestehen eines Restverdachts voraussetzen[3006].

Dem Erforderlichkeits- und Angemessenheitsprinzip wird durch die in § 481 Abs. 1 Satz 1 und Abs. 2 StPO enthaltenen Einschränkungen Rechnung getragen[3007]. Konnte in einem Strafverfahren der Verdacht einer Straftat nicht widerlegt werden, überwiegt das rechtsstaatliche Interesse an der Verfolgung von Straftaten[3008] das Recht des Einzelnen, grundsätzlich selbst über die Preisgabe seiner Daten zu bestimmen[3009]. Zwar hat der von der Datenspeicherung Betroffene ein Interesse daran, entsprechend dem Menschenbild des Grundgesetzes behandelt zu werden und nicht schon deshalb als potentieller Rechtsbrecher zu gelten, weil er bereits einmal in der Vergangenheit straffällig geworden ist[3010]. Die Art, Schwere und Begehungsweise der dem Betroffenen zur Last gelegten Straftat, der Zeitraum, während dessen er wiederholt polizeilich in Erscheinung getreten ist und die sonstige Beurteilung der Persönlichkeit des Beschuldigten kann auch dann zu einem Überwiegen des Interesses der Öffentlichkeit an der Verhinderung und Aufklärung von weiteren Straftaten durch den Betroffenen führen[3011], auch wenn eine Wiederholungsgefahr nicht von vornherein bejahen zu werden braucht.

3003 *Anlage 4.2 Ziffer 1c* (Zweckänderung von Daten aus Maßnahmen zur Strafverfolgung zu Zwecken der Gefahrenabwehr / solange der Verdacht noch nicht widerlegt ist).
3004 BVerwG in NJW 1990, 2769 (2770).
3005 BVerfG in NJW 2011, 405 (406/407); BVerfG in NJW 2002, 3231 (3232); BayVerfGH in NVwZ 1996, 166 (168/169); Baumanns in Die Polizei 2008, 79 (87).
3006 Baumanns in Die Polizei 2008, 79 (87).
3007 Kapitel 5 A. I. 1. a. (S. 645).
3008 BVerwG in NJW 1990, 2765 (2766).
3009 BVerfGE 65, 1 (44/45).
3010 BVerwG in NJW 1990, 2769 (2770).
3011 BVerwG in NJW 1990, 2769 (2770); Baumanns in Die Polizei 2008, 79 (88).

Kapitel 5: Die zweckändernde Verarbeitung von Daten in KpS

Anders als die Unschuldsvermutung des Art. 6 Abs. 2 EMRK liegt in der bei der Speicherung von Daten in Kriminalakten vorzunehmende Berücksichtigung von Verdachtsgründen keine durch die Unschuldsvermutung verbotene Schuldfeststellung oder -zuweisung[3012]. Sind die Verdachtsmomente noch nicht ausgeräumt worden, kommt der weiteren Speicherung der Daten in den Kriminalakten nicht die Wirkung einer Strafsanktion zu[3013]. Vielmehr dient die Speicherung von Daten in Kriminalakten dem Zweck, der künftigen Verfolgung von Straftaten vorzusorgen. Bezogen auf die der ursprünglichen Erhebung der Daten zugrunde liegenden Straftat gilt dies bis zu dem Zeitpunkt, in dem die Straftat einer bestimmten Person zugeordnet werden kann. Handelt es sich bei dieser Person um denjenigen Beschuldigten, unter dessen Namen die Kriminalakte angelegt wurde, rechtfertigt sich die weitere Aufbewahrung der Kriminalakte nach wie vor aus dem Zweck, der künftigen Verfolgung von Straftaten vorzusorgen. Konnte die Straftat einer anderen Person zugeordnet werden, scheidet die weitere Aufbewahrung der Kriminalakte an deren Ungeeignetheit zur Förderung weiterer Strafverfahren. Mithin können Kriminalakten nur über Personen geführt werden, die nach wie vor im Verdacht stehen, eine Straftat begangen zu haben, oder bei denen sich der Verdacht der Begehung einer Straftat zur Gewissheit erhärtet hat[3014].

Die Geringfügigkeit des in der Speicherung in Kriminalakten liegenden Eingriffs ergibt sich vor allem daraus, dass die Nutzung der in Kriminalakten enthaltenen Informationen nur dann möglich ist, wenn derselbe Beschuldigte innerhalb der Aufbewahrungsfrist der Kriminalakte erneut polizeilich in Erscheinung tritt. Nur dann kann anhand des § 484 Abs. 1 StPO i.V.m. § 8 Abs. 1 BKAG durch den vom BKA geführten Kriminalaktennachweis oder aufgrund möglicherweise bestehender, dem § 8 Abs. 1 BKAG entsprechender Befugnisnormen in den Polizeigesetzen der Länder durch die von den LKÄ der Länder geführten Kriminalaktennachweise auf die über den Beschuldigten geführte(n) Kriminalakte(n) zurückgegriffen werden. Verläuft eine Abfrage in den zum Nachweis der Kriminalakten geführten Dateien negativ, bleibt die Kriminalakte mangels Publizitätswirkung bis zu deren Aussonderung uneingesehen, und die Daten des Beschuldigten werden

---

3012 BVerfG in NJW 2002, 3231 (3231); BVerwG in NJW 2011, 405 (406); Schaffland/Wiltfang, BDSG, Ziff. 5001 § 14 Rn. 24.
3013 BVerfG in NJW 2002, 3231 (3232).
3014 Baumanns in Die Polizei 2008, 79 (87).

niemanden mehr preisgegeben³⁰¹⁵. Einen gegenüber dem Eingriff in das Grundrecht des ursprünglichen Tatverdächtigen geringfügigeren Eingriff in das Grundrecht auf informationelle Selbstbestimmung sonstiger Personen stellt infolge der Beschränkung der Dateienregelung des § 484 Abs. 1, Abs. 4 StPO das Führen von Kriminalakten dar, in denen neben Daten des Tatverdächtigen auch Daten von Opfern und zeugen enthalten sind. Als Folge der Öffnungsklausel des § 484 Abs. 1, Abs. 4 StPO dürfen in der automatisierten Datei „Kriminalaktennachweis" ausschließlich Daten von Beschuldigten gespeichert werden. Nicht nur, dass die Daten der früheren Zeugen nach der Speicherung in den Kriminalakten insoweit nicht mehr automatisiert recherchiert werden können. Gerät ein ehemals Beschuldigter erneut in den Verdacht einer ähnlichen Straftat, bleiben einem früheren Opfer in einem späteren Ermittlungsverfahren unter Umständen weitere psychisch belastende Aussagen anhand dessen früherer Aussage, die in der über den ehemals Beschuldigten geführten Kriminalakte enthalten ist, erspart. Darüber hinaus wird dem Erinnerungsverlust infolge Zeitablaufs vorgebeugt.

Dem Argument, dass gem. § 484 Abs. 1; Abs. 4 StPO ausschließlich Daten von Beschuldigten in automatisierten Dateien gespeichert werden dürfen, steht schließlich nicht entgegen, dass das *BPolG* sowie die 12 Polizeigesetzen von *Baden- Württemberg, Brandenburg, Bremen, Hamburg, Hessen, Mecklenburg- Vorpommern, Niedersachsen, Nordrhein- Westfalen,* dem *Saarland, Sachsen- Anhalt* und *Schleswig- Holstein* neben der Speicherung der Daten von Tatverdächtigen auch zur *suchfähigen Speicherung* bzw. zur *Speicherung in automatisierten Dateien* von Daten von Kontakt- und Begleitpersonen des Tatverdächtigen, möglichen Opfern und Personen aus dessen Umfeld sowie von Zeugen, Hinweisgebern oder sonstigen Auskunftspersonen ermächtigen³⁰¹⁶. Mit diesen Befugnissen sollten die in Zeiten von INPOL- alt betriebenen PIOS- Dateien legitimiert werden. Nach dem Inkrafttreten des *StVÄG 1999* und mit ihm der §§ 483 Abs. 1 und 2, 484 Abs. 1 bis 4 StPO hat sich dieses Problem erledigt. Bei fehlendem Einverständnis des Betroffenen dürfen in Vorsorgedateien aufgrund der Öffnungsklausel des § 484 Abs. 1 bis 4 StPO keine Daten über andere Personen als von Beschuldigten und Tatbeteiligten gespeichert werden. Bestehende, über den durch diese strafprozessualen Öffnungsklausel gesetzten Rahmen hinausgehende polizeigesetzliche Befugnisse zur Verarbeitung von auf re-

---

3015 BVerfG in NJW 2002, 3231 (3232); Baumanns in die Polizei 2008, 79 (82).
3016 *Anlage 4.2 Ziffer 3 b.1 und b.2)* (Zweckänderung von Daten aus repressiven Maßnahmen zu präventiv-polizeilichen Zwecken / Speicherung in Dateien über …).

pressiver Grundlage erhobenen Daten haben durch die nunmehr bestehenden, durch Rückgriff des Bundes auf dessen Gesetzgebungskompetenz aus Art. 74 Abs. 1 Nr. 1 GG erlassenen, speziell geregelten bundesgesetzlichen Regelungen ihre Wirksamkeit verloren. Inwieweit die Verarbeitung und Nutzung von auf repressiver Grundlage erhobenen Daten in anderen Strafverfahren zur Aufklärung desselben oder anderer Strafverfahren auf Grundlage des § 483 StPO möglich ist, wird an späterer Stelle geprüft[3017]. Präzise geregelte Befugnisse zur Verarbeitung von auf repressiver Grundlage erhobenen Daten in Kriminalakten, die sich nicht lediglich auf die Speicherung dieser Daten in Dateien beziehen, enthalten daher lediglich die Polizeigesetze von *Bayern, Baden- Württemberg, Berlin, Brandenburg, Hamburg, Hessen, Rheinland- Pfalz, dem Saarland, Sachsen, Sachsen- Anhalt, Schleswig- Holstein* und *Thüringen*. Die übrigen Polizeigesetze sollten deren Aufnahmeklauseln, die das Führen von Kriminalakten betreffen, an diese Regelungen anpassen. Aufgrund ihrer präzisen Regelung erscheinen mir die Regelungen von *Baden- Württemberg* oder *Thüringen* vorzugswürdig.

c. Zusammenfassung

Im Ergebnis ist mit Inkrafttreten des *StVÄG 1999* die bis dahin zur Legitimation für die Kriminalaktenführung bestehende Notwendigkeit entfallen, Daten über künftige Straftäter, deren Kontakt- und Begleitpersonen, deren künftige Opfer und Personen im Umfeld dieser Opfer sowie von Zeugen, Hinweisgebern oder Auskunftspersonen von vornherein doppelfunktional, also auf repressiver wie auch auf präventiv- polizeilicher Grundlage zu erheben. Die vor Inkrafttreten des *StVÄG 1999* vom BVerwG in dessen Entscheidung vom 20.2.1990 (Az.: 1 C 30.86) anerkannte Herangehensweise der Mischdaten, d.h. Daten, die sowohl zur Strafverfolgung als auch zur Gefahrenabwehr erhoben wurden[3018], ist aufgrund der strafprozessualen Öffnungsklauseln der §§ 481 bis 484 StPO n.F. überholt[3019]. Solche präventiv- polizeiliche Befugnisnormen haben seither, soweit sie sich auf Daten von anderen Personen als Beschuldigten, Tatbeteiligten oder sonst Tatverdächtigen beziehen, ihre Berechtigung verloren und sind aus den Polizeige-

---

3017 Kapitel 5 A. II. 1. e. (S. 720).
3018 BVerwG in NJW 1990, 2768 (2769).
3019 HessVGH in NJW 2005, 2727 (2729); Söllner in Pewestorf/Söllner/Tölle, ASOG, § 42 Rn. 29.

setzen zu streichen. Die Rechtmäßigkeit der Speicherung von zu repressiven Zwecken erhobenen Daten in Kriminalakten richtet seit Inkrafttreten des *StVÄG 1999* nach der Öffnungsklausel des § 481 StPO i.V.m. den in den Polizeigesetzen enthaltenen Aufnahmeklauseln, die zur Verarbeitung von auf repressiver Grundlage erhobenen Daten zur Vorsorge für die Verfolgung von Straftaten und deren Verhütung ermächtigen. Eine Prognose hinsichtlich der zukünftigen Begehung von Straftaten durch den ehemals Beschuldigten ist insoweit nicht erforderlich. Die polizeigesetzlichen Aufnahmeklauseln sollten wie folgt gefasst werden:

§ 10a.2 ME PolG – neu
Die Polizei kann personenbezogene Daten zu den Zwecken speichern und nutzen, zu denen sie die Daten erhoben oder gespeichert hat.
(...)

Wie die polizeigesetzliche Speicherungsbefugnis formuliert werden sollte, ergibt sich aus den Vorgaben des § 484 StPO.

2. Polizeigesetzliche Befugnisnormen zum Archivieren von zu präventivpolizeilichen Zwecken erhobenen Daten in Kriminalakten

KpS- und KA- Richtlinien beziehen sich nicht nur auf das Aufbewahren von Strafakten sondern auch auf das Archivieren von Unterlagen über Vermisstenvorgänge, die nicht mit dem Verdacht einer Straftat in Verbindung stehen. Während anlässlich eines Strafverfahrens angelegte Kriminalakten anhand des Personendatensatzes des Beschuldigten recherchiert werden können, sind die über ehemalige Vermisste angelegte Kriminalakten anhand des Personendatensatzes der ehemals als vermisst geltenden Person recherchierbar. Eine Person gilt aus polizeilicher Sicht gem. PDV 389 als vermisst, wenn sie ihren gewohnten Lebenskreis verlassen hat, ihr Aufenthaltsort unbekannt ist, und für sie eine Gefahr für Leib und Leben besteht[3020]. Minderjährige gelten jedenfalls als vermisst, wenn sie ihren gewohnten Lebenskreis verlassen haben und ihr Aufenthalt unbekannt ist, da bei ihnen eine Gefahr für Leib oder Leben angenommen werden muss, soweit keine anderweitigen Erkenntnisse oder Ermittlungen vorliegen[3021].

3020 Albrecht in Kriminalistik 1987, 331 (331).
3021 Albrecht in Kriminalistik 1987, 331 (331).

Entscheidend ist also das Vorliegen einer Gefahr für Leib und Leben dieser Person. Eine solche Gefahr kann durch körperlich oder geistig bedingte Hilflosigkeit, einen Unglücksfall oder durch eine Straftat bedingt sein. Durch das Führen von Kriminalakten über ehemals Vermisste soll die Fahndung nach Personen, die bereits in der Vergangenheit als vermisst galten und ihren gewöhnlichen Aufenthaltsort wiederholt ohne Kenntnis ihrer Erziehungs- oder Betreuungsberechtigen, ihrer Familienangehörigen oder ihres sonstigen sozialen Umfeldes verlassen haben, zu vereinfachen. Ursache von wiederholten Vermisstenfällen können fortbestehende Suizidabsichten, Demenz, angespannte familiäre Verhältnisse von Kindern und Jugendlichen sowie deren Unterbringung in Heimen oder psychologischen Einrichtungen sein. Der durch die Kriminalaktenführung ermöglichte Rückgriff auf frühere, die vermisste Person betreffende Unterlagen ermöglicht nicht nur Rückschlüsse über etwaige Aufenthaltsorte der vermissten Person, sondern verschafft den Polizeibehörden dadurch einen Zeitvorteil bei der Fahndung, dass Personalien, Lichtbilder, Personenbeschreibungen, Erreichbarkeiten von Erziehungsberechtigten, Betreuern oder Angehörigen, die im Falle des Auffindens benachrichtigt werden müssten, nicht erneut erfragt werden müssen. Dies steigert die Effizienz der Bearbeitung etwaig auftretender künftiger Vermisstenfälle und den für die vermisste Person Verantwortlichen oder deren Angehörigen bleiben unnötige psychische Belastungen erspart.

Da durch die Speicherung von personenbezogenen Daten aus Vermisstenvorgängen in kriminalpolizeilichen Sammlungen der Grundsatz der Zweckbindung durchbrochen wird, bedarf es hierfür bereichsspezifischer und präziser Befugnisnormen. Derzeit finden sich präventiv- polizeiliche Befugnisse zur Archivierung solcher Daten aus Vermisstenvorgängen allenfalls in den präventiv- polizeilichen Befugnissen, die zur Aufbewahrung von personenbezogenen Daten zu Dokumentationszwecke ermächtigen. Das Polizeigesetz von *Hessen* enthält in § 20 Abs. 9 Satz 1 HSOG die Befugnis

„für die Planung von Maßnahmen der Kriminalitätsbekämpfung vorhandene personenbezogene Daten über Vermisstenfälle, auswertungsrelevante Straftaten und verdächtige Wahrnehmungen zur Erstellung eines Kriminalitätslagebildes zu verarbeiten."

Aufgrund der verhältnismäßig geringen Intensität des mit der Archivierung in Akten i.S.d. § 3 Abs. 3 BDSG 1990 bzw. in nicht automatisierten Dateien i.S.d. § 3 Abs. 2 Satz 2 BDSG 2001 verbundenen Eingriffs in das Grundrecht auf informationelle Selbstbestimmung und des hohen Ranges der zu schützenden Rechtsgüter Leib und Leben können Befugnisse zur Aufbewahrung von Unterlagen aus Vermisstenfällen zu Dokumentationszwecken gerade noch als bereichsspezifische und präzise Befugnisnormen im Sinne des Volkszählungsurteil angesehen werden[3022]. Eine speziell auf Vermisstenfälle bezogene, jedenfalls präzise geregelte polizeigesetzliche Befugnis zum Führen des Kriminalaktennachweises müsste wie folgt gefasst werden:

§ 10a.2 ME PolG – neu
... Die Polizei kann zur Aufklärung von Vermisstenfällen gewonnene personenbezogene Daten für zukünftige Vermisstenfälle in Kriminalakten speichern. Eine suchfähige Speicherung ist nur über ehemals vermisste Personen zulässig, die wiederholt als vermisst galten.

3. Befugnisse zur Nutzung der in Kriminalakten archivierten personenbezogenen Daten

Ergeben sich nach der Aufnahme von Daten in eine zu repressiven Zwecken angelegte Kriminalakte Anhaltspunkte, die zur Aufklärung derjenige Tat beitragen könnten, anlässlich der die Daten erhoben wurden, richtet sich die Nutzung der Daten nach §§ 474 Abs. 1 Satz 1, 161 Abs. 1 Satz 1 bzw. 163 Abs. 1 Satz 2 StPO. Befugnisse zur repressiven Nutzung der in den zur Vorsorge für die Verfolgung von Straftaten geführten Kriminalakten für Zwecke einer anderen prozessualen Tat als derjenigen, die zur Erhebung der Daten Anlass gegeben hat[3023], ergeben sich aus §§ 479 Abs. 1, 161 Abs. 1 Satz 1 bzw. 163 Abs. 1 Satz 2 StPO. Sollen in Kriminalakten enthaltene, ursprünglich zu repressiven Zwecken erhobene Daten hingegen für präventiv- polizeiliche Zwecke genutzt werden, ergeben sich die Nutzungsbefugnisse aus § 481 Abs. 1 und 2 StPO i.V.m. der jeweils anwendbaren polizeigesetzlichen Generalklausel. So ergibt sich auch die Nutzungsbefugnis für Daten, die in zu präventiv- polizeilichen Zwecken geführten Kriminalakten gespeichert werden, in der Mehrzahl der Polizeigesetze aus den polizeilichen Generalklauseln i.V.m. mit den Generalklauseln zur Datennutzung. Demgegenüber enthalten die Polizeigesetze von *Bremen* und *Niedersachsen* mit § 36b Abs. 4 Satz 1 BremPolG und § 39 Abs. 2 Satz 1 NdsSOG bereichsspezifisch und präzise Regelungen. Hiernach dürfen zu Dokumentationszwecken gespeicherte Daten

---
3022 Ahlf in Ahlf/Daub/Lersch/Störzer, BKAG, § 7 Rn. 7.
3023 Meyer-Goßner, StPO, § 479 Rn. 3.

Kapitel 5: Die zweckändernde Verarbeitung von Daten in KpS

„zu einem anderen als dem Zweck, zu dem sie erhoben oder gespeichert worden sind, nur gespeichert, verändert oder genutzt werden, wenn dies zur Abwehr einer gegenwärtigen Gefahr für Leib oder Leben ... erforderlich ist."

Während diese Befugnisse als Ermächtigung zum Speichern von Daten aus Vermisstenvorgängen in Kriminalakten ausscheiden, da deren Speicherung nicht der Abwehr einer gegenwärtigen Gefahr für Leib und Leben dient, bestehen an deren Verfassungskonformität im Hinblick auf Nutzung der in Kriminalakten enthaltenen Daten für neue Vermisstenvorgänge keine Bedenken. Da gem. §§ 481 Abs. 1 und 2, 477 Abs. 2 Satz 2 Nr. 1 StPO selbst durch heimliche Ermittlungen gewonnene Daten zur Abwehr erheblicher Gefahren verwendet werden dürften, müsste § 10a Abs. 4 ME PolG- neu wie folgt formuliert werden:

§ 10a.2 ME PolG – neu
... Die Polizei kann die in Kriminalakten oder im Kriminalaktennachweis gespeicherten Daten neben Zwecken künftiger Strafverfahrens nutzen, wenn dies zur Abwehr einer gegenwärtigen Gefahr für Leib oder Leben, insbesondere bei Vermisstenvorgängen, erforderlich ist.

II. Die polizeilichen Informationssysteme von Bund und Ländern als Bestandteil der KpS

KpS bestehen neben Kriminalakten aus automatisierten Dateien als Bestandteil des polizeilichen Informationssystems[3024]. Während bisher der Frage nach bestehenden, den verfassungsrechtlichen Ansprüchen genügenden rechtlichen Voraussetzungen für die Aufbewahrung von Kriminalakten und sonstigen Unterlagen bei den für den Ausgangssachverhalt zuständigen Polizeidienstbehörden bzw. dem jeweiligen LKA nachgegangen wurde, ist der folgende Abschnitt des 5. Kapitels der Frage gewidmet, welche rechtlichen Voraussetzungen für das Führen von KpS in Form von Dateien bestehen, und ob diese den verfassungsrechtlichen Anforderungen genügen.

1. Das polizeiliche Informationssystem des Bundes (INPOL-Bund)

Nach Inkrafttreten des *BKAG 1997* sowie des *StVÄG 1999* wurde INPOL-alt Mitte 2003 durch das neu konzipierte polizeiliche Informationssystem

---

3024 Ziffer 2.1 KpS-Richtlinie NRW.

INPOL- neu ersetzt[3025]. Dabei enthielten das *BKAG 1997* mit den §§ 7 ff BKAG und das *StVÄG 1999* mit den §§ 483 ff StPO erstmals gesetzlich geregelte Aussagen über die Informationsinhalte, die INPOL- neu sowie sonstige vom BKA geführten Dateien enthalten durften[3026]. Diese neu geschaffenen polizeilichen Befugnisse haben ihren Ursprung in der *Dateienrichtlinie* vom 26.2.1981. Ungeachtet der informationstechnischen Entwicklung und ungeachtet des Volkszählungsurteils enthielt das *BKAG* bis zum Jahre 1997 keine dem *MEPolG* oder dem *VE ME PolG* entsprechenden Bestimmungen[3027]. Die Datenspeicherung und -nutzung durch das BKA betreffende datenschutzrechtliche Bestimmungen fanden sich bis zu diesem Zeitpunkt allenfalls im *BDSG 1990* und der noch auf dem datenschutzrechtlichen Entwicklungsstand des *BDSG 1977* verharrenden *Dateienrichtlinie* vom 26.2.1981[3028]. Dieser langwierige datenschutzrechtliche Entwicklungsprozess mag zum einen der auf die föderalistische Struktur der Bundesrepublik Deutschland zurückzuführende, bis über den Beginn des 21. Jahrhunderts hinaus andauernden, parallel verlaufenden Entwicklung des bundesweit einheitlichen polizeilichen Informationssystems INPOL- neu geschuldet gewesen sein. Zum anderen hatte es seine Ursache in dem ebenso zeitintensiven Entwicklungsprozess der den Anforderungen des Volkszählungsurteils Rechnung tragenden Regelungen der *StPO* und des *OWiG*. Durch die bereits bei Inkrafttreten des *BKAG 1997* im Entwurf des *StVÄG 1996* enthaltenen Regelungen der §§ 483 ff StPO sollte mittels generalklauselartiger Festlegungen der verschiedenen Speicherzwecke bestimmt werden, welche Dateien mit welcher Begrenzung errichtet werden dürfen[3029]. Diese enthielten erstmals Befugnisse, die sich speziell auf das zu den Kriminalakten parallele bzw. die Ermittlungsakten begleitende Speichern der Informationen aus Kriminalakten in automatisierten Dateien bezogen[3030].

Das BKA unterstützt in Erfüllung seiner Aufgabe als Zentralstelle für das polizeiliche Auskunfts- und Nachrichtenwesen und für die Kriminalpolizei aus § 2 Abs. 1 BKAG die Polizeien des Bundes und der Länder *bei der Verhütung und Verfolgung von Straftaten mit länderübergreifender, interna-*

3025 BfDI, 21. Tätigkeitsbericht 2005-2006 S. 67; Sehr in Kriminalistik 1999, 532 (532/533).
3026 Sehr in Kriminalistik 1999, 532 (533).
3027 Kapitel 2 B. II. (S. 354).
3028 GMBl. 1981 S. 114 bis 119.
3029 Hilger in StVÄG 1999, 15 (17).
3030 Hilger in NJW 1999, 15 (17).

tionaler oder erheblicher Bedeutung. Hierzu sammelt es gem. § 2 Abs. 2 Nr. 1 und 2 BKAG Informationen, die durch die Landespolizeien sowie die BPol an das BKA übermittelt werden, wertet diese aus und informiert die Strafverfolgungsbehörden über die in Erfahrung gebrachten Zusammenhänge. Mit dieser Aufgabe korrespondieren die Befugnisse des BKA zum Speichern der meist durch die Länder übermittelten personenbezogenen Daten aus §§ 7 bis 9 BKAG. Darüber hinaus stehen dem BKA insbesondere die mit dem *StVÄG 1999* erlassenen informationellen strafprozessualen Befugnisnormen zur Verfügung. Befugnisse des BKA zur Erfüllung seiner Aufgabe *als Zentralstelle zur Unterstützung der Polizeien des Bundes und der Länder bei der Verhütung und Verfolgung von Straftaten und der Gefahrenabwehr aus* § 2 Abs. 4 Nr. 1 und 2 BKAG ergeben sich beispielsweise bezogen auf die Aufgabe aus § 2 Abs. 4 Nr. 1 BKAG aus § 8 Abs. 6 BKAG und bezogen auf die Aufgabe aus § 2 Abs. 4 Nr. 2 BKAG aus § 9 BKAG. Während die die Grundpfeiler der polizeilichen Datenverarbeitung bildenden BKA- Dateien zur Personen- und Sachfahndung, die Haftdatei, der Kriminalaktennachweis sowie die Dateien des Erkennungsdienstes[3031] zu Beginn des 21. Jahrhunderts nach langwieriger Entwicklung eines bundesweit funktionstüchtigen polizeilichen Informationssystems zu Verbunddateien ausgebaut worden waren und seither durch die §§ 7 ff BKAG legitimiert werden, dienen sonstige heute noch vom BKA betriebene Verbund- und Zentraldateien vor allem der Durchsetzung des staatlichen Strafverfolgungsanspruchs. Der in der *Dateienrichtlinie* vom 26.2.1981 herangezogene Begriff der Verbunddateien geht seit Inkrafttreten des *BKAG 1997* in dem in den § 2 Abs. 3; §§ 11, 12 sowie § 34 Abs. 2 BKAG enthaltenen Begriff des polizeilichen Informationssystems auf.

Darüber hinaus verfügt das BKA auch noch über Zentraldateien. Dies gilt jedoch nicht mehr für die mit den §§ 7 bis 9 BKAG legitimierten Verbunddateien sondern insbesondere für bestimmte Falldateien. Diese beinhalten das auf einem Kriminalitätsbereich bezogene Informationsaufkommen, wobei entweder auf den Delikts- oder Phänomenbereich abgestellt wird[3032]. In herausragenden Kriminalitätsbereichen bietet es sich an, Arbeits- und Recherchedateien zu schaffen, mit denen neben den Daten des Beschuldigten auch Daten über andere Personen, wie z.B. vom Opfer oder von Zeugen der Straftat sowie sonstigen Auskunftspersonen, oder aber über Orte und Sachen

---

3031 Arzt in NJW 2011, 352 (356).
3032 Kersten in Kriminalistik 1987, 357 (358).

abgearbeitet werden können[3033]. Andere Falldateien werden als Verbunddateien im polizeilichen Informationssystem betrieben. Diese dienen der gemeinsamen Nutzung durch spezielle Ermittlungseinheiten, die bezogen auf bestimmte Deliktsbereiche in den Dienststellen des Bundes und der Länder eingerichtet sind. Die Eingabe in die Falldatei erfolgt bei Verbunddateien dezentral unmittelbar durch die Länder, wohingegen die Eingabe bei Zentraldateien unmittelbar beim BKA erfolgt[3034]. Um eine einheitliche Übermittlungspraxis bei allen Bundesländern zu gewährleisten, wurden zwischen Bund- und Ländern auf die relevanten Kriminalitätsbereiche bezogene einheitliche Kataloge und Datenstrukturen geschaffen[3035]. In vielen der zum Teil als Zentraldateien betriebenen Falldateien wird das Meldeaufkommen aus den allgemeinen *Kriminalpolizeilichen Meldediensten (KPMD)* bzw. aus den einschlägigen Sondermeldediensten über Straftaten von bundesweiter Bedeutung verarbeitet[3036].

Zu den nach wie vor als Zentraldateien betriebenen Falldateien zählt etwa die Bilddatenbank Kinderpornographie[3037], die Falldatei BKA – Geiselnahme – Erpressung – Raub[3038] oder die Falldatei BKA – Tötungs- und Sexualdelikte[3039]. Neben den Verbunddateien *zur Verhinderung und Verfolgung* von politisch motivierten Straftaten in den Phänomenbereichen links-[3040] oder rechts- motivierte Kriminalität[3041] bzw. politisch motivierte Ausländerkriminalität[3042] führt das BKA Zentraldateien, die den für diese Phänomenbereiche zuständigen Referaten zur Sammlung und Auswertung der im Rahmen ihrer Aufgabenwahrnehmung anfallenden Informationen im Zusammenhang mit länderübergreifenden Deliktsbereichen[3043], oder der Bekämpfung von Straftaten verschiedener Phänomenbereiche mit dem Ziel

---

3033 Ahlf in Ahlf/Daub/Lersch/Störzer, BKAG, § 11 Rn. 22.
3034 Kersten in Kriminalistik 1987, 325 (329).
3035 Kersten in Kriminalistik 1987, 357 (358).
3036 Petri in Lisken/Denninger, HbdPolR, 5. Auflage, G Rn. 79; Kersten in Kriminalistik 1987, 325 (326, 329, 330).
3037 BT-Drucksache 17/7307 S. 9 (Ziffer 35).
3038 BT-Drucksache 17/7307 S. 9 (Ziffer 38).
3039 BT-Drucksache 17/7307 S. 9 (Ziffer 39).
3040 BT-Drucksache 17/7307 S. 10 (Ziffer 58).
3041 BT-Drucksache 17/7307 S. 10 (Ziffer 61).
3042 BT-Drucksache 17/7307 S. 10 (Ziffer 60).
3043 BT-Drucksache 17/7307 S. 9 (Ziffern 33, 36, 41, 43, 45), S. 10 (Ziffern 50, 51, 52).

Kapitel 5: Die zweckändernde Verarbeitung von Daten in KpS

der Fallzusammenführung dienen[3044]. Die ehemals als Zentraldateien betriebenen Falldateien im Bereich des Waffen- und Sprengstoffwesens[3045], der Falschgeld-Kriminalität[3046] werden heute ebenso wie auf andere Kriminalitätsbereiche bezogene Falldateien als Verbunddateien betrieben und beziehen sich vor allem auf Deliktsbereiche, in denen das BKA gem. § 4 Abs. 1 Satz 1 Nr. 1 bis 5 BKAG für die Verfolgung von Straftaten zuständig ist oder ihm diese Zuständigkeit gem. § 4 Abs. 2 Satz 1 BKG übertragen werden kann. Darüber hinaus führt das BKA in Erfüllung seiner Aufgaben aus § 2 Abs. 4 Nr. 1 2. Alt., Abs. 6 Nr. 1 und 2, Abs. 7 BKAG Zentraldateien, die keine personenbezogenen Daten enthalten. Hierzu zählen etwa die Leuchtendatei für Unfallflucht- Nachforschungen (LUNA) oder die polizeiliche Kriminalstatistik (PKS)[3047]. Die PKS besteht aus der Kriminalpolitik dienenden statistisch aufgearbeiteten anonymisierten Daten und dient nicht der Aufklärung von Straftaten[3048]. Die Datei LUNA dient der Identifizierung von Automobilmodellen und basiert auf der Tatsache, dass bei Unfällen häufig Fragmente von Fahrzeugen zurückbleiben, die anhand der darauf eingearbeiteten und in LUNA gespeicherten Identifikations- und Prüfnummern zur Ermittlung des flüchtigen Unfallbeteiligten beitragen[3049].

Für die Errichtung sowie den Betrieb von den durch das BKA unterhaltenen Verbund- und Zentraldateien sowie den Umgang mit den darin enthaltenen Daten gelten unterschiedliche gesetzliche Bestimmungen[3050]. Die Einrichtung und der Betrieb von durch das BKA betriebenen Zentral- und Amtsdateien wird in § 10 Abs. 7, §§ 27 ff BKAG geregelt[3051]. Die Änderung, Berichtigung und Löschung der Daten erfolgt gem. §§ 32, 33 BKAG durch das BKA[3052]. Die datenschutzrechtlich Verantwortung für die vom BKA unterhaltenen Zentraldateien ergibt sich gem. § 37 BKAG aus § 19

[3044] BT-Drucksache 17/7307 S. 6 (Ziffer 6 ff), S. 9 (Ziffern 34, 42, 44, 46, 47, 48), S. 10 (Ziffer 49).
[3045] BT-Drucksache 17/7307 S. 9 (Ziffer 40).
[3046] BT-Drucksache 17/7307 S. 9 (Ziffer 37).
[3047] BT-Drucksache 13/1550 S. 28.
[3048] Sehr in Kriminalistik 1999, 534 (535).
[3049] de.wikipedia.org/wiki/Leuchtendatei_für_Unfallfluchtnachforschungen (Stand: 31.1.2013).
[3050] Ahlf in Ahlf/Daub/Lersch/Störzer, BKAG, § 11 Rn. 35.
[3051] VG Wiesbaden in NVwZ 2002, 1531 (1534); Ahlf in Ahlf/Daub/Lersch/Störzer, BKAG, § 11 Rn. 36.
[3052] BVerwG in NJW 2011, 405 (405).

A. Die Kriminalpolizeilichen personenbezogenen Sammlungen (KpS)

BDSG[3053]. Eine neue Verbunddatei wird gem. § 11 Abs. 1 Satz 3 BKAG nur dann in das polizeiliche Informationssystem einbezogen, wenn das Bundesministerium des Innern dies im Einvernehmen mit den Innenministern und -senatoren der Länder bestimmt[3054]. Dementsprechend bedarf es gem. § 34 Abs. 2 BKAG für die Errichtung von im polizeilichen Informationssystem enthaltenen Verbunddateien nicht nur der Zustimmung des Bundesministers des Innern sondern auch der Zustimmung der zuständigen Innenministerien und -senatsverwaltungen der Länder. Gleiches gilt gem. § 11 Abs. 5 BKAG, wenn neben der Polizei andere als die in § 11 Abs. 4 BKAG benannten Behörden zur Einrichtung eines automatisierten Abrufverfahrens berechtigt werden sollen. Infolge des durch § 11 Abs. 3 Satz 1 BKAG manifestierten Besitzerprinzips können im polizeilichen Informationssystem enthaltene Daten gem. § 12 Abs. 2 BKAG grundsätzlich nur durch die Daten eingebende Behörde geändert, berichtigt oder gelöscht werden[3055]. Dies sind im Regelfall die Polizeien der Länder, nur wenn das BKA selbst Daten in die vom diesem betriebenen Verbunddateien eingibt, richtet sich die Änderung, Berichtigung oder Löschung der Daten nach § 32 BKAG[3056]. Ausnahme ist gem. § 11 Abs. 6 BKAG die Pflege der Protokolldaten, für die das BKA aufgrund seiner Überwachungsfunktion aus § 12 Abs. 1 BKAG zuständig ist[3057]. § 12 Abs. 2 Satz 1 BKAG trägt damit der besonderen Situation Rechnung, dass das BKA bei Verbunddateien zwar an sich speichernde Stelle ist, aber aus der Natur der Sache heraus nicht die volle datenschutzrechtliche Verantwortung für die hierin gespeicherten Daten tragen kann[3058]. Da die in den unterschiedlichsten Dateien gespeicherten Daten durch die einzelnen Verbundteilnehmer automatisiert übermittelt werden, und das BKA rein faktisch die speichernde Stelle ist, beschränkt sich die Verantwortung des BKA für die in der Zentralstelle gespeicherten Daten auf die Überwachung

---

3053 VG Wiesbaden in NVwZ-RR 2006, 693 (694).
3054 Busch in NJW 2002, 1754 (1755).
3055 BVerwG in NJW 2011, 405 (405); VG Mainz in DuD 2009, 195 (196); HessVGH in NJW 2005, 2727 (2731); Arzt in NJW 2011, 352 (353); Arzt/Eier in DVBl. 2010, 816 (818); Busch in NJW 2002, 1754 /155).
3056 VG Mainz in DuD 2009, 195 (196); NdsOVG in NdsVBl. 2009, 135 (135); HessVGH in NJW 2005, 2727 (2728, 2729); Busch in NJW 2002, 1754 (1758); Lersch in FS für Herold, S 35 (47).
3057 Busch in NJW 2002, 1754 (1755).
3058 BT-Drucksache 13/1550 S. 29; HessVGH in NJW 2005, 2727 (2731).

Kapitel 5: Die zweckändernde Verarbeitung von Daten in KpS

der Regeln über die Zusammenarbeit und zur Führung des INPOL- Systems[3059]. Beim BKA gespeicherte Daten werden entsprechend § 13 Abs. 1 Satz 1 und 2 BKAG zwar vor allem durch die BPol und die Polizeien der Länder erhoben und an das BKA übermittelt. Speichert das BKA die übermittelten Daten gem. (§§ 483 ff StPO i.V.m.) §§ 7 ff BKAG[3060] zu dem Zweck, zu dem ihm die Daten durch die BPol oder durch die Polizeien der Länder übermittelt wurden, oder durch die Verbundteilnehmer unmittelbar in das vom BKA betriebene polizeiliche Informationssystem eingegeben werden, scheidet eine Zweckänderung im Verhältnis zum Zweck der Übermittlung aus. Gem. § 13 Abs. 1 Satz 1 und 2, Abs. 2 BKAG sollen die LKÄ verpflichtet sein, die ihnen bekannten Informationen an das BKA zur Erfüllung von dessen Aufgabe als Zentralstelle zu übermitteln. Allerdings können die LKÄ aufgrund der eingeschränkten Gesetzgebungskompetenz des Bundes aus Art. 73 Abs. 1 Nr. 9a, 10 GG nicht durch die bundesgesetzliche Regelung des § 13 Abs. 1 Satz 1 und 2, Abs. 2 BKAG verpflichtet werden. Vielmehr verpflichtet das Prinzip der Bundestreue die Polizeien der Länder die von den Justiz- und Verwaltungsbehörden der Länder für die Haftdatei notwendigen Informationen gem. dem durch das *StVÄG 1999* erlassenen § 482 Abs. 1 und 2, § 479 Abs. 2 Nr. 1 bis 3 StPO von Amts wegen zu übermitteln. § 13 Abs. 1 Satz 1 und 2, Abs. 2 BKAG kann daher allenfalls deklaratorischer Charakter zukommen und könnte daher gestrichen werden. Infolge des Art. 31 GG hat darüber hinaus auch § 13 Abs. 1 Satz 3 BKAG spätestens mit Inkrafttreten des *StVÄG 1999* seine Wirksamkeit verloren und kann gestrichen werden.

Darüber hinaus ist das BKA gem. (§§ 483 ff StPO i.V.m.) §§ 13 Abs. 4; 7 Abs. 1 BKAG i.V.m. §§ 8 ff BKAG und § 7 Abs. 3 und 4 BKAG a.F.[3061] auch selbst berechtigt, personenbezogene Daten, die es in Erfüllung seiner Aufgaben aus §§ 3, 4, 4a, 5 und 6 BKAG aufgrund repressiver oder seiner präventiv- polizeilichen Befugnisse aus §§ 16 ff BKAG erhoben hat, in die gem. § 2 Abs. 1 bis 4 BKAG geführten Dateien ebenso wie diejenigen Daten zu speichern, die dem BKA entsprechend § 13 Abs. 3 Satz 1 BKAG durch die BPol oder die Polizei des Deutschen Bundestages oder durch die Poli-

---

3059 BT-Drucksache 13/1550 S. 29; Zöller, Informationssysteme und Vorfeldmaßnahmen von Polizei, Staatsanwaltschaft und Nachrichtendiensten, S. 167; Störzer in Kriminalistik 2006, 184 (185).
3060 BT-Drucksache 17/2803 S. 3.
3061 = § 7 Abs. 8 und 9 BKAG i.d.F. vom 1.7.2013.

zeien der Länder übermittelt werden³⁰⁶². Unabhängig davon, ob bei den Ländern, die Daten an das BKA übermitteln, den verfassungsrechtlichen Anforderungen entsprechende Befugnisnormen zur Übermittlung der in den vom BKA unterhaltenen Dateien zu speichernden Daten bestehen, muss das BKA seinerseits durch bereichsspezifisch und präzise Befugnisnormen zur Speicherung in dessen Dateien ermächtigt sein. Nachfolgend wird grundsätzlich davon ausgegangen, dass das BKA personenbezogene Daten, die es wie die Polizeien der Ländern oder die BPol zur Erfüllung seiner Aufgaben aus §§ 4, 4a, 5 und 6 BKAG erhoben hat, mit oder ohne Änderung des bei der Erhebung der Daten ursprünglich verfolgten Zwecks in die im polizeilichen Informationssystem betriebenen Dateien oder sonstige Dateien einspeichert. Dabei ist zwischen Daten zu differenzieren, die das BKA in Erfüllung seiner Aufgabe aus § 4 BKAG auf strafprozessualer Grundlage erhoben hat, und die es gem. §§ 483 ff StPO in dessen Verbund- oder Zentraldateien einspeichert, und solchen Daten, die das BKA in Erfüllung seiner Aufgabe aus §§ 4a, 5 und 6 BKAG zu präventiv- polizeilichen Zwecken erhoben hat und ausschließlich auf Grundlage der §§ 7 ff BKAG in Dateien einspeichert. Befugnisse des BKA zur Übermittlung von bei diesem gespeicherten Daten finden sich in § 10 BKAG i.V.m. den auf sämtliche Aufgaben des BKA bezogenen Übermittlungsverboten aus § 27 BKAG³⁰⁶³.

Die §§ 483 ff StPO und die §§ 7 ff BKAG sollen sowohl für Zentraldateien als auch für Verbunddateien gelten³⁰⁶⁴. Ihnen wird jedoch nachgesagt, dass sie lediglich Bestätigungsgesetze seien³⁰⁶⁵, die nicht das Volkszählungsurteil umsetzten, um dem Grundrecht auf informationelle Selbstbestimmung Rechnung zu ragen, sondern lediglich in der Praxis eingefahrene polizeiliche und staatsanwaltliche Strategien gesetzlich manifestieren würden³⁰⁶⁶. Allerdings müssen die §§ 483 ff StPO und die §§ 7 bis 9 BKAG den seit dem Volkszählungsurteil im Hinblick auf Eingriffe in das Grundrecht auf informationelle Selbstbestimmung höchstrichterlich geforderten verfassungsrechtlichen Anforderungen an Normenbestimmtheit und -klarheit gerecht werden. Werden personenbezogene Daten in der Absicht der späteren elek-

---

3062 BT-Drucksache 13/1550 S. 24; Ratzel/Brisach/Soine in Kriminalistik 2001, 530 (535); Kersten in Kriminalistik 1987, 325 (326).
3063 Busch in NJW 2002, 1754 (1757).
3064 Ahlf in Ahlf/Daub/Lersch/Störzer, BKAG, § 11 Rn. 37.
3065 Albers, Dissertation, S. 202.
3066 Zöller, Informationssysteme und Vorfeldmaßnahmen von Polizei, Staatsanwaltschaft und Nachrichtendiensten, S. 225; Albrecht in StV 2001, 416 (419).

tronischen Datenverarbeitung erhoben oder gespeichert, sind sie in der Folge nicht nur jederzeit und ohne Rücksicht auf Entfernungen in Sekundenschnelle abrufbar, sie können – vor allem beim Aufbau integrierter Informationssysteme – mit anderen Datensammlungen zusammengefügt werden, wodurch vielfältige Nutzungs- und Verknüpfungsmöglichkeiten bestehen[3067]. Ob und inwiefern nach dem Inkrafttreten des *BKAG 1997* und des *StVÄG 1999* die Speicherungsbefugnisse aus den §§ 7 ff BKAG sowie der §§ 483 ff StPO den seit dem Volkszählungsurteil aus dem Grundrecht auf informationelle Selbstbestimmung höchstrichterlich bestätigten Anforderungen entsprechen, wird nachfolgend unter Bezugnahme auf die in Zeiten von INPOL- neu durch das BKA geführten Dateien geprüft.

a. Strafverfolgungsdateien i.S.d. § 483 Abs. 1 und 3 StPO

Relativ unproblematisch mit den verfassungsrechtlichen Geboten der Normenbestimmtheit und -klarheit zu vereinbaren sind die Befugnisse aus §§ 483 Abs. 1 und 3 StPO, wonach Daten, die zur Aufklärung eines bestimmten Strafverfahrens erhoben werden, zu diesem Zweck gem. § 483 Abs. 1 StPO in rein repressiven oder gem. § 483 Abs. 3 StPO in polizeilichen Mischdateien gespeichert werden dürfen. Die Speicherung und Nutzung von personenbezogenen Daten durch Strafverfolgungsbehörden, Gerichte und Vollstreckungsbehörden für Zwecke des Strafverfahrens in Strafverfolgungsdateien aus § 483 Abs. 1 und 3 StPO ist in der Regel nicht mit einer Änderung gegenüber dem ursprünglichen Erhebungszweck verbunden.

aa. Strafverfolgungsdateien i.S.d. § 483 Abs. 1 StPO

Eine dem § 3 Abs. 5 Nr. 1 und 2, Abs. 6 BDSG entsprechende Befugnis des BKA zur Speicherung, Veränderung oder Nutzung von auf repressiver Grundlage für Zwecke eines bestimmten, aus den Verfahrensabschnitten Ermittlungsverfahren, vorbereitendes Verfahren, Zwischenverfahren und Hauptverfahren bestehenden Strafverfahrens findet sich in § 483 Abs. 1 StPO[3068]. Diese ermächtigt das BKA[3069] wie auch jede andere Polizei- oder

---

3067 BVerfGE 115, 320 (342); 65, 1 (42).
3068 BT-Drucksache 14/1484 S. 31.
3069 A.A. VG Wiesbaden in NVwZ-RR 2006, 693 (694).

sonstige Strafverfolgungsbehörde dazu zu jedem Strafvermittlungsverfahren eine eigene Datei anzulegen[3070].

bb. Mischdateien i.S.d. § 483 Abs. 3 StPO

Bei den in § 483 Abs. 3 StPO genannten Mischdateien handelt es sich um Dateien der Polizei, in der Strafverfolgungsdaten zusammen mit präventivpolizeilichen Daten gespeichert werden[3071]. Mit personenbezogenen Daten, die zur Aufklärung einer bestimmten Straftat erhoben wurden und anschließend in polizeilichen Mischdateien i.S.d. § 483 Abs. 3 StPO gespeichert werden, wird der Zweck verfolgt, zu dem die zu speichernden Daten erhoben wurden, nämlich die Aufklärung eines bestimmten Strafverfahrens.

Die gem. § 9 Abs. 1 BKAG i.V.m. § 6 BKADV vom BKA zur Fahndung und polizeilichen Beobachtung betriebenen Dateien sowie die gem. § 9 Abs. 3 BKAG i.V.m. § 8 BKADV betriebene Datei über Vermisste, unbekannte hilflose Personen und unbekannte Tote sind Mischdateien i.S.d. § 483 Abs. 3 StPO. Hierin werden – wie in der Praxis üblich[3072] – neben Daten über Personen zur Durchführung eines Strafverfahrens auch Daten zu präventiv- polizeilichen Zwecken gespeichert, wobei sich der Zweck, der der jeweiligen Speicherung zu Grunde gelegt wurde, nicht ändert. Befugnisse, die die Polizei ermächtigen, im Rahmen eines strafrechtlichen Ermittlungsverfahrens erhobene Daten von Beschuldigten oder Zeugen in Fahndungsdateien oder Dateien über Vermisste, unbekannte hilflose Personen und unbekannte Täter zu speichern, finden sich in den durch das *StVÄG 1999* überarbeiteten Befugnissen zur Verarbeitung von personenbezogenen Daten im Rahmen der Fahndung nach §§ 131 ff StPO und der durch das *OrgKG 1992* erlassenen Befugnis zur repressiven polizeilichen Beobachtung sowie die entsprechend § 8d VE ME PolG erlassenen präventiv- polizeilichen Befugnisse zur polizeilichen Beobachtung[3073].

Obwohl auf repressiver Grundlage erhobene Daten in polizeilichen Mischdateien auf repressiver Grundlage zum Zweck desjenigen Strafverfahrens gespeichert werden, zu dessen Aufklärung sie erhoben wurden, rich-

---

3070 Hilger in NStZ 2001, 15 (17).
3071 Soine in Kriminalistik 2001, 245 (250).
3072 Brodersen in NJW 2000, 2536 (2541).
3073 *Anlage 2.3 Ziffer 13* (besondere Mittel und Methoden der Datenerhebung und -nutzung (verdeckte Datenerhebung oder -nutzung) / polizeiliche Beobachtung).

tet sich deren Verarbeitung und Nutzung gem. § 483 Abs. 3 StPO nach dem für die speichernde Stelle maßgeblichen Recht[3074]. Hierdurch soll dem Umstand Rechnung getragen werden, dass der Bestand einer polizeilichen Datei häufig multifunktional, also repressiv und präventiv- polizeilich ausgerichtet ist, und sich das einzelne Datum häufig nicht eindeutig als Strafverfahrens- und Gefahrenabwehrinformation bezeichnen lässt[3075]. Der sowohl repressiv als auch präventiv tätigen Polizei soll ein erhöhter Verwaltungsaufwand erspart bleiben[3076]. Das für die speichernde Stelle maßgebliche Recht ist bezogen auf Daten, die in den durch das BKA geführten Mischdateien gespeichert werden, das *BKAG*. Hierin sind ebenso wie im *BPolG*, in den Polizeigesetzen der Länder sowie anderen präventiv ausgerichteten Gesetzen in der Regel den repressiven Verarbeitungsbefugnissen entsprechende, mehr oder weniger bereichsspezifisch und präzise Befugnisnormen zu finden. Da sich Speicherungsbefugnisse bereits aus den repressiv- oder präventiv- polizeilichen Fahndungsbefugnissen ergeben könnten, stellt sich die Frage, was mit dem Begriff des Verarbeitens i.S.d. § 483 Abs. 3 StPO gemeint sein könnte. Auf den Begriff der Nutzung i.S.d. § 483 Abs. 3 StPO wird im Zusammenhang mit dem Datenabgleich zurückgekommen. Zunächst ist zu prüfen, was für repressive oder präventiv- polizeiliche Fahndungsbefugnisse bestehen.

(1) Die Fahndungsdateien i.S.d. § 9 Abs. 1 Satz 1 und 2 BKAG

In Fahndungsdateien werden Daten von Personen gespeichert, die polizeiintern zur Fahndung ausgeschrieben sind. Eine Fahndungsausschreibung ist eine Fahndung, die sich nicht an die Öffentlichkeit richtet und in den Fahndungshilfsmitteln von Polizei- und sonstigen Strafverfolgungsbehörden vorgenommen werden kann[3077]. Hierzu gehört vor allem das polizeiliche Informationssystem[3078]. Dies ist nur in § 131a Abs. 5 StPO ausdrücklich geregelt, gilt aber für sämtliche polizeiinternen Fahndungsmethoden der §§ 131 ff StPO[3079]. Aufgrund des auf Bedienstete der Polizei oder sonstiger

---

[3074] NdsOVG in NdsVBl. 2008, 323 (323); Meyer-Goßner, StPO, § 483 Rn. 5; Hilger in NStZ 2001,15 (17).
[3075] BT-Drucksache 14/1484 S. 32.
[3076] Hilger in NStZ 2001, 15 (17).
[3077] Brodersen in NJW 2000, 2536 (2537).
[3078] BVerfGE 120, 378 (413); Pieroth/Schlink/Kniesel, POR, § 15 Rn. 24; Schenke, POR, Rn. 211.
[3079] Soine in Kriminalistik 2001, 173 (173); Brodersen in NJW 2000, 2536 (2537).

Strafverfolgungsbehörden begrenzten Personenkreises, der von der polizeiinteren Fahndungsausschreibung Kenntnis erhält, ist die polizeiinterne Fahndungsausschreibung Verhältnis zur Öffentlichkeitsfahndung ein weniger intensiver Grundrechtseingriff[3080].

Das BKA ist gem. § 2 Abs. 4 Nr. 2 BKAG i.V.m. § 9 Abs. 1 und 2 BKAG *als Zentralstelle zur Unterstützung der Polizeien des Bundes und der Länder bei der Verhütung und Verfolgung von Straftaten und der Gefahrenabwehr* zur Speicherung von personenbezogenen Daten in Fahndungsdateien befugt. Zu den klassischen Fahndungsdateien zählen die Dateien Personenfahndung und Sachfahndung[3081]. Diese Aufgabe fällt nicht unter die Einschränkung der INPOL- Relevanzschwelle des § 2 Abs. 1 bis 3 BKAG[3082]. Dateien der Personenfahndung enthalten Informationen über Personen, die von der Polizei gesucht werden[3083]. Fahndung ist gem. Ziffer 1.1 der PDV 384.1 die planmäßige Suche nach Personen oder Sachen im Rahmen der Strafverfolgung und zum Schutz der öffentlichen Sicherheit[3084]. Welche Daten konkret in Fahndungsdateien gespeichert werden dürfen, wird durch § 6 Abs. 1 bis 3 BKADV geregelt. Gem. § 9 Abs. 1 Satz 1 BKAG i.V.m. § 9 Abs. 2 Nr. 1 BKADV ist zwischen den Alternativen der Ausschreibung zur Fahndung (PDV 384.1) und der Ausschreibung zur Polizeilichen Beobachtung (PDV 384.2) zu unterscheiden. Weiterhin können Fahndungsausschreibungen gem. § 9 Abs. 2 Nr. 2 BKADV der Durchsetzung von ausländerrechtlichen aufenthaltsbeendenden oder einreiseverhindernden Maßnahmen dienen[3085]. Dem entsprechend bestimmt § 6 Abs. 2 Nr. 1 bis 4 BKADV, dass sich die zu speichernden Daten auf Personen beziehen dürfen, nach denen gefahndet wird

– zu repressiven Zwecken (Nr. 1),
– zum Zweck der Abwehr erheblicher Gefahren (Nr. 2),

3080 Frister in Lisken/Denninger, HbdPolR, 5. Auflage, F Rn. 205; Weichert in Däubler/Klebe/Wedde/Weichert, BDSG, § 3 Rn. 37; a.A. Gusy in ZJS 2012, 155 (163, 165).
3081 BVerfGE 120, 378 (410).
3082 Lersch in FS für Herold, S. 35 (42); Kapitel 5 A. II. 1. c. bb. (1) (S. 705).
3083 Zöller, Informationssysteme und Vorfeldmaßnahmen von Polizei, Staatsanwaltschaft und Nachrichtendiensten, S. 142.
3084 BVerfGE 120, 378 (412); Petri in Lisken/Denninger, HbdPolR, 5. Auflage, G Rn. 100; Ahlf in Ahlf/Daub/Lersch/Störzer, BKAG, § 2 Rn. 56.
3085 BT-Drucksache 17/7308 S. 11 (Ziffer 66); Schenke, POR, Rn. 211; Zöller, Informationssysteme und Vorfeldmaßnahmen von Polizei, Staatsanwaltschaft und Nachrichtendiensten, S. 142.

Kapitel 5: Die zweckändernde Verarbeitung von Daten in KpS

- zum Zweck der Durchführung von den Aufenthalt beendenden oder die Einreise verhindernden Maßnahmen (Nr. 3) oder
- die zur polizeilichen Beobachtung ausgeschrieben sind (Nr. 4).

Da § 9 Abs. 1 Satz 1 und 2 BKAG selbst keine materiellen Voraussetzungen für die Ausschreibung einer Person zur Fahndung enthält, müssten diese in anderen gesetzlichen Eingriffsbefugnisse geregelt sein[3086].

(a) Die Ausschreibung zur Fest- oder Ingewahrsamnahme

Während die polizeiinterne Ausschreibung zur Festnahme seit dem *StVÄG 1999* durch den hierdurch überarbeiteten § 131 Abs. 1 und 2 StPO legitimiert wird[3087], finden sich in den Polizeigesetzen eher weniger bereichsspezifisch und präzise geregelte Befugnisse zur polizeiinternen Fahndung[3088].

Die repressive Fahndungsausschreibung dient der Durchführung oder der Durchsetzung desjenigen Strafverfahrens, zu dessen Aufklärung die zu Fahndungszwecken gespeicherten Daten erhoben wurden und ist mit keiner Zweckänderung verbunden. Die vom BKA gem. § 9 Abs. 1 Satz 1 BKAG geführte Datei PERSONENFAHNDNUNG dient zum einen dem Nachweis von Personen, nach denen gem. § 131 Abs. 1 und 2 StPO zum Zweck der Strafverfolgung bzw. Strafvollstreckung mit dem Ziel ihrer Festnahme gefahndet wird[3089]. Gem. § 457 Abs. 3 StPO gilt § 131 Abs. 1 StPO für zu Freiheitsstrafen verurteilte Straftäter unter den Voraussetzungen des § 457 Abs. 2 StPO sinngemäß[3090]. Obwohl in der Errichtungsanordnung zur Datei PERSONENFAHNDNUNG sowie der PDV 384.1 Nr. 2.1.3.3.2 auf Fahndungsausschreibungen zum Zwecke der Gefahrenabwehr zur Ingewahrsamnahme im Zusammenhang mit den in dieser Datei speicherbaren Daten verwiesen wird[3091], enthalten die Polizeigesetze der Länder nur allgemein gehaltene Befugnisse zur polizeiinternen Übermittlung von personenbezogenen Daten zur Erfüllung polizeilicher Aufgaben. Zumindest in dem zur Grenzfahndung ermächtigenden § 30 Abs. 1, Abs. 2 Nr. 1, Abs. 3 und 4

3086 BT-Drucksache 13/1550 S. 26.
3087 Petri in Lisken/Denninger, HbdPolR, 5. Auflage, G Rn. 101; Albrecht in StV 2001, 416 (419); Brodersen in NJW 2000, 2536 (2537).
3088 BVerfGE 120, 378 (410); Petri in Lisken/Denninger, HbdPolR, 5. Auflage, G Rn. 100.
3089 EAO PERSONENFAHNDUNG (Stand: 13.2.2008) Ziffer 3.1.
3090 Soine in Kriminalistik 2001, 173 (178).
3091 EAO PERSONENFAHNDUNG (Stand: 13.2.2008) Ziffer 3.2.

A. Die Kriminalpolizeilichen personenbezogenen Sammlungen (KpS)

BPolG findet sich eine löbliche Ausnahme. Wurde gegen den Beschuldigten gem. § 116 Abs. 1 Satz 2 StPO eine Haftverschonung mit der Auflage ausgesprochen, den Geltungsbereich des Grundgesetzes nicht zu verlassen, veranlasst die Staatsanwaltschaft gem. Ziffer 41 Abs. 5 RiStBV dessen Ausschreibung zur Festnahme im geschützten Grenzfahndungsbestand.

Zur Fahndung sonstiger Behörden, auf die § 9 Abs. 1 Satz 2 BKAG in Bezug nimmt, zählen insbesondere Ausschreibungen zur Festnahme von ausreisepflichtigen Ausländern i.S.d. § 50 Abs. 1 AufenthG i.V.m. § 50 Abs. 6 Satz 1 AufenthG i.V.m. § 30 Abs. 3 BPolG. Weiterhin kommt die Ausschreibung zur Festnahme von ausgewiesenen, zurückgewiesenen, zurückgeschobenen oder abgeschobenen Ausländern für den Fall des Antreffens im Bundesgebiet gem. § 50 Abs. 6 Satz 2 AufenthG i.V.m. § 30 Abs. 3 BPolG in Betracht. Ungeachtet der in der Regel nicht den Geboten der Normenbestimmtheit und -klarheit entsprechenden polizeigesetzlichen Befugnisse zur Fahndungsausschreibung mit dem Ziel Ingewahrsamnahme des hiervon Betroffenen finden polizeiliche Ausschreibungen zur Fest- und Ingewahrsamnahme – zumindest gem. § 50 Abs. 6 Satz 1 und 2 AufenthG – statt, so dass die vom BKA geführten Fahndungsdateien jedenfalls Mischdateien i.S.d. § 483 Abs. 3 StPO sind. Derartige Fahndungsausschreibungen waren seit jeher Gegenstand des INPOL- Fahndungsbestandes und gelten neben den engeren ausländerrechtlichen Aspekten der Vorsorge für die künftige Straftatenverfolgung und der Gefahrenabwehr[3092].

(b) Die Ausschreibung zur Aufenthaltsermittlung

In der Datei PERSONENFAHNDUNG werden Daten von Personen gespeichert, die zu repressiven oder präventiv- polizeilichen Zwecken zur Aufenthaltsermittlung ausgeschrieben sind. Aus Gründen der Verhältnismäßigkeit ist vor der Ausschreibung zur Aufenthaltsermittlung stets das Melderegister zu befragen[3093]. Erst wenn dies keinen Erfolg verspricht, kommt die polizeiinterne Ausschreibung zur Aufenthaltsermittlung in Betracht. Die Ausschreibung eines Beschuldigten oder eines Zeugen für Zwecke eines Strafverfahrens wird seit dem *StVÄG 1999* durch § 131a Abs. 1 StPO bereichsspezifisch und präzise geregelt. Danach darf die repressive

---

3092 BT-Drucksache 13/1550 S. 26.
3093 Frister in Lisken/Denninger, HbdPolR, 5. Auflage, F Rn. 209.

Ausschreibung zur Aufenthaltsermittlung angeordnet werden, wenn der jeweilige Aufenthaltsort nicht bekannt ist. Gem. Ziffer 41 Abs. 4 RiStBV kommt die polizeiinterne Ausschreibung eines Beschuldigten zur Aufenthaltsermittlung in Betracht, wenn die Voraussetzungen eines Haftbefehls deshalb nicht vorliegen, weil die zu verbüßende Strafe zu gering ist. Die polizeiinterne Ausschreibung eines wichtigen Zeugen nach § 131a Abs. 1 StPO wird durch Ziffer 42 Abs. 2 RiStBV präzisiert[3094].

Obwohl die Errichtungsanordnung zur Datei PERSONENFAHNDUNG von der präventiv- polizeilichen Ausschreibung zur Aufenthaltsermittlung ausgeht[3095], enthalten die Polizeigesetze mit Ausnahme des § 30 Abs. 5 BPolG ebenso unpräzise geregelte Befugnisnormen, die zur Ausschreibung zur Aufenthaltsermittlung ermächtigen könnten, wie in Bezug auf die Ausschreibung zur Fest- bzw. Ingewahrsamnahme. Demgegenüber finden sich zumindest im Aufenthalts- sowie im Asylverfahrensgesetz dahingehende bereichsspezifische und präzise Befugnisnormen. Die Ausschreibung von ausreisepflichtigen Ausländern i.S.d. § 50 Abs. 1 AufenthG zur Aufenthaltsermittlung richtet sich nach § 50 Abs. 7 Satz 1 AufenthG. Unerlaubt eingereiste Ausländer i.S.d. § 15a AufenthG, deren Aufenthaltsort unbekannt ist, können ebenso wie Asylsuchende unter den Voraussetzungen des § 66 Abs. 1 AsylVfG in den in § 66 Abs. 2 AsylVfG bezeichneten Fahndungshilfsmitteln der Polizei ausgeschrieben werden. Auch insoweit handelt es sich bei den genannten, auch repressiven Zwecken dienenden Fahndungsdateien des BKA um Mischdateien i.S.d. § 483 Abs. 3 StPO.

(c) Die Ausschreibung zur Fahndung aus sonstigen Gründen

Darüber hinaus sind in der Datei PERSONENFAHNDUNG auch aus sonstigen Gründen zur Fahndung ausgeschriebene Daten enthalten[3096]. Gem. § 131a Abs. 2 StPO darf ein Beschuldigter unter der Voraussetzung des unbekannten Aufenthaltsortes aus § 131a Abs. 1 StPO zur Fahndung ausgeschrieben werden, wenn

– dessen Führerschein nach §§ 94 Abs. 3, 111b Abs. 1 Satz 2, 463b StPO sichergestellt werden soll,

---

3094 Albrecht in StV 2001, 416 (419).
3095 EAO PERSONENFAHNDUNG (Stand: 13.2.2008) Ziffer 3.2.
3096 EAO PERSONENFAHNDUNG (Stand: 13.2.2008) Ziffer 3.1 und 3.2.

- bei ihm eine erkennungsdienstliche Behandlung nach § 81b 1. oder 2. Halbsatz StPO durchgeführt werden soll,
- ihm DNA- fähiges Material zur Durchführung einer DNA-Analyse nach § 81g StPO entnommen werden soll, oder
- dessen Identität nach § 163b StPO festgestellt werden soll.

Die polizeiinternen Fahndungsausschreibung aus § 131a Abs. 2 StPO dient wie die übrigen repressiven Fahndungsbefugnisse der Durchführung bzw. Durchsetzung des Strafverfahrens, zu dessen Aufklärung die durch Speicherung zu verarbeitenden Daten erhoben wurden und ist daher mit keiner Zweckänderung verbunden. Auf diese Form der Fahndungsausschreibung wird in § 6 Abs. 2 Nr. 1 c) bis g) BKADV Bezug genommen. Für die in § 6 Abs. 2 Nr. 2 c) bis e) BKADV und Ziffer 3.2 der EAO PERSONENFAHNDUNG (Stand: 13.2.2008) genannten präventiv- polizeilichen Fahndungszwecke der Abwehr erheblicher Gefahren, namentlich

- die Kontrolle, soweit dies nach Polizeirecht zulässig ist (Nr. 2 c)),
- die Durchführung erkennungsdienstlicher Maßnahmen (Nr. 2 d)) und
- die Durchführung von DNA- Probeentnahmen (Nr. 2 e))

bestehen ebenfalls keine polizeigesetzlichen Fahndungsbefugnisse. Die Variante des § 6 Abs. 2 Nr. 2 e) BKADV scheidet von vornherein als mögliche Fahndungsform aus. Die Polizeigesetze ermächtigen lediglich zur DNA-Analyse von Spurenmaterial, das von Vermissten zurückgelassen wurde, um bei einem späteren Auffinden des Vermissten Vergleichsmaterial für dessen Identifizierung zur Verfügung zu haben[3097]. Darüber hinaus kommt auf polizeigesetzlicher Grundlage allenfalls eine Erhebung von DNA- Identitätsfeststellungsmustern von aufgefundenen hilflosen Personen in Betracht, deren körperliche Anwesenheit einer Ausschreibung zur Fahndungsausschreibung gerade entgegensteht. Eine Fahndungsausschreibung zur Durchführung von DNA- Probeentnahmen i.S.d. § 6 Abs. 2 Nr. 2e) BKADV ist daher neben der Fahndungsausschreibung eines Vermissten nicht erforderlich. Die in § 19 Abs. 3 HSOG vorgesehene Entnahme und Analyse DNA- fähigen Materials von Strafunmündigen wird indes in der Literatur als nicht erforderlicher, da zu schwerwiegender Eingriff in das Grundrecht auf informationelle Selbstbestimmung angesehen[3098].

Die Befugnis zur Ausschreibung zur Kontrolle i.S.d. § 6 Abs. 2 Nr. 2 c) BKADV ergibt sich aus § 30 Abs. 1, Abs. 2 Nr. 2 und 3, Abs. 4 BPolG. Die-

---

3097 *Anlage 2.2.2 Ziffer 7* (Informationelle Standardmaßnahmen / DNA-Analyse).
3098 Kapitel 5 A. II. 1. b. aa. (3) (S. 704).

ser ermächtigt zur Ausschreibung zur Grenzfahndung. Dem § 6 Abs. 2 Nr. 3 d) BKADV entsprechend darf ein zurückgewiesener, zurückgeschobener oder abgeschobener Ausländer gem. § 50 Abs. 7 Satz 2 AufenthG zum Zweck der Einreiseverweigerung zur Zurückweisung ausgeschrieben werden. Auch insoweit handelt es sich bei den genannten Fahndungsdateien um Mischdateien i.S.d. § 483 Abs. 3 StPO.

(d) Die Ausschreibung zur polizeilichen Beobachtung

Schließlich enthält die Datei PERSONENFAHNDUNG Daten von Personen, die zur Polizeilichen Beobachtung ausgeschrieben sind[3099]. § 163e StPO ermächtigt die Polizei ebenso wie die entsprechenden präventiv- polizeilichen Befugnisse zur Ausschreibung einer Person zur Polizeilichen Beobachtung als einer besonderen Form der Aufenthaltsermittlung[3100]. Bei der Speicherung von Daten zur polizeilichen Beobachtung handelt es sich um eine Kombination aus der Personen- und Sachfahndung[3101]. Die Speicherung der durch die Länder zur Ausschreibung zur Polizeilichen Beobachtung übermittelten Daten oder entsprechenden durch das BKA selbst veranlassten Ausschreibungen wird durch § 9 Abs. 1 Satz 1 2. Alt. BKAG i.V.m. § 9 Abs. 2 Nr. 1 BKADV i.V.m. § 6 Abs. 1 BKADV legitimiert.

(e) Die Datei SACHFAHNDUNG

Eine weitere Fahndungsdatei ist die in § 6 Abs. 3 BKADV in konkretisierte Datei SACHFANDUNG. Diese enthält gem. § 6 Abs. 3 Nr. 1 bis 4 BKADV die in § 8 Abs. 1 Nr. 2 bis 4 BKAG i.V.m. § 1 BKADV genannten Personendaten sowie Informationen über Gegenstände, die insbesondere zum Zweck
– der Beweissicherung,
– der Einziehung oder des Verfalls,
– der Eigentumssicherung,
– der polizeilichen Beobachtung,

3099 Petri in Lisken/Denninger, HbdPolR, 5. Auflage, G Rn. 104.
3100 *Anlage 2.3 Ziffer 13* (besondere Mittel und Methoden der Datenerhebung und -nutzung / verdeckte Datenerhebung oder -nutzung).
3101 Pieroth/Schlink/Kniesel, POR, § 15 Rn. 36.

A. Die Kriminalpolizeilichen personenbezogenen Sammlungen (KpS)

- der Kontrolle oder
- der Entstempelung von Kraftfahrzeugkennzeichen

benötigt werden[3102]. Eine Ausschreibung von Kfz- Kennzeichen zur Entstempelung gem. § 25 Abs. 3, 14 Abs. 1 FZV bei Verstoß gegen die Strafvorschrift des § 6 Pflichtversicherungsgesetz oder des § 14 Kraftfahrzeugsteuergesetz 2002 erfolgt entgegen Ziffer 2.2 EAO SACHFAHNDUNG nicht mehr wie im *Merkblatt über die Fahndung nach Kraftfahrzeugen und Anhängern, die nicht oder nicht ausreichend haftpflichtversichert sind* vom 10.2.1981[3103] vorgesehen in INPOL sondern gem. § 32 Abs. 1 Nr. 2 und 3 StVG im ZFZR als einer Datei des ZEVIS[3104]. Voraussetzung für die Sachfahndung in einer automatisierten Datei ist, dass die gesuchte Sache über eine numerische Kennung verfügt[3105]. Sie kann präventiv- polizeilichen oder repressiven Zwecken dienen und verfolgt den Zweck, zu dem die Daten mit Bezug auf die Sache erhoben worden sind. Ein Personenbezug kommt durch die Aufnahme von Daten von Eigentümern, Besitzern und Geschädigten im Zusammenhang mit den zur Fahndung ausgeschriebenen Sachen zustande[3106].

(2) Die Datei über Vermisste, unbekannte hilflose Personen, unbekannte Tote i.S.d. § 9 Abs. 3 BKAG

Durch § 9 Abs. 3 BKAG wird das BKA zur zentralen Erfassung von Daten über Vermisste, unbekannte hilflose Personen sowie unbekannte Tote zum Zwecke von deren Identifizierung ermächtigt[3107]. Die aufgrund repressiver oder präventiv- polizeilicher Ermächtigung vorgenommene Ausschreibung von Vermissten zur Fahndung dient demgegenüber deren Auffinden. Die in der Vermisstendatei enthaltenen Daten i.S.d. § 10 Abs. 2 Nr. 2 BKADV i.V.m. § 8 BKADV sollen zur Identifizierung einer vermissten Person beitragen. Daher dürfen gem. § 9 Abs. 3 BKAG weitere über die sonst zur re-

---

3102 BVerfGE 120, 378 (414); Pieroth/Schlink/Kniesel, POR, § 15 Rn. 25; Schenke, POR, Rn. 211; EAO SACHFAHNDUNG (Stand: 30.4.2008) Ziffer 2.2.
3103 VkBl. 1981 S. 78 bis 79.
3104 Kapitel 1 D. I. (S. 119).
3105 Petri in Lisken/Denninger, HbdPolR, 5. Auflage, G Rn. 105; Kersten in Kriminalistik 1987, 325 (330); EAO SACHFAHNDUNG (Stand: 30.4.2008) Ziffer 5.1.
3106 EAO SACHFAHNDUNG (Stand: 30.4.2008) Ziffer 3; Gusy in ZJS 2012, 155 (156).
3107 BT-Drucksache 13/1550 S. 27.

pressiven oder präventiven Fahndung erforderlichen Daten hinausgehende Daten gespeichert werden.

Gilt eine Person im Zusammenhang mit dem Verdacht einer Straftat als vermisst, können molekulargenetische Untersuchungen zur Feststellung von DNA- Identifizierungsmustern einerseits gem. § 81e Abs. 2 Satz 1 StPO zur Aufklärung einer dem Vermisstenfall zu Grunde liegenden Straftat an gem. §§ 94 ff StPO sichergestellten, beschlagnahmten oder sonst aufgefundenen DNA- Material durchgeführt werden[3108]. Da DNA- Identifizierungsdaten von vermissten Personen im Gegensatz zu sonstigen Spurenmaterial einen Bezug zu einer namentlich bekannten Person aufweisen, kann nicht ausgeschlossen werden, dass die vermisste Person noch lebt. Daher besteht der Schutzanspruch des Grundrechts auf informationelle Selbstbestimmung bis zum Beweis des Gegenteils fort. Für die Untersuchung von DNA- fähigem Material, das von einer vermissten Person stammt, bedarf es daher der mit § 81e Abs. 2 Satz 1 StPO gegebenen gesetzlichen Legitimation. Das festgestellte und gem. § 9 Abs. 3 BKAG gespeicherte DNA- Identifizierungsmuster dient dann als Vergleichsmaterial, um im Rahmen der strafprozessualen Ermittlungen mittels Datenabgleich festzustellen, ob bei einem Verdächtigen aufgefundenes Spurenmaterial von der vermissten Person als dem Opfer einer Straftat i.S.d. § 81e Abs. 1 Satz 2 und 1 StPO stammt oder nicht.

DNA- Identitätsfeststellungsmuster von Vermissten können darüber hinaus nach den Polizeigesetzen von *Berlin, Mecklenburg- Vorpommern, Niedersachsen, Nordrhein- Westfalen, Rheinland- Pfalz,* dem *Saarland* und *Schleswig- Holstein* auch auf präventiv- polizeilicher Grundlage erhoben werden. Dies soll die spätere Identifizierung von in der Zukunft möglicherweise als unbekannte hilflose Personen oder unbekannte Tote aufgefundenen Vermissten auch dann ermöglichen, falls dem Vermisstenfall ersichtlich keine Straftat zu Grunde liegt. Besteht bei einem Vermisstenfall kein Verdacht einer Straftat, scheidet die Anwendbarkeit von repressiven Befugnisnormen zur Analyse DNA- fähigen Materials ebenso wie die Fahndungsausschreibung der vermissten Person als Zeuge auf Grundlage des § 131a Abs. 1 StPO aus. Die Analyse des aufgefundenen DNA- fähigen Materials von Vermissten auf polizeigesetzlicher Grundlage dient der Gewährleistung, dass bei deren etwaigen Auffinden bei Bedarf Vergleichsmaterial vorhanden ist, um dieses mit entsprechendem Vergleichsmaterial von unbekannten Toten oder unbekannten hilflosen Personen abzugleichen. Anders als bei der

---

3108 BT-Drucksache 17/7307 S. 10 (Ziffer 56).

A. Die Kriminalpolizeilichen personenbezogenen Sammlungen (KpS)

Identifizierung unbekannter Toter durch DNA- Identifizierungsmuster können durch die Identifizierung lebender unbekannter hilfloser Personen Gefahren abgewehrt werden, die der hilflosen Person selbst oder anderen Personen durch die hilflose Person drohen. Präventiv- polizeiliche Befugnisse zur molekulargenetischen Untersuchungen an DNA- fähigem Material von hilflosen Personen sind aufgrund bestehender Gesetzgebungskompetenz der Polizeigesetzgeber möglich, jedoch nur erforderlich, wenn die präventivpolizeiliche Standardmaßnahme der Identitätsfeststellung nicht oder nur unter erheblichen Schwierigkeiten erfolgsversprechend ist.

Polizeiliche Befugnisnormen zur Feststellung von DNA- Identifizierungsmustern von unbekannten Toten finden sich in § 159 Abs. 1 2. Alt. StPO i.V.m. § 88 Abs. 1 Satz 3 StPO i.V.m. § 81f Abs. 2 StPO. Zwar erlischt der Schutzanspruch des Grundrechts auf informationelle Selbstbestimmung mit dem Tod, da ein Verstorbener dessen Recht, selbst über die Preisgabe seiner Daten zu bestimmen, nicht mehr ausüben kann. Jedoch kommt auch den Nachkommen eines Verstorbenen zumindest im Zusammenhang mit der Analyse von DNA- fähigem Material ein solcher Schutzanspruch zu[3109]. DNA- Identifizierungsmuster unbekannter Toter können gem. § 159 Abs. 1 2. Alt. StPO i.V.m. § 88 Abs. 1 Satz 3 StPO i.V.m. § 81f Abs. 2 StPO zur Identifizierung oder zur Feststellung des Geschlechts von unbekannten Toten durch Entnahme von Körperzellen und deren molekulargenetische Untersuchung nach § 88 Abs. 1 Satz 3 StPO analysiert werden[3110]. Eine Identifizierung unbekannter Toter auf Grundlage polizeigesetzlicher Befugnisnormen scheidet mangels bestehender Gesetzgebungskompetenz der Polizeigesetzgeber und daraus folgender Unwirksamkeit dennoch bestehender dahingehender polizeigesetzlicher Bestimmungen aus[3111]. Dies gilt auch für unbekannte Tote, die infolge von Unglücksfällen bis zur Unkenntlichkeit verbrannt sind, oder für stark verweste Wasserleichen[3112].

3109 Roos/Lenz, POG, § 11a Rn. 1.
3110 Krause in Löwe-Rosenberg, StPO, § 88 Rn. 2; Plöd in KMR, StPO, § 159 Rn. 8; Wohlers in SK-StPO, § 159 Rn. 10.
3111 Kapitel 2 A. IV. 7. (S. 338).
3112 A.A. Roos/Lenz, POG RP, § 11a Rn. 3.

cc. Zwischenergebnis

Im Ergebnis sind sowohl in der *StPO* als auch im *AufenthG*, im *AsylVfG* und im *BPolG* bereichsspezifische und präzise geregelte Befugnisse zur polizeiinternen, auf INPOL basierenden Speicherung von Daten zur Fahndung enthalten, so dass Fahndungsdateien Mischdateien i.S.d. § 483 Abs. 3 StPO sind. Auf die Polizeigesetze der Länder trifft diese Feststellung bislang ausschließlich für die Fahndungsmethode der Ausschreibung zur polizeilichen Beobachtung zu. An polizeiinternen, rein präventiv- polizeilichen Befugnissen zur Personenfahndung fehlt es ebenso wie in der Regel an entsprechenden Befugnissen für die eingriffsintensivere Öffentlichkeitsfahndung[3113]. Repressive und präventiv- polizeiliche Befugnisse zur Sachfahndung fehlen ebenso. Da in der Sachfahndungsdatei Bezüge zwischen Personen und Sachen hergestellt werden, stellt auch die Ausschreibung zur Sachfahndung einen Eingriff in das Grundrecht auf informationelle Selbstbestimmung dar, der einer gesetzlichen Grundlage bedarf.

Jedenfalls ergeben sich Befugnisse zur Speicherung von Fahndungsdaten aus repressiv oder präventiv ausgerichteten Ermächtigungsgrundlagen, so dass dem Begriff des Verarbeitens von personenbezogenen Daten i.S.d. § 483 Abs. 3 StPO nur die Funktion eines Verweises auf die polizeigesetzlichen Bestimmungen über die nicht eingriffsrelevanten Formen des Verarbeitens von Daten durch Löschen, Sperren, Berichtigen und Übermitteln zukommen kann. Sofern das BKA selbst erhobene Fahndungsdaten in die Fahndungsdateien von INPOL- Bund eingibt, finden sich entsprechende Bestimmungen in den §§ 27 ff BKAG. Auf die in § 9 Abs. 2 BKAG geregelte Haftdatei wird im Anschluss an die Ausführungen zum Kriminalaktennachweis eingegangen[3114].

b. Die Dateien des Erkennungsdienstes i.S.d. § 8 Abs. 6 Satz 1 BKAG

Gem. § 2 Abs. 4 Nr. 1 BKAG ist es Teil der Aufgabe des BKA als Zentralstelle zur Unterstützung der Polizeien des Bundes und der Länder bei der Verhütung und Verfolgung von Straftaten und der Gefahrenabwehr *zentrale*

[3113] *Anlage 2.3 Ziffer 12* (besondere Mittel und Methoden der Datenerhebung und -nutzung / Ausschreibung zur Fahndung).
[3114] Kapitel 5 A. II. 1. d. (S. 719).

A. Die Kriminalpolizeilichen personenbezogenen Sammlungen (KpS)

erkennungsdienstliche Dateien und Sammlungen zu unterhalten[3115]. Diese Aufgabe steht nicht unter der Einschränkung der INPOL- Relevanzschwelle des § 2 Abs. 1 bis 3 BKAG[3116].

Die vom BKA gem. § 8 Abs. 6 Satz 1 BKAG unterhaltenen Dateien des Erkennungsdienstes beinhalten gem. § 5 Abs. 5 Satz 1 BKADV durch die Polizeien des Bundes und der Länder ermittelte DNA- Identifizierungsmuster sowie gem. § 5 Abs. 1 Satz 1 Nr. 1 bis 9 BKADV personenbezogene Daten wie Fingerabdrücke, Lichtbilder, Personenbeschreibungen und weitere Informationen über erkennungsdienstliche Behandlungen[3117]. Zu differenzieren ist zwischen den Speicherungsbefugnissen des BKA aus § 8 Abs. 6 Satz 1 2. Alt. Nr. 1 BKAG, aus § 8 Abs. 6 Satz 1 1. Alt. BKAG sowie aus § 8 Abs. 6 Satz 1 2. Alt. Nr. 2 BKAG. Danach können in den Dateien des Erkennungsdienstes neben Daten, die auf strafprozessualer Grundlage erhoben wurden, auch Daten gespeichert werden, die auf präventiv- polizeilicher oder sonstigen präventiv ausgerichteten Grundlagen anderer Behörden erhoben wurden, so dass § 484 Abs. 4 StPO und § 483 Abs. 3 StPO parallel nebeneinander anwendbar wären. Daher ergibt sich die Frage, warum für die Speicherung von zur Vorsorge für die Verfolgung von Straftaten erhobenen Daten mit § 484 Abs. 1, 2 und 4 StPO eine eigens geregelte Befugnis bestehen sollte. Aus der Zusammenschau von § 483 Abs. 3 StPO und § 484 Abs. 4 StPO ergibt sich die gesetzgeberische Grundentscheidung, für Mischdateien das Regime des Polizeirechts anzuwenden[3118]. Die ehemals umstrittene Frage, ob repressive Befugnisse zur Vorsorge für die Verfolgung von Straftaten unter die konkurrierende Gesetzgebungskompetenz des Bundes für das Strafverfahrensrecht aus Art. 74 Abs. 1 Nr. 1 GG fällt, wurde durch die Entscheidung des BVerfG zu § 33a Abs. 1 Nr. 2 und 3 NdsSOG bejaht[3119]. Umstritten ist seither lediglich, ob die Staatsanwaltschaft hinsichtlich der Vorsorge für die Verfolgung von Straftaten gegenüber der Po-

---

3115 BfDI, 21. Tätigkeitsbericht 2005-2006, S. 67; Busch in NJW 2002, 1754 (1755).
3116 Lersch in FS für Herold, S. 35 (42); Kapitel 5 A. II. 1. c. bb. (1) (S. 705).
3117 BT-Drucksache 17/7307 S. 10 (Ziffer 57); Petri in Lisken/Denninger, HbdPolR, 5. Auflage, G Rn. 94; Pieroth/Schlink/Kniesel, POR, Rn. 28; Schenke, POR, Rn. 211.
3118 Soine in Kriminalistik 2001, 245 (250).
3119 Kapitel 3 C. (S. 436); BVerfGE 113, 348 (368, 375); Baumanns in Die Polizei 2008, 79 (81).

lizei weisungsbefugt ist[3120] oder nicht[3121] und ob gegen Maßnahmen, die zur Vorsorge für die Verfolgung von Straftaten getroffen werden, der Verwaltungsrechtsweg eröffnet ist[3122] oder nicht[3123]. Mag dies hinsichtlich der Erhebung der Daten strittig sein, so herrscht zumindest aufgrund der Verweisung des § 484 Abs. 4 StPO auf das Polizeirecht Einigkeit darüber, dass der gegen die andauernde Speicherung zu beschreitende Rechtsweg vor die Verwaltungsgerichte führt, falls auf strafprozessualer Grundlage erhobene personenbezogene Daten in Dateien der Polizei gespeichert werden[3124].

aa. Die DNA- Analyse- Datei

Das BKA ist gem. § 81g Abs. 5 Satz 1 StPO i.V.m. § 8 Abs. 6 Satz 1 2. Alt. Nr. 1 und 2 BKAG als einzige der innerdeutschen Polizeien berechtigt, eine DNA- Analyse- Datei zum Zweck der Vorsorge für die Verfolgung von Straftaten zu führen[3125]. In der DNA- Analyse- Datei darf das BKA gem. § 81g Abs. 5 Satz 1 StPO DNA- Identitätsfeststellungsmuster, die zuvor gem. § 81g Abs. 1 bis 4 StPO durch das BKA, die BPol oder die Polizeien der Länder festgestellt wurden, für Zwecke künftiger Strafverfahren nach Maßgabe des *BKAG*, insbesondere der §§ 31 ff BKAG, speichern[3126]. Dabei sind die gegenüber § 484 Abs. 2, Abs. 4 StPO i.V.m. §§ 10, 14 BKAG spezielleren Verwendungsbeschränkungen des § 81g Abs. 5 Satz 3 StPO zu be-

---

3120 Meyer-Goßner, StPO, § 81b Rn. 13; Baumanns in Die Polizei 2008, 79 (84); Schild in DUD 2002, 679 (680).
3121 BVerwG in NJW 2006, 1225 (1226); Senge in KK, StPO, § 81b Rn. 5; Beukelmann in Radtke/Hohmann, StPO, § 81b Rn. 6; Rogall in SK-StPO, § 81b Rn. 65; Schenke in JZ 2006, 707 (709); Eisenberg/Puschke in JZ 2006, 729 (731); Soine in Kriminalistik 1997, 252 (256).
3122 BVerwG in NJW 2006, 1225 (1225); Schild in DuD 2002, 679 (681).
3123 BGHSt 28, 206 (209); Rogall in SK-StPO, § 81b Rn. 69; Baumanns in Die Polizei 2008, 79 (86); Eisenberg/Puschke in JZ 2006, 729 (732); Schenke in JZ 2006, 707 (709).
3124 Beukelmann in Radtke/Hohmann, StPO, § 81b Rn. 6; Meyer-Goßner, StPO, § 81b Rn. 23; Rogall in SK-StPO, § 81b Rn. 70; Baumanns in Die Polizei 2008, 79 (87/88); Busch in NJW 2002, 1754 (1755).
3125 Ratzel/Brisach/Soine in Kriminalistik 2001, 530 (535); Busch in NJW 2002, 1754 (1755).
3126 BT-Drucksache 17/7307 S. 10 (Ziffer 56); Ritzert in Graf, StPO, § 81g Rn. 18; Eisenberg/Puschke in JZ 2006, 729 (731).

achten³¹²⁷. Hiernach dürfen die Daten nur für Zwecke eines Strafverfahrens, der Gefahrenabwehr oder gem. §§ 59 ff i.V.m. § 74 IRG übermittelt werden. Insoweit ist die Öffnungsklausel des § 81g Abs. 5 Satz 1 und 2 StPO lex specialis gegenüber § 484 Abs. 2 Satz 1 und 2; Abs. 4 StPO³¹²⁸. Die Entnahme von Körperzellen nach § 81g Abs. 1 StPO und deren Untersuchung nach § 81g Abs. 2 StPO ist jedenfalls dann unverhältnismäßig, wenn bereits eine molekulargenetische Untersuchung nach § 81e Abs. 1 StPO vorgenommen worden ist. Dann kommt die weniger eingriffsintensive zweckändernde Speicherung nach § 81g Abs. 5 Satz 2 Nr. 1 StPO in Betracht³¹²⁹. Zu den in der DNA- Analyse- Datei gespeicherten Daten zählen nicht nur gem. §§ 81g, 81e Abs. 1 StPO gewonnene DNA- Identitätsfeststellungsmuster, sondern auch Spurenmaterial, aus dem das DNA- Identitätsfeststellungsmaterial von unbekannten Spurenlegern gewonnen wird³¹³⁰.

(1) Die Prognose der zukünftigen Begehung von Straftaten

Die sich aus § 81g Abs. 5 Satz 1 StPO i.V.m. §§ 8 Abs. 6 Satz 1 2. Alt. Nr. 1; Satz 2 i.V.m. Abs. 3 BKAG ergebende Voraussetzung der über den Betroffenen anzustellenden Negativprognose stimmt mit derjenigen des § 81g Abs. 1 Satz 1 und 2 StPO ebenso überein wie mit derjenigen aus § 484 Abs. 2 Satz 1 und 2 StPO³¹³¹. Für die Prognose der künftigen Begehung von Straftaten bedarf es der Darlegung von auf den Einzelfall bezogenen Gründen³¹³². Nicht ausreichend ist die bloße Annahme, dass weitere gegen den Beschuldigten zu führende Strafverfahren nicht ausgeschlossen werden können³¹³³. Vielmehr muss sich feststellen lassen, welche Anhaltspunkte tat-

---

3127 Ritzert in Graf, StPO, § 81g Rn. 20; Meyer-Goßner, StPO, § 81g Rn. 12a; Bergemann/Hornung in StV 2007, 164 (165).
3128 Ritzert in Graf, StPO, § 81g Rn. 18.
3129 OLG Bremen in NStZ 2006, 653 (653); Beukelmann in Radtke/Hohmann, StPO, § 81b Rn. 4; Meyer-Goßner, StPO, § 81g Rn. 9.
3130 EAO DNA-ANALYSE-DATEI Ziffer 2.2 (Stand: 13.2.2007); Petri in Lisken/Denninger, HbdPolR, 5. Auflage, G Rn. 97; Störzer in Kriminalistik 2006, 184 (184).
3131 Meyer-Goßner, StPO, § 81g Rn. 12.
3132 BVerfGE 103, 21 (36/37); Ritzert in Graf, StPO, § 81g Rn. 6.
3133 BT-Drucksachen 13/9718 S. 30; 14/1484 S. 32; BVerfGE 103, 21 (37).

Kapitel 5: Die zweckändernde Verarbeitung von Daten in KpS

sächlich vorliegen[3134]. Konkrete Umstände des Einzelfalls müssen die Prognose begründen, dass die Daten in zukünftigen Strafverfahren Verwendung finden könnten[3135]. Der Grundsatz der Verhältnismäßigkeit ist gewahrt, wenn der festgestellte Sachverhalt nach kriminalistischer Erfahrung angesichts aller Umstände des Einzelfalls – insbesondere der Art, Schwere und Begehungsweise der dem Betroffenen im strafrechtlichen Ausgangsverfahren zur Last gelegten Straftaten, seiner Persönlichkeit unter Berücksichtigung des Zeitraumes, während dessen dieser strafrechtlich nicht mehr in Erscheinung getreten ist – Anhaltspunkte für die Annahme bietet, dass der Betroffene erneut straffällig werden könnte, und die zu erhebenden bzw. zu speichernden Daten des Beschuldigten zukünftige Ermittlungen fördern könnten[3136]. In der Regel trifft dies auf gewerbs- und gewohnheitsmäßig handelnde Beschuldigte oder Wiederholungstäter zu[3137]. Die Wiederholungsgefahr kann aber auch bei einem erstmalig in Erscheinung getretenen Beschuldigten prognostiziert werden[3138], insbesondere bei Sexualdelikten, bestimmten extremistischen Gesinnungen oder generell dessen Einstellung zu Mitmenschen[3139]. Bei der Art oder Ausführung der Tat spielen die Tatschwere, die kriminelle Energie und das Nachtatverhalten eine Rolle, bei der Persönlichkeit des Betroffenen sind seine kriminelle Karriere, seine Vorstrafen, sein soziales Umfeld und seine psychischen Erkrankungen zu berücksichtigen, und bei den sonstigen Erkenntnissen sind kriminalistische oder kriminologisch anerkannte Erfahrungsgrundsätze heranzuziehen[3140].

§ 8 Abs. 6 Satz 2 i.V.m. Abs. 3 BKAG konkretisiert den Grundsatz der Verhältnismäßigkeit entsprechend dem § 484 Abs. 2 Satz 2; Abs. 4 StPO mit

---

3134 BT-Drucksachen 13/9718 S. 30; 14/1484 S. 32; BVerfGE 103, 21 (37/38); Hilger in NStZ 2001, 15 (18).
3135 HessVGH in NVwZ-RR 1994, 652 (655); Böse in ZStW 119 (2007), 848 (881).
3136 BT-Drucksachen 13/1550 S. 25; 13/9718 S. 30; 14/1484 S. 32; BVerfGE 103, 21 (37/38); BVerwG in NJW 2006, 1225 (1226); BVerwGE 66, 202 (205/206); VGH BW in NJW 2008, 3082 (3081/3083); HessVGH in NJW 2005, 2727 (2730/2731); VG Gießen in NVwZ 2002, 1531 (1533); OVG NRW 1999, 522 (523); Ahlf in Ahlf/Daub/Lersch/Störzer, BKAG, § 8 Rn. 4.
3137 Ahlf in Ahlf/Daub/Lersch/Störzer, BKAG, § 8 Rn. 5; Zöller, Informationssysteme und Vorfeldmaßnahmen von Polizei, Staatsanwaltschaft und Nachrichtendiensten, S. 161.
3138 VG Braunschweig in NVwZ-RR 2008, 30 (31); Ritzert in Graf, StPO, § 81b Rn. 5.
3139 BVerfGE 103, 21 (36); Baumanns in Die Polizei 2008, 79 (85).
3140 BVerfGE 103, 21 (36), BVerfG in StV 2009, 1 (2); BVerfG in NStZ-RR 2007, 378 (378); Ritzert in Graf, StPO, § 81g Rn. 6.1; Meyer-Goßner, StPO, § 81g Rn. 8; Rogall in SK-StPO, § 81g Rn. 39 bis 41.

Blick auf die Geeignetheit der Maßnahme dahingehend, dass die weitere Speicherung von personenbezogenen Daten unzulässig wird, wenn
- der Beschuldigte rechtskräftig freigesprochen wird,
- die Eröffnung der Hauptverhandlung gegen ihn unanfechtbar abgelehnt wird oder
- das Verfahren nicht nur vorläufig eingestellt wird, und
- sich aus den Gründen der Entscheidung ergibt, dass der Beschuldigte die Tat nicht oder nicht rechtswidrig begangen hat[3141].

Liegt eine der in §§ 81g Abs. 1, 484 Abs. 2 Satz 2 StPO sowie in § 8 Abs. 6 Satz 2 i.V.m. Abs. 3 StPO genannten Aussonderungsvoraussetzungen vor, entfällt die über den Betroffenen angestellte Negativprognose, und eine Erhebung wie auch die weitere Speicherung der Daten ist zur Erreichung des hiermit verfolgten Zwecks ungeeignet[3142]. Aus dem ursprünglich gehegten, zunächst nicht widerlegten Anfangsverdacht gegen den Beschuldigten kann dann nicht mehr geschlussfolgert werden, dass gegen den ehemals Beschuldigten künftig erneut Strafverfahren zu führen sein werden[3143]. Entscheidend ist, ob sich aus den Entscheidungsgründen ergibt, dass der Betroffene die Tat nicht oder nicht rechtswidrig begangen hat, so dass das Verfahren nicht nur vorübergehend gem. § 170 Abs. 2 StPO eingestellt wurde[3144].

Um die Durchsetzung derartiger, sich nachträglich ergebenden Löschungspflichten zu gewährleisten, begründet § 482 Abs. 2 Satz 1 StPO die grundsätzliche Pflicht der Staatsanwaltschaft, die Polizeibehörde, die mit der Angelegenheit befasst war, über den Ausgang des Verfahrens durch Mitteilung der Entscheidungsformel, der entscheidenden Stelle sowie des Datums der Entscheidung zu unterrichten[3145]. Die Aufrechterhaltung der Speicherung trotz Verfahrenseinstellung bedarf dann einer gesonderten Prüfung[3146]. Durch das BKA erhobene und anschließend gespeicherte Daten sind dann gem. § 32 Abs. 2 Satz 2 BKAG i.V.m. § 8 Abs. 6 Satz 2 i.V.m. Abs. 3 BKAG zu löschen, weil deren Speicherung nicht mehr zur Erfüllung der Aufgabe des BKA aus § 2 Abs. 4 Nr. 1 BKAG geeignet ist[3147].

3141 BVerwG in NJW 2011, 405 (406); Matheis, Dissertation, S. 327.
3142 BT-Drucksache 14/1484 S. 32; HessVGH in NJW 2005, 2727 (2731); VG Gießen in NVwZ 2002, 1531 (1533).
3143 OLG Hamburg in NStZ 2009, 707 (708); Busch in NJW 2002, 1754 (1757).
3144 BVerwG in NJW 2011, 405 (406).
3145 Zöller, Informationssysteme und Vorfeldmaßnahmen von Polizei, Staatsanwaltschaft und Nachrichtendiensten, S. 161.
3146 Hilger in NStZ 2001, 15 (17).
3147 BVerwG in NJW 2011, 405 (406, 407); Busch in NJW 2002, 1754 (1757).

(2) Die Speicherung in der DNA- Analyse- Datei mit oder ohne Zweckänderung

Daten von Beschuldigten, die zur Vorsorge für die Verfolgung von Straftaten gespeichert werden, können entweder von vornherein zur Vorsorge für die Verfolgung von Straftaten erhoben worden sein und dann ohne Änderung des Erhebungszwecks gespeichert werden. Sie können aber auch zunächst zur Aufklärung einer bestimmten Straftat erhoben worden sein, wobei sich erst im Nachhinein herausstellt, dass die Voraussetzungen für die Speicherung der Daten in Dateien für Zwecke künftiger Strafverfahren vorliegen. Dann ist mit deren Speicherung eine Zweckänderung verbunden[3148], die wie die Speicherung der Daten, die bereits zur Vorsorge für die Verfolgung von Straftaten erhoben wurden, einer gesetzlichen Grundlage bedarf[3149]. Durch die Speicherung von personenbezogenen Daten zur Vorsorge für die Verfolgung von Straftaten wird ebenso wie durch deren Erhebung in das Grundrecht auf informationelle Selbstbestimmung eingegriffen, so dass die rechtmäßige Durchführung dieser Maßnahmen einer den Grundsätzen der Normenbestimmtheit und -klarheit entsprechenden gesetzlichen Ermächtigung bedarf[3150]. Zur Erhebung von personenbezogenen Daten zur Vorsorge für die Verfolgung von Straftaten berechtigende strafprozessrechtliche Befugnisnormen finden sich in der Befugnis zur DNA- Identitätsfeststellung nach § 81g StPO, entsprechende Erhebungsbefugnisse, die der Aufklärung von bestimmten Straftaten dienen, finden sich in § 81e Abs. 1 StPO i.V.m. § 81f Abs. 1 und 2 StPO.

Wurde ein DNA- Identitätsfeststellungsmuster gem. § 81g Abs. 1 bis 4 StPO erhoben, wird es durch das BKA in der DNA- Analyse- Datei zur Vorsorge für die Verfolgung künftiger Strafverfahren unter Einhaltung des Zweckbindungsgebots auf Grundlage des § 81g Abs. 5 Satz 1 StPO i.V.m. § 8 Abs. 6 Satz 1 2. Alt. Nr. 1 BKAG gespeichert. Wurde ein DNA- Identifizierungsmuster hingegen zunächst gem. § 81e Abs. 1 StPO zur Aufklärung eines konkreten Strafverfahrens erhoben und soll dieses erst im Nachhinein zur Vorsorge für die Verfolgung künftiger Strafverfahren durch das BKA in der DNA- Analyse- Datei gespeichert werden, liegt eine durch § 81g

---

3148 Matheis, Dissertation, S. 324.
3149 BVerfGE 103, 21 (32/33); Bergemann/Hornung in StV 2007, 164 (165).
3150 BVerfG in StV 2009, 1 (2); BVerfGE 103, 21 (32/33); BVerwG in NJW 1990, 2765 (2767); BVerwG in NJW 1990, 2768 (2769); Bergemann/Hornung in StV 2007, 164 (165); Busch in NJW 2002, 1754 (1754).

Abs. 5 Satz 2 StPO infolge von Verhältnismäßigkeitserwägungen mit Blick auf das Kriterium der Erforderlichkeit legitimierte Zweckänderung vor[3151]. Da sich die vorausgehende richterliche Anordnung der Untersuchungshandlung nach § 81f Abs. 1 Satz 1 StPO bzw. die diesbezügliche Einwilligung des Betroffenen i.S.d. § 81f Abs. 1 Satz 2 StPO jedoch lediglich auf die Feststellung des DNA- Identifizierungsmusters zur Aufklärung einer bestimmten Straftat bezogen haben können, fehlt es an einer auf die Untersuchung der Körperzellen zum Zweck der Identitätsfeststellung in künftigen Strafverfahren bezogenen richterlichen Anordnung[3152]. Als Ausgleich für den entfallenden Rechtsschutz schreibt § 81g Abs. 5 Satz 4 StPO die unverzügliche Benachrichtigung des Betroffenen vor, die unter Hinweis auf die Möglichkeit eine richterliche Entscheidung durch den einzelnen Verbundteilnehmer als die für die Speicherung verantwortliche Stelle i.S.d. § 3 Abs. 7 BDSG 2001 vorzunehmen ist[3153].

(3) Die DNA- Analyse- Datei als reine Vorsorgedatei

Die DNA- Analyse- Datei ist eine reine Vorsorgedatei. Hieran ändert die zur Feststellung des DNA- Identifizierungsmusters ermächtigende Befugnis des § 19 Abs. 3 HSOG nichts. Wie sich aus der Errichtungsanordnung zur DNA-Analyse- Datei ergibt, werden darin enthaltene Daten ausschließlich auf Grundlage der §§ 81g Abs. 5; 484 Abs. 4 StPO gespeichert, nachdem diese auf Grundlage des § 81g Abs. 1 StPO bzw. § 81e Abs. 1 StPO erhoben wurden[3154]. Auch ergibt sich im Umkehrschluss daraus, dass § 81g Abs. 4 StPO die Befugnisse des § 81g StPO auf die verschiedenen Varianten der Schuldunfähigkeit oder der fehlenden Verantwortlichkeit i.S.d. § 3 JGG erstreckt, dass der Bundesgesetzgeber die Feststellung von DNA- Identitätsfeststellungsmustern von Schuldunfähigen zutreffend als nicht erforderlich angesehen hat. Die Entnahme und Analyse DNA- fähigen Materials könnte daher ausschließlich auf präventiv- polizeilicher Grundlage zur Verhütung von

---

3151 Meyer-Goßner, StPO, § 81g Rn. 12b; Bergemann/Hornung in StV 2007, 164 (165).
3152 Meyer-Goßner, StPO, § 81g Rn. 12; a.A. OLG Bremen in NStZ 2006, 653 (654).
3153 Meyer-Goßner, StPO, § 81g Rn. 12b; Bergemann/Hornung in StV 2007, 164 (165), Störzer in Kriminalistik 2006, 184 (185); a.A. Senge in NJW 2005, 3028 (3031/3032).
3154 Petri in Lisken/Denninger, HbdPolR, 5. Auflage, G Rn. 97; EAO DNA-ANALYSE-DATEI Ziffer 2.2 (Stand: 13.2.2007).

Kapitel 5: Die zweckändernde Verarbeitung von Daten in KpS

Straftaten mittels Abschreckung erfolgen[3155]. Der strafunmündige Tatverdächtige soll von der weiteren Begehung von Straftaten durch den Eindruck der ihm gegenüber vorgenommenen präventiv- polizeilichen Maßnahmen abgehalten werden. Dabei ist das jugendliche Alter und die möglichen negativen Wirkungen für die weitere Entwicklung des Jugendlichen oder Kindes zu berücksichtigen[3156]. Im Verhältnis zur präventiv- polizeilichen Entnahme und Analyse DNA- fähigem Material und dessen Analyse ist die Durchführung erkennungsdienstlicher Behandlungen auf präventiv- polizeilicher Grundlage aber ein gleich geeignetes milderes Mittel, so dass die gegenüber der erkennungsdienstlichen Behandlung eingriffsintensivere Analyse von DNA- fähigem Material sowie die Speicherung der so gewonnenen DNA- Identitätsfeststellungsmuster immer unverhältnismäßig wäre. Fehlt eine gesetzliche Regelung, die dazu geeignet ist, den weiteren Umgang mit personenbezogenen Daten verfassungskonform zu normieren, ist eine Erhebung von Daten, welche anschließend weder verarbeitet noch genutzt werden dürfen, wegen des darin liegenden Eingriffs in das Recht auf informationelle Selbstbestimmung nicht nur unverhältnismäßig, sondern schlichtweg rechtswidrig[3157]. Verfassungskonforme präventiv- polizeiliche Befugnisse zur Entnahme und Analyse DNA- fähigen Materials sind daher nicht möglich. Die DNA- Analyse- Datei ist daher keine Mischdatei i.S.d. § 483 Abs. 3 StPO sondern eine reine Vorsorgedatei i.S.d. § 484 Abs. 4 StPO. Infolge des § 81g Abs. 5 Satz 1 StPO gelten für die Löschung, Sperrung und Veränderung der in der DNA- Analyse- Datei zu speichernden Daten dennoch die §§ 27 ff BKAG.

bb. Weitere Dateien des Erkennungsdienstes

Neben der DNA- Analyse- Datei unterhält das BKA auf Grundlage des § 8 Abs. 6 Satz 1 2. Alt. Nr. 1 StPO weitere erkennungsdienstliche Dateien. So werden in der Datei ERKENNUNGSDIENST unter anderem gem. § 81b 1. oder 2. Alt. StPO erhobene Daten zur Vorsorge für die Verfolgung von Straftaten gespeichert[3158]. Die in § 81g Abs. 1 StPO geforderte Prognose einer Wiederholungsgefahr als Ausdruck der Wahrscheinlichkeit eines zu-

---

3155 Kapitel 3 B. II.(S. 414).
3156 OVG NRW in DÖV 1999, 522 (523).
3157 VG Gießen in NVwZ 2002, 1531 (1533).
3158 EAO ERKENNUNGSDIENST Ziffer 3 (Stand: 14.2.2006).

A. Die Kriminalpolizeilichen personenbezogenen Sammlungen (KpS)

künftigen Strafverfahrens ist bei Vorsorgemaßnahmen i.S.d. § 81b 2. Alt. StPO in gleichem Maße heranzuziehen[3159]. Gem. § 81b 2. Alt. StPO dürfen erkennungsdienstliche Daten eines Beschuldigten gegen dessen Willen nur erhoben werden, wenn dies für die Zwecke des Erkennungsdienstes *notwendig* ist. Bei dem Tatbestandsmerkmal der Notwendigkeit aus § 81b 2. Alt. StPO handelt es sich um eine Ausprägung des Verhältnismäßigkeitsgrundsatzes, die dem Eingriff in das APR, der durch eine erkennungsdienstliche Behandlung erfolgt, Rechnung trägt[3160]. So dürfte bei Straftaten, die im Affekt begangen wurden, bereits eine Wiederholungsgefahr auszuschließen sein, während Bagatellstrafsachen schon aus Gründen der Verhältnismäßigkeit keine erkennungsdienstliche Behandlung nach § 81b 2. Alt. StPO rechtfertigen können[3161].

Damit Daten durch das BKA gem. § 484 Abs. 2, Abs. 4 StPO i.V.m. § 8 Abs. 6 Satz 1 2. Alt. Nr. 1 1. Alt. StPO gespeichert werden können, müssen vor der Speicherung erkennungsdienstliche Behandlungen gem. § 81b 1. Alt. StPO oder gem. § 81b 2. Alt. StPO durchgeführt worden sein[3162]. Wurden die Daten durch das BKA in Erfüllung seiner Aufgabe aus § 4 BKAG gem. § 81b 2. Alt. StPO für Zwecke des Erkennungsdienstes erhoben, ergibt sich die Befugnis zum Speichern der Daten aus § 81b 2. Alt. StPO i.V.m. § 484 Abs. 2, Abs. 4 StPO i.V.m. §§ 7 Abs. 1 Satz 1, 8 Abs. 6 Satz 1 2. Alt. Nr. 1 BKAG[3163]. Wurden die Daten durch das BKA ursprünglich gem. § 4 BKAG i.V.m. § 81b 1. Alt. StPO zur Aufklärung einer bestimmten Straftat erhoben und sollen erst im Nachhinein zur Vorsorge für die Verfolgung künftiger Strafverfahren gespeichert werden, liegt eine Zweckänderung vor. Zu deren Speicherung ist das BKA bei Vorliegen der Voraussetzungen des § 484 Abs. 2, Abs. 4 StPO i.V.m. §§ 7 Abs. 1 Satz 1, 8 Abs. 6 Satz 1 2. Alt. Nr. 1 BKAG ebenfalls berechtigt[3164].

3159 VG Braunschweig in NVwZ-RR 2008, 30 (31); HessVGH in NVwZ-RR 1994, 652 (654); Baumanns in Die Polizei 2008, 79 (85); Eisenberg/Puschke in JZ 2006, 729 (731).
3160 VGH BW in NJW 2008, 3082 (3083); VG Braunschweig in NVwZ-RR 2008, 30 (31); Ritzert in Graf, StPO, § 81b Rn. 5.
3161 Baumanns in Die Polizei 2008, 70 (85).
3162 A.A. VG Berlin in NJW 2006, 1225 (1226);VG Gießen in NVwZ 2002, 1531 (1532); Schild in DUD 2002, 679 (681).
3163 HessVGH in NJW 2005, 2727 (2729); Ritzert in Graf, StPO, § 81b Rn. 9; Meyer-Goßner, StPO, § 81b Rn. 19; Beukelmann in Radtke/Hohmann, StPO, § 81b Rn. 13; a.A. VG Gießen in NVwZ 2002, 1531 (1532);.
3164 Senge in KK, StPO, § 81b Rn. 7.

Kapitel 5: Die zweckändernde Verarbeitung von Daten in KpS

(1) Die Datei ERKENNUNGSDIENST

Die Datei ERKENNUNGSDIENST umfasst neben Lichtbildern den Nachweis von Fingerabdrücken, Personenbeschreibungen und Handschriften[3165], bezieht sich also auf die körperliche Beschaffenheit einer Person im weiteren Sinne[3166]. *Ähnliche Maßnahmen* i.S.d. § 81b 2. Alt. StPO müssen in Abgrenzung zu § 81a StPO wie etwa Messungen von Atem- und Pulsbewegungen, das Anfertigen von Hand- und Fußabdrücken oder anderen Körperteilen, Video- und Tonbandaufnahmen ohne körperliche Eingriffe vorgenommen werden können[3167].

Die zu speichernden Daten brauchen im Gegensatz zu den in der DNA-Analyse- Datei gespeicherten Daten nicht zwangsläufig aus Maßnahmen stammen, die auf Grundlage des § 81b 2. Als. StPO zur Vorsorge für die Verfolgung von Straftaten durchgeführt wurden, sondern können durch das BKA gem. § 5 Abs. 2 Nr. 1 bis 6 BKADV dem § 8 Abs. 6 Satz 1 1. Alt. BKAG entsprechend auch gespeichert werden, sofern sie auf Grundlage einer anderer Rechtsvorschrift erhoben wurden[3168]. Zu den auf Grundlage anderer Rechtsvorschriften erhobenen Daten gehören etwa erkennungsdienstliche Daten, die gem. § 86 Abs. 1 und Abs. 2 Satz 2 StVollzG erhoben und gem. §§ 87 Abs. 2 StVollzG verarbeitet und genutzt werden, oder aber gem. § 49 Abs. 2 bis 4, 6 und 7 AufenthG bzw. gem. § 16 Abs. 3 bis 6 AsylVfG erhobene und gem. § 89 Abs. 1 Satz 2 AufenthG bzw. gem. § 16 Abs. 4 AsylVfG getrennt von anderen durch das BKA in der Datei AFIS- A gespeicherte erkennungsdienstliche Daten[3169].

Die ausländerrechtlichen Erhebungsbefugnisse unterliegen der Gesetzgebungskompetenz des Bundes aus Art. 73 Abs. 1 Nr. 3 GG und Art. 74 Abs. 1 Nr. 4 GG, wie die Befugnisse des BKA der ausschließen Gesetzgebungskompetenz aus Art. 73 Abs. 1 Nr. 9a und 10 1. Alt. a) und 2. Alt. GG unterliegen. Insoweit hat § 8 Abs. 6 Satz 1 1. Halbsatz BKAG lediglich klarstellenden Charakter[3170]. In dem durch das Bundesverwaltungsamt im Auftrag des Bundesamtes für Migration und Flüchtlinge gem. § 1 Abs. 1 Satz 1

3165 Petri in Lisken/Denninger, HbdPolR, 5. Auflage, G Rn. 95; EAO ERKENNUNGSDIENST(Stand: 14.2.2006) Ziffer 2.2.
3166 BVerwG 1990, 2767 (2769); BGHSt 34, 39 (44ff).
3167 Baumanns in Die Polizei 2008, 79 (85).
3168 Schenke, POR, Rn. 211.
3169 Petri in Lisken/Denninger, HbdPolR, 5. Auflage, G Rn. 96.
3170 BT-Drucksache 13/1550 S. 26.

A. Die Kriminalpolizeilichen personenbezogenen Sammlungen (KpS)

und 2 AZRG geführten *Ausländerzentralregister (AZR)* sind an erkennungsdienstlichen Unterlagen lediglich die in § 3 Nr. 5a BKAG genannten Lichtbilder enthalten.

(2) Die Datei AFIS-P und die Datenbanken für digitalisierte Fingerabdrücke

Eine weitere Datei des Erkennungsdienstes ist das automatisierte Fingerabdruck- Identifizierungs- System- Polizei (AFIS-P). AFIS-P dient dazu, Personen oder unbekannte Tote über einen daktyloskopischen Vergleich zu identifizieren[3171] und enthält lesbare Finger- und Handflächenabdrücke von Personen, die zur Vorsorge für die Verfolgung von Straftaten oder zur Verhütung von Straftaten durch die Polizei erkennungsdienstlich behandelt wurden[3172]. Hierin speichert das BKA Finger- und Handflächenabdruckdaten, die die Verbundteilnehmer auf Grundlage des § 81b 1. oder 2. Alt. StPO oder des § 49 Abs. 3 bis 6 AufenthG erheben und direkt in das System einscannen[3173]. Die zu den einzelnen daktyloskopischen Spuren gehörenden Personalien werden jedoch nicht unmittelbar in AFIS-P abgespeichert. Vielmehr erfolgt die Zuordnung der Finger- und Handflächenabdruckdaten zu der dazugehörigen Person bei einem Abgleich von Tatortfinger- und -handflächenspuren mit in AFIS-P enthaltenen Daten von namentlich bekannten Personen im Trefferfall über die in INPOL vergebene und parallel in AFIS-P gespeicherte Kenn- Nummer (D-Nummer)[3174]. Kann der Spurenverursacher nicht identifiziert werden, weil bei einem Abgleich von Tatortfinger- und Handflächendaten in AFIS-P kein Treffer zustande kommt, erhalten die offenen Spuren eine Spuren-Nummer und können untereinander abgeglichen werden, um Tatzusammenhänge zu erkennen[3175]. Ebenfalls zu den Dateien des Erkennungsdienstes zählen die Datenbanken für digitalisierte Fingerabdrücke -A und -P[3176]. Diese sollen die in Papierform unterhaltenen

---

3171 EAO AFIS-P (Stand 3.3.2005) Ziffer 2.1, 2.2; BT-Drucksache 17/7307 S. 10 (Ziffer 53, 54).
3172 BVerwGE 1990, 2767 (2769); OVG NRW 1999, 522 (523); Schenke, POR, Rn. 211.
3173 HessVGH in NJW 2005, 2727 (2729); VG Gießen in NVwZ 2002, 1531 (1535).
3174 EAO AFIS-P Ziffer 2.2 (Stand 3.3.2005).
3175 EAO AFIS-P Ziffer 2.2 (Stand 3.3.2005).
3176 Petri in Lisken/Denninger, HbdPolR, 5. Auflage, G Rn. 96.

Kapitel 5: Die zweckändernde Verarbeitung von Daten in KpS

Sammlungen von Fingerabdruckblättern ablösen[3177]. Nach Digitalisierung der an das BKA übermittelten Bilder werden die digitalisierten Daten zum einen zum AFIS-P gesendet und zum anderen in der jeweiligen Datenbank für digitalisierte Fingerabdrücke gespeichert[3178].

Während die nach § 16 Abs. 3 bis 6 AsylVfG erhobenen Daten durch das BKA in der *Datenbank für digitalisierte Fingerabdrücke -A* gespeichert werden[3179], enthält die *Datenbank für digitalisierte Fingerabdrücke -P* zum einen die Finger- und Handflächenabdruckdaten, die von den Polizeien des Bundes oder der Länder auf repressiver oder präventiv- polizeilicher Grundlage erhoben wurden, und zum anderen entsprechende nach § 49 Abs. 3 und Abs. 4 Satz 2 AufenthG gewonnene Daten[3180]. Die Ermächtigung des BKA für den Abgleich der nach § 49 Abs. 3 und Abs. 4 Satz 2 AufenthG sowie § 16 Abs. 3 bis 6 AsylVfG erhobenen daktyloskopischen Daten findet sich in § 89 Abs. 2 Satz 1 AufenthG bzw. § 16 Abs. 5 Satz 1 und 2 AsylVfG jeweils i.V.m. § 28 Abs. 2 BKAG. Insbesondere darf das BKA sämtliche auf Grundlage des § 49 Abs. 3 und Abs. 4 Satz 2 AufenthG bzw. § 16 Abs. 3 bis 6 AsylVfG erhobenen Daten mit offenen Spurendateien, der Datei über Vermisste und unbekannte Tote oder dem Fahndungsbestand abgleichen.

cc. Erkennungsdienstliche Dateien zur Abwehr erheblicher Gefahren; § 8 Abs. 6 Satz 1 2. Halbsatz Nr. 2 BKAG

Schließlich wird das BKA durch § 8 Abs. 6 Satz 1 2. Halbsatz Nr. 1 2. Alt. BKAG ermächtigt, von den Polizeien der Länder entsprechend § 13 Abs. 3 Satz 1 BKAG oder von der BPol bzw. entsprechend § 13 Abs. 1 Satz 1 und 2, Abs. 2 BKAG auf Grundlage präventiv- polizeilicher Befugnisse erhobene und anschließend übermittelte Daten in erkennungsdienstlichen Dateien zur

---

3177 VG Gießen in NVwZ 2002, 1531 (1535); EAO Datenbank für digitalisierte Fingerabdrücke – A Ziffer 2.2 (Stand: 3.3.2005); EAO Datenbank für digitalisierte Fingerabdrücke – P Ziffer 2.2.1(Stand: 3.3.2005).
3178 EAO Datenbank für digitalisierte Fingerabdrücke – A Ziffer 2.2 (Stand: 3.3.2005); EAO Datenbank für digitalisierte Fingerabdrücke – P Ziffer 2.2.3 (Stand: 3.3.2005).
3179 EAO Datenbank für digitalisierte Fingerabdrücke – A Ziffer 2.2 (Stand: 3.3.2005).
3180 EAO Datenbank für digitalisierte Fingerabdrücke – P Ziffer 2.2.4 bis 2.2.7 (Stand: 3.3.2005).

Abwehr erheblicher Gefahren zu speichern[3181]. Gleiches gilt gem. § 13 Abs. 4 BKAG für Daten, die das BKA selbst erhoben hat[3182]. Bezogen auf die präventiv- polizeilichen Aufgaben des BKA aus §§ 4a, 5 und 6 BKAG finden sich in § 20e Abs. 1, 21 Abs. 3 Satz 1 (i.V.m. § 26 Abs. 1 Satz 3) BKAG Befugnisnormen, die zur erkennungsdienstlichen Behandlung auf polizeigesetzlicher Grundlage ermächtigen. Diese sind jedoch im Gegensatz zu den Regelungen aus den Polizeigesetzen der Länder auf die erkennungsdienstliche Behandlung zu dem Zweck der Durchführung von Identitätsfeststellungen beschränkt und gem. §§ 21 Abs. 3 Satz 2 (i.V.m. § 26 Abs. 1 Satz 3) BKAG nach der Zweckerreichung zu löschen, es sei denn, in anderen Rechtsvorschriften, insbesondere in § 21 Abs. 3 Satz 3 BKAG, finden sich Befugnisse zur zweckändernden Verwendung der Daten. Unabhängig davon, auf welcher repressiven oder präventiv- polizeilichen Grundlage die in erkennungsdienstlichen Dateien gespeicherten Daten erhoben wurden, ist diese Speicherungsform nur dann geeignet erhebliche Gefahren abzuwehren, wenn die gespeicherten Daten polizeiintern zur Fahndung oder zur Öffentlichkeitsfahndung genutzt werden können. Daher gelten die insoweit getroffenen Ausführungen entsprechend.

dd. Zwischenergebnis

Im Ergebnis werden in den Dateien des Erkennungsdienstes grundsätzlich ebenso wie in den Fahndungsdateien oder der Datei Vermisste / unbekannte Tote sowohl auf repressiver als auch auf präventiv- polizeilicher Grundlage erhobene Daten gespeichert. Eine Ausnahme hiervon bildet die vom BKA geführte DNA- Analyse- Datei, bei der es sich um eine reine Vorsorgedatei handelt. Einer Differenzierung danach, ob es sich bei einer durch das BKA geführten Datei um eine Mischdatei handelt, bedürfte es daher zwar zur Beantwortung der Frage, ob für die durch das BKA geführten Dateien das *BKAG* anzuwenden ist, abgesehen von der DNA- Analyse- Datei nicht. Sofern auf strafprozessualer Grundlage erhobene Daten für Zwecke künftiger Strafverfahren gespeichert werden, ist § 484 Abs. 2 und 4 StPO gegenüber § 483 Abs. 3 StPO lex specialis, da die Speicherung für Zwecke künftiger Strafverfahren gem. § 484 Abs. 2 StPO an strengere Voraussetzungen an-

---
3181 BT-Drucksache 17/7307 S. 10 (Ziffer 55); OVG NRW 1999, 522 (523); Söllner in Pewestorf/Söllner/Tölle, POR, Teil 1 ASOG; § 42 Rn. 50.
3182 BT-Drucksache 17/7307 S. 10 (Ziffer 57).

Kapitel 5: Die zweckändernde Verarbeitung von Daten in KpS

knüpfte als die Speicherung in einer Mischdatei nach § 483 Abs. 3 StPO. Damit die Beschränkung des § 484 Abs. 2 StPO nicht dadurch umgangen wird, dass erkennungsdienstliche Daten unter Missachtung der Voraussetzung der Kriminalitätsprognose auf präventiv- polizeilicher Grundlage zur Verhütung von Straftaten erhoben und dann in den BKA- Dateien zur Vorsorge für die Verfolgung von Straftaten eingespeichert werden, fordert § 8 Abs. 6 Satz 1 2. Alt. Nr. 1 BKAG für zur Vorsorge für die Verfolgung von Strafverfahren zu speichernden Daten eine dem § 484 Abs. 2 Satz 1 StPO entsprechende Kriminalitätsprognose. Da sich die Speicherungszwecke von erkennungsdienstlichen Dateien ähnlich wie bei den repressiven und präventiv- polizeilichen Fahndungsbefugnissen aus den Erhebungsbefugnissen der §§ 81b, 81g StPO bzw. aus den diesen Zwecken entsprechenden Speicherungsbefugnissen der §§ 484 Abs. 2, 81g Abs. 5 Satz 2 StPO ergeben, kommt dem Begriff des Verwendens personenbezogener Daten aus § 484 Abs. 4 StPO zum einen die Funktion des Verweises auf die polizeigesetzlichen Bestimmungen über das Löschen, Sperren, Berichtigen und Übermitteln der Daten zu. Sofern das BKA selbst erhobene Daten in INPOL-Bund eingegeben hat, sind dies die §§ 27 ff BKAG. In Bezug auf das Löschen, Sperren und Berichtigen von Daten, die zu erkennungsdienstlichen Zwecken gespeichert wurden, müsste die überarbeitete Fassung des § 484 Abs. 4 StPO daher dem überarbeiteten § 483 Abs. 3 StPO angepasst werden.

Erkennungsdienstliche Dateien bilden jedoch kriminalistische Hilfsmittel für die Arbeit der Polizei, die unter Umständen nicht nur bei der die Daten erhebenden Dienststelle, sondern auch beim übergeordneten LKA und beim BKA vorgehalten werden[3183]. Daher fällt unter den Begriff des Verwendens aus § 484 Abs. 4 StPO auch der Übermittlungsvorgang zu anderen Polizeidienststellen als derjenigen, die die Daten erhoben und gespeichert hat. Weiterhin könnte hierunter die präventiv- polizeiliche zweckändernde Nutzung von auf repressiver Grundlage erhobenen Daten fallen[3184].

3183 Rachor in Lisken/Denninger, HbdPolR, 4. Auflage, F Rn. 231; Schild in DuD 2002, 679 (680/681).
3184 Kapitel 5 A. I. 2. (S. 661).

c. Der Kriminalaktennachweis als Vorsorgedatei i.S.d. § 484 StPO

Bei dem durch das BKA geführten KAN handelt es sich um eine Verbunddatei[3185], die gem. § 2 Abs. 1 BKAG i.V.m. § 8 Abs. 1 Nr. 1 bis 4 BKAG i.V.m. § 9 Abs. 1 Nr. 2 BKADV dem Nachweis von Kriminalakten,

- „die von den Polizeien des Bundes und der Länder zu Fällen von Straftaten mit länderübergreifender, internationaler oder erheblicher Bedeutung angelegt sind und das Erkennen und die Bekämpfung von Straftaten überregional agierender Straftäter sowie die Abbildung des kriminellen Werdegangs der entsprechenden Personen ermöglichen oder
- die im Zuständigkeitsbereich des BKA als Ermittlungsbehörde angelegt sind,"

dient[3186]. Der KAN enthält gem. § 8 Abs. 1 Nr. 2 bis 4 BKAG bzw. § 10 Abs. 1 Nr. Nr. 3 BKADV neben der die Kriminalakten führenden Polizeidienststelle und der Kriminalakten- Nummer Daten zu Tatzeit, Tatort und der gesetzlichen Vorschriften zu den Tatvorwürfen sowie der näheren Bezeichnung der Straftat und gem. § 8 Abs. 1 Nr. 1 2. Alt. BKAG die Personendaten des Beschuldigten und andere zu dessen Identifizierung dienende Merkmale[3187]. Anhand der Personendaten des Beschuldigten soll das Auffinden der bei einer Polizeibehörden über eine bestimmte Person archivierten Kriminalakte für Zwecke künftiger Strafverfahren ermöglicht werden[3188] – sei es, dass Grund zu der Annahme besteht, dass weitere Strafverfahren gegen den Beschuldigten zu führen sind, sei es, dass Anhaltspunkte dafür vorliegen, dass mit einem künftigen Strafverfahren wegen einer bereits begangenen Straftat zu rechnen ist[3189].

Sollen zu repressiven Zwecken erhobene Daten zur Vorsorge für die Verfolgung von Straftaten in automatisierten Dateien i.S.d. § 3 Abs. 2 Satz 1 Nr. 1 BDSG 1990 gespeichert werden, führt diese Form der Speicherung zu

---

3185 BT-Drucksache 17/7307 S. 11 (Ziffer 64).
3186 Petri in Lisken/Denninger, HbdPolR, 5. Auflage, G Rn. 86.
3187 Pieroth/Schlink/Kniesel, POR, § 15 Rn. 26; Schenke, POR, Rn. 211; Zöller, Informationssysteme und Vorfeldmaßnahmen von Polizei, Staatsanwaltschaft und Nachrichtendiensten, 160; Ahlf in Ahlf/Daub/Lersch/Störzer, BKAG, § 8 Rn. 3.
3188 BT-Drucksache 17/2803 S. 2; BT-Drucksache 13/1550 S. 25; EAO KRIMINALAKTENNACHWEIS „KAN" Ziffer 2.2 (Stand: 14.2.2006); Kniesel/Vahle, Kommentierung VE ME PolG, Rn. 105; Matheis, Dissertation, S. 324.
3189 BT-Drucksache 14/1484 S. 32; EAO KRIMINALAKTENNACHWEIS „KAN" Ziffer 2.2 (Stand: 14.2.2006); Pollähne in GA 2006, 807 (810); Hilger in NStZ 2001, 15 (17/18).

einer Umwidmung der ursprünglich in einem anderen Strafverfahren zu dessen Zwecken erhobenen Daten[3190]. Da hierdurch der primäre Eingriff in das Grundrecht auf informationelle Selbstbestimmung vertieft wird[3191], bedarf es einer bereichsspezifischen und präzisen gesetzlichen Ermächtigung[3192]. Sofern Strafverfolgungsbehörden für Zwecke eines bestimmten Strafverfahrens erhobene Daten zur Vorsorge für die Verfolgung künftiger Strafverfahren speichern, bemisst sich der Umfang der zu speichernden Daten grundsätzlich nach § 484 Abs. 1 bis 3 StPO. Nur falls die Polizei die in einem bestimmten Strafverfahren erhobenen Daten in deren Funktion als Strafverfolgungsbehörde speichert, findet die Regelung des § 484 Abs. 4 StPO Anwendung. Hiernach richtet sich die Verwendung personenbezogener Daten, die für Zwecke künftiger Strafverfahren in Dateien der Polizei gespeichert werden, – ausgenommen die Verwendung für Zwecke eines bestimmten Strafverfahrens – nach den Polizeigesetzen[3193]. Voraussetzung ist, dass das für die jeweils handelnde Polizeibehörde geltenden Polizeigesetz den verfassungsrechtlichen sowie den in § 484 Abs. 1 bis 3 StPO aufgestellten Anforderungen entsprechende polizeigesetzliche Befugnisnormen enthält. Den Geboten der Normenbestimmtheit und Normenklarheit genügt die *StPO* als das zur ursprünglichen repressiven Datenerhebung ermächtigende Gesetz, sofern es diejenigen Zwecke bereichsspezifisch und präzise bestimmt, zu denen die erhobenen Daten abweichend vom ursprünglichen Erhebungszweck umgewidmet werden dürfen[3194]. § 484 Abs. 4 StPO stellt lediglich die strafprozessuale Öffnungsklausel für die Verarbeitung von zu repressiven Zwecken erhobenen Daten auf polizeigesetzlicher Grundlage dar, die unter der Bedingung steht, dass die den Strafverfolgungsbehörden – und damit auch der Polizei – durch § 484 Abs. 1 bis 4 StPO gesetzten Grenzen im jeweils anwendbaren Polizeigesetz eingehalten werden.

3190 BT-Drucksachen 13/9718 S. 30; 14/1484 S. 32; Hilger in Löwe-Rosenberg, StPO, § 484 Rn. 1; Gärditz, Strafprozess und Prävention, S. 109/110; Pollähne in GA 2006, 807 (808); Schild in DuD 2002, 679 (681/682); Hilger in NStZ 2001, 15 (17-Fn. 97).
3191 Gärditz, Strafprozess und Prävention, S. 359; Pollähne in GA 2006, 807 (808).
3192 BVerfGE 65, 1 (44/45, 64/65, 66/67).
3193 Hilger in Löwe-Rosenberg, StPO, § 484 Rn. 17.
3194 Kapitel 4 A. I. (S. 468); A. II. (S. 471); A. III. (S.); C. I. (S. 573).

aa. Die Befugnisse der Strafverfolgungsbehörden aus § 484 Abs. 1 bis 3 StPO zur Führung eines Aktenhinweissystems

Damit die Polizeigesetze durch Einhaltung des durch § 484 Abs. 1 bis 4 StPO vorgegebenen Rahmens den verfassungsrechtlichen Anforderungen der Normenbestimmtheit und Normenklarheit gerecht werden können, muss § 484 Abs. 1 bis 4 StPO seinerseits diesen Anforderungen genügen.

(1) Das staatsanwaltliche Aktennachweissystem

§ 484 Abs. 1 Nr. 1 bis 5 StPO ermächtigt die Strafverfolgungsbehörden, also insbesondere die Staatsanwaltschaft, dazu, ein auf den Personendaten des Beschuldigten aufbauendes Aktenhinweissystem zu führen[3195]. Hiervon zu unterscheiden sind die §§ 492 ff StPO, die ursprünglich durch das *Verbrechensbekämpfungsgesetz* vom 28.10.1994 als §§ 474 bis 477 StPO erlassen wurden und erst durch das *StVÄG 1999* ihren heutigen Standort bekamen[3196]. Die §§ 492 ff StPO betreffen die datenschutzrechtlichen Bestimmungen, die heute gem. § 492 Abs. 1 StPO *das Bundesamt der Justiz* ermächtigen, das länderübergreifende staatsanwaltliche Verfahrensregister zu führen. Zweck des staatsanwaltlichen Verfahrensregisters ist die Verbesserung der Funktionstüchtigkeit der Strafrechtspflege im Interesse der Allgemeinheit und des von den Strafverfolgungsmaßnahmen Betroffenen[3197]. Dies geschieht etwa dadurch, dass die Ermittlung überörtlich agierender Täter und Mehrfachtäter erleichtert wird, und die Prüfung der Haftvoraussetzungen, insbesondere wegen Wiederholungsgefahr, auf eine gesicherte Grundlage gestellt wird[3198]. So bildet das staatsanwaltliche Verfahrensregister i.S.d. § 492 ff StPO anders als § 484 Abs. 1 StPO in begrenztem Umfang ein Arbeitssystem, dass es den Staatsanwaltschaften in einfach gelagerten Fällen ermöglicht, ohne vorherige Einsicht in die Akten allein aufgrund des Inhalts des Registers eine Entscheidung zu treffen[3199]. Wurden

---

3195 BT-Drucksache 14/1484 S. 32; Temming in HK, StPO, § 484 Rn. 2; Gieg in KK, StPO, § 484 Rn. 2; Hilger in Löwe-Rosenberg, StPO, § 484 Rn. 7; Meyer-Goßner, StPO, § 484 Rn. 1; Pollähne in GA 2006, 807 (808, 811).
3196 Kapitel 3 A. III. 7. (S. 403).
3197 BT-Drucksache 12/6853 S. 37.
3198 Hilger in Löwe-Rosenberg, StPO, Vor § 492 Rn. 2.
3199 Hilger in Löwe-Rosenberg, StPO, Vor § 492 Rn. 4; Pollähne in GA 2006, 807 (808).

Kapitel 5: Die zweckändernde Verarbeitung von Daten in KpS

bereits früher vergleichbare Verfahren gegen einen Beschuldigten nach §§ 153, 153 StPO eingestellt, kann häufig ohne Einsicht in die Akten entschieden werden, dass eine solche Einstellung in dem neuen Verfahren nicht in Betracht kommt[3200]. Darüber hinaus bietet das staatsanwaltliche Verfahrensregister ebenso wie das staatsanwaltliche Aktenhinweissystem die Möglichkeit, das Register als Aktennachweis- und -findungssystem zur Hinzuziehung von Akten in später eingeleiteten Strafverfahren zu nutzen[3201]. Dies steht jedoch der Einrichtung von regional, also z.B. auf die einzelnen Bundesländer begrenzten staatsanwaltlichen Verfahrensregistern nicht entgegen. Um ihrer Pflicht aus § 492 Abs. 3 Satz 1 StPO, der Registerbehörde die einzutragenden Daten mitzuteilen, nachkommen zu können, müssen die mit Ausnahme der Generalbundesanwaltschaft den Ländern unterstehenden Staatsanwaltschaften berechtigt sein, ihrerseits regional begrenzte Aktennachweis- und -findungssysteme zu führen. Das beim Bundesamt der Justiz geführte staatsanwaltliche Verfahrensregister entspricht insoweit dem durch das BKA geführten polizeilichen Informationssystem INPOL- neu, und die bei den Staatsanwaltschaften der Länder auf Grundlage des § 484 Abs. 1 StPO geführten Aktenhinweissysteme entsprechen den durch die Polizeien der Länder geführten landesinternen polizeilichen Informationssystemen. Damit bilden die bei den Staatsanwaltschaften und Polizeien der Länder geführten Aktenhinweissysteme die Grundlage der beim Bundesamt der Justiz und dem BKA geführten länderübergreifenden Verfahrensregister. Insoweit ist es nicht verwunderlich, dass sich der Katalog der zu speichernden Personendaten des Beschuldigten aus § 484 Abs. 1 Nr. 1 bis 5 StPO und der Katalog des § 492 Abs. 2 Satz 1 StPO entsprechen[3202].

(2) Weitere personenbezogene Daten i.S.d. § 484 Abs. 2 und 3 StPO

§ 484 Abs. 2 Satz 1 StPO ermächtigt die u.a. die Staatsanwaltschaft als Strafverfolgungsbehörde, weitere Daten von Beschuldigten oder Tatbeteiligten zu speichern[3203], es sei denn, es liegt eine der Speicherung der Daten

---

3200 Hilger in Löwe-Rosenberg, StPO, Vor § 492 Rn. 4.
3201 Hilger in Löwe-Rosenberg, StPO, Vor § 492 Rn. 3.
3202 Hilger in Löwe-Rosenberg, StPO, § 484 Rn. 7; a.A. Zöller, Informationssysteme und Vorfeldmaßnahmen von Polizei, Staatsanwaltschaft und Nachrichtendiensten, S. 101; Pollähne in GA, 2006, 807 (808).
3203 BVerwG in NJW 2011, 405 (406).

gem. § 484 Abs. 2 Satz 2 StPO entgegenstehende Einstellung des Verfahrens oder ein entsprechender Freispruch vor. Eine Datenspeicherung nach § 484 Abs. 2 Satz 1 StPO setzt jedoch voraus, dass eine Rechtsverordnung nach § 484 Abs. 3 StPO erlassen wurde, andernfalls ist die Speicherung unzulässig[3204]. Eine derartige Rechtsverordnung ist bis heute weder erlassen worden noch ist ein solcher Erlass geplant. Für eine derartige Speicherung gem. § 484 Abs. 2 StPO bestehe kein Bedarf, weil die Speicherung der in § 484 Abs. 1 Nr. 1 bis 5 StPO vorgesehenen Daten ausreiche[3205]. Dass es der mit § 484 Abs. 1 bis 3 StPO in Bezug genommenen Staatsanwaltschaft nicht zusteht, personenbezogene Daten auf Grundlage des § 484 Abs. 2 Satz 1 und 2 StPO zu speichern, ist jedoch ohne praktische Bedeutung, da die Staatsanwaltschaft Daten i.S.d. § 484 Abs. 2 StPO auf Grundlage der Nutzungsbefugnis des § 11 Abs. 4 Satz 2 BKAG zum Abruf der durch § 484 Abs. 2 und 3 StPO in Bezug genommenen Daten berechtigt ist. § 11 Abs. 4 Satz 2 BKAG wurde durch das *Gesetz zur effektiven Nutzung von Dateien im Bereich der Staatsanwaltschaften* vom 10.9.2004 in das *BKAG* eingefügt[3206].

Problematisch könnte sein, dass § 484 Abs. 2 Satz 1 StPO selbst keine Zwecksetzung enthält. Dennoch dient § 484 Abs. 2 StPO keinem staatlichen Kontrollinteresse an der Lebensführung einzelner Personen[3207], auch wenn hierin zum Verwendungszweck keine Aussagen getroffen werden, und der Eindruck entstehen könnte die Ermächtigung schließe alle denkbaren Verwendungszwecke ein[3208]. Im Hinblick auf den Kriminalaktennachweis genügt aber die Zweckbestimmung des § 484 Abs. 2 und 4 StPO – nunmehr nicht als Befugnis zur Verarbeitung von erkennungsdienstlichen Daten sondern als Öffnungsklausel – den für Zweckbestimmungen höchstrichterlich geforderten verfassungsrechtlichen Anforderungen[3209]. Anders als bei den delikts- und phänomenbezogenen Dateien, insbesondere den Gewalttäterdateien i.S.d. § 9 Abs. 1 Nr. 1 und Nr. 3 BKADV, die gem. § 9 Abs. 1 Nr. 2 BKADV durch das BKA neben dem Kriminalaktennachweis auf Grundlage des dem § 484 Abs. 1 und Abs. 2 Satz 1 StPO weitestgehend entsprechenden

---

3204 Pollähne in GA 2006, 807 (814).
3205 Pollähne in GA 2006, 807 (813).
3206 Kapitel 3 C. II. 2. (S. 453).
3207 Albrecht in StV 2001, 416 (419).
3208 BVerfGE 120, 378 (409).
3209 Franke in KK-StPO, § 484 Rn. 4; Hilger in Löwe-Rosenberg, StPO, § 484 Rn. 16; Pollähne in GA 2006, 807 (814); Albrecht in StV 2001, 416 (419).

§ 8 Abs. 1 bis 5 BKAG geführt werden sollen dürfen[3210], ergibt sich die Zweckbestimmung zumindest anhand der Öffnungsklausel des § 484 Abs. 1 und Abs. 2 Satz 1 StPO. Da in § 484 Abs. 2 Satz 1 StPO *von weiteren personenbezogenen Daten* die Rede ist, beziehen sich diese ebenso wie die zuvor in § 484 Abs. 1 StPO genannten Daten auf die Zwecke künftiger Strafverfahren i.S. eines Aktenhinweissystems.

(3) Zwischenergebnis

Im Ergebnis ist festzustellen, dass in der Praxis lediglich § 484 Abs. 1 StPO für andere Strafverfolgungsbehörden als die Polizei, insbesondere die Staatsanwaltschaften, als Befugnis zur Führung eines Aktenhinweissystems fungiert. § 484 Abs. 2 Satz 1 und 2 StPO kommt in Ermangelung des Erlasses einer Rechtsverordnung i.S.d. § 484 Abs. 3 StPO zumindest keine Bedeutung i.S. einer eigenständige Befugnis der Staatsanwaltschaft zu. Dadurch, dass§ 11 Abs. 4 Satz 2 und 3 BKAG den Staatsanwaltschaften dem § 484 Abs. 2 und 3 StPO entsprechende Abrufbefugnisse mittlerweile eingeräumt, wurde § 484 Abs. 3 StPO entbehrlich und kann gestrichen werden.

bb. Der Kriminalaktennachweis, § 8 Abs. 1 BKAG

§ 484 Abs. 1 und Abs. 2 StPO fungiert nicht nur als Befugnisnorm der Strafverfolgungsbehörden, ein Aktenerschließungssystem zu führen, sondern in Zusammenschau mit § 484 Abs. 4 StPO auch als Öffnungsklausel, die es den Polizeigesetzgebern ermöglicht, den durch § 484 Abs. 1 bis 3 StPO vorgegebenen Rahmen entsprechende polizeigesetzliche Regelungen zu erlassen. Damit das BKA in Erfüllung seiner Aufgabe aus § 4 BKAG erhobene Daten zweckändernd speichern darf, müsste § 8 BKAG den Anforderungen des § 484 Abs. 1 bis 3 StPO entsprechende bereichsspezifisch auf die Aufgabe des BKA aus § 2 Abs. 1 bis 3 BKAG bezogene, präzise formulierte Befugnisse zur Speicherung von auf repressiver Grundlage erhobenen Daten in polizeilichen Vorsorgedateien enthalten. Anders als das durch die Staatsanwaltschaft geführten Aktenhinweissystem richtet sich das Führen des auf den Personendaten des Beschuldigten aufbauenden Aktenhinweissystems

---

3210 Kapitel 5 A. II. 1. f. (S. 740).

A. Die Kriminalpolizeilichen personenbezogenen Sammlungen (KpS)

durch die Polizei gem. § 484 Abs. 4 StPO nach den Polizeigesetzen. Von der in § 484 Abs. 4 StPO liegenden strafprozessualen Öffnungsklausel hat der für das *BKAG* zuständige Bundesgesetzgeber mit § 8 Abs. 1 Nr. 1 bis 4 BKAG dem Erlass des im Entwurf befindlichen *StVÄG 1996* in Gestalt des *StVÄG 1999* vorweg greifend in eingeschränktem Maße Gebrauch gemacht. § 8 Abs. 1 Nr. 1 bis 4 BKAG regelt i.V.m. § 2 Abs. 1 bis 3 BKAG in Anlehnung an § 484 Abs. 1 StPO-Entwurf i.d.F. des *StVÄG 1996* die Speicherung, Veränderung und Nutzung von Daten *zur Verhütung und zur Vorsorge für die Verfolgung zukünftiger Straftaten* durch den Kriminalaktennachweis (KAN)[3211].

(1) Die INPOL- Relevanzschwelle des § 2 Abs. 1 BKAG

Da § 8 Abs. 1 bis 4 BKAG das BKA dazu ermächtigt, zur Erfüllung seiner Aufgaben aus § 2 Abs. 1 bis 3 BKAG personenbezogene Daten zu speichern, muss die INPOL- Relevanz- Schwelle des § 2 Abs. 1 BKAG erreicht werden, um in die Zentral- oder Verbunddateien des BKA eingestellt werden zu können[3212]. Danach muss die begangene Straftat eine Straftat von *„länderübergreifender, internationaler oder sonst erheblicher Bedeutung"* sein. Das Merkmal *„länderübergreifende Straftat"* i.S.d. § 2 Abs. 1 BKAG ist erfüllt, wenn begangene oder zu erwartende Straftaten die Belange eines anderen Bundeslandes berühren, so dass es ausreicht, wenn von einem Bundesland aus Straftaten in einem anderen Bundesland vorbereitet oder geplant werden oder Formen länderübergreifender Beteiligung vorliegen[3213]. Eine *„überregionale Bedeutung"* i.S.d. § 2 Abs. 1 BKAG ist anzunehmen bei
– gewohnheits-, gewerbs- oder bandenmäßiger Begehungsweise,
– Triebtäterschaft,
– planmäßige überörtliche Begehung,
– Handeln zur Verfolgung extremistischer Ziele,
– Tatbegehung unter Mitführung von Schusswaffen,
– internationale Betätigung,
– fremdenfeindlich motivierte Straftaten und

3211 BT-Drucksache 13/1550 S. 25.
3212 Papsthardt in Erb/Kohlhaas, BKAG, § 2 Rn. 1.
3213 Ahlf in Ahlf/Daub/Lersch/Störzer, BKAG, § 2 Rn. 29.

Kapitel 5: Die zweckändernde Verarbeitung von Daten in KpS

- erneute Straffälligkeit der Tatverdächtigen außerhalb ihres Wohn- und Aufenthaltsbereichs[3214].

„*Sonst von erheblicher Bedeutung*" i.S.d. § 2 Abs. 1 BKAG sind insbesondere Verbrechen, die in § 138 StGB genannten Vergehen, sowie die Delikte der Straftatenkataloge der §§ 98a, 100a, 110a StPO[3215]. Umstritten ist, ob sich die einzustellenden Vergehen nach den Straftatenkatalogen aus § 138 StGB und §§ 98a, 100a und 110a StPO als Gesamtmenge aller Definitionen von Straftaten von erheblicher Bedeutung[3216] oder nur nach § 100a StPO als der Schnittmenge aller Definitionen der Straftaten von erheblicher Bedeutung bestimmen[3217]. Da das polizeiliche Verständnis vom Begriff der Straftaten von erheblicher Bedeutung nicht bundeseinheitlich ist, wurde dazu übergegangen, in der INPOL- Richtlinie 3 Kategorien für die Zuordnung zu INPOL- neu festzulegen, nämlich

- Muss-Fälle, die generell aufgrund ihrer Art bundesweit relevant sind und nach dem Landessystem automatisch nach INPOL- neu überführt werden können,
- Regel-Fälle, die grundsätzlich INPOL- neu- würdig sind, bei denen der Sachbearbeiter aber aufgrund bestimmter Umstände einen Zugang zu INPOL- neu versagen kann und
- Kann-Fälle, die grundsätzlich im Landessystem verbleiben, wobei der Sachbearbeiter auch hier die Möglichkeit hat, eine andere Entscheidung zu treffen[3218].

(2) Die Grunddaten des Beschuldigten i.S.d. § 8 Abs. 1 BKAG

Die in der Aufnahmeklausel des § 8 Abs. 1 Nr. 1 bis 4 BKAG umschriebenen Grunddaten des Beschuldigten entsprechen im Wesentlichen denjenigen, die die Öffnungsklausel des § 484 Abs. 1 Nr. 1 bis 4 StPO als Basisdatensatz

---

3214 Zöller, Informationssysteme und Vorfeldmaßnahmen von Polizei, Staatsanwaltschaft und Nachrichtendiensten, S. 141; Timm in Kriminalistik 1987, 301 (301).
3215 Ahlf in Ahlf/Daub/Lersch/Störzer, BKAG, § 2 Rn. 30; Sehr in Kriminalistik 1999, 532 (534).
3216 Ahlf in Ahlf/Daub/Lersch/Störzer, BKAG, § 2 Rn. 30.
3217 Pieroth/Schlink/Kniesel, POR, § 12 Rn. 26; Zöller, Informationssysteme und Vorfeldmaßnahmen von Polizei, Staatsanwaltschaft und Nachrichtendiensten, S. 141.
3218 Zöller, Informationssysteme und Vorfeldmaßnahmen von Polizei, Staatsanwaltschaft und Nachrichtendiensten, S. 151; Sehr in FS für Herold, S. 135 (140); Sehr in Kriminalistik 1999, 532 (534).

enumerativ aufzählt³²¹⁹. Die in § 484 Abs. 1 Nr. 5 StPO vorgesehene Möglichkeit, die Grunddaten des Beschuldigten um die Einleitung des Verfahrens und die Verfahrenserledigung bei der Staatsanwaltschaft und bei Gericht nebst Angabe der gesetzlichen Vorschriften zu erweitern, wurde hingegen nicht in § 8 Abs. 1 BKAG aufgegriffen. Obwohl dies im Entwurf des *StVÄG 1996* vorgesehen war³²²⁰, sollte der durch § 484 Abs. 1 Nr. 5 StPO gegebenen Möglichkeit den Landespolizeigesetzgebern vorbehalten bleiben³²²¹.

Da dem Begriff der *„Personendaten von Beschuldigten und andere zur Identifizierung geeignete Merkmale"* i.S.d. § 8 Abs. 1 Nr. 1 BKAG durch einen Teil der verwaltungsgerichtlichen Rechtsprechung die im Volkszählungsurteil geforderte Präzision abgesprochen worden war³²²², wird dieser nunmehr durch § 1 Abs. 1 und 2 BKADV konkretisiert. Dieser wurde auf Grundlage des dem § 484 Abs. 3 StPO entsprechenden § 7 Abs. 6 BKAG a.F.³²²³ erlassen, wonach der Bundesminister des Innern mit Zustimmung des Bundesrates aufgrund der nicht ausreichenden Bestimmtheit der §§ 8 und 9 BKAG die näheren Einzelheiten der hiernach zu speichernden Daten in einer Rechtsverordnung erlassen sollte³²²⁴. Gem. § 10 Abs. 1 Nr. 1 und 2 BKADV dürfen sämtliche der in § 1 Abs. 1 und 2 BKADV aufgeführten Daten im Kriminalaktennachweis gespeichert werden.

In § 1 Abs. 1 Nr. 1 bis 21 BKADV werden Einzelmerkmale aufgeführt, die die Personendaten des Beschuldigten i.S.d. § 8 Abs. 1 Nr. 1 BKAG ausmachen sollen. Hierunter fallen neben den in § 1 Abs. 1 Nr. 1 bis 3 BKADV genannten Namensangaben gem. § 1 Abs. 1 Nr. 4, 5 und 6 BKADV sonstige Namen wie Spitznamen, andere Namensschreibweisen oder andere Perso-

---

3219 BT-Drucksachen 13/1550 S. 25; 13/9718 S. 30; 14/1484 S. 32; Meyer-Goßner, StPO, § 484 Rn. 1; Zöller, Informationssysteme und Vorfeldmaßnahmen von Polizei, Staatsanwaltschaft und Nachrichtendiensten, S. 100/101; Pollähne in GA 2006, 807 (808); Ratzel/Brisach/Soine in Kriminalistik 2001, 530 (535).
3220 BT-Drucksachen 13/9718 S. 10; 14/1484 S. 10.
3221 Schenke, POR, Rn. 211.
3222 BVerwG in NJW 2011, 405 (405); VG Wiesbaden in DuD 2011, 142 (143); NdsOVG in NdsVBl. 2009, 135 (136); VG Gießen in NVwZ 2002, 1531 (1534); Petri in Lisken/Denninger, HbdPolR, 4. Auflage, H Rn. 479; Petri in Lisken/Denninger, HbdPolR, 5. Auflage, G Rn. 78; Arzt in NJW 2011, 352 (353/354); Arzt/Eier in DVBl. 2010, 816 (820); a.A. VG Mainz in DUD 2009, 195 (196); Hess-VGH in NJW 2005, 2727 (2732); Ahlf/Daub/Lersch/Störzer § 7 Rn. 24.
3223 = § 7 Abs. 11 BKAG i.d.F. vom 1.7.2013.
3224 BT-Drucksache 13/1550 S. 25.

nalien wie Alias- Personalien[3225]. Auch Angaben zum akademischen Grad (Nr. 8), Geschlecht (Nr. 12), Geburtsdatum (Nr. 13), Geburtsdatum einschließlich Kreis (Nr. 14), Geburtsstaat (Nr. 15) und Geburtsregion (Nr. 16) und aktuelle oder frühere Staatsangehörigkeiten (Nr. 18) sind Angaben, die bei der Identifizierung einer Person mit dem Ziel, bei Bedarf bereits über diese angelegte Kriminalakten ohne die Gefahr einer Verwechslung ausfindig zu machen, beitragen können. Angaben über Familienstand (Nr. 7), erlernten Beruf (Nr. 9), ausgeübter Tätigkeit (Nr. 10), Schulabschluss (Nr. 11), Volkszugehörigkeit (Nr. 17), gegenwärtigen Aufenthaltsort und früherer Aufenthaltsorte (Nr. 19), Wohnanschrift (Nr. 20) oder Sterbedatum (Nr. 21) sind jedoch keine Daten von Beschuldigten, die zu deren Identifizierung dienen[3226]. Sie können allenfalls Inhalt einer Kriminalakte sein, dürfen jedoch unter Verhältnismäßigkeitsgesichtspunkten mangels Geeignetheit und Erforderlichkeit nicht in den vom BKA geführten KAN – Dateien gespeichert werden.

Noch weitergehend als § 1 Abs. 1 BKADV zählt § 1 Abs. 2 Nr. 1 bis 8 BKADV verschiedene Einzelmerkmale auf, die *„andere zur Identifizierung geeignete Merkmale"* i.S.d. § 8 Abs. 1 Nr. 1 des BKAG sein sollen. Die in § 1 Abs. 2 Nr. 2 d) und e), 4, 5 und 8 BKADV genannten personenbezogenen Merkmale wie *Gestalt* (Nr. 2 a)), *scheinbares Alter* (Nr. 2 d)) und *äußere Erscheinung* (Nr. 2 e)) und *sprachlichen Merkmale wie verwendete Sprachen* (Nr. 4) sowie *Stimm- und Sprachmerkmale wie eine Mundart* (Nr. 5) sind äußerlich feststellbare körperliche Merkmale, die bei bestehenden Zweifeln zur Identifizierung eines Beschuldigten beitragen können. Demgegenüber stellen die in § 1 Abs. 2 Nr. 1, 2 b), 2 c), 2 f), 3, 6 und 7 BKADV aufgezählten Merkmale wie *Größe unter Angabe ihrer Feststellung* (Nr. 2 b)), *Gewicht* (Nr. 2c)), *Schuhgröße* (Nr. 2 f)), *besondere körperliche Merkmale* (Nr. 3), *verfasste Texte* (Nr. 6) und *Handschriften* (Nr. 7) eher weitere personenbezogene Daten i.S.d. § 8 Abs. 2 BKAG dar und dürften nicht in § 1 BKADV sondern allenfalls in § 2 Abs. 1 BKADV oder im Zusammenhang mit Vermisstenfällen in § 8 Satz 1 Nr. 2 bis 4 BKADV genannt werden. Diese Daten können nicht ohne weiteres festgestellt werden und dürfen gegen den Willen des Betroffenen nur unter den erschwerten Voraussetzungen des § 81b 2. Alt. StPO erhoben oder – sofern sie zunächst nach § 81b 1. Alt. StPO erhoben wurden – unter den erschwerten Bedingungen des § 484

3225 BT-Drucksache 13/1550 S. 25; Ahlf in Ahlf/Daub/Lersch/Störzer, BKAG, § 8 Rn. 3; Hilger in NStZ 2001, 15 (17-Fn. 98).
3226 Arzt in NJW 2011, 352 (354).

708

Abs. 2 Satz 1, Abs. 4 StPO i.V.m. § 8 Abs. 2 BKAG entsprechenden Voraussetzungen des § 8 Abs. 6 Satz 1 2. Alt. Nr. 1 BKAG gespeichert werden[3227].

Festzuhalten bleibt, dass das BKA gem. § 484 Abs. 1, Abs. 4 StPO i.V.m. § 8 Abs. 1 BKAG ebenso wie die Staatsanwaltschaften zum Führen eines Aktenhinweissystems ermächtigt ist. Anhand des Namens oder des Geburtsdatums eines bestimmten Beschuldigten können über diesen geführte Kriminalakten von bundesweiter Relevanz ermittelt werden. Dies dient der Feststellung aufgrund welchen Tatvorwurfs gegen diese Person bereits Strafverfahren geführt worden sind. Bezogen auf die Staatsanwaltschaft besteht ein solches länderübergreifend geführtes Aktennachweissystem als das in § 492 ff StPO näher geregelte *„staatsanwaltschaftliches Verfahrensregister"*, bezogen auf das BKA in Gestalt des *Kriminalaktennachweises*. Die Staatsanwaltschaften und die Polizeien der Länder führen indes auch eigene Aktenhinweissysteme, aus denen die in das staatsanwaltliche Verfahrensregister bzw. in den durch das BKA unterhaltenen Kriminalaktennachweis einzuspeichernden Daten an das Bundesamt der Justiz bzw. das BKA übermittelt werden. Durch § 8 Abs. 1 BKAG hat der Bundesgesetzgeber, soweit es den beim BKA geführten Kriminalaktennachweis betrifft, eine den Vorgaben des § 484 Abs. 1 i.V.m. Abs. 4 StPO entsprechende bereichsspezifische und präzise Regelung getroffen.

Die Ausgestaltung des § 1 Abs. 2 Nr. 2 b), c) und f), Nr. 3 und Nr. 7 BKADV entspricht diesen verfassungskonformen Befugnissen nicht. Hierdurch werden für Zwecke des Kriminalaktennachweises ungeeignete bzw. nicht erforderliche Einträge im KAN als legitim suggeriert.

(3) Weitere Daten über den Beschuldigten oder Tatverdächtigen i.S.d. § 8 Abs. 2 BKAG

Entsprechend § 484 Abs. 2 Satz 1 StPO kann das BKA gem. § 8 Abs. 2 BKAG neben den im Kriminalaktennachweis gespeicherten Personendaten von Beschuldigten unter den engeren Voraussetzungen

„weitere personenbezogene Daten von Beschuldigten oder Tatverdächtigen speichern[3228], soweit dies erforderlich ist, weil wegen

---

3227 Kapitel 5 II. 1. b. bb. (2) (S. 695); Arzt in NJW 2011, 352 (354).
3228 Hilger in NStZ 2001, 15 (18).

- der Art oder Ausführung der Tat,
- der Persönlichkeit des Betroffenen oder
- sonstiger Erkenntnisse

Grund zu der Annahme besteht, dass Strafverfahren gegen den Beschuldigten oder Tatverdächtigen zu führen sind."

Neben dem Umfang der speicherbaren Daten erweitert § 8 Abs. 2 StPO gegenüber § 8 Abs. 1 StPO den Kreis der betroffenen Personen. Während sich § 8 Abs. 1 BKAG ausschließlich auf die Daten eines Beschuldigten erstreckt, bezieht sich § 8 Abs. 2 BKAG zusätzlich auf *„Daten von Personen, die einer Straftat verdächtig sind."* Dabei muss § 8 Abs. 2 und 3 BKAG als eine durch einen Polizeigesetzgeber geschaffene Aufnahmeklausel, die zur Speicherung von auf repressiver Grundlage erhobenen personenbezogenen Daten zur Vorsorge für die Verfolgung von künftigen Straftaten ermächtigen soll, dem § 484 Abs. 2 Satz 1 und 2 StPO entsprechend von der Voraussetzung einer positiven Prognose über die künftige Begehung von Straftaten durch den Beschuldigten anhängig sein. Die Prognose der zukünftigen Begehung von Straftaten durch den Beschuldigten wird durch die Öffnungsklausel des § 484 Abs. 2 Satz 1 und 2; Abs. 4 StPO im Sinne einer positiv festzustellenden Kriminalitätsprognose gefordert[3229]. Dieser Forderung entsprechend enthält § 8 Abs. 2 BKAG die Voraussetzung einer positiven Prognose der zukünftigen Begehung von Straftaten[3230]. Sie ist ebenso für die Speicherung der nach § 81e Abs. 1 StPO oder § 81g Abs. 1 StPO gewonnenen DNA-Identifizierungsmuster, die zur Verhütung und Verfolgung künftiger Strafverfahren in der DNA- Analyse- Datei gespeichert werden, wie auch für die Speicherung von Daten, die bei einer erkennungsdienstlichen Behandlung nach § 81b 1. oder 2. Alternative StPO erhoben wurden und zum Zweck zur Verhütung und Verfolgung von Straftaten in erkennungsdienstlichen Dateien gespeichert werden, zwingend[3231]. Nur wenn aufgrund tatsächlicher Anhaltspunkte Grund zu der Annahme besteht, dass gegen den Betroffenen künftig Strafverfahren zu führen sind, ist eine Speicherung weiterer, über den von § 484 Abs. 1 StPO sowie § 8 Abs. 1 BKAG vorgegebenen Rahmen hinausgehenden Daten zulässig[3232].

3229 BT-Drucksachen 13/9718 S. 30; 14/1484 S. 32; Wittig in Graf, StPO, § 484 Rn. 4.
3230 Ratzel/Brisach/Soine in Kriminalistik 2001, 530 (535).
3231 Kapitel 5 A. II. 1. b. bb. (1) (S. 695) / (2) (S. 695).
3232 BT-Drucksache 13/1550 S. 25; BVerfG in NStZ-RR 2006, 378 (378); Hilger in NStZ 2001, 15 (18).

Auch widerspricht der Ausschluss der Datenverwendung nach § 8 Abs. 3 BKAG nicht dem durch § 484 Abs. 2 Satz 2 StPO vorgegebenen Rahmen. Wie sich aus dem Standort der Regelung des § 484 Abs. 2 Satz 2 StPO ergibt, bezieht sich der darin enthaltene Ausschluss der Datenverwendung ausschließlich auf die Speicherung von *„weiteren personenbezogenen Daten"* i.S.d. § 484 Abs. 2 Satz 1 StPO[3233]. Demgegenüber führt der Standort des mit § 484 Abs. 2 Satz 2 StPO wortidentischen § 8 Abs. 3 BKAG zu der Auslegung, dass bei Vorliegen von dessen Voraussetzungen nicht nur die dem § 484 Abs. 2 Satz 1 StPO entsprechende Speicherung von *„weiteren personenbezogenen Daten"* i.S.d. § 8 Abs. 2 BKAG sondern auch die Speicherung des KAN nach § 8 Abs. 1 BKAG ausgeschlossen ist. § 8 Abs. 3 BKA ermöglicht gegenüber der Regelung des § 484 Abs. 2 Satz 2 StPO ein höheren datenschutzrechtlichen Standard, so dass der von § 484 Abs. 2 Satz 2 StPO vorgegebene Rahmen gewahrt bleibt. Da es bei Entfallen des auf einen bestimmten Beschuldigten bezogenen Tatverdachts nicht nur an der Geeignetheit der Speicherung von weiteren Daten von Beschuldigten und Tatbeteiligten nach § 484 Abs. 2 Satz 1 StPO sondern auch an der Eignung des Führens von Kriminalakten und des Kriminalaktennachweises zur Vorsorge für die Verfolgung von Straftaten fehlt[3234], ist die in § 8 BKAG gewählte Systematik – soweit es das polizeiliche Nachweissystem betrifft – vorzugswürdig. Der Standort des § 484 Abs. 2 Satz 2 StPO mag der Eigenart des staatsanwaltlichen Verfahrensregisters geschuldet sein.

(a) Personen, über die gem. § 8 Abs. 2 BKAG Daten gespeichert werden dürfen

Während sich § 8 Abs. 2 BKAG auf *„Daten von Personen, die einer Straftat verdächtig sind"*, bezieht, enthält die Öffnungsklausel des § 484 Abs. 2 Satz 1 StPO den Begriff des *„Tatbeteiligten"*. Darunter sind Mittäter, Anstifter und Gehilfen aber auch Personen zu verstehen, die im Zusammenhang mit der dem Beschuldigten vorgeworfenen Tat der Hehlerei, Strafvereitelung oder Begünstigung verdächtig sind[3235]. Derart in den Zusammenhang mit einer Straftat stehende Personen erfüllen regelmäßig den Beschuldig-

---

3233 Matheis, Dissertation, S. 327.
3234 VG Gießen in NVwZ 2002, 1531 (1532).
3235 Hilger in Löwe-Rosenberg, StPO, § 484 Rn. 10; Matheis, Dissertation, S. 326; Hilger in NStZ 2001, 15 (18-Fn. 100).

tenstatus im Zusammenhang mit derselben oder einer anderen prozessualen Tat. Deren Daten könnten daher ebenfalls gem. § 8 Abs. 1 BKAG erfasst werden, so dass ein Verweis auf den Kriminalaktennachweis eines Tatbeteiligten in dem KAN des Beschuldigten, z.B. durch Verlinkung der jeweiligen Dateien, denkbar ist.

Den Rückschluss, dass es sich bei den „*weiteren personenbezogenen Daten von Tatverdächtigen*" i.S.d. § 8 Abs. 2 BKAG ausschließlich um diejenigen von Tatbeteiligten handeln muss, ist indes nicht zwingend. Unter den Begriff des Tatverdächtigen aus § 8 Abs. 2 BKAG lassen sich nicht nur die von § 484 Abs. 2 Satz 1 StPO erfassten Tatbeteiligten sondern auch Kinder subsumieren. Infolge des § 19 StGB können strafunmündige Kindern nicht zu Beschuldigten eines Strafverfahrens werden, so dass eine Erhebung von deren Daten nach den Regeln der *StPO* ausscheidet. Gleichwohl können Kinder verdächtigt werden, eine Straftat begangen zu haben. In § 484 Abs. 2 Satz 1 StPO liegt aber lediglich die Öffnungsklausel für die Verarbeitung von personenbezogenen Daten durch die Strafverfolgungsbehörden, die nach den Regeln der *StPO* erhoben wurden. Da § 484 Abs. 2 Satz 1 StPO in Ermangelung der Möglichkeit, Daten über Kinder auf repressiver Grundlage zu erheben, nicht als Öffnungsklausel für die Verwendung von Daten von Kindern zur Vorsorge für die Verfolgung von Straftaten in Betracht kommt, schließt der Begriff des Tatbeteiligten aus § 484 Abs. 2 Satz 1 StPO den Begriff des Tatverdächtigen aus § 8 Abs. 2 Satz 1 BKAG nicht aus. Kommt die Anwendung des Strafverfahrensrechts erst gar nicht in Betracht, unterliegt es der Gesetzgebungskompetenz der Polizeigesetzgeber, die Erhebung, Speicherung, Nutzung und Übermittlung von Daten von Kindern auf polizeigesetzlicher Grundlage zu regeln[3236]. Die Verarbeitung von Daten über Strafgefangene und Verurteilte ist demgegenüber in § 120 Abs. 2 StrVollzG und entsprechenden nach der Föderalismusreform erlassenen Landesgesetzen geregelt[3237]. Tatverdächtige i.S.d. § 8 Abs. 2 BKAG können daher auch Strafmündige sein, die im Zusammenhang mit einem Strafverfahren in den Verdacht geraten, die dem Strafverfahren zugrunde liegende Tat begangen zu haben.

[3236] OVG NRW in DÖV 1999, 522 (523).
[3237] A.A. OVG NRW in DÖV 1999, 522 (523).

(b) Gem. § 8 Abs. 2 BKAG speicherbare Daten

Im Verhältnis zu § 8 Abs. 1 BKAG wird durch § 8 Abs. 2 BKAG neben dem von der Speicherung betroffenen Personenkreis der Umfang der speicherbaren Daten über Beschuldigte oder Tatverdächtige erweitert[3238]. Da von der Befugnis des § 8 Abs. 1 BKAG der durch das BKA zu führende Kriminalaktennachweis erfasst ist und § 8 Abs. 2 BKAG unmittelbar an den Wortlaut des § 8 Abs. 1 BKAG anknüpft, könnte es sich bei den „*weiteren personenbezogenen Daten von Beschuldigten*", die nach § 484 Abs. 2 Satz 1 StPO und § 8 Abs. 2 BKAG zur Vorsorge für die Verfolgung von künftigen Straftaten gespeichert werden dürfen, um solche handeln, die ebenfalls dem Nachweis von etwas dienen. Weitere personenbezogene Daten von Beschuldigten, die in einem Kriminalaktennachweis i.S.d. § 9 Abs. 1 Nr. 2 a) oder b) BKADV gespeichert werden dürfen, sind gem. § 10 Abs. 2 Nr. 2 und 3 BKADV die in § 2 Abs. 1 Nr. 1, 15, 16, 19 und 20 BKADV genannten Daten. Hierbei handelt es sich um
– Aufenthaltsstatus und Aufenthaltsanlass (Nr. 1),
– personengebundene Hinweise i.S.d. § 7 Abs. 3 BKAG[3239] (Nr. 15 und 16),
– Vorgangsdaten (Nr. 19) und
– Hinweise auf einen Bestand in der DNA-Analyse-Datei (Nr. 20).

Während die in § 2 Abs. 1 Nr. 1 und Nr. 19 BKADV genannten Datenfelder keine Fragen aufwerfen, stellt sich einerseits die Frage, warum sich § 2 Abs. 1 Nr. 20 BKADV lediglich auf Hinweise auf den Bestand in der DNA-Analyse- Datei und nicht auch Nachweise von anderen erkennungsdienstlichen Behandlungen bezieht. Anderseits ist nicht nachzuvollziehen, warum die in § 2 Abs. 1 Nr. 15 BKADV genannten personengebundenen Hinweise nach § 7 Abs. 3 BKADV nicht bereits in § 1 BKADV genannt werden.

Da weitere Daten von Beschuldigten gem. § 484 Abs. 2 Satz 1 StPO und § 8 Abs. 2 BKAG nur dann gespeichert, verändert oder genutzt werden dürfen, wenn die Prognose der künftigen Begehung einer Straftaten positiv ausfällt, könnten hierunter Nachweise über solche strafprozessualen Maßnahmen fallen, durch die gerade wegen der Prognose der zukünftigen Begehung von Straftaten Daten über den Beschuldigten erhoben wurden. Hierunter fällt nicht nur der in § 2 Abs. 1 Nr. 20 BKADV genannte Hinweis auf

---

3238 Papsthart in Erbs/Kohlhaas, BKAG, § 8 Rn. 4.
3239 = § 7 Abs. 8 BKAG i.d.F. vom 1.7.2013.

den Bestand in der DNA- Analyse- Datei zum Nachweis darüber, ob von dem Beschuldigten bereits DNA- Identifizierungsmuster nach § 81g Abs. 1 oder 4 StPO erhoben wurden. Vielmehr zählen hierzu auch zur Vorsorge für die Verfolgung künftiger Strafverfahren durchgeführte erkennungsdienstliche Behandlungen nach § 81b 2. Alt. StPO oder sonst zum Zwecke des Erkennungsdienstes i.S.d. § 81b 2. Alt. StPO gespeicherte Daten. Während die Befugnis aus § 8 Abs. 6 Satz 1 2. Halbsatz Nr. 1 BKAG lex specialis für die Speicherung der zur Vorsorge für die Verfolgung von Straftaten erhobenen Daten in den einschlägigen Dateien, wie z.B. der DNA- Analyse- Datei, der Lichtbilddatei oder dem automatisierten Fingerabdrucksystem AFIS-P ist, ermächtigt § 8 Abs. 2 BKAG dazu, neben den Daten i.S.d. § 8 Abs. 1 BKAG auch Nachweise darüber im Kriminalaktennachweis zu führen, ob von dem Beschuldigten bereits DNA- Identitätsfeststellungsmuster oder Lichtbilder oder Nachweise über Finger- und Handflächenabdrücke vorhanden sind. Der Lichtbildnachweis findet in INPOL-neu dadurch statt, dass der Kriminalaktennachweis zu einem Beschuldigten mit dessen Eintrag in der Lichtbilddatei verlinkt ist, so dass dessen Lichtbild bei Bedarf abgerufen und gegebenenfalls durch eine erneute erkennungsdienstliche Behandlung aktualisiert werden kann. Durch den so über § 8 Abs. 2 BKA ermöglichten Nachweis von Maßnahmen, die zur Vorsorge für die Verfolgung künftiger Straftaten zum Nachteil des Beschuldigten getroffen wurden, können Mehrfachbelastungen des Beschuldigten vermieden werden. Sofern bereits oder DNA- Identitätsfeststellungsmuster oder Fingerabdrücke über einen Beschuldigten erhoben wurden, ist es unter Verhältnismäßigkeitsgesichtspunkten in der Regel nicht erforderlich, vorhandene Daten erneut zu erheben. Die nach § 8 Abs. 2 BKAG gespeicherten Daten des Beschuldigten dienen dann der Wahrung der Verhältnismäßigkeit. Daher können durch § 8 Abs. 2 BKAG nicht nur solche Nachweise über den Beschuldigten gespeichert werden, die zur Vorsorge für die Verfolgung von Straftaten erhoben wurden, sondern auch solche, die zunächst zur Aufklärung einer Straftat erhoben und erst im Nachhinein unter Änderung des ursprünglichen Erhebungszwecks zur Vorsorge für die Verfolgung von Straftaten gespeichert wurden. Entsprechende Befugnisse des BKA zur zweckändernden Speicherung finden sich und bezogen auf die DNA- Analyse nach § 81g Abs. 1 und 4 StPO in § 81g Abs. 5 Satz 2 Nr. 1 StPO i.V.m. § 8 Abs. 6 Satz 1 2. Halbsatz Nr. 1 BKAG und bezogen auf die erkennungsdienstliche Behandlung aus § 81b 1. Alt. StPO in § 484 Abs. 4 StPO i.V.m. § 8 Abs. 6 Satz 1 2. Halbsatz Nr. 1 BKAG.

Bezogen auf die Vorsorge für die Verfolgung von künftigen Straftaten sind „*weitere personenbezogene Daten von Beschuldigten*" i.S.d. § 484 Abs. 2 StPO und § 8 Abs. 2 BKAG also vor allem Nachweise über die Erhebung oder zweckändernden Speicherungen von Daten über den Beschuldigten, die zur Vorsorge für die Verfolgung von Straftaten vorgenommen wurden. Vor dem Hintergrund des Erfordernisses der richterlichen Anordnung bei der Entnahme von Körperzellen zum Zweck der DNA- Analyse sowie der Durchführung der DNA- Analyse aus § 81g Abs. 3 Satz 1 und 2 StPO, die auf Antrag der Staatsanwaltschaft herbeizuführen ist, stellt sich vor diesem Hintergrund die Frage, warum bislang kein Bedarf nach einer Rechtsverordnung nach § 484 Abs. 3 StPO gesehen wurde[3240]. Auch durch das Führen von Nachweisen über Maßnahmen der DNA- Identitätsfeststellung können unverhältnismäßige Entnahmen und Analysen von DNA- Material vermieden werden.

Jedenfalls sind Nachweise über erkennungsdienstliche Behandlungen, die vom BKA in sonstigen vom BKA unterhalterhaltenen Dateien wie AFIS-P oder FISH geführt werden, „*weitere personenbezogene Daten von Beschuldigten*" i.S.d. § 8 Abs. 2 BKAG, die einer Erwähnung in § 2 Abs. 1 BKADV bedürften. Da entsprechende Daten gem. § 81b 2. Alt. StPO nur unter der Voraussetzung einer positiven Prognose über die zukünftige Begehung von Straftaten erhoben bzw. gespeichert werden dürfen, sind die in § 1 Abs. 2 BKADV enthaltenen Angaben
– Größe unter Angabe ihrer Feststellung (Nr. 2b)),
– Gewicht (Nr. 2c)),
– Schuhgröße (Nr. 2f) sowie
– besondere körperliche Merkmale (Nr. 3) und
– Handschriften (Nr. 8)
nicht Personendaten von Beschuldigten i.S.d. § 8 Abs. 1 Nr. 1 BKAG[3241], sondern müssten bei Bedarf in § 2 Abs. 1 BKADV oder im Hinblick auf Vermisstenfälle in § 8 Satz 1 Nr. 1 BKADV übernommen werden. Zumindest die faktisch existierenden Nachweise über vorhandene Lichtbilder in der Lichtbilddatei oder auch Nachweise über vorhandene Fingerabdrücke in der Datei AFIS-P sollten daher in § 2 Abs. 1 BKADV übernommen werden.

3240 Meyer-Goßner, StPO, § 484 Rn. 4; Weßlau in SK-StPO, § 484 Rn. 14, 20.
3241 BVerwG in NJW 1990, 2768 (2769).

Kapitel 5: Die zweckändernde Verarbeitung von Daten in KpS

(4) Personengebundene Hinweise i.S.d. § 7 Abs. 3 BKAG a.F.[3242] i.V.m. § 2 Abs. 1 Nr. 15 BKADV

Neben jedem Personendatensatz kann das BKA gem. § 7 Abs. 3 BKAG a.F. so genannte personengebundene Hinweise
– zur Eigensicherung der eingesetzten Beamten oder
– zum Schutzes eines von der Datenspeicherung Betroffenen
in Dateien speichern. Möglich sind Hinweise auf eine bestehende *Freitodgefahr*, darauf, dass die Person *bewaffnet* oder *gewalttätig* sein könnte, oder auf bestehende *Ansteckungsgefahren (Vorsicht Blutkontakt)*[3243]. Bei diesen handelt es sich weder um „*ähnliche Merkmale*" i.S.d. § 81b 2. Alt. StPO, noch wurden diese durch gezielte Maßnahmen gegenüber dem Betroffenen erhoben[3244]. Vielmehr sind personengebundene Hinweise i.S.d. § 7 Abs. 3 BKAG a.F. Bewertungen von Polizeibehörden, die aus festgestellten Eigenschaften oder Verhaltensweisen des Betroffen anlässlich von repressiven oder präventiv- polizeilichen Polizeieinsätzen abgeleitet wurden[3245]. Aufgrund der besonderen Sensibilität der Bewertungen muss gem. § 7 Abs. 4 BKAG a.F.[3246] feststellbar sein, welche Behörde die der Bewertung zugrunde liegenden Unterlagen führt[3247]. Voraussetzung für die Speicherung von personengebundenen Hinweisen ist, dass bereits eine Datei mit Daten über die Person vorhanden ist, auf die sich die personenbezogenen Hinweise beziehen. Diese betrifft vor allem Dateien des polizeilichen Informationssystems wie den KAN, die Fahndungs- oder die Haftdatei[3248].

Personengebundene Hinweise sollen gem. § 2 Abs. 1 Nr. 15 BKADV weitere im KAN speicherbare Daten von Beschuldigten i.S.d. § 484 Abs. 2 StPO bzw. § 8 Abs. 2 BKAG sein. Sie sollen – wie der Hinweis *Freitodgefahr* – dem Schutz des Betroffenen oder – wie die Hinweise *bewaffnet, gewalttätig* oder *Explosivstoffgefahr (EXPL)*[3249] – der Eigensicherung der ermittelnden Beamten dienen. Die Kenntnis über eine bestehende Freitodge-

---

3242 = § 7 Abs. 8 BKAG i.d.F. vom 1.7.2013.
3243 BVerwG in NJW 1990, 2768 (2770); EAO KRIMINALAKTENNACHWEIS Ziffer 5.3 (Stand: 14.2.2006); Ahlf in Ahlf/Daub/Lersch/Störzer, BKAG, § 7 Rn. 19.
3244 BVerwG in NJW 1990, 2768 (2769).
3245 BVerwG in NJW 1990, 2768 (2769).
3246 = § 7 Abs. 9 BKAG i.d.F. vom 1.7.2013.
3247 Ahlf in Ahlf/Daub/Lersch/Störzer, BKAG, § 7 Rn. 21.
3248 BT-Drucksache 13/1550 S. 25.
3249 EAO KRIMINALAKTENNACHWEIS Ziffer 5.3 (Stand: 14.2.2006).

fahr bei einer Festnahme oder Ingewahrsamnahme ermöglicht es, geeignete Maßnahmen zur Verhinderung eines weiteren Versuchs einer Selbsttötung zu treffen[3250]. Ähnlich dient die Kenntnis über Vorerkrankungen eines Beschuldigten dazu, die eingesetzten Beamten vor Infektionsgefahren zu warnen oder bei Antreffen einer zur Festnahme ausgeschriebenen Person unverzüglich einen Arzt hinzuzuziehen[3251]. Im Gegensatz zu den in § 2 Abs. 1 Nr. 16 BKADV aufgeführten delikts- oder phänomenbezogenen personenbezogenen Hinweisen wie *Sexualstraftäter (SEXT), Straftäter politisch links motiviert (LIMO)* oder *Straftäter politisch rechts motiviert (REMO)*[3252], die der Ermittlungsunterstützung dienen, entstehen von einem Beschuldigten für die eingesetzten Polizeibeamten ausgehende Gefahren aber nicht unbedingt erst dadurch, dass eine Prognose über die Begehung künftiger Straftaten positiv ausfällt.

Vor allem die der Eigensicherung von Polizeibeamten vor Infektionskrankheiten wie HIV oder Hepatitis oder die in diesem Zusammenhang dienenden personengebundenen Hinweise *BtM-Konsument* oder *Prostitution* sollten daher in die in § 2 Abs. 1 Nr. 15 BKADV aufgeführten Hinweise in § 1 BKADV übernommen werden. Wurden die zu den personengebundenen Hinweisen führenden Informationen der Polizei im Zusammenhang mit ihrer repressiven Aufgabenerfüllung bekannt, bedarf es insoweit einer diese Verwendungsform ermöglichenden präzisen Öffnungsklausel in der *StPO*, die bisher nicht besteht. An § 484 Abs. 1 bis 4 StPO[3253] müsste daher folgender Abs. 5 anschließen:

§ 484 StPO – Entwurf
(5) Die Polizei kann durch Polizeigesetz ermächtigt werden, die nach Abs. 1 gespeicherten Daten um personengebundene Hinweise, die der Eigensicherung oder dem Schutz des Beschuldigten dienen, zu ergänzen und diese auf Grundlage des Polizeigesetzes zu nutzen. Das Gleiche gilt unter den Voraussetzungen des Abs. 2 für delikts- und phänomenbezogene personengebundene Hinweise.

3250 BT-Drucksache 13/1550 S. 44.
3251 Pieroth/Schlink/Kniesel, POR, § 15 Rn. 24.
3252 BT-Drucksache 13/1550 S. 44; EAO KRIMINALAKTENNACHWEIS Ziffer 5.3 (Stand: 14.2.2006).
3253 Kapitel 5 A. II. 1. c. (S. 699).

cc. Zwischenergebnis

Im Ergebnis bleibt festzuhalten, dass die Aufnahmeklausel des § 8 Abs. 1 bis 3 BKAG eine den Vorgaben des § 484 Abs. 1 und 2 StPO entsprechende Befugnis des BKA ist, um Daten in der Datei KAN zur Vorsorge für die Verfolgung von Straftaten zu speichern. Allerdings bedarf die Öffnungsklausel des § 484 StPO einer Überarbeitung. Zum einen müsste § 484 Abs. 1 StPO um einen Satz 2 ergänzt werden, wonach dem Schutz des Beschuldigten oder der Eigensicherung von Polizeibeamten dienenden personenbezogene Hinweise, die den Strafverfolgungsbehörden anlässlich eines Strafverfahrens bekannt geworden sind, in dem jeweiligen Aktenhinweissystem verwendet werden dürfen. Darüber hinaus verdient der Regelungsstandort des § 8 Abs. 3 StPO im Vergleich zu dem des § 484 Abs. 2 Satz 2 StPO den Vorrang. Wird ein zunächst gegen einen Beschuldigten bestehender Verdacht – gleich aus welchem Grund – nachträglich ausgeräumt, ist die weitere Aufbewahrung der mit diesem Verdacht in Zusammenhang stehenden Daten für die Zwecke der Vorsorge für die Verfolgung von Straftaten und deren Verhütung unabhängig davon ungeeignet, ob die Daten gem. § 484 Abs. 1 StPO oder gem. § 484 Abs. 2 StPO gespeichert wurden. Hinsichtlich der Bedeutung des Begriffs des Verwendens i.S.d. § 484 Abs. 4 StPO gelten die zu den erkennungsdienstlichen Dateien getroffenen Feststellungen entsprechend[3254].

Weitere Daten von Beschuldigten i.S.d. § 484 Abs. 2 Satz 1 StPO i.V.m. § 8 Abs. 2 BKAG sind solche, die fälschlicher Weise in § 1 Abs. 2 Nr. 2 b), c), f), Nr. 3 und Nr. 7 BKADV als Daten von Beschuldigten i.S.d. § 484 Abs. 1 StPO bzw. § 8 Abs. 1 BKAG aufgeführt sind oder die dem Nachweis darüber dienen, dass und wann bei einer Person bereits erkennungsdienstliche Maßnahmen i.S.d. § 81 g Abs. 1 bis 4 StPO oder 81b 2. Alt. StPO durchgeführt wurden oder entsprechende, zur Aufklärung eines bestimmten Strafverfahrens erhobene Daten gespeichert wurden. Daten von Tatbeteiligten können ferner nur dann gem. § 484 Abs. 2 Satz 1 StPO gespeichert werden, wenn die Tatbeteiligten ebenfalls Beschuldigte einer Straftat sind.

3254 Kapitel 5 A. II. 1. b. dd. (S. 697).

d. Die Haftdatei i.S.d. § 9 Abs. 2 BKAG

Die Haftdatei steht in engem Zusammenhang mit den Fahndungsdateien, da sie sowohl der Vorsorge für die Verfolgung von Straftaten als auch der Gefahrenabwehr dient[3255]. Die Frage, ob die Haftdatei deshalb ebenso wie die Fahndungsdatei eine Mischdatei i.S.d. § 483 Abs. 3 StPO ist, bedarf einer genaueren Prüfung. Nur wenn die Haftdatei eine Mischdatei i.S.d. § 483 Abs. 3 StPO oder eine Vorsorgedatei i.S.d. § 484 Abs. 1 und 4 BKAG wäre, käme eine polizeigesetzlich geregelte Aufnahmeklausel als polizeiliche Befugnisnorm in Betracht. Nach dem Willen des Gesetzgebers soll § 9 Abs. 2 BKAG das BKA ermächtigen, Daten über Personen in der Haftdatei zu speichern, die sich wegen des Verdachts oder des Nachweises einer rechtswidrigen Tat in einer richterlich angeordneten Freiheitsentziehung befinden. Dabei verfolgt die bis zum Inkrafttreten des *BKAG 1997* in § 4 BKAG a.F. sowie in Ziffer 4.2.3 vom 26.2.1981 geregelte Haftdatei das Ziel, bei einer Vermisstenanzeige über eine in Haft befindliche Person unnötige Fahndungsausschreibungen zu vermeiden, falsche Alibi-Angaben schnell und zuverlässig überprüfen zu können sowie rechtzeitig über bevorstehende, mit Freigängen verbundene Haftentlassungen informiert zu sein[3256]. Gem. § 27 Abs. 4 Satz 1 BMG werden Meldepflichten nach §§ 17 und 28 BMG durch den Vollzug einer richterlichen Entscheidung über Freiheitsentziehungen nicht begründet, solange die betroffene Person für eine Wohnung im Inland gemeldet ist. Nur wenn eine Person nicht für eine Wohnung gemeldet ist und deren Haftaufenthalt 3 Monate übersteigt, hat die Anstaltsleitung gem. § 27 Abs. 4 Satz 1 BMG die Aufnahme, die Verlegung und die Entlassung innerhalb von zwei Wochen der Meldebehörde mitzuteilen, die für den Sitz der Anstalt zuständig ist[3257]. Somit sind Häftlinge, die die Voraussetzungen des § 27 Abs. 4 Satz 1 BMG erfüllen, nur unter deren Wohnadresse im Einwohnermelderegister registriert, ohne dass hieraus deren Häftlingsstatus ersichtlich wäre. Somit kann unnötigen Fahndungsausschreibungen oder falschen Alibi- Angaben nur mittels der Haftdatei entgegengewirkt werden. Der eingeschränkten Meldepflicht von Häftlingen entspricht die in § 32 BMG geregelte besondere Meldepflicht von Personen, die in Krankenhäu-

---

[3255] BT-Drucksache 13/1550 S. 27.
[3256] BT-Drucksache 13/1550 S. 27; EAO HAFTDATEI (Stand: 11.8.2005) Ziffer 2.2; Petri in Lisken/Denninger, HbdPolR, 5. Auflage, G Rn. 108; Papsthardt in Erbs/Kohlhaas, BKAG, § 9 Rn. 2; Kersten in Kriminalistik 1987, 357 (360).
[3257] Bisher: § 15 MRRG i.V.m. Landesrecht.

Kapitel 5: Die zweckändernde Verarbeitung von Daten in KpS

sern, Heimen und ähnlichen Einrichtungen aufgenommen worden oder dort eingezogen sind, jedoch wurde für anderweitig im Inland gemeldete Personen keine der Haftdatei entsprechende Datei eingerichtet. Die mit der Haftdatei verfolgten Ziele dienen vorrangig dem Zweck des zu der richterlich angeordneten Freiheitsentziehung führenden Strafverfahrens oder den Zwecken künftiger Strafverfahren.

Da eine der repressiven Haftdatei entsprechende präventiv- polizeilichen Zwecken dienende Datei nicht ersichtlich ist, scheidet § 483 Abs. 3 StPO als Befugnis zur Speicherung von Daten in der Haftdatei aus. Seit Inkrafttreten des *StVÄG 1999* findet sich mit § 484 Abs. 1 und 2 StPO eine gegenüber § 9 Abs. 2 BKAG speziellere Befugnis zur Speicherung von Daten über Personen, die sich in einer richterlich angeordneten Freiheitsentziehung in behördlichem Gewahrsam befinden. Richterliche Entscheidungen wie Haftbefehle beruhen häufig auf einer Kriminalitätsprognose i.S.d. § 484 Abs. 2 Satz 1 StPO, so dass die Haftdatei nichts anderes ist als eine besondere Form des Kriminalaktennachweises. Somit richtet sich der Datenschutz i.w.S., also die Bestimmungen über nicht- eingriffsbezogene Formen der Verarbeitung der Daten des Betroffenen[3258], nach den Bestimmungen der §§ 31 bis 37 BKAG, wobei in § 9 Abs. 2 BKAG die dem § 484 Abs. 4 StPO entsprechende Aufnahmeklausel liegt.

e. Verfahrensübergreifende Strafverfolgungsdateien i.S.d. § 483 Abs. 2 StPO

Die heute vom BKA betriebenen Strafverfolgungsdateien, die in Gestalt von Falldateien als Verbund- oder Zentraldateien geführt werden, dienen Kriminalbeamten des BKA und der LKÄ als deliktisch oder phänomenologisch orientierte Melde- und Analysesysteme[3259]. Hierfür wird die mit INPOL-neu bereitgestellte Anwendung INPOL- Fall als Benutzeroberfläche verwendet, wobei diese zwar noch die deliktisch oder phänomenologische Trennung der Datenbestände in Falldateien enthält, eine spätere Zusammenführung der in den jeweiligen Falldateien enthaltenen Datenbeständen

---

3258 Kapitel 1 C. I. 2. d. aa. (S. 80) / II. 5. (S. 112).
3259 Petri in Lisken/Denninger, HbdPolR, 5. Auflage, G Rn. 76; Schenke, POR, Rn. 211; Gadorosi in Kriminalistik 2003, 403 (405).

jedoch nicht mehr ausschließt[3260]. Nunmehr ist auch eine dateiübergreifende Suche in Falldateien möglich. Hierbei durchsucht eine relativ kleine Gruppe polizeilicher Analytiker sämtliche Datenbestände verschiedener Falldateien zur deliktsübergreifenden Analyse mit der Fragestellung, ob und wenn ja welche Verbindungen zwischen verschiedenen Delikts- oder Phänomenbereichen, also etwa Rauschgiftkriminalität und politisch motivierter Kriminalität, bestehen[3261]. Im Gegensatz zu INPOL- alt erlaubt es INPOL- neu, hierin gespeicherte Fallgrunddaten wie Tatort und -zeit, Deliktsschlüssel, Aktenzeichen und sachbearbeitende Dienststelle mit anderen Daten von Personen oder Sachen zu verknüpfen und so Beziehungsgeflechte zu bilden[3262]. Allerdings ist der Zugriff auf INPOL- Fall nur einigen wenigen mit der Bearbeitung bestimmter Delikts- und Phänomenbereiche betrauter Sachbearbeiter möglich[3263]. Umstritten ist, ob das BKA durch die Befugnisse aus den §§ 8 und 9 BKAG oder aber durch andere Befugnisnormen dazu ermächtigt wird, zur Aufklärung von Straftaten mit bundesweiter Bedeutung auf Fall- und PIOS- Dateien zurückzugreifen.

aa. § 8 BKAG als Befugnis zur Bekämpfung der Organisierten Kriminalität und anderer Straftaten von länderübergreifender oder erheblicher Bedeutung

Teilweise wird in der Literatur bezogen auf das *BKAG 1997* kritisiert, dieses sei zu sehr an den Verbunddateien Kriminalaktennachweis, Haftdatei, Erkennungsdienst und Fahndung orientiert, während die mit den grundsätzlich zu befürwortenden Fall- und PIOS- Dateien aus der Zeit von INPOL- alt auftretenden Erfordernisse nicht oder nicht ausreichend berücksichtigt würden[3264]. Zur Bekämpfung der Organisierten Kriminalität und anderer kollektiv begangenen Straftaten wie der Bandenkriminalität seien Strukturanalysen erforderlich, um die in Deutschland vorherrschenden, bekannt gewordenen Gruppenstrukturen in ihrer Qualität und Gefährlichkeit unter Heraus-

---

3260 Petri in Lisken/Denninger, HbdPolR, 5. Auflage, G Rn. 81; Gadorosi in Kriminalistik 2003, 403 (406).
3261 Gadorosi in Kriminalistik 2003, 403 (405, 406/407).
3262 Petri in Lisken/Denninger, HbdPolR, 5. Auflage, G Rn. 82; Gadorosi in Kriminalistik 2003, 403 (405).
3263 Petri in Lisken/Denninger, HbdPolR, 5. Auflage, G Rn. 76.
3264 Ratzel/Brisach/Soine in Kriminalistik 2001, 530 (537); Sehr in Kriminalistik 1999, 532 (536).

Kapitel 5: Die zweckändernde Verarbeitung von Daten in KpS

arbeiten von Beziehungs- und Kommunikationsgeflechten besser bewerten zu können[3265].

Dies ließe sich laut AG Kripo nicht mit der Aufklärung einer oder mehrerer Straftaten einer kriminellen Organisation erreichen, sondern müsse dadurch geschehen, dass Staatsanwaltschaft und Polizei selbstbestimmt im Rahmen der verfassungsrechtlichen Vorgaben strafrechtliche Ermittlungsverfahren einleiten dürfen, die sich nicht primär mit der Aufklärung einzelner Taten befassen, sondern sich gegen kriminelle Organisationen und deren Hintermänner richten[3266]. Ziel sei die nachhaltige Zerschlagung von kriminellen Unternehmen und damit deren künftige Handlungsunfähigkeit[3267]. Hierzu bedürfte es einer umfassenden Auswertung sämtlicher der den Strafverfolgungsbehörden zu Verfügung zustehenden Daten, die im Rahmen von Gefahren abwehrenden und Straftaten verfolgenden Maßnahmen erhoben wurden, sowie sonstiger von dritter Seite zur Verfügung gestellter Informationen[3268]. Eine solche Aufklärungsarbeit setzte im Vorfeld des präventivpolizeilichen Gefahrenverdachts sowie des strafprozessualen Tatverdachts an[3269]. Da die *Gemeinsamen Richtlinien der Justizminister /-senatoren und der Innenminister / -senatoren der Länder über die Zusammenarbeit von Staatsanwaltschaft und Polizei bei der Verfolgung der Organisierten Kriminalität (Anlage E RiStBV)* in deren Ziffer 6.1 von der Staatsanwaltschaft und der Polizei Initiativermittlungen auf Grundlage von gewonnenen Informationen durch Informationszusammenführung fordere, weil die Aufklärung und wirksame Verfolgung der organisierten Kriminalität hiervon abhänge, ergäbe sich das Problem, dass es in der *StPO* an den für ein derartige Initiativermittlungen notwendigen Vorfeldbefugnissen fehle[3270]. Gem. Anlage E Ziffer 4.1 RiStBV sei das Eindringen in den Kernbereich der Organisation und die Überführung der Hintermänner Ziel eines Ermittlungsverfahrens, bei dem Verfahren gegen Randtäter das Ziel des Hauptverfahrens nicht gefährden dürften und gegebenenfalls zurückzustellen seien[3271]. Das BKA übernehme hierbei die systematische und zielgerichtete Analyse der vorhandenen polizeilichen Informationen und führe dazu Sonderauswertun-

---

3265 Ratzel/Brisach/Soine in Kriminalistik 2001, 530 (530, 532).
3266 Ratzel/Brisach/Soine in Kriminalistik 2001, 530 (533, 534).
3267 Ratzel/Brisach/Soine in Kriminalistik 2001, 530 (533).
3268 Ratzel/Brisach/Soine in Kriminalistik 2001, 530 (530, 532).
3269 Ratzel/Brisach/Soine in Kriminalistik 2001, 530 (533).
3270 Ratzel/Brisach/Soine in Kriminalistik 2001, 530 (533, 534).
3271 Ratzel/Brisach/Soine in Kriminalistik 2001, 530 (534).

gen durch[3272]. Diese informationelle Tätigkeit werde als Strafverfolgungsvorsorge oder Vorbereitung auf die künftige Strafverfolgung bezeichnet[3273]. Im Kern gehe es um das Vorsorgen für die notwendige Aufklärung nach begangenen Straftaten[3274]. Daher kämen bei den durch das BKA zu führenden Initiativermittlungen die Befugnisse der §§ 7 und 8 BKAG zur Anwendung[3275]. Erst wenn sich im Zuge einer Auswertungen herausstelle, dass zureichende tatsächliche Anhaltspunkte den Anfangsverdacht einer verfolgbaren Straftat rechtfertigen, könne auf die Eingriffsbefugnisse der *StPO* zurückgegriffen werden[3276].

Für diese Auffassung ist kennzeichnend, dass keine Aussage darüber getroffen wird, welcher der in § 8 Abs. 1 bis 6 BKAG enthaltenen Befugnisse tatsächlich die Befugnis zur Verarbeitung von auf repressiver Grundlage erhobenen Daten in Fall- und PIOS-Dateien enthält. Für viele der vom BKA unterhaltenen Dateien bestehen auch heute noch Errichtungsanordnungen, wonach die Rechtsgrundlage des Führens der Datei in § 8 Abs. 1, 2, 4, 5 und 6 BKAG liegt. Hierbei handelt es sich beispielsweise um die Dateien

- Arbeitsdatei politisch organisierte Kriminalität (APOK)[3277],
- Auswertung RG[3278],
- DOK- Europa- Ost (DEO)[3279],
- DOKUMENTE/MENSCHENHANDEL/SCHLEUSUNG (DOMESCH)[3280],
- Falschgeld[3281],
- FEDOK[3282],
- FUSION[3283],

3272 Ratzel/Brisach/Soine in Kriminalistik 2001, 530 (534).
3273 Ratzel/Brisach/Soine in Kriminalistik 2001, 530 (534); Soine in Kriminalistik 1997, 252 (255).
3274 Ratzel/Brisach/Soine in Kriminalistik 2001, 530 (535).
3275 Ratzel/Brisach/Soine in Kriminalistik 2001, 530 (535).
3276 Ratzel/Brisach/Soine in Kriminalistik 2001, 530 (536).
3277 EAO APOK, Ziffer 2.1 (Stand: 14.7.2006).
3278 EAO Auswertung RG, Ziffer 2.1 (Stand: 9.1.2007).
3279 EAO DEO, Ziffer 2.1 (Stand: 2.11.2006).
3280 EAO DOMESCH, Ziffer 2.1 (Stand: 2.11.2006).
3281 EAO Falschgeld, Ziffer 2.1 (Stand: 2.11.2006).
3282 EAO FEDOK, Ziffer 2.1 (Stand: 14.7.2006).
3283 EAO Fusion, Ziffer 2.1 (Stand: 14.7.2006).

Kapitel 5: Die zweckändernde Verarbeitung von Daten in KpS

- Fälschung von unbaren Zahlungsmitteln (FUZ; nur § 8 Abs. 1, 2, 4 und 5 BKAG) [3284],
- Geldwäsche-Datei (nur § 8 Abs. 1, 2 und 4 BKAG) [3285],
- KFZ[3286],
- KINDERPORNO[3287] und
- ViCLAS[3288].

Nach anderen Errichtungsanordnungen dienen vom BKA unterhaltene Dateien zumindest auch der Aufklärung von begangenen Straftaten und verweisen allgemein auf § 8 BKAG als Rechtsgrundlage. Dies betrifft beispielsweise die Errichtungsanordnungen für die Dateien
- Falldatei Rauschgift (FDR)[3289],
- Korruption[3290],
- NNSach Kunst[3291]
- Straftaten gegen ältere Menschen – überörtliche Täter (SÄM-ÜT)[3292],
- Informations- und Kommunikationskriminalität (IuK)[3293],
- WIKRI[3294].

Insoweit kommen die Befugnisse aus § 8 Abs. 2 und 4 Abs. 1 BKAG als Ermächtigungsgrundlage für das Führen dieser Dateien in Betracht. § 8 Abs. 2 BKAG könnte die richtige Ermächtigungsgrundlage zum Speichern von aus Strafverfahren stammenden Daten von Beschuldigten und Tatverdächtigen sein. Für diese Annahme würde §§ 9 Abs. 1 Nr. 1, 10 Abs. 2 Satz 1 Nr. 1 der *Verordnung über die Art der Daten, die nach den §§ 8 und 9 BKAG gespeichert werden dürfen (BKA-Daten-Verordnung – BKADV)* vom 10.6.2010 i.V.m. § 2 Abs. 1 Nr. 1 bis 18, 23 bis 25 BKADV sprechen. Durch die durch das Bundesministerium des Innern mit Zustimmung des Bundesrates erlassenen §§ 1 ff BKADV wurde aufgrund der Entscheidung des NdsOVG vom 16.12.2008 zur vom BKA geführten Datei Gewalttäter

---

3284 EAO FUZ, Ziffer 2.1 (Stand: 2.11.2006).
3285 EAO Geldwäsche-Datei, Ziffer 2.1 (Stand: 28.11.2007).
3286 EAO KFZ, Ziffer 2.1 (Stand: 2.11.2006).
3287 EAO KINDERPORNO, Ziffer 2.1 (Stand: 11.11.2009).
3288 EAO ViCLAS, Ziffer 2.1 (Stand 30.9.2008).
3289 EAO FDR, Ziffer 2.1 (Stand: 23.7.2008).
3290 EAO Korruption, Ziffer 2.1 (Stand: 30.7.2007).
3291 EAO NNSach Kunst, Ziffer 2.1 (Stand: 29.4.2010).
3292 EAO SÄM-ÜT, Ziffer 2.1 (Stand: 9.7.2007).
3293 EAO IuK (Stand: 28.1.2008).
3294 EAO WIKRI (Stand: 25.6.2007).

Sport³²⁹⁵ erstmalig eine Rechtsverordnung i.S.d. § 7 Abs. 6 BKAG a.F. geschaffen. Hierin soll festgelegt werden, welche Daten nach §§ 8, 9 BKAG gespeichert werden dürfen. Gem. § 2 Abs. 1 BKADV sind weitere Daten von Beschuldigten i.S.d. § 8 Abs. 2 BKAG etwa

– Angaben zu verwendeten Kommunikationsmitteln wie Telefon, Telefax, Email-Adresse, vom Beschuldigten betriebene Internetadresse, statistische Internetprotokolladresse, dynamische Internetprotokolladresse und zugehöriger Zweitstempel sowie Diensteanbieter (Nr. 3),
– Angaben zu verwendeten Fahrzeugen und sonstigen Verkehrsmitteln ... einschließlich der Registrierdaten zur Identifizierung dieser Verkehrsmittel (Nr. 4),
– Angaben zu Identitätsdokumenten und anderen Urkunden, die im Zusammenhang mit einer Straftat stehen und der betroffenen Person zuzurechnen sind (Nr. 5),
– Angaben zu Konten (Nr. 6),
– Angaben zu Finanztransaktionen (Nr. 7),
– Angaben zu Zahlungsmitteln (Nr. 8),
– Angaben zu Vermögenswerten (Nr. 9),
– Angaben zu Sachen, die Gegenstand oder Mittel der Straftat waren, wie Waffen, Betäubungsmittel, Falschgeld oder Publikationen (Nr. 10),
– Beziehungen zu Personen, Gruppenzugehörigkeit (Nr. 13),
– Angaben zu einer gegenwärtigen oder früheren Tätigkeit in Nr. 18 a) bis e) BKADV aufgeführten gefährdeten Einrichtungen oder Objekten
– Angaben über Vorgangsdaten (Nr. 19)
– Daten zu der Maßnahme, die zu der Speicherung geführt hat (Nr. 21).

Solche Daten über den Beschuldigten dienen nicht dem in § 8 Abs. 1 BKAG geregelten, über INPOL- neu abrufbaren Kriminalaktennachweis. Insbesondere § 2 Abs. 1 Nr. 13 und Nr. 14 BKADV legt nahe, dass es sich hierbei um die in den PIOS- Dateien erfassten Datenfelder handelt. Gleiches gilt für die Angaben über Vorgangsdaten aus § 2 Abs. 1 Nr. 19 BKADV. Die Datenfelder aus § 2 Abs. 1 Nr. 3 bis 10 BKADV können hingegen auch Gegenstand von Falldateien sein. Dass der Bundesinnenminister diese Daten mit Zustimmung des Bundesrates auch noch knapp 10 Jahre nach Inkrafttreten des *BKAG 1997* und des *StVÄG 1999* dem Begriff der sonstigen Daten des Beschuldigten aus § 8 Abs. 2 BKAG zugeordnet hat, könnte dafür sprechen, dass sich die Speicherung von Daten, die das BKA in Erfüllung seiner

---

3295 NdsOVG in NdsVBl. 2009, 135 (136).

Kapitel 5: Die zweckändernde Verarbeitung von Daten in KpS

Aufgabe aus § 4 BKAG auf repressiver Grundlage erhoben hat (oder die ihm entsprechend von den Ländern übermittelt wurden) nach § 8 BKAG bemisst. Weiterhin könnte § 8 Abs. 4 Satz 1 BKAG die richtige Befugnis zum Speichern von personenbezogenen Daten in Fall- oder PIOS- Dateien sein. § 8 Abs. 4 Satz 1 BKAG enthält die Befugnis des BKA zum Speichern von Daten über Personen,

- „die bei einer zukünftigen Strafverfolgung i.S.d. § 8 Abs. 2 BKAG als Zeugen in Betracht kommen oder
- bei denen Anhaltspunkte bestehen, dass sie Opfer einer zukünftigen Straftat werden könnten, sowie
- von Kontakt- und Begleitpersonen der in § 8 Abs. 2 BKAG bezeichneten Personen und
- sonstigen Auskunftspersonen."

Voraussetzung ist, dass die Speicherung „*zur Verhütung oder zur Vorsorge für die künftige Verfolgung einer Straftat mit erheblicher Bedeutung erforderlich ist.*" Damit enthält § 8 Abs. 4 Satz 1 BKAG eine Regelung, die mit Ausnahme der Polizeigesetze von *Bayern, Hessen* und *Thüringen* – zumindest i.V.m. der Regel der hypothetischen Ersatzvornahme – in vergleichbarer Form in allen Polizeigesetzen der Länder enthalten ist[3296]. Bereits § 10a Abs. 4 Satz 1 VE ME PolG und die entsprechenden Parallelregelungen in den Polizeigesetzen ermächtigen zur Speicherung von Daten der in § 8 Abs. 4 Satz 1 BKAG sowie in § 10a Abs. 4 Satz 1 VE ME PolG i.V.m. § 8a Abs. 2 Nr. 2 bis 4 VE ME PolG genannten Personen zur vorbeugenden Bekämpfung von Straftaten, „*soweit dies zur vorbeugenden Bekämpfung von Straftaten mit erheblicher Bedeutung erforderlich ist.*" Durch die § 10a Abs. 4 Satz 1 VE ME PolG entsprechenden polizeigesetzlichen Regelungen sollten gerade die Rechtsgrundlagen für Datenbestände in bestimmten Kriminalitätsbereichen, so genannten PIOS- Dateien, geschaffen werden[3297].

bb. § 483 Abs. 2 StPO als Befugnis des BKA für Maßnahmen zur Bekämpfung der Organisierten Kriminalität und anderen Straftaten von länderübergreifender oder erheblicher Bedeutung

Entgegen der vorstehenden Auffassung könnte sich die Befugnis des BKA zur Durchführung von Initiativermittlungen auch aus dem durch das *StVÄG*

3296 Ahlf in Ahlf/Daub/Lersch/Störzer, BKAG, § 8 Rn. 7.
3297 Kniesel/Vahle, Kommentierung VE ME PolG, Rn. 106.

1999 erlassenen § 483 Abs. 2 StPO ergeben. Dieser ermächtigt die Strafverfolgungsbehörden, nach § 483 Abs. 1 StPO für Zwecke eines bestimmten Strafverfahrens gespeicherten Daten, die gestützt auf die Generalklausel des § 161 StPO oder durch speziellere repressive Ermittlungen erhoben wurden, für andere Strafverfahren „*zu nutzen*"[3298]. Entsprechend den Bedürfnissen der polizeilichen Praxis wurde auf eine stark ausdifferenzierte Regelung, die die verschiedenen Arten der einzelnen Dateien festlegt und die einzelnen Datenfelder umschreibt, verzichtet[3299]. Eine bewertende Bestandsaufnahme der in der staatsanwaltlichen und polizeilichen Praxis geführten Dateien habe gezeigt, dass eine gesetzliche Eingrenzung, bedingt durch die Unterschiedlichkeit der möglichen und erforderlichen Daten sowie bedingt durch die Spannbreite der notwendigen Datenfelder, die sich wiederum regelmäßig nach den Fall- und deliktsspezifischen Bedürfnissen der speichernden Stelle richten, nicht möglich sei[3300]. Eine eingrenzende Festlegung der Art der Datei sowie der zu speichernden Daten ergibt sich unterhalb der Ebene einer gesetzlichen Regelung vielmehr über die gem. § 491 StPO für jede Datei durch die speichernde Stelle zu erlassende Errichtungsanordnung[3301]. Erlaubt sind z.B. Dateien, die aufgrund der Auswertung beschlagnahmt wurden, ferner Falldateien oder Spurendokumentationsdateien, auch wenn sie zu Bearbeitungszwecken im privaten Rechner angelegt wurden[3302].

Die Nutzung der nach § 483 Abs. 1 StPO gespeicherten Daten ist gem. § 483 Abs. 2 StPO auch für andere Strafverfahren zulässig, d.h. einmal für ein Strafverfahren erhobene und in einer Datei gespeicherte Daten dürfen auch für andere Strafverfahren genutzt werden, soweit nicht besondere Verwendungsbeschränkungen bestehen[3303]. Die zunächst in § 483 Abs. 1 StPO ausgesprochene strenge Bindung an den Zweck eines Strafverfahrens gilt nicht, soweit es um die Nutzung der Informationen geht, da es nicht nachvollziehbar wäre, wenn gespeicherte und damit vorhandene Informationen zum Umfeld eines Beschuldigten in einem späteren Verfahren gegen denselben Beschuldigten nicht für andere Verfahren genutzt werden dürften;

3298 BT-Drucksache 14/1484 S. 31.
3299 BT-Drucksache 14/1484 S. 31.
3300 BT-Drucksache 14/1484 S. 31.
3301 Meyer-Goßner. StPO, § 483 Rn. 1.
3302 Meyer-Goßner, StPO, § 483 Rn. 1.
3303 BT-Drucksache 14/1484 S. 32.

eine solche Speicherung würde zu unnötigen Doppelerhebungen und -speicherungen führen[3304].

cc. Stellungnahme

Die Auffassung, die Ermächtigungsgrundlage zum Führen von Fall-, PIOS- und DOS- Dateien läge in § 8 Abs. 1 bis 4 BKAG, ist abzulehnen. Hinter § 8 Abs. 1 bis 4 BKAG kann seit dem Inkrafttreten des *StVÄG 1999* nicht mehr die Intuition des Gesetzgebers vermutet werden, dass Daten aus einem bestimmten Strafverfahren mit dem Ziel der Fallzusammenführung durch Ermittlung weiterer Mitglieder von kriminellen oder terroristischen Vereinigungen i.S.d. §§ 129 ff StGB, sonstiger der Organisierten Kriminalität zuzurechnenden Banden und deren Hintermänner in anderen, möglicherweise noch gegen unbekannte Täter gerichteten Strafverfahrens zweckändernd genutzt werden sollen. Vielmehr kann die Speicherung von auf repressiver Grundlage erhobenen Daten auf Grundlage der Aufnahmeklausel des § 8 Abs. 1 bis 4 BKAG nur den Zwecken dienen, zu denen die Daten durch die Öffnungsklausel des § 484 Abs. 1 bis 4 StPO der Polizei für Zwecke der präventiv- polizeilichen Verarbeitung zur Verfügung gestellt werden. Hiernach ist die automatisierte Verarbeitung von Daten, die auf repressiver Grundlage erhoben wurden, nur zulässig, wenn es sich um Daten von Personen handelt, die verdächtig sind, eine Straftat begangen zu haben.

(1) Das BKAG 1997 als auf Art. 73 Abs. 1 Nr. 10 1. Alt. a) und 2. GG i.V.m. Art. 87 Abs. 1 Satz 2 GG gestütztes Einspruchsgesetz

Dafür, dass § 483 Abs. 2 StPO i.V.m. §§ 486 ff StPO die richtige Ermächtigungsgrundlage für verfahrensübergreifende Strafverfolgungsdateien ist, spricht, dass das *BKAG 1997* durch den Bund auf Grundlage seiner Gesetzgebungskompetenz aus Art. 73 Abs. 1 Nr. 10 1. Alt. a) und 2. GG i.V.m. Art. 87 Abs. 1 Satz 2 GG erlassen wurde[3305], und es sich hierbei um kein Zustimmungsgesetz i.S.d. Art. 84 Abs. 1 GG sondern um ein Einspruchsgesetz handelte[3306]. Nur soweit der Schutz von Mitgliedern der Verfas-

---

3304 BT-Drucksache 14/1484 S. 32.
3305 BT-Drucksache 14/1484 S. 32.
3306 BT-Drucksache 14/1484 S. 33/34.

A. Die Kriminalpolizeilichen personenbezogenen Sammlungen (KpS)

sungsorgane und deren Gästen durch §§ 5, 21 bis 25 BKAG geregelt wird, folgt die Gesetzgebungskompetenz des Bundes kraft Natur der Sache[3307], und nur bezogen auf die in §§ 6, 26 BKAG geregelten Zeugenschutzmaßnahmen beruht dessen Gesetzgebungskompetenz auf einer Annexkompetenz zum Strafverfahren gem. Art. 74 Nr. 1 GG a.F.[3308]. Bezogen auf die Aufgaben des BKA aus den §§ 2 ff BKAG gilt dies jedoch nicht. Nicht ausschließlich das BKA führt zur Aufklärung der Organisierten Kriminalität delikts- und phänomenbezogene Dateien sondern auch die BPol sowie die Polizeien der Länder. Daher bedarf es bundeseinheitlicher, auf den Kompetenztitel des Art. 74 Abs. 1 Nr. 1 GG gestützter strafprozessualer Regelungen. Solche bundeseinheitliche Regelungen waren im Zeitpunkt des Erlasses des *BKAG 1997* mit den auf den Kompetenztitel des Art. 74 Nr. 1 GG a.f. gestützten Regelungen des § 483 StPO sowie des § 484 StPO des Entwurfes des *StVÄG 1996* bereits in den Bundestag eingebracht worden. Allerdings vergingen zwischen Erlass des *BKAG 1997* am 7.7.1997 bis zur Verabschiedung des *StVÄG 1999* am 2.8.2000 mehr als 3 Jahre, ehe die seit dem *StVÄG 1996* unverändert gebliebenen Entwürfe der §§ 483, 484 StPO in Kraft treten konnten[3309]. In diesem Zeitraum mag sich – aus Führungsgesichtspunkten in gewisser Weise nachvollziehbar – wie zuvor bei den Polizeien der Länder aus der Not heraus die Rechtsauffassung entwickelt haben, die beim BKA eingefahrene Praxis von Fall- und PIOS- Dateien fände ihre Berechtigung ebenfalls in § 8 Abs. 1 bis 3 BKAG, zumindest aber in § 8 Abs. 4 Satz 1 BKAG i.V.m. der Regel der hypothetischen Ersatzvornahme[3310]. Spätestens nach Inkrafttreten des *StVÄG 1999* hätte aber die zuvor – als vertretbar – praktizierte Rechtsauffassung zugunsten der seither bestehenden, auf verfahrensübergreifende Dateien bezogenen und gegenüber § 8 Abs. 1 bis 3 BKAG bzw. § 8 Abs. 4 Satz 1 BKAG spezielleren Regelung aus § 483 Abs. 1 bis 3 StPO aufgegeben werden müssen. Warum auch knapp 10 Jahre nach Inkrafttreten des *StVÄG 1999* bei Erlass des § 2 Abs. 1 und 2 BKADV am 4.6.2010 noch übersehen wurde, dass sich § 8 Abs. 2 BKAG ausschließlich auf Vorsorgedateien i.S.d. § 484 Abs. 2 Satz 1 StPO und nicht auf verfahrensübergreifende Dateien bezieht, mag an der Erwähnung der PIOS- Dateien in der eine Rechtsverordnung i.S.d. § 7 Abs. 6 BKAG a.F.

3307 Sehr in FS für Herold, S. 135 (140); BVerfGE 65, 1 (54); 27, 1 (8).
3308 BVerfGE 65, 1 (54).
3309 Sehr in FS für Herold, S. 135 (140).
3310 Sehr in FS für Herold, S. 135 (140, 143); Sehr in Kriminalistik 1999, 532 (532); Kersten in Kriminalistik 1987, 357 (358).

einfordernden Entscheidung des NdsOVG vom 16.12.2008 gelegen haben[3311]. Allerdings hatte diese Entscheidung die der Verhütung von Straftaten dienenden Gewalttäterdateien zum Gegenstand und erwähnte die PIOS- Dateien eher beiläufig und vermutlich aus Unkenntnis darüber, dass es sich tatsächlich um Dateien zur Strafverfolgung, die nach der Inbetriebnahme von INPOL- neu, zumindest aber nach Inkrafttreten des *StVÄG 1999* nicht mehr auf Grundlage der §§ 7 ff BKAG geführt werden[3312], handelt. Strafprozessuale Bestimmungen, die unter die konkurrierenden Gesetzgebungskompetenz des Bundes aus Art. 74 Nr. 1 GG a.F. gefallen wären und der Zustimmung des Bundesrates bedurft hätten, waren nicht Gegenstand des *BKAG 1997*.

(2) Der Vorrang der Speicherung in reinen Strafverfolgungsdateien gem. § 483 StPO gegenüber der Speicherung für Zwecke künftiger Strafverfahren gem. § 484 StPO

Besteht der Verdacht, dass eine Straftat der Organisierten Kriminalität zuzuordnen ist oder sonst organisiert begangen wurde, verdient die Speicherungsbefugnis aus § 483 Abs. 2 StPO als lex specialis gegenüber § 484 StPO den Vorrang. Die Speicherung nach § 484 Abs. 1, Abs. 2 Satz 1 und 2 StPO i.V.m. § 8 Abs. 1 bis 3 BKAG ist an die Zwecke „*künftiger Strafverfahren*" gebunden. Sie setzt voraus, dass im Zeitpunkt der Speicherung noch nicht erkennbar ist, ob zukünftig weitere Strafverfahren gegen den Beschuldigten zu führen sein werden, zu deren Aufklärung dann bestimmte vorsorglich über einen Beschuldigten gespeicherte Daten beitragen könnten. Besteht im Zeitpunkt der Speicherung der Daten hingegen Grund zu der Annahme, dass eine bestimmte prozessuale Tat einer wie auch immer gearteten Serie von Straftaten zugeordnet werden könnte, besteht der Anfangsverdacht einer anderen prozessualen Tat, und die zu Zwecken des ursprünglichen Strafverfahrens erhobenen Daten dürfen gem. § 483 Abs. 2 StPO i.V.m. §§ 486 ff StPO für verfahrensübergreifende Zwecke in Dateien gespeichert werden. Dabei muss für jede nach § 483 Abs. 2 StPO geführte Datei eine Errichtungsanordnung i.S.d. § 489 StPO, in der die in der Datei enthaltenen, recherchierbaren Datenfelder so genau wie möglich zu beschrei-

---

3311 Sehr in Kriminalistik 1999, 532 (532); Kersten in Kriminalistik 1987, 357 (358)
3312 Petri in Lisken/Denninger, HbdPolR, 5. Auflage, G Rn. 81.

ben sind, bestehen³³¹³. Hinreichend bestimmt ist ein Gesetz auch, wenn sein Gesetzeszweck in Verbindung mit anderen Materialien deutlich wird, wobei es ausreicht, wenn sich der Gesetzeszweck aus dem Zusammenhang ergibt, in dem der Text des Gesetzes zu dem zu regelnden Lebenssachverhalt steht³³¹⁴. Das BVerfG betont seit dem Volkszählungsurteil, dass es „*... nicht erforderlich ist, dass der Gesetzgeber zu jeder einzelnen gesetzlichen Verpflichtung auch den konkreten Zweck im Gesetz selbst erläutert. ....*"³³¹⁵ Gründe für die Annahme, dass eine bestimmte prozessuale Tat Teil einer anderen prozessualen Tat sein oder mit einer solchen im Zusammenhang stehen könnte, ergeben sich hinsichtlich durch das BKA ausschließlich zur Aufklärung von Straftaten geführten verfahrensübergreifenden Dateien daraus, dass die Landespolizeien die Daten aus einem bestimmten Strafverfahren entsprechend der INPOL- Richtlinie an das BKA übermittelten³³¹⁶. Die Übermittlungskriterien der INPOL- Richtlinie sind Anhaltspunkte für ein Überschreiten der INPOL- Relevanz- Schwelle des § 2 Abs. 1 BKAG und bilden zugleich mögliche Anhaltspunkte für den Anfangsverdacht einer banden-, serienmäßig bzw. organisiert begangenen Straftat oder einer sonstigen länderübergreifenden Straftat von erheblicher Bedeutung. Während bei den sog. Muss- Fällen aus der INPOL- Richtlinie der für die Einleitung eines Strafverfahrens notwendige Anfangsverdacht zwingend anzunehmen ist, sind für dessen Annahme in den hierin aufgeführten Regel- und Kann- Fällen aus der INPOL- Richtlinie die durch den zuständigen Sachbearbeiter abzuwägenden Umstände des Einzelfalls entscheidend. Das suchfähige Speichern der in § 2 Abs. 1 bis 18, Nr. 23 bis 25 BKADV enthaltenen Angaben in den vom BKA unterhaltenen Falldateien dient der Aufklärung von Tatzusammenhängen und damit sowohl der Aufklärung desjenigen Strafverfahrens, in dem die gem. § 98c StPO abgeglichenen Daten erhoben, als auch der Aufklärung des Strafverfahrens, zu dem möglicherweise vorhandene und bei Vorhandenseins gem. § 483 Abs. 2 StPO durch Abgleich zweckändernd genutzte Daten erhoben und zunächst gem. § 483 Abs. 1 StPO gespeichert wurden. Beim Abgleich von den in § 2 Abs. 1 Nr. 1 bis 18 und Nr. 23 bis 25 BKADV genannten Angaben zu Konten, sonstigen Tatmitteln oder modi- operandi- Daten kommt es im Gegensatz zu den Vorsorgedateien weniger auf die Zuordnung einer Straftat zu einem namentlich bekannten

---

3313 Sehr in FS für Herold, S. 135 (140).
3314 BVerfGE 65, 1 (54); 27, 1 (8).
3315 BVerfGE 65, 1 (54).
3316 Sehr in FS für Herold, S. 135 (140).

Kapitel 5: Die zweckändernde Verarbeitung von Daten in KpS

Beschuldigten sondern vielmehr darauf an, ob bestimmte Konten oder sonstige Tatmittel wie Fahrzeuge oder Handys bereits im Zusammenhang mit anderen Strafverfahren benutzt oder gleichartige modi- operandi festgestellt wurden. Es geht nicht vorrangig darum, namentlich bekannten Beschuldigten die Begehung weiterer Straftaten nachzuweisen, sondern darum bestehende Zusammenhänge zwischen verschiedenen Straftaten aufzuklären.

Ein derartiger Abgleich war vor der Inbetriebnahme von INPOL- alt nicht ohne weiteres möglich. Das in INPOL- alt praktizierte getrennte Führen von Fall- und PIOS- Dateien brachte es mit sich, dass die Informationsverarbeitung in den einzelnen Fall- und PIOS- Anwendungen jeweils durch gesonderte Eingabe erfolgen musste[3317]. Ursache hierfür war die veraltete Hard- und Software der INPOL- alt- Dateien[3318]. Deliktsübergreifende PIOS- Anwendungen wie „Organisierte Kriminalität" oder „Staatsschutz" machten es selbst innerhalb des PIOS- Systems erforderlich, Daten zu einem bestimmten Sachverhalt in die verschiedenen PIOS- Anwendungen einzeln einzugeben[3319]. Daten, die in Zeiten von INPOL- alt in Fall- oder PIOS- Dateien enthalten waren, standen anderen Fall- oder PIOS- Dateien nicht zum unmittelbaren Abruf zur Verfügung. Folge hiervon war, dass Personen- und Fallinformationen nicht oder nur schwer zueinander in Beziehung gesetzt werden konnten. Mit der Einführung von INPOL- neu im Jahre 2003 ist sowohl die Mehrfacheingabe in Falldateien einerseits und PIOS- Dateien andererseits als auch die fehlende Durchlässigkeit von Fall- und PIOS- Dateien entfallen[3320]. INPOL- neu greift auf einen von der jeweiligen Anwendung unabhängigen Datenpool zurück, wodurch die Möglichkeit eröffnet wird, vorhandenen Informationen ohne die immer wieder erneut vorzunehmende Eingabe über Fälle und Personen miteinander in Beziehung zu setzen, so dass eine ganzheitliche, nicht von deliktsspezifischen oder phänomenbezogenen Gesichtspunkten geprägte Sichtweise möglich ist[3321]. Dabei werden ausschließlich personenbezogene Daten aus laufenden oder zumindest für sich genommen bereits abgeschlossenen Strafverfahren miteinander in Beziehung gesetzt, ohne dass die Speicherung der Daten der Vorsorge für

---

3317 Sehr in FS für Herold, S. 135 (140, 143); Sehr in Kriminalistik 1999, 532 (532); Kersten in Kriminalistik 1987, 357 (358).
3318 Sehr in Kriminalistik 1999, 532 (532).
3319 Kersten in Kriminalistik 1987, 357 (358).
3320 Petri in Lisken/Denninger, HbdPolR, 5. Auflage, G Rn. 81, 84; BfDI, 21. Tätigkeitsbericht 2005-2006, S. 67.
3321 Sehr in FS für Herold, S. 135 (140, 143); Sehr in Kriminalistik 1999, 532 (534).

die Verfolgung künftiger Strafverfahren zu dienen braucht. Die Unterscheidung zwischen Fall- und PIOS- Dateien hat sich daher in Zeiten von INPOL-neu erübrigt[3322].

Ähnlich wie mit den PIOS- Dateien verhält es mit den in INPOL-neu geführten Dateien, die neben einer zur Vorsorge für die Verfolgung von Straftaten geführten Personendatei aus einer Spurendatei bestehen[3323]. Hierin werden Spuren gespeichert, die noch keinem namentlich bekannten Täter zugeordnet werden konnten. Daten aus solchen Spurendateien stehen einem für ein bestimmtes Strafverfahren i.S.d. § 483 Abs. 1 StPO durchzuführenden Abgleich nach § 98c StPO als einer Form der Datennutzung i.S.d. § 483 Abs. 2 StPO bereit und können auch zur Aufklärung desjenigen Strafverfahrens dienen, anlässlich dessen die Daten ursprünglich gespeichert wurden. Während die in INPOL-alt enthaltenen SPUDOK- Anwendungen nur für einzelne Ermittlungsverfahren genutzt werden konnten, lassen sich die in Zeiten von INPOL-neu geführten Spurendateien durch neue Recherchemöglichkeiten für jedes denkbare Ermittlungsverfahren nutzen. So bestehen Dateien wie AFIS-P oder die DNA- Analyse- Datei neben der Personendatei, in der auf einen bestimmten Beschuldigten bezogene Daten enthalten sind, jeweils aus einer Spurendatei, in der Tatortspuren oder Spuren unbekannter Täter gespeichert werden[3324]. Abgesehen von AFIS-P oder der DNA- Analyse- Datei können unbekannte Täter betreffende Spurendateien aber auch zur Recherche der unterschiedlichsten Spurenarten wie etwa Schuhabdruck- oder Reifenspuren angelegt werden. Solange kein Bezug zu einer bestimmten Person besteht, stellt die Sicherung und Auswertung von Fingerabdrücken und sonstigen Spuren – abgesehen von der Sicherstellung von DNA-fähigem Spurenmaterial – keinen Eingriff in informationelle Grundrechtspositionen dar und bedarf keiner über eine Aufgabenzuweisungsnorm hinausgehenden gesetzlichen Legitimation. Ebenso handelt es sich bei einer Sicherstellung von am Tatort aufgefundenem DNA- fähigen Spurenmaterial ohne Kenntnis eines bestimmten Beschuldigten um keinen, bei deren Analyse allenfalls um einen eher geringfügigen Eingriff in das Grundrecht auf informationelle Selbstbestimmung. Da das sichergestellte DNA- Vergleichsmaterial jedoch einer weitergehenden molekulargenetischen Analyse bedarf, die neben dem DNA- Identitätsfeststellungsmuster auch höchstpersönliche Erkenntnisse über den Betroffenen spätestens dann offenbaren

---

3322 BfDI, 21. Tätigkeitsbericht 2005-2006, S. 67.
3323 Sehr in FS für Herold, S. 135 (140, 143).
3324 BT-Drucksachen 14/1484 S. 2; 14/5555 S. 104; Busch in NJW 2002, 1754 (1755).

kann, wenn einer zunächst unbekannten und schließlich identifizierten Person das an einem Tatort aufgefundene Spurenmaterial zugeordnet werden kann, bedarf es der in den § 81g Abs. 5 Satz 1 i.V.m. Abs. 1 bis 4 StPO bzw. § 81g Abs. 5 Satz 2 StPO i.V.m. §§ 81 e Abs. 2, 81g Abs. 1 StPO geregelten strengen Voraussetzungen für die Analyse des DNA- fähigen Spurenmaterials. Sobald im Zusammenhang mit einer Straftat stehendes Spurenmaterial einer bestimmten Person zugeordnet wird, erfolgt deren Speicherung in gegebenenfalls bestehenden recherchefähigen Dateien auf Grundlage des § 483 Abs. 2 StPO.

Können beim Abgleich von Daten eines namentlich bekannten Beschuldigten mit Spurendateien keine Übereinstimmungen mit gespeicherten Spuren unbekannter Täter oder sonst ein weiterer Anfangsverdacht zu Lasten des namentlich bekannten Beschuldigten festgestellt werden, verbleibt nach Abschluss des Ermittlungsverfahrens nur unter den Voraussetzungen der §§ 81b 2. Alt., 81g Abs. 1 bis 5, 484 Abs. 2 Satz 1 und 2 i.V.m. Abs. 4 StPO i.V.m. § 8 Abs. 6 Satz 1 2. Alt. Nr. 1 BKAG die Möglichkeit, bisher nicht in Vorsorgedateien gespeicherte Daten im Kriminalaktennachweis oder in sonstigen Vorsorgedateien zu speichern.

Da die Speicherungsbefugnis des § 484 Abs. 2 Satz 1 StPO keine Zwecksetzung enthält, kann sich diese bei Einhaltung des Grundsatzes der Zweckbindung nur aus den Erhebungsbefugnissen der §§ 81b 2. Alt., 81g Abs. 1 bis 4 StPO oder aus zur zweckändernden Speicherung ermächtigenden Befugnisnormen wie §§ 81g Abs. 5 Satz 1 Nr. 1, 484 Abs. 1 StPO ergeben. Bezogen auf die in § 2 Abs. 1 Nr. 1 bis 18 und Nr. 23 bis 25 BKADV genannten Daten bestehen aber gerade keine strafprozessualen Befugnisse, die zur Erhebung dieser Daten zur Vorsorge für die Verfolgung von Straftaten ermächtigen. Daher können zur Aufklärung eines bestimmten Strafverfahrens erhobene Daten in Vorsorgedateien anders als nach §§ 81b 1. Alt., 81e Abs. 2 StPO erhobene Daten nicht als Minusmaßnahme im Verhältnis zur erneuten Erhebung der Daten zur Vorsorge für die Verfolgung künftiger Strafverfahren auf Grundlage des § 484 Abs. 2 Satz 1 und 2; Abs. 4 StPO i.V.m. § 8 Abs. 6 Satz 1 2. Alt. Nr. 1 StPO gespeichert werden. Falls gegen einen in den Vorsorgedateien gespeicherten Beschuldigten nachträglich der Verdacht des Bezugs zur Organisierten Kriminalität entstehen würde, müssten die in § 2 Abs. 1 Nr. 1 bis 18 und Nr. 23 bis 25 BKADV genannten Daten anhand des Kriminalaktennachweises aus den meist bei den ehemals sachbearbeitenden Dienststellen vorgehaltenen Kriminalakten bzw. anhand des staatsanwaltlichen Verfahrensregisters ermittelt werden. Die Speicherung für Zwecke zukünftiger Strafverfahren auf Grundlage des § 484 StPO scheidet bezogen auf die in § 2 Abs. 1 Nr. 1 bis 18 und Nr. 23 bis 25 BKADV genannten Daten mangels präzise geregelter Befugnisnorm, nach der die Daten ohne bestehenden Anfangsverdacht zur Verfolgung künftiger Straftaten in automatisierten Dateien gespeichert werden dürften, aus. Anders ist die Situation bei der zur verfahrensübergreifenden Datennutzung innerhalb eines Strafverfahrens ermächtigenden Befugnis des § 483 Abs. 2 StPO. Das Bestehen eines Anfangsverdachts sowie das damit einhergehende Strafverfolgungsinteresse des Staates rechtfertigen weitergehende Eingriffe in informationelle Rechtspositionen als bei einer bloßen Kriminalitätsprognose.

(3) Der Ausschluss von Daten von Nichtbeschuldigten i.S.d. § 8 Abs. 4 Satz 1 BKAG von Vorsorgedateien i.S.d. § 484 StPO

Zum Rückgriff auf die in § 8 Abs. 4 Satz 1 BKAG enthaltene Befugnis, Daten über Nichtbeschuldigte in automatisierten Dateien zu speichern, besteht nach Inkrafttreten des *StVÄG 1999* insofern kein Raum mehr als sich die Speicherung von personenbezogenen Daten in Fall-, PIOS- und DOS- Dateien seither nach §§ 483 Abs. 2, 486 ff StPO richtet[3325]. Die Speicherung der Daten sämtlicher[3326] in § 8 Abs. 4 Satz 1 BKAG genannter Personen setzt die Gefahr voraus, dass diese zukünftig wiederholt im Zusammenhang mit der Begehung einer Straftat von erheblicher Bedeutung durch eine andere Person in Erscheinung treten werden[3327]. Damit hält sich die dem BKA durch § 8 Abs. 4 BKAG eingeräumte Speicherungsbefugnis nicht in dem von § 484 StPO vorgegebenen Rahmen. § 484 Abs. 1 und 2, Abs. 4 StPO ermöglicht es den Polizeigesetzgebern ausschließlich, Befugnisse zur Speicherung und präventiv- polizeilichen Nutzung von personenbezogenen Daten von Beschuldigten oder Tatbeteiligten in dem durch § 484 Abs. 1 bis 3 StPO vorgegebenen Rahmen zu erlassen. Die in § 8 Abs. 4 Satz 1 StPO genannten Daten von möglichen Zeugen oder Opfern zukünftiger Straftaten oder Kontakt- und Begleitpersonen, Hinweisgebern oder sonstigen Auskunftspersonen mit Bezug zu den in § 8 Abs. 2 BKAG genannten Personen werden hingegen durch § 484 Abs. 1 bis 4 StPO nicht für die weitere Ver-

---

3325 HessVGH in NJW 2005, 2727 (2728); VG Gießen in NVwZ 2002, 1531 (1532).
3326 A.A. Zöller, Informationssysteme und Vorfeldmaßnahmen von Polizei, Staatsanwaltschaft und Nachrichtendiensten, S. 163.
3327 Zöller, Informationssysteme und Vorfeldmaßnahmen von Polizei, Staatsanwaltschaft und Nachrichtendiensten, S. 163.

arbeitung durch die Polizei zur Vorsorge für die Verfolgung von Straftaten freigegeben. Vor diesem Hintergrund verbleibt für die Befugnis des BKA aus § 8 Abs. 4 BKAG folgender Anwendungsbereich:

(a) Die Speicherung von Daten von Zeugen, Opfern künftiger Straftaten, Hinweisgebern und sonstigen Auskunftspersonen nach § 8 Abs. 4 Satz 1 bis 4 BKAG

Für die Speicherung von Daten von Zeugen, Opfern künftiger Straftaten, Hinweisgebern und sonstigen Auskunftspersonen gem. § 8 Abs. 4 Satz 1 bis 4 BKAG verbleibt ausschließlich der Speicherungszweck des Schutzes gefährdeter Personen in Ermittlungsverfahren gegen die Organisierte Kriminalität[3328]. Im Gegensatz zum *BPolG* und den Polizeigesetzen von *Baden-Württemberg, Brandenburg, Bremen, Hamburg, Niedersachsen, Nordrhein-Westfalen,* dem *Saarland, Sachsen- Anhalt* und *Schleswig- Holstein* ist danach das Speichern von Daten über Zeugen, mögliche Opfern zukünftiger Straftaten, Hinweisgeber oder sonstige Auskunftspersonen durch das BKA in „*automatisierten Dateien*" bzw. deren „*suchfähige Speicherung*" gem. § 8 Abs. 4 Satz 3 BKAG nur mit Einwilligung des jeweils Betroffenen zulässig. Auch das Polizeigesetz von *Hessen* lässt zumindest die Speicherung von Daten möglicher Opfer zukünftiger Straftaten ohne Einwilligung zu.

Insoweit ist problematisch, dass für das BKA grundsätzlich keine Möglichkeit besteht, sich von dem von der Speicherung nach § 8 Abs. 4 Satz 3 BKAG betroffenen Opfer etc. die in § 8 Abs. 3 BKAG vorgesehene Einwilligung erteilen zu lassen. Zwar kann das BKA die Einwilligung des Betroffenen vor der Speicherung gem. § 7 Abs. 1 Satz 1 BKAG in die nach §§ 8 bis 9a BKAG geführten Dateien einholen, wenn es die Daten zur Erfüllung seiner Aufgaben aus §§ 4, 4a, 5 und 6 BKAG gem. §§ 16 ff BKAG selbst erhebt. Die genannten 10 Polizeien, die Daten von Nichtverdächtigen an das BKA übermitteln, sehen – mit Ausnahme von § 189 Abs. 3 Satz 4 LVwG SH – aber gerade kein dem § 8 Abs. 4 Satz 3 BKAG entsprechendes Einwilligungserfordernis vor. Da die Verbundteilnehmer die Daten in den vom BKA geführten Verbunddateien automatisiert einspeichern, besteht für das BKA dann keine Möglichkeit, eine vorherige Einwilligung des Betroffenen einzuholen[3329]. Darüber hinaus ist nicht ersichtlich, wann eine Einwilligung

---

3328 Ratzel/Brisach/Soine in Kriminalistik 2001, 530 (535).
3329 Störzer in Kriminalistik 2006, 185 (186).

i.S.d. § 8 Abs. 4 Satz 4 BKAG nicht erforderlich sein sollte, weil *die Kenntnis des Betroffenen von Speicherung den mit der Speicherung verfolgten Zweck gefährden* könnte. Würde die Einholung einer Einwilligung bei demjenigen, der dem Verdeckten Ermittler einen Tipp gibt, den Verdeckten Ermittler enttarnen[3330], so wäre unmittelbar nicht der Zweck der Speicherung sondern der Einsatz des Verdeckten Ermittlers gefährdet. Denn die Ungeeignetheit der Maßnahme verbietet es, die Daten des Hinweisgebers als solche erkennbar in einer automatisierten Verbunddatei zu speichern.

Im Ergebnis kam der gesamten Regelung des § 8 Abs. 4 BKAG allein die Funktion zu, den Ländern bis zum Inkrafttreten des damals als Entwurf des *StVÄG 1996* im Gesetzgebungsverfahren befindlichen *StVÄG 1999* eine mit den auf doppelfunktionale Datenerhebung ausgerichteten Landespolizeigesetzen kompatible Lösung vorzugeben. Der Bundesrat hatte im Gesetzgebungsverfahren zum *BKAG 1997* sogar den Vorschlag unterbreitet, das Einwilligungserfordernis des § 8 Abs. 4 Satz 3 BKAG zu streichen, da dieses nicht sachgerecht sei[3331]. Das hierzu eingebrachte Argument, die Speicherung von Daten über Zeugen und Opfer von künftigen Straftaten könne in deren Interesse im Bereich Geiselnahme, Menschenraub und Erpressung nicht vom Vorliegen einer Einwilligung abhängig gemacht werden[3332], greift zumindest seit dem *StVÄG 1999* nicht mehr. Die Verarbeitung von personenbezogenen Daten zur Fahndung oder zur Identifizierung von Vermissten, hilflosen Personen oder unbekannten Toten wird durch § 9 BKAG bzw. die auf solche Speicherungsformen hinauslaufende, durch das *StVÄG 1999* erlassenen Befugnisse aus §§ 131 ff StPO zur Fahndung sowie den präventiv- polizeilichen Befugnissen Speicherung von Daten zum Zweck der Identifizierung von Vermissten oder hilflosen Personen legitimiert. Eine zusätzliche Speicherungsbefugnis nach § 8 Abs. 4 BKAG ist nicht erforderlich.

Im Ergebnis wollte die Bundesregierung durch § 8 Abs. 4 Satz 3 BKAG eine Ausgleichsfunktion dafür schaffen, dass es sich bei den zu speichernden Daten um Daten von Personen handelte, die keiner Straftat verdächtig werden aber nach § 8 Abs. 4 Satz 1 BKAG unter verhältnismäßig weit gefassten Voraussetzungen gespeichert werden dürften[3333], um den besonderen Umständen der Speicherung von Daten von nicht- verantwortlichen Personen

---

3330 A.A. Ahlf in Ahlf/Daub/Lersch/Störzer, BKAG, § 8 Rn. 11.
3331 BT-Drucksache 13/1550 S. 44.
3332 BT-Drucksache 13/1550 S. 44.
3333 BT-Drucksache 13/1550 S. 55.

Kapitel 5: Die zweckändernde Verarbeitung von Daten in KpS

Rechnung zu tragen[3334]. Letztlich bedarf es bei bestehender Einwilligung des von der Datenerhebung, -verarbeitung oder -nutzung Betroffenen keiner polizeilichen Befugnis. Ein Eingriff in das Grundrecht auf informationelle Selbstbestimmung liegt grundsätzlich nicht vor, wenn der Betroffene entsprechend den §§ 4 ff BDSG einwilligt und selbst über die Preisgabe seiner Daten entscheidet[3335]. Damit kommt der Speicherungsbefugnis aus § 8 Abs. 4 Satz 3 BKAG deklaratorischer Charakter zu. Sie könnte genauso gut gestrichen werden[3336].

(b) Die Speicherung von Daten von Kontakt- und Begleitpersonen nach § 8 Abs. 4 Satz 1 und 2 BKAG

Anders als bei der Speicherung der Daten von Zeugen, möglichen Opfern zukünftiger Straftaten, Hinweisgebern oder sonstigen Auskunftspersonen lässt § 8 Abs. 4 Satz 1 und 2 BKAG die Speicherung von Daten über Kontakt- und Begleitpersonen der in § 8 Abs. 2 BKAG bezeichneten Personen ähnlich wie die Polizeigesetze von *Hessen* und *Mecklenburg- Vorpommern* ohne Einwilligung des Betroffenen zu. Auch diese Befugnis ist seit Inkrafttreten des *StVÄG 1999* in dem durch § 484 StPO vorgegebenen Rahmen auszulegen.

§ 484 Abs. 1 und 2, Abs. 4 StPO ermöglicht es den Polizeigesetzgebern ausschließlich, Befugnisnormen zu erlassen, die deren Polizei zur automatisierte Verarbeitung von Daten von Beschuldigten und sonstigen Tatbeteiligten für Zwecke künftiger Strafverfahren ermächtigen. Unter Kontakt- und Begleitpersonen i.S.d. § 8 Abs. 4 Satz 1 BKAG wurden im Gesetzgebungsverfahren insbesondere Nahtstellenpersonen des terroristischen Umfelds i.S.d. § 129a StGB verstanden[3337]. Da Mitglieder, Unterstützer und Rädelsführer krimineller bzw. terroristischer Vereinigungen zugleich Beschuldigte von Straftaten nach §§ 129 Abs. 1 bis 4, 129a Abs. 1 bis 5, 129b StGB und daher Beschuldigte oder Tatbeteiligte i.S.d. § 484 Abs. 2 Satz 1 StPO sind,

---

3334 BT-Drucksache 13/1550 S. 26.
3335 VG Wiesbaden in DuD 2011, 142 (144); Ahlf in Ahlf/Daub/Lersch/Störzer, BKAG, § 8 Rn. 10.
3336 Zöller, Informationssysteme und Vorfeldmaßnahmen von Polizei, Staatsanwaltschaft und Nachrichtendiensten, S. 103.
3337 BT-Drucksache 13/1550 S. 26.

können deren Daten bereits unter den Voraussetzungen des § 8 Abs. 2 BKAG gespeichert werden.

Bedeutung könnte § 8 Abs. 4 Satz 2 BKAG insofern zukommen, als neben den in § 8 Abs. 1 und 2 BKAG umschriebenen Daten auch Angaben gespeichert darüber werden, *in welcher Eigenschaft der Person und in Bezug auf welchen Sachverhalt die Speicherung der Daten erfolgt*. Diese Befugnis bietet die Möglichkeit, Tatzusammenhänge durch dateiinterne Verknüpfung von vorhandenen Einträgen zu unterschiedlichen Sachverhalten erkennbar zu machen. Dies gilt nicht nur bezogen auf Mitglieder von kriminellen bzw. terroristischen Vereinigungen, sondern auch bezogen auf alle übrigen Kontakt- und Begleitpersonen, die Täter oder Teilnehmer einer Straftat waren. Da Anstifter i.S.d. § 26 StGB und Gehilfen i.S.d. § 27 StGB ebenfalls zu Beschuldigten in einem Strafverfahren werden und damit unter die Regelungen des § 8 Abs. 1 und 2 StGB fallen können, dürfen weitergehende Angaben über diese nach § 8 Abs. 4 Satz 2 BKAG unter der Voraussetzung der Prognose der zukünftigen Begehung von Straftaten vorgenommen werden. Für derartige Kontakt- und Begleitpersonen muss daher bereits ein Kriminalaktennachweis i.S.d. § 8 Abs. 1 und 2 BKAG eingerichtet sein. Die dem § 8 Abs. 4 Satz 2 BKAG entsprechenden Angaben, in welcher Eigenschaft der Person und in Bezug auf welchen Sachverhalt die Speicherung der Daten anderer Tatbeteiligter erfolgte, sind daher weitere personenbezogene Daten i.S.d. § 484 Abs. 2 StPO bzw. § 8 Abs. 2 BKAG.

(4) Zwischenergebnis

Festzuhalten bleibt, dass es sich bei den „*weiteren personenbezogene Daten von Beschuldigten*" i.S.d. § 484 Abs. 2 Satz 1, Abs. 4 StPO einerseits um erkennungsdienstliche Daten von Beschuldigten handelt, die auf Grundlage der §§ 81b 2. Alt., 81g Abs. 1 bis 4, StPO zur Vorsorge für die Verfolgung künftiger Strafverfahren erhoben wurden oder von der Polizei zur Aufklärung eines bestimmten Strafverfahrens erhoben wurden oder aber zur Vorsorge für die Verfolgung von Straftaten erhoben werden könnten. Diese Daten speichert das BKA gem. § 484 Abs. 2 Satz 1, Abs. 4 StPO i.V.m. § 8 Abs. 6 Satz 1 2. Alt. Nr. 1 und 2 BKAG in erkennungsdienstlichen Dateien. Andererseits zählen zu den „*weiteren personenbezogene Daten von Beschuldigten*" i.S.d. § 484 Abs. 2 Satz 1, Abs. 4 StPO i.V.m. § 7 Abs. 1 Satz 1 BKAG i.V.m. § 8 Abs. 2 BKAG vor allem Nachweise darüber, ob Daten von Beschuldigten bereits zur Vorsorge für die Verfolgung von zukünftigen Straftaten gespeichert wurden. Dann verbietet es sich aus Gründen der Verhältnismäßigkeit grundsätzlich, personenbezogene Daten wie Fingerabdrücke, Lichtbilder und DNA- Identifizierungsmuster wiederholt zu erheben.

Die Speicherung von Daten des Beschuldigten auf Grundlage des § 484 Abs. 2 Satz 1, Abs. 4 StPO i.V.m. § 7 Abs. 1 Satz 1 BKAG i.V.m. § 8 Abs. 2 BKAG für Zwecke anderer, zum Zeitpunkt der Speicherung bestimmbarer Strafverfahren scheidet indes aus. Insoweit ist die Befugnis des § 483 Abs. 2 i.V.m. §§ 486 ff StPO einschlägig. Nicht nur der Verweis des § 10 Abs. 2 Satz 1 Nr. 1 BKADV auf § 2 Abs. 1 Nr. 1 bis 18 und Nr. 23 bis 25 BKADV ist daher unberechtigt, sondern auch die Einbeziehung der in § 2 Abs. 1 Nr. 1 bis 18 und Nr. 23 bis 25 BKADV genannten Daten in die auf Grundlage des § 7 Abs. 6 BKAG a.F. erlassene *BKADV 2010* insgesamt. Allein die in § 2 Abs. 1 Nr. 15, 16, 19 und 20 BKADV genannten Daten dürften auf Grundlage des § 484 Abs. 2 Satz 1 StPO i.V.m. § 8 Abs. 2 BKAG in der polizeilichen Vorsorgedatei „Kriminalaktennachweis" gespeichert werden. Im Übrigen richtet sich die Speicherung von zu repressiven Zwecken erhobenen Daten in einzelne Strafverfahren übergreifenden Fall-, PIOS- oder DOS-Dateien seit Inkrafttreten des *StVÄG 1999* nach § 483 Abs. 2 StPO, so dass die eingangs genannten Errichtungsanordnungen für bestehende Strafverfolgungsdateien berichtigt werden müssen. Für die Speicherung in einer reinen Strafverfolgungsdatei i.S.d. § 483 Abs. 2 StPO i.V.m. §§ 486 ff StPO bedarf es zwar einer Errichtungsanordnung i.S.d. § 490 StPO, aber keiner Rechtsverordnung i.S.d. § 7 Abs. 6 BKAG a.F.

Die hinter § 10a Abs. 4 Satz 1 VE ME PolG und daher auch hinter § 8 Abs. 4 BKAG stehende Idee der Verarbeitung von Daten von Zeugen, Opfern künftiger Straftaten, Hinweisgebern und sonstigen Auskunftspersonen in Fall- und PIOS- und DOS-Dateien hat mit dem Inkrafttreten des *StVÄG 1999* und damit den (neuen) §§ 481 ff StPO ihre Existenzberechtigung verloren. § 8 Abs. 4 BKAG wäre daher zu streichen.

f. Die Gewalttäterdateien

Gem. § 9 Abs. 1 Nr. 3 BKADV zählen die gem. § 8 Abs. 2 BKAG vom BKA unterhaltenen Gewalttäterdateien zu den Dateien der Zentralstelle und dienen
– im Bereich der politisch motivierten Kriminalität der Verhinderung gewalttätiger Auseinandersetzungen und sonstiger Straftaten bei öffentli-

chen Veranstaltungen und Nukleartransporten sowie der Abwehr von Gefahren bei Ansammlungen gewaltbereiter Personen
- der Verhinderung gewalttätiger Auseinandersetzungen und sonstiger Straftaten im Zusammenhang mit Sportveranstaltungen, insbesondere Fußballspielen, oder
- der Verhinderung von Straftaten mit länderübergreifenden Bezügen oder von erheblicher Bedeutung zum Nachteil von gefährdeten Personen im Sinne des § 5 BKAG oder vergleichbarer landespolizeigesetzlicher Regelungen.

Welche Daten in den Gewalttäterdateien gespeichert werden dürfen, wird in § 10 Abs. 1 und Abs. 2 BKADV definiert. Im Gegensatz zu den Aufgabenstellungen der BPol und der Polizeien der Länder entspricht es zwar grundsätzlich nicht den Aufgaben des BKA aus §§ 4, 4a, 5 und 6 BKAG, *„gewalttätige Auseinandersetzungen und sonstige Straftaten im Zusammenhang mit Sportveranstaltungen"* oder sonstigen Veranstaltungen *„zu vermeiden"*. Gewalttäterdateien unterstützen die BPol und die Polizeien der Länder aber vorrangig dabei, nach Feststellung der Identität einer Person weitere präventiv- polizeiliche Maßnahmen zu treffen[3338]. Die Problemstellung ist dabei bei sämtlichen der § 9 Abs. 1 Nr. 3 BKAG aufgeführten Gewalttäterdateien dieselbe. Es geht darum, inwieweit das BKA durch Befugnisnormen, die den Geboten der Normenbestimmtheit und Normenklarheit entsprechen, ermächtigt wird, Daten in Gewalttäterdateien zur Verhütung von Straftaten zu speichern.

Gewalttäterdateien sind als Gefahrverhütungsdateien weder Mischdateien i.S.d. § 484 Abs. 3 StPO noch Vorsorgedateien i.S.d. § 484 Abs. 4 StPO sondern vielmehr eine eigenständige Art von *Dateien zur Gefahrverhütung*. Bei Mischdateien i.S.d. § 483 Abs. 3 StPO muss eine eigenständige Befugnis zum Speichern bestehen, die jedoch in den unterschiedlichen Landespolizeigesetzen – mit Ausnahme der Befugnis zur polizeilichen Beobachtung – unvollkommen geregelt sind[3339]. Vorsorgedateien i.S.d. § 484 Abs. 4 StPO können nur der Vorsorge für die repressive Verfolgung von zukünftigen Strafverfahren dienen. Hier geht es aber um die Verhütung von Gefahren, bei deren Verwirklichung ein Straftatbestand erfüllt wäre. Allerdings kommt es bei den Gewalttäterdateien im Gegensatz zur Verhütung von Straftaten mittels offener präventiv- polizeilicher Datenerhebung weniger

---

3338 Petri in Lisken/Denninger, HbdPolR, 5. Auflage, G Rn. 91.
3339 Kapitel 5 A. II. 1. a. bb. (S. 741).

Kapitel 5: Die zweckändernde Verarbeitung von Daten in KpS

auf die Kenntnis des von der Datenerhebung Betroffenen von der Speicherung seiner Daten in einer Gewalttäterdatei und den hiermit verbundenen Abschreckungseffekt an[3340]. Ziel von Gewalttäterdateien ist es nicht, Straftaten dadurch zu verhüten, dass der potentiell zukünftige Gewalttäter unmittelbar durch das Wissen um die Speicherung seiner Daten von der künftigen Begehung von Straftaten abgeschreckt wird[3341].

Vielmehr wird durch die Erfassung eines Betroffenen in einer Gewalttäterdatei durch die Speicherung seiner Daten indirekt die Schwelle für polizeiliche Folgemaßnahmen herabgesetzt, da Gewalttäterdateien anlassbezogene und auf die Verhütung der befürchteten Straftaten gerichtete präventivpolizeiliche Maßnahmen ermöglichen sollen[3342]. Praktizierte präventiv- polizeiliche Maßnahmen bei Veranstaltungen oder auch Versammlungen sind zum Beispiel Gefährderanschreiben[3343], Meldeauflagen[3344] oder Ausreiseverbote nach § 8 i.V.m. § 7 Abs. 1 PassG bzw. § 2 Abs. 2 PersAuswG[3345], aber auch Aufenthaltsverbote, Platzverweise[3346], gezielte Fahrzeug- und Personenkontrollen[3347] sowie als ultima ratio der Präventivgewahrsam[3348], falls der Betroffene trotz Passbeschränkung und Meldeauflage versucht ins Veranstaltungsland zu reisen und so der strafbare Versuch der unerlaubten Ausreise nach § 24 Abs. 2 PassG unmittelbar bevorsteht[3349]. Das Polizeigesetz von *Sachsen* knüpft in § 19a Abs. 1 Satz 1 Nr. 4 i.V.m. Satz 3 Nr. 3, Satz 5 SächsPolG sogar mit der Befugnis zur automatisierten Kennzeichen-

---

3340 BT-Drucksache 16/13563 S. 9; Petri in Lisken/Denninger, HbdPolR, 5. Auflage, G Rn. 79; Arzt/Eier in DVBl. 2010, 816 (823).
3341 Kapitel 3 B. II. (S. 414); Kapitel 5 A. I. 1. b. (S. 649).
3342 EAO Gewalttäter Links, Ziffer 2.2 a.E. (Stand: 14.5.2012); EAO Gewalttäter Personenschutz, Ziffer 2.2 a.E. (Stand: 14.5.2012); EAO GEWALTTÄTER politisch motivierte Ausländerkriminalität, Ziffer 2.2 a.E. (Stand: 14.5.2012); EAO GEWALTTÄTER RECHTS, Ziffer 2.2 a.E. (Stand: 14.5.2012); EAO GEWALTTÄTER SPORT, Ziffer 2.2 a.E. (Stand: 3.6.2005); Arzt in NJW 2011, 352 (353).
3343 BT-Drucksache 16/13563 S. 9; NdsOVG in NJW 2006, 391(391); Arzt in Die Polizei 2006, 156 (156).
3344 BVerwGE 129, 142 (148 ff – Rn. 34 ff); VGH BW in NJW 2000, 3658 (3660); Gusy, POR, Rn. 198; Schönrock in Die Polizei 2011, 280 (281/282); Breucker in NJW 2004, 1631 (1632).
3345 BVerwGE 129, 142 (145/146 – Rn. 28); VGH BW in NJW 2000, 3658 (3659/3660); Petri in Lisken/Denninger, HbdPolR, 5. Auflage, G Rn. 91; Arzt/Eier in DVBl. 2010, 816 (819); Breucker in NJW 2004, 1631 (1631/1632).
3346 Schönrock/Knape in Die Polizei 2012, 280 (282).
3347 Arzt/Eier in DVBl. 2010, 816 (819).
3348 Deutsch in Die Polizei 2006, 145 (146).
3349 Breucker in NJW 2004, 1631 (1633).

erfassung an die Datei Gewalttäter Sport an. Anlässlich der Fußball- WM 2006 wurden die in der Datei Gewalttäter- Sport gespeicherten Daten auch für die Zuverlässigkeitsüberprüfungen der zu akkreditierenden Personen herangezogen[3350]. Bei den Meldeauflagen und den übrigen Vollzugsmaßnahmen im Vorfeld von Veranstaltungen und / oder Versammlungen werden die Straftaten also nicht unmittelbar durch die auf die Verhinderung zukünftiger Straftaten gerichtete Erhebung oder Speicherung von Daten verhindert, sondern durch die zweckändernde Speicherung und / oder Nutzung bereits erhobener und / oder gespeicherter Daten. Daten aus Gewalttäterdateien dienen nicht der Abwehr konkreter Gefahren i.S.d. präventiv- polizeilichen Generalklauseln sondern der Vorbereitung der Abwehr einer in einem bestimmten Kontext drohenden Straftat[3351].

Während § 10 Abs. 1 Satz 2 1. Alt. PaßG i.V.m. §§ 7 oder 8 PaßG (i.V.m. § 6 Abs. 7 und 8 PAuswG) Befugnisse zum Erlass von Ausreiseuntersagungen enthalten und das Polizeigesetz von *Rheinland- Pfalz* mit § 12a POG RP eigens eine Befugnis zum Erlass von Meldeauflagen erlassen hat, stützen die anderen Bundesländer Meldeauflagen mit Billigung des BVerwG auf die präventiv- polizeilichen Generalklauseln[3352], wobei diese Praxis zumindest bezogen auf Inlandsereignisse häufig in Frage gestellt wird[3353]. Die Gemeinsamkeit der Maßnahmen liegt in deren Voraussetzung, des Vorliegens einer *konkreten Gefahr i.S.d. polizeigesetzlichen Generalklauseln*, die regelmäßig entweder als Schädigung des internationalen Ansehens als einen erheblichen Belang der Bundesrepublik Deutschland oder zu erwartender gewalttätiger Auseinandersetzungen droht[3354]. Daher müssen Angaben über Zeit und Ort des geplanten Vorhabens feststehen, damit die bevorstehende Straftat anhand nachvollziehbarer Tatsachen eindeutig bestimmt werden kann[3355]. So konnte eine Meldeauflage nicht auf die konkrete Gefahr von erneuten gewalttätigen Auseinandersetzung gestützt werden, bei der die KAN- Einträge, die der Einträge in der Gewalttäterdateien zugrunde gelegt wurden, 6 Jahre zurücklagen bzw. ein jüngeres Strafverfahren wegen

---

3350 BfDI, 21. Tätigkeitsbericht 2005-2006, S. 71, 73.
3351 Albers, Dissertation, S. 125/126.
3352 BVerwGE 129, 142 (148/149- Rn. 34/35); OVG Bremen in NordÖR 2001, 107 (108); VGH BW in NJW 2000, 3658 (3660); Schönrock in Die Polizei 2011, 280 (280); Deutsch in Die Polizei 2006, 145 (146); Arzt in Die Polizei 2006, 156 (160/161); Breucker in NJW 2004, 1631 (1632).
3353 Arzt in Die Polizei 2006, 156 (161).
3354 May in NdsVBl. 2002, 41 (42).
3355 Deutsch in Die Polizei 2006, 145 (146).

§§ 153a, 170 Abs. 2 StPO eingestellt worden war[3356]. Auch der Gesetzgeber ging bei der Novellierung des Passgesetzes davon aus, dass Vorfälle, die zu Ausreisebeschränkungen führen, zumindest in der näheren Vergangenheit liegen müssen, so dass dieser einen Zeitraum von mindestens 12 Monaten als Mindestvoraussetzung forderte[3357].

Durch die genannten präventiv- polizeilichen Maßnahmen einschließlich der Ausreiseverbote wird zumindest die Allgemeine Handlungsfreiheit aus Art. 2 Abs. 1 GG eingeschränkt[3358]. Durch Meldeauflagen, die die Fortbewegungsfreiheit im Bundesgebiet dadurch beschränken, dass der Betroffene verpflichtet wird, sich auf einer bestimmten Polizeidienststelle einzufinden[3359], wird außerdem in das Grundrecht auf Freizügigkeit aus Art. 11 Abs. 1 GG eingegriffen[3360]. Werden diese Vollstreckungsmaßnahmen in Ansehung einer bevorstehenden Versammlung getroffen, kann der Schutzbereich der durch die Freiheitsrechte aus Art. 5 Abs. 1 GG und Art. 8 Abs. 1 GG gewährleistete Willensentschließungsfreiheit betroffen sein[3361]. Hier kommt es aber nicht auf die Frage an, ob auf Grundlage von auf den Phänomenbereich der politisch motivierten Kriminalität bezogenen Gewalttäterdateien verhängten Meldeauflagen in den Schutzbereich der Versammlungsfreiheit aus Art. 8 Abs. 1 GG eingriffen wird[3362], und ob ein solcher Eingriff auf polizeigesetzlicher Grundlage möglich ist[3363]. Vielmehr geht es um die Frage, ob bereits für Speicherungen in vom BKA geführten Gewalttäterdateien eine verfassungskonforme Ermächtigungsgrundlage besteht. Ungeachtet der Frage, ob für jede Vollzugsmaßnahme eine verfassungskonforme Befugnisnorm besteht[3364], bedarf es zunächst einer verfassungskonformen Befugnisnorm, die das BKA ermächtigt, die zu dieser Form der Verhütung von Straftaten notwendigen Gewalttäterdateien zu durch Spei-

---

3356 NdsOVG in NJW 2006, 391 (394).
3357 BT-Drucksache 14/2726 S. 6; Arzt in Die Polizei 2006, 156 (160/161).
3358 BVerfGE 6, 32 (42); VG Gelsenkirchen in NWVBl. 2000, 394 (395); Deutsch in Die Polizei 2006, 145 (146); Arzt in Die Polizei 2006, 156 (157); Breucker in NJW 2004, 1631 (1632), May in NdsVBl. 2002, 41 (41).
3359 A.A. Arzt in Die Polizei 2006, 156 (158/159).
3360 Schönrock/Knape in Die Polizei 2012, 280 (280); Breucker in NJW 2004, 1631 (1632, 1633).
3361 BVerwGE 129, 142 (151- Rn. 38); NdsOVG in NJW 2006, 391 (392/393); a. A. Breucker in NJW 2004, 1631 (1633).
3362 Schönrock/Knape in Die Polizei 2012, 280 (283/284).
3363 Breucker in NJW 2004, 1631 (1632).
3364 Kapitel 3 B. II. (S. 414).

A. Die Kriminalpolizeilichen personenbezogenen Sammlungen (KpS)

chern von Daten von potentiellen Gewalttätern zu unterhalten. Ausgangspunkt und Grundlage von präventiv- polizeilichen Gefährderanschreiben, Meldeauflagen, Ausreiseverboten etc. sind regelmäßig Einträge in Gewalttäterdateien[3365]. Zwar liegen allein in dem Eintrag einer Person in einer Gewalttäterdatei oder in der Tatsache, dass ein repressives Ermittlungsverfahren durchgeführt wurde, keine tauglichen Tatsachen, die für sich genommen die Durchführung von Folgemaßnahmen rechtfertigen können[3366]. Straftaten können, auch wenn sie von erheblicher Bedeutung sind, nicht allein dadurch verhindert werden, dass Personen deshalb in einer Gewalttäterdatei gespeichert werden, weil irgendwann einmal deren Personalien festgestellt oder Platzverweise angeordnet oder Ingewahrsamnahmen zur Verhinderung anlassbezogener Straftaten durchgeführt wurden[3367]. Daher muss die Polizei unter Gewährleistung der Rechtmäßigkeit der Speicherung der Daten potentieller Gewalttäter in Gewalttäterdateien eine hierauf aufbauende, auf die Verhütung von Straftaten individuell belegbar und nachvollziehbare Prognoseentscheidung dahingehend treffen, dass der von der Speicherung Betroffene bei einem in naher Zukunft liegenden Ereignis Gefahren für die öffentliche Sicherheit hervorrufen könnte[3368].

Welche der dem BKA zur Verfügung stehenden Befugnisse tatsächlich zum Speichern von personenbezogenen Daten in Gewalttäterdateien ermächtigt, erscheint allerdings weder dem Gesetz- und Verordnungsgeber, noch den Gerichten klar zu sein. Ähnlich wie in den zu den vom BKA unterhaltenen Fall- und PIOS- Dateien erlassenen Errichtungsanordnungen nennen die zu den vom BKA geführten Gewalttäterdateien bestehenden Errichtungsanordnungen die Befugnisse aus § 8 Abs. 1, 2, 4 und 5 BKAG sowie § 9 BKAG als die zur Speicherung der darin enthaltenen Daten ermächtigenden Rechtsgrundlagen. Dies betrifft zum Beispiel die Dateien
- Gewalttäter Links[3369],
- Gewalttäter Personenschutz[3370],

[3365] NdsOVG in NJW 2006, 391 (393); VGH BW in NJW 2000, 3658 (3659); VG Freiburg in VBl. BW 130 (131); VG Gelsenkirchen in NWVBl. 2000, 394 (395).
[3366] Arzt in Die Polizei 2006, 156 (159/160); Breucker in NJW 2004, 1631 (1631); May in NdsVBl. 2002. 41 (42).
[3367] BfDI, 21. Tätigkeitsbericht 2005-2006, S. 73/74; Arzt/Eier in DVBl. 2010, 816 (823); a. A. VG Freiburg in VBl. BW 2001, 130 (130).
[3368] Arzt in Die Polizei 2006, 156 (161); May in NdsVBl. 2002, 41 (42).
[3369] EAO Gewalttäter Links, Ziffer 2.1 (Stand: 14.5.2012).
[3370] EAO Gewalttäter Personenschutz, Ziffer 2.1 (Stand: 14.5.2012).

- GEWALTTÄER politisch motivierte Ausländerkriminalität[3371],
- GEWALTTÄTER RECHTS[3372],
- GEWALTTÄTER SPORT[3373].

Das gleiche gilt für gerichtliche Entscheidungen, die die Speicherung von Daten in Gewalttäterdateien betreffen. Diese halten sich bei der Benennung der einschlägigen Speicherungsbefugnis bemerkenswert unpräzise und differenzierten dadurch, dass sie oberflächlich auf § 8 BKAG verweisen, nicht zwischen den einzelnen Speicherungsbefugnissen aus § 8 Abs. 1 bis 5 BKAG[3374]. Da in Gewalttäterdateien sowohl Daten von strafrechtlich in Erscheinung getretenen[3375] als auch zukünftigen Gewalttätern gespeichert werden, kämen die Speicherungsbefugnisse des BKA aus § 8 Abs. 1 und Abs. 2 BKAG einerseits sowie aus § 8 Abs. 5 BKAG andererseits als Ermächtigungsgrundlage für eine Speicherung von Daten in den Gewalttäterdateien in Betracht[3376].

aa. Die Befugnis aus § 8 Abs. 1 und 2 BKAG

Mit § 8 Abs. 1 und 2 BKAG könnte insoweit eine mögliche Befugnis des BKA zum Führen von Gewalttäterdateien bestehen, als die Daten von Personen stammen, die bereits einer Straftat, die durch das Führen einer bestimmten Datei verhindert werden soll, beschuldigt oder verdächtigt worden sind[3377]. Hierdurch könnte das BKA über die Daten von Beschuldigten hinaus nicht nur zur Speicherung von Daten über strafunmündige Tatverdächtige ermächtigt werden sondern auch zur Speicherung von Daten über Gewalttäter, die in der Vergangenheit im Zusammenhang mit politisch motivierter Kriminalität, Sportveranstaltungen oder besonders gefährdeten Personen wiederholt strafrechtlich in Erscheinung getreten sind, so dass hierdurch auch die zukünftige Begehung von Straftaten prognostiziert werden

---

3371 EAO GEWALTTÄTER politisch motivierte Ausländerkriminalität, Ziffer 2.1 (Stand: 14.5.2012).
3372 EAO GEWALTTÄTER RECHTS, Ziffer 2.1 (Stand: 14.5.2012).
3373 EAO GEWALTTÄTER SPORT, Ziffer 2.1 (Stand: 3.6.2005).
3374 NdsOVG in NdsVBl. 2009, 135 (136); VG Mainz in DuD 2009, 195 (196).
3375 VG Mainz in DuD 2009, 195 (195).
3376 Arzt/Eier in DVBl. 2010, 816 (822/823).
3377 VG Mainz in DuD 2009, 195 (197); BfDI, 21. Tätigkeitsbericht 2005-2006, S. 73; Pieroth/Schlink/Kniesel, POR, § 15 Rn. 29-33.

kann³³⁷⁸. Zwischen den nach § 8 Abs. 2 BKAG speicherbaren Daten von strafunmündigen Tatverdächtigen und potentiellen Gewalttätern besteht allerdings der Unterschied, dass die Daten von Strafunmündigen gar nicht erst auf repressiver Grundlage erhoben werden dürfen. Da Strafunmündige i.S.d. § 19 StGB nicht zu Beschuldigten in Strafverfahren werden können, ist die Speicherung von Daten über Kinder durch die Staatsanwaltschaft auf Grundlage des § 484 Abs. 2 Satz 1 StPO grundsätzlich unzulässig³³⁷⁹. Die auf Grundlage des § 8 Abs. 2 BKAG vom BKA speicherbaren Daten über strafunmündige Tatverdächtige werden hingegen auf polizeigesetzlicher Grundlage erhoben und bedürfen im Gegensatz von Daten von Beschuldigten keiner Öffnungsklausel in der *StPO*.

Bei Daten von Gewalttätern, die anlässlich einer Straftat auf repressiver Grundlage erhoben wurden, muss das zur Datenerhebung ermächtigende Gesetz den Geboten der Normenbestimmtheit und -klarheit entsprechend festlegen, ob und in welchem Umfang auf dessen Grundlage erhobene Daten durch die die Daten erhebende oder eine andere Stelle gespeichert werden dürfen³³⁸⁰. Dabei ist mit der Speicherung von Daten auf Grundlage des § 8 BKAG, die zu repressiven Zwecken erhoben und zunächst zur Vorsorge für die Verfolgung von Straftaten gespeichert wurden und später auf präventiv- polizeilicher Grundlage zur Verhütung von Straftaten gespeichert oder genutzt werden sollen, das Problem verbunden, dass auf Grundlage des § 484 Abs. 1 und 2, Abs. 4 StPO i.V.m. § 8 Abs. 1 und 2 BKAG zweckändernd im Kriminalaktennachweis gespeicherte Daten erneut zweckändernd gespeichert oder unmittelbar zweckändernd genutzt werden müssten. Um auf repressiver Grundlage erhobene Daten gem. § 484 Abs. 4 StPO i.V.m. § 8 Abs. 2 BKAG zur Verhütung von Straftaten speichern zu können, müsste der auf Grundlage des Art. 74 Abs. 1 Nr. 1 GG als Zustimmungsgesetz erlassene § 484 StPO eine Öffnungsklausel enthalten, die die Polizeigesetzgeber ermächtigt, auf Grundlage deren Gesetzgebungskompetenzen Befugnisnormen zu schaffen, die dazu ermächtigen auf repressiver Grundlage erhobene und im Kriminalaktennachweis gespeicherte Daten zum präventivpolizeilichen Zweck der Verhütung von Straftaten in Gewalttäterdateien zu speichern oder unmittelbar zur Verhütung von Straftaten zu nutzen. Bezogen

---

3378 HessVGH in NJW 2005, 2727 (2731); VG Mainz in DuD 2009, 195 (196).
3379 Meyer-Goßner, StPO, § 489 Rn. 4.
3380 BVerfGE 125, 260 (328, 344/345/346); 120, 378 (408); 115, 320 (359, 365); 113, 348 (375, 384/385); 113, 29 (51); 110, 33 (53/54, 70); 109, 279 (318); 100, 313 (359/360, 389); 65, 1 (45/46, 65/66).

auf die Aufgabe des BKA als Zentralstelle für das polizeiliche Auskunfts- und Nachrichtenwesen und für die Kriminalpolizei aus § 2 Abs. 1 bis 3 BKAG wäre dies die Gesetzgebungskompetenz aus Art. 73 Abs. 1 Nr. 10 1. Alt. a) und 2. GG i.V.m. Art. 87 Abs. 1 Satz 2 GG.

Zwischen § 484 Abs. 1 und 2 Satz 1 StPO einerseits und § 8 Abs. 1 und 2 BKAG andererseits bestehen insoweit Unterschiede, als dass § 484 Abs. 1 und Abs. 2 Satz 1 StPO die Strafverfolgungsbehörden zur Speicherung, Veränderung und Nutzung von Daten ausschließlich *„für Zwecke künftiger Strafverfahren"* ermächtigt, während § 8 Abs. 1 BKAG an die Aufgabe des BKA aus § 2 Abs. 1 bis 3 BKAG anknüpft. Gem. § 2 Abs. 1 bis 3 BKAG unterstützt das BKA die Polizeien des Bundes und der Länder durch Sammlung und Auswertung von Informationen und Unterrichtung der zuständigen Strafverfolgungsbehörden über die in Erfahrung gebrachten Zusammenhänge nicht nur *„bei der ... Verfolgung von Straftaten"* mit länderübergreifender, internationaler oder erheblicher Bedeutung sondern auch *„bei der Verhütung ... von Straftaten"*. Damit weist § 2 Abs. 1 bis 3 BKAG i.V.m. § 8 Abs. 1 und 2 BKAG dem BKA nicht nur die Aufgabe der Speicherung von auf repressiver Grundlage erhobenen Daten zur Vorsorge für die Verfolgung von Straftaten sondern auch deren Speicherung mit dem Ziel der Verhütung von Straften zu. § 484 Abs. 1, Abs. 2 Satz 1 StPO i.V.m. § 484 Abs. 4 StPO ermächtigt die Polizeigesetzgeber nach dessen Wortlaut aber ausschließlich dazu, auf repressiver Grundlage erhobene Daten von Beschuldigten oder Tatverdächtigen, die bereits entsprechend § 484 Abs. 1, Abs. 2 Satz 1 StPO auf polizeigesetzlicher Grundlage in Dateien wie dem Kriminalaktennachweis oder den erkennungsdienstlichen Dateien wie AFIS-P oder der DNA-Analyse- Datei für Zwecke zukünftiger Strafverfahren gespeichert wurden, *nach* so erfolgter Speicherung präventiv- polizeilich zu nutzen[3381]. Eine an die Polizeigesetzgeber gerichtete bereichsspezifisch und präzise Ermächtigung, die auf repressiver Grundlage erhobenen Daten in Dateien zu speichern, die ausschließlich der Verhütung von weiteren Straftaten dienen, lässt sich § 484 StPO nicht entnehmen.

§ 484 Abs. 4 StPO kann auch nicht dahingehend ausgelegt werden, dass die Bestimmung des Zwecks der präventiv- polizeilichen Verarbeitung von auf repressiver Grundlage erhobenen Daten in vollem Umfang den Polizeigesetzgebern vorbehalten bleiben soll. Dies würde den Geboten der Normenbestimmtheit und -klarheit zuwider laufen. Sieht der Gesetzgeber eine

---

[3381] Kapitel 5 A. III. (S. 771).

A. Die Kriminalpolizeilichen personenbezogenen Sammlungen (KpS)

den ursprünglichen Erhebungs- und Speicherungszweck ändernde Sammlung von Daten vor, muss er den neuen Zweck der Datensammlung möglichst präzise festlegen[3382]. Bereits bei der Speicherung muss hinreichend gewährleistet sein, dass Daten später nur für solche Zwecke verwendet werden, die das Gewicht der Datenspeicherung rechtfertigen[3383]. Jede Speicherung kann nicht als solche abstrakt gerechtfertigt werden, sondern nur insoweit, als sie hinreichend gewichtigen, konkret benannten Zwecken dient[3384]. Je höher das Gewicht der Beeinträchtigung wiegt, das insbesondere von der Art der erfassten Informationen, dem Anlass und den Umständen ihrer Erhebung und der Art ihrer späteren Nutzung beeinträchtigt wird, desto präziser muss eine Befugnisnorm ausgestaltet sein[3385]. Zwar richtet sich der Grundrechtseingriff bei den Gewalttäterdateien nicht gegen Personen, die den Eingriff nicht veranlasst haben, sondern gegen polizeibekannte Gewalttäter, so dass der hiermit verbundene Grundrechtseingriff insofern nicht als besonders gravierend einzustufen ist[3386]. Durch die der Informationstechnologie eigenen Verknüpfungsmöglichkeiten kann einem einzelnen Datum jedoch ein neuer Stellenwert zukommen[3387]. Das Gewicht von Eingriffen in das Grundrecht auf informationelle Selbstbestimmung, die in der Speicherung von personenbezogenen Daten in Gewalttäterdateien liegen, richtet sich danach, welche Nachteile den Betroffenen aufgrund der Eingriffe drohen oder von ihnen nicht ohne Grund zu befürchten sind[3388]. Aus einem Eintrag in der Gewalttäterdatei können empfindliche präventiv- polizeiliche Maßnahmen gegen den Betroffenen, wie Gefährderanschreiben, Ausreiseverbote oder Meldeauflagen in *Sachsen- Anhalt* sowie in *Sachsen* mit dem an diese Dateien anknüpfenden Einsatz automatisierter Kennzeichenlesesysteme, mit dem im Trefferfall weitere polizeiliche Maßnahmen verbunden sind[3389], erfolgen. Da mit einem Eintrag in der Gewalttäterdatei kein anderer Zweck verfolgt wird, als bei Bedarf die genannten präventivpolizeilichen Mittel ergreifen zu können, liegt schon in dem Eintrag in eine Gewalttäterdatei ein erheblich rechtfertigungsbedürftiger Grundrechtsein-

---

3382 BVerfGE 120, 351 (367); 100, 313 (360).
3383 BVerfGE 125, 260 (345).
3384 BVerfGE 125, 260 (345); 118, 168 (187/188); 65, 1 (46).
3385 BVerfGE 120, 378 (401/402).
3386 BVerfGE 120, 378 (402).
3387 BVerfGE 115, 320 (350).
3388 BVerfGE 115, 320 (351); 107, 299 (320/321); 100, 313 (376).
3389 Kapitel 2 A. III. 6.(S. 219).

griff. Damit ein aufgrund seiner kriminellen Vorgeschichte polizeibekannter Gewalttäter wissen kann, wer seine Daten zu welchem Zweck speichert, müsste bereits in der *StPO* als dem zur Erhebung der Daten ermächtigenden Gesetz bereichsspezifisch und präzise bestimmt werden, zu welchem Zweck zunächst zur Vorsorge von Straftaten gespeicherte, auf repressiver Grundlage erhobene Daten auch zur Verhütung von Straftaten gespeichert und genutzt werden dürfen. Da der derzeitige § 484 StPO eine solche zweckändernde Nutzungsmöglichkeit nicht bereichsspezifisch und präzise regelt, ist dessen Überarbeitung angebracht[3390].

bb. Die Befugnis aus § 8 Abs. 5 BKAG

Während der Wortlaut der Aufnahmeklausel des § 8 Abs. 1 bis 3 BKAG – mit Ausnahme der fehlenden Bezugnahme auf die polizeiliche Aufgabe der Verhütung von Straftaten – dem Wortlaut der Öffnungsklausel des § 484 Abs. 1 bis 2 StPO entspricht, durchbricht der mitunter als Auffanggeneralklausel bezeichnete § 8 Abs. 5 StPO[3391] diese Systematik. Gem. § 8 Abs. 5 BKAG darf das BKA Daten sonstiger Personen der Ziffer 4.2 der *Dateienrichtlinie* vom 26.2.1981 entsprechend in Dateien speichern, wenn „*bestimmte Tatsachen die Annahme rechtfertigen, dass die Betroffenen Straftaten von erheblicher Bedeutung begehen werden*". Dies soll berücksichtigen, dass das BKA nicht nur personenbezogene Daten aus Strafverfahren speichert, sondern auch Daten, die dieses oder die übrigen Polizeien auf präventiv- polizeilicher Grundlage, insbesondere gem. § 16 Abs. 1 Satz 1 Nr. 2 PolG NRW i.d.F. vom 7.2.1990[3392] erhoben haben[3393]. Diese heute in § 16a Abs. 1 Satz 1 Nr. 2 PolG NRW zu findende Befugnis zur längerfristigen Observation ermächtigt zur Erhebung von Daten

> „*über Personen, soweit Tatsachen die Annahme rechtfertigen, dass diese Personen Straftaten von erheblicher Bedeutung begehen wollen sowie über deren Kontakt- oder Begleitpersonen, wenn die Datenerhebung zur vorbeugenden Bekämpfung von Straftaten erforderlich ist.*"

Daher sollen auf Grundlage des § 8 Abs. 5 BKAG in der Datei GEWALTTÄTER PERSONENSCHUTZ neben Daten von Beschuldigten und sons-

---

3390 Kapitel 5 A. II. 1. c. (S. 699).
3391 Papsthart in Erbs/Kohlhaas, BKAG, § 8 Rn. 10.
3392 GVBl. NRW 1990 S. 70 bis 83.
3393 BfDI, 21. Tätigkeitsbericht 2005-2006, S. 73, BT-Drucksache 13/1550 S. 26.

tigen Tatverdächtigen i.S.d. § 8 Abs. 1 und 2 BKAG auch Daten von Personen gespeichert werden dürfen,

> „wenn bestimmte Tatsachen die Annahme rechtfertigen, dass sie künftig durch Gewaltbereitschaft oder Gewaltandrohung Straftaten von erheblicher Bedeutung zum Nachteil von gefährdeten Personen nach PDV 129 begehen werden[3394]".

In den Dateien GEWALTTÄTER – *politisch motivierte Ausländerkriminalität* und GEWALTTÄTER RECHTS sollen auf Grundlage des § 8 Abs. 5 BKAG auch Daten von Personen gespeichert werden dürfen,

> „bei denen Waffen oder andere gefährliche Gegenstände sichergestellt oder beschlagnahmt wurden, wenn der Betroffene sie in der Absicht mitführte, anlassbezogene Straftaten zu begehen (soweit die Erfassung in der Datei nicht schon wegen Verstoßes gegen das Waffengesetz oder gegen das Versammlungsgesetz erfolgte)",

oder

> „wenn bestimmte Tatsachen (insbesondere ihr Auftreten als gewaltbereiter Verhaltensstörer) die Annahme rechtfertigen, dass sie künftig durch Gewaltbereitschaft oder Gewaltandrohung Straftaten von erheblicher Bedeutung begehen werden[3395]".

Ähnlich sollen in der Datei GEWALTTÄTER SPORT Daten von Personen gespeichert werden

> „gegen die Personalienfeststellungen, Platzverweise und Ingewahrsamnahmen zur Verhinderung anlassbezogener Straftaten angeordnet wurden, weil bestimmte Tatsachen die Annahme rechtfertigten, dass die Betroffenen anlassbezogene Straftaten von erheblicher Bedeutung begehen werden"

oder

> „..., bei denen Waffen oder andere gefährliche Gegenstände sichergestellt bzw. beschlagnahmt wurden, wenn bestimmte Tatsachen die Annahme rechtfertigen, dass sie diese bei der Begehung anlassbezogener Straftaten benutzen wollen (soweit die Erfassung in der Datei nicht schon wegen des Verstoßes gegen das Waffengesetz erfolgte) (...)[3396]."

[3394] EAO Gewalttäter Personenschutz, Ziffer 3.4 (Stand: 21.7.2005).
[3395] EAO Gewalttäter Links, Ziffer 3.4 (Stand: 16.11.2007); EAO GEWALTTÄTER politisch motivierte Ausländerkriminalität, Ziffer 3.4 (Stand: 16.11.2007); EAO GEWALTTÄTER RECHTS, Ziffer 3.4 (Stand: 16.11.2007).
[3396] EAO GEWALTTÄTER SPORT, Ziffer 3.3 (Stand: 3.6.2005).

Kapitel 5: Die zweckändernde Verarbeitung von Daten in KpS

„*Tatsachen, die die Annahme der Begehung von Straftaten von erheblicher Bedeutung rechtfertigen,*" sollen auch angenommen werden dürfen und damit die Speicherung in Gewalttäter gespeichert rechtfetigen können, wenn diese im Zusammenhang mit präventiv- polizeilichen Sicherstellungen, Platzverweisen oder Ingewahrsamnahmen erhoben wurden, und kein Verdacht einer Straftat vorgelegen hat[3397]. Insoweit stellt sich die Frage, woraus sich dann die Tatsachen ergeben sollten, die *außerhalb des zur Erhebung der Daten ermächtigenden Sachverhalts* auf die künftige Begehung von Straftaten schließen lassen. Zunächst einmal könnte argumentiert werden, dass es auch präventiv- polizeiliche Befugnisse zur Erhebung von Daten gibt, die an die Tatbestandsvoraussetzung der „*Tatsachen, die die Annahme der Begehung von Straftaten von erheblicher Bedeutung rechtfertigen*", anknüpft. Diese den Gewalttäterdateien gemeinsame Voraussetzung aus § 8 Abs. 5 BKAG findet sich nicht nur in den § 16 Abs. 1 Satz 1 Nr. 2 PolG NRW a.F.[3398], sondern auch den diesem hinsichtlich des Adressatenkreises sowie der Eingriffsvoraussetzungen entsprechenden präventiv- polizeilichen Befugnissen zur Daten*erhebung* über künftige Straftäter aus § 20b Abs. 2 Nr. 1 und 2 a) bis c) BKAG sowie in den diesem entsprechenden Befugnissen der Polizeigesetze von *Bayern, Bremen, Hamburg, Hessen, Niederachsen, Rheinland- Pfalz,* dem *Saarland, Sachsen- Anhalt* und *Schleswig- Holstein*[3399]. Allerdings ist zu beachten, dass diese dem § 8 Abs. 2 VE ME PolG entsprechenden und auf zukünftige Straftäter bezogenen präventiv- polizeilichen Erhebungsbefugnissen deshalb die Funktion einer Übergangslösung zukam, weil die *StPO* und das *OWiG* im Zeitpunkt des Erlasses des *BKAG 1997* bis zum Inkrafttreten des *StVÄG 1999* keine die präventiv- polizeiliche Verarbeitung von zu repressiven Zwecken über Beschuldigte erhobenen Daten bezogenen Öffnungsklauseln enthielten[3400]. Die Polizeien mussten vor Erlass des *StVÄG 1999* personenbezogene Daten doppelfunktional auf präventiv- polizeilicher und repressiver Grundlage erheben, um diese in die vom BKA auf Grundlage der *Dateienrichtlinie 1981* betriebenen Dateien

---

3397 Pieroth/Schlink/Kniesel, POR, § 15 Rn. 29-33; Schenke, POR, Rn. 211; May in NdsVBl. 2002, 41 (42).
3398 Heute: § 16a Abs. 1 Satz 1 Nr. 2 PolG NRW.
3399 *Anlage 2.2.1 Ziffer 2a* (allgemeine Befugnisnormen zur Datenerhebung / offene Datenerhebung zur vorbeugenden Bekämpfung von Straftaten über künftige Straftäter).
3400 Soine in Kriminalistik 1997, 252 (255); Kapitel 2 A. III. 7. d. (S. 227) / IV. 8. (S. 341).

A. Die Kriminalpolizeilichen personenbezogenen Sammlungen (KpS)

einspeichern zu dürfen[3401]. Losgelöst von einem aufgrund des Verdachts einer Straftat geführten repressiven Ermittlungsverfahrens, anlässlich dessen die Daten vor Inkrafttreten des *StVÄG 1999* doppelfunktional erhoben wurden, ist die sich aus § 8 Abs. 5 BKAG ergebende Speicherungsbefugnis über andere Personen zur Verhütung von Straftaten jedoch weder geeignet noch erforderlich und daher unverhältnismäßig.

Zum einen ist die Prognose, dass eine bestimmte Person künftig Straftaten begeht, außerhalb von Sachverhalten, die die Annahme der Begehung einer Straftat durch diese Person rechtfertigen, kaum möglich. Wird die Prognose der künftigen Begehung von Straftaten aufgrund durch den Betroffenen bereits begangener Straftaten erstellt, ergeben sich die Gründe für die Speicherung aus dem Gang des Strafverfahrens[3402] und unterliegen somit dem Erfordernis einer strafprozessualen Öffnungsklausel[3403]. Der vorbeugenden Verbrechensbekämpfung kann durch informationelles polizeiliches Handeln nur dann in verfassungskonformer Weise entsprochen werden, wenn die Prognose der zukünftigen Begehung von Straftaten über den Betroffenen mittels Speicherung von Informationen über den kriminellen Werdegang eines Betroffenen getroffen wird[3404]. Da die zweckändernde präventiv- polizeiliche Verwendung von auf repressiver Grundlage erhobenen Daten unter der Voraussetzung einer hierzu ermächtigenden strafprozessualen Öffnungsklausel in § 8 Abs. 1 und 2 BKAG geregelt ist[3405], können *„sonstige Personen"* i.S.d. § 8 Abs. 5 BKAG heute nur noch solche sein, die in der Vergangenheit weder Beschuldigte noch Tatverdächtige i.S.d. § 8 Abs. 1 und 2 BKAG[3406] noch die in § 8 Abs. 4 BKAG genannten Personen waren[3407]. Entgegenstehendes Bundesrecht darf gem. Art. 31 GG nicht durch polizeigesetzliche Befugnisnormen der Länder und aufgrund der beschränkten Gesetzgebungskompetenzen des Bundes für das BKA und die BPol auch

---

3401 Kapitel 3 B. I. (S. 411).
3402 VG Freiburg in VBl. BW 2002, 130 (131); VG Gelsenkirchen in NWVBl. 2000, 394 (395).
3403 HessVGH in NJW 2005, 2727 (2728).
3404 HessVGH in NJW 2005, 2727 (2731).
3405 Kapitel 5 A. II. 1. c. (S. 699).
3406 A.A. Ahlf in Ahlf/Daub/Lersch/Störzer, BKAG, § 8 Rn. 12.
3407 Ahlf in Ahlf/Daub/Lersch/Störzer, BKAG, § 8 Rn. 12; Zöller, Informationssysteme und Vorfeldmaßnahmen von Polizei, Staatsanwaltschaft und Nachrichtendiensten, S. 163; Arzt/Eier in DVBl. 2010, 816 (823).

Kapitel 5: Die zweckändernde Verarbeitung von Daten in KpS

nicht durch das Polizeirecht des Bundes umgangen werden[3408]. Damit darf die Straftat, deren Begehung durch Rückgriff auf die Befugnis des § 8 Abs. 5 BKAG verhütet werden soll, nicht anhand eines aufgrund eines strafrechtlichen Ermittlungsverfahrens polizeibekannten Sachverhalts – und sei es im strafbaren Versuchsstadium – prognostiziert werden können. Die durch das BKA zu speichernden Daten dürfen nicht auf repressiver Grundlage erhoben wurden sein, so dass es der Öffnungsklausel des § 484 StPO nicht bedurfte.

Da aber zur Rechtfertigung der Speicherung von Daten über Personen, die noch keiner Straftat verdächtigt waren, keine geringeren Anforderungen gelten dürfen als für Daten von Personen, die bereits in der Vergangenheit einer Straftat verdächtig waren, müssen die an eine Kriminalitätsprognose nach § 8 Abs. 2 VE ME PolG zu stellenden Anforderungen in § 8 Abs. 5 StPO zumindest eingehalten werden. Die Tatbestandsvoraussetzungen werden in § 8 Abs. 5 BKAG dann ja auch dahingehend verschärft, dass sich die Prognose auf die Begehung von *„Straftaten mit erheblicher Bedeutung"* erstrecken muss[3409]. Ob hinsichtlich der nach § 8 Abs. 5 BKAG in die Verbunddateien *Gewalttäter Links*[3410], *Gewalttäter politisch motivierte Ausländerkriminalität*[3411], *Gewalttäter Rechts*[3412] oder *Gewalttäter Sport* gespeicherten personenbezogenen Daten tatsächlich immer die Gefahr der Begehung von Straftaten mit erheblicher Bedeutung besteht, erscheint mit Blick auf die hohe Zahl der allein in der Datei *Gewalttäter Sport* geführten Personen von über 17.000[3413] zweifelhaft. Auch müssen die Bestimmtheitsanforderungen jeder präventiv- polizeilichen Maßnahme im Vorfeld einer konkreten Gefahr spezifisch an dieser Vorfeldsituation ausgerichtet werden, um den verfassungsrechtlichen Geboten der Normenbestimmtheit und -klarheit zu genügen[3414].

Die Frage nach der Bestimmtheit des § 8 Abs. 5 BKAG erübrigt sich hingegen, wenn die hierdurch legitimierte Speicherung von Daten in Gewalttäterdateien nicht von der Prognose der zukünftigen Begehung von Strafta-

---

3408 Kapitel 2 B. I. (S. 347) / B. II. (S. 354); Kapitel 4 B. I. 2. (S. 534); OVG NRW 1999, 522 (523).
3409 BT-Drucksache 13/1550 S. 26; a.A. Schönrock/Knape in Die Polizei 2012, 280 (282).
3410 BT-Drucksache 17/7307 S. 10 (Ziffer 58).
3411 BT-Drucksache 17/7307 S. 10 (Ziffer 60).
3412 BT-Drucksache 17/7307 S. 10 (Ziffer 61).
3413 BT-Drucksache 17/7307 S. 10 (Ziffer 62).
3414 BVerwGE 129, 142 (150- Rn. 34).

A. Die Kriminalpolizeilichen personenbezogenen Sammlungen (KpS)

ten getragen werden könnte und damit ungeeignet wäre. Die nach § 8 Abs. 5 BKAG im Verhältnis zu den Voraussetzungen § 8 Abs. 2 BKAG geforderte strengere Prognose der künftigen Begehung erheblicher Straftaten ändert nichts an deren so oder so bestehenden Unmöglichkeit. Realistische kriminalistische Prognosen über die künftige Begehung von Straftaten durch eine ehemals einer Straftat beschuldigte Person i.S.d. §§ 81b 2. Alt., 81g Abs. 1, 484 Abs. 2 Satz 1 StPO bzw. § 8 Abs. 2 und Abs. 6 Satz 1 2. Alt. Nr. 1 BKAG sind nur möglich, wenn zu befürchten ist, dass die betreffende Person *erneut* als Straftäter in Erscheinung tritt[3415]. Insoweit lässt sich die Prognoseentscheidung aus der kriminellen Energie, mit der die vorgeworfene Straftat begangen wurde, oder aber aus dem in § 81g Abs. 1 Satz 2 StPO enthaltenen Regelbeispiel der wiederholten Begehung einer Straftat herleiten[3416]. Lassen sich aus dem zurückliegenden Handeln einer Person noch nicht einmal ausreichende Anhaltspunkte dafür ableiten, um den Anfangsverdacht eines strafbaren Versuchs einer (einfachen) Straftat wie der versuchten Körperverletzung i.S.d. § 223 Abs. 2 StGB zu begründen, können jedenfalls keine Anhaltspunkte dafür bestehen, dass der Betroffene zu einem bestimmten Zeitpunkt Straftaten von erheblicher Bedeutung begehen wird. Zwar ist bei der behördlichen Entscheidung, ob im konkreten Einzelfall eine hoheitliche Maßnahme – wie Gefährderanschreiben, Meldeauflage oder Ausreiseverbot – getroffen wird, das dem konkreten Sachverhalt zu Grunde liegende individuelle Verhalten des potentiellen Störers zu Grunde zu legen, so dass die Beteiligung an Gewalttaten in einer Gruppe, die konspirative Verabredung mit anderen Gewalttätern oder die Anreise mit Schutz- und Trutzbewaffnung die auf den Einzelfall bezogene Entscheidung rechtfertigen kann[3417]. Allein daraus, dass in der Vergangenheit bereits einmal im allgemeinen oder im Zusammenhang mit bestimmten Veranstaltungen oder Versammlungen verbotene Gegenstände mitgeführt wurden, kann sich aber ohne weitere Anhaltspunkte keine Absicht entnehmen lassen, dass tatsächlich eine Straftat begangen werden sollte, deren Begehung nur deshalb verhindert wurde, weil die Polizei die nicht gesetzlich verbotenen und nur im Einzelfall gefährlichen Gegenstände auf präventiv- polizeilicher Grundlage

---

3415 HessVGH in NJW 2005, 2727 (2731); Kniesel/Vahle, Kommentierung VE ME PolG, Rn. 107.
3416 Kapitel 5 A. II. 1. b. aa. (1) (S. 687).
3417 OVG Bremen in NordÖR 2001, 107 (108); VGH BW in NJW 2000, 3658 (3659); Breucker in NJW 2004, 1631 (1632).

sichergestellt hat[3418]. Schon gar nicht kann solch ein einmaliger Sachverhalt ohne sonstige Anhaltspunkte die Prognose stützen, dass losgelöst vom konkreten Einzelfall auch zukünftig mit der Begehung von Straftaten durch als Gewalttäter erfasste Personen zu rechnen ist. Selbst, wenn auf § 8 Abs. 1 und 2 BKAG gestützte Einträge über einen in der Vergangenheit in Erscheinung getreten Gewalttäter in einer Gewalttäterdatei vorhanden sind, kann die Prognose des in der Zukunft zu erwartenden erneuten Auftretens des Betroffenen als Gewalttäters nicht ohne weiteres auf die vorhandenen Einträge in der Gewalttäterdatei gestützt werden[3419]. Dürften Einträge in Gewalttäterdateien allein deshalb vorgenommen werden, weil im Zusammenhang mit Veranstaltungen oder Versammlungen bereits präventiv- polizeiliche Maßnahmen gegen den Betroffenen als Verhaltensstörer getroffen wurden, bestünde die Gefahr, dass der Polizeivollzugsdienst die gebotene Prognoseentscheidung allein anhand von allgemeinem Erfahrungswissen und Alltagtheorien trifft und massive Überwachungsmaßnahmen durchführt, ohne dass dies von einer konkreten Tatsachen- und Indizienlage gedeckt wäre[3420]. Jeder Eintrag in einer der Gewalttäterdateien würde dann mit der Gefahr der Stigmatisierung einhergehen[3421]. Bestand zu keinem Zeitpunkt der Anfangsverdacht einer Straftat, deren Verhütung die jeweilige Gewalttäterdatei dient, kann daher auch nicht prognostiziert werden, dass zukünftig sogar erhebliche Straftaten begangen werden. Dies ist selbst dann unmöglich, wenn von dem prognostizierenden Beamten eine alle Umstände des Einzelfalls berücksichtigende Individualprognose erwartet wird[3422]. Würde die Polizei bei der Entscheidung über die Speicherung von personenbezogenen Daten in einer Gewalttäterdatei ohne gesetzliche Vorgaben allein auf in der Vergangenheit angeordnete präventiv- polizeiliche Maßnahmen abstellen dürfen, könnte sich die Polizei selbst die Maßstäbe dafür zu Recht legen, in welchem Rahmen sie über die Grenzen der Freiheit der Bürger entscheidet[3423]. Die auf Grundlage einer solchen Prognose durchgeführte Speicherung wäre zur Verhütung von Straftaten, für die auf die Zu-

---

3418 A.A. BT-Drucksache 17/2803 S. 4.
3419 Götz, POR, § 6 Rn. 13, 14; ThürOLG in ThürVBl. 2004, 94 (95/96); Deutsch in Die Polizei 2006, 145 (146); a.A. BVerwGE 129, 142 (149- Rn. 35).
3420 SächsVerfGH in DVBl. 1996, 1423 (1431); NdsOVG in NJW 2006, 391 (394); Arzt in Die Polizei 2006, 156 (159/160); Breucker in NJW 2004, 1631 (1631); a.A. VG Freiburg in VBl. BW 2001, 130 (131).
3421 SächsVerfGH in DVBl. 1996, 1423 (1431).
3422 BT-Drucksache 17/2803 S. 4.
3423 Arzt/Eier in DVBl. 2010, 816 (823).

kunft bezogen gar keine Anhaltspunkte bestehen, nicht nur ungeeignet; hier besteht vielmehr ein erhebliches Defizit an Normenbestimmtheit und -klarheit, dass zur Rechtsunsicherheit führt und daher nicht geeignet ist, den damit verbundenen Eingriff in das Grundrecht auf informationelle Selbstbestimmung in verfassungskonformer Weise zu legitimieren[3424]. Bereits die bei der Speicherung in einer Gewalttäterdatei – und nicht erst bei den durch den Speicherungsvorgang ermöglichten Folgemaßnahmen[3425] – anzustellende Prognoseentscheidung muss von der Bewertung getragen sein, dass aufgrund eines individuellen Verhaltens in der Vergangenheit bei objektiver Betrachtung damit zu rechnen ist, dass sich der Betroffene erneut an Ausschreitungen beteiligen wird[3426]. Wäre die Feststellung der zukünftigen Gewalttätereigenschaft unabhängig vom bestätigten oder nicht widerlegbaren Verdacht möglich, müsste eine zur Speicherung in einer Gewalttäterdatei ermächtigende Befugnis – ähnlich wie eine in Bezug auf die Vollzugsmaßnahme erfolgende Prognose der anlassbezogenen Begehung von Straftaten – mögliche Indikatoren für die zukünftig zu erwartende Gewalttätereigenschaft sowie des Grades der Wahrscheinlichkeit eines solchen Ablaufs enthalten[3427]. Es muss sich um polizeiliche Erkenntnisse handeln, die belegbar und somit nachprüfbar sind[3428]. Für die anzustellende Gefahrenprognose reichen polizeiliche und kriminalistische Erfahrungen nicht aus[3429].

Von Anhaltspunkten, die sich aus dem zurückliegenden Verhalten des potentiellen Gewalttäters ergeben können, sind konkrete Anhaltspunkte für dessen zukünftiges Handeln zu unterscheiden. Erhält die Polizei – insbesondere durch szenekundige Beamte – glaubwürdige Hinweise darauf, dass in absehbarer Zeit eine Straftat zum Nachteil einer bestimmten Person oder durch eine bestimmte Person begangen werden soll[3430], ist die präventivpolizeiliche Daten*erhebung* zur Verhütung der Straftat auf Grundlage der übrigen präventiv- polizeilichen Standardbefugnisse ein geeigneteres Mittel[3431]. Solche Befugnisse zur Datenerhebung finden sich in den präventiv-

---

3424 SächsVerfGH in DVBl. 1996, 1423 (1431); Arzt/Eier in DVBl. 2010, 816 (823).
3425 VGH BW in NJW 2000, 3658 (3659/3660); a.A. Schönrock/Knape in Die Polizei 2012, 280 (283).
3426 NdsOVG in NVwZ 2006, 391 (394); Pieroth/Schlink/Kniesel, POR, § 21 Rn. 46; Schönrock in Die Polizei 2011, 280 (283).
3427 NdsOVG in NJW 2006, 391 (394); Arzt/Eier in DVBl. 2010, 816 (823).
3428 Schönrock in Die Polizei 2011, 280 (282).
3429 BVerfGE 103, 21 (36/37); a.A. Schönrock in Die Polizei 2011, 280 (282).
3430 BT-Drucksache 17/2803 S. 4.
3431 OVG Bremen in NordÖR 2001, 107 (108).

polizeilichen Standardmaßnahmen – angefangen bei der Befragung oder kurzfristigen Observation des potentiellen Straftäters oder dessen Opfers bis hin zum Einsatz von Verdeckten Ermittlern und V- Leuten, insbesondere den Einsatz szenekundiger Beamter[3432]. Erfolgt eine Prognoseentscheidung darüber, dass der Betroffene mit hinreichender Wahrscheinlichkeit eine anlassbezogene Straftat verwirklichen wird, bauen die gegen den potentiell erneut gewalttätig auffallenden Gewalttäter gerichteten Vollstreckungsmaßnahmen nicht ausschließlich auf dem Eintrag in der Gewalttäterdatei nach § 8 Abs. 1 und 2 BKAG auf. Allerdings bestehen für die präventiv- polizeiliche Speicherung zur polizeilichen Beobachtung sowie mit den zur Speicherung ermächtigenden präventiv- polizeilichen Befugnissen in den vom BKA geführten Fahndungsdateien gegenüber § 8 Abs. 5 BKAG speziellere Speicherungsbefugnisse mit hoher Einschreitschwelle[3433]. Diese Voraussetzungen dürfen durch die Speicherungsbefugnis des BKA aus § 8 Abs. 5 BKAG nicht umgangen werden, so dass in § 8 Abs. 5 BKAG keine den verfassungsrechtlichen Anforderungen entsprechende Befugnis zur Speicherung von Daten „*sonstiger Personen*", bei denen keinerlei Anknüpfungspunkte an eine Straftat bestehen, liegt, und § 8 Abs. 5 BKAG daher gestrichen werden sollte[3434].

cc. Zwischenergebnis

Im Ergebnis scheidet § 8 Abs. 5 BKAG als verfassungskonforme Befugnis zum Speichern von personenbezogenen Daten in Gewalttäterdateien aus. Aber auch §§ 484 Abs. 2; Abs. 4 StPO i.V.m. § 8 Abs. 2 BKAG kommen in deren jetziger Fassung nicht als verfassungskonforme Ermächtigungsgrundlage zum Führen von Gewalttäterdateien in Betracht. Die Prognose der zukünftigen Begehung von Straftaten setzt einen Rückgriff auf Daten voraus, die auf repressiver Grundlage erhoben wurden[3435]. Anders kann keine dahingehende Prognoseentscheidung getroffen werden. Sind bei der Polizei auf repressiver Grundlage erhobene Daten vorhanden, die Anhaltspunkte für die zukünftige Begehung von Straftaten liefern, wäre die erneute Erhebung

---

3432 OVG Bremen in NordÖR 2001, 107 (108); VGH BW in NJW 2000, 3658 (3659).
3433 Kapitel 2 A. III. 6. (S. 219).
3434 Zöller, Informationssysteme und Vorfeldmaßnahmen von Polizei, Staatsanwaltschaft und Nachrichtendiensten, S. 165.
3435 HessVGH in NJW 2005, 2727 (2731).

der Daten über den künftigen Straftäter auf polizeigesetzlicher Grundlage mangels Erforderlichkeit unverhältnismäßig. Milderes, gleich geeignetes Mittel wäre – zumindest seit dem *StVÄG 1999* – die Verarbeitung der auf repressiver Grundlage erhobenen Daten auf präventiv- polizeilicher Grundlage. Voraussetzung wäre jedoch, dass die *StPO* eine Öffnungsklausel enthält, die eine dahingehende präventiv- polizeiliche Verarbeitung von auf repressiver Grundlage erhobenen Daten ermöglicht. Ist keine solche Öffnungsklausel vorhanden, kann die durch den Bundesgesetzgeber getroffene Entscheidung nicht durch polizeigesetzliche Befugnisse umgangen werden. Was die vom BKA geführten Gewalttäterdateien betrifft, so ist davon auszugehen, dass der Bundesgesetzgeber mit § 484 Abs. 4 StPO eine Gewalttäterdateien ermöglichende Öffnungsklausel erlassen wollte. Diese entspricht jedoch nicht den vom BVerfG wiederholt geforderten – Anforderungen an Normenbestimmtheit und -klarheit.

Zweck der Gewalttäterdateien ist der Schutz von nicht gewaltbereiten Versammlungs- und Veranstaltungsteilnehmern ebenso wie der Schutz von Mitgliedern von Verfassungsorganen vor erheblichen, durch Straftatbestände generalpräventiv zu verhindernden Gefahren. Dieser Schutz wird vor, während oder nach Versammlungen oder Veranstaltungen vor allem dadurch gewährleistet, dass potentielle Gewalttäter an Kontrollstellen erkannt und vom jeweils gegnerischen Lager oder der potentiell gefährdeten Person ferngehalten werden. Gleichzeitig dienen die Informationen über die Zugehörigkeit eines Betroffenen zu einem bestimmten gewaltbereiten Lager dessen eigenem Schutz, sei es im Zusammenhang mit der Erteilung von Platzverweisen, Aufenthaltsverboten oder bei der Unterbringung in Gewahrsamsräumen. Der Schutz des Grundrechts auf Leib und Leben aus Art. 2 Abs. 2 Satz 2 GG gebietet es sowohl, Leib und Leben unbeteiligter Dritter vor gewalttätigen Störern als auch Leib und Leben von gewalttätigen Störern durch Angriffe rivalisierender gewalttätiger Störer zu schützen. Daher geht der Schutzanspruch aus Art. 2 Abs. 2 Satz 1 GG dem des Betroffenen auf Leib, Leben und Freiheit vor. Es ist Aufgabe der für das Strafverfahrens- und Polizeirecht zuständigen Gesetzgeber, hierfür adäquate Befugnisnormen zu schaffen.

g. Ergebnis

Im Ergebnis der Prüfung der zum Betrieb des polizeilichen Informationssystems INPOL ermächtigenden repressiv- und präventiv-polizeilich aus-

Kapitel 5: Die zweckändernde Verarbeitung von Daten in KpS

gerichteten Befugnisnormen kommt eine Zweckänderung von zu repressiven Zwecken erhobenen Daten im Zusammenhang mit deren Speicherung
- zur Vorsorge für die Verfolgung von künftigen Strafverfahren,
- zur Verhütung von Straftaten oder
- zur Aufklärung von anderen prozessualen Taten

in Betracht. Während sich die Befugnis zur zweckändernden Speicherung von zur Aufklärung eines bestimmten Strafverfahrens erhobenen Daten für Zwecke eines anderen Strafverfahrens in den §§ 483 Abs. 2, 486 ff StPO liegt, vor allem danach bemisst, inwieweit für die jeweiligen Dateien eine Errichtungsanordnung besteht, bemisst sich die Rechtmäßigkeit der zweckändernden Speicherung von zur Aufklärung einer bestimmten Straftat erhobenen Daten zur Vorsorge für die Verfolgung von Straftaten oder zur Verhütung von Straftaten in erster Linie anhand der Öffnungsklausel des § 484 StPO. Da diese jedoch ebenso wie die Aufnahmeklausel des § 8 Abs. 1 bis 5 BKAG – zumindest was den Zweck der Verhütung von Straftaten betrifft – nicht den von Verfassungs wegen zu fordernden Anforderungen der Normenbestimmtheit und -klarheit genügt, sollte diese überarbeitet werden. Da die Speicherungsbefugnis des § 484 Abs. 2 Satz 1 StPO keine Zwecksetzung enthält, kann sich der Speicherungszweck bisher bei Einhaltung des Grundsatzes der Zweckbindung nur aus den Erhebungsbefugnissen der §§ 81b 2. Alt., 81g Abs. 1 bis 4 StPO oder aus den zur zweckändernden Speicherung ermächtigenden Befugnisnormen wie §§ 81g Abs. 5 Satz 1 Nr. 1, 484 Abs. 1 StPO ergeben. Diese ermächtigen aber weder zu einer zweckändernden Speicherung von personengebundenen Hinweisen noch zur Verhütung von Straftaten. Daher sollte § 484 StPO wie folgt überarbeitet werden:

§ 484 StPO – Entwurf
(1) Die Strafverfolgungsbehörden können für Zwecke künftiger Strafverfahren
1. Personendaten von Beschuldigten und andere zur Identifizierung geeignete Merkmale
2. (wie bisher)
3. (wie bisher)
4. (wie bisher)

in Aktenhinweissystemen, speichern, verändern und nutzen.
(2) Die Polizei kann die nach §§ 81b 2. Alt., 159 Abs. 1 i.V.m. 88 Abs. 1 Satz 3 StPO erhobenen Daten nach dem geltenden Polizeirecht zu dem Zweck speichern, zu dem die Daten erhoben wurden. Die nach § 81b 1. Alt. StPO erhobenen Daten darf die Polizei zur Vorsorge für die Verfolgung von Straftaten speichern, wenn wegen der Art oder der Ausführung der Tat, der Persönlichkeit des Betroffenen oder der wiederholten Begehung von Straftaten Grund zu der

Annahme besteht, dass gegen den Beschuldigten auch künftig Strafverfahren zu führen sein werden.
(3) Unter der Voraussetzung der Kriminalitätsprognose des Abs. 2 Satz 2 können die Polizeien des Bundes und der Länder 1
1. zur Vorsorge für die Verfolgung künftiger Strafverfahren Nachweise über die nach §§ 81b, 81e Abs. 1, 81g; 159 Abs. 1 i.V.m. 88 Abs. 1 Satz 3 StPO erhobenen Daten im Kriminalaktennachweis sowie
2. zur Verhütung von Straftaten mit erheblicher Bedeutung, insbesondere
   - im Bereich der politisch motivierten Kriminalität der Verhinderung gewalttätiger Auseinandersetzungen und sonstiger Straftaten bei öffentlichen Veranstaltungen und Nukleartransporten sowie der Abwehr von Gefahren bei Ansammlungen gewaltbereiter Personen,
   - der Verhinderung gewalttätiger Auseinandersetzungen und sonstiger Straftaten im Zusammenhang mit Sportveranstaltungen, insbesondere Fußballspielen, oder
   - der Verhinderung von Straftaten mit länderübergreifenden Bezügen oder von erheblicher Bedeutung zum Nachteil von gefährdeten Personen im Sinne des § 5 BKAG oder vergleichbarer landespolizeigesetzlicher Regelungen
   - in Gewalttäterdateien nach Maßgabe der Polizeigesetze verarbeiten und nutzen. Die nach Satz 1 gespeicherten Daten können Verweise auf gespeicherte Daten von Tatbeteiligten enthalten.

(4) Wird der Beschuldigte rechtskräftig freigesprochen... (wie bisher). Dasselbe gilt, wenn sich nach einer Einstellung i.S.d. Satz 1 zweifelsfrei ergibt, dass die Tat durch einen anderen begangen wurde.
(5) (s.o.)[3436].
(6) Die Polizeien des Bundes und der Länder können die nach Maßgabe der Polizeigesetze i.S.d. Abs. 1 bis 5 gespeicherten Daten zum Speicherungszweck an andere Polizeien übermitteln und in das polizeiliche Informationssystem einspeichern.
(7) (s.o.)[3437].

Als Konsequenz aus der Änderung des § 484 StPO – Entwurf könnte der dann neu zu fassende § 8 BKAG – Entwurf wie folgt gefasst werden:

§ 8 BKAG – Entwurf
(1) Das BKA kann zur Erfüllung seiner Aufgabe, die Polizeien des Bundes und der Länder bei der Verfolgung von Straftaten mit länderübergreifender, internationaler oder erheblicher Bedeutung zu unterstützen
1. Personendaten von Beschuldigten und andere zur Identifizierung geeignete Merkmale
2. (wie bisher)

3436 S. 717.
3437 S. 429.

3. (wie bisher)
4. (wie bisher)
in Dateien, insbesondere im Kriminalaktennachweis, speichern, verändern und nutzen.
(2) Das BKA kann die nach §§ 81b 2. Alt., 159 Abs. 1 i.V.m. 88 Abs. 1 Satz 3 StPO erhobenen Daten gem. §§ 7 Abs. 1, 27ff BKAG zu dem Zweck speichern, löschen, sperren und berichtigen, zu dem die Daten erhoben wurden. Die nach § 81b 1. Alt. StPO erhobenen Daten darf das BKA zur Vorsorge für die Verfolgung von Straftaten speichern, wenn wegen der Art oder der Ausführung der Tat, der Persönlichkeit des Betroffenen oder der wiederholten Begehung von Straftaten Grund zu der Annahme besteht, dass gegen den Beschuldigten auch künftig Strafverfahren zu führen sein werden.
(3) Unter der Voraussetzung der Kriminalitätsprognose des Abs. 2 Satz 2 kann das BKA
1. zur Vorsorge für die Verfolgung künftiger Strafverfahren Nachweise über die nach §§ 81b, 81e Abs. 1, 81g; 159 Abs. 1 i.V.m. 88 Abs. 1 Satz 3 StPO erhobenen Daten im Kriminalaktennachweis sowie
2. zur Verhütung von Straftaten mit erheblicher Bedeutung, insbesondere
   - im Bereich der politisch motivierten Kriminalität der Verhinderung gewalttätiger Auseinandersetzungen und sonstiger Straftaten bei öffentlichen Veranstaltungen und Nukleartransporten sowie der Abwehr von Gefahren bei Ansammlungen gewaltbereiter Personen,
   - der Verhinderung gewalttätiger Auseinandersetzungen und sonstiger Straftaten im Zusammenhang mit Sportveranstaltungen, insbesondere Fußballspielen, oder
   - der Verhinderung von Straftaten mit länderübergreifenden Bezügen oder von erheblicher Bedeutung zum Nachteil von gefährdeten Personen im Sinne des § 5 BKAG oder vergleichbarer landespolizeigesetzlicher Regelungen
in Gewalttäterdateien verarbeiten und nutzen. Die nach Satz 1 gespeicherten Daten können Verweise auf ebenfalls gespeicherte Daten von Tatbeteiligten oder sonstigen Tatverdächtigen enthalten.
(4) Wird der Beschuldigte rechtskräftig freigesprochen... (wie bisher). Dasselbe gilt, wenn nach einer Einstellung i.S.d. Satz 1 ergibt, dass die Tat durch einen anderen begangen wurde.

Die in § 7 Abs. 3 und 4 BKAG a.F. geregelten Befugnisse des BKA zum Speichern von personengebundenen Hinweise würden zu § 8 Abs. 5 und 6 BKAG – Entwurf.

(7) Das BKA kann zur Erfüllung seiner Aufgabe aus § 2 Abs. 4 Nr. 1 BKAG personenbezogene Daten, die durch erkennungsdienstliche Behandlungen nach anderen Rechtsvorschriften erhoben werden, in erkennungsdienstlichen Dateien i.S.d. Abs. 2 Nr. 1 speichern, verändern und nutzen, wenn die zur Erhebung der Daten ermächtigende Rechtsvorschrift dies erlaubt. Die nach Satz 1 gespeicherten Daten dürfen zur Abwehr erheblicher Gefahren genutzt werden.

Die Speicherungsbefugnisse aus § 8 Abs. 4, Abs. 5 und Abs. 6 Satz 1 2. Alt. und Satz 2 BKAG wären ebenso wie die diesen entsprechenden Erhebungs- und Speicherungsbefugnisse im *BPolG* sowie in den Polizeigesetzen der Länder ersatzlos zu streichen[3438]. In den Errichtungsanordnungen zu den vom BKA unterhaltenen Fall-, PIOS- oder DOS- Dateien müsste „*§ 8 Abs. 1, 2, 4 und 5 BKAG*" durch „*§ 483 Abs. 2 StPO*" als zum Führen der jeweiligen Datei berechtigende Rechtsgrundlage ersetzt werden. In den Errichtungsanordnungen zu den vom BKA unterhaltenen Gewalttäterdateien müsste die neu zu schaffende Rechtsgrundlage des „*§ 8 Abs. 2 Satz 1 Nr. 3 BKAG – Entwurf*" an die Stelle des bisher dort genannten „*§ 8 Abs. 1, 2, 4, 5, 6 BKAG*" treten.

B. Die polizeilichen Informationssysteme der Länder

Bereits in den 1980er Jahren unterhielten viele Bundesländer eigene polizeiliche Informationssysteme[3439]. Das *Konzept für die Fortentwicklung des polizeilichen Informationssystems INPOL* vom 12.6.1981 hob hervor, dass die Länder ihre Daten zur polizeilichen Verbrechensbekämpfung nach eigenem Ermessen speichern, sofern es sich nicht um modus- operandi- Daten bzw. um Folgedaten zu Personen oder zu Fällen mit unbekanntem Täter handelt, die auch in INPOL- Bund erfasst sind[3440]. Sind die Polizeien der Länder berechtigt, Daten in INPOL- Bund einzugeben, müssen für diese ebenfalls Befugnisse zum Speichern dieser Daten in Dateien bestehen[3441]. Aber auch soweit einzelne Verbundteilnehmer ihre Daten über einen Rechnerverbund unmittelbar in die zentrale Datenverarbeitungsanlage eingeben, werden die Daten zunächst in dem jeweiligen Landessystem gespeichert[3442].

3438 Zöller, Informationssysteme und Vorfeldmaßnahmen von Polizei, Staatsanwaltschaft und Nachrichtendiensten, S. 165.
3439 Kersten in Kriminalistik 1987, 325 (330).
3440 Kersten in Kriminalistik 1987, 325 (326).
3441 Kersten in Kriminalistik 1987, 325 (326).
3442 Busch in NJW 2002, 1754 (1755).

Kapitel 5: Die zweckändernde Verarbeitung von Daten in KpS

I. Die landesinternen polizeilichen Informationssysteme

Nicht nur der Bund unterhält mit INPOL- Bund ein eigenes polizeiliches Informationssystem. Vielmehr betreiben der Bund bezogen auf die BPol und die Länder in deren Zuständigkeitsbereich jeweils eigene polizeiliche Informationssysteme. Diese können sich von Land zu Land unterscheiden. Im Einzelnen werden bei den Ländern folgende polizeilichen Informationssysteme auf Landesebene betrieben[3443]:

Polizei	Polizeiliches Informationssystem	
Bundespolizei	INPOL-BPol	
Baden-Württemberg	Polizeiliches Auskunftssystem Baden-Württemberg	POLAS- BW
Bayern	INPOL-Bayern	
Berlin	Polizeiliches Landessystem zur Information, Kommunikation und Sachbearbeitung	POLIKS
Brandenburg	Polizeiliches Auskunftssystem Brandenburg	POLAS- BB
Bremen	INPOL-Bremen	
Hamburg	Polizeiliches Auskunftssystem Hamburg	POLAS-HH
Hessen	Polizeiliches Auskunftssystem Hessen	POLAS-HE
Mecklenburg-Vorp.	INPOL-MV	
Niedersachsen	Polizeiliches Auskunftssystem Niedersachsen	POLAS-Nds.
Nordrhein-Westfalen	Polizeiliches Auskunftssystem NRW	POLAS-NRW
Rheinland-Pfalz Saarland	Polizeiliches Informationssystem Rheinland-Pfalz	POLIS
Sachsen	Polizeiliches Auskunftssystem Sachsen	PASS
Sachsen-Anhalt	INPOL-LSA	
Schleswig-Holstein	INPOL-SH	
Thüringen	INPOL-TH	

Neben der Funktion als Hinweis- und Auskunftssystems darüber, wo sich welche Unterlagen befinden und was warum gesucht wird, ist eine Fallda-

---

[3443] http://de.wikipedia.org/wiki/Polizei-IT-Anwendungen.

teikomponente zur Erfassung und Auswertung der Gesamtkriminalität des betreffenden Landes Bestandteil vieler Landessysteme[3444].

1. Polizeigesetzliche Befugnisse zum Betrieb von landesinternen polizeilichen Informationssystemen

Unterhalten die BPol und die Länder eigene landesinterne polizeiliche Informationssysteme gelten für diese dieselben strafprozessualen Vorgaben, die bereits mit Blick auf die §§ 7 bis 9 BKAG herausgearbeitet wurden. Allerdings begründen die §§ 7 bis 9 BKAG entgegen dem Wortlaut des § 11 Abs. 2 Satz 1 BKAG für die Landespolizeien keine Bindungswirkung und begründen für diese keine eigenen Befugnisse. Die das BKA betreffende Gesetzgebungskompetenz des Bundes aus Art. 73 Abs. 1 Nr. 9a, 10 1. Alt. a) und 2. GG i.V.m. Art. 87 Abs. 1 Satz 2 GG beschränkt sich darauf, das BKA zur Erfüllung von dessen Aufgaben aus §§ 2 bis 6 BKAG dem Vorbehalt des Gesetzes aus Art. 20 Abs. 3 GG und den Geboten der Normenbestimmtheit und -klarheit entsprechend zu Grundrechtseingriffen zu ermächtigen. Eine Gesetzgebungskompetenz des Bundes, neben dem BKA und der BPol den Polizeien der Länder unmittelbar Eingriffsbefugnisse einzuräumen, ergibt sich aus diesen Kompetenztiteln hingegen nicht. Zwar sind die übrigen Polizeigesetzgeber mit Blick auf die Aufgaben des BKA aus §§ 2 und 3 BKAG durch das Prinzip der Bundestreue gehalten, selbst den Geboten der Normenbestimmtheit und -klarheit entsprechende Befugnisnormen zu erlassen. Vor dem Hintergrund, dass die Landespolizeigesetze bislang über keine Aufnahmeklauseln verfügen, die den Öffnungsklauseln der §§ 483 Abs. 2 und 3, 484 Abs. 4 StPO Rechnung tragen, ist § 11 Abs. 2 Satz 3 BKAG als Aufruf an die Landespolizeigesetzgeber anzusehen, ihrerseits den §§ 7 bis 9 BKAG entsprechende, zum Betrieb von auf Landesebene betriebenen polizeilichen Informationssystemen ermächtigende Aufnahmeklauseln zu erlassen. Bei der Schaffung solch polizeigesetzlicher Aufnahmeklauseln sollte der bereits festgestellte Gesetzgebungs- und Änderungsbedarf in den Landespolizeigesetzen in Bezug auf
– präventiv- polizeiliche Fahndungsbefugnisse,
– die Tatsache, dass Fall- und PIOS- Dateien infolge der §§ 483 Abs. 2, 486 ff StPO auf repressiver Grundlage zu führen sind, sowie

---

3444 Kersten in Kriminalistik 1987, 325 (330).

Kapitel 5: Die zweckändernde Verarbeitung von Daten in KpS

- die seit dem Inkrafttreten des *StVÄG 1999* eingetretene Entbehrlichkeit von dem § 8 Abs. 4 und 5 BKAG entsprechenden polizeigesetzlichen Erhebungs- und Verarbeitungsbefugnisse

Berücksichtigung finden. Im Gegensatz zum *BPolG* seit d.F. vom 19.10.1994 und dem *BKAG* seit d.F. vom 7.7.1997 finden sich in den Landespolizeigesetzen bislang keine Befugnisnormen, die den Geboten der Normenbestimmtheit und -klarheit sowie der seit dem *StVÄG 1999* bestehenden neuen Rechtslage Rechnung tragen. Nachfolgend wird davon ausgegangen, dass auf Länderebene den BKA- Dateien entsprechende Dateitypen geführt werden[3445].

a. Haft- und Mischdateien i.S.d. § 2 Abs. 4 Nr. 1 und 2 BKAG i.V.m. §§ 8 Abs. 6 Satz 1 2. Alt. Nr. 1 und 2; 9 Abs. 1 bis 3 BKAG

Da die vom BKA gem. §§ 8 Abs. 6 Satz 1 2. Alt. Nr. 1 und 2; 9 Abs. 1 und 2 BKAG geführten erkennungsdienstlichen Dateien sowie die Fahndungs- und Haftdateien der Umsetzung der Aufgabe des BKA als *Zentralstelle zur Unterstützung der Polizeien des Bundes und der Länder bei der Verhütung und Verfolgung von Straftaten und der Gefahrenabwehr* aus § 2 Abs. 4 Nr. 1 und 2 BKAG dienen, unterliegen diese nicht der INPOL – Relevanzschwelle des § 2 Abs. 1 BKAG.

Dies hat zur Folge, dass die Länder grundsätzlich keine eigenen, den BKA- Dateien entsprechenden Misch- und Haftdateien zu führen bräuchten. Gleichwohl steht es den Ländern frei, entsprechende eigene Dateien einzurichten. Für die Einrichtung solcher Dateien bedürfte es keiner den §§ 8 Abs. 6 Satz 1 2. Alt. Nr. 1 und 2; 9 Abs. 1 und 2 BKAG entsprechenden Befugnisnormen. Die Speicherungsbefugnisse der Polizeien der Länder ergeben sich unmittelbar aus den für diese geltenden Eingriffsbefugnissen. Von den in § 8 Abs. 6 BKAG in Bezug genommenen erkennungsdienstlichen Dateien kommen auf Landesebene lediglich die in § 8 Abs. 6 Satz 1 2. Alt. Nr. 1 und 2 BKAG bezeichneten erkennungsdienstlichen Dateien in Betracht. So scheidet eine auf Landesebene geführte DNA- Analyse- Datei aufgrund der Regelung des § 81g Abs. 5 StPO als lex specialis gegenüber § 484 Abs. 4 StPO aus. Der theoretisch ebenfalls zum Speichern von DNA- Identifizierungsmustern ermächtigende § 19 Abs. 3 HSOG ändert hieran

---

3445 Petri in Lisken/Denninger, HbdPolR, 5. Auflage, G Rn. 78.

nichts, zumal dieser unverhältnismäßig ist und nicht den verfassungsrechtlichen Anforderungen genügt. Dem § 8 Abs. 6 Satz 1 2. Alt. Nr. 1 und 2 BKAG entsprechende Speicherungsbefugnisse ergäben sich für die BPol und die Polizeien der Länder unmittelbar aus dem zur erkennungsdienstlichen Behandlung ermächtigenden § 81b StPO i.V.m. § 484 Abs. 2 StPO sowie den entsprechenden präventiv- polizeilichen Speicherungsbefugnissen[3446]. Die Speicherung, Veränderung und Löschung der Daten würde nach Maßgabe des jeweiligen Polizeigesetzes erfolgen.

Hinsichtlich der § 9 Abs. 1 BKAG entsprechenden Speicherungsbefugnisse der Länder ist problematisch, dass die Polizeigesetze der Länder derzeit grundsätzlich über keine den §§ 131 ff, 163e StPO entsprechenden präventiv- polizeilichen Fahndungsbefugnisse verfügen und die Ermächtigungsgrundlage zur präventiv- polizeilichen Personen- oder Sachfahndung in der polizeilichen Generalklausel zur Datenverarbeitung sehen[3447]. Selbst wenn die Länder in deren Zuständigkeitsbereich Errichtungsanordnungen für Dateien erlassen hätten, in die Daten von zur Ingewahrsamnahme, zur Feststellung des Aufenthaltsortes oder aus sonstigen Gründen zur präventivpolizeilich ausgerichteten Fahndung ausgeschriebenen Personen gespeichert werden dürften, bestünde für die Landespolizeien mit Ausnahme der Befugnisse zur präventiven Polizeilichen Beobachtung keine polizeigesetzliche Speicherungsbefugnis. Demgegenüber enthält § 30 BPolG eine solche Fahndungsbefugnis, und § 6 Abs. 2 Nr. 2 BKADV sowie die Errichtungsanordnungen zu den vom BKA geführten Datei PERSONENFAHNDUNG und SACHFAHNDUNG setzen solche Befugnisse bei den Ländern ebenfalls voraus. Eine in die Polizeigesetze der Länder aufzunehmende Fahndungsbefugnis könnte danach wie folgt gefasst werden:

§ 10c.1 ME PolG – neu
(1) Eine Person kann zur Fahndung mit dem Ziel der Ingewahrsamnahme ausgeschrieben werden, wenn
– dies unerlässlich ist, um die unmittelbar bevorstehende Begehung oder Fortsetzung einer Straftat zu verhindern,
– sie an einer übertragbaren Krankheit i.S.d. Infektionsschutzgesetzes erkrankt ist und sich der gerichtlich angeordneten Untersuchung entzieht,
– sie psychisch erkrankt ist und sich der gerichtlich angeordneten Untersuchung entzieht,
– es sich um vermisste Minderjährige handelt,

3446 VG Braunschweig in NVwZ-RR 2008, 30 (31); HessVGH in NJW 2005, 2727 (2728); a.A. VG Gießen in NVwZ 2002, 1531 (1532).
3447 BVerfGE 120, 378 (410).

- es sich um vermisste Volljährige handelt, bei denen eine Gefahr für Leib oder Leben angenommen werden kann.

(2) Personen können zur Fahndung mit dem Ziel der Aufenthaltsermittlung ausgeschrieben werden, wenn
- es sich um vermisste Volljährige handelt, die nicht in Gewahrsam genommen werden sollen,
- es sich um Auskunftspersonen handelt.

(3) Personen können weiterhin zur Fahndung ausgeschrieben werden, soweit dies zur Durchführung von erkennungsdienstlichen Maßnahmen nach diesem Gesetz sowie zur Einziehung der Fahrerlaubnis nach §§ 3, 46 f FeV erforderlich ist.

Weiterhin müsste in bestehenden, dem § 9 Abs. 3 BKAG entsprechenden polizeigesetzlichen Befugnisnormen, die zur Erhebung und Speicherung von DNA- Identifizierungsmustern von unabhängig vom Verdacht einer Straftat als vermisst geltenden Personen, sowie von unbekannten hilflosen Personen ermächtigen, die kompetenzwidrig erlassene Befugnis zur Erhebung und Speicherung von DNA- Identifizierungsmustern von unbekannten Toten gestrichen werden.

b. Kriminalaktennachweise, Vorsorge- und Gewalttäterdateien i.S.d. § 8 Abs. 1 bis 3, 5 BKAG

Die zuständigen Polizeigesetzgeber können die BPol und die einzelnen Landespolizeien ermächtigen, jeweils dem § 8 Abs. 1 bis 3 BKAG entsprechende eigene Vorsorgedateien zu führen. Da die INPOL- Relevanzschwelle aus § 2 Abs. 1 BKAG für die Datenverarbeitung durch die BPol und die Polizeien der Länder nicht gilt, können die polizeilichen Informationssysteme der Länder über den durch das *BKAG* vorgegebenen Rahmen hinausgehende landesinterne Datensammlungen enthalten[3448]. Während die Informationsverarbeitung in INPOL- Bund im wesentlichen Hinweis- und Nachweischarakter für den polizeilichen Sachbearbeiter darüber hat, wer oder was gesucht wird und wo weiterführende Informationen erfragt werden können, ist das Vorhalten von Folgedaten und Falldaten den Ländern vorbehalten[3449].

3448 Gadorosi in Kriminalistik 2003, 403 (403).
3449 Kersten in Kriminalistik 1987, 357 (358).

§ 10a.2 ME PolG – neu

(3) Die Polizei kann, soweit gesetzlich nichts anderes bestimmt ist,
1. Personendaten von Beschuldigten und andere zur Identifizierung geeignete Merkmale,
2. die Kriminalakten führende Dienststelle und die Kriminalaktennummer,
3. die nähere Bezeichnung der Straftaten, insbesondere die Tatzeiten, die Tatorte und die Höhe etwaiger Schäden,,
4. die Tatvorwürfe unter Angabe der gesetzlichen Vorschriften und die nähere Bezeichnung der Tat,
5. die Einleitung des Verfahrens sowie die Verfahrenserledigungen bei der Staatsanwaltschaft und bei Gericht nebst Angabe der gesetzlichen Vorschriften,

die sie bei Wahrnehmung der polizeilichen Aufgaben auf dem Gebiet der Strafverfolgung über eine einer Straftat verdächtige Person erlangt hat, für Zwecke künftiger Strafverfahren in Dateien, insbesondere im Kriminalaktennachweis, speichern, verändern und nutzen.

(4) Die Polizei kann die nach §§ 81b 2. Alt., 159 Abs. 1 i.V.m. 88 Abs. 1 Satz 3 StPO erhobenen Daten zu dem Zweck speichern, löschen, sperren und berichtigen, zu dem die Daten erhoben wurden. Die nach § 81b 1. Alt. StPO erhobenen Daten darf die Polizei zur Vorsorge für die Verfolgung von Straftaten speichern, wenn wegen der Art oder der Ausführung der Tat, der Persönlichkeit des Betroffenen oder der wiederholten Begehung von Straftaten Grund zu der Annahme besteht, dass gegen den Beschuldigten auch künftig Strafverfahren zu führen sein werden.

(5) Unter der Voraussetzung der Kriminalitätsprognose des Abs. 2 Satz 2 können die Polizeien des Bundes und der Länder
1. zur Vorsorge für die Verfolgung künftiger Strafverfahren Nachweise über die nach §§ 81b, 81e Abs. 1, 81g; 159 Abs. 1 i.V.m. 88 Abs. 1 Satz 3 StPO erhobenen Daten im Kriminalaktennachweis sowie
2. zur Verhütung von Straftaten mit erheblicher Bedeutung, insbesondere
   – im Bereich der politisch motivierten Kriminalität der Verhinderung gewalttätiger Auseinandersetzungen und sonstiger Straftaten bei öffentlichen Veranstaltungen und Nukleartransporten sowie der Abwehr von Gefahren bei Ansammlungen gewaltbereiter Personen,
   – der Verhinderung gewalttätiger Auseinandersetzungen und sonstiger Straftaten im Zusammenhang mit Sportveranstaltungen, insbesondere Fußballspielen, oder
   – der Verhinderung von Straftaten mit länderübergreifenden Bezügen oder von erheblicher Bedeutung zum Nachteil von gefährdeten Personen im Sinne des § 5 BKAG oder vergleichbarer landespolizeigesetzlicher Regelungen

in Gewalttäterdateien verarbeiten und nutzen. Die nach Satz 1 gespeicherten Daten können Verweise auf ebenfalls gespeicherte Daten von Tatbeteiligten oder sonstigen Tatverdächtigen enthalten.

(6) Wird der Beschuldigte rechtskräftig freigesprochen... (wie bisher). Dasselbe gilt, wenn nach einer Einstellung i.S.d. Satz 1 ergibt, dass die Tat durch einen anderen begangen wurde.

Kapitel 5: Die zweckändernde Verarbeitung von Daten in KpS

(7) Die Polizei kann die nach Abs. 1 gespeicherten Daten um personengebundene Hinweise, die der Eigensicherung oder dem Schutz des Beschuldigten dienen, ergänzen und nutzen. Das Gleiche gilt unter den Voraussetzungen des Abs. 2 für delikts- und phänomenbezogene personengebundene Hinweise.
(8) (…)
(9) Für die Speicherung und Nutzung von Daten von Personen, die in der Vergangenheit wiederholt als vermisst galten, gelten Abs. 1 Nr. 1 und 2 entsprechend. Die Ursache des zurückliegenden Vermisstseins sowie der vorherige Auffindeort des Vermissten darf gespeichert werden.

c. Die polizeilichen Befugnisse zur Übermittlung von Daten an das BKA

Neben dem Problem der bisher im Hinblick auf die Gewalttäterdateien nicht den Geboten der Normenbestimmtheit und -klarheit entsprechenden Öffnungsklausel des § 484 Abs. 4 StPO enthalten derzeit nicht sämtliche Polizeigesetze Befugnisnormen, die die jeweilige Polizei zur Übermittlung von Daten mit dem Ziel von deren Speicherung in den vom BKA unterhaltenen Gewalttäterdateien ermächtigen. Mögliche Befugnisse zur Übermittlung von personenbezogenen Daten aus Strafverfahren mit dem Ziel der Speicherung in einer automatisierten Datei des BKA finden sich in den polizeigesetzlichen Befugnissen zur Übermittlung von Daten an Polizeien anderer Hoheitsträger. Die Polizeigesetze von *Brandenburg, Bremen, Hamburg, Mecklenburg- Vorpommern, Niedersachsen, Nordrhein- Westfalen,* dem *Saarland* und *Thüringen* lassen die Übermittlung von personenbezogenen Daten nicht nur zu dem Zweck zu, zu dem die Daten erhoben wurden, sondern auch zu dem Zweck, zu dem diese gespeichert wurden. Wäre mit der Speicherung der Daten im Verhältnis zu deren Erhebung eine Zweckänderung verbunden, wäre die Übermittlung der Daten an das BKA danach rechtmäßig, wenn die übermittelnde Polizei die Daten vor deren Übermittlung rechtmäßig zweckändernd gespeichert hätte. Dies trifft aufgrund der automatisierten Einspeisung von Daten in die vom BKA geführten Verbunddateien zu. Allerdings wird der Kreis der abrufberechtigten Polizeibeamten durch die Speicherung von Daten beim BKA im Verhältnis zur Speicherung der Daten in dem landesinternen polizeilichen Informationssystem zumindest in Bezug auf den Kriminalaktennachweis und die Fahndungsdateien von 5.000 bis 10.000 Polizeibeamten auf ca. 250.000 Polizeibeamte erweitert.

Die Polizeigesetze von *Baden- Württemberg, Bayern, Berlin, Rheinland-Pfalz* und *Schleswig- Holstein* lassen die Übermittlung von Daten auch zu, *„sofern dies zur Erfüllung der Aufgaben der die Daten empfangenden Polizei* *erforderlich ist*". Dabei greifen der Grundsatz der Zweckbindung und die Regel über die hypothetische Ersatzvornahme. Das Polizeigesetz von *Hessen* lässt die Übermittlung von Daten nur zu dem Zweck zu, zu dem diese *„erlangt"* wurden oder *„hätten erlangt werden dürfen"*. Das Polizeigesetz von *Sachsen* sieht gar keine bereichsspezifische polizeigesetzliche Übermittlungsbefugnis vor und verweist stattdessen auf das *SächsDSG*. Während die Polizeigesetze von *Baden- Württemberg, Hessen, Rheinland- Pfalz* und *Schleswig- Holstein* zumindest durch Festhalten an Befugnissen zur doppelfunktionalen Datenerhebung auf das veraltete Konstrukt der doppelfunktionalen Maßnahmen zurückgreifen können, sind nach den Polizeigesetzen von *Bayern, Berlin* und *Sachsen* keine zweckändernden Übermittlungen von Daten sowie Übermittlungen von Daten die zweckändernd gespeichert wurden, rechtlich möglich. Daher sollte § 10c.2 ME PolG – neu um folgende Formulierung ergänzt werden:

§ 10c.2 ME PolG – neu
(4) Die Polizei kann personenbezogene Daten, die sie in eigenen Dateien speichern dürfte, an das BKA mit dem Ziel der Speicherung im polizeilichen Verbundsystem übermitteln, soweit dies zur Vorsorge für die Verfolgung von Straftaten mit länderübergreifender, internationaler oder erheblicher Bedeutung oder zur Verhütung von Straftaten erforderlich ist.

2. Die Nutzung der in den polizeilichen Informationssystemen des Bundes und der Länder gespeicherten Daten durch automatisierten Kennzeichenabgleich[3450]

Der automatisierte Kennzeichenabgleich ist eine besondere Form des Datenabgleichs. Hierbei werden Kraftfahrzeugkennzeichen als personenbezogene Daten[3451] durch automatisierte Kennzeichenlesesysteme erfasst und mit polizeilichen Fahndungsdateien darauf abgeglichen, ob sich im Datenfeld *„automatisches Kennzeichen"* ein identischer Eintrag befindet[3452]. Insbesondere die sowohl in den Polizeigesetzen[3453] als auch in der StPO vor-

---

3450 *Anlage 2.3 Ziffer 14* (besondere Mittel und Methoden der Datenerhebung und -nutzung (verdeckte Datenerhebung oder -nutzung) / Kennzeichenüberwachung).
3451 Kapitel 1 D. I. 2. (S. 121).
3452 Pocs in DUD 2011, 163 (164); Guckelberger in NVwZ 2009, 352 (352).
3453 Kapitel 2 A. III. 6. (S. 219); Kapitel 3 A. III. 3. (S. 388).

gesehene Fahndungsbefugnis der polizeilichen Beobachtung könnte hierdurch eine neue Reichweite erlangen[3454].

Allerdings steigt die Persönlichkeitsrelevanz der automatisierten Kennzeichenerfassung, wenn aus einem bestimmten Aufenthaltsort gezielt auf das weitere Verhalten des Betroffenen geschlossen werden soll, oder mehrere Treffermeldungen zur Erstellung eines Persönlichkeitsprofils zusammengesetzt werden[3455]. Gerade dies ist aber Ziel der Ausschreibung zur polizeilichen Beobachtung. Mit einem einzigen Erfassungsgerät könnten so pro Stunde mehr als tausend Kennzeichen abgeglichen werden, während Polizeibeamte ohne den Einsatz von automatisierten Kennzeichenlesesystemen nur einen kleinen Bruchteil kontrollieren können[3456]. Die zum automatisierten Kennzeichenabgleich ermächtigenden, durch die Polizeigesetzgeber von *Hessen* und *Schleswig- Holstein* erlassenen Befugnisse zur anlasslosen automatisierten Kennzeichenerfassung sowie zum automatisierten Abgleich dieser Kennzeichen hielten der verfassungsrechtlichen Prüfung daher nicht stand und wurden unter anderem wegen Fehlens einer Zweckbestimmung für nichtig erklärt[3457]. Entsprechende Befugnisse aus den Polizeigesetzen von *Bremen*[3458] und *Rheinland- Pfalz* wurden daraufhin aufgehoben.

Die automatisierte Kennzeichenerfassung, die unterschiedslos jeden nur deshalb trifft, weil dieser mit einem Fahrzeug eine Stelle zur automatisierten Kennzeichenerfassung passiert, vermittelt den zum APR konträren Eindruck ständiger Kontrolle, sofern die kontrollierbaren Orte nicht klar begrenzt werden[3459]. Zum Eingriff in den Schutzbereich des Grundrechts auf informationelle Selbstbestimmung kommt es bei der elektronischen Kennzeichenerfassung zwar nicht, wenn der Abgleich mit dem Fahndungsbestand unverzüglich vorgenommen wird und negativ ausfällt, soweit zusätzlich rechtlich und technisch gesichert ist, dass die Daten anonym bleiben und sofort spurlos und ohne Möglichkeit, einen Personenbezug herzustellen, gelöscht werden[3460]. Im Trefferfall wird in das Grundrecht auf informationelle

---

3454 Pocs in DUD 2011, 163 (166).
3455 Guckelberger in NVwZ 2009, 352 (356/357).
3456 Guckelberger in NVwZ 2009, 352 (352).
3457 BVerfGE 120, 378 (432/433); Pocs in DUD 2011, 163 (164); Guckelberger in NVwZ 2009, 352 (353).
3458 Brem. GBl. 2008 S. 229 (bis 229).
3459 Pocs in DUD 2011, 163 (165/166); Guckelberger in NVwZ 2009, 352 (356).
3460 BVerfGE 120, 378 (399); Guckelberger in NVwZ 2009, 352 (356); Schwabe in DVBl. 2000, 1815 (1820).

Selbstbestimmung eingegriffen, da dann auf die Persönlichkeitsgefährdung und Verhaltensfreiheit des Einzelnen eingewirkt werden kann[3461]. Dem Charakter der Fahndung entsprechend erfährt derjenige, nach dem gefahndet wird, nichts von der nach ihm eingeleiteten Fahndung, da andernfalls – mit Ausnahme der Ausschreibung zur polizeilichen Beobachtung – nicht nach ihm gefahndet zu werden bräuchte. Die Differenzierung nach Trefferfall und Nicht- Trefferfall ändert daher nichts an dem mit der automatisierten Kennzeichenüberwachung verbundenen Entstehens eines Gefühls des Überwachtwerdens[3462].

Auch stellt sich bei der Fahndung nach gestohlenen Kraftfahrzeugen die Frage nach dem Bestehen einer Gesetzgebungskompetenz für die Polizeigesetzgeber, soweit es durch Nutzung von repressiven Zwecken dienenden Fahndungsdateien vorrangig um die Ermittlung von Kfz- Dieben, deren möglichen Hehlern und damit um die Aufklärung von Straftaten geht. Eine hierzu ermächtigende Befugnis fällt unter die Gesetzgebungskompetenz des Bundes aus Art. 74 Abs. 1 Nr. 1 GG[3463]. Zwar können durch Verknüpfung des automatisierten Kennzeichenerfassungsgerätes mit repressiven Fahndungsdateien Fahrzeuge ohne ausreichenden Versicherungsschutz oder mit ausgebliebener Entrichtung der Kfz- Steuer von der Weiterfahrt ausgeschlossen und dadurch eine andauernde Störung der öffentlichen Sicherheit und Ordnung unterbunden werden[3464], jedoch enthält – wie sich nachfolgend zeigen wird – keine der polizeigesetzlichen Befugnisnormen zur automatisierten Kennzeichenerfassung und zum Abgleich der erfassten Kennzeichen eine dahingehende Zwecksetzung. Es gibt auch keine speziellen Orte, an denen dieser kriminalistische Phänomenbereich gehäuft auftreten könnte[3465]. Weiterhin können zur Fahndung ausgeschriebene Kennzeichen gestohlener Kraftfahrzeuge zwar der Eigentumssicherung dienen[3466], jedoch ist die bloße Herausfilterung eines gestohlenen Fahrzeugs für sich genommen nicht geeignet, weiteren Straftaten vorzubeugen[3467]. Eher würde dies dazu führen, dass der potentielle Straftäter ein anderes Fahrzeug stiehlt um

---

3461 BVerfGE 120, 378 (400).
3462 Kapitel 1 C. II. 3 (S. 106).
3463 Zöller in NVwZ 2005, 1235 (1241); a.A. Guckelberger in NVwZ 2009, 352 (353, 354); Schwabe in DVBl. 2000, 1815 (1819/1820).
3464 Guckelberger in NVwZ 2009, 352 (354, 356).
3465 BVerfGE 120, 378 (419/420).
3466 Guckelberger in NVwZ 2009, 352 (354).
3467 A.A. Guckelberger in NVwZ 2009, 352 (354).

Kapitel 5: Die zweckändernde Verarbeitung von Daten in KpS

damit die geplante Straftat zu begehen. Geht es beim automatisierten Kennzeichenabgleich daher doch um den Zweck, gestohlene Fahrzeuge und deren Fahrer zur Verhinderung von Anschlusstaten ausfindig zu machen[3468], so handelt es sich um den spezialpräventiven Aspekt des Strafverfahrens, der von der konkurrierenden Gesetzgebungskompetenz des Bundes aus Art. 74 Abs. 1 Nr. 1 GG abgedeckt ist[3469]. Da Adressat des zur Anfertigung von Bild- und Tonaufnahmen ermächtigenden § 100h Abs. 1 StPO der Beschuldigte einer Straftat bzw. unter engeren Voraussetzungen andere Personen sind, und diese Vorschrift schon deshalb nicht für Bildaufnahmen bei der Spurensicherung gelten soll, weil diese nicht auf bestimmte Personen bezogen ist[3470], bleibt als strafprozessuale Befugnis zum repressiven automatisierten Kennzeichenabgleich nur die Befugnis zur Einrichtung einer Kontrollstelle nach § 111 StPO. Dieser lässt zwar ebenso wie die automatisierte Kennzeichenerfassung Kontrollmaßnahmen gegenüber jedermann zu, jedoch darf die zur Durchführung von Kontrollmaßnahmen dienende Kontrollstelle nur an Orten eingerichtet werden, hinsichtlich derer „*Tatsachen die Annahme rechtfertigen*", dass dort Täter zuvor begangener Straftaten nach §§ 89a, 129a (i.V.m. 129b Abs. 1) StGB, eine in dieser Vorschrift bezeichnete Straftat oder eine Straftat nach § 250 Abs. 1 Nr. 1 StGB ergriffen werden oder Beweismittel, die zur Aufklärung einer Straftat dienen können, sichergestellt werden können. Zwar ermächtigt § 111 StPO damit noch nicht zum repressiven automatisierten Kennzeichenabgleich, jedoch kann eine möglicherweise aufgrund insoweit ausbleibender Inanspruchnahme der konkurrierenden Gesetzgebungskompetenz des Bundes ausnahmsweise bestehende Gesetzgebungskompetenz der Polizeigesetzgeber für das Strafverfahrensrecht jedenfalls nicht hinter dem durch § 111 StPO gesetzten Maßstab zurückbleiben[3471].

Nach alledem bleibt zu klären, inwieweit die Polizeigesetze zum automatisierten Kennzeichenabgleich ermächtigen dürfen. Die Polizeigesetzgeber von *Hamburg, Mecklenburg- Vorpommern* und *Sachsen* haben erst jüngst Befugnisse zum automatisierten Kennzeichenabgleich erlassen, um hiermit den vom BVerfG aufgestellten Anforderungen gerecht zu wer-

---

3468 Guckelberger in NVwZ 2009, 352 (356).
3469 Kapitel 3 A. I. (S. 368).
3470 Guckelberger in NVwZ 2009, 352 (355).
3471 A.A. Guckelberger in NVwZ 2009, 352 (354, 358).

den[3472], während die Polizeigesetze von *Baden- Württemberg* und *Bayern* mit deren Voraussetzungen für die automatisierte Kennzeichenerfassung an Gefährdungssituationen anknüpfen, die auch durch präventiv- polizeiliche Identitätsfeststellung abgewehrt werden könnten. Dabei findet die Kennzeichenerfassung verdeckt statt. Über diese Voraussetzungen hinaus lassen *Brandenburg* und *Mecklenburg- Vorpommern* die verdeckte automatisierte Kennzeichenerfassung auch zu
- zur Abwehr einer gegenwärtigen Gefahr für Leib und Leben oder
- wenn eine Person oder ein Fahrzeug zur polizeilichen Beobachtung ausgeschrieben wurde und Tatsachen die Annahme rechtfertigen, dass die für die Ausschreibung relevante Begehung von Straftaten unmittelbar bevorsteht,

Mecklenburg- Vorpommern auch
- wenn dokumentierte polizeiliche Lageerkenntnisse über Kriminalitätsschwerpunkte eine Überwachung des öffentlichen Verkehrsraumes zur vorbeugenden Bekämpfung von Straftaten von erheblicher Bedeutung erfordern oder
- zur vorbeugenden Bekämpfung der grenzüberschreitenden Kriminalität oder zur Unterbindung des unerlaubten Aufenthalts in dem Gebiet von der Bundesgrenze bis einschließlich der BAB A 20.

Eine ähnliche Regelung treffen *Niedersachsen* und *Sachsen*, jedoch ist hier die verdeckte Datenerhebung nur zulässig, wenn durch eine offene Datenerhebung der Zweck der Maßnahme gefährdet würde. *Sachsen* lässt den Einsatz automatisierter Kennzeichenlesesysteme auch zu

„zur Verhinderung von Straftaten, die im Zusammenhang mit Sportveranstaltungen stehen, wenn tatsächliche Anhaltspunkte die Annahme rechtfertigen, dass Personen solche Straftaten begehen werden."

Nach der Befugnis aus dem Polizeigesetz von *Hamburg* dient der offen und nicht flächendeckend durchgeführte automatisierte Kennzeichenabgleich
- der Eigensicherung bei Kontrollen im öffentlichen Verkehrsraum,
- der Verhinderung des Gebrauchs gestohlener Kraftfahrzeuge und Kraftfahrzeugkennzeichen und
- der Verhütung von Anschlussstraftaten.
- Die Polizei in *Thüringen* darf die automatisierte Kennzeichenerfassung unter der Voraussetzung einer Anhaltemöglichkeit

---

3472 GVBl. HH 2012 S. 203 bis 212; GVBl. MV 2011 S. 176 bis 179; Sächs. GVBl. 2011 S. 370 bis 376.

Kapitel 5: Die zweckändernde Verarbeitung von Daten in KpS

– zur Verhütung oder Unterbindung von Straftaten oder
– zur Eigentumssicherung

an Orten durchführen, an denen zur Verhütung von Straftaten präventivpolizeiliche Identitätsfeststellungen durchgeführt werden dürften. Knüpfen die präventiv- polizeilichen Befugnisse von *Baden- Württemberg, Bayern* und *Thüringen* zum Kennzeichenabgleich an Orte an, an denen eine präventiv- polizeiliche Identitätsfeststellung durchgeführt werden dürfte, ist der Verwendungszweck der im Trefferfall festgestellten Kenneichendaten ähnlich wie bei den für nichtig erklärten Regelungen der §§ 14 Abs. 5 HSOG a.F., 184 Abs. 5 LVwG SH a.F. nicht an den Zweck der Anlass gebenden Kontrolle gebunden. In den seltensten Fällen dürfte anhand zur Fahndung ausgeschriebener Fahrzeuge oder Kfz- Kennzeichen eine Gefährdung von Gebäuden, Versorgungseinrichtungen oder Personen oder die Begehung von Straftaten an kriminogenen Orten, insbesondere solchen der Straßenkriminalität, an denen verstärkt präventiv- polizeiliche Identitätsfeststellungen durchgeführt werden, verhindert werden[3473]. Wie sich schon daraus ergibt, dass die automatisierte Kennzeichenerfassung zumindest in *Baden- Württemberg* und *Bayern* verdeckt durchgeführt werden soll, geht es dort anders als bei der Videoüberwachung öffentlicher Plätze gerade nicht um die Verhütung von Straftaten mittels Abschreckung[3474]. Ein Verständnis der Ermächtigung zum automatisierten Kennzeichenabgleich dahingehend, dass der Kontrollort benutzt werden kann, um bei der sich durch die Kontrolle bietende Gelegenheit durch die Kennzeichenerfassung alle sonst in Betracht kommenden Fahndungszwecke zu verfolgen, ist daher nicht ausgeschlossen[3475].

Wird nach den zum automatisierten Kennzeichenabgleich ermächtigenden Polizeigesetzen von *Mecklenburg- Vorpommern* und *Hamburg* zum Abgleich mit der Sachfahndungsdatei zum Zweck der Eigentumssicherung oder zur Verhinderung von Straftaten im Zusammenhang mit gestohlenen Kraftfahrzeugen oder Kennzeichen ermächtigt, so könnte sich diese Maßnahme trotz Einschätzungsprärogative des Gesetzgebers deshalb als ungeeignet erweisen, weil gestohlene Fahrzeuge an entsprechenden Orten dann tunlichst nicht mehr mit dem zu dem gestohlenen Fahrzeug gehörenden oder sonstigen gestohlenen Kennzeichen ausgestattet werden würden[3476]. Auch

---

3473 Guckelberger in NVwZ 2009, 352 (353).
3474 Kapitel 3 B. II. (S. 414).
3475 BVerfGE 120, 378 (420).
3476 A.A. Guckelberger in NVwZ 2009, 352 (357).

gegen unerlaubte Grenzübertritte oder Schleuserkriminalität dürfte sich diese polizeiliche Maßnahme daher als wenig geeignet, jedenfalls aber im Verhältnis der zu erwartenden geringen Erfolgsquote zur Zahl der betroffenen Nichtverantwortlichen als unverhältnismäßig erweisen[3477]. Außerdem könnten saubere Kennzeichen z.B. von Mietfahrzeugen zur Schleuserkriminalität genutzt oder an gestohlene Fahrzeuge angebracht werden.

Die klare Begrenzung der kontrollierbaren Orte nach den Polizeigesetzen von *Mecklenburg- Vorpommern, Niedersachsen* und *Sachsen* auf den grenznahen Raum führt daher zur Unverhältnismäßigkeit der Maßnahme. Soweit das Polizeigesetz von *Sachsen* anlässlich von Sportveranstaltungen zum automatisierten Kennzeichenabgleich mit Gewalttäterdateien ermächtigt, bezieht es sich auf eine ähnlich formulierte ebenso praxisuntaugliche Prognose der Begehung zu verhindernder Straftaten, wie § 8 Abs. 5 BKAG. So soll bei der Ausschreibung in der Gewalttäterdatei erst prognostiziert werden, dass eine Person Straftaten begehen wird. Wird ein Fahrzeug dieser Person dann in der Nähe einer Sportveranstaltung festgestellt, soll gleichzeitig noch prognostiziert werden, dass diese gerade dann eine Straftat begehen will. Welche rechtsstaatlichen Maßnahmen soll die Polizei bei solch einer Feststellung dann treffen?

Im Ergebnis dürften langfristig nur präventiv- polizeiliche Befugnisse zum Kennzeichenabgleich
- zur Abwehr einer gegenwärtigen Gefahr für Leib und Leben oder
- zur Verhinderung einer Straftat, wenn eine Person oder ein Fahrzeug zur polizeilichen Beobachtung ausgeschrieben wurde und Tatsachen die Annahme rechtfertigen, dass die für die Ausschreibung relevante Begehung von Straftaten unmittelbar bevorsteht, sowie
- zur Eigensicherung der bei Kontrollen im öffentlichen Verkehrsraum eingesetzten Beamten

rechtsstaatlich praktikabel sein. Dies ist vor allem bedeutsam, als mittlerweile auf Grundlage des Forschungsprojekts Fotofahndung überlegt wird, die Voraussetzungen und die für den automatisierten Kennzeichenabgleich genutzte Technik auf eine zukünftige polizeiliche Fotofahndung zu übertragen[3478]. Überlegungen zu einzelnen polizeilichen Befugnissen, die die Eignung der automatisierten Kennzeichenerfassung in Frage stellen, sind nicht 1:1 übertragbar. So lassen sich zum Beispiel biometrische Daten im Gegen-

---

3477 Guckelberger in NVwZ 2009, 352 (357).
3478 Pocs in DuD 2011, 163 (167/168); BfDI, 21. Tätigkeitsbericht 2005-2006, S. 72.

Kapitel 5: Die zweckändernde Verarbeitung von Daten in KpS

satz zu Kfz- Kennzeichen nicht austauschen. Allerdings hat sich diese Ermittlungsmethode zu Beginn des 20sten Jahrhundert noch nicht als zuverlässig und daher als ungeeignet erwiesen[3479]. Nach technischer Weiterentwicklung dürften die Überlegungen zu der Verteilung der Gesetzgebungskompetenzen sowie den möglichen Zwecken der automatisierten Kennzeichenerfassung und damit auch des sich hieran anschließenden Abgleichs der erfassten Kennzeichen zumindest weiterführend sein.

II. Die polizeilichen Vorgangsbearbeitungssysteme

Zur Wahrnehmung ihrer gesetzlichen Aufgaben benötigen die Polizeien von Bund und Ländern ein polizeiliches Datenverarbeitungssystem, das die Erfassung und Verarbeitung polizeirelevanter Informationen im Rahmen des Erforderlichen effizient und effektiv gewährleistet[3480]. Daher verfügen die Polizeien des Bundes und der Länder neben deren polizeilichen Informationssystemen über polizeiliche Vorgangsbearbeitungssysteme. Diese ermöglichen eine an die Arbeitsorganisation der Benutzer optimal angepasste Arbeitsweise[3481]. Dabei werden nicht nur Akten auf EDV- Basis mit dem Ziel registriert, das Auffinden einzelner Vorgänge innerhalb der polizeilichen Behördenstruktur zu ermöglichen[3482]. Vielmehr dienen die Vorgangsbearbeitungssysteme der Polizei als Nachweis des Eingangs, der Bearbeitung, des Ausgangs und des Verbleibs von anfallenden präventiv- und repressivpolizeilichen Vorgängen[3483].

Visionäres Ziel bei der Entwicklung von INPOL- neu war, dass von den Polizeien der Länder erhobene Daten, langfristig unmittelbar aus den Vorgangsbearbeitungssystemen der Länder in INPOL- neu eingespeist und genutzt werden können[3484]. Dabei sollte die eigene Gestaltungsfreiheit der Länder in der Informationsverarbeitung gewahrt bleiben[3485]. Diese Gestaltungsfreiheit bezog sich auch auf die polizeilichen Vorgangsverarbeitungssysteme. Eine anlässlich dieser Arbeit bei den Innensenaten und -ministerien

---

3479 Zöller in NVwZ 2005, 1235 (1235/1236).
3480 Kersten in FS für Herold, S. 21 (25).
3481 Gadorosi in Kriminalistik 2003, 403 (403).
3482 NdsOVG in NdsVBl. 2009, 323 (324); Knemeyer, POR, Rn. 200.
3483 Meixner/Fredrich, HSOG, § 20 Rn. 28.
3484 Kersten in FS für Herold, S. 21 (25).
3485 Kersten in FS für Herold, S. 21 (25).

B. Die polizeilichen Informationssysteme der Länder

des Bundes und der Länder bzw. deren Polizeien durchgeführte Anfrage ergab, dass die Polizeien von Bund und Ländern derzeit über folgende Vorgangsbearbeitungsprogramme verfügen[3486]:

Polizei	Vorgangsbearbeitungssystem	
Bundespolizei	@rtus-Bund	
Baden-Württemberg	Computergestützte Vorgangsbearbeitung	ComVor
Bayern	Integrationsverfahren der Polizei	IGVP
Berlin	Polizeiliches Landessystem zur Information, Kommunikation und Sachbearbeitung	POLIKS
Brandenburg	Computergestützte Vorgangsbearbeitung	ComVor
Bremen	Informationssystem Anzeigen der Polizeien des Landes Bremen	ISA-WEB
Hamburg	Computergestützte Vorgangsbearbeitung	ComVor
Hessen	Computergestützte Vorgangsbearbeitung	ComVor
Mecklenburg-Vorpommern	Elektronischer Vorgangsassistent	EVA
Niedersachsen	(-)	NIVADIS
Nordrhein-Westfalen	Integrationsverfahren der Polizei	IGVP
Rheinland-Pfalz	Polizeiliches anwenderorientiertes Dokumentations- und Informationssystem	POLADIS
Saarland		
Sachsen	Integrierte Vorgangsbearbeitung	IVO
Sachsen-Anhalt	(-)	IVOPOL
Schleswig-Holstein	@rtus	
Thüringen	Integrationsverfahren der Polizei	IGVP

Ebenso wie § 10b Satz 2 VE ME PolG nehmen das *BKAG*, das *BPolG* sowie die Polizeigesetze von *Bremen, Hessen, Mecklenburg- Vorpommern, Niedersachsen,* dem *Saarland, Sachsen- Anhalt, Schleswig- Holstein* und *Thüringen* die Datenverarbeitung und -nutzung zu Zwecken der Vorgangsverwaltung ausdrücklich von den ansonsten für die Datenverarbeitung und -nutzung vorgesehenen Ausnahmen vom Gebot Zweckbindung aus[3487]. Die Zweckbindung ist nicht auf die der Erhebung folgende Datenverarbeitungsphase beschränkt, sondern haftet den erhobenen Daten bis zur Erfüllung des der Datenerhebung zu Grunde gelegten Zwecks an[3488], so dass die Verarbeitung und Nutzung von personenbezogenen Daten zu Zwecken der Vorgangsverwaltung als Bestandteil des Hauptzwecks der Datenerhebung an-

---

3486 http://de.wikipedia.org/wiki/Polizei-IT-Anwendungen (Stand: 31.12.2012).
3487 *Anlage 4.1 Ziffer 8b* (Datenverarbeitung und -nutzung / Zweckänderung / Vorgangsverwaltung ohne alle Zweckänderungen).
3488 Gola/Schomerus, BDSG, § 14 Rn. 10.

Kapitel 5: Die zweckändernde Verarbeitung von Daten in KpS

zusehen und mit keiner Zweckänderung verbunden ist[3489]. Hiernach können durch die Vorgangsverwaltungsprogramme in den Vorgangsdateien gespeicherte personenbezogene Daten grundsätzlich nur zum Nachweis des Eingangs, der Bearbeitung, des Ausgangs und des Verbleibs gefahrenabwehrbehördlicher und polizeilicher Vorgänge verarbeitet werden. Aber nicht sämtliche Polizeigesetze begrenzen die Verwendung der in den von deren Polizei betriebenen Vorgangsverwaltungsprogrammen enthaltenen personenbezogenen Daten ausdrücklich auf die Zwecke der Vorgangsverwaltung. Die Polizeigesetze von *Baden- Württemberg, Bayern, Berlin, Brandenburg, Hamburg, Nordrhein- Westfalen, Rheinland- Pfalz* und *Sachsen* schreiben keine strenge Zweckbindung vor[3490]. Mithilfe der polizeilichen Vorgangsbearbeitungssysteme wird zu jedem repressiv oder präventiv- polizeilichen Vorgang eine eigene Datei angelegt. Werden die in solch einer Datei gespeicherten Daten für Zwecke verwendet, die mit dem den Vorgangs betreffenden Sachverhalt nichts zu tun haben, fallen ursprünglicher Speicherungs- und der späterer Verwendungszweck auseinander.

Obwohl dies auf dem ersten Blick erstaunen mag, ist der nach den letztgenannten Polizeigesetzgebern vertretenen Rechtsauffassung, wonach die Verwendung von zu Zwecken der Vorgangsverwaltung gespeicherten Daten nicht unter eine strenge Zweckbindung gestellt wird, zu folgen. Faktisch macht es keinen Unterschied, ob die in den polizeilichen Vorgangsverwaltungssystemen des Bundes und der Länder gespeicherten Daten unmittelbar aus den Vorgangsverwaltungsprogrammen heraus in die gem. §§ 483, 484 StPO – Entwurf i.V.m. den einzelnen Speicherungsbefugnissen der Länder (neu) oder aber aus den zunächst mittels der polizeilichen Vorgangsverwaltungssysteme in Papierform erstellten Akten herausgelesen werden, um dann in den einzelnen Dateien der polizeilichen Informationssysteme gespeichert zu werden. Die technische Möglichkeit, Daten unmittelbar aus der Vorgangsbearbeitung heraus in polizeiliche Informationssysteme einzuspeisen, war Anfang der 1990er Jahre, als der *VE ME PolG* erarbeitet worden war, kaum vorstellbar. Mittlerweile bietet beispielsweise das auf Grundlage des in *Nordrhein- Westfalen* betriebenen polizeilichen Vorgangsverwaltungssystems „*IGVP*" arbeitende Computerprogramm „*Fall – Informationen – durchsuchen – mit – System (FINDUS)*" die Möglichkeit, Daten un-

---

3489 *Anlage 4.1 Ziffer 8* (Datenverarbeitung und -nutzung / Zweckänderung / Vorgangsverwaltung).
3490 *Anlage 4.1 Ziffer 8a* (Datenverarbeitung und -nutzung / Zweckänderung / Vorgangsverwaltung mit allen Zweckänderungen).

mittelbar aus den Vorgangsverwaltungsprogrammen in die Fall-Anwendungen zu exportieren.

Während für die Polizei des Freistaats *Thüringen*, die ebenfalls das Vorgangsverwaltungsprogramm „*IGVP*" nutzt, kraft des § 40 Abs. 1 ThürPAG keine rechtliche Möglichkeit eines unmittelbaren Exports von Daten in „*FINDUS*" oder in auf das auf Landes- oder Bundesebene betriebene polizeiliche Informationssystem besteht, könnten die Polizeien der Länder, die die Verwendung von zu Zwecken der Vorgangsverarbeitung gespeicherten Daten keiner strengen Zweckbindung unterwerfen, auf Grundlage ihrer Polizeigesetze ebenfalls unmittelbar Daten aus den Vorgangsverwaltungssystemen in dem Programm FINDUS entsprechende Datenverarbeitungsprogramme oder deren polizeiliche Informationssysteme wie INPOL-Land oder POLAS exportieren.

1. Die zweckändernde Speicherung von repressiv erhobenen, zum Zwecke der polizeilichen Vorgangsbearbeitung gespeicherten Daten und deren repressive oder präventiv- polizeiliche Nutzung

Die zweckändernde Verwendung der in den Vorgangsbearbeitungssystemen gespeicherten, auf repressiver Grundlage erhobenen Daten setzt voraus, dass die Verwendungsbeschränkungen der §§ 483 Abs. 2, 486 ff StPO sowie des *§ 484 StPO – Entwurf* nicht umgangen werden[3491]. Gem. § 485 Satz 4 StPO ist die Regelung des § 483 Abs. 3 StPO auf polizeiliche Vorgangsverwaltungsdateien übertragbar. Aus der Formulierung des § 483 Abs. 3 StPO, wonach für die „*Verarbeitung*" und „*Nutzung*" von Daten in und aus polizeilichen Mischdateien das für die speichernde Stelle maßgebliche Recht entsprechend gilt, ergibt sich nicht eindeutig, ob die Polizeigesetzgeber hierdurch ermächtigt werden sollen, der Polizei eigenständige Befugnisse zur Speicherung und Nutzung der in den Vorgangsverwaltungssystemen gespeicherten Daten außerhalb des Vorgangs einzuräumen, anlässlich dessen deren Speicherung erfolgte.

Einerseits könnte § 485 Satz 4 StPO so ausgelegt werden, dass „*nach Maßgabe der Polizeigesetze*" lediglich die Datenpflege, d.h. die Löschung, Sperrung und Berichtigung der Daten geregelt werden soll, wobei die Polizeigesetzgeber keine über §§ 483 Abs. 2, 486 ff StPO hinausgehenden Ein-

---

[3491] BVerfGE 120, 351 (369); 109, 279 (377); 100, 313 (360); 65, 1 (51, 62); Singelnstein in ZStW 120 (2008), 854 (861).

Kapitel 5: Die zweckändernde Verarbeitung von Daten in KpS

griffsbefugnisse erlassen dürften. Insoweit wird die Auffassung vertreten, die Bindung von zu repressiven Zwecken erhobenen und zu Zwecken der Vorgangsverwaltung gespeicherten Daten schließe deren Verwendung für Zwecke der Strafverfolgung i.S.d. § 160 Abs. 4 StPO aus[3492]. Demnach wären §§ 483 Abs. 2, 486 ff; 484 StPO entgegenstehende bundesgesetzliche Verwendungsregelungen, die zur Rechtswidrigkeit repressiver Ermittlungshandlungen führen. Andererseits kann § 485 Satz 4 StPO aber auch dahingehend verstanden werden, dass die Polizeigesetzgeber selbst darüber entscheiden dürfen, inwiefern auf repressiver Grundlage erhobene Daten auf polizeigesetzlicher Grundlage genutzt werden dürfen. Für diese Annahme spricht zwar, dass in § 485 Satz 4 StPO auch auf das *„nutzen"* von Daten nach Maßgabe der Polizeigesetze verweist und dass aus dem dort genannten Begriff *„verarbeiten"* die Befugnis folgen könnte, Daten *„zu einem anderen Zweck als dem der Vorgangsverwaltung zu speichern."* Wird aber durch ein polizeiliches Vorgangsbearbeitungssystem zunächst ein repressiver Datenpool geschaffen, dessen Nutzung sich je nach Bedarf und politischem Ermessen der Entscheidung verschiedener Gesetzgeber überlassen bleibt, könnte die Verfassungsmäßigkeit der Speicherung mangels hinreichend vorhersehbarer und begrenzter Zwecke zum Zeitpunkt des in der Speicherung liegenden Eingriffs noch nicht beurteilt werden[3493].

Die Kompetenz zur materiellen Verknüpfung von Speicherungs- und Verwendungszweck der auf repressiver Grundlage erhobenen Daten als dem maßgeblichen Bindeglied zwischen Eingriff und Rechtfertigung erwächst dem Bund aus Art. 74 Abs. 1 Nr. 1 StPO, so dass die datenschutzrechtliche Verklammerung von Eingriff und Rechtfertigung uno actu mit der Speicherung geregelt werden muss[3494]. Zwar kann § 485 Satz 4 StPO so verstanden werden, dass bei der Verarbeitung der gespeicherten Daten nach Maßgabe der Polizeigesetze die Voraussetzungen des § 485 Satz 2 und 3 StPO zu beachten sind. Die Erweiterungen der Nutzungsbefugnis aus § 485 Satz 2 und 3 StPO über die reine Vorgangsverwaltung hinaus verfolgt das Ziel, die Stellen, die nur Speicherungen nach § 485 StPO vornehmen und auf zulässige Speicherungen nach §§ 483, 484 StPO verzichten, nicht schlechter zu stellen als die Stellen, die darüber hinaus entsprechende Speicherungen vornehmen[3495]. Das Erfordernis einer Errichtungsanordnungen für Falldateien nach

---

3492 Meixner/Fredrich, HSOG, § 20 Rn. 28.
3493 BVerfGE 125, 260 (345).
3494 BVerfGE 125, 260 (346); 120, 351 (367); 100, 313 (360).
3495 BT-Drucksache 14/1484 S. 33; Hilger in NStZ 2001, 15 (18).

§§ 483 Abs. 2, 486 ff, 490 StPO würde aber ebenso umgangen wie die Grenze des § 484 Abs. 2 StPO. So dürfen auch nach § 484 StPO speicherbare Daten, die über die in § 484 Abs. 1 Nr. 1 bis 5 StPO bezeichneten Datenkategorien hinausgehen, regelmäßig eben nicht für Vorsorgezwecke genutzt werden, da im Zeitpunkt des Datenabgleichs nicht mit Sicherheit davon ausgegangen werden kann, dass eine Speicherung nach § 484 Abs. 2 StPO i.V.m. der polizeigesetzlichen Regelung zulässig wäre[3496]. Eine präzise Benennung des Zwecks, zu dem in Vorgangsverwaltungssystemen gespeicherte Daten zweckändernd gespeichert oder genutzt werden dürfen, ist daher nur möglich, indem § 485 Abs. 4 StPO überarbeitet wird. Nachdem § 485 Satz 1 bis 3 StPO zu § 485 Abs. 1 StPO – Entwurf geworden sind, müsste § 485 Abs. 2 StPO – Entwurf wie folgt gefasst und um einen Abs. 3 ergänzt werden:

§ 485 StPO – Entwurf
(1) (= § 485 Satz 1 bis 3 StPO)
(2) Werden personenbezogene Daten zu Zwecken der Vorgangsverwaltung in Dateien der Polizei gespeichert, richtet sich das Errichten der Datei, das Löschen, Sperren und Berichtigen der Daten nach Maßgabe der Polizeigesetze.
(3) Die weitere Speicherung der zunächst für Zwecke der Vorgangsverwaltung gespeicherten Daten in Dateien außerhalb des Vorgangsverwaltungssystems erfolgt nach Maßgabe der §§ 483 Abs. 2, 486 ff; 483 Abs. 3 und 484 StPO. Für die Speicherung von Daten, die auf Grundlage der §§ 483 Abs. 2, 486 ff StPO und für andere Strafverfahren, die internationale Rechtshilfe in Strafsachen und Gnadengesuche gespeichert werden, sind die Regelungen dieses Gesetzes abschließend.

Da es sich in der polizeilichen Praxis anbietet, für Zwecke der Vorgangsverwaltung gespeicherte, ursprünglich auf repressiver Grundlage erhobene Daten – insbesondere im Zusammenhang mit Vermisstenfällen – zur Abwehr erheblicher Gefahren zu nutzen, sollte § 485 Abs. 2 StPO – Entwurf um folgenden Satz 2 ergänzt werden:

(2) (…). Zu Zwecken der Vorgangsverwaltung gespeicherte Daten dürfen auf polizeigesetzlicher Grundlage zur Abwehr gegenwärtiger erheblicher Gefahren genutzt werden.

Hierdurch wird den Grundrechten von Suizidgefährdeten, sonstigen Vermissten, Opfern von Freiheitsentziehung oder sonst von Angriffen gegen die körperliche Unversehrtheit und sexuelle Selbstbestimmung auf Schutz von Leib und Leben aus Art. 2 Abs. 2 Satz 1 und 2 GG gegenüber dem Grund-

---

3496 Weßlau in SK-StPO, § 485 Rn. 6, 7.

Kapitel 5: Die zweckändernde Verarbeitung von Daten in KpS

recht auf informationelle Selbstbestimmung derjenigen Betroffenen, deren Daten im polizeilichen Vorgangsbearbeitungssystem gespeichert sind, der Vorrang eingeräumt. Falls die suizidgefährdete oder sonst als vermisst geltende Person oder das Opfer einer Gewalttat bereits polizeilich in Erscheinung getreten war, besteht die Möglichkeit, dass sich aus den in den Vorgangsverwaltungssystemen gespeicherten Daten unter Umständen Hinweise über den möglichen Aufenthaltsort des Vermissten oder dessen soziales Umfeld ableiten, die zur Aufklärung des Vermisstenfalls oder der jeweiligen Straftat beitragen könnten. Der hohe Rang des Rechtsguts Leben rechtfertigt es bei dessen gegenwärtiger Gefährdung, auf einen möglicherweise bestehenden Gesamtbestand der zur Vorgangsverwaltung gespeicherten Daten zurückzugreifen. Der Gesamtbestand der auf Vorrat gespeicherten Daten wird in solch einer Extremsituation zu einer Sammlung von auf Vorrat gespeicherten Daten umfunktioniert, anhand der bei bestehenden Zusammenhängen in Ausschnitten ein Persönlichkeitsprofil über den Gefährdeten oder über namentlich bekannte Verantwortliche für die Gefährdung abgeglichen werden kann. Eine solche Möglichkeit der Übermittlung von Informationen aus Strafverfahren an Polizeibehörden ist in § 487 StPO, der insoweit § 481 StPO ergänzt[3497], grundsätzlich vorgesehen.

2. . Die zweckändernde Speicherung von präventiv- polizeilich erhobenen, zum Zwecke der polizeilichen Vorgangsbearbeitung gespeicherten Daten und deren präventiv- polizeiliche Nutzung

In den Polizeigesetzen müsste einer der Öffnungsklausel des § 485 Abs. 2 Satz 2 StPO-Entwurf entsprechende polizeigesetzliche Aufnahmeklausel vorhanden sein. Ebenso wie zur Abwehr einer gegenwärtigen erheblichen Gefahr auf zu Zwecken der Vorgangsverwaltung gespeicherte, repressiv erhobene Daten zurückgegriffen werden können muss, bedarf es einer entsprechenden Befugnis für Daten, die auf präventiv- polizeilicher Grundlage erhoben und zu Zwecken der Vorgangsverwaltung gespeichert wurden. Wie bereits im Zusammenhang mit der Nutzung von aus Vermisstenvorgängen stammenden Daten, die in kriminalpolizeilichen Sammlungen archiviert wurden dargestellt[3498], lassen lediglich die Polizeigesetze von *Bremen* und *Niedersachsen* die Speicherung und Nutzung von zur befristeten Dokumen-

---

3497 BT-Drucksache 14/1484 S. 33.
3498 Kapitel 5 A. I. 1. b. (S. 649).

tation oder zur Vorgangsverwaltung gespeicherten Daten nur zur Abwehr einer gegenwärtigen Gefahr für Leib, Leben oder Freiheit einer Person[3499] zu, das Polizeigesetz von *Hessen* ermächtigt zur Verarbeitung von Daten aus Vermisstenfällen für die Planung von Maßnahmen der Kriminalitätsbekämpfung[3500]. Da aber auch diese präventiv- polizeilichen Befugnisse nicht in jeder Hinsicht fehlerfrei sind und nach den übrigen Polizeigesetzen allenfalls die polizeiliche Generalklausel i.V.m. der Regel über den polizeilichen Notstand als Befugnis zur Nutzung von in polizeilichen Vorgangsverwaltungssystemen gespeicherten Daten in Betracht käme, könnte eine dem § 485 Abs. 2 Satz 2 StPO- Entwurf entsprechende und zugleich die Nutzung von auf präventiv- polizeilicher Grundlage erhobenen Daten aus polizeilichen Vorgangsverwaltungssystemen zur Abwehr erheblicher Gefahren legitimierende polizeigesetzliche Befugnis wie folgt gefasst werden:

§ 10b ME PolG – neu
(1) Die Polizei kann auf repressiver oder präventiv- polizeilicher Grundlage erhobene Daten zur Vorgangsverwaltung speichern und nutzen.
(2) Die weitere Speicherung von zur Vorgangsverwaltung gespeicherten Daten zur Vorsorge oder zur Verhütung von Straftaten ist nur gem. §§ 483 Abs. 2, 486 ff StPO, gem. § 484 StPO- Entwurf und dem diesen entsprechenden § 10a ME PolG – neu zulässig.
(3) Eine anderweitige präventiv- polizeiliche Nutzung von zu Zwecken der Vorgangsverwaltung gespeicherten Daten ist nur zulässig, soweit dies zur Abwehr einer gegenwärtigen erheblichen Gefahr erforderlich ist.

3499 § 39 Abs. 2 Satz 1 Nr. 1 NdsSOG; NdsOVG in NdsVBl. 2009, 323 (324).
3500 § 20 Abs. 8, Abs. 9 Satz 1 HSOG.

Fazit

Abschließend bleibt festzuhalten, dass die Anerkennung des Grundrechts auf informationelle Selbstbestimmung im Volkszählungsurteil die Gesetzgeber zu einer Flut von datenschutzrechtlichen Bestimmungen veranlasst hat, die aufeinander abgestimmt werden mussten. Ausgangspunkt aller datenschutzrechtlichen Regelungen waren die bereits vor dem Volkszählungsurteil geschaffenen Datenschutzgesetze des Bundes und der Länder. Dies führte dazu, dass einige der noch auf dem Rechtsverständnis des *BDSG 1977* fußenden datenschutzrechtlichen Vorstellungen bis heute vorherrschen, ohne dass die Erkenntnisse aus dem Volkszählungsurteil Berücksichtigung gefunden haben.

Während die Polizeigesetzgeber als Konsequenz aus dem Volkszählungsurteils zum Ende der 1980er bzw. zu Beginn der 1990er relativ schnell dazu übergingen, in deren Polizeigesetzen datenschutzrechtliche Bestimmungen über die Verarbeitung, Nutzung und Übermittlung personenbezogener Daten zu übernehmen, die sich in deren neuen, am Volkszählungsurteil orientierten Datenschutzgesetzen wiederfanden, blieb das Strafverfahrensrecht bis zum Inkrafttreten des *StVÄG 1999* zu Beginn des 21ten Jahrhundert weitestgehend auf dem Entwicklungsstand des *BDSG 1977* verharren. Erst durch die Überarbeitung des *StVÄG 1999* durch das *TKÜG 2007* erreichte die *StPO* in Bezug auf das seit dem Volkszählungsurteil bestehende Bedürfnis nach Rechtsgrundlagen für die Verwendung von zu repressiven und präventiv- polizeilichen Zwecken erhobenen Daten zu anderen repressiven oder präventiv- polizeilichen Zwecken ihren heutigen Stand.

In der so gegebenen Übergangszeit von knapp 30 Jahren griffen die Polizeigesetzgeber auf das Konstrukt der Regel über die hypothetische Ersatzvornahme zurück. Da das *VZG* durch das Volkszählungsurteil für nichtig befunden worden war, weil zu statistischen Zwecken erhobene Daten nicht unter denselben Bedingungen für nicht statistische Zwecke hätten erhoben werden können, weil die zu statistischen Zwecken erhobenen Daten dann in nicht- anonymisierter Form benötigt würden, wurde bezogen auf die polizeilichen Aufgabengebiete der Gefahrenabwehr und der Strafverfolgung im Umkehrschluss gefolgert, dass Daten, die sowohl zur Gefahrenabwehr als auch zur Strafverfolgung erhoben werden könnten, auch zur Erfüllung des jeweils anderen polizeilichen Aufgabengebiets gespeichert, übermittelt und genutzt werden könnten. Auf diese Weise ließ sich das seit jeher praktizierte Führen von Kriminalakten wie auch der Betrieb des seit 1972 eingerichteten polizeilichen Informationssystems INPOL beim BKA sowie diesem entsprechende polizeiliche Informationssysteme in den Ländern zumindest vorübergehend vertretbar rechtlich begründen.

Die Regel der hypothetischen Ersatzvornahme, die mit der Forderung des BVerfG aus dem Volkszählungsurteil nach bereichsspezifisch und präzise geregelten Befugnissen für das zweckändernde repressive oder präventivpolizeiliche Speichern, Übermitteln und Nutzen personenbezogener Daten nicht in Einklang stand, wurde durch die Regelung des § 108 StPO über Zufallsfunde bei Wohnungsdurchsuchungen noch untermauert. Die *StPO* verfügte mit den §§ 100a, 100b, 101 StPO bereits seit 1968 über eine Befugnis zur Überwachung des Fernmeldeverkehrs gestellt. Nachdem der BGHSt einerseits festgestellt hatte, dass durch Überwachung des Fernmeldeverkehrs gewonnene Daten auch zum Nachweis einer anderen prozessualen Tat verwendet werden dürfen, übertrug er diese Erkenntnis andererseits auf die repressive Verwertbarkeit von Erkenntnissen aus einer präventivpolizeilichen Überwachung von Blockhütten, ohne dass es zu diesem Zeitpunkt eine repressive Befugnis zur Wohnraumüberwachung gab. Dies veranlasste die Polizeigesetzgeber wiederum, die Regel über die hypothetische Ersatzvornahme auf die verdeckte präventiv- polizeiliche Formen der Datenerhebung auszudehnen, nachdem diese – auch unter Eingriff in Art. 10 Abs. 1 GG und Art. 13 Abs. 1 GG – nach und nach Einzug in die Polizeigesetze gehalten hatten. Dass diese Herangehensweise auf lange Sicht nicht tragbar sein kann, ergibt sich schon daraus, dass bei der im Rahmen der Verhältnismäßigkeitsprüfung anzustellende Güterabwägung bei der Gefahrenabwehr zwischen dem durch präventiv- polizeiliche Maßnahme betroffenen Rechtsgut des Adressaten und dem zu schützenden Rechtsgut abzuwägen ist, während bei der Strafverfolgung zwischen dem durch die repressive Maßnahme zu schützenden Rechtsgut und dem vom Rechtsstaatsprinzip getragenen Strafverfolgungsinteresse des Staates abzuwägen ist.

Spätestens nach Inkrafttreten des *StVÄG 1999* sowie des *TKÜG 2007* haben daher sowohl viele der für in eine Übergangszeit entwickelten polizeigesetzlichen Regelungen ihre Berechtigung verloren. Zu einem Großteil sind sie, was die repressive Verwendung von ursprünglich zu präventivpolizeilichen Zwecken erhobenen Daten betrifft, aufgrund entgegenstehenden Bundesrechts unwirksam (geworden), teilweise fehlen wichtige Befugnisse. Aber auch die durch das und seit dem *StVÄG 1999* erlassenen Befugnisse zur zweckändernden repressiven und präventiv- polizeilichen Ver-

Fazit

wendung von zu repressiven Zwecken erhobenen Daten sind nicht frei von Fehlern. Die *StPO* enthält heute mit §§ 81g Abs. 5; 100d Abs. 5 Nr. 2; 481; 484 Abs. 4; 485 Satz 4; 477 Abs. 2 Satz 3 StPO zwar Öffnungsklauseln für die präventiv- polizeiliche Verwendung personenbezogener Daten und umgekehrt mit §§ 100d Abs. 5 Nr. 3; 161 Abs. 2 und 3 StPO entsprechende Aufnahmeklauseln. Unbeachtet geblieben ist aber bisher, dass die jüngere Rechtsprechung des BVerfG die Forderung nach bereichsspezifisch und präzise geregelten Befugnissen zur zweckändernden Verwendung erhobener Daten insoweit präzisiert hat, dass schon *in dem zur Erhebung personenbezogener Daten ermächtigenden Gesetz bereichsspezifisch und präzise bestimmt werden muss, welche außer der zur Erhebung der Daten ermächtigten Behörde die erhobenen Daten zu welchen Zwecken übermittelt bekommen darf und zu welchen Zwecke sie diese speichern oder sonst nutzen darf.*

Vor diesem Hintergrund bedarf es folgender Änderungen in der *StPO*, in den Polizeigesetzen sowie im *BKAG*. Da die Polizeigesetze der Länder zum Teil völlig unterschiedliche datenschutzrechtliche Standards aufweisen, wird dortiger Änderungsbedarf ausgehend von der Paragraphenreihenfolge des *VE ME PolG* anhand eines neuen *MEPolG (MEPolG – neu)* dargestellt.

A. Änderungsbedarf in der StPO

In der *StPO* besteht zunächst insofern Änderungsbedarf, als dass in dem zur Analyse DNA- fähigen Materials und dessen Speicherung ermächtigenden § 81g StPO die Speicherungsbefugnis aus § 81g Abs. 5 StPO unter Beachtung der jüngeren Vorgaben des BVerfG wie folgt zu überarbeiten ist:

§ 81g StPO – Entwurf[3501]
(5) Die erhobenen Daten dürfen in das polizeiliche Informationssystem eingegeben und, sofern das BKA die Daten nicht selbst erhoben hat, an das BKA übermittelt werden. Das BKA darf die übermittelten Daten für Zwecke künftiger Strafverfahren nach Maßgabe des §§ 8 Abs. 6 Satz 1 Nr. 1; 9 Abs. 3 BKAG speichern und nach Maßgabe des § 10 Abs. 7 und 8 BKAG an jede die Daten auf Grundlage des § 98c StPO abgleichende Stelle übermitteln. Im Übrigen sind für das Löschen, Sperren, Anonymisieren und Berichtigen der Daten sowie für die Rechte des Betroffen die §§ 34 bis 37 BKAG bzw. die entsprechenden Bestimmungen der die Daten eingebenden Stellen maßgeblich. Die gespeicherten

---

3501 S. 431.

A. Änderungsbedarf in der StPO

Daten dürfen zur Identifizierung Vermisster oder unbekannter hilfloser Personen sowie zur Internationalen Rechtshilfe übermittelt werden.

§ 81g Abs. 5 Satz 3 StPO wird gestrichen, § 81g Abs. 5 Satz 2 und 4 StPO werden zu § 81g Abs. 5 Satz 4 und 5 StPO. Während die Befugnisse zu Eingriffen in das Grundrecht auf informationelle Selbstbestimmung durch Speichern, Übermitteln und Nutzen der erhobenen Daten in dem zur Erhebung ermächtigenden Gesetz begrenzt werden müssen, können klassische datenschutzrechtliche Bestimmungen wie die zum Löschen, Sperren, Anonymisieren und berichtigen von Daten auch in dem Gesetz geregelt werden, das für die die Daten empfangende Behörde gilt.

Weiterhin ist § 100d StPO insofern zu überarbeiten, dass entgegen der bisherigen Formulierung nicht nur „*verwertbare*" personenbezogene Daten sondern auch rechtsfehlerhaft erhobene, aber gleichwohl nicht unter ein absolutes Verwendungsverbot fallende Daten zweckändernd genutzt werden dürfen. Ob ein relatives Beweisverwertungsverbot besteht oder nicht, lässt sich unmittelbar nach dem Erhebungsvorgang nicht feststellen. § 100d StPO müsste daher wie folgt lauten:

§ 100d StPO – Entwurf
(5) (…)
1. Die durch eine Maßnahme nach § 100c StPO unter Beachtung des § 100c Abs. 4 bis Abs. 6 Satz 1 StPO erlangten personenbezogenen Daten dürfen … (wie bisher)[3502].
2. Sind personenbezogene Daten durch eine polizeirechtliche Maßnahme unter Beachtung der nach dem jeweiligen Polizeirecht anwendbaren, dem § 100c Abs. 4 bis Abs. 6 Satz 1 StPO entsprechenden polizeigesetzlichen Bestimmungen erlangt worden, dürfen sie in einem anderen Strafverfahren unter Beachtung des § 100c Abs. 6 Satz 2 und 3 StPO …(wie bisher)[3503].

Hinsichtlich § 483 StPO gilt dasselbe wie bei § 81g StPO. Anders als § 81g StPO liegt in § 483 StPO aber keine Öffnungsklausel für die polizeiliche Verarbeitung personenbezogener Daten zur Vorsorge für die Verfolgung von Straftaten.

§ 483 StPO – Entwurf[3504]
(3) Erfolgt die Speicherung in einer Datei der Polizei zusammen mit Daten, deren Speicherung sich nach den Polizeigesetzen richtet, so dürfen die gespeicherten Daten nur zu dem ihrer Speicherung zugrunde gelegten Zweck übermittelt werden. Im Übrigen ist für das Löschen, Sperren, Anonymisieren und

---

3502 S. 487.
3503 S. 555.
3504 S. 425.

Fazit

Berichtigen der Daten sowie für die Rechte des Betroffenen das für die speichernde Stelle geltende Recht maßgebend.

Auch hinsichtlich § 484 StPO gilt das zu § 81g StPO Gesagte entsprechend. In § 484 StPO liegt eine Öffnungsklausel für die Verarbeitung personenbezogener Daten zur Vorsorge für die Verfolgung von Straftaten auf polizeigesetzlicher Grundlage. Neu hinzugekommen ist die Öffnungsklausel für die Verwendung von ursprünglich zu repressiven Zwecken erhobenen Daten zur Gefahrenabwehr, sei es in Form der Speicherung von personenbezogenen Daten in Gewalttäterdateien oder zur sonstigen präventiv- polizeilichen Nutzung, z.B. im Zusammenhang mit Vermisstenvorgängen. § 484 StPO müsste daher wie folgt formuliert werden:

§ 484 StPO – Entwurf[3505]
(1) Die Strafverfolgungsbehörden können für Zwecke künftiger Strafverfahren
1. Personendaten von Beschuldigten und andere zur Identifizierung geeignete Merkmale
2. (wie bisher)
3. (wie bisher)
4. (wie bisher)

in Aktenhinweissystemen, speichern, verändern und nutzen.
(2) Die Polizei kann die nach §§ 81b 2. Alt., 159 Abs. 1 i.V.m. 88 Abs. 1 Satz 3 StPO erhobenen Daten nach dem geltenden Polizeirecht zu dem Zweck speichern, zu dem die Daten erhoben wurden. Die nach § 81b 1. Alt. StPO erhobenen Daten darf die Polizei zur Vorsorge für die Verfolgung von Straftaten speichern, wenn wegen der Art oder der Ausführung der Tat, der Persönlichkeit des Betroffenen oder der wiederholten Begehung von Straftaten Grund zu der Annahme besteht, dass gegen den Beschuldigten auch künftig Strafverfahren zu führen sein werden.
(3) Unter der Voraussetzung der Kriminalitätsprognose des Abs. 2 Satz 2 können die Polizeien des Bundes und der Länder 1
1. zur Vorsorge für die Verfolgung künftiger Strafverfahren Nachweise über die nach §§ 81b, 81e Abs. 1, 81g; 159 Abs. 1 i.V.m. 88 Abs. 1 Satz 3 StPO erhobenen Daten im Kriminalaktennachweis sowie
2. zur Verhütung von Straftaten mit erheblicher Bedeutung, insbesondere
   - im Bereich der politisch motivierten Kriminalität der Verhinderung gewalttätiger Auseinandersetzungen und sonstiger Straftaten bei öffentlichen Veranstaltungen und Nukleartransporten sowie der Abwehr von Gefahren bei Ansammlungen gewaltbereiter Personen
   - der Verhinderung gewalttätiger Auseinandersetzungen und sonstiger Straftaten im Zusammenhang mit Sportveranstaltungen, insbesondere Fußballspielen, oder

---

3505 S. 760, 717, 429.

- der Verhinderung von Straftaten mit länderübergreifenden Bezügen oder von erheblicher Bedeutung zum Nachteil von gefährdeten Personen im Sinne des § 5 BKAG oder vergleichbarer landespolizeigesetzlicher Regelungen

in Gewalttäterdateien nach Maßgabe der Polizeigesetze verarbeiten und nutzen. Die nach Satz 1 gespeicherten Daten können Verweise auf gespeicherte Daten von Tatbeteiligten enthalten.

(4) Wird der Beschuldigte rechtskräftig freigesprochen... (wie bisher). Dasselbe gilt, wenn sich nach einer Einstellung i.S.d. Satz 1 zweifelsfrei ergibt, dass die Tat durch einen anderen begangen wurde.

(5) Die Polizei kann durch Polizeigesetz ermächtigt werden, die nach Abs. 1 gespeicherten Daten um personengebundene Hinweise, die der Eigensicherung oder dem Schutz des Beschuldigten dienen, zu ergänzen und diese auf Grundlage des Polizeigesetzes zu nutzen. Das Gleiche gilt unter den Voraussetzungen des Abs. 2 für delikts- und phänomenbezogene personengebundene Hinweise.

(6) Die Polizeien des Bundes und der Länder können die nach Maßgabe der Polizeigesetze i.S.d. Abs. 1 bis 5 gespeicherten Daten zum Speicherungszweck an andere Polizeien übermitteln und in das polizeiliche Informationssystem einspeichern.

(7) Für das Löschen, Sperren, Anonymisieren und Berichtigen der Daten sowie für die Rechte des Betroffenen ist das für die Stelle geltende Recht maßgebend, die die Daten eingegeben hat. Die nach Abs. 1 bis 5 zur Vorsorge für die Verfolgung von Straftaten gespeicherten Daten dürfen nach Maßgabe der Polizeigesetze zur Abwehr von Gefahren oder zur Verhütung von Straftaten genutzt werden.

Nachdem die zweckändernde Verwendung von ursprünglich zu repressiven Zwecken erhobenen Daten von derart umfangreichen Voraussetzungen abhängig gemacht worden ist, verbietet es sich selbstredend, diese Regelungen mit Hilfe der polizeilichen Vorgangsbearbeitung zu umgehen. Daten, die aus Straf- oder OWi- Verfahren stammen, dürfen nur dann zu anderen Zwecken als dem ursprünglichen Erhebungszweck verarbeitet werden, wenn die Voraussetzungen der §§ 483 Abs. 2, 486ff; 483 Abs. 3 und 484 StPO -neu-) gegeben sind. Der neu gefasste § 485 StPO sähe dann wie folgt aus:

§ 485 StPO – Entwurf[3506]
(1) (= § 485 Satz 1 bis 3 StPO)
(2) Werden personenbezogene Daten zu Zwecken der Vorgangsverwaltung in Dateien der Polizei gespeichert, richtet sich das Errichten der Datei, das Löschen, Sperren und Berichtigen der Daten nach Maßgabe der Polizeigesetze. Zu Zwecken der Vorgangsverwaltung gespeicherte Daten dürfen auf polizeigesetzlicher Grundlage zur Abwehr gegenwärtiger erheblicher Gefahren genutzt werden.

3506 S. 783.

Fazit

(3) Die weitere Speicherung der zunächst für Zwecke der Vorgangsverwaltung gespeicherten Daten in Dateien außerhalb des Vorgangsverwaltungssystems erfolgt nach Maßgabe der §§ 483 Abs. 2, 486 ff; 483 Abs. 3 und 484 StPO. Für die Speicherung von Daten, die auf Grundlage der §§ 483 Abs. 2, 486 ff StPO und für andere Strafverfahren, die internationale Rechtshilfe in Strafsachen und Gnadengesuche gespeichert werden, sind die Regelungen dieses Gesetzes abschließend.

B. *Änderungsbedarf im BKAG*

Als Konsequenz aus der Änderung des § 484 StPO – Entwurf müsste vor allem § 8 BKAG überarbeitet und wie folgt gefasst werden:

§ 8 BKAG – Entwurf[3507]
(1) Das BKA kann zur Erfüllung seiner Aufgabe, die Polizeien des Bundes und der Länder bei der Verfolgung von Straftaten mit länderübergreifender, internationaler oder erheblicher Bedeutung zu unterstützen,
1. Personendaten von Beschuldigten und andere zur Identifizierung geeignete Merkmale
2. (wie bisher)
3. (wie bisher)
4. (wie bisher)
in Dateien, insbesondere im Kriminalaktennachweis, speichern, verändern und nutzen.
(2) Das BKA kann die nach §§ 81b 2. Alt., 159 Abs. 1 i.V.m. 88 Abs. 1 Satz 3 StPO erhobenen Daten gem. §§ 7 Abs. 1, 27ff BKAG zu dem Zweck speichern, löschen, sperren und berichtigen, zu dem die Daten erhoben wurden. Die nach § 81b 1. Alt. StPO erhobenen Daten darf das BKA zur Vorsorge für die Verfolgung von Straftaten speichern, wenn wegen der Art oder der Ausführung der Tat, der Persönlichkeit des Betroffenen oder der wiederholten Begehung von Straftaten Grund zu der Annahme besteht, dass gegen den Beschuldigten auch künftig Strafverfahren zu führen sein werden.
(3) Unter der Voraussetzung der Kriminalitätsprognose des Abs. 2 Satz 2 kann das BKA
1. zur Vorsorge für die Verfolgung künftiger Strafverfahren Nachweise über die nach §§ 81b, 81e Abs. 1, 81g; 159 Abs. 1 i.V.m. 88 Abs. 1 Satz 3 StPO erhobenen Daten im Kriminalaktennachweis sowie
2. zur Verhütung von Straftaten mit erheblicher Bedeutung, insbesondere
   – im Bereich der politisch motivierten Kriminalität der Verhinderung gewalttätiger Auseinandersetzungen und sonstiger Straftaten bei öffentlichen Veranstaltungen und Nukleartransporten sowie der Abwehr von Gefahren bei Ansammlungen gewaltbereiter Personen,

---

3507 S. 761.

– der Verhinderung gewalttätiger Auseinandersetzungen und sonstiger Straftaten im Zusammenhang mit Sportveranstaltungen, insbesondere Fußballspielen, oder
– der Verhinderung von Straftaten mit länderübergreifenden Bezügen oder von erheblicher Bedeutung zum Nachteil von gefährdeten Personen im Sinne des § 5 BKAG oder vergleichbarer landespolizeigesetzlicher Regelungen

in Gewalttäterdateien verarbeiten und nutzen. Die nach Satz 1 gespeicherten Daten können Verweise auf ebenfalls gespeicherte Daten von Tatbeteiligten oder sonstigen Tatverdächtigen enthalten.

(4) Wird der Beschuldigte rechtskräftig freigesprochen... (wie bisher). Dasselbe gilt, wenn sich nach einer Einstellung i.S.d. Satz 1 ergibt, dass die Tat durch einen anderen begangen wurde.

Die bisher in § 7 Abs. 3 und 4 BKAG a.F. geregelten Befugnisse des BKA zum Speichern von personengebundenen Hinweisen würden zu § 8 Abs. 5 und 6 BKAG – Entwurf.

(7) Das BKA kann zur Erfüllung seiner Aufgabe aus § 2 Abs. 4 Nr. 1 BKAG personenbezogene Daten, die durch erkennungsdienstliche Behandlungen nach anderen Rechtsvorschriften erhoben werden, in erkennungsdienstlichen Dateien i.S.d. Abs. 2 Nr. 1 speichern, verändern und nutzen, wenn die zur Erhebung der Daten ermächtigende Rechtsvorschrift dies erlaubt. Die nach Satz 1 gespeicherten Daten dürfen zur Abwehr erheblicher Gefahren genutzt werden.

Die Speicherungsbefugnisse aus § 8 Abs. 4, Abs. 5 und Abs. 6 Satz 1 2. Alt. und Satz 2 BKAG wären ebenso wie die diesen entsprechenden Erhebungs- und Speicherungsbefugnisse im *BPolG* sowie in den Polizeigesetzen der Länder ersatzlos zu streichen[3508].

In den Errichtungsanordnungen zu den vom BKA unterhaltenen Fall-, PIOS- oder DOS- Dateien müsste „*§ 8 Abs. 1, 2, 4 und 5 BKAG*" durch „*§ 483 Abs. 2 StPO*" als zum Führen der jeweiligen Datei berechtigende Rechtsgrundlage ersetzt werden. In den Errichtungsanordnungen zu den vom BKA unterhaltenen Gewalttäterdateien müsste die neu zu schaffende Rechtsgrundlage des „*§ 8 Abs. 2 Satz 1 Nr. 3 BKAG – Entwurf*" an die Stelle des bisher dort genannten „*§ 8 Abs. 1, 2, 4, 5, 6 BKAG*" treten. Da die Art der zu speichernden Daten sowie die Stellen, die Daten aus INPOL abrufen dürfen, nach Umsetzung der o.g. Formulierung bereichsspezifisch und präzise durch formelles Gesetz geregelt sind, bedarf es keiner Rechtsverordnungen i.S.d. §§ 7 Abs. 6 a.F.; 11 Abs. 4 Satz 3 BKAG mehr. Die genannten

---

3508 Zöller, Informationssysteme und Vorfeldmaßnahmen von Polizei, Staatsanwaltschaft und Nachrichtendiensten, S. 165.

Fazit

Paragraphen wären daher zu streichen. Außerdem sollten § 7 Abs. 3 bis 8 BKAG i.d.F. des *Gesetzes zur Änderung des Telekommunikationsgesetzes und zur Neuregelung der Bestandsauskunft* vom 20.6.2013 gestrichen werden, weil das BKA in dessen Funktion als Zentralstelle für das polizeiliche Auskunft und Nachrichtenwesen solcher Befugnisse zur Datenerhebung nicht bedarf.

Weiterhin sollte § 20v BKAG dem hinter § 477 Abs. 2 Satz 3 StPO stehenden Gedanken entsprechend überarbeitet werden und folgende Formulierung erhalten:

§ 20v BKAG – neu[3509]
(5) Das BKA kann die nach diesem Unterabschnitt erhobenen personenbezogenen Daten an andere Polizeien des Bundes und der Länder … übermitteln, soweit dies erforderlich ist …
2. zur Abwehr einer erheblichen Gefahr für die öffentliche Sicherheit, ….

C. *Änderungsbedarf im neuen MEPolG (MEPolG – neu)*

Was die Polizeigesetze der Länder sowie die deren Befugnissen entsprechenden Befugnisse der BPol und des BKA betrifft, so kann hier nicht auf jede Einzelheit, insbesondere bei den Befugnissen zur Daten*erhebung* eingegangen werden.

Was den Schutzanspruch von Berufsgeheimnisträgern betrifft sollte aber dem hier vorgeschlagenen § 8e MEPolG – neu gefolgt werden. Der Schutzanspruch von für die Polizei verfügbaren personenbezogenen Daten kann nicht, insbesondere wenn die Daten unbeabsichtigt durch eine nicht gegen eine Berufsgeheimnisträger gerichtete Maßnahme erhoben worden sind, gegenüber solch hochrangigen Rechtsgüter wie Leben oder Gesundheit von Einzelnen oder einer Personenmehrheit überwiegen – gleich ob sie unter Eingriff in Art. 10 Abs. 1 GG, Art. 13 Abs. 1 GG oder das Grundrecht auf Vertraulichkeit und Integrität informationstechnischer Systeme erhoben worden sind. Daher verbietet sich eine schlichte Übernahme der Parallelvorschrift des § 160a StPO in die Polizeigesetze. Stattdessen sollte es in § 8e MEPolG heißen:

§ 8e MEPolG – neu
(1) Gespräche in Betriebs- und Geschäftsräumen sind in der Regel nicht dem Kernbereich privater Lebensgestaltung zuzurechnen. Das Gleiche gilt für Ge-

---

[3509] S. 629.

spräche die sich auf Gefahren für Leib, Leben oder Freiheit von Personen beziehen[3510].
(2) Der Großen Lausch- und Spähangriffs in Büro- und Geschäftsräumen von Berufsgeheimnisträgern i.S.d. § 53 Abs. 1 Satz 1 StPO und deren Hilfspersonen i.S.d. § 53a Abs. 1 StPO ist unzulässig. Ebenso dürfen in Wohnungen von für eine Gefahr verantwortlichen Personen geführte Gespräche mit Berufsgeheimnisträgern nicht überwacht und aufgezeichnet werden. Dennoch erlangte Erkenntnisse sind unverzüglich zu löschen. Erkenntnisse hierüber dürfen nicht verwendet werden. Die Tatsache ihrer Erhebung ist zu dokumentieren. Satz 1 gilt nicht, wenn Tatsachen die Annahme rechtfertigen, dass durch die Überwachung der Büro- und Geschäftsräume eines Berufsgeheimnisträgers bei einem bestimmten Gespräch Erkenntnisse gewonnen werden, die zur Abwehr einer dringenden Gefahr erforderlich sind. Satz 1 und 2 gelten nicht, sofern Tatsachen die Annahme rechtfertigen, dass die zeugnisverweigerungsberechtigte Person für die Gefahr verantwortlich ist[3511].
(3) Die Überwachung von TK- Inhalten an aus beruflichen Gründen eingerichteten TK- Anschlüssen von Berufsgeheimnisträgern i.S.d. § 53 Abs. 1 Satz 1 Nr. 1 bis 3b StPO ist unzulässig. Aus beruflichen Gründen eingerichtete TK-Anschlüsse von Berufsgeheimnisträgern i.S.d. § 53 Abs. 1 Satz 1 Nr. 4 und 5 StPO können überwacht werden, wenn dies zur Abwehr einer erheblichen Gefahr erforderlich ist[3512]. Die Sätze 2 und 3 gelten entsprechend für die Abfrage von Vorrats- bzw. Verkehrsdaten[3513] sowie für Online – Durchsuchungen[3514].
(4) Ergeben sich aus Erkenntnissen i.S.d. Absatz 2 oder 3, die nicht aus einer gegen den Berufsgeheimnisträger oder dessen Hilfspersonen gerichteten Maßnahme stammen, Anhaltspunkte für eine bestehende Gefahr für Leib, Leben oder Freiheit einer Person, dürfen diese Erkenntnisse zur Abwehr dieser Gefahr genutzt werden[3515].

Für die zweckändernde Nutzung von durch offene repressive Eingriffe gewonnene Daten zur Vorsorge für die Verfolgung von Straftaten durch Anlegen von Kriminalakten sowie für die zweckändernde Nutzung von durch heimliche Eingriffe gewonnene Daten müsste folgender § 10a.1 MEPolG erlassen werden:

§ 10a.1 MEPolG – neu
(1) Die Polizei kann personenbezogene Daten, die ihr aus strafprozessualen Ermittlungen bekannt geworden sind, soweit und solange zur Gefahrenabwehr nutzen, wie dies zur Abwehr einer erheblichen Gefahr oder zur Verhinderung von Rechtsgutsverletzungen, die durch die bevorstehende Begehung von Straf-

---

3510 S. 581.
3511 S. 312.
3512 S. 326.
3513 S. 329.
3514 S. 338.
3515 S. 589.

Fazit

taten von erheblicher Bedeutung drohen oder diesen gleichzusetzen sind, erforderlich ist.
(2) Für Daten, die durch eine Maßnahme nach § 100c StPO erhoben wurden, gilt dies nur zur Abwehr einer gegenwärtigen Gefahr für Leib, Leben oder Freiheit einer Person oder zur Verhinderung von Rechtsgutverletzungen, die durch die bevorstehende Begehung von besonders schweren Straftaten i.S.d. § 100c Abs. 2 StPO drohen oder diesen gleichzusetzen sind.
(3) Für Daten, die durch eine Maßnahme nach § 100a StPO erhoben wurden, gilt dies nur zur Abwehr einer gegenwärtigen Gefahr für Leib, Leben oder Freiheit einer Person oder zur Verhinderung von Rechtsgutverletzungen, die durch die bevorstehende Begehung von schweren Straftaten i.S.d. § 100a StPO drohen oder diesen gleichzusetzen sind.
(4) Die Nutzung der Daten bezieht sich auf
1. die Abwehr einer Gefahr i.S.d. Abs. 1 und bei einer gegenwärtigen Gefahr für Leib, Leben oder Freiheit einer Person i.S.d. Abs. 2 und 3 auf die Daten, aus denen sich die Umstände der Gefahr ergeben und
2. die Verhinderung von Rechtsgutsverletzungen nach Abs. 1 bis 3 auf die Auswertung der bei den heimlichen Ermittlungsmaßnahmen hergestellten technischen Aufzeichnungen und deren Verwendung für die richterliche Anordnung weiterer Gefahren abwehrender Maßnahmen. Satz 1 Nr. 2 gilt entsprechend, falls dem Behördenleiter bei Gefahr im Verzug die Anordnung obliegt.
(5) Auf die aus strafprozessualen Ermittlungen nach Abs. 1 bis 3 stammenden Unterlagen und Aufzeichnungen finden die §§ ... (Zweckbindung, Kennzeichnung, Löschung) VE ME PolG entsprechend Anwendung[3516].
(6) Die Abs. 1 bis 5 gelten entsprechend, wenn Daten auf Grundlage eines anderen Polizeigesetzes oder sonstiger Rechtsvorschriften erhoben wurden oder der Polizei auf sonstige Weise bekannt geworden sind.
(7) Abs. 3 gilt entsprechend, wenn die Daten im Zuge einer Online-Durchsuchung erhoben wurden[3517].

Sofern Polizeigesetze bisher über keine zu Eingriffen in Art. 13 Abs. 1 GG und Art. 10 Abs. 1 GG ermächtigende Befugnisnormen enthalten, müssten diese die betreffenden Grundrechte in deren Zitierklauseln benennen. Im Hinblick auf die Nutzungsbefugnis ist es nicht zwingend erforderlich, dass das anzuwendende Polizeigesetz selbst über eine der repressiven Erhebungsbefugnis entsprechende präventiv- polizeiliche Erhebungsbefugnis verfügt. Kann durch Erkenntnisse, die durch repressive heimliche Ermittlungsmaßnahmen erhoben wurden, keine gegenwärtige erhebliche Gefahr abgewehrt werden, ergeben sich hieraus aber gleichwohl Anhaltspunkte dafür, dass in absehbarer Zeit eine derartige Tat geplant ist, ohne dass Ge-

---

3516 S. 611.
3517 S. 633.

C. Änderungsbedarf im neuen MEPolG (MEPolG – neu)

wissheit darüber besteht, wann dies sein soll und vor allem ob dies tatsächlich geschehen wird, bedarf es weitergehender Ermittlungen. Diese können auf Grundlage der repressiven Zufallsfunde nur dann rechtmäßig durchgeführt werden, wenn in den Polizeigesetzen entsprechende Aufnahmeklauseln und darüber hinaus die notwendigen Befugnisnormen für präventivpolizeiliche Maßnahmen im Vorfeld einer konkreten Gefahr existieren. Polizeigesetzgeber, deren Polizeigesetz noch nicht über die in dieser Arbeit vorgeschlagenen Aufnahmeklauseln verfügt, sollten die vorgeschlagenen Aufnahmeklauseln in deren Polizeigesetz übernehmen und die hierdurch eingeschränkten Grundrechte aus Art. 10 Abs. 1 GG und 13 Abs. 1 GG dem Zitiergebot aus Art. 19 Abs. 1 Satz 2 GG entsprechend zitieren.

Unter Berücksichtigung der polizeilichen Aufgabenstellung bei Vermisstenfällen und des Änderungsbedarfs in § 484 StPO müsste § 10a.2 MEPolG wie folgt überarbeitet werden, nachdem in den Aufgabenzuweisungsnormen der Polizeigesetze die polizeiliche Aufgabe der Verarbeitung personenbezogener Daten zur Vorsorge für die Verfolgung von Straftaten (wieder) aufgenommen wurde:

§ 10a.2 ME PolG – neu
(1) Die Polizei kann personenbezogene Daten zu den Zwecken speichern und nutzen, zu denen sie die Daten erhoben oder gespeichert hat[3518].
(2) Die Polizei kann zur Aufklärung von Vermisstenfällen gewonnene personenbezogene Daten für zukünftige Vermisstenfälle in Kriminalakten speichern. Eine suchfähige Speicherung ist nur über ehemals vermisste Personen zulässig, die wiederholt als vermisst galten[3519].
(3) Die Polizei kann, soweit gesetzlich nichts anderes bestimmt ist,
1. Personendaten von Beschuldigten und andere zur Identifizierung geeignete Merkmale,
2. die Kriminalakten führende Dienststelle und die Kriminalaktennummer,
3. die nähere Bezeichnung der Straftaten, insbesondere die Tatzeiten, die Tatorte und die Höhe etwaiger Schäden,,
4. die Tatvorwürfe unter Angabe der gesetzlichen Vorschriften und die nähere Bezeichnung der Tat,
5. die Einleitung des Verfahrens sowie die Verfahrenserledigungen bei der Staatsanwaltschaft und bei Gericht nebst Angabe der gesetzlichen Vorschriften,
die sie bei Wahrnehmung der polizeilichen Aufgaben auf dem Gebiet der Strafverfolgung über eine einer Straftat verdächtige Person erlangt hat, für Zwecke künftiger Strafverfahren in Dateien, insbesondere im Kriminalaktennachweis, speichern, verändern und nutzen.

3518 S. 661.
3519 S. 663.

Fazit

(4) Die Polizei kann die nach §§ 81b 2. Alt., 159 Abs. 1 i.V.m. 88 Abs. 1 Satz 3 StPO erhobenen Daten nach dem geltenden Polizeirecht zu dem Zweck speichern, löschen, sperren und berichtigen, zu dem die Daten erhoben wurden. Die nach § 81b 1. Alt. StPO erhobenen Daten darf die Polizei zur Vorsorge für die Verfolgung von Straftaten speichern, wenn wegen der Art oder der Ausführung der Tat, der Persönlichkeit des Betroffenen oder der wiederholten Begehung von Straftaten Grund zu der Annahme besteht, dass gegen den Beschuldigten auch künftig Strafverfahren zu führen sein werden.
(5) Unter der Voraussetzung der Kriminalitätsprognose des Abs. 2 Satz 2 können die Polizeien des Bundes und der Länder
1. zur Vorsorge für die Verfolgung künftiger Strafverfahren Nachweise über die nach §§ 81b, 81e Abs. 1, 81g; 159 Abs. 1 i.V.m. 88 Abs. 1 Satz 3 StPO erhobenen Daten im Kriminalaktennachweis sowie
2. zur Verhütung von Straftaten mit erheblicher Bedeutung, insbesondere
   – im Bereich der politisch motivierten Kriminalität der Verhinderung gewalttätiger Auseinandersetzungen und sonstiger Straftaten bei öffentlichen Veranstaltungen und Nukleartransporten sowie der Abwehr von Gefahren bei Ansammlungen gewaltbereiter Personen,
   – der Verhinderung gewalttätiger Auseinandersetzungen und sonstiger Straftaten im Zusammenhang mit Sportveranstaltungen, insbesondere Fußballspielen, oder
   – der Verhinderung von Straftaten mit länderübergreifenden Bezügen oder von erheblicher Bedeutung zum Nachteil von gefährdeten Personen im Sinne des § 5 BKAG oder vergleichbarer landespolizeigesetzlicher Regelungen
in Gewalttäterdateien verarbeiten und nutzen. Die nach Satz 1 gespeicherten Daten können Verweise auf ebenfalls gespeicherte Daten von Tatbeteiligten oder sonstigen Tatverdächtigen enthalten.
(6) Wird der Beschuldigte rechtskräftig freigesprochen... (wie bisher). Dasselbe gilt, wenn sich nach einer Einstellung i.S.d. Satz 1 ergibt, dass die Tat durch einen anderen begangen wurde.
(7) Die Polizei kann die nach Abs. 1 gespeicherten Daten um personengebundene Hinweise, die der Eigensicherung oder dem Schutz des Beschuldigten dienen, ergänzen und nutzen. Das Gleiche gilt unter den Voraussetzungen des Abs. 2 für delikts- und phänomenbezogene personengebundene Hinweise[3520].
(8) Die Polizei kann die in Kriminalakten oder im Kriminalaktennachweis gespeicherten Daten neben Zwecken künftiger Strafverfahrens nutzen, wenn dies zur Abwehr einer gegenwärtigen Gefahr für Leib oder Leben, insbesondere bei Vermisstenvorgängen, erforderlich ist[3521].
(9) Für die Speicherung und Nutzung von Daten von Personen, die in der Vergangenheit wiederholt als vermisst galten, gelten Abs. 1 Nr. 1 und 2 entspre-

---

3520 S. 769.
3521 S. 664.

C. Änderungsbedarf im neuen MEPolG (MEPolG – neu)

chend. Die Ursache des zurückliegenden Vermisstseins sowie der vorherige Auffindeort des Vermissten darf gespeichert werden.[3522]

Der überarbeiteten Öffnungsklausel des § 485 StPO entsprechend müsste die neue zu erlassende Aufnahmeklausel wie folgt überarbeitet werden:

§ 10b ME PolG – neu[3523]
(1) Die Polizei kann auf repressiver oder präventiv- polizeilicher Grundlage erhobene Daten zur Vorgangsverwaltung speichern und nutzen.
(2) Die weitere Speicherung von zur Vorgangsverwaltung gespeicherten Daten zur Vorsorge oder zur Verhütung von Straftaten ist nur gem. §§ 483 Abs. 2, 486 ff StPO, gem. § 484 StPO- Entwurf und dem diesen entsprechenden § 10a ME PolG – neu zulässig.
(3) Eine anderweitige präventiv- polizeiliche Nutzung von zu Zwecken der Vorgangsverwaltung gespeicherten Daten ist nur zulässig, soweit dies zur Abwehr einer gegenwärtigen erheblichen Gefahr erforderlich ist.

Bei den Übermittlungsbefugnissen böte sich an Stelle der Regel über die hypothetische Ersatzvornahme folgende Formulierung an:

§ 10c MEPolG – neu[3524]
(1) (...). Auf Grundlage dieses Gesetzes verdeckt erhobene personenbezogene Daten dürfen an andere Polizeien zur Abwehr einer erheblichen Gefahr übermittelt werden. Dies gilt auch für personenbezogene Daten, die gem. § X ME PolG – neu durch Großen Lausch- und Spähangriff oder gem. § Y ME PolG – neu durch Online- Durchsuchung erhoben wurden.

Die in dem alten § 10c Abs. 1 Satz 2 VE ME PolG enthaltene Regelung über die hypothetische Ersatzvornahme ist zu streichen.

Letztlich bedarf es noch den §§ 131 ff StPO entsprechender polizeigesetzlicher Befugnisse, die bisher nur teilweise im *BPolG* und ansonsten in der *BAKDV* bzw. den Errichtungsanordnungen zu Fahndungsdateien zu finden sind.

§ 10c.1 ME PolG – neu[3525]
(1) Eine Person kann zur Fahndung mit dem Ziel der Ingewahrsamnahme ausgeschrieben werden, wenn
– dies unerlässlich ist, um die unmittelbar bevorstehende Begehung oder Fortsetzung einer Straftat zu verhindern,
– sie an einer übertragbaren Krankheit i.S.d. Infektionsschutzgesetzes erkrankt ist und sich der gerichtlich angeordneten Untersuchung entzieht,

---

[3522] S. 769.
[3523] S. 785.
[3524] S. 630.
[3525] S. 767.

Fazit

- sie psychisch erkrankt ist und sich der gerichtlich angeordneten Untersuchung entzieht,
- es sich um vermisste Minderjährige handelt,
- es sich um vermisste Volljährige handelt, bei denen eine Gefahr für Leib oder Leben angenommen werden kann.

(2) Personen können zur Fahndung mit dem Ziel der Aufenthaltsermittlung ausgeschrieben werden, wenn
- es sich um vermisste Volljährige handelt, die nicht in Gewahrsam genommen werden sollen,
- es sich um Auskunftspersonen handelt.

(3) Personen können weiterhin zur Fahndung ausgeschrieben werden, soweit dies zur Durchführung von erkennungsdienstlichen Maßnahmen nach diesem Gesetz sowie zur Einziehung der Fahrerlaubnis nach §§ 3, 46 f FeV erforderlich ist.

(4) Die Polizei kann personenbezogene Daten, die sie in eigenen Dateien speichern dürfte, an das BKA mit dem Ziel der Speicherung im polizeilichen Verbundsystem übermitteln, soweit dies zur Vorsorge für die Verfolgung von Straftaten mit länderübergreifender, internationaler oder erheblicher Bedeutung oder zur Verhütung von Straftaten erforderlich ist.

In bestehenden, an § 9 Abs. 3 BKAG angelehnten polizeigesetzlichen Befugnissen zur Erhebung und Speicherung von DNA- Identifizierungsmustern von unabhängig vom Verdacht einer Straftat als vermisst geltenden Personen sowie von unbekannten hilflosen Personen müsste die kompetenzwidrig erlassene Befugnis zur Erhebung und Speicherung von DNA- Identifizierungsmustern von unbekannten Toten gestrichen werden.

Literaturverzeichnis

Abate, Constantin; Präventive und repressive Videoüberwachung öffentlicher Plätze, DuD 2011, 451

Abbühl, Anicee; Der Aufgabenwandel des Bundeskriminalamtes – Von der Zentralstelle zur multifunktionalen Intelligence – Behörde des Bundes -, 1. Auflage 2010, Stuttgart, München, Hannover, Berlin, Weimar, Dresden

Ahlf, Ernst-Heinrich; Das Bundeskriminalamt als Zentralstelle, 1. Auflage 1985, Wiesbaden

Ahlf, Ernst-Heinrich/Daub, Ingo/Lersch, Roland/Störzer Hans Udo; Bundeskriminalamtgesetz, BKAG, 1. Auflage 2000, Stuttgart; München, Hannover, Berlin, Weimar, Dresden

Albrecht, Cordula; Vermisstsein ist nicht strafbar, Kriminalistik 1987, 331

Albrecht, Peter-Alexis; Vom Unheil der Reformbemühungen im Strafverfahren – Bemerkungen zum Strafverfahrensänderungsgesetz vom 1.11.2000 – in StV 2001, 416

Allgayer, Peter; Die Verwendung von Zufallserkenntnissen aus Überwachungen der Telekommunikation gem. § 100a f. StPO (und anderen Ermittlungsmaßnahmen) – zugleich Anmerkung zu den Entscheidungen des BVerfG vom 3.3.2004 (NJW 2004, 999) und vom 29.6.2005 (NJW 2005, 2766) sowie des OLG Karlsruhe vom 3.6.2004 (NStZ 2004, 2687), NStZ 2006, 603

Auernhammer, Herber; Bundesdatenschutzgesetz, 2. Auflage 1981, München

Auernhammer, Herbert/; Bundesdatenschutzgesetz, 3. Auflage 1993, München

Artzt, Matthias; Doppelfunktionales Handeln des Polizeivollzugsdienstes, Kriminalistik 1998, 323

Arzt, Clemens; Gefährderansprachen und Meldeauflagen bei Sport- Großveranstaltungen, Die Polizei 2006, 156

Arzt, Clemens; Verbunddateien des Bundeskriminalamts – Zeitgerichtete Flurbereinigung, NJW 2011, 352

Arzt, Clemens/Eier, Jana; Zur Rechtmäßigkeit der Speicherung personenbezogener Daten in »Gewalttäter« – Verbunddateien des Bundeskriminalamtes, DVBl. 2010, 816

Bäcker, Matthias; Terrorismusabwehr durch das Bundeskriminalamt, 1. Auflage 2009, Berlin

Bär, Wolfgang; Telekommunikationsüberwachung und andere verdeckte Ermittlungsmaßnahmen, MMR 2008, 215

Baldus, Manfred; Der Kernbereich privater Lebensgestaltung – absolut geschützt, aber abwägungsoffen, JZ 2008, 218

Baum, Gerhart Rudolf/Schantz, Peter; Die Novelle des BKA-Gesetzes – Eine rechtpolitische und verfassungsrechtliche Kritik, ZRP 2008, 137

Baumanns, Silke; Die erkennungsdienstliche Behandlung nach § 81b 2. Alt. StPO als Maßnahme der Strafverfolgungsvorsorge, Die Polizei 2008, 79

Literaturverzeichnis

Becker, Bernd; Zentralstellen gemäß Art. 87 Abs. 1 GG – Analyse eines vielseitig verwendbaren Behördentyps –, DÖV 1978, 551

Bergemann, Nils/Hornung, Gerrit; Die DNA-Analyse nach den Änderungen der Strafprozessordnung – Speicherung bis auf Widerruf?, StV 2007, 164

Bergmann, Lutz/Möhrle, Roland/Herb, Armin; Datenschutzrecht, Kommentar Bundesdatenschutzgesetz, Datenschutzgesetze der Länder und Kirchen, Bereichsspezifischer Datenschutz, 44. Ergänzungslieferung – Januar 2012, Stuttgart, München, Hannover, Berlin, Weimar, Dresden

Berner, Georg/Köhler, Michael/Käß, Robert; Polizeiaufgabengesetz, 20. Auflage 2010, Heidelberg, München, Landesberg, Berlin

Bertram, Konstantin; Die Verwendung präventiv-polizeilicher Erkenntnisse im Strafverfahren, 1. Auflage 2009, Baden-Baden

Beulke, Werner; Beweiserhebungs- und Beweisverwertungsverbote im Spannungsfeld zwischen den Garantien des Rechtsstaats und der effektiven Bekämpfung von Kriminalität und Terrorismus, Jura 2008, 653

Bittmann, Folker; Grundrechtsschutz durch vermehrte Eingriffe und überbordende Bürokratie – zum Referentenentwurf eines Gesetzes zur Neuregelung der Telekommunikationsüberwachung, DRiZ 2007, 115

Böse, Martin; Aufsichtsrechtliche Vorermittlungen in der Grauzone zwischen Strafverfolgung und Gefahrenabwehr, ZStW 2007, 848

Bockemühl, Jan; Zur Verwertbarkeit von präventiv-polizeilichen Erkenntnissen aus Lauschangriffen im Strafverfahren, JA 1996, 695

Breucker, Marius; Präventivmaßnahmen gegen reisende Hooligans, NJW 2004, 1631

Brodersen, Kilian; Das Strafverfahrensänderungsgesetz 1999, NJW 2000, 2536

Busch, Ralf; Die Speicherung von DNA-Identifizierungsmustern in der DNA-Analyse-Datei, NJW 2002, 1754

Bundeskriminalamt (Hrsg.); Festschrift für Horst Herold zum 75. Geburtstag – Das Bundeskriminalamt am Ausgang des 20. Jahrhunderts, 1. Auflage 1998, Wiesbaden

Clages, Horst/Kniesel, Michael/Vahle, Jürgen; VE ME PolG – Musterentwurf eines einheitlichen Polizeigesetzes in der Fassung des Vorentwurfs zur Änderung des ME PolG, 1. Auflage 1990, Heidelberg

Clages, Horst/Kniesel, Michael/Vahle, Jürgen; Polizeiliche Informationsverarbeitung und Datenschutz im künftigen Polizeirecht, 1. Auflage 1990, Heidelberg

Däubler, Wolfgang/Klebe, Thomas/Wedde, Peter/Weichert, Thilo; Bundesdatenschutzgesetz, Kompaktkommentar zum BDSG, 3. Auflage 2010, Frankfurt am Main

Denninger, Erhard; Einführung in Probleme des Amtshilferechts, insbesondere im Sicherheitsbereich, JA 1980, 280

Denninger, Erhard; Verfassungsrechtliche Grenzen des Lauschens, ZRP 2004, 101

Denninger, Erhard/Dürkop, Marlis/Hoffmann- Riem, Wolfgang/Klug, Ulrich/Podlech, Adalbert/Rittstieg, Helmut7Schneider, Hans-Peter/Seebode, Manfred; Alternativentwurf einheitlicher Polizeigesetze des Bundes und der Länder, 1. Auflage 1979, Neuwied, Darmstadt

Deutsch, Florian; »Fanorientierte« Maßnahmen polizeilicher Gefahrenabwehr bei Fußballspielen; Die Polizei 2006, 145

Dörr, Erwin/Schmidt, Dietmar; Neues Bundesdatenschutzgesetz, 1. Auflage 1991, Köln

Dreier, Horst(Hrsg.); Grundgesetz, Kommentar, Bd. II, Supplementum 2007, Tübingen

Dreier, Horst(Hrsg.); Grundgesetz, Kommentar, Bd. III, Art. 83 bis 146, 2. Auflage 2008, Tübingen

Drewes, Michael/Malmberg, Karl M./Walter, Bernd; Bundespolizeigesetz, 4. Auflage 2010, Stuttgart, München, Hannover, Berlin, Weimar, Dresden

Drews, Bill/Wacke, Gerhard/Vogel, Klaus/Martens, Wolfgang; Gefahrenabwehr, Allgemeines Polizeirecht (Ordnungsrecht) des Bundes und der Länder, 9. Auflage 1986, Köln, Berlin, Bonn, München

Fehling, Michael/Kastner, Berthold (Hrsg.); Verwaltungsrecht, VwVfG / VwGO / Nebengesetze, 2. Auflage 2010, Baden-Baden

Ebert, Frank/Seel, Lothar/Honnacker, Heinz; Thüringer Gesetz über die Aufgaben und Befugnisse der Polizei, 6. Auflage 2012, Stuttgart, München, Hannover, Berlin, Weimar, Dresden

Ehrenberg, Wolfgang/Frohne, Wilfried; Doppelfunktionale Maßnahmen der Vollzugspolizei, Kriminalistik 2003, 737

Eisenberg, Ulrich; Beweisrecht der StPO, Spezialkommentar, 8. Auflage 2013, München

Fezer, Gerhard; Überwachung der Telekommunikation und Verwertung eines Raumgesprächs, NStZ 2003, 625

Fischer, Kristian; Polizeiliche Videoüberwachung des öffentlichen Raums, VBl. BW 2002, 89

Gärditz, Klaus; Strafprozess und Prävention, 1. Auflage 2003, Tübingen

Gercke, Björn/Julius, Karl-Peter/Temming, Dieter/Zöller, Mark A.(Hrsg.); Heidelberger Kommentar, Strafprozessordnung, 5. Auflage 2012, Heidelberg

Glaser, Michael/Gedeon, Bertolt; Dissonante Harmonie: Zu einem zukünftigen »System« strafprozessualer verdeckter Ermittlungsmethoden, GA 2007, 415

Götz, Volkmar; Allgemeines Polizei- und Ordnungsrecht, 15. Auflage 2013, Göttingen

Gola, Peter/Jaspers, Andreas; Das novellierte BDSG im Überblick, 5. Auflage 2010, Heidelberg, München, Landesberg, Frechen, Hamburg

Gola, Peter/Schomerus, Rudolf; Bundesdatenschutzgesetz, 11. Auflage 2012, München

Graf, Jürgen Peter (Hrsg.); Strafprozessordnung, Mit Gerichtsverfassungsgesetz und Nebengesetzen, 2. Auflage 2012, München

Graulich, Kurt; Telekommunikationsgesetz und Vorratsdatenspeicherung, NVwZ 2008, 485

Guckelberger, Annette; Zukunftsfähigkeit landesrechtlicher Kennzeichenabgleichsnormen, NVwZ 2009, 352

Gusy, Christoph; Die Zentralstellenkompetenz des Bundes, DVBl. 1993, 1117

Gusy, Christoph; Überwachung der Telekommunikation unter Richtervorbehalt, ZRP 2003, 275

Literaturverzeichnis

Gusy, Christoph; Polizei- und Ordnungsrecht, 7. Auflage 2009, Tübingen

Gusy, Christoph; Polizeiliche Datenverarbeitung zur Gefahrenabwehr, ZJS 2012, 155

Hannich, Rolf (Hrsg.); Karlsruher Kommentar zur Strafprozessordnung, 6. Auflage 2008, München

Harnisch, Stefanie/Pohlmann, Martin; Der Einsatz des IMSI-Catchers zur Terrorismusbekämpfung durch das BKA, NVwZ 2009, 1328

Hasse, Lutz; Thüringen: Präventiv-polizeiliche Videoüberwachung öffentlicher Räume (Teil 1), ThürVBl. 2000, 169

Hasse, Lutz; Thüringen: Präventiv-polizeiliche Videoüberwachung öffentlicher Räume (Teil 2), ThürVBl. 2000, 197

Hecker, Wolfgang; Rechtsfragen zur Aufgabenübertragung auf den Bundesgrenzschutz, NVwZ 1998, 707

Hefendehl, Roland; Die neue Ermittlungsgeneralklausel der §§ 161, 163 StPO: Segen oder Fluch?, StV 2001, 700

Heise, Gerd/Riegel, Reinhard; Musterentwurf eines einheitlichen Polizeigesetzes, 2. Auflage 1978, Stuttgart, München, Hannover

Henrichs, Axel; Staatlicher Einsatz von Videotechnik, BayVBl. 2008, 289

Hilger, Hans; Zum Strafverfahrensänderungsgesetz 1999 (StVÄG 1999) – 1. Teil; NStZ 2000, 561

Hilger, Hans; Zum Strafverfahrensänderungsgesetz 1999 (StVÄG 1999) – 2. Teil; NStZ 2001, 15

Hilpert, Thomas; Zulässigkeit der Videoüberwachung nach § 6b BDSG am Beispiel des ÖPNV, RDV 2009, 160

Hömig, Dieter; »Neues« Grundrecht, neue Fragen?, Jura 2009, 207

Huber, Peter /Michael; Verdeckte Datenerhebung, präventive Telekommunikationsüberwachung und der Einsatz technischer Mittel in Wohnungen nach dem Thüringer Verfassungsschutzgesetz und dem Thüringer Polizeiaufgabengesetz (Teil I), ThürVBl. 2005, 1

Huber, Peter /Michael; Verdeckte Datenerhebung, präventive Telekommunikationsüberwachung und der Einsatz technischer Mittel in Wohnungen nach dem Thüringer Verfassungsschutzgesetz und dem Thüringer Polizeiaufgabengesetz (Teil II), ThürVBl. 2005, 33

Ipsen, Jörn; Niedersächsisches Polizei- und Ordnungsrecht, 4. Auflage 2010, Stuttgart, München, Hannover, Berlin, Weimar, Dresden

Isensee, Josef/Kirchhof, Paul; Handbuch des Staatsrechts der Bundesrepublik Deutschland, Band IV- Aufgaben des Staates, 3. Auflage 2006, Heidelberg

Isensee, Josef/Kirchhof, Paul (Hrsg.); Handbuch des Staatsrechts der Bundesrepublik Deutschland, Band VI – Bundesstaat, 3. Auflage 2008, Heidelberg

Jarass, Hans D./Pieroth, Bodo; Grundgesetz für die Bundesrepublik Deutschland, Kommentar, 12. Auflage 2012, München

Jahn, Matthias/Dallmeyer, Jens; Zum heutigen Stand der beweisrechtlichen Berücksichtigung hypothetischer Ermittlungsverläufe im deutschen Strafrecht

Johannsen, Hans-Peter; Zum neuen Aufgabenverständnis der Polizei, Die Polizei 2000, 109

Jutzi, Siegfried; Organisationskompetenz des Bundes für Bahnpolizei und Luftverkehrssicherung, DÖV 1992, 650

Kaufmann, Ekkehard; Die Natur der Sache, JuS 1987, 848

Käß, Robert; Die Einführung der präventiven Telekommunikationsüberwachung im Bayerischen Polizeiaufgabengesetz, BayVBl. 2008, 225

Käß, Robert; Die Befugnis zum verdeckten Zugriff auf informationstechnische Systeme im bayerischen Polizeiaufgabengesetz (sog. Online – Überwachung oder Online – Durchsuchung), BayVBl. 2010, 1

Kersten, Ulrich; Das Labyrinth der elektronischen Karteien, Teil 1, Kriminalistik 1987, 325

Kersten, Ulrich; Das Labyrinth der elektronischen Karteien, Teil 2, Kriminalistik 1987, 357

Kleinknecht, Th./Müller, H./Reitberger, L. (Hrsg.); KMR – StPO, Kommentar zur StPO, 62. Ergänzungslieferung (Stand: März 2012)

Knierim, Thomas; Fallrepetitorium zur Telekommunikationsüberwachung nach neuem Recht, StV 2008, 599

Knemeyer, Franz-Ludwig; Auskunftsanspruch und behördliche Auskunftsverweigerung, JZ 1992, 348

Knemeyer, Franz-Ludwig; Polizei- und Ordnungsrecht, 11. Auflage 2007, München

Kopp, Ferdinand/Ramsauer, Ulrich; Verwaltungsverfahrensgesetz, 10. Auflage 2008, München

Kopp, Ferdinand/Schenke, Wolf-Rüdiger; Verwaltungsgerichtsordnung, 18. Auslage 2012, München

Kube, Edwin/Störzer, Hans Udo/Timm, Klaus Jürgen; Kriminalistik, Band 2, 1. Auflage 1994, Stuttgart, München, Hannover, Berlin, Weimar, Dresden

Kühling, Jürgen/Seidel, Christian/Sivridis, Anastasios; Datenschutzrecht, 1.Auflage 2008, Frankfurt a.M.

Köhler, Gerd; Die Bayerische Grenzpolizei – Aufgaben und Rechtsstellung, BayVBl. 1985, 673

Koreng, Ansgar; Rechtsfragen der Videoüberwachung in öffentlichen Gebäuden, LKV 2009, 198

Kretschmer, Joachim; Die Verwertung sogenannter Zufallsfunde bei der strafprozessualen Telefonüberwachung, StV 1999, 221

Kretschmer, Joachim; BKA, BND und BfV – was ist das und was dürfen die?, Jura 2006, 336

Küster, Dieter; Das INPOL-System: Zielsetzung und Aufbaustand 1982, Kriminalistik 1983, 18

Kugelmann, Dieter; Die Vertraulichkeit journalistischer Kommunikation und das BVerfG, NJW 2003, 1777

Kugelmann, Dieter; Polizei- und Ordnungsrecht, 1. Auflage 2006, Berlin, Heidelberg, New York

Kugelmann, Dieter (Hrsg.); Polizei unter dem Grundgesetz, 1. Auflage 2010, Baden-Baden

Kugelmann, Dieter/Rüden, Elena; Die Änderungen des thüringischen Polizei- und Verfassungsschutzrechts vor dem Hintergrund der verfassungsgerichtlichen Rechtsprechung, ThürVBl. 2009, 169

Kutscha, Martin; Neue Grenzmarken des Polizeiverfassungsrechts, NVwZ 2005, 1231

Kutscha, Martin; Verdeckte Online-Durchsuchung und Unverletzlichkeit der Wohnung, NJW 2007, 1169

Kutscha, Martin; Telekommunikationsgesetz und Vorratsdatenspeicherung, NVwZ 2008, 485

Lange, Hans-Richard; Zur Bundeszuständigkeit für das Polizeiwesen, JR 1962, 166

Lepsius, Oliver; Die Grenzen der präventivpolizeilichen Telefonüberwachung, Jura 2006, 929

Lisken, Hans; Neue polizeiliche Ermittlungsmethoden im Rechtsstaat des Grundgesetzes, DRiZ 1987, 184

Lisken, Hans; Zum Verhältnis von Länder- und Bundespolizei, NWVBl. 1995, 281

Lisken, Hans/Denninger, Erhard/Rachor, Erhard (Hrsg.); Handbuch des Polizeirechts, 5. Auflage 2012, München

Löffelmann, Markus; Die Neuregelung der akustischen Wohnraumüberwachung, NJW 2005, 2033

Löffelmann, Markus; Die Lehre von den Verwertungsverboten oder die Freude am Hindernislauf auf Umwegen, JR 2009, 10

Löwe, E./Rosenberg, Werner/Rieß, Peter (Hrsg.); Die Strafprozessordnung und das Gerichtsverfassungsgesetz, Band 2 §§ 72 – 136a, 25. Auflage 2004, Berlin

Löwe, E./Rosenberg, Werner/Rieß, Peter (Hrsg.); Die Strafprozessordnung und das Gerichtsverfassungsgesetz, Band 3 §§ 137 – 212b, 25. Auflage 2004, Berlin

Löwe, E./Rosenberg, Werner/Rieß, Peter (Hrsg.); Die Strafprozessordnung und das Gerichtsverfassungsgesetz, Band 1 §§ 1 – 47, 26. Auflage 2006, Berlin

Löwe. E./Rosenberg, Werner/Erb, Volker (Hrsg.); Die Strafprozessordnung und das Gerichtsverfassungsgesetz, Band 5 §§ 151 – 212b, 26. Auflage 2008, Berlin

Löwe, E./Rosenberg, Werner/Erb, Volker (Hrsg.); Die Strafprozessordnung und das Gerichtsverfassungsgesetz, Band 9 §§ 449 – 495, 26. Auflage 2010, Berlin

Löwe, E./Rosenberg, Werner/Rieß, Peter (Hrsg.); Die Strafprozessordnung und das Gerichtsverfassungs-gesetz, Band 9 §§ 449 – 495, EGStPO; 26. Auflage 2010, Berlin

Mangoldt, Herrmann v./Klein, Friedrich/Starck, Christian; Das Bonner Grundgesetz, Band 2: Artikel 20 bis 78, 6. Auflage 2010, München

Mangoldt, Herrmann v./Klein, Friedrich/Starck, Christian; Das Bonner Grundgesetz, Band 3: Artikel 83 bis 146, 5. Auflage 2005, München

May, Olaf; Die Untersagung der Ausreise und die Datei »Gewalttäter Sport«, NdsVBl. 2002, 41

Maunz, Theodor/Dürig, Günter (Hrsg.); Grundgesetz, Band I: Art. 1 – 5; Stand April 2012, München

Maunz, Theodor/Dürig, Günter (Hrsg.); Grundgesetz, Band II: Art. 6 – 15; Stand: April 2012, München

Meixner, Kurt/Fredrich, Dirk; Hessisches Gesetz über die öffentliche Sicherheit und Ordnung, 11. Auflage 2010, Stuttgart, München, Hannover, Berlin, Weimar, Dresden

Meyer-Goßner, Lutz/Schmitt, Bertram (Hrsg.); Strafprozessordnung, Nebengesetze und ergänzende Bestimmungen, 54. Auflage 2011, München

Möstl, Markus; Die neue dogmatische Gestalt des Polizeirechts, DVBl. 2007, 581

Möstl, Markus; Das Bundesverfassungsgericht und das Polizeirecht, DVBl. 2010, 808

Münch, Ingo v./Kunig, Philip; Grundgesetz-Kommentar, Band 1, 6. Auflage 2012, München

Münch, Ingo v./Kunig, Philip; Grundgesetz-Kommentar, Band 2, 6. Auflage 2012, München

Nachbaur, Andreas; Standortfeststellung und Art. 10 GG – Der Kammerbeschluss des BVerfG zum Einsatz des »IMSI-Catchers«, NJW 2007, 335

Narr, Wolf-Dieter/Vogelskamp, Dirk; Der Mord in Dessau im Schoß der Polizei – mit gerichtlichen Nachspielen, 1. Auflage 2010, Einhausen

Paeffgen, Hans-Ullrich; Art. 30, 70, 101 I GG – vernachlässigbare Normen?, JZ 1991, 441

Papier, Hans-Jürgen; Polizeiliche Aufgabenverteilung zwischen Bund und Ländern – Unter besonderer Berücksichtigung der Aufgaben des Bundesgrenzschutzes, DVBl. 1992, 1

Pewestorf, Adrian/Söllner, Sebastian/Tölle, Oliver; Polizei- und Ordnungsrecht, Berliner Kommentar, 1. Auflage 2009, Köln

Pieroth, Bodo/Schlink, Bernhard/Kniesel, Michael; Polizei und Ordnungsrecht mit Versammlungsrecht, 7. Auflage 2012, München

Pollähne, Helmut; Strafverfolgungsvorsorge-Register (§ 484 StPO), GA 2006, 807

Pocs, Matthias; Gestaltung von Fahndungsdateien – Verfassungsverträglichkeit biometrischer Systeme, DuD 2011, 163

Poscher, Ralf; Menschenwürde und Kernbereichsschutz, JZ 2009, 269

Puschke, Jens/Singelnstein, Tobias; Telekommunikationsüberwachung, Vorratsdatenspeicherung und (sonstige) heimliche Ermittlungsmaßnahmen der StPO nach der Neuregelung zum 1.1.2008, NJW 2008, 113

Radtke, Henning/Hohmann, Olaf (Hrsg.); Strafprozessordnung, Kommentar, 1. Auflage 2011, München

Riegel, Reinhard; Aufgaben des Bundeskriminalamtes auf dem Gebiet der Gefahrenabwehr: Überblick und Probleme, DÖV 1982, 849

Riegel, Reinhard; Die Exekutiven Ermittlungs- und Unterstützungsaufgaben des Bundeskriminalamtes auf dem Gebiet der Strafverfolgung, BayVBl. 1983, 649

Riegel, Reinhard; Grundfragen zu den Zentralstellenaufgaben des Bundeskriminalamtes, NJW 1983, 656

Riegel, Reinhard; Das neue Bundesgrenzschutzgesetz (BGSG): Tradition, Neuerung und Probleme, DÖV 1992, 317

Riegel, Reinhard; Nochmals: Das Bundeskriminalamtgesetz, NJW 1997, 3408

Roeger, Ralf/Stephan, Alexander; Die Videoüberwachung – 1. Teil -, NWVBl. 2001, 201

Rogall, Klaus; Beweiserhebungs- und Beweisverwertungsverbote im Spannungsfeld zwischen Garantien des Rechtsstaates und der effektiven Bekämpfung von Kriminalität und Terrorismus, JZ 2008, 818

Roggan, Fredrik/Kutscha, Martin; Handbuch zum Recht der Inneren Sicherheit, 2. Auflage 2006, Bonn

Ronellenfitsch, Michael; Der Bundesgrenzschutz als Bahn- und Flugplatzpolizei, VerwArch 90 (1999), 139

Ross, Jürgen/Lenz, Thomas; Polizei- und Ordnungsbehördengesetz Rheinland-Pfalz, 4. Auflage 2011, Stuttgart, München, Hannover, Berlin, Weimar, Dresden

Roßmüller, Christian/Scheinfeld, Jörg; Telefonüberwachung bei Geldwäscheverdacht, wistra 2004, 52

Roßnagel, Alexander; Die »Überwachungs-Gesamtrechnung« – Das BVerfG und die Vorratdatenspeicherung, NJW 2010, 1238

Rux, Johannes; Ausforschung privater Rechte durch die Polizei und Sicherheitsbehörden. JZ 2007, 285

Sachs, Michael (Hrsg.); Grundgesetz, Kommentar, 4. Auflage 2007, München

Sachs, Michael/Krings, Thomas; Das Gesetz zur Änderung des Polizeigesetzes Nordrhein-Westfalen, NWVBl. 2010, 165

Säcker, Franz Jürgen; Berliner Kommentar zum Telekommunikationsgesetz, 2. Auflage 2009, Frankfurt am Main

Schaffland, Hans-Jürgen/Wiltfang, Noeme; Bundesdatenschutzgesetz, Stand: Dezember 2011, Berlin

Schenke, Wolf-Rüdiger; Die Verwendung der durch strafprozessuale Überwachung der Telekommunikation gewonnenen personenbezogenen Daten zur Gefahrenabwehr, JZ 2001, 997

Schenke, Wolf-Rüdiger; Polizei- und Ordnungsrecht, 7. Auflage 2011, Heidelberg, München, Landesberg, Berlin

Schild, Hans-Herrmann; Verwendung von Daten aus erkennungsdienstlicher Behandlung nach § 81b StPO – Ist § 81b 2. Alt. StPO noch eine ausreichende Rechtsgrundlage?, DuD 2002, 679

Schipper, Dieter/Schneider, Wolfgang/Büttner, Stefan/Schade, Jörn; Polizei- und Ordnungsrecht in Schleswig-Holstein, 5. Auflage 2010, Stuttgart, München, Hannover, Berlin, Weimar, Dresden

Schmidt, Rolf; Bremisches Polizeigesetz, 1. Auflage 2006, Grasberg bei Bremen

Schmidt-Aßmann, Eberhard/Schoch, Friedrich; Besonderes Verwaltungsrecht, 14. Auflage 2008, Berlin

Schmidtbauer, Wilhelm/Steiner, Udo; Bayerisches Polizeiaufgabengesetz und Bayerisches Organisationsgesetz, 3. Auflage 2011, München

Schmidt-Bleibtreu, Bruno/Hofmann, Hans/Hopfauf, Axel; Kommentar zum Grundgesetz, 12. Auflage 2011, München

Schoch, Friedrich; Rechtsschutz gegen polizeiliche Maßnahmen, Jura 2001, 628

Schoch, Friedrich; Das Recht auf informationelle Selbstbestimmung, Jura 2008, 352

Schoch, Friedrich/Schneider, Jens-Peter/Bier, Wolfgang (Hrsg.); Verwaltungsgerichtordnung, Stand: Januar 2012, München

Schönrock, Sabrina/Knape, Michael; Meldeauflagen als gefahrenabwehrrechtliche Sofortmaßnahmen, Die Polizei 2012, 280

Schreiber, Wolfgang; Der Bundesgrenzschutz mit erweitertem Aufgabenspektrum, DVBl. 1992, 589

Schreiber, Wolfgang; Das Bundeskriminalamtgesetz vom 7.7.1997 – ein »überfälliges« Gesetz, NJW 1997, 2137

Schwabe, Jürgen; Wirrwarr im Recht der polizeilichen Datenverarbeitung, DVBl. 2000, 1815

Senge, Lothar; Die Neuregelung der forensischen DNA-Analyse, NJW 2005, 3028

Senge, Lothar; Karlsruher Kommentar zum Gesetz über Ordnungswidrigkeiten, 3. Auflage 2006, München

Simitis, Spiros (Hrsg.); Bundesdatenschutzgesetz, 7. Auflage 2011, Baden-Baden

Singelnstein, Tobias; Strafprozessuale Verwendungsregelungen zwischen Zweckbindungsgrundsatz und Verwertungsverboten, ZStW 120, 854

Sodan, Helge/Zieckow, Jan; Verwaltungsgerichtsordnung, 3. Auflage 2010, Baden-Baden

Soine, Michael; Proaktive Strategien zur Bekämpfung krimineller Strukturen, Kriminalistik 1997, 252

Soine, Michael; Strafverfahrensänderungsgesetz 1999, Teil 1, Kriminalistik 2001, 173

Soine, Michael; Strafverfahrensänderungsgesetz 1999, Teil 2, Kriminalistik 2001, 245

Sommer, Imke; Überwachung mit Videokameras durch öffentliche Stellen, DuD 2011, 446

Staechelin, Gregor; Der »Große Lauschangriff« der dritten Gewalt; ZRP 1996, 430

Starck, Christian; Föderalismusreform, 1. Auflage 2007, München

Starck, Christian; Das neue Recht der polizeilichen Datenerhebung und -verarbeitung in Niedersachsen, NdsVBl. 2008, 145

Störzer, Udo; Benachrichtigungs- und Hinweispflicht bei Umwidmung – Eine neue Aufgabe des Bundeskriminalamtes?, Kriminalistik 2006, 184

Taeger, Jürgen/Gabel, Detlev; Kommentar zum BDSG und zu den Datenschutzvorschriften des TKG und des TMG, 1. Auflage 2010, 2010 Frankfurt am Main

Tams, Christian; Die Zuständigkeit des Bundes für die Abwehr terroristischer Gefahren – Anmerkungen zum neuen Art. 73 Abs. 1 Nr. 9a GG, DÖV 2007, 371

Tegtmeyer, Henning/Vahle, Jürgen; Polizeigesetz Nordrhein-Westfalen mit Erläuterungen, 10. Auflage 2011, Stuttgart, München, Hannover, Berlin, Weimar, Dresden

Teubert, Jürgen; Datenschutz und Polizei in Bayern, 1. Auflage 2011, Hilden

Timm, Klaus Jürgen; Wenn der Täter sich hinter der Datei versteckt …; Der Einfluss des Datenschutzes auf die Kriminalisten-Arbeit, Kriminalistik 1987, 301

Literaturverzeichnis

Tinnefeld, Marie-Theres/Ehmann, Eugen/Gerling, Rainer W.; Einführung in das Datenschutzrecht, Datenschutz und Informationsfreiheit in europäischer Sicht, 4. Auflage 2005, Wien

Uhle, Arnd; Die Gesetzgebungskompetenz der Bundes für die Abwehr von gefahren der Internationalen Terrorismus – Anmerkungen zu Art. 73 Abs. 1 Nr. 9a GG -, DÖV 2010, 989

Vahle, Jürgen; Gefahrenermittlung – Sperren durch den Datenschutz?, Kriminalistik 1990, 573

Vahle, Jürgen; Zur Legitimation sicherheitsbehördlicher Aspekte und Datensammlungen im Lichte der neueren höchstrichterlichen Rechtsprechung, DuD 1991, 6

Vahle, Jürgen; Vorsicht Kamera! Anmerkungen zur Video-Novelle im nordrhein-westfälischen Polizeigesetz, NVwZ 2001, 165

Volkmann, Uwe; Sozialrecht als Sozialtechnologie, NVwZ 2009, 216

Warg, Gunter; Anmerkung zum Kernbereich privater Lebensgestaltung – Zugleich Besprechung von BGH, Urteil vom 22.12.2011 (2 StR 509/10), NStZ 2012, 237

Winkeler, Michael; Von der Grenzpolizei zur multifunktionalen Polizei des Bundes? – Aufgaben und Verwendungen des Bundesgrenzschutzes am Maßstab des Grundgesetzes, 1. Auflage 2004, Frankfurt/M., Berlin, Bern, Brüssel, New York, Oxford, Wien

Wochner, Manfred; Das Datenschutzdurcheinander, DVBl. 1982, 233

Wolf, Heinz/Stephan, Ulrich/Deger, Johannes; Polizeigesetz für Baden-Württemberg, 6. Auflage 2009, Stuttgart, München, Hannover, Berlin, Weimar, Dresden

Wolff, Heinrich Amadeus; Die Grenzverschiebung von polizeilicher und nachrichtendienstlicher Sicherheitsgewährung – Das Gesetz zur Abwehr von Gefahren des internationalen Terrorismus durch das BKA, DÖV 2009, 597

Wolff, Heinrich Amadeus/Brink, Stefan/; Neuregelung der Videoüberwachung in Rheinland-Pfalz, DuD 2011, 447

Wolter, Jürgen (Hrsg.); Systematischer Kommentar zur Strafprozessordnung, Band II: §§ 94 bis 136a StPO, 4. Auflage 2010, Köln

Wolter, Jürgen (Hrsg.); Systematischer Kommentar zur Strafprozessordnung, Band III: §§ 137 bis 197 StPO, 4. Auflage 2011, Köln

Würtenberger, Thomas/Heckmann, Dirk; Polizeigesetz in Baden-Württemberg, 6. Auflage 2005, Heidelberg

Ziegler, Jochen; Das Hausrecht als Rechtfertigung einer Videoüberwachung, DuD 2003, 337

Zöller, Mark Alexander; Informationssysteme und Vorfeldmaßnahmen von Polizei, Staatsanwaltschaft und Nachrichtendiensten, Dissertation 2002, Heidelberg

Zöller, Mark Alexander; Möglichkeiten und Grenzen polizeilicher Videoüberwachung, NVwZ 2005, 1235

Zöller, Mark Alexander; Heimlichkeit als System, StraFO 2008, 15

Rechtsprechungsübersicht

Rechtsprechungsübersicht BVerfG				
Datum	Akten-zeichen	Grundrecht	Gegenstand	Fundstelle
16.06.1954	1 PBvV 2/52	Art. 70 ff GG	Gesetzgebungskompetenz kraft Sachzusammenhang / als Annex	BVerfGE 3, 407
25.05.1956	1 BvR 190/55	Art. 19 Abs. 1 Satz 2 GG	Zitiergebots für zukünftige Rechtssetzung	BVerfGE 5, 13
10.05.1957	1 BvR 550/52	APR	APR und Homosexualität	BVerfGE 6, 389
28.02.1961	2 BvG 1, 2/60	Art. 30, 70ff, 83 ff GG	Gesetzgebungs- und Verwaltungskompetenzen des Bundes	BVerfGE 12, 205
30.10.1962	2 BvF 2/60; 1, 2, 3/61	Art. 30, 70ff, 83 ff GG	Gesetzgebungs- und Verwaltungskompetenzen des Bundes	BVerfGE 15, 1
13.02.1964	1 BvL 17/61, 1 BvR 494/60, 128/61	Art. 13 GG	dringende Gefahr	BVerfGE 17, 232
15.12.1965	1 BvR 513/65	Rechtsstaatsprinzip	Grundsatz der Verhältnismäßigkeit	BVerfGE 19, 342
05.08.1966	1 BvR 586/62, 610/63, 512/64	Art. 5 Abs. 1 Satz 2 GG	Vertraulichkeit der Pressearbeit	BVerfGE 20, 162
16.07.1969	1 BvL 19/63	APR	Mikrozensusgesetz	BVerfGE 27, 1
15.12.1970	2 BvF 1/69, 2 BvR 629/68, 308/69	Art. 10 Abs. 1 GG	Nachträgliche Benachrichtigung und nachträglicher Rechtsschutz bei Eingriff in Art. 10 Abs. 1 GG	BVerfGE 30, 1
13.10.1971	1 BvR 280/66	Art. 13 Abs. 1 GG	Schutzbereich des Art. 13 GG	BVerfGE 32, 54
08.03.1972	2 BvR 28/71	Rechtsstaatsprinzip	Beschlagnahme der Karteikarte eines Arztes	BVerfGE 32, 373
31.01.1973	2 BvR 454/71	APR	Recht am gesprochenen Wort	BVerfGE 34, 238
28.11.1973	2 BvL 42/71	Art. 74 Abs. 1 Nr. 1 GG	Zeugnisverweigerungsrecht von Berufsgeheimnisträgern als Teil der Strafverfahrensrechts	BVerfGE 36, 193
13.02.1974	2 BvL 11/73	Art. 74 Abs. 1 Nr. 1 GG	Zeugnisverweigerungsrecht von Berufsgeheimnisträgern als Teil der Strafverfahrensrechts	BVerfGE 36, 314
25.02.1975	1 BvF 1, 2, 3, 4, 5, 6/74	Art. 2 Abs. 2 GG	Grundrechts als Leistungsrechte	BVerfGE 39, 1
28.10.1975	2 BvR 883/73, 379, 497, 526/74	Rechtsstaatsprinzip	Gesetzesvorbehalt und Wesentlichkeitstheorie	BVerfGE 40, 237
26.05.1976	2 BvR 294/76	Art. 13 Abs. 1 GG	Schutzbereich des Art. 13 GG / Richtervorbehalt	BVerfGE 42, 212

Rechtsprechungsübersicht BVerfG

Datum	Aktenzeichen	Grundrecht	Gegenstand	Fundstelle
24.05.1977	2 BvR 988/75	Art. 1 Abs. 1 / Rechtsstaatsprinzip	Absolutes Beweisverwertungsverbot bei Beschlagnahme von Akten einer Suchtberatungsstelle	BVerfGE 44, 353
21.06.1977	1 BvL 14/76	Art. 1 Abs. 1 GG	Menschenwürdegarantie und Objektformel	BVerfGE 45, 187
16.10.1977	1 BvQ 5/77	Art. 2 Abs. 2 GG	Grundrechts als Leistungsrechte / RAF	BVerfGE 46, 160
14.06.1978	2 BvL 2/78	Art. 74 Abs. 1 Nr. 1 GG	Zeugnisverweigerungsrecht von Berufsgeheimnisträgern als Teil der Strafverfahrensrechts	BVerfGE 48, 367
08.08.1978	2 BvL 8/77	Rechtsstaatsprinzip	Grundrechte als Leistungsrechte / Grundrechtsschutz durch Verfahrensregeln	BVerfGE 49, 89
26.09.1978	1 BvR 525/77	Rechtsstaatsprinzip	Grundsatz der Normenbestimmtheit	BVerfGE 49, 168
06.02.1979	2 BvR 154/78	Art. 5 Abs. 1 Satz 2 GG	Vertraulichkeit der Pressearbeit	BVerfGE 50, 234
03.04.1979	1 BvR 994/76	Art. 13 Abs. 1 GG	Schutzbereich des Art. 13 GG / Richtervorbehalt	BVerfGE 51, 97
20.12.1979	1 BvR 385/77	Rechtsstaatsprinzip	Grundrechte als Leistungsrechte / Grundrechtsschutz durch Verfahrensregeln	BVerfGE 53, 30
13.01.1981	1 BvR 116/77	Rechtsstaatsprinzip	Beweisverwertung im Strafverfahren bei Selbstbezichtigung im Insolvenzverfahren	BVerfGE 56, 37
16.06.1981	1 BvR 1094/80	Art. 13 Abs. 1 GG	Schutzbereich des Art. 13 GG / Richtervorbehalt	5 BVerfGE 7, 346
24.11.1981	2 BvL 4/80	Rechtsstaatsprinzip	Grundsatz der Normenbestimmtheit	BVerfGE 59, 104
08.07.1982	2 BvR 1187/80	Art. 19 Abs. 4 Satz 1 GG	Zitiergebot	BVerfGE 61, 82
20.10.1982	1 BvR 1470/80	Rechtsstaatsprinzip	Wesentlichkeitstheorie	BVerfGE 61, 260
08.02.1983	1 BvL 20/81	Art. 5 Abs. 1 Satz 2 GG	Anspruch auf Gegendarstellung im Rundfunk; Grundrechtsschutz durch Verfahrensregeln	BVerfGE 63, 131
15.12.1983	1 BvR 209/83 u.a.	RiS	Volkszählungsgesetz 1983	BVerfGE 65, 1
25.01.1984	1 BvR 272/81	Art. 5 Abs. 1 Satz 2 GG	Vertraulichkeit der Pressearbeit	BVerfGE 66, 116
20.06.1984	1 BvR 1494/78	Art. 10 Abs. 1 GG	G 10 – Gesetz	BVerfGE 67, 157
24.04.1986	2 BvR 1146/85	Art. 1 Abs. 1 GG	Menschenwürdegarantie und Objektformel	BVerfGE 72, 105
16.07.1987	1 BvR 1202/84	Art. 13 Abs. 1 GG	Schutzbereich des Art. 13 GG / Richtervorbehalt	BVerfGE 76, 83
18.08.1987	2 BvR 400/86	Art. 10 Abs. 1 GG	Zufallserkenntnisse bei TKÜ	NStZ 1988, 32

Rechtsprechungsübersicht BVerfG

Datum	Aktenzeichen	Grundrecht	Gegenstand	Fundstelle
01.10.1987	2 BvR 1434/86	Art. 5 Abs. 1 Satz 2 GG	Schranken der Pressefreiheit	BVerfGE 77, 65
22.06.1988	2 BvR 234/87, 1154/86	Art. 30, 70ff, 83 ff GG	Gesetzgebungs- und Verwaltungskompetenzen des Bundes	BVerfGE 78, 374
14.09.1989	2 BvR 1062/87	APR	Tagebuchaufzeichnungen / Kernbereich privater Lebensgestaltung	BVerfGE 80, 367
25.03.1992	1 BvR 1430/88	Art. 10 Abs. 1 GG	Überwachung der TK- Umstände	BVerfGE 85, 386
03.06.1992	2 BvR 1041/88, 78/89	Rechtsstaatsprinzip	Grundsatz der Normenbestimmtheit	BVerfGE 86, 288
20.10.1992	1 BvR 698/89	Art. 1 Abs. 1 Satz 1 GG	Menschenwürdegarantie	BVerfGE 87, 209
25.03.1993	1 BvR 1430/88	Art. 10 Abs. 1 GG	TDSV vom 24.06.1991 / Fangschaltung	BVerfGE 85, 386
26.05.1993	1 BvR 208/93	Art. 13 Abs. 1 GG	Schutzbereich des Art. 13 Abs. 1 Satz 1 GG	BVerfGE 89, 1
12.11.1997	1 BvR 479/92, 307/94	Art. 1 Abs. 1 GG	Menschenwürdegarantie und Objektformel	BVerfGE 96, 375
28.01.1998	2 BvR 3/92	Art. 73 Abs. 1 Nr. 5 ; 87 Abs. 1 Satz 2 GG	BGSG 1992 / 1994	BVerfGE 97, 198
14.07.1998	1 BvR 1640/97	Rechtsstaatsprinzip	Wesentlichkeitstheorie	BVerfGE 98, 218
27.10.1998	1 BvR 2306/96, 1108, 1109, 1110/97	Art. 70 ff GG	Gesetzgebungskompetenz kraft Sachzusammenhang	BVerfGE 98, 265
10.11.1998	1 BvR 1531/96	APR	Abweisung einer Unterlassungsklage	BVerfGE 99, 185
14.07.1999	1 BvR 2226/84, 2420, 2437/95	Art. 10 Abs. 1 GG	G10 – Gesetz	BVerfGE 100, 313
16.05.2002	1 BvR 2257/01	RiS	Kriminalitätsprognose bei KAN	NJW 2002, 3231
14.12.2000	2 BvR 1741/99, 276, 2061/00	RiS	§ 81g StPO (i.V.m. DNA - IFG)	BVerfGE 103, 21
09.10.2002	1 BvR 1611/96, 805/98	APR / Art. 10 Abs. 1 GG	Verwertung von Zeugenaussagen im Zivilverfahren / Abgrenzung APR / Art. 10 GG	BVerfGE 106, 28
12.03.2003	1 BvR 330/96, 1 BvR 348/99	Art. 10 Abs. 1 GG	Fernmeldeanlagengesetz / Speicherung von Vorratsdaten	BVerfGE 107, 299

Rechtsprechungsübersicht BVerfG

Datum	Aktenzeichen	Grundrecht	Gegenstand	Fundstelle
03.03.2004	1 BvR 2378/98 1 BvR 1084/99	Art. 13 Abs. 1 GG	Großer Lauschangriff / Kernbereichsschutz	BVerfGE 109, 279
30.03.2004	2 BvR 1520, 1521/01	Art. 12 Abs 1 GG	Anwaltshonorar als Geldwäsche	BVerfGE 110, 226
12.04.2005	2 BvR 581/01	RiS	GPS bei AIZ	BVerfGE 112, 304
12.04.2005	2 BvR 1027/02	RiS	Repressive Sicherstellung von Datenträgern	BVerfGE 113, 29
29.06.2005	2 BvR 866/05	Art. 10 Abs. 1 GG	Zufallserkenntnisse bei TKÜ als Ermittlungsansatz	NJW 2005, 2766
27.07.2005	1 BvR 668/04	Art. 10 Abs. 1 GG	§§ 33a Abs. 1 Nr. 1 / 3 NdsSOG i.d.F. v. 11.12.2003	BVerfGE 113, 348
25.10.2005	1 BvR 1696/98	APR	Verbreitung herabsetzender Tatsachenbehauptungen	BVerfGE 114, 339
26.10.2005	1 BvR 396/98	APR	Nutzung von Daten der TK-Anbieter	BVerfGE 114, 371
02.03.2006	2 BvR 2099/04	Art. 10 Abs. 1 GG	Repressive Sicherstellung von TK - Verbindungsdaten beim Teilnehmer	BVerfGE 115, 166
16.03.2006	2 BvR 954/02	Art. 13 Abs. 1 GG	Relatives Beweisverwertungsverbot bei fehlerhafter Durchsuchung	NJW 2006, 2684
04.04.2006	1 BvR 518/02	RiS	Rasterfahndung nach § 31 PolG NRW i.d.F. v. 24.02.1990	BVerfGE 115, 320
22.08.2006	2 BvR 1345/03	RiS / Art. 10 Abs. 1 GG	Standortbestimmung / Fernmeldegeheimnis	NJW 2007, 351
19.09.2006	2 BvR 2115/01, 2132/01, 348/03	WÜK	Relatives Beweisverwertungsverbot bei fehlerhafter Belehrung	NJW 2007, 499
23.02.2007	1 BvR 2368/06	APR	Videoüberwachung	DVBl. 2007, 4147
11.05.2007	2 BvR 543/06	Art. 13 Abs. 1 GG	Verfassungsmäßigkeit der §§ 100c, 100d StPO	NJW 2007, 2753
13.06.2007	1 BvR 1550/03, 2357/04 603/05	RiS	Abruf von Kontostammdaten	BVerfGE 118, 168
13.06.2007	1 BvR 1783/05	APR	KUG	BVerfGE 119, 1
14.08.2007	2 BvR 1293/07	RiS	Kriminalitätsprognose bei § 81g StPO	NStZ 2007, 378
27.02.2008	1 BvR 370/07 1 BvR 595/07	VIiS	VSG NRW / Quellen- TKÜ / Online- Durchsuchung	BVerfGE 120, 274
10.03.2008	1 BvR 2388/03	RiS	Datensammlung über steuerliche Auslandsbeziehungen	BVerfGE 120, 351

Rechtsprechungsübersicht

Rechtsprechungsübersicht BVerfG				
Datum	Aktenzeichen	Grundrecht	Gegenstand	Fundstelle
11.03.2008	1 BvR 2074/05 1 BvR 1254/07	RiS	§ 14 Abs. 5 HSOG i.d.F. v. 14.01.2005 § 184 Abs. 5 LVwG SH i.d.F. v. 13.04.2007 / Kennzeichenerfassung	BVerfGE 120, 378
28.10.2008	1 BvR 256/08	RiS	§§ 113a, 113b TKG; Art. 34b BayPAG; § 34a ThürPAG u.a.	BVerfGE 122, 120
17.02.2009	1 BvR 2492/08	Art. 8 GG	BayVersG	BVerfGE 122, 342
01.09.2009	2 BvR 939/08	RiS	Kriminalitätsprognose bei § 81g StPO	StV 2009,1
02.07.2009	2 BvR 2225/08	Art. 13 Abs. 1 GG	Relatives Beweisverwertungsverbot bei fehlerhafter Durchsuchung	NJW 2009, 3225
16.07.2009	2 BvR 902/06	Art. 10 Abs. 1 GG	Sicherstellung und Beschlagnahme von Emails beim Provider	BVerfGE 124, 43
02.03.2010	1 BvR 256, 263, 586/08	Art. 10 Abs. 1 GG	§§ 113a, 113b TKG § 100g Abs. 1 Satz 1 StPO / Vorratsdaten	BVerfGE 125, 260
12.10.2011	2 BvR 236/08	Art. 10 Abs. 1 GG	Verfassungsmäßigkeit der Neuregelung strafprozessualer verdeckter Ermittlungsmaßnahmen	BVerfGE 129, 208
07.12.2011	2 BvR 2500/09	Art. 13 Abs. 1 GG	Strafprozessuale Verwertbarkeit von durch Großen Lausch- und Spähangriff rechtswidrig erhobenen Erkenntnissen	NJW 2012, 907
24.04.2013	1 BvR 1215/07	Art. 10 Abs. 1 GG, RiS	Antiterrordatei	NJW 2013, 1499

815

Rechtsprechungsübersicht - VerfG der Länder

Gericht	Datum	Aktenzeichen	Grundrecht	Gegenstand	Fundstelle
Bay. VerfGH	09.07.1985	Vf. 44 - VI – 84	RiS	Kriminalaktennachweis	BayVBl. 1986, 35
Bay. VerfGH	19.10.1994	Vf. 12 - VII/92	RiS	Kriminalaktennachweis	NVwZ 1996, 166
Sächs. VerfGH	14.05.1996	Vf. 44 - II – 94	RiS, Art. 13 Abs. 1 GG	Verdeckte Datenerhebung, Großer Lauschangriff	DVBl. 1996, 1423
BbgVerfG	30.06.1999	VfG Bbg 3/98	RiS, Art. 13 Abs. 1 GG	Verdeckte Datenerhebung, Großer Lauschangriff	LKV 1999, 450
LVerfG Meck.-V.	24.02.2000	LVerfG 5/98	Art. 13 Abs. 1 GG	§ 33 SOG MV / Wohnraumüberwachung	LKV 2000, 345
Sächs. VerfGH	14.05.1996	Vf. 44 - II – 94	RiS, Art. 13 Abs. 1 GG	Verdeckte Datenerhebung, Großer Lauschangriff	NVwZ 2005, 1310
VerfGH RP	27.01.2007	VGH B 1/06	Art. 10 Abs. 1 GG	TKÜ von Kontakt-/ Begleitpersonen	DVBl. 2007, 569
Thür VerfGH	22.11.2012	VerfGH 19/09	RiS, Art. 10 Abs. 1; 13 Abs. 1 GG	Verdeckte Datenerhebung, Großer Lauschangriff	(-)

Rechtsprechungsübersicht – BGHSt

Datum	Aktenzeichen	Grundrecht	Gegenstand	Fundstelle
21.02.1964	4 StR 519/63	Rechtsstaatsprinzip / APR	Tagebuchaufzeichnungen	BGHSt 19, 325
30.04.1968	1 StR 625/67	Rechtsstaatsprinzip	keine Fernwirkung von Fehlern bei der Beschuldigtenvernehmung	BGHSt 22, 129
12.03.1969	2 StR 33/69	Rechtsstaatsprinzip	Austauschbarkeit von Beweismitteln	BGHSt 22, 347
17.03.1971	3 StR 189/70	Rechtsstaatsprinzip	Blutentnahme durch Medizinalassistenten	BGHSt 24, 125
15.03.1976	AnwSt 4/75	Art. 10 Abs. 1 GG	Zufallsfunde bei TKÜ	BGHSt 26, 298
22.02.1978	2 StR 334/77	Art. 10 Abs. 1 GG	Beweisverwertung bei Nicht-Katalogtaten; Verwendung von bei TKÜ gewonnenen Erkenntnissen als Spurenansatz	BGHSt 27, 355
30.08.1978	3 StR 255/78	Art. 10 Abs. 1 GG	Beweisverwertung von Erkenntnissen aus TKÜ	BGH St 28, 122
21.11.1978	StB 210/78	Art. 19 Abs. 4 Satz 1 GG	Rechtsschutz gegen Justizverwaltungsakte	BGH St 28, 206
14.03.1979	1 StE 7/78 StB 6/79	Rechtsstaatsprinzip	§ 108 StPO analog bei Postbeschlagnahme	BGHSt 28, 349
20.06.1979	2 StR 63/79	Art. 10 Abs. 1 GG	Beweisverwertung Telefongespräche Dritter bei TKÜ	BGHSt 29, 22
22.12.1981	5 StR 540/81	Art. 10 Abs. 1 GG	TKÜ - Aufzeichnung als Vorhalt	BGHSt 31, 317
16.03.1983	2 StR 775/82	Rechtsstaatsprinzip	Beweisverwertung bei Aufnahme eines Raumgesprächs mittels Telefon	BGHSt 31, 296
17.03.1983	4 StR 640/82	Rechtsstaatsprinzip	Beweisverwertung bei heimlicher Aufnahme eines Telefongesprächs durch einen V-Mann	BGHSt 31,304
16.06.1983	2 StR 837/82	Art. 10 Abs. 1 GG	Beweisverwertung bei Zufallserkenntnis über Katalogtat bei einer TKÜ	BGHSt 32, 10
24.08.1983	3 StR 136/83	Art. 10 Abs. 1 GG	Beweisverwertung bei nicht durch §§ 100a ff StPO gedeckten Abhörbeschlusses	BGHSt 32, 68
06.04.1986	3 StR 551/85	Rechtsstaatsprinzip	Beweisverwertung bei heimlicher Aufnahme des nichtöffentlich gesprochenen Wortes	BGHSt 34, 39
09.07.1989	4 StR 223/87	Rechtsstaatsprinzip	Beweisverwertung bei Tagebuchaufzeichnungen	BGH St 34, 397

Rechtsprechungsübersicht – BGHSt

Datum	Aktenzeichen	Grundrecht	Gegenstand	Fundstelle
06.08.1987	4 StR 333/87	Rechtsstaatsprinzip Art. 10 Abs. 1 GG	Beweisverwertung bei Geständnis nach unzulässiger TKÜ	BGHSt 35, 32
30.04.1990	StB 8/80	Rechtsstaatsprinzip	Beweisverwertung von Telefonaufzeichnungen bei Verletzung völkerrechtlicher Verträge	BGHSt 37, 30
14.05.1991	1 StR 699/90	Rechtsstaatsprinzip	Videoüberwachung der Wohnungstür eines Verdächtigen	NStZ 1992, 44
27.02.1992	5 StR 190/91	Rechtsstaatsprinzip	Beweisverwertung bei fehlender Beschuldigtenbelehrung	BGHSt 38, 214
18.03.1992	I BGs 90/92	Rechtsstaatsprinzip	Beschlagnahme von Behördenakten	BGHSt 38, 237
29.10.1992	4 StR 126/92	Rechtsstaatsprinzip	Beweisverwertung bei verwehrter Kontaktierung des Verteidigers	BGHSt 38, 372
30.03.1994	StB 2/94	Rechtsstaatsprinzip	Beschlagnahme von Tagebüchern eines MfS – Mitarbeiters	NStZ 1994, 350
16.02.1995	4 StR 729/94	Art. 10 Abs. 1 GG	Beweisverwertung bei TKÜ	BGHSt 41, 30
07.06.1995	StB 16/95	Art. 13 Abs. 1 GG	mittelbare Beweisverwertung von Erkenntnissen aus präventiv- polizeilichem Lauschangriff	NStZ 1995, 601
31.07.1995	1 BGs 625/95	Art. 10 Abs. 1 GG	Überwachung einer Mailbox	NStZ 1997, 247
20.12.1995	5 StR 680/94	Rechtsstaatsprinzip	Beweisverwertung eines von der Polizei veranlassten Telefongesprächs	NStZ 1996, 200
13.05.1996	GSSt 1/96	Rechtsstaatsprinzip	Beweisverwertung eines polizeilich veranlassten Gesprächs mit einem Tatverdächtigen	BGHSt 42, 139
07.06.1995	StB 16/95	Rechtsstaatsprinzip	Beweisverwertung von Erkenntnissen aus präventiv-polizeilichem Lauschangriff	NStZ 1995, 601
15.01.1997	StB 27/96	Art. 13 Abs. 1 GG	Beweisverwertung bei Großem Lauschangriff ohne Ermächtigungsgrundlage	BGHSt 42, 372
22.10.1997	2 StR 445/97	Art. 10 Abs. 1 GG	Standortdaten eines Mobiltelefons	NStZ 1998, 92
18.03.1998	5 StR 693/97	Art. 10 Abs. 1 GG	Beweisverwertung von Zufallserkenntnissen aus Telefonüberwachung	NStZ 1998, 426

Rechtsprechungsübersicht – BGHSt				
Datum	Aktenzeichen	Grundrecht	Gegenstand	Fundstelle
11.11.1998	3 StR 181/98	Rechtsstaatsprinzip / APR	Beweisverwertung von Erkenntnissen aus Observation	BGHSt 44, 243
24.01.2001	3 StR 324/00	Rechtsstaatsprinzip / APR	Beweisgewinnung mittels GPS – Sender	BGHSt 46, 266
26.02.2003	5 StR 423/02	Art. 10 Abs. 1 GG	Beweisverwertung bei nachträglicher Rechtfertigung einer TKÜ wegen Verdacht einer anderen Katalogtat im Anordnungszeitpunkt	BGHSt 48, 240
14.03.2003	2 StR 341/02	Art. 10 Abs. 1 GG	Standortbestimmung / Fernmeldegeheimnis § 100c Abs. 1 Nr. 3, Abs. 2 / 3 StPO i.d.F. v. 04.05.1998	StV 2003, 370
10.08.2005	1 StR 140/05	Art. 13 Abs. 1 GG	Beweisverwertung bei Erkenntnissen aus Kernbereich privater Lebensgestaltung	BGHSt 50, 206
08.09.2005	2 BJs 57/04	Art. 13 Abs. 1 GG	Beweisverwertung von präventiv-polizeilichen Erkenntnissen aus Wohnraumüberwachung	NStZ-RR 2006, 240
21.12.2005	AK 16/05	Art. 10 Abs. 1 GG	Beweisverwertung von Erkenntnissen aus präventiv- polizeilicher TKÜ	StrFo 2005, 377
07.03.2006	1 StR 316/05	Art. 10 Abs. 1 GG	Ketten - TKÜ	BGHSt 51, 1
31.01.2007	StB 18/06	Rechtsstaatsprinzip	Beweisverwertung von präventiv- polizeilichen Erkenntnissen aus Online – Durchsuchung	BGHSt 51, 211
18.04.2007	5 StR 546 / 06	Art. 13 Abs. 1 GG	Verstoß gegen Richtervorbehalt bei Wohnungsdurchsuchung	BGHSt 51, 285
27.11.2008	3 StR 342/08	Art. 10 Abs. 1 GG	Beweisverwertung bei Zufallsfunden aus TKÜ	BGHSt 53, 64
14.08.2009	3 StR 552/08	Art. 13 Abs. 1 GG	Beweisverwertung präventiv- polizeilicher Erkenntnisse aus Wohnraumüberwachung	BGHSt 54, 69 = BGH in NJW 2009, 3448 (3453);
24.11.2010	StB 48/09	RiS	Sicherstellung von Emails beim Provider nach §§ 94 ff StPO	BGH in NJW 2010, 1297
22.12.2011	2 StR 509/10	APR	Beweisverwertung überwachter Selbstgespräche im Auto	BGHSt 57, 71

819

Rechtsprechungsübersicht

Rechtsprechungsübersicht – BVerwG				
Datum	Aktenzeichen	Grundrecht	Gegenstand	Fundstelle
26.02.1974	I C 31.72	Art. 2 Abs. 2 GG	Definition des Begriffs der konkreten Gefahr i.S.d. Polizeirechts	BVerwGE 45, 51
03.12.1974	I C 11.73	Art. 19 Abs. 4 Satz 1 GG	Abgrenzung §§ 23 ff GVG, § 40 Abs. 1 VwGO	BVerwGE 47, 255
19.10.1982	1 C 29.79	RiS	Gesetzgebungskompetenz und Rechtsschutz bei § 81b StPO	BVerwGE 66, 192
19.10.1982	1 C 114.79	RiS	Rechtsschutz bei § 81b StPO	BVerwGE 66, 202
20.02.1990	1 C 29/86	RiS	Auskunftserteilung über K-Akten	NJW 1990, 2765
20.02.1990	1 C 30/86	RiS	Änderung des Verwendungszwecks / K-Akten	NJW 1990, 2768
30.11.1990	7 C 4.90	Art. 30, 70ff, 83 ff GG	Gesetzgebungs- und Verwaltungskompetenzen des Bundes	BVerwGE 87, 181
03.09.1991	1 C 48.88	Art. 19 Abs. 4 GG	§ 19 BDSG	BVerwGE 89, 14
28.10.1999	7 A 1.98	Art. 30, 70ff, 83 ff GG	Gesetzgebungs- und Verwaltungskompetenzen des Bundes	BVerwGE 110, 9
23.11.2005	6 C 2/05	RiS	Rechtsschutz gegen KAN-Eintrag	NJW 2006, 1225; JZ, 727 2006
25.07.2007	6 C 39.06	Art. 2 Abs. 1 GG	Meldeauflage bei Versammlung im Ausland	BVerwGE 129, 142
09.06.2010	6 C 5/09	RiS	Löschungsanspruch bei KAN-Eintrag	NJW 2011, 405 (DVBl. 2010, 1304)
25.01.2012	6 C 9.11	RiS, Art. 70 ff GG	Vorsorge für die Verfolgung von Straftaten durch präventiv-polizeiliche Videoüberwachung	BVerwGE 141, 329

Anhang

Anlage 1.1: Die Aufgabenzuweisungsnormen der allgemeinen Polizeigesetze

	Aufgabe der Polizei		PolG BW	Bay PAG	ASOG Berlin	Bbg PolG	Brem PolG	SOG HH; DVG HH	HSOG	SOG MV	Nds SOG	PolG NRW	POG RP	SPolG	Sächs PolG	SOG LSA	LVwG SH	Thür PAG
1	Schutz der öffentlichen Sicherheit und Ordnung		1 I; 60 I	2 I	1 I 1	1 I	1 I 1	3 I, II SOG	1 I 1	7 I; 7 I Nr. 3	1 I 1	1 I 1	1 I 1	1 II	1 I 1; 1 I 2 Nr. 1	1 I 1	162 I; 168 I	2 I 1
2	Vorbereitung auf die Gefahrenabwehr				1 I 2	1 I; 1 V 2; 11-15; 29-49	1 I 2	1 II Nr. 2 DVG	1 I 2	7 I NR. 4	1 I 2	1 I 2; 1 V	1 I 2		1 I 2 Nr. 3	1 I 2		2 I 2
2	Schutz privater Rechte		2 II	2 II	1 IV	1 II	1 II	3 III SOG	1 III	1 III	1 III	1 II	1 III; 1 V	1 III	2 II	1 II	162 II	2 II
3a	vorbeugende Bekämpfung von Straftaten	Straftaten-verhütung		wird als Teil der Gefahrenabwehr angesehen	1 III	vorbeugende Bekämpfung v. Straftaten	1 I 2	1 I 2 Nr. 1 DVG	1 IV	7 I Nr. 4	1 I 3	1 I 2; 1 V	1 I 3; VI; IX		1 I 2 Nr. 2	2 I		2 I 2
3b		Vorsorge für die Verfolgung von Straftaten			1 III		-	1 I 2 Nr. 1 DVG	1 IV	7 I Nr. 4	ent-fernt	ent-fernt	ent-fernt			2 I		2 I 2
4	Eilzuständigkeit		2 I; 60 II	3	4 I	2	1 I 2		2 I	7 I Nr. 3	1 II	1 III, IV	1 VI	1 IV	2 I	2 II	162 II	3 I
5	Vollzugshilfe		60 IV	2 III	1 V	1 III	1 III	1 III DVG	1 V	7 II; 11	1 IV	1 III	1 IV			2 III	168 II	2 III
6	Aufgaben nach anderen Rechtsvorschriften		1 II	2 IV	1 II	1 IV	1 IV		1 II	7 I Nr. 1	1 V	1 IV	1 II; V		1 II	1 III	168 III	2 IV

821

Anhang

Anlage 1.2: Die klassischen (nicht informationellen) Standardbefugnisse

		StPO	§ 4a BKAG	§§ 5, 6 BKAG	BPolG	PolG BW	Bay PAG	ASOG Berlin	Bbg PolG	Brem PolG	SOG HH	HSOG	SOG MV	Nds SOG	PolG NRW	POG RP	SPolG	Sächs PolG	SOG LSA	LVwG SH	Thür PAG
1	polizeiliche Generalklausel	161 I 1; 163 I 2	20a I	21 I 1; 26 (BPolG)	14 I	3	11 I	17	10 I	10 I	3 I	11	13	11	8 I	9 I 1	8 I	3 I	13	174	12
2	Vorladung		20f (BPolG)		25	27	15	20	15	12	11	30	50, 51	16	10	12	11 II	18 IV – VII	35	199, 200	17
3	Platzverweis		20o	21 IV; 26 (BPolG)	38	27a I	16	29 I	16 I	14 I	12a	31 I	52 I	17 I	34 I	13 I 1	12 I	21 I	36 I	2011	18 I
4	Aufenthaltsverbot			21 IV; 26 (BPolG)	38	27 II	-	29 II	16 II	14 II	12b II	31 III	52 III	17 IV	34 II	13 III	12 II	21 II	36 II	201 II	18 III
5	Wohnungsverweis					27 III – V	-	29 III	16a	14a	12b I	31 II	52 II	17 II, III	34a	13 II, IV	12 III	21 III	36 III	201a	18 II
6	Gewahrsam	127, 112 ff. 164	20q (BPolG)	21 VII 1; 26 (BPolG)	39 – 42	28	17 – 20	30 - 33	17 - 10	15 - 18	13 - 13c	32 - 35	55, 56	18 - 21	35 - 39	14 - 17	13 – 16	22	37 - 40	204, 205	19 - 22
7	Durchsuchung von Personen		20p (BPolG)	21 II Nr. 3; 26 (BPolG)	43	29	21	34	21	19	15	36	53, 54	22	39	18	17	23	41	202, 203	23
8	Durchsuchung von Sachen		20r (BPolG)	21 II Nr. 3; 26 (BPolG)	44	30	22	35	22	20	15a	37	57, 58	23	40	19	18	24	42	206, 207	24
9	Betreten und Durchsuchen von Wohnungen	102	20s (BPolG)	21 VI 1; 26 (BPolG)	45, 46	31	23, 24	36, 37	23, 24	21, 22	16, 16a	38, 39	59, 60	24, 25	41, 42	20, 21	19, 20	25	43, 44	208, 209	25, 26
10	Sicherstellung	94 ff. 108 ff. 111b ff	20t (BPolG)	21 V 1; 26 (BPolG)	47 - 50	32, 33, 34	25 - 28	38 - 41	25 - 28	23 - 26	14	40 - 43	61 - 64	26 - 29	43 - 46	22 - 25	21 - 24	26 - 29	45 - 48	210 - 21	27 - 30

Anhang

Anlage 2.1: Grundsätze der Datenerhebung / Verfahrensregeln

		§ 4a BKAG	§§ 5, 6 BKAG	BPolG	PolG BW	Bay PAG	ASOG Berlin	Bbg PolG	Brem PolG	DVG HH	HSOG	SOG MV	Nds SOG	PolG NRW	POG RP	SPolG	Sächs PolG	SOG LSA	LVwG SH	SOG Thür PAG
1	offen erfolgende Datenerhebung Grundsatz der Unmittelbarkeit / Ausnahmen	20b III (BPolG)	22 S. 2 (BPolG); (26)	21 III 1	19 I 1	30 II 1	18 IV	29 II 1	27 I 1	2 II 1	13 VI	26 I 1	30 I 1	9 III 1	26 V 1	25 II 1	35 II, III	15 V 1	178 II 1	31 II 1
a	nicht mögl. / nur bei unverhältnismäßig hohem Aufwand	+	+	21 III 2	19 I 2	30 II 2	18 IV	29 II 2	27 I 2 Nr. 5	2 II 2 Nr. 1, 2	13 IV 2	26 I 2	30 I 2 Nr. 4, 6, 7	9 III 2	26 V 2	25 II 2	35 III Nr. 4, 6, 7	15 V 2	178 I 2	31 II 2
b	Gefährdung polizeilicher Aufgaben	+	+	21 III 2	19 I 2	30 II 2	18 IV	29 II 2	27 I 2 Nr. 6	2 II 2 Nr. 3	13 IV 2	26 I 2	30 I Nr. 6	9 III 2	26 V 2	25 II 2	35 III Nr. 8	15 V 2	178 I 2	31 II 2
2	Grundsatz der offenen Datenerhebung / Ausnahmen	20b III (BPolG)	22 S. 2 (BPolG); (26)	21 III 1	19 II 1	30 III 1	18 II 1	29 III	28 I 1, II 1	2 III 1	13 VII 1	26 II 1	30 II 1	9 IV	26 V 1	25 III 1	35 IV 1	15 VI 1	178 II 1	31 III 1
a	Gefährdung / erheblich erschwerte Erfüllung polizeilicher Aufgaben	+	+	21 III 3	19 II 2	30 III 2	18 II 2	29 III	28 II Nr. 2	2 III 2, 3	13 VII 2	26 II 2	30 II 2 Nr. 4	außer durch Gesetz	26 V 2	25 III 2	35 V 2	15 VI 2	178 II 2	31 III 2
b	überwiegende Interessen des Betroffenen	+	+	21 III 3	19 II 2	30 III 2	18 II 2	außer durch Gesetz	28 II Nr. 3	2 III 3	13 VII 2	26 II 2	30 II 2 Nr. 5		26 V 2	25 III 2	35 V 2	15 VI 2	178 II 2	31 III 2
c	Legaldefinition verdeckte Datenerhebung	-	-	-	19 II 2	30 II 2	18 II 2	-	-	2 II 3	13 VII 2	-	30 II 2	-	-	-	35 V 2	-	-	-
3	Hinweis- und Belehrungspflichten außer bei	20c III 4; 20b III (BPolG)	22 S. 2 (BPolG)	21 IV 1; 22 III 3	19 III 1, 20 I 7	30 IV 1	18 V 2	29 IV 1	27 I 3	2 IV 1	13 VIII 1, 2	26 II 1	30 I 3	9 VI	9a III 2	25 V	35 IV 1	14 II 2; 15 VII 1-3	178 III 1	31 IV 1
a	Beeinträchtigung / Gefährdung pol. Aufg.	+	+	21 IV 2, 3	9a, 20 I 5, 7	30 VI 2	18 V 2	29 IV 2	-	2 IV 2	13 VIII 3	-	-	9 VI	-	-	35 IV 2	15 VII 4, 5	-	31 IV 2
b	Beeintr. / Gef. schutzw. Belange des Betr. o. Dr.	+	+	21 IV 2, 3	9a, 20 I 6, 8	30 IV 3	-	29 IV 3	-	2 IV 2	13 VII 3	-	-	9 VI	-	-	-	15 VII 5	-	31 IV 2
4	Verbot der Vorratsdatenspeicherung	-	-	-	9a I	-	-	-	-	-	13 V	-	-	9 V	-	-	-	15 IV	-	-
5	Erhebungsverbot nach § 136a StPO § 68a StPO	20c IV 1	-	22 IV	-	15 IV	18 VI	15 IV	13 IV	3 III	12 IV	28 II	12 IV 1	10 IV	9a V	11 I 3	18 VIII, IX	14 V	180 II 2	-
6	Auskunftsverweigerungsrecht bei §§ 52 ff StPO	20c III 1, 4	-	22 III 1, 3	-	15 VI	18 VI	29 V 1	27 III	3 III	12 IV -4	28 II 3	12 V 2, 3	-	9a III 1	11 I 4, 5	18 VI 2, 5	14 II	180 II 3	-
a	Ausnahmen bei Gefahr für	20c III 2	-	22 III 2, 4	9a II, III; 20 I 6, 8	30 VI 2	-	29 V 2	27 III	3 III	12 II 3, 4	28 II 4, 5	+	9 V	9a III 3	-	18 IV 3	-	180 II 4, 5	-
b	Leib, Leben, Freiheit	+	-	+	+	+	-	+	-	+	+	+	+	-	+	-	+	-	+	-
c	ähnliche Belange	+	-	-	+	+	-	+	-	+	+	+	+	-	+	-	+	-	+	-
7	keine Ausnahme z.B. bei	20c III 3,5	-	-	9a I	-	-	-	-	-	+	-	-	-	9a III	-	18 IV 4	-	-	-
a	Geistlichen	+	-	-	+	-	-	-	-	-	+	-	-	-	+	-	+	-	-	-
b	Strafverteidigern	+	-	-	+	-	-	-	-	-	+	-	-	-	+	-	+	-	-	-
c	Abgeordneten	+	-	-	+	-	-	-	-	-	+	-	-	-	+	-	+	-	-	-
d	Rechtsanwälten	-	-	-	+	-	-	-	-	-	+	-	-	-	+	-	-	-	-	-
e	Presseangehörigen	-	-	-	-	-	-	-	-	-	+	-	-	-	+	-	-	-	-	-

823

Anhang

Anlage 2.2: allgemeine Befugnisse zur Datenerhebung

	offen erfolgende Datenerhebung	§ 4a BKAG	§§ 5, 6 BKAG	BPolG	PolG BW	Bay PAG	ASOG Berlin	Bbg PolG	Brem PolG	DVG HH	HSOG	SOG MV	Nds SOG	PolG NRW	POG RP	SPolG	Sächs PolG	SOG LSA	LVwG SH	Thür PAG
1	Generalklausel	20b I	22 S. 1 (26)	21 I	20 II	30 I	18 I 2	30 I Nr. 1	28 I	6 Nr. 1, 2, 3	13 I	27 I Nr. 1, 2	31 I 1	8 I; 1 I 1	26 I, II 1 Nr. 1	26 I Nr. 1-4	37 I; 1 I 2 Nr. 1	15 I Nr. 3	179 I	32 I
2	zur vorbeugenden Bekämpfung von Straftaten über	20b II (4a I 2)	22 S. 1	21 II (12 I)	20 III	31 I 1 Nr. 1	18 I 3 Nr. 1, Nr. 2	30 I Nr. 1	28 I, II	6	13 II	27 III	31 II	?	26 III 1	26 II	37 I; 1 I 2 Nr. 2	15 II	179 II	32 I Nr. 1
a	künftige Straftäter	Nr. 1	-	Nr. 1	Nr. 1	-	-	-	-	Nr. 6	Nr. 1	Nr. 1	Nr. 1	-	Nr. 1	Nr. 1	-	Nr. 1	Nr. 1, 2 a)	-
b	Kontakt- und Begleitpersonen	Nr. 2 a)-c)	-	Nr. 2	Nr. 2	-	18 I 3 Nr. 1, Nr. 2	-	-	Nr. 7	Nr. 2	-	Nr. 2	-	Nr. 5; 26 III 2 (L-Def.)	Nr. 2	-	Nr. 2	Nr. 1	-
c	künftige Opfer	-	-	Nr. 2	Nr. 3	-	-	-	Nr. 2	Nr. 4	Nr. 2	Nr. 2	Nr. 3	-	Nr. 2	Nr. 3	-	Nr. 2	Nr. 1, 2 b)	-
d	Personen im Umfeld einer gefährdeten Person	-	-	Nr. 2	Nr. 4	-	-	-	Nr. 3	Nr. 5	Nr. 3	-	Nr. 4	-	Nr. 3	-	-	Nr. 3	Nr. 1	-
e	Zeugen, Hinweisgeber, Auskunftspersonen	-	-	Nr. 2	Nr. 5	-	-	-	Nr. 4	-	Nr. 2	Nr. 3	Nr. 5	-	Nr. 4	Nr. 3	-	Nr. 2, 3	Nr. 2 c)	-
3	zur Vorbereitung auf die Gefahrenabwehr über	-	-	-	20 IV	30 II	19 Satz 1	30 II 1	28 III, IV 1	5 I, II; 6 I Nr. 3, 4	13 I Nr. 1, 2	27 II 1	31 III 1	1 I Satz 1	26 IV	26 III 1	37 I; 1 I 2 Nr. 3	15 I Nr. 3	179 IV 1	32 II
a	Gefahrenabwehrexperten	-	-	-	Nr. 1	Nr. 4	Nr. 1	Nr. 1	Nr. 1	Nr. 1	Nr. 1	Nr. 1	Nr. 1	Nr. 1	Nr. 4	Nr. 1	-	-	Nr. 1	Nr. 4
b	Veranstalter von Veranstaltungen	-	-	-	Nr. 2	Nr. 3	Nr. 2	-	Nr. 4	Nr. 4	14 I 1	Nr. 4	Nr. 4	-	Nr. 3	Nr. 4	-	-	Nr. 4	Nr. 3
c	Verantwortliche von gefährlichen Anlagen oder Einrichtungen	-	-	-	Nr. 3	Nr. 1	Nr. 3	Nr. 2	Nr. 2	Nr. 2	13 I Nr. 3	Nr. 2	Nr. 2	Nr. 2	Nr. 1	Nr. 1	-	-	Nr. 2	Nr. 1
d	Verantwortliche von gefährdeten Anlagen o. Einr.	-	-	-	Nr. 4	Nr. 2	Nr. 4	Nr. 3	Nr. 3	Nr. 3	13 I Nr. 4	Nr. 3	Nr. 3	Nr. 3	Nr. 2	Nr. 2	-	-	Nr. 3	Nr. 2
e	Verbot der Zweckänderung	-	-																	
4	Zum Schutz privater Rechte	-	-		20 V	31 I Nr. 2	18 I 3 Nr. 3	30 I Nr. 2		6 Nr. 1, 2	13 I Nr. 3	27 I Nr. 1, 2	31 I; 1 I IV	8 I; 1 II	26 II 1 Nr. 2	26 I Nr. 1-4	37 I; 1 I 2 Nr. 2; 3 II	15 I Nr. 3; 1 III	179 I	32 I Nr. 2
5	zur Erfüllung von Aufgaben nach anderen Rechtsvorschriften	-	-		20 IV	31 I Nr. 4	18 I 3 Nr. 4	30 I Nr. 4	28 I, 1 IV	6 Nr. 1, 2	13 I Nr. 3	27 I Nr. 1, 2	31 I; 1; 1 V	8 I; 1 IV	26 II 1 Nr. 3, 4	26 I Nr. 1-4	37 I; 1 I II	15 I Nr. 3, 4; 1 III	179 I	32 I Nr. 4
6	zur Vollzugshilfe	-	-			31 I Nr. 3	18 I 3 Nr. 4	30 I Nr. 3	28 I, 1 III	6 Nr. 1, 2	13 I Nr. 4	27 I Nr. 1, 2		8 I; 1 III	26 II 1 Nr. 2	26 I Nr. 1-4	37 I; 2 I	15 I Nr. 4	179 I	32 I Nr. 3

Anhang

Anlage 2.2.1: Informationelle Standartmaßnahmen (offene oder unmittelbare Datenerhebung)

offene Daten-erhebung		StPO	§ 4a BKAG	§§ 5, 6 BKAG	BPolG	PolG BW	Bay PAG	ASOG Berlin	Bbg PolG	Brem PolG	DVG HH	HSOG	SOG MV	Nds SOG	PolG NRW	POG RP	SPolG	Sächs PolG	SOG LSA	LVwG SH	Thür PAG
1	Befragung	163 I 2	20c I	22	22 I, Ia	20 I 1, 11	12	18 III	11	13	3	12	28	12	9 I	9a I	11 I	18 I	14 I	180 I	13 I
2	Auskunfts-pflicht	163 I 2	20c II	BDSG	22 II	20 I 2, 3, 9, 10	12 S. 1	18 III 3	11 II	13 II	3 II 1	12 II 1	28 II 1	12 I, II	9 II	9a II 1	11 I 2	18 III	Vgl. 14 III 4	180 II 1	13 II
3	Identitäts-feststellung	163b 163c 163d	20d	21 II Nr. 1, 2 (26)	23 I, II	26	13	21, 22	12, 14	11	4	18	29, 27a, 30	13	12, 13	10	9	19	20, 14 III	181, 182	14, 15
4	Kontrollstelle	111	-	-	-	26 I Nr. 4	13 I Nr. 4	21 II Nr. 4	12 I Nr. 4	11a	4 I Nr. 4	18 I Nr. 5	29 I Nr. 4	13 I Nr. 4, 14	12 I Nr. 4	10 I Nr. 3	-	19 I Nr. 4	20 I Nr. 5	181 I Nr. 4	14 I Nr. 4
5	ED-Behandlung	81b 81g 81h	20e	21 III (26)	24	36	14	23	13	11b	7	18 I Nr. 5	31	5	14	11	10	20	21	183	16
6	med. Unter-suchung	81f 81a 81c 81d	-	-	-	-	-	21a I	-	-	-	19 I, II	53 IV	15a	14a	11a I; 18 III, IV	10a II, 17a	-	41 V	183a I	-
7	DNA-Analyse	81e 81f 159 88	-	-	-	-	-	21a II, III	-	-	-	19 III	31a	15a	14a	11a II, III	10a I, II	-	20a	183a II	-
7.1	Meldeauflage	-	-	-	-	-	-	-	-	-	-	-	-	-	-	12a	-	-	-	-	-
8	Bildaufzeich-nungen				26, 27	21	32	24	31	29	8	14	32	32	15	27 I	27	37	16	184	33
a	- an krimino-genen Orten				27	21 III	32 III	24a, 24b	31 II	29 II, III	8 II, III	14 III, IV	32 III	32 III	15a	27 II	27 II	37 II	16 II	184 II	33 II
a.1	Löschfristen				48 Std.; 30 Tage	4 Wo	3 Wo	unver-züglich	48 Std.	48 Std. - 2 Wo	1 Mo	2 Mo	1 Wo	39a	2 Wo	2 Mo	2 Wo	2 Mo	1 Mo	1 Mo	1 Mo
b	- bei Veran-staltungen/Ansammlun-gen (+Ton)				26 I	21 I, II	32 I	24	31 I	29 I	8 I	14 I	32 I	32 I	15	27 I	27 I	37 I	16 I	184 I	33 I
c	Videoüber-wachung zur Eigensicher-ung							19a	31a	29 V	8 V	14 VI	32 V	32 IV	15b	27 IV	-	-	17 VI 1	184 III	33 VI
c.1	Nutzung zur Verfolgung von Straftaten							+	+	+ bei St. gg. PB	+	+	+	+	+	27 IV	+	-	17 VIII 1	+	+
d	- im Gewahrsam					21 IV					8 IV	34 III 4	27 IV DE	38 III DV	24 V DE	16b	27 IV		39 IV		
d.1	Nutzung z. Verf. v. Straft.					+		46a DV	39 V DV	36a IV DV	6a DE	Doku	Doku	Doku	Doku	30 I DE	+	Doku	23a DE	Doku	Doku
9	Notruf-aufzeichnung	Doku	Doku	Doku	Doku	Doku	Doku														

Anhang

Anlage 2.3: besondere Mittel und Methoden der Datenerhebung und -nutzung (verdeckte Datenerhebung oder -nutzung)

	besondere Mittel und Methoden	StPO	§ 4a BKAG	§§ 5, 6 BKAG	BPolG	PolG BW	Bay PAG	ASOG Berlin	Bbg PolG	Brem PolG	DVG HH	HSOG	SOG MV	Nds SOG	PolG NRW	POG RP	SPolG	Sächs PolG	SOG LSA	LVwG SH	Thür PAG
1	Observation	163f	20g II Nr. 1	23 II Nr. 1	28 II Nr. 1	22 I Nr. 1	33 I Nr. 1	25 I 1	32	32	9	15 I Nr. 1	33 I Nr. 1, 34	34	16a	28 II Nr. 1	28 II Nr. 1	38 I Nr. 1	17 I Nr. 1	185 I Nr. 1	34 II Nr. 1
2	Bild- u. Tonaufzeichnungen;	100f, 100h	20g II Nr. 2	23 II Nr. 2	28 II Nr. 2	22 I Nr. 2	33 I Nr. 2 a), c)	25 I 2	33	33 I 1	10	15 I Nr. 2	33 I Nr. 2, 34	35 I 1	17	28 II Nr. 2	28 II Nr. 2	38 I Nr. 2	17 I Nr. 2	185 I Nr. 2	34 II Nr. 2 b,c
3	Allgemeine Standortfeststellung	100h I 1 Nr. 2	20g II Nr. 3	-	-	22 I Nr. 3	33 I Nr. 2 b)	-	-	33 I 1	-	-	-	35 I 1	-	28 II Nr. 5	-	-	-	-	34 II Nr. 2 a
4	VP		20g II Nr. 4	-	28 II Nr. 3	22 I Nr. 3	-	26 I Nr. 1	34	34	11	16 I, III –V	33 I Nr. 3, 34	36	19	28 II Nr. 4	28 II Nr. 3	-	18 I, III 1, V	185 I Nr. 3	34 II Nr. 5
5	VE	110a, 110b, 100c	20g II Nr. 5	23 II Nr. 3	-	22 I Nr. 4; 24	33 I Nr. 3	26 I Nr. 2	35	35	12	16 II, III - V	33 I Nr. 4, 34	36a	20	28 II Nr. 3	28 II Nr. 4	38 I Nr. 3, 39	18 II, III, IV	-	34 I Nr. 3, 4; 36
6	Wohnraumüberwachung	100c, 100d	20h	-	-	23	34	25 IV - VI	33a	33 I - VI	10°	15 IV - V	34b	35a	18	29	28°	41	17 VI	185 III	35
7	Eigensicherung (Kl.Lauschangriff)	-	20g IV 4; 16	Keine Erhebung	-	23 IV	34 IV	25 VI	33a VIII	33 VIII	10° VIII	15 V	34 IV	35 VI	18 V	29 XI	28a IV	41 IV	17 VI	186 I 7	35 VIII
8	Telefonüberwachung	100a, 100b, 100g	20l, 20m	ausschließlich Verwendung der	30	23a I	34a, 34b, 34c	-	33b	-	10b, 10c, 10d, 10e	15a, 15b	34a	33a, 33b, 33c	-	31	28b	-	17a, 17b	185a	34a, 34b
9	Standortbestimmung durch IMSI-Catcher	100i Nr. 2	20n	nach §§ 20a ff erhoben	30 I – IV, V	23a VI	34a I Nr. 2	25a	33b III Nr. 2	-	10b III 1 Nr. 2	15a I 1; III	34a I Nr. 3	33a II 1 Nr. 3	-	31 II Nr. 3	28b II, VI	-	23b II	185a II Nr. 3	34a II 1 Nr. 3
10	Online-DuSu	98a, 98b	20k		31	40	34d														
11	Rasterfahndung	98a, 98b	20j			40	44	47	46	31	23	26	44	45a	31	38	37	47	31	195a	44
12	Öffentlichkeitsfahndung	131, 131a, 131b, 131c	10 III (Übermittlung)	enen Daten gem. § 20v Abs. 4		44 (Übermittlung)	41 I (Übermittlung)	45 I (Übermittlung)	21 (Übermittlung)	36g II (Übermittlung)	21 II	23 I, II (Übermittlung)	41 II (Übermittlung)	44 II (Übermittlung)	43 I (Übermittlung)	34 VII (Übermittlung)	34 I 2 (Übermittlung)	45 I (Übermittlung)	28 I (Übermittlung)	193 I 2 (Übermittlung)	41 I III 2 (Übermittlung)
12a	interne Fahndung			Satz 2 Nr. 2	30 I – IV, V																
13	Polizeiliche Beobachtung	163e, 98c	20i		31	25	36	27	36	31	13	17	35	37	21	32	29	38 I Nr. 4, 40	19	187	37
14	Kennzeichenüberwachung					22a	33 II 3		36a	29 VI	8 VI	8a	43a	32 V		27 V		19a		184 V	33 VII, 37 II, 43 II

826

Anlage 2.3.1: Benachrichtigungs- und Unterrichtungspflichten gegenüber dem Betroffenen

		StPO	§ 4a BKAG	§§ 5, 6 BKAG	BPolG	PolG BW	Bay PAG	ASOG Berlin	Bbg PolG	Brem PolG	DVG HH	HSOG	SOG MV	Nds SOG	PolG NRW	POG RP	SPolG	Sächs PolG	SOG LSA	LVwG SH	Thür PAG
1	Benachrichtigungspflicht bei mittelbarer Erhebung		20w I - III			-	-	-	29 VII -VIII	33 V	2 IV 1 Nr. 1 und 2	-; DSG?	26 III	-	-	-	-	DSG?	-	-	178 II 2, 3	36 III
2	Benachrichtigungspflicht bei Datenverarbeitung										2 IV 1 Nr. 3	-										Nr. 5, 6, 7, 8
3	nachträgliche Unterrichtungspflicht bei																					36 III
a	klassischen besondere Mittel und Methoden		11 Nr. 1; Nr. 2; Nr. 4; Nr. 5; Nr. 10	23 V	28 V	22 VIII	33 VII 1	25 VIIa	29 VIII, 32 III	+	9 III, 10 II 1, 11 II 1		34 V, VI	30 IV – VI	16a III; 17 V, VI; 19 III; 20 V		28 V		17 VII; 18 VI	186 IV	Nr. 1, 2
b	Wohnraumüberwachung		11 Nr. 3			23 VI	34 VI	25 VII	33a VI	+	10a VI		34b VIII	+	18 VII		+	+	17 VII	186 IV	Nr. 9
c	TK-Überwachung		11 Nr. 7 – Nr. 9			23a VIII 1	34c V		33b VII		10e IV		34a VII	+			+			186 IV	Nr. 3, 4
d	Online-Durchsuchung		11 Nr. 6				34d VII		entf.												

Anhang

Anlage 3.1: Straftaten von erheblicher Bedeutung; schwere Straftaten; besonders schwere Straftaten

	Straftaten von erheblicher Bedeutung	StPO	BPolG BKAG	PolG BW	Bay PAG	ASOG Berlin	Bbg PolG	Brem PolG	DVG HH	HSOG	SOG MV	Nds SOG	PolG NRW	POG RP	SPolG	Sächs PolG	SOG LSA	LVwG SH	Thür PAG	Wohn-raum
1	Legaldefinition	98a 100a		22 V	30 V	17 III	10 III	2 Nr. 5	1 IV	13 III	49	2 Nr. 10, 11	8 III	28 III	28 I 1	35 Ii	3 Nr. 4 S. 1	185 II	31 V (aufgeh.)	100c
a	Insbesondere												+				3 Nr. 4 S. 2			
2	Verbrechen			alle		alle	alle	alle, außer §§ 154, 155	alle	alle	alle	alle, außer §§ 154, 155	alle	alle	alle	alle	alle	-		
3	Vergehen gegen / aus											2 Nr. 10, 11								
a	Leben	98a		+					+	+			+	+		+		+		
b	Gesundheit	98a		+					+	+			+	+		+		+		
c	Freiheit	98a		+					+	+			+	+		+		+		
d	Bedeutende Sachwerte	98a		+					+	+			+	+		+		+		
e	gewerbsmäßig	98a		alles					alles	alles		alles	alles	alles		alles				
f	Bandenmäßig	98a		alles					alles	alles		alles	alles	alles		alles				
h	Organisiert	98a		alles					alles	alles			alles	alles						
i	§ 100a StPO					+	+	+					+				+			
k	§ 138 I StGB				+			+												
l	§§ 74a, 120 GVG	98a		+					+	+		+			+	+				

828

Anhang

Anlage 3.2: Straftaten von erheblicher Bedeutung; schwere Straftaten; besonders schwere Straftaten

	Straftaten von erheblicher Bedeutung	StPO	BPolG BKAG	PolG BW	Bay PAG	ASOG Berlin	Bbg PolG	Brem PolG	DVG HH	HSOG	SOG MV	Nds SOG	PolG NRW	POG RP	SPolG	Sächs PolG	SOG LSA	LVwG SH	Thür PAG	Wohnraumüberwach.
1	§ 80	98a 100a		120 I		100a	100a	138	120 I	120 I	+	138 I	138	120 I	+	120 I	138		S. 1 S. 2	100c
2	§ 80a	98a 100a		74a		100a	100a		74a	74a				74a		74a			S. 1 S. 2	
3	§ 81	98a 100a		120 I	S. 1	100a	100a	138	120 I	120 I	+	138 I	138	120 I	+	120 I	138		S. 1 S. 2	100c
4	§ 82	98a 100a		120 I	S. 1	100a	100a	138	120 I	120 I	+	138 I	138	120 I	+	120 I	138		S. 1 S. 2	100c
5	§ 83	98a 100a		120 I		100a	100a		120 I	120 I	+	+	+	120 I	+	120 I				
6	§ 83 I	98a 100a		120 I		100a	100a	138	120 I	120 I	+	138 I	138	120 I	+	120 I	138			
7	§ 84	98a 100a		74a		100a	100a		74a	74a				74a		74a			S. 2	
8	§ 85	98a 100a		74a		100a	100a	+	74a	74a		Nr.11		74a		74a			S. 2	
9	§ 86	98a 100a		74a		100a	100a	+	74a	74a				74a		74a			S. 2	
10	§ 86a	98a 100a		74a		100a	100a	+	74a	74a				74a		74a				
11	§ 87	98a 100a		74a		100a	100a	+	74a	74a		Nr.11		74a		74a			S. 2	
12	§ 88	98a 100a		74a		100a	100a	+	74a	74a		Nr.11		74a		74a			S. 2	
13	§ 89	98a 100a		74a		100a	100a	+	74a	74a		Nr.11		74a		74a			S. 2	
14	§ 89a	98a 100a		74a	138	100a	100a	138	74a	74a			138	74a		74a	138			100c
15	§ 89b	98a		74a					74a	74a				74a		74a				
16	§ 90	98a		74a					74a	74a				74a		74a				
17	§ 90a III	98a		74a					74a	74a				74a		74a				

Anhang

Anlage 3.3: Straftaten von erheblicher Bedeutung; schwere Straftaten; besonders schwere Straftaten

	Straftaten von erheblicher Bedeutung	StPO	BPolG BKAG	PolG BW	Bay PAG	ASOG Berlin	Bbg PolG	Brem PolG	DVG HH	HSOG	SOG MV	Nds SOG	PolG NRW	POG RP	SPolG	Sächs PolG	SOG LSA	LVwG SH	Thür PAG	Wohnraumüberwach.
1	§ 94	98a 100a		120 I	S. 1	100a	100a	138	120 I	120 I	+	138 I	138	120 I	+	120 I	138		S. 1 S. 2	100c
2	§ 95	98a 100a		120 I		100a	100a	138	120 I	120 I		138 I	138	120		120 I	138		S. 2	
3	§ 95 III	98a 100a		120 I		100a	100a	138	120 I	120 I		138 I	138	120		120 I	138		S. 1 S. 2	100c
4	§ 96	98a 100a		120 I		100a	100a	138	120 I	120 I		138 I	138	120 I		120 I			S. 1 S. 2	
5	§ 96 I	98a 100a		120 I	S. 1	100a	100a	138	120 I	120 I	+	138 I	138	120 I	+	120 I	138		S. 1 S. 2	100c
6	§ 97	98a 100a		120 I		100a	100a		120 I	120 I				120 I		120 I			S. 1 S. 2	
7	§ 97a	98a 100a		120 I	S. 1	100a	100a	138	120 I	120 I	+	138 I	138	120 I	+	120 I	138		S. 1 S. 2	100c
8	§ 97b	98a 100a		120 I	S. 1	100a	100a		120 I	120 I				120 I		120 I			S. 1 S. 2	100c
9	§ 98	98a 100a		120 I		100a	100a	+	120 I	120 I		Nr.11		120 I		120 I			S. 1 S. 2	
10	§ 98 I 2	98a 100a		120 I	S. 1	100a	100a	+	120 I	120 I		Nr.11		120 I		120 I			S. 1 S. 2	100c
11	§ 99	98a 100a		120 I		100a	100a	+	120 I	120 I		Nr.11		120 I		120 I			S. 1 S. 2	
12	§ 99 II	98a 100a		120 I	S. 1	100a	100a	+	120 I	120 I	+	Nr.11		120 I	+	120 I			S. 1 S. 2	100c
13	§ 100	98a 100a		120 I	S. 1	100a	100a	138	120 I	120 I		138 I	138	120 I		120 I	138		S. 1 S. 2	100c
14	§ 100a	98a 100a		120 I		100a	100a		120 I	120 I				120 I		120 I			S. 2	
15	§ 100a IV	98a 100a		120 I	S. 1	100a	100a		120 I	120 I				120 I		120 I			S. 1	100c
16	§ 102	98a		120 I					120 I	120 I				120 I		120 I				
17	§ 105	98a		120 I					120 I	120 I		+	+	120 I	+	120 I				
18	§ 106	98a		120 I					120 I	120 I				120 I		120 I				
19	§ 108e	100a				100a	100a		120 I	120 I									S. 2	

830

Anlage 3.4: Straftaten von erheblicher Bedeutung; schwere Straftaten; besonders schwere Straftaten

	Straftaten von erheblicher Bedeutung	StPO	BPolG BKAG	PolG BW	Bay PAG	ASOG Berlin	Bbg PolG	Brem PolG	DVG HH	HSOG	SOG MV	Nds SOG	PolG NRW	POG RP	SPolG	Sächs PolG	SOG LSA	LVwG SH	Thür PAG	Wohnraum- überwach.
1	§ 109d	98a 100a		74a		100a	100a		74a	74a				74a		74a			S. 2	
2	§ 109e	98a 100a		74a		100a	100a		74a	74a				74a		74a			S. 2	
3	§ 109f	98a 100a		74a		100a	100a		74a	74a				74a		74a			S. 2	
4	§ 109g	98a 100a		74a		100a	100a		74a	74a				74a		74a			S. 2	
5	§ 109h	100a				100a														
6	§ 125a																			
7	§ 129	98a 100a		org. 74a		100a	100a	+	74a		org.	org. Nr.11		org. 74a		org. 74a	+		S. 2	
8	§ 129 I, IV 2. Hs.	98a 100a		74a	S. 1	100a	100a	+	74a	74a +		Nr.10 (IV)	+	74a		74a	+		S. 1 S. 2	100c
9	§ 129a ohne III	98a		120 I		+	+	138	120 I	120 I	+	Nr.10	138	120 I	+	120 I	138		S. 1 S. 1	100c
10	§ 129a III	98a 100a		120 I		100a	100a	138	120 I	120 I		Nr.11	138	120 I		120 I	138		S. 1 S. 2	100c
11	§ 129b ohne § 129a III			74a 120 I	S. 1	+	+	138	120 I	74a 120 I	+	Nr.10	138	74a 120 I	+	74a 120 I	138		S. 1 S. 2	100c
12	§ 129b mit § 129a III			74a 120 I	S. 1	100a	100a	138	74a 120 I	74a 120 I			138	74a 120 I		74a 120 I			S. 1 S. 2	
13	§ 130	100a				100a	100a	+	+			Nr.11				+			S. 1 S. 1	
14	§ 146	100a		+		100a	100a	+	+	+	+	138 I	138	+	+	+	138		S. 1	100c
15	§ 147	100a		+		100a	100a	+	+	+		org.		+	+	+				
16	§ 148	100a		+		100a	100a	+	+	+		org.		+	+	+				
17	§ 149	100a		+		100a	100a	+	+	+		org.		+	+	+				
18	§ 151	100a		+	138	100a	100a	138	+	+		138 I	138	+	+	+	138		S. 1	100c
19	§ 152	100a		+	138	100a	100a	138	+	+		138 I	138	+	+	+	138		S. 1	100c
20	§ 152a III	100a		+		100a	100a		+	+		org.		+	+	+			S. 1	100c
21	§ 152b I – IV	100a org.		+		100a	100a	+	+	+		org.		+	+	+				
22	§ 152b I – III	100a		+	138	+	+	138	+	+	+	138 I	138	+	+	+	138		S. 1	100c
23	§§ 154, 155	org.		+		+	+		+	+	+	+		+	+	+	+			

Anhang

Anlage 3.5: Straftaten von erheblicher Bedeutung; schwere Straftaten; besonders schwere Straftaten

	Straftaten von erheblicher Bedeutung	StPO	BPolG BKAG	PolG BW	Bay PAG	ASOG Berlin	Bbg PolG	Brem PolG	DVG HH	HSOG	SOG MV	Nds SOG	PolG NRW	POG RP	SPolG	Sächs PolG	SOG LSA	LVwG SH	Thür PAG	Wohn-raum-über-wach.
1	§ 174	98a		+					+	+				+			+	+		
2	§ 174a	98a		+					+	+				+			+	+		
3	§ 174b	98a		+					+	+				+			+	+		
4	§ 174c	98a		+					+	+				+			+	+		
5	§ 175 (erl.)					+		+												
6	§ 176	98a		+		+		+	+	+		Nr.11		+			+	+		
7	§ 176 I, II	98a		+				+	+	+		Nr.10		+			+	+	S. 2	
8	§ 176a	98a 100a		+	S. 1	100a	100a	+	+	+	+		+	+		+	+	+		
9	§ 176a II Nr. 2 (gemeinsam, III (gewerbs.)	98a 100a		+		100a	100a	+	+	+	+	Nr.10 (III)	+	+	+	+	+	+	S. 1 S. 2	100c
10	§ 176b	98a 100a		+		+	+	+	+	+	+	+	+	+	+	+	+	+	S. 2	
11	§ 177	98a		+		+	+	+	+	+	+	+	+	+	+	+	+	+		
12	§ 177 II Nr. 2	98a 100a		+		100a	100a	+	+	+	+	Nr.10	+	+	+	+	+	+	S. 1 S. 2	100c
13	§ 177 II – IV	98a		+		+	+	+	+	+	+	Nr.10 +	+	+		+	+	+		
14	§ 178	98a		+		+		+	+	+	+	Nr.11	+	+		+	+	+		
15	§ 179	98a		+				+	+	+	+	Nr.11	+	+		+	+	+		
16	§ 179 V Nr. 2	98a 100a		+		100a	100a	+	+	+	+	Nr.10 (V,VII)	+	+		+	+	+	S. 1 S. 2	100c
17	§ 180	98a		+					+	+				+			+	+		
18	§ 180 II, III	98a		+					+	+		Nr.11		+			+	+		
19	§ 180a	98a		+					+	+	org.	Nr.11		+			+	+		
20	§ 181a	98a		+					+	+	org.	org.		+			+	+		
21	§ 181a I	98a		+					+	+	org.	org.		+			+	+		
22	§ 182	98a		+					+	+	+	Nr.11		+			+	+		
23	§ 182 I	98a		+					+	+				+			+	+		
24	§ 184	98a		+					+	+				+			+	+		
25	§ 184a	98a		+					+	+				+			+	+		
26	§ 184b I – III	98a 100a		+	S. 1	100a	100a		+	+		Nr.11 (I-II)		+			+	+	S. 2 (I-II)	
27	§ 184b III	98a 100a		+	S. 1	100a	100a		+	+		Nr.10		+				+	S. 1	100c
28	§ 184c	98a		+					+	+							+	+		
29	§ 184c III	98a 100a		+		100a	100a		+	+							+	+		
30	§ 184d	98a		+					+	+				+			+	+		
31	§ 184f	98a		+					+	+				+			+	+		

832

Anlage 3.6: Straftaten von erheblicher Bedeutung: schwere Straftaten; besonders schwere Straftaten

	Straftaten von erheblicher Bedeutung	StPO	BPolG BKAG	PolG BW	Bay PAG	ASOG Berlin	Bbg PolG	Brem PolG	DVG HH	HSOG	SOG MV	Nds SOG	PolG NRW	POG RP	SPolG	Sächs PolG	SOG LSA	LVwG SH	Thür PAG	Wohn-raum-über-wach.
1	§§ 211 – 221	98a		+					+					+		+		+		
2	§ 211	98a 100a	129a I	120 II	S. 1	100a	100a 33a	138	120 II	120 II	+	Nr. 10	138	120 II	+	120 II	138	+	S. 1	100c
3	§ 212	98a 100a	129a I	120 II	S. 1	100a	100a 33a	138	120 II	120 II	+	Nr. 10	138	120 II	+	120 II	138	+	S. 1	100c
4	§ 221 II	98a		+		+	+	+	+	+		+	+	+	+	+	+	+		
5	§§ 223 – 231	98a	129a II	+		+			+	+		Nr. 10		+	+	+		+		
6	§ 224	98a		+					+	+	org.			+		+		+		
7	§ 226 II											Nr. 10								
8	§§ 232 – 241a	98a		+	S. 1	100a			+	+		Nr. 10		+		+		+	S. 2	
9	§ 232	98a 100a		+	S. 1	100a			+	+		Nr. 10		+		+		+	S. 2	
10	§ 232 I	98a 100a		+	S. 1	100a +			+	+		Nr. 10		+		+		+	S. 2	
11	§ 232 III, IV, V	98a		+	S. 1	+ 33a	+ 100a	138	+	+	+	Nr. 10	138	+	+	+	138	+	S. 1 S. 2	100c
12	§ 233	98a 100a		+	S. 1	100a +	100a		+	+		Nr. 10		+	+	+		+	S. 2	
13	§ 233 III	98a		+	138	+	+ 33a	138	+	+	+	138 I	138	+	+	+	138	+	S. 1 S. 2	100c
14	§ 233a	98a 100a		+	S. 1		100a		+	+		Nr. 10		+		+		+	S. 2	
15	§ 233a II	98a 100a		+	S. 1	100a +	100a		+	+		Nr. 10		+		+		+		
16	§ 234	98a 100a		+	S. 1	100a	100a	138	+	+	+	Nr. 10	138	+	+	+	138	+	S. 1	100c
17	§ 234a	98a 100a		74a	S. 1 (I)	100a	100a	138	74a	74a	+	Nr. 10	138	74a	+	74a	138	+	S. 1 (I, II) S. 2	100c (I, II)
18	§ 239a	98a 100a	129a I	120 II	S. 1	100a	100a	138	120 II	120 II	+	Nr. 10	138	120 II	+	120 II	138	+	S. 1	100c
19	§ 239b	98a 100a	129a I	120 II	S. 1	100a	100a	138	120 II	120 II	+	Nr. 10	138	120 II	+	120 II	138	+	S. 1	100c
20	§ 241a	98a		74a					74a	74a				74a		+		+		

Anhang

Anlage 3.7: Straftaten von erheblicher Bedeutung; schwere Straftaten; besonders schwere Straftaten

	Straftaten von erheblicher Bedeutung	StPO	BPolG BKAG	PolG BW	Bay PAG	ASOG Berlin	Bbg PolG	Brem PolG	DVG HH	HSOG	SOG MV	Nds SOG	PolG NRW	POG RP	SPolG	Sächs PolG	SOG LSA	LVwG SH	Thür PAG	Wohnraum-überwach.
1	§ 243			org.	org.	org.		org.	org.	org.	org.	org.	org.	org.		org.				
2	§ 244			org.	org.	org.		org.	org.	org.	org.	org.	org.	org.		org.				
3	§ 244 I Nr. 1, Nr. 3			org.	org.	org.		org.	org.	org.	org.	org.	org.	org.		org.				
4	§ 244 I Nr. 2	100a		org.	org.	100a		org.	org.	org.	org.	org.	org.	org.		org.			S. 1 S. 2	100c
5	§ 244a	100a		+		100a		+	+	+	+	+	+	+	+	+			S. 1 S. 2	100c
6	§§ 249 – 255	100a		org.		100a 33a		org.	org.	org.	org.	org.	org.	org.		org.			S. 2	
7	§§ 249 – 251, 255	100a		+	138	100a		138	+	+	+	138 I	138	+	+	+	138		S. 2	
8	§§ 250, 251	100a		+	138	100a		138	+	+	+	138 I	138	+	+	+	138		S. 1	100c (250 I, II)
9	§ 253 (auch i.V.m. § 255)			org.	org.		100a 33a (250) 33a		org.	org.	org.	org.	org.	org.		org.			S. 1	100c (253 IV 2)
10	§ 260	100a		org.	org.	100a	100a	org.	org.	org.	org.	org.	org.	+		org.	+		S. 1	100c
11	§ 260a	100a		+	org.	100a	100a	org.	+	+	org.	+	org.	+		org.			S. 1	100c
12	§ 261			org.		100a	33a (261 IV 2)							org.		org.			S. 1	100c (261 IV 2)
13	§ 2611, II, IV	100a		org.		100a	100a		org.	org.	org.			org.		org.			S. 1 S. 2	
14	§ 263			org.				org.	org.	org.	org.	org.	org.	org.		org.				
15	§ 263 III 2, V	100a		org.		100a		org.	org.	org.	org.	org.	org.	org.		org.			S. 2	
16	§ 263a			org.	org.			org.	org.	org.	org.	org.	org.	org.		org.				
17	§ 263a II	100a		org.	org.	100a		org.	org.	org.	org.	org.	org.	org.		org.			S. 2	
18	§ 264			org.				org.	org.	org.	org.	org.	org.	org.		org.				
19	§ 264 II 2	100a		org.		100a	100a	org.	org.	org.	org.	org.	org.	org.		org.			S. 2	
20	§ 264 III, V	100a		org.		100a	100a	org.	org.	org.	org.	org.	org.	org.		org.			S. 2	
21	§ 264a			org.	org.			org.	org.	org.	org.	org.	org.	org.		org.				
22	§ 265b			org.	org.			org.	org.	org.	org.	org.	org.	org.		org.				
23	§ 266			org.				org.			org.	org.	org.	org.		org.				

834

Anhang

Anlage 3.8: Straftaten von erheblicher Bedeutung; schwere Straftaten; besonders schwere Straftaten

	Straftaten von erheblicher Bedeutung	StPO	BPolG BKAG	PolG BW	Bay PAG	ASOG Berlin	Bbg PolG	Brem PolG	DVG HH	HSOG	SOG MV	Nds SOG	PolG NRW	POG RP	SPolG	Sächs PolG	SOG LSA	LVwG SH	Thür PAG	Wohn-raum-über-wach.
1	§ 267			org.																
2	§§ 267 III 2			org.					org.	org.	org.	org.		org.		org.			S. 2	
3	§ 267 IV	100a		org.		100a	100a		org.	org.	org.	org.		org.		org.			S. 2	
4	§ 268 V	100a		org.		100a	100a		org.	org.		org.		org.		org.			S. 2	
5	§ 269 III	100a		org.		100a	100a		org.	org.		org.		org.		org.			S. 2	
6	§ 275 II	100a		org.		100a	100a		org.	org.		org.		org.		org.			S. 2	
7	§ 276 II	100a		org.					org.	org.		org.		org.		org.				
8	§ 283			org.					org.	org.	org.	org.	org.	org.		org.				
9	§ 283 S. 2			org.	org.				org.	org.	org.	org.	org.	org.		org.			S. 2	
10	§ 283a	100a		org.	org.	100a	100a		org.	org.	org.	org.	org.	org.		org.			S. 2	
11	§ 291			org.	org.	100a	100a	org.	org.	org.		org.	org.	org.		org.			S. 2	
12	§ 298	100a		org.		100a	100a		org.	org.		org.		org.		org.			S. 2	
13	§§ 299, 300 S. 2	100a		org.		100a	100a		org.	org.		org.		org.		org.			S. 2	
14	§ 303b		129a II	org.					org.	org.		Nr. 11		org.		org.				
15	§ 305		129a II	org.					org	org.		Nr. 11		org.		org.				
16	§ 305a		129a II																	

835

Anhang

Anlage 3.9: Straftaten von erheblicher Bedeutung; schwere Straftaten; besonders schwere Straftaten

Straftaten von erheblicher Bedeutung	StPO	BPolG BKAG	PolG BW	Bay PAG	ASOG Berlin	Bbg PolG	Brem PolG	DVG HH	HSOG	SOG MV	Nds SOG	PolG NRW	POG RP	SPolG	Sächs PolG	SOG LSA	LVwG SH	Thür PAG	Wohn-raum-überw.
1	§§ 306 – 323c	98a		+															
2	§§ 306 – 306c	98a 100a	129a II	120 II	S. 1 (-306b)	100a	100a	138	+	120 II	+	138 I	138	120 II	+	120 II	138	+	S. 2
3	§ 306 I	98a 100a	129a II	120 II	S. 1	100a	100a	138	120 II	120 II	+	Nr.10	138	120 II	+	120 II	138	+	S. 2
4	§ 306a I, II	98a 100a	129a II	120 II	S. 1	100a	100a	138	120 II	120 II	+	Nr.10	138	120 II	+	120 II	138	+	S. 2
5	§ 307 I – III	98a 100a	129a II	+	S. 1 (I, II)	100a	100a	138	+	120 II	+	Nr.10	138	+	+	+	138	+	S. 2
6	§ 307 I, III Nr. 1	98a 100a	129a II	120 II	S. 1	100a	100a 33a	138	120 II	120 II	+	138 I	138	120 II	+	120 II	138	+	S. 2
7	§ 308 I - III	98a 100a	129a II	120 II	S. 1 (I)	+	100a 33a	138	120 II	120 II	+	138 I	138	120 II	+	120 II	138	+	S. 2
8	§ 308 I, IV	98a 100a	129a II	120 II	S. 1	100a	100a 33a	120 II	120 II	120 II	+	Nr.10	138	120 II	+	120 II	138	+	S. 2
9	§ 309 I - IV	98a 100a	129a II	120 II	S. 1 (I)	100a	100a 33a	120 II	120 II	120 II	+	138 I Nr.10 (I)	138	120 II	+	120 II	138	+	S. 2
10	§ 310	98a			S. 1 (I)		138	138	+	+	+	138 I	138	+	+	+	138	+	S. 2 (I)
11	§ 310 I Nr. 1 - 3	98a		120 II	S. 1	100a	138	120 II	120 II	120 II	+	Nr.10 (1-4)	138	120 II	+	120 II	138	+	S. 2
12	§ 310 I Nr. 2	98a		120 II	S. 1	100a	138	120 II	120 II	120 II	+	Nr.10	138	120 II	+	120 II	138	+	S. 2
13	§ 313	98a 100a	129a II	+	S. 1 (I)	100a	100a 33a	+	+	+	+	138 I Nr.10 (I)	+	+	+	+	+	+	S. 2
14	§§ 313 II, 308 II, III	98a 100a	129a II	120 II		100a	100a 33a	120 II	120 II	120 II	+	+	138	120 II	+	120 II	+	+	S. 2
15	§ 314	98a 100a	129a II	+	S. 1	100a	100a 33a	+	+	+	+	138 I	138	+	+	120 II	138	+	S. 2
16	§§ 314 II, 308 II, III	98a 100a	129a II	120 II	+	+	+	120 II	120 II	120 II	+	138 I Nr.10(I)	+	120 II	+	+	+	+	S. 2
17	§ 315 III	98a 100a	129a II	+	S. 1	100a	100a 33a	+	120 II	120 II	+	Nr.10	138	+	+	+	138	+	S. 2
18	§ 315 I, IV, V	98a	129a II V (-)	+		+	+	+	+	+	+	Nr.11	+	+	+	+	+	+	
19	§ 315b III	98a 100a	129a II	+	S. 1	100a	100a 33a	138	+	+	+	138	138	+	+	+	138	+	S. 2
20	§ 316a	98a	129a II		S. 1	100a	100a 33a	138	+	+	+	Nr.10	138	+	+	+	138	+	S. 2
21	§ 316b	98a	129a II	+	S. 1		100a 33a	138	+	+	+	Nr.11	+	+	+	+	+	+	S. 2
22	§ 316c	98a 100a	129a II	+	S. 1	100a	+	+	+	+	+	Nr.10	+	+	+	+	+	+	S. 2
23	§ 316c I - III	98a	129a II	120 II		100a	33a	120 II	120 II	120 II	+	+	120 II	+	120 II	+	+	+	S. 2
23a	§ 317 I		129a II			+													
24	§§ 324 bis 330				org. (+330a)	+				org.		org.			org.				
25	§ 330a I, III		129a II									Nr.10						+	

836

Anlage 3.10: Straftaten von erheblicher Bedeutung; schwere Straftaten; besonders schwere Straftaten

#	Straftaten von erheblicher Bedeutung	SiPO	BPolG BKAG	PolG BW	Bay PAG	ASOG Berlin	Bbg PolG	Brem PolG	DVG HH	HSOG	SOG MV	Nds SOG	PolG NRW	POG RP	SPolG	Sächs PolG	SOG LSA	LVwG SH	Thür PAG	Wohnraum- überwach.
1	§ 331																			
2	§ 332								+						+				S. 2	
3	§ 333								+						+				S. 2	
4	§ 334								+						+				S. 2	
5	§ 335 I, II Nr. 1–3								+						+				S. 1	100c
6	AO (...)	100a				100a	100a												S. 2	
7	§ 95 I Nr. 2a; III 2 Nr. 2 b ArzneimittelG	100a				100a	100a												S. 2	
8	§§ 84 III, 84a AsylVerfG	100a				100a	100a					Nr. 10							S. 1 S. 2	100c
9	§ 95 II AufenthG			org.					org.	org.	org.	org.	org.	org.		org.				
10	§ 96 AufenthG			org.					org.	org.	org.	Nr. 10				org.				
11	§ 96 II AufenthG	100a		org.		100a	100a		org.	org.		org.	org.			org.				100c
12	§ 97 AufenthG	100a		org.		100a	100a		org.	org.		org.				org.				100c
13	§ 92a I, III AuslG			org.					org.	org.		org.					org.			
14	§§ 34 I – VI AußenwirtG	98a 100a		120 II		100a	100a		120 II	120 II				120 II		120 II				
15	BtMG	98a		+					+	+				+	+	+			S. 1	100c
16	§ 29 I 1 Nr. 1, 5, 6, 10, 11, 13	98a		+					+	+				+	+	+			S. 1	100c
17	§ 29 III 2 Nr. 1	98a 100a		+		100a	100a 33a	org.	+	+				+	+	+	org.		S. 1 S. 2	100c
18	§ 29a	98a 100a		+	org.	100a	100a 33a		+	+	org.			+	+	+			S. 1 S. 2	100c
19	§ 29a I Nr. 2	98a 100a		+		100a	100a 33a		+	+				+	+	+			S. 1 S. 2	100c
20	§ 30 I Nr. 1, 2, 4	98a 100a		+	org.	100a	100a 33a		+	+			org.	+	+	+			S. 1 S. 2	100c
21	§ 30a	98a 100a		+	S. 1 (129V)	100a	100a		+	+				+	+	+			S. 1 S. 2	100c
22	§ 30a I, II	98a 100a		+	S. 1 (129V)	100a	100a 33a		+	+		Nr. 10 (129IV)		+	+	+			S. 1 S. 2	100c
23	§ 30b	98a 100a		+	S. 1 (129V)	100a	100a		+	+		Nr. 10		+	+	+			S. 1 S. 2	

Anhang

Anlage 3.11: Straftaten von erheblicher Bedeutung; schwere Straftaten; besonders schwere Straftaten

	Straftaten von erheblicher Bedeutung	StPO	BPolG BKAG	PolG BW	Bay PAG	ASOG Berlin	Bbg PolG	Brem PolG	DVG HH	HSOG	SOG MV	Nds SOG	PolG NRW	POG RP	SPolG	Sächs PolG	SOG LSA	LVwG SH	Thür PAG	Wohn-raum-über-wach.
1	§§ 9 II GebmustG, 52 II PatG	98a		120 I					120 I	120 I				120 I		120 I				
2	§ 29 I, III 2 GrundstÜG	100a				100a													S. 2	
3	§§ 4 IV HalblSchG, 9 II GebmustG, 52 PatG	98a		120 I					120 I	120 I				120 I		120 I				
4	§§ 19 I, II; 20 I; 20a I, II KrwKG		129a II				33a					Nr. 10							S. 2	100c
5	§§ 19 II; 20 I je a. i.V.m. 21 KrwKG		129a II		S. 1		33a					Nr. 10							S. 1 S. 2	100c
6	§ 22a I, II KrwKG		129a II		S. 1		33a					Nr. 10							S. 1 S. 2	
7	§ 22a III KrwKG		129a II																	
8	§ 53 II PatG	98a		120 I					120 I	120 I				120 I		120 I			S. 1	100c
9	§§ 6, 7, 8 bis 12 VSIGB	98a 100a	129a I	120 I	S. 1	100a	100a 33a	+	120 I	120 I	+	Nr. 10	138	120 I	+	120 I	138		S. 1	
10	§ 20 I VereinsG	98a		74a					74a	74a				74a		74a				
11	WaffG	98a		+	S. 1 (I, II)	100a	100a		+	+				+		+			S. 2	
12	§ 51 I – III	98a 100a		+	S. 1	100a	100a 33a		+	+		Nr. 10		+		+				
13	§ 51, II	98a 100a		+	org.	100a	100a 33a	org.	+	+				+		+			S. 1 S. 2	100c
14	§ 52 I, III WaffG	98a 100a		+		100a	100a		+	+				+		+			S. 1 S	
15	§ 52 I Nr. 1; V	98a 100a		+		100a	100a		+	+	org.		org.	+		+			S. 2	
16	§ 52 I Nr. 2c	98a		+		100a	100a		+	+				+		+			S. 1	
17	§ 52 I Nr. 2d	98a		+		100a	100a		+	+				+		+			S. 1 S. 2	
18	§ 52 V, VI	98a 100a		+	S. 1 (Nr. 1)	100a	33a (V)		+	+		Nr. 10 (V)		+		+			S. 1 S. 2	
19	§ 53 I Nr. 1, Nr. 2	98a		+					+	+				+		+	org.			

Anhang

Anlage 4.1: Datenverarbeitung und -nutzung / Zweckänderung

Zweckänderung		BKAG	BPolG	PolG BW	Bay PAG	ASOG Berlin	Bbg PolG	Brem PolG	DVG HH	HSOG	SOG MV	Nds SOG	PolG NRW	POG RP	SPolG	Sächs PolG	SOG LSA	LVwG SH	Thür PAG
1	Generalklausel	25 I 1; 26 I 3	29 I 1	37 I 1	37 I, 38 I	42 I	39 I	36a I 1	16 I	20 I 1	36 I 1	38 I 1	24 I	33 I	30 I 1	43 I 1	22 I 1	188 I 1	40 I
a	zur Aufgabenerfüllung	+	+	+	+	+	+	+	+	+	+	-	+	+	+	+	+	+	+
b	Vorgangsverwaltung	30 II	29 V 1	37 IV	+	+	+	36a V	+	20 VIII 1	38 I 1	-	+	+	31 S. 1	+	22 V 1	190 S. 1; 189 I 1-3	+
c	Dokumentationszwecke	30 II	29 V 1	37 IV	+	+	+	36a V	+	20 VIII 1	38 I 1	-	+	-	31 S. 1	+	22 V 1	190 S. 1	+
2	wertende Angaben / Bewertungen	7 IV	29 IV	-	-	+	38 II	36a II2	18 II	20 VI	36 II	-	24 II	-	30 IV	-	22 VI; 26 III	188 III	-
3	Daten von Kindern	31	-	-	-	42 V	39 III	-	-	20 X	36 III	-	24 III	-	30 V	-	24 II	188 III	38 S. 4
4	nur rechtmäßig erhobene Daten	-	-	-	-	-	+	-	+	-	-	+	+	-	-	-	-	-	+
5	Zweckbindung	-	29 I 3	37 II 1	37 II 1	42 II 1	38 I 1	36a I 2	14 I 1	20 III 1	36 I 2	38 I 1	23 I 1	33 II 1	30 I 2	43 I 2	22 II 1	188 I 2	39 S. 1
6	hypothetische Ersatzvornahme	-	29 I 4	37 II 2	37 II 2	42 II 2	38 I 2	+	14 I 2	20 III 2	36 I 3	39 II 1	23 I 2	33 II 2	30 I 3	43 I 3	22 II 2	188 I 3	39 S. 2
a	bei Speicherung in Dateien			37 I 2, 3	37 III			36a III	14 I 3		37 III Hs. 2			33 III		43 III			
7	Nebenzwecke / andere Zweckänderungen	BKAG	BPolG	PolG BW	Bay PAG	ASOG Berlin	Bbg PolG	Brem PolG	DVG HH	HSOG	SOG MV	Nds SOG	PolG NRW	POG RP	SPolG	Sächs PolG	SOG LSA	LVwG SH	Thür PAG
a	zu Kontrollzwecken	-	-	-	-	42 II 3	-	36b II	-	-	-	-	-	-	-	43 Ia 1	22 III	-	-
a.1	mit Zweckänderung	11 VI 3														43 Ia 2			
b	zur Aus- und Fortbildung; Wissenschaft	29, 30	29 V 1	37 III	38 V	42 IV	39 VII 1	-	17 I 1	20 VII 1	36 IV 1	39 VII 1	24 VI	33 VII 1	30 VI	43 VI	25 I, II	188 IV 1	40 IV 1
b.1	Anonymisierungspflicht	29 IV; 30 I 1	29 V; VI 2/3	37 III 2/3	38 V 2	42 IV	39 II 2	-	17 I 1, 2	20 VII 2	36 IV 2	39 IV 2/3	24 VI 2/3	33 VII 2	20 VI	-	25 I 2	188 IV 1	40 IV 2
c	zu statistischen Zwecken	30	-	37 IV	38 I	42 II 3	39 VI	-	17 II	20 VII, IX	36 IV 3	38 IV 1, 2	24 VII	33 I	30 VI	LDSG	25 I	188 IV 2	40 III
8	Vorgangs-Verwaltung	28 II	29 V	37 IV	38 I	42 I 1	39 I	36a V; 36b IV	16 I	20 VIII; IX	38	39 II	24 I	33 I	31	43 I 1	22 V	189 I 1-3; 190	40 I
a	mit allen Zweckänderungen	-	-	-	+	-	+	-	+	-	-	-	+	+	-	+	-	-	-
b	grds. ohne alle Zweckänderungen	+	-	-	-	-	-	+	-	+	+	+	-	-	+	-	+	+	+
9	Datenabgleich	28	34	39	43	46	40	36h	22	25	43	45	25	37	36	46	30	195	43
10	automatisiertes Abrufverfahren	10 VII, 25 I 2, 26 S. 3, 34-37	33 VII, VIII	42 IV, V	46	49	49	36e	27	24	42	42	33	36	37	48	24 I	194	42
11	Errichtungsanordnung	34	36	48 i.V.m. DSG	47	49	48	36j	26	DSG	47	46	33	41	39	50	13 a i.V.m. DSG	DSG	46

839

Anhang

Anlage 4.2: Zweckänderung von Daten aus Maßnahmen zur Strafverfolgung zu Zwecken der Gefahrenabwehr (allgemein)

	Zweckänderungen	BKAG	BPolG	PolG BW	Bay PAG	ASOG Berlin	Bbg PolG	Brem PolG	DVG HH	HSOG	SOG MV	Nds SOG	PolG NRW	PolG RP	SPolG	Sächs PolG	SOG LSA	LVwG SH	Thür PAG
1	Zweckänderung Strafverfahren -> Gefahrenabwehr	20	29 II 1, 2	38 I 1	38 II 1	42 II 1	39 II 1	36b V	16 II 1	20 IV 1	37 I	39 III 2	24 II 1, 2	33 IV 1	30 II	43 II 1	22 IV; 23	189 I 4	40 II 1
a	inklusive Vorsorge für die Verfolgung von Straftaten	20: 8 IV 1	29 II 1; III 1	-	-	i.V.m. 1 III	-	-	i.V.m. 1 II Nr. 1	i.V.m. 1 IV	i.V.m. 7 I Nr. 4	39 III 1	-	-	-	-	-	189 I 4	-
d	Verhütung von Straftaten des Beschuldigten	8 II	29 II 3	38 II 2; III 1	38 II 1	43 I 1	39 II 2	36b V 2	16 II 3	20 IV 2	37 I	39 III 2	24 II 5	33 IV 1	30 II	43 II 2	22 IV	189 I 4	40 II 2
c	solange Verdacht noch nicht widerlegt	8 III	29 II 4	38 II 2	38 II 2	erforderlich	29 II 2, 5	36b V 1	16 II 4	20 IV 2	37 III	39 III 5; 39a	24 IV 1	39 II Nr. 1	erforderlich	43 III 2	-	189 I 3	40 II 5
d	vorbeugende Bekämpfung von Straftaten bzgl. anderen	8 III	29 III 1	38 VI 1	-	43 II 1	39 IV 1	36b V 2	16 III 1	20 V 1	37 I, III 1	39 III 4	24 IV 1	33 V 1	30 III 1	43 II 1	22 IV	189 III 1; IV 1	-
2	i.V.m. über	+	21 II (12 I)	20 III	-	25 I 2	+	28 II	+	13 II	27 III	31 III	+	26 III	26 II		15 II	179 II	
a	Kontakt- und Begleitpersonen	+	Nr. 2	Nr. 2	-	-	+	Nr. 2	+	Nr. 2	-	Nr. 2	24 IV 1	Nr. 5	Nr. 2		Nr. 2	-	
b	künftige Opfer	+	Nr. 2	Nr. 3	-	-	-	Nr. 3	-	Nr. 2	Nr. 2	Nr. 3	-	Nr. 2	Nr. 3		Nr. 2	Nr. 2 b)	
c	Personen im Umfeld einer gefährdeten Person	-	Nr. 2	Nr. 4	-	-	-	-	-	-	-	-	-	Nr. 3	-		-	-	
d	Zeugen, Hinweisgeber, Auskunftspersonen	+	Nr. 2	Nr. 5	-	-	+	Nr. 4	+	Nr. 2	-	Nr. 5	24 IV 1	Nr. 4	Nr. 3		+	-	
e	z.B. mittelbarer Täter	z.B.	z.B.	z.B.	-	-	z.B.	z.B.	z.B.	z.B.	z.B.	z.B.	z.B.	z.B.	z.B.		z.B.	z.B.	
f	nur nach deren Einwilligung	20 IV 3, 4	29 III 3 Zeuge	-	-	+	-	-	-	-	-	-	-	-	-		-	-	
g	nur nach Unterrichtung d.a. Person	20 IV 3, 4	29 III 3 Zeuge	-	-	-	-	-	-	-	-	-	24 II 2	-	-		24 I bei allen nach 3 J.	189 III 3	
3	Speicherung	7 I	29 II 1	+	37 I, 38 I	42 II 1; 42 III	39 II 2	36a III 1, 36b V	16 I	20 I 1	37 I	39 III 1	24 II 1, 2	33 IV 1	30 I 1	43 II 1	22 I 1; 23	179 III 1	40 II 1
a	in Akten	+	+	38 II 1, III 1	38 II 1	+	+	36a III	+	20 IV 1	+	+	+	+	+	+	+	179 III 1	+
a.1	nur Tatverdächtige	-	-	Nr. 3	+	i.V.m. 1 III	-	Nr. 2	-	-	÷. 37 III 1	39 III 2	-	+	-	43 II 1	-	-	-
a.2	Prognose der Wiederholung	-	-	Nr. 4	-	-	-	Nr. 3	-	-	+	+	-	+	-	-	-	-	-
b	suchfähig in Dateien über	8 I, II	29 II 1	38 III 1, VI 1	38 III 1	43 I 1	39 II 2	36b V 1	16 II 3	20 IV 2	+	+	+	+	30 II	43 III 2	22 IV; 23	189 I 4	40 II 2
b.1	Tatverdächtige	+	29 II 2, 3	38 III 1	38 III 1	+	+	36b V 1, 2	16 II 3	-	-	39 III 2	24 II 2	+	33 II	+	+	+	+
b.2	andere Personen	8 IV, V	29 III 1	38 VI 1	-	+	39 IV 1	36b V 1, 2	16 III 1	20 V 1	37 III 1	37 III 4	24 IV	33 V 1	30 III 1	+	22 IV; 23	189 III 1; 2.HS	+

Anhang

Anlage 4.3: Zweckänderung von Daten aus Maßnahmen der Gefahrenabwehr zu Zwecken a) der Strafverfolgung und b) der Gefahrenabwehr

	Zweckänderungen Gefahrenabwehr -> Strafverfolgung aus	BKAG	BPolG	PolG BW	Bay PAG	ASOG Berlin	Bbg PolG	Brem PolG	DVG HH	HSOG	SOG MV	Nds SOG	PolG NRW	POG RP	SPolG	SächsPolG	SOG LSA	LVwG SH	ThürPAG
1	offenen und verdeckten Maßnahmen	20v IV 2 Nr. 1, Nr. 2	29 I 3	+	+	+	+	+	14 II 1	+	+	+	23 I 2	28 V 1	+	+	+	188 I 3	39 S. 2
a	zur Strafverfolgung	20v V Nr. 3 S. 1	29 I 5 (allg.)	hypo. Ersatz	hypo. Ersatz	hypo. Ersatz	hypo. Ersatz	36b IX 1, 2 (allg.)	hypo. Ersatz. (Mittel)	hypo. Ersatz	hypo. Ersatz. (Mittel)	39 VI (allg.)	hypo. Ersatz	(allg.)	hypo. Ersatz	38 XI 1 Nr. 2	hypo. Ersatz	hypo. Ersatz. (Mittel)	hypo. Ersatz
b	zur Gefahrenabwehr	20v IV Nr. 2	29 I 5					36b VI 2	14 II 1	15a VI	34a VIII 2	39 II 1	39 II			38 XI 1 Nr. 1			
2	TK-Maßnahmen	20l		23a VIII 3 Nr. 2	34c IV 1, 2	hypo. Ersatz	33b VIII 2		10e III 3	2 Bundesrecht	100a StPO	+	+	31 VII 1/2;29 V 3	28 b				36 I 4
a	zur Verfolgung von Straftaten aus	20v V Nr. 3 S. 2		100a StPO	100a StPO		100a StPO		100a StPO					Nr.1 100a StPO				100a StPO	hypo. Ersatz
b	zur Abwehr einer gegenwärtigen Gefahr für	20v V Nr. 2		23a VIII 3 Nr. 1	34c IV 4		+		10e VI 6	1	+	39 II 2		Nr. 2	hypo. Ersatz			+	
b.1	Bestand des Bundes oder eines Landes	+		-	-	-	-		-	-	-	-		+				-	
b.2	Leben	+		+	+	+	+		+	+	+	+	+	+	+	+	+	+	+
b.3	Gesundheit	+		+	+	+	+		+	+	+	+	+	+	+	+	+	+	+
b.4	Freiheit	+		+	+	+	+		+	+	+	+	+	+	+	+	+	+	+
b.5	Verhütung von Straftaten	+		-	-	-	33a I Nr. 2		-	-	-	-		-	-			-	
3	Kleiner Lauschangriff	20g IV 4, 16		23 VII 4	34 VIII 1-5	25 VI 3	33a VIII 2	+	10a VIII 3	15 VI 3	34 IV 3	35a VI	18 V 2	29 VII 1, 2	28a IV 2	41 IV, XI	17 VI	186a VII 3	36 I 4
A	zur Verfolgung von Straftaten aus	16 III 3		100c StPO	100d V Nr. 3 StPO	allg.	allg.	36b IX 1, 2	allg.	161 III StPO	allg.	39 V 1 allg.	allg.	100c StPO	+	100c StPO	allg. (siehe 17 VIII 1, 2)	100c StPO	hypo. Ersatz
b	zur Abwehr einer gegenwärtigen Gefahr	Art. 13 V GG		+	+	allg.	allg.	36b VI 2	allg.: 9 I 1 Nr. 1	+	hypo. Ersatz						17 VI 3	+	+
b.1	Bestand des Bundes oder eines Landes	+		+	+	-	+	-	+	-	+	-	+	-	+	+	+	-	+
b.2	Leben	+		+	+	+	+	+	+	+	+	+	+	+	+	+	+	+	+
b.3	Gesundheit	+		+	+	+	+	+	+	+	+	+	+	+	+	+	+	+	+
b.4	Freiheit	+		+	+	-	+	-	+	-	+	-	+	-	+	dringende Gefahr	+	-	+
b.5	Verhütung von Straftaten	+		-	V 2	-	-	-	-	-	-	-	-	-	-			-	+

Anhang

Anlage 5.1: Datenerhebung aus Wohnungen

	Wohnraum-Überwachung EGL	§ 4 BKAG	BPolG	PolG BW	Bay PAG	ASOG Berlin	Bbg PolG	Brem PolG	DVG HH	HSOG	SOG MV	Nds SOG	PolG NRW	POG RP	SPolG	Sächs PolG	SOG LSA	LVwG SH	Thür PAG	StPO
1		20h		23	34	25 IV-V	33a	33 II	10a	15 IV	34b I	35a	18	29	28°	41	17 IV	185 III	35	100c, 100d
2	Art des eingesetzten technischen Mittels	20h I Nr. 1, Nr. 2		22 I Nr. 2	23 I 2	25 I I Nr. 1	23 I I 2	3 II	10a I 1	15 I Nr. 2	33 I Nr. 2	35 I 1	17 I 1	28 II Nr. 2	28 II Nr. 2	38 I Nr. 2	17 I Nr. 2	185 I Nr. 2	25 I 2	
a	akustisch	+		+	+	+	+	+	+	+	+	+	+	+	+	+	+	+	+	
b	optisch	+		+	+	+	+	+	+	+	+	+	+	+	+	+	+	+	+	+
3	dringende Gefahr für die öff. Sicherheit und Ordnung																				
a	gemeine Gefahr					I Nr. 1															
b	gegenwärtige Gefahr für	+		+	+	+	+	+	+	+	+	+	+	+	+	+	+	+	+	
c	den Bestand oder die Sicherheit des Bundes																				
d	eines Landes	entf.		+	+	+	+	+	+	+	+	+	+	+	+	+	+	+	+	
e	Leben	+		+	+	+	+	+	+	+	+	+	+	+	+	+	+	+	+	
f	Gesundheit	+		+	+	+	+	+	+	+	+	+	+	+	+	+	+	+	+	
g	Freiheit	+		+	+	+	+	+	+	+	+	+	+	+	+	+	+	+	+	
h	Sachen von bedeutendem Wert	+																			
i	Kataloge besonders schweren Straftaten	I Nr. 1 b); 4a I 2				I Nr. 2	I Nr. 2													100c
4	Verantwortlich für Verhalten + Sachen	I Nr. 1 1a, II 1		I 1		IV 1	III 1	I 1; 32 I 1 Nr. 1		II 1 Nr. 1	I 1,2	I 1 Nr. 1	I 1	I 1 Nr. 1	§§ 4, 5	I 1, 2	§§ 7, 8	II 1	III 1	
5	polizeilicher Notstand	II 2		I 1		IV 1		I 1; 32 I 1 Nr. 2		II 1 Nr. 2		I 1 Nr. 1	I 1	I 1 Nr. 2	§ 6	I 1, 2	§ 10	II 1		
6	Über potentiellen Straftäter	I Nr. 1b, II 1								II 1 Nr. 3		I 1 Nr. 2; S. 2 Nr. 1									
7	Kontakt- und Begleitperson	I Nr. 1c, II 1			III 2		II 2			II 1 Nr. 4		I 1 S. 2 Nr. 2		I 1 Nr. 2						
8	Daten von Dritten	II 3		I 2	III 3	IV 1	II 5	I 2		II 3			I 2	I 3		I 3		IV	I 2	

Anhang

Anlage 5.2: Zweckänderung der aus Wohnraumüberwachungen erlangten personenbezogener Daten

besondere Bestimmungen	§ 4a BKAG	PolG BW	Bay PAG	ASOG Berlin	Bbg PolG	Brem PolG	DVG HH	HSOG	SOG MV	Nds SOG	PolG NRW	POG RP	SPolG	Sachs PolG	SOG LSA	LVwG SH	Thür PAG	StPO
1 nach anderen Rechtsvorschriften erhobene Daten		38 I 2	38 II 1	42 III	39 II 1; hypo. Ersatz.	36b VII; VI 1; 33 II	16 II 1, 2	20 IV 1; hypo. Ersatz.	hypo. Ersatz	39 III 1, 3; 35 I 1	hypo. Ersatz	33 IV 1, 33 II 2	hypo. Ersatz	43 II 1; hypo. Ersatz.	23; hypo. Ersatz.	hypo. Ersatz.	40 II 1; hypo. Ersatz.	100d V Nr. 3
2 zur Abwehr einer gegenwärtigen / dringenden Gefahr	20v IV 2; 20v V 1 Nr. 2 (Übermittlung)	23 VII 4 Nr. 1; 23 I	34 V 2 Nr. 1; 34 I 1	25 Va 3 Nr. 2; 25 IV	33a VII 2; 33a I Nr. 1	36b VI 1; 33II	10s V 5	20I; hypo. Ersatz	34b VII 3	39 I 1 Nr. 1	hypo. Ersatz	29 V 1 Nr. 2	hypo. Ersatz	41 XI 1 Nr. 1	17 IVe 3 Nr. 2	186a VII 3	36 I 4 hypo. Ersatz.	100d V Nr. 2
3 zur Verfolgung von Straftaten	20v V 1 Nr. 3 (Übermittlung)	23 VII 4 Nr. 2	34 V 2 Nr. 2	25 Va 3 Nr. 1	33a VII 2	36 IX 1, 2	10a V 2; hypo. Ersatz (Mittel)	20 I, III; hypo. Ersatz.	34b VII 3	39 VI; 1 Nr. 2; 2	hypo. Ersatz	29 V 2 Nr. 1	hypo. Ersatz	41 XI 1 Nr. 1)	17 IVe 3 Nr. 1	186a VII 3	36 I 4 hypo. Ersatz.	100d V Nr. 1
a Straftatenkataloge	Höchststrafe >= 5 Jahre	100c StPO	100d V Nr. 3 StPO	100c StPO	33 I Nr. 2	-	-	-	100 c StPO	-	-	100c StPO	-	100c StPO	100c StPO	100c StPO	-	100c StPO
4 Verwendung zur Gefahrenabwehr auch bei Verwertungsverboten	20h IV 6; 20J I i.V.m. 20c III 2	23 V 3	34 V 3	nein	nein	33 IV 2, IX	10a V 5	20 IV 1	34b III 2; IV i.V.m. 33 V 1 u. 2	35a III 2	nein	nein	28a II 4	41 XI Nr. 2	17 VId 2 i.V.m. IVc 2	186a IV 1	36 II 2	100d V Nr. 2
a Bestand oder die Sicherheit des Staates	+	-	-	-	-	-	-	-	+	-	-	-	-	-	-	-	-	+
b Leib	+	+	+	-	-	-	-	+	+	-	-	-	+	+	-	+	-	+
c Leben	+	+	+	-	-	-	-	+	+	-	-	-	+	+	-	+	-	+
d Freiheit	+	+	+	-	-	-	-	+	+	-	-	-	-	+	-	+	-	+
e trotz Zeugnisverweigerungsrecht nach	+	9a II (53 I 1 Nr. 3-3b, 5						15 IV 2, 3 i.V.m. 12 II (53 I 1 Nr. 1, 2, 4, 5)						+				
f trotz Kernbereichsschutz	-	-	-	-	-	-	-	-	-	-	-	-	-	-	-	-	-	-
g richterliche Entscheidung bei weiterer Verwendung	-	34 V 4 - 6						10a V 6			16 III 3						36 II 3 – 5	

843

Anhang

Anlage 6.1: Standortbestimmung eines mobilen TK-Endgeräts

	Standortbestimmung EGL	StPO 100i	BKAG 20n	BPolG	PolG BW 23a	Bay PAG 34a, 34b, 34c	ASOG Berlin 25a	Bbg PolG 33b	Brem PolG	DVG HH 10 I 2, 10d III 1 /3	HSOG 15a	SOG MV 34a	Nds SOG 33b	PolG NRW 20a	POG RP 31a	SPolG 28b	Sachs PolG	SOG LSA 17a	LVwG SH 185a	Thür PAG
1	durch Polizei (Einsatz technischer Mittel; IMSI-Catcher)	I Nr. 1, 2	I Nr. 1, 2		VI 1	34a III 1 Nr. 2	II; i.V.m. I	III Nr. 1, 2		10b III 1 Nr. 2; 3	III	I 1 Nr. 2; II Nr. 3; III 1	I 1	I 1 Nr. 2	I	I 1 Nr. 1; 3; IV 1, 4		17a II	185a I 1; III 3;	34c
b	über TK-Anbieter	163 I 2	IV			34a III 2 i.V.m. 34b	I 1, 2, 4; V	VI 2		10b IV	I 1	VI	I 1	20b	IV	II		17a I	185a IV	34b
2	zur Abwehr einer gegenwärtigen Gefahr für				VI 1 i.V.m. I	34a III 2 i.V.m. konkreten		i.V.m. 33a I Nr. 1		10 I 1 Nr. 1	I 1; III	konkreten	I 1	20a I 2	I Nr. 2, Nr. 3	I 1 Nr. 1		I	185a I 1	34c I, 34b I 1
a	Bund / Land		+		+	+		+			+	+	+	+	+	+		+	+	+
b	Leben		+		+	+		+			+	+	+	+	+	+		+	+	+
c	Gesundheit		+		+	+		+			+	+	+	+	+	+		+	+	+
d	Freiheit		+		+	+		+			+	+	+	+	+	+		-	+	+
e	Sachen																			-
4	zur Bekämpfung schwerer Straftaten	+			+															
5	vermisste Person		z.B.		z.B.	z.B.	I 1	z.B.		z.B.	z.B.	z.B.	z.B.	z.B.	z.B.	z.B.		z.B.	z.B.	34b I 1
a	Suizident		z.B.		z.B.	z.B.	I 1	z.B.		z.B.	z.B.	z.B.	z.B.	z.B.	z.B.	z.B.		z.B.	z.B.	Nr. 4
b	hilflose Person nach Notruf		z.B.		z.B.	z.B.	I 1	z.B.		z.B.	z.B.	z.B.	z.B.	z.B.	z.B.	z.B.			z.B.	Nr. 4
6	erheben von Daten Dritter	II	II		VI 2		I 3; III	IV		10d III 4		I 3	I 2, 3	II	II	I 4; III 2, 3			185a III i.V.m. 185 IV	Nr. 1 - 3
7	Unterbrechung von TK-Verbindungen				VII 1, 2			III Nr. 2			15a IV	III						33		34d
8	richterliche Anordnung	III i.V.m. 100b I 1, 2; 100a III	20 I III 1, 3, 4; IV 1, 5			34c II 1, III		V		10e I 1	15a V 1	IV 1	VI i.V.m. V 2-4	III	III	VI 1			186 I 1	34b / 34c III 34a V, VI
9	Anordnung durch Beamten des h.D.				VI 2 i.V.m. 22 VI	34c II	IV				G.i.V.	34 IV 2 G.i.V.	V 4					23b III	186 I 2, 3	G.i.V.
10	o.v.J.A.		20 I III 2		22 VI	34c II		III Nr. 2				s.o.				VI 2			186 I 4	-

Anhang

Anlage 6.2 Überwachen und Aufzeichnen der TK-Inhalts

	TK-Inhalt	StPO	BKAG	BPolG	PolG BW	Bay PAG	ASOG Berlin	Bbg PolG	Brem PolG	DVG HH	HSOG	SOG MV	Nds SOG	PolG NRW	POG RP	SPolG	Sächs PolG	SOG LSA	LVwG SH	Thür PAG
1	EGL	100a	20l			34a		33b		10b, 10c	15a	34a	33a		31	28b		17a	185a	34a
2	durch Polizei (Einsatz technischer Mittel)	I i.V.m. 100i	I 1			I 1 Nr. 1, 2; II 1; I V 1		I i.V.m. 33a I Nr. 1; III Nr. 1, 3		10b I 1	I 2, III i.V.m. 15 IV 2 - 4	I 1; II Nr. 1; III 1, 2	I; III 1 Nr. 1; 2		I; II	I 1, 3; IV 1, 3, 4			I 1; II Nr. 1, 4; III 1,2, 3	-
3.1	über TK-Anbieter	100b III	V			34b I, IV		VI 1, 3		10b III	I 1	VI	VII		VI	II, III		VI	IV	VII
3.2	aus IT-System	-	- II			34c		-		10c	15b	-	-		III	-		17b	-	- II
4	zur Abwehr einer gegenwärtigen Gefahr für	-	I 1 Nr. 1			I 1 Nr. 1, 2		I Nr. 1		10b I 1 Nr. 1	I 1	-	-		I	I 1 Nr. 1		17*; 17b	I 1	I 1
a	Bund / Land	-	+			+		-		+	-	-	+		+	-		-	-	+
b	Leben	-	+			+		+		+	+	+	+		+	+		a/b	+	+
c	Gesundheit	-	+			+		+		+	+	+	+		+	+		a/b	+	+
d	Freiheit	-	+			+		+		+	+	+	+		+	+		B	+	+
e	Sachen	-	+			+		-		-	-	-	-		+	-		-	-	-
5	vorbeugende Bekämpfung schwerer Straftaten	II	I 1 Nr. 2 – 4 i.V.m. 4a I 2			-		I i.V.m. 33a I Nr. 2		-	-	-	-		-	I 1 Nr. 2 i.V.m. 100c¹		-	II 2	-
6	verantwortlich für Verhalten + Zustand von Sachen	-	I 1 1 Nr. 1			I 1 Nr. 1, 2		III 1		10b I 1; 10c IV 1	+	I 1	I 1		I 1 Nr. 1	I 1		17a III Nr. 1	-	I 1 Nr. 1
7	polizeilicher Notstand	-	-			-		-		+	+	-	Nr. 2		I 1 Nr. 1	+		17a III Nr. 3	-	-
8	über (potentiellen) Täter	III	I 1 Nr. 2			-		II 2		10b I 1 Nr. 2	-	-	-		-	-		-	-	I 1
9	Kontakt-/ Begleitperson	III	I 1 Nr. 3, 4			I 1 Nr. 2a,b)		II 2		-	-	-	-		I 1 Nr. 2	-		17a III Nr. 2	-	I 1 Nr. 2
10	Daten Dritter	100i II	II 2			II 2; IV 2		IV		10b II 2; 10c IV 2	IV	III 3; I 3 i.V.m. 33 VI	II 3		I 3	14; IV 2			III. 4	I 1 Nr. 3

[1] außer bei Bestechlichkeit (§ 332 StGB) und Bestechung (§334 StGB); § 28b Abs. 1 Satz 2 SPolG

Anhang

Anlage 6.3 TK-Verkehrsdaten nach § 96 Abs. 1 TKG (*nicht*: Vorratsdaten nach §§ 113a, 113b TKG)

nur Quick-Freezing EGL	StPO	BKAG	BPolG	PolG BW	Bay PAG	ASOG Berlin	Bbg PolG	Brem PolG	DVG HH	HSOG	SOG MV	Nds SOG	PolG NRW	POG RP	SPolG	Sächs PolG	SOG LSA	LVwG SH	Thür PAG
1	100g	20m		23a	34b				10d	15a	34a	33a,	20a I 1 Nr. 2	31 II 1, 2	28b I		17a II	185a	34b I
2 über TK-Anbieter	100g I 1 100g I 2, 3	I; II		I 1, 2, 3; V; VII	34b II 1 Nr. 1, 2, 3; 3; III; IV				10d IV	I 2, II, III i.V.m. 15 IV 2 -4	I 1; II Nr. 2; III 1, 2; VI	I: II 1 Nr. 1; 2; VII i.V.m. 33c	V	VI	I 1, 3; IV 1, 3, 4; II, III		VI	I 1; II Nr. 1; 4; III 1,2,3; IV	I, II
3 zur Abwehr einer gegenwärtigen Gefahr für	-	I Nr. 1		I 1 Nr. 1	I 1 Nr. 1, 2				10d I i.V.m. 10b I 1	I 1	I 1	I 1	I 2 Nr. 1	-	I 1 Nr. 1		II	I 1	I 1
a Bund / Land	-	+		+	+				+	+	+	+	-	+	+		-	-	+
b Leben	-	+		+	+				+	+	+	+	-	+	+		+	+	+
c Gesundheit	-	+		+	+				+	+	+	+	-	-	+		+	+	+
d Freiheit	-	+		+	+				-	-	-	-	-	+	+		-	-	+
e Sachen	-	+		+	-				-	-	-	-	-	-	-		-	-	-
4 Bekämpfung schwerer Straftaten	I 1 i.V.m. 100c	I Nr. 2 - 4 i.V.m. 4a I 2		I 1 Nr. 2 a, b) i.V.m. II	-				-	-	-	-	Nr. 2	-	I 1 Nr. 2 i.V.m. 100c[II]		-	-	-
5 über Verhalten + Zustand von Sachen	-	I Nr. 1		I 1 Nr. 1	I 1 i.V.m. 34a I 1 Nr. 1				10d I i.V.m. 10b I 1	+	+	+	+	I 1 Nr. 1	I 1		17a III Nr. 1	II 2	I 1 Nr. 1
6 über Notstand	-	-		+	-				+	+	-	-	+	I 1 Nr. 1	+		17a III Nr. 3	-	-
7 über (potentiellen) Täter	II 1 i.V.m. 100a III	I Nr. 2		I 1 Nr. 2 a, b)	I 1 i.V.m. 34a I 1 Nr. 1				-	-	-	-	+	-	-		-	-	I 1 Nr. 1, 3, 4
8 über Kontakt-/ Begleitperson	II 1 i.V.m. 100a III	I Nr. 3, 4		I 1 Nr. 2 c)	I 1 i.V.m. 34a I 1 Nr. 1a, b)				+	-	-	-	+	I 1 Nr. 2	-		17a III Nr. 2	-	I 1 Nr. 2

[II] außer bei Bestechlichkeit (§ 332 StGB) und Bestechung (§334 StGB); vgl. § 28b Abs. 1 Satz 2 SPolG

Anhang

Anlage 6.4: Rahmenbedingungen für TK-Maßnahmen aus Anlage 6.2 und 6.3 (soweit relevant)

		StPO	BKAG 4a, 5, 6	BPolG	PolG BW	Bay PAG	ASOG Berlin	Bbg PolG	Brem PolG	DVG HH	HSOG	SOG MV	Nds SOG	PolG NRW	POG RP	SPolG	Sächs PolG	SOG LSA	LVwG SH	Thür PAG
1	Kennzeich-nungspflicht	-	20v III 1, 2		23a VIII 1 i.V.m. 23 VII 1, 2, 3	34c IV 1		33b VIII 1		10e III 1	-	34a VIII 1	33a III i.V.m. 35a III 2, 3	-		28b I 6 i.V.m. 28a II 5		17a V i.V.m. 17 IVe 1	186a I VII 1, 2	36 I 1, 2
2	richterliche Anordnung	100b I, II (100i III)	20l III, IV (i.V.m. 20m III 1)		23a III	34c I, III		33b V		10e I	15a IV	34a IV i.V.m. 34 III	33a IV, V		31 IV, V	28b V		17a IV, Va	186 I 1	34a V, VI
3	unzulässig bei Kembereich privater Lebens-gestaltung	100a IV	20l VI		entf.	34a I 4; 34c IV 3 Nr. 3		33b II 3		10b III	15a I 2 i.V.m. 15 IV 4–6	34a VIII 6	33a III	entf.	39a	28b I 5 i.V.m. 23a II 1, V		17a V i.V.m. 17 IVb, c	186a I 2-II 2; III 2	34b IV
4	Verwendung zur Gefahrenabwehr bei Verwendungs-verboten	-	20u I 2 i.V.m. 20c III 2, 3		entf.	34c IV 3 Nr. 1; IV 4, 5		33b II 3 IX 1, 2; V		10e III 5, 6	15 IV 2, 3 i.V.m. 12 II (53 I 1 Nr. 1, 2, 4, 5)	28 II 4 (5)	30 VII 1	entf.	39b (-)	28b I 6 i.V.m. 23a II 4		-	186a IV	36 II 2
a	Bund / Land	-	+		entf.	-		-		+	+	+	+	entf.	-	+		-	+	-
b	Leib	-	+		entf.	+		+		+	+	+	+	entf.	-	+		+	+	+
c	Leben	-	+		entf.	+		+		+	+	+	+	entf.	-	+		+	+	+
d	Freiheit	-	+		entf.	+		+		+	+	+	+	entf.	-	+		-	-	+
5	wegen Berufsgeheimnis	52 ff StPO	20u		9a	34a I 3; 34c IV 3 Nr. 2		33 b II 3		I 3; 10c III 4	15a I 2 i.V.m. 15 IV 2, 3	28 II 3	30 VII analog	-	39b	28b I 5 i.V.m. 23a II 1		17a V i.V.m. 17 IVd	186a IV 1	34b II 2
6	Zweckänderung	481 I, II; 483 II, III i.V.m. hy.Ef.	20v IV 1, 2 (4a, 5, 6); 20v V 1		23a VIII 3	34c IV 2		33b VIII 2 i.V.m. 33a I		10e III 1	15a VI 1	34a VIII 2	hypo. Ersatz	hypo. Ersatz	31a V 1	hypo. Ersatz		17 IVe 3	186a VII 3, 4	34b II 1 Nr. 1, 2, hypo. Ersatz
a	Abwehr e. Gefahr (s. Erhebung)	+	Nr. 2		Nr. 1	Nr. 1		+		+	+	+	+	+	+	+		Nr. 2	+	+
b	vorbeugende Bekämpfungen von Straftaten	+	Nr. 2		Nr. 2 i.V.m. 23a III	Nr. 2		+		-	-	+	+	+	+	+		-	-	-
c	Strafverfolgung	+	Nr. 3		Nr. 3	Nr. 2		+		S. 3	15a VI 2	+	+	+	+	+		Nr. 1	+	+

847

Anhang

Anlage 7: Der Schutz des Kernbereichs privater Lebensgestaltung und von besonders geschützten Vertrauensverhältnissen

			StPO	§ 4a BKAG	§§ 5, 6 BKAG	BPolG	PolG BW	Bay PAG	ASOG Berlin	Bbg PolG	Brem PolG	DVG HH	HSOG	SOG MV	Nds SOG	PolG NRW	POG RP	SPolG	Sächs PolG	SOG LSA	LVwG SH	Thür PAG
1		Kernbereichsschutz bei		+, aber nur		entf.	+, aber nur	+	+, aber nur	+	29 VI	33 IV	+	+, aber nur	+, aber nur	+	+, aber nur	+, aber nur	+, aber nur	+	+, aber nur	+, aber nur	+
	a	Klassische besondere Mittel und Methoden	-	-		-	-	33 VI	-	+	+	10 III	-	-	35 II	+	+	-	38 III	17 IVa – Ivd	-	34 III 1 Nr. 1
	b	Wohnraumüberwachung	100c IV, V	20h V		-	23 II, V	34 I 2, II	25 IVa 1-9	33a III, V	+	10a II	15 IV 4, 5	34b II, III	35a II, III	18 III, IV	39a II i.V.m. 29	28a II, V	41 VI, VII	17a V 1, 2	186a I-III	35 II, VI
	c	Telekommunikationsüberwachung	100a" IV	20l VI				34a I 4; 34c VI		33b II 3		10b I 3 III	15a I 2; 15b V	34a VIII 5	33a III		39a III i.V.m. 31, 31b	28b I 5, 6; VIII			186a III	34b IV
	d	Online-Durchsuchung		20k VII				34d I 5, 6; IV - VI									39a III i.V.m. 31c	39b					
2		Schutz von Vertrauensverhältnissen bei		20u I i.V.m. 20c III		-	9a I	+, aber nur	+, aber nur	+	27 III	+	+, aber nur	+, aber nur	30 VII 1	+, aber nur	39b	+	+	+	+	+
	a	besonderen Mitteln und Methoden	160a	+			+	34 I 2, II, III, V	25 IVa 10	32 I 5, 6; 33 I 5; 34 I 5, 6	+	10 III	15 IV 2, 3	33 VI	35a II, III	16a I 5; 17 I 3; 19 I 3	+	+	38 III	17 IVd	186a IV	34 III 1 Nr. 2, 3
	b	Wohnraumüberwachung	160a	+			+	34a I 3; 34c IV 3	33a II 5, 6; V	33b II 3	+	10a II	15 IV 2, 3	34b IV	33a III	18 III 3, 4	+	28a II	41 VI, VII	17a V 3 i.V.m. 17 IVd	186a IV	35 II
	c	TK-Überwachung	160a	+			+	34a I 3; 34c IV 3		33b II 3		10b I 3 III	15a I 2; 15b V	34a I 3			+	28b I 5, 6; VIII			186a IV	34b IV
	d	Online-Durchsuchung		+				34d I 3									+					
	e	Ausnahme bei Gefahr für Leib, Leben, Freiheit		20u II (§ 53 1 Nr. 3 - 3b, 5 StPO)			9a II (§ 53 1 1 Nr. 3 - 3b, 5	34 V 34c 34c IV 3; 34d V 3	nur bei TKÜ: 33b IX					33 VI 1; 34a I 3; 34b IV (außer 53 I Nr. 1 StPO)	30 VII 1		+					-

Anhang

Anlage 8: Datenübermittlung / Verweis auf Datenschutzgesetz

		BKAG 4a ,5, 6	BPolG	PolG BW	Bay PAG	ASOG Berlin	Bbg PolG	Brem PolG	DVG HH	HSOG	SOG MV	Nds SOG	PolG NRW	POG RP	SPolG	Sächs PolG	SOG LSA	LVwG SH	Thür PAG
1	Verantwortung der übermittelnden Stelle	10 VIII 1, IX; 27	33 I 1; II, III; IV	41 I 1	39 I 1	44 V 1	41 III 1	DSG	18 IV 1, 2	21 V 1	39 II	40 IV i.V.m. 11 III 1 DSG	26 III 1, 2	35 I 1, 2	32 IV 1	DSG	DSG	191 III	41 VIII 1
2	Verantwortung der ersuchenden Stelle	10 VII 2, 3, IX	33 I 2, 3	41 I 2, 3	39 I 2, 3	44 V 1-4	41 III 2	DSG	18 IV 3, 4	21 V 2 - 4	39 III 2, 3	40 IV i.V.m. 11 III 2, 3 DSG	26 III 3, 4	35 I 3	32 IV 2, 3	DSG	DSG	191 III 2, 3	41 VIII 2, 3
3	Zweckbindung	10 VI 1	33 VI 1, 2, 3	41 II 1, 2	39 I 1, 2	44 I 2	41 I; IV	36a	18 I 1, 2; V	21 I; VI	39 I 1; V	40 I 1	26 I 1, IV; 27 1	35 II	32 I 2, 2, II; V	DSG	26 I	191 I 1; IV	41 III i.V.m. 39 S. 1; 41 V: 49 IX
a	insbesondere bei Berufs- oder Amtsgeheimnis	-	-	-	39 III	-	41 II	-	18 III	21 II	39 II	-	26 II	35 IV	32 III	DSG	26 II	191 II	41 VI
4	Zweckänderung	10 VI 2, 3 (7 V)	33 VI 4	41 II 3	+; soweit nichts anderes bestimmt	+; soweit nichts anderes bestimmt	42 I 2	36c I i.V.m. 36b I, IV; 36c II	20 I 2, 3	22 IV 1	39 I 2	40 I	27 I 2	+; soweit nichts anderes bestimmt	33 I 2 i.V.m. 30 I 3	45 III i.V.m. 16 IV 1, 2; 17 IV DSG	27 I 4	192 I 2	41 V
5	innerhalb einer Polizeibehörde	10 I (7 V)	32 I 2	42 I, IV	40 I 1	44 I 1; IV	42 I 1	36d I 1	18 I 3	22 I 1	40 I 1	40 Satz 1	27 I	34 I 1	33 I 1, 2		27 I 1	192 I 1, 3	41 I 1
6	an andere Polizeien v. Bund / Ländern	+	32 I 1	+	40 I 2	+	+	36d I 2; II	19	22 I 2	40 II	40 Satz 2	+	34 I 2	+		27 I 2	192 II	41 I 1, 2
7	an Ordnungsbehörden	10 II	32 I 1	42 II	40 III, IV	44 I 3	43 I; III	36f I, III	20 II	22 I 3	40 I; II	41	28 II, III	34 I 1, 2	34 I 1	DSG	27 I 3	I 1	41 II 1
8	an andere öffentliche Stellen	10 II	32 II	43 I	40 II	44 II	+	36f I, III	20 I 1	22 II	40 I; II	43 I	28 I, III	34 II	34 I 2	44 DSG	27 II, IV	193 I 1	41 III 1
9	an das BfV / LfV nach VertSchG	entf. vgl. 20x S. 3	-	43 II	39 IV	44 IV	-	36c III	-	-	41 V	40 III	-	34 III 3	-	DSG	-	193 IV	41 III 2
10	an ausländische öffentliche, an über- und zwischenstaat-liche Stellen	14	32 III	43 III	40 V	44 III	42 II; 43 I, III	36f II; III, IV	19 III; 20 III	22 II; III	40 III, IV; V	43 II, III, IV, V	27 II; 28 I, IV	34 II, III 1, 2; III	33 II 1 i.V.m. 34 III 2, 3; 34 II 1	DSG	27 III; IV; 27a	192 III; 193 II, III	41a, 41b 41d
11	an Personen / Stellen außerhalb des öff. Bereichs	10 III, IV	32 IV	44	41	45	44	36g I	21	23	41 I 2	44 I	29 I, II	34 V	34 I 2	45 I, II	28	193 I 2	41 III 2 i.V.m. III 1 Nr. 1 u. 3
12	von Behörden an die Polizei	20x; 24; 26	31a	-	42	44 VIII	45	36f I, III	20 I 1	22 II	-	43 I	28 I, III	34 VI	-	-	27 II, IV	-	41 VII, 41c
13	Verweis auf Datenschutzgesetz	37	37	48	49	51		DSG	1 II	DSG	DSG	48	30	42	DSG	35	13a	DSG	DSG

849